에듀윌과 함께 시작하면,
당신도 합격할 수 있습니다!

자소서와 면접, NCS와 직무적성검사의 차이점이 궁금한
취준을 처음 접하는 취린이

대학 졸업을 앞두고 취업을 위해 바쁜 시간을 쪼개며
채용시험을 준비하는 취준생

내가 하고 싶은 일을 다시 찾기 위해
회사생활과 병행하며 재취업을 준비하는 이직러

누구나 합격할 수 있습니다.
이루겠다는 '목표' 하나면 충분합니다.

마지막 페이지를 덮으면,

에듀윌과 함께
취업 합격이 시작됩니다.

취업 1위

누적 판매량 217만 부 돌파
베스트셀러 1위 2,420회 달성

공기업 NCS | 100% 찐기출 수록!

NCS 통합 기본서/실전모의고사
피듈형 | 행과연형 | 휴노형 봉투모의고사
PSAT형 NCS 수문끝

매1N
매1N Ver.2

한국철도공사 | 부산교통공사
서울교통공사 | 국민건강보험공단
한국전력공사 | 한국가스공사

한국수력원자력+5대 발전회사
한국수자원공사 | 한국수력원자력
한국토지주택공사 | 한국도로공사

NCS 6대 출제사
공기업 NCS 기출 600제

대기업 인적성 | 온라인 시험도 완벽 대비!

20대기업 인적성 통합 기본서

GSAT 삼성직무적성검사
통합 기본서 | 실전모의고사 | 봉투모의고사

LG그룹 온라인 인적성검사

SKCT SK그룹 종합역량검사
포스코 | 현대자동차/기아

농협은행
지역농협

영역별 & 전공

이해황 독해력 강화의 기술
석치수/박준범/이나우 기본서

공기업 사무직 통합전공 800제
전기끝장 시리즈 ❶, ❷

취업상식 1위!

다통하는 일반상식

공기업기출 일반상식

기출 금융경제 상식

---

* 에듀윌 취업 교재 누적 판매량 합산 기준(2012.05.14~2023.10.31)
* 온라인 4대 서점(YES24, 교보문고, 알라딘, 인터파크) 일간/주간/월간 13개 베스트셀러 합산 기준(2016.01.01~2023.11.07 공기업 NCS/직무적성/일반상식/시사상식 교재, e-book 포함)
* YES24 각 카테고리별 일간/주간/월간 베스트셀러 기록

더 많은
에듀윌 취업 교재

에듀윌 취업

취업 대세 에듀윌!
Why 에듀윌 취업 교재

기출맛집 에듀윌!
100% 찐기출복원 수록

주요 공·대기업 기출복원 문제 수록
과목별 최신 기출부터 기출변형 문제 연습으로 단기 취업 성공!

공·대기업 온라인모의고사
+ 성적분석 서비스

실제 온라인 시험과 동일한 환경 구성
대기업 교재 기준 전 회차 온라인 시험 제공으로 실전 완벽 대비

합격을 위한
부가 자료

교재 연계 무료 특강
+ 교재 맞춤형 부가학습자료 특별 제공!

eduwill

취업 1위

취업 교육 1위
에듀윌 취업 무료 혜택

교재 연계 강의

공기업 사무직 통합전공
출제유형 무료특강
(경영학, 행정학, 법학)

※ 무료 특강 이벤트는 예고 없이 변동 또는 종료될 수 있습니다.

교재 연계 강의 바로가기

교재 연계 부가학습자료

다운로드 방법

- STEP 1: 에듀윌 도서몰 (book.eduwill.net) 로그인
- STEP 2: 도서자료실 → 부가학습자료 클릭
- STEP 3: [공기업 사무직 통합전공 800제] 검색

• 공기업 NCS 모의고사 2회(PSAT형/모듈형)(PDF)
• 스터디 플래너+오답노트 템플릿(PDF)

1:1 학습관리
교재 연계 온라인스터디

참여 방법

- STEP 1: 신청서 작성
- STEP 2: 스터디 교재 구매 후 인증 (선택)
- STEP 3: 오픈채팅방 입장 및 스터디 학습 시작

※ 온라인스터디 진행 혜택은 교재 및 시기에 따라 다를 수 있습니다.
※ 오른쪽 QR 코드를 통해 신청하면 스터디 모집 시기에 안내 메시지를 받을 수 있습니다.

온라인스터디 신청

모바일 OMR
자동채점 & 성적분석 서비스

실시간 성적분석 방법

- STEP 1: QR 코드 스캔
- STEP 2: 모바일 OMR 입력
- STEP 3: 자동채점 & 성적분석표 확인

※ 교재별 서비스 유무는 다를 수 있습니다.
※ 응시내역 통합조회
  에듀윌 문풀훈련소 → 상단 '교재풀이' 클릭 → 메뉴에서 응시확인

• 2023, 2022, 2021 대한민국 브랜드만족도 취업 교육 1위 (한경비즈니스)/2020, 2019 한국브랜드만족지수 취업 교육 1위 (주간동아, G밸리뉴스)

2023 최신판
에듀윌 공기업 사무직 통합전공 800제
경영학/경제학/행정학/법학

사무직 통합전공 필기정보

주요 공기업 사무직 전공 시험과목

기업	필기정보	출제유형	전공 시험과목
한국수력원자력	NCS 70% + 전공 25% + 상식 5% (전공 25문항)	통합전공	법학, 행정학, 경제학, 경영학(회계학 포함)
국민연금공단	NCS + 전공 점수합산 (전공 50문항)	통합전공	법학, 행정학, 경영학, 경제학, 국민연금법 등 사회보장론 관련 지식
근로복지공단	NCS + 전공 점수합산 (전공 30문항)	통합전공	법학, 행정학, 경영학, 경제학, 사회복지학
한국동서발전	NCS 50% + 전공 50% (전공 + 한국사 50문항)	통합전공	법학(헌법/민법/행정법/상법), 행정학, 경영학, 경제학, 회계학(법정 및 상경 각 분야)
한전KDN	NCS 60% + 전공 40% (전공 50문항)	통합전공	경영학, 경제학, 법학, 행정학
건강보험심사평가원	NCS + 전공 점수합산 (전공 + 보건의료지식평가 40문항)	통합전공	경영학, 경제학, 법학, 행정학
한국가스기술공사	NCS 50% + 전공 50% (전공 50문항)	통합전공	법학, 행정학, 경영학, 경제학, 회계학 개론 수준
한국서부발전	NCS 50% + 전공 50% (전공 50문항 + 한국사 10문항)	상경/법정통합	• 상경: 경영학 원론, 경제학 원론, 회계원리 • 법정: 법학 개론, 행정학 원론
한국에너지공단	NCS 60% + 전공 40% (전공 40문항)	상경/법정통합	• 경영/경제: 경영학, 경제학, 회계학 • 법/행정: 법학, 행정학
한국환경공단	NCS 50% + 전공 50% (전공 40문항)	상경/법정통합	• 상경: 경영학, 경제학, 회계학 • 법정: 법학(행정법), 행정학
한전KPS	NCS 100점 + 전공 50점 (전공 50문항)	상경/법정통합	• 상경: 경영학, 회계학 • 법정: 법학, 행정학
한국도로공사	NCS 30% + 전공 70% (전공 40문항)	상경/법정통합	• 경영: 경영학, 경제학, 회계학 • 법정: 법학, 행정학
한국가스안전공사	NCS 70% + 전공 30% (전공 40문항)	상경/법정통합	• 상경: 경영학, 경제학, 회계학 • 법정: 법학, 행정학
한국국토정보공사	NCS 30% + 전공 70% (전공 60문항)	상경/법정통합	• 기획행정: 행정학+경제학+기초통계학 • 경영회계: 경영학+회계학+기초통계학
국가철도공단	NCS 50% + 전공 50%	상경/법정통합	• 상경: 경영학, 경제학, 회계학 • 법정: 법학(헌법, 행정법), 행정학

기업	배점	구분	과목
서울시설공단	NCS 50% + 전공 50% (전공 50문항)	상경/법정통합	• 상경: 경영학, 경제학 • 법정: 법학(행정법), 행정학
인천시설공단	NCS + 전공 점수합산 (전공 40문항)	상경/법정통합	• 상경: 경영학, 경제학 • 법정: 법학(행정법), 행정학
한국교통안전공단	NCS 50% + 전공 50% (전공 50문항)	상경통합	• 행정6급(일반): 경영학, 경제학 • 행정6급(회계결산): 경영학, 회계학, 재무회계, 세법
한국지역난방공사	NCS 50% + 전공 50% (전공 50문항)	상경통합	경영학, 경제학
항만공사	NCS 50% + 전공 50% (전공 40문항 + 한국사 10문항)	상경통합	경영학, 경제학
한국공항공사	NCS 50% + 전공 50% (전공 50문항)	상경통합	경영학(재무관리 포함)
한국철도공사 (코레일)	NCS 50% + 전공 50% (전공 25문항)	단일전공	경영학
한국수자원공사	NCS 70% + 전공 30% (전공 30문항)	단일전공	경영학, 경제학, 행정학, 법학 중 택1
한국농어촌공사	NCS 50% + 전공 50% (전공 40문항)	단일전공	• 경상: 경영학, 경제학 중 택1 • 법정: 법학, 행정학 중 택1
인천교통공사	NCS + 전공 점수합산 (전공 40문항)	단일전공	행정학원론, 경영학원론, 경제학원론, 법학개론, 통계학개론, 전산학개론, 전자일반 중 택1
인천국제공항공사	NCS 50% + 전공 50% (전공 50문항)	단일전공	경영학, 경제학, 행정학 중 택1
주택도시보증공사	NCS 100점 + 전공 200점 (전공 80문항)	단일전공	경영학, 경제학, 법학 중 택1
신용보증기금	NCS 20점 + 전공 80점 (전공 60문항)	단일전공	경영학, 경제학, 법학 중 택1
한국자산관리공사	전공 100% (전공 70문항)	단일전공	경영학, 경제학, 법학 중 택1
도로교통공단	NCS 40% + 전공 60% (전공 50문항)	단일전공	• 일반행정: 행정학, 경영학, 회계학, 법학 중 택1 • 교통교육: 교육학, 심리학, 행정학, 경영학, 법학, 교통공학 중 택1 • 교통정책: 교통공학, 법학, 행정학, 경영학, 심리학, 통계학 중 택1
기술보증기금	NCS(40점) + 전공(60점) 점수합산	단일전공	경제학, 경영학 중 택1

※ 기업별 세부 내용은 최신 채용 공고문을 확인하시기 바랍니다.

주요 공기업 사무직 전공 출제영역

기업	출제유형	출제영역
한국가스기술공사	통합전공	법학, 행정학, 경영학, 경제학, 회계학 개론 수준
한국도로공사	상경/법정통합	• 경영: 경영학원론, 회계학(중급 회계), 경제학원론 • 법정: 행정학원론, 정책학, 헌법, 행정법
한국가스안전공사	상경/법정통합	• 법학, 행정학: 헌법(통치구조론 제외), 민법(민법총칙, 민사소송법), 형법(형법총론, 형사소송법), 행정법(쟁송법 포함), 행정학(재무, 조직, 인사 포함) • 경영학, 회계학: 경영학 원론, 인사관리론, 노사관계론, 조직행동론, 재무회계(중급회계 포함), 세무회계(법인, 소득, 부가가치세) 등
한국지역난방공사	상경통합	경영학원론, 재무관리, 마케팅, 경제학원론, 재정학, 경제정책, 회계원리, 원가 · 관리회계 등
한국철도공사 (코레일)	단일전공	경영학: 경영학원론, 인사관리, 생산관리, 마케팅관리(재무관리, 회계학 제외)
한국수자원공사	단일전공	• 경영학: 재무관리, 회계, 경영전략, 인사, 조직 • 경학제: 미시경제, 거시경제 • 행정학: 정책학, 재무행정, 조직행정, 인사행정 • 법학: 민법, 행정법
한국농어촌공사	단일전공	• 경영학: 경영학원론, 재무관리, 마케팅, 조직 및 인적자원관리, 재무회계, 관리회계 • 경제학: 경제학원론, 미시경제학, 거시경제학, 국제경제학 • 법학: 헌법, 민법(가족법 제외), 민사소송법, 행정법 • 행정학: 행정학원론, 인사행정론, 재무행정론, 조직론
주택도시보증공사	단일전공	• 경영학: 경영학일반, 중급회계, 재무관리 • 경제학: 미시경제학, 거시경제학, 국제경제학 • 법학: 민법, 상법, 민사소송법
신용보증기금	단일전공	• (공통과목) 법학: 민상법(물권법, 채권법, 상행위, 회사법 중심) • (선택과목) 경영학: 경영학, 재무관리, 회계학(원가 · 관리회계 포함, 고급회계 제외) • (선택과목) 경제학: 미시경제학, 거시경제학, 국제경제학, 화폐금융론, 계량경제학
한국자산관리공사	단일전공	• 경영학: 경영학(재무관리, 회계학 포함) • 경제학: 미시경제학, 거시경제학 • 법학: 민법, 상법, 민사소송법
도로교통공단	단일전공	• 행정학: 행정학 총론, 정책학, 조직론, 인사행정, 재무행정, 지방자치 등 • 경영학: 경영전략, 경영정보, 생산운영관리, 인사조직관리, 마케팅, 회계, 재무투자관리 등
기술보증기금	단일전공	• 경영학: 중급회계, 재무관리, 경영학 • 경제학: 미시경제학, 거시경제학, 계량경제학

※ 세부 출제영역이 공개된 기업 관련 정보이며, 기업별 세부 내용은 최신 채용 공고문을 확인하시기 바랍니다.

8일 완성 커리큘럼

1. 통합전공 8일 학습플랜

DAY 1	DAY 2	DAY 3	DAY 4
PART 1 경영학 CHAPTER 01~06	PART 1 경영학 CHAPTER 07 PART 2 경제학 1 미시경제	PART 2 경제학 2 거시경제	PART 3 행정학 CHAPTER 01~04
1~147번	148~245번	246~340번	341~454번

DAY 5	DAY 6	DAY 7	DAY 8
PART 3 행정학 CHAPTER 05~07 PART 4 법학 CHAPTER 01~02	PART 4 법학 CHAPTER 03~06	PART 4 법학 CHAPTER 07~09	PART 5 실전모의고사
455~544번	545~629번	630~680번	681~800번

2. 상경통합 8일 학습플랜

DAY 1	DAY 2	DAY 3	DAY 4
PART 1 경영학 CHAPTER 01~03	PART 1 경영학 CHAPTER 04~05	PART 1 경영학 CHAPTER 06~07	PART 2 경제학 1 미시경제 CHAPTER 01~04
1~64번	65~114번	115~170번	171~207번

DAY 5	DAY 6	DAY 7	DAY 8
PART 2 경제학 1 미시경제 CHAPTER 05~06 2 거시경제 CHAPTER 01~03	PART 2 경제학 2 거시경제 CHAPTER 04~08	PART 2 경제학 2 거시경제 CHAPTER 09~10	PART 5 실전모의고사
208~260번	261~306번	307~340번	681~720번, 761~780번

3. 법정통합 8일 학습플랜

DAY 1	DAY 2	DAY 3	DAY 4
PART 3 행정학 CHAPTER 01~02	PART 3 행정학 CHAPTER 03	PART 3 행정학 CHAPTER 04~05	PART 3 행정학 CHAPTER 06~07 PART 4 법학 CHAPTER 01
341~399번	400~428번	429~476번	477~520번

DAY 5	DAY 6	DAY 7	DAY 8
PART 4 법학 CHAPTER 02~03	PART 4 법학 CHAPTER 04~06	PART 4 법학 CHAPTER 07~09	PART 5 실전모의고사
521~587번	588~629번	630~680번	721~760번, 781~800번

이 책의 구성

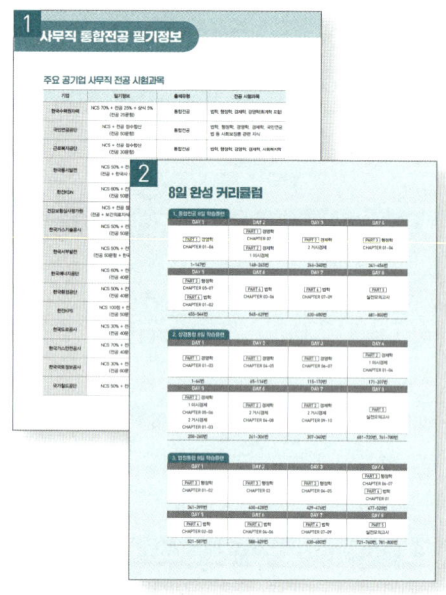

최신 출제경향 파악!
1 주요 공기업 사무직 전공 필기정보

주요 공기업 필기시험의 NCS/전공 항목별 출제비중과 전공 출제 유형, 전공 출제과목 및 세부영역 등 전공필기 관련 정보를 한눈에 파악할 수 있도록 구성하였습니다.

초단기 학습플랜으로 완벽하게!
2 8일 완성 커리큘럼

통합전공/상경통합/법정통합 준비 유형에 따라 효율적으로 학습할 수 있도록 유형별 8일 학습플랜을 제시합니다.

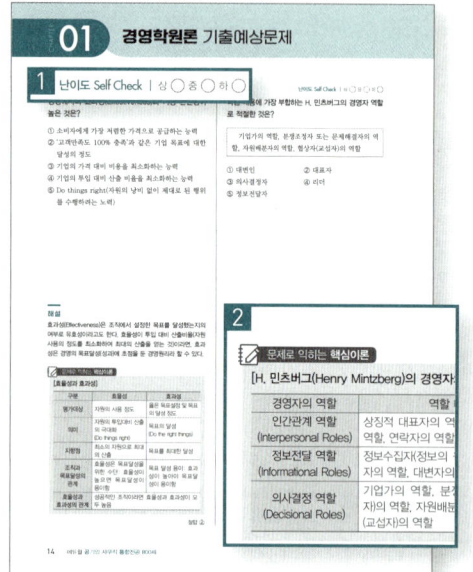

필요한 문제만 쏙쏙!
1 난이도 Self Check

난이도를 스스로 책정해서 따로 체크할 수 있습니다. 어려운 문제들이나, 쉽지만 중요한 문제들은 따로 체크하여 회독이 필요한 문제만 모아서 풀어볼 수 있습니다.

이론부터 실전까지 한번에!
2 문제로 익히는 핵심이론

문제를 통해 학습할 수 있는 이론을 별도로 정리하여 구성하였습니다. 문제 풀이를 통해 관련 핵심이론까지 한 번에 학습할 수 있습니다.

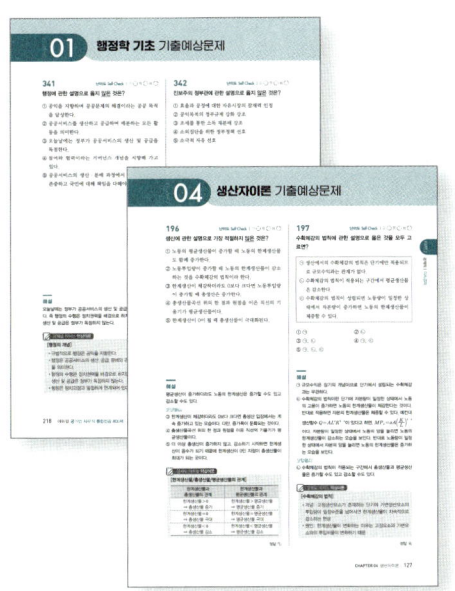

경영학/경제학/행정학/법학
사무직 전공 전 범위 기출예상문제

공기업 사무직 전공시험의 주요 출제과목인 경영학, 경제학, 행정학, 법학의 전 범위를 학습할 수 있도록 전공별 세부영역에 따라 구성하였습니다.
최신 필기시험 정보를 바탕으로 핵심 키워드가 포함된 출제예상문제를 확인할 수 있습니다.

상경통합/법정통합/통합전공
실전모의고사 3회분

실전감각 향상을 위해 상경통합/법정통합/통합전공의 출제 유형별 실전모의고사 3회분을 수록하여 준비 유형에 따라 학습할 수 있도록 하였습니다.

차례

사무직 통합전공 필기정보　2
8일 완성 커리큘럼　5
이 책의 구성　6

PART 1 | 경영학

- CHAPTER 01　경영학원론　14
- CHAPTER 02　경영전략　24
- CHAPTER 03　조직행동론　33
- CHAPTER 04　인적자원관리　49
- CHAPTER 05　생산운영관리　59
- CHAPTER 06　마케팅　76
- CHAPTER 07　회계 및 재무관리　94

PART 2 | 경제학

1 | 미시경제

- CHAPTER 01　경제학 기초　109
- CHAPTER 02　수요공급이론　111
- CHAPTER 03　소비자선택이론　118
- CHAPTER 04　생산자이론　127
- CHAPTER 05　시장이론　134
- CHAPTER 06　생산요소시장과 소득분배　147

2 | 거시경제

- CHAPTER 01　거시경제변수와 국민소득결정이론　158
- CHAPTER 02　소비와 투자　162
- CHAPTER 03　화폐수요공급과 통화정책　165
- CHAPTER 04　IS-LM모형과 경제안정화정책　168
- CHAPTER 05　AD-AS모형　172
- CHAPTER 06　인플레이션과 실업　175
- CHAPTER 07　학파별 논쟁과 경기변동　184
- CHAPTER 08　경제성장과 발전　188
- CHAPTER 09　국제무역론　192
- CHAPTER 10　국제금융　203

PART 3 | 행정학

CHAPTER 01	행정학 기초	218
CHAPTER 02	정책론	234
CHAPTER 03	조직론	256
CHAPTER 04	인사행정론	275
CHAPTER 05	재무행정론	298
CHAPTER 06	행정환류론	316
CHAPTER 07	지방행정론	328

PART 4 | 법학

CHAPTER 01	법학개론	348
CHAPTER 02	헌법	353
CHAPTER 03	민법	371
CHAPTER 04	형법	411
CHAPTER 05	형사소송법	427
CHAPTER 06	민사소송법	435
CHAPTER 07	상법	450
CHAPTER 08	행정법	465
CHAPTER 09	사회법	489

PART 5 | 실전모의고사

01	상경통합 모의고사	501
02	법정통합 모의고사	511
03	통합전공 모의고사	521

정답 및 해설   530

에듀윌이
너를
지지할게

ENERGY

처음에는 당신이 원하는 곳으로
갈 수는 없겠지만,
당신이 지금 있는 곳에서
출발할 수는 있을 것이다.

– 작자 미상

공기업 사무직 통합전공 800제

PART 1

경영학

CHAPTER 01　경영학원론

CHAPTER 02　경영전략

CHAPTER 03　조직행동론

CHAPTER 04　인적자원관리

CHAPTER 05　생산운영관리

CHAPTER 06　마케팅

CHAPTER 07　회계 및 재무관리

CHAPTER 01 경영학원론 기출예상문제

001
난이도 Self Check | 상○중○하○

경영에서의 효과성(Effectiveness)과 가장 관련성이 높은 것은?

① 소비자에게 가장 저렴한 가격으로 공급하는 능력
② '고객만족도 100% 충족'과 같은 기업 목표에 대한 달성의 정도
③ 기업의 가격 대비 비용을 최소화하는 능력
④ 기업의 투입 대비 산출 비율을 최소화하는 능력
⑤ Do things right(자원의 낭비 없이 제대로 된 행위를 수행하려는 노력)

해설
효과성(Effectiveness)은 조직에서 설정한 목표를 달성했는지의 여부로 유효성이라고도 한다. 효율성이 투입 대비 산출비율(자원사용의 정도를 최소화하여 최대의 산출을 얻는 것)이라면, 효과성은 경영의 목표달성(성과)에 초점을 둔 경영원리라 할 수 있다.

문제로 익히는 핵심이론
[효율성과 효과성]

구분	효율성	효과성
평가대상	자원의 사용 정도	옳은 목표설정 및 목표의 달성 정도
의미	자원의 투입대비 산출의 극대화 (Do things right)	목표의 달성 (Do the right things)
지향점	최소의 자원으로 최대의 산출	목표를 최대한 달성
조직과 목표달성의 관계	효율성은 목표달성을 위한 수단: 효율성이 높으면 목표달성이 용이함	목표 달성 용이: 효과성이 높아야 목표달성이 용이함
효율성과 효과성의 관계	성공적인 조직이라면 효율성과 효과성이 모두 높음	

정답 ②

002
난이도 Self Check | 상○중○하○

다음 내용에 가장 부합하는 H. 민츠버그의 경영자 역할로 적절한 것은?

> 기업가의 역할, 분쟁조정자 또는 문제해결자의 역할, 자원배분자의 역할, 협상자(교섭자)의 역할

① 대변인
② 대표자
③ 의사결정자
④ 리더
⑤ 정보전달자

해설
H. 민츠버그(Henry Mintzberg)는 여러 조직에서 경영자의 활동을 체계적으로 연구한 뒤 경영자의 역할을 10가지로 요약하여 제시하였다. 이 10가지는 크게 인간관계 역할, 정보전달 역할 및 의사결정 역할로 나누어 이해할 수 있다. 주어진 내용은 그중 의사결정 역할에 해당하는 내용이다.

문제로 익히는 핵심이론
[H. 민츠버그(Henry Mintzberg)의 경영자의 역할]

경영자의 역할	역할 내용
인간관계 역할 (Interpersonal Roles)	상징적 대표자의 역할, 지도자(리더)의 역할, 연락자의 역할
정보전달 역할 (Informational Roles)	정보수집자(정보의 원천)의 역할, 전파자의 역할, 대변자의 역할
의사결정 역할 (Decisional Roles)	기업가의 역할, 분쟁조정자(문제해결자)의 역할, 자원배분자의 역할, 협상자(교섭자)의 역할

정답 ③

003

지주회사(Holding Company)에 대한 설명으로 옳은 것은?

① 개별기업들이 경제적·법률적으로 독립성을 상실하고 하나의 기업이 되는 것이다.
② 상호보완적인 역할을 하는 여러 생산부문이 생산기술적 입장에서 결합하는 것이다.
③ 상호관련이 없는 이종기업 간의 합병·매수에 의해 다각적 경영을 행하는 거대기업이다.
④ 주식 소유를 통해 다른 회사의 사업 활동을 지배·관리하는 회사를 말한다.
⑤ 종래 운영하고 있던 업종 이외의 다른 업종에 진출하여 이를 동시에 운영하는 것이다.

해설

지주회사는 콘체른의 일종으로 다른 회사의 주식을 소유함으로써 사업활동을 지배하는 것을 주된 사업으로 하는 회사를 말한다. 생산과 영업 등 자체 사업을 하면서 특정 계열사를 자회사로 거느리는 '사업지주회사'와 영업활동은 하지 않으면서 순수하게 계열사 경영권만을 지배하는 '순수지주회사'로 나뉜다.

오답풀이
① 트러스트(Trust)에 관한 설명이다.
② 콤비나트(Kombinat: 종합공장집단)에 관한 설명이다.
③ 복합기업(Conglomerate)에 관한 설명이다.
⑤ 비관련 다각화전략에 관한 설명이다.

정답 ④

004

주식회사에 관한 설명으로 옳지 않은 것은?

① 다수의 출자자로부터 대규모 자본조달이 용이하다.
② 소유와 경영의 인적 통합이 이루어진다.
③ 주주총회는 기업의 최고 의사결정기구이다.
④ 주주의 유한책임을 전제로 한다.
⑤ 자본의 증권화 제도를 통하여 자유롭게 소유권을 이전할 수 있다.

해설

소유와 경영의 인적 통합이 특징인 회사형태에는 인적기업인 합명회사나 개인기업이 해당된다.

📝 문제로 익히는 핵심이론

[주식회사]
1. 주식회사의 개념
   주식회사는 주주의 출자로 이루어지며 주주는 그 주식의 인수가액을 한도로 하는 유한책임만 부담할 뿐, 회사 채무에 대하여 아무런 책임도 지지 않으며, 영리를 목적으로 한 자본중심의 단체로 '물적회사'의 전형이다.
2. 주식회사의 특징
   • 자본의 증권화(Securitization)
   • 유한책임제도
   • 주식양도의 용이성
   • 소유와 경영의 분리
   • 기업의 최고 의사결정기구

정답 ②

005

소유와 경영의 분리에 따른 대리인 문제(Agency Problem)에 관한 설명으로 옳지 <u>않은</u> 것은?

① 대리인 비용 기업의 주체와 대리인의 이해관계 상충으로 발생한다.
② 대리인 비용 중 잔여손실은 위임자가 대리인이 경영을 수행하거나 의사결정을 할 때 자신의 이익으로부터 이탈하는 것을 막기 위하여 감시하는 데 들어가는 비용이다.
③ 경영자는 여러 가지 대리인 사이의 비용을 극소화하여 자신의 이익을 극대화하려 한다.
④ 대리인 문제는 위임자와 대리인 사이의 정보 비대칭, 불명확한 의사전달 등으로 발생한다.
⑤ 단일의 대리인이 아닌 복수의 대리인을 두어 도덕적 해이를 해소할 수 있다.

해설

위임자가 대리인이 경영을 수행하거나 의사결정을 할 때 자신의 이익으로부터 이탈하는 것을 막기 위하여 감시하는 데 들어가는 비용은 '감시비용(Monitoring Cost)'이다.

문제로 익히는 핵심이론

[대리인 문제로 발생하는 비용]

- 감시비용(Monitoring Cost): 대리인의 행위가 주주나 채권자 등의 이익으로부터 이탈하는 것을 제한하기 위하여 주주나 채권자가 부담하는 비용
- 확증비용(Bonding Cost): 전문경영인이 주주의 이해에 반하는 행동을 하지 않고 있음을 증명하는 과정에서 발생하는 비용
- 잔여손실(Residual Cost): 감시비용과 확증비용의 지출에도 불구하고 대리인의 의사결정이 주주나 채권자의 최적 의사결정과 일치하지 않아 발생하는 주주나 채권자의 재산 손실

정답 ②

006

다음은 기업집단의 형태들(카르텔, 트러스트, 콘체른)에 대한 특징들이다. 이 중 카르텔의 특징에 해당하는 것을 모두 고르면?

> ㉠ 생산 및 판매 과정에서 경쟁을 방지하고 수익을 확보하기 위해 동종 상품이나 상품군을 독립기업 간에 수평적으로 결합하는 형태
> ㉡ 시장을 지배할 목적으로 동종 혹은 이종 기업이 자본적 결합에 의해 완전히 하나의 기업이 되는 형태
> ㉢ 일반적으로 대기업이 자본지배를 목적으로 여러 산업에 속한 중소기업의 주식을 보유하거나 이들에게 자금을 대여하여 금융적으로 결합한 형태
> ㉣ 참여기업들은 법적, 경제적 독립성을 유지할 때 경제적 효력 발생
> ㉤ 실질적으로는 독립성을 상실하지만 외형상으로는 법률적 독립성이 유지되는 형태

① ㉠, ㉣   ② ㉡, ㉤   ③ ㉢, ㉣
④ ㉠, ㉡, ㉤   ⑤ ㉠, ㉣, ㉤

해설

카르텔(Cartel)은 기업 간의 카르텔 협정에 의하여 성립되어 참여기업은 이 협정에 의해 일부 경제적 활동은 제약을 받지만 기업의 경제적, 법률적 독립성은 잃지 않는 수평적 기업결합의 유형이다.

오답풀이
㉡ 트러스트(Trust)의 개념에 해당한다.
㉢, ㉤ 콘체른(Concern)의 특징에 해당한다.

문제로 익히는 핵심이론

[독립성에 따른 기업결합의 분류]

구분	카르텔	트러스트	콘체른
명칭	기업 연합	기업 합동	기업 결합
목적	경쟁 배제, 시장 통제	경영 합리화, 시장 독점	내부 경영 통제·지배
독립성	경제적, 법률적 독립성 유지	완전한 독립성 상실	법률적 독립성 유지, 경제적 독립성 상실
결합력	약함	아주 강함	경제적 결합
결합 방법	동종의 수평적 결합	수평적·수직적 결합	수평·수직·자본적 결합

정답 ①

007

공기업(Public Enterprises)에 대한 설명으로 옳지 않은 것은?

① 공기업은 사회적 공공성과 이윤추구 측면의 기업성을 함께 갖춘 조직 형태에 해당한다.
② 공기업은 국가나 지방공공단체가 법률에 의거하여 출자하고 직·간접적으로 경영하는 기업이다.
③ 재무적으로는 독립채산제이지만 재정적 측면에서의 자주성은 낮다.
④ 공기업은 독립채산제하에서 사기업과 동일하게 경영을 하므로 민영화 직전 단계에 해당한다.
⑤ 자본조달 측면에서 조달의 용이성을 지닌다.

해설

공기업은 독립채산제하에서 경영을 하지만, 국가 또는 지방자치단체(공공단체)가 전액 출자하고 경영상의 책임을 지며, 공공복리 내지 행정목적을 위한 조직에 해당하므로 민영화 직전단계에 해당하지는 않는다.

문제로 익히는 핵심이론

[공기업의 장단점]
- 장점
  - 신용도가 높아 대규모 자본조달 유리하고, 조세 측면에서 유리함
  - 재정적 지배관계에서는 독립된 경영체로 보며, 경영을 분리하여 경영에 기업성을 부여한 관리방식을 취함
- 단점
  - 국가 등의 법령에 구속되어 자주적 경영 곤란, 경영자의 출자가 없어 책임감과 효율성 결여, 행정기관의 감독으로 사무처리 복잡함

정답 ④

008

기업의 사회적 책임(CSR)에 관한 설명으로 옳지 않은 것은?

① 기업의 사회적 책임에 관한 국제표준은 ISO 26000이다.
② ESG경영과 사회적 책임은 상호연관성이 높은 개념이다.
③ 기업의 사회적 책임에 관한 지침인 ISO 26000은 강제집행사항은 아니지만 국제사회의 판단기준이 된다.
④ 사회적 책임 분야는 CSV(Creating Shared Value)에서 CSR(Corporate Social Responsibility)의 순서로 발전되었다.
⑤ CSV는 기업경쟁력을 강화하는 정책이며 지역사회의 경제적·사회적 조건을 동시에 향상시키는 개념이다.

해설

M. Porter는 '전략적 CSR(기업의 사회적 책임)'의 아이디어를 한 단계 더 발전시킨 CSV(Creating Shared Value, 공유가치 창출) 개념을 제시하였고, 향후 Wayne Visser는 CSV를 '기업의 지속성과 책임'을 의미하는 것으로 정의한 바 있다.

문제로 익히는 핵심이론

[CSR과 CSV]

구분	CSR	CSV
이념	사회적으로 선한 행동	경제적 가치와 사회적 가치의 조화
핵심개념	선량한 시민으로서의 기업, 지속 가능성, 사회공헌	기업과 지역공동체의 상생 가치 창출
사회공헌에 대한 인식	이익창출과는 무관한 시혜적 활동(비용으로 인식)	이익 극대화를 위한 투자로 인식
사회공헌 활동 선정과정	환경규제 등 외부입력에 의해 수동적으로 설정	기업 상황에 맞게 주체적으로 선정

정답 ④

009

난이도 Self Check | 상 ◯ 중 ◯ 하 ◯

다음 ㉠~㉢의 사례와 같이 기업 경영전략 변화에 가장 큰 영향을 준 기업환경요인으로 옳은 것은?

㉠ A 커피프랜차이즈는 매장 안에서는 머그잔을 활용하고 있으며 전체 매장의 플라스틱 빨대를 종이 빨대로 교체하였다.
㉡ B 대형마트는 일회용 비닐봉투 사용이 금지되어 장바구니 사용을 장려하는 게시물을 부착하고 홍보하고 있다.
㉢ C 대형마트는 중소유통기업과의 상생발전을 도모하기 위해 1달에 이틀의 휴무규정을 준수하고 있다.

① 경제적 환경
② 정치·법률적 환경
③ 사회·문화적 환경
④ 기술적 환경
⑤ 인구통계적 환경

해설

주어진 사례들은 정부(환경부)의 방침과 법률(유통산업발전법)에 근거하여 규제되고 있는 내용이다. 따라서 정치·법률적 환경에 해당한다.

문제로 익히는 핵심이론 ❶

[경영환경의 분류]

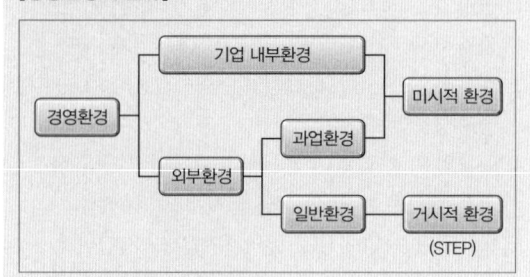

(STEP)

문제로 익히는 핵심이론 ❷

[거시적 환경의 개념]

기업의 외부환경에 해당하는 것으로 기업과 경영자에게 기회요인과 위협요인을 동시에 가져다 줄 수 있는 환경요인에는 다음 4가지 환경(STEP)이 있다.

- 사회·문화적 환경(Social&Culture Environment): 1·2인 가구 증가, 다문화증가, MZ세대의 등장 등
- 기술적 환경(Technological Environment): 정부의 기술인력 양성 예산, 학계에서의 R&D 예산, 신기술개발의 인터벌 등
- 경제적 환경(Economic Environment): 환율변동, 금융위기, 유가상승 등 통제불능 환경
- 정치·법률적 환경(Political environment): 국가의 제도 및 법률적 규범
※ 생태학적 환경(Ecological Environment): 재활용률, 소음공해, 먼지 공해, 지구온난화 등
  → 4가지 환경(STEP)에 '생태학적 환경'요인까지 더하여 STEEP으로 불리기도 한다.

정답 ②

010

테일러(F. Taylor)의 과학적 관리법에 관한 설명으로 옳은 것은?

① 보상은 생산성과 연공(Seniority), 팀워크와 능력에 비례하여 주어져야 한다.
② 임파워먼트(Empowerment)와 상향적 커뮤니케이션을 중시하였다.
③ 동작연구, 감정연구, 인간관계연구가 활발히 진행되었다.
④ 능률적 작업과 생산성 향상을 주된 목표로 하였다.
⑤ 직무설계가 전문화, 분권화, 개성화, 자율화되었다.

해설
20C 초 등장하여 능률적 작업과 생산성 향상을 주된 목표로 한 테일러(F. Taylor)의 과학적 접근법은 동작연구 및 시간연구, 차별적 성과급, 기획부제도, 고임금 저노무비, 직장제, 직무에 맞는 인력선발제도, 인간 없는 조직이라는 비판이라는 특징을 지닌다.

오답풀이
① 차별적 성과급제(개인성과급)를 도입하였으며, 연공과 팀워크는 해당하지 않는다.
② 하향적 또는 수직적 커뮤니케이션을 중시하였다.
③ 감정연구 및 인간관계연구는 인간관계학파에 해당하는 내용이다.
⑤ 직무전문화를 중시하였고, 분권화, 개성화, 자율화는 현대적 직무설계에 해당한다.

정답 ④

011

미국 경영학의 발전과정 중 나타난 용어와 설명의 관계가 적절하지 <u>않은</u> 것은?

① 시스템이론(Systems Theory): 조직을 여러 구성인자가 유기적으로 상호 작용하는 결합체로 봄
② 행동과학이론(Behavioral Science): 인간관계를 중시하며 비공식 조직의 존재와 그 기능을 밝힘
③ 과학적 관리론(Scientific Management): 과업관리(Task Management)의 목표는 높은 임금, 낮은 노무비의 원리로 집약됨
④ 구조조정이론(Restructuring): 기업의 경쟁력 강화 및 비전 달성을 목표로 사업구조를 재구축하려는 경영혁신기법
⑤ 포드 시스템(Ford System): 봉사주의와 저가격·고임금의 원리를 중심으로 하는 경영이념을 가짐

해설
인간관계를 중시하며 비공식 조직의 존재와 그 기능을 밝히는 것은 인간관계론에 대한 설명에 해당한다. 행동과학이론은 인간관계론의 한계를 극복하기 위해 심리학, 사회학, 사회문화학 등의 경영학 관련 인접학문들이 교류되면서 체계를 갖춘 이론이다.

정답 ②

012

다음을 읽고 빈칸에 들어갈 학자와 그가 주장한 이론이 바르게 짝지어진 것은?

> 고전학파 경영학의 기초를 마련한 (　　)은/는 최고 경영자(CEO)들이 어떻게 하면 조직과 구성원들이 조직의 목표를 더 효과적으로 달성할 수 있을 것인가에 많은 관심을 기울였으며, 기업의 내부 활동을 체계적으로 분류하고, 조직 전체의 효율적 경영을 위한 5가지 경영관리활동인 계획, 조직, 지휘, 조정, 통제라는 경영관리기법을 적용하였다.

① Weber – 관료제이론
② Simon – 관리인모형
③ Taylor – 과학적 관리론
④ Ford – 이동작업장시스템
⑤ Fayol – 경영관리론

해설

고전학파 경영학의 기초를 만든 페이욜(H. Fayol)은 『산업 및 일반관리』라는 저서를 통해 관리의 5요소와 관리의 14가지 일반원칙을 제시했다. 테일러가 주로 현장의 작업관리에만 관심을 기울인 반면, 페이욜은 조직 전체의 관리라는 문제에 관심을 가졌다.

문제로 익히는 핵심이론

기업의 6가지 본질적인 활동 (경영의 기능)	• 기술적 활동(생산 · 제조 · 가공) • 상업적 활동(구매 · 판매 · 교환) • 재무적 활동(자금의 조달과 운용) • 보전적 활동(재산 및 종업원의 보호) • 회계적 활동(재무제표 · 원가 · 통계) • 관리적 활동(계획 → 조직 → 명령 → 조정 → 통제)
관리활동의 5요소	• 계획: 미래에 대한 탐색과 활동계획의 수립 • 조직: 기업의 물질적 및 사회적 조직의 구성 • 명령: 종업원에 대한 지휘기능 • 조정: 모든 활동과 노력을 결합 · 통일 · 조화시킴 • 통제: 이미 확정된 규정이나 기준 · 명령에 따르도록 감시

정답 ⑤

013

막스 베버(M. Weber)가 주장한 관료조직(Bureaucracy)의 특징으로 옳은 것을 모두 고르면?

> ㉠ 분업 중시
> ㉡ 창의성 중시
> ㉢ 명확한 위계질서
> ㉣ 공식규정 및 규칙 중시

① ㉠, ㉡
② ㉢, ㉣
③ ㉠, ㉢, ㉣
④ ㉡, ㉢, ㉣
⑤ ㉠, ㉡, ㉢, ㉣

해설

베버의 관료제(Bureaucracy) 이론은 기본적으로 권한구조에 관한 이론에 기초를 두고 있다. 베버는 권한의 유형을 카리스마적 권한 → 전통적 권한 → 합리적 · 법적 권한으로 구분하고, 합리적 · 법적 권한에 기초를 둔 관료제 모형이 근대사회의 대규모 조직을 설명하는 데 가장 적합하다고 하였다.

오답풀이
㉡ 베버의 관료제는 비개인성을 중시하는 조직형태로, 창의성이 저해된다는 단점이 있다.

문제로 익히는 핵심이론

[관료제의 특성]
- 과업의 전문화에 기초한 체계적인 노동의 분업화
- 안정적이고 명확한 권한계층과 명령체계 중시
- 규칙과 표준화된 절차의 일관된 시스템
- 태도와 대인관계의 비개인성 → 개인의 성장 · 창의성 저해
- 문서화, 공식화(Formal)된 의사결정
- 기술적 능력주의에 의한 인사관리

정답 ③

014

난이도 Self Check | 상 ◯ 중 ◯ 하 ◯

메이요(E. Mayo)의 호손실험 중 배선작업 실험에 관한 설명으로 옳지 <u>않은</u> 것은?

① 작업자를 둘러싸고 있는 사회적 요인들이 작업능률에 미치는 영향을 파악하였다.
② 생산현장에서 비공식조직을 확인하였다.
③ 비공식조직이 작업능률에 영향을 미치는 것을 발견하였다.
④ 관찰연구를 통해 진행되었다.
⑤ 경제적 욕구의 중요성을 재확인하였다.

해설

메이요의 호손 실험 중 제4차 배선작업 실험에서는 배선작업을 하는 14명의 남성 노동자를 관찰하여 비공식조직의 중요성을 인지하게 된다. 즉 경제적 보상이나 좋은 근무조건 등 물질적 요인보다는 사람의 감정이나 태도 등 비공식조직에서의 사회적 관계가 노동자의 업무 생산성과 작업 효율성에 중요한 영향을 미친다는 것이다.

문제로 익히는 핵심이론

[메이요(E. Mayo)의 호손실험]

구분	실험	결과
제1차 실험	조명 실험	물리적 작업 조건과 생산성 간에는 상관관계가 없음을 알아냄으로써 인지인간관계론 태동의 계기가 된 실험
제2차 실험	계전기 조립작업장 실험	여성 종업원 6명을 대상으로 실시하였으며, 종업원의 감정, 태도, 직장 내 분위기 등에 관한 문제가 새로운 연구 주제로 대두됨
제3차 실험	면접 연구	전체 종업원을 대상으로 한 면접실험으로 종업원의 작업 의욕은 소속 집단의 사회적 조건에 크게 좌우됨을 인지하게 됨
제4차 실험	배전기 전선작업장 실험	회사의 공식조직과는 별개의 비공식조직이 생산성에 영향을 미침을 알아냄

정답 ⑤

015

난이도 Self Check | 상 ◯ 중 ◯ 하 ◯

목표에 의한 관리(MBO) 이론에 대한 설명으로 가장 옳은 것은?

① 종업원은 다른 사람과 보상을 비교하여 노력과 보상 간에 공정성을 유지하려 한다는 이론이다.
② 긍정적 또는 부정적 강화요인들이 사람들을 특정 방식으로 행동하게 한다는 이론이다.
③ 높지만 도달 가능한 목표를 제공하는 것이 종업원을 동기부여할 수 있다는 이론이다.
④ 종업원이 특정 작업에 투여하는 노력의 양은 기대하는 결과물에 따라 달라진다는 이론이다.
⑤ 목표 설정 및 수행을 위한 장기계획을 수립할 수 있을 만큼 안정적인 기업에 더 적합한 이론이다.

해설

피터 드러커(P. Drucker)가 제시하고 더글러스 맥그리거(D. McGregor)가 발전시킨 MBO는 개인과 조직의 목표를 명확히 규정함으로써 구성원의 목표를 상급자 및 조직전체의 목표와 일치하도록 하기 때문에 조직목표 달성에 효과적으로 기여하게 된다.

오답풀이

① 아담스(J. Adams)의 공정성 이론에 관한 설명이다.
② 강화이론에 관한 설명이다.
③ 로크(E. Locke)의 목표설정이론에 관한 설명이다.
④ 브룸(V. Vroom)의 기대이론에 관한 설명이다.

문제로 익히는 핵심이론

[MBO의 특징]

- 측정 가능하고 비교적 단기적인 목표를 설정함
- 하급자를 목표 설정에 참여시킴
- 상급자와 하급자 사이의 상호작용(피드백)을 중요시함

정답 ⑤

016

난이도 Self Check | 상 ○ 중 ○ 하 ○

기업의 혁신을 위한 조직의 구조조정에 관한 설명으로 가장 옳지 않은 것은?

① 벤치마킹은 기업의 지속적 개선을 위해 외부 기업과 비교하여 관리하고 평가하는 것이다.
② 아웃소싱은 조직의 비핵심적 역량 부분을 외부에 전부 또는 일부 위탁하여 핵심적 역량 부분에 집중할 수 있도록 하는 전략이다.
③ 전략형 아웃소싱은 자사의 핵심 역량에 관련된 가치 활동은 철저히 내부화하고 그렇지 않은 가치 활동은 분사, 외주 등의 방법을 통해 시장 거래에 의존한다.
④ 다운사이징은 조직의 슬림화를 통해 조직효율성의 증진을 추구한다.
⑤ BPR(Business Process Reengineering)은 경비절약, 기업의 규모 축소, 전문화 등을 목적으로 기존의 프로세스를 점점 개선하는 기법이다.

해설

경비절약, 기업의 규모 축소, 전문화 등을 목적으로 하는 것은 아웃소싱에 대한 설명이며, BPR은 기존의 프로세스를 점점 개선하는 것이 아닌, 근본적인 관점에서 다시 생각하여 비즈니스 프로세스를 획기적으로 재설계하는 기법을 말한다.

벤치마킹 (Benchmarking)	경쟁우위를 쟁취하기 위해서 선도적 기업들의 기술 혹은 업무방식(프로세스)을 지속적으로 측정하고 비교함으로써 얻어진 유용한 정보를 자사의 성과 향상을 위한 업무개선 수행에 반영하는 것
비즈니스 리엔지니어링 (BPR)	기업의 비용·품질·서비스·속도와 같은 핵심적 분야에서 극적인 향상을 이루기 위해 기존의 업무수행방식을 원점에서 재검토하여 업무처리절차를 근본적으로 재설계하는 것
아웃소싱 (Outsourcing)	기업 내부의 프로젝트 활동을 기업 외부의 제3자에게 위탁해 처리하거나, 외부 정보통신 전문업체가 고객의 정보처리 업무의 일부 또는 전부를 장기간 운영·관리하여 비용절감 및 기업의 규모 축소, 전문화 등을 추구함
다운사이징 (Downsizing)	• 조직의 효율, 생산성, 경쟁력을 높이기 위해서 비용구조나 업무 흐름을 개선하는 일련의 조치, 불필요한 인원이나 경비를 줄여 낭비적인 조직을 제거하는 것 • 구체적인 실천방법으로는 팀제, 명예퇴직, 성과보수체계 등을 활용함

정답 ⑤

017

다음 기사를 읽고 빈칸 안에 공통적으로 들어갈 말로 가장 옳은 것은?

> ( ) 환상에서 벗어난
> 기업들의 생산기지 철수
>
> ( )은 국내에서 얻는 것보다 상당히 낮은 가격에 해외에서 제품, 원재료를 만들거나 구매할 수 있는 기회를 제공하는 것을 말한다. 그러나 낮은 품질, 높은 운송비용이 ( )을 통해 얻어지는 비용 우위를 저해함에 따라 일부 자국 제조업체들은 생산기지를 다시 자국으로 옮기는 중이다.

① 리쇼링(Re-Shoring)
② 오프쇼링(Off-Shoring)
③ 지연(Postponement) 전략
④ 기민성(Agility) 생산방식
⑤ 린(Lean) 생산방식

해설

기업이 생산기지를 규제가 약하고 임금수준이 낮은 외국으로 옮기는 것을 오프쇼링(Off-Shoring)이라고 하고, 반대로 생산기지를 다시 국내로 옮기는 것을 리쇼링(Re-Shoring)이라고 한다. 따라서 주어진 기사는 오프쇼링에 대한 기사이므로 ②가 정답이다.

오답풀이
③ 지연(Postponement) 전략: 유예 전략이라고도 하며, 제품/서비스의 생산 마지막 단계에서 완성을 미루었다가 고객의 요구를 확인한 후 반영하여 최종 생산하는 것을 말한다.
⑤ 린(Lean) 생산방식: 인력, 생산설비 등 생산능력을 필요한 만큼만 유지하면서 생산효율을 극대화하는 생산 시스템을 말한다.

정답 ②

018

사상의학의 대가인 한의사 A는 그가 평생 연구한 기술들을 제자 B에게 전수하였다. 이후 이를 바탕으로 B가 한의학을 집대성한 서적을 출간하였다면, 이는 노나카의 SECI모형 중 어느 단계에 해당하는가?

① 사회화
② 표출화
③ 연결화
④ 종합화
⑤ 내면화

해설

개인 한의사인 A가 지닌 암묵지가 B에게 전달되면서 형식지로 변환되는 단계이므로, 표출화(=외재화) 단계에 해당한다.

문제로 익히는 핵심이론

[암묵적 지식(암묵지)과 형식화된 지식(형식지)]

암묵지 (Tacit Knowledge)	개인적 경험이나 전문적 기술 및 상황 중심적인 지식으로 공식화하거나 전달하기 어려운 지식
형식지 (Explicit Knowledge)	구체적이거나 매뉴얼화된 지식으로 공식적이고 체계적인 언어로 전달 가능한 지식

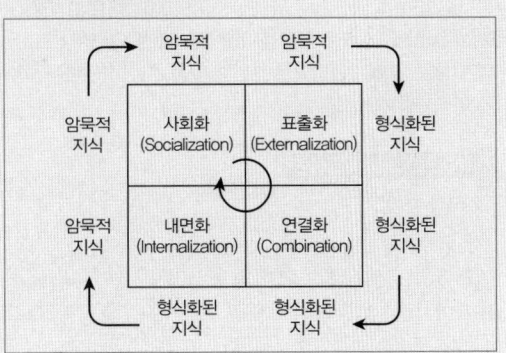

정답 ②

경영전략 기출예상문제

019

기업에서 사용할 수 있는 '수직적 통합전략'의 장점과 단점에 대한 설명으로 가장 옳지 않은 것은?

① 조직의 규모가 지나치게 커질 수 있다.
② 관련된 각종 기능을 통제할 수 있다.
③ 경로를 통합하기 위해 막대한 비용이 필요할 수 있다.
④ 안정적인 원재료 공급효과를 누릴 수 있다.
⑤ 분업에 의한 전문화라는 경쟁우위효과를 누릴 수 있다.

해설

전방 통합(Forward Integration)이나 후방 통합(Backward Integration)으로 수직적 통합을 하면 생산자가 공급자, 도·소매상의 기능을 함께 수행하므로 분업에 따른 전문화의 이점을 누리기가 어려워질 수도 있다.

문제로 익히는 핵심이론

[수직적 통합]

유통경로상의 생산자가 도·소매상인 유통판매망을 결합시키는 것을 전방 통합이라 하고, 후방에서 생산요소 공급원(Supplier)을 통합하는 것을 후방 통합이라고 한다. 전방통합과 후방통합을 합쳐서 수직적 통합이라고 한다.

정답 ⑤

020

맥킨지 사업포트폴리오 분석은 산업 매력도와 사업 경쟁력 차원으로 구분할 수 있다. 이 경우 사업 경쟁력의 평가요소에 포함되지 않는 것끼리 나열된 것은?

① 시장점유율, 관리능력, 기술수준
② 제품품질, 상표이미지, 생산능력
③ 시장점유율, 상표이미지, 원가구조
④ 산업성장률, 기술적 변화 정도, 시장규모
⑤ 유통망, 원자재 공급원의 확보

해설

GE/맥킨지 사업 포트폴리오 분석은 산업 매력도(Market Attractiveness)와 사업 경쟁력(Business Strength)이라는 두 개의 차원을 이용하여 개별 사업부를 평가하며, 평가 항목은 다음과 같다.

- 산업의 매력도 평가요소: 시장규모, 산업성장률, 산업의 평균 수익률, 경쟁의 정도, 산업의 집중도, 산업의 전반적 수급상황, 기술적 변화 정도 등
- 사업부의 경쟁력 평가요소: 시장점유율, 관리능력, 기술수준, 제품의 품질, 상표이미지, 생산능력, 원가구조, 유통망, 원자재 공급원의 확보 등

정답 ④

021

포터(M. Porter)의 가치사슬활동이 순서대로 나열된 것은?

① 구매활동 → 생산활동 → 물류산출활동 → 서비스활동 → 마케팅과 판매활동
② 구매활동 → 물류산출활동 → 생산활동 → 마케팅과 판매활동 → 서비스활동
③ 구매활동 → 생산활동 → 물류산출활동 → 마케팅과 판매활동 → 서비스활동
④ 구매활동 → 물류산출활동 → 생산활동 → 서비스활동 → 마케팅과 판매활동
⑤ 구매활동 → 생산활동 → 마케팅과 판매활동 → 물류산출활동 → 서비스활동

해설

가치창출활동은 주 활동(Primary Activities)과 보조활동(Support Activities)로 나눠볼 수 있다. 주 활동(본원적 활동)은 주 원재료 및 부품 등의 구매·운송·재고관리 등의 물류투입활동(Inbound Logistics), 생산 및 운영활동, 물류산출활동(Outbound Logistics)·마케팅·판매, 서비스 활동 등과 같은 현장업무 활동을 의미한다. 보조활동(지원활동)은 재무·기획 등 기업하부구조, 기술개발, 인적자원관리, 소모품 등의 조달을 지원하는 제반업무를 의미한다. 주 활동은 부가가치를 직접 창출하는 부문을, 보조활동은 부가가치가 창출되도록 간접적인 역할을 하는 부문을 말한다. 따라서 가치사슬모형 중 주 활동의 순서가 바르게 나열된 것은 ③이다.

문제로 익히는 핵심이론

[포터(M. Porter)의 가치사슬모형]

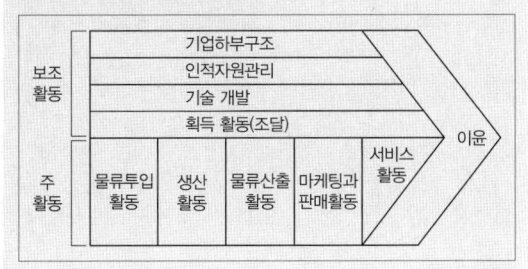

정답 ③

022

기업의 외부환경 분석기법으로 활용되는 포터(M. Porter)의 산업구조분석에서는 산업의 수익률에 영향을 미치는 5대 요인을 제시하고 있는데, 이에 해당되지 않는 것은?

① 산업 내의 경쟁
② 대체재의 위협
③ 공급자의 힘
④ 구매자의 힘
⑤ 비용구조

해설

포터(M. Porter)는 산업과 경쟁을 결정짓는 5요인 모델(Five-Force Model)을 제시하였다. 포터의 5요인 모델의 목적은 궁극적으로 산업의 수익 잠재력에 영향을 주는 주요 경제·기술적 세력을 분석하는 것이다. 산업의 수익 잠재력을 파악하는 행위를 통해서 기업의 외부환경과 기업이 보유하고 있는 자원 간에 존재하는 전략적 갭을 연결할 수 있는 토대가 마련된다.
5요인(5세력)은 신규진입자(잠재적 경쟁자)의 위협, 공급자의 교섭력, 구매자의 교섭력, 대체품의 위협 및 기존 기업 간의 경쟁이다.

문제로 익히는 핵심이론

[포터(M. Porter)의 산업의 경쟁을 형성하는 5요인]

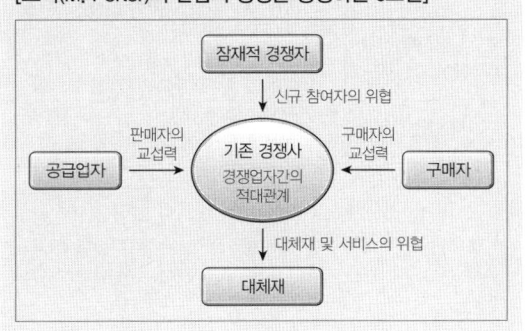

정답 ⑤

023

기업수준의 성장전략에 관한 설명으로 옳지 <u>않은</u> 것은?

① 기존시장에서 경쟁자의 시장점유율을 빼앗아 오려는 것은 다각화전략이다.
② 신제품을 개발하여 기존시장에 진입하는 것은 제품개발 전략이다.
③ 기존제품으로 새로운 시장에 진입하여 시장을 확대하는 것은 시장개발 전략이다.
④ 기존시장에 제품계열을 확장하여 진입하는 것은 제품개발 전략이다.
⑤ 기존제품으로 제품가격을 내려 기존시장에서 매출을 높이는 것은 시장침투 전략이다.

해설
앤소프(Ansoff)의 제품-시장매트릭스에 의하면 기존시장에서 경쟁자의 시장점유율을 빼앗아 오려는 것은 시장침투(Market Penetration) 전략이다.

문제로 익히는 핵심이론

[앤소프(H. Igor Ansoff)의 제품-시장매트릭스]

- **집약적 성장**: 현재의 영업범위 내에서 기업이 가능한 기회를 확인하려는 전략으로 현재의 제품 및 시장과 관련된 기회를 충분히 활용하지 못하고 있는 경우에 유용하다.

시장침투 전략	• 현존시장에서 현존제품의 시장점유율을 증가시키는 전략 • 기존고객의 구매빈도를 높이고, 경쟁사 고객 유인 및 미사용 고객층을 설득함
시장개발 전략	현 제품으로 충족시킬 수 있는 욕구를 가진 새로운 시장을 개발하는 전략
제품개발 전략	신제품의 개발가능성을 고려

- **다각화 성장**: 기업이 속한 산업 밖에서 기회를 발견하고자 하는 전략으로, 기업이 속한 산업이 성장기회를 제공하지 못하는 경우나 산업 외부의 기회가 우수한 경우에 유용하다.

정답 ①

024

전략과 연계하여 성과를 평가하기 위해 유통기업은 균형성과표(BSC, Balanced Score Card)를 활용하기도 한다. 다음 중 균형성과표에 관한 설명으로 옳지 <u>않은</u> 것은?

① 장기적 관점의 고객관계에 대한 평가를 포함한다.
② 기업의 학습과 성장 역량의 평가를 포함한다.
③ 정성적 성과는 제외하고 정량적 성과만을 포함한다.
④ 단기적 성과와 함께 장기적 성과를 포함한다.
⑤ 공급사슬 프로세스의 성과 평가에 활용한다.

해설
BSC는 정량적 성과는 물론 정성적 성과를 포함하고 있는 평가방법이다.

문제로 익히는 핵심이론

[균형성과표(BSC: balanced score card)]
조직의 비전과 경영목표를 각 사업 부문과 개인의 성과측정지표로 전환해 전략적 실행을 최적화하는 경영관리기법이다. 하버드 비즈니스 스쿨의 로버트 카플란 교수와 경영 컨설턴트인 데이비드 노턴이 공동으로 개발하여 1992년에 최초로 제시했다. 재무, 고객, 내부 프로세스, 학습·성장 등 4분야에 대해 측정지표를 선정해 평가한 뒤 지표별로 가중치를 적용해 산출한다. BSC는 비재무적 성과까지 고려하고 성과를 만들어 낸 동인을 찾아내 관리하는 것이 특징이다.

정답 ③

025

최근 글로벌 기업들이 다각화(Diversification) 전략을 추구하는 이유로 가장 거리가 먼 것은?

① 운영적 범위의 경제(핵심역량, 공유활동)를 실현
② 규모의 경제를 실현
③ 재무적 범위의 경제(위험감소, 세금혜택)를 실현
④ 반경쟁적 범위의 경제(복수시장경쟁, 시장지배력 우위)를 실현
⑤ 종업원의 동기(경영보상 극대화)를 실현

해설
다각화전략 중 관련다각화는 범위의 경제(Economies of Scope)를 실현하고자 하는 것이다. 규모의 경제는 현재 하고 있는 사업을 대규모로 확장하여 단위당 비용절감 효과를 얻고자 하는 것으로 다각화와는 상충되는 이익이다.

문제로 익히는 핵심이론

[다각화(Diversification) 전략의 특징]
다각화전략은 기업이 현재 속해 있는 산업 밖에서 새로운 기회를 발견하고자 하는 전략으로, 기업이 속한 산업이 성장기회를 제공하지 못하는 경우나 산업 외부의 기회가 우수한 경우에 유용하다.

정답 ②

026

SWOT 분석을 바탕으로 다음 상황에 따른 전략을 세웠을 때, 전략에 따른 내용이 바르게 짝지어진 것은?

① SO전략 – 소비자의 기호변화가 있을 수도 있어서 안정성장 전략을 사용한다.
② ST전략 – 정부의 새로운 규제가 생길 수도 있어서 내부강점을 이용한 전략을 사용한다.
③ SO전략 – 새로운 시장이 발견될 수 있기에 벤치마킹을 활용한다.
④ WT전략 – 철수하거나 시장선점 전략을 사용한다.
⑤ WO전략 – 자사의 강점을 살려 공격적 확장전략을 사용한다.

해설
SWOT 분석은 기업 내부의 강점과 약점을 파악하여 기회요인을 포착하고 위협요인을 회피하기 위한 전략수립 모형이다. SWOT 분석의 목적은 기업의 자원을 가장 효율적으로 사용하려는 것으로, 드러커(Drucker)는 강점을 살릴 수 있는 전략이 최우선이라고 하였다. 따라서 정부의 새로운 규제가 생길 수도 있어서(T, 위협) 내부강점을 이용한(S, 강점) 전략은 ST전략에 해당한다.

오답풀이
①, ③ SO전략으로는 시장의 기회를 활용하기 위해 강점을 적극 활용하는 전략으로 시장기회 선점전략, 시장·제품 다각화 전략 등 공격적인 전략을 사용한다.
④ WT전략으로는 시장의 위협을 회피하고 약점을 최소화하거나 없애는 전략으로 철수, 핵심역량 개발, 전략적 제휴, 벤치마킹 등의 전략을 사용한다.
⑤ WO전략으로는 약점을 극복하거나 제거함으로써 시장의 기회를 활용하는 전략으로 핵심역량 강화 전략, 전략적 제휴 등의 전략을 사용한다.

문제로 익히는 핵심이론

[SWOT 분석]

구분	Opportunities(기회)	Treats(위협)
Strengths (강점)	SO전략 강점을 가지고 기회를 살리는 전략	ST전략 강점을 가지고 위협을 최소화하는 전략
Weaknesses (약점)	WO전략 약점을 보완하며 기회를 살리는 전략	WT전략 약점을 보완하며 위협을 최소화하는 전략

정답 ②

027

기업의 통합전략 중 후방통합(Backward Integration)의 사례로 적절한 것은?

① Wal-Mart는 많은 공급업체들과 전자적으로 판매 정보를 바로 공급업체들과 공유함으로써 재고관리에 도움을 받고 있다.
② 의료품 제조업체인 백스터는 병원들과 연계하여 통신 네트워크로 주문을 받고 있다.
③ 리바이스는 리바이링크라는 프로그램을 이용하여 유통업체의 경쟁력을 높여 주고 있다.
④ GE사는 고객회사의 제조공정을 컴퓨터에 입력하고 각 공정에 맞는 플라스틱을 제때에 공급한다.
⑤ 현대자동차는 기아자동차를 인수하여 동급의 자동차 생산에 주요 부품을 공유하여 비용을 절감하고 있다.

해설
Wal-Mart와 같이 최종소비자를 대상으로 하는 소매기업이 공급업체들과 전자적으로 판매정보를 공유하는 것은 후방통합(Backward Integration)에 속한다.

문제로 익히는 핵심이론

[전방통합과 후방통합]
수직적 통합은 제품의 전체적인 공급과정에서 기업이 일정 부분을 통제하는 전략으로 다각화의 한 방법이며, 전방통합과 후방통합으로 구분된다. 원료를 공급하는 기업이 생산기업을 통합하거나, 제품을 생산하는 기업이 유통채널을 가진 기업을 통합하는 것을 전방통합이라 하며, 이는 기업의 시장 지배력을 강화시키기 위한 전략으로 사용된다. 반면 유통기업이 생산기업을 통합하거나, 생산기업이 원재료 공급기업을 통합하는 것을 후방통합이라 하며, 이는 기업이 공급자에 대한 영향력을 강화하기 위한 전략으로 사용된다.

정답 ①

028

'비용우위전략'을 활용할 수 있는 경우를 모두 고르면?

㉠ 경쟁제품 간 브랜드와 품질 차이가 큰 경우
㉡ 전환비용이 낮아 구매자들이 가장 낮은 가격을 선호하는 경우
㉢ 브랜드 차별화가 구매자에게 별다른 호소력이 없는 경우
㉣ 생산자가 대량생산을 통한 규모의 경제 실현이 가능한 경우
㉤ 공급자가 구매자와의 거래 협상에서 교섭력이 높은 경우

① ㉠, ㉡
② ㉡, ㉢
③ ㉠, ㉡, ㉤
④ ㉡, ㉢, ㉣
⑤ ㉠, ㉢, ㉣, ㉤

해설
㉡, ㉢, ㉣은 비용우위전략을 활용할 수 있는 경우에 해당한다.

오답풀이
㉠ 제품 간 품질이 유사하여야 활용이 가능하므로 적절하지 않다.
㉤ 교섭력이 낮은 경우에 활용이 가능하므로 적절하지 않다.

문제로 익히는 핵심이론

[M. Porter의 본원적 경쟁 중 비용우위전략이 가능한 경우]
- 제품 간 품질이 유사하여 가격을 기준으로 구매를 결정하는 경우
- 브랜드 충성도가 낮고 전환비용이 적어 구매자들이 저가격 제품을 선호하는 경우
- 브랜드 차별화가 구매자에게 별다른 호소력이 없는 경우
- 생산자가 대량생산을 통한 규모의 경제(Economies of Scale) 실현이 가능한 경우
- 공급자가 구매자와의 거래 협상에서 교섭력이 낮은 경우

정답 ④

029

프라할라드(C. Prahalad)와 하멜(G. Hamel)이 제시한 기업의 핵심역량에 대한 설명으로 옳은 것의 개수는?

> ㉠ 다양한 생산 스킬과 기술의 통합에 의해 조직 내 축적된 집단적 학습행위를 말한다.
> ㉡ 기업의 글로벌화를 촉진시켜 주는 역할을 한다.
> ㉢ 최종 제품에 대해 고객이 느끼는 편익을 증대시킨다.
> ㉣ 조직의 경쟁력을 결정하는 주요한 가치창출 기술, 능력 그리고 자원들을 의미한다.
> ㉤ 경쟁자가 모방하기 어려운 기업 고유의 자원과 능력을 뜻한다.

① 1개 ② 2개 ③ 3개
④ 4개 ⑤ 5개

해설
프라할라드와 하멜이 제시한 기업의 핵심역량이란 조직에서의 집단적 학습과정을 통해 배양되는 것으로, 다양한 시장으로 진출할 수 있는 기회를 제공하는 동시에 사업철수와 사업확장을 결정하는 기준이 된다. ㉠~㉤ 모두가 기업의 핵심역량과 관련된 내용에 해당한다.

정답 ⑤

030

마일즈(Miles)&스노우(Snow)가 제시한 환경적합적 대응전략으로 옳은 것끼리 나열된 것은?

① 전방통합형 전략, 후방통합형 전략, 차별화 전략
② 집중화 전략, 방어형 전략, 반응형 전략
③ 원가우위 전략, 차별화 전략, 집중화 전략
④ 차별화 전략, 반응형 전략, 후방통합형 전략
⑤ 공격형 전략, 방어형 전략, 분석형 전략

해설
마일즈와 스노우는 자신들이 외적 적합화의 방식으로 부르는 시장환경에의 대응방식, 즉 고객의 욕구를 파악하고 충족시키는 방식에 따라서 전략을 다음과 같이 분류하였다.

공격형 전략 (Prospector)	적극적인 위험 감수, 새로운 기회에 대한 탐색과 성장을 추구하는 전략
방어형 전략 (Defender)	공격형 전략과 반대되는 전략으로 위험을 추구하거나 새로운 기회를 탐색하기보다는 안정성을 중요시하는 전략
분석형 전략 (Analyzer)	부분적으로 혁신을 추구하는 한편 안정성을 유지하는 전략으로 공격형 전략과 방어형 전략의 중간에 있는 것
반응형(낙오형) 전략(Reactor)	실제로는 전략이라고 할 수 없는 것으로, 환경의 기회와 위협에 대해 임시방편적으로 대응하는 것

정답 ⑤

031

다음 내용에 해당하는 BCG 매트릭스 영역으로 적절한 것은?

> 높은 성장률과 낮은 시장점유율에 해당하는 사업 영역으로, 향후 성장성이 큰 사업부에 해당하지만 현재는 시장에서의 경쟁이 치열하다. 대부분의 사업 초기에 해당되며, 시장점유율을 높이기 위해서는 대규모 자금 투자가 필요한 영역에 해당한다.

① Question Mark　② Star
③ Cash Cow　　　④ Dog
⑤ Wild Cat

해설
높은 성장률과 낮은 시장점유율에 해당하는 사업영역은 Question Mark이다.

문제로 익히는 핵심이론
[BCG 매트릭스]

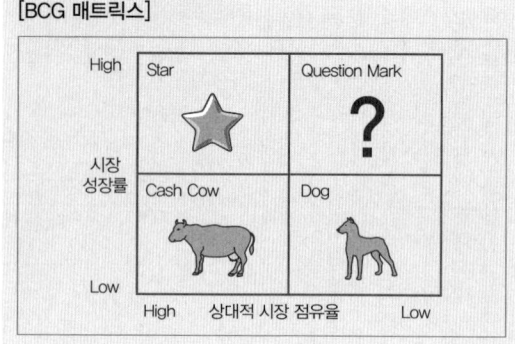

정답 ①

032

사업포트폴리오 모형인 BCG 매트릭스와 GE/맥킨지 매트릭스에 대한 설명으로 옳지 않은 것은?

① GE/맥킨지 매트릭스는 산업의 매력도와 사업의 강점을 분석해 9개의 영역으로 구분한다.
② 산업의 매력도에는 시장성장률, 경쟁의 강도, 시장규모 등이 해당한다.
③ BCG 매트릭스에서 Cash Cow의 현금흐름은 (−)값이고, Star는 중립적이다.
④ BCG 매트릭스는 현금흐름을 강조하는 반면 GE/맥킨지 매트릭스는 ROI를 중시한다.
⑤ BCG 매트릭스에서 시장성장률은 낮고 상대적 시장점유율이 높은 영역은 제품의 수명주기상 성숙기에 해당한다.

해설
BCG 매트릭스에서의 현금흐름은 Cash Cow는 (+) 값이고, Star는 중립적이다. Cash Cow는 수익주종사업으로 (+)의 현금흐름을 문제아에 우선 공급하고, 필요시 Star에 배분하게 된다.

문제로 익히는 핵심이론
[BCG 매트릭스]

Question Mark (개발사업)	• 고성장, 저점유율 사업부. PLC(제품수명주기)상 도입기에 해당 • 시장점유율을 증가시키기 위하여 추가적인 시설과 많은 자금투자가 필요 • 경영자는 자금과 마케팅 노력을 투입하여 Stars로 방향으로 이전시킬 것인지, Dogs로 시장을 포기할 것인지 신중한 검토가 필요
Stars (성장사업)	• 고성장, 고점유율 전략사업부. PLC상 성장기에 해당 • 현금흐름은 중립적(현금유입도 크나 성장을 지원하기 위한 현금유출도 많음) • 집중적인 투자를 통한 시장점유율 극대화가 목표
Cash Cow (수익주종사업)	• 시장성장률은 낮으나 상대적 시장점유율은 높은 사업부문. PLC상 성숙기에 해당 • 기업의 자금줄 또는 자금 창출의 원천이라 할 수 있음 • 시장점유율 유지 및 이익을 극대화해야 하므로 원가절감과 혁신적 마케팅 전략이 필요 • 현금흐름의 방향은 Question Mark에 자금을 공급해 줄 수 있음
Dogs (사양사업)	• 상대적 시장점유율과 시장성장률이 낮은 PLC상 쇠퇴기(decline)에 해당 • 잔여 부분은 최대한 회수(Harvest)하고 매각·처분·퇴출 등의 조치

정답 ③

033

난이도 Self Check | 상 ◯ 중 ◯ 하 ◯

다음 [그래프]는 GE/맥킨지 매트릭스에 관한 자료이다. 이에 대한 설명으로 가장 적절하지 않은 것은?

[그래프] GE/맥킨지 매트릭스

① GE/맥킨지 매트릭스의 산업 매력도는 단순한 시장성장률보다 더 넓은 범위의 요인을 표현함으로써 BCG 매트릭스보다 좀 더 정교하게 분석할 수 있다.
② 도표상의 원은 전략사업단위를 의미하고, 그 크기는 해당 산업의 전체 규모이며 부채꼴 부분은 전략사업단위의 성장률을 나타낸다.
③ 사업단위 경쟁력은 시장점유율, 기술적 노하우, 품질 등을 의미한다.
④ 사업단위 경쟁력은 강하면서 산업의 매력도는 낮은 이익창출자 영역의 사업은 승리자 영역의 자금 원천이 되는 사업이라 할 수 있다.
⑤ GE/맥킨지 매트릭스는 사업단위를 독립적으로 보고 있으며, 기업의 내적자원만을 고려하였다는 한계점도 지니고 있다.

해설

GE/맥킨지 매트릭스에서는 사업부가 현재 처해 있는 상황을 원으로 표시하는데, 원의 크기는 시장의 크기, 원 내부의 부채꼴 크기는 시장점유율(M/S)을 나타낸다.

문제로 익히는 핵심이론

[GE/맥킨지 매트릭스]

이 모형은 BCG 성장-점유율 매트릭스의 한계를 보완하기 위해 산업성장률, 시장점유율 이외의 보다 다양한 환경·전략 변수들을 반영한 사업부 평가모형으로, BCG 모형에서와 마찬가지로 산업매력도와 사업경쟁력이라는 두 개의 차원을 이용하여 개별 사업부를 평가하지만, 각 차원의 평가에서 보다 다양한 변수들을 이용하고 있다는 점에서 BCG 모형과 차이가 있다.

산업매력도 평가요소	시장규모, 산업성장률, 산업의 평균수익률, 경쟁의 정도, 진입장벽 및 철수장벽, 산업의 전반적 수급상황, 기술적 변화 정도 등
사업부의 경쟁력(강점) 평가요소	시장점유율, 기술수준, 제품의 품질, 브랜드, 생산능력, 원가구조, 유통망, 원자재 공급원의 확보 등

정답 ②

034

다음 내용을 통해 설명하는 적대적 M&A의 방어방법으로 적절한 것은?

> 인수대상 기업의 공개매수자의 주식을 거꾸로 '공개매수'하겠다고 발표함으로써 먼저 상대 매수자의 이사회를 장악함으로써 공개매수(Tender Offer)를 좌절시키는 방법으로, 양 회사가 상호 10% 이상 주식을 보유하면 의결권이 제한되는 상법 규정을 이용한 것이다.

① 차입매수
② 포이즌 필
③ 역공개매수
④ 왕관의 보석
⑤ 황금낙하산

해설

①은 적대적 M&A의 공격방법에 해당하고, ②~⑤는 방어방법에 해당한다. 이 중 상법상 상호주식보유에 따른 의결권 제한을 통해 방어하는 방법을 역공개매수(팩맨제도)라고 한다.

문제로 익히는 핵심이론

[적대적 M&A의 방어전략]

역공개 매수 (Counter Tender Offer) =팩맨제도	인수대상 기업의 공개매수자의 주식을 거꾸로 공개매수하겠다고 발표함으로써 먼저 상대 매수자의 이사회를 장악함으로써 공개매수를 좌절시키는 방법. 이는 양 회사가 상호 10% 이상 주식을 보유하면 의결권이 제한되는 상법 규정을 이용한 것이다.
백기사 (White Knight)	공격자에게 경영권을 넘기기 전에 호의적인 제3자를 찾아 좋은 조건으로 기업을 매각하는 방법
황금낙하산 (Golden Parachute)	M&A로 경영진이 교체될 경우, 퇴직하는 경영진에게 많은 비용을 지급하게 함으로써 매수자의 매수부담을 증가시키는 전략
왕관의 보석 (Crown Jewel)	적대적 M&A가 시도될 때 중요자산을 미리 팔아버려 자산 가치를 떨어뜨리는 방법으로 M&A 의미를 희석시키는 것
독소 조항 (Poison Pill)	• 대규모 신주 발행을 통해 M&A 업체가 확보한 지분을 희석시킴으로써 인수를 막는 전략 • 적대적 M&A 위협을 받는 주주들이 이사회 결의만으로도 시가보다 싸게 신주를 살 수 있도록 한 장치
이사 임기교차제	이사들의 임기 만료시기를 분산시켜 기업을 인수하더라도 기업 지배력의 조기 확보를 어렵게 하는 전략

정답 ③

035

기업은 글로벌화(Globalization)를 추진하는 과정에서 다양한 방법들을 취할 수 있다. ㉠~㉤ 중 경영관리를 위한 이슈나 의사결정이 가장 많이 발생하는 것은?

> ㉠ 글로벌 소싱(Global Sourcing)
> ㉡ 전략적 제휴(Strategic Alliance)
> ㉢ 해외 자회사(Foreign Subsidiary)
> ㉣ 프랜차이즈(Franchise)
> ㉤ 합작회사(Joint Venture)

① ㉠
② ㉡
③ ㉢
④ ㉣
⑤ ㉤

해설

기업이 세계화를 추진하는 방식은 글로벌 소싱, 수출, 수입, 전략적 제휴, 프랜차이즈, 라이센싱, 턴키 계약, 해외 자회사 등이 있다. 그중 해외 자회사(Foreign Subsidiary)는 회사 자체를 설립하는 형식이기 때문에 해외 자회사에서 하는 일을 모두 모기업이 결정해야 하는 것이 원칙이므로 경영관리 관련하여 가장 많은 의사결정이 필요하다.

오답풀이

① 글로벌 소싱은 쉽게 이야기하면 글로벌 아웃소싱으로, 외주를 줄 때 국내가 아닌 해외로 아웃소싱을 주는 개념이다.
② 전략적 제휴는 두 기업의 독립을 유지하는 상태에서 필요한 부분만 공동작업을 하는 형태로 볼 수 있다.
④ 프랜차이즈는 가맹점이 모기업의 등록상표, 제품, 방식, 사업계획, 자원, 자금지원, 정체성과 이미지 등을 사용하는 대가로 사용료 또는 수익의 일정한 비율을 제공하기로 하고 체결하는 사업상의 계약이다.
⑤ 조인트벤처는 2개 이상의 회사들이 공동으로 기업설립을 통해 파트너가 가지고 있는 경쟁력, 문화, 비즈니스 환경에 대한 지식을 얻을 수 있고 위험(Risk) 부담을 나눌 수 있다.

정답 ③

03 조직행동론 기출예상문제

036 난이도 Self Check | 상○ 중○ 하○

성격과 태도에 관한 설명으로 가장 옳지 않은 것은?

① Big 5 성격유형 중 '경험에 대한 개방성'이란 다른 사람들과 잘 어울리고 남을 신뢰하는 성향을 의미한다.
② MBTI(Myers-Briggs Type Indicator)에서는 개인이 정보를 수집하는 방식과 판단하는 방식에 근거하여 성격유형을 분석하고 성격유형에 적합한 직업을 제시하고 있다.
③ 성공의 원인은 자신의 능력이나 노력 등의 내재적 요인에서 찾고, 실패의 원인은 과업의 난이도나 운 등의 외재적 요인에서 찾으려는 경향을 자존적 편견(Self-serving Bias)이라고 한다.
④ 성격유형을 A형과 B형으로 구분할 때, A형의 성격을 지닌 사람은 B형의 성격을 지닌 사람보다 경쟁적이고 조급한 편이다.
⑤ 자기효능감(Self-efficacy)이란 특정한 일을 성공적으로 수행할 수 있는지에 대한 스스로의 믿음을 의미한다.

해설

경험에 대한 개방성(Openness to Experience)은 새로운 것에 대한 개인의 관심과 흥미의 정도를 의미한다. 다른 사람들과 잘 어울리고 남을 신뢰하는 성향은 친화성(Agreeableness)에 가깝다.

문제로 익히는 핵심이론

[노만(Norman)의 Big 5 모형]

- 정서적 안정성 = 신경증성향(Neuroticism): 스트레스나 정신적인 압박(Stress)에 감정에 큰 기복 없이 안정적으로 잘 대처하는 유형
- 외향성(extraversion): 사교적, 명랑 쾌활, 적극적, 팀플레이에 강하고 대인관계가 강조될 때 높은 성과가 나타나는 유형
- 개방성(Openness to Experience): 환상, 미적 감각, 감정, 행위, 관념 등의 변화 수용능력이 높으므로 창조적이고 예술적인 감각이 뛰어난 유형
- 친화성(Agreeables): 타인과 잘 지내는 성향으로 화합 중시, 협조적, 친절함, 포용적, 따듯함, 조직 친화력이 높고 이탈이 적으며 고성과를 내는 유형
- 성실성(Conscientiousness): 모범, 규범, 신중, 구체적, 분석적, 체계적 목표수립, 계획성을 가지고 직무에 임하므로 리더가 많고 고성과자가 많은 유형

정답 ①

037

타인 평가 및 지각 과정에서 나타나는 오류와 관련된 설명으로 가장 적절한 것은?

① 출신학교나 출신지역과 같이 그 사람이 속한 집단을 근거로 사람을 평가하는 오류를 후광효과(Halo Effect)라고 한다.
② 피평가자가 가진 근면성과 성실성 등의 비슷한 특징들이 서로 관계가 있는 것으로 생각하여 유사하게 평가하려는 경향을 유사효과라고 한다.
③ 평가를 할 때, 처음에 주어진 정보에 더 큰 비중을 두는 경향을 최근효과(Recent Effect)라고 한다.
④ 강제할당법을 사용하면 중심화 경향의 오류를 감소시킬 수 있다.
⑤ 정직성이 낮은 평가자가 정직한 평가자보다 피평가자를 덜 부정적으로 평가하는 경향을 투영효과(Projection, 투사·주관의 객관화)라고 한다.

해설

강제할당법이란 인사 고과에서 미리 정해 놓은 비율에 맞추어 피평가자를 강제로 할당하는 방법으로, 고과자의 오류(관대화, 중심화, 가혹화)를 미리 방치할 수 있다는 장점이 있다.

오답풀이
① 출신학교나 출신지역과 같이 그 사람이 속한 집단을 근거로 사람을 평가하는 오류를 상동적 태도(Stereo Types)라 한다.
② 상관편견(Correlational Bias)에 대한 설명으로 평가자가 평가 항목의 의미를 정확히 인지하지 못하는 경우에 발생한다.
③ 평가를 할 때, 처음에 주어진 정보에 더 큰 비중을 두는 경향을 최초효과(Primary Effect)라고 하며, 최근효과는 가장 나중에 주어진 정보에 더 큰 비중을 둘 때 발생하는 오류에 해당한다.
⑤ 투영효과란 정직성이 낮은 평가자가 정직한 평가자보다 피평가자를 더욱 부정적으로 평가하는 경향을 말한다.

문제로 익히는 핵심이론

[투사(Projection)]
다른 사람도 자신과 비슷한 사람일 것으로 판단하거나, 자신과 같은 종류의 특성을 가지고 비슷한 생각이나 행동을 할 것이라는 개인의 주관을 객관화하는 경향을 말한다.
예) 인색하고 완고한 사람일수록 타인을 평가할 때, 다른 사람들도 인색하고 완고한 사람이라고 평가하는 경향이 높다.

정답 ④

038

다음 ㉠~㉢의 사례를 바탕으로 유추할 수 있는 지각의 오류로 적절한 것은?

㉠ 김 군은 SKY 출신이니까 일처리가 정확할 거야.
㉡ 이 과장은 팀원 중 제일 나이가 많으니 노련하고 최적의 판단력을 발휘할 거야.
㉢ 박 대리는 젊고 패기가 있으니 일을 민첩하게 잘 하겠지.

① 투사 효과(Projection)
② 논리적 오류(Fallacy)
③ 상동적 태도(Stereotypes)
④ 대비 효과(Contrast Effect)
⑤ 유사성 효과(Similar to Me Effect)

해설

㉠~㉢의 사례들은 논리적 오류 중 '성급한 일반화(Hasty Generalization)의 오류'에 해당한다. 성급한 일반화의 오류는 일부의 제한된 사례를 일반화하여 모든 경우가 다 그러한 속성을 갖고 있다고 주장하는 대표적인 논리적 오류(Fallacy)를 의미한다.
예) • 제주도 처녀들은 모두 수영을 잘한단 말이야.
• 그렇게 비싼 명품을 사다니, ○○은 사치를 잘하는 사람이야.

정답 ②

039

개인수준의 행동과 관련한 지각이론에 관한 내용으로 옳지 않은 것은?

① Asch의 인상형성이론에 의하면 인상형성은 중심특질과 주변특질로 나뉜다.
② 일관성이란 인상형성에 있어 타인에 대한 정보를 통합하여 일관된 특징을 형상화하는 것이다.
③ Kelly의 입방체이론에 의할 때 합의성은 본인과 다른 사람의 성과가 얼마나 일치하는가의 정도를 말한다.
④ Kelly의 입방체이론에 의해 내적귀인과 외적귀인을 구분하는 경우, 일관성은 외적 귀인의 가능성이 높고, 합의성과 특이성은 내적 귀인하는 경우가 많다.
⑤ 자존적 편견은 나의 성공원인을 내적 귀인으로 보고, 실패는 외적 귀인에서 찾는다.

해설
일관성은 내적 귀인의 가능성이 높고 합의성과 특이성은 외적 귀인하는 경우가 많다.

구분	내용	고	저
합의성	다른 사람의 성과와 비교 예) 조직행동론 성적 A+, 다른 학생들의 성적 A+	외적 귀속	내적 귀속
특이성	다른 과업의 결과와 비교 예) 나의 마케팅원론 A+, 다른 경영학 과목의 점수 ↓	외적 귀속	내적 귀속
일관성	다른 시점의 결과와 비교 예) 내 중간고사 점수↑, 기말고사 점수↑	내적 귀속	외적 귀속

문제로 익히는 핵심이론
- Asch의 인상형성이론: 사람들이 타인에 대한 인상을 형성할 때 나타나는 공통적인 패턴으로 첫인상효과, 일관성 원리, 중심특질과 주변특질, 합산원리와 평균원리 등이 있다.
- Kelly의 입방체이론(Cubic Theory): 특이성, 합의성, 일관성의 기준에 의해 내적 귀속과 외적 귀속을 하게 되는 패턴을 제시한다.

정답 ④

040

파블로프(Pavlov)의 고전적 조건화와 스키너(Skinner)의 조작적 조건화에 관한 설명으로 옳지 않은 것은?

① 고전적 조건화는 반응에 관한 이론이고 조작적 조건화는 효과에 관한 이론이다.
② 고전적조건화는 행위선택권이 없고 조작적 조건화는 행위선택권이 있다
③ 고전적 조건화의 실험 대상은 수동적 상태이나, 조작적 조건화의 실험 대상은 능동적 상태이다.
④ 고전적 조건화는 학습이 반응행동으로부터의 바람직한 결과에 의해 이루어짐을 강조한 반면, 조작적 조건화는 단지 자극에 의해 유발되는 수동적 반응행동 만을 설명하고 있다.
⑤ 고전적 조건화의 학습과정은 인접과 반복학습을 따르는 반면, 조작적 조건화의 학습과정은 자극, 반응에 대한 보상을 통해 바람직한 행동이 강화되는 효과를 따른다.

해설
고전적 조건화는 단지 자극에 의해 유발되는 수동적 반응행동만을 설명하고 있는 반면, 조작적 조건화는 학습이 반응행동으로부터의 바람직한 결과에 의해 이루어짐을 강조한다.

문제로 익히는 핵심이론
[고전적 조건화와 조작적 조건화]
- 고전적 조건화: 고전적 조건화는 러시아의 심리학자인 파블로프(Pavlov)의 조건반사 실험(개의 실험)에서 비롯된 학습방법으로, 조건자극 → 조건반응을 얻어내는 과정(예) 광고효과)을 뜻한다.
- 조작적 조건화: 조작적 조건화는 스키너(Skinner)가 연구한 것으로 사람의 행동이 단순한 자극(조건)에 의한 반응(행위)가 아니라. 행동의 결과(보상)를 예측한 후에 하는 것이기 때문에 그 결과를 도구로 사용하여 학습을 유발할 수 있다는 것이다.

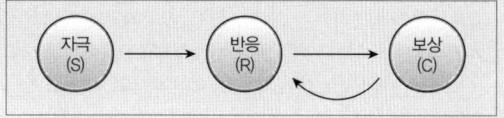

정답 ④

041

난이도 Self Check | 상◯중◯하◯

조직시민행동에서 조직생활에 관심을 가지고 적극적으로 참여하는 행동으로 적절한 것은?

① 예의행동(Courtesy)
② 이타적 행동(Altruism)
③ 공익적 행동(Civic Virtue)
④ 양심적 행동(Conscientiousness)
⑤ 혁신적 행동(Innovative Behavior)

해설

조직시민행동은 자발적이고, 공식적인 보상시스템에 의해서 직접적 혹은 명시적으로 인정되지는 않으나, 모아져서 조직이 효과적으로 기능하도록 촉진하는 개인의 이타적 행동, 스포츠맨십, 양심적 행동, 개인 이니셔티브(Individual Initiative), 시민의식 등을 뜻한다.
이 중 개인 이니셔티브(Individual Initiative)는 자신의 과업 또는 조직의 성과를 향상시키는 데 필요한 독창적 행동과 혁신적 행동을 자발적으로 수행, 특별한 열성과 노력으로 자신의 과업을 완수, 자진하여 추가적인 책임 떠맡음, 조직의 타인에게도 동일한 행동을 하도록 격려하는 것 등을 의미한다.

정답 ⑤

042

난이도 Self Check | 상◯중◯하◯

매슬로우(Maslow)의 욕구단계이론과 이를 발전시킨 알더퍼(Alderfer)의 ERG이론에 대해 비교한 내용으로 가장 옳은 것은?

	매슬로우 욕구단계이론	알더퍼 ERG이론
①	생리적-소속감-안전-존경-자아실현	존재(E)-관계(R)-성장(G)
②	한 번에 한 개의 욕구만 충족 가능	한 번에 둘 이상의 욕구 발생·충족 가능
③	만족 진행 및 좌절 퇴행도 가능	만족 진행만 가능한 이론
④	동기부여에 대한 근거가 명확함	결핍이 있는 욕구가 행동의 동기가 됨
⑤	동기부여의 내용이론	동기부여의 과정이론

해설

알더퍼는 매슬로우의 욕구단계이론을 발전시켜 ERG이론을 주장하였는데, 그 차이점은 욕구가 한 번에 한 개씩 순서대로 발생한다는 매슬로우의 이론과는 달리 한 번에 여러 욕구가 동시에 발생할 수 있다는 것이다.

오답풀이

① '생리적 욕구 → 안전욕구 → 사회적 욕구(소속감) → 존경욕구 → 자아실현 욕구'순으로 단계가 나누어진다.
③ 매슬로우: 만족-진행모형, 알더퍼: 만족-진행 및 좌절-퇴행 모형
④ 매슬로우: 동기부여 군거가 불명확, 결핍이 있는 욕구가 행동의 동기가 됨
⑤ 동기부여 내용이론과 과정이론의 구분

현대적 동기부여 이론	내용이론	매슬로우 욕구단계설
		알더퍼의 ERG이론
		맥클리랜드의 성취동기이론
		허즈버그의 2요인이론
		애킨슨의 성취동기이론
	과정이론	브룸의 기대이론
		아담스의 공정성이론
		포터&로울러의 기대이론
		로크의 목표설정이론
		데시의 인지적 평가이론

정답 ②

043

프레드릭 허즈버그(Frederick Herzberg)가 제시한 2요인 이론에서 동기요인에 해당하는 것을 모두 고르면?

㉠ 일 그 자체	㉡ 감독
㉢ 작업환경	㉣ 책임감
㉤ 동료와의 관계	㉥ 연봉
㉦ 직업 안정성	㉧ 발전가능성
㉨ 회사규정	

① ㉠, ㉣, ㉧
② ㉡, ㉢, ㉥
③ ㉣, ㉤, ㉧
④ ㉤, ㉥, ㉨
⑤ ㉦, ㉧, ㉨

해설

허즈버그의 2요인 이론(동기-위생이론)에서 동기요인(Motivation Factors), 즉 만족요인은 성취감, 인정, 일 그 자체, 성장·발전가능성, 책임감 등이 있다. 한편, 위생요인(Hygiene Factors)에는 회사규정, 감독·관리·통제, 동료·상사와의 관계, 연봉, 개인인생, 직업 안정성, 작업환경 등이 있다.

문제로 익히는 핵심이론

[프레드릭 허즈버그(Frederick Herzberg)의 2요인]

인간에게는 상호 독립적인 두 종류의 욕구범주가 존재하고, 이들이 인간의 행동에 각기 다른 방법으로 영향을 미친다는 것이다. 여기서 위생요인(불만족요인)은 작업환경과 관련 있고, 동기요인(만족요인)은 작업내용과 관련이 있다.

정답 ①

044

다음 A 씨의 인터뷰 사례와 관련된 이론에 관한 설명으로 옳지 <u>않은</u> 것은?

> 저는 자원봉사자로서 병원 호스피스로 몇 년간 봉사했어요. 임종을 기다리는 환자에게 책도 읽어 주고 노래도 불러 주며 그들의 손발이 되어 주는 게 기뻤죠. 그러다가 얼마 전부터 다른 병원에서 하루에 십만 원씩 받는 간병인으로 채용되었어요. 환자를 돌보는 것은 예전과 같은데 이상하게도 더 이상 예전 같은 행복감을 느낄 수가 없어요.

① 인간이 행동원인을 규명하려는 심리적 속성인 자기귀인(Self-attribution)에 근거한 인지평가이론이다.
② 외재적 동기화가 된 사람들은 과제수행을 보상의 획득이나 처벌회피와 같이 일정한 목적을 달성하기 위한 수단으로 여긴다.
③ 외재적 보상에 의해 동기 유발되어 있는 경우에 급여 지급 같은 내재적 동기를 도입하게 되면 오히려 동기유발 정도가 감소한다는 내용이다.
④ 재미, 즐거움, 성취감 등 때문에 어떤 행동을 하는 것은 내재적 동기에 근거한 것이다.
⑤ 보상획득, 처벌, 회피 등 때문에 어떤 행동을 하는 것은 외재적 동기에 근거한 것이다.

해설

내적인 보상에 의해 동기 유발되어 있는 경우에 급여 지급 같은 외재적 보상을 도입하게 되면 오히려 동기유발 정도가 감소한다는 것으로 인지평가이론(Cognitive Evaluation Theory)과 관련된 주장이다.

정답 ③

045

동기부여(Motivation) 이론에 관한 설명으로 가장 적절한 것은?

① 기대이론(Expectancy Theory)에서 수단성(Instrumentality)은 행위자의 노력이 1차적 성과를 달성할 수 있을지에 대한 객관적인 판단이다.
② 아담스(Adams)의 공정성이론(Equity Theory)은 투입 대비 산출의 상호작용적 공정성, 절차적 공정성, 효율적 조직성과배분에 대한 분배적 공정성을 모두 고려하고 있다.
③ 허츠버그(Herzberg)의 2요인 이론에서 동기요인은 임금, 작업환경, 근로조건, 칭찬, 인정을 포함하고 근로자의 불만족을 제거하는 역할을 한다.
④ MBO(Management by Objectives)는 목표설정이론을 조직에 적용한 예로서 목표의 구체성과 난이도, 피드백은 동기부여에 영향을 미친다.
⑤ 동기부여 이론을 크게 내용이론(Content Theory)과 과정이론(Process Theory)으로 분류할 때 직무특성이론, ERG이론, 내재적 동기이론은 과정이론에 속한다.

해설

오답풀이
① 기대이론에서 수단성은 성과와 보상 간의 관계로 어떤 성과를 올리면 그것이 바람직한 보상으로 연결된다고 믿는 가능성이라 할 수 있다.
② 공정성은 분배적, 절차적, 상호작용적 공정성 중 '분배적' 공정성에 관한 것이다.
③ 2요인 이론에서 임금, 작업환경, 근로조건은 위생요인에 해당한다.
⑤ 직무특성이론, ERG이론은 동기부여의 내용이론에 해당한다.

문제로 익히는 핵심이론

[브룸(Vroom)의 기대이론]

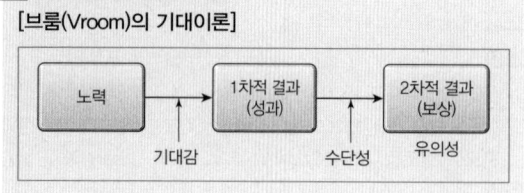

정답 ④

046

동기부여에 관한 설명으로 옳지 않은 것은?

① 매슬로우(A. Maslow)의 욕구단계이론은 만족진행모형이며, 자아실현욕구는 최상위 요구로 결핍-충족의 원리가 적용되지 않는다.
② 맥클리랜드(D. McClelland)의 성취동기이론에서 권력욕구가 강한 사람은 타인에 영향력을 행사하고, 인정받는 것을 좋아한다.
③ 스키너(B. Skinner)의 강화이론에서 비난, 징계 등과 같은 불쾌한 자극을 제거함으로써 바람직한 행동을 강화하는 것을 소거(Extinction)라고 한다.
④ 알더퍼(C. Alderfer)의 ERG이론에서 관계욕구와 성장욕구가 동시에 발현될 수 있다.
⑤ 브룸(V. Vroom)의 기대이론에서 기대감, 수단성, 유의성 등이 중요한 동기부여 요소이다.

해설

스키너(B. Skinner)의 강화이론에서 비난, 징계 등과 같은 불쾌한 자극을 제거함으로써 바람직한 행동을 강화하는 것을 부정적 강화(Negative Reinforce)라고 한다.

문제로 익히는 핵심이론

[강화의 원리]

경영자가 이용할 수 있는 강화전략의 유형은 대체로 '긍정적 강화, 부정적 강화(=소극적 강화), 소거, 벌'의 4가지로 나누어 볼 수 있다.

구분		바람직한 행위	
		증가	감소
강화 요인	부여	긍정적 강화 (보상 부여)	벌 (불편자극 부여)
	철회	부정적 강화 (불편자극 제거)	소거 (보상 철회)

정답 ③

047

다음과 관련된 현대적 리더십으로 가장 적절한 것은?

- 리더는 부하들에게 자신의 관심사를 조직 발전 속에서 찾도록 영감을 불러일으킬 수 있게 하고 비전을 제시함
- 리더는 부하들로부터 존경받고 신뢰를 받음
- 구성요소로는 이상적 영향, 영감적 동기부여, 지적 자극, 개별적 배려가 있음

① 카리스마 리더십 ② 상호거래적 리더십
③ 변혁적 리더십 ④ 민주적 리더십
⑤ 코칭 리더십

해설
변혁적 리더십(Transformational Leadership)이란 조직을 재활성화하고 변혁하는 일을 성공적으로 해 내는 리더십을 말한다. 리더가 부하들로 하여금 자기 자신의 이익을 초월하여 더 나아가 조직의 이익에 대해 관심을 가지고 공헌하도록 고무시키고, 부하 자신의 성장과 발전을 위해서도 노력하도록 중대한 영향을 미치는 리더십이다.
변혁적 리더의 특징으로는 비전을 제시하고 지휘할 수 있는 카리스마(Charisma), 지적 자극, 개별적 배려(Individualized Consideration), 영감적 동기부여(Inspiration) 등을 들 수 있다.

정답 ③

048

리더십(Leadership) 이론에 관한 설명으로 가장 적절하지 않은 것은?

① 서번트 리더십(Servant Leadership)은 개별적 배려, 지적 자극, 영감에 의한 동기부여, 비전 제시와 내재적 보상을 통해서 부하를 이끄는 리더십이다.
② 리더와 부하와의 관계, 과업의 구조, 리더의 직위권력(Position Power)은 피들러(Fiedler)가 상황적 리더십이론에서 고려한 3가지 주요 상황요인이다.
③ 오하이오 주립 대학교(Ohio State University)의 리더십 행동연구에서는 리더십을 구조주도(Initiating Structure)와 배려(Consideration)의 두 차원으로 나누었다.
④ 블레이크와 머튼(Blake and Mouton)은 일에 대한 관심(Concern for Production)과 사람에 대한 관심(Concern for People)을 두 축으로 하여 관리격자형(Managerial Grid) 리더십 모형을 제시하였다.
⑤ 거래적 리더십(Transactional Leadership)은 부하의 노력과 성과에 따라 보상을 한다.

해설
개별적 배려, 지적 자극, 영감에 의한 동기부여, 비전 제시와 내재적 보상을 통해서 부하를 이끄는 리더십은 변혁적 리더십에 대한 설명이다.

문제로 익히는 핵심이론

[서번트 리더십(Servant Leadership)]
리더가 구성원들에게 조직의 목표를 공유하고 그들의 의견을 경청, 공감하고 성장 및 발전을 돕고 치유함으로써 조직의 목표를 달성하고자 하는 파트너형 리더십을 의미한다.

정답 ①

049

난이도 Self Check | 상 ○ 중 ○ 하 ○

허시(Hersey)와 블랜차드(Blanchard)가 제시한 상황이론에서 리더십유형별로 리더의 과업지향적 행위와 관계지향적 행위의 수준을 설명한 것으로 가장 옳은 것은?

① 지시형(Directing): 높은 과업지향적 행위, 높은 관계지향적 행위
② 지도형(Coaching): 낮은 과업지향적 행위, 높은 관계지향적 행위
③ 지원형(Supporting): 높은 과업지향적 행위, 낮은 관계지향적 행위
④ 위임형(Delegating): 낮은 과업지향적 행위, 낮은 관계지향적 행위
⑤ 카리스마형(Charisma): 높은 과업지향적 행위, 높은 관계지향적 행위

해설

'위임형'은 리더의 과업지향적 행위와 관계지향적 행위가 모두 낮은 경우이며, 구성원의 성숙도(능력, 의지)가 높은 경우에 적합하다.

오답풀이
① 지시형(Directing): 높은 과업지향적 행위, 낮은 관계지향적 행위
② 지도형(Coaching): 높은 과업지향적 행위, 높은 관계지향적 행위
③ 참여형(Participating): 낮은 과업지향적 행위, 높은 관계지향적 행위

문제로 익히는 핵심이론

[허시&블랜차드의 수명주기이론]

허시&블랜차드의 수명주기이론은 리더의 과업행위, 관계행위 및 구성원의 성숙도 등 3가지로 구성되고, 여기에 기초하여 리더십의 유형을 지시형, 지도형(코치형), 참여형, 위임형 리더십 등 4가지로 구분하였다.

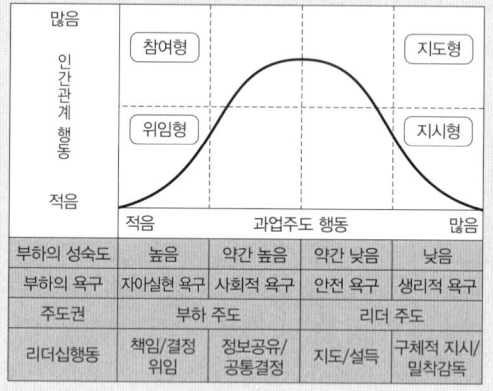

정답 ④

050

난이도 Self Check | 상○ 중○ 하○

진성 리더십(Authentic Leadership)에 해당하는 것을 모두 고르면?

> ㉠ 자기인식　　　㉡ 정서적 치유
> ㉢ 관계적 투명성　㉣ 균형 잡힌 정보처리
> ㉤ 내면화된 도덕적 신념

① ㉠, ㉡, ㉢, ㉣
② ㉠, ㉡, ㉢, ㉤
③ ㉠, ㉡, ㉣, ㉤
④ ㉠, ㉢, ㉣, ㉤
⑤ ㉡, ㉢, ㉣, ㉤

해설

Walumbwa et al(2008)는 진성리더십의 개념 정의와 관련하여 "진정성 있는 리더는 긍정적인 심리역량과 긍정적인 윤리 풍토를 조성하여, 자기인식(㉠), 내면화된 도덕적 신념(㉤), 균형 잡힌 정보처리(㉣), 구성원들에 대한 리더의 관계적 투명성(㉢)을 높임으로써 긍정적인 자기 개발을 촉진하는 것"이라고 하였다.

정답 ④

051

난이도 Self Check | 상○ 중○ 하○

프렌치(French)와 레이븐(Raven)이 제시한 힘의 원천 중 개인으로부터 발생하는 권력으로 적절한 것은?

① 부하 직원의 휴가 요청을 받아들이지 않을 수 있는 영향력
② 다른 직원에게 보너스를 제공하는 것을 결정할 수 있는 영향력
③ 높은 지위로 인해 다른 직원에게 작업 지시를 내릴 수 있는 영향력
④ 다른 직원에게 전문지식을 제공하여 발생하는 영향력
⑤ 경쟁기업에 비해 신속하게 생산할 수 있는 영향력

해설

권력의 원천으로는 공식적 권력인 강압적 권력, 보상적 권력, 합법적 권력이 있고, 개인적 권력인 전문적 권력과 준거적 권력이 있다. 다른 직원에게 전문지식을 제공하여 발생하는 영향력은 전문적인 지식에 기인한 전문적 권력이므로 개인적 권력에 해당한다.

오답풀이
① 불리함을 적용할 수 있는 권력으로 강압적 권력을 의미한다.
② 유리함을 줄 수 있는 권력으로 보상적 권력으로 볼 수 있다.
③ 조직에서 주어진 권력으로 합법적 권력으로 볼 수 있다.
⑤ 권력의 유형으로 구분되지 않는 내용에 해당한다.

문제로 익히는 핵심이론

[권력의 원천]

권력의 파생	권력의 원천	내용
조직으로부터 부여된 공식적 지위	보상적 권력	보상적 권력(Reward Power)은 권력 행사자가 권력수용자에게 보상을 줄 수 있다는 인식에 기초한 권력
	강압적 권력	강압적 권력(Coercive Power)은 해고나 징계, 작업시간의 단축 등을 지시할 수 있는 능력에서 기인하는 권력
	합법적 권력	합법적 권력(Legitimate Power)은 권력행사자의 정당한 영향력 행사권(권한)을 추종해야 할 의무가 있다는 사고에 기초한 권력
개인적 특성	준거적 권력	준거적 권력(Referent Power)은 리더가 바람직한 특별한 자질을 가지고 있어 다른 사람들이 그를 따르고 일체감을 느끼고자 할 때 생기는 권력
	전문적 권력	전문적 권력(Expert Power)은 권력자가 특정 분야나 상황에 대해서 높은 지식이나 경험을 가지고 있다고 느낄 때 발생하는 권력

정답 ④

052

다음은 조직 내 갈등수준과 집단성과수준에 관한 그래프이다. 이에 대한 설명으로 옳은 것은?

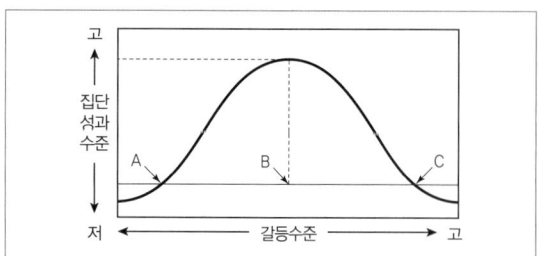

① 조직에서 갈등수준과 성과는 항상 정비례 관계이다.
② A에서 갈등은 순기능을 나타내고 있다.
③ C에서 갈등은 순기능을 나타내고 있으며 조직의 내부수준은 혁신적이며 생동적이다.
④ 갈등은 조직 구성원이나 부서 간의 경쟁을 통하여 구성원들이 서로 경쟁하는 결과만 야기하므로 동기부여에 기여하기 어렵다.
⑤ 경영자는 적당한 갈등수준을 유지하며 갈등의 순기능을 최대화하도록 노력할 필요가 있다.

해설
조직 내 갈등은 외부적 관점에서는 부정적인 개념으로 보일 수 있으나 조직 내부적 관점에서는 소거의 대상보다는 적정 관리의 대상에 해당한다. 따라서 적절한 갈등수준에서 가장 높은 성과수준이 발생한다.

오답풀이
① 조직에서 갈등수준과 성과는 비례관계이기도 하고 반비례관계이기도 하다.
② A에서는 갈등수준이 낮음에도 불구하고 집단성과수준이 낮으므로 순기능이라고 할 수 없다.
③ C에서는 갈등수준이 높아 집단성과수준이 낮으므로 역기능을 나타내고 있다. 조직의 내부수준은 알 수 없다.
④ 어느 정도의 갈등은 동기부여(motivation)에 긍정적 영향을 미친다.

정답 ⑤

053

토마스(Thomas)와 킬만(Kilmann)의 갈등해결모형을 바탕으로 할 때, 조직 내에서 발생할 수 있는 갈등에 대한 대응방식과 관련된 설명으로 옳지 <u>않은</u> 것은?

① 양보: 자신의 이해관계보다는 상대의 요구에 맞춰 갈등해결을 추구한다.
② 타협: 자신의 실익 및 상대와의 관계를 적절히 조화시키려 한다.
③ 경쟁: 자신의 입장을 고수하기 위해 자신의 능력을 사용한다.
④ 협력: 갈등에 대한 언급 자체를 피한다.
⑤ 회피: 갈등상태에 있는 자신의 목표 달성을 추구하지 않는다.

해설
협력은 경로구성원이 자신의 목적달성을 중시하지만, 동시에 다른 경로구성원의 입장을 충분히 이해하기 위해 노력하는 것이다. 갈등에 대한 언급 자체를 피하는 것은 회피이다.

문제로 익히는 핵심이론

[토마스(Thomas)와 킬만(Kilmann)의 갈등해결모형]

토마스(Thomas)와 킬만(Kilmann)은 갈등 상황에 처했을 때 대처하는 방식을 크게 회피(Avoiding), 수용(Accommodating), 경쟁(Competing), 타협(Compromising), 협력(Collaborating)의 5가지 유형으로 구분하였다.

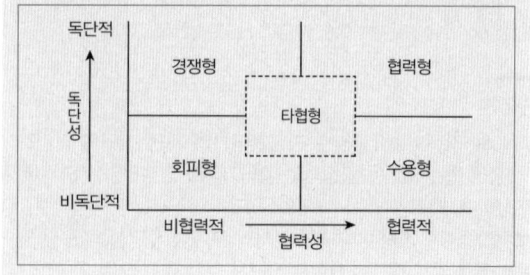

정답 ④

054

의사결정에 관한 설명으로 가장 적절하지 않은 것은?

① 합리적 의사결정모형은 완전정보와 일관된 선호체계를 가정한다.
② 제한된 합리성모형은 결과의 최적화보다는 만족화를 추구한다.
③ 쓰레기통모형은 의사결정이 합리적 과정을 통하기보다는 예기치 않은 상황에 의해 이루어진다고 설명한다.
④ 일반적으로 개인의 의사결정은 집단적 의사결정에 비해 효과성은 낮지만 시간적 효율성은 높다.
⑤ 집단의사결정과정에서 발생할 수 있는 집단극화현상의 주된 원인은 집단의 높은 응집성이다.

해설

집단극화(Polarization) 현상은 개인일 때의 의견보다 집단을 형성하는 경우의 의사가 좀 더 과장되게 나타나는 현상을 말한다. 따라서 집단극화가 집단응집성의 원인이 되는 것은 아니다.

문제로 익히는 핵심이론

[의사결정모형의 종류와 특징]

합리적 의사결정모형	경제적 합리성(완전한 합리성)에 기초하여 사람들은 그들의 경제적 성과를 극대화하려고 한다는 개념
관리적 의사결정모형	사이먼(Simon): 인간은 인지능력, 정보, 시간 등의 한계 때문에 모든 대체안을 인식할 수 없다는 전제하에 제한된 합리성 내에서 의사결정을 내린다고 주장 • 제한된 합리성(Bounded Rationality) • 최적화보다는 만족화를 선택
쓰레기통 모형	매우 높은 불확실성을 지니는 조직에서의 의사결정유형을 설명하는 데 적합한 의사결정이론. 문제점, 해결방안, 참여자, 선택기회라는 4가지의 개별적인 사건들의 흐름들이 조직 내부에서 흘러다니다가 뒤섞이는 과정에서 의사결정이 이루어짐

정답 ⑤

055

집단의사결정기법에 관한 설명으로 옳은 것은?

① 브레인스토밍(Brainstorming)은 새로운 아이디어에 대하여 무기명 비밀투표로 서열을 정하는 방법이다.
② 지명반론자법(Devil's Advocate Method)은 구성원들이 여러 이해관계자를 대표하여 토론하는 방법이다.
③ 델파이법(Delphi Method)은 전문가들의 면 대 면 토론을 통해 최적 대안을 선정한다.
④ 변증법적 토의법(Dialectical Inquiry Model)은 구성원들이 대안에 대하여 공개적으로 찬성 혹은 반대하는 것을 금한다.
⑤ 명목집단법(Nominal Group Technique)은 대안의 우선순위를 정하기 전에 구두로 지지하는 이유를 설명하는 것을 허용한다.

해설

집단의사결정기법이란 집단의 의사결정 시 발생하는 오류들을 제거하고 방지하기 위한 방법들로 브레인스토밍, 델파이, 명목집단법, 지명반론자법 등이 있다.

오답풀이

① 새로운 아이디어에 대하여 무기명 비밀투표로 서열을 정하는 것은 명목집단법에 해당한다.
② 지명반론자법은 변증법적 토의법과 유사한 방법이며, 지명반론자는 집단일 필요가 없고 집단 내 2~3명 정도가 반론자의 역할을 담당하면 된다. 이 때 반론자들은 원안과 반대되는 안을 낼 필요는 없고 고의적으로 본래 안의 약점을 지적하게 되며, 의사결정집단은 제시된 이견을 바탕으로 최선의 해결책이 도출될 때까지 토론하게 된다.
③ 델파이법은 특정 문제에 대해 다수의 전문가들의 독립적인 의견을 우편으로 수집하고, 이 의견들을 요약하여 전문가들에게 배부한 다음 일반적인 합의가 이루어질 때까지 서로의 아이디어에 대해 논평하도록 하는 대표적인 정성적 방법이다.
④ 문답법이라고도 하며, 전체 구성원들을 특정 문제에 대해 두 집단(찬성과 반대)으로 나누어 각 대안을 토의하여 최종 합의에 이르는 방법에 해당한다. 반대 안을 만드는 시간, 비용, 노력이 많이 발생하는 단점이 있다.

정답 ⑤

056

다음은 의사소통 네트워크 및 커뮤니케이션에 대한 설명이다. 이를 바탕으로 ㉠, ㉡에 들어갈 내용이 바르게 짝지어진 것은?

- (㉠)은 집단 내 중심인물 또는 리더가 존재하여 구성원 간의 정보전달이 한 사람에게 집중되는 네트워크 형태이다.
- (㉡)은 하급자로부터 상급자에게 업무결과 및 진척 정도의 보고, 필요한 자원 요청 등의 메시지가 전달되는 것이다.

	㉠	㉡
①	원형	하향적 커뮤니케이션
②	원형	상향적 커뮤니케이션
③	수레바퀴형	하향적 커뮤니케이션
④	수레바퀴형	상향적 커뮤니케이션
⑤	사슬형	수직적 커뮤니케이션

해설

㉠ 강력한 리더 중심의 수레바퀴형이 적합하다.
㉡ Bottom-up방식의 의사소통인 상향식 커뮤니케이션을 의미한다.

문제로 익히는 핵심이론

[의사소통 네트워크의 유형]
- **수레바퀴형**: 작업집단 내 강력한 리더가 있어 구성원들 간의 의사소통과 정보가 그 사람에게 집중되는 경우를 의미한다. 이러한 네트워크에서는 모든 정보가 리더를 중심으로 집중되며 그리고 이를 통해서 다른 사람에게 전달되게 된다.
- **사슬형**: 집단내에서 지위의 차이에 의해 의사소통경로가 엄격하게 정해져 있어 지위를 따라 상사와 부하 간에 직접적으로 의사소통이 이루어진다.
- **Y자형**: 수레바퀴형과 Y자형의 혼합형태로 집단 내에 강력한 리더가 있는 것은 아니지만 어느 정도 대표성 있는 중심인물을 통해 비교적 공식적인 계층을 따라 의사소통이 신속하게 이루어지는 형태이다.
- **원형**: 원형은 구성원들의 서열이나 지위가 서로 비슷하여 중심인물이 없이 구성원 모두가 대등한 입장에서 의사소통을 할 수 있고 구성원은 의사결정에 이르기까지 그들 간에 똑같이 정보를 처리하는 특성을 지닌다. 이는 위원회나 TF조직에서 형성되는 유형이다.
- **완전연결형**: 집단의 구성원들이 다른 구성원들과 정상적으로 의사소통을 할 수 있는 경우로서 상호 정보수집과 표현이 가능하다. 주로 비공식적 집단에서 발견할 수 있다.

정답 ④

057

조직문화의 구성요소에 대한 7S 모형은 맥킨지(Mckinsey)가 개발한 모형으로 조직문화에 영향을 주는 조직내부요소를 7가지 요인으로 나타낸 것이다. 다음 중 7가지 요인에 해당하지 <u>않는</u> 것은?

① 조직구조(Structure)
② 학습(Study)
③ 관리기술(Skill)
④ 공유가치(Shared Value)
⑤ 전략(Strategy)

해설

조직문화의 7가지 구성요소는 공유가치(Shared Value)를 중심으로 조직구조(Structure), 관리기술(Skill), 리더십스타일(Style), 시스템(System), 전략(Strategy), 구성원(Staff)으로 구성된다.

문제로 익히는 핵심이론

[맥킨지(Mckinsey) 7S 모형]

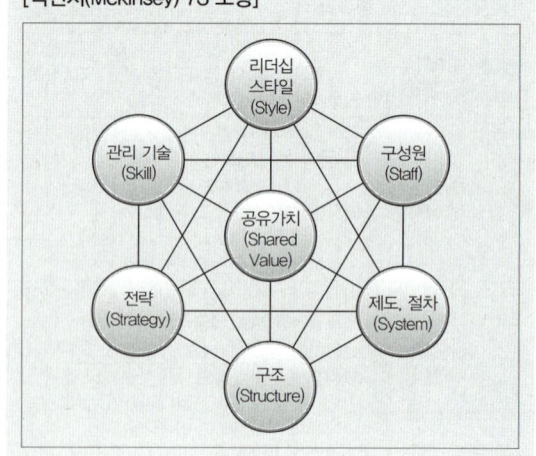

정답 ②

058

조직설계에 관한 설명으로 가장 적절한 것은?

① 부문화(Departmentalization)는 조직 구성원들이 책임지고 수행해야 할 과업의 범위와 깊이를 의미한다.
② 공식화(Formalization)는 분업화한 과업을 효과적으로 수행하기 위해 과업수행에 관련된 행동을 구체화시키는 것을 의미한다.
③ 우드워드(Woodward)의 연구 결과에 의하면 조직구조는 조직이 사용하는 생산기술에 영향을 미치고 기술과 조직구조의 적합성 여부에 따라 조직의 성과가 달라진다.
④ 페로우(Perrow)는 기술을 과업의 다양성과 문제의 분석 가능성에 따라 장인기술, 비일상적 기술, 일상적 기술, 공학적 기술로 나누었다.
⑤ 혁신의 양면성 모형(Ambidextrous Model)에서 보면 효율적 관리혁신을 위해서 조직의 중간 또는 하위 관리층은 기계적인 조직이 되어서는 안 된다.

해설

조직설계란 조직의 목표를 달성하기 위해 조직이 처한 내·외적인 상황에 적합한 조직구조를 갖추는 것으로, 조직설계의 3요소에는 복잡성, 공식화, 집권화·분권화가 있다.

오답풀이
① 부문화는 세분화된 업무를 유사성에 따라 집단화시키는 것을 말한다.
② 공식화는 조직내 업무의 표준화 정도를 말한다. 공식화를 통해 개인 간의 업무의 편차를 줄이고, 효율적인 조직의 운영이 가능하다.
③ 조직이 사용하는 생산기술이 조직구조에 영향을 미친다.
⑤ 혁신의 양면성모형이란 아이디어의 착안단계와 실천단계에서 서로 상이한 조직구조와 관리방식을 채택하는 것을 말한다. 즉 새로운 아이디어의 착안을 요구하게 될 때 조직은 창의성 발휘를 위해 유기적인 형태를 갖추어야 하지만, 이를 실용화 할 때에는 경제적 능률의 제고를 위해 기계적 조직구조가 요구되는 것을 예로 들 수 있다.

정답 ④

059

사업부제(Operating Division)의 장점으로 옳지 <u>않은</u> 것은?

① 사업부의 객관적인 이익이 사업부의 모든 의사결정의 기준이 되게끔 하기 위해 의사결정의 합리성을 높인다.
② 각 사업부는 자기완결성과 독립성을 가지므로 시장이나 기술 등의 환경변화에 대해 기민한 적응력을 가진다.
③ 사업부제는 목표가 뚜렷하고 자기완결성을 가지며 사업부장에 결정권한이 위양되어 신제품 등의 혁신율을 높일 수 있다.
④ 각 사업부의 자주성이 너무 지나치면 사업부 상호 간의 조정이나 전사적·통일적 활동이 장려되는 장점도 있다.
⑤ 사업부제는 사내대체가격과 기피선언권의 원칙에 의해 시장가격경제의 구조를 기업내부에 도입할 수 있어 경쟁 시점의 가격에 의해 자동적으로 사업부의 능률이 체크된다.

해설

사업부제 조직에서는 각 사업부의 자주성이 너무 지나치면 사업부 상호 간의 조정이나 전사적·통일적 활동이 어려워지는 단점이 있다.

문제로 익히는 핵심이론

[사업부제의 장단점]

1. 장점
   - 기업 전체의 전략적 결정과 관리적 결정기능을 분화시켜 각 사업부에 전략적 결정 부분을 '분권화'함 → 최고경영층은 일상적인 업무결정에서 해방되어 기업전체의 전략적 결정에 몰두 가능
   - 환경변화에 대한 유연한 대응이 가능. 많은 제품을 생산하는 대규모 조직
   - 사업부는 하나의 이익 단위로 독립성을 갖고, 분권화된 의사결정과 명확한 책임소재를 통해 고객만족이 제고됨

2. 단점
   - 각 사업부가 독자적인 경영활동을 수행하므로 전체적으로는 손해를 미치는 부문(이기주의적 경향)을 나타냄
   - 사업부문 간 통합 조정 및 통일적인 활동이 어려움
   - 각 사업부 내에서 '규모의 경제'를 달성하기 어려움

정답 ④

060

다음 내용을 바탕으로 빈칸 ㉠, ㉡에 들어갈 조직의 유형이 바르게 짝지어진 것은?

- (㉠)은 책임과 권한이 병행되고, 모든 사람들이 한 명의 감독자에게 보고하며, 조직의 상부에서 하부로 전달되는 의사소통의 흐름을 가진 조직을 말한다.
- (㉡)은 한시적 개별프로젝트에 사람을 임명하는 데 유연성이 있다. 조직 내의 협력과 팀 활동을 촉진시킨다는 장점이 있지만, 비용이 많이 들고 복잡하다는 단점도 있다.

	㉠	㉡
①	라인-스태프 조직	교차기능 자율경영팀
②	라인 조직	교차기능 자율경영팀
③	라인 조직	매트릭스 조직
④	라인-스태프 조직	매트릭스 조직
⑤	교차기능 자율경영팀	라인-스태프 조직

해설
㉠ 책임과 권한이 병행되고, 모든 사람들이 한 명의 감독자에게 보고하며, 조직의 상부에서 하부로 전달되는 의사소통의 흐름을 가진 조직은 전통적인 라인(Line) 조직이다.
㉡ 매트릭스(Matrix) 조직은 기능별 조직과 같은 효율성 지향의 조직과 프로젝트 조직과 같은 유연성 지향의 조직의 장점, 즉 효율성 목표와 유연성 목표를 동시에 달성하고자 하는 의도에서 발생하였다. 매트릭스 조직에서는 2중 명령체계(Two Boss System)가 유지되어 명령계통 간의 혼선이 유발될 수 있다는 단점이 있다.

정답 ③

061

피터 센게(P. Senge)의 학습조직(Learning Organization)에 대한 설명으로 가장 거리가 먼 것은?

① 학습조직은 지속적으로 지식을 창출하고 획득하고자 노력한다.
② 학습조직은 조직의 전반적인 행위를 변화시키는 데 능숙하다.
③ 학습조직은 시스템적 사고와 팀 학습을 강조한다.
④ 학습조직을 설계할 때에는 사전에 상세한 청사진을 만들어야 한다.
⑤ 학습조직은 조직의 비전을 관리하고 구성원들이 이를 공유하도록 한다.

해설
학습조직이란 조직이 직면한 문제해결을 위해 환경변화에 적응하는 능력을 지속적으로 개발하고, 새롭고 발전적인 사고방식을 촉진하며, 조직 내 모든 단계에서 끊임없는 학습을 통하여 조직 전체의 성장을 이끌어내는 조직을 뜻한다.

[학습조직의 5요소]
- 개인적 숙련(Personal Mastery)
- 정신모형(Mental Model)
- 공유비전(Shared Vision)
- 팀 학습(Team Learning)
- 시스템적 사고(System Thinking)

정답 ④

062

조직설계에 관한 설명으로 가장 적절하지 않은 것은?

① 민츠버그(Mintzberg)는 단순조직(Simple Structure), 기계적 관료조직(Machine Bureaucracy), 전문적 관료조직(Professional Bureaucracy), 사업부조직(Divisional Structure), 애드호크라시(Adhocracy)를 전형적인 조직의 유형으로 보았다.

② 기능별 조직은 같은 기능을 담당하는 사람을 한 부문으로 모아서 규모의 경제를 가질 수 있지만, 제품의 종류가 많아지고 시장의 변화가 빠르면 즉각적으로 반응하기 어렵다.

③ 로렌스와 로쉬(Lawrence and Lorsch)에 따르면 환경의 불확실성이 높을수록 조직에서 차별화가 많이 진행된다.

④ 매트릭스 구조(Matrix Structure)는 담당자가 기능부서에 소속되고 동시에 제품 또는 시장별로 배치되어 다른 조직구조에 비하여 개인의 역할갈등이 최소화된다.

⑤ 기계적 조직은 유기적 조직에 비하여 엄격한 상하관계와 높은 공식화를 가지고 있고 안정적 환경에 적합한 구조이다.

해설

매트릭스 구조(Matrix Structure)는 담당자가 기능부서에 소속되고 동시에 제품 또는 시장별로 배치되기 때문에 두 명의 상사에게 지휘를 받는 이중명령체계(Two Boss System)로 인하여 다른 조직구조에 비하여 개인의 역할갈등이 문제점으로 지적된다.

문제로 익히는 **핵심이론**

[민츠버그(Mintzberg)의 조직설계구조]

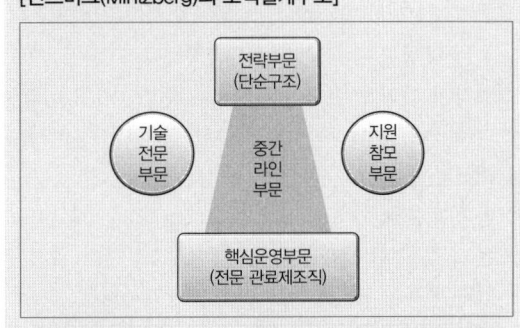

부문 명칭	주된 역할	조직구조
전략부문	의사결정	단순구조
기술전문	조직구조 설계	기계적 관료제
핵심운영	제품생산 및 구매조달	전문적 관료제
중간라인	기능 간 연결 중간관리자	사업부 조직
지원스태프	핵심부서 지원	임시조직

정답 ④

063

조직의 기술과 조직구조의 관계에 관한 설명으로 가장 적절한 것은?

① 우드워드(Woodward)의 기술 분류에 따르면 기술의 복잡성이 높을수록 조직의 전반적인 구조는 더욱 유기적인 구조를 갖는 것이 바람직하다.
② 조직의 과업다양성이 높을수록 조직의 전반적인 구조는 더욱 기계적인 것이 바람직하다.
③ 조직이 과업을 수행함에 있어 당면할 수 있는 문제의 분석가능성이 높을수록 수평적 의사소통이 중요해진다.
④ 연속형 기술(Long-linked Technology)을 사용하는 조직에서는 부서 간의 활동을 조정하기 위해 과업과 행동을 표준화하는 것이 바람직하다.
⑤ 유연생산기술(Flexible Manufacturing Technology)을 사용하는 조직에서는 분권화의 정도를 높게 유지하는 것이 바람직하다.

해설

유연생산기술을 사용하는 조직에서는 복잡한 기술 수준의 전문적 기술이 필요하기 때문에 매뉴얼에 없는 문제가 발생했을 때 즉각 대처가 가능하도록 분권화의 정도를 높게 유지하여 자율성을 보장해 주어야 한다.

오답풀이
① 우드워드(Woodward)의 기술 분류에 따른 기술의 복잡성은 '단위생산기술<대량생산기술<연속생산기술'의 순서로 높아진다. 이때 단위생산과 연속생산기술은 유기적 구조가, 대량생산기술은 기계적 구조가 적합하므로, 복잡성이 높아질수록 유기적 구조가 바람직하다는 것은 옳지 않다.
② 과업의 다양성이 높을수록 유기적 구조가 바람직하다.
③ 문제의 분석 가능성이 높을수록 집권화(또는 기계적 구조)가 유리하다. 즉 수평적 의사소통은 감소한다(페로우의 연구 참조).
④ 연속성(=장치형)기술을 사용하는 조직에서는 일정 계획이나 감독을 통하여 조정하는 것이 바람직하다(톰슨의 연구 참조).

정답 ⑤

064

투크만(Tuckman)의 집단 발달 5단계 모형에서 집단 구성원들 간에 집단의 목표와 수단에 대해 합의가 이루어지고 응집력이 높아지며, 구성원들의 역할과 권한 관계가 정해지는 단계로 적절한 것은?

① 형성기(Forming)
② 성과달성기(Performing)
③ 규범기(Norming)
④ 격동기(Storming)
⑤ 해체기(Adjourning)

해설

투크만(Tuckman)의 조직발전이론은 형성기에 혼돈과 불확실성으로 시작된 조직이 격동기단계에서 긴장과 대립, 갈등이 촉발되는 단계를 경험하고, 이후 각 시행착오를 거치면서 조직이 정립되고 성장하는 과정을 통해 프로젝트를 성공적으로 수행하고 해체한다는 이론이다.

문제로 익히는 핵심이론

[투크만(Tuckman)의 집단 발달 5단계 모형]

구분	단계별 특징	리더십 스타일
형성기 (Forming)	조직(집단)이 결성되는 단계로, 조직의 목표설정이 이루어지고, 내부적으로 혼란, 불확실성이 존재	지시형 리더십
격동기 (Storming)	본격적인 직무가 시작되는 단계로 구성원 간 갈등 및 긴장 발생, 리더는 구성원들의 상호작용 촉진, 의견 불일치, 갈등 등을 적극적 중재	코치형 리더십
규범기 (Norming)	조직의 규범, 정체성이 성립되는 단계, 작업 간의 흐름과 우선순위 결정, 중요 프로젝트의 진행 촉진이 중요	참여형 리더십
성과달성기 (Performing)	조직이 안정되고 시스템작동에 의해 성과가 창출되는 단계, 구성원들에 대한 권한 위양이 중요	위임형 리더십
해체기 (Adjourning)	프로젝트의 수행이 완료되고 팀이 해체되는 시기	관리형 리더십

정답 ③

CHAPTER 04 인적자원관리 기출예상문제

065

다음 ㉠~㉢에서 설명하는 직무평가(Job Evaluation) 방법으로 적절한 것은?

> ㉠ 직무가치나 난이도에 따라 사전에 여러 등급을 정해 놓고 그에 맞는 등급으로 평가한다.
> ㉡ 비양적인 방법으로 사기업보다는 정부기관에서 주로 사용한다.
> ㉢ 간단하고 이해가 쉽지만 부서가 다르면 공통의 기준을 적용하기 어렵다는 단점이 있다.

① 서열법(Ranking Method)
② 분류법(Classification Method)
③ 점수법(Point Method)
④ 요소비교법(Factor Comparison Method)
⑤ 직무순환법(Job Rotation Method)

해설

㉠~㉢은 직무평가의 비양적 방법의 하나인 분류법에 대한 설명이다. 분류법(Job-Classification Method)은 어떠한 기준에 따라서 사전에 직무등급을 결정해 놓고, 각 직무를 적절히 판정하여 맞추어 넣는 직무평가방법이다. 강제배정의 특성이 있으므로 정부기관이나 학교, 서비스업체 등에서 많이 이용한다.

문제로 익히는 핵심이론

[직무평가(Job Evaluation)]

- 개념: 직무평가는 직무분석을 기초로 하여 각 직무가 지니고 있는 상대적인 가치를 결정하는 방법이다. 즉 기업이나 기타의 조직에 있어서 각 직무의 중요성·곤란도·위험도 등을 평가하여 다른 직무와 비교한 직무의 상대적 가치를 정하는 체계적 방법이다.
- 방법: 비양적 방법과 양적 방법의 두 가지로 구분된다.
  - 비양적 방법: 직무수행에 있어서 난이도 등을 기준으로 포괄적 판단에 의하여 직무의 가치를 상대적으로 평가하는 방법으로 서열법과 분류법이 있다.
  - 양적 방법: 직무분석에 따라 직무를 기초적 요소 또는 조건으로 분석하고 이들을 양적으로 계측하는 분석적 판단에 의하여 평가하는 방법으로 점수법과 요소비교법이 있다.

정답 ②

066

직무분석 및 직무명세서에 대한 설명으로 가장 옳지 않은 것은?

① 직무분석은 직무에 관련된 정보들과 아울러 직무를 수행할 사람들이 갖추어야 할 요건을 체계적으로 수집하고 정리하는 과정이다.
② 직무분석은 직무에 관련된 정보를 체계적으로 수집하고, 분석 및 정리하는 과정이므로 인적자원관리의 기초 또는 인프라스트럭처라고 한다.
③ 직무의 성격, 내용, 이행 방법 등과 직무의 능률적인 수행을 위하여 직무에서 기대되는 결과 등을 간략하게 정리해 놓은 문서를 직무명세서라 한다.
④ 조직시민행동은 직무기술서에 공식적으로 부과되어 있지는 않지만 조직의 효과에 기여하는 활동이다.
⑤ 직무명세서는 직무를 만족스럽게 수행하는 데 필요한 종업원의 행동, 기능, 능력, 지식, 자격증 등을 일정한 형식에 맞게 기술한 문서를 말한다.

해설

직무의 성격, 내용, 이행 방법 등과 직무의 능률적인 수행을 위하여 직무에서 기대되는 결과 등을 간략하게 정리해 놓은 문서는 직무기술서이다. 직무명세서는 직무를 만족스럽게 수행하는 데 필요한 작업자의 지식·기능·능력 및 기타 특성 등을 정리해 놓은 문서를 말한다. 직무명세서는 직무 그 자체의 내용에 초점을 둔 것이 아니라, 직무를 수행하는 사람의 인적요건에 초점을 맞춘 것이 그 특징이다.

정답 ③

067

직무관리에 관한 설명으로 가장 적절하지 않은 것은?

① 직무분석은 '분석대상 직무선정 → 직무관련 자료수집 → 직무기술서와 직무명세서 작성'의 순서로 진행된다.
② 직무명세서에는 직무수행에 필요한 지식, 기술, 역량, 자격요건이 포함된다.
③ 직무평가는 직무분석 결과를 바탕으로 현재 직무의 문제점과 개선방안을 도출해 내는 것을 주목적으로 한다.
④ 직무재설계 방법인 직무확대는 수평적 측면에서 작업의 수를 증가시키는 것을 의미한다.
⑤ 직무평가방법인 서열법은 직무의 상대적 중요도를 평가하는 방법으로 직무의 수가 적은 소규모 조직에 적합하다.

해설
직무평가는 직무분석을 기초로 하여 각 직무가 지니고 있는 상대적인 가치를 결정하는 방법이다. 즉 기업이나 기타의 조직에 있어서 각 직무의 중요성·곤란도·위험도 등을 평가하여 다른 직무와 비교한 직무의 상대적 가치를 정하는 체계적 방법이다.

정답 ③

068

인적자원관리를 위한 직무충실(Job Enrichment)에 관한 내용으로 옳지 않은 것은?

① 근로자에게 과업을 수행하는 데 필요한 권한을 위임한다.
② 종업원에게 과업수행상의 유연성을 허용한다.
③ 직무내용을 고도화해 직무의 질을 높인다.
④ 종업원이 자신의 성과를 스스로 추적하고 측정하도록 한다.
⑤ 동일한 유형의 더 많은 직무로 직무량을 확대한다.

해설
동일한 유형의 더 많은 직무로 직무량을 확대하는 것은 직무의 수평적 확대를 의미하는 것으로 직무확대(Job Enlargement)에 해당한다. 직무충실화는 직무의 수직적 확대이다.

문제로 익히는 핵심이론

[직무충실화(Job Enrichment)]
직무충실화(Job Enrichment)는 직무성과가 개인의 심리적 만족에 달려 있다는 가정하에 작업자에게 자신의 성과를 계획하고 통제할 수 있는 자주성과 책임이 보다 많이 부여되고, 개인적 성장과 의미 있는 작업경험에 대한 기회를 제공할 수 있도록 직무의 내용을 재편성하는 것을 의미한다.

정답 ⑤

069

직무를 구성하는 과업을 구체화하고 직무수행에 요구되는 사항에 대한 정보를 수집, 정리하는 활동인 직무분석방법에 해당하지 않는 것은?

① 중요사건법
② 관찰법
③ 질문지법
④ 워크샘플링법
⑤ 점수법

해설

점수법은 직무들 간의 상대적 가치를 결정하는 직무평가방법에 해당한다.

문제로 익히는 핵심이론

[직무분석방법]

관찰법	훈련된 직무분석자가 직접 직무수행자를 집중적으로 관찰함으로써 정보를 수집하는 방법으로, 정신적 집중을 요구하는 직무보다 생산·기능직에 적절한 방법 [참고] 테일러의 과학적 접근법
면접법	• 기술된 정보, 업무흐름표(Flow Chart), 업무분담표 등을 자료로 하여 담당자를 개별 또는 집단적으로 면접하여 필요한 분석항목의 정보를 획득하는 방법 • 정확한 정보수집이 가능하나 시간과 비용이 많이 소요됨
질문지법	표준화되어 있는 질문지를 통하여 직무담당자가 직접 직무에 관련된 항목을 체크하거나 평가하도록 하는 방법
실제수행법 (경험법)	직무분석자가 분석대상 직무를 직접 수행해 봄으로써 직무에 관한 정보를 얻는 방법
중요사건법 (중요사건서술법)	직무수행과정에서 직무수행자가 보였던 중요한 가치 있는 행동을 기록해 두었다가 이를 취합하여 분석하는 방법
워크샘플링법	전체 작업과정 동안 무작위적인 간격으로 많은 관찰을 행하여 직무행동에 관한 정보를 얻는 방법

정답 ⑤

070

직무에 관한 설명으로 가장 옳지 않은 것은?

① 직무확대(Job Enlargement)는 전문화된 단일과업을 수평적으로 확대하여 과업의 수를 늘리는 것인 반면, 직무충실화(Job Enrichment)는 종업원의 직무를 수직적으로 확대하여 직무의 책임을 증가시키는 것이다.
② 직무평가(Job Evaluation)는 직무의 난이도, 기술의 수준, 기여도 등에 따라 각 직무들 간의 상대적 가치를 평가하는 것을 뜻한다.
③ 직무분석의 기법에는 과업목록법(Task Inventory Analysis), 중요사건기록법(Critical Incidents Technique), 자유기술법(Essay Appraisal), 관찰법(Observation) 등이 있다.
④ 직무명세서(Job Specification)에는 교육경험, 지적능력과 지식, 직무경험, 업무기술이 명시되는 데 비해 직무기술서(Job Description)는 직무의 명칭, 직무개요, 직무의무와 책임이 명시된다.
⑤ 해크먼과 올드햄(Hackman&Oldham)의 직무특성모형을 보면 과업의 다양성, 기술의 중요성, 과업의 자율성은 매개변수인 의미감에 영향을 준다.

해설

해크먼(Hackman)과 올드햄(Oldham)의 직무특성모형은 기술다양성, 과업정체성, 과업중요성, 자율성, 결과의 피드백 등의 핵심적인 직무특성을 파악하여, 직무특성 간 상호관련성과 그러한 특성들이 조직구성원의 심리상태에 영향을 미쳐 생산성과 동기유발 및 만족에 가져다주는 결과를 설명해 준다.

문제로 익히는 핵심이론

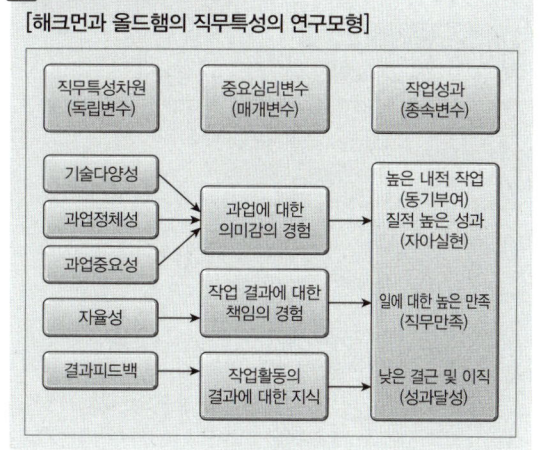

[해크먼과 올드햄의 직무특성의 연구모형]

정답 ⑤

071

선발과 모집에 관한 설명으로 가장 적절하지 <u>않은</u> 것은?

① 사내공모제는 승진기회를 제공함으로써 기존의 구성원에게 동기부여를 제공한다.
② 외부모집으로 조직에 새로운 관점과 시각을 가진 인력을 선발할 수 있다.
③ 내부 인력원천은 외부 인력원천에 비해 비교적 정확한 능력평가가 가능하다.
④ 내부모집 방식에서는 모집범위가 제한되고 승진을 위한 과다경쟁이 생길 수 있다.
⑤ 여러 상황에서도 똑같은 측정결과를 나타내는 일관성을 선발도구의 타당도라고 한다.

해설

여러 상황에서도 똑같은 측정결과를 나타내는 일관성을 선발도구의 신뢰도라고 한다.

문제로 익히는 핵심이론

[내부모집과 외부모집의 장단점]

구분	장점	단점
내부모집	• 지원자에 대한 정확한 평가 가능 • 재직자동기부여, 장기근속 토대 • 적응시간 단축 • 신속한 충원 및 비용 절감	• 과다경쟁 유발 가능 • 조직 내 위험요소 존재(불합격자의 불만)
외부모집	• 조직분위기 쇄신 • 자격을 갖춘 자의 선발에 따른 훈련비용의 절감	• 기존 종업원과의 갈등 • 많은 적응시간 소요 • 충원기간 및 비용발생

정답 ⑤

072

직장 내 교육훈련(OJT)에 관한 설명으로 가장 옳지 <u>않은</u> 것은?

① 교육훈련 프로그램 설계 시 가장 먼저 해야 할 것은 필요성 분석이다.
② 직장상사와의 관계를 돈독하게 만들 수 있다.
③ 교육훈련이 현실적이고 실제적이다.
④ 많은 종업원들에게 통일된 훈련을 시킬 수 있다.
⑤ 도제식훈련으로 종업원의 개인적 능력에 따른 훈련이 가능하다.

해설

OJT는 상사 1명에 소수의 부하 직원이 교육을 받는 것이므로 교육하는 상사에 따라 교육 내용과 방법에 차이가 있을 수 있고, 부하 직원의 상태에 따라 교육 내용이 달라질 수 있어서 통일된(표준화된) 훈련이 힘들다.

문제로 익히는 핵심이론

[OJT와 Off-JT 비교]

직장 내 훈련 (OJT)	의미	• 현재 수행하고 있는 업무수행과정과 관련하여 상사의 지도가 이루어지는 교육훈련 • 과거의 도제식 훈련이 OJT의 대표적인 사례
	장점	• 훈련교육이 현실적이고 훈련과 생산이 직결되어 경제적임 • 상사나 동료 간 협동정신 강화 • 종업원의 개인적 능력에 따른 훈련이 가능
	단점	• 지도자나 환경이 반드시 훈련에 적합할 수는 없음 • 많은 종업원을 한 번에 훈련시키기 어렵고, 작업수행에 지장을 줄 수 있음 • 통일된 내용을 가진 훈련이 어려움
직장 외 훈련 (Off-JT)	의미	현재 수행하고 있는 직무를 떠나 기업 외부의 연수원이나 실습장에서 전문가에 의해 이루어지는 교육훈련
	장점	• 많은 종업원들에게 통일적인 훈련을 할 수 있음 • 전문적인 지도자 밑에서 종업원은 훈련에 전념할 수 있음 • 참가자는 직무 부담에서 벗어나 새로운 학습에 전념할 수 있어서 훈련효과가 높음
	단점	• 작업시간의 감소와 훈련시설의 설치 등으로 경제적 부담이 커짐 • 훈련 결과를 현장에서 바로 활용하기 어려움

정답 ④

073

인력선발도구의 평가기준으로는 신뢰성과 타당성이 있다. 이에 대한 설명으로 가장 적절하지 <u>않은</u> 것은?

① 신뢰성은 어떤 시험을 동일한 환경에서 동일한 사람이 몇 번 다시 보았을 때, 그 결과가 서로 일치하는 정도를 말한다.
② 양분법(Split-halves Method)과 대체형식법(Alternate Form Method)은 신뢰성 측정방법이다.
③ 예측타당성(Predictive Validity)은 선발시험 합격자들의 시험성적과 입사 후 그들의 직무성과간의 상관관계에 의해 평가된다.
④ 내용타당성(Content Validity)은 선발도구에 측정하고자 하는 내용이 포함 되어 있는 정도를 말한다.
⑤ 동시타당성(Concurrent Validity)은 선발시험의 예측타당성과 내용타당성을 동시에 검사하는 것이다.

해설
동시타당성은 현직 종업원의 시험성적과 직무성과를 비교하여 선발도구의 타당성을 검사하는 것이다.

문제로 익히는 핵심이론

[인력선발의 기준: 타당성]

기준 타당도 (= 현재타당도)	시험 성적과 하나 또는 그 이상의 기준치를 비교함으로써 파악할 수 있는 타당성 • 동시 타당도: 현직 종업원에 대한 시험성적과 직무 성과를 비교하여 타당성 검토 예) TOEIC 900점 이상 획득한 현직 해외영업부 직원의 직무성과가 좋다면 이를 선발 시 활용 • 예측 타당도: 선발시험에 합격한 지원자의 시험성적과 입사 후의 직무성과를 비교 예) 입사 전 TOEIC 900점 이상 획득한 해외영업부 사원의 향후 직무성과와의 관련성 검토
내용 타당도	측정도구(문항)가 측정하고자 하는 속성이나 개념을 속성을 측정할 수 있도록 평가문제에 잘 반영하고 있는가의 정도 예) 무역영어 시험이 비즈니스 영어능력을 잘 측정할 수 있는지의 여부
구성 타당도	• 선발시험이 무엇을 측정하느냐 하는 시험의 이론적 구성과 가정을 반영하는지 정도로, 측정 항목들이 얼마나 논리적인지 여부 • 측정도구의 적격성의 문제로 요인분석을 통해 검증 예) 무역영어 자격이 해외영업부 사원 선발에 논리적인 내용으로 구성되었는지 여부

정답 ⑤

074

학습(Learning)과 교육훈련에 관한 설명으로 가장 적절하지 <u>않은</u> 것은?

① 불쾌한 결과를 제거하여 바람직한 행위를 유도하는 방법을 소거(Extinction)라고 한다.
② 커크패트릭(Kirkpatrik)은 교육훈련의 효과를 반응, 학습정도, 행동변화, 조직의 성과로 구분하여 측정할 필요가 있다고 하였다.
③ 사회적 학습이론(Social Learning Theory)에서는 사람의 인지적 측면을 강조하고, 다른 사람의 행동과 그 결과를 통해서 학습하는 것을 대리학습(Vicarious Learning)이라고 하였다.
④ 손다이크(Thorndike)가 제시한 효과의 법칙(Law of Effect)이란 원하는 보상을 받는 행동은 반복되고, 바람직하지 않은 결과가 나타나는 행동은 반복되지 않는다는 것을 의미한다.
⑤ 직무현장훈련(OJT: On the Job Training)은 업무수행 과정을 통해 학습하기 때문에 훈련의 전이효과가 커지는 장점이 있다.

해설
불쾌한 결과를 제거하여 바람직한 행위를 유도하는 방법은 부정적 강화(Negative Reinforce)에 해당한다. 소거는 긍정적인 행동이 지속되지 않는 경우 보상을 철회하는 것을 의미한다.

정답 ①

075

인사평가와 보상에 대한 설명으로 옳지 않은 것은?

① 집단성과급제도는 근로자 간의 인간관계 훼손, 협동심 저하 등 개인성과급제도의 단점을 극복하기 위해 설계된 것으로 '성과배분제도'라고도 한다.
② 균형성과표(BSC)는 임직원의 성과를 재무적 관점, 고객 관점, 내부 비즈니스 프로세스 관점, 학습과 성장 관점의 측면에서 다면적으로 평가하는 방법이다.
③ 목표에 의한 관리(MBO)는 본인을 포함한 상급자와 하급자, 동료와 외부의 이해관계자(고객, 공급업자 등)에 의해서 이루어지는 평가와 피드백을 총칭한다.
④ 선택적(카페테리아식) 복리후생은 근로자의 욕구를 반영하기 때문에 동기부여에 효과적이지만, 관리가 복잡하고 운영비용이 많이 발생한다.
⑤ 임금수준은 기업의 지불능력을 임금수준의 상한으로, 종업원의 생계비를 하한으로 한다.

해설

본인을 포함한 상급자와 하급자, 동료와 외부의 이해관계자(고객, 공급업자 등)에 의해서 이루어지는 평가와 피드백을 총칭하는 것은 인사고과 방법 중 '다면평가법(360도 평가)'에 해당한다. 한편, MBO(목표에 의한 관리)는 드러커와 맥그리거가 주장한 계획화 방법으로 측정 가능한 단기목표를 상급자와 하급자가 함께 합의하여 설정하고, 진척사항을 정기적으로 상호피드백하는 경영관리시스템을 의미한다.

정답 ③

076

다음 내용과 가장 관련이 깊은 업적평가 방법으로 옳은 것은?

> 평가자는 평가항목에 대한 점수에 따라서 종업원을 평가하지만, 그 항목은 일반적인 서술이나 특성보다는 해당직무와 관련성이 높은 행동과 사건을 구체적이고 분명하게 기술하고 있다.

① 요소 비교법
② 집단 서열법
③ 목표 관리법
④ 행동기준 고과법
⑤ 중요사건 기록법

해설

문제의 내용은 행동기준 평정척도법에 대한 설명이다. 행동기준 고과법(BARS: Behaviorally Anchored Rating Scales)은 구성원이 실제로 수행하는 구체적인 행위에 근거하여 구성원을 평가함으로써 신뢰도와 평가의 타당성을 높인 고과방법으로, 평정척도법의 단점을 시정하기 위한 시도에서 개발된 것이다.

정답 ④

077

임금에 대한 설명으로 옳지 않은 것은?

① 연공급은 근속연수에 따라 임금이 인상되며, 소극적인 근무태도를 야기하는 단점이 있다.
② 직무급은 개인별 임금격차에 대한 불만을 해소할 수 있지만 철저한 직무분석이 전제되어야 한다.
③ 직능급은 직무수행자의 역량 및 직무의 난이도 등에 따라 차별 임금을 지급하기 때문에 정확한 직무평가가 어려운 기업에서는 사용할 수 없다.
④ 성과급은 노동생산성 향상의 장점이 있지만 단기간 내 최대 산출을 위해 제품의 질을 희생시킬 수 있다는 단점이 있다.
⑤ 리틀식은 표준과업을 110% 이상 달성이 가능한 고숙련자 작업자를 위한 4단계 복률성과급제에 해당한다.

해설

직능급은 연공급과 직무급의 중간 형태로 직무수행능력을 기준한 임금제도이며, 직무수행자의 역량 및 직무의 난이도 등 정확한 직무평가가 필요한 임금제도는 직무급에 해당한다.

문제로 익히는 핵심이론

[임금제도의 종류]

1. 연공급

개념	임금이 개인의 근속연수·학력·연령 등 인적요소를 중심으로 변화하는 제도로 종신고용을 전제로 함
장점	• 고용의 안정화 및 노동력의 정착화 • 노동자의 생활보장으로 기업에 대한 귀속의식 제고 • 동양적인 기업풍토에서 질서확립과 사기유지에 유리
단점	• 동일직무에 대한 동일임금의 지급이 불가능, 기업의 인건비 부담이 높아짐 • 전문 기술인력의 확보가 곤란 • 종업원들의 소극적·무사안일주의적인 근무태도 야기

2. 직능급

개념	• 직무수행능력에 따라 임금의 사내격차를 만드는 체계이며, 능력급 체계의 대표적인 제도 • 당사자의 능력이 어떤 수준으로 평가되느냐에 따라 개인의 임금이 결정
장점	• 능력에 따른 임금결정으로 종업원의 불평 해소 • 능력자극으로 유능한 인재 확보 • 완전한 직무급 도입이 어려운 동양적 기업풍토에 적합
단점	• 직무수행 능력이 떨어지는 노동자의 근로의욕 상실 • 직무수행에 치우쳐 노동자가 일상 업무를 소홀히 하는 경향

3. 직무급

개념	직무의 중요성과 곤란도 등에 따라서 각 직무의 상대적 가치를 평가하고, 그 결과에 의거하여 임금액을 결정하는 체계
장점	• 동일직무에 동일임금을 지급, 개인별 임금격차에 대한 불만 해소 • 전문기술인력의 확보 용이 • 능력 위주의 인사풍토 조성
단점	• 공정하고 철저한 직무분석과 직무평가의 실시가 곤란 • 임금수준이 종업원의 생활을 보장할 수 있을 만큼 높지 않을 때는 실시 곤란 • 연공중심의 풍토에서 오는 저항감이 강한 경우에는 적용 곤란

정답 ③

078

보상에 관한 설명으로 가장 적절한 것은?

① 스캔론 플랜(Scanlon Plan)은 개인별 성과급에 속한다.
② 집단성과배분제(Gain Sharing)에 따르면 회사가 적자를 내더라도 생산성 향상이 있으면 생산이윤을 분배받을 수 있다.
③ 이윤분배제(Profit Sharing)에 따르면 원가절감, 품질향상이 발생할 때마다 금전적 형태로 종업원에게 보상한다.
④ 직무급(Job-based Pay)은 다양한 업무기술 습득에 대한 동기 유발로 학습조직 분위기를 만들 수 있다.
⑤ 직능급(Skill-based Pay)의 단점은 성과향상을 위한 과다경쟁으로 구성원 간의 협동심을 저하시키는 것이다.

해설

집단성과배분제(Gain Sharing Plan)와 이윤분배제(Profit Sharing Plan)의 가장 큰 차이점은 집단성과배분제가 노사 간에 합의된 목표 달성이 그 조건이 되는 반면, 이윤분배제의 경우에는 원가절감 등의 생산성 향상에 의해 발생한 이윤(Profit) 발생이 그 조건이 된다는 점이다.

오답풀이
① 스캔론 플랜(Scanlon Plan)은 집단을 대상으로 하는 집단성과배분제에 해당한다.
② 생산성 향상이 있으면 이윤을 분배받을 수 있는 것은 이윤분배제에 해당하며, 집단성과분배제는 노사 간에 합의된 내용을 달성했는지가 분배의 기준이 된다.
④ 직능급에 대한 설명이다.
⑤ 성과급에 대한 설명이다.

정답 ③

079

개인 및 집단성과 분배제도에 관한 설명으로 옳은 것의 개수는?

㉠ 임프로쉐어는 절약된 노동시간을 종업원 80%, 기업 20% 비율로 분배하는 제도를 말한다.
㉡ 집단성과배분은 목표수준 이상의 이익이 발생했을 때 구성원에게 분배하는 제도이며, 이윤배제도는 이익의 증가나 비용감소 등 경영성과를 구성원에게 배분하는 제도를 말한다.
㉢ 메릭식은 상·중·하 3단계의 임률을 제시하여 미숙련자도 쉽게 달성 가능한 중간 임률을 두었다.
㉣ 스캔론플랜은 기업이 달성한 부가가치를 기준으로 임금분배액을 계산하였다.
㉤ 맨체스터플랜은 최소한의 기본적인 임금을 보장하는 제도이다.

① 1개 ② 2개 ③ 3개
④ 4개 ⑤ 5개

해설

임금형태인 성과급 제도는 개인 성과급과 집단 성과급 제도로 구분할 수 있다. 개인성과급은 생산량을 기준한 테일러식, 메릭식, 리틀식, 멘체스터 플랜 등이 있고, 시간을 기준한 간트식, 비도우식, 할시식, 로완식 등이 있다. 또한 집단성급제에는 카이저 플랜, 프렌치 시스템, 스캔론 플랜, 러커 플랜 등이 있다.

오답풀이
㉠ 임프로쉐어는 절약된 노동시간을 종업원 50%, 기업 50% 비율로 분배하는 제도이다.
㉡ 집단성과분배제와 이윤분배제도의 개념이 서로 바뀌어 설명되어 있다.
㉣ 스캔론 플랜은 생산의 판매 가치를 기초로 한 성과배분제도를 말한다.

정답 ②

080

노동조합과 노사관계에 대한 설명으로 옳지 않은 것은?

① 에이전시숍(Agency Shop)은 조합원이든 아니든 모든 종업원에게 조합회비를 징수하는 제도이다.
② 노사관계는 생산의 측면에서 보면 협조적이지만, 생산의 성과배분 측면에서 보면 대립적이다.
③ 노동조합의 경제적 기능은 사용자에 대해 직접 발휘하는 노동력의 판매자로서의 교섭기능이다.
④ 일반적으로 노동조합은 오픈숍(Open shop) 제도를 확립하려고 노력하고, 사용자는 클로즈드숍(Closed Shop)이나 유니언숍(Union Shop) 제도를 원한다.
⑤ 노사 간에 대립하는 문제들이 단체교섭을 통해 해결되지 않으면 노사 간에는 분쟁상태가 일어나고, 양 당사자는 자기의 주장을 관철하기 위하여 실력행사에 들어가는데 이것을 '노동쟁의(Labor Disputes)'라고 한다.

해설
일반적으로 노동조합은 클로즈드숍(Closed Shop)이나 유니언숍(Union Shop) 제도를 확립하려고 노력하고, 사용자는 오픈숍(Open Shop) 제도를 원한다.

정답 ④

081

노동조합의 형태 중 체크오프시스템(Check-off System)에 대한 설명으로 옳은 것은?

① 노동조합의 조합원만을 고용할 수 있는 제도이다.
② 회사의 급여계산 시 노동조합비를 일괄적으로 공제하여 노조에게 인도하는 제도이다.
③ 비조합원을 채용할 수 있지만 일정 기간 내에 노동조합에 가입해야 한다.
④ 노동조합의 가입여부에 상관없이 모든 사람들에게 조합비를 공제하는 제도이다.
⑤ 사용자가 비조합원을 일단 자유로 채용할 수는 있지만 채용 후 일정기간 안에 조합에 가입해야 하는 제도이다.

해설
체크오프시스템은 회사의 급여 계산 시 종업원들에게 조합비를 일괄적으로 공제하여 조합에 인도하는 제도이며, 에이전시숍(Agency Shop)은 조합원이든 아니든 모든 종업원에게 조합회비를 징수하는 제도라 할 수 있다.

오답풀이
④ 에이전시숍(Agency Shop)에 대한 설명이다.
⑤ 유니온숍(union shop)에 대한 설명이다.

문제로 익히는 핵심이론

[에이전시숍(Agency Shop)과 체크오프시스템(Check-off System)]

에이전시숍(Agency Shop)은 조합원이든 조합원이 아니든 모든 종업원에게 조합회비를 징수하는 제도이며, 체크오프시스템(Check-off System)은 노조에서 노동자 모두에게 일일이 조합회비를 징수하는 것이 어렵기 때문에 회사의 급여 계산 시 조합비를 일괄적으로 공제하여 조합에 인도하는 제도이다.

정답 ②

082

기업 측의 부당한 노동행위에 해당하는 것은?

① 긴급조정
② 준법투쟁
③ 황견계약
④ 중재행위
⑤ 스트라이크

해설

황견계약은 기업 측의 부당한 노동행위에 해당하며, 알선, 조정, 중재, 긴급조정은 노동쟁의에 대해 조정하는 행위에 해당한다. 직장 폐쇄는 기업 측의 노동쟁의 행위방법에 해당한다.

> **문제로 익히는 핵심이론**
>
> **황견계약(Yellow Dog Contract)**
>
> 1. **황견계약의 개념**
>   근로자가 어느 노동조합에 가입하지 아니할 것 또는 탈퇴할 것을 고용조건으로 하거나 특정한 노동조합의 조합원이 될 것을 고용조건으로 하는 행위로, 황견계약은 근로자에 대한 해고 등 불이익 여부와 관계없이 단지 황견계약의 체결만으로 부당노동행위가 성립한다.
>
> 2. **황견계약의 유형**
>   - 조합 불가입을 고용조건으로 하는 경우
>   - 조합 탈퇴를 고용조건으로 하는 경우
>   - 특정한 노동조합의 조합원이 될 것을 고용조건으로 하는 경우(유니언숍의 체결은 제외)
>   - 조합 활동의 금지를 고용조건으로 하는 경우

정답 ③

083

생산시스템의 경쟁우선순위(Competitive Priorities)에 관한 설명으로 가장 적절하지 <u>않은</u> 것은?

① 품질(Quality) 경쟁력은 상대적으로 높은 수준의 제품품질(Product Quality)을 확보할 수 있는 능력뿐만 아니라 적합한 품질수준을 유지하는 능력도 포함된다.
② 원가(Cost) 경쟁력은 상대적으로 낮은 가격의 투입자원을 확보하거나 생산성을 향상시킴으로써 얻어지는 가격경쟁력을 의미한다.
③ 신뢰성(Reliability) 경쟁력은 기업에 대한 고객의 신뢰를 얻어 낼 수 있도록 효과적으로 애프터서비스를 제공할 수 있는 능력이다.
④ 유연성(Flexibility) 경쟁력은 다양한 종류의 제품을 공급할 수 있는 능력뿐만 아니라 주문물량의 대소에 관계없이 대응할 수 있는 능력을 의미한다.
⑤ 시간(Time) 경쟁력은 빠른 제품개발능력뿐만 아니라 빠른 인도(Fast Delivery) 및 적시인도(On-time Delivery)능력도 포괄하는 개념이다.

해설
생산관리의 목표는 원가(Cost), 품질(Quality), 시간(Time), 유연성(Flexibility)의 4가지로 요약된다. 이 목표들은 상충관계(Trade-off)에 있기 때문에 목표의 우선순위를 정해야 한다.

문제로 익히는 핵심이론

[생산관리의 의미 및 목표]

의미	제품이나 서비스를 생산하는 데 필요한 자원을 최적의 상태로 관리하는 일과 이러한 기능을 수행하기 위하여 의사결정을 하는 것
목표	원가 / 품질 / 시간 / 유연성 → 기업 가치의 극대화 소비자가 원하는 좋은 '품질'의 제품을 '원가절감'을 통해 저렴한 가격에 신속하게 또는 '적시'에 생산하여 인도함으로써 생산시스템의 '유연성'을 확보·유지하는 것

정답 ③

084

제품개발에 관한 설명으로 옳은 것을 모두 고르면?

㉠ 제품개발을 위한 아이디어의 원천은 크게 고객욕구와 기술발전으로 분류된다.
㉡ 동시공학(Concurrent Engineering) 접근법은 제품의 공학적 설계과정에서 협력업체를 포함하는 관련 엔지니어들이 동시에 팀으로 진행하여 설계기간을 단축하는 것이다.
㉢ 모듈러 설계(Modular Design)를 적용하는 경우 제품 생산의 용이성은 증가하나 제품의 다양성은 매우 제한적이 되는 단점이 있다.
㉣ 제품개발 시 순차적 접근법(Sequential Approach)을 적용하는 경우 제품개발 소요기간이 길어져서 시장경쟁이 심한 첨단기술 제품의 개발에는 적절하지 않다.

① ㉠, ㉡
② ㉠, ㉣
③ ㉡, ㉢
④ ㉢, ㉣
⑤ ㉠, ㉡, ㉣

해설
㉠, ㉣은 옳은 내용이다.

오답풀이
㉡ 동시공학은 기업 내부의 여러 부서로부터 다기능팀을 구성하여 설계과정을 단축하고 비용을 절감하고자 하는 방식이다. 그러므로 협력업체까지는 포함시키지 않는 개념이다.
㉢ 모듈러 설계는 제품생산의 용이성과 다양성이 모두 증가한다.

문제로 익히는 핵심이론

[제품개발의 절차 및 중요개념]
신제품개발(제품설계)의 절차는 제품아이디어 창출 → 제품선정 → 제품설계 → 공정설계 순으로 진행되며, 제품개발(제품설계)의 중요개념에는 가치공학, 동시공학, 로버스트 설계, 모듈화 설계, 품질기능 설계(QFD) 등이 있다.

정답 ②

085

제품설계의 방법에 관한 설명으로 옳지 않은 것은?

① 최종제품 설계는 기능설계, 형태설계, 생산 설계로 구분하며 그중 형태설계는 제품의 모양, 색깔, 크기 등과 같은 외형과 관련된 설계이다.
② 가치분석(Value Analysis)은 불필요하게 원가를 유발하는 요소를 제거하고자 하는 방법을 의미한다.
③ 동시공학(Concurrent Engineering)은 제품 개발 속도를 줄이기 위해 각 분야의 전문가들이 기능식 팀(Functional Team)을 구성하고 모든 업무를 각자 동시에 진행하는 제품개발 방식이다.
④ 품질기능전개(QFD)는 품질개선의 방법으로 표준화된 의사소통을 통해 고객의 요구를 각 단계마다 전달하는 기법으로 시행착오를 줄이는 데 그 목적이 있다.
⑤ 로버스트 설계는 제품이 설계단계에서부터 환경변화에 영향을 덜 받도록 제품 또는 공정을 설계하는 방식이다.

해설
동시공학(Concurrent Engineering)은 제품 개발 속도를 높이고 부서 간 불일치를 감소시키기 위해 제품 디자인에서부터 생산에 이르기까지 각 과정을 동시에 진행하는 제품개발 방식이다. 따라서 분업화, 전문화를 중시하는 기능식 조직보다는 부서 간 협업이 강조되는 팀 조직에 더 적합하다.

정답 ③

086

입지선정 기법에 관한 설명으로 가장 적절한 것은?

① 입지손익분기분석(Locational Break-even Analysis)은 입지별로 입지와 관련된 비용을 장기 비용요소와 단기 비용요소로 구분 한 뒤, 입지별 예상생산수량과 비교하여 최종입지를 결정하는 분석을 말한다.
② 운송모형(Transportation Model)은 고객시장을 기준으로 수익을 최대화할 수 있는 입지를 선정하는 기법이다.
③ 요소 분석방법(Factor Rating Method)은 입지결정과 관련된 요인들에 가중치를 부여하여 평가하는 분석을 말한다.
④ 무게중심 분석방법(Center of Gravity Method)은 한정된 후보지들을 대상으로 하는 입지선정 시 효과적이다.
⑤ 입지에 관한 분석 시 직각거리(Rectilinear Distance)를 이용한 분석은 두 지점 사이의 직선거리 또는 가장 짧은 거리를 이용하여 입지선정에 활용하는 방법이다.

해설
입지선정이란 생산에 필요한 설비와 건물이 위치할 장소를 선정하는 것을 의미한다. 입지분석 기법에는 양적 기법인 총비용비교법, 입지 손익분기분석법, 무게중심법, 직각거리분석법 등이 있으며, 질적 기법에는 서열법, 요소분석방법 등이 있다.

오답풀이
① 입지손익분기분석법은 입지에 소요되는 총비용을 고정비와 변동비로 구분하여 두 비용의 합이 가장 작은 곳을 생산입지로 선택하는 기법을 말한다.
② 운송모형은 총운송비를 최소화할 수 있는 곳을 입지로 결정하는 기법을 말한다.
④ 무게중심 분석방법은 무게중심 또는 근접성을 기초로 수학적으로 평가하여 입지를 결정하며, 운송비를 최소화하여야 하는 물류센터 입지 선정에 이용된다.
⑤ 직각거리 이용 분석법은 두 지점 간 직선거리가 아니라 X, Y 좌표를 합한 숫자를 이용한다.

정답 ③

087

생산 종류에 따른 주문유형 및 생산 프로세스의 연결이 바르지 않은 것은?

① 라인생산 - 다품종 소량생산 - 배치생산
② 연속생산 - 표준화 대량생산 - 제품별 배치
③ 단속생산 - 다품종 소량생산 - 공정별 배치
④ 주문생산 - 개별 생산 - 공정별 배치
⑤ 프로젝트 생산 - 극단적 다품종 소량생산 - 위치 고정형 배치

해설
라인생산 공정은 연속생산에 해당하는 것으로 소품종 대량생산, 조립생산, 제품별 배치와 연결된다.

📝 문제로 익히는 **핵심이론**

[생산 시스템]

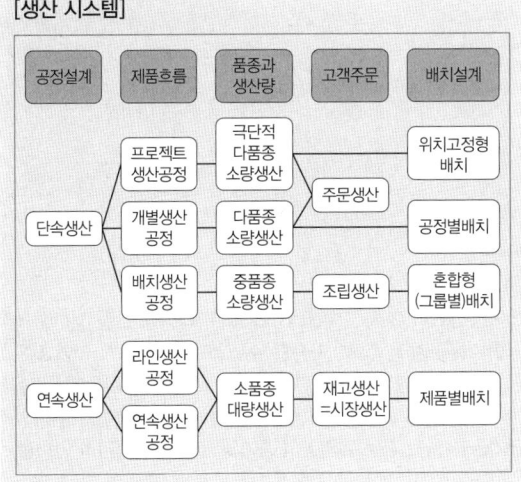

정답 ①

088

공정별 배치(Process Layout)에 관한 설명으로 적절한 것을 모두 고르면?

> ⊙ 주로 특정 작업을 위한 전용설비들로 생산라인이 구성된다.
> ⓒ 다품종 소량생산의 주문생산방식에 적합하다.
> ⓒ 제품별로 생산경로가 다양할 수 있어 경로계획과 작업일정계획을 자주 수립해야 한다.
> ⓔ 표준화된 제품의 조립과 같이 반복적인 생산에 적합하다.
> ⓜ 제품-공정 매트릭스(Product Process Matrix)에서 유연성과 생산원가가 낮은 경우에 해당한다.

① ㉠, ㉢
② ㉡, ㉢
③ ㉠, ㉣, ㉤
④ ㉡, ㉢, ㉣
⑤ ㉠, ㉡, ㉢, ㉣, ㉤

해설
공정별 배치는 유사한 기능을 갖는 기계설비를 한곳에 모아 동일 공정이나 유사공정의 작업을 집중시키는 형태로 배치하는 것으로, 수요 변동, 생산제품 교체, 작업순서 변화에 대한 유연성이 큰 다품종 소량생산체제에 유리하다.

오답풀이
㉠, ㉣, ㉤은 모두 제품별 배치의 특징에 해당한다.

📝 문제로 익히는 **핵심이론**

[제품별 배치]

개념	표준품 대량생산에 적합한 배치로 제품이나 고객이 일정한 흐름을 따라 움직이며 생산설비와 자원은 해당 제품이나 서비스의 완성경로에 따라 배치됨
특징	• 표준품(소품종) 대량생산체제에 유리 • 라인밸런싱(Line Balancing) 문제가 주요 과제
장점	• 대량 생산으로 생산원가가 저렴해짐 • 소요자재의 운반 거리가 짧고 가공물의 흐름이 빠름 • 생산절차가 단순하고 일정 계획·관리가 용이 • 작업이 단순하여 교육이 용이하며 비숙련공의 배치가 가능
단점	• 수요 변동, 생산제품 교체, 작업순서 등의 변화에 대한 유연성이 낮음 • 자재 부족이나 기계 고장 시 전체 공정의 운영이 불가능해짐 • 작업이 단조로워 직무만족도가 떨어짐 • 전용설비 설치를 위한 초기 설비투자액이 큼

정답 ②

089

유연생산 시스템(FMS)에 대한 설명으로 옳지 않은 것은?

① 다품종제품의 생산에 적합하다.
② 컴퓨터제어를 통한 무인조작을 지향한다.
③ 유연성과 생산성을 동시에 달성할 수 있다.
④ 초기 투자비가 적다.
⑤ 필요량을 가공함으로써 공정품의 재고가 감소한다.

해설

유연생산 시스템은 생산에 필요한 하드웨어와 소프트웨어를 자동화하여 다양한 제품을 높은 생산성으로 유연하게 제조하려는 것으로 생산 인건비는 감소되지만 공정의 자동화로 인해 초기투자비가 높다.

문제로 익히는 핵심이론
- 다품종 소량생산의 유연화: FMS, 셀 배치 생산, GT 생산, CIM, CAM, CAD 등
- 소품종 대량생산의 유연화: 모듈러 생산

정답 ④

090

집단공정(GT: Group Technology)에 대한 설명으로 옳지 않은 것은?

① 가공의 유사성에 따라 부품을 집단화하여 생산함으로써 생산의 효율성을 높인다.
② 흐름작업이 촉진되고 전문화, 자동화에 유리하다.
③ 코딩시스템 등을 이용하여 CAD/FMS 등과 결합이 가능하다.
④ 생산 준비시간 및 작업시간을 단축할 수 있다.
⑤ 물류의 흐름이 빨라져서 생산성이 증가하고 유연성이 감소한다.

해설

집단공정(GT: Group Technology)이란 다품종 소량 생산에서 유사한 가공물들을 집약, 가공할 수 있도록 부품설계 작업표준 가공 등을 유사성에 근거하여 계통적으로 행함으로써 생산효율을 높이는 기법으로 집단가공법 또는 유사부품 가공법을 말한다. 집단가공을 하는 경우 유연성의 증가와 함께 생산시간을 단축할 수 있다는 장점이 있다.

정답 ⑤

091

생산관리를 위한 인과적 수요예측 기법으로 옳은 것을 모두 고르면?

> ㉠ 시장조사법 ㉡ 투입 – 산출모형
> ㉢ 경영자판단법 ㉣ 지수평활법
> ㉤ 회귀분석모형

① ㉠
② ㉡, ㉢
③ ㉢, ㉣
④ ㉣, ㉤
⑤ ㉡, ㉣, ㉤

해설

㉡, ㉣, ㉤은 생산관리를 위한 인과적 수요예측 기법에 해당하며, ㉠, ㉢의 경우 수요예측을 위한 정성적 기법에 해당한다.

문제로 익히는 핵심이론

[인과형 예측기법]

인과형 모형에서는 과거의 자료에서 수요와 밀접하게 관련되어 있는 변수들을 찾아낸 다음 수요와 이들 간의 인과관계를 분석하여 미래수요를 예측한다. 원인변수(독립변수)가 시간이면 시계열(Time Series) 분석이고, 다른 특정변수이면 횡단면(Cross-section) 분석이라고 한다.

- 인과형 모형의 종류: 회귀분석, 계량경제모형, 투입-산출 모형, 시뮬레이션 모형 등

정답 ⑤

092

다음 자료에 대한 수요예측 설명으로 옳은 것은?

기간(t)	예측치(F)	실제수요(Y)	오차(=Y-F)
1월	130	110	-20
2월	100	120	20
3월	100	130	30
4월	130	140	10

① 바로 직전 기간에 주어진 자료(4월)만을 가지고 지수평활법(평활상수=0.2)을 적용하여 다음 5월의 수요를 예측하면 128이다.
② 최근 3개월 단순이동평균법(SMA)을 적용하여 다음 5월의 수요를 예측하면 110이다.
③ 4개월(1~4월) 동안의 수요예측에 대한 평균절대편차(MAD)는 15이다.
④ 4개월(1~4월) 동안의 수요예측에 대한 추적지표(TS)는 2이다.
⑤ 가중이동평균법은 1, 2월에 더 큰 가중치를 주어야 최근의 수요변화를 정확히 반영할 수 있다.

해설

추적지표(TS) = $\sum$오차 $\div$ MAD = $\dfrac{10+30+20-20}{20}$ = 2

오답풀이

① 지수평활법에 의한 수요예측:
   $130+(140-130)\times 0.2 = 132$
② 단순이동평균법(실제치 이용): $\dfrac{140+130+120}{3} = 130$
③ 평균절대편차(MAD): $\sum$오차의 절댓값 $\div$ N
   $= \dfrac{10+30+20+20}{4} = 20$
⑤ 가중이동평균법은 가까운 기간에 더 큰 가중치를 주어야 최근의 수요변화를 많이 반영할 수 있다.

정답 ④

093

생산능력(Capacity)에 관한 설명으로 가장 옳지 않은 것은?

① 규모의 경제(Economic of Scale)는 생산량이 고정비를 흡수하게 됨으로써 단위당 고정비용이 감소하는 것을 의미한다.
② 실제 생산능력(Actual Output Rate)은 생산시스템이 실제로 달성하는 산출량이다.
③ 유효 생산능력(Effective Capacity)은 병목(Bottleneck)을 고려한 정상적인 조건하에서 산출되는 생산량이라 할 수 있다.
④ 생산능력 이용률(Capacity Utilization)은 설계 생산능력(Design Capacity)이 커지면 함께 증가한다.
⑤ 일반적으로 유효생산능력보다 설계생산능력이 더 크며, 실제생산능력이 가장 작게 나타난다.

해설

생산능력 이용률(가동률) = $\frac{(실제 생산량)}{(설계 생산능력)}$

따라서 생산능력 이용률은 설계 생산능력이 커지면 감소하게 된다.

문제로 익히는 핵심이론

[생산능력의 크기]
설계생산능력 ≥ 유효생산능력 ≥ 실제 생산량

정답 ④

094

생산 계획(Production Planning)에 관한 설명으로 가장 적절하지 않은 것은?

① 제품군별로 작성된 총괄 생산 계획(Aggregate Production Planning)을 최종 품목별로 세분화한 것이 주 일정 계획(Master Production Planning)이다.
② 총괄 생산 계획을 위한 공급 조절 전략으로 가격 조정, 판매 촉진 등 프로모션, 추후 납품(Back Order), 사전 예약 등을 활용할 수 있다.
③ 총괄 생산 계획을 작성하기 위한 전략 중 평준화 전략(Level Strategy)을 사용한다면 수요 추종 전략(Chase Strategy)을 사용하는 경우에 비해 일반적으로 고용 수준이 안정적으로 유지되는 장점이 있으나 재고 비용이 증가한다.
④ 자재 소요 계획(Material Requirements Planning)은 완제품을 생산하기 위해 각 부품에 대한 주문과 중간 조립품의 생산이 언제 이루어져야 하는가를 계획하는 것이다.
⑤ 작업 일정 계획(Operations Scheduling)은 총괄 생산 계획과 주 일정 계획에 의해 지시된 생산 주문을 실행하기 위해 생산 주문별 납기일과 작업 소요 시간에 대한 정보 등을 바탕으로 구체적인 작업 일정을 마련하는 것이다.

해설

가격 조정, 판매 촉진 등 프로모션, 추후 납품(Back Order), 사전 예약 등은 수요 조절 전략에 해당한다.

문제로 익히는 핵심이론

[수요 조절 전략과 공급 조절 전략]
- 수요 조절 전략: 가격조정, 판매촉진 등 프로모션, 추후 납품(Back Order), 사전예약 등
- 공급 조절 전략: 추가 인력 고용 또는 해고, 잔업, 근로 시간 단축, 재고 축적, 하청 등

정답 ②

095

자재 소요 계획(MRP)의 개념에 대한 설명으로 옳은 것은?

① 제품의 수량 및 생산 일정을 토대로 그 제품 생산에 필요한 조립품 등의 소모량 및 소요시기를 역산해서 일종의 자재 조달 계획을 수립하여 일정 관리를 겸한 효율적인 재고 관리를 모색하는 시스템
② 기업의 사업 운용에 있어서 자원의 효율적인 활용과 경영효율화를 위해서 생산관리, 재고관리, 회계 관리 등 기업의 기간 업무부터 인사 관계까지 기업 활동 전반을 통합적으로 관리함으로써 경영 자원의 활용을 최적화하는 계획 및 관리를 위한 경영 개념
③ 제품의 생산과 유통 과정을 하나의 통합 망으로 관리하는 경영전략시스템
④ 기업이 고객과 관련된 내·외부 자료를 분석·통합해 고객 중심 자원을 극대화하고 이를 토대로 고객 특성에 맞게 마케팅 활동을 계획·지원·평가하는 시스템
⑤ 수요예측에 따라 계획기간 내 변동적 수요를 효과적으로 대처하기 위해 기업이 보유한 생산능력 내에서 고용수준, 재고수준, 생산능력, 하청 등 생산요소의 결합을 결정하는 중기계획

해설

①은 MRP의 개념에 관한 옳은 설명으로, 이를 통해 최종제품의 독립적 수요를 추정하고 이 수요에 따라 각 구성부품들의 종속적 수요(Dependent Demand)를 필요할 때 필요한 양만큼 보유하려는 것이다.

오답풀이

②, ③ 기업 경영의 효율화를 위한 통합 관리 시스템인 ERP에 대한 설명이다.
④ 고객 특성에 맞게 마케팅 활동을 계획·지원·평가하는 것은 마케팅 정보 시스템을 뜻한다.
⑤ 수요예측에 따라 계획기간 내 변동적 수요를 효과적으로 대처하기 위해 기업이 보유한 생산능력 내에서 고용수준, 재고수준, 생산능력, 하청 등 생산요소의 결합을 결정하는 중기계획은 총괄 생산 계획(APP)에 대한 설명이다.

정답 ①

096

다음과 같이 Ⓐ, Ⓑ, Ⓒ, Ⓓ 네 개의 순차적인 과업을 통해 제품이 완성되는 조립라인이 있다. 조립라인 균형을 고려하였을 때, 이에 대한 설명으로 가장 적절하지 않은 것은?

과업	Ⓐ	→	Ⓑ	→	Ⓒ	→	Ⓓ
수행시간	10초		20초		15초		10초

① 최소 주기시간은 20초이다.
② 주기시간을 20초로 결정한다면, 4개의 작업장이 필요하다.
③ 주기시간을 20초로 결정한다면, 총유휴 시간(Total Idle Time)은 25초이다.
④ 주기시간을 20초로 결정한다면, 생산라인의 효율(Efficiency)은 36%이다.
⑤ 주기시간을 20초로 결정한다면, 8시간 동안 총 1,400개의 수요를 충족시키는 데 문제가 없다.

해설

생산라인의 효율성 = $\frac{10+20+15+10}{20 \times 4} \times 100 = 68.75(\%)$

오답풀이

① B공정이 병목공정(Bottleneck)에 해당하므로 주기시간은 20초이다.
② Ⓐ → Ⓑ → Ⓒ → Ⓓ 순차적인 과업이 이루어지므로(Ⓐ와 Ⓓ를 묶어서 작업할 수 없음) 4개의 작업장이 요구된다.
③ 총유휴 시간 = 주기시간 × 작업장의 수 − 총작업 소요시간
= 20 × 4 − 55 = 25(초)
⑤ $\frac{8\text{시간} \times 60\text{초}}{20\text{초}} = 1,400$이므로 1,400개의 수요를 충족시키는 데 문제없다.

정답 ④

097

재고관리와 관련하여 정량 주문법과 정기 주문법을 비교한 내용으로 옳지 않은 것은?

구분		정량 주문법	정기 주문법
㉠	표준화	표준부품을 주문할 경우	전용부품을 주문할 경우
㉡	품목 수	많아도 됨	적을수록 좋음
㉢	주문량	고정되어야 좋음	변경 가능함
㉣	주문 시기	일정하지 않음	일정함
㉤	구매 금액	재고회전률이 높고 매출기여도도 높은 품목에 적용	매출변동성과 수요변동이 낮은 품목에 적용

① ㉠ ② ㉡ ③ ㉢
④ ㉣ ⑤ ㉤

098

다음 자료에 대한 설명으로 가장 옳지 않은 것은?

재고품목	연간수량 가치비율(%)	누적비율(%)	분류
a	52.62	52.62	A
b	26.86	79.48	A
c	8.22	87.71	B
d	5.48	93.19	B
e	2.47	95.65	B
f	2.03	97.68	C
g	1.05	98.73	C
h	0.92	99.65	C
i	0.28	99.93	C
j	0.07	100	C

① 롱테일 법칙(Long Tail Theory)을 재고관리에 활용한 것이다.
② 재고를 중요한 소수의 재고품목과 덜 중요한 다수의 재고품목을 구분하여 차별적으로 관리하는 기법이다.
③ 연간 수량 가치를 구하여 연간 수량 가치가 높은 순서대로 배열하고, 연간 수량 가치의 70~80%를 차지하는 품목을 A로 분류하였다.
④ A 품목의 경우 주기적인 긴밀한 관리가 필요하고 제품가용성이 중요하다.
⑤ B 품목의 경우 주문주기가 안정적인 편에 해당하는 품목에 해당한다.

해설

㉤ 가격과 중요도가 높은 품목은 주문주기를 짧게 하여 재고회전율을 높일 필요가 있으므로 정기 주문법을 통해 재고 관리를 하는 것이 바람직하다.

정답 ⑤

해설

주어진 자료는 ABC 분석에 기초한 재고관리를 나타내고 있으며, 이는 파레토(Pareto) 법칙, 즉 20-80 법칙에 기초하고 있으며, 롱테일 법칙(Long Tail Theory)은 '역 파레토법칙'에 해당한다.

> 문제로 익히는 **핵심이론**

[롱테일 법칙(Long Tail Theory)]

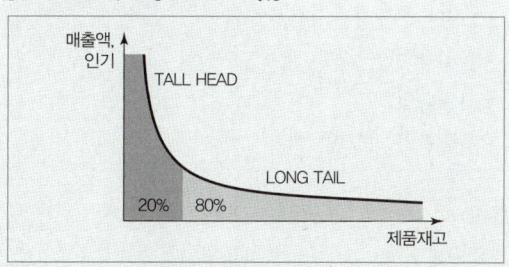

롱테일은 파레토법칙을 그래프에 나타냈을 때 꼬리처럼 긴 부분을 형성하는 80%의 비인기품목을 뜻한다. 파레토 법칙에 의한 재고관리 시 거래량과 매출 기여도가 상위 20%(A등급) 품목에 비해 상대적으로 적어 무시되는 경향이 있었으나, 인터넷을 통한 전자상거래 발달과 온라인 서점인 AMAZON의 등장 이후 롱테일 부분도 경제적 의미가 부각되었고 최근에는 이를 '역 파레토법칙'이라 부르기도 한다.

정답 ①

099

경제적 주문량(EOQ)을 적용하기 위한 전제로 옳지 않은 것은?

① 재고 유지 비용은 시간의 변화에 관계없이 일정하다.
② 발주 상품의 주문은 다른 상품과 관계가 없다.
③ 발주 비용은 최근의 것일수록 높은 가중치를 가진다.
④ 연간 수요량은 알려져 있다.
⑤ 발주시점과 입고시점 사이의 간격인 리드타임이 알려져 있다.

해설

경제적 주문량(EOQ) 모형에서는 1회 주문비용이 수량이나 기간에 관계없이 일정하다고 가정한다.

> 문제로 익히는 **핵심이론**

[경제적 주문량 모형의 가정]

- 계획기간 중 해당 품목의 수요량은 항상 일정하며, 알려져 있다.
- 가격할인, 수량할인은 없으며, 단위당 구입비용은 주문수량에 관계없이 일정하다.
- 연간 단위당 재고 유지비용은 수량에 관계없이 일정하다.
- 1회 주문비용은 수량에 관계없이 일정하다.
- 주문량이 일시에 입고된다.
- 조달기간(Lead Time)이 없거나 일정하다.
- 단일 품목만을 가정한다.

정답 ③

100

다음 글을 읽고 A기업에서 주문당 발생하는 주문비용으로 옳은 것은?

> 가방을 생산하는 A기업의 연간 수요량이 4,500개일 때 재고품 단위당 원가가 100원이고, 평균 재고 유지비가 재고품 원가의 25%를 차지한다. 이때 경제적 주문량(EOQ)은 120 단위로 산출되었다.

① 40원
② 112원
③ 136원
④ 967원
⑤ 3,870원

101

다음을 바탕으로 수요와 리드타임이 일정하다고 할 때 재주문점으로 옳은 것은?(단, 연간 수요의 작업 일수는 250일이다.)

- 연간 수요: 10,000개
- 1회당 주문비용: 50,000원
- 단위당 연간 재고비용: 1,250원
- 리드타임: 7일
- 제품단가: 150원

① 40개
② 220개
③ 280개
④ 894개
⑤ 6,258개

해설

경제적 주문량(EOQ)

$$= \sqrt{\frac{2 \times 수요량 \times 1회당 재고 주문비용}{1단위당 연간 재고 유지비용}}$$

따라서 $120 = \sqrt{\frac{2 \times 4,500개 \times X원}{100원 \times 0.25}} = \sqrt{360X}$ 에서 $360X = 14,400$이므로 $X = 40$원이다.

정답 ①

해설

재주문점(ROP) = (조달 기간의 평균 수요량) + (안전 재고)
= (조달 기간) × (일일 수요량) + (안전 재고)
$= 7일 \times \frac{10,000개/일}{250일} + 0개 = 280(개)$

정답 ③

102

재고관리의 정가 주문 모형(P시스템: Periodic Review System)과 고정 주문량 모형(Q시스템: Continuous Review System)에 관한 설명으로 옳지 않은 것은?

① P시스템은 정기적으로 정해진 시점에서만 재고를 조사하고 보충하기 때문에 Q시스템에 비해 재고관리가 간편하다.
② Q시스템에서는 현 재고 상태를 항시 알고 있어야 하므로 P시스템에 비해 일반적으로 재고조사 비용이 많이 소요된다.
③ 동일한 수준의 품절률을 가정하면, Q시스템이 P시스템에 비해 더 낮은 안전재고 수준을 유지한다.
④ 다품종 재고관리의 경우, P시스템은 각 제품의 주문을 묶어서 일괄 요청할 수 있으므로 주문비용과 수송비용을 줄일 수 있는 장점이 있다.
⑤ 일반적으로 P시스템의 주문 간격은 Q시스템의 주문 간격보다 길다.

해설

P시스템과 Q시스템의 주문 간격은 상황에 따라 달라지기 때문에 일반화해서 비교할 수 없다. 즉 Q시스템의 경우 고정량을 주문하는 대신 주문주기는 매기 변화하기 때문에 일반화하여 비교할 수 없다.

구분	고정 주문량 모형 (Q시스템)	고정 주문기간 모형 (P시스템)
주문 시기	재고 수준이 재주문점에 도달 시(비정기적)	미리 정해진 주문시기(정기적)
주문량	일정	변함
수요 정보	과거의 실적에 의존	장래의 예측정보에 의존
재고 조사	계속실사(재고의 출고가 있을 때마다 실시)	정기실사(재주문기간이 되었을 때 실시)
특징	• 안전재고가 적음 • 품절 가능성이 낮음 • 수요변동이 적은 품목	• 안전재고가 많음 • 운영비용이 높음 • 수요변동이 큰 품목, 주문기간이 짧은 제품

정답 ⑤

103

자재 소요 계획(MRP)과 적시 생산 시스템(JIT)에 대한 설명으로 가장 옳지 않은 것은?

① 자재 소요 계획(MRP)은 주문 생산이나 로트(Lot) 생산 등의 비반복적 생산에서 효과가 높다.
② 자재 소요 계획(MRP)은 푸시(Push) 시스템이다.
③ 적시 생산 시스템(JIT)은 낭비의 제거를 목표로 한다.
④ 적시 생산 시스템(JIT)은 시각적 통제 도구인 칸반을 이용하기 때문에 약간의 불량은 인정한다.
⑤ MRP는 재고생산을 추구하므로 비교적 충분한 재고를 갖고 운영되나, JIT는 고객주문에 따라 운용되는 Pull 방식을 적용하므로 재고를 최소화한다.

해설

적시 생산 시스템(JIT)은 무재고를 추구하는 시스템으로 불량을 인정하지 않는다.

[MRP 시스템과 JIT 시스템]

구분	MRP 시스템	JIT 시스템
관리시스템	계획대로 추진하는 Push 시스템	요구(주문)에 따라가는 Pull 시스템
관리목표	계획과 통제 (필요시 확보)	낭비 제거 (무재고시스템)
관리도구	컴퓨터 처리	눈으로 보는 관리 (간판)
생산계획	변경이 잦은 MPS 적용 가능	안정된 MPS 필요
자재소요판단	자재 소요 계획	간판
발주(생산)로트	경제적 주문량	소로트(Small Lot)
불량의 허용	약간의 불량은 허용	불량은 허용하지 않음

정답 ④

104

적시 생산 시스템(Just In Time)에서 사용하는 품질 관리법에 해당하지 않는 것은?

① 안돈 시스템
② 카이젠
③ 품질 관리 분임조(QC서클)
④ 포카요케
⑤ 폐쇄 순환 시스템

해설

폐쇄 순환 시스템은 JIT 시스템에서 사용하는 품질 관리법에 해당하지 않는다. JIT 시스템에서 품질은 가장 중요한 요소로, 조직의 모든 구성원이 품질에 대하여 책임을 지기 때문에 품질 활동 부서만이 아닌 모든 구성원의 품질활동 전개를 필요로 한다.

문제로 익히는 핵심이론

[품질 관리 기법(도요타의 집)]

품질분임조(Quality Circle)와 제안 제도(Suggestion System), 안돈 시스템(품질 문제 발생 시 알려주는 경고등), 카이젠(지속적 개선 활동), 포카요케(실수 방지 도구), 라인스톱 등 사용함

정답 ⑤

105

재고 관리의 전통적 생산 접근과 적시 생산 시스템(JIT: Just In Time)적 접근에 대한 설명이 바르게 짝지어지지 않은 것은?

	전통적 접근	JIT 접근
①	재고는 부채이다.	재고는 자산이다.
②	장시간 생산가동한다.	단시간 생산가동한다.
③	조달시간이 길어도 무방하다.	조달기간을 단축시킨다.
④	다수 공급자로부터 공급받는다.	단일의 공급자로부터 공급받는다.
⑤	Push 시스템	Pull 시스템

해설

전통적 생산 접근 방식인 포드 시스템에 의하면 재고는 자산 개념으로 보지만, JIT에 의하면 재고는 낭비 요인으로 보아 부채 개념으로 인식한다.

문제로 익히는 핵심이론

[적시 생산 시스템(JIT)의 특징]

- 필요한 부품을 필요시(적시)에 공급받아 소비자가 원하는 제품을 생산하려는(적시에 적량 생산) 무재고 생산 시스템으로 '재고는 부채'로 본다.
- 문제 발생 시 모든 일을 중지하고 해결책을 최우선으로 찾은 후 업무를 진행한다.
- Pull System에 의한 생산시간 단축(리드타임 최소화)으로 주로 반복생산에 사용한다.
- 낭비 요소의 지속적 개선을 통한 원가 절감을 도모하는 전사적 품질 관리 시스템이다.
- 주 일정 계획이 매일 동일하고 부하가 일정한 순수 반복 생산의 경우에는 JIT가 적합하다.
- 단일의 공급자와 장기적인 협력 관계를 구축할 필요가 있다.

정답 ①

106

다음 ㉠과 ㉡에서 공통적으로 설명하는 품질관리 비용으로 옳은 것은?

> ㉠ 제품이 고객에게 인도되기 전에 품질요건에 충족하지 못함으로써 발생하는 비용
> ㉡ 재작업비용, 재검사비용, 불량부품으로 인한 생산 중단 비용

① 예방 비용(Prevention Costs)
② 평가 비용(Appraisal Costs)
③ 내부 실패 비용(Internal Failure Costs)
④ 외부 실패 비용(External Failure Costs)
⑤ 생산 준비 비용(Setup Costs)

해설

주어진 자료는 내부 실패 비용에 대한 설명이다. 실패 비용(Failure Costs)은 품질이 일정 수준에 미달하여 발생하는 비용이다. 내부 실패 비용은 폐기물이나 등외품 등 생산 공정상에서 발생하는 비용이고, 외부 실패 비용은 클레임이나 반품 등 제품이 출하된 후에 발생하는 비용이다.

문제로 익히는 핵심이론

[품질 비용]

품질 비용(Costs of Quality)은 제품을 처음부터 잘 만들지 않아 발생하는 비용이다. 즉 제품 규격을 지키지 않은 부적합 비용(Cost of Nonconformance)이다. 품질 비용은 아래 그림과 같이 구분해 볼 수 있다.

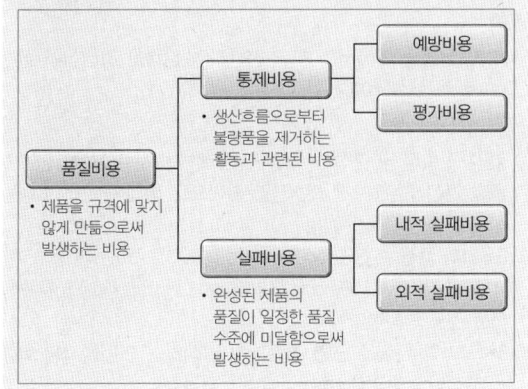

정답 ③

107

품질 경영과 품질 향상을 위해 사용되는 도구에 관한 설명으로 가장 옳은 것은?

① 공정에서 얻은 데이터로부터 계산된 타점 통계량(Charting Statistic)이 모두 $\overline{X}$-관리도의 관리 한계선(Control Limits) 내에 타점된 경우, 공정의 산포가 통계적으로 관리 상태에 있다고 판단할 수 있다.
② TQM(Total Quality Management)에서는 정보 시스템을 이용한 공정 혁신(Process Innovation)을 품질 향상의 원동력으로 간주한다.
③ 통계적 공정관리(SPC: Statistical Process Control)의 기법들은 일반적으로 공정에서 발생하는 우연변동(Common Variation)을 개선할 수 없는 대상으로 인식하지만, TQM과 식스시그마(Six Sigma)에서는 우연변동을 감소시킬 수 있는 대상으로 인식한다.
④ 원인 결과 도표(Cause&Effect Diagram)는 지속적인 품질개선을 위한 모델로, 계획(Plan) → 실행(Do) → 검토(Check) → 조치(Action)로 구성된다.
⑤ 원자재의 검사비용은 불량의 발생을 사전에 방지하기 위한 것으로 품질 비용(Costs of Quality) 중 예방비용(Prevention Costs)에 속한다.

해설

품질관리(QC: Quality Control)란 소비자의 요구에 적합한 품질의 제품과 서비스를 경제적으로 생산할 수 있도록 조직 내의 여러 부문이 품질을 유지·개선하는 관리적 활동의 체계를 말한다. 품질관리 기법에는 슈와트(Shewhart)의 공정관리도법, 종합적 품질관리(TQC), 전사적 품질경영(TQM) 등과 품질향상 기법으로 원인 결과 도표, 파레토 분석, 데밍의 수레바퀴(PDCA 모형) 등이 있다. ③은 SPC에 관하여 옳은 설명이다.

오답풀이

① $\overline{X}$-관리도는 공정의 산포가 아니라 평균이 통계적으로 관리 상태(In-control State)에 있다고 판단하는 지표이다.
② TQM에서 공정 혁신은 정보 시스템을 통한 것이 아니라 팀워크 강화와 참여 의식의 고취를 통해 품질 향상을 도모하게 된다.
④ 원인 결과 도표(인과분석도)는 피쉬본 다이어그램은 또는 이시가와(Ishikawa) 다이어그램이라고도 한다. 이 기법은 전형적인 팀 브레인스토밍 기법으로 잠재적인 문제들을 하나씩 분석하여 진정한 불량 원인을 찾아내는 기법이다.
⑤ 원자재의 검사비용은 평가비용에 해당한다.

정답 ③

108

난이도 Self Check | 상◯ 중◯ 하◯

TQM(Total Quality Management)에 관한 설명으로 옳은 것을 모두 고르면?

> ㉠ TQM은 품질경영 전략이라기보다 파레토 도표, 원인결과 도표 등 다양한 자료 분석 도구들의 묶음으로 구성된 품질 관리 기법이다.
> ㉡ TQM은 내부 고객 및 외부 고객의 만족을 강조한다.
> ㉢ TQM은 프로세스의 지속적인 개선을 중요시한다.
> ㉣ TQM은 결과 지향적인 경영 방식으로 완성품의 검사를 강조한다.
> ㉤ TQM은 품질 관리 부서 최고 책임자의 강력한 리더십에 의해 추진되는 단기적 품질 혁신 프로그램이다.

① ㉡, ㉢
② ㉠, ㉡, ㉣
③ ㉠, ㉣, ㉤
④ ㉡, ㉣, ㉤
⑤ ㉠, ㉡, ㉣, ㉤

해설

㉡, ㉢은 옳은 내용이다.

오답풀이

㉠, ㉤ TQM은 최고 경영자의 리더십 아래, 품질을 최우선 과제로 하고 고객 만족을 통한 기업의 장기적 성공과 사회의 이익을 위해 경영활동 전반에 걸쳐 전 종업원의 참여와 총체적 수단을 활용하는 전사적·종합적·전략적 경영 시스템이다.
㉣ TQM은 결과뿐만 아니라 과정도 중시하고, 완성품의 검사보다는 예방에 치중한다.

정답 ①

109

난이도 Self Check | 상◯ 중◯ 하◯

6시그마 방법론에 관한 설명으로 옳은 것은?

① 정의 → 측정 → 개선 → 분석 → 통제의 순서로 이루어진다.
② 품질 개선을 위해 개발된 경영 철학으로 정성적인 도구를 주로 사용한다.
③ 6시그마 품질 수준은 100 DPMO(Defects Per Million Opportunities)이다.
④ 6시그마는 기업이 원하는 품질 목표를 달성하는 것이다.
⑤ 6시그마의 성공을 위해서는 최고 경영자의 참여가 필수적이다.

해설

6시그마 실행을 위해서는 최고 경영자의 강력한 리더십이 필수적이므로 옳은 설명이다.

오답풀이

① 정의 → 측정 → 분석 → 개선 → 통제의 순서로 이루어진다.
② 품질 개선을 위해 개발된 경영 철학으로 통계적 기법인 정량적 도구를 주로 사용한다.
③ 6시그마 품질 수준은 3.4PPM(또는 DPMO), 100만 개 중 3.4개의 불량률(DPMO: Defects Per Million Opportunities)을 추구한다는 것을 의미한다.
④ 6시그마의 본질은 경영 활동에서 발생하는 변동을 최소화해서 고객만족을 극대화하는 것이다.

정답 ⑤

110

슈와트(Shewhart)의 공정관리도에 대한 설명으로 가장 옳지 않은 것은?

① 변동의 우연 원인만이 존재하는 공정은 통계적으로 관리 상태에 있으며, 우연 원인은 공정의 고유한 부분으로 간주한다.
② 관리도 폭이 좁으면 1종 오류가 증가하게 되고 넓으면 1종 오류가 감소한다.
③ 산출물의 편차 유형이 우연 변동의 확률 분포를 따르지 않으면, 관리도가 안정 상태에 있다고 볼 수 있다.
④ 관리한계선 내에 있더라도 점들이 한 곳에 집중되어 있거나 상승 하강 패턴을 보일 경우 불안정 상태로 보고 조사한다.
⑤ 주로 부적절하게 관리된 기계, 운영자의 실수, 결함이 있는 원자재, 공정 마모, 피로 등으로 인한 변동은 이상 변동의 원인이다.

해설

산출물의 편차 유형이 우연 변동의 확률 분포를 따르지 않으면, 관리도가 안정 상태에 있다고 볼 수 없다. 즉 변동의 우연 원인만이 존재하는 공정은 통계적으로 관리 상태에 있다고 할 수 있다.

문제로 익히는 핵심이론

[슈와트(Shewhart)의 공정관리도]

관리도는 중심선(Center Line), 관리 상한(UCL), 관리 하한(LCL)으로 구성되며, 관리 한계는 공정이 관리 상태인 경우 거의 모든 표본의 점들이 관리 한계 내에 타점되도록 설정된다. 만일 관리 한계 밖에 타점될 경우 공정은 이상상태에 있다고 해석하고 이상 원인을 발견하여 이를 제거하기 위한 검사 및 조치가 필요하다.

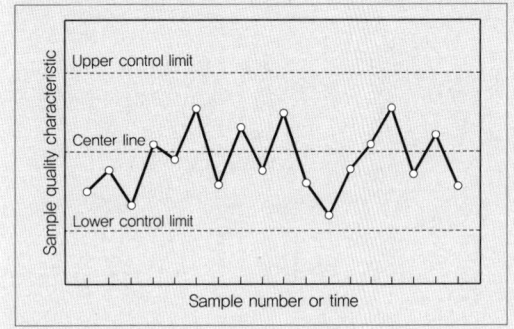

- 관리 한계의 폭을 넓게 할 경우: 제1종 오류 ↓, 제2종 오류 ↑
- 관리 한계의 폭을 좁게 할 경우: 제1종 오류 ↑, 제2종 오류 ↓

정답 ③

111

실제 소비자 주문의 변화 정도는 적은데 소매상과 도매상을 거쳐 상위 단계인 제조업체에 전달되는 변화의 정도는 크게 증폭되는 효과를 설명하는 용어로 가장 적절한 것은?

① ABC 효과
② 채찍 효과
③ 베블렌 효과
④ 바넘 효과
⑤ 후광 효과

해설

공급사슬에서 상류로 갈수록 정보가 지연되거나 왜곡되어 수요와 재고의 불안정이 확대되는 현상을 채찍 효과(Bull Whip Effect)라고 한다.

> **문제로 익히는 핵심이론**
>
> [채찍 효과의 원인과 대책]
> - 채찍 효과의 원인
>   - 여러 부문에서의 중복적인 수요예측
>   - 일괄주문에 의한 주문량의 변동 폭 증가
>   - 결품에 대한 우려로 경쟁적인 주문 증대에 의한 가수요
>   - 고가 또는 저가 정책에 의한 선행 구입
>   - 긴 리드타임
> - 채찍 효과 경감 방안
>   - 공급사슬상의 수요 및 재고정보의 실시간 공유
>   - 실시간(Real Time) 주문 처리
>   - 불확실성의 제거
>   - 주문량의 변동 폭 감소
>   - 리드타임의 단축

정답 ②

112

다음 설명과 관련 있는 수요·공급 특성에 적합한 공급사슬 전략으로 적절한 것은?

> - 혁신적인 제품에 적합한 공급사슬이다.
> - 수요 변동에 대비하여 충분한 양의 재고를 유지한다.

① 효율적 공급사슬
② 반응적 공급사슬
③ 린 공급사슬
④ 민첩 공급사슬
⑤ 역 공급사슬

해설

혁신적(Innovative) 제품은 높은 이익을 가져오지만 수요 예측이 어렵고 제품 수명주기가 짧은 특징을 가진 제품이다. 수요 예측이 어렵기 때문에 적게 생산하면 판매 기회를 상실하는 기회비용이 많이 생기고, 많이 생산하면 과잉 재고에 따른 비용이 발생하게 된다. 이러한 경우 수요의 정확한 예측과 함께 시장 수요의 변화에 신속하고 유연하게 대응할 수 있는 반응적(Responsive) 공급사슬을 구축하는 전략이 적합하다. 반면 기능적(Functional) 제품은 안정적이고 예측 가능한 수요 패턴을 가지고 있으므로 효율적(Efficient) 공급사슬을 구축하는 전략이 중요하다.

정답 ②

113

공급사슬 관리에 대한 설명으로 가장 옳지 않은 것은?

① 공급사슬 관리는 기업 간 제품의 생산자로부터 사용자에 이르는 공급사슬의 통합과 정보 공유를 통해서 불필요한 시간과 비용을 절감하려는 관리 기법을 말한다.
② 지연 차별화(Delayed Differentiation)의 개념은 제품의 차별화가 지연되면 고객의 불만족을 야기하므로 초기에 차별화된 제품 및 서비스를 개발 및 제공하자는 것이다.
③ 채찍 효과(Bullwhip Effect)는 수요 변동의 폭이 도매점, 소매점, 제조사, 공급자의 순으로 점점 커지는 것을 의미한다.
④ 신속 반응 시스템(Quick Response System)을 갖추기 위해서는 POS(Point Of Sale)이나 EDI(Electronic Data Interchange)와 같이 정보를 신속하게 획득, 공유할 수 있는 프로그램이 필요하다.
⑤ 판매자가 수송된 상품을 입고시키지 않고 물류 센터에서 파레트 단위로 바꾸어 소매업자에게 배송하는 것을 크로스 도킹(Cross Docking)이라고 한다.

해설

지연 차별화(Delayed Differentiation) 또는 연기 전략(Postponement)은 고객의 요구 사항을 반영하기 위해 최종 제품의 생산 시점을 최대한 늦추는 전략을 뜻한다.

정답 ②

114

PERT와 CPM에 관한 설명으로 옳지 않은 것은?

① PERT는 확률적 모형에 해당하고, CPM은 확정적 모형에 해당한다.
② PERT는 확정된 시간을, CPM은 낙관적, 비관적, 최빈 시간을 이용한다.
③ PERT는 비반복적 신규 사업, CPM은 반복적 사업에 적합하다.
④ PERT는 시간에 관한 문제이고, CPM은 시간과 비용에 관한 문제이다.
⑤ PERT와 달리 CPM은 과거의 충분한 경험이 있는 프로젝트에 적용하기 용이하다.

해설

PERT는 낙관적, 비관적, 최빈 시간을, CPM은 확정적 시간을 이용한다.

문제로 익히는 핵심이론

[PERT와 CPM]

PERT (Program Evaluation Review Technique)	CPM (Critical Path Method)
시간의 계획과 통제를 위한 방법	시간과 비용을 통제하기 위한 방법
미 해군의 미사일 사업계획 및 통제 목적으로 개발(1957년)	미국 Dupont사에서 설비보존 시간 단축을 위해 개발(1957년)
비반복적 경험이 없는 새로운 프로젝트를 위해 개발	반복적, 과거의 충분한 경험과 자료가 있는 프로젝트를 위해 개발
완료시간의 불확실성을 타개하기 위해 확률적 모형을 도입 • 기대활동시간 $= \dfrac{a+4m+b}{6}$ (a: 낙관시간, m: 최빈시간, b: 비관시간)	활동의 완료시간이 하나의 추정치로 부여되는 확정적 모형을 도입

정답 ②

CHAPTER 06 마케팅 기출예상문제

115
다음의 사례와 관련된 기업의 마케팅 관리 철학으로 옳은 것은?

> 코카콜라는 비만과의 전쟁에 적극 동참하겠다고 발표했다. 코카콜라가 비만과의 전쟁에 동참하게 된 이유는 탄산음료가 비만의 주 원인이고 건강에 나쁘다는 인식이 전 세계적으로 확산됨에 따라 매출이 지속적으로 감소해 왔기 때문인데, 코카콜라의 전체 매출 중 60%가 탄산음료에서 나온다.
> 이에 따라 코카콜라는 모든 자사제품에 칼로리 정보를 표시하고 12세 미만 어린이를 대상으로 한 광고를 중단하기로 결정했다. 그리고 저칼로리 제품 개발에 집중하고 지역주민이 참여할 수 있는 다양한 운동 프로그램을 개발·운영하기로 했다.

① 생산 개념(Production Concept)
② 제품 개념(Product Concept)
③ 판매 개념(Selling Concept)
④ 마케팅 개념(Marketing Concept)
⑤ 사회지향적 마케팅 개념(Societal Marketing Concept)

해설
사회지향적 마케팅(Societal Marketing)은 기업이 마케팅 정책 수립 시 기업의 이익, 소비자 욕구 충족 및 대중 이익과 사회적 복리가 균형을 이루도록 해야 한다는 것을 의미한다. 즉 기업이 이익을 추구함에 있어 고객욕구의 충족뿐 아니라 사회전체의 복리도 고려해야 한다는 것이다.

정답 ⑤

116
마케팅의 패러다임이 거래 지향적 마케팅에서 관계 지향적 마케팅으로 전환되면서 나타난 변화에 대한 설명으로 옳지 않은 것은?

① 범위의 경제에서 규모의 경제로 경제 패러다임이 변화되었다.
② 시장 점유율보다 고객 점유율에 초점을 맞춘다.
③ 단기적 매출 증가보다 장기적 고객 자산 증가를 중요시한다.
④ 단품보다는 수명이 더 긴 상표에 대한 경험의 개선을 강조한다.
⑤ 세분화 및 표적 시장 선정보다는 바람직한 고객 포트폴리오 구축에 힘쓴다.

해설
규모의 경제는 원가절감을 가져오기 때문에 거래 지향적 마케팅의 경제 패러다임이 된다. 관계 지향적 마케팅이 강조되면서 경제 패러다임은 범위의 경제로 변화되었다.

정답 ①

117

소비자가 특정 제품에 대해 가지는 중요성과 관련된 관여도(Involvement)에 관한 설명으로 옳지 않은 것은?

① 저관여 제품의 구매 소비자는 불만족한 경우 다른 상표를 구매하는 다양성 추구의 경향을 보이며 구매 시 판매 촉진에 많은 영향을 받는다.
② 고관여 제품의 구매 소비자는 다양한 정보를 이용해 능동적으로 제품 및 상표 정보를 탐색하고 정보처리 과정을 철저하게 수행하는 동기 수준이 높게 나타난다.
③ 고관여 제품의 구매 소비자는 구매 후 인지 부조화가 자주 일어나며 비교 쇼핑을 선호해 구매 후 자신의 구매에 대해 인정받고 싶어 한다.
④ 제품에 대한 소비자의 관여도가 높은 경우에는 소비자가 광고에 노출되었을 때 형성된 광고에 대한 태도가 광고 대상인 제품에 대한 소비자의 태도에 영향을 미치게 되어 광고에 대한 선호도가 제품에 대한 태도 형성에 큰 영향을 미친다.
⑤ 정교화 가능성 모형에 따르면 고관여 제품은 중심경로를 이용해 메시지를 전달하므로 구체적인 제품정보를 제공하는 것이 효과적이다.

해설

'정교화 가능성 모델(ELM)' 중 저관여 제품에 대한 설명에 해당한다. 관여도가 높은 제품인 경우 광고에 대한 선호보다는 매체가 전달하는 구체적 정보의 내용 및 정보처리 동기가 태도 변화에 영향을 주게 된다.

문제로 익히는 **핵심이론**

[정교화 가능성 모델(ELM)]

중심 경로를 이용한 메시지 전달	주변 경로를 이용한 메시지 전달
• 고관여 제품에 해당 • 구체적인 제품정보 제공을 통해 태도 변화	• 저관여 제품에 해당 • 구체적인 제품 정보보다는 광고모델, 분위기 등 설득 단서에 따라 태도 변화
메시지(광고)가 전달하는 내용 및 정보로 소비자의 태도가 변화함	메시지의 주변 단서(광고 모델, 광고 분위기)로 인해 소비자의 구매 태도가 변화함
인쇄 매체를 통한 구체적인 정보를 제공하는 것이 효과적	핵심 정보를 짧게, 자극적으로 노출시키는 것이 효과적

정답 ④

118

다음 내용을 바탕으로 A가 노트북을 구매하기 위해 사용한 방법으로 가장 적절한 것은?

> A는 노트북을 구매할 때 가격을 가장 중요하게 생각하여, 여러 회사의 노트북 가격을 비교한 뒤 가장 가격이 저렴한 제품 2개를 선택했다. A가 그다음으로 중요하게 고려한 속성은 메모리 용량이며, 최종 후보로 선택한 2개 제품 중 RAM 용량이 큰 '갑' 사의 노트북을 최종적으로 선택하였다.

① 다속성 태도 모형
② 결합식 모형
③ 사전 편집식 모형
④ 분리식 모형
⑤ 순차적 제거 모형

해설

대안의 평가방법 중 비보완형 모형에는 사전 편집식(Lexicographic Rule), 순차적 제거식(Sequential Elimination Rule), 결합식(Conjunctive Rule), 분리식(Disjunctive Rule) 등이 있다. 이 중 자신이 가장 중요하다고 생각되는 속성에서 가장 점수가 높은 것을 대안으로 선택하고, 성적이 같거나 유사한 대안들을 참고하여 그다음 중요한 속성에서 점수가 높은 대안을 선택하는 방식은 사전 편집식(Lexicographic Rule) 모형이다.

정답 ③

119

다음 [표]는 케이크를 구매하고자 하는 소비자 갑(甲)의 케이크 선택과 관련된 속성별 중요도 및 제품 A~E의 평가에 관한 자료이다. 이를 바탕으로 갑(甲)이 대안 평가 방법 중 '다속성 태도 모형'과 '사전 편집식 모형'을 각각 이용할 때의 선택할 제품이 바르게 짝지어진 것은?

속성	중요도	A제품	B제품	C제품	D제품	E제품
맛	0.5	4	4	2	3	2
향기	0.3	3	2	3	4	3
가격	0.2	2	5	2	2	4

※ 중요도가 높을수록 해당 속성을 중요하게 여기는 것을 의미하고, 속성별 평가 점수가 높을수록 해당 제품의 속성에 대해 우수하게 평가하는 것을 의미함

	다속성 태도 모형	사전 편집식 모형
①	A제품	B제품
②	A제품	C제품
③	B제품	A제품
④	B제품	D제품
⑤	E제품	C제품

해설

- 다속성 태도 모형: B제품 선택
  - A제품: 0.5×4+0.3×3+0.2×2=3.3
  - B제품: 0.5×4+0.3×2+0.2×5=3.6
  - C제품: 2.3
  - D제품: 3.1
  - E제품: 2.7
- 사전편집식 모형: A제품 선택
  먼저, 가중치가 가장 높은 '맛'에서 가장 높은 점수를 얻은 A제품, B제품을 선택함
  다음으로, A제품, B제품을 대상으로 두 번째로 가중치가 높은 '향기' 속성에서 점수가 높은 A제품을 선택함

정답 ③

120

다음 내용을 바탕으로 기업 ㈜ABC가 기업 내의 여러 브랜드에서 공통적으로 사용한 시장 세분화 방법으로 가장 적절한 것은?

- 글로벌 패션기업 ㈜ABC는 진(Jean) 이외의 여러 패션 브랜드를 보유하고 있다. 아웃도어 사업부에 속해 있는 LF는 열혈 야외 마니아층, 특히 추운 날씨에 야외활동을 즐기는 고객층을 위해 최고급 장비 및 의복을 제공한다.
- 스포츠웨어 사업부에 속한 NI는 항해와 바다에서 모티브를 얻어 제작된 고급 캐주얼 의류를 즐기는 사람들에게 초점을 맞춘다.
- ㈜ABC는 스케이트 신발 전문 브랜드로 시작되었으며, RX는 서핑을 모티브로 한 신발과 복장 전문 브랜드로 포지셔닝되어 있다. 즉 ㈜ABC는 소비자들이 어떤 삶을 영위하든 이들의 라이프스타일에 맞춘 패션 제품을 제공한다.

① 지리적 세분화
② 인구통계학적 세분화
③ 행동적 세분화
④ 생애가치 세분화
⑤ 심리분석적 세분화

해설

주어진 내용은 심리분석적 세분화(Psychographic Segmentation)에 관한 내용이다. 심리분석적 세분화는 소비자들의 사회 계층 및 라이프스타일에 따른 생활양식을 바탕으로 서로 다른 세분 시장으로 나누는 것이다.

문제로 익히는 핵심이론

[세분화 변수(Segmentation Variable)]

시장세분화의 기준이 되는 세분화 변수(Segmentation Variable)는 지리적 변수, 인구통계적 변수, 심리분석적 변수, 행태적 변수 등으로 구분할 수 있다.
- 지리적 변수: 지역, 인구밀도, 도시의 크기, 기후 등
- 인구통계적 변수: 나이, 성별, 가족 규모, 가족 수명 주기, 소득, 직업교육 수준, 종교 등
- 심리분석적 변수: 사회 계층, 생활양식, 개성 등
- 행태적 변수: 추구하는 편익, 사용량, 제품에 대한 태도, 상표 충성도, 상품 구매 단계, 가격에 대한 민감도 등

정답 ⑤

121

다음 사례를 바탕으로 A사, B사 모두가 실행한 소매점 포지셔닝(Positioning) 전략으로 가장 적절한 것은?

> - A사는 최상의 품질의, 최소로 가공된, 풍미가 가득한, 그리고 천연 그대로 보존된 음식을 제공한다는 철학으로 자사를 포지셔닝했다.
> - B사는 맛과 품질이 좋은 유기농 식품을 합리적인 가격에 제시하는 전문 식품 소매점이라는 가치 제안을 기반으로 자사를 포지셔닝했다.

① 사용 상황에 의한 포지셔닝
② 제품군에 의한 포지셔닝
③ 제품 속성에 의한 포지셔닝
④ 제품 사용자에 의한 포지셔닝
⑤ 경쟁적 포지셔닝

해설
A사와 B사는 모두 제품의 특정 기능적 속성을 자사가 차별적으로 가지고 있다는 것을 바탕으로 포지셔닝하고 있으므로 제품 속성에 의한 포지셔닝 전략을 사용하였다.

정답 ③

122

다음 사례를 바탕으로 대형 백화점 M이 사용한 마케팅 전략으로 적절한 것은?

> 대형 백화점 M은 민족의 대 명절인 추석을 맞이하여 4인 가족 단위의 명절 선물 세트를 출시함과 동시에 1인 가구의 증가 추세에 힘입어 혼자 밥을 먹고 혼자 생활하는 소비자층(소위 '혼밥족')을 타깃으로 1인 가구 전용의 추석 명절 선물 세트를 출시했다.

① 캐즘 전략
② 원가우위 전략
③ 집중화 전략
④ 차별적 마케팅 전략
⑤ 포지셔닝 전략

해설
제시된 사례에서 사용된 마케팅 전략(시장표적화 전략)은 세분 시장을 대상으로 하는 차별적 마케팅(Differentiated Marketing) 또는 세분화 마케팅(Segmented Marketing) 전략이다. 차별적 마케팅 전략은 상이한 제품 욕구를 가진 다수의 고객 집단을 위해 세분 시장마다 상이한 마케팅 믹스를 개발하여 소구하는 전략을 사용한다.

정답 ④

123

난이도 Self Check | 상 ○ 중 ○ 하 ○

소비재 시장에서 주로 사용하는 시장 세분화 변수 중 행동적 변수(Behavioral Variables)에 해당하지 <u>않는</u> 것은?

① 가족 생애 주기
② 사용률
③ 충성도 수준
④ 사용 상황
⑤ 추구 편익

해설

가족 생애 주기(Family Life Cycle)는 연령, 성, 소득, 인종, 주거 지역 등과 함께 인구 통계적(Demographics) 변수에 속한다.

문제로 익히는 핵심이론

[시장 세분화 기준 변수]
- 행동적 변수(Behavioral Variables): 소비자가 추구하는 편익(Benefit), 사용률(사용량), 상표 충성도 수준, 사용 상황(Usage Occasion) 등
- 심리 분석적 변수(Psychographics Variables): 라이프스타일, 사회계층, 개성 등

정답 ①

124

난이도 Self Check | 상 ○ 중 ○ 하 ○

STP(Segmentation, Targeting, Positioning)에 관한 설명으로 가장 적절하지 <u>않은</u> 것은?

① 시장 세분화를 마케팅 전략에 유용하게 사용하려면 세분 시장은 측정 가능성, 접근 가능성, 규모 적정성, 세분 시장 내 동질성과 세분 시장 간 이질성과 같은 요건을 갖추고 있어야 한다.
② 시장 세분화 기준 변수를 크게 고객 행동 변수와 고객 특성 변수(인구 통계적 변수 및 심리 분석적 변수)로 구분하였을 때, 추구 편익(혜택)은 고객 행동 변수로 분류된다.
③ 시장의 적정 규모 및 성장 가능성, 구조적 매력성, 자사 목표와의 적합성 및 자원은 세분 시장 평가에 고려되는 기준이다.
④ 집중적(Concentrated) 마케팅 전략은 각 세분 시장의 차이를 무시하고 단일(혹은 소수의) 제품으로 전체 시장에 접근하는 것이다.
⑤ 포지셔닝 전략 수립을 위해서는 자사와 경쟁사 제품들이 시장의 어디에 위치되어 있는지를 파악하는 일이 필요하다.

해설

각 세분 시장의 차이를 무시하고 단일(혹은 소수의) 제품으로 전체시장에 접근하는 전략은 비차별적 마케팅에 해당한다.

정답 ④

125

난이도 Self Check | 상◯ 중◯ 하◯

다음 자료를 바탕으로 A~C기업이 선택하는 마케팅 전략에 대한 설명으로 옳지 <u>않은</u> 것은?

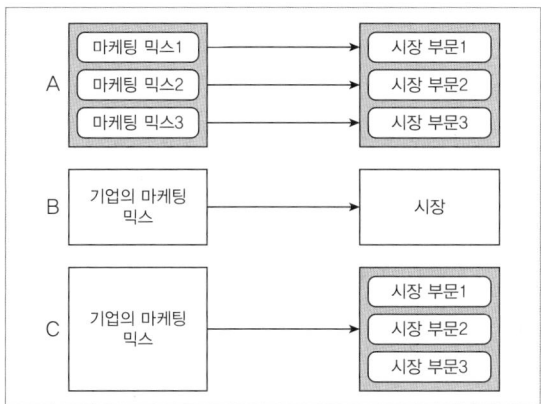

① A기업의 마케팅 전략은 성숙기 및 쇠퇴기에 접어들 때 적합한 마케팅 전략이다.
② A기업의 마케팅 전략은 제품의 관여도가 높은 제품일 때 적합한 마케팅 전략이다.
③ B기업은 비차별적 마케팅을 통해 전체시장을 타기팅하는 전략을 사용하고 있다.
④ B기업의 마케팅 전략은 기업의 자원이 한정되어 있는 경우에 적합한 마케팅 전략이다.
⑤ C기업의 마케팅 전략은 다양성이 높은 제품의 경우에 적합한 마케팅 전략이다.

해설

주어진 자료에서 A~C 기업이 사용하고 있는 마케팅 전략은 다음과 같다.
- A기업: 차별적 마케팅 전략으로, 서로 다른 특징을 가지는 복수의 표적시장이 존재할 때 사용한다.
- B기업: 비차별적 마케팅 전략으로, 하나의 마케팅 믹스로 전체시장을 표적으로 설정하는 것이다.
- C기업: 집중적 마케팅 전략으로, 하나의 제품으로 하나의 세분시장만을 공략하는 것이다.

따라서 기업의 자원이 한정되어 있는 경우에 적합한 마케팅 전략은 집중적 마케팅으로, C기업에 대한 설명이다.

정답 ④

126

다음 내용을 통해 설명하는 표본 추출 방법으로 가장 적절한 것은?

- 신제품 조사를 위해 표적 시장을 잘 반영하리라고 생각되는 집단을 대상으로 설문조사를 하였다.
- 모집단의 대표성보다는 면접 과정에서 풍부한 정보를 수집하기 위해 제품이나 산업에 대해 많은 정보를 갖고 있는 표본을 선정하는 비확률 표본 추출 방법이다.
- 향후 경제 전망에 대한 면접 조사를 위해 일반인보다 경제 부문의 전문가들을 선별하여 면접에 참여하도록 하였다.

① 편의 표본 추출(Convenience Sampling)
② 판단 표본 추출(Judgement Sampling)
③ 할당 표본 추출(Quota Sampling)
④ 군집 표본 추출(Cluster Sampling)
⑤ 층화 표본 추출(Stratified Sampling)

해설

주어진 자료에서 설명하고 있는 표본 추출 방법은 판단 표본 추출(Judgement Sampling)로, 연구자의 주관적 판단에 따라 또는 조사 목적에 따라 표본을 추출하는 방법이다. 판단 표본 추출은 조사자가 임의로 표본을 추출하므로 실수나 오류가 가장 많이 발생하고 연구 결과의 일반화에 어려움이 있다는 특징이 있다.

오답풀이

① 편의 표본 추출(Convenience Sampling): 조사자 편의에 따라 모집단으로부터 접근성이 용이하고 편리한 방법을 통해 표본을 추출하는 방법이다. 측정도구의 타당성을 확인하려는 목적의 예비조사에서 편리하게 사용될 수 있다.
③ 할당 표본 추출(Quota Sampling): 층화 표본 추출과 같이 모집단이 상호 배타적인 하위집단으로 나뉘어 있는 상태에서 하위집단을 선택한 후 그 안에서 작위적으로 표본을 추출하는 방법
④ 군집 표본 추출(Cluster Sampling): 집단을 여러 집단으로 나누고 무작위로 선출된 군집의 모든 개체를 측정하는 방법
⑤ 층화 표본 추출(Stratified Sampling): 특정한 기준에 따라 모집단을 층을 나누듯이 범주화하고 이를 여러 소집단으로 구성하는 방법

문제로 익히는 핵심이론

[표본 추출 방법의 종류 및 특징]

구분	확률 표본 추출 방법	비확률 표본 추출 방법
개념	통계적인 방법을 통해 객관적으로 표본을 추출하는 방법	확률 표본 추출이 불가능하거나 비경제적일 경우, 연구자가 임의로 모집단과 비슷하다고 생각되는 성격의 표본을 추출하는 방법
종류	단순 무작위 표본 추출, 체계적(계통) 표본 추출, 층화 표본 추출, 군집 표본 추출	편의 표본 추출, 판단 표본 추출, 할당 표본 추출, 눈덩이 표본 추출
특징	확률 계산이 가능하고, 오류의 정도(편의)에 대한 추정이 가능함	사용하기 쉽고 시간과 비용이 적게 들지만, 확률 표집보다 정밀성이 낮고 모집단을 일반화하기 어려움

정답 ②

127

다음에서 설명하는 마케팅분석 기법으로 옳은 것은?

- 경쟁상품들의 포지셔닝 맵을 작성하는 데 주로 사용된다.
- 유통 서비스들에 대한 고객의 인지 구조를 지도화하여 핵심 개념들의 차원을 규명하는 데 사용된다.
- 유사성 자료 또는 근접성 자료를 공간적 거리로 시각화한다.

① 시계열 분석
② 다차원 척도법
③ 컨조인트 분석
④ 회귀 분석법
⑤ 군집 분석법

해설

주어진 내용은 다차원 척도법에 대한 설명이다. 변수가 여러 개인 경우의 다변량 분석 기법 중 다차원 척도법(MDS: Multi-Dimensional Scaling)은 소비자가 제품이나 상표에 대해 가지고 있는 인식을 근거로 하여 제품, 상품의 상대적 위치를 파악하려는 경우에 사용된다. 이 기법은 제품, 상표의 포지셔닝 전략에 유용하게 사용될 수 있다.

정답 ②

128

산업재 수요의 특성으로 가장 적절하지 <u>않은</u> 것은?

① 소비재에 대한 수요로부터 파생된다.
② 가격변화에 크게 영향을 받지 않는다.
③ 두 개 이상의 품목 수요가 결합되어 하나의 제품 수요로 이어진다.
④ 수요의 안정성이 낮아 수요 변동 폭이 크다.
⑤ 구매자 분포의 지역적 편중도가 낮다.

해설

산업재 구매자의 분포는 지역적으로 편중도가 높은 편에 해당한다. 최종 소비재를 생산하기 위한 대규모 기업들은 수도권에서 벗어나 생산 요소 공급이 원활하며 물류에 유리한 입지를 요하기 때문이다. 예를 들어 자동차 생산 관련 기업은 울산에 집중되어 있으며, 철강 제품 관련 기업은 포항과 광양에 편중되어 있다.

정답 ⑤

129

제품과 상표에 대한 설명으로 가장 옳지 않은 것은?

① 제품 믹스의 폭이란 전체 제품 라인의 수를 말한다.
② 브랜드 인지도(Brand Awareness)란 소비자가 브랜드를 재인식하거나 회상할 수 있는 능력을 말한다.
③ 상표 전략에서 라인 확장(Line Extension)이란 새로운 제품에 기존 상표를 사용하는 전략으로 광고 비용을 절약해 주지만 특정 제품이 실패할 경우 다른 제품에 영향을 준다.
④ 복수 상표(Multi Branding)란 동일 제품 범주에서 다수의 상표를 도입하는 것으로, 특성에 따른 상표를 제공하고 진열공간을 많이 확보할 수 있으나 마케팅 비용이 많이 발생할 수 있다.
⑤ 브랜드 확장(Brand Extensions) 전략을 사용할 경우 신제품에 대한 소비자의 지각된 위험을 줄여 준다.

130

제품은 핵심 제품, 유형 제품, 확장 제품으로 구성된다. 다음 중 확장 제품에 해당하는 것의 개수는?

㉠ 제품디자인	㉡ 제품 포장
㉢ 브랜드명	㉣ 보증제도
㉤ 배달 및 설치	㉥ 제품의 편익

① 1개
② 2개
③ 3개
④ 4개
⑤ 5개

해설

새로운 제품에 기존 상표를 사용하는 전략으로 광고비용을 절약해 주지만 특정 제품이 실패할 경우 다른 제품에 영향을 미치는 것은 브랜드 확장(Brand Extension)에 대한 설명에 해당한다. 한편 라인 확장(Line Extension)은 계열 확장이라고도 하며, 기존 제품범주 내에서 새로운 형태, 디자인, 스타일 등을 지닌 신제품에 대하여 기존 브랜드명을 함께 사용하는 전략을 의미한다.

[브랜드 확장(Brand Extension)]

브랜드 자산을 활용한 대표적인 마케팅 전략의 한 방법으로, 기존의 브랜드에 대해 소비자가 가지고 있는 브랜드 인지도, 충성도, 연상, 이미지 등의 브랜드 지식을 활용하여 신제품에 대한 성공을 높이기 위하여 사용한다. 대표적인 유형에는 동일한 제품군 내에서 확장하는 라인확장과 다른 제품군으로 확장하는 카테고리 확장이 있다.

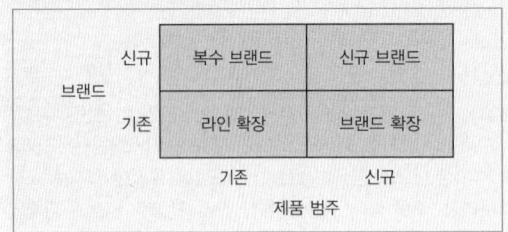

정답 ③

해설

확장 제품(Augmented Product)은 유형적 제품 속성 이외의 부가적인 서비스가 포함된 제품을 의미하며, 보증제도(㉣), 배달 및 설치(㉤), 대금 지불 방식, A/S 등이 이에 해당한다.

오답풀이

제품디자인(㉠), 제품 포장(㉡), 브랜드명(㉢)은 유형 제품(Actual Product)에 해당한다.

[핵심 제품 / 유형 제품 / 확장 제품]

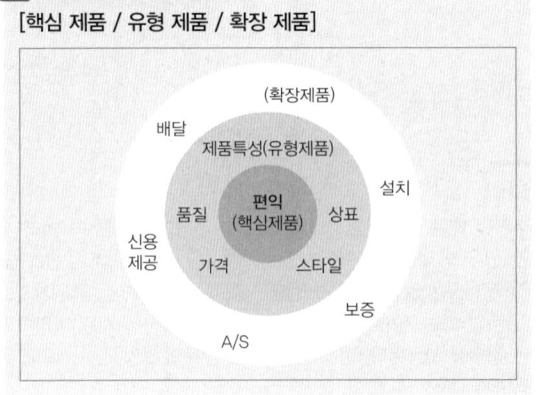

정답 ②

131

신제품의 개발 과정은 일반적으로 다음과 같은 단계로 이루어진다. 이때 (A), (B), (C)에 해당되는 내용이 바르게 짝지어진 것은?

신제품 마케팅 전략수립 → 아이디어 창출 → 아이디어 스크리닝 및 평가 → (A) → (B) → (C) → 상업화 (시장 생산)

	(A)	(B)	(C)
①	사업성 분석	제품 개발	시험 마케팅
②	사업성 분석	시험 마케팅	제품 개발
③	시험 마케팅	사업성 분석	제품 개발
④	시험 마케팅	제품 개발	사업성 분석
⑤	제품개발	시험 마케팅	사업성 분석

해설

신제품의 개발 과정은 다음과 같다.

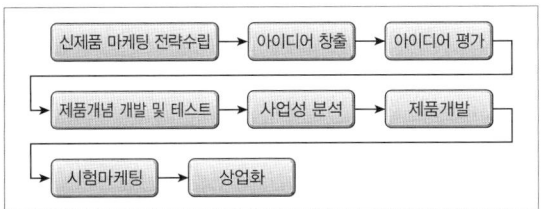

따라서 (A)에는 사업성 분석, (B)에는 제품 개발, (C)에는 시험 마케팅이 각각 들어가야 하므로 ①이 정답이다.

정답 ①

132

촉진(Promotion) 전략 중 푸시(Push) 전략에 대한 설명으로 옳지 않은 것은?

① 제조업체가 최종 소비자들을 대상으로 촉진 믹스를 사용하여 이들이 소매상에게 제품을 요구하도록 하는 전략이다.
② 푸시 전략에서 인적 판매와 판매 촉진은 중요한 역할을 한다.
③ 판매원은 도매상이 제품을 주문하도록 요청하고 판매지원책을 제공한다.
④ 푸시 전략은 유통경로 구성원들이 고객에게까지 제품을 밀어내도록 하는 것이다.
⑤ 수요를 자극하기 위해서 제조업체가 중간상에게 판매 촉진 프로그램을 제공한다.

해설

제조업체가 최종 소비자들을 대상으로 촉진 믹스를 사용하여 이들이 소매상에게 제품을 요구하도록 하는 전략은 풀(Pull) 전략이다.

문제로 익히는 핵심이론

[풀(Pull) 전략과 푸시(Push) 전략]

풀(Pull) 전략	푸시(Push) 전략
• 소비자를 상대로 적극적인 프로모션 활동을 하여 소비자들이 제품을 찾게 만들고 중간상인들은 소비자가 원하기 때문에 제품을 취급할 수밖에 없도록 만드는 전략 • 풀 전략을 사용할 경우 광고와 홍보를 주로 사용하게 되며, 쿠폰, 견본품, 경품 등과 같이 소비자를 대상으로 하는 판매 촉진을 많이 사용	• 제조업자는 도매상에게 도매상은 소매상에게, 소매상은 소비자에게 제품을 판매하게 만드는 전략 • 푸시 전략은 인적 판매를 통하거나 가격 할인, 수량 할인 등과 같은 중간상인을 대상으로 하는 판매 촉진을 주로 사용하여 실행

정답 ①

133

난이도 Self Check | 상 ○ 중 ○ 하 ○

다음은 제품 수명 주기(PLC) 중 특정 단계에 대한 설명이다. 이 단계에서의 상품 관리 전략으로 옳지 <u>않은</u> 것은?

- 최근 기술 발전의 속도가 매우 빨라지고 소비자들의 욕구와 취향도 급변하는 관계로 많은 제품들이 이 시기에 도달하는 시간이 짧아지는 반면, 이 기간은 길어지고 있다.
- 이 단계에서는 매출액 증가 속도가 둔화되면서 시장 전체의 매출액이 정체되는 시기이다.
- 대다수의 소비자들이 제품을 수용한 시점이어서 신규 수요의 발생이 미미하거나 신규 수요와 이탈 수요의 규모가 비슷해 전체 시장의 매출 규모는 변하지 않는 상태이다.
- 또한 경쟁 강도가 심해지면서 마케팅 비용은 매우 많이 소요되는 시기이기도 하다.

① 기존 제품으로 경쟁사 고객 및 신규 소비자의 구매를 유도
② 기존 소비자들의 소비량을 증대시킴
③ 기존 제품의 새로운 용도를 개발
④ 기존 제품의 품질 향상과 신규 시장의 개발
⑤ 제품 확장 및 품질 보증 제도의 도입

해설

제품 확장 및 품질 보증 제도의 도입은 '성장기'의 전략이다.
제시된 내용은 제품 수명 주기(PLC)에서 성숙기(Maturity Stage)에 대한 설명이다. 성숙기에는 수요의 증가가 멈추게 되어 생산 능력은 포화상태가 되고 이익은 절정을 지나 감소하기 시작한다. 따라서 성숙기의 마케팅 목표는 경쟁 우위를 유지하고 상표 재활성화를 통하여 수요를 늘리는 것이 된다. 성숙기에는 제품의 품질, 특성, 스타일 등의 수정을 통해 신규 고객을 유인하거나 기존 고객의 사용 빈도를 높이는 것이 핵심전략이다.

문제로 익히는 핵심이론

[제품 수명 주기(PLC)에 따른 전략]

구분	도입기	성장기	성숙기	쇠퇴기
마케팅 목표	인지도 제고 및 판매 증가	시장 점유율 확대	기존 점유율 유지	수확 또는 철수
제품	기본 형태	품질 개선, 서비스 향상	상표·모델의 다양화	기여도 낮은 품목 철수
가격	고가격 또는 저가격	경쟁 고려 저가격	경쟁 고려 방어 가격	저가격
유통	선택적 유통	집약적 유통	유통망 방어	우량 중간상만 유지
광고	조기 구매자 대상 인지도 구축	일반 소비자 대상 인지도·관심도 구축	상표 간 차이, 제품편익 강조	최소한의 광고
판매 촉진	사용을 유도하기 위한 판매 촉진	판매 촉진 감소	경쟁제품으로부터 고객을 빼앗기 위한 판매 촉진	최저로 감소

정답 ⑤

134

종속 가격(Captive Pricing) 결정에 적합한 제품끼리 묶이지 않은 것은?

① 면도기와 면도날
② 프린터와 토너
③ 폴라로이드 카메라와 필름
④ 케이블 TV와 인터넷
⑤ 캡슐 커피 기계와 커피 캡슐

해설

케이블 TV와 인터넷을 결합한 서비스는 묶음 가격(Bundling Price)에 해당한다.
종속 가격(Captive Pricing)(=포획 가격, 구속 가격)은 프린터와 프린터 잉크, 카메라와 필름, 컴퓨터와 소프트웨어 등 완전 보완재의 경우 주된 품목의 가격은 저렴하게, 부속품의 가격은 비싸게 책정하여 판매하는 방식이다.

문제로 익히는 핵심이론

[종속제품 가격전략과 묶음제품 가격전략]

1. 종속제품 가격전략
   - 주제품의 판매보다 주제품과 관련된 종속 제품의 판매가 주된 목적인 제품의 가격전략
   - 주제품은 상대적으로 저렴한 가격으로 판매하는 대신 종속 제품의 가격을 높게 책정하여 주제품의 손실을 보전함
   - 예) 프린터와 토너, 면도기와 면도날, 폴라로이드 카메라와 인화 필름

2. 묶음제품 가격전략
   - 기업이 둘 또는 그 이상의 재화나 서비스를 결합하여 할인된 가격으로 판매하는 전략
   - 이 가격전략을 사용하여 제품을 제공하는 기업은 핵심 제품뿐만 아니라 부수적인 제품의 수요를 창출해 낼 수 있음
   - 예) 어학원에서 영어회화 및 문법 강좌를 각각 개설하면서도 영어회화와 문법을 동시에 수강하면 가격을 할인해 주는 것

정답 ④

135

다음은 원가가산 가격결정을 위한 원가구조와 예상 판매량이다. 이를 바탕으로 원가가산 가격결정 방법에 의해 책정한 가격으로 옳은 것을 고르면?

- 고정비: 1,000,000원
- 단위당 변동비: 500원
- 예상 판매량: 1,000개
- 판매가 대비 마진율: 20%

① 875원 ② 3,000원
③ 1,875원 ④ 7,500원
⑤ 1,125원

해설

- 단위당 고정비: $\frac{1,000,000원}{1,000개} = 1,000(원)$
- 단위당 총비용: $1,000 + 500 = 1,500(원)$

따라서 판매가 대비 마진율 20%이므로, 원가가산 가격결정 방법에 의해 책정한 가격은 $\frac{1,500}{(1-0.2)} = 1,875(원)$이다.

정답 ③

136

난이도 Self Check | 상 ○ 중 ○ 하 ○

수평적 마케팅 경로(Horizontal Marketing System)에 비해 수직적 마케팅 경로(Vertical Marketing System)가 갖는 특징을 모두 고르면?

> ㉠ 자원, 원재료를 안정적으로 확보 가능
> ㉡ 낮은 진입 장벽으로 새로운 기업의 진입이 쉬움
> ㉢ 막대한 자금의 소요
> ㉣ 시장이나 기술 변화에 민감한 대응 가능
> ㉤ 각 유통단계에서 전문화 실현

① ㉠, ㉢
② ㉠, ㉤
③ ㉡, ㉣
④ ㉢, ㉣
⑤ ㉣, ㉤

해설

수직적 마케팅 경로(VMS)는 대표적으로 프랜차이즈 시스템을 예로 들 수 있다. 중앙본부에서 계획된 프로그램에 의해 자원 및 구성원들을 전문적으로 관리·통제할 수 있기 때문에 생산부터 소비까지의 유통과정이 체계적으로 이루어진다. 따라서 수평적 마케팅 경로(HMS)에 비해 자원 및 원재료를 안정적으로 확보할 수 있어(㉠) 대량생산 및 유통이 가능하고 가격이 안정적이라는 장점이 있는 한편, 모든 유통경로를 통합하기 위한 막대한 자금이 필요하고(㉢), 중앙에서 통제하기 때문에 각 유통단계의 개별 주체들의 전문성이 떨어지며 시장의 변화에 유연하게 대처하기 어렵다는 단점이 있다.

오답풀이

수직적 마케팅 경로(VMS)는 진입장벽이 높아 새로운 기업의 진입이 어렵고(㉡), 시장이나 기술 변화에 민감한 대응이 어려우며(㉣), 각 유통단계에서 전문화의 실현이 어렵다(㉤)는 문제점이 있다.

문제로 익히는 핵심이론

[수직적 마케팅 경로(VMS: Vertical Marketing System)]

- 수직적 마케팅 경로(VMS)는 유통경로의 환경변화와 상황에 보다 효과적으로 적응하기 위해 등장한 시스템이다.
- 수직적 마케팅 경로(VMS)는 중앙(본부)에서 계획된 프로그램에 의해 수직적 유통경로상의 경로 구성원들(도매상, 소매상 등)을 관리·통제하는 네트워크 형태의 경로조직이며, 통제의 강도에 따라 '기업형 VMS, 계약형 VMS, 관리형 VMS'순으로 나타낼 수 있다.

정답 ①

137

난이도 Self Check | 상 ○ 중 ○ 하 ○

유통경로 커버리지 유형 중 전속적 유통(Exclusive Channel)에 대한 설명으로 가장 옳지 않은 것은?

① 극히 소수의 소매 점포에만 자사 제품을 취급하도록 하는 것이다.
② 브랜드 충성도가 매우 높은 제품을 생산하는 제조업체가 채택하는 경향이 높은 전략이다.
③ 제조업체는 소매 점포에 대한 통제력을 강화함으로써 자사 브랜드 이미지를 자사 전략에 맞게 유지할 수 있다.
④ 중소 슈퍼, 식당, 주점 등을 대상으로 하는 주류 제조업체나 약국을 대상으로 하는 제약 업체의 영업이 대부분 여기에 해당한다.
⑤ 소비자들은 브랜드 충성도가 높은 브랜드를 구매하기 위해 기꺼이 많은 노력을 기울이기 때문에 적은 점포수로도 원활한 유통이 가능하다.

해설

개방적 또는 집약적 유통에 대한 설명이다. 개방적 유통은 가능한 한 많은 점포가 자사 제품을 취급하도록 하는 마케팅 전략이다. 집중적 유통경로는 제품이 소비자에게 충분히 노출되어 있고, 제품 판매의 체인화에 어려움이 있는 일용품이나 편의품 등에 적용할 수 있다. 그러나 유통비용이 증가하고, 유통경로에 대한 통제가 어렵다는 문제점이 있다.

정답 ④

138

윌리엄슨(Williamson)의 거래 비용 이론에서 시장 실패를 설명하는 가정이나 변수와 관련이 없는 것은?

① 거래의 반복 발생 빈도
② 불확실성
③ 자산 특유성
④ 기회주의
⑤ 제품 고객화

해설

윌리엄슨(Williamson)의 거래 비용 이론(Transaction Cost Theory)은 기업이 시장을 통해 독립된 경로 구성원들과 거래 관계를 맺는 것보다 모든 경로 활동을 직접 수행함으로써 시장에서의 거래 비용을 줄일 수 있는 경우가 있다는 것이다. 즉 거래 비용에 의한 시장의 실패(Market Failure) 때문에 기업 내부화(수직적 통합)가 이루어진다는 주장이다.

거래 비용 이론에서는 시장의 실패를 설명하는 주요 개념으로 거래 관련 변수인 자산 특유성(Asset Specificity), 거래 빈도(Frequency), 불확실성(Uncertainty)을 들고 있고, 인간 행동에 대한 기본 가정으로는 제한된 합리성(Bounded Rationality), 기회주의(Opportunism)를 들고 있다.

정답 ⑤

139

제품 수명 주기(PLC)에 대한 설명으로 옳은 것을 모두 고르면?

㉠ 도입기에는 소비재의 경우 유통망의 확보가 중요하다.
㉡ 성장기에는 판매 점포 수를 증가시킨다.
㉢ 성숙기에는 생산 능력은 포화상태가 되며 경쟁이 가장 치열해 이익이 서서히 감소한다.
㉣ 쇠퇴기에는 성장기와 마찬가지로 판촉이 감소하는 경향을 보인다.

① ㉠, ㉢
② ㉡, ㉣
③ ㉢, ㉣
④ ㉠, ㉡, ㉢
⑤ ㉠, ㉡, ㉢, ㉣

해설

제품 수명 주기(PLC)의 단계별 특성은 다음과 같다.
- 도입기: 도입기에는 제품을 널리 인지시키고, 판매를 늘리는 것이 마케팅의 전략적 목표가 된다. 따라서 소비재의 유통망을 확보하는 것이 중요하다(㉠).
- 성장기: 성장기에는 상표를 강화하고 차별화를 통해 시장 점유율을 확대하는 것이 마케팅 목표이다. 이를 위해 판매 점포 수를 증가시키는 것이 필요하다(㉡). 한편 이 시기에는 시장점유율이 극대화되어 있고 집중적 유통이 이루어지므로 수요확대에 따라 판촉은 감소하게 된다(㉣).
- 성숙기: 성숙기는 경쟁이 가장 치열하면서 시장 성장률이 정체되고 수요의 신장이 둔화되면서 매출액이 서서히 감소하는 시기이다(㉢). 기존 고객 유지가 중요하며 신재품의 개발 및 다양화, 시장 개발과 마케팅 믹스 전략의 수정이 요구된다.
- 쇠퇴기: 쇠퇴기에는 소비자의 욕구나 기호의 변화, 신기술의 출현, 사회적 가치의 변화, 대체품의 등장 등으로 시장수요가 급격히 감소하는 단계로서 이익이 급격히 감소하는 시기이다. 이때 기업은 유지나 철수전략을 결정해야 하므로 광고 및 판촉 전략은 소극적 태도로 감소하는 경향을 보인다(㉣).

문제로 익히는 핵심이론

[제품수명주기 단계별 특성과 마케팅 믹스 전략]

구분	도입기	성장기	성숙기	쇠퇴기
매출액	낮음	급속 성장	최대 매출	감소
이익	적자	증가(최고점 도달)	점차 감소	계속 감소
주요 고객	혁신층	조기 수용자	중간 다수층	후발 수용층
경쟁자 수	거의 없음	증가	가장 많음/점차 감소	감소
마케팅 목표	제품의 인지, 사용·샘플	시장점유율 극대화	이익의 극대화, 시장점유율 방어	비용절감, 제품철수(투자회수)
제품 전략	기본제품 제공, 품질관리	제품차별화·확대, 서비스 보증	신제품개발, 품목과 상표의 다양화	취약제품 제거
가격 전략	원가가산가격(고가격)	시장침투가격(저가격)	경쟁대응가격(저가격)	가격인하
유통 경로 전략	선택적 유통	집중적 유통	집중적 경로 강화	선택적 유통(수익성 없는 유통경로 폐쇄)
광고 전략	제품인지 형성	대중시장에서의 인지와 관심 형성	상표차별화, 혜택 강조	최소화, 충성도 높은 고객 유지
판촉 전략	사용유도를 위한 판촉 치중	수요확대에 따른 판촉 감소	상표전환을 위한 판촉 노력	최소 수준으로 감소

정답 ⑤

140

㈜ABC사는 불황으로 매출이 감소하고 있어 자사 제품 3종류에 대한 가격인하를 전격적으로 추진하였다. 소비자들이 가격 인하를 느낄 수 있도록 웨버의 법칙(Weber's Law)을 이용해 최소한의 가격인하 폭을 결정하였다고 할 때, 현재 가격 (가), (나), (다)의 합에 대한 설명으로 가장 적절한 것은?(단, 웨버상수는 주관적으로 느낀 가격 변화의 크기 또는 변화를 감지할 수 있는 증가율 및 감소율을 의미한다.)

구분	제품1	제품2	제품3
과거 가격	1,000원	5,000원	10,000원
웨버 상수	0.7	0.2	0.5
현재 가격	(가)	(나)	(다)

① (가)+(나)+(다)<6,000원
② 6,000원 ≤(가)+(나)+(다)<9,000원
③ 9,000원 ≤(가)+(나)+(다)<12,000원
④ 12,000원≤(가)+(나)+(다)<15,000원
⑤ 15,000원≤(가)+(나)+(다)

해설

웨버의 법칙(Weber's Law)을 가격인하 상황에 적용하면 다음과 같다.

$K = \dfrac{\Delta I}{I} = \dfrac{(\text{과거 가격}) - (\text{현재 가격})}{(\text{과거 가격})}$

(ΔI: 자극 변화의 정도, I: 초기 자극의 강도)

- (가): $\dfrac{1,000 - (\text{현재 가격})}{1,000} = 0.7$, ∴ 현재 가격=300
- (나): $\dfrac{5,000 - (\text{현재 가격})}{5,000} = 0.2$, ∴ 현재가격=4,000
- (다): $\dfrac{10,000 - (\text{현재 가격})}{10,000} = 0.5$, ∴ 현재 가격=5,000

∴ (가)+(나)+(다)=9,300원

정답 ③

141

가격 관리에 관한 설명으로 가장 적절하지 <u>않은</u> 것은?

① 최저 수용 가격(Lowest Acceptable Price)은 구매자가 품질을 의심하지 않으면서 구매할 수 있는 가장 낮은 가격을 의미한다.
② 빈번한 세일로 인해 구매자의 준거 가격(Reference Price)이 낮아질 가능성이 있다.
③ 가격 결정 방법에서 원가 기준법(Cost-plus Pricing)은 경쟁자의 가격과 원가를 고려하지 않는다는 단점을 가지고 있다.
④ 신제품 도입 초기에 가격을 낮게 책정하는 전략은 시장 침투 가격 전략(Market-penetration Pricing Strategy)과 관련이 있다.
⑤ 순수 묶음 가격(Pure Bundling Price)은 여러 가지 제품들을 묶음으로도 판매하고 개별적으로도 판매하는 가격정책이다.

해설

여러 가지 제품들을 묶음으로도 판매하고 개별적으로도 판매하는 가격정책은 혼합 묶음 가격(Mixed Bundling Price)에 관한 설명이다.

정답 ⑤

142

저가 전략이 가장 적합하지 않은 상황은?

① 소비자들의 본원적인 수요를 자극하고자 할 때
② 규모의 경제를 통한 이익이 크지 않을 때
③ 시장의 형태가 완전 경쟁에 근접할 때
④ 원가의 우위를 확보하고 있어 경쟁 기업이 우리 가격만큼 낮추기 힘들 때
⑤ 시장 수요의 가격 탄력성이 높을 때

해설
규모의 경제를 통해 비용 절감이 커서 기업 이익이 증가하는 경우에 저가 전략이 적합하므로 ②의 상황에서는 저가 전략이 적합하지 않다.

[상대적으로 저가 전략이 적합한 상황]
- 시장수요의 가격탄력성이 높을 때
- 원가 우위를 확보하고 있어 경쟁 기업이 자사 가격만큼 낮추기 힘들 때
- 시장에 경쟁자의 수가 많을 것으로 예상될 때
- 소비자들의 본원적인 수요를 자극하고자 할 때

정답 ②

143

상품 믹스에 대한 설명으로 가장 옳지 않은 것은?

① 상품 믹스(Product Mix)란 기업이 판매하는 모든 상품의 집합을 말한다.
② 상품 믹스는 상품 계열(Product Line)의 수에 따라 폭(Width)이 정해진다.
③ 상품 믹스는 평균 상품 품목(Product Item)의 수에 따라 그 깊이(Depth)가 정해진다.
④ 상품 믹스의 상품 계열이 추가되면 상품 다양화 또는 경영 다각화가 이루어진다.
⑤ 상품 믹스의 상품 품목이 증가하면 상품 차별화의 정도가 약해지게 된다.

해설
상품 믹스의 상품 품목이 증가하는 것은 상품 믹스의 깊이(Depth)가 깊어지는 것으로 상품 차별화의 정도가 강화되는 것을 의미한다.

정답 ⑤

144

제조업체의 중간상 촉진활동으로 옳지 <u>않은</u> 것은?

① 프리미엄
② 협동광고
③ 중간상광고
④ 판매원 인센티브
⑤ 가격할인 및 푸시 지원금

해설

프리미엄(Premiums)은 제품의 구매를 유도하기 위한 인센티브로, 무료나 또는 낮은 비용으로 제공되는 상품을 말하는 것으로 소비자를 대상으로 하는 판촉 도구이다. 이 외에도 샘플, 쿠폰, 현금 환불(리베이트), 가격 할인 패키지, 시연, 콘테스트 등이 있다.

> **문제로 익히는 핵심이론**
>
> [중간상을 대상으로 하는 판촉 활동]
> 중간상 가격 할인이나 협동 광고, 푸시 지원금(Push Money), 광고 판촉물 지원, 판매 인센티브 지급 등을 들 수 있다.

정답 ①

145

다음 내용을 바탕으로 판매 활동의 경제성과 효율성을 높이기 위하여 제조업자가 중간상을 이용할 때 줄어드는 총거래 수로 옳은 것은?

- 제조기업 100개사
- 고객 100,000명
- 중간상 2개

① 9,599,600개   ② 9,699,700개
③ 9,799,800개   ④ 9,899,900개
⑤ 9,950,000개

해설

- 중간상이 없는 경우의 총거래 수:
  100(제조업자 수)×100,000(고객 수)=10,000,000(개)
- 중간상이 있는 경우 총거래 수:
  100(제조업자 수)×2(중간상인 수)+2(중간상인 수)×100,000(고객 수)=200,200(개)

따라서 줄어드는 총거래 수는
10,000,000−200,200=9,799,800(개)이다.

정답 ③

146

패러슈라만(Parasuraman) 등이 제시한 서비스 품질(SERVQUAL)의 5가지 차원에 해당하지 않는 것은?

① 유형성(Tangibles)
② 편의성(Convenience)
③ 대응성(Responsiveness)
④ 확신성(Assurance)
⑤ 공감성(Empathy)

해설
편의성(Convenience)은 서비스 품질(SERVQUAL)의 5가지 차원에 속하지 않으며, 신뢰성(Reliability), 확신성(Assurance), 유형성(Tangibles), 공감성(Empathy), 대응성(Responsiveness)이 이에 해당한다.

문제로 익히는 핵심이론

[서비스 품질(SERVQUAL)의 5가지 차원(RATER)]
- 신뢰성(Reliability): 서비스에 대한 신뢰를 바탕으로 정확하게 업무를 수행하는 능력
- 확신성(Assurance): 고객에 대해 직원들의 능력·예절·신빙성·안전성을 전달하는 능력
- 유형성(Tangible): 눈으로 구분 가능한 설비나 장비 등 물리적으로 구성되어 있는 외양
- 공감성(Empathy): 고객에게 제공하는 개별적인 배려와 관심
- 대응성(Responsiveness): 고객에게 언제든지 준비된 서비스를 제공하겠다는 것

정답 ②

147

고객관계관리(Customer Relationship Management)에 대한 설명으로 옳지 않은 것은?

① 시장 점유율보다는 고객점유율에 비중을 둔다.
② 고객획득보다는 고객유지에 중점을 두는 것이 바람직하다.
③ 상품판매보다는 고객관계에 중점을 둔다.
④ 획일적 메시지보다는 고객요구에 부합하는 맞춤 메시지를 전달한다.
⑤ 고객맞춤전략은 고객관계관리에 부정적인 영향을 미친다.

해설
고객관계관리(CRM)는 개별고객에 대한 상세한 정보를 토대로 그들과의 장기적인 관계를 구축하고 충성도를 높여 고객생애가치(Customer LTV)를 극대화하려는 것이다. 따라서 고객맞춤전략은 고객관계관리를 위한 중요한 전략이다.

문제로 익히는 핵심이론

[고객관계관리(CRM)]
신규 고객의 확보보다 기존 고객의 유지관리가 비용 면에서 효율적이라는 것을 알게 되면서 등장하였다. CRM은 다양해지는 고객의 욕구에 유연하게 대처함으로써 수익의 극대화를 추구하려는 것이다.

정답 ⑤

회계 및 재무관리 기출예상문제

148
난이도 Self Check | 상○ 중○ 하○

내부수익률법(IRR법)에 관한 설명으로 옳은 것은?

① 수익률은 순 현재 가치를 0으로 만드는 할인율이다.
② 수익률이 1보다 크면 투자 안을 채택하고, 1보다 작으면 기각한다.
③ 투자안의 현재 가치를 초기 투자비용으로 나누어 구한다.
④ 상호 배타적인 투자 안을 쉽게 분별할 수 있게 한다.
⑤ 화폐의 시간적 가치를 고려하지 않는다.

해설
내부수익률(IRR)은 투자안의 순현재가치(NPV)를 0으로 만드는 할인율, 즉 현금유입의 현재가치(PVCI)와 현금유출의 현재가치(PVCO)를 동일하게 만드는 할인율이다.

오답풀이
② IRR법은 IRR이 시장의 요구 수익률보다 크면 투자 안을 채택하고, 작으면 기각한다.
③ 투자 안의 현금 유입의 현재 가치를 초기 투자비용(현금 유입)으로 나누어 구하는 방식은 수익성 지수법(PI법)이다.
④ 상호 배타적인 투자 안인 경우 IRR이 시자의 요구 수익률보다 큰 대안 중 IRR이 가장 큰 대안을 선택해야 하므로 쉽게 분별하기는 어렵다.
⑤ 내부수익률법(IRR법)은 화폐의 시간적 가치를 고려하는 할인모형에 해당한다.

정답 ①

149
난이도 Self Check | 상○ 중○ 하○

다음 포트폴리오에 관한 설명으로 옳은 것은?

구분	매입시점		매도시점		표준편차(%)
	주가(원)	주식 수(주)	주가(원)	주식 수(주)	
주식 A	10,000	400	15,000	400	10
주식 B	20,000	200	20,000	200	13

① 매입시점에서 주식 A와 주식 B의 구성 비율은 주식 A=33.3%, 주식 B=66.6%이다.
② 매도시점에서 주식 A와 주식 B의 구성 비율은 주식 A=60%, 주식 B=40%이다.
③ 주식 A와 주식 B의 구성 비율을 계산할 때 주식 수만 고려한다.
④ 주식 A와 주식 B의 구성 비율을 계산할 때 주가만을 고려한다.
⑤ 위험을 싫어하는 투자자들은 주식 A보다 주식 B를 선호한다.

해설
주가와 주식 수를 곱한 값을 비교하면 매도시점에서 주식 A와 주식 B의 구성 비율은 60 : 40이므로 옳다.

오답풀이
① 매입시점에서 주식 A와 주식 B의 구성 비율은 주식 A=50%, 주식 B=50%이다.
③, ④ 주식 A와 주식 B의 구성 비율을 계산할 때 주식 수와 주가를 모두 고려한다.
⑤ 주식 A의 표준편차(위험)이 10%로 주식 B보다 작으므로 위험 회피형 투자자는 주식 A를 선호한다고 할 수 있다.

📝 문제로 익히는 **핵심이론**

[포트폴리오(Portfolio)]
포트폴리오(Portfolio)란 위험 분산을 위해 둘 이상 자산에 분산 투자함을 의미한다. 즉, 포트폴리오를 구성하는 목적은 주식의 분산 투자를 통해 투자에 따르는 위험을 최소화함에 있다.

정답 ②

150

자본 예산의 현금흐름 추정에 관한 설명으로 옳지 않은 것은?

① 현금흐름은 증분 기준(Incremental Basis)으로 측정한다.
② 매몰비용은 현금유출에 포함하지 않는다.
③ 기회비용은 현금유출에 포함한다.
④ 감가상각비와 같은 비현금성 지출은 현금유출에 포함하지 않는다.
⑤ 이자비용은 현금유출에 포함하지만 배당금은 현금유출에 포함하지 않는다.

해설
이자비용, 배당금(금융비용)의 경우 이미 할인율에 반영되었기 때문에 현금유출로 처리하지 않는다.

정답 ⑤

151

재무비율에 관한 설명으로 옳지 않은 것은?

① 자기자본 이익률은 당기순이익을 높이면 향상된다.
② 매출채권 회전율은 매출채권이 현금으로 회수되는 기간을 나타낸다.
③ 부채 비율은 재무적 안정성을 평가하는 비율 중 하나이다.
④ 유동 비율은 유동 자산을 유동 부채로 나누어 측정한다.
⑤ 기업의 위험이 동일한 경우, 성장성이 높은 기업일수록 주가 수익 비율이 높게 나타나는 경향이 있다.

해설
매출채권 회전율은 매출채권이 현금으로 회수되는 속도를 나타낸다.
매출채권 회수기간 $\left(=\dfrac{365}{\text{매출채권 회전율}}\right)$은 매출채권이 현금으로 회수되는 기간을 나타낸다.

정답 ②

152

㈜동방은 2023년 1월 1일 건물을 5,000,000원에 취득하고, 취득세 300,000원과 거래수수료 200,000원을 현금으로 지급하였다. 감가상각방법은 정액법이고 건물 내용 연수는 10년, 10년 후 잔존가액이 취득 원가의 10%라면 2023년말 감가상각비로 옳은 것은?

① 450,000원
② 495,000원
③ 500,000원
④ 550,000원
⑤ 620,000원

해설
건물의 취득원가에 취득세와 거래수수료를 포함시킨다.

정액법에 따른 감가상각비 $= \dfrac{(\text{취득원가}) - (\text{잔존가치})}{(\text{내용연수})}$

$= \dfrac{(5,000,000 + 300,000 + 200,000) \times (1-0.1)}{10\text{년}}$

$= 495,000(\text{원})$

정답 ②

153

㈜서울은 당해 연도 말(t=1)에 주당 1,500원의 배당을 실시할 예정이며, 이러한 배당금은 매년 10%의 성장률로 계속 증가할 것으로 기대된다. 현재 ㈜서울의 주가가 10,000원이라고 할 경우, 이 주식의 자본비용(요구수익률)로 옳은 것은?

① 10%
② 15%
③ 20%
④ 25%
⑤ 30%

해설
$\dfrac{1,500}{r-0.1} = 10,000$

$r = 0.25$

따라서 ㈜서울의 요구수익률은 $0.25 \times 100 = 25(\%)$이다.

정답 ④

154

다음은 상호배타적 포트폴리오인 A~E의 기대수익률과 수익률의 표준편차이다. 평균-분산(Mean-variance) 기준의 포트폴리오 이론이 성립하며 투자자는 위험 회피형(Risk Averse)이라고 가정할 경우, A~E 중 효율적 포트폴리오에 해당하는 경우를 모두 고르면?

구분	A	B	C	D	E
기대수익률	9%	15%	19%	12%	19%
수익률의 표준편차	3%	5%	8%	5%	10%

① A, B
② A, D
③ C, E
④ A, B, C
⑤ B, C, E

해설

위험 회피형 투자자인 경우 평균-분산 지배원리에 의해 기대수익률이 같은 경우 위험이 낮은 것이 효율적 포트폴리오가 되며, 위험이 같은 경우에는 기대수익률이 높은 것이 효율적인 포트폴리오가 된다. 주어진 [표]에서는 A, 기대수익률이 동일한 경우인 C, E 중에서는 위험(표준편차)이 작은 C, 위험이 동일한 B와 D 중에서는 평균(기대수익률)이 큰 B가 효율적 포트폴리오가 된다. 예를 들면 아래 [그래프]에서는 A, E1, E2, B가 효율적 포트폴리오가 된다.

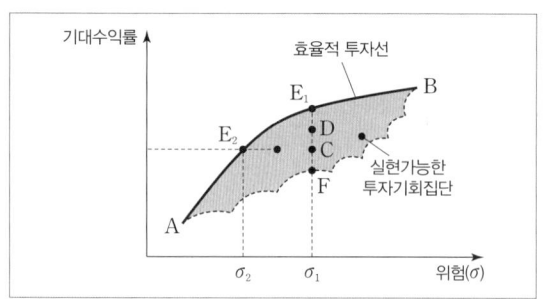

정답 ④

155

표면 이자율 연 10%, 이자 연 2회 지급, 만기 20년인 채권은 기업의 유일한 부채이고 액면가에 거래되고 있으며 부채비율(부채/자기자본)은 0.5이다. 이 기업의 가중평균자본비용(WACC)은 12%이고 법인세율은 20%일 때, 자기자본비용으로 옳은 것은?

① 8%
② 10%
③ 13%
④ 14%
⑤ 18%

해설

가중평균자본비용(WACC)
$$= (타인자본비용) \times (1-t) \times \frac{(타인자본)}{(자기자본)+(타인자본)}$$
$$+ (자기자본비용) \times \frac{(자기자본)}{(자기자본)+(타인자본)}$$

부채비율이 0.5라는 것은 자기자본이 부채(타인자본)의 2배라는 의미이다. 이를 WACC 공식에 대입하면 다음과 같다.

$$0.12 = \frac{1}{2+1} \times (1-0.2) \times 0.1 + \frac{2}{2+1} \times X$$

따라서 $X=0.14$이므로 14%이다.

정답 ④

156

타인자본 조달의 한 방법으로서 채권(Bond)에 대한 특징으로 가장 적절하지 <u>않은</u> 것은?

① 채권자들은 의결권이 없기 때문에 채권 발행 조직은 경영권을 유지할 수 있다.
② 만기에 채권의 액면 금액을 상환해야 하며 필요에 따라 채권의 이자는 지불 면제가 가능하다.
③ 채권은 일시적으로 자금을 조달할 수 있는 방법으로 채권을 상환하면 부채는 사라진다.
④ 채권 가격은 이자율과 역의 관계이고, 일정한 이자율 변동에 대하여 만기가 긴 채권일수록 채권 가격 변동이 크다.
⑤ 채권 가격의 변동 폭은 만기가 길어질수록 증가하나 그 증감률(변동률)은 체감한다.

해설

채권(회사채)은 만기에 액면 금액과 이자를 상환해야 하며, 통상적으로 채권의 이자는 지불 면제가 불가능하다. 채권은 발행 기관이 계약 기간 동안 일정 이자를 지급하고 만기에 이자와 원금을 상환하기로 한 유가 증권으로 기업이 일반 대중으로부터 대규모 자금을 장기간으로 조달하기 위하여 발행한다.

문제로 익히는 핵심이론

[말킬(Malkiel)의 채권 가격 정리]
- 제1정리: 채권의 가격은 채권수익률(이자율)에 반비례한다.
- 제2정리: 채권의 만기가 길어질수록 채권수익률 변동에 대한 채권가격의 변동 폭이 커진다.
- 제3정리: 채권가격 변동 폭은 만기가 길어질수록 증가하나 그 증감률(변동률)은 체감한다.
- 제4정리: 만기가 일정할 때 채권수익률(이자율) 하락으로 인한 가격 상승 폭은 같은 폭의 채권수익률 상승으로 인한 가격 하락 폭보다 크다.
- 제5정리: 표면이자율이 낮은 채권이 큰 채권보다 일정한 수익률 변동에 따른 가격 변동 폭이 크다.

정답 ②

157

㈜XYZ의 주주는 1년 후에 2,000원의 배당을 예상하고 있다. 이 회사가 영구히 같은 규모의 배당을 연 1회 지급하리라고 예상할 때(A)와 1년 후부터 5%의 연간 성장률로 영구히 연 1회 배당을 지급하리라고 예상할 때(B)의 현재주가가 바르게 짝지어진 것은?(단, 할인율은 (A), (B) 모두 연 10%라고 가정한다.)

	(A)의 현재주가	(B)의 현재주가
①	10,000원	20,000원
②	20,000원	10,000원
③	20,000원	40,000원
④	40,000원	20,000원
⑤	50,000원	25,000원

해설

- (A)의 현재주가: $\frac{2,000}{0.1}=20,000$(원)
- (B)의 현재주가: $\frac{2,000}{0.1-0.05}=40,000$(원)

정답 ③

158

K사는 A, B, C 세 투자안을 검토하고 있다. 모든 투자안의 내용 연수는 1년으로 동일하며, 투자안의 자본비용은 10%이다. 투자액은 투자 실행 시 일시에 지출되며 모든 현금흐름은 기간 말에 발생한다. 투자안의 투자액과 순현재가치(NPV)가 다음과 같을 경우, 내부수익률(IRR)이 높은 순서대로 나열한 것은?

구분	A	B	C
투자액	100억 원	200억 원	250억 원
순현재가치(NPV)	20억 원	30억 원	40억 원

① A, B, C
② A, C, B
③ B, A, C
④ C, A, B
⑤ C, B, A

해설

내부수익률(IRR)은 현금유입의 현재가치와 현금유출의 현재가치를 동일하게 만드는 할인율이다. 문제에서는 현금유출의 현재가치는 100억 원, 200억 원, 250억 원으로 주어졌지만, 현금유입의 현재가치는 제시되지 않았으므로 순현재가치(NPV)를 통해 이를 우선 구해야 한다.

투자안(A)

$NPV_A = \dfrac{X}{(1+0.1)} - 100 = 20$

$\therefore X = 132$

$IRR_A = \dfrac{132}{1+IRR_A} - 100 = 32\%(0.32)$

→ (빠른 풀이) $\dfrac{132-100}{100} = 0.32$

투자안(B)

$NPV_B = \dfrac{X}{(1+0.1)} - 200 = 30$

$\therefore X = 253$

$IRR_B = \dfrac{253}{1+IRR_B} - 200 = 26.5\%(0.265)$

→ (빠른 풀이) $\dfrac{253-200}{200} = 0.265$

투자안(C)

$NPV_C = \dfrac{X}{(1+0.1)} - 250 = 40$

$\therefore X = 319$

$IRR_C = \dfrac{319}{1+IRR_C} - 100 = 27.6\%(0.276)$

→ (빠른 풀이) $\dfrac{319-250}{250} = 0.276$

따라서 IRR(A) > IRR(C) > IRR(B)의 순으로 나타난다.

정답 ②

159

증권시장선(SML)과 자본시장선(CML)에 관한 설명으로 옳지 않은 것은?

① 증권시장선의 기울기는 표준편차로 측정된 위험 1단위에 대한 균형가격을 의미한다.
② 증권시장선 아래에 위치한 자산은 과대 평가된 자산이다.
③ 자본시장선은 효율적 자산의 기대수익률과 표준편차의 선형관계를 나타낸다.
④ 자본시장선에 위치한 위험자산은 무위험자산과 시장포트폴리오의 결합으로 구성된 자산이다.
⑤ 자본시장선에 위치한 위험자산과 시장포트폴리오의 상관계수는 1이다.

해설

증권시장선(SML)은 자본시장이 균형일 때 개별자산이나 포트폴리오의 β(체계적 위험)와 기대수익률 간의 선형관계를 나타내는 것으로 아래와 같이 나타난다.

$$E(R_i) = R_f + [E(R_m) - R_f] \times \beta_i$$

위 공식에서 SML의 기울기는 $[E(R_m) - R_f]$으로 시장의 위험프리미엄(위험단위당 시장가격)을 나타낸다.

정답 ①

160

자본자산 가격결정 모형(Capital Asset Pricing Model)에 따르면 무위험 이자율이 3%이고, 시장의 위험 프리미엄은 8%, 베타가 1.5인 주식의 기대수익률로 옳은 것은?

① 10.5%
② 12%
③ 13.5%
④ 15%
⑤ 16.5%

해설

CAPM = 3% + 8% × 1.5 = 15(%)

[참고]
시장의 위험프리미엄은 증권시장선의 기울기에 해당하는 $[E(R_m) - R_f]$이다.

정답 ④

161

자본자산 가격결정 모형(CAPM)을 도출하기 위한 가정으로 옳지 <u>않은</u> 것은?

① 자본시장의 수요와 공급이 항상 일치하지는 않는다.
② 모든 투자자는 투자기간이 같고 미래 증권수익률의 확률분포에 대해 동질적으로 예측한다.
③ 자본시장에서 정보의 흐름이 원활하고 거래비용과 세금이 없다.
④ 투자자는 단일기간에 걸쳐 기대수익과 분산기준에 의해서 포트폴리오를 선택한다.
⑤ 모든 투자자는 위험을 최소화하면서 최대의 기대수익률을 얻고자 하는 합리적인 투자자이다.

해설

CAPM은 합리적 투자자(위험 회피형), 투자자들의 동질적 기대, 완전 자본 시장, 무위험 자산의 존재, 단일 기간을 가정한다. 완전 자본 시장은 완전 경쟁을 의미하므로 시장에는 수많은 수요자와 공급자가 존재한다고 가정한다. 즉 수요와 공급은 일치한다고 가정한다.

문제로 익히는 핵심이론

[CAPM의 가정]

1. **합리적 투자자(위험 회피형)**
   합리적 투자자란 '기대효용을 극대화하는 위험회피적인 투자자'로, CAPM에서는 모든 투자자를 위험을 최소화하면서 기대수익률을 높여 높은 만족감을 얻고자 하는 합리적인 투자자로 가정한다.

2. **투자자들의 동질적 기대**
   CAPM에서는 모든 투자자들의 위험자산의 수익률분포에 대한 예상은 동일하다고 가정한다.

3. **완전 자본 시장**
   CAPM에서는 투자자는 시장가격을 바꿀 만한 영향력이 없고, 거래비용과 세금이 없으며 정보 비대칭성이 발생하지 않는 특징을 지닌 시장을 가정한다.

4. **무위험 자산의 존재**
   CAPM에서는 무위험 자산의 존재를 가정한다. 즉 모든 투자자가 무위험 이자율로 차입 및 대출을 할 수 있다고 가정한다.

5. **단일 기간**
   CAPM에서는 모든 투자자들은 동일한 단일 투자기간을 가진다고 가정하며, 투자기간 이후에 발생하는 결과는 무시한다.

정답 ①

162

ROI(Return on Investment) 분석에 대한 설명으로 가장 옳지 않은 것은?

① ROI 분석은 기업의 경영 성과를 여러 부분의 재무요인으로 분해하여 경영 성과의 변동 요인을 분석하는 것이다.
② ROI는 경영 관리의 효율성을 나타내는 지표이다.
③ ROI는 총자산 순이익률(ROA)로 정의할 수도 있고, 자기자본 순이익률(ROE)로 정의할 수도 있다.
④ ROI는 기업의 여러 사업 부문의 성과 평가에는 활용되지 못한다.
⑤ ROI를 통해 투하된 자본에 대한 회전률과 순이익률을 함께 분석할 수 있다.

해설
ROI는 기업의 여러 사업부별 성과 및 투자수익을 통제하는 데 활용된다.

문제로 익히는 핵심이론

[ROI(투자수익률: Return On Investment) 분석]

경영 활동의 목표를 투자 이익률(ROI)의 극대화에 두고 사업부별 성과 평가 또는 투자수익률을 결정하는 각종 재무요인을 체계적으로 통제하는 방법을 의미한다.
투자수익률(ROI)은 투자를 총자본으로 하는 총자본이익률(ROA)과 투자를 자기자본으로 하는 자기자본 이익률(ROE)로 나누어진다.

- ROI
$= \frac{순이익(또는 총이익)}{투하자본} \times 100 \times \frac{순이익}{매출액} \times \frac{매출액}{투하자본} \times 100$
$= 매출액순이익률 \times 자본회전율$
- ROA $= \frac{당기순이익}{총자본(=자기자본+타인자본)}$
- ROE $= \frac{당기순이익}{자기자본}$

정답 ④

163

기업의 직접자금 조달방식으로 적절한 것을 모두 고르면?

㉠ 전환사채 발행	㉡ 어음 발행
㉢ 비참가적 우선주 발행	㉣ 은행 차입
㉤ 벤처투자사 투자	㉥ 사모펀드(PEF) 투자

① ㉠, ㉢
② ㉤, ㉥
③ ㉠, ㉢, ㉣
④ ㉣, ㉤, ㉥
⑤ ㉠, ㉡, ㉣, ㉤

해설
직접자금 조달방식은 기업이 자기자본 또는 타인자본을 통해 자본을 조달하되, 금융 기관을 거치지 않고 직접 조달하는 방식을 의미한다. 따라서 기업이 주식발행을 통해 자기자본을 직접 조달하는 방식과 회사채, 전환사채 발행(㉠) 등의 부채를 통한 타인자본조달은 직접자금 조달방식에 해당한다. 또한 비참가적 우선주(㉢)란 우선주 배당률을 초과하여 이익배당에 참여할 권리가 없는 우선주로, 금융기관을 거치지 않고 증권시장을 통해 주식을 발행함으로써 투자자들로부터 자금을 직접 조달하는 직접금융방식이므로 직접자금 조달방식에 해당한다.

오답풀이
어음 발행(㉡), 은행 차입(㉣) 등은 금융기관을 통하여 자금이 조달되는 간접금융방식이므로 간접자금 조달방식에 해당하며, 벤처투자사 투자(㉤) 및 사모펀드 투자(㉥)는 자금 조달보다는 자금의 투자에 해당한다.

정답 ①

164

다음은 채권 A, B의 잔존 만기 및 액면이자율에 관한 자료이다. 채권 A, B의 액면가는 각각 10만원이고, 현재 이자율이 8%인 경우, 채권 A와 채권 B의 듀레이션 차이로 옳은 것은?(단, 소수점 둘째 자리에서 반올림한다.)

구분	잔존 만기	액면이자율
채권 A	3년	12%
채권 B	영구채	6%

① 9.2년
② 9.5년
③ 10.8년
④ 11.2년
⑤ 11.8년

해설

- 채권의 현재가치: $\dfrac{12,000}{1.08}+\dfrac{12,000}{1.08^2}+\dfrac{12,000}{1.08^3}=110,308$
- 채권 A의 듀레이션:
  $\dfrac{12,000\div1.08}{110,308}\times1+\dfrac{12,000\div1.08^2}{110,308}\times2+\dfrac{12,000\div1.08^3}{110,308}\times3$
  $=2.7$
- 채권 B의 듀레이션: $\dfrac{1+0.08}{0.08}=13.5$(년)
- 채권 A와 채권 B의 듀레이션 차이: $13.5-2.7=10.8$(년)

정답 ③

165

다음 내용을 바탕으로 A기업의 주식 가치와 베타(β)의 값이 바르게 짝지어진 것은?

> A기업의 당해 말 1주당 배당액은 3,000원으로 예상되며, 주당배당액은 영구히 매년 5%씩 증가할 것으로 예상된다. 또한 A기업의 주주들이 요구하는 A기업의 기대수익률은 20%이며, 현재 국공채이자율(무위험이자율)은 10%이고, 시장포트폴리오의 위험 프리미엄은 8%이다.

	주식 가치	베타(β)
①	20,000원	1.25
②	23,000원	1.28
③	25,000원	1.50
④	26,333원	1.55
⑤	27,000원	1.62

해설

1. 주식 가치: 매년 영구히 성장하는 항상 성장 모형을 적용하여 산정한다.
   - A기업의 주식 가치: $\dfrac{3,000}{0.2-0.05}=20,000$(원)
2. 베타(β): 산정 시 자본자산 가격결정 모형(CAPM)을 이용한다.
   $E(R_A)=R_f+[E(R_M)-R_f]\times\beta_A$.
   - 위험프리미엄: $[E(R_M)-R_f]$
     $0.2=0.1+0.08\times\beta$
   - A기업의 베타(β): $\beta=1.25$

정답 ①

166 난이도 Self Check | 상 ○ 중 ○ 하 ○

포트폴리오의 분산 투자 효과와 증권시장선(SML)에 대한 설명으로 옳지 않은 것은?

① 공급망 불안정에 따른 환율 변동 또는 이자율의 변동은 체계적 위험에 해당한다.
② 비체계적 위험은 주식의 구성 종목 수를 증가시켜서 제거할 수 있는 위험을 의미한다.
③ 상관계수가 −1이면 분산 투자 효과는 거의 없다.
④ 동일한 위험하에서 증권시장선(SML)보다 위에 존재하는 자산은 과소평가된 자산이다.
⑤ 증권시장선의 기울기의 값은 음수(−)가 될 수 없다.

문제로 익히는 핵심이론 ❶
[분산 투자 효과 또는 포트폴리오 효과]

분산 투자 효과는 포트폴리오 구성 시 자산들 간의 움직임이 서로 상쇄시키는 방향으로 작용하게끔 매칭함으로써 위험을 분산시키는 것을 의미한다. 예를 들어 두 자산이 정반대 방향으로 움직이는 경우, 서로의 움직임을 정확하게 상쇄하여 비체계적 위험이 완전히 제거하게 되며, 이 경우 상관계수는 −1이 되고 이때 분산효과가 가장 크게 나타난다.

문제로 익히는 핵심이론 ❷
[비체계적 위험과 체계적 위험]

- 비체계적 위험: 포트폴리오의 분산 투자로 제거할 수 있는 위험(=분산 가능 위험, 기업 고유의 위험)을 뜻하며, 노조의 파업, 매출액 변동, 기업이미지 등 개별기업의 특수한 상황과 관련되며, 분산 투자를 함으로써 위험 제거가 가능하다.
- 체계적 위험: 포트폴리오의 분산 투자로 제거할 수 없는 위험(=분산 불능 위험, 시장 위험)으로, 인플레이션, 경기 침체, 환율 변동 등 시장 전체에 영향을 주는 경기와 관련된 요인에 영향을 받게 된다.

정답 ③

해설
포트폴리오 효과란 자산의 구성 종목 수를 증가시켜 비체계적 위험을 감소시키는 위험 분산 효과와 동시에 투자의 기대 효용을 극대화시키는 것을 의미한다.
③ 상관계수가 −1이면 분산 투자 효과가 최대이다.

오답풀이
④ • 주식 U: 가격이 과소평가 → 수요 증가 → 개별 주식 가격 상승 → 기대수익률 하락 → 균형
  • 주식 O: 가격이 과대평가 → 공급증가 → 개별 주식 가격 하락 → 기대수익률 상승 → 균형

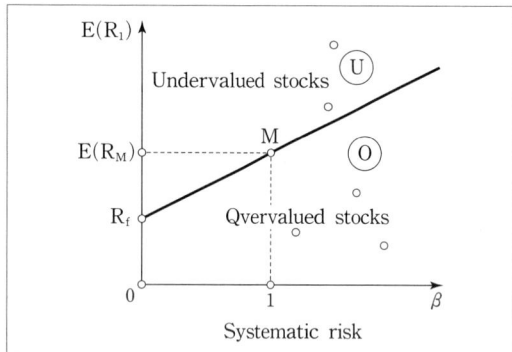

⑤ 증권시장선(SML)의 기울기($E(R_M) - R_f$)는 무위험자산(R_f)에 대한 위험자산의 프리미엄으로, 위험자산은 항상 무위험자산보다 높은 수익률을 갖는다($E(R_M) - R_f > 0$). 따라서 SML의 기울기는 항상 양(+)의 값을 갖는다.

167

ABC엔터테인먼트는 코로나19 극복을 위해 제작한 영화 '슈퍼히어로'의 목표 이익을 고려한 손익분기점 관객 수를 알아보고자 한다. 다음 [표]를 바탕으로 할 때, 목표 이익 50억 원을 달성하기 위한 손익분기점 관객 수로 옳은 것은?(단, 인건비와 영화 판권은 고정비에 해당한다.)

[표] 영화의 예상 손익분기 자료

관객 수	5,000,000명
영화표 단가	10,000원
인건비	100억 원
영화 판권	50억 원
총변동비	100억 원

① 100만 명 ② 150만 명
③ 200만 명 ④ 250만 명
⑤ 300만 명

해설

목표 이익을 고려한 손익분기점(판매량)

$= \dfrac{총고정비+목표\ 이익}{단위당\ 가격-단위당\ 변동비}$

$= \dfrac{[100(억\ 원)+50(억\ 원)]+50(억\ 원)}{1(만\ 원/명)-2(천\ 원/명)} = 2,500,000(명) = 250(만\ 명)$

정답 ④

168

기업의 자본구조와 자본조달에 관한 설명으로 옳지 <u>않은</u> 것은?

① MM의 무 관련 이론에서는 법인세가 없는 완전 자본 시장을 가정한다.
② 법인세가 존재하는 경우 부채를 사용하는 기업의 가치가 무부채기업의 가치보다 크다.
③ 완전자본시장의 가정하에서 불완전시장요인으로 파산비용과 법인세를 함께 고려하는 경우, 적정 수준의 부채를 사용할 때 기업 가치는 최고가 된다.
④ 기업이 보통주를 10:1로 주식 분할할 경우 장부상 자본 총액에는 변동이 없다.
⑤ 정보 비대칭이 존재하는 경우 기존 주주에게 유리한 자본 조달 순위는 '내부금융 → 신주발행 → 부채발행'순이다.

해설

마이어스(Myers)의 자본조달 우선순위에 따르면 정보 비대칭이 존재하는 경우 기존 주주에게 유리한 자본 조달 순위는 '내부금융 → 부채발행 → 신주발행'순이다.

참고로 10:1의 주식분할은 기존 주 1주를 10주로 쪼개는 것으로 발행주식의 액면가를 낮춰 거래의 유통성을 활성화하기 위한 목적으로 이루어지며, 이에 따른 자본항목의 구성의 변동사항은 없어 자본총액에도 변동이 없다.

정답 ⑤

169

파생상품 중 옵션(Option)에 관한 설명으로 옳지 <u>않은</u> 것은?

① 옵션의 델타는 기초자산의 가격변화분에 대한 옵션 가격의 변화분을 나타내는 지표이다.
② 무위험 이자율이 높을수록 콜옵션의 가격은 높다.
③ 풋옵션 매도자는 옵션 만기에 기초자산을 팔 의무가 존재한다.
④ 콜옵션의 매도자는 행사 가격이 기초 자산의 가격보다 낮을 때 그 의무를 이행한다.
⑤ 옵션 매수자는 옵션 종류에 관계없이 본인에게 유리한 경우에만 행사할 수 있다.

해설

풋옵션 매도자는 옵션 만기에 기초자산 가격이 행사 가격 이하로 하락하는 경우 풋옵션 매수자가 팔 권리를 행사할 것이므로 기초자산을 사야하는 의무가 존재한다.

문제로 익히는 핵심이론

[옵션(Option)의 특징]

옵션은 조건부 청구권으로 옵션에서 매수자는 권리만 가질 뿐 의무는 없다는 특징을 가지고 있다. 반대로 매도자는 매수자가 옵션 권리를 행사하면 반드시 응해야 할 의무를 진다. 대신 옵션 계약 시 매도자는 매수자로부터 프리미엄(계약금)을 받는다.

정답 ③

170

난이도 Self Check | 상 ◯ 중 ◯ 하 ◯

다음 [표]는 최근 활황세에 있는 반도체장비 분야의 대표기업인 A기업과 B기업의 재무제표에 관한 자료이다. 이에 대한 분석으로 옳은 것을 고르면?

[표] A기업, B기업의 재무제표 (단위: 억 원)

구분		A기업		B기업	
		20×1년	20×2년	20×1년	20×2년
재무상태표					
	유동자산	1,600	1,900	2,000	1,600
	유동부채	260	400	400	600
	자산총계	4,600	5,200	5,500	6,200
	부채총계	2,600	3,700	2,500	(나)
	자본총계	2,000	(가)	3,000	3,200
손익계산서					
	영업이익	480	630	320	380
	이자비용	320	530	140	120
	당기순이익	130	100	200	140
	주당순이익(원)	2,500	200	6,000	4,000
	평균종가(원)	20,000	10,000	10,000	16,000

① (가)보다 (나)의 값이 더 작다.
② 20×2년 A기업의 유동자산은 전년 대비 감소했다.
③ 20×2년 A기업의 PER가 20×2년 B기업의 PER보다 작다.
④ 20×2년 B기업의 순자산 부채 비율은 전년 대비 하락했다.
⑤ 20×2년 B기업의 자기자본 수익률(ROE)은 전년 대비 하락해 수익성이 악화되었다.

해설

20×1~20×2년 B기업의 자기자본 수익률(ROE)을 구하면 다음과 같다.

- 자기자본 수익률(ROE)은 $\frac{당기순이익}{자본} \times 100$이다.
- 20×1년 B기업 자기자본 수익률(ROE)은 $\frac{200}{3,000} \times 100 ≒ 6.67(\%)$이고
- 20×2년 B기업 자기자본 수익률(ROE)은 $\frac{140}{3,200} \times 100 ≒ 4.375(\%)$이다.

따라서 20×2년 B기업의 자기자본 수익률(ROE)은 전년 대비 하락해 수익성이 악화되었다.

오답풀이

① (가)는 자본이므로 5,200(자산)−3,700(부채)=1,500(억 원)이고, (나)는 부채이므로 6,200(자산)−3,200(자본)=3,000(억 원)이다. 따라서 (가)<(나)이다.
② 20×2년 A기업의 유동자산은 1,600억 원에서 1,900억 원으로 증가했다.
③ 20×2년 A기업, B기업의 PER를 구하면 다음과 같다.
- A기업의 PER: $\frac{1주당 가격}{주당순이익(EPS)} = \frac{10,000원}{200원} = 50$
- B기업의 PER: $\frac{1주당 가격}{주당순이익(EPS)} = \frac{16,000원}{4,000원} = 4$

20×2년 A기업의 PER가 20×2년 B기업의 PER보다 크다.
④ 20×1~20×2년 B기업의 순자산 부채 비율을 구하면 다음과 같다.
- 20×1년 B기업 부채 비율: $\frac{2,500}{3,000} \times 100 ≒ 83(\%)$
- 20×2년 B기업 부채 비율: $\frac{3,000}{3,200} \times 100 ≒ 94(\%)$

따라서 20×2년 B기업의 순자산 부채 비율은 전년 대비 상승했다.

정답 ⑤

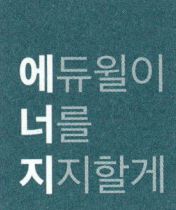

우리가 인생을 돌이켜 볼 때
뼈저리게 후회하는 것은
활짝 열려 있는데도
들어가 보지 못한 문이다.

– 스테판 M.폴란(Stephen Pollan), 〈2막〉

공기업 사무직 통합전공 800제

PART 2

경제학

1 | 미시경제

CHAPTER 01 경제학 기초

CHAPTER 02 수요공급이론

CHAPTER 03 소비자선택이론

CHAPTER 04 생산자이론

CHAPTER 05 시장이론

CHAPTER 06 생산요소시장과 소득분배

2 | 거시경제

CHAPTER 01 거시경제변수와 국민소득결정이론

CHAPTER 02 소비와 투자

CHAPTER 03 화폐수요공급과 통화정책

CHAPTER 04 IS-LM모형과 경제안정화정책

CHAPTER 05 AD-AS모형

CHAPTER 06 인플레이션과 실업

CHAPTER 07 학파별 논쟁과 경기변동

CHAPTER 08 경제성장과 발전

CHAPTER 09 국제무역론

CHAPTER 10 국제금융

1 미시경제

CHAPTER 01 경제학 기초
CHAPTER 02 수요공급이론
CHAPTER 03 소비자선택이론
CHAPTER 04 생산자이론
CHAPTER 05 시장이론
CHAPTER 06 생산요소시장과 소득분배

CHAPTER 01 경제학 기초 기출예상문제

171

난이도 Self Check | 상 ○ 중 ○ 하 ○

A는 보유하고 있는 중고 컴퓨터를 사용하기 위해 이미 25만 원을 수리비로 지불하였다. A에게 현재 이 컴퓨터의 주관적 가치는 15만 원이다. 만약 이 컴퓨터를 추가로 22만 원을 주고 수리를 받으면 시장에 38만 원에 팔 수 있고, 현재 상태로 팔면 18만 원에 팔 수 있다고 한다. 이때 A가 선택할 수 있는 합리적인 의사결정과 그때의 순편익으로 가장 적절한 것은?

	의사결정	순편익
①	현재 상태로 판다.	16만 원
②	현재 상태로 판다.	18만 원
③	추가로 수리를 받아서 판다.	16만 원
④	추가로 수리를 받아서 판다.	18만 원
⑤	팔지 않는다.	16만 원

해설

A에게는 3가지의 선택이 가능하다.
- 경우1: 추가로 수리를 받아서 파는 경우
- 경우2: 현재 상태로 파는 경우
- 경우3: 팔지 않고 그대로 가지고 있는 경우

각 경우에 생길 수 있는 순편익은 다음과 같다.
- 경우1: 순편익=38-22=16(만 원)
- 경우2: 순편익=18만 원
- 경우3: 순편익=15만 원

따라서 현재 상태로 파는 경우가 순편익을 가장 극대화할 수 있는 합리적인 의사결정이다. 참고로 이미 지급한 25만 원의 수리비는 매몰비용이므로 의사결정 과정에서는 고려해서는 안 된다.

문제로 익히는 핵심이론

[기회비용과 매몰비용]

기회비용은 어떤 한 선택을 함으로써 포기하게 되는 기회 중에 가치가 가장 큰 것을 의미한다. 합리적인 의사결정 시 반드시 고려해야 하는 비용이며, 경제적 비용은 모두 기회비용의 개념을 내포하고 있다.

매몰비용은 일단 지출이 확정되어서 더 이상 회수가 불가능한 비용이다. 합리적 의사결정 시 고려해서는 안 되는 비용이다.

정답 ②

172

다음 [그래프]는 어느 국가의 생산가능곡선이다. 이에 대한 설명으로 가장 적절하지 <u>않은</u> 것은?

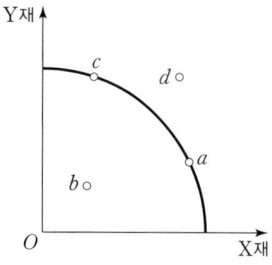

① 이 국가 내 천연자원의 개발로 점 d를 달성할 수 있다.
② 점 c에서 점 a로 이동할수록 Y재의 한계비용은 감소한다.
③ 실업이 감소하면 점 b에서 점 c 혹은 점 a로 이동할 수 있다.
④ 점 a와 점 c는 소비, 생산 측면에서 모두 파레토효율을 충족하고 있다.
⑤ X재의 가격이 상승하면 점 c에서 점 a로 이동할 수 있다.

해설

생산가능곡선은 주어진 생산요소로 최대한 생산할 수 있는 재화의 조합을 의미한다. 따라서 생산가능곡선상에 있는 점 a와 점 c는 생산 측면에서는 파레토효율을 충족하고 있다 할 수 있다. 그러나 소비 측면의 파레토효율은 무차별곡선, 예산선 등 다른 조건이 필요하게 되므로 점 a와 점 c는 소비 측면에서는 파레토효율을 충족하고 있다고 말할 수 없다.

오답풀이
① 생산가능곡선 밖의 점을 달성하기 위해서는 기술진보, 인구증가, 천연자원의 개발 등으로 생산가능곡선이 바깥쪽으로 이동하여 생산가능영역이 확장되어야 한다.
② 점 a에서의 접선의 기울기가 점 c에서의 기울기보다 더 크기 때문에 한계변환율(MRT$_{XY}$)이 더 크다. 이때, X재의 한계비용(MC$_x$)이 더 커지고, Y재의 한계비용(MC$_Y$)은 작아진다.
③ 점 b는 실업, 독점 등으로 생산의 효율성이 낮아져서 생산가능곡선의 내부에서 이루어지고 있는 점이다. 따라서 실업이 감소한다면 생산의 효율성을 달성할 수 있다.
⑤ X재의 가격이 상승하면 생산자들은 Y재보다는 X재를 생산하는 것을 선호하게 되어 국가 경제 내의 자원을 X재 생산에 많이 투입하게 된다. 즉 X재 생산의 기회비용이 커지게 되므로 점 c에서 점 a로 이동한다.

문제로 익히는 핵심이론

[생산가능곡선]
- 개념: 경제 내의 모든 생산요소를 가장 효율적으로 투입하였을 때 생산가능한 생산물의 조합을 나타내는 곡선
- 일반적인 형태는 우하향하며, 원점에 대하여 오목한 형태이다.
- 생산가능곡선상의 점들에서 접선의 기울기는 한계변환율을 의미함

$$\text{MRT}_{XY} = \left| \frac{\Delta Y}{\Delta X} \right| = \frac{MC_x}{MC_y}$$

해당 식이 의미하는 바는 X재 한 단위의 추가생산을 위해 포기해야 하는 Y재의 수량을 의미한다. 즉 Y재로 표시한 X재 생산의 기회비용이다.
- 이동요인
  - 생산가능곡선의 확장: 기술진보, 노동증가, 자본증가
  - 내부지점에서 곡선상으로의 이동: 경제적 비효율성의 감소(실업의 감소, 독점규제, 노동분쟁의 해결 등)

정답 ④

CHAPTER 02 수요공급이론 기출예상문제

173
난이도 Self Check | 상○ 중○ 하○

세계 경제 불황에 대한 우려가 심해짐에 따라 원유 수요가 감소하였다. 원유가격은 대폭 하락하였지만 거래량은 원유가격 하락 폭에 비해 적게 감소하였다. 그 이유에 대한 설명으로 적절한 것을 모두 고르면?

> ㉠ 원유 수요곡선의 기울기가 완만하다.
> ㉡ 원유 공급곡선의 기울기가 가파르다.
> ㉢ 원유 수요곡선의 이동 정도가 크다.
> ㉣ 원유 공급곡선의 이동 정도가 크다.

① ㉠, ㉡
② ㉠, ㉢
③ ㉡, ㉢
④ ㉡, ㉣
⑤ ㉢, ㉣

해설
원유 수요가 감소하였기 때문에 원유 수요곡선은 좌측으로 이동한다. 이때 가격이 대폭 하락하기 위해서는 수요곡선의 이동 정도가 커야 한다. 또한 공급곡선의 기울기가 가파를수록 거래량에 비해 가격이 더욱 하락하게 된다.

문제로 익히는 핵심이론

[수요곡선과 공급곡선의 이동요인]

1. **수요량의 변화 vs 수요의 변화**
   수요량의 변화의 원인은 가격의 변화이다. 가격 이외의 요인으로 인한 변화는 모두 수요의 변화이다. 일반적으로 가격(P)과 수요량은 반비례관계를 가지고, 기펜재의 경우 비례관계를 가진다.
   수요의 결정요인으로는 소득, 관련재(대체재, 보완재)의 가격, 미래의 가격변동에 대한 기대, 선호도, 소비자 수 등이 있다.

2. **공급량의 변화 vs 공급의 변화**
   공급량의 변화의 원인은 수요량과 마찬가지로 가격의 변화이다. 가격 이외의 요인으로 인한 변화는 공급의 변화이다. 일반적으로 가격(P)과 공급량은 비례관계를 가진다.
   공급의 결정요인으로는 생산요소의 가격, 관련재(대체재, 보완재)의 가격, 기술수준, 조세, 미래의 가격변동에 대한 기대 등이 있다.

정답 ③

174

수요와 공급의 가격탄력성에 관한 설명으로 가장 적절하지 않은 것은?

① 공급의 가격탄력성이 클수록 단위당 생산보조금 지급에 따른 초과부담은 작아진다.
② 공급곡선이 원점을 통과하는 직선일 때 공급의 가격탄력성은 일정하다.
③ 독점기업은 항상 수요의 가격탄력성이 1보다 큰 구간에서만 재화를 생산한다.
④ 어떤 재화에 대한 소비자의 수요가 비탄력적이라면, 가격이 상승할 경우 그 재화에 대한 지출액은 증가한다.
⑤ 최저임금이 적용되는 노동자들의 총임금은 노동의 공급보다는 수요의 가격탄력성에 따라 결정된다.

해설

수요와 공급의 가격탄력성과 초과부담은 비례한다. 따라서 수요와 공급의 가격탄력성이 클수록 조세나 보조금에 따른 초과부담은 커진다.

오답풀이

② 공급의 가격탄력성이 일정한 경우는 3가지가 있다. 공급곡선이 수직인 경우, 수평인 경우(단, 이 경우엔 무한대), 그리고 원점을 통과하는 직선일 때이다.
③ 독점의 경우 완전경쟁하의 생산량에 비해 적게 생산하기 때문에 가격이 높게 설정되고, 이때의 가격은 수요곡선 중점의 좌측 구간에서 형성되므로 수요의 가격탄력성은 항상 1보다 크다.
④ 수요의 가격탄력성이 비탄력적인 구간에서는 가격이 상승할수록 재화에 대한 지출액은 증가한다.
⑤ 최저임금이 적용된다면 시장균형은 노동수요곡선과 최저임금 가격수준이 만나는 지점에서 결정된다. 총임금은 최저임금과 균형노동량의 곱이므로 시장균형을 결정하는 노동수요곡선의 가격탄력성에 영향을 받는다.

문제로 익히는 핵심이론

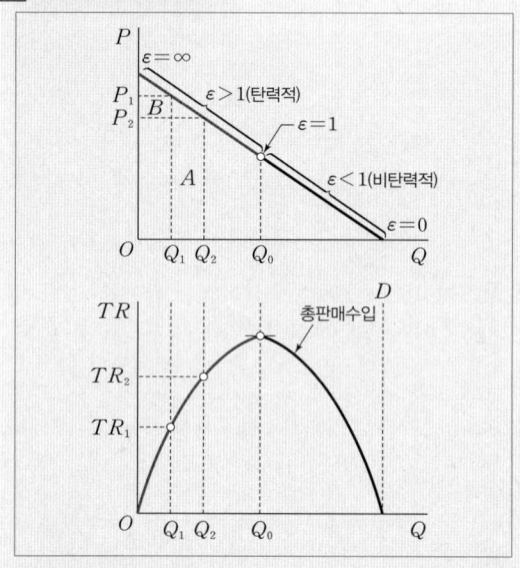

[총수입(TR) = $P \times Q$]

- 수요의 가격탄력성이 비탄력적인 구간: 가격을 올릴수록 총판매수입이 증가함
- 수요의 가격탄력성이 탄력적인 구간: 가격을 올릴수록 총판매수입이 감소함
- 수요의 가격탄력성이 단위탄력적, 즉 1인 구간: 가격이 변화해도 판매수입이 일정함(가격이 변한만큼 수량도 변화하기 때문에 일정하다.)

정답 ①

175

난이도 Self Check | 상 ○ 중 ○ 하 ○

수요의 소득탄력성이 항상 1인 경우로 가장 적절한 것은?

① 소득이 증가하면 증가한 소득만큼 모바일 게임에 투자하는 직장인 B 씨
② 주유소에서 항상 경유 30L를 넣는 택배운송업 종사자 C 씨
③ 매일 아이스 아메리카노를 2,000원에 사서 출근하는 K 씨
④ 매일 아침 촬영을 위해 사과 1개를 소비하는 모델 S 씨
⑤ 모든 소득을 바나나 구매에만 사용하는 소비자 G 씨

해설

수요의 소득탄력성이 항상 1이기 위해서는 특정 재화에 항상 소득의 일정 비율을 지출하여야 가능하다. 모든 소득을 바나나에만 소비하는 것은 소득의 100%를 특정 재화에 지출하는 것이므로 소득탄력성과 가격탄력성 모두 1이다.

오답풀이
① 소득이 증가하기 이전에도 모바일 게임에만 투자하였다면 소득의 가격탄력성이 1이지만, 다른 재화에도 소비를 하였다면 비율이 일정하지 않기 때문에 반드시 1이라고 할 수 없다.
②, ④ 소득과 무관하게 일정한 수요량을 소비하기 때문에 소득탄력성은 0이다.
③ 특정 재화에 일정한 금액을 지출하는 경우로 가격탄력성은 1이지만, 소득탄력성은 0이다.

문제로 익히는 핵심이론

1. 특정 재화에 항상 일정액(x원)을 지출하는 경우
   - 수요함수가 $PQ = k$ 또는 $Q = \dfrac{k}{P}$의 형태
   - 수요곡선이 직각쌍곡선의 형태
   → 수요의 가격탄력성=1, 수요의 소득탄력성=0

2. 특정 재화에 항상 소득의 일정 비율(x%)을 지출하는 경우
   - 수요함수가 $PQ = k \times M$ 또는 $Q = \dfrac{k \times M}{P}$의 형태
   - 수요곡선이 직각쌍곡선의 형태
   → 수요의 가격탄력성=1, 수요의 소득탄력성=1

정답 ⑤

176

난이도 Self Check | 상 ○ 중 ○ 하 ○

사과 수요의 가격탄력성은 0.2이고, 배 가격에 대한 교차탄력성은 0.5이다. 사과와 배 가격이 각각 10%씩 하락할 경우 사과의 수요로 가장 적절한 것은?(단, 사과는 정상재이고, 가격탄력성은 절댓값으로 표시한다.)

① 불변 ② 5% 증가
③ 5% 감소 ④ 3% 증가
⑤ 3% 감소

해설

사과 수요의 가격탄력성은 0.2이므로 사과 가격이 10% 하락하면 사과 수요량은 2% 증가한다. 사과와 배에 대한 교차탄력성이 양수이므로 사과와 배는 대체재의 관계이다. 따라서 배의 가격이 하락하면 사과의 수요는 감소한다. 교차탄력성이 0.5이므로 배의 가격이 10% 하락한다면 사과 수요는 5% 감소한다. 따라서 사과와 배 가격이 각각 10%씩 하락할 경우 사과의 수요는 3% 감소한다.

문제로 익히는 핵심이론

[수요의 소득탄력성과 교차탄력성]

1. 수요의 소득탄력성(ϵ_M)
   - 정의: $\epsilon_M = \dfrac{\text{수요의 변화율}}{\text{소득의 변화율}} = \dfrac{\Delta Q/Q}{\Delta M/M}$
     $= \dfrac{\Delta Q}{\Delta M} \times \dfrac{M}{Q}$
   - 소득탄력성이 0보다 크면 정상재, 0보다 작으면 열등재
   - 정상재 중에서 소득탄력성이 1보다 크면 사치재, 0과 1 사이면 필수재

2. 수요의 교차탄력성(ϵ_{xy})
   - 정의: $\epsilon_{xy} = \dfrac{X\text{재의 수요변화율}}{Y\text{재의 가격변화율}} = \dfrac{\Delta Q_x/Q_x}{\Delta P_y/P_y}$
     $= \dfrac{\Delta Q_x}{\Delta P_y} \times \dfrac{P_y}{Q_x}$
   - 교차탄력성은 0보다 크면 대체재, 0이면 독립재, 0보다 작으면 보완재

정답 ⑤

177

X재에 대한 시장수요곡선과 시장공급곡선이 다음과 같을 때 가장 적절하지 않은 것은?

- 시장수요함수: $Q^D = 150 - P$
- 시장공급함수: $Q^S = -30 + P$

① 균형 시장가격은 90이다.
② 균형 시장거래량은 60이다.
③ 생산자잉여와 소비자잉여는 동일하다.
④ 공급이 감소하여 가격이 상승한 경우 소비자잉여는 증가한다.
⑤ 소비자잉여를 늘리는 정책은 자원배분의 효율성을 감소시킬 수 있다.

해설

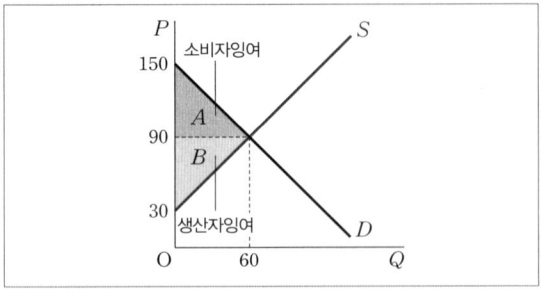

공급이 감소하여 공급곡선이 좌측으로 이동하면 가격은 상승하나 소비량은 감소하여 소비자잉여가 감소한다.

오답풀이
①, ② 균형 시장가격은 90이고, 균형 시장거래량은 60이다.
③ 생산자잉여와 소비자잉여는 1,800으로 동일하다.
⑤ 소비자잉여가 증가하여도 경제 전체의 사회적 총잉여가 작아진다면 자원배분의 효율성은 감소한다.

문제로 익히는 핵심이론

[소비자잉여와 생산자잉여]

- 소비자잉여: 소비자가 어떤 상품을 소비하기 위해 지불할 용의가 있는 금액과 실제로 지불한 가격 사이의 차이
- 생산자잉여: 생산자가 어떤 상품을 판매하여 얻은 시장가격과 그 상품을 팔기 위해 최소한 받고자 하는 가격 사이의 차이

정답 ④

178

난이도 Self Check | 상 ○ 중 ○ 하 ○

정부가 생산자를 보호하고 생산자들의 수입을 증대시키기 위해 최저가격을 도입하고자 한다. 이러한 정책의 효과로 가장 적절한 것은?

① 수요의 가격탄력성이 높을수록 효과가 크다.
② 공급곡선의 가격탄력성이 높을수록 효과가 크다.
③ 대체재가 많을수록 효과가 작다.
④ 적절한 가격의 최저가격제도는 사회적 후생손실을 발생시키지 않는다.
⑤ 시장균형가격보다 낮은 수준에서 최저가격이 설정된다.

해설

대체재가 많을수록 수요의 가격탄력성이 커지고, 최저가격제의 효과는 작아진다.

오답풀이

① 공급자보호 효과는 수요곡선의 기울기에 비례하고, 가격탄력성에 반비례한다.
② 공급곡선의 가격탄력성은 공급자보호 효과와 관련이 없다.
④ 사회적 후생손실은 반드시 발생한다.
⑤ 시장균형가격보다 높은 수준에서 최저가격이 설정되고, 시장균형가격보다 낮은 최저가격제도는 시장에 아무런 효과가 없다.

문제로 익히는 핵심이론

[최고가격제와 최저가격제]

1. **최고가격제**
   - 개념: 정부가 소비자보호, 물가안정을 위해 최고가격을 설정하고, 설정된 최고가격 이하로만 거래하도록 규제하는 제도로, 반드시 시장균형가격보다 낮은 수준에서 최고가격이 설정됨
   - 특징
     - 초과수요 발생
     - 사회적 후생손실 발생
     - 암시장 출현
     - 최고가격제의 소비자보호 효과는 공급곡선의 기울기에 비례

2. **최저가격제**
   - 개념: 정부가 생산자보호, 노동자를 보호하기 위해 특정 재화나 생산요소의 최저가격을 설정하고, 설정된 최저가격 이하로 가격이 내려가지 못하게 통제하는 제도(시장균형가격보다 높은 수준에서 최저가격설정)
   - 특징
     - 초과공급 발생
     - 사회적 후생손실 발생
     - 암시장 출현
     - 최저가격제의 공급자보호 효과는 수요곡선의 기울기에 비례

정답 ③

179

난이도 Self Check | 상 ○ 중 ○ 하 ○

수요함수와 공급함수가 각각 다음과 같다. 공급자에게 개당 240원의 종량세를 부과했을 때 소비자와 공급자가 각각 부담해야 하는 세금의 크기가 바르게 짝지어진 것은?

- 시장수요함수: $P=3{,}000-Q$
- 시장공급함수: $P=2Q$

	소비자	공급자
①	160	80
②	120	120
③	80	160
④	40	200
⑤	20	220

해설

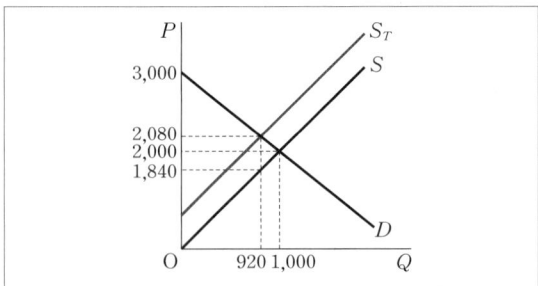

조세부과 전 균형은 $Q=1{,}000$, $P=2{,}000$이다.
조세부과 후 균형은 생산자에게 240원의 종량세가 부과되므로 공급곡선이 240만큼 상방으로 이동한다. 이때 공급곡선은 $P=2Q+240$이다. 수요함수와 조세부과 이후의 공급함수를 연립해서 풀면 $2Q+240=3{,}000-Q$, $Q=920$, $P=2{,}080$이다.
소비자는 2,080에 물건을 사게 되고, 공급자는 받은 2,080 중 240을 세금으로 납부하게 되므로 최종적으로 얻는 수익은 1,840이 된다.
조세부과 전 균형가격은 2,000이었으므로 소비자가 부담하는 세금의 크기는 80이고, 공급자가 부담하는 세금의 크기는 160이다.

📝 문제로 익히는 핵심이론

[조세부과의 효과]
- 조세부담의 실질적 귀착효과는 조세를 누구에게 부과하든 동일함
- 조세부과로 인해 일반적으로 소비자 가격은 상승하고 생산자 가격은 하락함
- 가격탄력성과 조세부담의 크기는 반비례함
- 수요의 가격탄력성이 클수록 소비자의 조세부담은 작아지고, 생산자의 조세부담은 커짐
- 공급의 가격탄력성이 클수록 생산자의 조세부담은 작아지고, 소비자의 조세부담은 커짐
- 가격탄력성과 초과부담의 크기는 비례함

정답 ③

180

난이도 Self Check | 상 ◯ 중 ◯ 하 ◯

다음 [그래프]는 생산자에게 보조금을 S만큼 지급하기 전(S_1)과 후(S_2)의 수요공급곡선이다. 이에 대한 설명으로 적절한 것을 [보기]에서 모두 고르면?

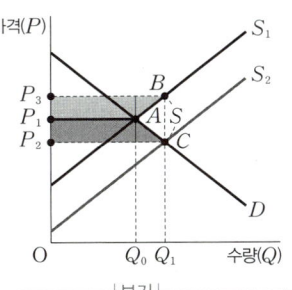

─── 보기 ───

㉠ 보조금으로 인해 사회적 후생이 증가하였다.
㉡ 소비자잉여의 증가분은 □P_1ACP_2이다.
㉢ 총잉여(소비자+생산자)의 증가분은 □P_3BCP_2이다.
㉣ 보조금 지급으로 소비자 가격은 하락하고, 생산자 가격은 상승한다.

① ㉠, ㉡ ② ㉠, ㉢
③ ㉡, ㉢ ④ ㉡, ㉣
⑤ ㉢, ㉣

해설

㉡ 소비자잉여의 증가분은 □P_1ACP_2이고, 생산자잉여의 증가분은 □P_1ABP_3이다.
㉣ 보조금 지급으로 공급이 증가하여 소비자가 지불하는 가격이 낮아지고, 생산자는 보조금을 지급받게 되므로 생산자 가격은 상승한다.

오답풀이

㉠ 조세나 보조금이 부과될 경우 사회적 후생은 감소한다. 보조금의 경우 생산자잉여와 소비자잉여는 증가하지만 정부의 보조금 지출이 잉여보다 크기 때문에 후생은 감소하게 된다.
㉢ □P_3BCP_2에서 △ABC를 뺀 영역이 총잉여의 증가분이고, 삼각형 부분은 초과손실이다.

문제로 익히는 핵심이론

[보조금 지급의 효과]
- 조세와 보조금은 동일한 경제적 효과가 방향만 반대로 발생한다.
- 보조금 지급으로 소비자 가격은 하락하고, 생산자 가격은 상승한다.
- 보조금 지급으로 인한 초과부담의 크기는 탄력성과 비례한다.

정답 ④

CHAPTER 03 소비자선택이론 기출예상문제

181
난이도 Self Check | 상◯ 중◯ 하◯

어느 한 소비자의 효용함수가 $U(X, Y)=(2X+3)\times(Y+4)$로 주어졌다. 예산제약하에서 효용을 극대화할 때 이 소비자는 두 재화를 모두 소비한다. 총효용이 극대화되는 조합으로 가장 적절한 것을 고르면?(단, $P_X=2$, $P_Y=1$이며, 선호의 기본공리에 따라 합리적인 의사결정을 한다.)

	X	Y
①	1	1
②	2	5
③	3	3
④	4	7
⑤	6	9

해설
$U=2XY+8X+3Y+12$이고, $MU_X=2Y+8$, $MU_Y=2X+3$이다.

$\dfrac{MU_X}{P_X}=\dfrac{MU_Y}{P_Y}$일 때, 화폐 1원당 한계효용이 균등화되면서 총효용이 극대화된다. 식을 정리해 보면 다음과 같다.

$Y+4=2X+3$

$Y=2X-1$

따라서 이 식을 만족하는 조합은 ①과 ④이다. 이 중 선호의 기본공리인 단조성에 따라 최대한 많은 재화를 소비할수록 총효용이 커지므로 가장 적절한 것은 ④이다.

📝 **문제로 익히는 핵심이론**

[(화폐 1원당) 한계효용균등의 법칙]
- 각 상품 마지막 소비단위에서의 각 재화 1원 어치의 한계효용이 균등화되도록 각 재화의 소비량을 결정할 때 총효용이 극대화된다는 법칙
- ※ 주의점: 반드시 화폐 1원이 기준이 됨

정답 ④

182
난이도 Self Check | 상◯ 중◯ 하◯

무차별곡선에 관한 설명으로 옳은 것을 모두 고르면?

> ㉠ 한계대체율(MRS)이 체감하면 무차별곡선은 원점에 대해서 볼록하다.
> ㉡ 선호체계가 일관적인 소비자의 한계대체율은 일정하다.
> ㉢ 원점에 대해 볼록한 무차별곡선도 수요의 법칙을 위배할 수 있다.
> ㉣ 두 재화의 상대적인 가치에 대한 시장의 객관적인 평가를 반영한다.

① ㉠, ㉡ ② ㉠, ㉢
③ ㉡, ㉢ ④ ㉡, ㉣
⑤ ㉢, ㉣

해설
㉠ 무차별곡선의 접선의 기울기인 한계대체율이 체감하면 무차별곡선은 원점에 대해서 볼록하다.
㉢ 대표적인 함수가 기펜재이다. 무차별곡선의 볼록성과 수요의 법칙은 무관하다.

오답풀이
㉡ 한계대체율이 일정하다는 것이 선호체계의 일관성을 의미하는 것은 아니다.
㉣ 무차별곡선은 소비자의 주관적인 선호를 반영하여 나타내는 곡선이다.

📝 **문제로 익히는 핵심이론**

[무차별곡선]

1. 개념
   소비자에게 동일한 효용을 주는 X재와 Y재의 조합점을 연결한 곡선

2. 특징
   - 원점에서 멀어질수록 높은 효용
   - 우하향의 곡선
   - 서로 교차하지 않음
   - 좌표평면상의 어느 점에서도 그릴 수 있음
   - 단절되지 않고 부드러움

정답 ②

183

난이도 Self Check | 상 ◯ 중 ◯ 하 ◯

다이어트 중인 소비자 A 씨는 과자 섭취로는 효용이 감소하나 채소 섭취로는 효용이 증가한다. 가로축에 과자, 세로축에는 채소를 표시한 평면에서 A 씨의 무차별곡선으로 가장 적절한 것은?

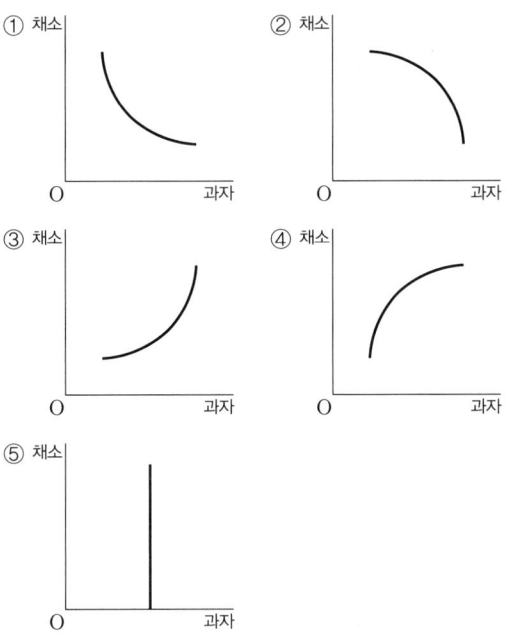

해설

A 씨에게 과자는 효용이 감소하는 비재화이고, 채소는 효용이 증가하는 재화이다. 이 경우 ③과 같은 그림이 나타나게 된다.

📝 **문제로 익히는 핵심이론**

[예외적인 무차별곡선]

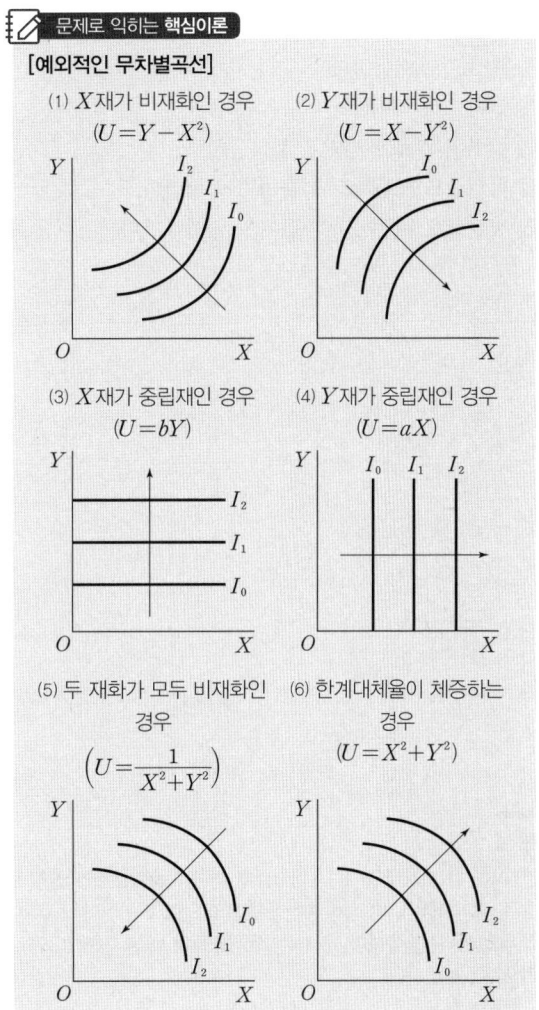

정답 ③

184

난이도 Self Check | 상 ○ 중 ○ 하 ○

소비자의 명목소득이 10%, 재화 X의 가격이 5%, 재화 Y의 가격이 9% 증가할 때 기존 예산선의 변화로 가장 적절한 것은?

① 바깥으로 이동한다.
② 안쪽으로 이동한다.
③ 주어진 자료로 판단이 불가능하다.
④ 바깥으로 이동하고 기울기가 급해진다.
⑤ 바깥으로 이동하고 기울기가 완만해진다.

해설

명목소득이 재화 X와 Y의 가격보다 더 증가하였으므로 실질소득은 증가하였다. 따라서 예산선은 바깥으로 이동한다. 동시에 X재의 가격상승률보다 Y재의 가격상승률이 더 증가하였으므로 기울기는 완만해진다.

문제로 익히는 핵심이론

[예산선]

- 개념: 주어진 소득 아래서 구입 가능한 재화의 구입량을 나타내는 선
- 기울기: $\dfrac{P_X}{P_Y}$
- 예산선의 이동

P_X의 변화	P_Y의 변화	소득(M)의 변화

정답 ⑤

185

난이도 Self Check | 상 ○ 중 ○ 하 ○

침팬지는 잠자는 8시간을 제외한 하루 16시간을 동료의 머리털 정리와 바나나 먹기로 보낸다. 침팬지는 시간당 6개의 바나나를 따 먹고, 매일 아침 사육사가 12개의 바나나를 제공한다. 침팬지는 털 정리와 바나나 소비로 $u(x, y) = x^2 y$의 효용을 얻는다. 효용을 극대화하는 침팬지의 조합으로 가장 적절한 것은?(단, x는 털 정리하는 시간, y는 소비한 바나나의 개수를 의미한다.)

① (12, 36) ② (10, 30)
③ (8, 24)   ④ (6, 18)
⑤ (4, 12)

해설

하루 16시간 중 머리털을 정리하는 시간만 제외하면 바나나를 따서 먹는 데 모든 시간을 소비하므로 침팬지가 하루에 얻을 수 있는 바나나의 양을 중심으로 예산식을 구성한다.
이 경우 $y = (16-x)6 + 12$가 된다. 즉 예산식은 $6x + y = 108$이다.
$MRS_{xy} = \dfrac{MU_x}{MU_y} = \dfrac{2y}{x}$이고, 예산선의 기울기가 -6이므로 $MRS_{xy} = |$예산선의 기울기$|$를 통해 $y = 3x$라는 식을 구할 수 있다. 이를 $6x + y = 108$과 연립하면 $x = 12$, $y = 36$이다.
따라서 털 정리하는 시간은 12시간이고, 바나나는 36개 소비한다.

정답 ①

186

재화 X와 Y만을 소비하는 A의 무차별곡선과 예산제약선에 관한 설명으로 옳지 <u>않은</u> 것은?

① 효용극대화는 무차별곡선과 예산제약선의 접점에서 이루어진다.
② 예산제약선의 기울기는 두 재화의 상대가격을 의미한다.
③ X재와 Y재가 완전보완재인 경우 MRS_{XY}는 0 또는 ∞만 나온다.
④ $U=X+Y$이고, $\dfrac{P_x}{P_y}=2$인 경우에 X재 소비를 증가하고, Y재의 소비를 감소하면 효용이 증가한다.
⑤ $U=XY$이고, $MRS_{XY}<\dfrac{P_x}{P_y}$인 경우에 X재의 소비가 감소하고 Y재의 소비가 증가하면 효용이 증가한다.

해설
$U=X+Y$이면, X재와 Y재는 완전대체재이다. 이때는 구석해의 가능성이 존재하므로 X재만 또는 Y재만 소비하게 된다. $MRS_{XY}>\dfrac{P_x}{P_y}$인 경우 X재만 소비하고, $MRS_{XY}<\dfrac{P_x}{P_y}$인 경우 Y재만 소비하게 된다. 따라서 이 경우 Y재만 소비한다.

오답풀이
③ X재와 Y재가 완전보완재인 경우 L자 모형의 그래프가 나오게 되는데, 이때는 수직과 수평만 나오게 되므로 MRS_{XY}는 0 또는 ∞만 나온다.

문제로 익히는 핵심이론
[소비의 조정과정]
일반적인 원점에 볼록한 무차별곡선

소비상태	소비의 조정
$MRS_{XY}=\dfrac{P_x}{P_y}$	효용극대화의 상태
$MRS_{XY}>\dfrac{P_x}{P_y}$	X재 소비증가+Y재 소비감소 → (MRS_{XY} 감소+효용증가) → 효용극대화 ($MRS_{XY}=\dfrac{P_x}{P_y}$)
$MRS_{XY}<\dfrac{P_x}{P_y}$	X재 소비감소+Y재 소비증가 → (MRS_{XY} 증가+효용증가) → 효용극대화 ($MRS_{XY}=\dfrac{P_x}{P_y}$)

정답 ④

187

효용을 극대화하는 소비자 A는 X재와 Y재, 두 재화의 소비에 자신의 소득을 모두 지출한다. 이때 ㉠, ㉡에 들어갈 용어가 바르게 짝지어진 것은?

> A의 X재에 대한 수요는 가격 탄력적이다. 다른 조건이 일정할 때 X재의 가격이 상승하는 경우, A의 Y재 소비량은 (㉠)하고, X재 가격에 대한 Y재 수요의 교차탄력성은 (㉡)이다.

	㉠	㉡
①	감소	음(−)
②	감소	양(+)
③	증가	음(−)
④	증가	양(+)
⑤	불변	양(+)

해설
수요가 가격탄력적이므로 가격소비곡선(PCC)은 우하향의 형태이며, 대체재이다. 따라서 X재의 가격이 상승하는 경우 Y재의 소비량은 증가한다. 이때, 수요의 교차탄력성은 대체재이므로 0보다 크다.

문제로 익히는 핵심이론
[수요의 가격탄력성에 따른 가격소비곡선의 형태]

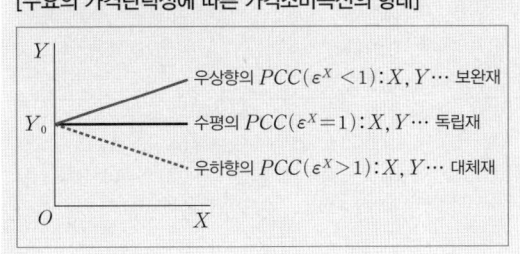

정답 ④

188

재화의 가격 상승 시 소비자 선택에 관한 설명으로 가장 적절하지 않은 것은?(단, 대체효과와 소득효과의 비교는 절댓값으로 한다.)

① 기펜재의 경우, 소득효과가 대체효과보다 크기 때문에 수요의 법칙을 따르지 않는다.
② 정상재의 경우, 소득효과가 대체효과보다 크면 수요량은 감소한다.
③ 정상재의 경우, 소득효과가 대체효과보다 작으면 수요량은 감소한다.
④ 열등재의 경우, 소득효과가 대체효과보다 작으면 수요량은 감소한다.
⑤ 열등재의 경우, 소득효과가 대체효과보다 크면 수요량은 감소한다.

해설

열등재 중에서 소득효과가 대체효과보다 큰 재화가 기펜재이고, 가격이 상승하면 수요량은 증가한다.

문제로 익히는 핵심이론

[가격 상승에 따른 재화별 가격효과 분석]

1. 정상재
   - 가격이 상승하면 대체효과에 따라 수요는 감소한다.
   - 가격이 상승하면 소득이 감소하게 되고, 정상재이므로 수요는 감소한다.
   - 대체효과와 소득효과가 동일한 방향으로 움직인다.

2. 열등재
   - 가격이 상승하면 대체효과에 따라 수요는 감소한다.
   - 가격이 상승하면 소득이 감소하게 되고, 열등재이므로 수요는 증가한다.
   - 대체효과와 소득효과가 다른 방향으로 움직인다. 이때 대체효과가 더 클 경우 수요는 감소하게 되고, 수요의 법칙을 따르는 열등재이지만, 대체효과가 더 작을 경우 수요는 증가하게 되고, 수요의 법칙을 따르지 않는 기펜재가 된다.

정답 ⑤

189

다음 [그래프]는 X재 가격하락에 따른 소비자의 선택 과정을 설명한 것이다. 이에 대한 설명으로 적절한 것을 [보기]에서 모두 고르면?

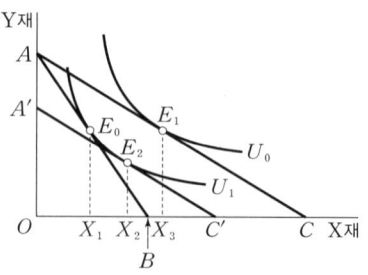

|보기|

㉠ E_0에서 E_1을 연결한 궤적은 소득소비곡선(ICC)에 해당한다.
㉡ 대체효과로 인해 효용은 변화하지 않는다.
㉢ X재에 대한 소득효과는 X_3과 X_1의 차이로 계산된다.
㉣ Y재는 소득효과와 대체효과가 다른 방향으로 나타난다.

① ㉠, ㉡ ② ㉠, ㉢
③ ㉡, ㉢ ④ ㉡, ㉣
⑤ ㉢, ㉣

해설

ⓒ 대체효과는 동일한 무차별곡선상에서 발생하므로 소비자의 효용은 불변이다.
ⓔ E_0에서 E_2간의 간격이 대체효과, E_2에서 E_1간의 간격이 소득효과이다. Y재 입장에서 E_0에서 E_2로 이동할 때, 수요가 감소한다. 그러나 E_2에서 E_1으로 이동할 때, 수요는 증가한다. 따라서 소득효과와 대체효과가 다른 방향으로 나타난다.

오답풀이

㉠ E_0에서 E_1을 연결한 궤적은 가격소비곡선(PCC)에 해당한다.
ⓒ X재에 대한 가격효과가 X_3과 X_1의 차이로 계산된다.

문제로 익히는 핵심이론

[가격효과=소득효과+대체효과]
- 가격효과: 재화의 가격변화가 수요량에 미치는 효과
- 소득효과: 재화가격변화에 따른 실질소득의 변화가 수요를 변화시키는 효과
- 대체효과: 상품의 가격변화에 따른 상대가격의 변화가 수요에 미치는 효과. 재화의 성격과 무관하게 항상 가격과 반대방향으로 움직인다.

정답 ④

190

난이도 Self Check | 상 ◯ 중 ◯ 하 ◯

여가노동선택모형에서 효용극대화를 추구하는 개인의 노동공급 의사결정에 관한 설명으로 가장 적절하지 **않은** 것은?

① 소득은 정상재이지만 여가가 열등재인 경우, 임금률이 상승하든 하락하든 여가에 대한 소득효과와 대체효과의 방향은 일치한다.
② 소득은 정상재이지만 여가가 열등재인 경우, 임금률 상승 시 노동공급은 증가한다.
③ 소득과 여가가 정상재인 경우, 임금률 상승 시 소득효과는 노동공급 감소요인이다.
④ 소득과 여가가 정상재인 경우, 임금률 하락 시 소득효과가 대체효과보다 크면 노동공급은 감소한다.
⑤ 소득과 여가가 정상재인 경우, 임금률 상승 시 대체효과가 소득효과보다 크면 노동공급은 증가한다.

해설

임금률이 하락하면 소득효과에 따라 정상재인 여가는 감소하게 된다. 그러나 대체효과에 따라 여가는 증가하게 된다. 문제에서 소득효과가 대체효과보다 크다고 했으므로 여가는 최종적으로 감소하게 되고, 반대로 노동공급은 증가한다.

문제로 익히는 핵심이론

[임금 변화에 따른 노동공급 변화]

1. 임금상승 시 노동공급의 변화

임금상승		
소득효과 (실질소득 증가)		대체효과 (여가의 기회비용 증가)
여가=정상재	여가=열등재	재화의 성질과 무관
여가 증가 (=노동공급 감소)	여가 감소 (=노동공급 증가)	여가 감소 (=노동공급 증가)

2. 임금하락 시 노동공급의 변화

임금하락		
소득효과 (실질소득 감소)		대체효과 (여가의 기회비용 감소)
여가=정상재	여가=열등재	재화의 성질과 무관
여가 감소 (=노동공급 증가)	여가 증가 (=노동공급 감소)	여가 증가 (=노동공급 감소)

정답 ④

191

현재와 미래 두 기간에 걸쳐 소비하는 직장인 B 씨의 현재소득은 1,000, 미래소득은 300, 현재 부(W)는 200이다. 이자율이 4%로 일정할 때, B 씨의 현재소비가 800이라면 최대 가능 미래소비로 가장 적절한 것은?

① 508
② 516
③ 708
④ 716
⑤ 908

192

시간 간 소비선택 모형에서 현재소비와 미래소비를 선택하는 가계에 관한 설명으로 옳지 <u>않은</u> 것은?(단, 현재소비와 미래소비는 정상재이다.)

① 저축자는 금리가 상승하는 경우 반드시 미래소비를 증가시킨다.
② 차입자는 금리가 상승하는 경우 반드시 미래소비를 감소시킨다.
③ 저축자에게 이자소득세를 부과하면 현재소비의 기회비용이 낮아진다.
④ 차입자에게 근로소득세를 부과하면 대체효과는 발생하지 않는다.
⑤ 현재소비와 미래소비는 예산제약선과 무차별곡선이 접하는 점에서 결정된다.

해설

2기간 모형의 예산제약식은 $Y_1 + \frac{Y_2}{(1+r)} = C_1 + \frac{C_2}{(1+r)}$ 이다.
현재소득(Y_1)은 가지고 있는 부(W) 200과 현재소득 1,000으로 총 1,200이다.
예산제약식에 문제에서 주어진 조건들을 대입하면
$(1,000+200) + \frac{300}{(1+0.04)} = 800 + \frac{C_2}{(1+0.04)}$ 으로 최대 가능 미래소비는 716이다.

문제로 익히는 **핵심이론**

[2기간 모형의 예산제약식]

$$Y_1 + \frac{Y_2}{(1+r)} = C_1 + \frac{C_2}{(1+r)}$$

정답 ④

해설

이자율이 상승하게 되면 차입자의 경우 실질소득이 감소되기 때문에 소득효과에 의해 현재소비와 미래소비 모두 감소한다. 대체효과의 경우 재화의 성질과 무관하게 이자율이 상승할 경우 현재소비의 기회비용이 상승하므로 현재소비는 감소하고, 미래소비는 증가한다. 따라서 차입자의 경우 반드시 현재소비는 감소하지만 미래소비가 반드시 감소한다고는 볼 수 없다.

오답풀이

① 이자율이 상승하게 되면 저축자의 경우 실질소득이 증가하기 때문에 소득효과에 의해 현재소비와 미래소비 모두 증가한다. 대체효과의 경우 재화의 성질과 무관하게 이자율이 상승할 경우 현재소비의 기회비용이 상승하므로 현재소비는 감소하고, 미래소비는 증가한다. 따라서 저축자의 경우 반드시 미래소비가 증가한다.
③ 이자소득세를 부과하면 납세 후 실질이자소득이 감소하므로 이자율이 하락하는 것과 동일한 효과가 나타난다. 이자율 하락에 따라 현재소비의 기회비용은 감소한다.
④ 차입자든 저축자든 근로소득세는 실질소득의 감소를 유발하고, 소득효과만 발생시킨다.

문제로 익히는 핵심이론

[이자율에 따른 가격효과(예금자)]

1. 이자율 상승의 가격효과

이자율 상승		
소득효과 (실질소득 증가)		대체효과 (현재소비의 기회비용 상승)
소비=정상재	소비=열등재	재화의 성질과 무관
현재소비 증가 미래소비 증가	현재소비 감소 미래소비 감소	현재소비 감소 미래소비 증가

2. 이자율 하락의 가격효과

이자율 하락		
소득효과 (실질소득 감소)		대체효과 (현재소비의 기회비용 하락)
소비=정상재	소비=열등재	재화의 성질과 무관
현재소비 감소 미래소비 감소	현재소비 증가 미래소비 증가	현재소비 증가 미래소비 감소

정답 ②

193

가격보조에 관한 설명으로 가장 적절한 것은?

① 보조금을 받는 주체에 따라 소비증대 효과는 다르다.
② 가격보조는 소득효과만 발생한다.
③ 소비자에게 가격보조를 하면 상품의 가격이 인상될 수 있다.
④ 가격보조로 인하여 소비가 증대되어도 후생비용은 발생하지 않는다.
⑤ 가격보조는 소비자의 효용증대효과를 기대하고 도입한다.

해설

특정재화에 대한 가격보조를 실시하면 해당재화의 소비가 증가하여 가격이 상승할 수 있다.

오답풀이

① 보조금을 받는 주체가 소비자든 생산자이든 경제적 효과는 동일하다.
② 소득효과만 발생하는 것은 현금보조이다.
④ 가격보조는 대체효과가 발생하므로 사회적 후생손실을 초래한다.
⑤ 소비자의 효용증대효과를 기대하고 도입하는 제도는 현금보조이고, 가격보조는 소비촉진효과를 목적으로 실시한다.

문제로 익히는 핵심이론

[보조의 효과 비교]

구분	내용
동일 보조 지급 시 효용증가 크기	현금보조 ≥ 현물보조 > 가격보조
동일 보조 지급 시 특정 재화의 소비증가 크기	가격보조 > 현물보조 ≥ 현금보조
동일 효용 증가 시 필요 보조 크기	가격보조 > 현물보조 ≥ 현금보조

정답 ③

194

소비자의 위험에 대한 태도에 관한 설명으로 적절한 것을 모두 고르면?

> ㉠ 위험기피적인 소비자는 복권가격이 복권의 기대상금액보다 높으면 복권을 사지 않고, 같으면 복권을 산다.
> ㉡ 위험기피자는 모두 보험에 가입하고, 위험선호자는 모두 가입하지 않는다.
> ㉢ 복권가격이 복권의 기대상금액과 같을 때, 위험중립적인 소비자는 복권을 살 때와 사지 않을 때 동일한 기대효용을 얻는다.
> ㉣ 위험선호자는 양(+)의 위험프리미엄을 가진다.

① ㉠, ㉡
② ㉠, ㉢
③ ㉡, ㉢
④ ㉡, ㉣
⑤ ㉢, ㉣

해설

㉡ 위험기피자는 자신에게 불리하더라도 보험에 가입하고, 위험선호자는 공정한 보험이더라도 가입하지 않고, 심지어 유리한 보험이더라도 가입하지 않을 경우가 있다.
㉢ 복권가격이 복권의 기대상금액과 같은 경우 공정한 복권이라 하고, 위험중립자의 경우 구입하든 하지 않든 동일한 효용을 얻게 된다.

오답풀이

㉠ 복권가격이 복권의 기대상금액보다 높으면 불리한 복권이고, 위험기피자는 복권을 사지 않는다. 같은 경우에는 공정한 복권이고, 이 경우에도 사지 않는다. 위험기피자는 유리한 복권인 경우에도 반드시 산다고 할 수 없다.
㉣ 위험프리미엄은 최대보험료에서 공정보험료를 차감한 수치인데, 위험선호자의 경우 공정보험료가 더 크기 때문에 음(-)의 위험프리미엄을 가진다.

📝 문제로 익히는 **핵심이론**

[위험에 대한 태도에 따른 의사결정]

구분		위험기피자	위험중립자	위험선호자
복권	유리한 복권	불분명	구입○	구입○
	공정한 복권	구입×	불분명	구입○
	불리한 복권	구입×	구입×	불분명
보험	유리한 보험	가입○	가입○	불분명
	공정한 보험	가입○	불분명	가입×
	불리한 보험	불분명	가입×	가입×

정답 ③

195

100만 원 상당의 자동차를 가지고 있는 A는 0.1의 확률로 사고를 당해 36만 원의 손해를 볼 수 있으며, 사고 시 36만 원을 받는 보험을 구매할 수 있다. m원에 대한 A의 기대효용함수가 $U(m)=\sqrt{m}$일 때, 보험사가 받을 수 있는 최대 보험료로 가장 적절한 것은?

① 0원
② 2만 원
③ 3만 6,000원
④ 3만 9,600원
⑤ 4만 원

해설

보험에 가입하지 않았을 때 A의 소득은 사고를 당하면 36만 원 손해를 입게 되므로 64만 원이 되고, 당하지 않는다면 100만 원의 소득을 유지한다.
기대효용의 경우 EU는 $(EU)=(0.1\times\sqrt{64})+(0.9\times\sqrt{100})=9.8$이다.
따라서 같은 기대효용을 달성하는 확실성등가(CE)를 구해 보면 $\sqrt{CE}=9.8$이므로 $CE=96.04$이다.
지불할 수 있는 최대보험료는 최대 부(W)에서 CE를 뺀 가격이므로 3.96만 원, 즉 3만 9,600원이다.

📝 문제로 익히는 **핵심이론**

[위험기피자의 그래프]

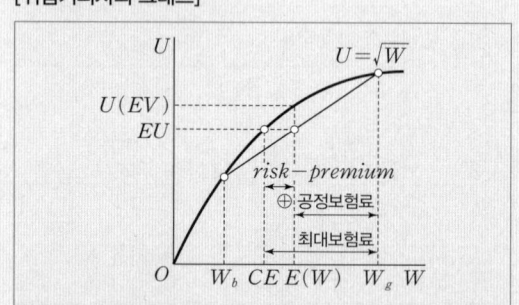

기대효용(EU)
$EU=P\times U(X_1)+(1-P)\times U(X_2)$
공정보험료는 기대손실과 동일한 크기의 보험료로 최고소득(W_g)−기댓값($E(W)$)
위험프리미엄은 불확실한 소득을 확실한 소득으로 바꾸기 위해 포기할 용의가 있는 금액
기댓값($E(W)$)−확실성등가(CE)
최대보험료=(공정보험료)+(위험프리미엄)

정답 ④

CHAPTER 04 생산자이론 기출예상문제

196
난이도 Self Check | 상○ 중○ 하○

생산에 관한 설명으로 가장 적절하지 <u>않은</u> 것은?

① 노동의 평균생산물이 증가할 때 노동의 한계생산물도 함께 증가한다.
② 노동투입량이 증가할 때 노동의 한계생산물이 감소하는 것을 수확체감의 법칙이라 한다.
③ 한계생산이 체감하더라도 0보다 크다면 노동투입량이 증가할 때 총생산은 증가한다.
④ 총생산물곡선 위의 한 점과 원점을 이은 직선의 기울기가 평균생산물이다.
⑤ 한계생산이 0이 될 때 총생산물이 극대화된다.

해설
평균생산이 증가하더라도 노동의 한계생산은 증가할 수도 있고 감소할 수도 있다.

오답풀이
③ 한계생산이 체감하더라도 0보다 크다면 총생산 입장에서는 계속 증가하고 있는 모습이다. 다만, 증가폭이 둔화되는 것이다.
④ 총생산물곡선 위의 한 점과 원점을 이은 직선의 기울기가 평균생산물이다.
⑤ 더 이상 총생산이 증가하지 않고, 감소하기 시작하면 한계생산이 음수가 되기 때문에 한계생산이 0인 지점이 총생산물이 최대가 되는 곳이다.

문제로 익히는 핵심이론

[한계생산물/총생산물/평균생산물의 관계]

한계생산물과 총생산물의 관계	한계생산물과 평균생산물의 관계
한계생산물 > 0 ⇒ 총생산물 증가	한계생산물 > 평균생산물 ⇒ 평균생산물 증가
한계생산물 = 0 ⇒ 총생산물 극대	한계생산물 = 평균생산물 ⇒ 평균생산물 극대
한계생산물 < 0 ⇒ 총생산물 감소	한계생산물 < 평균생산물 ⇒ 평균생산물 감소

정답 ①

197
난이도 Self Check | 상○ 중○ 하○

수확체감의 법칙에 관한 설명으로 옳은 것을 모두 고르면?

> ㉠ 생산에서의 수확체감의 법칙은 단기에만 적용되므로 규모수익과는 관계가 없다.
> ㉡ 수확체감의 법칙이 적용되는 구간에서 평균생산물은 감소한다.
> ㉢ 수확체감의 법칙이 성립되면 노동량이 일정한 상태에서 자본량이 증가하면 노동의 한계생산물이 체증할 수 있다.

① ㉠
② ㉡
③ ㉠, ㉡
④ ㉠, ㉢
⑤ ㉠, ㉡, ㉢

해설
㉠ 규모수익은 장기의 개념이므로 단기에서 성립되는 수확체감과는 무관하다.
㉢ 수확체감의 법칙이란 단기에 자본량이 일정한 상태에서 노동의 고용이 증가하면 노동의 한계생산물이 체감한다는 것이다. 반대로 적용하면 자본의 한계생산물은 체증할 수 있다. 예컨대 생산함수 $Q = AL^{\alpha}K^{1-\alpha}$이 있다고 하면, $MP_L = \alpha A \left(\dfrac{K}{L}\right)^{1-\alpha}$이다. 자본량이 일정한 상태에서 노동의 양을 늘리면 노동의 한계생산물이 감소하는 모습을 보인다. 반대로 노동량이 일정한 상태에서 자본의 양을 늘리면 노동의 한계생산물은 증가하는 모습을 보인다.

오답풀이
㉡ 수확체감의 법칙이 적용되는 구간에서 총생산물과 평균생산물은 증가할 수도 있고 감소할 수도 있다.

문제로 익히는 핵심이론

[수확체감의 법칙]
- 개념: 고정생산요소가 존재하는 단기에 가변생산요소의 투입량이 일정수준을 넘어서면 한계생산물이 지속적으로 감소하는 현상
- 원인: 한계생산물이 변화하는 이유는 고정요소와 가변요소와의 투입비율이 변화하기 때문

정답 ④

198

다음 [그래프]는 X재와 Y재의 등량곡선을 나타낸 것이다. X재와 Y재의 규모에 대한 수익이 바르게 짝지어진 것은?

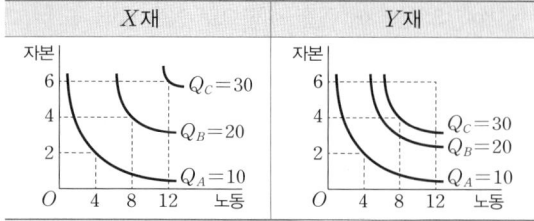

	X재	Y재
①	규모에 대한 수확불변	규모에 대한 수확체증
②	규모에 대한 수확불변	규모에 대한 수확체감
③	규모에 대한 수확체증	규모에 대한 수확체감
④	규모에 대한 수확체증	규모에 대한 수확불변
⑤	규모에 대한 수확체감	규모에 대한 수확불변

해설

X재의 경우 노동과 자본이 2배나 3배 증가하면 생산량도 2배나 3배 증가하는 모습을 보이고 있다. 생산요소와 생산량이 동일한 비율로 증가하므로 규모에 대한 수확불변임을 알 수 있다.

Y재의 경우 노동과 자본이 2배나 3배 증가하면 생산량은 3배 혹은 그 이상으로 증가하는 모습을 보이고 있다. 생산요소의 증가량보다 생산량의 증가량이 더 많기 때문에 규모에 대한 수확체증임을 알 수 있다.

문제로 익히는 핵심이론

[규모에 대한 수익]

규모수익체증(IRS)	규모수익불변(CRS)	규모수익체감(DRS)
1. 비용체감 2. 규모의 경제 달성 3. 자연독점의 가능성	1. 비용불변 2. 규모수익불변 3. 장기적 균형	1. 비용체증 2. 규모의 비경제 3. 비효율적인 생산구간

정답 ①

199

생산함수가 $Q=4L+8K$인 기업이 있다. 노동가격은 3이고 자본가격은 5라고 할 때, 재화 120을 생산하기 위해 비용을 최소화하는 생산요소로 옳은 것은?(단, 가로축이 노동, 세로축이 자본이다.)

① $L=20$, $K=5$ ② $L=15$, $K=7.5$
③ $L=10$, $K=10$ ④ $L=5$, $K=12.5$
⑤ $L=0$, $K=15$

해설

무차별곡선과 예산선과 같은 관계가 생산함수에서도 적용이 된다. 무차별곡선의 역할을 등량곡선, 예산선의 역할을 등비용선이 맡게 된다.

주어진 생산함수가 이 문제에서는 등량곡선이 되며, $MRTS_{LK}$를 구하면 1/2이 나오게 된다.

등비용선은 $3L+5K=TC$(총비용)가 되며, 기울기가 3/5이다. 등량곡선이 선형이며, 기울기가 등비용선에 비해 완만하기 때문에 세로축인 자본만 투입하여 생산하는 것이 최적이라는 결론이 나오게 된다.

따라서 $L=0$, $Q=120$을 생산함수에 대입하면 $K=15$가 나오게 되고, 이때 총비용은 다시 등비용선식에 대입하면 총비용(TC)는 75가 나온다.

문제로 익히는 핵심이론

[예외적인 등량곡선]

선형생산함수($Q=aL+bK$)
- L과 K가 완전대체관계로 어떤 생산요소로도 생산이 가능함
- $MRTS$는 일정하다.
- $MRTS_{LK} > \frac{w}{r}$이면, L만 고용하고, $MRTS_{LK} < \frac{w}{r}$이면, K만 고용한다(w=노동의 가격, r=자본의 가격).

정답 ⑤

200
난이도 Self Check | 상◯ 중◯ 하◯

이윤을 극대화하는 기업의 생산함수가 $Q=2L^{0.5}K^{0.5}$이고 단위당 노동비용은 2, 자본 비용은 1이다. 이 기업의 총비용이 100이고 제품의 시장가격이 5일 때, 이에 대한 설명으로 적절하지 <u>않은</u> 것은?(단, $\sqrt{2}=1.414$로 계산한다.)

① $MRTS_{LK}$는 $\dfrac{K}{L}$이다.
② 노동을 25단위 사용한다.
③ 규모수익체감 현상이 발생한다.
④ 최대한 얻을 수 있는 이윤은 250을 넘는다.
⑤ 생산자균형에서 노동의 평균생산물은 3을 넘지 않는다.

해설

주어진 생산함수는 1차 동차 Cobb-Douglas 함수이므로 규모에 대한 수익 불변의 특성을 가진다. 따라서 규모수익체감 현상이 발생하지 않는다.

오답풀이

① $MRTS_{LK} = \dfrac{MP_L}{MP_K} = \dfrac{0.5 \times 2 \times L^{-0.5} \times K^{0.5}}{0.5 \times 2 \times L^{0.5} \times K^{-0.5}} = \dfrac{K}{L}$

② 등비용선은 $2L+K=TC$이고, 기울기는 2이다. 따라서 $MRTS$의 기울기인 $\dfrac{K}{L}$가 2가 되므로 $K=2L$이고, 이를 등비용선에 대입하면 $L=25$가 나오게 된다.

④ $L=25$, $K=50$을 생산함수에 대입하면 $Q=50\sqrt{2}=70.7$이 되고, 개당 가격이 5이므로 총수익은 353.5가 된다. 여기서 총비용인 100을 빼게 되면 253.5가 나온다.

⑤ 생산자균형은 $(L, K)=(25, 50)$이다. 총생산함수에서 L로 나누게 되면 노동의 평균생산이 되고, $AP_L=2\left(\dfrac{K}{L}\right)^{0.5}$이다. 따라서 생산자균형에서 $AP_L=2\sqrt{2}=2.828$이다.

📝 문제로 익히는 **핵심이론**

[Cobb-Douglas 생산함수]
- 형태: $Q=AL^\alpha K^\beta$
- $\alpha+\beta$차 동차함수 ($\alpha+\beta=1$이면 1차 동차함수)
- 보통 원점에 볼록한 형태이며, $MRTS$는 체감한다.
- α의 의미: 노동의 생산에 대한 기여도, 노동의 분배 몫을 의미
- β의 의미: 자본의 생산에 대한 기여도, 자본의 분배 몫을 의미

정답 ③

201
난이도 Self Check | 상◯ 중◯ 하◯

어떤 기업의 총비용곡선이 $TC=100+Q^2$일 때, 이에 대한 설명으로 옳지 <u>않은</u> 것은?

① 평균가변비용 곡선은 원점을 출발하는 직선이다.
② 평균고정비용 곡선은 직각쌍곡선의 형태이다.
③ 한계비용 곡선의 기울기가 평균가변비용 곡선의 기울기보다 크다.
④ 평균비용의 최솟값은 10이다.
⑤ 생산량이 10일 때 평균비용과 한계비용이 동일하다.

해설

$AC = \dfrac{100}{Q} + Q$에서 Q에 대해 미분을 하여 0으로 두면 최솟값을 구할 수 있다.

$\dfrac{dAC}{dQ} = -\dfrac{100}{Q^2} + 1 = 0$에서 Q를 구하면 10이다.

따라서 Q를 AC에 대입을 하면 평균비용의 최솟값은 20임을 알 수 있다.

오답풀이

①, ② 평균비용곡선 $AC = \dfrac{100}{Q} + Q$에서 $\dfrac{100}{Q}$는 평균고정비용 곡선이고, Q가 평균가변비용곡선이다.
③ 한계비용곡선 $MC=2Q$이므로 기울기가 더 크다.
⑤ 생산량이 10일 때 평균비용은 20이고, 한계비용은 20이므로 동일하다.

📝 문제로 익히는 **핵심이론**

[단기비용의 분류]

구분	내용	특징
총비용	총비용 =(총가변비용) +(총고정비용)	단기의 비용은 가변요소(L)에 의한 가변비용과 고정요소(K)에 의한 고정비용으로 구분됨
평균비용	AC $=\dfrac{TC}{Q}$ $=\dfrac{TVC}{Q}+\dfrac{TFC}{Q}$ =(평균가변비용) +(평균고정비용)	AC의 크기는 TC곡선의 한 점과 원점을 이은 직선의 기울기를 의미함
한계비용	MC $=\dfrac{\Delta TC}{\Delta Q}$ $=\dfrac{\Delta TVC + \Delta TFC}{\Delta Q}$ $=\dfrac{\Delta TVC}{\Delta Q}$ 고정비용은 미분하면 0임	MC는 고정비용과는 무관하며, MC의 크기는 TC곡선의 접선의 기울기를 의미함

정답 ④

202

어떤 기업의 생산함수가 Q=min[L, 2K]이고, 노동의 단위당 임금이 100, 자본의 단위당 임대료가 50인 경우에 이 기업의 한계비용으로 가장 적절한 것은?

① 100
② 125
③ 150
④ 175
⑤ 200

203

기업의 생산기술이 진보하는 경우에 관한 설명으로 가장 적절한 것은?

① 자본절약적 기술진보가 일어나면 평균비용곡선이 상방 이동한다.
② 자본절약적 기술진보가 일어나면 등량곡선이 원점에서 멀어진다.
③ 노동절약적 기술진보가 일어나면 한계비용곡선이 하방 이동한다.
④ 노동절약적 기술진보가 일어나면 평균비용곡선이 상방 이동한다.
⑤ 중립적 기술진보가 일어나면 자본의 한계생산 대비 노동의 한계생산은 작아진다.

해설

L과 K는 완전보완관계에 있으며 생산자균형에서는 $Y=L=2K$의 관계가 성립해야 한다.
따라서 $L=Y$, $K=\dfrac{Y}{2}$이다.
$TC=100L+50K$이므로 L과 K에 대입하면
$TC=100Y+25Y=125Y$이다.
Y에 대해서 미분을 하면 $MC=125$이다.

정답 ②

해설

기술진보는 동일한 비용으로 더 많은 생산이 가능하거나, 동일한 생산량을 더 적은 비용으로 달성하도록 해 준다. 따라서 유형에 상관없이 기술진보가 이루어지면 평균비용곡선과 한계비용곡선은 모두 하방으로 이동하고, 등량곡선은 원점에 가깝게 이동한다.

오답풀이
자본의 한계생산 대비 노동의 한계생산 MRTS는 최적화 과정에서 자본비용 대비 노동비용과 동일해지므로 기술진보에 관계없이 일정하다.

문제로 익히는 핵심이론

[기술진보의 유형]

1. 중립적 기술진보

$\left(\dfrac{K}{L}\right)$ 불변

2. 노동절약적 기술진보

$\left(\dfrac{K}{L}\right)$ 증가

3. 자본절약적 기술진보

$\left(\dfrac{K}{L}\right)$ 감소

정답 ③

204

이윤극대화를 추구하는 기업의 총수입은 $TR=5Q$이고 총비용은 $TC=7+3Q+0.1Q^2$일 때 이윤극대화 생산량과 이윤이 바르게 짝지어진 것은?

	생산량	이윤
①	15	3
②	10	3
③	15	5
④	10	5
⑤	15	7

해설

주어진 TC와 TR을 미분하면 $MC=3+0.2Q$이고, MR은 5이다.
이윤극대화가 되기 위해서는 $MC=MR$이므로 $Q=10$이다.
이윤은 $TR-TC=50-(10+30+7)=3$이다.

문제로 익히는 핵심이론

[이윤극대화조건]
- 이윤극대화의 제1조건: $MR=MC$
- 이윤극대화의 제2조건: MR곡선의 기울기 < MC곡선의 기울기
→ 따라서 이윤극대화는 반드시 MR이 체감하거나 MC가 체증하는 구간에서 달성된다.

정답 ②

205

장단기 비용함수에 관한 설명으로 가장 적절한 것은?

① 장기한계비용곡선은 단기한계비용곡선의 포락선이다.
② 단기한계비용곡선은 항상 단기평균비용곡선이 최저가 되는 생산량 수준에서 장기한계비용곡선과 만난다.
③ 단기한계비용곡선은 장기한계비용곡선보다 완만한 기울기를 가진다.
④ 장기평균비용곡선이 최저점이 되는 생산량보다 적은 생산량 수준에서는 장기한계비용곡선은 항상 단기평균비용곡선보다 높은 곳에서 단기한계비용곡선과 만난다.
⑤ 규모에 대한 보수증가(IRS)의 특성을 가지는 생산기술이 단기에는 수확체감의 현상을 보일 수 있다.

해설

규모에 대한 보수증가는 장기비용함수에서 나타나는 특성이고, 수확체감은 단기비용함수에서 나타나는 특성이다. 따라서 상이한 차원에서 나타나는 현상이므로 단기에는 수확체감하던 생산함수가 장기에서는 IRS의 특성을 가질 수도 있고, DRS의 특성을 가질 수도 있다.

오답풀이
① 장기평균비용곡선은 단기평균비용곡선의 포락선이다.
② 장단기 평균비용곡선이 접하는 생산량 수준에서 장단기 한계비용곡선이 교차한다. 그러나 규모수익체증의 경우에는 단기평균비용곡선의 최소점보다 왼쪽에서 교차한다.
③ 단기한계비용곡선은 장기한계비용곡선보다 항상 가파른 기울기를 가진다.
④ 장기평균비용곡선이 최저점이 되는 생산량보다 많은 생산량 수준에서는 장기한계비용곡선은 항상 단기평균비용곡선보다 높은 곳에서 단기한계비용곡선과 만난다.

[규모에 대한 수익과 장기비용곡선]

- 규모수익체증(IRS): 비용이 체감하는 구간

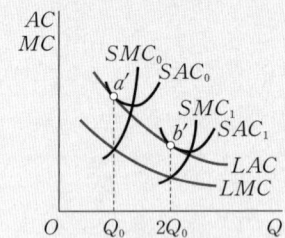

- 규모수익불변(CRS): 비용이 변하지 않는 구간

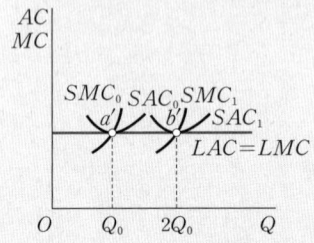

- 규모수익체감(DRS): 비용이 체증하는 구간

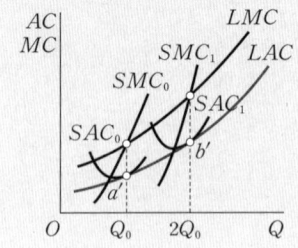

정답 ⑤

206

난이도 Self Check | 상 ○ 중 ○ 하 ○

어느 기업의 장기총비용곡선은 우상향하는 곡선이고, 장기평균비용곡선과 단기평균비용곡선은 U자형이다. 현재 생산량에서 장기평균비용과 장기한계비용이 60이다. 생산량이 현재 2배가 된다면 총비용의 변화로 가능한 것은?

① 변하지 않는다. ② 0.5배 증가한다.
③ 1배 증가한다. ④ 2배 증가한다.
⑤ 3배 증가한다.

해설
장기평균비용곡선(LAC)과 단기평균비용곡선(SAC)이 U자형이면서 서로 같은 값을 가지고 있으므로 LAC의 최저점에서 만나고 있고, 이때는 규모수익이 불변하는 위치이다. 이 위치에서 생산량을 2배만큼 증가시키게 되면 규모수익체감, 비용체증의 구간으로 가게되어 총비용의 변화는 적어도 2배보다 크게 증가하게 된다.

정답 ⑤

207

난이도 Self Check | 상 ○ 중 ○ 하 ○

어느 기업의 장기 총비용곡선은 $45Q-24Q^2+2Q^3$이다. 규모의 경제와 규모의 비경제가 구분되는 생산규모로 가장 적절한 것은?

① $Q=4$ ② $Q=6$
③ $Q=8$ ④ $Q=10$
⑤ $Q=12$

해설
규모의 경제와 비경제가 구분되는 생산규모는 장기평균비용곡선의 최소점이고, 이때 최소점에서의 접점의 기울기는 0이다. 따라서 장기평균비용곡선을 Q로 미분하여 0으로 두면 구할 수 있다.
$LAC=45-24Q+2Q^2$이고, Q로 미분하면
$\frac{\Delta LAC}{\Delta Q}=-24+4Q=0$이고, $Q=6$이다.

정답 ②

CHAPTER 05 시장이론 기출예상문제

208
난이도 Self Check | 상○ 중○ 하○

다음은 완전경쟁시장에 대한 설명이다. ㉠, ㉡, ㉢에 들어갈 말이 바르게 짝지어진 것은?

> 완전경쟁시장에서 판매자와 구매자 모두 (㉠)이고, 모두 제품에 대해 (㉡) 정보를 가지고 있으며, 이 시장에서는 기업의 (㉢)이 자유롭다.

	㉠	㉡	㉢
①	가격 설정적	불완전한	진입과 퇴출
②	가격 설정적	완전한	진입
③	가격 수용적	불완전한	퇴출
④	가격 수용적	완전한	진입
⑤	가격 수용적	완전한	진입과 퇴출

해설
완전경쟁시장에서 판매자와 구매자는 모두 가격 수용적인 성격을 띠고, 제품에 대해 완전한 정보를 가진다. 이 시장에서 기업들은 자유롭게 진입과 퇴출이 가능하다.

📝 **문제로 익히는 핵심이론**

[완전경쟁시장의 특징]
- 무수히 많은 공급자와 수요자
  - 시장지배력 ×
  - 가격설정능력 ×
  - 가격수용자(Price-taker)
  - 수평의 수요곡선에 직면
- 동질적 재화: 가격경쟁만 존재(비가격 경쟁 ×)
- 장기에 기업의 진입/탈퇴가 자유로움: 장기 초과이윤 $=0$(정상이윤만 획득)
- $P=MC$: 경제적 효율성 달성
- 완전정보: 일물일가의 법칙
- 장기최적실적규모(LAC 최소점)에서 생산

정답 ⑤

209
난이도 Self Check | 상○ 중○ 하○

어느 완전경쟁적인 시장에서 기업의 비용함수는 $C(Q)=2Q^2+5Q+7$이며, 이 재화의 판매가격은 45원이다. 이 기업이 이윤극대화를 할 때, 생산자잉여의 크기로 옳은 것은?

① 250 ② 225
③ 200 ④ 175
⑤ 150

해설
완전경쟁시장이므로 $MR=MC=P$가 성립이 된다.
MC를 구해 보면 $MC=4Q+5$이고, 위 식에 따라 $4Q+5=45$로 생산량은 10이 된다.
이때 생산자잉여는 가격 아래의 삼각형 면적이 되므로 200이다.

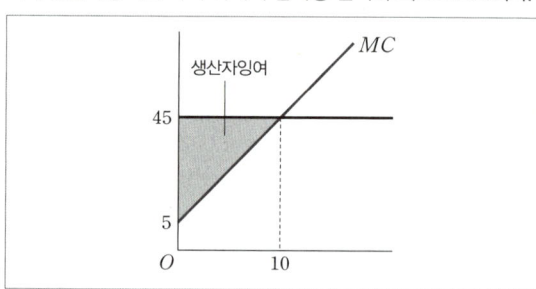

📝 **문제로 익히는 핵심이론**

[완전경쟁시장의 단기균형]
- $P=MR=AR=MC$ 성립
- 개별기업은 수평의 수요곡선에 직면한다.
- 평균비용(AC) 곡선의 위치에 따라 초과이윤, 정상이윤, 손실 발생이 가능

정답 ③

210

단기 완전경쟁시장에서 이윤을 극대화하는 ㈜한국의 현재 생산량에서 한계비용은 30, 평균가변비용은 40, 평균비용은 50이다. 시장가격이 45일 때의 설명으로 옳은 것을 모두 고르면?

> ㉠ ㈜한국은 조업중단을 하여야 한다.
> ㉡ 장기적으로 이 가격이 지속되면 ㈜한국은 시장에서 철수한다.
> ㉢ 시장의 다른 기업들이 ㈜한국과 같은 비용곡선을 가진다면 장기적으로 가격이 상승할 수 있다.
> ㉣ 총수입으로 고정비용을 모두 충당하고 있다.

① ㉠, ㉡
② ㉠, ㉢
③ ㉡, ㉢
④ ㉡, ㉣
⑤ ㉢, ㉣

해설

평균가변비용<시장가격<평균비용인 상태에서,
㉡ 단기적으로는 조업중단을 하지 않지만, 장기적으로는 $P<AC$이기 때문에 계속 손실을 볼 수밖에 없어 철수하게 된다.
㉢ 시장에서 다른 기업들이 같은 비용곡선을 가진다면 장기적으로 퇴출하는 기업들이 증가한다. 그에 따라 공급이 줄어들고 시장가격이 상승하여 $P=MC=AC$에 수렴하게 된다.

오답풀이

㉠ AVC보다 P가 더 크기 때문에 조업중단을 하지 않는다.
㉣ 평균가변비용<시장가격<평균비용의 식에서 각 항에 수량(Q)을 곱하면 총가변비용<총수익<총비용의 관계가 된다. 이 식에서 총수익을 통해 총가변비용을 충당하고, 일부의 총고정비용을 충당하고 있음을 알 수 있다.

문제로 익히는 핵심이론

[조업중단점과 손익분기점]

$P>AC$	단기적으로 초과이윤
$P=AC$	AC곡선의 최소점, 손익분기점
$AVC<P<AC$	손실발생, 단기적으로는 손실, 조업 지속
$P=AVC$	평균고정비용만큼 손실, 조업중단점, AVC곡선 최소점
$P<AVC$	조업중단

정답 ③

211

완전경쟁시장에서의 장기균형과 단기균형에 관한 설명으로 옳지 않은 것은?

① 단기균형에서는 초과이윤이 가능하지만, 장기균형에서는 불가능하다.
② 단기균형에서 시장에 존재하는 기업의 수와 장기균형에서 기업의 수는 다를 수 있다.
③ 완전경쟁시장은 장단기 구분하지 않고 사회적 잉여가 극대화되는 시장이다.
④ 개별기업의 한계수입은 평균총비용보다 크다.
⑤ 개별기업은 장기평균비용의 최저점에서 생산한다.

해설

개별기업의 한계수입은 평균총비용과 같다.

오답풀이

① 단기균형에서는 초과이윤이 가능하지만, 결국 장기적으로 가격이 평균비용 수준으로 수렴하기 때문에 장기균형에서는 불가능하다.
② 진입과 퇴출이 자유로운 시장이므로 장기적인 관점에서는 시장에서 기업의 숫자가 증가할 수도 감소할 수도 있다.
③ 완전경쟁시장에서 장단기 모두 가격이 한계비용과 동일하기 때문에 총잉여가 극대화된다.
⑤ 개별기업은 장기적으로 손익분기점 수준에서 기업은 생산한다.

문제로 익히는 핵심이론

[완전경쟁시장의 장기균형]

- $P=AR=MR=SMC=SAC=LMC=LAC$ 성립한다.
- 장기 초과이윤은 없다. 정상이윤만 존재한다.
- 반드시 장기 총평균비용 곡선의 최저점에서만 생산한다.

정답 ④

212

이윤극대화를 추구하는 독점기업과 완전경쟁기업의 차이점이 아닌 것은?

① 독점기업의 한계수입은 가격보다 낮은 반면, 완전경쟁기업의 한계수입은 시장가격과 같다.
② 독점기업의 한계수입곡선은 우하향하는 반면, 완전경쟁기업의 한계수입곡선은 수평이다.
③ 독점기업이 직면하는 수요곡선은 우하향하는 반면, 완전경쟁기업의 수요곡선은 수평이다.
④ 단기균형에서 독점기업은 가격이 한계비용보다 높은 점에서 생산하지만, 완전경쟁기업은 같은 점에서 생산한다.
⑤ 독점기업은 공급곡선상 어느 점이든지 선택 가능하지만, 완전경쟁기업은 가격과 일치하는 점에서만 생산이 가능하다.

해설
독점기업에게는 공급곡선이 존재하지 않는다.

오답풀이
① 독점의 장단기 균형에서는 $P > MR$(한계수입) $= MC$(한계비용)가 성립한다.
②, ③ 독점기업은 우하향의 수요곡선에 직면하게 되어 한계수입곡선도 우하향하지만, 완전경쟁기업은 수평의 수요곡선에 직면하게 되어 한계수입곡선도 수평이다.
④ 독점기업은 완전경쟁에 비해 가격은 높고 생산량은 적다.

문제로 익히는 핵심이론

[독점시장의 특징]
- 1개의 기업이 시장지배력을 가지고, 가격설정자의 역할을 한다.
- 독점의 발생원인: 정부의 인허가, 특허, 작은 시장규모, 규모의 경제 등
- 진입장벽이 존재하여 장기초과이윤이 0보다 클 수 있다.
- $P > MC$
- 공급곡선이 존재하지 않는다. 독점기업의 MC곡선은 공급곡선이 될 수 없다.
- 수요의 가격탄력성이 1보다 큰 구간에서만 생산한다.

정답 ⑤

213

완전경쟁시장에 있는 A기업, 순수독점시장에 있는 B기업이 있다. A기업, B기업의 총수입곡선 모양이 바르게 짝지어진 것은?

	A기업	B기업
①	우상향	U자형
②	우상향	역 U자형
③	U자형	역 U자형
④	U자형	우상향
⑤	수평	우상향

해설
완전경쟁시장의 A기업은 수평의 수요곡선, 순수독점시장의 B기업은 우하향하는 수요곡선에 직면한다.
- A기업의 총수입($P \times Q$)곡선은 P가 일정하면서 생산량 Q가 늘어날수록 비례하여 우상향하는 직선이 된다.
- B기업의 총수입($P \times Q$)곡선은 가격탄력성이 1보다 큰 구간에서는 우상향하다가 가격탄력성이 1인 점을 기점으로 1보다 작은 구간에서는 우하향하는 형태를 갖는다.

따라서 A기업은 우상향, B기업은 역 U자형의 형태를 나타내므로 ②가 정답이다.

정답 ②

214

이윤극대화를 추구하는 독점기업의 수요함수는 $Q=5-0.5P$이고 총비용함수는 $TC=30-6Q+2Q^2$이다. 이 독점기업이 생산하는 가격으로 가장 적절한 것은?

① 2
② 4
③ 6
④ 8
⑤ 10

해설

독점기업의 한계수입(MR)곡선을 구하면 수요함수 $P=10-2Q$에서 한계수입곡선 $MR=10-4Q$를 구할 수 있다.
한계비용곡선은 TC를 Q에 대해서 미분을 하면 구할 수 있는데, $MC=4Q-6$이다.
이윤극대화를 위해 $MR=MC$이므로 $10-4Q=4Q-6$, $Q=2$이다. 이때 Q를 수요함수에 대입을 하면 $P=6$임을 알 수 있다.

문제로 익히는 핵심이론

[독점기업의 한계수입 곡선]

- 우하향의 직선일 때: $P=aQ+b$
  양변에 Q를 곱하면 $PQ=aQ^2+bQ$가 되고, 이 식이 총수입(TR)을 나타내는 식이다.
  Q에 대해 미분을 하면 한계수입(MR)을 구할 수 있고, $MR=2aQ+b$가 된다.
  따라서 우하향의 수요곡선이면 절편은 동일하면서 기울기는 2배인 직선이 된다.
- 이외 수요함수의 경우 TR를 구한 후 미분하여 MR을 구하는 과정으로 도출해야 한다.

정답 ③

215

다음과 같은 [그래프]를 가진 독점기업이 있다. 이 기업이 새로운 생산기술을 구매하여 도입하면 총비용함수가 절반으로 감소한다. 이 기업이 새로운 생산기술 구매를 위해 지불할 수 있는 최대금액으로 적절한 것은? (단, 고정비용은 존재하지 않는다.)

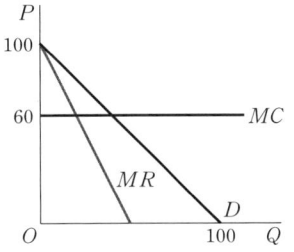

① 625
② 825
③ 1,025
④ 1,225
⑤ 1,425

해설

위의 [그래프]에서 볼 수 있듯이 수요곡선은 $P=100-Q$이다.
$MR=100-2Q=MC=60$이므로 $Q=20$이고, 수요곡선에 대입하면 $P=80$이다.
이때 이윤은 (총수입)−(총비용)=$(80\times20)-(20\times60)=400$이다.
총비용함수가 절반으로 감소하면 $TC=30Q$가 된다.
$100-2Q=30$이므로 $Q=35$이고, 수요곡선에 대입하면 $P=65$이다.
이때 이윤은 $(65\times35)-(30\times35)=1,225$이다.
따라서 생산함수 도입에 따른 이윤의 증가는 825이므로 최대 825까지 지불할 용의가 있다.

정답 ②

216

5개의 기업만이 활동하는 완전경쟁시장의 수요곡선은 $Q=10-P$이다. 각 기업의 한계비용은 2로 고정되어 있다. 만약 5개의 기업이 합병을 통해 독점기업이 되어도 한계비용은 2로 일정하다. 이때 발생하는 후생손실로 가장 적절한 것은?

① 4
② 6
③ 8
④ 10
⑤ 12

217

독점시장에 물건을 공급하는 기업의 수요함수는 $Q=100-5P$이다. 고정비용으로 200이 발생되며 그 밖에는 다른 비용이 발생하지 않는다. 이 기업은 두 가지의 전략을 선택할 수 있다. 두 전략 간의 후생손실 차이로 옳은 것은?

- 전략 1: 이윤극대화를 위해 독점 가격을 부과한다.
- 전략 2: 소비자마다 서로 다른 유보가격으로 판매하는 완전가격차별을 실시한다.

① 100
② 150
③ 200
④ 250
⑤ 300

해설

합병 후 독점시장에서 $MR=10-2Q$이고, $MC=2$이므로 $MR=MC$에 대입해 보면 $Q=4$이고, 이를 수요곡선에 대입하면 $P=6$이다.

이때 삼각형의 넓이는 $4 \times 4 \times \frac{1}{2}=8$이다.

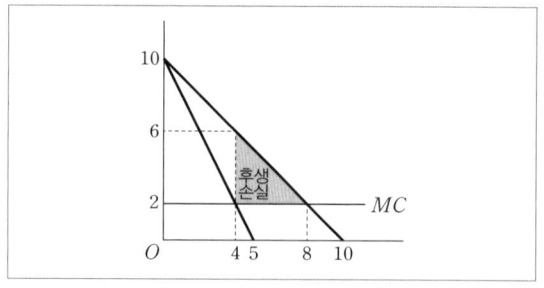

정답 ③

해설

전략 1에서 고정비용만 발생하므로 한계비용은 0이다.
$MR=MC$에서 $Q=50$이고, 이때 $P=10$이다.

따라서 후생손실은 $10 \times 50 \times \frac{1}{2}=250$이다.

전략 2처럼 완전가격차별을 실시하면 완전경쟁시장일 때와 동일한 생산량 및 사회적 후생을 달성한다(단, 소비자잉여는 사라지며 모두 생산자잉여로 전환됨). 따라서 후생손실은 발생하지 않으며 두 전략 간의 후생손실 차이는 250이다.

정답 ④

218

독점기업의 가격차별에 관한 설명으로 가장 적절하지 않은 것은?

① 1급 가격차별 시 후생손실이 발생한다.
② 1급 가격차별 시 생산자잉여가 극대화 된다.
③ 3급 가격차별의 경우 수요의 가격탄력성이 상대적으로 적은 시장에서 더 높은 가격이 설정된다.
④ 3급 가격차별의 경우 가격차별 이전보다 생산량이 증가한다.
⑤ 3급 가격차별의 경우 후생손실이 존재함에도 불구하고 가격차별 이전보다 후생이 증가한다.

해설
1급 가격차별 시 모든 소비자잉여가 생산자잉여로 전환되고, 완전경쟁 수준의 생산량을 달성할 수 있기 때문에 후생손실이 발생하지 않는다.

오답풀이
② 1급 가격차별 시 모든 소비자잉여가 생산자잉여로 전환된다.
③ 3급 가격차별의 경우 수요의 가격탄력성에 반비례하도록 가격을 설정한다. 따라서 탄력적인 수요를 가진 소비자가 유리하다.
④, ⑤ 3급 가격차별의 경우 가격차별 이전보다 생산량, 생산자잉여가 증가한다.

문제로 익히는 핵심이론

가격차별

1. **개념**
   독점기업이 동일한 재화에 대해 생산비가 같음에도 불구하고 상이한 고객에게 상이한 가격을 설정하는 것

2. **효과**
   소비자잉여 감소, 생산자잉여 증가, 생산량 증가, 사회적 후생 증가

3. **종류**
   - 3급 가격차별: 수요의 가격탄력성에 반비례하도록 가격을 설정.
     예) 심야시간 택시요금 할증, 해외와 국내시장 간의 가격차별 등
   - 2급 가격차별: 재화 구입량에 반비례하도록 가격을 설정.
     예) 전기, 수도 등의 사용량에 따른 가격할인
   - 1급 가격차별: 각 소비단위마다 소비자의 지불용의가 있는 최대가격을 가격으로 설정.(현실에서 찾아보기 어렵다.)

정답 ①

219

국내에서 자동차를 독점적으로 생산하는 기업의 한계비용이 $MC=2Q$이고, 국내 수요함수가 $Q_d=12,000-P_d$이다. 해외에서의 자동차에 대한 수요함수를 $Q_f=7,500-P_f$라고 할 때, 이 기업이 외국으로 수출하는 양으로 적절한 것은?

① 0
② 250
③ 500
④ 1,000
⑤ 1,500

해설
국내시장의 $MR_d=12,000-2Q_d$이고,
해외시장의 $MR_f=7,500-2Q_f$이다.
3급 가격차별에서는 $MR_d=MR_f=MC=2(Q_d+Q_f)$이 성립하고, 연립하여 풀면 $Q_d=2,750$, $Q_f=500$이 나오게 된다.
따라서 500만큼 수출하고 있다.

문제로 익히는 핵심이론

[다시장 독점]
- 3급 가격차별에 해당한다.
- 이윤극대화 조건: $MR_1=MR_2=MC$(이때 MC의 수량은 Q_1과 Q_2의 합이다.)

정답 ③

220

수요의 특성이 다른 두 개의 분리된 시장 A국과 B국에서 이윤극대화를 추구하는 독점기업이 있다. 이 독점기업의 한계비용은 5이고, 시장 A와 시장 B에서의 수요의 가격탄력성이 각각 2 및 1.25일 때, 시장 A와 B에서의 독점가격으로 가장 적절한 것은?

① (2, 10) ② (4, 15)
③ (8, 20) ④ (10, 25)
⑤ (12, 30)

해설

다시장 독점 상황으로 $MR_A = MR_B = MC$이다.
Amoroso–Robinson 조건에 따라 $MR = P\left(1 - \frac{1}{\epsilon}\right)$이므로 이윤극대화 조건이 다음의 식이 된다.
$$P_A\left(1 - \frac{1}{\epsilon_A}\right) = P_B\left(1 - \frac{1}{\epsilon_B}\right) = MC$$
$MC = 5$이고, A의 가격탄력성은 2, B의 가격탄력성은 1.25이므로 식에 대입하면 다음과 같다.
$0.5P_A = 0.2P_B = 5$
$P_A = 10, P_B = 25$

문제로 익히는 핵심이론

[Amoroso–Robinson 조건]

$$MR = P\left(1 - \frac{1}{\epsilon}\right)$$

※ ϵ는 수요의 가격탄력성이다.

정답 ④

221

이윤극대화를 추구하는 독점 기업이 2개의 공장을 보유하고 있다. 각 공장의 비용함수는 $C_1 = 40 + Q_1^2$, $C_1 = 90 + 6Q_2$이다. 시장수요곡선이 $P = 200 - Q$일 때, 이윤을 극대화하는 각 공장들의 생산량의 합으로 가장 적절한 것은?

① 94   ② 97
③ 100 ④ 103
⑤ 106

해설

다공장 독점의 문제이다. 기업이 2개 이상의 공장에서 이윤극대화를 추구하고 있다면 $MR = MC_1 = MC_2$가 성립한다.
$200 - 2(Q_1 + Q_2) = 2Q_1 = 6$
$Q_1 = 3, Q_2 = 94$이므로 총생산량은 97이다.

정답 ②

222

난이도 Self Check | 상 ○ 중 ○ 하 ○

정부는 독점기업을 규제하기 위한 정책으로 한계비용 가격 규제와 평균비용 가격 규제를 고려하고 있다. 이에 대한 설명으로 옳은 것을 모두 고르면?(단, 평균비용＞한계비용이다.)

> ㉠ 평균비용 가격 규제를 실시하면, 기업의 이윤은 0이다.
> ㉡ 한계비용 가격 규제를 실시하면, 후생비용이 발생하지 않고, 이윤이 발생한다.
> ㉢ 한계비용 가격 규제를 실시할 때의 거래량은 평균비용 가격 규제를 실시할 때의 거래량보다 크다.
> ㉣ 한계비용 가격 규제를 하더라도 완전경쟁시장 수준의 생산량을 달성할 수 없다.

① ㉠, ㉡
② ㉠, ㉢
③ ㉡, ㉢
④ ㉡, ㉣
⑤ ㉢, ㉣

해설

㉠ 이윤＝$(P-AC) \times Q$인데, P와 AC가 동일하므로 이윤은 0이 된다.
㉢ 평균비용에 비해 한계비용이 가격이 더 낮으므로 거래량이 더 많다.

오답풀이

㉡ 한계비용 가격 규제를 실시하면 후생비용은 발생하지 않는다. 하지만 문제 조건에 따라 $P=MC<AC$이므로 이윤은 적자이다.
㉣ 한계비용 가격 규제를 실시하면 $P=MC$가 되고 수요곡선과 만나는 점에서 거래량이 결정되므로 거래량 자체는 완전경쟁시장 수준을 달성할 수 있다.

문제로 익히는 핵심이론

[가격규제의 종류]

1. 가격규제
   - 종류: 한계비용가격설정, 평균비용가격설정
   - 공통된 효과: 가격 인하, 생산량 증가, 경제적 비효율성 감소

2. 한계비용가격설정
   - 독점가격을 한계비용과 일치시킴($P=MC$)
   - 완전경쟁 수준의 가격, 생산량, 경제적 효율성 달성 가능
   - 그러나 정책당국이 MC를 파악하기 어렵고, 자연독점의 경우 적자 발생

3. 평균비용가격설정
   - 독점가격을 평균비용과 일치시킴($P=AC$)
   - 자연독점하에서 한계비용 가격설정이 발생시키는 적자 문제를 해결 가능
   - 그러나 여전히 완전경쟁 수준보다 높은 가격, 낮은 생산량, 경제적 비효율성 발생

정답 ②

223

다음은 독점을 해결하기 위한 정부의 노력 중 조세 규제에 대한 효과이다. 정액세, 종량세에 대한 조세 규제 방법이 바르게 짝지어진 것은?

> ㉠ 한계비용은 변하지 않고, 평균비용만 증가
> ㉡ 경제적 비효율성 증가
> ㉢ 가격이 상승하고, 생산량이 감소
> ㉣ 기업의 의사결정에 미치는 영향력이 작음
> ㉤ 조세의 전가가 발생

	정액세	종량세
①	㉠, ㉣	㉡, ㉢, ㉤
②	㉠, ㉤	㉡, ㉢, ㉣
③	㉠, ㉢, ㉤	㉡, ㉣
④	㉡, ㉢	㉠, ㉣, ㉤
⑤	㉡, ㉢, ㉤	㉠, ㉣

해설

㉠ 정액세는 기업 입장에서 고정비용의 증가로 인식하여 한계비용은 변하지 않는 대신, 평균비용만 증가한다.
㉣ 정액세는 한계비용이 변하지 않기 때문에 경제적 비효율성도 불변하고, 가격도 불변하고, 생산량도 불변하고, 대신 독점이윤만 감소한다. 따라서 기업의 의사결정에 미치는 영향력이 작다.
㉡, ㉢ 종량세는 생산량 단위당 부과하기 때문에 기업 입장에서 가변비용의 증가로 인식한다. 따라서 한계비용과 평균비용 모두 증가한다. 가격이 상승하며, 생산량은 감소한다. 이에 따라 경제적 비효율성도 증가한다.
㉤ 종량세에 따라 독점기업은 소비자에게 조세를 전가하게 된다. 주로 수요의 가격탄력성에 따라 소비자에게 전가된다.

문제로 익히는 핵심이론

[조세규제의 효과]

정액세	종량세
MC는 불변, AC는 증가	MC와 AC 모두 증가
가격불변, 생산량 불변	가격 증가, 생산량 감소
경제적 비효율성 불변	경제적 비효율성 증가
독점이윤만 감소	독점이윤 감소
조세전가 발생하지 않음	조세전가 발생

정답 ①

224

다음은 어떤 자연독점기업의 수요함수와 평균비용이다. 정부가 개입하여 한계가격설정으로 규제할 때, 이에 따른 기업의 손실을 보상하기 위해 정부가 지급해야할 보조금의 액수로 가장 적절한 것은?

> • 수요함수: $P=100-4Q$
> • 평균비용: $AC=-Q+70$

① 205　　② 210
③ 215　　④ 220
⑤ 225

해설

한계비용(MC)을 구하면 $MC=-2Q+70$이다.
한계가격설정으로 규제하고 있기 때문에 수요함수와 한계비용이 만나는 점을 구하면 $100-4Q=-2Q+70$, 따라서 $Q=15$, $P=40$인 점에서 만난다.
이때 기업이 발생하는 손실을 구하기 위해서는 $Q=15$일 때 AC를 구하면, 55임을 알 수 있다.
$(40-55)\times15=-225$
따라서 정부가 보전해야할 보조금의 액수는 225원이 된다.

정답 ⑤

225

완전경쟁기업과 독점기업에 관한 설명으로 옳지 <u>않은</u> 것은?

① 완전경쟁시장, 1급 가격차별, 한계비용 가격규제를 통해 효율적 자원배분을 달성할 수 있다.
② 자연독점의 경우 경쟁체제로 전환하여 여러 기업이 생산하면 비효율성이 증가한다.
③ 완전경쟁시장에서는 시장참여자가 가격 수용적이지만, 독점시장에서는 독점기업이 가격과 수량을 각각 마음대로 결정할 수 있다.
④ 자연독점의 경우 규모의 경제가 작동한다.
⑤ 시장수요곡선이 우하향의 직선인 경우 독점기업은 항상 수요의 가격탄력성이 1보다 큰 구간에서만 생산한다.

해설
독점기업이라 하더라도 가격과 수량을 각각 마음대로 결정하는 것은 불가능하다. 가격과 수량 중 하나가 결정되면 수요곡선에 따라 나머지 하나가 자동적으로 결정된다.

오답풀이
① 1급 가격차별, 한계비용 가격규제는 완전경쟁수준의 경제적 효율성을 달성할 수 있다.
② 자연독점은 여러 개의 기업으로 분할되면 오히려 비용이 증가하고 경제적 비효율성이 증가한다.
④ 생산량을 상승시킬수록 비용이 감소하는 구조이므로 규모의 경제가 달성된다.

> **문제로 익히는 핵심이론**
>
> **[자연독점]**
> • 발생원인: 초기 고정비용은 막대하게 발생하나 추가적인 가변비용이 매우 작아 생산이 증가함에 따라 평균비용이 감소하는 경우에 발생한다. 예 전기, 철도 등
> • 자연독점의 그래프

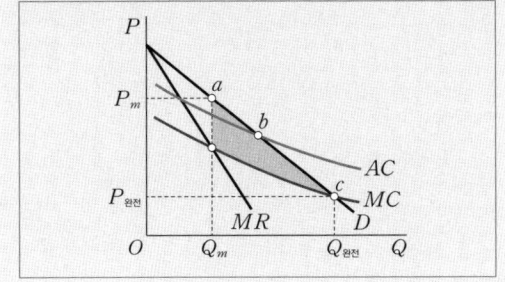

정답 ③

226

독점적 경쟁시장에 관한 설명으로 옳지 <u>않은</u> 것은?

① 장기균형에서 기업들의 이윤은 0이다.
② 제품의 차별화가 클수록 수요의 가격탄력성이 작아진다.
③ 소비자의 다양한 요구를 충족시켜 줄 수 있다.
④ 기업이 직면하는 수요곡선은 우하향한다.
⑤ 장기균형은 장기평균비용곡선의 최저점에서 달성된다.

해설
장기균형은 장기평균비용곡선의 최저점보다 좌측구간에서 달성된다.

오답풀이
① 장기에는 초과적인 이윤이 존재하지 않는다.
② 제품의 차별화가 클수록 기업이 직면하는 수요곡선의 기울기는 가팔라지고 수요의 가격탄력성은 작아진다.
③ 재화의 이질성에 따른 다양한 기호를 충족시킬 수 있다는 것이 독점적 경쟁시장의 장점이다.
④ 다수의 시장참여자들이 가격설정자의 역할을 가지고 있기 때문에 우하향의 수요곡선에 직면한다.

> **문제로 익히는 핵심이론**
>
> **[독점적 경쟁시장의 특징]**
> • 다수의 기업
> • 차별화된 재화(재화의 이질성)
> • 시장지배력이 발생되기 때문에 우하향의 수요곡선
> • 진입과 탈퇴가 자유로움
> • 장기 초과이윤=0
> • 비가격 경쟁

정답 ⑤

227

여러 형태의 시장 또는 기업에 관한 설명으로 적절하지 않은 것은?

① 모든 기업의 이윤극대화 필요조건은 한계수입과 한계비용이 같아지는 것이다.
② 독점적 경쟁시장이 다른 두 시장과 가장 차별점을 갖는 것은 상품의 모양이나 형태로 차별화가 가능한 것이다.
③ 장기균형에서 생산량이 높은 시장 순서대로 나열하면 완전경쟁시장, 독점적 경쟁시장, 독점시장 순이다.
④ 독점적 경쟁시장에서의 상품에 대한 수요는 독점기업일 때보다는 덜 탄력적이고 완전경쟁기업일 때보다는 더 탄력적이다.
⑤ 독점적 경쟁기업의 장기균형에서 평균수입은 한계수입보다 크다.

해설

독점적 경쟁시장에서의 상품에 대한 수요는 독점기업일 때보다는 더 탄력적이고 완전경쟁기업일 때보다는 덜 탄력적이다.
재화의 이질성이 클수록 독점의 성격이 강해진다. 그리고 이질성이 클수록 수요곡선의 기울기는 가파르고, 더 비탄력적인 모습을 보인다. 따라서 독점기업일 때 수요곡선의 기울기가 가장 가파르고, 그 다음이 독점적 경쟁시장, 마지막으로 완전경쟁기업일 때 기울기는 수평이다.

오답풀이
① $MR=MC$는 시장을 막론하고 모든 기업에 적용된다.
② 완전경쟁시장과 독점시장은 동질적인 재화를 강조하지만, 독점적 경쟁시장은 차별적인 재화가 특징이다.
③ 완전경쟁시장에서 가장 많이 생산하고, 그 다음으로 독점적 경쟁시장, 그리고 독점시장이 가장 적게 생산한다.
⑤ 독점적 경쟁기업은 장기에 정상이윤만 획득하므로 장기균형에서 $P=AR=AC$의 관계가 성립한다. 이때 $MR=MC$인 점이 수요곡선 하방에 위치하기 때문에 $P=AR=AC>MR=MC$가 성립한다.

문제로 익히는 핵심이론

[독점적 경쟁시장의 장기균형]

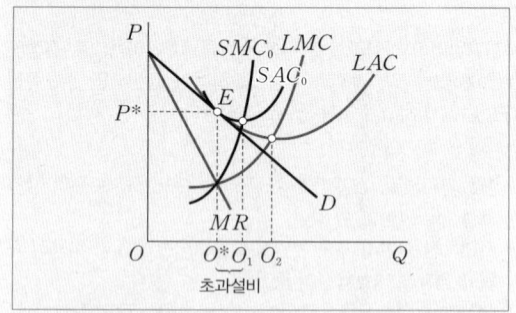

- $P>MR=MC$
- 경제적 비효율성
- 장기 초과이윤은 없다.
- 공급곡선은 존재하지 않는다.
- 초과설비 보유
- 단기 평균비용 곡선 최저점의 왼쪽에서 생산
- 장기 평균비용 곡선과 수요곡선이 접하는 점에서 생산

정답 ④

228

과점시장 모형에 관한 설명으로 가장 적절하지 <u>않은</u> 것은?

① 쿠르노(Cournot) 과점시장모델에서 기업의 수가 많아질수록 시장 전체의 산출량은 증가한다.
② 쿠르노(Cournot) 모형에서 산출량의 추측된 변화가 0이라고 가정한다.
③ 순수과점에서 베르트랑(Bertrand) 모형의 생산량은 완전경쟁시장의 생산량과 같다.
④ 슈타켈버그(Stackelberg) 모형에서 두 기업 중 하나 또는 둘 모두가 가격에 관해 추종가가 아닌 선도자의 역할을 한다.
⑤ 수량경쟁을 하는 과점시장의 균형가격은 완전경쟁시장의 장기 균형가격보다 높은 곳에서 결정된다.

해설
슈타켈버그(Stackelberg) 모형은 가격에 관한 과점시장 모델이 아니라 수량에 관한 과점시장 모델이다.

오답풀이
① n개의 기업이 존재할 때 쿠르노(Cournot) 모형의 시장전체 산출량 $=\frac{n}{n+1}+Q_c$ 이므로 기업의 수가 많아질수록 증가한다 (Q_c는 완전경쟁시장의 생산량이다.).
⑤ 각 기업이 상대방의 행동에 대한 자신의 이윤극대화 생산량을 나타낸 반응곡선이 만나는 점에서 균형생산량과 균형가격이 결정되므로 독점 이윤보다는 적지만 초과 이윤을 얻을 수 있는 산출량을 생산하게 된다. 따라서 완전경쟁시장보다는 적게 생산하므로 완전경쟁시장의 장기 균형가격보다 높은 곳에서 균형이 결정되게 된다.

📝 **문제로 익히는 핵심이론**
[과점시장의 대표 이론]
- 독자행동모형: 생산량 결정모형(Cournot 모형, Stackelberg 모형), 가격 결정모형(Bertrand 모형, 굴절수요곡선모형)
- 담합이론: 카르텔 모형, 가격선도 모형

정답 ④

229

어떤 상품에 대한 수요함수를 $P=200-Q$, 이 상품의 한계비용을 140이라고 하자. 독점 생산량을 A, 쿠르노(Cournot) 복점모형에서의 총생산량을 B, 슈타켈버그(Stackelberg) 모형에서의 총생산량을 C라 할 때, A, B, C의 값이 바르게 짝지어진 것은?(단, 슈타켈버그 모형은 반드시 선도자와 추종자로 나뉜다.)

	A	B	C
①	30	40	40
②	30	40	45
③	30	40	15
④	40	45	15
⑤	40	45	40

해설
A: 독점에서의 균형을 구해 보면 $MR=200-2Q$이므로 $Q=30$이다.
B: 쿠르노 모형에서의 균형을 구해 보면 한계비용이 동일하다면 쿠르노 균형은 각 기업의 완전경쟁 생산량의 $\frac{1}{3}$씩 생산한다. 따라서 완전경쟁시장의 생산량을 구하면 $P=200-Q=140$으로 $Q=60$이다.
두 개의 기업이 $\frac{1}{3}$씩 생산하므로 $60 \times \frac{2}{3}=40$이다.
C: 슈타켈버그 모형에서의 균형을 구해 보면 선도자는 독점 생산량을 생산하므로 30이다.
추종자는 선도자 생산량의 절반을 생산하므로 15이다. 따라서 총생산량은 45이다.

📝 **문제로 익히는 핵심이론**
[쿠르노 복점모형 및 슈타켈버그 모형]
1. 쿠르노(Cournot) 복점(2개의 과점기업) 모형
   생산량의 추측된 변화는 영(0)이라고 가정한다.
   완전경쟁 생산량이 1이라고 가정하면,
   생산량 $=\frac{1}{3}+\frac{1}{3}=\frac{2}{3}$가 된다.
2. 슈타켈버그(Stackelberg) 모형
   추종기업의 경우에만 생산량의 추측된 변화는 영(0)이라고 가정한다.
   완전경쟁 생산량이 1이라고 가정하면, 지배기업$\left(\frac{1}{2}\right)$과 추종기업$\left(\frac{1}{4}\right)$의 관계 속에서 총생산량은 $\frac{3}{4}$이 된다.

정답 ②

230

두 기업 A, B가 반도체 생산을 두고 의사결정을 하기 위해 보수행렬을 작성하였다. 두 기업의 반도체 증산과 감산에 따라 다음과 같은 보수행렬이 나온다고 할 때, 이에 대한 설명으로 옳은 것은?(단, 보수는 (A, B) 순으로 표시한다.)

구분		B	
		감산	증산
A	감산	(10, 10)	(5, 20)
	증산	(20, 5)	(0, 0)

① A와 B 모두에게 우월전략이 존재한다.
② 내쉬균형이 1개 존재한다.
③ 내쉬균형은 두 경기자가 모두 감산을 선택하는 것이다.
④ 내쉬균형은 두 경기자가 모두 증산을 선택하는 것이다.
⑤ 내쉬균형에서 두 경기자는 서로 다른 전략을 선택한다.

해설

A의 반도체 감산 결정에 대한 B의 내쉬전략은 증산이고, A의 반도체 증산 결정에 대한 B의 내쉬전략은 감산이다.
마찬가지로 B의 반도체 감산 결정에 대한 A의 내쉬전략은 증산이고, B의 반도체 증산 결정에 대한 A의 내쉬전략은 감산이다.

오답풀이
① A와 B 모두에게 우월전략은 존재하지 않는다.
② 내쉬균형이 2개 존재한다(A가 감산하고, B가 증산하는 균형과 A가 증산하고, B가 감산하는 균형).

문제로 익히는 핵심이론

[게임상황에서의 전략]
- 내쉬전략: 상대방의 전략이 주어진 경우 자신의 보수를 가장 크게 만드는 전략
- 우월전략: 상대방이 어떤 전략을 선택하든 자신의 보수를 가장 크게 만드는 전략
- 순수전략: 각 경기자가 하나의 전략을 선택하고 그것을 고수하는 경우
- 혼합전략: 각 경기자가 둘 이상의 전략을 일정한 비율로 혼합해서 사용하는 경우
※ 내쉬균형: 경기자들의 내쉬전략이 만나는 상태의 균형

정답 ⑤

231

다음과 같은 게임에서 내쉬균형이 1개만 존재할 때, a의 전체범위로 가장 적절한 것은?(단, 보수는 (A, B) 순으로 표시한다.)

구분		B	
		대안1	대안2
A	대안1	(a, 2)	(10, 10)
	대안2	(6, 3)	(5, 2)

① $a > 2$
② $a > 3$
③ $a > 4$
④ $a > 5$
⑤ $a > 6$

해설

A가 대안1을 선택하면 B는 대안2를 선택한다. A가 대안2를 선택하면 B는 대안1을 선택한다. 한편 B가 대안2를 선택하면 A는 대안1을 선택한다. 따라서 A는 대안1, B는 대안2를 선택하는 것이 내쉬균형이다. 내쉬균형이 1개만 존재하려면 B가 대안1을 선택할 때 A도 대안1을 선택해야 하므로 $a > 6$을 만족해야 한다.

정답 ⑤

232

다음 [그래프]는 X재 시장 및 X재 생산에 특화된 노동시장의 상황을 나타낸 것이다. 이에 대한 분석으로 옳은 것을 [보기]에서 모두 고르면?

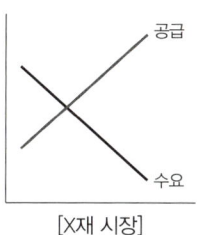
[X재 시장]

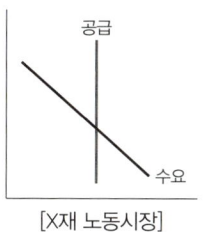
[X재 노동시장]

보기

㉠ X재에 대한 수요가 증가하면 고용량이 증가한다.
㉡ 노동공급이 증가하면 X재 가격이 상승한다.
㉢ X재 수요가 증가하면 노동수요도 증가한다.
㉣ 노동 1단위당 자본량이 증가하면 노동수요곡선이 우측으로 이동한다.

① ㉠, ㉡
② ㉠, ㉢
③ ㉡, ㉢
④ ㉡, ㉣
⑤ ㉢, ㉣

해설

㉢ 노동수요는 X재에 대한 파생수요이므로 X재 수요가 증가하면 노동수요도 증가한다.
㉣ 노동 1단위당 자본량이 증가하면 노동의 한계생산이 증가하여 노동수요가 증가하기 때문에 노동수요곡선이 우측으로 이동한다.

오답풀이

㉠ X재에 대한 수요가 증가하면 파생수요인 노동수요가 증가하므로 노동수요곡선이 우측으로 이동한다. 이때 노동공급곡선이 수직이므로 고용량은 불변하고, 임금만 상승한다.
㉡ 노동공급이 증가하면 노동공급곡선이 우측으로 이동하여 임금은 하락하고, 고용량이 증가한다. 따라서 X재 시장에서의 공급이 증가하므로 X재 가격은 하락한다.

문제로 익히는 핵심이론

[노동수요]

- 파생수요: 생산요소시장에서 생산요소에 대한 수요는 생산물시장에서 생산물에 대한 수요로부터 파생되는 수요
- 생산요소에 대한 수요 및 공급은 필연적으로 생산요소시장의 형태뿐 아니라 생산물시장의 형태도 함께 고려
- 기업의 이윤극대화에 따라 생산물시장의 균형이 결정되면 그에 따른 파생수요로 생산요소에 대한 수요가 결정되므로 생산요소에 대한 수요도 생산물에 대한 수요와 마찬가지로 기업의 이윤극대화에 따라 결정

정답 ⑤

233

난이도 Self Check | 상 ○ 중 ○ 하 ○

완전경쟁적인 상품시장에서 최근 경기 침체로 상품의 수요가 줄어들어, 상품가격이 하락하였다. 그러나 여기에 고용된 노동자의 시장임금수준은 변하지 않았다. 이때 발생하는 현상으로 옳지 <u>않은</u> 것은?

① 노동의 한계생산물가치가 감소한다.
② 노동수요곡선이 하방 이동한다.
③ 새로운 균형에서의 노동의 한계생산물은 감소한다.
④ 이 시장의 고용량이 감소한다.
⑤ 임금수준도 같이 변했다면 고용량은 변동하지 않았을 수 있다.

> **문제로 익히는 핵심이론**
>
> [생산요소시장의 균형]
>
>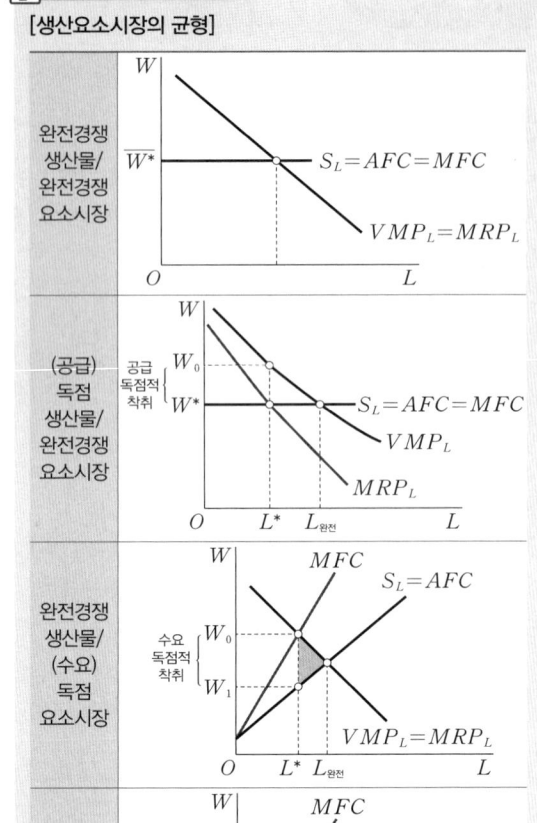
>
> 정답 ③

해설

새로운 균형에서는 임금은 불변이지만, 고용량은 감소하였다. 완전경쟁시장에서 $VMP_L = MP_L \times P = W$이 성립하게 된다. 따라서 VMP_L은 임금수준이 변하지 않았기 때문에 일정한 상태에서, 상품가격(P)가 하락하였기 때문에 노동의 한계생산물(MP_L)은 증가한다.

오답풀이

①, ② 해설에서의 완전경쟁시장 균형에 따라 일정하다고 생각할 수 있다. 그러나 그건 균형에서의 한계생산물가치를 의미하는 것이고, 상품의 가격 하락으로 인해 파생수요도 감소하므로 완전경쟁시장에서의 수요곡선인 VMP_L도 감소한다.
④ 공급곡선이 수평으로 불변인 상태에서 수요곡선이 감소하였으므로 고용량은 감소한다.
⑤ 임금수준이 맞춰서 내려갔으면 고용량은 현재와 동일한 균형점이 존재한다.

234

난이도 Self Check | 상 ◯ 중 ◯ 하 ◯

甲, 乙 두 나라에 각각 다섯 사람씩 살고 있다고 한다. 甲국과 乙국에 사는 사람들의 소득이 각각 (1, 2, 2, 3, 4), (1, 1, 2, 3, 3)이라고 할 때, 이에 대한 설명으로 옳은 것은?

① 십분위 분배율, 소득 5분위 배율 모두 甲국이 더 평등하다.
② 십분위 분배율, 소득 5분위 배율 모두 乙국이 더 평등하다.
③ 십분위 분배율은 甲국이, 소득 5분위 배율은 乙국이 더 평등하다.
④ 십분위 분배율은 乙국이, 소득 5분위 배율은 甲국이 더 평등하다.
⑤ 십분위 분배율, 소득 5분위 배율 모두 동일하다.

해설

십분위 분배율 $\left(=\dfrac{(하위\ 40\%\ 소득)}{(상위\ 20\%\ 소득)}\right)$을 구해 보면

甲국은 $\dfrac{(1+2)}{4}=0.75$이고, 乙국은 $\dfrac{(1+1)}{3}≒0.667$이다. 십분위 분배율은 그 수치가 클수록 더 평등하므로 甲국이 더 평등함을 알 수 있다.

소득 5분위 배율 $\left(=\dfrac{(상위\ 20\%\ 소득)}{(하위\ 20\%\ 소득)}\right)$을 구해 보면

甲국은 $\dfrac{4}{1}=4$이고, 乙국은 $\dfrac{3}{1}=3$이다. 소득 5분위 배율에서는 그 수치가 작을수록 더 평등하므로 乙국이 더 평등함을 알 수 있다.

문제로 익히는 핵심이론

1. (십분위 분배율) $=\dfrac{(하위\ 40\%\ 소득)}{(상위\ 20\%\ 소득)}$
   - 클수록 평등한 소득분배
   - 0과 2 사이에서 값을 가진다.

2. (소득 5분위 배율) $=\dfrac{(상위\ 20\%\ 소득)}{(하위\ 20\%\ 소득)}$
   0과 무한대 사이에서 값을 가진다.

3. 엣킨슨(Atkinson) 지수 $=\left(1-\dfrac{Y_e}{\overline{Y}}\right)$
   ※ Y_e: 균등분배 대등소득, $\overline{Y}$: 현재의 평균소득
   - A의 크기가 작을수록 평등한 소득분배
   - 균등분배 대등소득 사회후생함수의 형태에 따라 동일한 분배상태에서도 달라질 수 있다.
   - 주관적 가치판단을 전제로 한 분배상태의 평가방법
   - 0과 1사이에서 값을 가진다.

정답 ③

235

난이도 Self Check | 상 ◯ 중 ◯ 하 ◯

다음 로렌츠 곡선에 관한 설명으로 옳지 <u>않은</u> 것은?

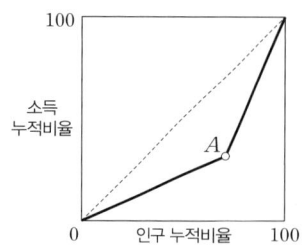

① A점이 45도 대각선에서 멀어질수록 소득분배가 불평등하다.
② 위 그래프에서는 두 개의 소득계층이 존재한다.
③ 45도 대각선과 로렌츠 곡선이 일치한다면 지니계수는 0이다.
④ 각 소득계층 내에서 개인의 소득수준은 그래프상으로 알 수 없다.
⑤ 로렌츠 곡선을 구성하는 두 개의 직선의 기울기 차이가 커질수록 계층 간 소득격차가 커진다.

해설
로렌츠 곡선이 직선인 구간은 모든 개인의 소득이 동일하다는 의미를 나타낸다.

오답풀이
①, ③ A점이 45도 대각선에서 멀어질수록 대각선과 로렌츠 곡선 사이에 공간이 늘어난다. 그럴수록 지니계수가 커지므로 소득분배가 불평등하다. 반대로 공간이 줄어들수록 지니계수가 작아져서 소득분배가 평등해지고, 대각선과 로렌츠 곡선이 일치한다면 지니계수는 0이다.
② 로렌츠 곡선이 직선 2개로만 이루어져있으므로 두 개의 소득계층만이 존재한다.
⑤ 로렌츠 곡선을 구성하는 두 개의 직선의 기울기 차이가 커질수록 하위 계층이 전체소득에서 차지하는 비중이 작아지므로 계층 간 소득격차가 커진다.

📝 **문제로 익히는 핵심이론**

[로렌츠 곡선/지니계수]

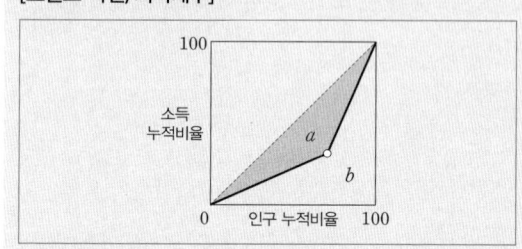

1. 로렌츠곡선
   - 계층별 소득분포자료에서 인구의 누적점유율과 소득의 누적점유율 사이의 대응관계를 그림으로 나타내는 것
   - 대각선에 가까울수록 소득분배가 공평함을 의미함

2. 지니계수: $\dfrac{a}{a+b}$
   0과 1 사이의 값을 가지며 작을수록 평등함을 의미함

정답 ④

236

경제적 지대에 관한 설명으로 옳은 것을 모두 고르면?

㉠ 요소공급이 완전탄력적인 경우 경제적 지대는 0이다.
㉡ 경제적 지대는 단기에만 발생하지만 준지대는 장기에도 존재할 수 있다.
㉢ 수요곡선이 우측으로 이동할 경우 경제적 지대는 증가한다.
㉣ 생산요소의 공급자가 받고자 하는 최소한의 금액이다.

① ㉠, ㉡
② ㉠, ㉢
③ ㉡, ㉢
④ ㉡, ㉣
⑤ ㉢, ㉣

해설

㉠ 경제적 지대는 생산요소의 공급이 제한되어 있기 때문에 발생하는 것으로 공급이 완전탄력적일 경우 발생하지 않고, 비탄력적일수록 경제적 지대가 커진다.
㉢ 경제적 지대는 일종의 생산자잉여와 같은 부분이기에 수요곡선이 우측으로 이동하면 증가한다.

오답풀이
㉡ 준지대는 단기에만 발생하지만 경제적 지대는 장기에도 존재할 수 있다.
㉣ 이전수입을 말한다. 경제적 지대는 이전수입을 초과하는 부분을 뜻한다.

문제로 익히는 핵심이론

[경제적 지대와 준지대]

경제적 지대	준지대
장단기 모두 통용가능	단기에만 가능
생산자잉여분	단기의 고정요소에 대한 대가
경제적 지대 =(생산요소의 총보수) -(이전수입)	준지대 =(총수입)-(총가변비용) =(총고정비용)+(초과이윤)
생산요소의 공급탄력도가 낮아질수록 경제적 지대가 커짐	준지대는 생산물의 시장가격이 높을수록, 가변비용이 적을수록 커짐

정답 ②

237

모든 소비자의 선호체계가 볼록성의 공리를 만족하고, 경제 내에 외부성이 존재하지 않는다고 가정한다. 이 경우의 파레토 최적에 관한 설명으로 옳지 <u>않은</u> 것은?

① 경제 내의 누군가의 효용을 증가시키기 위해서는 다른 누군가의 효용감소가 불가피하다.
② 소득분배가 불균형하더라도 파레토 최적은 이루어질 수 있다.
③ 파레토 효율성의 상태는 한 경제 내에 다수 존재할 수 있다.
④ $MRS_{XY} > MRT_{XY}$일 경우 X재의 생산을 증가시켜야 한다.
⑤ 소비의 계약곡선을 도출한 뒤 이를 효용공간으로 이동시켜 그린 것을 효용가능경계라 한다.

해설

소비의 효율성조건을 충족하는 점들을 계약곡선이라 하며 이를 효용공간으로 옮겨 그린 것을 효용가능곡선이라 한다. 효용가능경계는 효용가능곡선들의 포락선을 의미한다.

오답풀이
① 파레토 효율성이란 더 이상의 파레토 개선이 불가능한 상태로 경제 내의 누군가의 효용을 증가시키기 위해서는 다른 누군가의 효용감소가 불가피한 상태이다. 즉 가장 효율적인 배분이 이루어지고 있을 때이다.
② 소득분배의 공평성은 배제하고 오로지 경제적 효율성만 고려한 개념이다.
③ 다수의 파레토 효율성 상태가 존재할 수 있다.
④ $MRS_{XY} > MRT_{XY}$일 경우 X재의 생산을 증가시켜야 한다.

문제로 익히는 핵심이론

[파레토 개선과 파레토 효율성]

- 파레토 개선: 하나의 경제상태에서 다른 경제상태로 변화할 때 사회구성원 중 그 누구의 효용도 감소함이 없이 최소한 1명 이상의 효용이 증가하는 것
- 파레토 효율성: 더 이상의 파레토 개선이 불가능한 상태로 경제 내의 누군가의 효용을 증가시키기 위해서는 다른 누군가의 효용감소가 불가피한 상태이다. 즉 가장 효율적인 배분이 이루어지고 있을 때이다.
- 문제점: 소득분배의 공평성은 배제하고 오로지 경제적 효율성만 고려한 개념이라는 문제가 있어, 이 문제점을 해결하기 위해 사회후생함수가 등장하였다.

정답 ⑤

238

난이도 Self Check | 상 ○ 중 ○ 하 ○

다음 [그래프1]은 X재와 Y재의 생산에 대한 에지워드상자를 나타낸 것이고, [그래프2]는 에지워드 상자 내의 A~E점을 그래프상 F~J점으로 1:1 대응시킨 것일 때, 1:1 대응이 바르게 짝지어진 것은?

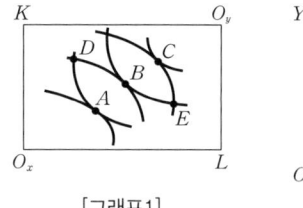
[그래프1]

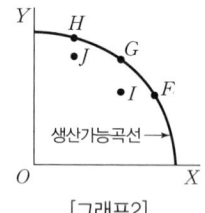
[그래프2]

	[그래프1]	[그래프2]
①	A	F
②	B	G
③	C	H
④	D	I
⑤	E	J

해설

X재와 Y재의 계약곡선끼리 접하는 A, B, C점은 생산가능곡선상에 위치하게 된다. 따라서 F, G, H 중 하나와 연결되게 된다. 그중 A가 X재의 생산량이 가장 적기 때문에 생산가능곡선상에서 가장 왼쪽에 있는 H와 연결되고, 순서대로 B는 G, C는 F와 연결된다. D와 E는 계약곡선끼리 교차하는 점으로 효율적인 생산이 이루어지지 않고 있으므로 생산가능곡선 내에 위치하게 된다. E는 B와 같은 계약곡선상에 있으므로 B와 같은 수량의 X재를 생산하고 있는 I이고, D는 A와 같은 계약곡선상에 있으므로 A와 같은 수량의 X재를 생산하고 있는 J가 된다.

따라서 [그래프1]의 A~E와 [그래프2]의 F~J를 1:1 대응시킨 결과는 다음과 같다.

[그래프1]	[그래프2]
A	H
B	G
C	F
D	J
E	I

따라서 바르게 짝지어진 것은 ②이다.

문제로 익히는 핵심이론

[파레토 최적의 조건]

- 소비의 파레토 효율성: $MRS_{XY}^A = MRS_{XY}^B$
- 생산의 파레토 효율성: $MRTS_{LK}^X = MRS_{LK}^Y$
- 종합적인 파레토 효율성: $MRS_{XY} = MRT_{XY}$

정답 ②

239

난이도 Self Check | 상 ○ 중 ○ 하 ○

다음은 A와 B가 누릴 수 있는 가능한 효용집합을 표현한 그래프이다. 점 E_1과 E_2의 수직높이는 같고, U_A와 U_B가 효용수준을 의미할 때, 이에 대한 설명으로 옳지 <u>않은</u> 것은?

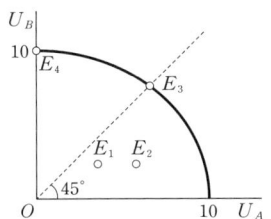

① 공리주의적 관점에서 점 E_1에서 E_2로 이동은 사회후생이 증가한 것이다.
② 롤스의 관점에서 점 E_1에서 E_2로 이동은 사회후생의 변화가 없다.
③ 평등주의적 관점에서 점 E_2에서 E_4로 이동은 사회후생이 감소한 것이다.
④ 공리주의적 관점에서는 점 E_1에서 E_4로 이동은 사회후생이 감소한 것이다.
⑤ E_3는 평등주의적 관점이나 롤스의 관점에서 모두 후생극대화되는 점이다.

해설

공리주의적 관점에서 점 E_1에서 E_4로 이동은 대각선의 무차별곡선이 더 바깥쪽으로 이동하기 때문에 사회후생이 증가한 것이다.

오답풀이

① 공리주의적 관점에서 점 E_1에서 E_2로 이동은 대각선의 무차별곡선이 더 바깥쪽으로 이동하기 때문에 사회후생이 증가한 것이다.
② 롤스의 관점에서 점 E_1에서 E_2로 이동은 L자 모양의 무차별곡선에서 두 점이 수평선상에 동일하게 위치하고 있으므로 사회후생의 변화가 없다.
③ 평등주의적 관점에서 점 E_2에서 E_4로 이동은 우하향의 원점에 볼록한 무차별곡선이 더 안쪽으로 이동하기 때문에 사회후생이 감소한 것이다.
⑤ E_3는 평등주의적 관점, 롤스의 관점, 공리주의적 관점에서 모두 후생극대화되는 점이다.

문제로 익히는 핵심이론

[사회후생함수]

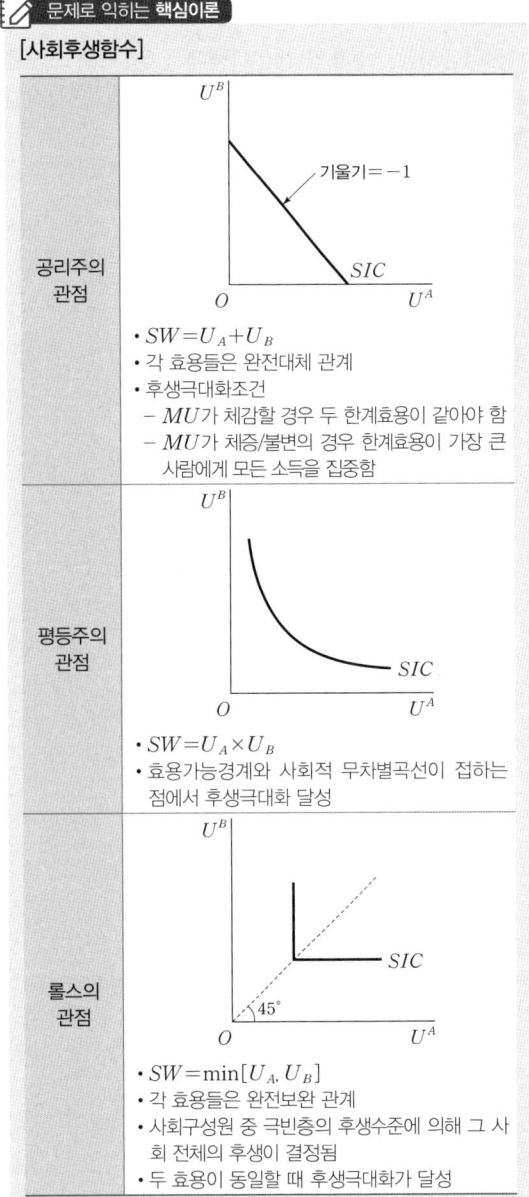

정답 ④

240

완전경쟁시장인 X재의 생산과정에서 양(+)의 외부효과가 발생할 때 균형산출량 수준에서의 산식으로 옳은 것은?

① $P=PMC>SMC$
② $P=PMC<SMC$
③ $P=PMC=SMC$
④ $P>PMC>SMC$
⑤ $P<PMC<SMC$

해설

생산과정에서 양의 외부효과가 발생하면 사적 한계비용(PMC) > 사회적 한계비용(SMC)인 상황이므로, 사적 한계비용과 사적 한계편익이 동일한 점에서 균형산출량이 결정된다. 이때 $P=PMC>SMC$이다.

> **문제로 익히는 핵심이론**
>
> **[외부성]**
>
> 1. 개념
>   한 경제주체가 다른 경제주체에게 시장가격기구를 통하지 않고 의도하지 않은 혜택이나 손해를 끼치는 것
>
> 2. 외부성의 분류
>
> | 긍정적 생산 외부성 | 부정적 생산 외부성 |
> |---|---|
> | • $PMC>SMC$
• 과소생산의 문제
• 보조금으로 해결 | • $PMC<SMC$
• 과다생산의 문제
• 조세부과로 해결 |
> | 긍정적 소비 외부성 | 부정적 소비 외부성 |
> | • $PMB<SMB$
• 과소소비의 문제
• 보조금으로 해결 | • $PMB>SMB$
• 과다소비의 문제
• 조세부과로 해결 |

정답 ①

241

X재의 사적 한계비용곡선과 사회적 한계비용곡선, 수요곡선이 다음과 같다. 이 시장이 완전경쟁시장일 때, X재 시장에서 외부효과로 발생하는 후생손실로 옳은 것은?

> • 사적 한계비용: $PMC=Q$
> • 사회적 한계비용: $SMC=Q+6$
> • 수요함수: $P=90-Q$

① 6　　② 9
③ 12　④ 15
⑤ 18

해설

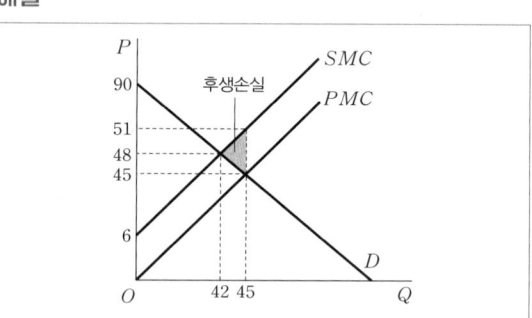

부정적 외부효과가 발생하고 있는 시장으로 사회적 최적균형은 수요곡선과 사회적 한계비용곡선이 교차하는 점에서 결정된다. 따라서 균형생산량은 42이다.
그러나 실제 생산량은 PMC와 교차하는 점으로 이때 생산량은 45이다.
위의 [그래프]에서 색칠한 삼각형이 후생손실 부분이다.
따라서 $6 \times 3 \times \frac{1}{2} = 9$이다.

정답 ②

242

공공재의 성격에 관한 설명으로 옳지 <u>않은</u> 것은?

① 해안가 마을에서 울리는 지진해일 경보사이렌은 공공재이다.
② 공공재의 비경합성으로 인해 공공재의 수요곡선은 개별수요곡선의 수직의 합이다.
③ 일반적으로 정부의 개입이 존재하지 않는다면 공공재는 과다 공급된다.
④ 공공재의 생산을 정부가 직접 담당하지 않고 민간에 위탁하여 공급할 수 있다.
⑤ 소비의 비배제성으로 인해 무임승차문제가 발생한다.

해설

공공재는 비배제성이 강한 재화이다. 따라서 무임승차 문제로 인해 과소생산이 이루어져 자원배분의 비효율성의 가능성이 커진다.

오답풀이
① 공공재의 두 축은 비배제성과 비경합성이다. 경보사이렌의 경우 비배제성과 비경합성을 모두 충족하기 때문에 공공재이다.
② 비경합성으로 인한 중복소비가 가능하기 때문에 수직의 합으로 구한다.
④ 정부가 반드시 생산하여야 공공재가 되는 것은 아니다.
⑤ 공공재는 소비의 비배제성으로 인해 필연적으로 무임승차가 발생하는 문제점을 가지고 있다.

문제로 익히는 핵심이론
[공공재]
- 개념: 비경합성과 비배제성이 존재하는 재화 또는 서비스
  예) 국방, 치안, 가로등 등
- 비배제성: 비용을 치르지 않고도 소비로부터 배제되지 않는 특성. 즉 재화 및 서비스를 공짜로 소비할 수 있음
- 비경합성: 한 개인의 공공재 소비가 다른 개인의 소비가능성을 감소시키지 않는 특성으로 재화 및 서비스에 대해 중복소비가 가능함

정답 ③

243

어떤 한 경제에서 A, B 두 명의 소비자와 일반재화 X와 공공재 Z가 존재한다. 현재의 소비량을 기준으로 A와 B의 효용과 한계 변환율(MRT)을 구하면 다음과 같다. 이 경제에서 파레토 효율적인 공공재 Z의 적정 공급량으로 옳은 것은?

- $U^A = 2X + 4Z - \frac{1}{2}Z^2$
- $U^B = X + 3Z + Z^2$
- $MRT_{ZX} = 14$

① 6　　② 8
③ 10　　④ 12
⑤ 14

해설

$MRS_{ZX}^A = \frac{4-Z}{2}$이고, $MRS_{ZX}^B = 3 + 2Z$이다.
공공재의 적정공급조건(Samuelson조건)에 따르면 한계대체율의 합이 한계변환율과 같아야 하므로 $\frac{4-Z}{2} + 3 + 2Z = 14$이고, Z는 6이다.

문제로 익히는 핵심이론
[공공재의 적정공급조건]
- Lindahl 조건: $MB_A + MB_B = MC$
- Samuelson 조건: $MRS_{ZX}^A + MRS_{ZX}^B = MRS_{ZX}$
- 공공재의 비경합성 특징으로 인해 동일한 공공재의 양을 소비하면서 소비자마다 각기 다른 효용을 누리고 있음

정답 ①

244

역선택의 사례로 옳지 않은 것은?

① 의료보험에는 건강하지 않은 사람이 가입할 확률이 높다.
② 중고차 시장에서 품질 높은 자동차가 거래될 확률이 낮다.
③ 종신연금에는 사망 확률이 낮은 건강한 사람이 가입할 확률이 높다.
④ 은행이 대출이자율을 높이면 위험한 사업에 투자하려는 기업들이 차입할 확률이 높다.
⑤ 안정적인 직장에 정규직으로 취업한 사람은 열심히 일하지 않을 확률이 높다.

해설

취업한 이후에 취업 이전보다 열심히 일하지 않은 것은 계약 이후 행동의 문제이므로 도덕적 해이(Moral Hazard)에 더 적합한 사례이다.

문제로 익히는 **핵심이론**

[비대칭정보하에서 발생하는 문제]

역선택	도덕적 해이
감춰진 특성으로 인하여 발생	감춰진 행동으로 인하여 발생
계약 이전의 선택의 문제	계약 이후의 행동의 문제

정답 ⑤

245

중고차 시장에 품질 좋은 중고차와 나쁜 중고차가 각각 100대씩 존재한다. 중고차 매매인과 소비자의 입장이 다음과 같을 때, 중고차 시장의 균형가격과 균형거래량에 관한 설명으로 옳은 것은?

중고차 매매인	좋은 중고차는 최소 600만 원 이상, 나쁜 중고차는 최소 400만 원 이상에 판매하려고 함
소비자	좋은 중고차는 최대 700만 원까지, 나쁜 중고차는 최대 450만 원까지 지불 의사가 있음

※ 중고차 매매인은 중고차의 성능을 알지만, 소비자는 성능은 알지 못한다. 그러나 매매인과 소비자 모두 서로가 팔고자 하는 가격과 사고자 하는 가격은 알고 있다.

	균형가격	균형거래량
①	600만 원~700만 원	100대
②	600만 원~700만 원	200대
③	400만 원~575만 원	100대
④	400만 원~575만 원	200대
⑤	400만 원~450만 원	100대

해설

좋은 중고차의 경우 소비자가 평균적으로 지불하고자 하는 금액은 700만 원과 450만 원의 평균인 575만 원이다. 중고차 매매인 입장에서는 좋은 중고차를 최소 600만 원에 팔고자 하는데 구매자가 제시하는 가격은 그에 미치지 못한다. 따라서 좋은 중고차에 대한 거래는 발생하지 않을 가능성이 높다.
이제 나쁜 중고차만 시장에서 거래가 이루어지게 된다. 소비자가 575만 원을 제시하였을 때 중고차 매매인이 중고차를 판다면 소비자는 그 중고차가 품질이 나쁜 중고차임을 알 수 있다. 왜냐하면 소비자도 매매인이 팔고자 하는 가격을 알고 있기 때문이다. 따라서 품질 나쁜 중고차라도 살 소비자라면 575만 원이 아닌 450만 원을 제시할 것이다.
따라서 시장에서 거래되는 중고차는 품질 나쁜 중고차이고, 400만 원~450만 원 사이에서 거래가 될 것이다.

정답 ⑤

2 거시경제

CHAPTER 01 거시경제변수와 국민소득결정이론
CHAPTER 02 소비와 투자
CHAPTER 03 화폐수요공급과 통화정책
CHAPTER 04 IS-LM모형과 경제안정화정책
CHAPTER 05 AD-AS모형
CHAPTER 06 인플레이션과 실업
CHAPTER 07 학파별 논쟁과 경기변동
CHAPTER 08 경제성장과 발전
CHAPTER 09 국제무역론
CHAPTER 10 국제금융

CHAPTER 01 거시경제변수와 국민소득결정이론
기출예상문제

246
난이도 Self Check | 상◯ 중◯ 하◯

거시경제지표에 관한 설명으로 옳지 <u>않은</u> 것은?

① 국내총생산은 영토를 기준으로, 국민총생산은 국민을 기준으로 계산한다.
② 국내총생산은 특정 시점에 한 나라 안에서 생산된 모든 재화와 서비스의 시장가치이다.
③ 자가 보유주택의 귀속임대료가 상승하면 GDP도 상승한다.
④ 태풍 피해로 인한 복구비용은 GDP에 포함된다.
⑤ 실업수당 지급으로 인한 정부지출은 GDP에 포함되지 않는다.

해설
국내총생산(GDP)은 일정기간 동안 한 나라 안에서 생산된 모든 재화와 서비스의 시장가치이다.

오답풀이
① 국내총생산은 한 나라 영토 안에서 생산되는 것을 기준으로 하고, 국민총생산은 국적을 기준으로 계산한다.
③ 임대주택 서비스뿐만 아니라 자가주택으로부터 발생한 임대료도 GDP에 포함된다.
④ 태풍 피해 복구를 위해 지출된 비용은 GDP에 포함된다.
⑤ 실업수당은 이전지출이므로 부가가치 창출과는 무관한 지출이다. 따라서 GDP에 포함되지 않는다.

📝 문제로 익히는 핵심이론

[국내총생산(GDP)]
- 일정 기간 동안 한 나라 영토 안에서 생산된 모든 최종생산물의 시장가치의 합계
- 유량(Flow)의 개념
- 속지주의
- '생산'되지 않은 것은 제외
- 최종생산물이 아닌 중간재는 제외
- 원칙적으로 시장에서 거래되는 것만 포함
- 포함되는 것의 예: 귀속임대료, 회사채 이자, 국방, 재고자산 등
- 포함되지 않는 것의 예: 국공채 이자, 상속, 증여, 복권, 이전지출 등

정답 ②

247
난이도 Self Check | 상◯ 중◯ 하◯

GDP를 $Y=C+I+G+(X-M)$으로 표현할 때, 이에 관한 설명으로 적절한 것을 모두 고르면? (단, C는 소비, I는 투자, G는 정부지출, $(X-M)$은 순수출이다.)

㉠ 올해 생산물 중 판매되지 않고 남은 재고는 올해 GDP에 포함되지 않는다.
㉡ 무역수지가 흑자여도 GDP는 감소할 수 있다.
㉢ 폐쇄경제하에서 국민 저축은 투자와 같다.
㉣ 무역수지가 흑자이면 국민 저축이 국내 투자보다 더 작다.

① ㉠, ㉡
② ㉠, ㉢
③ ㉡, ㉢
④ ㉡, ㉣
⑤ ㉢, ㉣

해설
㉡ 무역수지가 흑자이면, $(X-M)>0$이다. 하지만 나머지 변수들의 감소분이 더 크다면 GDP는 감소할 것이다.
㉢ 폐쇄경제하에서는 $(X-M)=0$으로 이때의 $GDP=Y=C+I+G$가 된다. 이 식을 $Y-C-G=I$로 바꾸면, $Y-C-G$가 국민 저축이므로 투자와 같다는 것을 알 수 있다.

오답풀이
㉠ 올해 생산된 제품은 올해 GDP 재고투자에 포함된다.
㉣ $(X-M)$에 대해 식을 전개하면, $(X-M)=Y-C-I-G$가 된다. $Y-C-G$가 국민 저축(S_G)이므로 $(X-M)=S_G-I$가 된다. 무역수지가 흑자이므로 $S_G-I>0$이 되고, 따라서 국민 저축이 국내 투자보다 더 크다.

📝 문제로 익히는 핵심이론

1. 개방경제시장의 주입과 누출
- 주입: 총지출의 증가요인, 투자(I), 정부지출(G), 수출(X)
- 누출: 총지출의 감소요인, 저축(S), 조세(T), 수입(M)

2. 개방경제하 생산물시장의 균형식
- $I+G+X=S_p+T+M$
- $X-M=S_p-I+T-G$
- 총저축=(민간저축)+(정부저축)
- $Y-C-G=(Y-T-C)+(T-G)$

정답 ③

248

A국의 명목 GDP는 2021년 2,000억 달러에서 2022년 2,040억 달러로 증가했다. A국의 GDP 디플레이터가 2021년 100에서 2022년 120으로 상승했다면 B국의 2021년 대비 2022년 실질 GDP 증가율로 옳은 것은?

① −30%
② −15%
③ 0%
④ 15%
⑤ 30%

해설

2022년 GDP디플레이터 = $\frac{(\text{명목 GDP})}{(\text{실질 GDP})} \times 100$이다.

2022년의 명목 GDP가 2,040억 달러이므로 $\frac{2,040억}{(\text{실질 GDP})} \times 100 = 120$이 된다.

따라서 실질 GDP는 1,700억이고, 2021년 대비 2022년 실질 GDP 증가율은 $\frac{1,700 - 2,000}{2,000} \times 100 = -15(\%)$이다.

문제로 익히는 핵심이론

[명목 GDP와 실질 GDP]

1. 명목 GDP
   물가변화를 고려하지 않고 단순히 화폐액으로 계산된 국민소득
2. 실질 GDP
   물가변화를 고려하여 구체적인 재화의 수량으로 계산된 국민소득
   ※ (GDP 디플레이터) = $\frac{(\text{명목 GDP})}{(\text{실질 GDP})} \times 100$
   – 파쉐가격지수 방식으로 계산된 일종의 물가지수
   – 기준연도의 경우 명목과 실질이 동일하므로 항상 100이다.

정답 ②

249

이자율이 고정되어 있고 물가수준이 일정한 폐쇄경제가 있다. 총수요곡선을 가장 큰 폭으로 변화시키는 순서대로 나열한 것은?

> ㉠ 한계소비성향이 0.5이고, 독립적인 소비지출 150억이 발생한다.
> ㉡ 한계저축성향이 0.4이며, 정부가 세금을 180억 감소시킨다.
> ㉢ 한계소비성향이 0.75, 한계 수입성향이 0.35이고, 정부 지출이 150억이 발생한다.

① ㉠＞㉡＞㉢
② ㉠＞㉢＞㉡
③ ㉡＞㉢＞㉠
④ ㉡＞㉠＞㉢
⑤ ㉢＞㉡＞㉠

해설

㉠ $\frac{1}{1-0.5} \times 150 = 300(억)$

㉡ $\frac{-(1-0.4)}{1-(1-0.4)} \times (-180) = 270(억)$

㉢ $\frac{1}{1-0.75+0.35} \times 150 = 250(억)$

문제로 익히는 핵심이론

[승수]

- 승수: $\frac{(\text{균형국민소득의 변화분})}{(\text{총수요의 독립적인 변화분})}$
- 승수의 도출(균형국민소득식 Y=C+I+G+X−M으로부터)
  ※ c=한계소비성향, i=한계투자성향, t=세율, m=한계수입성향
  – 소비/투자/정부지출/수출/수입승수:
  $$\frac{1}{1-c(1-t)-i+m}$$
  – 조세/이전지출승수: $\frac{-c}{1-c(1-t)-i+m}$
  (다만, 이전지출승수는 조세승수와 동일한 크기이나 부호만 반대이다.)
  – 균형재정승수: $\frac{1-c}{1-c(1-t)-i+m}$

정답 ①

250

난이도 Self Check | 상 ◯ 중 ◯ 하 ◯

케인즈(Keynes)의 단순 국민소득 결정모형에 관한 설명으로 가장 옳지 <u>않은</u> 것은?

① 디플레이션 갭(Deflation Gap)이 존재하면 일반적으로 실업이 유발된다.
② 실제 GDP가 잠재 GDP에 미치지 못할 때 디플레이션 갭이 존재한다.
③ 현재 소득 수준에서 저축이 투자를 초과하고 있다면 의도하지 않은 재고투자의 증가가 발생하고 있다.
④ 계획된 총지출이 생산액을 초과하면 다음 기에 생산이 감소한다.
⑤ 저축과 투자는 사후적으로 항상 일치한다.

문제로 익히는 핵심이론

1. 케인즈(Keynes)의 균형국민소득의 결정

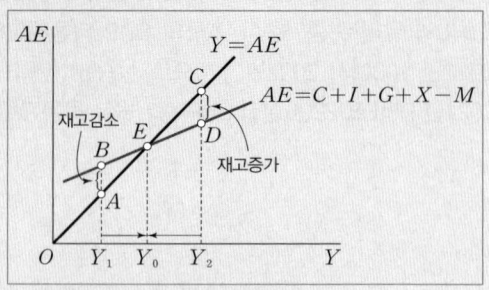

- 원점을 통과하는 대각선이 실제 지출
- 이외 대각선이 계획된 총지출
- 실제 지출＞계획된 총지출이면 재고증가가 발생하여 다음 기에 생산을 감소시킴
- 실제 지출＜계획된 총지출이면 재고감소가 발생하여 다음 기에 생산을 증가시킴

2. GDP갭

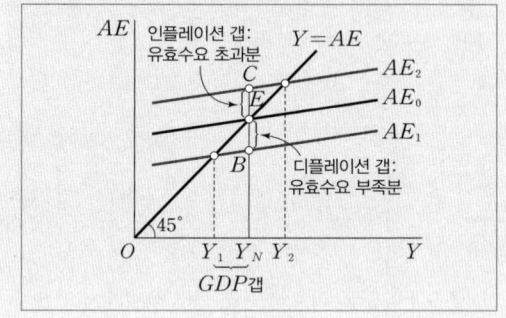

정답 ④

해설
케인즈에 따르면 계획된 총지출이 사후적인 생산액을 초과하면 의도하지 않은 재고투자의 감소가 발생하여 기업은 적정 재고수준을 유지하기 위해 다음 기에 생산을 증가시킨다.

오답풀이
①, ② 실제 GDP가 잠재 GDP에 미치지 못할 때 디플레이션 갭이 나타난다. 이상적인 고용량에 비해 실제적으로는 더 적은 고용이 이루어질 것이므로 실업이 유발된다.
③ 현재 소득 수준에서 저축이 투자를 초과하고 있다면 사후적으로 실현된 공급이 사전적으로 의도된 총수요보다 큰 상태이다. 따라서 의도하지 않은 재고투자의 증가가 발생하고 있다.

251 난이도 Self Check | 상 ◯ 중 ◯ 하 ◯

대부자금의 공급이 실질이자율의 증가함수이고 대부자금의 수요는 실질이자율의 감소함수인 대부자금시장모형에서 나타나는 현상으로 옳지 <u>않은</u> 것은?

① 공급이 증가하면 실질이자율이 하락한다.
② 정부의 조세삭감만큼 소비자들이 저축을 늘린다면 균형이자율은 변함이 없다.
③ 재정흑자로 인한 정부 저축 증가분 보다 국민 저축 증가분이 더 작다.
④ 개방경제의 경우 국외이자율이 국내이자율보다 낮다면 순자본유출은 감소한다.
⑤ 재정적자 확대로 인해 예산을 팽창시킬 경우 총수요는 감소한다.

문제로 익히는 핵심이론

[고전학파]

- 고전학파에서는 자금시장에서 실질이자율의 신축적 조정을 통해 저축과 투자가 일치되는 지점에서 균형이자율이 결정된다고 주장함
- 이때, 공급을 늘리기 위해 재정정책으로 공급곡선을 우측으로 이동시킨다 해도 구축효과가 발생하여 소비와 투자가 감소하고 소비와 투자의 감소분의 합이 정부지출의 증가분과 정확히 일치하므로 총지출 및 국민소득은 변하지 않는다고 주장함

정답 ⑤

해설

재정적자의 확대는 정부지출의 상승을 의미하고, 이는 정부저축의 감소이다. 따라서 공급이 감소하여 실질이자율이 상승하게 된다. 실질이자율이 상승하면 투자가 감소하여 정부지출 증가에 따른 총수요 증가분의 일부가 감소하게 되는 구축효과가 발생한다. 그럼에도 불구하고 구축효과의 크기는 정부지출 증가분과 비교하였을 때 최소한 같거나 더 작기 때문에 총수요가 적어도 감소하지는 않는다.

오답풀이

② 정부가 조세를 삭감하게 되면 정부 저축이 감소하게 되는데, 이 감소분만큼 민간 저축이 상승한다면 정확히 상쇄하게 되면서 국민 총저축은 불변이다. 따라서 대부자금시장에서 공급 및 수요곡선도 움직이지 않아 균형이자율은 변함이 없다.
③ 재정흑자로 인해 공급곡선이 우측으로 이동하여 실질 이자율이 상승하고, 이에 따라 소비와 투자가 감소하게 되는 구축효과가 발생한다. 하지만 이 구축효과는 증가분보다는 클 수 없으므로 정부 저축 증가분 보다 국민 저축 증가분이 더 작다.
④ 상대적으로 금리가 높은 국내로 자본이 유입되기 때문에 순자본유출은 감소할 것이다.

CHAPTER 02 소비와 투자 기출예상문제

252

난이도 Self Check | 상 ○ 중 ○ 하 ○

소비이론에 관한 설명으로 옳은 것을 모두 고르면?

> ㉠ 상대소득가설에서 개인의 소비는 타인의 소비에 영향을 받는다.
> ㉡ 항상소득이론에 따르면 정부가 영구히 소득세율 인하 발표를 하면 그때부터 소비는 서서히 증가하고 이후 일정 수준으로 유지한다.
> ㉢ 처분가능소득의 평균소비성향과 평균저축성향의 합은 항상 1이다.
> ㉣ 생애주기 이론에 따르면 개인의 저축은 나이에 따라 U자형으로 나타날 가능성이 높다.

① ㉠, ㉡
② ㉠, ㉢
③ ㉡, ㉢
④ ㉡, ㉣
⑤ ㉢, ㉣

해설

㉠ 뒤젠베리(Duesenberry)의 상대소득가설은 소비의 상호의존성을 가정하기 때문에 한 개인의 소비는 다른 사람에게 영향을 받을 수 있다.
㉢ 평균소비성향과 평균저축성향의 합뿐만 아니라 한계소비성향과 한계저축성향의 합도 1이다.

오답풀이

㉡ 항상소득이론에 따르면 항상소득의 크기에 따라 소비가 정해진다. 정부가 영구히 소득세율 인하 발표를 하면 소비가 서서히 증가하는 게 아니라 즉각 증가한 후 일정 수준으로 유지한다.
㉣ 생애주기 이론에서 평생에 걸친 소득의 흐름은 역U자형으로 나타난다. 소비의 흐름이 안정적이라고 가정하기 때문에 소득에서 소비를 뺀 저축 역시 역 U자형의 형태를 유지할 것이다.

문제로 익히는 핵심이론

[소비이론의 흐름]

- 쿠즈네츠(Kuznets)의 실증분석: 장단기 막론하고 평균소비성향이 한계소비성향보다 큰 게 아니라 적어도 단기에는 크지만 장기로 갈수록 평균소비성향과 한계소비성향이 같아짐을 실증분석
- 이후 이론인 뒤젠베리(Duesenberry)의 상대소득가설, 프리드먼(Friedman)의 항상소득가설, 생애주기가설 등에서는 쿠즈네츠의 실증분석을 기반으로 이론을 전개
- 상대소득가설: 소비의 상호의존성과 비가역성(톱니효과)을 가정
- 항상소득가설: 소비는 항상소득의 크기에 의해 결정된다.
- 생애주기가설: 소비는 평생 동안 기대할 수 있는 자산소득과 노동소득의 현재가치에 의해 결정된다. 소비함수 $C = \alpha W + \beta Y$ 전제. (W는 자산소득, Y는 근로소득)

정답 ②

253

투자이론에 관한 설명으로 옳지 않은 것은?

① 케인즈는 투자가 이자율이 아닌 기업가의 직관에 의해 결정된다고 주장하였다.
② 토빈의 q가 1보다 클 경우 투자규모는 증가한다.
③ 가속도원리에 따르면 전년도와 올해의 소득차이가 클수록 투자는 증가한다.
④ 투자옵션모형에 의하면 투자는 불확실성의 감소함수이다.
⑤ 신고전학파의 투자이론에 의하면 실질이자율 하락은 자본의 한계편익을 증가시켜 투자의 증가를 가져온다.

해설

투자이론에 따르면 실질이자율이 하락하면 자본에 대한 사용자 비용이 낮아지므로 적정자본량이 증가하고 투자도 증가한다. 그러나 자본량 증가에 따라 수확체감이 발생하므로 자본의 한계생산은 감소한다.

오답풀이
② 토빈의 q가 1보다 클 경우 자산에 대해서 주식시장에서 평가된 기업의 내재가치가 대체비용보다 더 높다는 것이므로 투자가 증가한다.
③ 가속도원리에서는 올해와 전년도의 소득차이에 따라 투자가 결정되므로 소득차이가 클수록 투자는 증가한다.

문제로 익히는 핵심이론

[투자이론]
- 현재가치법: 현재가치와 투자비용을 비교하여 투자여부를 결정. 현재가치가 더 클수록 투자 증가
- 내부수익률법: 투자의 한계효율과 이자율을 비교하여 투자여부를 결정. 한계효율이 클수록 투자 증가
- Jorgenson 모형: 자본의 사용자 비용과 자본의 한계생산물의 가치가 일치하는 수준에서 적정 투자규모가 결정됨
- 가속도원리: 소득의 변동과 소비의 변동을 통해 투자는 이루어짐. 소득과 소비의 증가분이 클수록 투자 증가
- q이론: q=(주식시장에서 평가된 기업의 내재가치/실물자본 대체비용). q가 1보다 크면 투자 증가
- 투자옵션모형: 투자의 비가역성으로 인해 불확실성의 증대가 투자를 위축시킴

정답 ⑤

254

케인즈(Keynes)의 절대소득가설에 관한 설명으로 옳지 않은 것은?

① 한계소비성향은 0보다 크고 1보다 작다.
② 단기적으로 보면 평균소비성향이 한계소비성향보다 더 크다.
③ 차입제약이 존재할수록 이 이론의 현실 설명력이 커진다.
④ 소득이 증가할수록 평균소비성향이 커진다.
⑤ 현재의 소비는 현재소득의 절대적인 크기에 의해 결정된다.

해설

소득이 증가할수록 평균소비성향이 작아진다.

오답풀이
② 단기적뿐만 아니라 장기적으로도 평균소비성향이 한계소비성향보다 더 크다.
③ 차입제약이 존재하는 경제에서는 케인즈의 절대소득가설이 설득력을 가진다.
⑤ 현재의 소득이 현재의 소비에 영향을 미친다는 것이 케인즈의 이론이다.

문제로 익히는 핵심이론

[케인즈(Keynes)의 절대소득가설]
- 현재의 소비는 현재소득의 절대적인 크기에 의해 결정된다.
- 소비함수: $C = C_0 + c(Y-T)$
- 평균소비성향은 한계소비성향보다 항상 크다. 이후에 나오는 소비이론과의 차이점
- 평균소비성향은 소득수준이 증가할수록 작아진다.
- 한계소비성향은 소득과 무관하게 일정하다.

정답 ④

255

난이도 Self Check | 상 ◯ 중 ◯ 하 ◯

다음 세 가지 경품의 현재가치를 동일하게 할인율 10%를 적용하여 계산하였더니 모두 100원으로 동일하게 나타났다. 이때 A, B, C를 높은 순서대로 배열한 것은?

> ㉠ 현재부터 A원을 매년 영구히 받는다.
> ㉡ 1년 후에 상금 B원을 받는다.
> ㉢ 1년 후에 상금 C원, 2년 후에 상금 B원을 받는다.

① A > B > C
② B > A > C
③ B > C > A
④ C > A > B
⑤ C > B > A

해설

㉠ 현재부터 A원을 받으므로 다음과 같은 식이 나오게 된다.
$A + \dfrac{A}{10\%} = 100$
따라서 A는 약 9.09이다.

㉡ $\dfrac{B}{1.1} = 100$이므로 B는 110이다.

㉢ $\dfrac{C}{1.1} + \dfrac{B}{1.1^2} = 100$이므로 C는 10이다.

정답 ③

256

고전학파에 따른 화폐수량설에 관한 설명으로 옳지 않은 것은?

① 통화량의 증가는 실제 산출량에 영향을 미치지 않는다.
② 통화량을 증가시킬수록 인플레이션 발생 확률은 높아진다.
③ 통화량이 증가할수록 실질이자율의 하락을 가져온다.
④ 화폐를 교환의 수단으로 생각하여 화폐수요를 유량의 측면에서 설명한다.
⑤ 통화량을 증가시키면 산출량의 명목가치는 비례적으로 증가한다.

해설

고전학파에 따르면 실질이자율은 저축과 투자에 의해 결정되지 통화량과는 무관하다.

오답풀이

① 고전학파의 교환방정식 MV=PY에서 통화량(M)의 증가는 실제 산출량(Y)을 변화시킬 수 없다. 산출량을 변화시킬 수 있는 요소는 실질 GDP, 고용량, 실질투자 등 통화량과 관계없이 결정되는 것들이다.
② 통화량이 증가하면 실제 경제 요소를 바꿀 수 없고, 물가(P)에만 영향을 미친다.
⑤ 통화량은 실제 산출량은 변화시킬 수 없으나 물가에는 영향을 미치기 때문에 명목산출량(PY)은 변화시킨다.

> 문제로 익히는 **핵심이론**

[고전학파의 화폐수량설]

- MV=PY
- 실물부문과 화폐부문이 분리되어 명목변수인 통화량(M), 물가(P) 등은 실물부문을 변화시킬 수 없다.
- 통화량과 물가는 정비례한다.
- 화폐수요는 이자율과 무관하다.
- 화폐의 교환의 매개수단으로서의 기능만을 강조하고, 유량개념으로 접근한다.

정답 ③

257

유동성 함정에 관한 설명으로 옳은 것은?

① 실질이자율이 0일 경우 발생한다.
② 채권가격이 하락할 것이라고 예상된다.
③ 화폐 수요가 이자율에 대해 완전비탄력적이다.
④ 금융정책의 파급경로 중 금리경로를 통해 문제를 해결할 수 있다.
⑤ 재정정책은 총수요에 영향을 미치지 못한다.

해설

유동성함정의 상태에서는 사람들은 자산을 100% 현금으로 보유하고 있게 된다. 이는 이자율이 최저수준의 상태라 앞으로 채권가격이 하락할 것이라 예상하고 채권을 모두 매각하고 현금으로만 보유하고 있기 때문이다.

오답풀이

① 실질이자율이 0이라서 발생하는 것이 아니라 이자율이 최저수준이라 발생하는 것이다.
③ 화폐 수요가 이자율에 대해 완전탄력적이다.
④ 통화량을 증가시켜도 100% 화폐수요로 흡수되고 이자율이 하락하지 않게 되어 소비나 투자를 변화시킬 수 없기 때문에 문제를 해결할 수 없다.
⑤ 재정정책이 효과적이고, 금융정책이 효과적이지 않은 상태이다.

> 문제로 익히는 **핵심이론**

[케인즈(Keynes)의 화폐수요이론: 유동성선호설]

- 화폐보유의 동기 3가지
  - 거래적 동기
  - 예비적 동기
  - 투기적 동기
  ※ 가장 강조되는 동기는 투기적 동기
- 사람들은 수익률에 따라 자산을 100% 화폐 또는 100% 채권 형태의 극단적인 자산구성을 가정
- 유동성함정
  - 이자율이 최저인 상태
  - 자산을 100% 현금으로 보유하고 있는 상태
  - 금융정책 효과 ↓, 재정정책 효과 ↑
  - 화폐수요의 이자율탄력성이 무한대인 상태

정답 ②

258

난이도 Self Check | 상 ○ 중 ○ 하 ○

통화승수에 관한 설명으로 옳지 않은 것은?

① 지급준비율을 낮추면 커진다.
② 이자율 상승으로 인해 요구불예금이 증가하면 커진다.
③ 중앙은행이 민간이 보유한 국채를 매입하면 커진다.
④ 명절로 인해 현금 보유 성향이 증가하면 작아진다.
⑤ 간편결제의 사용이 증가할수록 커진다.

해설

중앙은행이 민간이 보유한 국채를 매입하면 본원통화가 증가하여 통화량이 증가한다. 통화승수는 통화량을 본원통화로 나눈 값인데, 본원통화 증가분만큼 통화량이 증가하므로 통화승수에는 변화가 없다.

오답풀이

$$통화승수(m) = \frac{(통화량)}{(본원통화)} = \frac{(현금\ C + 예금\ D)}{(현금\ C + 지급준비금\ Z)} = \frac{k+1}{k+z}$$

※ k: 현금예금비율 $\left(\frac{C}{D}\right)$, z: 지급준비율

① 지급준비율을 낮추면 분모 값이 작아지면서 커진다.
② 이자율 상승으로 인해 예금이 증가하게 되어 k 값이 작아진다. 따라서 통화승수는 커진다.
④ 명절로 인해 현금 보유 성향이 증가하면 k 값이 커진다. 따라서 통화승수는 작아진다.
⑤ 간편결제의 사용이 증가하면 현금 보유보다는 계좌에 예치시켜 놓을 것이므로 k 값이 작아진다. 따라서 통화승수는 커진다.

> **문제로 익히는 핵심이론**
>
> **[통화승수와 신용승수]**
>
> • 통화승수
>
> $$= \frac{(통화량)}{(본원통화)} = \frac{(현금\ C + 예금\ D)}{(현금\ C + 지급준비금\ Z)} = \frac{k+1}{k+z}$$
>
> ※ k: 현금예금비율 $\left(\frac{C}{D}\right)$, z: 지급준비율
>
> • 신용승수 $= \frac{1}{(법정지급\ 준비율)}$
>
> 일반적으로 예금은행조직 밖으로의 현금누출과 초과지급준비금으로 인해 통화승수는 신용승수보다 작다.

정답 ③

259

다음 ㉠~㉢을 본원통화의 증가와 감소를 발생시키는 현상으로 구분하였을 때 바르게 짝지어진 것은?

> ㉠ 중앙은행이 공개시장에서 국채를 매입한다.
> ㉡ 중앙은행이 지급준비율을 인하하여 대출을 촉진시킨다.
> ㉢ 중앙은행이 보유하고 있는 준비자산을 매각한다.

	증가	감소
①	㉠	㉡
②	㉠	㉢
③	㉡	㉠
④	㉡	㉢
⑤	㉢	㉡

해설
㉠ 국채를 매입하게 되면 중앙은행이 보유하고 있던 현금이 시장으로 유통되게 되므로 본원통화가 증가한다.
㉢ 준비자산을 매각하면 시중에 유통되는 현금을 중앙은행이 보유하게 되므로 본원통화는 감소한다.

오답풀이
㉡ 지급준비율을 인하하게 되면 중앙은행에서 보유하고 있는 현금이 시장으로 유통되는 것이 아니라 시중은행들이 보유하고 있던 지급준비금들을 유통시키게 되므로 본원통화에는 변화가 없고 통화량만 증가한다.

문제로 익히는 핵심이론

[통화량의 정의와 본원통화]
1. 통화량: 시중에 있는 화폐의 유통량
   - 협의통화: 민간보유현금+요구불예금+수시입출금식 저축성예금
   - 광의통화: 협의통화+정기예금 등+시장형 상품+실적배당형 상품+금융채 등
2. 본원통화: 중앙은행으로부터 시중에 유통되는 현금
   - 본원통화=현금(C)+예금은행 지급준비금(Z)
     =현금(C)+시재금+지준예치금

정답 ②

260

시장이자율이 하락할 경우 가격상승률이 가장 클 것으로 예상되는 채권으로 적절한 것은?

① 액면이자율 8% 만기가 5년인 채권
② 액면이자율 3% 만기가 5년인 채권
③ 액면이자율 8% 만기가 10년인 채권
④ 만기가 5년인 할인채
⑤ 만기가 10년인 할인채

해설
만기가 길수록, 액면이자율과 시장이자율이 낮을수록 듀레이션이 크다. 듀레이션이 클수록 가격상승률이 크다. 할인채는 무이표채이므로 액면이자율이 0%라고 생각하면 할인채가 같은 만기 내에서 듀레이션이 가장 클 것이다.
따라서 시장이자율이 하락할 경우 만기가 10년인 할인채의 가격상승률이 가장 클 것이다.

문제로 익히는 핵심이론

1. 채권의 종류
   - 순수할인채권(무이표채): 이자의 지급없이 만기에 액면금액만을 지급하는 채권
   - 이표채: 만기 이전 일정기간 동안의 액면이자를 지급하는 채권
   - 영구채권: 만기 없이 영구히 액면이자만을 지급하는 채권
2. 듀레이션(Duration)
   - 개념: 채권투자 시 발생하는 현금흐름의 가중평균기간
   - 만기가 길어질수록, 액면이자율, 만기수익률이 낮을수록 듀레이션이 크다.

정답 ⑤

CHAPTER 04 IS-LM모형과 경제안정화정책 기출예상문제

261
난이도 Self Check | 상 ◯ 중 ◯ 하 ◯

IS곡선에 관한 설명으로 옳지 <u>않은</u> 것은?

① IS곡선 상방은 생산물시장의 초과공급 상태를 의미한다.
② 한계소비성향이 작을수록 IS곡선의 기울기는 가팔라진다.
③ 피구효과를 고려하게 되면 IS곡선의 기울기는 완만해진다.
④ 수입의 측면만 고려해보았을 때 개방경제하의 IS곡선은 폐쇄경제하 곡선보다 가파르다.
⑤ 이자율의 하락으로 투자가 증가하여 IS곡선이 우측 이동한다.

> **문제로 익히는 핵심이론**
>
> [IS곡선]
> - 개념: 생산물시장의 균형을 나타내는 이자율과 국민소득의 조합
> - 기울기 증가요인
>   - 투자의 이자율탄력도가 작을수록
>   - 한계소비성향이 작을수록
>   - 한계투자성향이 작을수록
>   - 세율이 클수록
>   - 한계수입성향이 클수록
> - 우측 이동요인
>   - 소비, 투자, 정부지출, 수출의 증가
>   - 저축, 세금, 수입의 감소

정답 ⑤

해설
IS곡선의 세로축 변수인 이자율의 변화는 IS곡선 자체의 이동과는 무관하다.

오답풀이
① IS곡선 상방은 생산물시장의 초과공급 상태, 하방은 초과수요 상태를 의미한다.
② IS곡선의 기울기에 영향을 주는 요소는 한계소비성향, 세율, 한계투자성향, 한계수입성향이 있다. 이 중 한계소비성향과 한계투자성향이 작아질수록 기울기는 가팔라지고, 세율과 한계수입성향이 클수록 기울기는 가팔라진다.
③ 피구효과를 고려하게 되면 이자율 하락에 따른 소비증가 효과가 커지므로 IS곡선의 기울기는 완만해진다.
④ 수입의 측면만 고려해 보았을 때 소득이 증가하였을 때 수입이 증가하여 총수요가 더 작아진다. 개방경제하의 IS곡선은 폐쇄경제하 곡선보다 가파르다.

262

다음 [그래프]는 IS곡선과 물가수준 P와 통화공급량 M에 따른 LM곡선이다. 물가수준과 통화 공급량의 관계로 옳은 것은?

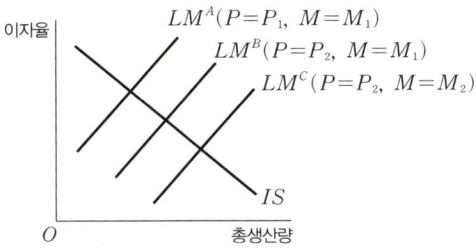

① $P_1 < P_2,\ M_1 > M_2$
② $P_1 < P_2,\ M_1 < M_2$
③ $P_1 > P_2,\ M_1 > M_2$
④ $P_1 > P_2,\ M_1 < M_2$
⑤ $P_1 = P_2,\ M_1 = M_2$

해설

LM곡선의 우측이동 요인은 통화량의 증가, 물가하락, 화폐수요의 감소이다.
LM^A보다 LM^B가 우측에 위치하므로 동일한 통화량하에서 물가수준이 하락한다.
LM^B보다 LM^C가 우측에 위치하므로 동일한 물가수준에서 통화량이 증가하여야 한다.

문제로 익히는 핵심이론

[LM곡선]
- 개념: 화폐시장의 균형을 나타내는 이자율과 국민소득의 조합
- 기울기 증가요인
  - 화폐수요의 이자율탄력성이 작을수록
  - 화폐공급의 외생성이 강할수록
- 우측 이동요인: 통화량의 증가, 물가하락, 화폐수요의 감소

정답 ④

263

정부지출을 축소하는 한편, 국민소득이 일정하게 유지되도록 통화정책을 실시할 경우 그 영향에 대한 설명으로 옳은 것을 모두 고르면?

> ㉠ IS곡선이 좌측 이동한다.
> ㉡ 실질 화폐수요는 증가한다.
> ㉢ 이자율이 상승한다.
> ㉣ 재정적자가 증가한다.

① ㉠, ㉡
② ㉠, ㉢
③ ㉡, ㉢
④ ㉡, ㉣
⑤ ㉢, ㉣

해설

㉠ 정부지출이 축소되어 IS곡선은 좌측으로 이동한다.
㉡ IS곡선이 좌측으로 이동하면 이자율이 하락하고, 국민소득이 감소한다. 국민소득을 일정하게 유지하기 위해 LM곡선이 우측으로 이동해야 한다. 새로운 균형점에서 이자율은 하락하였으므로 화폐수요는 증가하게 된다.

오답풀이
㉢ 이자율은 하락한다.
㉣ 정부지출이 축소되었으므로 재정적자가 감소한다.

문제로 익히는 핵심이론

[$IS-LM$모형]
- 의의: 생산물시장과 화폐시장의 상호작용을 동시에 분석
- 기본적으로 물가가 고정되어 있으며 공급에 비해 수요가 부족한 상태를 가정함
- $IS-LM$모형은 수요측 모형이므로 결정된 국민소득은 경제 전체의 일반균형이 아닌 수요측의 국민소득에 불과
- 인플레이션과 같은 동태적 현상을 설명하기 어려움

정답 ①

264

재정정책이 단기에 가장 큰 효과를 발휘하는 경우로 가장 적절한 것은?

① 한계소비성향이 낮다.
② 화폐수요가 이자율에 민감하게 영향을 받는다.
③ 투자가 이자율에 민감하게 영향을 받는다.
④ 소비가 이자율에 민감하게 영향을 받는다.
⑤ 소득세율이 높다.

해설

화폐수요의 이자율탄력성이 높을수록 구축효과가 작아져 재정정책의 소득증가효과가 크다.

오답풀이

투자/소비의 이자율탄력성이 낮을수록 구축효과가 작아지기 때문에 재정정책이 효과가 있다. 또한 한계소비성향이 높을수록, 소득세율이 낮을수록 승수효과가 커지기 때문에 재정정책이 효과가 있다.

문제로 익히는 핵심이론

[재정정책]
- 정책수단: 정부지출(G), 조세(T)를 증가 혹은 감소시켜 IS곡선을 이동시킴
- IS의 기울기가 급하고, LM의 기울기가 완만할수록 상대적으로 재정정책이 효과적임
- 내부시차가 매우 큼

정답 ②

265

IS-LM모형에서 재정지출 확대에 따른 구축효과에 관한 설명으로 옳은 것을 모두 고르면?

㉠ 확장적 재정정책이 이자율을 상승시키지 않으면 구축효과는 발생하지 않는다.
㉡ 구축효과의 크기가 승수효과의 크기보다 커져 국민소득에 영향을 주지 못할 수 있다.
㉢ 화폐수요에 대한 소득탄력성이 클수록 구축효과가 커진다.
㉣ 국채발행을 통해 재정정책을 시행할 경우 구축효과 없이 소득에 영향을 미칠 수 있다.

① ㉠, ㉡
② ㉠, ㉢
③ ㉡, ㉢
④ ㉡, ㉣
⑤ ㉢, ㉣

해설

㉠ 구축효과는 확장적 재정정책으로 인해 IS곡선이 우측으로 이동하면서 이자율을 상승시키기 때문에 발생하는데 이자율이 상승하지 않으면 구축효과는 발생하지 않는다.
㉢ 화폐수요의 소득탄력성이 클수록 LM곡선의 기울기가 가팔라지므로 구축효과가 커진다.

오답풀이

㉡ 구축효과의 크기가 아무리 커진다고 하여도 승수효과보다는 커질 수 없다.
㉣ 국채 발행을 통해 국채 가격이 하락하여 국채 수익률이 높아지므로 투자는 감소한다. 따라서 구축효과는 발생한다.

문제로 익히는 핵심이론

[구축효과]
- 개념: 정부지출의 증가가 이자율을 상승시켜 민간의 투자를 감소시키는 것
- 구축효과가 클수록 재정정책은 무력해짐
- IS기울기가 작을수록, LM기울기가 클수록 구축효과는 커짐
- 유동성함정 구간에서는 구축효과가 없음

정답 ②

266

난이도 Self Check | 상 ○ 중 ○ 하 ○

금융정책이 효과를 발휘하는 경우로 옳지 않은 것은?

① 통화공급이 외생적으로 결정된다.
② 투자수요가 이자율에 탄력적이다.
③ 화폐수요가 이자율에 비탄력적이다.
④ 경제가 유동성함정 구간에 진입한다.
⑤ 고전학파의 화폐수량설이 성립하는 경제일 때 효과가 크다.

해설

유동성함정 구간에서는 LM곡선이 수평이 된다. 이때에는 금융정책이 효과를 발휘할 수 없고, 재정정책으로만 가능하다.

오답풀이

① 통화공급이 외생적으로 결정되면 내생적으로 결정될 때보다 기울기가 더 급한 형태로 도출된다. 따라서 금융정책이 효과적이다.
②, ③ 투자의 이자율탄력성이 클수록, 화폐수요의 이자율탄력성이 작을수록 금융정책이 효과적이다.
⑤ 고전학파의 화폐수량설이 성립하는 경제일 때 LM곡선은 수직이므로 금융정책이 효과적이다.

> **문제로 익히는 핵심이론**
>
> **[금융정책]**
> - 개념: 통화량을 조절하여 LM곡선을 이동시킨다.
> - 공개시장운영 정책: 국공채를 매입하여 통화량을 증가시켜 LM 우측이동
> - 지급준비율 정책: 지급준비율을 인하하여 통화량을 증가시켜 LM 우측이동
> - 재할인율 정책: 재할인율을 인하하여 통화량을 증가시켜 LM 우측이동
> - IS의 기울기가 완만하고, LM의 기울기가 급할수록 상대적으로 금융정책이 효과적임
> - 외부시차가 상대적으로 큼

정답 ④

267

난이도 Self Check | 상 ○ 중 ○ 하 ○

재정정책에 대한 비판으로 가장 적절하지 않은 것은?

① 유동성함정 상태 이외에는 구축효과가 발생한다.
② 내부시차가 길어 정책이 입안되기까지 오래 걸려 문제에 대한 대응이 느리다.
③ 자동안정화장치를 통해 경기상승 시 증가 폭을 늘리고, 경기하락 시 감소 폭을 줄여 주는 기능을 한다.
④ 리카도 대등정리에서 국채 발행을 통해 재원이 조달된 조세삭감은 실질변수에 영향을 주지 못한다.
⑤ 합리적 기대가 존재한다면 재정정책은 단기에도 효과가 없다.

해설

자동안정화장치는 경기상승 시 증가 폭을 감소시키는 대신, 경기하락 시 감소 폭을 줄여 줌으로서 GDP의 변동 폭을 축소시켜 경기변동의 진폭을 완화하는 기능을 수행하므로 ③은 재정정책에 대한 비판 근거로 적절하지 않다.

오답풀이

② 재정정책이 가지고 있는 단점으로 이를 보완하기 위해 자동안정화장치가 등장하였다.
④ 리카도 대등정리에서 재정지출의 재원을 조세 대신 국채로 조달하여도 소비자는 국채를 미래의 조세로 보기 때문에 실질변수에 영향을 미치지 못한다.
⑤ 합리적 기대가 존재한다면 정부가 재정정책을 시행하더라도 시장참여자들이 향후에 발생할 일을 모두 선반영하므로 재정정책은 장기는 물론 단기에도 효과가 없으며, 물가만을 상승시킨다.

> **문제로 익히는 핵심이론**
>
> **1. 리카도 대등정리**
> 정부지출이 일정하게 고정된 상태에서 조세와 공채발행이 경제의 실질변수에 미치는 영향은 동일하다.
>
> **2. 자동안정화장치**
> 경기침체나 경기호황 때 정부가 의도적으로 정부지출과 조세를 변경하지 않아도 자동적으로 경기침체나 경기호황의 강도를 완화해 주는 제도

정답 ③

AD-AS모형 기출예상문제

268
난이도 Self Check | 상○ 중○ 하○

총수요곡선에 관한 설명으로 옳지 <u>않은</u> 것은?

① 총수요곡선은 모든 상품의 개별적 수요를 가격에 대하여 수평으로 합하여 도출할 수 있다.
② 피구효과로 인해 총수요곡선의 기울기는 더 완만해질 수 있다.
③ 환율효과에 따르면 인플레이션율이 하락하면 자국화폐의 상대가치가 하락하여 순수출이 증가하기 때문에 수요곡선이 우하향한다.
④ 고전학파의 총수요곡선은 화폐수량설로부터 도출되어 우하향의 직각쌍곡선 형태이다.
⑤ 확장적 통화정책을 통해 총수요곡선을 우측으로 이동시켜 경기침체를 해결할 수 있다.

해설
총수요곡선은 미시경제에서 나오는 수요곡선과는 다르다. IS곡선과 LM곡선의 균형으로부터 도출된다.

오답풀이
② 피구효과로 인해 IS곡선의 기울기가 완만해지면서 총수요곡선의 기울기는 더 완만해진다.
③ 인플레이션율이 하락하면 이자율이 하락하게 된다. 이에 따라 자본이 외국으로 유출되어 자국 화폐의 상대가치가 하락한다. 따라서 환율이 상승하고, 순수출이 증가하기 때문에 수요곡선이 우하향한다.
④ 고전학파의 총수요곡선은 MV=PY에서 도출되어 수요곡선은 $P = \frac{MV}{Y}$로 정리할 수 있다.
⑤ 확장적 통화정책을 통해 LM곡선이 우측으로 이동하면 총수요곡선도 우측으로 이동하여 물가는 높아지고 균형소득은 증가하여 경기침체를 해결할 수 있다.

문제로 익히는 핵심이론
[총수요곡선(AD)]
- 개념: 각각의 물가수준에서 경제의 총수요를 나타내는 곡선
- 이자율효과, 피구효과, 환율효과 등에 의해 우하향함
- IS의 기울기와 비례, LM의 기울기와는 반비례함
- IS곡선, LM곡선의 이동요인과 동일함

정답 ①

269
난이도 Self Check | 상○ 중○ 하○

우하향하는 총수요곡선을 이동시키는 요인으로 가장 적절한 것은?

① 물가가 하락하면 가계의 실질자산가치 증대로 총수요곡선이 우측 이동한다.
② 가계의 소비성향이 증가하면 저축이 감소하여 총수요곡선이 좌측 이동한다.
③ 주택담보대출의 이자율이 인하되면 총수요곡선이 좌측 이동한다.
④ 기업에 대한 투자세액공제 확대로 총수요곡선이 우측 이동한다.
⑤ 중앙은행의 국공채매입으로 총수요곡선이 좌측 이동한다.

해설
투자세액공제가 확대되면 투자가 증가하여 IS곡선이 우측으로 이동하고, 총수요곡선도 우측 이동한다.

오답풀이
① 물가가 하락하면 가계의 실질자산가치 증대로 총수요곡선상에서 이동한다.
② 가계의 소비성향이 증가하면 소비가 증가하여 IS곡선이 우측으로 이동하기 때문에 총수요곡선이 우측 이동한다.
③ 주택담보대출의 이자율이 인하되면 주택에 대한 투자가 증가하여 IS곡선이 우측으로 이동하기 때문에 총수요곡선이 우측 이동한다.
⑤ 중앙은행의 국공채매입으로 통화량이 증가하여 LM곡선이 우측으로 이동하기 때문에 총수요곡선이 우측 이동한다.

정답 ④

270

난이도 Self Check | 상 ◯ 중 ◯ 하 ◯

단기 총공급곡선이 우상향하는 이유로 적절한 것을 모두 고르면?

> ㉠ 화폐의 중립성이 성립한다.
> ㉡ 명목임금이 일반적인 물가 상승에 따라 변동하기 어렵다.
> ㉢ 메뉴비용이 발생하여 즉각적인 가격 조정을 방해한다.
> ㉣ 노동자가 기업에 비해 물가상승을 과소 예측하여 노동공급이 감소한다.

① ㉠, ㉡
② ㉠, ㉢
③ ㉡, ㉢
④ ㉡, ㉣
⑤ ㉢, ㉣

해설

㉡ 비신축적 임금모형으로 물가 상승분만큼 명목임금이 상승하지 않으면 실질임금이 감소하게 된다. 따라서 기업 입장에서는 상대적으로 저렴한 비용으로 노동 고용이 가능하기 때문에 물가가 상승할수록 공급이 증가한다.

㉢ 비신축적 가격모형으로 물가가 상승한 만큼 가격에 반영하여야 되는데 메뉴비용 등으로 인해 가격 조정이 빠르게 이루어지지 못해 가격을 일정하게 유지하고 생산량 증가로 대응하기 때문이다.

오답풀이

㉠ 화폐의 중립성이 성립할 경우 물가가 상승할 때 비례적으로 명목임금도 상승하므로 실질임금이 변화하지 않는다. 따라서 물가가 상승해도 실질임금이 변하지 않기 때문에 총공급곡선은 수직선이 된다.

㉣ 노동자 오인모형으로 노동자들이 기업에 비해 물가에 대한 정보가 부족하므로 물가상승에 따른 명목임금 변화를 실질임금 변화로 착각하여 노동공급을 오히려 증가시키기 때문이다.

문제로 익히는 **핵심이론**

[AS곡선]
- 개념: 각각의 물가수준에서 경제전체의 총생산능력을 나타내는 곡선으로 노동시장과 생산함수로부터 도출
- 우상향의 원인

구분	불완전정보	가격경직성
노동시장	노동자오인모형	비신축성임금모형
재화시장	불완전정보모형	비신축적가격모형

정답 ③

271

난이도 Self Check | 상 ◯ 중 ◯ 하 ◯

루카스 공급곡선에 관한 설명으로 옳지 <u>않은</u> 것은?

① 기대물가와 실제물가가 동일할 때 자연실업률을 달성할 수 있다.
② 기대물가가 실제물가보다 높을 때 생산량은 완전고용생산량보다 작다.
③ 기대물가가 고정되어 있는 경우 총공급곡선은 우상향한다.
④ 실제물가가 일정할 때 기대물가 수준만 상승하면 단기적으로 생산량은 증가한다.
⑤ 정보의 불완전성이 없다면 공급곡선은 수직이다.

해설

기대물가수준이 상승하면 공급곡선이 상방 이동하여 생산량은 감소한다.

오답풀이

① 기대물가와 실제물가가 동일할 때 장기의 공급곡선과도 만나기 때문에 자연실업률을 달성할 수 있다.
② 기대물가가 실제물가보다 높을 때 루카스 공급함수의 좌하방에 위치하므로 생산량은 완전고용생산량보다 작다.
③, ⑤ 실제물가의 변화와 상관없이 기대물가가 일정하면 정보의 불완전성이 존재하는 것이므로 총공급곡선은 우상향한다. 만약 정보의 불완전성이 사라져 실제물가가 변화할 때마다 기대물가가 즉각적으로 실제물가와 같아진다면 총공급곡선은 수직 형태가 된다.

문제로 익히는 **핵심이론**

[루카스 공급함수 그래프]

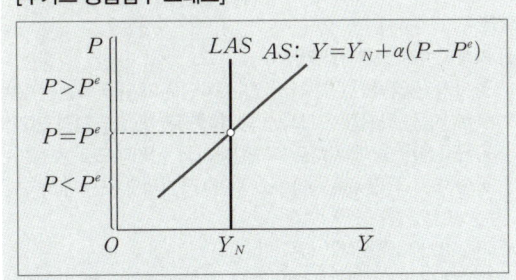

- $P > P^e \rightarrow Y > Y_N$
- $P < P^e \rightarrow Y < Y_N$
- P^e 상승하면 단기 AS 상방 이동

정답 ④

272

총수요·총공급 모형에서 장기균형 상태에 있던 경제가 기상이변으로 인해 피해가 발생했다고 할 때, 기상이변이 경제에 미치는 영향으로 가장 적절한 것은?

① 기상이변이 일시적이든 영구적이든 단기적으로 물가만 상승한다.
② 기상이변이 일시적이든 영구적이든 단기적으로 물가는 상승하고 소득은 감소한다.
③ 기상이변이 영구적이면 단기적으로 물가는 상승하지만 소득은 변하지 않는다.
④ 기상이변이 영구적이면 단기적으로 물가는 상승하고, 소득은 증가한다.
⑤ 기상이변이 영구적이면 장기적으로 물가는 상승하지만 소득은 변하지 않는다.

273

총수요와 총공급이 다음 [그래프]와 같을 때, 경제의 현재 균형점은 A이다. 기대물가가 일시적으로 하락할 경우 단기 및 장기균형점이 바르게 짝지어진 것은?

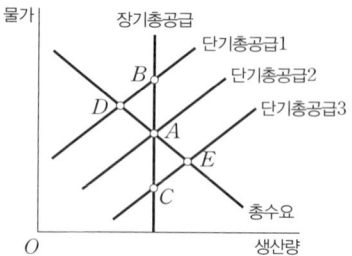

	단기균형점	장기균형점
①	E	A
②	E	C
③	D	A
④	D	B
⑤	B	A

해설

(i) 기상이변이 일시적일 경우
장기의 공급곡선은 변하지 않은채 단기의 공급곡선만 왼쪽으로 이동. 하지만 일시적인 충격이므로 해소가 되면 단기의 공급곡선은 원래 위치로 복귀. 따라서 단기적으로는 물가는 상승하고, 국민소득은 감소하지만, 장기적으로는 변하지 않는다.

(ii) 기상이변이 영구적인 경우
단기와 장기의 공급곡선이 모두 좌측으로 이동한다. 따라서 단기적으로든 영구적으로든 새로운 균형점에 위치하게 되고, 이때의 새로운 균형점은 원래의 균형점보다 물가는 상승하고, 소득은 감소한 위치이다.

정답 ②

해설

기대물가가 일시적으로 하락하게 되면 단기총공급2에서 단기총공급3으로 변하게 된다. 따라서 단기 균형점은 E가 된다. E점은 실제생산량이 장기균형생산량보다 많은 위치이므로 장기균형점이 될 수 없다. 이제 장기가 되면 경제의 장기균형조정이 작동하여 단기공급곡선은 다시 좌측으로 이동하고 장기균형은 A에서 달성되게 된다.

정답 ①

CHAPTER 06 인플레이션과 실업 기출예상문제

274
난이도 Self Check | 상○중○하○

물가지수에 관한 설명으로 가장 적절하지 <u>않은</u> 것은?

① GDP 디플레이터는 명목GDP를 실질GDP로 나눈 수치이다.
② 소비자물가지수와 생산자물가지수의 작성기관은 다르다.
③ 소비자물가지수에는 해외에서 수입되는 재화의 가격 변화가 반영되지 않는다.
④ 소비자물가지수는 재화의 상대가격 변화에 따른 생계비의 변화를 과대평가한다.
⑤ GDP디플레이터는 다른 지수와 달리 주택가격이 포함된다.

해설
생산자물가지수, GDP디플레이터에는 포함되지 않지만, 소비자물가지수에는 수입품 가격이 반영된다.

오답풀이
② 소비자물가지수는 통계청, 생산자물가지수는 한국은행이 작성한다.
④ 소비자물가지수는 실질적인 생계비 하락이나 화폐가치의 상승효과를 반영할 수 없기에 과대평가하게 된다.
⑤ GDP디플레이터는 신규 주택가격이 포함되어 작성된다.

문제로 익히는 핵심이론

[왜 소비자물가지수는 물가변화를 과대평가하게 되는가?]

- 소비자물가지수는 재화의 가중치가 기준연도의 소비량으로 고정되어 있으므로 비교연도에 물가가 상승해도 기준연도와 동일한 재화를 소비한다고 가정하고 계산되어 상대가격 변화에 따른 소비자의 대체가능성을 무시한다. 따라서 생계비의 변화를 과대평가한다.
- 새로운 신제품이 등장하여 소비자의 재화 선택 폭이 넓어지면 소비자들은 더 낮은 비용으로 동일한 생활수준을 유지할 수 있다. 그러나 소비자물가지수는 대상품목이 조정되기 전까지는 새로운 신제품이 작성대상에 포함되지 않으므로 실질적인 생계비 하락이나 화폐가치의 상승효과를 반영할 수 없다. 따라서 소비자물가지수는 물가변화를 과대평가하게 된다.

정답 ③

275
난이도 Self Check | 상○중○하○

2022년 콜라와 사이다의 가격은 각각 1,000원과 500원이었고 콜라를 5개, 사이다를 10개 구입하였다. 한편 2023년에 콜라 가격은 1,500원으로 상승하였고 콜라를 8개, 사이다를 10개 구입하였다. 2022년을 기준연도로 하여 2023년도의 소비자물가지수로 계산한 물가상승률이 30%였다고 할 때, 2023년의 사이다 가격으로 옳은 것은?(단, 이 경제는 콜라와 사이다 두 재화만 있다고 가정한다.)

① 550원
② 600원
③ 650원
④ 700원
⑤ 750원

해설
2023년의 라스파이레스 가격지수

$$= \frac{\sum P_t \times Q_o}{\sum P_o \times Q_o} = \frac{(1,500 \times 5) + (P_t^{사이다} \times 10)}{(1,000 \times 5) + (500 \times 10)} = 1.3$$

위의 식을 풀면, 사이다의 가격은 550원임을 알 수 있다.

문제로 익히는 핵심이론

소비자물가지수는 대표적인 라스파이레스 방식으로 계산하는 가격지수이다. 반면에 GDP디플레이터는 파쉐 방식으로 계산하는 가격지수이다.

종류	라스파이레스 방식	파쉐 방식
수량지수	$L_Q = \dfrac{\sum P_o \times Q_t}{\sum P_o \times Q_o}$	$P_Q = \dfrac{\sum P_t \times Q_t}{\sum P_t \times Q_o}$
가격지수	$L_P = \dfrac{\sum P_t \times Q_o}{\sum P_o \times Q_o}$	$P_P = \dfrac{\sum P_t \times Q_t}{\sum P_o \times Q_t}$

정답 ①

276

난이도 Self Check | 상 ○ 중 ○ 하 ○

인플레이션이 유발하는 사회적 비용이 있다. 다음의 항목 중 예상하거나 예상치 못한 인플레이션에서 모두 발생하는 비용을 모두 고르면?

> ㉠ 메뉴비용(Menu Cost)
> ㉡ 채권자와 채무자 부의 재분배
> ㉢ 조세부담 증가
> ㉣ 피셔효과(Fisher Effect)

① ㉠, ㉡
② ㉠, ㉢
③ ㉡, ㉢
④ ㉡, ㉣
⑤ ㉢, ㉣

해설

㉠ 가격 경직성으로 인한 비효율성이므로 예상하거나 예상치 못한 인플레이션 모두에서 발생한다.

㉢ 우리나라가 택하고 있는 누진세제하에서 일반적으로 조세는 명목소득에 대하여 부과되므로 실질소득이 불변이라도 인플레이션에 따라 명목소득이 증가하면 조세부담이 증가한다.

오답풀이

㉡ 예상된 인플레이션에서는 명목이자율과 명목임금이 예상인플레이션율만큼 상승하므로 재분배가 발생하지 않는다.

㉣ ㉡의 상황이 발생하는 이유가 i(명목이자율)=r(실질이자율)+π^e(예상인플레이션율)이라는 피셔효과를 충족시키기 때문이다.

문제로 익히는 핵심이론

[주어진 문제의 상황 외에 발생할 수 있는 인플레이션의 사회적 비용]

- 예상된 인플레이션의 경우에는 불확실성을 크게 증가시키지 않지만, 예상치 못한 인플레이션하에서는 불확실성이 증가하게 된다. 이렇게 되면 사람들은 장기계약을 회피하게 되고, 자원배분이 비효율적으로 되어 사회적 후생손실이 발생한다.
- 명목이자율 상승에 따른 화폐보유를 기피하게 된다.
- 실물자산 선호에 따라 투기가 유발되어 저축이 감소한다. 따라서 투자가 줄어들게 되고, 경제성장을 저해한다.
- 국산품의 상대가격이 높아지면서 수출에서의 가격경쟁력이 약화되어 수출은 줄고, 수입은 늘어 경상수지가 악화된다.

정답 ②

277

난이도 Self Check | 상 ○ 중 ○ 하 ○

예상치 못한 인플레이션의 영향에 대한 설명으로 가장 적절하지 않은 것은?

① 기업의 명목적인 조세부담이 증가한다.
② 명목환율이 불변이면 실질 순수출은 감소한다.
③ 장기계약, 장기투자의 빈도가 감소한다.
④ 인플레이션 조세의 실질적인 부담자는 화폐를 보유한 모든 경제주체이다.
⑤ 예상보다 낮은 인플레이션이 발생하면 채권자에서 채무자로 부가 이전한다.

해설

예를 들어 경제주체들이 5%의 인플레이션을 예상하였으나, 실제 인플레이션율이 3%가 될 경우 피셔효과에 따라 사후적으로 실질이자율은 예상보다 높은 수준으로 상승하게 된다. 그 결과 채권자는 유리해지고 채무자는 불리해진다. 따라서 채무자에서 채권자로 부가 이전한다.

오답풀이

② 명목환율이 불변일 경우 상대적으로 국내에서 생산된 재화의 값이 오르게 된다. 예를 들면 명목환율이 1달러에 1,000원이라고 하고, 1,000원짜리 곰 인형이 있다고 하자. 인플레이션 이전에는 곰 인형이 1달러이지만, 만약 인플레이션으로 물가가 10% 상승하였다면 국내 가격은 1,100원으로 상승하게 된다. 하지만 명목환율이 불변이므로 1,100원은 1.1달러가 되게 된다. 따라서 순수출은 감소하게 된다.

④ 인플레이션 조세는 정부가 추가적인 화폐발행을 통해 얻게 되는 재정수입이다. 정부가 화폐발행을 통해 자금을 조달하게 되면, 시장 전체에서 통화량이 증가하고 이로 인해 인플레이션이 발생하게 된다. 이로 인해 발생되는 인플레이션은 민간이 보유하고 있는 화폐의 실질가치가 하락하게 되어 화폐보유자들이 실질적으로 조세를 납부한 것과 동일한 효과가 발생하게 된다.

정답 ⑤

278

난이도 Self Check | 상 ◯ 중 ◯ 하 ◯

다음 그래프에 나타난 현상에 관한 설명으로 가장 적절하지 않은 것은?

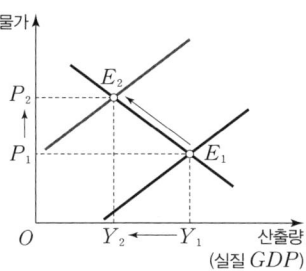

① 고전학파는 이 현상을 부정하였다.
② 러시아-우크라이나 전쟁으로 인한 유가충격이 예시가 될 수 있다.
③ 노동자의 임금인상을 억제하는 것이 해결책이 될 수 있다.
④ 총수요관리를 통해 단기적으로 경기안정화정책을 성공시킬 수 있다.
⑤ 물가안정 목표제 정책을 추구할 경우 산출량이 불안정해진다.

해설

주어진 그래프를 통해 비용인상 인플레이션 현상을 확인할 수 있다. 비용이 인상되어 AS곡선이 좌측으로 움직일 경우 AD곡선을 우측으로 이동시키면 인플레이션이 심화되고, 좌측으로 이동시키면 실업이 증가한다. 따라서 총수요관리를 통한 경기안정화는 성공시킬 수 없다. 다만, 케인즈학파는 이에 대한 대안으로 소득정책이라는 별도의 해결책을 제시하고 있다.

오답풀이
① 고전학파와 통화주의 학파는 인플레이션은 통화량에 따른 문제로 생각했기 때문에 이 현상을 인정하지 않았다.
③ 노동의 효율성이 개선되지 않고서 임금을 늘리는 것은 전체 경제의 인건비 상승을 불러오기 때문에 비용인상 인플레이션의 원인이 된다.
⑤ 비용인상 인플레이션이 발생하여 AS곡선이 움직이는 경우 물가를 고정하기 위해 AD곡선을 조절하게 되면 물가는 불변하지만 AD곡선 위치에 따라 산출량이 불안정해진다. 즉 물가안정과 경기안정은 동시에 목표로 할 수 없음을 방증한다.

문제로 익히는 핵심이론

[수요견인 인플레이션과 비용인상 인플레이션]

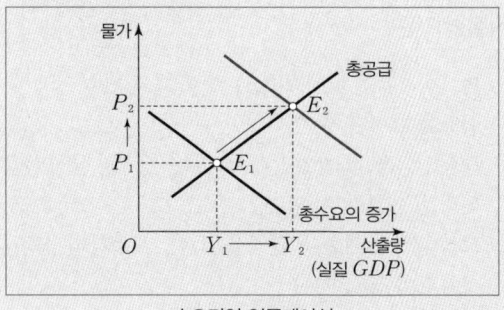

수요견인 인플레이션

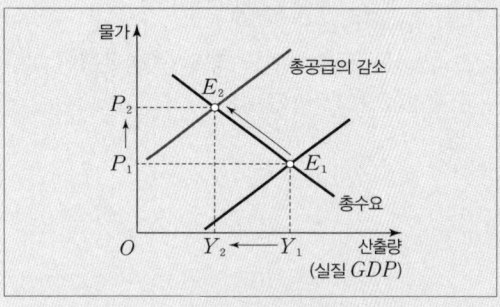

비용인상 인플레이션

수요견인 인플레이션	비용인상 인플레이션
1. 총수요 증가로 인한 물가상승 2. 고전학파와 통화주의 학파는 과도한 통화량 증가가 원인으로 생각했지만, 케인즈학파는 정부지출이나 투자의 과도한 증가가 원인이라고 주장하였다. 3. 고전학파와 통화주의 학파는 통화량의 억제를 통해 문제를 해결할 수 있다고 주장하였고, 케인즈학파는 긴축적인 재정정책을 해결책으로 제시하였다.	1. 총공급 감소로 인한 물가상승. 총공급을 감소시키는 원인으로는 전쟁, 천재지변 등으로 인한 기간 시설 파괴에 따른 생산력 감소, 유가나 농산물 등의 가격 상승에 따른 생산비 증가 등이 있다. 2. 고전학파와 통화주의 학파는 이 인플레이션에 대해 인정하지 않았고, 케인즈학파는 원자재가격 상승과 같은 공급충격이 원인이라고 보았다. 3. 케인즈학파는 '소득정책'을 주장하였고, 정부가 기업가와 노동자들을 설득하여 임금인상을 억제하도록 하는 정책을 해결책으로 제시하였다. 하지만 장기적으로 볼 때 이 정책들은 효과가 없다.

정답 ④

279

난이도 Self Check | 상 ○ 중 ○ 하 ○

디플레이션(Deflation)이 경제에 미치는 효과로 가장 적절한 것은?

① 명목이자율이 마이너스로 떨어져 투자수요와 생산 감소를 유발할 수 있다.
② 명목임금의 하방경직성이 있는 경우, 실질임금의 하락을 초래할 수 있다.
③ 고정금리로 대출을 받았을 경우, 채무자의 실질 채무부담이 감소한다.
④ 디플레이션이 가속화되는 전망이 나올 경우 시장에서의 화폐수요는 증가한다.
⑤ 양적완화를 통해 해결할 경우, 중앙은행이 보유하는 채권의 다양성이 줄어든다.

문제로 익히는 핵심이론

[디플레이션]

- 정의: 인플레이션과는 반대로 물가가 지속적으로 하락하는 현상
- 원인: 현재 주류 의견은 통화량의 수축. 정부가 통화량을 줄여서 발생할 수도 있고, 은행에서의 뱅크런으로 인해 발생할 수도 있다.
- 경제에 미치는 영향
  - 금융/통화 부문에서 실질금리가 상승하여 경제주체의 채무부담이 증가한다. 따라서 자산 매각을 통해 상환하려 하고, 그렇게 되면 자산의 가치는 하락하여 다시 채무 부담이 상승하게 되는 악순환에 빠진다.
  - 실물 경제 부문에서는 실질임금이 증가하게 되어 투자와 고용이 감소하게 된다. 또한 실질임금은 증가하였을지 몰라도 명목임금상에 변화는 없고, 경제주체에 화폐수요 현상이 강하다보니 소비도 감소하게 된다. 따라서 이러한 요인들은 기업의 수익성을 악화시킨다.

정답 ④

해설

인플레이션과 반대로 디플레이션하에서는 실물보다 현금을 선호하게 되므로, 디플레이션이 가속화될 것이라는 예상은 화폐수요를 증가시킨다.

오답풀이

① 디플레이션으로 인해 투자수요와 생산 감소가 유발되지만, 명목이자율은 이론적으로 음(−)으로 떨어질 수 없다. 물론 실제 경제에서는 종종 보이고 있지만, 이론상으로는 명목이자율이 마이너스일 경우 은행에 돈을 예금하는 것보다 자신이 돈을 가지고 있는 것이 더 합리적이다.
② 명목임금의 하방경직성이 있는 경우, 물가가 하락하기 때문에 실질임금의 상승을 초래한다.
③ 고정금리로 대출을 받았을 경우, 디플레이션으로 인해 물가가 하락하게 되면 피셔효과에 의해 실질이자율은 상승하게 된다. 따라서 부담해야 하는 이자율이 높아졌으므로 실질 채무부담은 증가한다.
⑤ 양적완화를 통해 시장에 유동성을 공급하여 기대인플레이션을 올려 디플레이션에서 탈출하는 것이 거의 모든 중앙은행들이 사용하는 방법이다. 이때 시장의 유동성을 공급하기 위해 채권을 매입하는 방식을 택하기도 하는데, 시장에서 채권을 매입하게 되면 중앙은행이 보유하는 채권의 다양성은 증가하게 된다.

280

난이도 Self Check | 상 ◯ 중 ◯ 하 ◯

다음 [표]는 2010년과 2020년의 노동시장 지표를 비교한 것이다. 이에 대한 설명으로 옳지 <u>않은</u> 것은?(단, 소수점 첫째 자리에서 반올림하여 계산한다.)

구분	2010년	2020년
생산가능인구	1,000만 명	1,200만 명
경제활동인구	800만 명	1,000만 명
취업자	600만 명	700만 명

① 2010년의 비경제활동인구와 실업자의 수는 같다.
② 2020년의 실업률은 2010년에 비해 증가하였다.
③ 2020년의 경제활동참가율은 2010년에 비해 증가하였다.
④ 2020년과 2010년의 고용률은 동일하다.
⑤ 2020년 실업자의 수는 2010년에 비해 증가하였다.

문제로 익히는 **핵심이론**

전체 인구	15세 이상 인구 (경제활동 가능인구 / 생산가능 인구)	일할 의사와 능력이 있는 자 (경제활동 인구)	취업자	• 생계목적으로 주당 1시간 이상 근로 • 가족사업장에서 주당 18시간 이상 근로
			실업자	
		일할 의사 또는 능력이 없는 자 (비경제활동인구)		
	15세 미만 인구			

정답 ④

해설

아래 식을 활용하여 2010년과 2020년의 고용률을 구하면 다음과 같다.

$$\text{고용률}(\%) = \frac{(\text{취업자 수})}{(\text{생산가능 인구수})} \times 100$$

- 2010년 고용률: $\frac{600}{1,000} \times 100 = 60(\%)$
- 2020년 고용률: $\frac{700}{1,200} \times 100 \fallingdotseq 58(\%)$

따라서 2020년의 고용률은 2010년 대비 감소하였다.

오답풀이

① • 2010년 비경제활동인구 = 1,000 − 800 = 200(만 명)
  • 2010년 실업자의 수 = 800 − 600 = 200(만 명)

② • 2010년 실업률 = $\frac{200}{800} \times 100 = 25(\%)$
  • 2020년 실업률 = $\frac{300}{1,000} \times 100 = 30(\%)$

③ • 2010년 경제활동참가율 = $\frac{800}{1,000} \times 100 = 80(\%)$
  • 2020년 경제활동참가율 = $\frac{1,000}{1,200} \times 100 \fallingdotseq 83(\%)$

⑤ • 2010년 실업자의 수 = 800 − 600 = 200(만 명)
  • 2020년 실업자의 수 = 1,000 − 700 = 300(만 명)

281

실업에 대한 설명으로 가장 적절하지 않은 것은?

① 마찰적 실업이란 직업을 바꾸는 과정에서 발생하는 일시적인 현상이다.
② 최저임금제는 균형가격 이상에서 설정되어야 효과적이다.
③ 노동조합에 따른 임금경직성은 구조적 실업의 원인이 될 수 있다.
④ 정부가 실업자들에게 구직정보를 제공하는 정책은 마찰적 실업을 줄일 수 있다.
⑤ 디지털 카메라의 등장으로 필름산업이 쇠퇴하여 일자리를 잃을 때 발생하는 실업은 경기적 실업이다.

> **문제로 익히는 핵심이론**
>
> | 구분 | | 내용 |
> |---|---|---|
> | 자발적 실업 | 마찰적 실업 | • 직장 이직 과정에서 발생하는 일시적 실업
• 정보망 확충을 통해 해결 가능 |
> | | 탐색적 실업 | • 더 나은 직장을 탐색하는 과정에서의 실업
• 정보망 확충, 노동시장 유연화를 통해 해결 가능 |
> | 비자발적 실업 | 경기적 실업 | • 경기침체로 인해 경제전반에 발생하는 실업
• 정부개입의 총수요정책으로 해결 가능 |
> | | 구조적 실업 | • 사양산업 등 산업구조의 변화와 제도적 요인으로 인한 가격경직성으로 발생하는 실업
• 단기적인 정부개입으로 해결이 어려움
• 기술교육, 재취업교육 등의 인력정책 수반 |
>
> 정답 ⑤

해설
경제의 특정산업 부문이 사양산업화되어서 발생하는 실업은 구조적 실업에 해당한다. 구조적 실업은 전체적으로 노동에 대한 수요와 공급이 일치하더라도 산업별로는 수요의 부족이나 공급의 과잉으로 인하여 발생하는 실업이다.

오답풀이
② 최저임금제는 노동의 수요와 공급이 만나는 점에서의 균형가격 이상에서 설정되어야 효과적이다. 균형가격 이하에서 설정될 경우 초과수요의 상황이 발생되므로 결국 균형가격으로 수렴하게 되기 때문이다.
③ 노동시장에서 구조적으로 초과공급이 발생하는 원인은 임금의 하방경직성 때문이다. 임금의 하방경직성을 유발하는 요인으로는 최저임금제, 노동조합, 장기임금계약 등이 있다.
④ 마찰적 실업은 노동자들이 노동시장에 대한 정보가 부족하기 때문에 원하는 직장을 찾지 못하는 현상에 기인한다. 따라서 정부가 그러한 정보를 보충해 줄 수 있다면 실업을 줄일 수 있다.

282

자연실업률에 대한 설명으로 옳지 않은 것은? (단, 자연실업률은 경기적 실업이 없는 상태를 의미한다.)

① 링크드인, 사람인, 잡코리아 등과 같은 인력사이트는 자연실업률을 낮추는 역할을 한다.
② 최저임금제, 효율성임금 등과 같은 제도적 요인은 자연실업률을 높인다.
③ 자연실업률은 실제 실업률이 상승/하락하는 기준이 되는 정상적인 실업률을 의미한다.
④ 실업률 갭이 양(+)인 경우 인플레이션 상승압력이 높은 것으로 해석될 수 있다.
⑤ 산업 간 또는 지역 간의 노동수요구성의 변화는 자연실업률에 영향을 미칠 수 있다.

해설

$$(\text{실업률 갭}) = (\text{실제 실업률}) - (\text{자연실업률})$$

실업률 갭이 양(+)인 경우 실제 실업률이 더 높고, 실제 GDP가 잠재 GDP에 미달한 상태이므로 경기가 침체되어 있는 상태이다. 따라서 디플레이션 압력이 발생한다.

오답풀이
① 인력사이트를 통해 정보가 공유되게 되므로 자발적 실업자의 수를 줄일 수 있으므로 자연실업률을 낮추는 데 도움이 된다.
② 최저임금제, 효율성임금 등과 같은 제도적 요인은 구조적 실업이 발생할 확률을 높이기 때문에 자연실업률을 높인다.
⑤ 산업 간 또는 지역 간의 노동수요구성의 변화는 산업 간 또는 지역 간의 노동이동과 이직을 유발하게 되어 마찰적 실업을 발생시킨다.

문제로 익히는 **핵심이론**

[자연실업률]

구분	내용
정의	• 노동시장이 균형을 이루고 있어 취업자와 실업자의 수가 변하지 않는 상태에서의 실업률을 의미한다. • 좁게는 자발적 실업만 존재하고 비자발적 실업이 존재하지 않는 상태의 실업률을 의미하기도 하고, 넓게는 경기적 실업이 존재하지 않는 상태를 의미하기도 한다. 좁든 넓든 경기적 실업은 자연실업률에 포함되지 않는다. • 자연실업률 상태=완전고용수준=잠재 GDP 달성 상태
결정요인	• 산업구조의 변화 • 인구구성의 변화 • 노동의 이동가능성과 이동비용 • 탐색비용 • 제도적인 요인(최저임금제, 노동조합, 실업보험, 장기계약 등)
자연실업률을 낮추기 위한 해결책	• 직업훈련 • 노동시장의 유연성 제고 • 실업보험제도의 축소 • 탐색비용을 낮출 수 있는 방안

정답 ④

283

실업률과 총생산에 관한 설명으로 적절한 것을 모두 고르면?

㉠ 고용의 유연성이 증가하면 경기변동에 따른 실업률의 변화가 심해진다.
㉡ 오쿤(Okun)의 법칙은 자연실업률과 잠재GDP의 관계를 나타낸다.
㉢ 오쿤(Okun)에 따르면 경기적 실업이 증가하면 총생산갭은 증가한다.
㉣ 단기적으로 경기적 실업이 증가하면 잠재GDP가 실제GDP 이하로 하락한다.

① ㉠, ㉡
② ㉠, ㉢
③ ㉡, ㉢
④ ㉡, ㉣
⑤ ㉢, ㉣

해설

㉠ 고용의 유연성이 증가하면 경기변동에 따라 취업과 해고의 빈도가 늘어나 고용변화가 커진다. 따라서 실업률의 변화도 심해질 것이다.
㉢ 경기적 실업이 증가하면 실제실업률이 자연실업률보다 커진다. 따라서 GDP갭은 증가한다. 결국 이러한 갭이 증가한다는 것은 잠재GDP와 실제GDP의 차이가 커진다는 뜻이다.

오답풀이
㉡ 오쿤(Okun)의 법칙은 자연실업률과 잠재GDP의 관계가 아닌 실제실업률과 GDP갭의 관계이다.
㉣ 단기적으로 경기적 실업이 증가하면 고용이 감소하고, 생산도 감소하므로 실제GDP가 잠재GDP보다 작아진다. 경기적 실업은 자연실업률에 포함되지 않으므로 경기적 실업의 증감은 잠재GDP에는 영향을 받지 않는다.

문제로 익히는 **핵심이론**

[오쿤(Okun)의 법칙]

• 정의: 실증분석을 통해 실업률과 GDP갭 간의 상관관계를 다음의 식으로 나타내었다.

$$\frac{Y_N - Y}{Y_N} = \alpha(U - U_N)$$

• 좌변이 잠재GDP와 실제GDP의 차이를 나타낸 GDP갭이고, 우변은 실업률을 의미한다.
• 실업률이 증가할수록 GDP갭의 차이가 커지게 되는데, 경기변동에 따른 실업은 잠재GDP (Y_N)을 움직이지 않기 때문에 실제GDP (Y)는 감소할 것이다.

정답 ②

284

난이도 Self Check | 상 ○ 중 ○ 하 ○

오쿤의 법칙에 따르면, 실업률이 1%p 늘어나면 실질 GDP는 2.5%p 줄어든다. 희생비율이 4라면 인플레이션을 2%p 낮출 때 발생하는 경기순환적 실업의 변화로 가장 적절한 것은?

① 3.2%p 증가 ② 3.2%p 감소
③ 4.0%p 증가 ④ 4.0%p 감소
⑤ 변화 없음

해설

희생비율 = $\dfrac{(\text{실질 GDP 감소율})}{(\text{인플레이션 하락률})}$ = 4이므로 인플레이션을 2% 낮출 때 실질 GDP는 8% 감소한다.

오쿤의 법칙에 따라 실업률이 1%p 늘어날 때 실질 GDP는 2.5%p 줄어든다면, 실질 GDP가 8%p 감소하면, 실업률은 3.2%p 증가한다.

정답 ①

285

난이도 Self Check | 상 ○ 중 ○ 하 ○

필립스곡선에 관한 설명으로 가장 적절하지 <u>않은</u> 것을 모두 고르면?

> ㉠ 우하향의 필립스곡선은 물가안정과 완전고용을 동시에 달성할 수 없음을 의미한다.
> ㉡ 장기 필립스곡선이 수직이 되는 이유는 장기에는 기대 인플레이션율이 실현되기 때문이다.
> ㉢ 단기 총공급곡선이 가파를수록 단기 필립스곡선은 가파른 모양을 가진다.
> ㉣ 1970년대 석유파동 때 미국의 단기 필립스곡선은 왼쪽으로 이동되었다.
> ㉤ 총공급충격은 실업과 인플레이션 간 상충관계를 불러온다.

① ㉣ ② ㉤
③ ㉠, ㉡ ④ ㉡, ㉣
⑤ ㉣, ㉤

해설

㉣ 1970년대 석유파동으로 인한 스태그플레이션은 단기 필립스곡선의 우상방 이동으로 설명할 수 있다.
㉤ 총공급충격은 실업과 인플레이션을 같은 방향으로 변화시키므로 상충관계를 야기하지 않는다. 예를 들어 총수요충격의 경우 소비가 감소하면 AD곡선이 좌측으로 이동하게 되어 물가하락과 실업증가를 야기하나, 유가 상승과 같은 총공급충격은 AS곡선을 좌측으로 이동시켜 물가상승과 실업증가를 같이 발생시킨다.

오답풀이
㉠ 필립스곡선의 x축은 실업률, y축은 인플레이션율이다. 따라서 우하향의 필립스곡선은 실업률이 증가하면 인플레이션율이 감소하고, 인플레이션율이 증가하면 실업률이 감소하게 되므로 물가안정과 완전고용을 동시에 달성할 수 없다.
㉡ 장단기를 나눈 것은 적응적 기대하에서의 필립스곡선이다. 단기에는 적응적 기대가 정확하지 않아 우하향하게 되지만, 장기에는 기대가 정확해지기 때문에 수직선이 된다.
㉢ 필립스곡선이 우하향하는 것은 총공급곡선이 우상향하기 때문이다. 따라서 필립스곡선과 AS곡선은 거울을 사이에 두고 마주보는 관계라는 말이 있다.

문제로 익히는 핵심이론 ❶

[필립스곡선]

- 정의: 영국의 경제학자 A. W. Phillips가 영국의 실증자료분석을 통해 개발한 곡선으로, 명목임금상승률과 실업률 사이의 상충관계를 나타냄
- 그래프

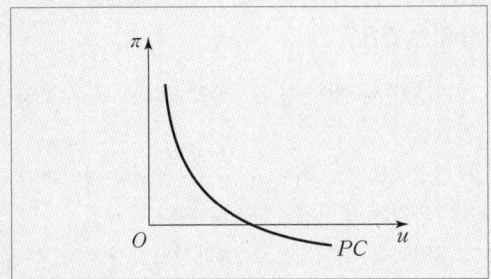

- 1920~1930년대 케인즈학파는 이 곡선이 정책 당국자가 선택할 수 있는 인플레이션율과 실업률의 조합을 보여 준다고 생각함
- 이를 이용해 재량적인 총수요관리정책의 당위성을 부여해 주고, 적절한 정책을 쓴다면 낮은 인플레이션하에서 완전고용이 달성가능하다고 주장함
- 그러나 스태그플레이션이 발생함에 따라 이 역의 관계가 깨지게 되고, 기대부가 필립스곡선이 등장하게 됨

문제로 익히는 핵심이론 ❷

[기대부가 필립스곡선]

- 수식: $\pi = \pi^e - \alpha(u - u_N)$
- 장단기 필립스곡선

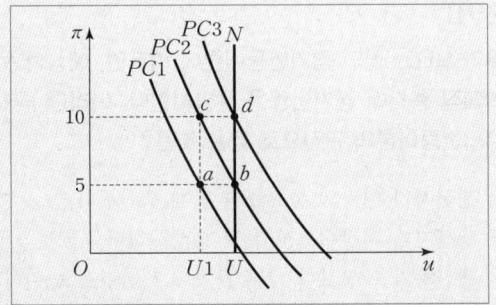

- 예상인플레이션율이 상승하면 단기의 필립스곡선은 우상방으로 이동함
- 장기적으로 필립스곡선이 자연실업률 수준에서 수직선의 형태이므로 장기에는 인플레이션율과 실업률의 상충관계는 존재하지 않음
- 실제실업률을 자연실업률 이하로 낮추려는 총수요관리정책은 장기에는 아무런 효과가 없으며 단지 물가에만 영향을 미친다.

정답 ⑤

286

난이도 Self Check | 상◯ 중◯ 하◯

우리나라 경제가 현재 단기필립스곡선 SP_1상의 a점에 있다고 가정한다. 러시아-우크라이나 전쟁으로 인해 에너지가격이 폭등할 경우 단기에서 장기까지 우리나라 경제의 예상 이동 경로로 가장 적절한 것은?
(단, 영구적 충격은 아니며 정부는 어떠한 행동도 취하지 않는다.)

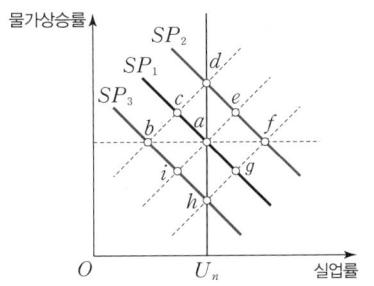

① $a \to c \to a$
② $a \to i \to h$
③ $a \to e \to a$
④ $a \to c \to d$
⑤ $a \to e \to d$

해설

에너지가격의 폭등은 총공급충격을 유발하므로 우상향의 단기총공급곡선이 좌상방으로 이동하고, 단기필립스곡선은 우상방으로 움직이게 된다. 따라서 이 과정에서 경제는 a점에서 e점으로 이동한다. e점은 실제 실업률이 자연실업률보다 높은 수준이다. 정부가 개입하지 않는다면 경제의 장기균형조정과정이 진행되어 장기에는 총공급곡선은 다시 우측으로 돌아가게 되고 단기필립스곡선도 다시 최초균형점인 a점으로 돌아간다. 만약 부정적인 충격이 영구적 충격일 경우 장기의 총공급곡선이 좌측으로 이동하면서 장기필립스곡선도 우측으로 이동하여 e점에서 유지될 것이다.

오답풀이

⑤ 흔히 e점으로 이동 후 d점으로 이동할 것으로 생각을 하는데, d점으로 이동하기 위해서는 총수요정책이 필요하다. 정부의 개입 없이는 d점으로 이동할 수가 없고, 설령 정부 개입에 의해 이동한다고 해도 실업률에 변화 없이 물가만 올리기 때문에 재량적인 정책이 필요 없다는 것이 통화주의 학파의 생각이었다.

정답 ③

학파별 논쟁과 경기변동 기출예상문제

287
경기종합지수 중 선행종합지수의 구성지표로 가장 적절한 것은?

① 취업자수
② 비농림어업취업자수
③ 건설기성액
④ 수입액
⑤ 건설수주액

해설
- 선행지수 – 건설수주액
- 동행지수 – 비농림어업취업자수, 건설기성액, 수입액
- 후행지수 – 취업자수

정답 ⑤

288
경기변동에 관한 설명으로 가장 적절하지 않은 것은?

① 확장국면과 수축국면이 반복되어 나타나는 현상이다.
② 확장국면과 수축국면의 기간과 강도가 다르다.
③ 루카스(Lucas)는 거시경제변수들이 공행성(Comovement)을 보인다고 주장하였다.
④ 경기변동의 주기는 일정한 규칙성을 보인다.
⑤ 통화량은 경기순응적이며, 경기에 선행한다.

해설
경기변동은 반복성, 비주기적(불규칙성), 지속성, 비대칭성, 공행성의 특징을 보인다.

정답 ④

289
새고전학파 경기변동이론에 따른 주장으로 가장 적절하지 않은 것은?

① 경기변동은 개별 경제주체의 최적화와 시장청산의 결과이다.
② 경기변동을 기본적으로 균형현상으로 파악한다.
③ 경기과열과 경기침체가 반복된다.
④ 경기변동을 인위적으로 변화시키기 위한 정부의 개입은 필요하지 않다.
⑤ 화폐적 충격을 강조하는 이론과 실물적 충격을 강조하는 이론으로 구분되어 있다.

해설
③은 새케인즈학파의 불균형경기변동론의 주장이며, ①, ②, ④, ⑤는 새고전학파의 균형경기변동이론의 주장이다.

정답 ③

290
루카스(Lucas)의 경기변동이론에 따르면, 예상치 못한 화폐적 충격이 경기변동을 유발시킨다. 이러한 루카스 경기변동이론의 관점으로 옳은 것은?

① 생산자가 시장의 수요보다 많게 생산한다.
② 생산자가 시장수요보다 적게 생산한다.
③ 생산자가 예상보다 낮은 물가에 생산량을 늘린다.
④ 생산자가 예상보다 낮은 물가에 생산량을 줄인다.
⑤ 생산자가 수요와 물가변화에 반응하지 않는다.

해설
루카스의 섬 모델에 따르면 불완전정보와 합리적 기대하의 경제주체는 가격에 대한 착각에 빠질 수 있다. 이때 실제 물가가 예상보다 크게 상승하면, 생산량은 증가하게 될 것이고, 그 반대의 경우 생산량은 감소하게 된다. 따라서 ④의 생산자 예상물가에 비해 낮은 물가에 생산량을 줄이는 경우가 루카스의 경기변동모델에 부합한다.

정답 ④

291

루카스(Lucas)의 모형에서 생산자는 자신의 상품가격의 변화만을 정확하게 알고 실제물가에 대해서는 입수 가능한 모든 정보를 통해 기대를 형성한다. 이에 대한 설명으로 옳은 것은?

① 자신의 상품가격이 상승하면 전체 물가와 상관없이 생산을 증가시킨다.
② 통화공급량이 증가하면, 인플레이션이 상승하여 비용이 증가하므로 생산량을 감소시킨다.
③ 예측하지 못한 통화량의 증가가 자신의 생산품의 가격을 증가시키면 생산량을 증가시킨다.
④ 통화량의 변동이 클수록 총공급곡선의 기울기가 완만한다.
⑤ 정부의 적극적인 경제안정정책을 통해 경기의 변동을 최소화할 수 있다.

해설

루카스(Lucas)의 화폐적 균형경기변동이론은 불완전정보하에서 예상치 못한 통화량의 변동은 경제주체들이 자신이 생산하는 제품 및 재화의 물가인식에 대한 오류에 빠지게 할 수 있다고 설명한다. 예상치 못한 통화공급량의 증가로 물가가 상승하면, 생산주체는 자신의 생산하는 재화의 상대가격이 증가하였다고 착각하여 생산량을 증가시키게 된다.

정답 ③

292

경기변동이론에 관한 설명으로 옳은 것은?

① 실물경기변동이론은 통화량 변동 정책이 장기적으로 실질국민소득에 영향을 준다고 한다.
② 실물경기변동이론은 단기에는 임금이 경직적이라고 전제한다.
③ 가격의 비동조성(Staggered Pricing) 이론은 새고전학파(New Classical) 경기변동이론에 포함된다.
④ 새케인즈학파(New Keynesian) 경기변동이론은 기술충격과 같은 공급충격이 경기변동의 근본 원인이라고 주장한다.
⑤ 실물경기변동이론에 따르면 불경기에도 가계는 기간별 소비선택의 최적조건에 따라 소비를 결정한다.

해설

실물경기변동이론에 따르면 기술진보와 같은 실물적 충격이 경기변동의 원인이다. 통화량 변동은 경기변동의 원인이 아니다.
새고전학파의 실물경기변동이론은 모든 가격체계가 신축적이라고 가정한다.
가격의 비동조성이란 일반물가와 재화의 가격이 연동되어 같이 움직이지 않는 것으로 가격의 비신축성(경직성)과 동일한 개념이다. 따라서 새고전학파가 아닌 새케인즈학파의 이론이다.
새케인즈학파는 경기변동의 원인이 가격경직성을 전제로 한 총수요충격이라고 설명한다. 기술충격과 같은 공급충격이 경기변동의 원인이라고 주장하는 이론은 새고전학파 실물경기변동론이다.
실물경기변동이론에 따르면 경기변동은 경제주체들의 최적화의 결과이다. 따라서 경기변동이 발생하더라도 사회적인 후생손실은 발생하지 않고 경기변동 상태의 모든 경제는 균형을 이루고 있으며, 완전고용, 잠재국민소득, 자연실업률은 항상 달성된다. 따라서 불경기에도 가계와 기업의 소비와 생산의 최적조건을 모두 만족한다.

정답 ⑤

293

실물경기변동이론에 관련된 설명으로 옳지 않은 것을 모두 고르면?

> ㉠ 생산량 변동이 통화공급의 변동을 일으키므로 통화공급은 내생적이라고 한다.
> ㉡ 실질임금과 고용량은 단기적으로는 음(−)의 상관관계를 가지나 장기적으로는 서로 무관하다.
> ㉢ 경기변동은 피할 수 없는 효율적 경제현상이다.
> ㉣ 실질이자율이 경기역행적인 경우, 실질이자율이 내생적으로 결정되기 때문에 실질이자율의 경기역행성을 설명하지 못한다.

① ㉠, ㉡
② ㉠, ㉢
③ ㉡, ㉢
④ ㉡, ㉣
⑤ ㉢, ㉣

해설

㉡ 단기적으로는 실질임금이 상승하면 노동공급이 증가하므로 고용이 증가하고 생산 또한 증가하게 된다. 장기적으로는 높은 실질임금이 지속되면 기업의 노동수요가 감소할 것이므로 고용은 변하지 않고 생산도 증가하지 않는다. 따라서 실질임금과 고용량은 장기적으로는 서로 무관하다.

㉣ 실물경기변동이론에서 대표적인 실물 충격은 기술진보이다. 기술진보가 발생하면 생산이 증가함에 따라 노동수요가 증가하여 노동수요곡선이 우측으로 이동하게 된다. 그 결과 고용과 생산이 증가하고 국민소득이 증가한다. 소득의 증가로 총저축이 증가하게 되면 대부자금시장에서 실질이자율이 하락하게 된다. 이에 따라서 기술진보로 인한 실질이자율의 경기역행성을 설명할 수 있다.

오답풀이

㉠ 실물경기변동이론에서는 생산량 변동이 역의 인과관계에 의해 미리 통화공급의 변동을 일으키는 것으로 통화공급의 내생성을 강조한다.

㉢ 실물경기변동이론에서는 경기변동을 외부 요인에 의한 경제 충격에 대한 경제 주체의 최적화의 결과로 설명한다. 따라서 경기변동은 피할 수 없는 효율적인 경제현상으로 이해할 수 있다.

정답 ④

294

실물경기변동이론과 새케인즈학파 경제학에 관한 설명으로 옳은 것을 모두 고르면?

> ㉠ 실물경기변동이론은 가격이 신축적이라고 가정한다.
> ㉡ 실물경기변동이론은 경기변동을 공급충격의 관점에서 설명한다.
> ㉢ 새케인즈학파는 화폐의 중립성이 성립한다.
> ㉣ 새케인즈학파는 경제 개별주체의 최적화 형태를 가정하지 않는다.

① ㉠, ㉡
② ㉠, ㉢
③ ㉡, ㉢
④ ㉡, ㉣
⑤ ㉢, ㉣

해설

㉠ 새고전학파의 실물경기변동이론은 가격이 신축적이라고 가정하나 새케인즈학파는 메뉴비용 등으로 인한 가격체계의 비신축성을 가정한다.

㉡ 실물경기변동이론은 경기변동을 공급측면의 충격으로 설명하고 새케인즈학파는 수요측면의 충격으로 설명한다.

오답풀이

㉢ 실물경기변동이론은 화폐의 중립성이 성립한다고 보지만, 새케인즈학파는 화폐의 중립성이 성립하지 않는다고 주장한다.

㉣ 새케인즈학파는 실물경기변동이론과 공통적으로 합리적 기대하의 경제주체의 최적화 행태를 가정한다. 다만, 메뉴비용 등으로 인해 개별주체의 최적화 행태가 경제 전체의 최적화를 가져오지 않는다고 설명한다.

정답 ①

295

경제 안정화 정책에 대한 논쟁에 관한 설명으로 옳지 않은 것은?

① 고전학파는 작은 정부와 균형재정을 강조하고 '보이지 않는 손'에 의한 경제전체의 일반균형을 신뢰한다.
② 케인즈학파의 주장에 따르면, 경기 침체기에 완전고용을 달성하기 위해서는 총수요를 GDP갭만큼 증가시켜야 한다.
③ 자동안정화 장치는 정책의 내부시차와 외부시차 중에서 내부시차를 줄이기 위해서 만들어진 장치이다.
④ 자연실업률가설에 따르면 정부의 안정화정책이 단기간의 실업률 감소에 영향을 미칠 수 있다.
⑤ 케인즈학파는 경제가 내재적으로 불안정하므로 정부가 장기적으로 경기변동을 완화하는 안정화정책을 실시하고, 단기적으로는 총공급 능력을 확충해야 한다고 주장하였다.

해설
케인즈학파는 단기적으로 총수요를 관리 정책의 필요성을 주장하였다.

오답풀이
① 고전학파는 시장기능을 신뢰하며, 시장가격기구에 의한 자원배분 효율성과 이에 따른 시장청산을 강조한다. 따라서 정부개입의 불필요성과 정부정책 무용성을 주장한다.
② 케인즈학파에 따르면 경기침체시기에 잠재GDP와 실제GDP의 차이인 GDP갭만큼 총수요를 진작하여 완전고용을 달성할 수 있다. 특히 케인즈학파는 재정정책을 통한 총수요 조정의 필요성을 주장한다.
③ 자동안정화 장치를 통해 줄일 수 있는 시차는 주로 인식시차나 실행시차와 같은 내부시차이다.
④ 통화주의는 실업률은 장기적으로 자연실업률, 즉 완전고용이 달성되며 정부가 주도하는 안정화정책이 장기 실업률을 자연실업률 수준으로부터 변화시킬 수 없다고 주장한다. 다만, 단기적인 정책의 효과는 긍정한다.

정답 ⑤

296

정부가 경기안정화 정책을 수행할 때 물가안정보다는 국민소득 안정화에만 정책 목표를 두고 있고 중앙은행은 국민소득 안정화보다는 물가안정에만 정책목표를 두고 있다고 가정했을 때, 경기를 침체시키는 부(−)의 공급충격(Negative Supply Shock)이 발생하였을 경우에 대한 설명으로 옳지 않은 것은?

① 최종재화와 서비스에 대한 정부지출이 증가하게 된다.
② 중앙은행은 공개시장매입을 하게 된다.
③ 정부의 경기안정화 정책과 중앙은행의 통화정책이 물가수준에 미치는 효과는 서로 상충된다.
④ 정부의 경기안정화 정책과 중앙은행의 통화정책이 국민소득에 미치는 효과는 서로 상충된다.
⑤ 중앙은행은 이자율을 높이는 정책을 시행한다.

해설
부(−)의 공급충격(Negative Supply Shock)이 발생한 경우 총공급곡선이 왼쪽으로 이동하면서 물가가 상승하고 국민소득이 감소하게 된다. 중앙은행은 물가 안정화에만 초점을 두고 있기 때문에, 증가한 물가를 기존 수준으로 회복시키기 위하여 공개시장 매도 등 긴축 금융정책을 실시할 것이다.

오답풀이
① 정부가 국민소득 안정화에만 초점을 두고 있는 관계로, 국민소득을 원래 수준으로 회복시키기 위해 정부지출 증가와 같은 확장적인 재정정책을 실시할 것이다.
③, ④ 정부의 경기안정화 정책은 총수요곡선을 우측으로 이동시킬 것이고 그 결과 물가 및 국민소득 수준을 증가시킨다. 반면, 중앙은행의 긴축적 금융정책은 총수요곡선을 좌측으로 이동시켜 물가 및 국민소득 수준을 감소시킨다. 따라서 정부의 경기안정화 정책과 중앙은행의 긴축정책이 서로 상충되는 효과를 가진다.
⑤ 중앙은행은 물가안정화를 위하여 공개시장 매도 등 긴축적 금융정책을 시행하여, LM 곡선 및 총수요곡선을 좌측으로 이동시킬 것이고, 그 결과 이자율은 상승하며 국민소득 및 물가는 감소하게 될 것이다.

정답 ②

경제성장과 발전 기출예상문제

297
A국가의 생산함수는 $Y=K^{0.5}L^{0.5}$이다(K는 자본, L은 노동, Y는 생산량). 이 국가의 노동증가율이 2%, 저축률은 60%, 감가상각률이 10%일 때, 균제상태(Steady State)에서 자본 1단위당 생산량(Y/K)으로 옳은 것은?

① 0.1
② 0.2
③ 0.3
④ 0.4
⑤ 0.5

해설
총생산함수가 $Y=K^{0.5}L^{0.5}$이므로 1인당 생산함수는 $y=f(k)=k^{0.5}$이다. $n=2\%$, $s=60\%$, $d=10\%$이므로 균제상태의 조건식 $sf(k)=(n+d+g)k$에 대입해 보면 $0.6 \times k^{0.5}=(0.02+0.1+0) \times k$로부터 $k=\dfrac{K}{L}=25$이고, $y=\dfrac{Y}{L}=k^{0.5}=5$이다.
따라서 균제상태의 자본 1단위당 생산량은 $\dfrac{Y}{K}=\dfrac{Y/L}{K/L}=\dfrac{5}{25}=0.2$이다.

정답 ②

298
경제성장에 관한 해로드-도마 모형(Harrod-Domar Model)과 솔로우 모형(Solow Model)에 관한 설명으로 옳지 않은 것은?

① 해로드-도마 모형과 솔로우 모형 모두에서 생산요소 간 대체가 가능하고 규모에 대한 보수가 불변인 콥-더글라스 1차 동차 생산함수를 가정한다.
② 해로드-도마 모형에서는 매 기당 인구증가율과 자본증가율은 외생적으로 일정하게 주어진다.
③ 솔로우 모형에서는 인구증가율만 외생적으로 일정하게 주어지며, 자본증가율은 1인당 자본의 변화에 따라 변할 수 있는 내생변수이다.
④ 두 모형 모두에서 저축률은 일정한 반면 사전적 투자수요와 사후적 투자 지출이 같아서 매 기당 균형이 유지된다.
⑤ 완전고용균형성장은 경제성장률, 자본증가율, 노동증가율이 같을 때 이루어진다.

해설
해로드-도마모형에서는 노동과 자본의 대체가 불가능한 레온티에프 생산함수를 가정하는 반면, 솔로우 모형에서는 노동과 자본의 대체가 가능한 1차 동차의 콥-더글라스 생산함수를 가정한다.

정답 ①

299

솔로우 성장모형에 관한 설명으로 옳지 않은 것은?

① 자본의 감가상각률이 높아지면 균제상태에서의 1인당 국민소득의 증가율은 감소한다.
② 인구증가율이 낮아지면 균제상태에서의 1인당 국민소득은 증가한다.
③ 저축률이 높아지면 균제상태에서의 1인당 국민소득은 증가한다.
④ 해로드 – 도마 모형의 대안으로 제시되었다.
⑤ 자본 투입의 증가만으로 경제는 지속적으로 성장할 수 없다.

해설

감가상각률이 높아지면 균제상태의 1인당 국민소득 수준은 감소하나, 1인당 국민소득의 증가율은 0%로 불변이다. 균제상태에서는 1인당 국민소득은 불변이므로 1인당 국민소득의 증가율은 항상 0%이다.

정답 ①

300

감가상각과 기술 진보가 없는 솔로우 성장모형에서 황금률 균제상태가 달성되는 조건으로 가장 적절한 것은?

① 자본의 한계생산이 0일 때
② 노동자 1인당 자본량이 최대일 때
③ 자본의 한계생산이 인구증가율과 같을 때
④ 노동의 한계생산이 저축률과 같을 때
⑤ 자본의 한계생산이 한계소비성향과 같을 때

해설

인구증가율, 기술진보율, 그리고 감가상각률을 각각 n, g, d로 가정하였을 때 황금률 균제상태의 조건은 $MP_K=(n+g+d)$이다. 이때 감가상각과 기술진보가 없다면, g와 d가 0이므로 $MP_K=n$이 성립한다.

정답 ③

301

인구증가율이 0이고, 기술진보가 없는 솔로우 모형을 고려하였을 때, 1인당 생산(y)과 1인당 자본(k)으로 표시된 생산함수는 $y=k^{0.5}$이다. 감가상각률이 0.5일 때, 황금률 균제상태의 1인당 자본량으로 가장 적절한 것은?

① 1
② 2
③ 4
④ 6
⑤ 8

해설

현재 인구가 일정하고 기술진보가 존재하지 않기 때문에 황금률 균제상태일 때의 조건식은 감가상각률이 0.5이므로 $MP_k=0.5$이다. 주어진 1인당 생산함수를 미분하여 자본의 한계생산물을 구해 보면 $MP_k=\frac{1}{2\sqrt{k}}$이므로 조건식에 대입하였을 때 $\frac{1}{2\sqrt{k}}=0.5$이다. 따라서 황금률 균제상태의 1인당 자본량인 k는 1이다.

정답 ①

302

어느 한 국가의 생산함수가 $Y=K^{\frac{1}{2}}L^{\frac{1}{2}}$이며, 90,000 단위의 자본과 10,000 단위의 노동을 보유하고 있다. 이 국가에서 자본의 감가상각률은 연 10%이며, 인구변화 및 기술진보는 없다고 가정하였을 때, 솔로우 모형에 의하면 주어진 자본/노동 비율이 균제상태에서의 자본/노동 비율이 되기 위한 저축률로 옳은 것은?

① 10%
② 20%
③ 30%
④ 40%
⑤ 50%

해설

주어진 생산함수를 축약형으로 바꾸면 $y=k^{\frac{1}{2}}$이며, $\frac{K}{L}(=k)=\frac{90,000}{10,000}=9$이다.

감가상각과 기술진보를 고려한 솔로우 모형의 균형성장 조건식 $s \times f(k)=(n+g+d) \times k$에 대입하였을 때, 좌변은 $s \times y=s \times k^{\frac{1}{2}}=3s$이고, 우변은 $0.1 \times 9=0.9$이다. 따라서 $3s=0.9$, $s=0.3$이므로 30%이다.

정답 ③

303

난이도 Self Check | 상◯ 중◯ 하◯

솔로우 모형과 내생적 성장이론에 관한 설명으로 옳지 않은 것은?

① 내생적 성장이론에서는 수확체감을 극복하여, 1인당 소득의 지속적인 증가가 가능하다고 주장한다.
② 솔로우 모형에서는 경제성장의 요인인 기술진보율과 인구증가율이 외생적으로 결정된다.
③ 내생적 성장이론에서는 국가 간 소득 격차가 시간의 흐름에 따라 감소한다.
④ 내생적 성장이론에서는 자본의 한계생산성 불변을 가정한다.
⑤ 내생적 성장모형에서는 자유로운 국제무역, 정부의 성장촉진 정책 등을 강조한다.

해설

내생적 성장이론에서는 국가 간 소득 격차가 시간의 흐름에 따라 감소한다는 수렴가설을 극복하고 국가 간 성장률의 격차를 설명한다.

정답 ③

304

난이도 Self Check | 상◯ 중◯ 하◯

다음 성장회계식에서 노동자 1인당 GDP 증가율이 5%, 노동자 1인당 자본증가율이 9%일 때, 총요소생산성 증가율로 옳은 것은?

성장회계식: $\dfrac{\Delta Y}{Y} = \dfrac{\Delta A}{A} + \dfrac{1}{3} \times \dfrac{\Delta K}{K} + \dfrac{2}{3} \times \dfrac{\Delta L}{L}$

※ $\dfrac{\Delta Y}{Y}$ = GDP 증가율

※ $\dfrac{\Delta A}{A}$ = 총요소생산성 증가율

※ $\dfrac{\Delta K}{K}$ = 자본 증가율

※ $\dfrac{\Delta L}{L}$ = 노동자 증가율

① 1% ② 2%
③ 3% ④ 4%
⑤ 5%

해설

성장회계식을 총생산함수로 표현하면 $Y = AK^{\frac{1}{3}}L^{\frac{2}{3}}$이다. 양변을 L로 나눠주게 되면 $y = Ak^{\frac{1}{3}}$이다.
1인당 생산함수를 변화율의 형태로 나타내면
$\dfrac{\Delta y}{y} = \dfrac{\Delta A}{A} + \dfrac{1}{3} \times \dfrac{\Delta k}{k}$이다. 노동자 1인당 GDP 증가율이 5%, 노동자 1인당 자본증가율이 9%이므로 대입해 보면,
$5\% = \dfrac{\Delta A}{A} + \dfrac{1}{3} \times 9\%$로부터 총요소생산성 증가율은
$\dfrac{\Delta A}{A} = 2\%$이다.

정답 ②

305

난이도 Self Check | 상 ◯ 중 ◯ 하 ◯

솔로우의 성장모형에서 생산함수가 $Y=K^{\frac{1}{2}}L^{\frac{1}{2}}$로 주어져 있다. 만일 저축률이 40%이고 인구증가율이 1%, 감가상각률이 1%, 기술진보율이 0.5%라면 정상상태에서의 1인당 생산량과 1인당 자본량이 바르게 짝지어진 것은?

	1인당 생산량	1인당 자본량
①	2	4
②	3	9
③	4	16
④	9	81
⑤	16	256

해설

양변을 L로 나눠주게 되면 $y=k^{\frac{1}{2}}$이다. 기술진보와 감가상각을 모두 고려한 솔로우 모형의 정상상태의 조건은 $sf(k)=(n+g+d)k$이다. $f(k)=k^{\frac{1}{2}}$이고, $s=0.4$, $n=0.01$, $g=0.005$, $d=0.01$이므로 이를 식에 대입하면 정상상태에서 $0.4k^{\frac{1}{2}}=0.025k$, $k^{\frac{1}{2}}=16$이다. 이때 정상상태의 1인당 생산량은 16이고, 1인당 자본량은 256으로 계산된다.

정답 ⑤

306

난이도 Self Check | 상 ◯ 중 ◯ 하 ◯

내생적 성장모형을 중심으로 하는 신성장이론의 AK 모형에 대한 설명으로 옳지 않은 것은?

① 저소득 국가의 경제성장률은 고소득 국가의 경제성장률에 수렴하게 된다.
② 노동 단위당 자본에 대하여 수확체감의 법칙이 성립하지 않는다.
③ 자본에는 물적자본 이외에 인적자본이 포함된다.
④ 저축률의 상승은 장기 경제성장률을 높일 수 있다.
⑤ 인적자본은 경합성과 배제가능성을 모두 가지고 있다.

해설

내생적 성장이론에서는 자본에 대한 수확체감의 법칙이 성립하지 않기 때문에 수렴현상은 발생하지 않는다.

오답풀이

③ AK 모형에서 K는 물적자본뿐만 아니라 지식자본, 인적자본 등을 포함하는 포괄적 자본 개념이다.
④ AK 모형에서 저축률의 상승은 수준효과와 성장효과가 모두 발생하므로 경제성장률을 지속적으로 높일 수 있다.
⑤ AK 모형에서 인적자본은 노동의 질적 수준으로 고도로 전문화된 노동력으로 볼 수 있다. 해당 숙련 노동력은 대가 없이 사용할 수 없고, 한 기업에서 사용하게 되면 다른 기업에서는 사용할 수 없는 성질을 가지고 있기 때문에 경합성과 배제가능성을 모두 가지고 있다.

정답 ①

국제무역론 기출예상문제

307
난이도 Self Check | 상◯ 중◯ 하◯

국제무역의 효과로 가장 적절하지 <u>않은</u> 것은?

① 사회적 후생의 증가
② 다양한 재화 소비의 기회
③ 수입으로 인한 국내 생산자의 후생 증가
④ 규모의 경제
⑤ 국내 독과점 시장의 시장실패 교정 가능

해설
국제무역으로 수입국이 되면 수입재의 국내가격이 하락하므로 국내 소비자잉여는 증가하나 국내 생산자잉여는 감소한다. 이때 소비자잉여의 증가분이 생산자잉여의 감소분보다 더 크므로 사회적 총잉여는 증가한다.

오답풀이
② 각 국가 비교우위가 있는 재화에 생산을 특화하여 거래를 하면 무역 이전보다 다양한 재화의 공급이 이루어진다.
④ 재화 생산에 규모의 경제가 발생하는 경우 국내시장을 넘어 세계시장을 대상으로 대량생산을 할 수 있으므로 생산비 하락과 비용절감효과를 더 크게 누릴 수 있다.
⑤ 독과점으로 인한 경제적 비효율성이 감소할 수 있다. 독과점 지위로 가격경직성에 따른 이득을 누리던 시장이 있다고 가정하면 별다른 무역제한조치가 없다면 개방을 통해 지금 시장의 가격보다 낮은 가격으로 상품이 수입되게 될 경우 독과점 지위를 잃을 수 있다.

정답 ③

308
난이도 Self Check | 상◯ 중◯ 하◯

다음 [표]는 A국과 B국이 노동만을 사용하여 X재와 Y재를 생산할 때의 각국의 노동생산성을 나타낸 자료이다. 이에 대한 설명으로 옳은 것은?(단, [표]의 수치는 노동 한 단위로 생산 가능한 재화의 수량을 의미한다.)

구분	A국	B국
X재	20	60
Y재	10	15

① A국은 X재와 Y재 모두에 있어 비교열위에 있다.
② A국은 X재에, B국은 Y재에 비교우위가 있다.
③ X재 생산의 기회비용은 B국이 더 작으며, 두 나라의 상품교환의 상대가격 $\left(\dfrac{P_x}{P_y}\right)$이 0.25에 가까울수록 무역의 이익은 B국이 가진다.
④ Y재 생산의 기회비용은 A국이 더 작으며, 두 나라의 상품교환의 상대가격 $\left(\dfrac{P_x}{P_y}\right)$이 4가 넘어가면 무역의 이익은 A국이 가진다.
⑤ 두 국가 사이에 무역이 이루어지면 X재 1단위는 Y재 $\dfrac{1}{3}$단위와 교환될 수 있다.

해설
문제에서의 숫자가 생산비가 아닌 생산량이므로 가격에 따른 기회비용이 아닌 생산량에 따른 기회비용을 구해야 한다.

- A국의 X와 Y재의 교환비율
  = A국의 X재 생산의 기회비용
  = $\left(\dfrac{P_x}{P_y}\right) = \dfrac{\Delta Y}{\Delta X} = \dfrac{1}{2}$

- B국의 X와 Y재의 교환비율
  = B국의 X재 생산의 기회비용
  = $\left(\dfrac{P_x}{P_y}\right) = \dfrac{\Delta Y}{\Delta X} = \dfrac{1}{4}$

따라서 $\dfrac{1}{4}$과 $\dfrac{1}{2}$ 사이에서 무역은 이루어질 수 있으므로 X재 1단위는 Y재 $\dfrac{1}{3}$단위와 교환될 수 있다.

오답풀이

①, ② A국은 Y재 생산의 기회비용이 더 낮고, B국은 X재 생산의 기회비용이 더 낮으므로 A국은 Y재, B국은 X재에 비교우위가 있다.

③ X재 생산의 기회비용은 B국이 더 작기 때문에 비교우위에 따라 B국이 생산하여 수출하는 입장, A국이 수입하는 입장이 될 것이다. 두 나라의 상품교환의 상대가격$\left(\dfrac{P_x}{P_y}\right)$이 0.25에 가깝다면 B국 입장에서는 비용 대비 수익이 작으므로 무역의 이익은 A국이 가져가게 된다.

④ 반대로 Y재 생산의 기회비용은 A국이 더 작기 때문에 비교우위에 따라 A국이 생산하여 수출하는 입장, B국이 수입하는 입장이 된다. 두 나라의 상품교환의 상대가격$\left(\dfrac{P_x}{P_y}\right)$이 4가 넘어가면 B국의 생산의 기회비용보다 커지게 되므로 무역은 이루어지지 않는다.

문제로 익히는 핵심이론

[비교우위]

- 한 나라가 두 재화 생산에 모두 절대우위 혹은 절대열위에 있더라도 각국은 생산비가 낮은 재화생산에 특화해서 무역을 하면 상호이익이 발생함
- 각국은 생산의 기회비용이 낮은 재화(=상대적으로 노동생산성이 높은 재화) 생산에 비교우위를 가짐
- 교역조건의 범위는 양국의 국내가격비 사이에서 결정되며, 교역조건이 어떤 한 국가의 국내가격비와 같으면 무역의 이익은 전부 다른 국가에게 귀속됨
- 국가 간 노동생산성의 차이가 비교우위의 원인임

정답 ⑤

309

다음은 A국과 B국의 생산가능곡선이다. 폐쇄경제였던 두 나라에서 서로 무역 이후 A국의 소비가 E점에서 이루어졌다고 할 때, B국에서의 쌀과 밀의 소비량이 바르게 짝지어진 것은?

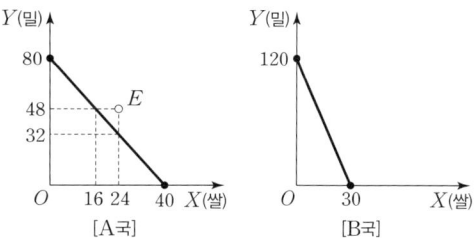

	쌀	밀
①	8	72
②	8	64
③	16	64
④	16	72
⑤	16	88

해설

A국의 쌀(X재)의 상대가격은 $\dfrac{80}{40}=2$이고, B국의 쌀(X재)의 상대가격은 4이다. 따라서 A국은 X재의 비교우위를 가지고 생산하여 수출하게 될 것이다. 그래프에서 A국이 생산할 수 있는 쌀의 최대 개수는 40이고, 점 E에서 24의 소비가 이루어지고 있으니 남는 16을 B국에 수출하고 있음을 알 수 있으므로 B국의 쌀 소비량은 16이다.

한편, B국은 밀(Y재)의 비교우위를 가지고 있으므로 총 120의 밀을 생산할 수 있다. A국이 점 E에서 48의 밀을 소비하고 있는데, 이는 B국에서 수입한 것임을 알 수 있다. 왜냐하면 A국은 비교우위에 따라 쌀밖에 생산하지 않는데, 밀에 대한 소비가 있었기 때문이다. 따라서 B국은 120에서 48을 제외한 72만큼을 소비하고 있다.

정답 ④

310

자유무역에서 부분특화 또는 불완전특화 현상이 일어나는 이유로 가장 적절한 것은?

① 직선 형태의 생산가능곡선
② 원점에 대해 볼록한 생산가능곡선
③ 규모의 경제 발생
④ 양국 간 요소부존의 차이
⑤ 생산을 늘릴수록 생산의 기회비용이 체증

해설

생산가능곡선이 원점에 대해 오목한 경우, 즉 생산에 따른 기회비용이 체증하고, 한계변환율(MRT)이 체증하는 경우에 부분특화가 발생한다.

문제로 익히는 핵심이론

[비교우위론 그래프 분석]

구분	(a) 한국 (X재에 비교우위)	(b) 한국 (Y재에 비교우위)
MRT불변 (완전특화)		
MRT체증 (불완전특화)		
비고	A: 무역 이전의 생산·소비점 A': 무역 이후의 소비점 A'': 무역 이전의 생산점	B: 무역 이전의 생산·소비점 B': 무역 이후의 소비점 B'': 무역 이전의 생산점

정답 ⑤

311

헥셔-올린(Hecksher-Ohlin) 모형에 따라 경제적 교류가 전혀 없던 두 국가 간에 자유무역이 이루어진다면, 무역 이전과 비교하여 A국의 임금과 이자율의 변화가 바르게 짝지어진 것은?(단, 무역 이전 A국은 노동력이 풍부하였고, B국은 자본이 풍부하였다고 가정한다.)

	임금	이자율
①	상승	하락
②	하락	상승
③	상승	상승
④	하락	하락
⑤	상승	불변

해설

무역 이전에 노동력이 풍부한 A국은 자본이 희귀한 상태이므로 요소상대가격 $\left(\dfrac{w}{r}\right)$이 자본풍부국인 B국보다 작다. 따라서 두 국가 간 무역이 이루어지면 A국은 노동에 특화되어 노동집약적인 산업, 자본이 풍부한 B국은 자본집약적인 산업에 비교우위를 가진다.
요소가격균등화 정리에 따르면 국제무역의 결과 양국의 요소가격은 상대적으로도 절대적으로도 동일해진다. 상대적으로 요소상대가격이 작았던 A국은 무역을 통해 특화되었던 노동집약적인 산업을 택함으로써 노동의 가격(임금)이 상승하게 되고, B국은 자본의 가격(이자율)이 상승하게 되어 A국의 작았던 요소상대가격은 증가하고, B국의 요소상대가격은 감소하게 되면서 서로 수렴에 이르는 결과를 낳게 된다.

문제로 익히는 핵심이론

[헥셔-올린(Hecksher-Ohlin) 모형]

- 배경: 리카르도의 비교우위모형은 비교우위의 발생원인을 노동생산성의 차이라고 주장하였지만, 비교우위의 원인에 대한 설명은 하지 못함
- H-O모형은 비교우위의 원인을 각국의 생산요소의 부존도라고 주장함
- 기본가정
  - 반드시 2개의 국가여야 한다.
  - 반드시 2개의 재화여야 한다.
  - 반드시 2개의 생산요소여야 한다.
  - 국가 간 생산요소의 이동은 발생하지 않고, 무역장벽이 없어야 한다.
  - 기타 생산함수나 수요함수, 사회후행함수 등의 조건은 양국이 모두 동일해야 한다.
  - 완전경쟁시장이어야 한다.
- 정리
  - 각국은 자국에 풍부한 요소를 집약적으로 투입하는 재화생산에 비교우위를 가진다.
  - 비교우위의 재화 생산에 특화하여 수출하면 양국은 무역의 이익을 누릴 수 있다.
- 요소가격 균등화 정리
  - 비교우위에 특화된 재화를 생산하게 되면 필연적으로 비교우위 재화에 투입되는 생산요소는 가격이 올라갈 수밖에 없다.
  - 그 과정에서 요소가격의 변화가 일어나고 자유무역을 하는 두 대상 간의 요소가격은 전혀 이동하지 않았음에도 균등화될 것이다.

정답 ①

312

난이도 Self Check | 상 ◯ 중 ◯ 하 ◯

산업 내 무역에 대한 설명으로 옳지 않은 것은?

① 동종 산업에서 차별화된 제품에 대한 무역이 이루어진다.
② 비교우위가 있는 재화를 통해 산업 내 무역이 이루어진다.
③ 산업 내 무역은 선진국 간 무역에서 주로 찾아 볼 수 있다.
④ 산업 내 무역을 통해 교역국가 모두의 사회후생을 증가시킬 수 있다.
⑤ 산업 내 무역이 발생하는 주요한 원인은 규모의 경제이다.

해설

산업 내 무역은 산업 간 무역과는 달리 규모의 경제 또는 독점적 경쟁으로 인해 발생한다. 규모의 경제 효과로 인해 단일 재화의 생산규모를 증가시킬수록 생산비용이 감소하므로 한 재화에만 생산을 완전특화하여 비용을 최소화할 수 있다. 또한 다수의 기업이 차별화된 재화를 생산하는 독점적 경쟁시장에서는 재화의 이질성으로 인해 무역이 발생할 수 있다.

오답풀이

④ 산업 내 무역을 통해 생산자는 비용 절감을 통한 이득, 소비자는 다양한 재화소비가 가능해지므로 사회후생을 모두 증가시킬 수 있다.

문제로 익히는 핵심이론

구분	산업 간 무역	산업 내 무역
개념	서로 다른 산업 간의 수출입	동일한 산업 내에서 수출입
무역의 발생원인	비교우위	규모의 경제, 독점적 경쟁
예시	경제발전정도가 상이한 국가에서 주로 발생	경제발전정도가 유사한 국가 간에 주로 발생 규모의 경제, 상품차별화 등의 현상이 발생하는 제조업 부문

정답 ②

313

교역조건의 악화와 관계가 있는 것으로 가장 적절한 것은?

① 국제수지 악화
② 자국 화폐의 평가절상
③ 실질 GDI 성장률 감소
④ 실질 GDP 성장률 감소
⑤ 수출상품 1단위와 교환될 수 있는 수입상품의 양 증가

해설

실질 GDI는 실질 GDP와 달리 교역조건 변화에 따른 실질무역손익을 고려하여 나타낸다. 따라서 교역조건이 악화되면 실질무역손실이 발생하므로 실질 GDI가 감소하게 된다.

오답풀이
① 교역조건이 반드시 국제수지 악화를 불러오지 않는다. 환율상승으로 수출품 가격이 하락하고 수입품의 가격이 상승하면 교역조건은 악화되지만 마샬-러너조건이 성립하면 경상수지는 개선된다.
② 자국 화폐의 평가절상은 환율하락을 야기한다. 환율이 하락하게 되면 교역조건은 개선된다.
⑤ 교역조건 = $\frac{(수출품의 가격)}{(수입품의 가격)} = \frac{(\varDelta 수입품의 수량)}{(\varDelta 수출품의 수량)}$ 이므로 수출상품 1단위와 교환될 수 있는 수입상품의 양이 증가하면 교역조건은 개선된다.

📝 문제로 익히는 **핵심이론**

1. 교역조건
- 개념: 상품의 국제적 교환비율, 수출품 1단위와 교환되는 수입품의 수량
- 일반적으로 환율이 상승하면 수출품의 가격은 하락하고 수입품의 가격은 상승하므로 수출경쟁력은 개선되나, 교역조건은 악화된다.
- 다양한 교역조건이 있으나 일반적으로 상품교역조건이 가장 많이 사용됨
- (상품)교역조건 = $\frac{(수출품의 가격)}{(수입품의 가격)} = \frac{(\varDelta 수입품의 수량)}{(\varDelta 수출품의 수량)}$

2. 마샬-러너조건
- 환율이 상승할 때 경상수지가 개선되기 위해서는 양국의 수입수요의 가격탄력성의 합이 1보다 커야 함
- 환율이 상승하면 단기적으로는 수입품의 가격이 높아지기 때문에 경상수지가 악화됨(즉 가격변동효과는 즉각적으로 발생함)
- 다만, 가격이 내려간 수출품이 가격경쟁력이 생겨 물량이 충분히 늘어난다면 수출액이 증가하여 경상수지가 개선될 수 있음(이것을 수량변동효과라고 함)

정답 ③

314

다음 [그래프]는 A국과 B국의 오퍼곡선을 나타낸 자료이다. 교역조건이 TOT일 때, 이에 대한 설명으로 적절하지 <u>않은</u> 것은?

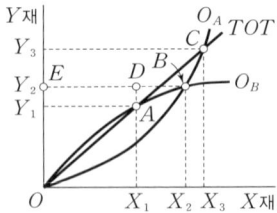

① A국은 X재에 비교우위가 있다.
② 무역 이전에 B국에서의 Y재의 상대가격은 교역조건에 비해 비싸다.
③ 주어진 교역조건에서 Y재는 Y_1에서 Y_3만큼 초과수요가 존재한다.
④ 교역조건이 변경되어서 점 D를 지나게 변경된다면 X재의 초과공급량은 증가한다.
⑤ A국에서 관세율을 인하하여 Y재 수입이 늘어나면 균형으로 회복될 수 있다.

해설

오퍼곡선 그래프 문제에서 오퍼곡선의 볼록한 부분과 가까운 축이 그 국가가 비교우위를 가지는 재화이다. 따라서 이 경우 A국가는 X재, B국가는 Y재에 비교우위가 있다. 따라서 그 말은 B국에서 Y재의 상대가격은 교역조건보다 낮았을 것이다.

오답풀이
③ 주어진 교역조건에서 A국은 Y_3만큼 소비하고, B국은 Y_1만큼 생산한다. 따라서 Y_1에서 Y_3만큼 초과수요가 존재한다.
④ 교역조건이 변경되어서 점 D를 지나게 변경된다면 B국이 소비하는 X재의 양이 줄어들게 되고, 반면에 A국은 X재를 더 많이 생산할 것이므로 초과공급량은 증가한다.
⑤ A국에서 관세율을 인하하게 되면 A국으로 수입되는 Y재의 양이 늘어나게 되면서 균형인 점 B로 교역조건이 옮겨질 것이다.

문제로 익히는 **핵심이론**

[오퍼곡선]
각각의 국제가격비하에서 수출입하고자 하는 재화의 수량을 나타내는 선

1. 국제거래가 균형을 이루는 경우

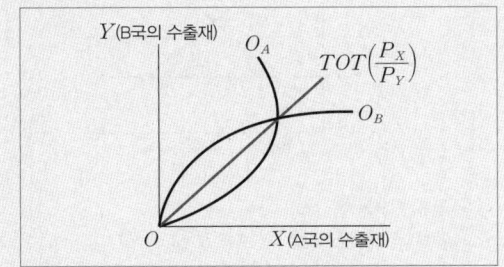

2. 국제거래가 균형이 아닌 경우

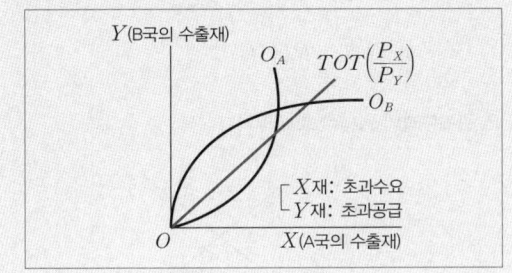

정답 ②

315

Z국 화장품 시장의 국내 수요곡선(D)과 국내 공급곡선(S)이 다음 [그래프]와 같고, 화장품의 국제시장가격은 단위당 50이고 Z국의 국제 화장품 시장 참여 여부에 영향을 받지 않는다고 할 때, 이에 대한 설명으로 적절한 것을 [보기]에서 모두 고르면?

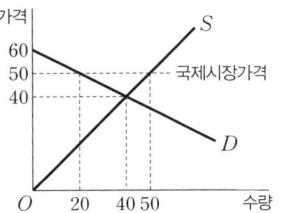

──┤보기├──

㉠ 개방하지 않을 경우 국내 화장품 수량은 50이다.
㉡ 무역이 시작되면 Z국은 10단위의 화장품을 수출한다.
㉢ Z국의 국내 거래량은 감소한다.
㉣ Z국의 생산자잉여는 450만큼 증가한다.

① ㉠, ㉡   ② ㉠, ㉢
③ ㉡, ㉢   ④ ㉡, ㉣
⑤ ㉢, ㉣

해설

㉢ Z국의 국내 거래량은 국제시장가격 수준으로 올라가기 때문에 감소하게 된다.
㉣ 다음 색칠된 영역만큼 생산자잉여가 증가하므로 다음의 사다리꼴 넓이를 계산하면 450임을 알 수 있다.

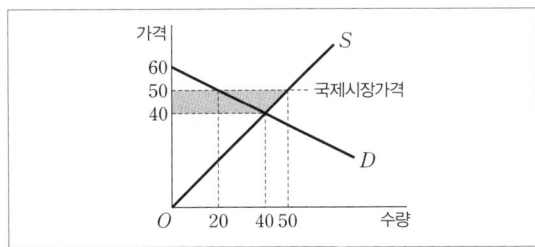

오답풀이
㉠ 개방하지 않을 경우 국내 화장품 수량은 40이다.
㉡ 무역이 시작되면 Z국은 국제시장가격 50으로 팔고자 할 것이며 이때 생산할 수 있는 수량은 50이고, 국내소비량은 20이기 때문에 남는 30만큼을 수출하고자 할 것이다.

정답 ⑤

316

난이도 Self Check | 상 ○ 중 ○ 하 ○

관세가 경제에 미치는 영향으로 옳지 <u>않은</u> 것은?

① 관세를 부과하면 수입국의 생산자의 후생은 증가하고 소비자의 후생은 감소한다.
② 일반적으로 국내가격이 상승한다.
③ 수입량이 감소하여 경상수지가 개선된다.
④ 소비자의 잉여가 관세수입으로 전환되게 된다.
⑤ 수입량이 감소하여 소국의 교역조건은 개선된다.

문제로 익히는 핵심이론

[관세부과의 경제적 효과]

1. 관세부과의 경제적 효과(소국)

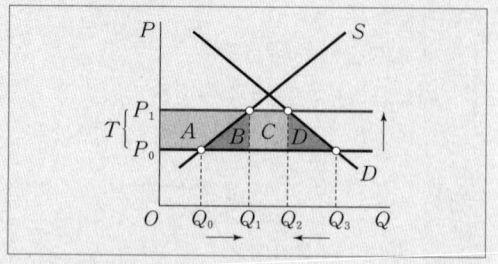

- 국내가격 상승: $P_0 \to P_1$
- 소비자잉여 감소분: $-(A+B+C+D)$
- 생산자잉여 증가분: $+A$
- 정부의 관세 수입: $+C$
- 사회적 후생손실: $-(B+D)$
- 국내소비량 감소: $Q_3 \to Q_2$
- 국내생산량 증가: $Q_0 \to Q_1$

2. 관세부과의 경제적 효과(대국)

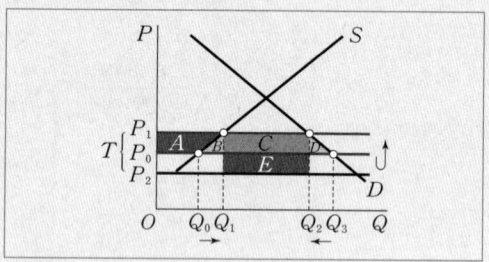

- 국내가격 상승: $P_0 \to P_1$
- 소비자잉여 감소분: $-(A+B+C+D)$
- 생산자잉여 증가분: $+A$
- 정부의 관세 수입: $+(C+E)$
- 사회적 후생손실: $E-(B+D)$
- 국내소비량 감소: $Q_3 \to Q_2$
- 국내생산량 증가: $Q_0 \to Q_1$

정답 ⑤

해설

관세부과의 경제적 효과는 소국과 대국에 미치는 영향이 다르다. 소국의 경우 관세부과를 하더라도 교역조건이 불변이지만, 대국은 교역조건이 개선이 된다.

오답풀이

①, ② 관세의 목적이 국내 산업의 보호이다. 따라서 관세를 부과하게 되면 메츨러의 역설이 발생하지 않는 한 일반적으로 국내 가격이 상승하여 생산량은 증가하고, 생산자의 잉여가 증가한다(메츨러의 역설은 실제 경제에서 보기 힘들다.).
③ 관세로 인해 수입량이 줄어들게 된다.
④ 감소된 소비자의 잉여 일부분이 정부의 관세수입으로 전환된다.

317

소국 S국에서 오렌지의 국내 수요곡선은 $Q=50-\frac{P}{2}$, 국내 공급곡선은 $Q=\frac{P}{2}-20$이고, 오렌지의 국제가격은 50이다. 만약 S국 정부가 단위당 10의 관세를 부과한다면, 이 경제의 사회적 후생손실로 옳은 것은?

① 25
② 50
③ 75
④ 100
⑤ 125

해설

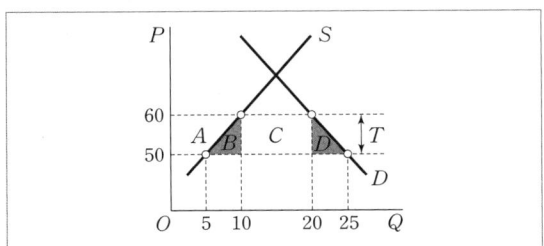

관세부과 전 S국에서 국내 공급량은 5, 국내 수요량은 25이며, 수입의 크기는 20이다. 이제 단위당 10의 관세를 부과하게 되면, 국내 공급량은 10, 국내 수요량은 20이 되며, 수입의 크기는 10으로 줄어든다.
위 그래프에서 A는 증가한 국내 생산자의 잉여이고, $A+B+C+D$는 감소한 소비자의 잉여이다. C는 정부의 관세수입이므로 $B+D$가 사회적 후생손실이다. 따라서 50이 S국의 사회적 후생손실이다.

정답 ②

318

소규모 개방 경제 모형에서 수입관세 부과와 수출보조금 지원의 효과에 관한 설명으로 가장 적절하지 않은 것은?

① 수입관세를 부과하면 정부의 수입이 증가하지만, 수출보조금을 지원하면 정부 수입이 감소한다.
② 두 정책 모두 소국의 교역조건에는 영향을 미치지 않는다.
③ 수출보조금은 관세와 달리 후생손실을 발생시키지 않는다.
④ 두 정책 모두 국내 소비자잉여를 감소시킨다.
⑤ 두 정책 모두 국내 생산자잉여를 증가시킨다.

해설
관세부과와 마찬가지로 수출보조금도 가격 체계의 왜곡을 불러오는 사건이므로 후생손실은 발생한다.

오답풀이
② 소국에는 가격결정력이 없기 때문에 두 정책 모두 소국의 교역조건에는 영향을 미치지 않는다. 다만, 대국의 경우 교역조건이 악화된다. 수출보조금지급에 따라 수출이 증가하게 되고, 수출품의 국제 가격이 하락하기 때문이다.

문제로 익히는 핵심이론

[수출보조금의 효과]

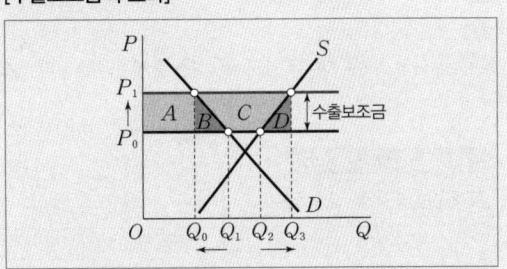

- 국내가격 상승: $P_0 \to P_1$
- 소비자잉여 감소분: $-(A+B)$
- 생산자잉여 증가분: $+(A+B+C)$
- 정부보조금 지급: $-(B+C+D)$
- 사회적 후생손실: $-(B+D)$
- 국내소비량 감소: $Q_1 \to Q_0$
- 국내생산량 증가: $Q_2 \to Q_3$

정답 ③

319 난이도 Self Check | 상 ○ 중 ○ 하 ○

자유무역지역, 관세동맹, 공동시장의 개념이 바르게 짝지어진 것은?

> ㉠ 가맹국 간에는 상품뿐만 아니라 노동과 같은 생산요소의 자유로운 이동이 보장되며, 역외 국가의 수입품에 대해서는 공동관세를 부과한다.
> ㉡ 가맹국 간에는 상품에 대한 관세를 철폐하고, 역외 국가의 수입품에 대해서는 가맹국이 개별적으로 관세를 부과한다.
> ㉢ 가맹국 간에는 상품의 자유로운 이동이 보장되고, 역외 국가의 수입품에 대해서는 공동관세를 부과한다.

	자유무역지역	관세동맹	공동시장
①	㉠	㉡	㉢
②	㉠	㉢	㉡
③	㉡	㉢	㉠
④	㉢	㉠	㉡
⑤	㉢	㉡	㉠

해설
㉠은 공동시장, ㉡은 자유무역지역, ㉢은 관세동맹에 관한 설명이다.

문제로 익히는 핵심이론

[경제통합의 유형 및 특징]

구분	특징
관세동맹	회원국 간 관세 철폐 + 비회원국에 대한 공동관세
경제동맹	공동시장 + 경제정책 면에서 협조
공동시장	관세동맹 + 생산요소의 자유로운 이동
자유무역지역	회원국 간 관세 철폐 + 비회원국에 대한 독자관세
무역특혜협정	회원국 간 관세 인하
완전경제통합	경제적 측면에서 한 국가로의 통합

정답 ③

320 난이도 Self Check | 상 ○ 중 ○ 하 ○

국제경제에 관한 설명으로 옳은 것은?

① 개방경제하에서 재정흑자와 경상수지적자의 합은 0이다.
② 개방경제하에서 지출축소정책은 타국과 정책마찰을 유발한다.
③ 규모에 대한 수확이 체증하는 경우 이종산업 간 교역이 활발해진다.
④ 원유의 국제가격이 하락하는 경우 우리나라의 교역조건이 악화된다.
⑤ 궁핍화 성장은 수출재의 수요가 가격에 탄력적인 경우 발생한다.

해설
정부의 긴축정책으로 인해 국가에서 수입규모를 줄이게 되면 상대국의 수출이 감소되어 경기가 침체될 것이 예상되므로 정책마찰을 유발할 수 있다.

오답풀이
① 개방경제하에서 생산물시장의 균형조건식은 $(X-M)=(S_P-I)+(T-G)$이다.
저축과 투자가 일치한다면 $(X-M)=(T-G)$라서 0이 되지만, 일치하지 않는다면 0이 재정흑자와 경상수지적자의 합은 0이 되지 않는다.
③ 규모에 대한 수확이 체증하는 경우 동종산업 간 교역이 활발해진다. 이종산업 간 무역은 비교우위의 차이로 발생한다.
④ 원유를 주로 수입하는 우리나라의 경우 원유의 국제가격 하락은 수입품 가격이 하락하여 교역조건이 개선된다.
⑤ 궁핍화 성장은 수출재의 수요가 가격에 비탄력적인 경우 발생한다.

문제로 익히는 핵심이론

[궁핍화 성장]

- 개념: 바그와티가 주장한 이론으로 수출 위주의 경제성장에 따라 수출재의 교역조건이 크게 악화되어 오히려 사회후생수준이 감소하는 현상
- 발생조건
  - 수출산업 위주로 경제성장
  - 수출이 GDP내에서 차지하는 비중이 크다.
  - 수출의 세계시장 점유율이 크다.
  - 수출재에 대한 세계시장의 수요의 가격탄력성이 낮다.
  - 수출재에 대한 세계시장의 공급의 가격탄력성이 낮다.

정답 ②

321

난이도 Self Check | 상◯ 중◯ 하◯

다음 사례와 관련 있는 이론으로 가장 적절한 것은?

> 1959년, 네덜란드 북해에서 천연가스가 발견되고, 네덜란드는 북해유전을 개발하여 석유와 가스를 수출하기 시작했다. 이로 인해 경제 호황이 찾아오고, 네덜란드 화폐인 '길더'의 가치가 상승하였다. 산업의 생산요소들이 석유와 천연가스 개발에 투입되게 되고, 다른 공업 분야들은 생산요소 부족에 시달리게 되었다. 결국 물가가 급등하면서 점차 석유와 가스 이외의 분야들은 가격 경쟁력을 상실하게 되면서 수출 산업에 침체에 빠지게 되었다.

① 요소가격균등화 정리
② 스톨퍼-사무엘슨 정리(Stolper-Samuelson Theorem)
③ 립진스키 정리(Rybczynski Theorem)
④ 대표수요이론
⑤ 레온티에프 역설(Leontief Paradox)

해설

주어진 자료는 네덜란드병(Dutch Disease)으로 일컫는 자원의 저주에 대한 예시이다. 립진스키에 따르면 어떤 생산요소의 부존량이 증가하면 그 생산요소를 집약적으로 투입하는 재화생산은 상대적으로도 절대적으로도 증가하고 다른 재화의 생산은 상대적으로 절대적으로 감소한다.

오답풀이

② 스톨퍼-사무엘슨 정리(Stolper-Samuelson Theorem): H-O 모형하에서 무역에 따라 생산물의 가격이 변동함으로써 생산요소의 가격이 변동하는 것을 설명한다. 노동이 풍부한 국가에서 노동집약적 재화를 수출하기 시작하면 노동집약재의 상대가격이 상승한다. 이 국가 내에서 노동의 가격(임금)이 자본의 가격보다 더 큰 비율로 상승하게 되고 풍부한 생산요소가 자유무역에 의해 소득분배상 유리해진다.
④ 대표수요이론: 린더(Linder)가 주장한 이론으로 제조업 부문에서 한 나라의 비교우위는 그 나라의 대표적인 수요에 의해 결정되고, 대표적 수요는 1인당 국민소득수준에 의해 결정된다. 소득수준과 선호구조가 유사한 국가 간에 무역을 잘 설명한다.
⑤ 레온티에프 역설(Leontief Paradox): 레온티에프(Leontief)의 실증결과로 자본풍부국으로 생각되는 미국에서 오히려 자본집약재를 수입하고, 노동집약재를 수출하는 현상을 확인한다.

정답 ③

322

난이도 Self Check | 상◯ 중◯ 하◯

무역정책에 관한 설명으로 적절한 것을 모두 고르면?

> ㉠ 수입량을 동일하게 제한하는 수출자율규제와 관세 중 수출자유규제가 수입국의 후생 측면에서 더 유리하다.
> ㉡ 시장실패가 존재하는 경우 적절한 무역정책을 통하여 사회후생을 증가시킬 수 있다.
> ㉢ 모든 시장에서 관세와 수입할당 정책은 동일한 경제적 영향을 미친다.
> ㉣ 관세와 수량할당은 모두 사회적 손실을 초래한다.

① ㉠, ㉡
② ㉠, ㉢
③ ㉡, ㉢
④ ㉡, ㉣
⑤ ㉢, ㉣

해설

㉡ 예를 들어 자국 기업과 외국 기업이 불완전경쟁시장에서 경쟁하는 경우 자국 기업에 대한 수출보조금 지급과 같은 전략적 무역정책을 실시함으로써 자국기업의 가격경쟁력을 높이고 자국기업의 시장지배력을 강화하여 사회후생이 증가할 수 있다.
㉣ 가격체계의 변화를 가져오게 되므로 사회적 후생손실을 발생시킨다.

오답풀이

㉠ 관세를 부과하면 수입국 정부는 관세수입을 얻게 되지만, 수출자유규제가 실시되면 그 관세수입에 해당되는 잉여가 수출국의 수출업자에게 귀속되므로 수입국 입장에서는 그만큼 손해를 보게 된다.
㉢ 일반적으로 국내시장이 완전경쟁인 경우에는 동일한 수량을 수입할 때의 관세부과와 수입할당의 국내가격의 상승폭은 동일하지만 독점인 경우에는 관세보다 수입할당의 가격상승폭이 더 크다. 따라서 적절한 무역정책을 선택해야 한다.

문제로 익히는 핵심이론

[수출자율규제(VER)]

- 개념: 수입국이 수출국에게 압력을 가해 수출국이 자율적으로 자신의 수출물량을 일정수준으로 줄이도록 하는 정책
- 수량할당과의 비교
  - 수출자율규제가 실시되더라도 수량할당이 시행될 때와 마찬가지로 수입량이 감소하고 국내가격이 상승한다.
  - 수출자율규제가 실시되면 국내수입업자의 초과이윤에 해당되는 부분이 외국수출업자에게 귀속되므로 수입국의 후생측면에서 보면 수량할당이 더 우월하다.

정답 ④

323

난이도 Self Check | 상 ○ 중 ○ 하 ○

다음 [그래프]는 A국과 B국의 생산가능곡선을 나타낸 자료이다. 비교우위에 특화해서 교역할 때 양국 모두에게 이득을 주는 교환으로 가장 적절한 것은?

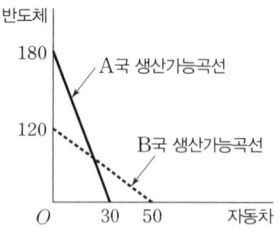

① A국의 자동차 1대와 B국의 반도체 10개
② A국의 자동차 1대와 B국의 반도체 7개
③ A국의 반도체 20개와 B국의 자동차 8대
④ A국의 반도체 30개와 B국의 자동차 5대
⑤ A국의 반도체 36개와 B국의 자동차 15대

해설

생산가능곡선의 기울기 $= MRT_{XY} = \dfrac{P_x}{P_y} = \dfrac{\Delta Y}{\Delta X}$ 이다.

주어진 그림에서 A국에서 X재의 상대가격은 6이고, B국에서 X재의 상대가격은 2.4이다. 따라서 X재의 상대가격은 B국이 더 낮고, Y재의 상대가격은 반대로 A국이 더 낮다. 그러므로 A국은 반도체를 수출할 것이고, B국은 자동차를 수출할 것이다.

따라서 무역을 통해 양국이 모두 이득을 얻기 위해서는 국제교역 조건 $\dfrac{P_x}{P_y} = \dfrac{\Delta Y}{\Delta X}$ 가 2.4에서 6 사이에 존재해야 한다.

따라서 $\dfrac{20}{8} = 2.5$ 이므로 A국의 반도체 20개와 B국의 자동차 5대를 교환할 때 A, B 양국 모두에서 이익을 가져갈 수 있다.

오답풀이

①, ② A국이 자동차를 생산하여 수출한 것이 아니므로 적절하지 않다.
④ $\dfrac{30}{5} = 6$ 으로, 이 경우 B국이 모든 생산에서의 이익을 가져가게 되므로 적절하지 않다.
⑤ $\dfrac{36}{15} = 2.4$ 로, 이 경우 A국이 모든 생산에서의 이익을 가져가게 되므로 적절하지 않다.

정답 ③

CHAPTER 10 국제금융 기출예상문제

324
우리나라 국제수지표의 경상수지에 포함되지 않는 것은?

① 국내 A은행이 차입한 외화증권 이자로 베트남 B은행에 지불한 100만 달러
② 우리나라 정부가 U국에 무상원조로 제공한 500만 달러
③ 국내 항공사가 항공화물 운송 대가로 외국 J기업으로부터 받은 30만 달러
④ 외국 증권사가 국내 주식시장에서 매입한 주식 대금 200만 달러
⑤ 국내 F기업이 특허권 사용료에 따라 외국 C기업에 지불한 45만 달러

해설
주식, 채권 등에 대한 투자로 인해 발생하는 거래는 금융계정(증권투자)에 계상된다.

오답풀이
① 이자는 본원소득수지에 해당한다.
② 무상원조는 이전소득수지에 해당한다.
③ 운송서비스를 제공한 대가로 받은 금액은 서비스수지에 해당한다.
⑤ 특허권 사용료에 대가로 준 금액은 서비스수지에 해당한다.

문제로 익히는 핵심이론

1. 경상수지

상품수지	상품, 가공용 재화, 비화폐용 금 등
서비스수지	운송, 여행, 통신 서비스, 금융 서비스, 지적재산권 등 사용료, 유지보수 서비스
본원소득수지	급료 및 임금, 배당금, 이자지급 등
이전소득수지	무상원조, 기부금, 구호물자, 국제기구 출연금 등

2. 자본 및 금융계정

자본수지	자본이전, 비생산 및 비금융자산
금융계정	직접투자, 증권투자, 파생금융상품, 기타투자, 준비자산 등

정답 ④

325
환율상승을 유도하기 위한 중앙은행의 외환시장개입 중 불태화개입이 있을 때 나타나는 중앙은행의 재무상태표 변화로 가장 적절한 것은?

① 외화자산 증가, 본원통화 증가
② 외화자산 감소, 본원통화 감소
③ 국내자산 감소, 외화자산 증가
④ 국내자산 증가, 본원통화 증가
⑤ 국내부채 증가, 본원통화 감소

해설
불태화개입(Sterilized Intervention)이란 중앙은행이 외환시장에 개입으로 인한 통화량 변동을 상쇄하면서 외환시장에 개입하는 것을 의미한다. 환율상승을 유도하기 위해서는 시장에서 유통되는 외화를 줄여야 하므로 외화를 매입하게 된다. 이 과정에서 중앙은행 밖으로 통화가 유통되면서 본원통화가 증가하게 된다. 이렇게 되면 통화량이 증가하게 되므로 물가의 상승을 유발할 가능성이 높아진다. 이를 제거하기 위해 중앙은행이 가지고 있는 국공채 등의 국내자산을 매각하면서 통화량을 수거한다.
따라서 중앙은행의 불태화개입이 있을 때 중앙은행의 국내자산은 감소하고 외화자산은 증가하는 변화가 나타난다.
한편, 반대로 중앙은행의 외환시장 개입으로 인한 통화량 변동을 그대로 내버려두는 것을 태화 외환시장개입(Non-Sterilized Intervention)이라고 한다.

정답 ③

326

난이도 Self Check | 상 ○ 중 ○ 하 ○

외환 시장에서 국내 통화가치를 상승시키는 요인으로 적절한 것을 모두 고르면?

> ㉠ 외국 물가 대비 국내 물가 수준의 하락
> ㉡ 국내 실질이자율 상승
> ㉢ 해외 자본 투자에 대한 관심 증가
> ㉣ 정부의 확장적인 통화정책

① ㉠, ㉡
② ㉠, ㉢
③ ㉡, ㉢
④ ㉡, ㉣
⑤ ㉢, ㉣

해설

㉠ 국내 물가 수준이 외국에 비해 하락하게 되면 국내 제품의 가격이 상대적으로 낮아지면서 같은 품질을 유지하는 조건 하에 가격경쟁력이 생긴다. 따라서 순수출이 증가하여 외화 공급이 증가하게 되고 환율이 하락하게 되면 국내 통화가치는 상승한다.
㉡ 국내 실질이자율이 상승하게 되면 국외에서의 자본이 유입될 것이다. 이로 인해 외화공급이 증가하게 되고 환율이 하락하게 되면 국내 통화가치는 상승한다.

오답풀이
㉢ 해외 자본 투자, 즉 외국 주식시장에 대해 관심이 높아지면 외화에 대한 수요가 증가하게 된다. 따라서 환율이 상승하게 되고, 국내 통화가치는 하락한다.
㉣ 정부의 확장적인 통화정책으로 인해 통화량이 증가하면 국내 이자율이 하락하게 된다. 상대적으로 이자율이 높은 외국으로 자본이 유출되게 되어 외환의 수요가 증가하고 환율이 상승하게 된다. 따라서 국내 통화가치는 하락한다.

정답 ①

327

난이도 Self Check | 상 ○ 중 ○ 하 ○

구매력평가설이 가장 유효하게 설명할 수 있는 경우로 적절한 것은?

① 일물일가의 법칙이 성립하지 않는 경우
② 관세나 운송비용 등 무역장벽이 낮아진 경우
③ 물가지수 산출에 포함되는 재화가 서로 다른 경우
④ 비교역재가 많은 경우
⑤ 물가의 경직성이 큰 경우

해설

구매력평가설이 유효하기 위해서는 일물일가의 법칙이 성립하여야 한다. 국가 간 비교역재가 존재할수록, 관세나 운송비용 등의 무역장벽이 높을수록, 물가의 경직성이 클수록, 양국의 물가지수 산출에 포함되는 재화의 구성이 상이할수록 일물일가의 법칙이 성립하기 어려워진다.

문제로 익히는 핵심이론

[구매력평가설(PPP)]
- 가정: 국제적으로 일물일가의 법칙이 성립
- 절대적PPP: 명목환율은 양국통화의 구매력에 의하여 결정된다.

$$e = \frac{P}{P_f}$$

※ P: 자국물가, P_f: 외국물가, e: 환율

- 상대적PPP: 양국의 인플레이션율 차이만큼 환율이 변화한다.

환율상승률
=(자국의 물가상승률)−(외국의 물가상승률)

- 성립조건
  - 국가 간 비교역재가 존재하지 않아야 한다.
  - 관세나 운송비용 등의 무역장벽이 낮아야 한다.
  - 물가의 경직성이 크지 않아야 한다.
  - 양국의 물가지수 산출에 포함되는 재화의 구성이 동일해야 한다.
- 특징
  - 단기적인 환율의 움직임은 잘 나타내지 못하나 장기적인 환율의 변화추세는 잘 설명한다.
  - 경상수지만 고려하기 때문에 자본수지의 변동이나 이자율 변동에 따른 환율의 변화를 설명하지 못한다.
  - 실질환율이 1로 일정하다는 전제하에 환율의 움직임을 설명한다.

정답 ②

328

난이도 Self Check | 상 ◯ 중 ◯ 하 ◯

다음 [표]는 각국의 빅맥 가격과 실제환율을 나타낸 것이다. 미국에서 빅맥이 3달러로 판매되었다고 할 때, 빅맥가격으로 구한 구매력평가 환율에 대한 설명으로 옳지 <u>않은</u> 것은?

구분	빅맥 가격	실제 환율
일본	300엔	105엔/달러
중국	15위안	6위안/달러
홍콩	480홍콩달러	155홍콩달러/달러
태국	110바트	40바트/달러
베트남	84,000동	25,000동/달러

① 일본의 화폐는 구매력평가 환율로 평가 시 실제 환율 대비 저평가된다.
② 중국의 화폐는 구매력평가 환율로 평가 시 실제 환율 대비 고평가된다.
③ 홍콩의 화폐는 구매력평가 환율로 평가 시 실제 환율 대비 고평가된다.
④ 태국의 화폐는 구매력평가 환율로 평가 시 실제 환율 대비 저평가된다.
⑤ 베트남의 화폐는 구매력평가 환율로 평가 시 실제 환율 대비 고평가된다.

해설

빅맥지수를 구하는 방법은 해당 국가의 빅맥 가격에서 미국의 빅맥 가격을 나눈다. 각 국가들에 대해 모두 계산하였을 경우 다음과 같이 정리할 수 있다.

구분	빅맥 가격	실제 환율	빅맥지수	실제 환율 대비 평가
일본	300엔	105엔/달러	100엔/달러	저평가
중국	15위안	6위안/달러	5위안/달러	저평가
홍콩	480홍콩달러	155홍콩달러/달러	160홍콩달러/달러	고평가
태국	110바트	40바트/달러	36.67바트/달러	저평가
베트남	84,000동	25,000동/달러	28,000동/달러	고평가

중국의 빅맥지수는 실제 환율보다 더 낮게 나왔다. 즉 실제 환율 대비 빅맥지수가 저평가되고 있다는 것이다. 또한 빅맥지수는 구매력평가설에 의한 장기적정환율을 대체할 수 있으므로 현재의 환율이 장기적정환율에 비해 과대평가되어 있다는 것이고, 이는 현재 위안화의 구매력을 과소평가하고 있다는 의미가 된다.

오답풀이

저평가되는 빅맥지수는 위 해설과 같은 논리로 전개되므로 고평가되는 빅맥지수에 대해서 설명한다.
베트남의 경우 빅맥지수는 실제 환율보다 더 높게 나왔다. 즉 실제 환율대비 빅맥지수가 고평가되고 있는 것이다. 이는 현재의 환율이 장기적정환율에 비해 과소평가되어 있다는 것이고, 이는 현재 베트남의 구매력을 시장에서 과대평가하고 있다는 의미가 된다.

문제로 익히는 **핵심이론**

[빅맥지수]

각국 통화의 구매력 정도 또는 환율 수준을 측정하기 위해 일물일가의 법칙을 햄버거 가격에 적용한 것이다. 맥도날드의 빅맥은 전 세계 120국 이상에서 동일한 재화로 판매되고 있으므로 간단하게 절대적 구매력평가를 검증할 수 있는 수단으로 채택되었다. 최근에는 스타벅스가 전세계로 많이 보급됨에 따라 스타벅스 지수도 등장하였다.

정답 ②

329

난이도 Self Check | 상 ○ 중 ○ 하 ○

국내와 미국에 투자를 고려하고 있는 국내 투자자 입장에서 이자율평형조건이 성립할 때 나타나는 현상으로 적절하지 <u>않은</u> 것을 모두 고르면?

> ㉠ 다른 조건이 일정하다면 미래의 기대 원/달러 환율의 상승은 원화의 평가절상을 초래한다.
> ㉡ 다른 조건이 일정하다면 달러 예금 금리의 상승은 원화의 평가절하를 초래한다.
> ㉢ 다른 조건이 일정하다면 원화 예금 금리의 상승은 현재 환율을 상승시킬 것이다.
> ㉣ 다른 조건이 일정하다면 현재 원/달러 환율과 달러 예금의 기대수익률 간에는 음(−)의 상관관계가 존재한다.

① ㉠, ㉢
② ㉠, ㉣
③ ㉡, ㉢
④ ㉡, ㉣
⑤ ㉡, ㉢, ㉣

해설

이자율평가설에 의해 국가 간 자본이동이 자유롭고 외환시장이 균형 상태에 있다면 양국 간 투자의 기대수익률이 일치해야 하므로 $(1+i) = (1+i_f)\dfrac{F}{S}$ 가 성립해야 한다.

(i = 국내 명목이자율, i_f = 외국 명목이자율, F = 미래의 기대환율(선도환율), S = 현재 환율)

㉠ 미래의 기대 원/달러 환율(F)이 상승하게 되면 우변인 해외투자의 기대수익률이 상승하게 된다. 따라서 양국 간 기대수익률이 일치하기 위해서는 현재의 환율이 상승(원화의 평가절하)하여야 한다.

㉢ 원화의 예금 금리가 상승하면 좌변인 국내투자의 기대수익률이 상승하게 된다. 따라서 양국 간 기대수익률이 일치하기 위해서는 현재 환율이 하락하여야 한다.

오답풀이

㉡ 달러의 예금 금리가 상승하면 우변인 해외투자의 기대수익률이 상승하게 된다. 따라서 양국 간 기대수익률이 일치하기 위해서는 현재의 환율이 상승(원화의 평가절하)하여야 한다.

㉣ 현재 원/달러 환율이 상승하면 해외투자의 기대수익률은 하락한다. 따라서 현재 환율과 달러 예금의 기대수익률 간에는 음(−)의 상관관계가 존재하고 있음을 알 수 있다.

정답 ①

330

난이도 Self Check | 상 ○ 중 ○ 하 ○

현재 시장에서의 이자율 거래가 다음과 같을 때 나타날 수 있는 현상으로 가장 적절한 것은?

$$(1+i_A) < (1+i_B)\dfrac{F}{S}$$

① B국의 현물환을 판다.
② B국의 선물환을 산다.
③ B국의 채권을 판다.
④ A국의 현물환을 산다.
⑤ A국의 선물환을 산다.

해설

현재 A국에서의 투자수익률보다는 B국의 투자수익률이 더 크다는 것을 알 수 있다. 따라서 B국에 투자하는 것이 유리하므로 B국 채권을 매입해야 한다. B국의 채권을 매입하기 위해서는 A국의 화폐를 매각하고 B국 화폐를 매입하여야 한다.
이후 이자율평형정리에 따라 양국의 투자수익률이 동일해질 것이므로 선물환 시장에서는 B국 화폐를 매각하고 A국 화폐를 매입해야 한다.

정답 ⑤

331

난이도 Self Check | 상 ○ 중 ○ 하 ○

다음은 이자율 평형조건(IRP)에 대한 설명이다. (가)와 (나)의 상황이 발생하였을 때 나타나는 그래프 이동이 바르게 짝지어진 것은?

> 이자율 평형조건이 성립할 때, 가로축을 환율(외국통화 1단위에 대한 자국통화의 교환비율), 세로축을 국내이자율로 하는 그래프를 그리면, 우하향하는 형태로 그려진다.
> (가) 확장적 통화정책으로 인하여 지속적인 인플레이션이 발생하는 상황
> (나) 산유국의 입장에서 유가 상승으로 인해 외화 단기 금융자산이 증가하는 상황

	(가)	(나)
①	좌측으로 이동	좌측으로 이동
②	좌측으로 이동	우측으로 이동
③	우측으로 이동	우측으로 이동
④	우측으로 이동	좌측으로 이동
⑤	움직이지 않음	좌측으로 이동

해설
이자율 평형조건에 따른 그래프는 다음과 같이 나타낼 수 있다.

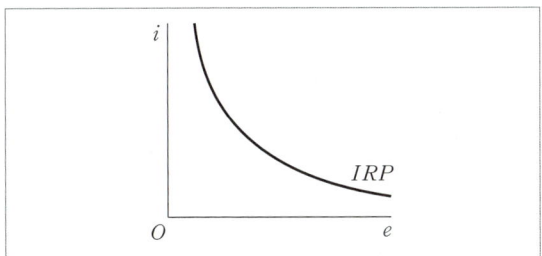

(가)에서 확장적 통화정책으로 통화량이 늘어나게 되고 인플레이션이 발생한다. 인플레이션은 자국의 화폐가치 하락을 유발하므로 미래의 기대환율이 상승하게 된다. 미래의 기대환율 상승은 해외의 투자수익률이 상대적으로 높아져 자본유출이 발생하게 되고 외환수요의 상승을 불러온다. 이로 인해 현재의 환율이 상승되게 된다. 따라서 국내의 이자율은 변하지 않았음에도 현재의 환율이 상승하므로 IRP 곡선이 우측으로 이동하게 된다.
(나)에서 유가 상승으로 인해 외화가 현재 유입되고 있는 상황이다. 이로 인해 외화공급이 증가하므로 환율이 하락하게 된다. 이자율은 일정한 상태에서 환율이 하락하면 IRP 곡선은 좌측으로 이동하게 된다.

정답 ④

332

난이도 Self Check | 상 ○ 중 ○ 하 ○

소규모 개방경제모형에서 무역수지 적자 확대의 원인으로 적절한 것을 모두 고르면?

> ㉠ 세금 증가
> ㉡ 정부지출 증가
> ㉢ 해외금리 상승
> ㉣ 투자세액 감면

① ㉠, ㉡
② ㉠, ㉢
③ ㉡, ㉢
④ ㉡, ㉣
⑤ ㉢, ㉣

해설
개방경제 생산물시장 균형식 $I+G+X=S_p+T+M$으로부터 무역수지로 전개하면 $X-M=(S_p-I)+(T-G)$이다.
㉡ 정부지출(G)이 증가하면 무역수지($X-M$)은 악화된다.
㉣ 투자세액 감면이 시작되면 국내 투자가 증가하여 무역수지 $(X-M)$는 악화된다.

오답풀이
㉠ 세금(T)이 증가하면 무역수지($X-M$)가 개선된다.
㉢ 해외금리가 상승하면 자본이 유출되어 환율이 상승하게 된다. 환율 상승은 수출에 유리하고 수입에 불리하므로 무역수지는 수출량과 수입량에 따라 개선 또는 악화될 수 있다.

📝 문제로 익히는 **핵심이론**

1. 개방경제하의 생산물시장의 균형식
   $I+G+X=S_p+T+M$
   $X-M=(S_p-I)+(T-G)$

2. 경상수지와 국내총생산(GDP)
   $Y=C+I+G+(X-M)=A+(X-M)$
   $(X-M)=Y-A$
   (Absorption (A), 국내총지출로 일정기간 동안 한 나라의 재화와 서비스에 대한 총지출액)
   따라서 경상수지 적자는 GDP보다 국내총지출이 크기 때문에 발생

3. 경상수지와 저축 및 투자
   $Y=C+I+G+(X-M)$
   $Y-(C+I+G)=(X-M)$
   $(Y-T-C)+(T-G)-I=(X-M)$
   $S_P+S_G-I=(X-M)$
   $S_N-I=(X-M)$
   경제전체의 총저축(S_N)이 총투자(I)보다 작으면 경상수지는 적자가 된다.

정답 ④

333

다음 [그래프]는 개방경제모형에서의 국내 저축과 국내 투자를 나타낸 자료이다. 세계이자율이 r_0에서 r_1으로 하락할 경우 해당 경제에 발생할 변화에 대한 설명으로 가장 적절한 것은?(단, 주어진 조건 이외에는 일정하다고 가정한다.)

① 순수출은 증가한다.
② 순자본유출은 감소한다.
③ 달러화 대비 명목환율은 상승한다.
④ 실질환율은 상승한다.
⑤ 국내소비와 투자는 감소한다.

해설

해외이자율이 하락함에 따라 국내이자율이 해외이자율보다 높은 상태가 된다. 따라서 자본유입이 발생하게 되므로 순자본유출은 감소한다.

오답풀이

①, ③ 자본유입 상태이므로 외화공급이 많아지므로 환율은 떨어지게 된다. 따라서 수출이 불리해지고, 수입이 유리해지므로 순수출은 감소한다.
④ 물가수준이 일정하다면 실질환율 역시 감소한다.
⑤ 자본유입으로 인해 자금시장에서의 공급이 늘어나게 되므로 이자율은 하락하게 될 것이다. 이에 따라 국내소비와 투자는 증가할 것이다.

정답 ②

334

개방경제의 IS곡선과 LM곡선에 관한 설명으로 옳지 않은 것은?

① 폐쇄경제의 IS곡선에 비해 기울기가 더 가파르다.
② 폐쇄경제보다 실질환율 변화에 의해 영향을 더 받는다.
③ 변동환율제도하에서는 폐쇄경제의 LM곡선과 동일하다.
④ 변동환율제도하에서 화폐수요가 감소하면 IS곡선이 우측이동한다.
⑤ 고정환율제도에서 국제수지 적자가 발생하면 LM곡선이 우측이동한다.

해설

국제수지가 적자를 기록하면 달러의 가치가 상승하므로 환율이 상승압력을 받게 된다. 이때 중앙은행은 환율을 일정하게 유지하기 위해서 시장에 개입을 하여 외환을 매각해서 시장에 공급해야 한다. 외환을 매각하면 통화량이 감소하므로 고정환율제도하에서는 LM곡선이 좌측이동한다.

오답풀이

① 개방경제에서는 국민소득이 증가하면 수입이 증가하여 유효수요(Y)의 일부를 상쇄하기 때문에 폐쇄경제에서보다 균형 국민소득이 더 적게 증가한다. 따라서 동일한 이자율 하락이 발생해도 국민소득의 증가 폭이 작아지므로 IS곡선의 기울기는 더 가파르다.
직관적으로 파악하는 방법은
IS곡선의 기울기 $= -\dfrac{1-c(1-t)-i+m}{b}$인데,
한계수입성향(m)이 상승하므로 기울기는 더 가파르다.
② 환율변동에 따른 순수출의 영향을 추가로 받게 된다.
③ 통화량이 국제수지 불균형에 의해 영향을 받지 않기 때문에 폐쇄경제의 LM곡선과 동일하다.
④ 변동환율제도에서 화폐수요가 감소하면 LM곡선은 우측으로 이동하게 되고, 이자율이 감소한다. 이로 인해 자본유출의 압박이 심해지면서 환율 상승의 압력이 생기게 된다. 이때 환율 상승으로 인해 순수출이 증가하게 될 것이므로 IS곡선은 우측으로 이동한다.

정답 ⑤

335

환율제도에 관한 설명으로 옳은 것을 모두 고르면?

> ㉠ 고정환율제도에서 자국통화가 저평가된 상태를 유지하면 인플레이션 압력이 발생할 수 있다.
> ㉡ 고정환율제도하에서 재정정책보다는 통화정책이 더 효과적이다.
> ㉢ 변동환율제도에서 환율변동에 따른 교역 당사자의 환위험 부담이 있다.
> ㉣ 변동환율제도에 있어서 외환시장의 수급상황이 국내통화량에 영향을 미친다.

① ㉠, ㉡
② ㉠, ㉢
③ ㉡, ㉢
④ ㉡, ㉣
⑤ ㉢, ㉣

해설

㉠ 고정환율제도에서 저평가된 자국통화가치를 유지하려면 환율 하락 압력을 해소시키기 위해 외환을 매입하며 통화량을 증가시켜야 하기 때문에 물가 상승 우려가 발생한다.
㉢ 환율이 고정되지 않기 때문에 교역 당사자 간 환율 변동에 따른 리스크가 존재한다.

오답풀이

㉡ 고정환율제도하에서 통화정책보다는 재정정책이 더 효과적이다.
㉣ 변동환율제도는 국제수지 불균형이 환율변동에 따라 자동적으로 조정되므로 외환시장의 수급상황이 국내 통화량에 영향을 미치지 않는다. 다만, 고정환율제도는 중앙은행이 개입하여 조정하기 때문에 국내통화량에 영향을 미친다.

문제로 익히는 핵심이론

[고정환율제도와 변동환율제도]

구분	고정환율제도	변동환율제도
환위험	작음	큼
무역과 투자	환율의 안정으로 활발	환율 불안정으로 위축
투기자본의 이동	적음	많음
국제수지 불균형	자동조정 불가	신속하게 자동 조정
해외교란요인의 파급여부	국내로 쉽게 전파	신축적인 변동으로 자동적으로 차단 가능
금융정책의 독자성	독자성 상실 ⇒ 재정정책이 더 효과적	독자성 유지 ⇒ 금융정책이 더 효과적

정답 ②

336

자본이동이 완전히 자유로운 개방경제하에서 대체지급수단의 개발로 화폐수요가 감소할 때, 고정환율제와 변동환율제하에서 균형 국민소득의 변화가 바르게 짝지어진 것은?

	고정환율제	변동환율제
①	불변	증가
②	증가	증가
③	증가	감소
④	감소	증가
⑤	감소	감소

해설

화폐수요가 감소하면 LM곡선이 우측으로 이동하게 된다. 고정환율제도에서는 확대금융정책을 실시해도 LM곡선이 원래대로 되돌아오게 되어 국민소득이 불변이다.
반면에 변동환율제도에서는 금융정책을 실시하면 LM곡선이 움직인 만큼 IS곡선이 함께 이동하며 균형 국민소득이 증가하게 된다.

문제로 익히는 핵심이론

[고정환율제도와 변동환율제도]

1. 고정환율제도

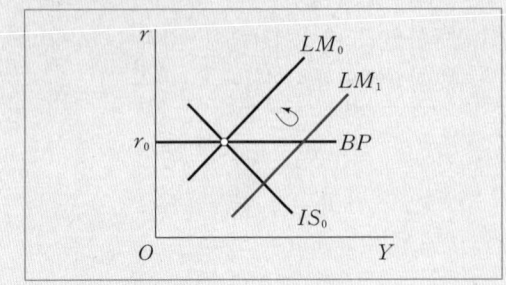

확대금융정책(고정환율)
→ LM 곡선 우측이동($LM_0 \to LM_1$)
→ 국제수지 적자(환율상승 압력)
→ 중앙은행의 외환매각
→ 통화량 감소
→ LM 곡선 좌측이동($LM_1 \to LM_0$)
→ 국민소득 불변, 이자율 불변

2. 변동환율제도

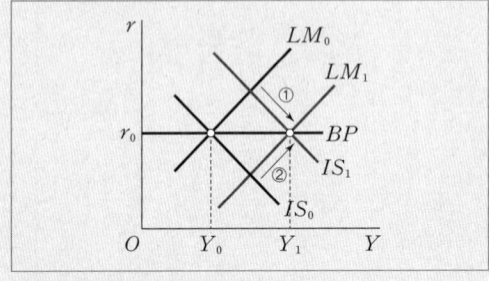

확대금융정책(변동환율)
→ LM 곡선 우측이동($LM_0 \to LM_1$)
→ 국제수지 적자
→ 환율상승(평가절하)
→ 순수출($X-M$) 증가
→ IS 곡선 우측이동($IS_0 \to IS_1$)
→ 국민소득 증가, 이자율 불변

정답 ①

337

난이도 Self Check | 상 ○ 중 ○ 하 ○

다음 [그래프]는 자본이동이 자유로운 소규모 개방경제를 나타낸 자료이다. IS_0, LM_0, BP_0 곡선이 만나는 점 A에서 균형이 이루어졌을 때, 이에 대한 설명으로 옳은 것은?

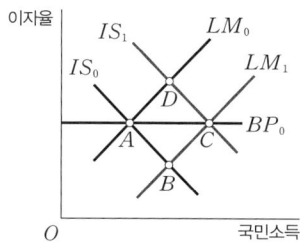

① 고정환율제하에서 확장적 재정정책의 새로운 균형은 B이다.
② 고정환율제하에서 확장적 통화정책의 새로운 균형은 C이다.
③ 변동환율제하에서 확장적 재정정책의 새로운 균형은 A이다.
④ 변동환율제하에서 확장적 통화정책의 새로운 균형은 D이다.
⑤ 변동환율제하에서 확장적 통화정책의 새로운 균형은 B이다.

문제로 익히는 핵심이론

[$IS-LM-BP$ 모형과 BP곡선]

1. $IS-LM-BP$ 모형
   - 폐쇄경제하의 생산물시장과 화폐시장의 동시분석 모형인 $IS-LM$모형을 개방경제로 확장하여 국제수지 균형까지 고려한 모형
   - 개방경제하의 대내균형과 대외균형을 동시에 고려하여 재정 및 금융정책의 효과를 분석할 수 있음

2. BP곡선
   - 국제수지균형을 나타내는 이자율과 국민소득의 조합
   - 일반적으로 우상향하고, 자본이동성이 클수록 완만함
   - 소규모 개방경제이면서 자본이동이 완전히 자유로운 경우 수평선, 불가능한 경우 수직선으로 나타난다.
   - 이동요인
     - 실질환율 상승, 물가하락, 자국화폐의 평가절상 예상, 해외이자율 하락, 외국의 소득 증가 등으로 인해 BP곡선이 우측으로 이동한다.
     - 국내이자율(r)이 일정한 상태에서 국제수지 흑자를 증가시킬 만한 요인이 발생하면 BP곡선이 우측으로 이동한다.

정답 ③

해설

변동환율제하에서 재정정책은 효과적이지 않다. 재정정책을 통해 IS_1으로 이동하면 BP상방에 위치한 균형점 D로 이동하게 되는데, 이때 국제수지가 흑자이므로 환율하락의 압박에 직면한다. 따라서 순수출은 감소하게 되고, IS곡선은 다시 좌측으로 이동하여 원래의 균형점 A로 돌아오게 된다. 따라서 국민소득은 불변, 이자율은 불변이다.

오답풀이

반대로 고정환율제하에서 재정정책은 효과적이다. 재정정책을 통해 IS_1으로 이동하면 BP상방에 위치한 균형점 D로 이동하게 되는데, 이때 국제수지가 흑자이므로 환율하락의 압박에 직면한다. 중앙은행은 환율 안정을 위해 시장에 개입하여 외화를 매입하고 통화량을 공급한다. 따라서 LM곡선이 우측이동하면서 국민소득은 증가, 이자율은 불변이다.

338

다음 [그래프]는 어느 개방경제의 BP곡선을 나타낸 자료이다. 점 K는 경상수지와 자본수지가 모두 균형인 상태라면, 점 L에서의 경상수지와 자본수지 상태가 바르게 짝지어진 것은?

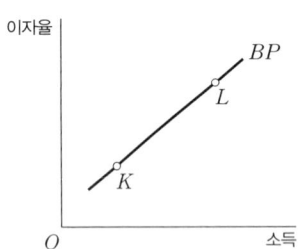

	경상수지	자본수지
①	흑자	적자
②	흑자	흑자
③	적자	적자
④	적자	흑자
⑤	균형	균형

해설

BP곡선은 국제수지가 균형인 상태를 나타내는 이자율과 국민소득의 조합을 나타내는 곡선이다. 따라서 BP곡선상에 있는 점들은 경상수지와 자본수지의 합이 항상 영(0)이 된다. 점 K에서 점 L로 이동하게 되면 국민소득이 증가하고, 이자율이 증가한다. 국민소득이 증가하면 수입이 증가하므로 경상수지는 감소할 것이다. 이자율이 상승한다면 자본유입이 증가하므로 자본수지는 증가할 것이다.
감소한 경상수지와 증가한 자본수지의 합이 영(0)이 되어서 점 L에 위치하는 것이므로 점 K에 비해서는 경상수지가 적자, 자본수지가 흑자일 것이다.

정답 ④

339

BP곡선의 우하향 이동에 영향을 주는 외생변수로 적절한 것을 모두 고르면?

- ㉠ 외국소득의 감소
- ㉡ 외국상품가격의 하락
- ㉢ 국내기업수익률의 상승
- ㉣ 외국이자율의 하락
- ㉤ 국내이자율의 상승

① ㉠, ㉡
② ㉡, ㉢
③ ㉢, ㉣
④ ㉢, ㉤
⑤ ㉣, ㉤

해설

BP곡선의 우하향 이동을 유발하는 요인은 국제수지의 흑자규모를 증가시키는 요인들이다. ㉢의 국내기업수익률이 상승하거나 ㉣의 외국이자율이 하락하게 되면 외국투자자의 자본이 국내로 유입되어 자본수지가 개선되고 국제수지가 흑자가 된다.

오답풀이

㉠, ㉡ 외국소득이 감소하거나 외국상품가격이 하락하게 되면 수출에서 불리해지기 때문에 경상수지가 적자가 되어 국제수지의 흑자규모를 감소시키는 요인이다.

㉤ 국내이자율은 세로축상의 변수로 BP곡선 자체의 이동에 영향을 주는 요인이 아니라 BP곡선상에서의 이동에 영향을 주는 요인이다.

정답 ③

340

난이도 Self Check | 상 ◯ 중 ◯ 하 ◯

개방경제모형에 관한 설명으로 옳지 <u>않은</u> 것은?

① 자본이동이 불가능한 상태에서 고정환율제도를 채택한 개방경제의 재정정책은 이자율을 상승시킨다.
② 자본이동이 완전히 자유로운 상태에서 변동환율제도를 채택한 개방경제는 관세 등의 무역정책으로 총수요를 증가시킬 수 없다.
③ 자본이동이 완전히 자유로운 상태에서 고정환율제도를 채택한 개방경제가 국제이자율의 상승에 직면하면 국민소득이 감소한다.
④ BP곡선의 기울기가 완만해질수록 이자율변동에 따른 자본이동성은 증가할 것이다.
⑤ 자본이동이 불완전한 상태에서 BP곡선의 기울기가 LM곡선의 기울기보다 크다면 변동환율제도하의 재정정책은 효과가 없다.

해설

자본이동이 불완전한 경우 BP곡선의 기울기가 LM곡선의 기울기보다 크든 작든 변동환율제도하에서 재정정책을 사용하면 국민소득과 이자율이 모두 상승한다. 다만 다른 것은 이동 경로상의 경제에 미치는 영향이다.

i) BP곡선의 기울기 < LM곡선의 기울기

재정정책을 통해 IS곡선이 우측으로 이동하면 균형점이 BP상방에 위치하여 국제수지가 흑자가 된다. 이때 환율하락 압박으로 인해 순수출이 감소하게 된다. IS곡선이 다시 좌측으로 이동하고, 국제수지도 흑자 폭이 줄어들면서 BP곡선도 좌측으로 이동하게 되면서 기존 균형점보다는 우상방에서 새로운 균형점이 생기므로 국민소득과 이자율이 모두 상승한다.

ii) BP곡선의 기울기 > LM곡선의 기울기

재정정책을 통해 IS곡선이 우측으로 이동하면 균형점이 BP하방에 위치하여 국제수지가 적자가 된다. 이때 환율상승 압박으로 인해 순수출이 증가하게 된다. 그러면 IS곡선이 계속 우측으로 이동하고, 국제수지도 흑자 폭이 증가하면서 BP곡선도 우측으로 이동하게 되면서 기존 균형점 보다는 우상방에서 새로운 균형점이 생기므로 국민소득과 이자율이 모두 상승한다.

오답풀이

① 자본이동이 불가능한 상태에서 고정환율제도를 채택한 개방경제의 재정정책을 통해 IS가 우측으로 이동하면 BP하방에 균형점이 존재하므로 환율상승 압력을 받게 된다. 중앙은행이 외화를 공급하게 되면 통화량이 감소되고 이에 따라 LM곡선이 좌측으로 이동하면서 원래의 국민소득으로 돌아오지만 이자율을 상승시킨다.
② 자본이동이 완전히 자유로운 상태에서 변동환율제도를 채택한 개방경제가 관세 등의 무역정책을 시행하게 되면 수입이 감소하여 IS곡선이 우측으로 이동한다. 이는 이자율의 상승으로 자본이 유입되게 되고 환율하락의 압력을 받게 된다. 그렇게 되면 다시 순수출이 감소하게 되고 원래의 균형점으로 복귀하여 총수요가 증가하지 않는다.
③ 자본이동이 완전히 자유로운 상태에서 고정환율제도를 채택한 개방경제가 국제이자율의 상승에 직면하면 자본유출이 발생하여 환율상승 압력이 발생한다. 중앙은행이 고정환율을 유지하기 위해 외환시장에서 외환을 매각하게 되면 통화량이 감소하고 그에 따라 LM곡선이 좌측으로 이동하여 국내이자율은 국제이자율 수준으로 상승하고 국민소득은 감소한다.
④ BP곡선의 기울기가 완만해질수록 자본이동성이 활발해진다는 뜻이다.

정답 ⑤

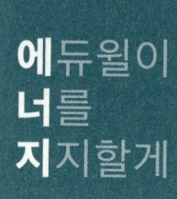

당신이 상상할 수 있다면 그것을 이룰 수 있고,
당신이 꿈꿀 수 있다면 그 꿈대로 될 수 있다.

– 윌리엄 아서 워드(William Arthur Ward)

PART 3

공기업 사무직 통합전공 800제

행정학

CHAPTER 01 행정학 기초

CHAPTER 02 정책론

CHAPTER 03 조직론

CHAPTER 04 인사행정론

CHAPTER 05 재무행정론

CHAPTER 06 행정환류론

CHAPTER 07 지방행정론

01 행정학 기초 기출예상문제

341
행정에 관한 설명으로 옳지 않은 것은?

① 공익을 지향하며 공공문제의 해결이라는 공공 목적을 달성한다.
② 공공서비스를 생산하고 공급하며 배분하는 모든 활동을 의미한다.
③ 오늘날에는 정부가 공공서비스의 생산 및 공급을 독점한다.
④ 참여와 협력이라는 거버넌스 개념을 지향해 가고 있다.
⑤ 공공서비스의 생산·분배 과정에서 국민의 의견을 존중하고 국민에 대해 책임을 다해야 한다.

해설
오늘날에는 정부가 공공서비스의 생산 및 공급을 독점하지 않는다. 즉 행정의 수행은 정치권력을 배경으로 하지만 공공서비스의 생산 및 공급은 정부가 독점하지 않는다.

문제로 익히는 핵심이론
[행정의 개념]
- 규범적으로 행정은 공익을 지향한다.
- 행정은 공공서비스의 생산, 공급, 분배와 관련된 모든 활동을 의미한다.
- 행정의 수행은 정치권력을 배경으로 하지만 공공서비스의 생산 및 공급은 정부가 독점하지 않는다.
- 행정은 정치과정과 밀접하게 연계되어 있다.

정답 ③

342
진보주의 정부관에 관한 설명으로 옳지 않은 것은?

① 효율과 공정에 대한 자유시장의 잠재력 인정
② 공익목적의 정부규제 강화 강조
③ 조세를 통한 소득 재분배 강조
④ 소외집단을 위한 정부정책 선호
⑤ 소극적 자유 선호

해설
진보주의는 적극적 자유를 선호한다. 정부로부터 소극적 자유를 선호하는 것은 보수주의 정부관이다.

문제로 익히는 핵심이론
[진보주의와 보수주의]

구분	진보주의	보수주의
인간관	경제인관 부정 욕구, 협동, 오류 가능성 여지가 있는 인간관	합리적이고 이기적인 경제인관
가치판단	적극적 자유를 열렬히 옹호, 평등을 증진시키기 위해 실질적인 정부 개입 허용	정부로부터 소극적 자유 강조
시장과 정부에 대한 평가	효율과 공정, 번영과 진보에 대한 자유시장 잠재력 인정, 시장결함과 윤리적 결여 인정, 시장실패는 정부 치유책에 의해 수정 가능	자유시장에 대한 신념, 정부 불신, 정부는 개인 자유를 위태롭게, 경제조건을 악화시키는 전제적 횡포
선호하는 정책	소외집단을 위한 정책, 공익목적의 정부규제, 조세제도를 통한 소득 재분배	소외집단의 지원정책 비선호, 경제적 규제완화, 시장지향정책, 조세 감면 및 완화
비고	복지국가, 혼합자본주의, 규제된 자본주의, 개혁주의	자유방임적 자본주의

정답 ⑤

343

정치·행정 일원론과 정치·행정 이원론에 관한 설명으로 옳은 것은?

① 정치·행정 이원론은 행정의 정치적 기능을 강조한다.
② 과학적 관리론은 정치·행정 일원론의 발전에 기여하였다.
③ 정치·행정 일원론은 정치와 행정을 엄격히 구분한다.
④ 정치·행정 이원론은 엽관주의의 폐해를 극복하기 위하여 대두되었다.
⑤ 윌슨(Wilson)은 정치·행정 일원론의 입장을 견지하였다.

해설

정치·행정 이원론은 엽관주의의 폐해(비능률성)를 극복하기 위하여 (정당)정치로부터의 행정의 독립을 위해 등장하였다.

오답풀이
① 정치·행정 일원론은 경제대공황으로 인한 뉴딜정책과 연관성이 깊으며, 행정의 정치적 기능(정책결정 기능)을 강조한다.
② 과학적 관리론은 정치·행정 이원론(공·사 행정 일원론)의 발전에 기여하였다.
③ 정치·행정 이원론은 정치(정책결정)와 행정(정책집행)을 엄격히 구분한다.
⑤ 윌슨(Wilson)은 정치·행정 이원론(공·사 행정 일원론)의 입장을 견지하였다.

문제로 익히는 핵심이론

[정치·행정 이원론과 정치·행정 일원론]
- 정치·행정 이원론(=공·사 행정 일원론) 행정=정책집행
- 정치·행정 일원론(=공·사 행정 이원론) 행정=정책결정+집행
- ※ 정치·행정 이원론과 정치·행정 일원론에서 말하는 정치는 서로 다른 의미를 내포하고 있다. 정치·행정 이원론에서의 정치는 '정당정치', 정치·행정 일원론에서의 정치는 '정책형성기능'을 의미한다.

정답 ④

344

행정과 경영의 차이점에 관한 설명으로 옳지 않은 것은?

① 행정은 공익추구를 핵심가치로 하지만, 경영은 이윤추구를 핵심가치로 한다.
② 행정은 경영보다 의회, 정당, 이익단체로부터 더 강한 비판과 통제를 받는다.
③ 행정은 공익을 추구하기 때문에 경영보다 법적 규제를 적게 받는다.
④ 행정은 경영보다 더 강한 권력수단을 갖는다.
⑤ 행정은 모든 국민에게 법 앞에 평등원칙이 지배하지만 경영은 고객에 따라 대우를 달리 할 수 있다.

해설

행정은 공익을 추구하기 때문에 경영보다 법적규제를 많이 받는다.

문제로 익히는 핵심이론

[행정과 경영의 차이]

구분	행정(공공부문)	경영(기업)
목적	• 공익추구(다원성) • 국가의 생존과 경제·사회발전 책임 • 정의와 형평 등의 사회가치 비중 큼	• 이윤극대화(단일성)
법적 규제	엄격한 법적 규제(행정의 경직성)	직접적인 법적 규제 적용 안 됨
정치 권력적 성격	• 본질적으로 정치적 성격 • 공권력을 배경으로 한 행정기능수행 • 정당, 의회, 이익단체, 국민의 통제	• 정치로부터 분리 • 강제력과 권력 수단 없음
평등성	모든 국민은 법 앞에 평등	고객 간 차별대우 용이
독점성	• 경쟁자 없는 독점성 • 행정서비스 질 저하 우려	• 자유로운 시장 진입 → 경쟁관계 • 고객 지향적 제품 서비스
관할 및 영향 범위	• 모든 국민이 대상 • 포괄적	• 고객 관계 범위 내에 한정 • 경제분야

정답 ③

345

굴릭(Gulick)의 POSDCoRB의 내용으로 옳지 않은 것은?

① Planning
② Budgeting
③ Reporting
④ Segments
⑤ Organizing

해설
Segments가 아니라 Staffing이다.

> **문제로 익히는 핵심이론**
>
> **[굴릭의 POSDCoRB]**
>
> 경영학자인 굴릭(Gulick)이 기업의 최고관리층이 수행해야 하는 주요한 기능의 첫 자를 따서 만든 신조어이다. 하향적 조직과정이며 고전적인 행정관의 대표적인 모형이다.
> - 기획(Planning)
> - 조직(Organizing)
> - 인사(Staffing)
> - 지휘(Directing)
> - 조정(Coordinating)
> - 보고(Reporting)
> - 예산(Budgeting)

정답 ④

346

시장실패의 원인으로 옳지 않은 것은?

① 공공재의 존재
② 외부효과의 발생
③ 파생적 외부효과
④ 자연독점
⑤ 정보의 비대칭성

해설
파생적 외부효과는 시장실패의 원인이 아니라 정부실패의 원인이다.

오답풀이
시장실패의 원인은 공공재의 존재, 외부효과의 발생, 자연독점, 불완전경쟁, 정보의 비대칭성 등이 있다.

> **문제로 익히는 핵심이론**
>
> **[시장실패의 원인과 정부실패의 원인]**
>
> | 시장실패의 원인 | 정부실패의 원인 |
> | --- | --- |
> | • 공공재의 존재
• 외부 효과의 발생
• 자연독점
• 불완전 경쟁
• 정보의 비대칭성 | • 사적 목표의 설정(내부성)
• X-비효율성 · 비용체증
• 파생적 외부효과
• 권력의 편재(포획 · 지대추구) |

정답 ③

347

난이도 Self Check | 상 ◯ 중 ◯ 하 ◯

공무원의 수가 업무량에 관계없이 일정 비율로 증가하는 현상으로 옳은 것은?

① 피터의 원리(Peter Principle)
② 과두제의 철칙(Iron Law of Oligarchy)
③ 딜론의 법칙(Dillon's Rule)
④ 파킨슨의 법칙(Parkinson's Law)
⑤ 세이어의 법칙(Sayre's Law)

문제로 익히는 핵심이론

[파킨슨의 법칙(Parkinson's Law)]

파킨슨(Parkinson)은 "공무원 수의 증가는 본질적으로 사무량의 증감과는 관계없이 공무원의 사회심리적 요인에 의해 증가한다."라고 설명하고 있다. 이에 따라 새로운 행정수요에 상관없이 정부규모는 확장된다.

- 원칙
  - 부하배증의 법칙: 자신의 지위 강화와 권력 신장을 위해 상관은 부하의 수를 늘린다.
  - 업무배증의 법칙: 부하의 수가 증가되면 파생적 업무가 창출되는 현상이 초래된다. 업무배증의 법칙은 업무가 증가되면 과거에 혼자서 일하던 때와는 달리 지시, 보고, 승인, 감독 등 파생적 업무가 창조되어 본질적 업무의 증가 없이 업무량의 배증현상이 나타나며, 이에 따라 부하배증의 법칙이 나타난다. 이는 다시 업무배증현상이 창조되는 순환과정을 통해 본질적 업무량과는 관계없이 정부규모가 커져 간다는 것이다.
- 예 공무원 수는 매년 평균 5.75%의 비율로 증가

정답 ④

해설

공무원의 수가 업무량에 관계없이 일정 비율로 증가하는 현상은 파킨슨의 법칙(Parkinson's Law)이다.

오답풀이

① 피터의 원리(Peter Principle)란 조직의 규모가 팽창하고 학연이나 혈연, 지연 등에 의해 승진하다 보면 자신이 감당할 수 없는 직위까지 승진하게 된다는 법칙으로, 농업·폐쇄·계급사회에서 주로 나타난다.
② 과두제의 철칙(Iron Law of Oligarchy)은 미첼스(Michels)가 1차 세계대전 전의 유럽의 사회주의정당과 노동조합을 연구하여, 소수 지도자들이 자기들의 지위 유지와 기득권 유지에 집착하여 목적과 수단 간의 우위성이 뒤바뀌는 '목표전환' 현상을 지적하였다. 이러한 현상은 소수의 지배가 행해지기 때문에 과두제, 예외가 없다는 데서 철칙이라 하였다.
③ 딜론의 법칙(Dillon's Rule)은 아이오와(Iowa)주 대법관이었던 딜런의 주장으로 지방 정부에 대한 궁극적인 권한은 주(州) 의회에 있고, 지방 정부는 주 정부의 피조물로서 명백히 부여된 자치권만을 행사하게 되며 주 정부는 지방 정부를 폐지할 수 있다는 것이다. 반면 쿨리 독트린(Cooley Doctrine)은 지방 정부의 자치권은 절대적인 것이며 주(州)는 이를 앗아갈 수 없다고 주장하였다.
⑤ 세이어의 법칙(Sayre's Law)이란 '공·사행정은 모든 중요하지 않은 점에서(In all Unimportant Respects) 근본적으로 같다.'라는 역설적 표현을 말한다. 이는 공·사행정이 근본적으로 같은 점과 다른 점이 모두 있다는 사실을 인정하면서도 중요한 점은 서로 다르다는 것을 역설적으로 표현하고 있는 것이다.

348

난이도 Self Check | 상 ○ 중 ○ 하 ○

정부의 개입활동 중에서 외부효과, 자연독점, 불완전 경쟁, 정보의 비대칭 등의 상황에 모두 적합한 대응방식으로 옳은 것은?

① 공적 공급
② 공적 유도
③ 정부규제
④ 민영화
⑤ 정부보조 삭감

해설

정부의 개입활동 중에서 외부효과, 자연독점, 불완전 경쟁, 정보의 비대칭 등의 상황에 모두 적합한 대응방식은 정부규제이다. 시장실패를 교정하기 위한 정부의 역할은 공적 공급 또는 정부의 직접 공급, 보조금 등 금전적 수단을 통해 유인구조를 바꾸는 공적 유도, 그리고 법적 권위에 기초한 정부규제 등으로 구분할 수 있다. 이때 공적 공급은 행정조직을, 공적 유도는 보조금을, 정부규제는 법적 권위를 시장개입의 수단으로 활용한다.

📝 **문제로 익히는 핵심이론**

[시장실패에 대한 정부대응]

구분	공적 공급 (조직)	공적 유도 (보조금)	정부규제 (권위)
공공재의 존재	○ (정부)		
외부효과의 발생		○ (외부경제)	○ (외부불경제)
자연독점	○ (공기업)		○ (가격·생산량 규제)
불완전 경쟁			○ (경쟁유도)
정보의 비대칭		○ (공개 시 유인)	○ (공개 의무)

정답 ③

349

난이도 Self Check | 상 ○ 중 ○ 하 ○

윌슨(J. Wilson)이 주장한 규제정치모형 중 '감지된 비용은 넓게 분산되지만, 감지된 편익은 좁게 집중되는 경우'에 나타나는 유형으로 적절한 것은?

① 대중의 정치
② 이익집단 정치
③ 고객의 정치
④ 기업가적 정치
⑤ 네트워크정치

해설

윌슨(J. Wilson)이 주장한 규제정치모형 중 '감지된 비용은 넓게 분산되지만, 감지된 편익은 좁게 집중되는 경우'에 나타나는 유형은 고객의 정치이다.

📝 **문제로 익히는 핵심이론**

[윌슨의 규제정치이론(The Politics of Regulation, 1989)]

윌슨은 정부규제로부터 감지되는 비용과 편익의 분포가 어떤가에 따라 네 가지 유형으로 규제정치를 구분하였다. 일반적으로 비용과 편익이 분산되는 경우보다 비용과 편익이 집중되는 경우에 정치활동이 활발해진다. 다만 비용과 편익이 분산될지라도 관련 정책에 관한 공익활동을 하는 단체가 있다면 정치활동이 활발해질 수 있다.

구분		규제의 비용(Cost of Regulation)	
		집중	분산
규제의 편익 (Benefits of Regulation)	집중	이익집단 정치 예 한·약 분쟁, 의·약 분업규제	고객의 정치 예 수입 규제, 각종 직업면허(의사·변호사 등)
	분산	기업가적 정치 예 환경오염 규제, 위해물품 규제 등	대중(다수)의 정치 예 낙태 규제, 음란물 규제 등

정답 ③

350

정부규제에 관한 설명으로 옳지 않은 것은?

① 최저임금제도의 시행은 리플리와 프랭클린(Ripley & Franklin)의 경쟁적 규제정책에 해당한다.
② 네거티브 규제가 포지티브 규제에 비해 피규제자의 자율성을 더 보장해 준다.
③ 규제의 역설(Regulatory Paradox)은 새로운 위험만 규제하다 보면 사회의 전체 위험 수준은 증가한다는 것이다.
④ 윌슨(Wilson)의 규제정치이론에 따르면, 피규제 산업에 의한 규제기관의 포획이 이루어질 가능성이 높은 것은 고객의 정치이다.
⑤ 규제 샌드박스의 유형은 규제 신속 확인제도, 임시허가, 실증특례이다.

문제로 익히는 핵심이론

[규제의 역설(Regulatory Paradox)]

① 과소한 규제: 과도한 규제는 과소 규제가 된다. 특정한 규제를 무리하게 설정하면 실제로는 규제가 전혀 이루어지지 않는 상황이 발생한다.
　예) 오염이 없는 세상의 실현과 같은 고도로 강화된 규제 지침을 설정해 놓으면 집행자원이 한정된 정부는 오히려 그에 대한 규제를 거의 하지 못하게 된다.
② 위험요인 간과: 새로운 위험만 규제하다 보면 사회의 전체 위험 수준은 증가한다. 정부는 새로운 위험에 대해 철저하게 규제하는 반면, 이전부터 있던 위험요인들에 대해서는 간과할 수 있다.
　예) 새 자동차에만 공기정화장치, 안전장치를 의무화시키면 소비자는 이런 규제로 인해 비싸진 새 자동차를 구매하지 않고 매연을 많이 배출하는 낡은 자동차를 선호하거나 적어도 자동차 교체시기를 늦춘다. 그 결과 사회 전체의 환경오염 수준은 높아지게 된다.
③ 기술개발 지연: 최고의 기술을 요구하는 규제는 기술개발을 지연시킨다. 정부가 현재 시점에서 최선의 기술을 사용하도록 규제하면 이 기술을 보유한 기업이나 기술을 설치한 업체에 강하게 진입장벽을 칠 수 있는 기회를 제공해 주는데, 이 경우 새로운 기술을 민간에서 자발적으로 만들 유인이 생기지 않는다. 왜냐하면 민간에서 새로운 기술을 개발해도 이것을 판매할 수 있는 시장이 사라져 버리기 때문이다.
④ 보호 계층 피해: 소득재분배를 위한 규제가 오히려 사회적으로 가장 어려운 사람들에게 해를 끼칠 수도 있다. 최저임금제의 경우 이것이 강하면 강할수록 사업자 입장에서는 노동을 자본으로 대체해 고용할 노동자 수를 줄이게 된다. 이 경우 사업장 내에서 가장 무능하다고 판단되는 사람, 즉 최저임금으로 보호하려 했던 사람들이 해고될 가능성이 높다. 결국 소득재분배를 목적으로 규제가 도입될 경우 보호하려 했던 계층 순서로 피해를 입게 된다.
⑤ 실질적 정보량의 감소: 기업체에 자기 상품에 대한 정보공개를 의무로 할수록 소비자들의 실질적인 정보량은 줄어든다. 정보공개를 엄격하게 할수록 기업의 입장에서는 광고를 할 인센티브가 사라지기 때문이다. 그 결과, 시장에서 제품에 대한 정보가 오히려 줄어들어 소비자들이 제품구매를 할 때 필요한 판단근거가 오히려 줄어들게 된다. 즉 정보공개를 해야 하는 부분만 공개하고, 그 밖에 실질적인 제품에 대한 내용을 공개하지 않게 된다.

정답 ①

해설

최저임금제도의 시행은 리플리와 프랭클린(Ripley & Franklin)의 보호적 규제정책에 해당한다.
보호적 규제정책(Protective Regulatory Policy)은 여러 사적 활동에 대해 특정 조건을 설정하여 일반대중을 보호하고자 하는 것을 목적으로 하는 정책이다. 소비자나 사회적 약자, 일반대중을 보호하기 위해 개인이나 집단의 권리행사, 또는 행동의 자유를 구속·통제하는 정책이다. 보호적 규제정책은 배분정책적 성격과 규제정책적 성격을 동시에 지니고 있고 규제정책은 거의 대부분 이러한 보호적 규제 정책에 해당된다.

351

난이도 Self Check | 상 ◯ 중 ◯ 하 ◯

다음 내용을 통해 설명하고 있는 개념으로 옳은 것은?

> 정부가 민간부문과의 계약을 통해 공공서비스를 제공하는 방법이다. 이 경우 정부는 공공서비스의 공급결정자가 되고, 민간부문은 그 서비스의 생산·공급자가 된다.

① 성과관리
② 품질관리
③ 민간위탁
④ 책임경영
⑤ 자조활동

해설

민간위탁에 관한 설명이다.

구분		주체	
		공공부문	민간부문
수단	권력	일반행정 〈정부의 기본 업무〉	민간위탁 〈안정적 서비스 공급〉
	시장	책임경영 〈공적 책임이 강한 경우〉	민영화 〈시장탄력적 공급〉

문제로 익히는 핵심이론

[민간위탁의 방식]

- 계약방식: 일반적으로 경쟁 입찰을 통해 서비스 생산주체가 결정되므로 정부재정 부담을 경감시킬 수 있다.
- 면허(프랜차이즈) 방식: 민간조직에게 일정한 구역 내에서 공공서비스를 제공하는 권리를 인정하는 협정 방식이다.
- 자원봉사자 방식: 서비스의 생산과 관련된 현금지출에 대해서만 보상받고 직접적인 보수는 받지 않는 방식이다.
- 자조활동 방식: 공공서비스 수혜자와 제공자가 같은 집단에 소속되어 서로 돕는 형식이다.
- 구입증서(Voucher) 방식: 공공서비스의 생산을 민간부문에 위탁하면서 시민들의 서비스 구입부담을 완화시키기 위해 금전적 가치가 있는 쿠폰을 제공하는 방식이다.
- 보조금 방식: 민간조직 또는 개인의 서비스 제공 활동에 대한 재정 또는 현물을 지원하는 방식으로, 공공서비스에 대한 요건을 구체적으로 명시하기 곤란하거나 서비스가 기술적으로 복잡하고 서비스의 목표를 어떻게 달성할 것인지가 불확실한 경우에 사용한다.

정답 ③

352

사회적 자본에 관한 설명으로 옳지 <u>않은</u> 것은?

① 사회적 자본의 교환은 시간적으로 동시성을 전제로 하지 않는다.
② 사회적 자본의 교환은 동등한 가치의 등가교환을 의미하지는 않는다.
③ 사회적 자본은 신뢰를 바탕으로 거래비용을 감소시키는 순기능이 있다.
④ 새롭고 신선한 사상, 생각, 그리고 아이디어의 흐름을 제고한다.
⑤ 사회적 자본은 지속적인 교환과정을 거쳐서 유지되고 재생산된다.

해설
사회적 자본은 새롭고 신선한 사상, 생각, 그리고 아이디어의 흐름을 감소시킨다.

문제로 익히는 핵심이론
[사회적 자본의 역기능]
- 어떤 집단에 대한 제한된 결속과 신뢰는 그 집단에게 사회·경제적 지위와 기업가적 발전에 대한 원천을 제공하지만, 다른 집단에게 이러한 제한된 결속과 신뢰는 정반대의 부정적인 효과를 갖기도 한다.
- 지역사회에서 효과적으로 사회적 통제를 하게 하는 사회적인 연대는 개인의 표현의 범위를 제한하고, 지역사회를 넘는 접촉의 정도를 제한함으로써 혁신 및 개혁을 못하게 하고 개인적인 이동을 막을 수 있다.
- 회원들 간의 강력한 연대의식은 사람들 사이의 관계를 매우 깊게 만드는 경향이 있으며, 이는 편협, 게으름, 관성 등을 초래하면서 그룹 안으로 새롭고 신선한 사상, 생각, 그리고 아이디어의 흐름을 감소시킨다.
- 사회자본의 부정적인 효과는 사회자본이 나쁜 목적에 쓰일 수 있기 때문에 사회적 불평등이 사회적 자본 속에 개입되어 있다. 어떤 그룹에는 이로운 규범과 연결망이 되지만, 규범과 연결망이 사회적으로 인종차별적인 요소를 갖고 있다면 이들은 다른 사람들에게는 해롭게 작용하는 것이다.

정답 ④

353

과학적 관리론과 인간관계론에 관한 설명으로 옳지 <u>않은</u> 것은?

① 과학적 관리론은 비공식적 집단의 역할을 강조하지만, 인간관계론은 공식적 조직의 역할을 중시한다.
② 메이요(Mayo)의 호손(Hawthorne)실험은 인간관계론의 형성에 영향을 주었다.
③ 인간관계론은 작업환경이나 물리적 조건보다 조직 구성원들의 사회심리적 요인을 중시한다.
④ 과학적 관리론과 인간관계론은 생산성 향상을 추구한다는 점에서 유사하다.
⑤ 과학적 관리론은 과업목표의 달성을 위해 체계적인 관리와 통제를 중시하는 관료제 조직에 적합하다.

해설
과학적 관리론은 공식적 집단의 역할을 강조하지만, 인간관계론은 비공식적 조직의 역할을 중시한다.

문제로 익히는 핵심이론
[과학적 관리론과 인간관계론]

구분	과학적 관리론	인간관계론
능률관	기계적 능률관	사회적 능률관
조직관	기계적·기술적·합리적·경제적 모형	사회체제모형
인간관	합리적 경제인관	사회인관
주 연구대상	공식적 구조 중심	비공식 구조, 소집단 중심
동기부여	경제적 유인	사회·심리적 유인
의사전달	하향적	상향적·하향적
조직과 개인 간 목표의 균형	여건 조성으로 자동적 균형	적극적 개입전략을 통한 균형

정답 ①

354

난이도 Self Check | 상 ◯ 중 ◯ 하 ◯

리그스(Riggs)의 프리즘적 모형(Prismatic Model)에 관한 설명으로 옳지 않은 것은?

① 개발도상국의 행정체제를 설명하기 위한 이론적 모형이다.
② 프리즘적 사회는 농업사회에서 산업사회로 넘어가는 과도기적 사회를 말한다.
③ 프리즘적 사회의 특징은 형식주의, 정실주의, 이질혼합성을 들 수 있다.
④ 생태론적 접근방법에 의해 설명된다.
⑤ 농업사회에서 지배적인 행정 모형을 사랑방 모형(Sala Model)이라 한다.

해설

프리즘적 사회는 농업사회에서 산업사회로 넘어가는 과도기적 사회인 개발도상국을 말하며, 개발도상국에서의 지배적인 행정 모형을 사랑방 모형(Sala Model)이라 한다.

문제로 익히는 핵심이론 ❶

[리그스(Riggs)의 농업사회와 산업사회 모형]

구분	농업사회 (융합사회, 후진국)	산업사회 (분화사회, 선진국)
정치	• 정치권력의 근거는 천명(天命) • 실제로 행사되는 권력 방대	• 정치권력의 근거는 국민 • 행사되는 권력이 적음
경제	• 자급자족적 경제체제 • 정부는 질서유지·징세에만 관심	• 고도의 상호의존적 시장경제체제 • 정부기능이 복잡, 비교적 많은 징세
사회구조	• 혈연적·선천적, 1차 집단 중심 • 폐쇄적	• 실적 중심, 기능적, 특수성, 2차 집단 중심 • 개방적
이념적 요인	• 육감·직관에 의한 인식 • 지식의 단순성, 의식주의	• 경험적 인식방법(합리주의) • 지식의 다양성, 평등성, 개인주의
의사소통 (대화)	• 의사소통이 미약, 동화성·유동성 낮음 • 정부와 국민 간에 소통이 별로 없음 • 정부 내의 하의상달 장애	• 의사소통이 원활, 동화성·유동성 높음 • 정부와 국민 간에 소통이 많음 • 정부 내의 종·횡적 전달 원활

문제로 익히는 핵심이론 ❷

[프리즘사회]

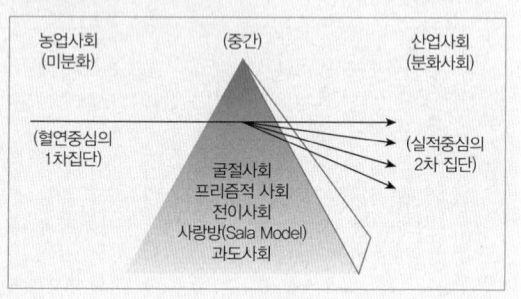

정답 ⑤

355

난이도 Self Check | 상 ◯ 중 ◯ 하 ◯

신제도주의에 관한 설명으로 옳지 <u>않은</u> 것은?

① 신제도주의는 그동안 외생변수로만 다루어 오던 정책 혹은 행정환경을 내생변수와 같이 직접적인 분석대상에 포함시켜 종합·분석적인 연구에 기여하고 있다.
② 신제도주의는 제도를 공식적인 구조나 조직 등에 한정하지 않고, 비공식적인 규범, 관습 등도 포함한다.
③ 역사적 제도주의에서는 제도가 독립변수인 동시에 종속변수로서 개념화된다.
④ 합리적 선택 제도주의는 제도가 집단행동의 딜레마(Collective Action Dilemma)를 해결해 주는 역할을 한다고 본다.
⑤ 사회학적 제도주의에서 규범적 동형화는 불확실성 속에서 좀 더 앞서가는 누군가를 따라 함으로써 닮아 가는 것을 의미한다.

해설

사회학적 제도주의에서의 모방적 동형화에 관한 설명이다. 사회학적 제도주의는 제도 변화를 동형화(Isomorphism)의 과정으로 파악하기 때문에 제도 변화에서 결과성의 논리보다는 적절성의 논리를 강조하게 된다.

문제로 익히는 핵심이론 ❶

[구제도론과 신제도론]

구분	구제도론	신제도론
제도의 개념	가시적이고 구체적 조직 (공식적 법령, 정부조직)	공식적으로 표명되지 않은 조직이나 문제해결기제까지도 제도로 파악
제도의 형성	외생적 요인에 의해 결정된 것	제도와 행위자 간 상호 영향력 인정
제도의 인식	제도가 인간의 행동이 나타나는 장(Locus)이라는 측면만 파악	제도가 인간의 선호나 유인에 어떤 영향을 미치고 인간행태에 어떤 영향을 미치는지 분석(제도 중심)
분석 방법	특정 제도의 개념과 속성을 단순히 기술하고 묘사	제도 자체가 수행하는 독립적인 기능이나 제도가 인간의 유인체계에 미치는 제약을 분석
접근 방법	거시적(인간 고려×)	거시와 미시의 연계(인간 고려○)

문제로 익히는 핵심이론 ❷

[제도적 동형화]

• 강압적 동형화: 힘의 우위를 지닌 조직의 영향을 받아 닮아 가는 것
  ㉮ 협력업체가 거래하는 대기업을 닮아 가는 것
• 모방적 동형화: 불확실성 속에서 좀 더 앞서가는 누군가를 따라함으로써 닮아 가는 것
  ㉮ 성공적 관행을 벤치마킹하는 것
• 규범적 동형화: 교육기관이나 전문가의 의견이나 자문을 통해 조직이 서로 닮아 가는 것

정답 ⑤

356

난이도 Self Check │ 상 ◯ 중 ◯ 하 ◯

오스본(Osborne)과 개블러(Gaebler)가 제시한 정부재창조론에서의 정부의 특징에 해당하지 않는 것은?

① 촉매적 정부
② 서비스제공 정부
③ 고객지향적 정부
④ 시장지향적 정부
⑤ 경쟁적 정부

해설

서비스제공 정부는 '전통적 관료제 정부'의 특징에 해당한다. 오스본(Osborne)과 개블러(Gaebler)가 제시한 정부재창조론에서는 서비스의 직접적 제공이 아니라 지역사회에 권한 부여(Empowerment)를 강조한다.

📝 문제로 익히는 **핵심이론**

[오스본과 개블러의 정부재창조론]

구분	특징
촉매(진)적 정부	노젓기(×) → 방향잡기(○)
지역사회가 주도하는 정부	서비스 제공(×) → 지역사회에 권한부여(Empowerment)(○)
경쟁적 정부	공공독점(×) → 경쟁도입(○)
사명지향적 정부	규칙중심(×) → 사명중심(○)
성과지향적 정부	투입(×) → 성과연계 예산배분(○)
고객지향적 정부	관료제(×) → 고객요구 충족(○)
기업가적(수익창출적) 정부	지출(×) → 수익창출(○)
미래대비적 정부	치료(×) → 예방(○)
분권적 정부	위계조직(×) → 참여와 팀워크(○)
시장지향적 정부	행정(×) → 시장 메커니즘(○)

정답 ②

357

난이도 Self Check │ 상 ◯ 중 ◯ 하 ◯

오스본(Osborne)과 플래스트릭(Plastrik)의 '기업가 정부'를 만들기 위한 다섯 가지 전략과 이에 관한 설명으로 옳지 않은 것은?

① 핵심전략: 공공조직의 목표를 대상으로 하고 목표, 역할, 정책방향의 명료화 추구
② 성과전략: 업무유인의 개선을 위해 경쟁을 도입하고 성과관리 추진
③ 고객전략: 정부조직의 책임을 대상으로 고객에 대한 정부의 책임확보 및 고객에 의한 선택의 확대 추구
④ 통제위임전략: 권력을 대상으로 하고 집권화를 추구
⑤ 문화전략: 조직문화를 대상으로 구성원의 가치, 규범, 태도 그리고 기대를 바꾸려는 것

해설

통제위임전략은 권한을 이양하는 것이다. 즉 조직권한 위양, 공무원 권한 위양, 지역사회 권한 위양을 의미한다.

📝 문제로 익히는 **핵심이론**

[오스본과 플래스트릭의 추방관료제(5C)]

- 핵심(Core)전략: 목적 – 정확한 목표를 설정하라(목적 · 역할 · 방향의 명확성).
- 성과(Consequence)전략: 유인체계 – 직무성과의 결과를 확립하라(경쟁 · 기업 · 성과관리).
- 고객(Customer)전략: 책임성 – 고객을 최우선시 하라(고객의 선택, 경쟁적 선택, 고객 품질확보).
- 통제(Control)위임전략: 권한 – 권한을 이양하라(조직권한 위양, 공무원 권한 위양, 지역사회 권한 위양).
- 문화(Culture)전략: 문화 – 기업가적 조직문화를 창출하라(관습타파, 감동정신, 승리정신).

정답 ④

358

난이도 Self Check | 상 ◯ 중 ◯ 하 ◯

신공공서비스론(New Public Service)에 관한 설명으로 옳지 <u>않은</u> 것은?

① 비판이론, 담론이론, 포스트모더니즘 등에 기반을 두고 있다.
② 공익을 단순히 행정의 부산물이 아닌 목적으로 보아야 한다는 점을 강조한다.
③ 재량은 필요하지만 제약과 책임이 수반되어야 한다.
④ 시민에게 봉사하기 위해 행정인은 민주적으로 선출된 정치지도자에 반응해야 한다.
⑤ 정부의 역할은 시민에 대한 봉사여야 한다.

 문제로 익히는 **핵심이론**

[전통행정이론 / 신공공관리론 / 신공공서비스론]

구분	전통행정이론	신공공관리론	신공공서비스론
이론과 인식의 토대	초기의 사회과학	경제이론, 실증적 사회과학에 기초한 정교한 토의	민주주의 이론, 실증주의·해석학·비판이론·포스트모더니즘을 포괄하는 다양한 접근
합리성 모형과 행태 모형	개괄적 합리성, 행정인	기술적·경제적 합리성, 경제인 또는 자기이익에 기초한 의사결정자	전략적 합리성, 정치적·경제적·조직적 합리성에 대한 다원적 검증
공익에 대한 입장	법률로 표현된 정치적 결정	개인들의 총이익	유가치에 대한 담론의 결과
관료의 반응 대상	고객과 유권자	고객	시민
정부의 역할	노젓기(정치적으로 결정된 단일목표에 초점을 맞춘 정책의 입안과 집행)	방향잡기(시장의 힘을 활용한 촉매자)	봉사(시민과 지역공동체내의 이익을 협상하고 중재, 공유가치의 창출)
정책목표의 달성 기제	기존의 정부기구를 통한 프로그램	개인 및 비영리 기구를 활용해 정책목표를 달성할 기제와 유인체제를 창출	동의된 욕구를 충족시키기 위한 공공기관, 비영리기관, 개인들의 연합체 구축
책임에 대한 접근 양식	계층제적(행정인은 민주적으로 선출된 정치지도자에 반응)	시장지향적(개인이익의 총화는 시민 또는 고객집단에게 바람직한 결과 창출)	다면적(공무원은 법, 지역공동체 가치, 정치규범, 전문적 기준 및 시민들의 이익에 참여)
행정재량	관료에게 제한된 재량만을 허용	기업적 목적을 달성하기 위해 넓은 재량 허용	재량은 필요하지만 제약과 책임 수반
기대하는 조직 구조	조직 내에 상명하복으로 움직이는 관료적 조직과 고객에 대한 규제와 통제	기본적 통제를 수행하는 분권화된 공조직	조직 내외적으로 공유된 리더십을 갖는 협동적 구조
관료의 동기 유발	임금과 편익, 공무원보호	기업가 정신, 정부규모를 축소하려는 이데올로기적 욕구	공공 서비스 사회에 기여하려는 욕구

정답 ④

해설

행정인은 민주적으로 선출된 정치지도자에 반응해야 한다는 것은 전통행정이론이다. 신공공서비스론은 책임성이 단순하지 않기 때문에 관료들은 헌법, 법률, 정치적 규범, 공동체의 가치 등 다양한 측면에 관심을 기울여야 한다고 본다.

359

탈신공공관리(Post-NPM)에 대한 설명으로 옳지 <u>않은</u> 것은?

① 성과보다는 공공책임성을 중시하는 인사관리 강조
② 탈관료제 모형에 기반을 둔 경쟁과 분권화 강조
③ 구조적 통합을 통한 분절화의 축소와 조정의 증대
④ '통(通) 정부(Whole of Government)'적 접근
⑤ 중앙의 정치·행정적 역량의 강화

해설

탈관료제 모형에 기반을 둔 경쟁과 분권화를 강조하는 것은 신공공관리(NPM)이다.

문제로 익히는 핵심이론

[탈신공공관리론]

탈신공공관리론의 기본적 목표는 "신공공관리의 역기능적 측면을 교정하고 통치 역량을 강화하며, 정치·행정체제의 통제와 조정을 개선하기 위해 재집권화와 재규제를 주창하는 것"이다.
- 구조적 통합을 통한 분절화의 축소
- 재집권화와 재규제의 주창
- 총체적 정부 또는 합체된 정부(Whole of Government)의 주도
- 역할 모호성의 제거 및 명확한 역할관계의 안출(案出)
- 민간·공공부문의 파트너십 강조
- 집권화, 역량 및 조정의 증대
- 중앙의 정치·행정적 역량의 강화
- 환경적·역사적·문화적 요소에 대한 유의

정답 ②

360

다음에서 설명하는 피터스(Peters)의 거버넌스 정부개혁 모형으로 적절한 것은?

> 정부관료제가 공공봉사 의지를 지닌 대규모의 헌신적인 구성원으로 구성되어 있다는 것을 전제하여, 정부의 내부규제가 제거되거나 축소되면 정부관료제가 훨씬 역동적이고 효율적으로 기능할 것이라고 가정한다.

① 시장 모형(Market Model)
② 참여 모형(Participatory Model)
③ 신축 모형(Flexible Model)
④ 탈내부규제 모형(Deregulation Model)
⑤ 기업가적 모형(Entrepreneurial Model)

해설

탈내부규제 모형(Deregulation Model)에 관한 설명이다.

문제로 익히는 핵심이론

[피터스의 새로운 국정관리모형]

구분	전통적 정부모형	시장적 정부모형	참여적 정부모형	신축적 정부모형	탈내부규제 정부모형
기존 정부의 문제점	전근대적인 권위	독점	계층제	조직의 영속성, 경직성	내부규제
구조의 개혁 방안	계층제 (관료제)	분권화 공기업화 책임운영기관 지방분권	수평적 조직 평면조직 자문위원회	가상조직 임시 과제단 준(비)정부기구	없음
관리의 개혁 방식	직업공무원제 절차적 통제	성과급 목표관리제 민간기법 도입	TQM, 팀제 권한위임	가변적·적응적 인사관리 임시직	재량권 부여 공직윤리 강조
정책 결정의 개혁 방안	정치·행정 이원론(정치-행정의 구분)	내부시장 시장적 유인	전문가회의 협상, 협의	실험	기업가적 정부
공익의 기준	안정성, 평등	비용 최소화	참여, 협의	저비용, 조정	창의성 활동주의

정답 ④

361

신공공관리론과 뉴거버넌스론의 특징으로 적절한 것을 모두 고르면?

구분		신공공관리론	뉴거버넌스론
㉠	인식론적 기초	신자유주의	공동체주의
㉡	관리가치	신뢰	결과
㉢	작동원리	경쟁	협력
㉣	관료역할	조정자	공공기업가
㉤	서비스	민영화, 민간위탁	시민 및 기업의 참여를 통한 공동공급

① ㉠, ㉡, ㉢
② ㉠, ㉡, ㉣
③ ㉠, ㉢, ㉤
④ ㉡, ㉣, ㉤
⑤ ㉢, ㉣, ㉤

해설
㉡과 ㉣의 내용이 서로 바뀌어 있으며, ㉠, ㉢, ㉤의 내용은 옳다.

문제로 익히는 핵심이론
[신공공관리론과 뉴거버넌스론]

구분	신공공관리론	뉴거버넌스론 (신국정관리론)
정부역할	방향잡기(Steering)	
인식론적 기초	신자유주의 (비정치적 개념)	공동체주의 (정치적 개념)
관리기구	시장	연계망(Network)
관리가치	결과(Outcomes)	신뢰(Trust), 과정
관료역할	공공기업가 (Public Entrepreneur)	조정자 (Coordinator)
작동원리	경쟁 (시장 메커니즘)	협력체제 (Partnership)
서비스	민영화, 민간위탁 등	공동공급 (시민, 기업 등 참여)
관리방식	고객지향	임무중심
분석수준	조직 내 (Intra-Organizational)	조직 간 (Inter-Organizational)
공통점	• 노 젓기(Rowing)보다 방향 잡기(Steering) 중시 • 투입보다 산출에 대한 통제 강조 • 공공과 민간부문의 구분 필요성에 회의적	

정답 ③

362

실체설의 관점에서 본 공익의 개념에 관한 설명으로 옳은 것은?

① 개인의 사익을 초월한 공익이 존재한다.
② 개인의 사익 추구가 결과적으로 공동체의 선을 최대한 증대시킨다.
③ 공익은 사익의 총합이거나 사익 간의 타협 및 조정 과정을 통해 얻어진다.
④ 공익은 민주적 정치체제 내의 개인과 집단 간 정치 활동의 결과물이다.
⑤ 여러 사회집단의 대립과 협상과정에서 결과적으로 다수 이익에 일치되는 것이 공익으로 도출된다.

해설
실체설은 개인의 사익을 초월한 공익이 존재한다고 가정한다. 즉 실체설은 사익과 구분되는 공익의 선험적 존재를 인정한다. 나머지는 과정설에 관한 설명이다.

문제로 익히는 핵심이론
[실체설과 과정설]

실체설(적극설)	과정설(소극설)
• 공익의 선험적 존재 인정 • 소수인이 공익결정 • 행정인의 적극적 역할 • 전체주의 사회의 공익관 • 투입<산출 • 부분의 합(사익의 합)≠전체 (공익) • 형이상학적 전체주의	• 공익의 선험적 존재 부정 • 이해관계자가 공익결정 • 행정인의 소극적 역할 • 다원주의 사회의 공익관 • 투입>산출 • 부분의 합(사익의 합)=전체 (공익) • 방법론적 개체주의

정답 ①

363

롤스의 사회정의의 원리에 관한 설명으로 옳지 않은 것은?

① 원초상태하에서 합의되는 일련의 법칙이 곧 사회정의의 원칙으로서 계약 당사자들의 사회협동체를 규제하게 된다.
② 정의의 제1원리는 기본적 자유의 평등원리로서, 모든 사람은 다른 사람의 유사한 자유와 상충되지 않는 한도 내에서 최대한의 기본적 자유에의 평등한 권리를 인정하는 것이다.
③ 정의의 제2원리의 하나인 차등원리는 가장 불우한 사람들의 편익을 최대화해야 한다는 원리이다.
④ 정의의 제2원리의 하나인 기회균등의 원리는 사회·경제적 불평등은 그 모체가 되는 모든 직무와 지위에 대한 기회 균등이 공정하게 이루어진 조건하에서 직무나 지위에 부수해 존재해야 한다는 원리이다.
⑤ 정의의 제1원리가 제2원리보다 우선하고, 제2원리 중에서는 차등원리가 기회균등의 원리보다 우선되어야 한다.

해설

정의의 제1원리가 제2원리보다 우선하고, 제2원리 중에서는 기회균등의 원리가 차등원리보다 우선되어야 한다.

문제로 익히는 핵심이론

[원리간의 관계]

제1원리는 제2원리보다 우선하며 제2원리에서는 기회균등의 원리가 차등의 원리보다 우선적으로 적용된다. 즉 롤스는 두 가지 원리가 충돌할 때에는 제1원리가 제2원리보다 우선하고, 제2원리 내에서 충돌이 생길 때에는 '기회균등의 원리'가 '차등의 원리'보다 우선되어야 한다고 주장한다.

1. **정의의 제1원리(기본적 자유의 평등원리, 평등한 자유원리)**
   - 개개인에 대하여 다른 사람의 유사한 자유와 상충되지 않는 한도 내에서 최대한의 기본적 자유에 대한 평등한 권리가 인정되어야 함. 즉 모든 사람이 다른 사람의 동일한 자유와 상충되지 않는 한도 내에서 최대한으로 자유에 대하여 동등한 권리를 가짐
   - '최대로 평등한 자유의 원칙'은 무지의 베일에 가려더라도 구성원들이 '시민의 기본적 자유'를 침해받지 않아야 함을 의미함. 이때 시민의 기본적 자유란 정치적 선거 및 피선거권, 언론과 집회의 자유, 양심과 사상의 자유, 재산권과 신체의 자유 등을 의미함
   - 각자는 불확실한 상황에서 최악의 경우 자기에게 초래될 비용을 극소화하고 보상을 극대화하려는 선택의 자유를 가짐

2. **정의의 제2원리(차등 조정의 원리, 사회적 불평등의 조정에 관한 원리)**
   - 기회균등의 원리(Equal Opportunity Principle): 사회·경제적 불평등은 그 모체가 되는 모든 직무와 지위에 대한 기회균등이 공정하게 이루어진 조건하에서 직무나 지위에 부수해 존재해야 한다는 원리
   - 차등의 원리(Difference Principle): 저축원리와 양립하는 범위 내에서 가장 불우한 사람들의 편익을 최대화해야 한다는 원리

정답 ⑤

364

행정이 추구하는 가치에 관한 설명으로 옳은 것은?

① 효율성은 효과성의 필요충분조건이다.
② 형평성은 '최대 다수의 최대 행복'을 강조한다.
③ 윌슨(W. Wilson)의 정치행정이원론은 행정의 정책결정권한 및 적극성을 강조한다.
④ 롤스(J. Rawls)의 「정의론」은 사회적으로 최소의 혜택을 받는 사람들에게 차별적 이익을 제공하는 이론적 근거를 제공한다.
⑤ 현대 행정에서 적극적(실질적) 의미의 민주성은 의회의 결정에 대한 철저한 순응과 법치행정을 강조한다.

해설

롤스의 정의론은 사회적으로 최소의 혜택을 받는 사람들에게 차별적 이익을 제공(차등원리)하는 이론적 근거를 제공한다.
롤스는 원초적 상태(Original Position, 사회계약론의 자연 상태와 같은 가상의 상태)에서 인간은 '무지의 베일(자신에게 무엇이 유리할지 모르는 상태)'과 '상호무관심적 합리성(Mutually Disinterested Rationality)'에 있음을 전제한다. 이러한 상태에서 인간은 편견 없이 사회적 협동조건에 대한 합의의 약속으로서 두 가지의 원리를 등장시키며, 개인의 이해관계를 보호·개선시킬 수 있는 일반적 이해관계를 보여 주는 원칙에 합의할 수 있다고 언급한다. 원초적 상태, 즉 특정한 규칙 또는 정책이 자신에게 유리할지 불리할지 모르는 상태에서 합리적 인간은 최소극대화(Maximin)원리에 입각해 합리적인 규칙을 선택할 것으로 가정한다. 따라서 원초적 상태에서 구성원들이 합의하는 규칙 또는 원칙이 공정할 것이라고 전제한다.

오답풀이

① 효율성은 능률성과 효과성을 합한 개념으로, 효과성은 효율성의 필요조건이다.
② 형평성은 '최대 다수의 최대 행복'이라는 벤담의 공리주의적 총체적 효용을 비판한다.
③ 윌슨의 정치행정이원론은 행정의 효율적 집행을 강조한다.
⑤ 현대 행정에서 적극적(실질적)의미의 민주성은 대외적 민주성(대응성)와 대내적 민주성을 강조한다. 의회의 결정에 대한 철저한 순응과 법치행정을 강조하는 것은 소극적(형식적) 의미의 민주성이다.

정답 ④

365

행정가치에 관한 설명으로 옳지 <u>않은</u> 것은?

① 합법성은 시민권의 신장과 자유권의 옹호가 중요했던 입법국가 시대의 주요 가치이다.
② 신공공관리론에서는 정치적 책임성과 법적 책임성 외에도 시장 책임성을 강조한다.
③ 효과성은 1960년대 발전행정의 사고가 지배적일 때 주된 가치판단 기준이었다.
④ 사회적 능률성은 민주성의 개념으로 이해되는데, 이는 신행정론에서 처음 주창된 가치이다.
⑤ 민원처리 과정을 온라인으로 공개함으로써 과정의 투명성을 확보할 수 있다.

해설

사회적 능률성은 민주성의 개념으로 이해되는데, 인간관계론에서 처음 주창된 가치이다. 신행정론에서 중시하는 가치는 형평성이다.

문제로 익히는 핵심이론

[투명성]

투명성은 정부의 의사결정과 집행과정 등 다양한 공적 활동이 정부 외부로 명확하게 드러나는 것을 의미한다. 투명성은 공무원의 부패를 방지하기 위한 가장 중요한 가치이며, 투명성과 관련이 깊은 가치 개념으로서 청렴성과 이해충돌 문제를 들 수 있다.

1. **과정 투명성**
  정부 내에서 이루어지는 많은 의사결정 과정이 개방적이고 투명하게 이루어져야 한다는 것이다.
  예) 정부의 의사결정과정에 민간인이 참여하는 것, 민원처리 과정을 온라인으로 공개하는 것

2. **결과 투명성**
  의사결정이 투명하게 이루어졌다고 해서, 행정 결과의 정당성이나 공정성이 확보되는 것은 아니다. 결정된 의사결정이 제대로 집행되었는지를 확인할 수 있게 결과의 투명성을 확보하는 것이 중요하다.
  예) 시민 옴부즈만제도

3. **조직 투명성**
  조직 자체의 개방성과 공개성을 의미한다. 각급 행정기관들이 공시제도를 도입하거나 정보 공개를 확대하는 것은 조직 투명성을 증대시키기 위한 방안들이다.
  예) 인터넷 홈페이지를 통해 정부조직의 각종 규정, 정책, 고시, 입찰 등 해당기관의 운영과 관련된 내용을 자세히 공개하는 것

정답 ④

정책론 기출예상문제

366
난이도 Self Check | 상 ○ 중 ○ 하 ○

정책학의 등장 배경과 관련하여 라스웰에 관한 설명으로 옳지 <u>않은</u> 것은?

① 정책학은 라스웰의 「정책지향(Policy Orientation)」이라는 논문에서 출발하였다.
② 인간존엄 실현을 위한 민주주의의 정책학을 강조하였다.
③ 정책학 연구의 목적은 사회문제의 해결을 지향해야 한다는 것이다.
④ 정책학의 패러다임으로 묵시적 지식과 경험의 존중을 강조하였다.
⑤ 라스웰이 제안한 초기 정책학은 행태주의에 밀려났다가 흑인폭동 및 월남전 등 사회적 혼란시기인 1960년대에 재출발하였다.

해설
정책학의 패러다임으로 묵시적 지식과 경험의 존중을 강조한 학자는 드로어(Dror)이다.

문제로 익히는 핵심이론

[정책학의 발전]

1. **라스웰(Lasswell)의 정책학 패러다임**: 라스웰은 정책학적 경향을 바탕으로 크게 두 가지 방향을 지적하였다.
   - 정책과정에 대한 연구: 정책과정을 경험적·실증적으로 연구하는 것으로, 정책의제설정, 정책결정, 정책집행 과정에 대한 연구가 이에 해당한다.
   - 정책과정에 필요한 지식에 대한 연구: 처방적·규범적 성격을 갖는 것으로, 정책분석, 정책평가에 대한 연구가 이에 해당한다.

2. **드로어(Dror)의 정책학 패러다임(1970년대)**: 드로어는 학문의 경계를 초월하는 범학문적인 접근이 필요하다고 하면서, '최적모형'을 주장하였다.
   - 묵시적 지식(Facit Knowledge)과 경험의 존중 강조
   - 정책결정 체제 및 방법에 대한 관심
   - 거시적 안목과 수준
   - 학문 간의 경계 타파
   - 순수연구와 응용연구 간의 통합
   - 가치선택의 공헌
   - 창조성·쇄신성의 강조
   - 시간적 요인의 중시

정답 ④

367
난이도 Self Check | 상 ○ 중 ○ 하 ○

로위(Lowi)의 정책유형에 관한 설명 및 사례로 옳은 것을 모두 고르면?

> ⓐ 규제정책은 법률의 형태를 취하도록 하는 것이 원칙이나, 집행과정에서 집행자에게 재량권을 부여할 수밖에 없다.
> ⓑ 분배정책의 사례에는 누진(소득)세 제도, 임대주택의 건설, 근로장려금제도, 저소득층 조세 감면 등이 있다.
> ⓒ 재분배정책은 재산권의 행사에 관련된 것이 아니라 재산 자체를, 평등한 대우가 아니라 평등한 소유를 문제로 삼고 있다.
> ⓓ 재분배정책의 사례로는 국공립학교를 통한 교육 서비스 제공, 주택자금의 대출 등이 있다.
> ⓔ 구성정책은 모든 국민을 대상으로 하는 정책이므로 대외적인 가치배분에는 큰 영향이 없지만, 대내적으로는 게임의 법칙이 일어난다.

① ⓐ, ⓑ, ⓒ
② ⓐ, ⓒ, ⓔ
③ ⓑ, ⓓ, ⓔ
④ ⓒ, ⓓ, ⓔ
⑤ ⓐ, ⓑ, ⓒ, ⓓ, ⓔ

해설
ⓐ, ⓒ, ⓔ이 로위(Lowi)의 정책유형과 그에 대한 설명으로 옳은 것이다.

오답풀이
ⓑ 재분배정책의 사례에는 누진(소득)세 제도, 임대주택의 건설, 근로장려금제도, 저소득층 조세 감면 등이 있다.
ⓓ 분배정책의 사례로는 국공립학교를 통한 교육 서비스 제공, 주택자금의 대출 등이 있다.

정답 ②

368

정책유형 중 상징정책에 해당하는 것을 모두 고르면?

┌─────────────────────────────────┐
│ ㉠ 선거구의 통폐합   │
│ ㉡ 올림픽 등 국제행사의 유치 및 개최 │
│ ㉢ 국경일의 제정 및 준수   │
│ ㉣ 국공립학교를 통한 교육서비스 제공 │
│ ㉤ 조세 부과 및 징병   │
└─────────────────────────────────┘

① ㉡, ㉢
② ㉢, ㉣
③ ㉠, ㉡, ㉣
④ ㉠, ㉢, ㉣
⑤ ㉡, ㉢, ㉤

369

중앙정부의 정책과정 참여자 중 비공식 참여자로 옳은 것을 모두 고르면?

┌─────────────────────────────────┐
│ ㉠ 정당   ㉡ 국무총리   │
│ ㉢ 대통령   ㉣ 이익집단   │
│ ㉤ 전문가집단   ㉥ 시민단체   │
│ ㉦ 언론   ㉧ 부처장관   │
└─────────────────────────────────┘

① ㉠, ㉡, ㉢, ㉤, ㉥
② ㉠, ㉢, ㉣, ㉥, ㉧
③ ㉠, ㉣, ㉤, ㉥, ㉦
④ ㉡, ㉢, ㉣, ㉤, ㉧
⑤ ㉡, ㉢, ㉣, ㉦, ㉧

해설

올림픽 등 국제행사의 유치 및 개최와 국경일의 제정 및 준수는 상징정책에 해당한다.
상징정책은 정부가 어떤 목적을 달성하기 위해 이념적인 가치에 호소하는 정책으로 국민 전체의 자긍심을 높이기 위한 정책들이 이에 포함된다. 국민의 단결력이나 자부심을 높여 주며, 결국 정부의 정통성에 대한 인식을 높이고, 정부정책에 대한 순응을 확보하여 정부의 정책활동을 원활하게 하기 위해 활용된다.

오답풀이
㉠ 선거구의 통폐합은 구성정책에 해당한다.
㉣ 국공립학교를 통한 교육서비스 제공은 배분(분배)정책에 해당한다.
㉤ 조세 부과 및 징병은 추출정책에 해당한다.

정답 ①

해설

정당(㉠), 이익집단(㉣), 전문가집단(㉤), 시민단체(㉥), 언론(㉦)은 비공식 참여자에 해당한다.

문제로 익히는 핵심이론

[중앙정부의 정책과정 참여자]

공식 참여자	비공식 참여자
의회(입법부) 법원(사법부) 헌법재판소 대통령(비서실) 국무총리 부처장관	정당 이익집단 전문가집단 시민단체 언론(대중매체)

정답 ③

370

정책네트워크모형에 관한 설명으로 옳지 않은 것은?

① 자원의존성을 토대로 한 행위자들 간의 교환관계를 중시한다.
② 정책공동체는 이슈네트워크에 비해 개방적이고 유동적인 네트워크로서의 특징을 지닌다.
③ 단순하고 분명하게 정의된 하위정부의 경계와는 달리 이슈네트워크의 경계는 모호하다.
④ 하위정부 모형에서는 소수의 엘리트 행위자들이 특정 정책영역에서 정책결정을 지배하고 있다고 설명한다.
⑤ 이슈네트워크에서는 행위자들 간의 권력배분이 불평등하다.

해설
이슈네트워크는 정책공동체에 비해 개방적이고 유동적인 네트워크로서의 특징을 지닌다.

문제로 익히는 핵심이론

[이슈네트워크와 정책공동체]

구분	이슈네트워크 (Issue Network)	정책공동체 (Policy Community)
정책 행위자	다양한 행위자, 이슈에 따라 수시로 변동(이익집단, 전문가, 언론, 비조직화된 개인 등 모든 이해관계자) 개방적·유동적	공식적·조직화된 행위자에 한정(공무원, 연구원, 교수, 위원 등) 폐쇄적·안정적·지속적
상호관계	상호경쟁적, 상호의존성 약함, 권력의 편차가 심함, 연합형성전략 Negative Sum 게임	상호협력적, 상호의존성 강함, 비교적 균등한 권력 Positive Sum 게임
참여의 목적	자기이익 극대화(이해 공유도 낮음) 이슈의 성격에 따라 이합집산	정책에 대한 기본적 이해의 공유와 협조(이해 공유도 높음)
유형의 구조화	개별행위자들로서 특별한 구조가 미형성	빈번한 상호작용, 안정된 구조적 관계로 유형화(언어, 가치관, 문화 등의 공유)
정책결정	정책결정과정에서 정책내용 많이 변경(예측하기 곤란)	처음의 정책내용대로 정책결정(예측의 용이)
정책집행	결정된 정책내용과 다르게 집행되는 경우가 많음	결정된 정책내용과 크게 다르지 않음

정답 ②

371

정책참여자의 권력관계 모형에 관한 설명으로 옳지 않은 것은?

① 19세기 말의 고전적 엘리트이론가들은 엘리트들은 동질적·폐쇄적이며 자율적이고, 다른 계층에 대해 책임을 지지 않는다고 보았다.
② 다원주의론에서는 정책 결정과정에서 정부가 다수의 이익을 위해 적극적·능동적인 역할과 기능을 수행한다고 본다.
③ 1950년대 미국 사회를 대상으로 논의된 미국의 엘리트론이 다알(R. Dahl) 등의 다원주의자들에 의해 비판을 받게 되자, 소위 신엘리트론자로 불리는 바흐라흐와 바라츠(P. Bachrach & M. Baratz)가 「권력의 두 얼굴: Two Faces of Power」에서 무의사결정론을 근거로 다원주의론을 비판하였다.
④ 신다원주의(Neopluralism)는 고전적 다원주의가 기업가의 특권적 지위를 제대로 고려하지 못했음을 비판하고, 자본주의 국가에서는 기업 집단에 특권을 부여할 수밖에 없는 특성이 있음을 인정한다.
⑤ 신(新)조합주의는 다국적 기업과 같은 중요 산업조직이 국가 또는 정부와 긴밀한 동맹관계를 형성하고, 이들이 경제 및 산업정책을 함께 만들어 간다고 설명하는 이론이다.

해설
다원주의론(Pluralist Theory)은 현대 국가의 민주정부론으로, 정책에 대해 집단 간의 이익 갈등을 정부가 공정하고 중립적으로 조정한 결과라는 입장을 가지며 정책의 점진적인 변화를 강조한다. 다원주의론에서는 이익집단론을 중시하는데, 한 집단이 정부를 지배하는 것이 아니라 이슈와 상황에 따라 균형을 이루려 하기 때문에 민주적일 수밖에 없다고 본다. 따라서 다원주의론에서는 정책결정과정에서 정부가 소극적·수동적인 역할과 기능을 수행한다고 본다.

정답 ②

372

난이도 Self Check | 상 ○ 중 ○ 하 ○

콥과 로스(Cobb&Ross)가 제시한 정책의제설정 모형에 관한 내용으로 옳지 않은 것은?

① 외부주도형은 다원화되고 민주화된 선진국 정치체제에서 많이 나타나는 유형이다.
② 내부접근형은 고위 의사결정자 등에 의해 정부의제가 먼저 설정되고 정책순응을 확보하기 위해 다각적인 홍보 등을 거쳐 최종적으로 정책의제로 채택되는 유형이다.
③ 외부주도형은 정부 바깥에 있는 집단이 사회문제를 정부가 해결해 줄 것을 요구하며 정부의제로 채택하도록 하는 유형이다.
④ 내부접근형은 국방, 외교 등 비밀 유지가 필요한 분야의 정책, 또는 강한 반대가 예상됨에도 불구하고 반드시 추진하려는 정책 등에서 찾아 볼 수 있다.
⑤ 동원형은 정부의 힘이 강하고 민간부문이 취약한 후진국에서 많이 나타나는 유형이나, 선진국에서도 정치지도자가 특정한 사회문제 해결을 주도하는 경우에 나타난다.

해설

고위 의사결정자 등에 의해 정부의제가 먼저 설정되고 정책순응을 확보하기 위해 다각적인 홍보 등을 거쳐 최종적으로 정책의제로 채택되는 유형은 동원형이다.

문제로 익히는 핵심이론 ❶

[정책의제설정 모형]

외부주도형	사회문제 → 사회적 이슈 → 공중의제 → 정부의제
동원형	사회문제 → 정부의제 → 공중의제
내부접근형	사회문제 → 정부의제

문제로 익히는 핵심이론 ❷

[동원형과 내부접근형의 유사점과 차이점]

차이점		유사점
동원형	내부접근형	
주도세력이 최고통치자 또는 고위정책결정자	동원형보다 낮은 지위에 있는 고위관료	외부주도형보다 정부의제화가 용이
정부의제가 되고 난 후에 정부의 PR을 통해 공중의제화	공중의제화를 막고 정책내용을 대중에게 알리지 않으려 한다.	

정답 ②

373

정책의제 설정이론에 관한 설명으로 옳지 <u>않은</u> 것은?

① 정책의제 설정이란 사회문제가 정부의 관심을 받아 정책의제로 등장하게 될 때까지 일련의 과정을 의미한다.
② 다원론에서는 어떤 사회문제로 인하여 고통을 받고 있는 집단이 있으면, 이들의 지지를 필요로 하는 누군가에 의해 그 사회문제가 정책문제로 채택된다고 본다.
③ 무의사결정론은 사회문제에 대한 정책과정이 진행되지 못하도록 막는 행동 등을 설명한 이론으로, 엘리트이론의 관점을 반영한다.
④ 사이먼(Simon)의 의사결정론은 왜 특정의 문제가 정책문제로 채택되고 다른 문제는 제외되는가에 대한 설명에 한계가 있다.
⑤ 체제이론에 의하면 정치체제 내부의 능력상 한계보다는 외부환경으로부터 발생한 요구의 다양성 때문에 선택의 문제가 등장하게 된다.

해설

체제이론에 의하면 외부환경으로부터 발생한 요구의 다양성보다는 정치체제 내부의 능력상 한계 때문에 선택의 문제가 등장하게 된다.

문제로 익히는 핵심이론

[체제이론의 주요 내용]

- 체제이론에서는 정치체제의 능력상 한계로 인해 사회의 모든 문제가 체제 내로 투입되지 못한다고 본다. 즉 정치·행정체제도 유기체와 같이 능력상 한계가 있다는 것이다.
- 체제이론에 의하면 환경으로부터의 수많은 요구는 그대로 정책의제화되기는 어렵고, 일단 이슈로 전환됨으로써 더욱 용이하게 정책의제화될 수 있다. 왜냐하면 이슈로 전환됨으로써 이슈의 가시성(Visibility)이 증대되고 관련되는 공중이 증가하기 때문이다. 그러나 요구 또는 이슈가 정책의제화되려면 정치체제의 문지기(Gate-keeper)를 통과해야 한다.
  - 정치체제와 환경을 구분할 때, 그 경계선에는 문이 있고 문지기가 있어서 환경에서의 요구 또는 이슈가 있어도 문지기의 허락이 있어야만 정치체제가 환경으로 들어갈 수 있다.
  - 정치체제의 문지기란 정치체제를 들여보낼지에 대해 결정하는 개인이나 집단을 의미한다. 대표적인 정치체제의 문지기로서는 대통령을 비롯하여 고위공무원, 국회의원, 정당 간부 등을 들 수 있다.
  - 무수한 사회적 요구나 이슈가 모두 정치체제의 문지기를 통과하는 것은 아니고, 그 일부만 문지기를 통과하여 정책의제화된다. 이와 같은 이유는 문지기의 입장에서 보아 체제가 능력상의 한계가 있기 때문에 투입을 억제함으로써, 즉 정책의제의 숫자를 줄임으로써 정치체제가 부담하고 있는 전체 부하업무량을 줄이기 위해서이다.
  - 그러나 어떤 문제를 체제의 문지기가 선호하게 되는 것인지에 대한 종합적인 설명은 없다는 한계가 있다.

정답 ⑤

374

정책의제 설정에 관한 설명으로 옳지 <u>않은</u> 것은?

① 삶의 질, 소득분배 개선 등과 같은 문제의 의제화는 경제발전 정도와 관련이 깊다.
② 관례적이거나 일상적인 문제는 의제화되기 어렵다.
③ 민주화가 진전될수록 사회문제들이 정책의제로 되기가 더 쉬워진다.
④ 문제의 해결을 위한 재원의 조달 가능성이 클수록 의제화되기 쉽다.
⑤ 문제가 이해하기 쉽고 해결책을 찾아낼 수 있다고 판단될수록 의제화되기 쉽다.

해설
관례적이거나 일상적인 문제는 의제화되기 용이하다.

[정책의제설정에 영향을 미치는 요인]

1. **정책문제의 중요성**
   - 정책문제의 중요성은 의제설정에 영향을 미친다. 사회 발전에 대한 가능성을 현격히 높이는 정책문제, 사회 발전을 심각히 저해하게 될 정책문제는 정책의제화의 가능성이 높다. 영향을 받는 집단이 크고 영향력의 질, 즉 내용이 중요한 것일수록 우선순위가 높아 의제화 가능성이 크다.
   - 반면에 중요도가 떨어지는 것일수록 의제화되지 못하고 차일피일 미루게 된다.

2. **정책문제의 관례화 및 일상화**
   - 정책문제가 관례화 혹은 일상화된 것이면 거의 자동적으로 정책의제화된다.
   - 정책체제가 안정될수록 선례 답습식으로 의제화한다.

3. **정책문제의 해결 가능성**
   - 정책문제의 해결 가능성은 의제설정에 영향을 미치는 또 다른 요인이다. 정책체제나 담당자의 입장에서 충분히 이해 가능하고 해결할 수 있다고 판단할 때 의제화가 쉽다.
   - 문제 자체가 복잡해서 수단 선택은 물론 이해조차 하기 어렵다면 의제화는 어려워진다.
   - 관련 집단들에 의해 예민하게 쟁점화된 것일수록 의제화의 가능성이 크다. 이는 갈등의 해결이란 측면에서 중요성이 부각되는 것이다.

정답 ②

375

무의사결정론에 관한 설명으로 옳지 <u>않은</u> 것은?

① 정책문제 채택과정에서 기존 세력에 도전하는 요구는 정책문제화하지 않고 억압한다.
② 무의사결정론은 고전적 다원주의를 비판하며 등장한 이론으로 신엘리트이론이라 불린다.
③ 넓은 의미의 무의사결정은 정책의제 설정단계뿐만 아니라 정책의 전 과정에서 발생한다.
④ 정책결정자들의 무관심으로 인해 특정 정책문제가 쟁점화되지 못하는 현상을 말한다.
⑤ 엘리트들에게 안전한 이슈만이 논의되고 불리한 이슈는 거론조차 못하게 봉쇄된다고 한다.

해설
정책결정자들의 무관심으로 인해 쟁점화되지 못하는 정책문제는 정책과정에 제약을 가하지 않는다는 면에서 무의사결정과 구별된다.

[무의사결정(Non-Decision Making)]

- 각종 사회문제 중 일부만이 정책의제로 채택되고 일부는 기각·방치되는데, 이러한 기각·방치는 정책대안을 마련하지 않겠다는 소극적 의사결정이므로 이를 '무의사결정(Non-Decision Making)'이라 한다.
- 정책문제의 채택과정에서 엘리트들에게 안전한 이슈만을 논의하고 불리한 문제는 거론조차 못하게 하는 것으로, 지배엘리트들이 현실적 문제를 의도적으로 무시할 때에 발생한다. 따라서 다원화된 선진국보다는 후진국에서 주로 발생한다.
- 바흐라흐와 바라츠는 무의사결정을 의사결정자의 가치와 이익에 대한 잠재적이거나 현재적인 도전을 억압하거나 방해하는 결정이라고 정의하였다.

정답 ④

376

정책문제의 속성에 관한 설명으로 옳지 않은 것은?

① 정책문제는 공공성이 강하다.
② 정책문제는 객관적이며, 자연적이다.
③ 정책문제는 복잡·다양하며, 상호의존적이다.
④ 정책문제는 역사적 산물인 경우가 많다.
⑤ 정책문제는 동태적 성격이 강하다.

해설

정책문제는 주관적이며, 인공적이다.

문제로 익히는 핵심이론

[정책문제의 속성]

- 공공성: 정책문제는 공공성을 띤다. 공공성이라는 것은 정책대상 집단의 규모나 정책결과의 영향력이 얼마나 큰가의 여부도 중요한 고려요인이지만, 얼마나 많은 사람들이 관심을 보이고 있느냐도 중요한 요인이다.
- 주관적·인공적: 정책문제는 주관적이고 인공적 성격을 띤다. 문제를 유발하는 외부적 상황은 선택적으로 정의·분류되며 설명·평가된다. 주관적이라는 면에서 볼 때 정책문제는 관련된 개인 및 집단, 그리고 사회의 영향 아래 인공적으로 만들어진 것이기도 하다.
- 복잡다양·상호의존적: 정책문제는 복잡다양하며 상호의존적이다. 정책문제는 복합요인에 의해 동시다발적으로 생겨난다. 단일 요인이 단일 문제를 유발하기도 하지만 대개는 '한 요인 → 많은 문제', '여러 요인 → 한 문제' 식으로 생겨난다. 그래서 정책문제는 '문제의 덩어리' 형태로 다룰 필요가 있다.
- 역사적 산물: 정책문제는 역사적 산물인 경우가 많다. 현재의 문제는 오랜 기간 동안 형성되어 온 것일 수 있다. 이럴 때 눈에 보이는 현실만을 고려해서 문제를 인식한다면 그 원인을 제대로 밝혀 낼 수 없게 된다.
- 동태적: 정책문제는 동태적 성격을 띤다. '문제의 덩어리'는 기계적 실체가 아니라 목적론적 체제이다.

정답 ②

377

정책 델파이(Policy Delphi) 기법에 대한 설명으로 옳지 않은 것은?

① 논쟁이 표면화되면 참여자들은 공공연한 입장에서 토론을 벌이게 된다.
② 전문가집단뿐만 아니라 다양한 이해관계자의 참여가 도모된다.
③ 객관적인 판단을 근거로 한 예측기법이다.
④ 의견 차이를 부각시키는 통계처리를 하거나 의도적으로 갈등을 조성한다.
⑤ 정책문제 해결을 위한 정책대안을 개발하고 그 결과를 예측하기 위해 만들어진 방법이다.

해설

정책 델파이는 미래 상태에 대한 주관적인 판단이나 직관적인 진술의 형태를 취하는 것으로서, 주관적인 판단에 기초를 둔다는 점이 본질적인 성격이다.

문제로 익히는 핵심이론

[전통적 델파이와 정책 델파이]

구분	전통적 델파이	정책 델파이
개념	일반문제에 대한 예측	정책문제에 대한 예측
응답자	동일영역의 일반전문가를 응답자로 선정	정책전문가와 이해관계자 등 다양한 대상자 선정
익명성	철저한 격리성과 익명성 보장	선택적 익명성(중간에 상호차등토론 허용)
통계 처리	의견의 대표값·평균치(중위 값) 중시	의견차이나 갈등을 부각시키는 이원화된 통계처리 (극단적이거나 대립된 견해도 존중하고 이를 유도)

정답 ③

378

공공부문의 비용편익분석에 관한 설명으로 옳은 것을 모두 고르면?

> ㉠ 할인율이 낮으면 장기사업이, 할인율이 높으면 단기사업이 유리하다.
> ㉡ 금전적 가치로 환산하여 분석을 하기 때문에 금전적 편익은 고려한다.
> ㉢ 편익비용비율(B/C Ratio)은 편익을 비용으로 나눈 값으로 0보다 크면 경제성이 있다.
> ㉣ 시장가격이 존재하지 않거나 신뢰할 수 없는 경우 잠재가격(Shadow Price)을 사용한다.

① ㉠, ㉡
② ㉠, ㉣
③ ㉡, ㉢
④ ㉠, ㉢, ㉣
⑤ ㉠, ㉡, ㉢, ㉣

해설
㉠, ㉣은 옳은 설명이다.

오답풀이
㉡ 실질적 편익은 고려하나, 금전적인 편익은 사회 전체적으로 보면 순이득이 아니므로 비용편익 분석 시 이를 고려하지 말아야 한다.
㉢ 편익비용비율(B/C Ratio)은 편익을 비용으로 나눈 값으로 1보다 크면 경제성이 있다.

정답 ②

379

다음 설명에 해당하는 정책결정모형으로 적절한 것은?

> 태풍의 발생 등을 미리 탐색하기 위해 기상 관측을 할 때는 두 가지 서로 다른 카메라를 이용하는데, 넓은 시야를 가진 카메라를 이용하여 거시적으로 하늘 전체를 조감하되 미세한 부분은 관측하지 않는다. 이렇게 거시적·개략적 관측을 한 후에 정밀한 검토가 필요하다고 판단되는 지역만 중점적으로 자세히 미시적인 관측을 한다.

① 합리모형
② 만족모형
③ 점증모형
④ 최적모형
⑤ 혼합모형

해설
제시문은 정책결정모형 중에서 에치오니(Etzioni)의 혼합(탐사, 주사)모형에 관한 설명이다. 혼합(탐사)모형은 기본적(근본적) 결정에는 합리모형을 적용하되, 부분적(세부적, 점증적)결정에는 점증모형을 적용한다. 기본적 결정이란 나무보다는 숲을 개략적으로 파악하는 유형의 결정을 말하며, 부분적 결정이란 숲보다는 나무를 면밀하게 파악하는 유형의 결정을 말한다.

문제로 익히는 핵심이론

[혼합모형]

에치오니(Etzioni)는 규범적이고 이상적인 접근방법인 합리모형과 현실적이고 실증적인 접근방법인 점증모형을 상호보완적으로 혼용함으로써 현실적이면서도 합리적인 결정을 할 수 있다는 혼합모형을 제시하였다.
혼합모형은 합리모형의 이상주의적 특성에서 나오는 단점(비현실성)과 점증모형의 지나친 보수성이라는 약점을 극복할 수 있는 전략으로 제시되었으며, 양자의 장점이 합쳐진 이론모형이다.

정답 ⑤

380

난이도 Self Check | 상 ◯ 중 ◯ 하 ◯

다음 내용을 통해 알 수 있는 정책결정 모형에 관한 설명으로 옳은 것은?

- 완전하고 유일한 결정은 없다고 보며, 부분적, 순차적인 검토 및 분석에 의하여 당면 문제의 목적과 수단을 계속 재조정하고 재검토한다.
- 한정된 수의 정책대안과 중요한 미래 결과만 중점적으로 검토 및 분석한다.
- 현존 정책에 비하여 향상된 정책에만 관심을 기울인다.

① 인간의 전지전능을 전제로 하여, 모든 대안을 포괄적으로 탐색하고 대응하여 최적의 합리적 대안의 선택이 가능하다고 본다.
② 순수한 합리성이 아닌 주관적인 합리성에 따라 대안이 선택될 수밖에 없다고 본다.
③ 정책결정을 근본적 결정과 세부적 결정으로 구분한다.
④ 이해관계의 원만한 타협과 조정이 가능한 안정적이고 다원적인 민주사회에서 적용이 가능한 모형이다.
⑤ 정책결정자의 직관적 판단은 정책결정의 중요한 요인으로 인정된다.

해설

제시문은 점증모형에 관한 설명이다. 점증모형은 정책결정이 이해관계 당사자들의 정치적 타협의 산물이며, 종래의 결정 수준에서 부분적이고 순차적인 수정 또는 약간 향상된 수준에서 이루어진다고 본다. 따라서 이해관계의 원만한 타협과 조정이 가능한 안정적이고 다원적인 민주사회에서 적용이 가능한 모형이다.

오답풀이
① 합리모형에 관한 설명이다.
② 만족모형에 관한 설명이다.
③ 혼합모형에 관한 설명이다.
⑤ 최적모형에 관한 설명이다.

문제로 익히는 핵심이론

[정책결정이론 모형]

구분	결정기준	학자	한계	집단모형
합리모형	• 경제적 합리성 • 인간의 전지전능성 (완전한 정보)	SA(CBA)	• 이상적(=비현실적) • 인간의 한계	• 공공선택모형 • Allison의 제1모형
만족모형	• 제한된 합리성 • 심리적 만족도	Simon March	주관적, 보수적 모형의 일반화 곤란	• 연합모형, 회사모형 • Allison의 제2모형
점증모형	• 제한된 + 정치적 합리성 • 현재보다 나은 수준	Lindblom Wildavsky	보수적, 선진국형 개도국 적용 곤란	• 쓰레기통모형 • Allison의 제3모형
혼합모형	• 기본-합리모형-숲 • 부분-점증모형-나무	Etzioni	혼합에 불과	–
최적모형	합리모형+초합리성	Dror	• 합리모형의 한계 답습 • 초합리성의 개념 모호	–

정답 ④

381

정책결정 모형 중 사이버네틱스 모형에 관한 설명으로 옳지 않은 것은?

① 정책결정 과정에서 변수의 단순화를 통해서 불확실성을 통제한다.
② 사전에 설정된 표준운영절차(SOP)의 중요성이 강조된다.
③ 주요 변수의 유지를 위한 적응에 초점을 둔다.
④ 사전에 설정된 고차원 목표의 극대화를 추구한다.
⑤ 의사결정자는 처리할 수 없는 문제에 직면할 경우 표준운영절차(SOP)를 수정·변경·추가하면서 문제를 해결한다.

해설

사전에 설정된 고차원 목표의 극대화를 추구하는 것은 합리모형이다.

문제로 익히는 핵심이론

[사이버네틱스(Cybernetics) 모형]

- 의의
  - 합리모형과 가장 극단적으로 대립되는 적응적·관습적 의사결정 모형이다.
  - 사이버네틱스(Cybernetics) 모형은 설정된 목표를 달성하기 위해 정보와 환류과정을 통해 자신의 행동을 스스로 조정해 나간다고 가정하는 모형이다.
- 주요 내용
  - 적응적 의사결정: 고차원의 목표가 반드시 사전에 존재한다고 전제하지 않고, 일정한 중요변수의 유지를 위한 끊임없는 적응에 초점을 두는 '비목적인 적응 모형(Ashby)'이다.
    예) 자동온도 조절장치
  - 불확실성의 통제: 환류채널을 통해 들어오는 몇 가지의 정보에 따라 시행착오적인 적응을 한다. 대안결과에 대한 불확실성 때문에 의사결정이 영향을 받는 일은 없다. 그저 대안의 환류 결과가 전달되면 그것이 '사전에 설정된 범위'를 벗어났는지 여부만을 체크하여 그에 적응한 반응을 할 뿐이다.
- 집단적 의사결정의 연구에 도입
  - 사이어트와 마치(Cyert&March)의 연구, 앨리슨(Allison) 모형 II 등이 사이버네틱스 패러다임의 논리를 집단적 의사결정 연구에 도입한 예이다.
  - 조직이란 다양한 목표를 가진 개인들의 연합으로, 조직의 결과가 어떤 '허용할 만한 수준(사전에 설정된 범위)'의 범위에 있으면 그 조직은 표준운영절차(SOP)에 의한 의사결정을 하고, 이 범위를 벗어났을 때 이에 대응할 만한 방법이 기존의 반응목록 속에 없으면 새로운 의사결정이 일어난다는 것이다.
- 도구적 학습
  - 결과를 미리 예측한 후 합리적 대안을 선택하는 '인과적 학습'이 아닌, '도구적 학습(시행착오적 학습)'에 의존한다.
  - 대안의 결과가 허용수준 범위 내에 있으면 기존의 표준운영절차(SOP)에 의한 의사결정을 계속하지만, 벗어났을 때에는 새로운 SOP를 찾게 된다.

정답 ④

382

난이도 Self Check | 상 ◯ 중 ◯ 하 ◯

쓰레기통 모형(Garbage Can Model)에 관한 설명으로 옳지 않은 것은?

① 조직구성원의 응집성이 아주 약한 조직화된 무질서(Organized Anarchy) 상태에 있는 조직에서 의사결정이 어떻게 이루어지는가를 기술하고 설명한다.
② 정책문제, 문제의 해결책, 선택 기회, 참여자 등의 요소가 개별적으로 떠다니다가 우연한 계기로 교차되면 정책결정이 발생한다고 본다.
③ 어떤 문제의 해결을 위해 조직적이고 질서정연한 분석과 절차에 따른 정책결정을 가정한다.
④ 문제성 있는 선호(Problematic Preferences), 불명확한 기술(Unclear Technology), 수시적 참여자(Part-time Participants)를 전제한다.
⑤ 최종의사결정은 끼워넣기(By Oversight)와 미뤄두기(By Flight)에 의해 이루어진다.

해설

어떤 문제의 해결을 위해 조직적이고 질서정연한 분석과 절차에 따른 정책결정을 가정하는 것은 합리모형이다.
쓰레기통 모형은 어떤 문제의 해결을 위해 조직적이고 질서정연한 분석과 절차에 따른 정책결정보다는 조직 자체가 문제, 해결책, 선택 기회, 참여자 등이 뒤섞인 채 버려져 있는 하나의 쓰레기통으로 상정하고 정책결정을 하나의 우연한 현상으로 설명하고 있다는 점에서 기존의 합리모형과 구별된다.

정답 ③

383

난이도 Self Check | 상 ◯ 중 ◯ 하 ◯

킹던(Kingdon)의 '정책의 창(정책흐름) 모형'에 대한 설명으로 옳지 않은 것은?

① 마치(March)와 올슨(Olsen)이 제시한 쓰레기통 모형을 발전시킨 것이다.
② 문제 흐름(Problem Stream), 정치 흐름(Political Stream), 정책 흐름(Policy Stream)이 만날 때 '정책의 창'이 열리기 쉽다.
③ 정책창이 열리는 계기는 정권교체, 의회의 변동, 국민감정의 변화, 시급한 공공문제의 대두, 돌발적인 우연한 사건 등이다.
④ 정책창이 닫히는 경우는 문제의 충분한 논의, 정부행동 유도 불능, 사건의 퇴조, 고위직의 인사이동, 대안의 부재 등이다.
⑤ 정책 창문은 한번 닫히면 다음에 다시 열릴 때까지 많은 시간이 걸리는 편이지만, 정책 창문이 한번 열리면 문제에 대한 대안이 도출될 때까지 상당한 기간 동안 열려 있는 상태로 유지된다.

해설

정책 창문은 한번 열리면 문제에 대한 대안이 도출될 때까지 상당한 기간 동안 열려 있는 상태로 유지되는 것이 아니라, 짧은 기간 동안만 열리게 된다. 따라서 정책주창자들이 열려진 정책의 창을 최대한 활용하지 못한다면 그들은 다음 번 창이 열릴 때까지 기다려야 하는데, 정책 창문은 한번 닫히면 다음에 다시 열릴 때까지 많은 시간이 걸리는 편이다.

문제로 익히는 핵심이론

[킹던(Kingdon)의 정책의 창(정책흐름) 모형]

- 마치(March)와 올슨(Olsen)이 제시한 쓰레기통 모형을 발전시킨 것이다.
- '정책의 창'은 정책의제 설정에서부터 최고 의사결정에 이르기까지 필요한 여러 가지 여건이 성숙될 때 열린다.
- '정책의 창'은 아주 짧은 일정기간만 열리게 되며, 문제에 대한 대안이 존재하지 않을 경우 닫힐 수 있다. 따라서 정책주창자들이 열린 정책의 창을 최대한 활용하지 못한다면 다음 번 창이 열릴 때까지 기다려야만 한다.
- '정책의 창'은 한번 닫히면 다음에 다시 열릴 때까지 많은 시간이 걸리는 편이다.

정답 ⑤

384

정책결정 모형에 대한 설명으로 옳은 것을 모두 고르면?

> ㉠ 만족 모형에서는 연역적 접근을 사용하며, 비용·편익분석을 통해 대안을 도출한다.
> ㉡ 점증주의 모형은 인간의 제한된 합리성과 다원주의의 정치적 정당성을 결합하여 등장한 모형이다.
> ㉢ 최적 모형은 양적 분석뿐만 아니라 질적 분석도 고려한다.
> ㉣ 연합 모형은 조직화된 무정부 상태에서 4요소들이 합쳐져야 의사결정이 이루어진다고 본다.

① ㉠, ㉡
② ㉠, ㉣
③ ㉡, ㉢
④ ㉢, ㉣
⑤ ㉠, ㉡, ㉢, ㉣

해설
㉡, ㉢은 옳은 설명이다.

오답풀이
㉠ 합리 모형에서는 연역적 접근을 사용하며, 비용·편익분석을 통해 대안을 도출한다.
㉣ 쓰레기통 모형은 조직화된 무정부 상태에서 4요소(문제, 해결책, 참여자, 선택기회의 흐름들)이 합쳐져야 의사결정이 이루어진다고 본다.

정답 ③

385

다음 내용에 해당하는 앨리슨(Allison)의 정책결정 모형으로 적절한 것은?

> 정부는 느슨하게 연결된 반독립적인 하위 조직의 집합체로 간주된다. 거대하고 복잡한 환경에 대응하기 위하여 정부는 여러 다양한 조직으로 구성되어 있으며, 이들 조직은 소관 분야에 관하여 과거의 경험이나 장래 발생될 문제에 대한 일정한 표준운영절차(SOP)나 프로그램을 가지고 있다. 어떤 문제가 발생하면 조직은 합리적 선택을 시도하기보다 오히려 표준운영절차나 기존 프로그램을 발동한다.

① 합리적 행위자 모형
② 조직과정 모형
③ 관료정치 모형
④ 공공선택 모형
⑤ 사이버네틱스 모형

해설
앨리슨(Allison)의 정책결정 모형에는 합리 모형, 조직과정 모형, 관료정치 모형의 세 가지 모형이 있다. 주어진 자료는 조직과정 모형에 관한 설명이다.

문제로 익히는 핵심이론

[앨리슨(Allison)의 정책결정 모형]

구분	합리 모형 (모형Ⅰ)	조직과정 모형 (모형Ⅱ)	관료정치 모형 (모형Ⅲ)
조직관	조정과 통제가 잘 된 유기체	느슨하게 연결된 하위조직들의 연합체	독립적인 개인적 행위자들의 집합체
권력의 소재	조직의 두뇌와 같은 최고지도자가 보유	반독립적인 하위조직들이 분산 소유	개인적 행위자들의 정치적 자원에 의존
행위자의 목표	조직 전체의 목표	조직 전체의 목표+하위 조직들의 목표	조직 전체의 목표+하위 조직의 목표+개인적 행위자들의 목표
목표의 공유도	매우 강함	약함	매우 약함
정책결정의 양태	최고지도자가 조직의 두뇌와 같이 명령하고 지시	SOP에 대한 프로그램 목록에서 대안 추출	정치적 게임의 규칙에 따라 타협·흥정에 지배
정책결정의 일관성	매우 강함(항상 일관성 유지)	약함(자주 바뀜)	매우 약함(거의 일치하지 않음)
적용계층	전체계층	하위계층	상위계층

정답 ②

386

난이도 Self Check | 상 ◯ 중 ◯ 하 ◯

집단의 의사결정 기법 중 여러 사람에게 하나의 주제에 대해 아이디어를 무작위로 제시하도록 하여 좋은 아이디어를 발굴하는 방법으로 적절한 것은?

① 델파이 기법(Delphi Method)
② 브레인스토밍(Brainstorming)
③ 지명반론자 기법(Devil's Advocate Method)
④ 명목집단 기법(Nominal Group Technique)
⑤ 시계열 기법(Time-series Method)

해설

집단의 의사결정 기법 중 여러 사람에게 하나의 주제에 대해 아이디어를 무작위로 제시하도록 해 좋은 아이디어를 발굴하는 방법은 브레인스토밍(Brainstorming)이다. 브레인스토밍은 대부분의 조직에서 실시하는 아이디어 회의의 방식이다.

문제로 익히는 핵심이론

[집단의 의사결정기법]

1. 델파이 기법
   - 개념: 델파이 기법(Delphi Method)은 미래 예측을 위해 전문가집단(델파이집단)을 활용하는 의사결정방법이다.
   - 주요 내용
     - 델파이 기법을 위한 전문가집단은 특정 분야에 전문적 지식과 경험을 가진 사람들로서 구성원은 서로 누가 포함되었는지 모르도록 익명성이 보장된 집단이다.
     - 델파이집단의 의사소통은 구조화된 설문지의 조사 및 회수를 통해 반복적으로 이루어지는데, 반복적인 설문조사 과정에서 익명성을 토대로 전문가들의 의사소통이 이루어지고 의견 조정과 합의가 이루어진다.
     - 델파이 기법은 종국적으로 전문가집단의 의견 일치를 유도하는 기법이다.

2. 브레인스토밍
   - 개념: 브레인스토밍(Brainstorming)은 여러 사람에게 하나의 주제에 대해 아이디어를 무작위로 제시하도록 해 좋은 아이디어를 발굴하는 방법이다. 대부분의 조직에서 실시하는 아이디어 회의는 브레인스토밍 방식이다.
   - 주요 내용
     - 브레인스토밍을 통해 새로운 아이디어를 만들기 위해서는 자유롭게 자신의 아이디어를 제출할 수 있는 분위기를 만드는 것이 중요하다.
     - 브레인스토밍 과정에서는 타인의 아이디어를 비판하거나 평가하지 말아야 한다.
     - 마지막까지 판단을 유보하면서 논의된 아이디어의 수정 의견이 제시되었을 때는 흔쾌히 그 제안이 받아들여져야 한다.

3. 지명반론자 기법
   - 개념: 지명반론자 기법(Devil's Advocate Method)은 작위적으로 특정 조직원들 또는 집단을 반론을 제기하는 집단으로 지정해 반론자 역할을 부여하고, 이들이 제기하는 반론과 이에 대한 제안자의 옹호 과정을 통해 의사결정을 유도하는 방식이다.
   - 주요 내용
     - 성공적인 집단 의사결정이 되기 위해서는 반론자들이 고의적으로 본래 대안의 단점과 약점을 최대한 적극적으로 지적해야 한다.
     - 이러한 과정을 거치면 발생할 수 있는 모든 가능성이 검토되기 때문에 최종 대안의 효과성과 현실적응성이 높아진다.

4. 명목집단 기법
   - 개념: 명목집단 기법(Nominal Group Technique)은 관련자들로 하여금 의사결정에 참여하지 않은 채 서면으로 대안에 대한 아이디어를 제출하게 하고, 모든 아이디어가 제시된 이후 토의를 거쳐 투표로 의사결정을 하는 기법이다.
   - 주요 내용: 집단구성원 간 의사소통이 이루어지지 않기 때문에 이들은 명목적으로만 집단이 된다.

정답 ②

387

난이도 Self Check | 상 ○ 중 ○ 하 ○

정책집행의 상향적 접근(Bottom-up Approach)에 대한 설명으로 옳은 것을 모두 고르면?

> ㉠ 정책결정의 내용은 타당한 인과이론에 바탕을 둔 것이어야 한다.
> ㉡ 유능하고 헌신적인 관료가 집행을 담당해야 한다.
> ㉢ 일선집행관료의 재량권을 확대하고 통제를 완화한다.
> ㉣ 고위직보다는 하위직이 주도한다.

① ㉠, ㉡
② ㉠, ㉢
③ ㉡, ㉢
④ ㉢, ㉣
⑤ ㉠, ㉡, ㉢, ㉣

해설

㉢, ㉣은 옳은 설명이다.

오답풀이

㉠, ㉡은 하향적 접근에 대한 설명이다.

문제로 익히는 핵심이론 ❶

[하향적 접근 방법과 상향적 접근 방법]

1. **하향적 접근 방법**
   하향적 접근 방법은 정책집행을 정책결정단계의 정책목표를 달성해가는 과정으로 이해한다. 사바티어와 마즈매니언은 문제처리의 용이성, 집행에 대한 법규의 구조화 능력, 집행에 영향을 미치는 비법규적 변수 등 세 가지 범주로 정책집행의 이상적인 조건을 분류하였으며, 효과적인 정책집행을 위해서는 다음 다섯 가지의 조건이 필요하다고 보았다.
   - 정책결정의 내용은 타당한 인과이론에 바탕을 둔 것이어야 한다. 이는 기술적 타당성이라고도 하며 정책목표와 정책수단 간의 인과관계를 포함한다.
   - 법령이 정확한 정책지침을 갖고 있어야 하며 대상집단의 순응을 극대화하도록 구성되어야 한다.
   - 유능하고 헌신적인 관료가 집행을 담당해야 한다.
   - 결정된 정책에 대해 행정부와 입법부를 포함한 다수의 이해관계 집단으로부터 지속적인 지지를 받아야 한다.
   - 정책목표의 집행과정 동안 우선순위가 변하지 않고 안정적이어야 한다.

2. **상향적 접근 방법**
   상향적 접근 방법이란 정책집행에 영향력을 행사하는 집단은 전문성을 갖추고 일선에서 일하는 정책집행 담당자를 기점으로 정책집행 현장을 이해하는 방법이다.
   - 분명하고 일관된 정책목표의 존재가능성을 부인하고, 정책목표 대신 집행문제의 해결에 논의의 초점을 맞춘다.
   - 집행의 성공 또는 실패의 판단기준은 '정책결정권자의 의도에 얼마나 순응하였는가'가 아니라 '일선집행관료의 바람직한 행동이 얼마나 유발되었는가'이다.
   - 말단 집행계층부터 차상위 계층으로 올라가면서 바람직한 행동과 조직운용절차를 유발하기 위하여 필요한 재량과 자원을 파악한다.
   - 일선집행관료의 재량권을 확대하고 통제를 완화한다.

문제로 익히는 핵심이론 ❷

[고전적 집행과 현대적 집행]

구분	고전적·하향적·집권적 집행 (Top-down)	현대적·상향적·분권적 집행 (Bottom-up)
정책상황	안정적·구조적 상황	유동적·동태적 상황
정책목표의 수정	목표가 명확하여 수정 필요성 낮음	수정 필요성 높음
관리자의 참여	참여 제한, 충실한 집행이 중시됨	참여 필요
집행자의 재량	집행자의 재량 불인정	재량권 인정
정책평가의 기준	집행의 충실성과 정책결과	환경에의 적응성 중시, 정책 성과는 2차적 기준
결정과 집행	정책집행은 결정과 독립적 과정(정치행정이원론)	정책집행은 결정과 유기적 과정(정치행정일원론)
버만 (Berman)	정형적 집행	적응적 집행
엘모어 (Elmore)	전향적 집행 (Forward Mapping)	후향적 집행 (Backward Mapping)
나카무라 (Nakamura)	고전적 기술자형, 지시적 위임형	재량적 실험가형, 관료적 기업가형
일선관료제	무관심	관심(재량권 확대)

정답 ④

388

일선관료에 관한 설명으로 적절하지 <u>않은</u> 것은?

① 업무의 과다와 자원 부족에 직면한다.
② 서면 처리보다는 대면 처리 업무가 대부분이다.
③ 정책결정을 하는 고위관료가 이에 해당된다.
④ 정책고객을 범주화하여 선별한다.
⑤ 많은 재량을 행사한다.

해설
정책결정을 하는 고위관료가 아니라 정책집행을 하는 하위관료가 일선관료에 해당한다.

> **문제로 익히는 핵심이론**
>
> **[일선관료의 개념과 특징]**
> - 개념
>   - 립스키는 업무수행과정에서 시민과 직접적으로 접촉하며 업무수행상 상당한 재량을 보유하는 공무원을 '일선관료'라 하며, 그 구성원의 상당 부분이 일선관료로서 구성되는 공공서비스 기관을 '일선관료제'라고 규정하고 있다.
>   - 사회복지공무원, 경찰, 교사 등이 일선관료에 포함된다.
> - 특징
>   - 서면 처리적 업무보다는 대면 처리적 업무가 주이다.
>   - 고객을 범주화하여 선별한다.
>   - 많은 재량을 행사한다.
>   - 업무과다와 자원의 부족에 직면한다.

정답 ③

389

다음 내용을 통해 알 수 있는 정책집행의 유형으로 적절한 것은?

> 정책결정자가 세부적인 정책내용까지 결정하며, 정책집행자들은 상세한 부분에 대해 아주 제한된 부분의 재량권만 인정받고 정책목표 달성을 위해 노력한다.

① 고전적 기술관료형
② 지시적 위임형
③ 협상형
④ 재량적 실험가형
⑤ 관료적 기업가형

해설
고전적 기술관료형에 관한 설명이다.

> **문제로 익히는 핵심이론**
>
> **[나카무라(Nakamura)와 스몰우드(Smallwood)의 정책집행 유형]**
>
> | 구분 | 정책결정자 | 정책집행자 | 평가 기준 |
> |---|---|---|---|
> | 고전적 기술관료(자)형 | 명확한 목표제시 | 목표달성을 위한 기술적 권한만 위임 | 정책목표의 달성도(효과성) |
> | 지시적 위임자(가)형 | 명확한 목표제시 | 목표달성을 위한 기술적 권한 + 행정적·관리적 권한을 위임 | 효과성 또는 능률성 |
> | 협상(자)형 | 결정자와 집행자간에 정책목표와 정책수단에 대해 협상 | | 정책지지 및 유권자의 만족도 |
> | 재량적 실험가형 | 결정자의 지식부족 등으로 추상적·일반적 목표만 설정 | 목표 구체화와 수단의 개발에 관한 광범위한 재량을 위임 | 정책수혜집단의 대응도 |
> | 관료적 기업가형 | 결정자와 수단에 대해 협상 | 집행자가 정책과정 전반을 완전히 통제 | 체제유지 |

정답 ①

390

프레스먼(Pressman)과 윌다브스키(Wildavsky)의 성공적인 정책 집행에 관한 오클랜드 사례분석의 내용으로 옳지 <u>않은</u> 것은?

① 실현가능성이 있는 정책내용이 정책설계 시에 결정되어야 한다.
② 대중의 지지를 위해 집행에 개입하는 참여자의 수가 많아야 한다.
③ 정책집행을 위한 프로그램의 설계를 단순하게 해야 한다.
④ 타당성 있는 이론에 기반하여야 한다.
⑤ 최초 정책집행 추진자 또는 의사결정자가 지속해서 집행을 이끌어야 한다.

해설

프레스먼(Pressman)과 윌다브스키(Wildavsky)는 오클랜드사업의 실패요인을 집행과정에서 참여기관 및 참여자의 수가 너무 많았다고 보았다. 따라서 정책집행에 개입하는 참여자의 수가 적어야 한다고 보았다.

문제로 익히는 핵심이론

[오클랜드 사례 분석]

프레스먼(Pressman)과 윌다브스키(Wildavsky)는 오클랜드 사업의 실패요인을 다음과 같이 지적하였다.
- 집행과정에서 참여기관 및 참여자의 수가 너무 많았다.
- 중요한 지위에 있는 자들의 교체가 집행에 대한 기존의 지지와 협조를 허물어뜨렸다. 특히 핵심적인 집행 추진집단이나 리더십이 성공적 집행을 위해서 반드시 필요하다.
- 정책의 내용을 결정할 때 집행을 위한 여러 가지 고려를 해야 하며, 특히 집행에서 실현가능한 수단을 마련하고 정책목표를 달성할 수 있는 수단을 선택하는 것이 중요한데, 오클랜드 사업의 경우 이러한 고려가 부족하였다.
- 적절하지 않은 기관이 정책집행을 담당하였다.

따라서 성공적인 정책 집행을 위해서는 다음과 같은 방법이 필요하다.
- 정책집행에 개입하는 참여자의 수가 적어야 한다.
- 최초 정책집행 추진자 또는 의사결정자가 지속해서 집행을 이끌어야 한다.
- 실현가능성이 있는 정책내용이 정책설계 시에 결정되어야 한다.
- 정책집행을 위한 프로그램설계가 단순해야 한다.
- 타당성 있는 이론에 기반하여야 한다.

정답 ②

391

살라몬(Salamon)의 정책수단 유형 중 가장 직접성이 낮은 수단으로 적절한 것은?

① 보험
② 정부 소비
③ 정보 제공
④ 정부출자기업
⑤ 직접 대출

해설

살라몬(Salamon)의 정책수단 유형 중 정부출자기업은 직접성이 낮은 수단에 해당하며, 보험, 직접 대출, 경제적 규제, 정보 제공, 공기업, 정부 소비 등은 직접성이 높은 수단에 해당한다.

문제로 익히는 핵심이론 ❶

[직접성 정도에 의한 분류]

직접성	행정수단	효과성	효율성	형평성	관리가능성	정당성(정치적 지지)
낮음	손해책임법, 보조금, 대출보증, 정부출자 기업, 바우처	낮음	높음	낮음	낮음	높음
중간	조세지출, 계약, 사회적 규제, 벌금	낮음/중간	중간	낮음	낮음	높음
높음	보험, 직접 대출, 경제적 규제, 정보 제공, 공기업, 정부 소비	높음	중간	높음	높음	낮음

문제로 익히는 핵심이론 ❷

[강제성 정도에 의한 분류]

강제성	도구	효과성	효율성	형평성	관리가능성	정당성(정치적 지지)
낮음	손해책임법, 정보제공 조세지출	낮음	중간	낮음	중간	높음
중간	바우처, 보험, 보조금 공기업, 대출보증, 직접 대출, 계약, 벌금	중간	높음	중간	중간	중간
높음	경제적 규제, 사회적 규제	높음	높음/낮음	높음	낮음	높음/낮음

정답 ④

392

정책집행에서 대상집단의 불응을 야기하는 원인이 <u>아닌</u> 것은?

① 불명확한 의사전달
② 자원의 부족
③ 정책에 대한 불신
④ 정부의 권위 및 정통성에 대한 부정
⑤ 형사처벌 등 제재의 사용

해설
형사처벌 등 제재의 사용은 대상집단의 순응을 확보하는 수단이다.

> **문제로 익히는 핵심이론**
>
> **[정책의 3대 순응확보수단]**
> 1. 도덕적 설득(Normative Persuasion)
>   순응주체에게 특정한 정책에 순응하는 것이 국가나 사회적으로, 윤리적·도덕적으로 올바른 것 또는 좋은 것임을 인식시키기 위한 설득을 의미한다.
> 2. 경제적 유인(Incentives) 또는 보상(Rewards)
>   순응할 경우 혜택을 제공하여 순응자가 자발적으로 순응하도록 하는 방법이다.
> 3. 처벌(Punishment or Penalty) 또는 강압(Coercion)
>   순응하지 않을 경우 처벌하거나 처벌하겠다고 위협하여 순응을 확보하는 방법이다.

정답 ⑤

393

정책평가의 인과관계에 대한 설명으로 옳은 것을 모두 고르면?

> ㉠ 정책(독립변수)은 목표달성(종속변수)보다 시간적으로 선행해야 한다.
> ㉡ 정책과 목표달성은 모두 일정한 방향으로 변화해야 한다.
> ㉢ 그 정책 이외의 다른 요인이 목표달성에 영향을 미치지 않았음을 입증해야 한다.

① ㉠
② ㉠, ㉡
③ ㉠, ㉢
④ ㉡, ㉢
⑤ ㉠, ㉡, ㉢

해설
㉠, ㉡, ㉢ 모두 옳은 내용이다.

> **문제로 익히는 핵심이론**
>
> **[인과관계의 성립요건]**
> 정책의 실시와 정책목표의 달성에 있어 두 사건 간에 인과관계를 단정하기 위해서는 적어도 다음 세 가지 조건이 충족되어야 한다.
> - 정책(독립변수)은 목표달성(종속변수)보다 시간적으로 선행해야 한다(시간적 선행성).
> - 정책과 목표달성은 모두 일정한 방향으로 변화해야 한다(공동 변화).
> - 그 정책 이외의 다른 요인이 목표달성에 영향을 미치지 않았음을 입증해야 한다(경쟁가설 배제 혹은 비허위적 관계).

정답 ⑤

394

정책평가 연구설계의 타당성에 관한 설명으로 옳은 것은?

① 내적 타당성은 정책변수의 효과에 대한 결론을 일반화할 수 있는 범위를 의미한다.
② 외적 타당성은 정책 수단과 결과의 인과관계에 관한 추론의 정확성을 의미한다.
③ 통계적 결론의 타당성은 연구에 사용된 측정도구가 이론적 구성개념과 일치하는 정도를 의미한다.
④ 구성적 타당성은 처리, 결과, 모집단 및 상황들에 대한 이론적 구성요소들이 성공적으로 조작화된 정도를 의미한다.
⑤ 준실험이 진실험보다 내적 타당성과 외적 타당성이 모두 더 높게 나타난다.

해설
구성적 타당성은 처리, 결과, 모집단 및 상황들에 대한 이론적 구성요소들이 성공적으로 조작화된 정도를 의미하며, 연구에 사용된 측정도구가 이론적 구성개념과 일치하는 정도를 의미한다.

오답풀이
① 정책변수의 효과에 대한 결론을 일반화할 수 있는 범위를 의미하는 것은 외적 타당성이다.
② 정책 수단과 결과의 인과관계에 관한 추론의 정확성을 의미하는 것은 내적 타당성이다.
③ 연구에 사용된 측정도구가 이론적 구성개념과 일치하는 정도를 의미하는 것은 구성적 타당성이다.
⑤ 진실험은 내적 타당성, 준실험은 외적 타당성이 더 높다.

정답 ④

395

정책평가의 내적 타당성을 저해하는 요인으로 옳지 않은 것은?

① 역사요인
② 성숙효과
③ 호손효과
④ 회귀요인
⑤ 실험효과

해설
호손효과는 정책평가의 외적 타당성을 저해하는 요인이다. 호손효과는 실험대상자들이 실험대상으로 관찰되고 있다는 사실을 알게 되면 평소와 다른 행동을 하는 것을 말하며, 외적 타당성을 저해하는 요인이 된다. 즉 인위적인 실험환경에서 얻은 실험적 변수의 결과를 모집단에 일반화하기 어려운 점이 있다는 의미이다.

문제로 익히는 핵심이론

[내적 타당성과 외적 타당성의 저해요인]

1. 내적 타당성의 저해 요인
   - 역사적 요소(History, 역사요인)
   - 통계적 회귀요인(Regression Artifact)
   - 성숙효과(Maturation Effect)
   - 피실험자 상실(Experimental Mortality, 상실요소)
   - 실험(Testing)효과(측정요소)
   - 측정도구의 변화(Instrumentation)
   - 선발과 성숙의 상호작용
   - 처치와 상실의 상호작용

2. 외적 타당성의 저해 요인
   - 실험조작의 반응효과(호손효과)
   - 크리밍효과(Creaming Effect)
   - 실험조작과 측정의 상호작용
   - 표본의 대표성 부족
   - 다수적 처리에 의한 간섭

정답 ③

396

정책평가의 타당성과 신뢰성에 대한 설명으로 옳지 않은 것은?

① 신뢰성은 타당성의 필요조건이다.
② 신뢰성이 낮으면 타당성도 낮다.
③ 신뢰성이 높으면 타당성도 높다.
④ 타당성이 높으면 신뢰성도 높다.
⑤ 타당성이 낮다고 해서 신뢰성도 낮다고 단정할 수는 없다.

해설

타당성이 높으면 신뢰성도 높지만, 신뢰성이 높다고 해서 타당성도 높다고 단정할 수는 없다.

문제로 익히는 핵심이론

[타당성과 신뢰성의 관계]

신뢰성이 있어야 타당성의 문제를 검토할 수 있다. 신뢰성이 없는 측정도구가 타당성을 갖는다는 것은 불가능하다. 즉 신뢰성은 타당성의 전제조건이다. 조건식으로 말하면 신뢰성은 타당성의 필요조건이지 충분조건이 아니다.

- 신뢰성이 낮다면 타당성도 낮다.
- 신뢰성이 높다고 해서 타당성도 높다고 단정할 수는 없다.
- 타당성이 높다면 신뢰성도 높다.
- 타당성이 낮다고 해서 신뢰성도 낮다고 단정할 수는 없다.

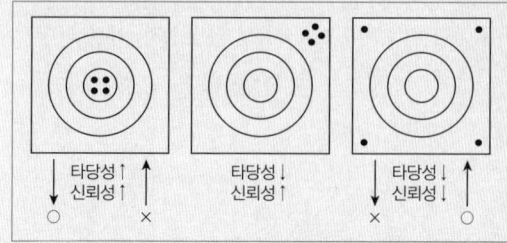

구분		신뢰성 유무	
		있다	없다
타당성 유무	있다	가능하고 바람직하다.	가능하지 않다.
	없다	가능하지만, 잘못된 결론을 내릴 수 있다.	가능하지만, 바람직하지 않다.

정답 ③

397

「정부업무평가 기본법」상 정책평가제도에 대한 설명으로 옳은 것은?

① 재평가란 국무총리가 중앙행정기관을 대상으로 국정을 통합적으로 관리하기 위하여 필요한 정책 등을 평가하는 것을 말한다.
② 정부업무평가 대상은 중앙행정기관, 지방자치단체, 중앙행정기관 또는 지방자치단체의 소속기관, 공공기관이다.
③ 중앙행정기관의 장은 성과관리전략계획에 당해 기관의 임무·전략목표 등을 포함하여야 하고, 최소한 5년마다 그 계획의 타당성을 검토하여 수정·보완 등의 조치를 하여야 한다.
④ 행정안전부장관은 정부업무평가위원회의 심의·의결을 거쳐 정부업무의 성과관리 및 정부업무평가에 관한 정책목표와 방향을 설정한 정부업무평가 기본계획을 수립하여야 한다.
⑤ 정부업무평가의 실시와 평가기반의 구축을 체계적·효율적으로 추진하기 위하여 대통령 소속하에 정부업무평가위원회를 둔다.

문제로 익히는 핵심이론

[정부업무평가 기본법]

제2조(정의) 이 법에서 사용하는 용어의 정의는 다음과 같다.
2. "정부업무평가"라 함은 국정운영의 능률성·효과성 및 책임성을 확보하기 위하여 다음 각 목의 기관·법인 또는 단체(이하 "평가대상기관"이라 한다)가 행하는 정책 등을 평가하는 것을 말한다.
 가. 중앙행정기관(대통령령이 정하는 대통령 소속기관 및 국무총리 소속기관·보좌기관을 포함한다. 이하 같다)
 나. 지방자치단체
 다. 중앙행정기관 또는 지방자치단체의 소속기관
 라. 공공기관
4. "특정평가"라 함은 국무총리가 중앙행정기관을 대상으로 국정을 통합적으로 관리하기 위하여 필요한 정책 등을 평가하는 것을 말한다.

제5조(성과관리전략계획) ① 중앙행정기관의 장은 소속기관을 포함한 당해 기관의 전략목표를 달성하기 위한 중·장기계획(이하 "성과관리전략계획"이라 한다)을 수립하여야 한다. 이 경우 중앙행정기관의 장은 성과관리전략계획에 이와 관련이 있는 다른 법령에 의한 중·장기계획을 포함할 수 있다.
② 중앙행정기관의 장은 성과관리전략계획에 당해 기관의 임무·전략목표 등을 포함하여야 하고 최소한 3년마다 그 계획의 타당성을 검토하여 수정·보완 등의 조치를 하여야 한다.

제8조(정부업무평가기본계획의 수립) ① 국무총리는 위원회의 심의·의결을 거쳐 정부업무의 성과관리 및 정부업무평가에 관한 정책목표와 방향을 설정한 정부업무평가기본계획(이하 "정부업무평가기본계획"이라 한다)을 수립하여야 한다.

제9조(정부업무평가위원회의 설치 및 임무) ① 정부업무평가의 실시와 평가기반의 구축을 체계적·효율적으로 추진하기 위하여 국무총리 소속하에 정부업무평가위원회를 둔다.

정답 ②

해설

정부업무평가 대상은 중앙행정기관, 지방자치단체, 중앙행정기관 또는 지방자치단체의 소속기관, 공공기관이므로 옳다.

오답풀이

① 국무총리가 중앙행정기관을 대상으로 국정을 통합적으로 관리하기 위하여 필요한 정책 등을 평가하는 것은 특정평가이다.
③ 중앙행정기관의 장은 성과관리전략계획에 당해 기관의 임무·전략목표 등을 포함하여야 하고, 최소한 3년마다 그 계획의 타당성을 검토하여 수정·보완 등의 조치를 하여야 한다.
④ 국무총리는 정부업무평가위원회의 심의·의결을 거쳐 정부업무의 성과관리 및 정부업무평가에 관한 정책목표와 방향을 설정한 정부업무평가 기본계획을 수립하여야 한다.
⑤ 정부업무평가의 실시와 평가기반의 구축을 체계적·효율적으로 추진하기 위하여 국무총리 소속하에 정부업무평가위원회를 둔다.

398

난이도 Self Check | 상 ○ 중 ○ 하 ○

호그우드(Hogwood)와 피터스(Peters)의 정책변동에 대한 설명으로 옳지 않은 것은?

① 정책혁신은 기존의 조직과 예산을 활용하여 이전에 관여한 적이 없는 새로운 정책분야에 개입하는 것이다.
② 정책종결은 현존하는 정책을 완전히 소멸시키는 것으로 정책수단이 되는 사업과 지원 예산을 중단하고 이들을 대체할 다른 수단을 결정하지 않은 경우이다.
③ 과속차량 단속이라는 목표를 변경하지 않고 기존에 경찰관이 현장에서 직접 단속하는 수단을 무인 감시카메라 설치를 통한 단속으로 대체하는 것은 정책승계 중 선형적(Linear) 승계에 해당한다.
④ 정책유지는 현재의 정책을 기본적으로 유지하면서 정책수단의 부분적인 변화만 이루어지는 경우를 말한다.
⑤ 정책승계란 현존하는 기존 정책의 목표는 변경하지 않고 정책의 기본적 성격을 바꾸는 것이다.

해설

정책혁신은 이전에 관여한 적이 없는 새로운 정책분야에 개입하게 되는 것은 맞으나, 기존의 담당조직이나 예산 및 사업활동도 없는 '무'에서 새로운 것을 만드는 것이므로 적절하지 않다.

문제로 익히는 핵심이론 ❶

[정책변동의 유형]

1. **정책혁신**
   - 정책혁신이란 정부가 관여하지 않고 있던 분야에 개입하기 위해 새로운 정책을 결정하는 것을 의미한다.
   - 이제까지 그 분야에 대한 정부의 개입이 없었기 때문에 하나의 정책이 완전히 새로 만들어지는 것이므로 엄격하게 보면 정책의 '변동(Change)'이 아니다. 사회문제가 처음으로 정책문제로 전환되고, 이것을 해결하기 위해 정부가 정책을 결정하는 것으로서, 현재의 정책이나 활동이 없고, 담당조직도 없으며 예산이나 사업활동도 없는 '무'에서 새로운 것을 만드는 것이다.

2. **정책승계**
   - 정책승계란 현존하는 기존 정책의 목표는 변경하지 않고 정책의 기본적 성격을 바꾸는 것으로, 근본적인 수정을 필요로 하는 정책의 경우 정책을 없애고 완전히 새롭게 대체하는 것을 포함한다.
   - 정책목표는 변화되지 않지만 정책수단인 사업이나 사업을 담당하는 조직, 예산항목에서 중대한 변화가 일어난다는 점에서 정책유지와 다르다.
   - 정책승계의 종류는 다음과 같다.
     ㉠ 선형적 승계: 새로운 정책이 과거의 정책을 대체하여 양자의 관계가 명확하게 나타나는 가장 단순한 형태의 정책승계
        예) 과속차량 단속이라는 목표를 변경하지 않고 기존에 경찰관이 현장에서 직접 단속하는 수단을 무인 감시카메라 설치를 통한 단속으로 대체하는 것
     ㉡ 부분적 종결: 일부의 정책을 유지하면서 일부는 완전히 폐지하는 정책승계
     ㉢ 정책통합: 같은 분야의 정책이 합하여짐으로써 새로운 정책이 나타나는 형태의 정책승계
     ㉣ 정책분할: 하나의 정책이 다수의 새로운 정책으로 분할되는 형태의 정책승계
     ㉤ 우발적 승계: 타 분야의 정책변동에 연계하여 우발적인 변화가 나타나는 형태의 정책승계

3. **정책유지**
   - 정책유지란 기존 정책을 새로운 정책으로 대체하지 않고 본래의 정책목표를 달성하기 위하여 정책의 기본적 특성을 그대로 유지하면서 상황의 변화에 능동적으로 적응하는 것을 의미한다.
   - 정책수단의 기본 골격은 달라지지 않고 주로 정책산출 부분이 변하며, 정책 대상집단의 범위가 변동된다거나 정책의 수혜수준이 달라지는 경우와 관련이 있다.
     예) 저소득층 자녀에 대한 교육비 보조를 차상위 계층의 자녀에게 확대하는 것

4. **정책종결**
   - 정책종결이란 정책을 비롯하여 정책 관련 조직과 예산이 소멸되고 정책 당국의 개입이 전면적으로 중단되며 다른 정책으로 대체되지 않는 것을 의미한다.
   - 순수한 정책혁신의 경우처럼 정책종결의 예도 많지 않다.

정답 ①

399

난이도 Self Check | 상 ◯ 중 ◯ 하 ◯

기획이 시장질서를 교란시키고 국민의 자유권을 침해하며 자유민주주의에 위배된다고 주장한 학자로 옳은 것은?

① 테일러(Taylor)
② 사이먼(Simon)
③ 오스트롬(Ostrom)
④ 파이너(Finer)
⑤ 하이에크(Hayek)

해설

기획이 시장질서를 교란시키고 국민의 자유권을 침해하며 자유민주주의에 위배된다고 주장한 학자는 하이에크이다.

문제로 익히는 핵심이론

[국가기획에 관한 논쟁]

- 국가기획 반대론: 하이에크(F. Hayek)는 『노예로의 길(The Road to Serfdom)』이라는 저서에서 국가기획제도를 도입하면 의회제도의 파괴 및 무력화 초래, 시민의 자유와 권리의 침해, 이질성, 복합성, 융통성이 없는 극히 단조로운 경제사회의 탄생 등으로, 자유 민주주의 국가들이 전체주의 국가로 전락할 것이라고 경고하였다.
- 국가기획 찬성론: 파이너(H. Finer)는 『반동에의 길(The Road to Reaction)』이라는 저서에서 시민의 자유와 권리를 보장하는 기획이 가능하며, 자본주의의 균형 있는 발전 및 질서가 있는 현대사회로 발전하기 위해서는 국가기획의 도입은 불가피하고 타당한 것이라고 역설하였다.

정답 ⑤

조직론 기출예상문제

400
난이도 Self Check | 상○ 중○ 하○

조직목표의 기능에 관한 설명으로 옳지 <u>않은</u> 것은?

① 조직활동의 방향과 구성원의 행동기준을 제시한다.
② 구성원들의 동기를 유발해 준다.
③ 조직이 존재하고 활동하는 정당성의 근거가 된다.
④ 조직의 구조와 과정을 설계하는 준거를 제공하지 못한다.
⑤ 조직 내부의 갈등을 조정하는 기능을 수행한다.

해설
조직목표는 조직의 구조와 과정을 설계하는 준거를 제공하고 성과를 평가하는 기준이 된다.

문제로 익히는 핵심이론

[조직목표의 기능]
- 미래의 바람직한 상태를 밝혀 조직활동의 방향과 구성원의 행동기준을 제시한다.
- 조직구성원들이 목표로 인해 일체감을 느끼기 때문에 구성원들의 동기를 유발해 준다.
- 조직이 존재하고 활동하는 정당성의 근거가 된다.
- 조직의 구조와 과정을 설계하는 준거를 제공하고 성과를 평가하는 기준이 된다.
- 조직 내부의 갈등을 조정하는 기능을 수행한다.

정답 ④

401
난이도 Self Check | 상○ 중○ 하○

학자와 조직유형 간 관계가 바르게 연결된 것은?

① 블라우와 스코트(Blau&Scott) – 경제조직, 정치조직, 통합조직, 형상유지조직
② 에치오니(Etzioni) – 적응조직, 경제·생산적 조직, 정치적·관리적 조직, 형상유지조직
③ 파슨스(Parsons) – 강압적 조직, 공리적 조직, 규범적 조직
④ 카츠와 칸(Katz&Kahn) – 호혜적 조직, 기업조직, 봉사조직, 공익조직
⑤ 민츠버그(Mintzberg) – 단순구조, 기계적 관료제, 전문적 관료제, 할거적 구조, 임시체제

해설
민츠버그(Mintzberg)는 조직구조를 주요 구성 부분, 조정기제, 상황요인이라는 복수 국면적 접근방법에 의하여 조직유형을 단순구조, 기계적 관료제, 전문적 관료제, 할거적 구조, 임시체제로 구분하였다.

오답풀이
① 경제조직, 정치조직, 통합조직, 형상유지조직은 파슨스(Parsons)의 분류이다.
② 적응조직, 경제·생산적 조직, 정치적·관리적 조직, 형상유지조직은 카츠와 칸(Katz&Kahn)의 분류이다.
③ 강압적 조직, 공리적 조직, 규범적 조직은 에치오니(Etzioni)의 분류이다.
④ 호혜적 조직, 기업조직, 봉사조직, 공익조직은 블라우와 스코트(Blau&Scott)의 분류이다.

문제로 익히는 핵심이론

[조직의 유형 분류]

1. 블라우와 스코트(Blau&Scott)의 조직분류(수익자 기준)
   - 호혜적 조직, 공익결사: 조직의 구성원이 주된 수익자가 된다. 예 정당, 노동조합, 직업단체, 클럽, 이익단체 등
   - 사업조직: 조직의 소유자가 주된 수익자가 된다.
     예 사기업 등
   - 서비스조직(봉사조직): 조직과 직접적인 접촉·관계가 있는 고객 집단이 주된 수익자가 된다.
     예 병원, 학교, 사회사업기관, 법률상담소 등
   - 공익조직: 일반 대중이 주된 수익자가 된다.
     예 일반행정기관, 군대, 경찰 등

2. 에치오니(Etzioni)의 조직분류(복종관계 기준)

구분	소외적 관여	타산적 관여	도덕적 관여
강제적 권력	강압적 조직 (질서목표)		
보수적 (공리적) 권력		공리적 조직 (경제목표)	
규범적 권력			규범적 조직 (문화목표)

3. 파슨스(Parsons)와 카츠&칸(Katz&Kahn)의 조직분류(체제의 AGIL 기능 기준)

구분	파슨스(Parsons)	카츠&칸(Katz&Kahn)
적응기능	경제조직 (회사, 공기업 등)	적응조직 (연구소, 조사기관, 대학 등)
목표달성기능	정치조직 (행정기관, 정당 등)	경제적·생산적 조직 (산업조직)
통합기능	통합조직 (사법기관, 경찰, 정신병원 등)	정치적·관리적 조직 (행정기관, 정당, 노동조합, 압력단체 등)
체제유지기능	형상유지조직 (학교, 종교단체 등)	형상유지조직 (학교, 종교단체 등)

정답 ⑤

402

난이도 Self Check | 상◯ 중◯ 하◯

윌리엄슨(Williamson)의 거래비용이론에 관한 설명으로 옳지 <u>않은</u> 것은?

① 조직의 대규모화 현상 또는 거대기업의 출현을 설명하기 위해 등장한 이론이다.
② 생산보다 비용에 관심을 가지고 조직을 거래비용을 감소하기 위한 장치로 본다.
③ 거래비용은 거래 상대방이 기회주의적 행동을 할 것인가에 대한 탐색비용, 거래의 이행 및 감시비용 등을 포함한다.
④ 거래비용은 거래 속성들인 자산 전속성(Asset Specificity), 불확실성, 거래빈도 등 세 가지 독립변수들에 의하여 결정된다.
⑤ 관료제의 조정비용이 시장의 자발적 교환행위에서 발생하는 거래비용보다 크면 거래비용의 최소화를 위해 거래를 내부화하는 것이 효율적이다.

해설

시장의 자발적 교환행위에서 발생하는 거래비용이 관료제의 조정비용보다 크면 거래비용의 최소화를 위해 거래를 내부화(Insourcing, 조직 통합, 내부 조직화)하는 것이 효율적이다.

문제로 익히는 핵심이론

[윌리엄슨(Williamson)의 거래비용이론]

윌리엄슨의 거래비용이론은 조직의 대규모화 현상 또는 거대기업의 출현을 설명하기 위해 등장한 이론으로, 조직이 생겨나고 일정한 구조를 가지는 이유를 조직경제학적으로 설명하는 접근방법이다. 거래비용이론은 생산보다 비용에 관심을 가지고 조직을 거래비용을 감소하기 위한 장치로 본다. 거래비용은 거래 상대방이 기회주의적 행동을 할 것인가에 대한 탐색비용, 거래의 이행 및 감시비용 등을 포함하며, 거래 속성들인 자산 전속성(Asset Specificity, 자산이 다른 용도에 사용되기 어려운 정도), 불확실성(정보의 편재성), 거래빈도 등 세 가지 독립변수들에 의하여 결정된다.
거래비용이론은 동일한 업무를 기업 안에서 처리할 때의 조직관리비용과 기업 밖에서 처리할 때의 거래비용을 비교하여, 해당 업무를 내부조직에서 직접 수행할지 아니면 외부와의 거래를 통해 수행할지를 결정하는 이론이다.

정답 ⑤

403

난이도 Self Check | 상 ◯ 중 ◯ 하 ◯

조직의 원리에 관한 설명으로 옳은 것을 모두 고르면?

> ㉠ 계층제란 직무를 권한과 책임의 정도에 따라 등급화·계층화하고 상하계층 간에 지휘·명령복종 관계를 확립하는 것을 말한다.
> ㉡ 조정은 공동 목적을 달성하기 위하여 집단적 노력을 질서정연하게 배열하여 행동 통일을 이루어 가는 과정을 의미한다.
> ㉢ 통솔범위가 넓어지면 계층의 수는 많아지고, 통솔범위가 좁아지면 계층의 수는 적어진다.
> ㉣ 사이먼(H. A. Simon)을 비롯한 행태주의자들은 조직의 원리가 엄밀한 과학적 검증을 거치지 않은 격언 또는 속담에 불과하다고 비판하였다.

① ㉠, ㉡
② ㉡, ㉢
③ ㉠, ㉡, ㉣
④ ㉡, ㉢, ㉣
⑤ ㉠, ㉡, ㉢, ㉣

해설

조직의 원리에 관한 설명으로 옳은 것은 ㉠, ㉡, ㉣이다.

오답풀이

㉢ 통솔범위(Span of Control)란 한 사람의 상관이 효과적으로 직접 통솔할 수 있는 부하의 수를 말한다. 따라서 통솔범위가 넓어지면 계층의 수는 적어지고, 통솔범위가 좁아지면 계층의 수는 많아진다.

📝 문제로 익히는 **핵심이론**

[조직의 원리]
- 조정은 공동 목적을 달성하기 위하여 집단적 노력을 질서정연하게 배열하여 행동 통일을 이루어 가는 과정을 의미한다.
- 전문화 또는 분업이란 업무를 종류별·성질별로 나누어 가능하면 한 가지의 주된 업무를 분담시키는 것으로, 이를 통해 조직관리의 능률을 향상시키려는 것이다.
- 계층제란 직무를 권한과 책임의 정도에 따라 등급화·계층화하고 상하계층 간에 지휘·명령복종 관계를 확립하는 것을 말한다.
- 통솔범위(span of control)란 한 사람의 상관이 효과적으로 직접 통솔할 수 있는 부하의 수를 말한다.
- 명령통일은 조직 내의 각 구성원은 한 사람의 상관으로부터만 명령을 받아야 한다는 것이다.

정답 ③

404

난이도 Self Check | 상 ◯ 중 ◯ 하 ◯

조직구조의 기본변수에 관한 설명으로 옳지 <u>않은</u> 것은?

① 복잡성은 조직을 구성하는 기구의 분화정도를 의미한다.
② 수평적 복잡성은 조직 내 수직적 계층의 수를 의미한다.
③ 업무수행의 규칙과 절차가 표준화될수록 조직구조의 공식성은 높아진다.
④ 공식화 정도가 높을수록 업무의 예측가능성이 높아진다.
⑤ 의사결정의 권한이 상위층에 집중된 경우 집권화된 조직이라고 한다.

해설

조직 내 수직적 계층의 수는 수직적 복잡성을 의미한다.

📝 문제로 익히는 **핵심이론 ❶**

[복잡성]

복잡성이란 조직 내의 분화 정도로서 수평적 분화, 수직적 분화, 장소적 분화의 세 가지 요소로 구성되어 있는데, 이들 세 요소의 정도가 높을수록 조직의 복잡성은 높아진다.
- 수평적 분화(Horizontal Differentiation): 조직이 수행하는 업무를 조직구성원들이 나누어 수행하는 양태를 말한다.
  예) 행정부 각 부처의 구분
- 수직적 분화(Vertical Differentiation): 조직 내의 책임과 권한이 나뉘어 있는 계층의 양태를 의미한다. 예) 조직 내의 계층의 수, 계층제의 깊이 또는 조직 구조의 깊이
- 장소적 분산(Spatial Dispersion): 특정 조직의 하위 단위나 자원이 지역적·지리적·장소적으로 분산되어 있는 것을 의미한다.

📝 문제로 익히는 **핵심이론 ❷**

[조직구조의 기본변수와 상황변수]

구분	복잡성	공식화	집권화
규모 (↑)	↑	↑	↓
(일상적) 기술	↓	↑	↑
(동태적) 환경	↑	↓	↓

정답 ②

405

조직구조의 기본변수 중 공식화(Formalization)에 관한 설명으로 옳지 않은 것은?

① 공식화는 조직 내에 규칙, 절차, 지시 및 의사전달의 명문화된 정도를 의미한다.
② 공식화 수준이 높은 경우, 조직구성원들의 행동이 정형화되어 그들에 대한 통제가 어려워진다.
③ 공식화를 통해 업무처리상 혼란을 방지할 수 있다.
④ 조직환경이 안정적이고 조직규모가 클수록 공식화 수준이 높다.
⑤ 공식화 수준이 너무 높으면, 업무처리에 있어서 조직구성원의 자율성과 창의성이 저해되기도 한다.

해설
공식화 수준이 높은 경우, 조직구성원들의 행동이 정형화되어 그들에 대한 통제가 용이하다.

문제로 익히는 핵심이론

[공식화(Formalization)]

공식화 또는 공식성이란 조직 내의 규칙, 절차, 지시 및 의사전달 등 직무가 표준화되어 있는 정도 또는 조직구성원의 형태에 대하여 조직이 규칙·절차에 의존하는 정도를 말한다. 공식화는 문서화 정도와 관련되어 있으며, 조직 내 문서의 쪽수를 계산해서 측정하기도 한다.

- 공식화의 기능
  - 조직구성원의 행동을 용이하게 통제할 수 있다.
  - 조직의 활동 비용을 줄일 수 있다. 즉 조직구성원은 표준운영절차(SOP)를 통해 시간과 노력을 절약하여 업무를 수행할 수 있다.
  - 공식화는 행정의 예측 가능성과 안전성을 높여 주어, 구성원간의 분쟁이 감소되며 조직 활동의 혼란을 막을 수 있다.
  - 정확하고 신속한 업무의 이행이 가능하다.
  - 대외 관계에 있어 일관성을 유지할 수 있다.
- 공식화의 문제점
  - 형식주의(Red Tape) 같은 부정적 문제를 유발하기도 하고, 공식화의 수준이 너무 높으면 구성원의 자율성과 창조성에 제약을 가하고, 구성원의 소외감을 초래하며, 행정관의 재량 범위가 축소되어 조직이 변화하는 조직 환경에 적응하기가 힘들어진다.
  - 관료의 모든 형태를 규정하려는 공식적 규칙의 범람은 집권화를 촉진하는 등 연쇄적 작용을 일으켜 다시 공식적 규칙의 확대를 조장한다(관료제적 악순환).
  - 신공공관리론에서는 내부규제를 완화하여 조직의 신축성을 제고하고, 조직구성원의 재량권을 강조하고 있다. 즉 공식화가 완화되어야 한다고 주장한다.

정답 ②

406

조직구조의 분권화가 요구되는 상황으로 옳지 않은 것은?

① 규칙과 절차의 합리성·효율성에 대해 신뢰하고 있다.
② 조직이 속한 사회의 민주화가 촉진되고 있다.
③ 기술과 환경이 격동적으로 변화하고 있다.
④ 고객에게 신속하고 대응적인 서비스 요구가 증가하고 있다.
⑤ 조직구성원들의 참여 확대와 창의성 발현이 요구되고 있다.

해설
규칙과 절차의 합리성·효율성에 대해 신뢰하고 있는 경우 조직구조의 집권화가 요구되는 상황이다.

문제로 익히는 핵심이론

[집권화와 분권화의 원인]

1. 집권화의 원인
   - 조직이 동원하고 배분하는 재정자원이 규모가 커지는 경우
   - 조직이 규칙과 절차의 합리성과 효과성에 대해 신뢰하는 경우
   - 부서 간·개인 간 횡적 조정이 어려운 경우
   - 조직활동의 통일성·일관성이 요청되는 경우
   - 신설 조직 등 조직의 역사가 짧은 경우
   - 전시 등 조직에 위기상황이 발생한 경우
   - 최고관리층이 권력욕을 추구하는 경우 등

2. 분권화의 원인
   - 기술과 환경변화가 역동적으로 이루어지는 경우
   - 조직의 규모가 확대되는 경우
   - 조직이 속한 사회의 민주화가 촉진된 경우
   - 조직구성원의 자발성과 창의성을 고무하고자 하는 경우
   - 정보기술이 발달해 지식 공유가 원활하고 구성원의 전문성이 높은 경우
   - 고객에 신속하고 상황적응적인 서비스를 해야 하는 경우
   - 조직의 역사가 긴 대규모 조직인 경우 등

정답 ①

407

조직구조에 관한 특징으로 옳지 않은 것을 모두 고르면?

구분		기계적 구조	유기적 구조
장점	㉠	예측가능성	적응성
조직 특성	㉡	좁은 직무범위	넓은 직무범위
	㉢	적은 규칙/절차	표준운영절차
	㉣	분명한 책임관계	모호한 책임관계
	㉤	분화된 채널	계층제
	㉥	비공식적/인간적 대면관계	공식적/몰인간적/대면관계
상황 조건	㉦	명확한 조직목표·과제	모호한 조직목표·과제
	㉧	분업적 과제	분업이 어려운 과제
	㉨	단순한 과제	복합적 과제
	㉩	성과측정이 어려움	성과측정이 가능
	㉪	금전적 동기부여	복합적 동기부여
	㉫	권위의 정당성 확보	도전받는 권위

① ㉠, ㉢
② ㉢, ㉣
③ ㉤, ㉦
④ ㉧, ㉨
⑤ ㉢, ㉤, ㉥, ㉩

해설

㉢, ㉤, ㉥, ㉩의 경우 기계적 구조와 유기적 구조에 대한 내용이 서로 바뀌어 서술되어 있으므로 적절하지 않다.

📝 문제로 익히는 **핵심이론**

[기계적 구조와 유기적 구조]

구분	기계적 구조	유기적 구조
장점	예측가능성	적응성
조직 특성	좁은 직무 범위 표준운영절차(SOP) 분명한 책임 관계 계층제 공식적/몰인간적 대면 관계	넓은 직무 범위 적은 규칙과 절차 모호한 책임 관계 분화된 채널 비공식적 인간적 대면 관계
상황 조건	명확한 조직목표와 과제 분업적 과제 단순한 과제 성과 측정이 가능 금전적 동기부여 권위의 정당성 확보	모호한 조직목표와 과제 분업이 어려운 과제 복합적 과제 성과 측정이 어려움 복합적 동기부여 도전받는 권위

정답 ⑤

408

어떠한 조직도 배타적으로 기계적 또는 유기적 구조에 해당되는 것은 아니며, 두 가지 구조의 양 극단 사이에 대안적 구조들이 위치하고 있다. 이를 바탕으로 대안적 구조에 대한 설명으로 가장 적절하지 않은 것은?

① 기능 구조 – 기본적으로 수평적 조정의 필요가 낮을 때 가장 효과적이다.
② 사업 구조 – 기능 간 조정이 극대화될 수 있는 조직구조이다.
③ 매트릭스 구조 – 각 부서는 자기 완결적 기능단위로 기능 간 조정이 용이하다.
④ 팀 구조 – 조직 구성원을 핵심 업무 과정 중심으로 조직하는 방식이다.
⑤ 네트워크 구조 – 유기적 조직유형의 하나로 정보통신기술의 확산으로 채택된 새로운 조직구조 접근법이다.

해설

각 부서는 자기완결적 기능 단위로 기능 간 조정이 용이한 것은 사업구조이다.

사업구조(Divisional Structure)는 산출물에 기반한 사업부서화 방식의 조직구조 유형으로, 산출물구조, 사업구조, 전략사업 단위라고도 한다. 사업구조의 각 부서는 한 제품을 생산하거나, 한 지역에 봉사하거나, 또는 특정 고객집단에 봉사할 때 필요한 모든 기능적 직위들이 부서 내로 배치된 자기완결적 단위이므로 기능 간 조정이 극대화될 수 있는 조직구조이다. 서로 다른 시장에 대한 상품을 생산하는 대규모 기업의 경우, 각 사업부서들은 자율적으로 운영되며, 각 기능의 조정이 부서 내에서 이루어지므로 기능구조보다 분권적인 조직구조를 갖는다.

문제로 익히는 핵심이론

[기능구조 및 사업구조의 장단점]

구분	장점	단점
기능구조	• 중복과 낭비를 예방하고 기능 내에서 규모의 경제 구현 • 유사 기능을 수행하는 조직구성원 간에 분업을 통해 전문기술을 발전시킴	• 각 기능부서들 간의 조정과 협력이 요구되는 환경에 적응하기 곤란 • 의사결정의 상위 집중화로 최고관리층의 업무부담 증가 • 기능전문화에 따른 비효율
사업구조	• 사업부서 내의 기능 간 조정이 용이하고 신속한 환경변화에 적합 • 특정 산출물별로 운영되기 때문에 고객만족도 제고 • 성과책임의 소재가 분명해 성과관리 체제에 유리 • 조직구성원들의 목표가 기능구조보다 포괄적으로 형성 • 의사결정의 분권화	• 산출물별 기능의 중복에 따른 규모의 불경제와 비효율 • 사업부서 내의 조정은 용이하지만, 사업부서간 조정 곤란 • 사업부서 간 경쟁이 심화될 경우 조직 전반적인 목표 달성 애로 • 각 기능에 맞는 기술 개발 곤란

정답 ③

409 난이도 Self Check | 상○ 중○ 하○

우리나라 공공조직의 팀제에 관한 설명으로 옳지 <u>않은</u> 것은?

① 조직의 인력을 신축적으로 운영하고, 실무 차원에서 팀장 및 팀원의 권한을 향상시킨다.
② 조직구성원들의 신속한 의사결정을 저해시킨다.
③ 팀제를 통해 조직구성원의 참여를 제고시키고 개인적 의견 반영이 용이하다.
④ 조직의 경직성을 탈피하고 팀 내 전문능력 및 기술을 활용하게 한다.
⑤ 종전 수직적 조직을 수평적 조직으로 전환해 전략적 업무를 수행하는 조직에 적합하다.

해설

팀제는 기존의 계층제 조직에 비해 팀장 및 팀원의 권한을 향상시킨다. 따라서 조직구성원들의 신속한 의사결정을 제고시킨다.

문제로 익히는 핵심이론

[팀 조직과 전통적 조직(기능조직)]

구분		팀 조직	전통적 조직(기능조직)
장·단점	장점	• 환경 변화에 탄력적 대응 용이 • 신속한 의사결정 • 인력의 소수 정예화 • 다기능 전문인력 양성에 적합 • 창의성 발휘 및 정보교류의 활성화	• 조직이 공식적이고 안정적 • 신중한 의사결정 • 책임 및 권한의 소재가 분명
	단점	• 팀장에 대한 팀의 높은 의존 • 직급 중심의 전통적 사고와 괴리 • 자리 상실로 중간관리층의 의욕 저하 • 책임과 권한의 소재가 불분명	• 환경 변화에 신속한 대응 곤란 • 의사결정의 지연 • 구성원의 창의성 발휘에 부적합 • 부서 이기주의
환경		• 변화가 심하고 예측이 어려운 환경에 적합 • 고객 요구에 신속한 대응이 요구되는 환경에 적합 • 창의성과 혁신이 성장 원동력 • 다품종 소량생산체제에 적합	• 변화가 적고 안정적인 환경에 적합 • 공급자 중심 • 효율성이 성장 원동력 • 소품종 대량생산체제에 적합

정답 ②

410

막스 베버(M. Weber)가 제시한 관료제에 관한 설명으로 옳지 않은 것은?

① 계층제의 원리를 근간으로 한다.
② 업무수행에 필요한 전문성을 강조한다.
③ 합법적 권위로부터 관료제의 정당성을 찾는다.
④ 개인성(Personality)을 고려한 업무처리를 강조한다.
⑤ 규칙과 절차의 강조로 형식주의(Red Tape)와 같은 역기능이 초래된다.

해설
막스 베버의 근대관료제는 비정의성(Impersonality), 즉 개인성을 고려하지 않는 업무처리를 강조한다.
이상적인 관료제는 증오나 열정 없이 형식주의적인 비정의성(Impersonality)의 정신에 따라 움직인다. 이는 합리적인 결정을 내리기 위해서는 부하들과 고객과의 감정적 연계를 피해야 한다는 것이며, 관료들은 법규 적용 등 임무수행에서 개인적 친분관계나 상대방의 지위 등에 구애됨이 없이 공평무사하게 임하여야 한다는 것이다. 즉 관료들은 민원인에 따라 업무를 차별적으로 처리하여서는 안 되며 주민등록번호를 보고 법률에 따라 공평하게 처리하여야 한다.

정답 ④

411

애드호크라시(Adhocracy)의 특징으로 가장 거리가 먼 것은?

① 표준화 된 작업으로 인해 조직 구성원들 간의 책임한계가 분명하게 나타난다.
② 환경의 변화에 신속하게 대응할 수 있고 다양한 전문가들의 조정이 중시된다.
③ 구성원의 능력을 최대한 발휘할 수 있고 조직혁신의 촉진이 용이하다.
④ 의사결정의 속도를 빠르게 하고 유연성을 확보하기 위해서 의사결정 권한을 분권화한다.
⑤ 다각화 전략, 변화 전략, 위험부담이 높은 전략을 선택할 때 적합한 조직구조이다.

해설

표준화 된 작업으로 인해 조직 구성원들 간의 책임한계가 분명하게 나타나는 것은 관료제(Bureaucracy)의 특징이다.

문제로 익히는 핵심이론

[애드호크라시(Adhocracy = adhoc+cracy)]

1. **의의**
   행정조직의 동태화(動態化)란 행정조직이 환경 변화에 신축성 있게 적응하고 끊임없이 제기되는 새로운 행정 수요를 충족시킬 수 있도록 경직화된 수직적 구조의 행정조직(관료제 조직)을 변동 대응능력을 가진 쇄신적 조직(애드호크라시)으로 전환하여 문제해결 중심의 협동체제를 구성해 나가는 과정을 의미한다. 애드호크라시(Adhocracy)란 관료제(Bureaucracy)의 결함을 보완하고자 등장한 임시적·동태적·유기적 조직을 총칭하는 개념으로, 토플러(A. Toffler)가 『미래의 충격』이라는 저서에서 최초로 사용한 바 있다.

관료제(Bureaucracy)	동태화	임시조직(Adhocracy)
• 복잡성 • 집권화 • 공식화	→	• 단순성 • 분권화 • 비공식화

2. **구조적 특징**
   - 높은 수준의 수평적 분화·직무 전문화
   - 낮은 수준의 수직적 분화·직무 전문화
   - 낮은 수준의 집권화, 분권적·전문적 의사결정
   - 높은 수준의 전문화로 낮은 수준의 공식화·표준화를 강조
   - 고도의 유기적 구조

3. **장단점**

장점	• 적응성·창조성이 제고된다. • 다양한 전문가 간의 유기적인 협조가 확보될 수 있다. • 비정형적 업무·고도의 전문적 업무·상호의존도가 높은 업무에 보다 유용하다.
단점	• 명확한 서열 구분이 없어 구성원 간에 갈등과 비협조가 불가피하다. • 책임·과업의 불명확성으로 책임 의식이 약화된다. • 임시성에 따른 심리적 불안감이 야기된다. • 비효율적 구조이며 기계적 편의성·정밀성이 결여되어 있다. • 창의적인 업무수행 과정에서 직원들이 심적 스트레스를 많이 받는다.

정답 ①

412

기계적 조직과 학습조직의 특성에 관한 설명으로 옳지 않은 것은?

① 기계적 조직은 위계적·경직적 조직문화를 갖는 데 비해 학습조직은 적응적 조직문화를 갖는다.
② 기계적 조직은 조직원의 재량과 책임을 중시하나 학습조직은 조직원 과업을 상세히 규정한 표준화·분업화에 의해 수행한다.
③ 기계적 조직은 경쟁을 중시하나 학습조직은 협력을 중시한다.
④ 기계적 조직은 수직적 구조이나 학습조직은 수평적 구조를 지향한다.
⑤ 기계적 조직은 정보가 최고관리층에 집중되는 반면에 학습조직은 조직원들에게 공유된다.

해설

기계적 조직은 조직원 과업을 상세히 규정한 표준화·분업화에 의해 수행되나, 학습조직은 조직원의 재량과 책임을 중시한다.

문제로 익히는 핵심이론

[기존조직과 학습조직]

구분	기존 조직(기계적 조직)	학습조직
계층 단계	많음	적음
구조	분업원리, 수직적 구조	수평적, 과정적 중심
전문성	단기능적	다기능적
경계선	고정적	투과 기능적
공동체의식	통제에 의함	신뢰와 목표의 공유에 의함
관계	관료적	대등
권한의 소재	집중	분산
책임의 소재	책임의 전가	스스로 책임
정보 활동	정보의 독점	정보 공유
정보의 흐름	공식적 의사소통	비공식적 의사소통
변화의 대응	지연, 경직	신속, 유연

정답 ②

413

지식정보사회를 반영하는 새로운 조직형태에 관한 설명으로 옳지 않은 것은?

① 후기기업가조직(Post-Entrepreneurial Organization)은 신속한 행동, 창의적 탐색, 더 많은 신축성, 직원과 고객과의 밀접한 관계 등을 강조하는 조직형태이다.
② 삼엽조직(Shamrock Organization)은 소규모 전문직 근로자들, 계약직 근로자들, 신축적인 근로자들로 구성된 조직형태이다.
③ 혼돈조직(Chaos Organization)은 혼돈이론, 비선형동학, 복잡성이론 등을 적용한 조직형태이다.
④ 모래시계조직(Sandglass Organization)은 모래시계와 같이 중간조직이 홀쭉한 모양의 조직을 말하며, 정보화의 영향으로 중간관리층이 대폭 줄어들고 소수의 최고관리층과 다수의 종업원으로 구성되는 형태이다.
⑤ 공동조직(Hollowing Organization)은 조정, 기획 등의 기능을 제3자에게 위임 또는 위탁하여 업무를 축소한 조직형태이다.

해설
공동조직(Hollowing Organization)은 조정, 기획 등의 기능만을 본부에 두고 기타 생산, 제조 등의 현업활동을 제3자에게 위임 또는 위탁하여 업무를 축소한 조직형태이다.

문제로 익히는 핵심이론

[공동정부(空洞政府, Hollow Organization)]
정부가 공급하는 행정서비스의 생산 및 공급 업무를 제3자에게 위임 또는 위탁하여 정부의 업무가 축소된 형태가 된다. 이러한 형태의 정부조직은 기업에서 중요한 조직 기능, 예컨대 통제, 조정, 통합, 계획 등의 기능만을 본부에 두고 기타 생산, 제조 등의 현업활동을 직접적으로 수행하지 않는 조직을 지칭하는 공동기업(Hollow Corporation)에서 유래된 것이다.

정답 ⑤

414

「정부조직법」상 보조기관(계선)이 아닌 것은?

① 차관
② 차관보
③ 실장
④ 국장
⑤ 과장

해설
차관보는 보좌기관(막료)이다.

문제로 익히는 핵심이론 ❶

[계선기관과 막료기관]

구분	계선기관(보조기관)	막료기관(보좌기관)
직무	목표달성에 직접적 기여	목표달성에 간접적 기여
권한	결정권·명령권·집행권 보유	결정권·명령권·집행권 비보유
조직·구조	계층제·명령통일·통솔범위의 원리 적용	계층제·명령통일·통솔범위의 원리 비적용
접촉면	국민에 직접 접촉·봉사	계선에 직접 접촉·봉사
책임	직접적 행정책임	간접적 행정책임
실례	장관-차관-실·국장-과장-직원(담당)	차관보, 심의관, 담당관, 기획관리실, 총무과, 비서실, 막료적 위원회, 각종 조사 연구소 등
업무의 유형	실시·집행·수행·지휘·명령·감독·결정	계선의 업무를 지원·조성·촉진(자문, 권고, 협의, 조정, 정보의 수집·분석, 기획·통제, 인사·회계·법무·공보·조달·연구 등)

문제로 익히는 핵심이론 ❷

[정부조직법]
제2조(중앙행정기관의 설치와 조직 등) ③ 중앙행정기관의 보조기관은 이 법과 다른 법률에 특별한 규정이 있는 경우를 제외하고는 차관·차장·실장·국장 및 과장으로 한다.
⑤ 행정각부에는 대통령령으로 정하는 특정 업무에 관하여 장관과 차관을 직접 보좌하기 위하여 차관보를 둘 수 있으며, 중앙행정기관에는 그 기관의 장, 차관·차장·실장·국장 밑에 정책의 기획, 계획의 입안, 연구·조사, 심사·평가 및 홍보 등을 통하여 그를 보좌하는 보좌기관을 대통령령으로 정하는 바에 따라 둘 수 있다. 다만, 과에 상당하는 보조기관은 총리령 또는 부령으로 정할 수 있다.

정답 ②

415

정부조직 중 국무총리 소속기관이 아닌 것은?

① 국민권익위원회
② 방송통신위원회
③ 공정거래위원회
④ 원자력안전위원회
⑤ 금융위원회

해설
방송통신위원회는 대통령 소속이다.

> **문제로 익히는 핵심이론**
>
> **[방송통신위원회의 설치 및 운영에 관한 법률]**
> 제3조(위원회의 설치) ① 방송과 통신에 관한 규제와 이용자 보호 등의 업무를 수행하기 위하여 대통령 소속으로 방송통신위원회를 둔다.

정답 ②

416

우리나라는 정권이 교체될 때마다 일부 중앙부처가 변경되어 왔다. 현 정부의 중앙부처 명칭으로 옳지 않은 것은?

① 기획재정부
② 과학기술정보통신부
③ 행정안전부
④ 교육인적자원부
⑤ 해양수산부

해설
교육인적자원부는 2001년 1월 29일 교육부를 개편하여 발족하여 인적 자원 개발 정책의 수립·총괄·조정, 학교의 교육·평생교육 및 학술에 관한 사무를 담당하는 대한민국의 중앙행정기관이었다. 교육인적자원부는 2008년 2월 28일 과학기술부와 통합하여 교육과학기술부로 개편되어 폐지되었으며, 2013년 2월부터 현재까지의 명칭은 교육부이다.

정답 ④

417

정부조직체계에서 청 단위기관과 소속부처의 연결로 옳은 것을 모두 고르면?

> ㉠ 기상청 – 환경부
> ㉡ 방위사업청 – 산업통상자원부
> ㉢ 소방청 – 행정안전부
> ㉣ 특허청 – 기획재정부
> ㉤ 해양경찰청 – 국방부

① ㉠, ㉢
② ㉠, ㉣
③ ㉡, ㉣
④ ㉡, ㉤
⑤ ㉢, ㉤

해설
㉠, ㉢은 옳은 내용이다.

오답풀이
㉡, ㉣, ㉤ 방위사업청은 국방부, 특허청은 산업통상자원부, 해양경찰청은 해양수산부 소속이다.

> **문제로 익히는 핵심이론**
>
> **[정부조직법]**
> 제33조(국방부) ⑤ 방위력 개선사업, 군수물자 조달 및 방위산업 육성에 관한 사무를 관장하기 위하여 국방부장관 소속으로 방위사업청을 둔다.
> 제34조(행정안전부) ⑦ 소방에 관한 사무를 관장하기 위하여 행정안전부장관 소속으로 소방청을 둔다.
> 제37조(산업통상자원부) ④ 특허·실용신안·디자인 및 상표에 관한 사무와 이에 대한 심사·심판사무를 관장하기 위하여 산업통상자원부장관 소속으로 특허청을 둔다.
> 제39조(환경부) ② 기상에 관한 사무를 관장하기 위하여 환경부장관 소속으로 기상청을 둔다.
> 제43조(해양수산부) ② 해양에서의 경찰 및 오염방제에 관한 사무를 관장하기 위하여 해양수산부장관 소속으로 해양경찰청을 둔다.

정답 ①

418
난이도 Self Check | 상 ○ 중 ○ 하 ○

우리나라 책임운영기관에 관한 설명으로 옳은 것은?

① 2009년 이명박 정부에서 처음으로 도입되었다.
② 조직, 예산 등의 운영상 자율성이 주무부처 장관에게 부여되어 있다.
③ 중앙책임운영기관으로 특허청이 있다.
④ 소속책임운영기관에 대한 종합평가는 기획재정부가 주관한다.
⑤ 소속책임운영기관과 소속중앙행정기관 간 공무원의 인사교류는 불가능하다.

해설
기관의 지위에 따라 소속행정기관과 중앙행정기관으로 구분되며, 중앙책임운영기관으로 특허청이 있다.

오답풀이
① 1999년 김대중 정부에서 처음으로 도입되었다.
② 조직, 예산 등의 운영상 자율성이 책임운영기관장에게 부여되어 있다.
④ 소속책임운영기관에 대한 종합평가는 행정안전부가 주관한다.
⑤ 소속책임운영기관과 소속중앙행정기관 간 공무원의 인사교류가 가능하다.

문제로 익히는 핵심이론

[책임운영기관의 설치·운영에 관한 법률]

제2조(정의) ① 이 법에서 "책임운영기관"이란 정부가 수행하는 사무 중 공공성(公共性)을 유지하면서도 경쟁 원리에 따라 운영하는 것이 바람직하거나 전문성이 있어 성과관리를 강화할 필요가 있는 사무에 대하여 책임운영기관의 장에게 행정 및 재정상의 자율성을 부여하고 그 운영 성과에 대하여 책임을 지도록 하는 행정기관을 말한다.

제20조(기관 간 인사교류) ① 소속책임운영기관과 소속중앙행정기관 및 그 소속 기관 간 공무원의 전보(轉補)가 필요하다고 인정되는 경우에는 소속중앙행정기관의 장이 기관장과 협의하여 실시할 수 있다.

제49조(책임운영기관운영위원회의 설치 및 기능 등) ① 책임운영기관의 존속 여부 및 제도의 개선 등에 관한 중요 사항을 심의하기 위하여 행정안전부장관 소속으로 책임운영기관운영위원회를 둔다.

제51조(책임운영기관의 종합평가) ① 위원회는 책임운영기관제도의 운영과 개선, 기관의 존속 여부 판단 등을 위하여 책임운영기관에 대한 종합평가를 한다.

정답 ③

419
난이도 Self Check | 상 ○ 중 ○ 하 ○

동기부여의 과정이론으로 옳은 것은?

① 브룸(Vroom)의 기대이론
② 매슬로우(Maslow)의 욕구 5단계론
③ 허즈버그(Herzberg)의 2요인 이론
④ 맥그리거(McGregor)의 XY이론
⑤ 맥클랜드(McClelland)의 성취동기이론

해설
브룸(Vroom)의 기대이론은 과정이론에 해당한다.

문제로 익히는 핵심이론

[동기부여이론]

1. **내용이론(What?)**
   인간의 동기를 유발하는 요인의 내용에 초점을 두며, 인간의 행동을 작동시키고 에너지를 일정한 방향으로 조정하며 유지시키는 내적 요인에 초점을 맞추는 이론으로, 인간의 욕구와 욕구에서 비롯되는 충동, 욕구의 배열, 유인 또는 달성하려는 목표 등을 설명하려는 이론이다.
   - 맥그리거: X·Y이론
   - 매슬로: 생리적·안전·사회적·존경·자아실현의 욕구
   - 앨더퍼: ERG 이론
   - 허즈버그: 위생요인, 동기요인
   - 샤인: 경제적·합리적 인간관, 사회인관, 자아실현인관, 복잡인관
   - 아지리스: 성숙인, 미성숙인
   - 리커트: 체제 I·II·III·IV

2. **과정이론(How?)**
   무엇에 의해 동기유발이 되는가보다 어떻게 동기가 유발되는가라는 과정을 설명하기 때문에 좀 더 복잡하고 역동적 모형을 취하게 된다. 내용이론은 어떠한 요인이 동기유발을 하는가에 관심을 두는 반면, 과정이론은 인간의 행동이 어떻게 동기유발이 되는가에 중점을 둔다. 즉 과정이론은 사람들이 어떠한 방법으로 그들의 욕구를 충족시키고, 욕구충족을 위해 여러 가지 행동의 대안 중에서 어떠한 방법으로 행동선택을 하는가에 중점을 둔다.
   - 브룸&포터: 기대이론
   - 지오르고폴러스: 통로·목적이론
   - 포터&롤러: 업적·만족이론
   - 아담스: 공정성 이론

정답 ①

420

리더십 행태이론에 관한 설명으로 옳은 것은?

① 상황에 따라 리더십의 효과성이 달라진다는 시각에서 리더의 행동을 파악한다.
② 업무 특성과 리더십 스타일 사이의 관계에 초점을 둔다.
③ 리더로 적합한 사람을 선택하는 방법을 연구한다.
④ 리더의 자질을 가진 사람은 어떤 상황에서든 지도자가 될 수 있다고 주장한다.
⑤ 훈련에 의해 효과적인 리더를 양성할 수 있다고 주장한다.

해설

리더십 행태이론은 성공적인 지도자들이 보이고 있는 리더십 행태를 분석하여 바람직한 리더십 행태를 도출하기 때문에 훈련에 의해 효과적인 리더를 양성할 수 있다고 주장한다.

오답풀이
①, ②, ③ 상황론을 의미한다.
④ 자질론(특성론)을 의미한다.

문제로 익히는 핵심이론

[리더십이론]

1. **자질론(특성론)**
   - 자질론은 리더십의 능력을 구성하는 고유한 자질·특성이 있다고 보아 리더십이 인간의 자질·특성에 따라 발휘된다고 한다.
   - 지도자는 하나의 균일적 능력을 가지며, 그는 어떤 상황에서도 지도자가 된다는 학설이다.
   - 신체적 특성, 사회적 배경, 지적 능력, 성격, 사회적 특성, 과업과 관련된 지식 등에 연구의 초점이 맞추어져 있다. 즉 지도자의 특성으로 지능과 인성뿐 아니라 육체적 특징을 들고 있다.

2. **행태이론**
   - 행태이론은 성공적인 지도자들이 보이고 있는 리더십 행태를 분석하여 바람직한 리더십 행태를 밝히고자 하는 접근방법이다. 따라서 행태이론가들은 훈련에 의해 효과적인 리더를 양성할 수 있다고 주장한다.
   - 상이한 지도유형이 구성원의 과업 성과에 어떤 영향을 주는가를 분석한다.

3. **상황론(상황적 접근법)**
   - 상황론에서는 리더십은 조직이 처한 상황적 조건(조직이 속하는 사회·문화의 성격, 조직의 목표, 구조, 업무의 성격 등)에 따라서 결정된다고 본다.
   - 피들러(Fiedler)는 리더의 행태조사에서 '가장 좋아하지 않는 동료(LPC)'를 평가하게 하는 조사표를 사용하였다.

4. **상호작용이론(상황·집단론, 집단이론)**
   - 상호작용이론에서는 리더십이 지도자·추종자·상황의 3대 변수의 상호작용에 의하여 형성된다고 본다.
   - 따라서 지도자 행태, 부하의 성숙도, 그리고 특정 상황에 따른 각 지도자 행태의 효과성에 관심을 갖는다.

정답 ⑤

421

변혁적 리더십(Transformational Leadership)에 관한 설명으로 옳지 않은 것은?

① 변화를 지향하고 체제 개방적이다.
② 영감과 비전 제시, 공유에 의한 동기유발을 중시한다.
③ 지도자와 부하들 간의 합리적·타산적 교환관계를 중시한다.
④ 기계적 관료제 구조보다는 임시체제에 더 적합하다.
⑤ 리더의 카리스마, 구성원에 대한 지적 자극, 인간적인 관계 등이 어우러져 나타난다.

해설

지도자와 부하들 간의 합리적·타산적 교환관계를 중시하는 것은 거래적 리더십이다.

문제로 익히는 핵심이론 ❶

[변혁적 리더십에 적합한 조직의 조건]

- 변혁적 리더십은 능률지향보다는 적응지향이 더 강조되는 조직에 적합하다.
- 변혁적 리더십은 기술구조(기술을 운용하여 투입을 처리하는 부서)보다 경계작용적 구조(구조 조직과 그 환경의 연계작용을 유지하는 기능을 수행하는 부서)가 더 지배적인 조직에 적합하다.
- 변혁적 리더십은 기계적 관료제·전문적 관료제·할거적 구조보다는 단순구조와 임시체제에 더 적합하다.
- 변혁적 리더십은 시장적 교환관계나 관료적 통제보다는 개인적 이익과 조직의 이익을 통합시키는 관리전략에 의해 공동목표성취를 위한 구성원들의 동기를 유발하려는 조직에 더 적합하다.

문제로 익히는 핵심이론 ❷

[직거래적 리더십과 변혁적 리더십]

구분	거래적(교환적) 리더십	변혁적 리더십
목표	현상과 너무 괴리되지 않는 목표	현상보다 매우 높은 이상
시간	단기적 조망, 기본적, 가시적 보상	장기적 조망, 장기적, 잠재적 보상
변화	안정지향, 폐쇄적	변화지향, 개방체제적
동기부여 전략	저차적 욕구충족, 외재적 보상	고차적, 내재적 욕구충족
행동표준	관리표준	변혁적, 창의적
문제해결	Know-how를 줌	Know-how를 찾도록 함
초점	하급관리자	최고관리층
관리전략	리더와 부하간의 교환관계나 통제	영감과 비전제시에 의한 동기 유발
이념	능률지향	적응지향
조직구조	기술구조(기술위주) 기계적 관료제에 적합	경계작용적 구조(환경과 연계작용) 단순구조나 임시조직에 적합

정답 ③

422

난이도 Self Check | 상 ◯ 중 ◯ 하 ◯

토마스(Thomas)가 제시하고 있는 대인적 갈등관리 방안에 대한 설명으로 옳지 않은 것은?

① 자신의 이익과 상대방의 이익을 만족시키려는 정도라는 두 가지 차원으로 구분하여 설명한다.
② 경쟁이란 상대방의 이익을 희생하여 자신의 이익을 추구하는 방안이다.
③ 수용이란 자신의 이익은 희생하면서 상대방의 이익을 만족시키려는 방안이다.
④ 회피란 자신의 이익이나 상대방의 이익 모두에 무관심하다.
⑤ 타협이란 자신과 상대방의 이익 모두를 만족시키려는 방안이다.

해설

자신과 상대방의 이익 모두를 만족시키려는 방안은 협동(협력)이다.

문제로 익히는 핵심이론

[토마스(Thomas)의 이차원 모형]

대인적 갈등이란 개인과 개인 사이에서 발생하는 갈등으로, 조직구성원 각자의 역할, 추구하는 목표, 가치관, 신념 체계, 사고방식, 태도 등이 서로 상이함으로써 발생하는 갈등이다. 대인적 갈등의 관리방안에 대한 토마스(Thomas)의 이차원모형은 다음과 같다.

[그래프] 토마스가 제시한 대인적 갈등의 관리방안에 관한 이차원 모형

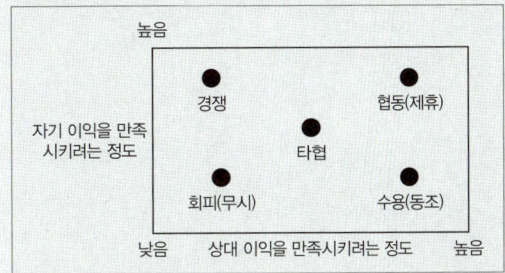

- 대인적 갈등의 관리방안을 자신의 이익을 만족시키려는 정도와 상대방의 이익을 만족시키려는 정도에 따라 구분하였다.
- 회피란 자신의 이익이나 상대방의 이익 모두에 무관심하며, 경쟁이란 상대방의 이익을 희생하여 자신의 이익을 추구하며, 수용이란 자신의 이익은 희생하면서 상대방의 이익을 만족시키며, 협동이란 자신과 상대방의 이익 모두를 만족시키며, 타협이란 자신과 상대 이익의 중간 정도를 만족시키려는 대인적 갈등관리 방안이다.
- 대인적 갈등의 관리방안을 결정하는 상황적 요인에는 구성원 간의 상대적 지위가 있다.
- 우리나라 중앙부처 공무원들이 하급자와의 관계에서는 주로 경쟁 방식, 동료와 관계에서는 타협 방식, 상급자와 관계에서는 수용 또는 회피 방식을 빈번하게 사용했다는 연구가 있다.

정답 ⑤

423

조직이 안정과 존속을 유지하고, 안정과 존속에 대한 위협을 회피하고, 조직의 발전을 도모하기 위하여 조직의 정책이나 리더십 및 의사결정기구에 환경의 새로운 요소를 흡수하여 적응하는 과정으로 옳은 것은?

① 적응적 흡수
② 연합
③ 협상
④ 경쟁
⑤ 통합

해설
적응적 흡수에 관한 설명이다.

문제로 익히는 핵심이론

[조직과 조직 간의 관계(Thompson&McEwen)]
- 경쟁(Competition): 복수의 조직이 희소한 자원, 고객, 미래의 구성원을 둘러싸고 대립·경합하는 것이다.
- 협상(Bargaining): 복수의 조직이 재화나 서비스의 제공을 위한 직접적 교섭을 벌이는 것을 말한다.
- 연합(Coalition): 복수의 조직이 공통의 목표를 달성하고자 결합 또는 합작하는 것이다.
- 적응적 흡수(Co-Optation): 조직이 안정과 존속을 유지하고, 안정과 존속에 대한 위협을 회피하고, 조직의 발전을 도모하기 위하여 조직의 정책이나 리더십, 의사결정기구에 환경의 새로운 요소(인물)를 흡수하여 적응하는 과정을 이르는 말이다.
  예 대조직의 이사회나 고문직에 외부의 유력 인사를 임명하는 경우

정답 ①

424

조직과 환경에 관한 스코트(Scott)의 완충전략에 대한 설명으로 적절하지 <u>않은</u> 것은?

① 분류(Coding): 환경의 요구가 투입되기 전에 그 중요성을 파악하고, 처리할 부처를 결정·신설하는 것
② 비축(Stock-filing): 필요한 자원을 비축하는 것으로서 유류나 곡물비축 등을 의미함
③ 형평화(Leveling): 타 조직과의 경쟁을 통하여 능력을 향상시키거나 서비스의 질을 개선하는 것
④ 예측(Forecasting): 비축이나 형평화로 해결 곤란 시 사용하는 전략으로 수요와 공급의 변화를 사전에 예견하여 대비하는 것
⑤ 성장(Growth): 조직의 규모와 권력, 기술, 수단 등을 늘려 조직의 기술적 핵심을 확장하는 전략

해설

③은 형평화가 아닌 경쟁에 대한 설명이며, 이는 완충전략(대내적 전략)이 아니라 연결전략(대외적 전략)에 해당한다.

문제로 익히는 핵심이론

[스콧(Scott)의 환경에 대한 조직의 대응전략]

1. 완충전략(대내적 전략)
- 분류: 환경의 요구를 투입하기 전에 사전 심의하여 그 요구를 배척하거나 처리할 부서를 결정하는 것
- 비축: 필요한 자원이나 산출물을 비축하여 환경으로 방출되는 과정을 통제하는 소극적인 전략
  - 예) 곡물이나 유류 비축 등
- 형평화(평준화): 비교적 적극적인 방법으로서 환경에 적극 접근하여 투입이나 산출요인의 변이성을 감소시키는 전략
  - 예) 심야 전기요금 할인제도, 10부제 채택, 특정 시간대를 정하여 순차적으로 행정요구를 접수시키는 경우 등
- 예측: 비축이나 형평화로 해결이 곤란할 때 자원 공급이나 수요의 변화를 예견하고 그에 적응하는 것
  - 예) 장마철 수해에 대비하여 행정적 준비를 하는 경우
- 배급: 수요에 비하여 공급이 부족한 경우에 사용하는 마지막 수단
  - 예) 비상시에 곡물이나 유류를 우선순위에 따라 공급하는 경우
- 성장: 가장 일반적 방법으로 조직의 규모와 권력, 기술, 수단 등을 늘려 기술적 핵심을 확장(조직의 성장)하는 것

2. 연결전략(대외적 전략)
- 권위주의: 중심조직이 지배적 위치를 차지하여 외부조직이 필요로 하는 자원과 정보를 통제하는 전략
  - 예) 정부가 기생충박멸협회에 기생충박멸에 대한 업무를 위임할 때 소외계층에게 우선적 서비스를 제공하게 요구하는 경우
- 경쟁: 타조직과의 경쟁을 통하여 서비스의 질을 높이는 것
  - 예) 지방의료원의 공사화
- 계약: 두 조직 간에 공식적·비공식적으로 자원교환을 협상하여 합의하는 전략
  - 예) 경찰이 비행청소년에 대한 사회교육을 시민단체, 종교단체 등에 위탁하는 경우
- 합병: 여러 조직이 자원을 통합하고 연대하는 전략(TVA)
- 적응적 흡수: 외부의 유력인사를 받아들이는 경우
- 로비 활동: 자기들의 유리한 결과를 얻기 위하여 제3자를 통해 탄원하는 행위
- 광고: 잠재적 소비자들에게 자사 제품이 타사 제품보다 낫다는 것을 알려 호의적 태도를 갖게 함으로써 환경을 효과적으로 관리하고 환경의 불확실성을 감소하는 방법

정답 ③

425

난이도 Self Check | 상 ○ 중 ○ 하 ○

총체적 품질관리(TQM)에 관한 설명으로 옳은 것을 모두 고르면?

㉠ 생산성 제고와 국민에 대한 대응적 책임성을 확보하기 위한 전략적 관리방식이다.
㉡ TQM은 상하 간의 참여적 관리를 의미하며 조직의 목표설정에서 책임의 확정, 실적 평가에 이르기까지 상관과 부하의 합의로 이루어진다.
㉢ 공공부문의 비시장성과 비경쟁성은 TQM의 필요성 인식을 약화한다.
㉣ 조직의 환경변화에 적절히 대응하기 위해 투입 및 과정보다 결과가 중시된다.
㉤ 공공서비스의 품질 향상을 통한 고객만족을 목표로 하기 때문에 공무원들의 행태를 고객중심적으로 전환할 수 있다.

① ㉠, ㉡, ㉢
② ㉠, ㉡, ㉣
③ ㉠, ㉢, ㉤
④ ㉡, ㉢, ㉤
⑤ ㉢, ㉣, ㉤

해설

㉠, ㉢, ㉤은 옳은 설명이다.

오답풀이

㉡ 상하 간의 참여적 관리를 의미하며 조직의 목표설정에서 책임의 확정, 실적 평가에 이르기까지 상관과 부하의 합의로 이루어지는 것은 목표관리(MBO)이다.
㉣ 조직의 환경변화에 적절히 대응하기 위해 결과보다 투입 및 과정이 중시된다.

문제로 익히는 핵심이론

[전통적 관리와 TQM]

구분	전통적 관리	TQM
고객욕구충족	전문가들이 측정	고객에 초점을 두어 규명
자원 통제	기준을 초과하지 않는 한 낭비 허용	무가치한 업무, 과오, 낭비 불허
품질 관리	문제점을 관찰한 후 사후 수정	문제점에 대한 예방적 관리
의사 결정	불확실한 가정과 직감에 근거	통계적 자료와 과학적 절차에 근거
조직 구조	통제에 기초한 수직적·집권적 구조	수평적 구조

정답 ③

426

조직발전(Organization Development)에 관한 설명으로 적절하지 않은 것을 모두 고르면?

㉠ 조직발전은 조직의 실속, 효과성, 건강성을 높이기 위한 조직 전반에 걸친 계획된 노력을 의미한다.
㉡ 조직발전은 조직 구성원의 행태변화를 통하여 조직의 생산성과 환경에의 적응능력을 향상시키는 것을 목표로 한다.
㉢ 조직발전에서 인간에 대한 가정은 맥그리거(McGregor)의 X이론이다.
㉣ 조직발전에서 가정하는 조직은 폐쇄체제 속에서 복합적 인과관계를 가진 유기체이다.
㉤ 조직발전에서 추구하는 변화는 조직문화의 변화를 포함한다.

① ㉢, ㉣
② ㉣, ㉤
③ ㉠, ㉡, ㉢
④ ㉡, ㉢, ㉣
⑤ ㉠, ㉡, ㉢, ㉣

해설

㉢ 조직발전에서 인간에 대한 가정은 맥그리거(McGregor)의 Y이론이다.
㉣ 조직발전에서 가정하는 조직은 개방체제 속에서 복합적 인과관계를 가진 유기체이다.

문제로 익히는 핵심이론

[조직발전(OD)]

1. 개념
- 조직발전이란 조직구성원의 가치관 및 태도의 계획된 변화를 이룸으로써 조직환경의 변화에 능동적으로 대응할 수 있도록 전체 조직의 혁신을 꾀하려는 의도적 노력에 관련된 제반의 기법·도구·개념 등 체계 전체를 의미한다.
- 조직발전은 조직의 인간적 측면을 중요시하며 인간의 잠재력을 최대한으로 개발함으로써 조직 전체의 개혁을 도모하려는 체제론적 접근방법으로, 실천적인 문제를 해결하려는 응용행태과학의 한 유형이다.

2. 특징
- 조직발전은 인위적·계획적·의도적 변화과정이다.
- 조직발전은 행태과학적 접근방법을 통한 조직혁신이다.
- 조직 구성원의 가치관 및 태도 등을 변화시키려는 규범적인 재교육 전략이다.
- 과업수행 기능보다는 대인관계 능력에 역점을 둔다.
- 행태과학의 지식이나 기법을 활용하게 되므로 OD 전문가의 도움을 받게 된다.
- 조직발전은 조직문화의 변화를 포함하여 조직의 전체체제적 변화를 의도한다.
- 조직발전은 최고 관리층의 지지하에 관리되는 조직 전체의 유기적 노력에 관련된다.
- 자아실현인관에 입각하여 조직 구성원의 자율성과 참여에 중점을 둔다(Y이론적 인간관).
- 조직발전은 개인의 발전·목표와 조직의 목표의 조화·통합을 의도한다.
- 평가기준은 조직의 생존·적응·성장·통합·목표달성 등을 위한 능력이다.

정답 ①

427

난이도 Self Check | 상 ○ 중 ○ 하 ○

다음 설명에 해당하는 조직발전의 기법으로 옳은 것은?

> 서로 모르는 사람 10명 내외로 소집단을 만들어 허심탄회하게 자신의 느낌을 말하고 다른 사람이 자신을 어떻게 생각하는지를 귀담아듣는 방법으로 훈련을 진행하기 위한 전문가의 역할이 요구된다.

① 역할 연기
② 직무순환
③ 관리망 훈련
④ 액션러닝
⑤ 감수성 훈련

해설
감수성 훈련에 관한 설명이다.

문제로 익히는 핵심이론

[감수성 훈련(실험실 훈련·T-Group 훈련)]

1. **개념**
   - 행태과학의 지식을 이용하여 자기·타인·집단에 대한 행태를 변화시킴으로써 조직 내의 개인 역할이나 조직목표를 잘 인식시켜 조직 개선에 기여하게 하려는 것이다.
   - 훈련의 참가자들이 그들의 태도와 행동을 성찰하고 자신의 행동이 타인에게 미치는 영향을 검토하게 함으로써 개인의 태도와 행동의 변화를 유도하는 개인적 차원의 조직발전의 기법이다.
   - 인간관계의 복잡성이 증대하는 현대의 고도화된 산업사회에서 서로 간에 원활하고 정확한 의사소통을 할 수 있는 능력과 이해하고 협조하는 능력을 배양하고, 대인 간에 생기는 갈등을 해결하는 데 도움을 주는 교육훈련이다.

2. **목표**
   가장 중요한 목적은 조직구성원 간의 상호이해를 통한 협력을 도모하기 위한 것이며, 직무수행능력의 향상은 교육훈련과 관련이 있다.
   - 자기목표: 개방적인 대인 태도의 형성, 감수성의 확대에 기여한다.
   - 역할목표: 조직의 역할에 대한 인식을 증가시키고 상호 협력관계를 증진시킨다.
   - 조직목표: 조직의 문제점에 대한 인식 제고와 문제해결능력의 증진을 통한 조직의 개선에 기여하고자 한다.

3. **훈련과정**
   - 10~16명 정도의 이질적 소집단 형태로 피훈련 집단을 구성한다.
   - 피훈련 집단은 공식적 논의사항, 지도자 및 상대방에 대한 제반사항을 모르게 한다.
   - 이전의 모든 조직의 귀속관계로부터 벗어나 자유로운 분위기 속에서 서로 감정을 표시하고 토론함으로써 문제해결방안을 얻도록 한다.
   - 이러한 과정이 진행되는 가운데 개인적·상호관계적·협동적 행태를 실험한다.
   - 훈련 경험을 자기 조직에 적용해 보고 그 효과성을 검토한다.

정답 ⑤

428

난이도 Self Check | 상 ○ 중 ○ 하 ○

공공부문에서 성과관리 도구로서 균형성과표(BSC)에 관한 설명으로 옳지 않은 것은?

① 거시적·장기적 측면의 조직문화 형성보다는 순익과 같은 미시적·단기적 목표와 계획 및 전략에 초점을 둔다.
② 성과평가에 구성원의 역량이나 고객의 신뢰를 포함시킬 것을 강조한다.
③ 과정과 결과 및 조직 내·외부적 관점 중 어느 하나보다는 통합적 균형을 추구한다.
④ 성과관리를 위해 조직을 유기적 시스템으로 간주하여 상·하 또는 수평적 연계성을 강조하는 조직 전체적 시각에 관심을 둔다.
⑤ 기존의 성과관리와 마찬가지로 성과지표와 전략과의 연계를 그대로 받아들인다.

해설
균형성과표는 순익과 같은 미시적·단기적 목표와 계획 및 전략보다는 거시적·장기적 측면의 조직문화 형성에 초점을 둔다.

문제로 익히는 핵심이론 ❶

[균형성과표(BSC)]

1. 개념
   - 균형성과관리(BSC: Balanced Score Card, 1992)는 하버드 비즈니스 스쿨의 로버트 캐플런(Kaplan)과 경영컨설턴트인 데이비드 노튼(Norton)이 재무지표 중심의 기존의 성과관리의 한계를 극복하고 다양한 관점의 균형을 추구하기 위하여 주장하였다.
   - 즉 BSC는 조직의 비전과 전략을 달성하기 위해 수행해야 할 핵심적인 사항을 측정 가능한 형태로 바꾼 성과지표의 집합이며, 성과지표를 도출하는 데에 전통적인 재무제표뿐만 아니라 고객, 비즈니스 프로세스, 학습, 성장과 같은 비재무인 측면도 균형적으로 고려한다.
   - e-비즈니스 환경에서 중요시되고 있는 고객 중심 경영 및 장기적 성장가능성 등의 개념에 부합되는 것이라 할 수 있다. 경영자는 이러한 지표를 통해 전략 수행을 위한 핵심적인 영역을 조직원에게 명확히 전달할 수 있게 되고, 이를 관리함으로써 조직의 전략수행 여부를 모니터할 수 있게 된다.

2. 핵심 지표
   BSC는 재무적 지표와 비재무적 지표(고객, 학습과 성장, 내부 프로세스), 조직의 내부 요소(직원과 내부 프로세스)와 외부 요소(재무적 투자자와 고객), 결과를 예측해 주는 선행지표와 결과인 후행지표, 단기적 관점(재무 관점)과 장기적 관점(학습과 성장 관점)의 균형을 중시한다. 또한 BSC는 추상성이 높은 비전에서부터 구체적인 성과지표로 이어지는 위계적인 체제를 가진다.
   ㉠ 재정(무)적(Financial) 관점
      - 주주의 입장에서 기업이라는 투자대상을 바라보는 관점이다. 주주이익의 극대화 또는 기업가치의 극대화를 목표로 한다.
      - 재무지표를 의미하는 것으로 전통적인 후행지표이다.
      - 예 매출, 자본수익률, 예산 대비 차이 등
   ㉡ 고객(Customer) 관점
      고객에게 조직이 전달해야 하는 가치를 확인하는 것으로, 공공부문에서 BSC를 도입할 때 가장 중요하게 고려해야 하는 점이다.
      - 예 고객만족도, 정책순응도, 민원인의 불만율, 신규 고객의 증감 등
   ㉢ 내부 프로세스(Internal Business Process) 관점
      내부프로세스의 효과성을 극대화하여 남보다 뛰어난 경쟁력을 확보하여, 고객의 요구를 가장 신속하게 파악하고 충족해 주는 내부 프로세스를 보유함을 의미한다.
      - 예 의사결정과정의 시민참여, 적법적 절차, 커뮤니케이션 구조 등
   ㉣ 학습과 성장(Learning & Growth) 관점
      - 장기적 관점으로 조직이 보유한 인적자원의 역량, 지식의 축적, 정보시스템 구축 등과 관련된다.
      - 종업원의 지식가치의 극대화가 목표이며, 이는 직무만족도가 높은 경우에 가능하다.
      - 예 학습동아리 수, 내부 제안건수, 직무만족도 등

정답 ①

CHAPTER 04 인사행정론 기출예상문제

429

난이도 Self Check | 상○ 중○ 하○

엽관주의가 필요한 이유로 옳지 <u>않은</u> 것은?

① 행정의 대응성 제고
② 인사권자의 지도력 강화
③ 관료의 특권화 배제
④ 공무원의 정치적 중립성
⑤ 정당정치의 발달

해설

공무원의 정치적 중립성은 실적주의와 관련이 있다.
엽관주의(Spoils System)란 정치적 충성심(특정 정당에 대한 충성도와 공헌도)에 의하여 관직임용을 행하는 제도이다. 엽관주의는 정부 관료제라는 특권집단을 일반대중에게 공개함으로써 정당정치의 발달은 물론 행정의 민주화에 공헌한다는 장점이 있다. 또한 인사권자의 지도력(정치지도자의 행정통솔력)을 강화함으로써 국민의 요구에 대한 관료적 대응성 향상 및 정책 수행 과정의 효율성을 제고하는 효과도 기대할 수 있다.

문제로 익히는 핵심이론

[엽관주의와 실적주의]

구분	엽관주의 (Spoils System)	실적주의 (Merit System)
임용 기준	정치적 충성심	개인의 능력, 자격, 적성, 시험
주요 내용	• 대통령선거 • 정권교체 • 공직경질제	• 시험 • 정치적 중립성 • 신분보장
주요 장점	• 관료(공직)의 특권화 배제 • 행정의 민주성·대응성	• 공직임용의 기회균등 • 행정의 능률성

정답 ④

430

난이도 Self Check | 상○ 중○ 하○

직업공무원제(Career Civil Service System)에 관한 설명으로 옳지 <u>않은</u> 것은?

① 장기 근무를 장려하기 때문에 공직을 하나의 전문 직업 분야로 확립할 수 있다.
② 공직에 대한 자부심과 일체감을 제고해서 공무원이 갖춰야 할 높은 봉사정신과 행동규범을 보장할 수 있다.
③ 폐쇄적 임용으로 인한 공직 분위기의 침체와 공무원집단의 관료주의화가 우려된다.
④ 행정의 계속성과 일관성을 유지하는 데 불리한 제도이다.
⑤ 직업공무원제는 계급제와 폐쇄형 공무원제 및 일반행정가주의를 지향한다.

해설

직업공무원제는 공무원의 신분을 보장해 행정의 계속성과 일관성을 유지하는 데 긍정적인 제도이다.

문제로 익히는 핵심이론

[직업공무원제]

직업공무원제란 공직이 유능하고 젊은 인재에게 개방되어 있고 업적에 따라 명예로운 높은 지위로 승진하는 기회가 보장되어, 공직근무를 보람 있는 생애로 생각하고 평생을 공직에 바치도록 조직·운영되는 공무원제도를 말한다. 따라서 직업공무원제는 행정의 계속성과 일관성을 유지하는 데 긍정적이며, 정책결정 및 행정관리 기능을 담당하는 전문성 있는 고위 공무원을 육성하는 데 효과적이다.

정답 ④

431

다음 내용에 해당하는 인사관리의 유형에 관한 설명으로 옳은 것은?

> 최근 우리나라 공공부문에 도입된 제도로서 다양한 계층의 공직진출을 확대하기 위한 방안으로 양성평등채용 목표제, 장애인 의무고용제, 지역인재추천채용제 등을 실시하고 있다.

① 행정의 전문성과 생산성을 강화한다.
② 행정의 형평성과 능률성을 제고한다.
③ 공직사회 내부 구성원의 상호 간 견제를 통하여 내적 통제를 강화한다.
④ 정책과정에서 자신이 속한 배경집단의 이익보다는 공익을 추구한다.
⑤ 할당제 등으로 인해 역차별의 문제를 해소한다.

해설

주어진 내용은 대표 관료제에 관한 설명이다. 대표 관료제는 공직사회 내부 구성원의 상호 간 견제를 통하여 내적 통제를 강화한다.

오답풀이
① 대표관료제는 행정의 전문성과 생산성을 저해한다.
② 대표관료제는 행정의 형평성을 제고하나 능률성을 저해한다.
④ 킹슬리(Kingsley)가 처음 사용한 용어로, 그 사회의 주요 인적 구성에 기반하여 정부관료제를 구성함으로써, 정부관료제 내에 민주적 가치를 주입하려는 의도에서 발달되었다. 따라서 대표관료제 이론은 관료가 정책과정에서 공익보다는 자신이 속한 배경집단의 이익을 추구한다고 전제한다.
⑤ 임용할당제가 적용되면 종래에 혜택을 받아 온 집단출신이라는 이유만으로 인사관리상 불이익을 받게 되는 역차별 현상이 일어나 사회분열을 초래할 수 있다.

문제로 익히는 핵심이론

[대표 관료제(Representative Bureaucracy)]
- 킹슬리(Kingsley)가 처음 사용한 용어로, 실적주의 인사제도의 폐단을 극복하기 위해 등장하였다.
- 인종·종교·성별·신분·계층·지역 등의 여러 기준에 의하여 분류되는 모든 사회집단들이, 한 나라의 인구 전체 안에서 차지하는 비율에 맞게 관료조직의 직위들을 차지해야 한다는 원리가 적용되는 관료제이다.
- 출신성분과 인간의 행동 간에는 밀접한 관련성이 있음을 전제로 한다. 즉 관료가 자기 출신집단의 가치와 이익을 정책결정에 반영시키는 데 노력하고, 자신이 선호하는 개인적 정책가치의 극대화를 추구하며, 정책관료의 가치관·태도가 출신집단 또는 일반 국민의 가치관·태도에 유사하면 정책의 대응성이 보다 더 제고된다는 것을 전제하고 있다.
- 배경적 대표성이 태도적 대표성으로 이어지며, 이는 다시 실질적 대표성을 낳는다는 논리에 기초하고 있다. 임용할당제(Employment Quota System)는 관료제의 비례대표성을 확보하기 위한 방안의 하나이다.

정답 ③

432

난이도 Self Check | 상 ◯ 중 ◯ 하 ◯

우리나라 중앙인사기관인 인사혁신처에 관한 설명으로 옳지 않은 것은?

① 법률의 범위 내에서 인사규칙을 제정한다.
② 인사행정의 공정성을 제고하기 위한 독립합의형 대통령 직속기관이다.
③ 인사 법령에 따라 인사행정에 관한 구체적인 사무를 수행한다.
④ 행정기관 소속공무원의 징계처분 등에 대한 소청을 심사·결정하기 위하여 소청심사위원회를 둔다.
⑤ 인사행정을 수행하는 중앙정부의 인사행정기관이다.

해설

인사혁신처는 비독립단독형 국무총리 소속기관이다. 독립합의형은 엽관주의를 배제하고 실적주의를 발전시키는 데 유리하지만, 책임소재가 불분명해질 수 있다는 단점이 있다. 비독립단독형은 집행부 형태로 인사행정의 책임이 분명하고 신속한 의사결정을 가능하게 해 주지만, 인사행정의 정실화를 막기 어렵다.

문제로 익히는 핵심이론 ❶

[중앙인사기관의 조직형태]

구분	합의형	단독형
독립성	독립합의형	독립단독형
비독립성	비독립합의형	비독립단독형

문제로 익히는 핵심이론 ❷

[정부조직법]

제22조의3(인사혁신처) ① 공무원의 인사·윤리·복무 및 연금에 관한 사무를 관장하기 위하여 국무총리 소속으로 인사혁신처를 둔다.

정답 ②

433

난이도 Self Check | 상 ◯ 중 ◯ 하 ◯

개방형 또는 폐쇄형 인사제도에 대한 설명으로 옳은 것은?

① 개방형은 재직자의 승진기회가 많고 경력발전의 기회가 많다.
② 폐쇄형은 조직에 대한 소속감이 높고 공무원의 사기가 높다.
③ 개방형은 공무원의 신분보장이 강화됨으로써 행정의 안정성을 유지할 수 있다.
④ 폐쇄형은 국민의 요구에 민감하게 대응하며 행정에 대한 민주통제가 보다 용이하다.
⑤ 개방형은 신분보장이 잘되어 직업공무원제의 확립에 기여한다.

해설

폐쇄형은 조직에 대한 소속감이 높고 승진기회가 확대되어 공무원의 사기가 높다.

오답풀이
① 폐쇄형은 재직자의 승진기회가 많고 경력발전의 기회가 많다.
③ 폐쇄형은 공무원의 신분보장이 강화됨으로써 행정의 안정성을 유지할 수 있다.
④ 개방형은 국민의 요구에 민감하게 대응하며 행정에 대한 민주통제가 보다 용이하다.
⑤ 폐쇄형은 신분보장이 잘 되어 직업공무원제의 확립에 기여한다.

문제로 익히는 핵심이론

[개방형과 폐쇄형 인사제도]

구분	개방형	폐쇄형
개념	공직의 모든 계급이나 직위를 불문하고 공직 내외의 모두로부터 신규채용이 허용되는 제도	신규채용이 최하위 계층에서만 허용되며, 내부승진을 통해 상위 계층까지 올라갈 수 있는 제도
장점	• 행정의 전문성을 제고할 수 있다. • 행정에 대한 민주통제가 보다 용이하다. • 공무원 및 행정의 질적 향상에 기여한다. • 조직의 신진대사를 촉진하여 공직의 침체를 방지한다. • 무사안일주의 등 관료주의화를 방지한다.	• 승진기회가 확대되어 재직 공무원의 사기가 앙양된다. • 소속감을 제고하고 관련 경험이 활용됨으로써 능률이 향상된다. • 신분보장이 잘 되어 직업공무원제의 확립에 기여한다. • 임용비용이 절감된다.

정답 ②

434

난이도 Self Check | 상 ◯ 중 ◯ 하 ◯

우리나라 경력직 공무원에 해당하는 사람을 모두 고르면?

> ㉠ 담당업무가 특수하여 자격·신분보장·복무 등에 있어서 개별 특별법이 우선 적용되는 공무원
> ㉡ 비서관·비서 등 보좌업무 등을 수행하는 공무원
> ㉢ 기술, 연구 또는 행정 일반에 대한 업무에 종사하는 공무원
> ㉣ 선거로 취임하는 공무원
> ㉤ 국회의 동의를 거쳐 임명하는 등 주로 정치적 판단이나 정책결정을 필요로 하는 업무를 담당하는 공무원
> ㉥ 실적과 자격에 따라 임용되고 그 신분이 보장되며 평생 동안(근무기간을 정하여 임용하는 공무원의 경우에는 그 기간 동안을 말한다) 공무원으로 근무할 것이 예정되는 공무원

① ㉠, ㉡, ㉣
② ㉠, ㉢, ㉥
③ ㉡, ㉢, ㉤
④ ㉡, ㉣, ㉤
⑤ ㉢, ㉤, ㉥

해설

경력직 공무원이란 실적과 자격에 따라 임용되고 그 신분이 보장되며 평생 동안(근무기간을 정하여 임용하는 공무원의 경우에는 그 기간 동안을 의미함) 공무원으로 근무할 것이 예정되는 공무원을 말하며, 일반직 공무원과 특정직 공무원이 있다. 따라서 우리나라 경력직 공무원에 해당하는 사람은 ㉠, ㉢, ㉥이다.

오답풀이

㉡ 비서관·비서 등 보좌업무 등을 수행하는 공무원은 별정직 공무원으로 특수경력직 공무원에 해당한다.
㉣ 선거로 취임하는 공무원은 정무직 공무원으로 특수경력직 공무원에 해당한다.
㉤ 국회의 동의를 거쳐 임명하는 등 주로 정치적 판단이나 정책결정을 필요로 하는 업무를 담당하는 공무원은 정무직 공무원으로 특수경력직 공무원에 해당한다.

문제로 익히는 핵심이론

[국가공무원법]

제2조(공무원의 구분) ① 국가공무원은 경력직공무원과 특수경력직공무원으로 구분한다.
② "경력직공무원"이란 실적과 자격에 따라 임용되고 그 신분이 보장되며 평생 동안(근무기간을 정하여 임용하는 공무원의 경우에는 그 기간 동안을 말한다) 공무원으로 근무할 것이 예정되는 공무원을 말하며, 그 종류는 다음 각 호와 같다.
  1. 일반직공무원: 기술·연구 또는 행정 일반에 대한 업무를 담당하는 공무원
  2. 특정직공무원: 법관, 검사, 외무공무원, 경찰공무원, 소방공무원, 교육공무원, 군인, 군무원, 헌법재판소 헌법연구관, 국가정보원의 직원, 경호공무원과 특수 분야의 업무를 담당하는 공무원으로서 다른 법률에서 특정직공무원으로 지정하는 공무원
③ "특수경력직공무원"이란 경력직공무원 외의 공무원을 말하며, 그 종류는 다음 각 호와 같다.
  1. 정무직공무원
    가. 선거로 취임하거나 임명할 때 국회의 동의가 필요한 공무원
    나. 고도의 정책결정 업무를 담당하거나 이러한 업무를 보조하는 공무원으로서 법률이나 대통령령(대통령비서실 및 국가안보실의 조직에 관한 대통령령만 해당한다)에서 정무직으로 지정하는 공무원
  2. 별정직공무원: 비서관·비서 등 보좌업무 등을 수행하거나 특정한 업무 수행을 위하여 법령에서 별정직으로 지정하는 공무원

정답 ②

435

난이도 Self Check | 상 ○ 중 ○ 하 ○

우리나라 공무원 분류 중 특수경력직 공무원에 해당되지 <u>않는</u> 것은?

① 국회의원
② 헌법재판소 헌법연구관
③ 대통령 비서실장
④ 국민권익위원회 위원장
⑤ 감사원 사무총장

해설

헌법재판소 헌법연구관은 특정직 공무원으로 특수경력직 공무원이 아니라 경력직 공무원에 해당한다.

문제로 익히는 핵심이론

국가공무원법 제2조(공무원의 구분) ① 국가공무원은 경력직공무원과 특수경력직공무원으로 구분한다.
② "경력직공무원"이란 실적과 자격에 따라 임용되고 그 신분이 보장되며 평생 동안(근무기간을 정하여 임용하는 공무원의 경우에는 그 기간 동안을 말한다) 공무원으로 근무할 것이 예정되는 공무원을 말하며, 그 종류는 다음 각 호와 같다.
  1. 일반직공무원: 기술·연구 또는 행정 일반에 대한 업무를 담당하는 공무원
  2. 특정직공무원: 법관, 검사, 외무공무원, 경찰공무원, 소방공무원, 교육공무원, 군인, 군무원, 헌법재판소 헌법연구관, 국가정보원의 직원, 경호공무원과 특수 분야의 업무를 담당하는 공무원으로서 다른 법률에서 특정직공무원으로 지정하는 공무원
③ "특수경력직공무원"이란 경력직공무원 외의 공무원을 말하며, 그 종류는 다음 각 호와 같다.
  1. 정무직공무원
    가. 선거로 취임하거나 임명할 때 국회의 동의가 필요한 공무원
    나. 고도의 정책결정 업무를 담당하거나 이러한 업무를 보조하는 공무원으로서 법률이나 대통령령(대통령비서실 및 국가안보실의 조직에 관한 대통령령만 해당한다)에서 정무직으로 지정하는 공무원
  2. 별정직공무원: 비서관·비서 등 보좌업무 등을 수행하거나 특정한 업무 수행을 위하여 법령에서 별정직으로 지정하는 공무원

정부조직법 제14조(대통령비서실) ① 대통령의 직무를 보좌하기 위하여 대통령비서실을 둔다.
② 대통령비서실에 실장 1명을 두되, 실장은 정무직으로 한다.

국민권익위원회와 그 소속기관 직제 제2조(위원회의 구성 등)
① 위원회는 위원장 1명을 포함한 15명의 위원으로 구성하고, 위원장을 제외한 부위원장 및 상임위원은 각각 3명으로 한다.
② 위원장과 부위원장 3명은 정무직 공무원으로 보고, 상임위원 3명은 고위공무원단에 속하는 임기제공무원으로 본다.

감사원법 제19조(사무총장 및 사무차장) ① 사무총장은 정무직으로, 사무차장은 일반직으로 한다.

정답 ②

436

난이도 Self Check | 상 ◯ 중 ◯ 하 ◯

다음 설명에 해당하는 유연근무제의 유형으로 옳은 것은?

- 탄력근무제의 한 유형
- 1일 8시간에 구애받지 않음
- 주 3.5~4일 근무

① 재택근무제 ② 집약근무제
③ 시차출퇴근제 ④ 근무시간선택제
⑤ 집중근무제

구분	유형	개념	대상업무 및 정책고객
근무 형태 (Type)	시간제 근무	• 통상적인 근무시간(주 40시간)보다 짧은 15시간 이상 35시간 이하의 범위에서 근무 • 시간선택제채용공무원, 시간선택제전환공무원, 시간선택제임기제공무원 등	모든 업무
근무 시간 (Time)	시차출퇴근제	• 1일 8시간(주 40시간) 근무체제를 유지 • 출근시간을 자율적으로 조정(07:00~10:00)	• 모든 업무 • 육아부담자 등
	근무시간선택제	1일 8시간에 구애받지 않고 주40시간 범위 내에서 1일 근무시간을 자율 조정(자유롭게 출·퇴근시간 조정)	• 연구직 • 육아부담자 등
	집약근무제	총 근무시간(주 40시간)을 유지하면서 집약근무로 보다 짧은 기간 동안(5일 미만) 근무 예) 1일 10시간 근무시 4일만 출근	연구직
	재량근무제	• 기관과 공무원 개인이 별도 계약에 의해 주어진 프로젝트 완료 시 이를 근무시간으로 인정해 주는 제도 • 고도의 전문적 지식과 기술이 필요해 업무 수행방법이나 시간배분을 담당자의 재량에 맡길 필요가 있는 분야	• 연구직 • 국방홍보 • 영화, KTV 프로그램 제작 등
근무 장소 (Place)	재택근무제	부여받은 업무를 사무실이 아닌 집에서 수행	개별·독립적 수행 가능한 업무(소청·징계검토 등) 장애인, 육아부담자 등
	원격근무제	주거지 인접지의 원격근무용 사무실(스마트오피스)에 출근하여 근무	
		모바일 기기를 이용, 사무실이 아닌 장소에서 근무	주차·시설 관리, 통계 조사, 식의약품감시업무 등
근무 방법 (Way)	집중근무제	핵심 근무시간을 설정, 이 시간에는 회의·출장·전화 등을 지양하고 최대한 업무에 집중하도록 함	정책·기획 업무 수행 기관 등
근무 복장 (Dress)	유연복장제	연중 자유롭고 편안한 복장을 착용토록 하여 유연하고 창의적인 사고를 진작(냉·난방 등 에너지 절약에도 기여)	전 기관

정답 ②

해설

유연근무제의 유형 중 집약근무제에 해당한다. 집약근무제는 탄력근무제의 한 유형으로 1일 8시간에 구애받지 않으며, 주 3.5~4일 근무하는 형태이다.

문제로 익히는 핵심이론 ❶

[유연근무제]

1. 개념
유연근무제는 공무원의 근무방식과 형태를 개인·업무·기관 특성에 따라 선택할 수 있는 제도이다. 공무원이 일하는 시간과 장소를 유연하게 사용할 수 있는 제도로, 주5일 전일제 근무에 얽매이지 않고 다양한 방식으로 근무할 수 있다.

2. 유형
유연근무제는 크게 근무시간을 조절하는 유형과 장소를 조절하는 유형으로 구분할 수 있다.
- 시간선택제: 통상적인 전일제 근무시간(주 40시간)보다 짧은 시간을 근무하는 제도
- 탄력근무제: 전일제 근무시간을 지키되 근무시간, 근무일수를 자율 조정할 수 있는 제도
- 재택근무제: 사무실에 출근하지 않고 자택에서 일하는 형태로 근무하는 제도
- 원격근무제: 직장 이외의 장소에서 정보통신망을 이용하여 근무하는 제도

437

인사행정제도에 관한 설명으로 옳지 않은 것은?

① 실적제는 개인의 객관적인 능력·자격·성적을 기준으로 공무원을 임용하는 제도이다.
② 직업공무원 제도는 계급제, 일반능력자 중심의 임용, 신분보장 등을 토대로 한다.
③ 계급제는 직무를 기준으로 직무의 난이도와 책임도에 따라 직위를 분류하는 제도이다.
④ 엽관제는 정당에 대한 공헌도와 충성심에 입각하여 공무원을 임용하는 제도이다.
⑤ 대표 관료제는 국민에 대한 대응성과 공직 임용의 사회적 형평성을 제고시키려는 목적을 지닌 제도이다.

해설
직무를 기준으로 직무의 난이도와 책임도에 따라 직위를 분류하는 제도는 직위분류제이다.

문제로 익히는 핵심이론
[직위분류제]
- 직위분류제란 직위에 내포된 직무의 종류(성질)와 곤란성(난이도) 및 책임성의 정도를 기준으로 공직을 분류하는 제도를 말한다.
- 직위분류제는 미국, 호주, 캐나다, 필리핀 등에서 채택하고 있다.
- 직위분류를 할 때에는 모든 대상 직위를 직무의 종류와 곤란성 및 책임도에 따라 직군·직렬·직급 또는 직무등급별로 분류하되, 같은 직급이나 같은 직무등급에 속하는 직위에 대하여는 동일하거나 유사한 보수가 지급되도록 분류하여야 한다.

정답 ③

438

직위분류제에 관한 설명으로 옳지 않은 것은?

① 동일한 직무에 대한 동일한 보수 지급의 원칙에 부합한다.
② 개방형의 충원방식을 통해 적재적소의 인사배치가 가능하다.
③ 인사배치의 신축성·융통성·탄력성이 부족하다.
④ 장기적인 발전 가능성이나 잠재력을 중시하는 직업공무원제의 수립에 유용하다.
⑤ 동일 직렬에 장기간 근무를 원칙으로 하기 때문에 행정의 전문화에 기여한다.

해설
장기적인 발전 가능성이나 잠재력을 중시하는 직업공무원제의 수립에 유용한 것은 계급제이다.

문제로 익히는 핵심이론
[직위분류제의 장단점]

장점	단점
• 보수체계의 합리화(동일직무·동일보수, 직무급 수립에 용이) • 적재적소의 인사배치 • 행정의 전문화·분업화에 촉진 • 시험의 합리화 • 훈련수요의 명확화 • 근무성적평정의 객관적 기준 제시 • 권한·책임한계의 명확화 • 예산행정의 능률화와 행정의 민주적 통제 • 효율적인 정원 관리 • 사무관리의 개선 • 정부의 홍보에 도움	• 인사배치의 신축성·융통성의 결여 • 유능한 일반행정가 확보의 곤란 • 장기적·종합적 능력 발전과 직업공무원제의 확립 곤란 • 단기적 효용 • 커뮤니케이션·협조·조정의 곤란 • 신분 불안 • 사무적 인간관계 • 대응성 저하

정답 ④

439

현행 「국가공무원법」상의 용어에 대한 설명으로 적절하지 <u>않은</u> 것은?

① 직위는 한 명의 공무원에게 부여할 수 있는 직무와 책임을 말한다.
② 직렬은 직무의 종류는 유사하고 그 책임과 곤란성의 정도가 서로 다른 직급의 군을 말한다.
③ 직류는 같은 직렬 내에서 담당 분야가 같은 직무의 군을 말한다.
④ 직군은 직무의 성질이 유사한 직렬의 군을 말한다.
⑤ 직급은 직무의 곤란성과 책임도가 상당히 유사한 직위의 군을 말한다.

해설
직무의 곤란성과 책임도가 상당히 유사한 직위의 군은 직무등급이다. 직급은 직무의 종류·곤란성과 책임도가 상당히 유사한 직위의 군을 말한다.

문제로 익히는 핵심이론 ❶
[직무 종류별 곤란성 및 책임도]

구분	종류(성질)	곤란도(난이도)	관련 법령
직급	○	○	국가공무원법 제5조 2.
직렬	○	×	국가공무원법 제5조 8.
직무등급	×	○	국가공무원법 제5조 10.

문제로 익히는 핵심이론 ❷
[국가공무원법]

제5조(정의) 이 법에서 사용하는 용어의 뜻은 다음과 같다.
1. "직위(職位)"란 1명의 공무원에게 부여할 수 있는 직무와 책임을 말한다.
2. "직급(職級)"이란 직무의 종류·곤란성과 책임도가 상당히 유사한 직위의 군을 말한다.
3. "정급(定級)"이란 직위를 직급 또는 직무등급에 배정하는 것을 말한다.
4. "강임(降任)"이란 같은 직렬 내에서 하위 직급에 임명하거나 하위 직급이 없어 다른 직렬의 하위 직급으로 임명하거나 고위공무원단에 속하는 일반직공무원(제4조제2항에 따라 같은 조 제1항의 계급 구분을 적용하지 아니하는 공무원은 제외한다)을 고위공무원단 직위가 아닌 하위 직위에 임명하는 것을 말한다.
5. "전직(轉職)"이란 직렬을 달리하는 임명을 말한다.
6. "전보(轉補)"란 같은 직급 내에서의 보직 변경 또는 고위공무원단 직위 간의 보직 변경(제4조제2항에 따라 같은 조 제1항의 계급 구분을 적용하지 아니하는 공무원은 고위공무원단 직위와 대통령령으로 정하는 직위 간의 보직 변경을 포함한다)을 말한다.
7. "직군(職群)"이란 직무의 성질이 유사한 직렬의 군을 말한다.
8. "직렬(職列)"이란 직무의 종류가 유사하고 그 책임과 곤란성의 정도가 서로 다른 직급의 군을 말한다.
9. "직류(職類)"란 같은 직렬 내에서 담당 분야가 같은 직무의 군을 말한다.
10. "직무등급"이란 직무의 곤란성과 책임도가 상당히 유사한 직위의 군을 말한다.

정답 ⑤

440

우리나라 고위공무원단 제도에 관한 설명으로 옳지 않은 것은?

① 고위공무원단을 구성하는 공무원은 전원 중앙행정기관 소속이다.
② 각 부처 장관은 소속에 관계없이 전체 고위공무원단 중에서 적임자를 인선한다.
③ 계급과 연공서열보다는 직무와 성과 중심의 인사관리를 추구한다.
④ 행정부처에 배치된 고위공무원의 인사와 복무는 소속 장관이 관리한다.
⑤ 고위직의 개방을 확대하고 경쟁을 촉진하기 위한 제도이다.

해설
파견·휴직 등으로 인사관리되고 있는 일반직 공무원, 별정직 공무원 및 특정직 공무원도 고위공무원에 포함되므로 옳지 않다.

문제로 익히는 핵심이론 ❶

[고위공무원단제도]

1. 개념
   - 정부의 주요 정책결정 및 관리에서 핵심적 역할을 담당하는 실·국장급 공무원을 범정부적 차원에서 적재적소에 활용하고 개방과 경쟁을 확대하며 성과책임을 강화함으로써 역량 있는 정부를 구현하는 제도이다.
   - 1978년 미국에서 최초 도입한 이후 영국, 호주, 캐나다 등 OECD 정부혁신 선도국가들이 도입·시행 중이다.
   - 우리나라에서는 노무현 정부에 들어서 본격적으로 도입이 추진되어 2006년 7월 1일에 고위공무원단이 출범하였다. 우리나라에서 '고위공무원'이 되기 위해서는 '고위공무원후보자과정'을 이수해야 하고, '역량평가'를 통과해야 한다.

2. 주요 내용
   - 행정부 실·국장급 공무원으로 구성: 일반직·별정직 및 특정직 공무원의 약 1,500여 명
   - 신분보다 일 중심의 인사관리: 계급과 연공서열보다는 업무와 실적에 따라 보수를 지급
   - 고위직의 개방 확대 및 경쟁 촉진: 개방형 직위 20%, 공모 직위 30%, 부처 자율인사직위 50%
   - 고위공무원에 대한 부처별 인사자율권 확대: 고위공무원의 인사와 복무는 소속 장관이 관리

문제로 익히는 핵심이론 ❷

[국가공무원법]

제2조의2(고위공무원단) ① 국가의 고위공무원을 범정부적 차원에서 효율적으로 인사관리하여 정부의 경쟁력을 높이기 위하여 고위공무원단을 구성한다.
② 제1항의 "고위공무원단"이란 직무의 곤란성과 책임도가 높은 다음 각 호의 직위(이하 "고위공무원단 직위"라 한다)에 임용되어 재직 중이거나 파견·휴직 등으로 인사관리되고 있는 일반직공무원, 별정직공무원 및 특정직공무원(특정직공무원은 다른 법률에서 고위공무원단에 속하는 공무원으로 임용할 수 있도록 규정하고 있는 경우만 해당한다)의 군(群)을 말한다.
  1. 「정부조직법」 제2조에 따른 중앙행정기관의 실장·국장 및 이에 상당하는 보좌기관
  2. 행정부 각급 기관(감사원은 제외한다)의 직위 중 제1호의 직위에 상당하는 직위
  3. 「지방자치법」 제123조제2항·제125조제5항 및 「지방교육자치에 관한 법률」 제33조제2항에 따라 국가공무원으로 보하는 지방자치단체 및 지방교육행정기관의 직위 중 제1호의 직위에 상당하는 직위
  4. 그 밖에 다른 법령에서 고위공무원단에 속하는 공무원으로 임용할 수 있도록 정한 직위

정답 ①

441

난이도 Self Check | 상 ○ 중 ○ 하 ○

우리나라 「국가공무원법」상 임용에 관한 설명으로 옳은 것은?

① 강임은 징계처분에 의한 수직적 인사이동이다.
② 전직이란 직렬을 달리하는 임명을 말한다.
③ 실무 수습 중인 채용후보자는 형법에 따른 벌칙을 적용할 때 공무원으로 보지 않는다.
④ 개방형 직위는 해당 기관 내·외부의 공무원 중에서 직무수행 적격자를 선발·임용하는 제도이다.
⑤ 공모 직위는 특정 직위에 결원이 발생하면 공직 내외를 불문하고 공개모집에 의해 적격자를 선발·임용하는 제도이다.

해설

전직이란 직렬을 달리하는 임명을 말한다.

오답풀이
① 강임은 수직적 인사이동이나 징계처분에 해당하지는 않는다.
③ 실무 수습 중인 채용후보자는 형법에 따른 벌칙을 적용할 때 공무원으로 본다.
④ 공모 직위는 해당 기관 내·외부의 공무원 중에서 직무수행 적격자를 선발·임용하는 제도이다.
⑤ 개방형 직위는 특정 직위에 결원이 발생하면 공직 내외를 불문하고 공개모집에 의해 적격자를 선발·임용하는 제도이다.

문제로 익히는 핵심이론 ❶

[임용의 유형]

1. **수직적 이동**
   - 승진: 하위 직급에서 상위 직급 또는 하위 계급에서 상위 계급으로 하는 수직적인 상승이동을 말한다.
   - 강임: 같은 직렬 내에서 하위 직급에 임명 또는 하위 직급이 없어 다른 직렬의 하위 직급으로 임명하거나, 고위공무원단에 속하는 일반직 공무원을 고위공무원단 직위가 아닌 하위 직위에 임명하는 것을 말한다.

2. **수평적 이동**
   - 전직: 직렬을 달리하는 임명을 말한다.
   - 전보: 같은 직급 내에서의 보직 변경 또는 고위공무원단 직위 간의 보직 변경을 말한다.
   - 전입: 인사 관할을 달리하는 기관 상호 간에 타소속 공무원을 이동시키는 것이다.
   - 파견근무: 원래의 소속 부서에서 임시로 일정 기간 다른 기관에서 근무하는 것이다.

문제로 익히는 핵심이론 ❷

[국가공무원법]

제5조(정의) 이 법에서 사용하는 용어의 뜻은 다음과 같다.

4. "강임(降任)"이란 같은 직렬 내에서 하위 직급에 임명하거나 하위 직급이 없어 다른 직렬의 하위 직급으로 임명하거나 고위공무원단에 속하는 일반직공무원(제4조제2항에 따라 같은 조 제1항의 계급 구분을 적용하지 아니하는 공무원은 제외한다)을 고위공무원단 직위가 아닌 하위 직위에 임명하는 것을 말한다.
5. "전직(轉職)"이란 직렬을 달리하는 임명을 말한다.

제28조의4(개방형 직위) ① 임용권자나 임용제청권자는 해당 기관의 직위 중 전문성이 특히 요구되거나 효율적인 정책 수립을 위하여 필요하다고 판단되어 공직 내부나 외부에서 적격자를 임용할 필요가 있는 직위에 대하여는 개방형 직위로 지정하여 운영할 수 있다. 이 경우 「정부조직법」 등 조직 관계 법령에 따라 1급부터 3급까지의 공무원 또는 이에 상당하는 공무원으로 보할 수 있는 직위(고위공무원단 직위를 포함하며, 실장·국장 밑에 두는 보조기관 또는 이에 상당하는 직위는 제외한다) 중 임기제공무원으로도 보할 수 있는 직위(대통령령으로 정하는 직위는 제외한다)는 개방형 직위로 지정된 것으로 본다.

제28조의5(공모 직위) ① 임용권자나 임용제청권자는 해당 기관의 직위 중 효율적인 정책 수립 또는 관리를 위하여 해당 기관 내부 또는 외부의 공무원 중에서 적격자를 임용할 필요가 있는 직위에 대하여는 공모 직위(公募 職位)로 지정하여 운영할 수 있다.

제39조(채용후보자의 임용 절차) ④ 임용권자는 채용후보자에 대하여 임용 전에 실무 수습을 실시할 수 있다. 이 경우 실무 수습 중인 채용후보자는 그 직무상 행위를 하거나 「형법」 또는 그 밖의 법률에 따른 벌칙을 적용할 때에는 공무원으로 본다.

정답 ②

442

난이도 Self Check | 상 ◯ 중 ◯ 하 ◯

우리나라 공무원의 시보임용에 관한 설명으로 옳지 <u>않은</u> 것은?

① 임용권자는 시보임용 기간 중에 있는 공무원의 근무상황을 항상 지도·감독하여야 한다.
② 시보기간 중 근무성적이 좋으면 정규공무원으로 임용한다.
③ 시보기간은 시보공무원에게 행정실무의 습득기회를 제공하는 것이다.
④ 시보임용은 공무원으로서 적격성 여부를 판단하는 선발과정의 일부이다.
⑤ 시보공무원은 일종의 교육훈련 과정으로 교육에만 전념할 수 있도록 정규 공무원과 동일하게 공무원 신분을 보장한다.

해설

시보임용 기간 중에 있는 공무원이 근무성적·교육훈련성적이 나쁘거나 국가공무원법 또는 국가공무원법에 따른 명령을 위반하여 공무원으로서의 자질이 부족하다고 판단되는 경우에는 면직시키거나 면직을 제청할 수 있다. 따라서 시보공무원은 정규공무원과 동일하게 공무원 신분을 보장하지 않는다.

문제로 익히는 핵심이론 ❶

[시보임용]

1. 시보기간
    - 5급 공무원을 신규채용하는 경우에는 1년으로 한다.
    - 6급 이하의 공무원을 신규채용하는 경우에는 6개월간 각각 시보(試補)로 임용하고, 그 기간의 근무성적·교육훈련성적과 공무원으로서의 자질을 고려하여 정규 공무원으로 임용한다.
    - 휴직한 기간, 직위해제 기간 및 징계에 의한 정직 또는 감봉처분을 받은 기간은 시보임용 기간에 산입하지 아니한다.
    - 고위관리직 공무원의 신규임용에는 적용되지 않는다.

2. 시보임용의 목적
    - 채용후보자의 직업공무원으로서의 적격성 심사
    - 채용후보자의 직무수행능력의 평가
    - 채용후보자의 적응훈련

3. 시보의 신분
    시보임용 기간 중에 있는 공무원이 근무성적 또는 교육훈련성적이 불량한 때에는 면직시키거나 면직을 제청할 수 있다. 따라서 시보임용 기간에는 일반공무원에게 인정되는 신분보장이 없다.

문제로 익히는 핵심이론 ❷

[국가공무원법]

제29조(시보임용) ① 5급 공무원을 신규 채용하는 경우에는 1년, 6급 이하의 공무원을 신규 채용하는 경우에는 6개월간 각각 시보(試補)로 임용하고 그 기간의 근무성적·교육훈련성적과 공무원으로서의 자질을 고려하여 정규 공무원으로 임용한다. 다만, 대통령령등으로 정하는 경우에는 시보임용을 면제하거나 그 기간을 단축할 수 있다.
② 휴직한 기간, 직위해제 기간 및 징계에 따른 정직이나 감봉 처분을 받은 기간은 제1항의 시보임용 기간에 넣어 계산하지 아니한다.
③ 시보임용 기간 중에 있는 공무원이 근무성적·교육훈련성적이 나쁘거나 이 법 또는 이 법에 따른 명령을 위반하여 공무원으로서의 자질이 부족하다고 판단되는 경우에는 제68조와 제70조에도 불구하고 면직시키거나 면직을 제청할 수 있다. 이 경우 구체적인 사유 및 절차 등에 필요한 사항은 대통령령등으로 정한다.

정답 ⑤

443

난이도 Self Check | 상 ○ 중 ○ 하 ○

우리나라 근무성적평가의 대상이 되는 공무원으로 옳은 것은?

① 정무직 공무원
② 고위공무원단 소속 공무원
③ 3급 이상 별정직 공무원
④ 4급 이상 공무원
⑤ 5급 이하 공무원

해설

근무성적평정은 4급 이상 공무원의 성과계약 등 평가와 5급 이하 공무원의 근무성적평가로 구분한다. 따라서 우리나라 근무성적평가의 대상이 되는 공무원은 5급 이하 공무원이다. 즉 5급 이하 공무원, 우정직공무원, 연구직 및 지도직공무원에 대한 근무성적평정은 근무성적평가에 의한다.

문제로 익히는 핵심이론 ❶

[우리나라 근무성적평가 기준]

구분	공무원평정규정(개정 전)	공무원성과평가 등에 관한 규정(개정 후)
4급 이상	성과목표달성도의 평정점	성과계약평가(12. 31.)
5급 이하	〈근무성적평가〉 근무실적(6할) 직무수행능력(3할) 직무수행태도(1할) 〈강제배분〉 수(2할), 우(4할), 양(3할), 가(1할) 〈비공개〉 〈승진후보자명부〉 근무성적평정점 50점 경력평정점 30점 훈련성적평정점 20점	〈근무성적평가 (06. 30., 12. 31.)〉 근무실적 직무수행능력 직무수행태도(선택) 〈강제배분〉 3개 이상 평가등급 (최상2할, 최하1할) 〈공개〉 평가자가 본인에게 공개, 이의신청 → 확인자 〈승진후보자명부〉 근무성적평정점 80점(95점까지 가산) 경력평정점 20점(5점까지 감산)

문제로 익히는 핵심이론 ❷

[공무원 성과평가 등에 관한 규정]

제4조(근무성적평정의 종류) 「국가공무원법」(이하 "법"이라 한다) 제51조에 따른 근무성적평정은 제7조의2의 평가항목에 따른 평가(이하 "성과계약 등 평가"라 한다)와 근무실적 및 능력에 대한 평가(이하 "근무성적평가"라 한다)로 구분한다.

제7조(평가 대상) 4급 이상 공무원(고위공무원단에 속하는 공무원을 포함한다)과 연구관·지도관(「연구직 및 지도직공무원의 임용 등에 관한 규정」 제9조에 따른 연구관 및 지도관은 제외한다) 및 전문직공무원에 대한 근무성적평정은 성과계약등 평가에 의한다. 다만, 소속 장관은 5급 이하 공무원 및 우정직공무원 중 성과계약등 평가가 적합하다고 인정하는 공무원에 대해서도 성과계약등 평가를 실시할 수 있다.

제12조(근무성적평가의 대상) 5급 이하 공무원, 우정직공무원, 「연구직 및 지도직공무원의 임용 등에 관한 규정」(이하 "연구직및지도직규정"이라 한다) 제9조에 따른 연구직 및 지도직공무원에 대한 근무성적평정은 근무성적평가에 의한다.

정답 ⑤

444 난이도 Self Check | 상 ○ 중 ○ 하 ○

다음 설명에 해당하는 근무성적평정방법으로 옳은 것은?

- 주요과업 분야별로 바람직한 행태의 유형 및 등급을 구분·제시한 뒤, 평정대상자의 행태를 관찰하여 해당사항에 표시하게 하는 방법이다.
- 척도의 설계과정에 평정대상자를 공동으로 참여하게 함으로써 평정에 대한 신뢰와 적극적인 관심을 기대할 수 있다.
- 직무가 다르면 별개의 평정양식이 있어야 하는 등 개발에 많은 시간과 비용이 요구된다.

① 도표식 평정척도법
② 행태기준 평정척도법
③ 강제배분법
④ 대인비교법
⑤ 강제선택법

해설
행태기준 평정척도법에 관한 설명이다.

문제로 익히는 핵심이론

[근무성적평정의 방법]

1. **도표식 평정척도법**
   - 개념: 도표식 평정척도법이란 여러 평정요소마다 평정척도가 등급으로 표시되어 있으며, 각 평정요소별 척도상에 평가표시된 점수의 총화로 평정하는 것을 말한다.
   - 중요성: 도표식 평정척도법은 가장 오래되고 많이 이용되고 있는 방법이며, 우리나라 공무원의 근무성적평정제도의 중추를 이루고 있는 방법이다.
   - 우리나라의 도표식 평정척도법
     - 평정요소: 근무실적, 직무수행능력으로 구성되어 있다.
     - 평정등급: 평가등급의 수는 3개 이상으로 하며, 최상위 등급의 인원은 평가단위별 인원수의 상위 20%의 비율로, 최하위 등급의 인원은 하위 10%의 비율로 분포하도록 평가한다.

2. **강제배분법(정상분포제·제한분포법)**
   - 의의: 강제배분법은 집중화·관대화 경향을 방지하기 위하여 성적을 강제로 배분하는 것을 말한다.
   - 장단점
     - 장점: 피평정자가 많은 경우에는 기관 간의 불균형을 제거할 수 있고 평정의 객관성과 신뢰성을 어느 정도 보장할 수 있다.
     - 단점: 피평정자가 적거나 또는 특별히 선발된 자로 이루어진 조직의 경우에는 오히려 불합리하다.

3. **기타 평정방법**
   - 대인비교법(인물비교법): 피평정자 중에서 지식·숙련·능력·성질 등의 각 특성 면에서 가장 뛰어난 사람, 가장 뒤떨어진 사람, 보통 정도인 사람 등 3단계 내지 4단계에 상당하는 표준적 인물을 뽑아서 이들 표준적 인물을 각 특성의 평정기준으로 삼아 상대적 평정을 해가는 방법이다.
   - 강제선택법: 비슷한 가치가 있다고 보통 생각하기 쉬운 항목들 중에서 피평정자의 특성에 가까운 것을 피평정자 스스로가 골라 표시하도록 강제하는 평정방법이다. 평정결과의 평가에 쓸 문항별 점수(가중치)는 인사기관이 정한다.

정답 ②

445

난이도 Self Check | 상 ○ 중 ○ 하 ○

근무성적 평정 시 평가자의 평정기준이 일정치 않아 관대화 및 엄격화 경향이 불규칙하게 나타나는 오류로 적절한 것은?

① 규칙적 오류(Systematic Error)
② 연쇄효과로 인한 오류(Hale Effect Error)
③ 선입견에 의한 오류(Person Bias Error)
④ 집중화 오류(Central Tendency Error)
⑤ 총계적 오류(Total Error)

해설

근무성적 평정 시 평가자의 평정기준이 일정치 않아 관대화 및 엄격화 경향이 불규칙하게 나타나는 오류는 총계적 오류이다. 규칙적 오류는 다른 평정자들보다 시종 박한 점수를 주는 평정자나 항상 후한 점수를 주는 평정자들이 저지르는 오류를 말한다.

문제로 익히는 핵심이론

[근무성적 평정상의 오류(오차)]

1. **연쇄효과(Halo effect, 후광효과, 현혹효과)**
   평정자가 가장 중요시하는 하나의 평정요소에 대한 평가 결과가 성격이 다른 평정요소에도 영향을 미치는 것을 말한다. 즉 어느 한 평정요소에 대한 판단이 다른 평정요소의 평정에 영향을 주는 현상으로 평정의 대상이 되고 있는 것에 대한 전체적·일반적인 인상에 따라 개인의 특성의 평정을 하여 버리는 경향을 말한다.

2. **집중화(중심화) 경향**
   평정이 보통 또는 척도상의 중심점에 절대다수가 집중되는 경향을 말한다. 집중화 경향(Central Tendency)을 방지하기 위한 강력한 방법은 상대평가를 반영하는 강제배분법이다.

3. **관대화 경향**
   피평정자를 실제보다도 높게 평정하는 경향으로 평정결과가 공개되는 경우에 평정대상자와 불편한 관계에 놓이는 것을 피하려는 경우에 흔히 발견된다.

4. **규칙적 오차(일관적 오차)**
   규칙적 오차는 다른 평정자들보다 시종 박한 점수를 주는 평정자나 항상 후한 점수를 주는 평정자들이 저지르는 오차를 말한다.

5. **총계적 오차**
   평정자의 평정 기준이 일정치 않아 관대화 및 엄격화 경향이 불규칙하게 나타나는 현상을 말한다.

6. **논리적 오차**
   연쇄효과에 유사한 오차가 평정자의 머릿속에서 논리적으로 관계가 있다고 생각되는 특성 간에 나타나는 경향을 논리적 오차라고 한다.

7. **역산제**
   연고·정실 등에 의하여 총점을 우선 부여하고 이에 따라 각 평정요소의 점수를 맞추어 가는 경향을 말한다.

8. **최초효과(Primacy Effect)와 근접효과(Recency Effect)**
   최초효과는 첫 인상에 너무 큰 비중을 두는 데서 일어나는 착오이며, 근접효과는 쉽게 기억할 수 있는 가장 최근의 정보를 너무 중요시하는 데서 유발되는 착오이다.

9. **선입견에 의한 오류(Stereotyping, 상동적 오차)**
   평정의 요소와 관계가 없는 성별·출신학교·출신지방·종교·연령 등에 대해 평정자가 갖고 있는 편견이 영향을 미치는 현상을 말한다.

10. **유사성 효과(Similar-to-me Effect)**
    평정자가 자기 자신과 성향이 유사한 부하에게 후한 점수를 주는 오차이다.

정답 ⑤

446

난이도 Self Check | 상 ◯ 중 ◯ 하 ◯

공무원에 대한 다면평가 방식의 장점과 유용성에 관한 설명으로 옳지 <u>않은</u> 것은?

① 조직구성원 간 원활한 커뮤니케이션을 통해 상호 이해의 폭을 넓힐 수 있다.
② 다면평가를 통해 능력과 성과중심의 인사관리가 이루어질 경우, 개인의 행태변화에 긍정적인 영향을 미친다.
③ 개인평가를 할 때 다면평가를 통해 인사고과에 대한 객관성과 공정성을 높일 수 있다.
④ 평가결과는 구성원에 대한 보상과 개인별 역량개발 및 교육훈련 등에 활용될 수 있다.
⑤ 다면평가는 조직 내 구성원 간의 갈등 해소 및 신뢰성을 제고하고, 그 평과결과는 반드시 승진이나 전보, 성과급 지급 등에 활용된다.

해설

다면평가는 조직 내 구성원간의 갈등을 유발할 수 있고, 그 평가결과는 승진이나 전보, 성과급 지급 등에 활용할 수 있다. 즉 다면평가는 반드시 실시해야 하는 것은 아니고 실시할 수 있는 것이다.

문제로 익히는 핵심이론 ❶

[다면평가]

1. 개념
   다면평가 제도란 어느 개인을 평가할 때 직속 상사 한 사람이 평가하는 것이 아니라, 다수의 평가자가 여러 방면에서 평가하는 것을 말한다.

2. 장점
   - 조직 구성원 간 원활한 커뮤니케이션을 통해 상호 이해의 폭을 넓힐 수 있다.
   - 다면평가를 통해 능력과 성과중심의 인사관리가 이루어질 경우, 개인의 행태변화에 긍정적인 영향을 미친다.
   - 개인평가를 할 때 다면평가를 통해 인사고과에 대한 객관성과 공정성을 높일 수 있다.
   - 평가결과는 구성원에 대한 보상과 개인별 역량개발 및 교육훈련 등에 활용될 수 있다.

3. 단점
   - 포퓰리즘(Populism, 대중영합주의, 인기투표식)으로 인해 상급자가 업무추진보다는 부하의 눈치를 의식하는 행정이 이루어질 가능성이 높다.
   - 참여의 범위를 지나치게 확대하여 평정대상자를 정확히 모르는 상태에서 평가가 이루어진다면 오히려 평가의 정확성을 떨어뜨릴 위험도 내포하고 있다.
   - 능력보다는 출신부처에 따른 평가로 부처 이기주의가 발생하고 소규모 부처 출신자들이 부당한 평가를 받을 가능성이 높다는 문제점을 안고 있다.
   - 평정자들이 평정의 취지와 방법을 잘 모를 경우에는 담합을 하거나 모락성 응답을 할 가능성이 높다.

문제로 익히는 핵심이론 ❷

[공무원 성과평가 등에 관한 규정]

제28조(다면평가) ① 소속 장관은 소속 공무원에 대한 능력개발 및 인사관리 등을 위하여 해당 공무원의 상급 또는 상위 공무원, 동료, 하급 또는 하위 공무원 및 민원인 등에 의한 다면평가를 실시할 수 있다.

정답 ⑤

447

난이도 Self Check | 상 ○ 중 ○ 하 ○

「공직자윤리법」의 내용으로 가장 옳지 <u>않은</u> 것은?

① 재산등록 및 공개의 의무
② 주식매각 또는 신탁 의무
③ 외국 정부 등으로부터 받은 선물의 신고
④ 퇴직공직자의 취업제한 의무
⑤ 비위면직자의 취업제한

해설
비위면직자의 취업제한은 부패방지 및 국민권익위원회 설치운영에 관한 법률(제82조)에 규정되어 있다.

문제로 익히는 핵심이론

[공직자윤리법]

제2조의2(이해충돌 방지 의무) ① 국가 또는 지방자치단체는 공직자가 수행하는 직무가 공직자의 재산상 이해와 관련되어 공정한 직무수행이 어려운 상황이 일어나지 아니하도록 노력하여야 한다.

제3조(등록의무자) ① 다음 각 호의 어느 하나에 해당하는 공직자는 이 법에서 정하는 바에 따라 재산을 등록하여야 한다.
1. 대통령·국무총리·국무위원·국회의원 등 국가의 정무직공무원
2. 지방자치단체의 장, 지방의회의원 등 지방자치단체의 정무직공무원
3. 4급 이상의 일반직 국가공무원 및 지방공무원과 이에 상당하는 보수를 받는 별정직공무원
4. 대통령령으로 정하는 외무공무원과 4급 이상의 국가정보원 직원 및 대통령경호처 경호공무원
5. 법관 및 검사
6. 헌법재판소 헌법연구관
7. 대령 이상의 장교 및 이에 상당하는 군무원
8. 교육공무원 중 총장·부총장·대학원장·학장(대학교의 학장을 포함한다) 및 전문대학의 장과 대학에 준하는 각종 학교의 장, 특별시·광역시·특별자치시·도·특별자치도의 교육감 및 교육장
9. 총경(자치총경을 포함한다) 이상의 경찰공무원과 소방정 이상의 소방공무원
10. 제3호부터 제7호까지 및 제9호의 공무원으로 임명할 수 있는 직위 또는 이에 상당하는 직위에 임용된 「국가공무원법」 제26조의5 및 「지방공무원법」 제25조의5에 따른 임기제공무원
11. 「공공기관의 운영에 관한 법률」에 따른 공기업(이하 "공기업"이라 한다)의 장·부기관장·상임이사 및 상임감사, 한국은행의 총재·부총재·감사 및 금융통화위원회의 추천직 위원, 금융감독원의 원장·부원장·부원장보 및 감사, 농업협동조합중앙회·수산업협동조합중앙회의 회장 및 상임감사
12. 제3조의2에 따른 공직유관단체(이하 "공직유관단체"라 한다)의 임원
12의2. 「한국토지주택공사법」에 따른 한국토지주택공사 등 부동산 관련 업무나 정보를 취급하는 대통령령으로 정하는 공직유관단체의 직원

제10조(등록재산의 공개) ① 공직자윤리위원회는 관할 등록의무자 중 다음 각 호의 어느 하나에 해당하는 공직자 본인과 배우자 및 본인의 직계존속·직계비속의 재산에 관한 등록사항과 제6조에 따른 변동사항 신고내용을 등록기간 또는 신고기간 만료 후 1개월 이내에 관보 또는 공보에 게재하여 공개하여야 한다.
1. 대통령, 국무총리, 국무위원, 국회의원, 국가정보원의 원장 및 차장 등 국가의 정무직공무원
2. 지방자치단체의 장, 지방의회의원 등 지방자치단체의 정무직공무원
3. 일반직 1급 국가공무원 및 지방공무원과 이에 상응하는 보수를 받는 별정직공무원
4. 대통령령으로 정하는 외무공무원
5. 고등법원 부장판사급 이상의 법관과 대검찰청 검사급 이상의 검사
6. 중장 이상의 장성급(將星級) 장교
7. 교육공무원 중 총장·부총장·학장(대학교의 학장은 제외한다) 및 전문대학의 장과 대학에 준하는 각종 학교의 장, 특별시·광역시·특별자치시·도·특별자치도의 교육감
8. 치안감 이상의 경찰공무원 및 특별시·광역시·특별자치시·도·특별자치도의 시·도경찰청장
8의2. 소방정감 이상의 소방공무원
9. 지방 국세청장 및 3급 공무원 또는 고위공무원단에 속하는 공무원인 세관장
10. 제3호부터 제6호까지, 제8호 및 제9호의 공무원으로 임명할 수 있는 직위 또는 이에 상당하는 직위에 임용된 「국가공무원법」 제26조의5 및 「지방공무원법」 제25조의5에 따른 임기제공무원. 다만, 제4호·제5호·제8호 및 제9호 중 직위가 지정된 경우에는 그 직위에 임용된 「국가공무원법」 제26조의5 및 「지방공무원법」 제25조의5에 따른 임기제공무원만 해당된다.
11. 공기업의 장·부기관장 및 상임감사, 한국은행의 총재·부총재·감사 및 금융통화위원회의 추천직 위원, 금융감독원의 원장·부원장·부원장보 및 감사, 농업협동조합중앙회·수산업협동조합중앙회의 회장 및 상임감사
12. 그 밖에 대통령령으로 정하는 정부의 공무원 및 공직유관단체의 임원
13. 제1호부터 제12호까지의 직(職)에서 퇴직한 사람(제6조 제2항의 경우에만 공개한다)

제14조의4(주식의 매각 또는 신탁) ① 등록의무자 중 제10조제1항에 따른 공개대상자와 기획재정부 및 금융위원회 소속 공무원 중 대통령령으로 정하는 사람(이하 "공개대상자 등"이라 한다)은 본인 및 그 이해관계자(제4조제1항제2호 또는 제3호에 해당하는 사람을 말하되, 제4조제1항제3호의 사람 중 제12조제4항에 따라 재산등록사항의 고지를 거부한 사람은 제외한다. 이하 같다) 모두가 보유한 주식의 총 가액이 1천만원 이상 5천만원 이하의 범위에서 대통령령으로 정하는 금액을 초과할 때에는 초과하게 된 날(공개대상자등이 된 날 또는 제6조의3제1항·제2항에 따른 유예사유가 소멸된 날 현재 주식의 총 가액이 1천만원 이상 5천만원 이하의 범위에서 대통령령으로 정하는 금액을 초과할 때에는 공개대상자등이 된 날 또는 유예사유가 소멸된 날을, 제14조의5 제6항에 따라 주식백지신탁 심사위원회에 직무관련성 유무에 관한 심사를 청구할 때에는 직무관련성이 있다는 결정을 통지받은 날을, 제14조의12에 따른 직권 재심사 결과 직무관련성이 있다는 결정을 통지받은 경우에는 그 통지를 받은 날을 말한다)부터 2개월 이내에 다음 각 호의 어느 하나에 해당하는 행위를 직접 하거나 이해관계자로 하여금 하도록 하고 그 행위를 한 사실을 등록기관에 신고하여야 한다. 다만, 제14조의5제7항 또는 제14조의12에 따라 주식백지신탁 심사위원회로부터 직무관련성이 없다는 결정을 통지받은 경우에는 그러하지 아니하다.

제15조(외국 정부 등으로부터 받은 선물의 신고) ① 공무원(지방의회의원을 포함한다. 이하 제22조에서 같다) 또는 공직유관단체의 임직원은 외국으로부터 선물(대가 없이 제공되는 물품 및 그 밖에 이에 준하는 것을 말하되, 현금은 제외한다. 이하 같다)을 받거나 그 직무와 관련하여 외국인(외국단체를 포함한다. 이하 같다)에게 선물을 받으면 지체 없이 소속 기관·단체의 장에게 신고하고 그 선물을 인도하여야 한다. 이들의 가족이 외국으로부터 선물을 받거나 그 공무원이나 공직유관단체 임직원의 직무와 관련하여 외국인에게 선물을 받은 경우에도 또한 같다.

제17조(퇴직공직자의 취업제한) ① 제3조제1항제1호부터 제12호까지의 어느 하나에 해당하는 공직자와 부당한 영향력 행사 가능성 및 공정한 직무수행을 저해할 가능성 등을 고려하여 국회규칙, 대법원규칙, 헌법재판소규칙, 중앙선거관리위원회규칙 또는 대통령령으로 정하는 공무원과 공직유관단체의 직원(이하 이 장에서 "취업심사대상자"라 한다)은 퇴직일부터 3년간 다음 각 호의 어느 하나에 해당하는 기관(이하 "취업심사대상기관"이라 한다)에 취업할 수 없다. 다만, 관할 공직자윤리위원회로부터 취업심사대상자가 퇴직 전 5년 동안 소속하였던 부서 또는 기관의 업무와 취업심사대상기관 간에 밀접한 관련성이 없다는 확인을 받거나 취업승인을 받은 때에는 취업할 수 있다.

정답 ⑤

448

난이도 Self Check | 상 ◯ 중 ◯ 하 ◯

공무원의 강등과 강임에 관한 설명으로 옳은 것은?

① 강등은 직위가 폐지되거나 하위의 직위로 변경되어 과원이 된 경우에 이루어진다.
② 강임은 결원을 보충하는 방법의 하나이다.
③ 강등된 공무원은 상위 직급에 결원이 생기면 우선 승진의 대상이 된다.
④ 공무원 본인이 동의하지 않으면 강등할 수 없다.
⑤ 징계의 수단으로 강임이 제도적으로 인정되고 있다.

해설

강임은 결원을 보충하는 방법의 하나로, 국가공무원법(제73조의4)에 규정되어 있다.

오답풀이
① 강임은 직위가 폐지되거나 하위의 직위로 변경되어 과원이 된 경우에 이루어진다.
③ 강임된 공무원은 상위 직급에 결원이 생기면 우선승진의 대상이 된다.
④ 공무원 본인이 동의하지 않으면 강임할 수 없다.
⑤ 징계의 수단으로 강등이 제도적으로 인정되고 있다.

문제로 익히는 핵심이론

[국가공무원법]

제73조의4(강임) ① 임용권자는 직제 또는 정원의 변경이나 예산의 감소 등으로 직위가 폐직되거나 하위의 직위로 변경되어 과원이 된 경우 또는 본인이 동의한 경우에는 소속 공무원을 강임할 수 있다.
② 제1항에 따라 강임된 공무원은 상위 직급 또는 고위공무원단 직위에 결원이 생기면 제40조·제40조의2·제40조의4 및 제41조에도 불구하고 우선 임용된다. 다만, 본인이 동의하여 강임된 공무원은 본인의 경력과 해당 기관의 인력 사정 등을 고려하여 우선 임용될 수 있다.

제80조(징계의 효력) ① 강등은 1계급 아래로 직급을 내리고(고위공무원단에 속하는 공무원은 3급으로 임용하고, 연구관 및 지도관은 연구사 및 지도사로 한다) 공무원신분은 보유하나 3개월간 직무에 종사하지 못하며 그 기간 중 보수는 전액을 감한다. 다만, 제4조제2항에 따라 계급을 구분하지 아니하는 공무원과 임기제공무원에 대해서는 강등을 적용하지 아니한다.

정답 ②

449

난이도 Self Check | 상 ○ 중 ○ 하 ○

「국가공무원법」상 공직윤리에 위배되는 행위로 적절한 것은?

① 공무원 甲은 소속 상관에게 직무상 관계가 없는 증여를 하였다.
② 공무원 乙은 소속기관장의 허가를 받아 다른 직무를 겸하였다.
③ 수사기관이 현행범인 공무원 丙을 소속기관의 장에게 미리 통보하지 않고 구속하였다.
④ 공무원 丁은 대통령의 허가를 받고 외국 정부로부터 증여를 받았다.
⑤ 공무원 戊는 소속 상관이 종교중립의 의무에 위배되는 직무상 명령을 하여 이에 따르지 아니하였다.

해설

공무원은 직무와 관련하여 직접적이든 간접적이든 사례·증여 또는 향응을 주거나 받을 수 없다. 또한 공무원은 직무상의 관계가 있든 없든 그 소속 상관에게 증여하거나 소속 공무원으로부터 증여를 받아서는 아니 된다. 따라서 공무원 甲이 소속 상관에게 직무상 관계가 없는 증여를 하였다면, 「국가공무원법」상 공직윤리에 위배되는 행위에 해당한다.

문제로 익히는 핵심이론

[국가공무원법]

제55조(선서) 공무원은 취임할 때에 소속 기관장 앞에서 대통령령등으로 정하는 바에 따라 선서(宣誓)하여야 한다. 다만, 불가피한 사유가 있으면 취임 후에 선서하게 할 수 있다.

제56조(성실 의무) 모든 공무원은 법령을 준수하며 성실히 직무를 수행하여야 한다.

제57조(복종의 의무) 공무원은 직무를 수행할 때 소속 상관의 직무상 명령에 복종하여야 한다.

제58조(직장 이탈 금지) ① 공무원은 소속 상관의 허가 또는 정당한 사유가 없으면 직장을 이탈하지 못한다.
② 수사기관이 공무원을 구속하려면 그 소속 기관의 장에게 미리 통보하여야 한다. 다만, 현행범은 그러하지 아니하다.

제59조(친절·공정의 의무) 공무원은 국민 전체의 봉사자로서 친절하고 공정하게 직무를 수행하여야 한다.

제59조의2(종교중립의 의무) ① 공무원은 종교에 따른 차별 없이 직무를 수행하여야 한다.
② 공무원은 소속 상관이 제1항에 위배되는 직무상 명령을 한 경우에는 이에 따르지 아니할 수 있다.

제60조(비밀 엄수의 의무) 공무원은 재직 중은 물론 퇴직 후에도 직무상 알게 된 비밀을 엄수(嚴守)하여야 한다.

제61조(청렴의 의무) ① 공무원은 직무와 관련하여 직접적이든 간접적이든 사례·증여 또는 향응을 주거나 받을 수 없다.
② 공무원은 직무상의 관계가 있든 없든 그 소속 상관에게 증여하거나 소속 공무원으로부터 증여를 받아서는 아니 된다.

제62조(외국 정부의 영예 등을 받을 경우) 공무원이 외국 정부로부터 영예나 증여를 받을 경우에는 대통령의 허가를 받아야 한다.

제63조(품위 유지의 의무) 공무원은 직무의 내외를 불문하고 그 품위가 손상되는 행위를 하여서는 아니 된다.

제64조(영리 업무 및 겸직 금지) ① 공무원은 공무 외에 영리를 목적으로 하는 업무에 종사하지 못하며 소속 기관장의 허가 없이 다른 직무를 겸할 수 없다.
② 제1항에 따른 영리를 목적으로 하는 업무의 한계는 대통령령등으로 정한다.

제65조(정치 운동의 금지) ① 공무원은 정당이나 그 밖의 정치단체의 결성에 관여하거나 이에 가입할 수 없다.
② 공무원은 선거에서 특정 정당 또는 특정인을 지지 또는 반대하기 위한 다음의 행위를 하여서는 아니 된다.
  1. 투표를 하거나 하지 아니하도록 권유 운동을 하는 것
  2. 서명 운동을 기도(企圖)·주재(主宰)하거나 권유하는 것
  3. 문서나 도서를 공공시설 등에 게시하거나 게시하게 하는 것
  4. 기부금을 모집 또는 모집하게 하거나, 공공자금을 이용 또는 이용하게 하는 것
  5. 타인에게 정당이나 그 밖의 정치단체에 가입하게 하거나 가입하지 아니하도록 권유 운동을 하는 것
③ 공무원은 다른 공무원에게 제1항과 제2항에 위배되는 행위를 하도록 요구하거나, 정치적 행위에 대한 보상 또는 보복으로서 이익 또는 불이익을 약속하여서는 아니 된다.
④ 제3항 외에 정치적 행위의 금지에 관한 한계는 대통령령등으로 정한다.

제66조(집단 행위의 금지) ① 공무원은 노동운동이나 그 밖에 공무 외의 일을 위한 집단 행위를 하여서는 아니 된다. 다만, 사실상 노무에 종사하는 공무원은 예외로 한다.
② 제1항 단서의 사실상 노무에 종사하는 공무원의 범위는 대통령령등으로 정한다.
③ 제1항 단서에 규정된 공무원으로서 노동조합에 가입된 자가 조합 업무에 전임하려면 소속 장관의 허가를 받아야 한다.

정답 ①

450

현행 「국가공무원법」에 규정된 징계처분에 관한 설명으로 옳지 않은 것은?

① 징계의 종류는 파면·해임·강등·정직·직위해제·감봉·견책으로 구분한다.
② 파면과 해임은 징계위원회의 의결을 거쳐 각 임용권자 또는 임용권을 위임한 상급 감독기관의 장이 한다.
③ 강등은 공무원 신분은 보유하나 3개월간 직무에 종사하지 못하고 그 기간 중 보수의 전액을 감한다.
④ 정직은 1개월 이상 3개월 이하이며, 정직 기간 동안 공무원의 신분은 유지하되, 직무에 종사하지 못하고 보수의 전액을 감한다.
⑤ 직무의 내외를 불문하고 그 체면 또는 위신을 손상하는 행위를 한 때는 징계사유에 해당한다.

해설

「국가공무원법」상 징계의 종류는 파면·해임·강등·정직·감봉·견책(譴責)으로 구분한다. 따라서 직위해제는 징계의 종류에 포함되지 않는다.

문제로 익히는 핵심이론

[국가공무원법]

제78조(징계 사유) ① 공무원이 다음 각 호의 어느 하나에 해당하면 징계 의결을 요구하여야 하고 그 징계 의결의 결과에 따라 징계처분을 하여야 한다.
1. 이 법 및 이 법에 따른 명령을 위반한 경우
2. 직무상의 의무(다른 법령에서 공무원의 신분으로 인하여 부과된 의무를 포함한다)를 위반하거나 직무를 태만히 한 때
3. 직무의 내외를 불문하고 그 체면 또는 위신을 손상하는 행위를 한 때

제79조(징계의 종류) 징계는 파면·해임·강등·정직·감봉·견책(譴責)으로 구분한다.

제80조(징계의 효력) ① 강등은 1계급 아래로 직급을 내리고(고위공무원단에 속하는 공무원은 3급으로 임용하고, 연구관 및 지도관은 연구사 및 지도사로 한다) 공무원신분은 보유하나 3개월간 직무에 종사하지 못하며 그 기간 중 보수는 전액을 감한다. 다만, 제4조제2항에 따라 계급을 구분하지 아니하는 공무원과 임기제공무원에 대해서는 강등을 적용하지 아니한다.
③ 정직은 1개월 이상 3개월 이하의 기간으로 하고, 정직 처분을 받은 자는 그 기간 중 공무원의 신분은 보유하나 직무에 종사하지 못하며 보수는 전액을 감한다.
④ 감봉은 1개월 이상 3개월 이하의 기간 동안 보수의 3분의 1을 감한다.
⑤ 견책(譴責)은 전과(前過)에 대하여 훈계하고 회개하게 한다.

제82조(징계 등 절차) ① 공무원의 징계처분등은 징계위원회의 의결을 거쳐 징계위원회가 설치된 소속 기관의 장이 하되, 국무총리 소속으로 설치된 징계위원회(국회·법원·헌법재판소·선거관리위원회에 있어서는 해당 중앙인사관장기관에 설치된 상급 징계위원회를 말한다. 이하 같다)에서 한 징계의결등에 대하여는 중앙행정기관의 장이 한다. 다만, 파면과 해임은 징계위원회의 의결을 거쳐 각 임용권자 또는 임용권을 위임한 상급 감독기관의 장이 한다.

정답 ①

451

난이도 Self Check | 상 ◯ 중 ◯ 하 ◯

국가공무원법상에 규정된 직위해제 사유에 해당되지 않는 자는?

① 직무수행 능력이 부족한 자
② 휴직 사유가 소멸된 후에도 직무에 복귀하지 않은 자
③ 근무성적이 극히 나쁜 자
④ 파면·해임에 해당하는 징계의결이 요구 중인 자
⑤ 정직에 해당하는 징계의결이 요구 중인 자

제73조의3(직위해제) ① 임용권자는 다음 각 호의 어느 하나에 해당하는 자에게는 직위를 부여하지 아니할 수 있다.
2. 직무수행 능력이 부족하거나 근무성적이 극히 나쁜 자
3. 파면·해임·강등 또는 정직에 해당하는 징계 의결이 요구 중인 자
4. 형사 사건으로 기소된 자(약식명령이 청구된 자는 제외한다)
5. 고위공무원단에 속하는 일반직공무원으로서 제70조의2제1항제2호부터 제5호까지의 사유로 적격심사를 요구받은 자
6. 금품비위, 성범죄 등 대통령령으로 정하는 비위행위로 인하여 감사원 및 검찰·경찰 등 수사기관에서 조사나 수사 중인 자로서 비위의 정도가 중대하고 이로 인하여 정상적인 업무수행을 기대하기 현저히 어려운 자
② 제1항에 따라 직위를 부여하지 아니한 경우에 그 사유가 소멸되면 임용권자는 지체 없이 직위를 부여하여야 한다.
③ 임용권자는 제1항제2호에 따라 직위해제된 자에게 3개월의 범위에서 대기를 명한다.
④ 임용권자 또는 임용제청권자는 제3항에 따라 대기 명령을 받은 자에게 능력 회복이나 근무성적의 향상을 위한 교육훈련 또는 특별한 연구과제의 부여 등 필요한 조치를 하여야 한다.
⑤ 공무원에 대하여 제1항제2호의 직위해제 사유와 같은 항 제3호·제4호 또는 제6호의 직위해제 사유가 경합(競合)할 때에는 같은 항 제3호·제4호 또는 제6호의 직위해제 처분을 하여야 한다.

정답 ②

해설

휴직 사유가 소멸된 후에도 직무에 복귀하지 않은 자는 직권면직 대상이다.

문제로 익히는 핵심이론

[국가공무원법]

제70조(직권 면직) ① 임용권자는 공무원이 다음 각 호의 어느 하나에 해당하면 직권으로 면직시킬 수 있다.
3. 직제와 정원의 개폐 또는 예산의 감소 등에 따라 폐직(廢職) 또는 과원(過員)이 되었을 때
4. 휴직 기간이 끝나거나 휴직 사유가 소멸된 후에도 직무에 복귀하지 아니하거나 직무를 감당할 수 없을 때
5. 제73조의3제3항에 따라 대기 명령을 받은 자가 그 기간에 능력 또는 근무성적의 향상을 기대하기 어렵다고 인정된 때
6. 전직시험에서 세 번 이상 불합격한 자로서 직무수행 능력이 부족하다고 인정된 때
7. 병역판정검사·입영 또는 소집의 명령을 받고 정당한 사유 없이 이를 기피하거나 군복무를 위하여 휴직 중에 있는 자가 군복무 중 군무(軍務)를 이탈하였을 때
8. 해당 직급·직위에서 직무를 수행하는데 필요한 자격증의 효력이 없어지거나 면허가 취소되어 담당 직무를 수행할 수 없게 된 때
9. 고위공무원단에 속하는 공무원이 제70조의2에 따른 적격심사 결과 부적격 결정을 받은 때

452

난이도 Self Check | 상 ○ 중 ○ 하 ○

내부고발에 관한 설명으로 옳지 않은 것은?

① 내부고발의 대상은 일반적으로 조직 내에서 행해진 비윤리적 행위이다.
② 내부고발의 대상이 되는 문제를 조직 내에서 해결할 장치가 없거나 제대로 작동되지 않을 때 주로 일어난다.
③ 내부고발은 조직 내부의 비리를 대외적으로 폭로하는 외부적 행위이다.
④ 내부고발제 실시로 조직 내에서 부패에 대한 경각심 확대와 부패 억제 효과가 기대된다.
⑤ 현재 우리나라에서 내부고발자를 보호하는 법률은 행정절차법이다.

해설

현재 우리나라에서 내부고발자를 보호하는 법률은 부패방지 및 국민권익위원회의 설치와 운영에 관한 법률이다.

문제로 익히는 핵심이론 ❶

[내부고발]

1. **개념**
   - 내부고발: 조직구성원인 개인 또는 집단(퇴직자도 포함)이 비윤리적이라고 판단되는 조직 내부의 일을 대외적으로 폭로하는 행위를 의미한다.
   - 내부고발자보호제도: 내부고발자(Whistle Blower)의 내부비리 폭로행위를 보호해 주는 제도이다. 즉 내부고발자의 신변보호, 신분보장, 책임의 감면, 보상 등을 의미한다.

2. **특징**
   - 내부자에 의한 자발적 부패통제: 조직의 내부자에 의한 자발적이고 양심적 의지에 의한 부패방지 노력이다.
   - 이타주의적 외형과 실질적 동기의 다양성: 내부고발은 윤리적 신념 등 이타주의적 동기에 의한 경우도 있고, 자기이익 추구적 동기에 의한 경우도 있다.
   - 비공식적 경로: 조직 내부의 계선을 거치지 않고 외부적 통로를 이용한 대외적 공표를 의미한다.

3. **기능**

순기능	역기능
• 부패근절에 기여	• 구성원 간 불신 조장
• 국민의 알 권리 확보	• 공무상 기밀누설 우려
• 조직 내부 민주화에 기여	• 응집성 저하
• 건전한 시민의식 함양	• 조직 내부질서 교란 가능성

문제로 익히는 핵심이론 ❷

[부패방지 및 국민권익위원회의 설치와 운영에 관한 법률]

제62조(불이익조치 등의 금지) ① 누구든지 신고자에게 신고나 이와 관련한 진술, 자료 제출 등(이하 "신고등"이라 한다)을 한 이유로 불이익조치를 하여서는 아니 된다.

정답 ⑤

453

난이도 Self Check | 상 ◯ 중 ◯ 하 ◯

공직부패에 관한 설명으로 옳은 것은?

① 사회문화적 접근법은 공직부패의 원인에 대하여 문화적 특성, 제도상 결함, 구조상 모순 등 다양한 요인으로 설명한다.
② 체제론적 접근법은 부패의 원인을 주로 개인들의 윤리의식과 자질에서 찾는다.
③ 제도적 접근법에서 행정통제 장치의 미비는 공무원 부패의 주요 원인이다.
④ 백색부패는 부당하게 사익을 추구하는 부패의 유형이다.
⑤ 부패의 제도화 정도에 따라 거래형 부패와 사기형 부패로 나눌 수 있다.

해설

제도적 접근법에서 행정통제 장치의 미비는 공무원 부패의 주요 원인으로 볼 수 있다.

오답풀이

① 공직부패의 원인에 대하여 문화적 특성, 제도상 결함, 구조상 모순 등 다양한 요인으로 설명하는 것은 체제론적 접근법이다.
② 부패의 원인을 주로 개인들의 윤리의식과 자질에서 찾는 것은 도덕적 접근법이다.
④ 백색부패는 선의의 목적으로 행해지는 부패의 유형이다.
⑤ 거래여부에 따라 거래형 부패와 사기형 부패로 나눌 수 있다. 부패의 제도화 정도에 따라 일탈형 부패와 제도화된 부패로 나눌 수 있다.

문제로 익히는 핵심이론

[부패의 접근방법]

1. 도덕적 접근법
관료부패를 개인 행동의 결과로 보아 개인이나 소규모 집단이 공적 역할을 지배하는 법규를 침해한 경우, 부패의 원인을 이러한 행위에 참여한 개인들의 윤리, 자질의 탓으로 돌리는 경우를 말한다. 즉, 개인의 성격이라든가 독특한 습성과 윤리문제가 부패행태와 밀접한 관련이 있다고 보는 입장이다.

2. 사회문화적 접근법
특정한 지배적 관습이나 경험적 습성과 같은 것이 관료부패를 조장한다고 보는 입장이다. 예를 들어서 우리에게는 전통적으로 선물 관행이나 보은 의식이 있고, 또한 인사문화가 있는데, 이것이 관료부패의 한 원인이라고 할 경우 이것은 바로 사회문화적 입장에서 관료부패를 파악하는 것이다.

3. 제도적 접근법
사회의 법과 제도상의 결함이나 또는 이러한 것들에 대한 관리기구들과 그 운영상의 문제, 또는 예기치 않았던 부작용들이 부정부패의 원인으로 작용한다고 보는 입장이다. 특히 행정통제장치의 미비는 이러한 접근법에서 나타나는 대표적인 관료부패의 원인이다.

4. 체제론적 접근법
관료부패는 어느 하나의 변수에 의하여 설명되는 것이 아니라, 그 나라의 문화적 특성, 제도상의 결함, 구조상의 모순, 그리고 관료의 비윤리적 행태 등 다양한 요인에 의하여 복합적으로 나타난다고 보는 입장이다. 이러한 관점에서 볼 경우 공무원 부패는 부분적인 대응으로는 억제하기가 매우 어려운 문제라고 할 수 있다.

정답 ③

454

다음 내용을 통해 알 수 있는 부패의 종류로 적절한 것은?

- 부패행위로 규정될 수 있으나 사회구성원의 다수가 어느 정도 용인하는 관례화된 부패로서 사회 체제에 심각한 파괴적 영향을 미치지 않는다.
- 금융위기가 심각함에도 불구하고 국민들의 동요나 기업활동의 위축을 방지하기 위해 금융위기가 전혀 없다고 관련 공무원이 거짓말을 하는 것과 같이 공무원이 사적인 이익을 취하기 위해서가 아니라, 경제안정 등과 같이 공익을 위한 목적으로 행한다.

① 백색 부패
② 일탈형 부패
③ 흑색 부패
④ 제도화된 부패
⑤ 회색 부패

해설

백색 부패에 관한 내용이다.

[부패의 영향에 따른 분류]

- **백색부패와 흑색부패**: '선의의 거짓말'이 있듯이, 부패에도 '선의'의 목적으로 행해지는 부패행위가 있다. 이러한 행위는 대개 의사결정이나 발언의 형태를 통해 나타나게 된다. 그러나 이러한 발언은 공무원이 사적인 이익을 취하기 위한 것이라기보다는 공적인 이익을 위한 것이라는 점에서 일반적인 부패와 구분하여 '백색부패'라고 한다. 물론 그렇다고 이런 백색부패와 같은 유형의 행위가 용인될 수 있는 것은 아니다. 당연히 부패의 범주에 들어가는 것이지만, 일반적인 부패의 유형과는 구별되는 특징을 지니고 있기 때문에 백색부패라는 용어를 사용하고 있다. 이와는 반대로 부당하게 사익을 추구하는 부패의 유형은 '흑색부패'라는 용어로 불리고 있다.
- **회색부패**: 백색부패와 흑색부패의 중간 점이지대에서 발생하는 유형의 부패를 의미한다. 명백한 부패에 해당한다고 할 수 있는 흑색부패의 유형들은 대개 형법이나 공직자윤리법, 부패방지법 등에 규정될 수 있다. 하지만 아직까지 일부 논란이 있거나 혹은 가치판단을 요하는 유형들은 법률보다는 공무원 윤리강령이나 혹은 행동강령 등에 규정된다.
    - 예 과도한 선물의 수수를 윤리강령에 규정될 수 있지만, 이를 법률 등에 규정하는 것에 대해서는 반론이 있는 경우 등

정답 ①

재무행정론 기출예상문제

455

특별회계 제도에 관한 설명으로 옳은 것은?

① 예산집행부서의 재량을 억제하여 책임성을 제고한다.
② 예산 단일성의 원칙을 준수하는 데 유리하다.
③ 특별회계는 대통령령으로 설치할 수 있다.
④ 예산 통일성의 원칙의 예외에 해당하는 제도이다.
⑤ 예산제도가 단순해지므로 국가 재정의 통합적 관리에 유리하다.

해설

특별회계는 특정한 세입을 특정한 세출에 충당하므로 예산 통일성과 단일성의 원칙의 예외에 해당하는 제도이다.

오답풀이
① 특별회계는 일반회계에 비해 예산집행부서의 재량을 제고하나 책임성을 약화한다.
② 일반회계와 별도로 설치하므로 예산 단일성의 원칙의 예외에 해당하는 제도이다.
③ 특별회계는 법률로써 설치한다.
⑤ 예산제도가 복잡해지므로 국가 재정의 통합적 관리가 곤란해진다. 즉 특별회계는 예산 단일성의 원칙의 예외에 해당한다.

문제로 익히는 핵심이론

[국가재정법]
제4조(회계구분) ① 국가의 회계는 일반회계와 특별회계로 구분한다.
② 일반회계는 조세수입 등을 주요 세입으로 하여 국가의 일반적인 세출에 충당하기 위하여 설치한다.
③ 특별회계는 국가에서 특정한 사업을 운영하고자 할 때, 특정한 자금을 보유하여 운용하고자 할 때, 특정한 세입으로 특정한 세출에 충당함으로써 일반회계와 구분하여 회계처리할 필요가 있을 때에 법률로써 설치하되, 별표 1에 규정된 법률에 의하지 아니하고는 이를 설치할 수 없다.

정답 ④

456

「국가재정법」상 기금에 관한 설명으로 옳지 <u>않은</u> 것은?

① 기금관리 주체는 지출계획의 주요항목 지출금액의 범위 안에서 대통령령이 정하는 바에 따라 세부 항목 지출금액을 변경할 수 있다.
② 정부는 주요항목 단위로 마련된 기금운용 계획안을 회계연도 개시 90일 전까지 국회에 제출하여야 한다.
③ 국회는 정부가 제출한 기금운용계획안의 주요항목 지출금액을 증액하거나 새로운 과목을 설치고자 하는 때에는 미리 정부의 동의를 얻어야 한다.
④ 정부는 기금이 여성과 남성에 미칠 영향을 미리 분석한 보고서를 작성하여야 한다.
⑤ 국가가 특정한 목적을 위하여 특정한 자금을 신축적으로 운용할 필요가 있을 때에 한하여 법률로써 설치한다.

해설

정부는 주요항목 단위로 마련된 기금운용 계획안을 회계연도 개시 120일 전까지 국회에 제출하여야 한다.

문제로 익히는 핵심이론

[국가재정법]

제5조(기금의 설치) ① 기금은 국가가 특정한 목적을 위하여 특정한 자금을 신축적으로 운용할 필요가 있을 때에 한정하여 법률로써 설치하되, 정부의 출연금 또는 법률에 따른 민간부담금을 재원으로 하는 기금은 별표 2에 규정된 법률에 의하지 아니하고는 이를 설치할 수 없다.
② 제1항의 규정에 따른 기금은 세입세출예산에 의하지 아니하고 운용할 수 있다.
제68조(기금운용계획안의 국회제출 등) ① 정부는 제67조제3항의 규정에 따른 주요항목 단위로 마련된 기금운용계획안을 회계연도 개시 120일 전까지 국회에 제출하여야 한다.
제68조의2(성인지 기금운용계획서의 작성) ① 정부는 기금이 여성과 남성에게 미칠 영향을 미리 분석한 보고서를 작성하여야 한다.
제69조(증액 동의) 국회는 정부가 제출한 기금운용계획안의 주요항목 지출금액을 증액하거나 새로운 과목을 설치하고자 하는 때에는 미리 정부의 동의를 얻어야 한다.
제70조(기금운용계획의 변경) ① 기금관리주체는 지출계획의 주요항목 지출금액의 범위 안에서 대통령령으로 정하는 바에 따라 세부항목 지출금액을 변경할 수 있다.

정답 ②

457

난이도 Self Check | 상 ○ 중 ○ 하 ○

예산절차상의 특징에 따른 예산의 유형에 관한 설명으로 옳은 것은?

① 본예산은 정기국회의 심의를 거쳐 확정된 최초의 예산으로 당초예산이라고도 한다.
② 수정예산은 예산이 국회를 통과한 이후 예산집행과정에서 다시 제출되는 예산이다.
③ 추가경정예산은 예산안이 제출된 이후 국회의결 이전에 기존안의 일부를 수정해 제출한 예산이다.
④ 준예산은 새로운 회계연도가 시작되는 날로부터 최초 수개월분의 일정한 금액의 예산을 정부가 집행할 수 있게 허가하는 제도이다.
⑤ 잠정예산은 회계연도 개시 전에 예산이 의결되지 못하는 경우를 대비해 의회가 미리 1개월분 예산만 의결해 정부로 하여금 집행할 수 있도록 하는 예산이다.

해설
본예산은 정기국회의 심의를 거쳐 확정된 최초의 예산으로 당초예산이라고도 한다.

오답풀이
② 예산이 국회를 통과한 이후 예산집행과정에서 다시 제출되는 예산은 추가경정예산이다.
③ 예산안이 제출된 이후 국회의결 이전에 기존안의 일부를 수정해 제출한 예산은 수정예산이다.
④ 새로운 회계연도가 시작되는 날로부터 최초 수개월분의 일정한 금액의 예산을 정부가 집행할 수 있게 허가하는 제도는 잠정예산이다.
⑤ 회계연도 개시 전에 예산이 의결되지 못하는 경우를 대비해 의회가 미리 1개월분 예산만 의결해 정부로 하여금 집행할 수 있도록 하는 예산은 가예산이다.

문제로 익히는 핵심이론

[예산절차상 특징에 따른 분류]

1. **본예산(당초예산)**
   - 개념: 정상적인 절차를 거쳐 편성·심의·확정된 최초의 예산을 말한다.
   - 특징: 본예산만으로는 국제정세나 사회·경제사정의 변화 등에 적절히 대응할 수 없는 경우가 있다. 이에 대비하기 위하여 수정예산과 추가경정예산이 요구된다.

2. **수정예산**
   - 개념: 예산안이 국회에 제출된 후, 심의를 거쳐 성립되기 이전에 부득이한 사유로 인하여 그 내용의 일부를 수정하고자 하는 경우에 작성되는 예산안을 말한다.
   - 특징
     - 정부는 국무회의 심의를 거친 후 대통령의 승인을 얻어 수정예산안을 국회에 제출할 수 있으며, 수정예산안은 상임위원회와 예산결산 특별위원회의 심의를 거쳐야 한다.
     - 이미 제출한 예산안이 예비심사나 종합심사 중에 있을 때에는 수정예산을 함께 심사하고, 심사가 종료된 경우에는 별도로 심사를 거쳐야 한다.
   - 사례: 우리나라의 경우에도 사용한 예가 있다.

3. **추가경정예산(예산 단일성의 원칙 예외)**
   - 개념: 예산이 국회를 통과하여 성립한 후에 생긴 불가피한 사유로 인하여, 이미 성립된 예산에 변경을 가할 필요가 있을 때 편성되는 예산을 말한다. 마지막 추가경정예산을 최종예산이라고 한다.
   - 특징
     - 추가경정예산은 본예산과는 달리, 별개로 성립되는 것이어서 예산 단일성의 원칙에 예외가 되며, 자원의 적정배분을 저해하고 국회의 예산통제도 약화하게 된다.
     - 추가경정예산은 본예산과 별개로 성립되지만 일단 성립되면 통합하여 운용된다.
   - 사례: 추가경정예산은 횟수의 제한이 없으며, 우리나라의 경우 사용한 예가 많다.
   - 편성요건: 「국가재정법」상 추가경정예산의 편성요건은 다음과 같다.
     - 전쟁이나 대규모 자연재해가 발생한 경우
     - 경기침체·대량실업, 남북관계의 변화, 경제협력과 같은 대내·외 여건에 중대한 변화가 발생하였거나 발생할 우려가 있는 경우
     - 법령에 따라 국가가 지급하여야 하는 지출이 발생하거나 증가하는 경우

정답 ①

458

난이도 Self Check | 상 ○ 중 ○ 하 ○

예산이 성립하지 않을 때 중앙정부가 사용하는 예산제도에 관한 설명으로 옳지 <u>않은</u> 것은?

① 우리나라는 1960년도 이후부터 준예산제도를 채택하고 있다.
② 우리나라는 회계연도 개시 30일 전까지 국회에서 예산안이 의결되지 못하는 경우 준예산을 사용할 수 있다.
③ 우리나라의 제1공화국 때는 가예산제도를 사용했다.
④ 영국, 캐나다, 일본 등은 잠정예산제도를 사용하고 있다.
⑤ 우리나라는 준예산제도를 실제 사용해 본 경험이 없다.

문제로 익히는 핵심이론 ❷

[헌법]

제54조 ① 국회는 국가의 예산안을 심의·확정한다.
② 정부는 회계연도마다 예산안을 편성하여 회계연도 개시 90일 전까지 국회에 제출하고, 국회는 회계연도 개시 30일 전까지 이를 의결하여야 한다.
③ 새로운 회계연도가 개시될 때까지 예산안이 의결되지 못한 때에는 정부는 국회에서 예산안이 의결될 때까지 다음의 목적을 위한 경비는 전년도 예산에 준하여 집행할 수 있다.
  1. 헌법이나 법률에 의하여 설치된 기관 또는 시설의 유지·운영
  2. 법률상 지출의무의 이행
  3. 이미 예산으로 승인된 사업의 계속

문제로 익히는 핵심이론 ❸

[국가재정법]

제55조(예산불확정 시의 예산집행) ① 정부는 국회에서 부득이한 사유로 회계연도 개시 전까지 예산안이 의결되지 못한 때에는 「헌법」 제54조제3항의 규정에 따라 예산을 집행하여야 한다.
② 제1항의 규정에 따라 집행된 예산은 해당 연도의 예산이 확정된 때에는 그 확정된 예산에 따라 집행된 것으로 본다.

정답 ②

해설

우리나라는 회계연도 개시 30일 전이 아니라 새로운 회계연도 개시일(1월 1일) 전까지 국회에서 예산안이 의결되지 못하는 경우 준예산을 사용할 수 있다.

문제로 익히는 핵심이론 ❶

[예산불성립 시 예산제도]

구분	기간 제한	국회 의결	지출 항목	채택 국가	한국 채택여부
준예산	없음	불필요	한정적	한국·독일	3차 개헌 이후
잠정예산	수개월	필요	전반적	미국·영국·캐나다·일본	불채택
가예산	1개월	필요	전반적	프랑스(제3·4공화국)	제1공화국

459

난이도 Self Check | 상 ○ 중 ○ 하 ○

성인지 예산제도에 관한 설명으로 옳지 않은 것은?

① 2010년 회계연도부터 우리나라 정부예산에 실제 시행되었다.
② 예산이 남성이 아니라 여성에게 미치는 효과를 분석하여 양성평등을 위한 예산집행을 추구한다.
③ 성인지 예산서에는 성평등 기대효과, 성과목표, 성별 수혜분석 등을 포함하여야 한다.
④ 양성평등을 위한 정책의 결과(성인지 예산서 작성)와 과정(예산의 성별 영향 분석과정)을 동시에 추구한다.
⑤ 예산과정에 대한 성 주류화의 적용으로 양성평등을 위한 실질적인 예산배분의 변화를 추구한다.

해설

예산이 여성과 남성 모두에게 미치는 효과를 분석하여 양성평등을 위한 예산집행을 추구한다.

문제로 익히는 **핵심이론 ①**

[성인지 예산제도]

1. 개념
   - 예산이 여성과 남성에게 미치는 효과를 분석해 국가재정이 성별로 평등하게 집행될 수 있도록 편성된 예산을 성인지 예산이라고 하며, 이를 분석한 보고서를 '성인지 예산서'라고 한다.
   - 「국가재정법」 제16조에는 예산이 여성과 남성에게 미칠 영향을 미리 분석한 보고서인 성인지 예산서를 작성하도록 명시하고 있으며 중앙정부는 2010년, 지방정부는 2014년도부터 실시하고 있다.

2. 성 주류화(Gender Mainstreaming)와 성인지 예산
   - 성인지 예산은 예산이 성별에 미치는 영향이 다르다는 것을 전제하며, 예산과정에 성 주류화의 적용을 의미한다. 성 주류화란 여성이 사회 모든 주류 영역에 참여해 목소리를 내고 의사결정권을 갖는 형태로 사회시스템 운영 전반이 전환되는 것을 말한다.
   - 1995년 중국 베이징(北京)에서 열린 유엔 세계여성대회에서 국가정책의 모든 단계에서 양성평등적인 시각이 통합되고 정책의 설정, 시행, 결과의 측면에서 양성이 평등한 권리를 갖는다는 성 주류화가 채택되었다.
   - 성인지 예산제도는 결과물로서 성인지 예산서를 작성하는 것에 그치지 않고, 예산재원 배분 및 재정사업의 성별 영향 분석과정을 통해 양성평등 인식을 제고하고 실질적인 예산배분의 변화를 유도하기 위한 목적이 있다.

문제로 익히는 **핵심이론 ②**

[국가재정법]

제16조(예산의 원칙) 정부는 예산을 편성하거나 집행할 때 다음 각 호의 원칙을 준수하여야 한다.
1. 정부는 재정건전성의 확보를 위하여 최선을 다하여야 한다.
2. 정부는 국민부담의 최소화를 위하여 최선을 다하여야 한다.
3. 정부는 재정을 운용할 때 재정지출 및 「조세특례제한법」 제142조의2제1항에 따른 조세지출의 성과를 제고하여야 한다.
4. 정부는 예산과정의 투명성과 예산과정에의 국민참여를 제고하기 위하여 노력하여야 한다.
5. 정부는 「성별영향평가법」 제2조제1호에 따른 성별영향평가의 결과를 포함하여 예산이 여성과 남성에게 미치는 효과를 평가하고, 그 결과를 정부의 예산편성에 반영하기 위하여 노력하여야 한다.
6. 정부는 예산이 「기후위기 대응을 위한 탄소중립·녹색성장 기본법」 제2조제5호에 따른 온실가스(이하 "온실가스"라 한다) 감축에 미치는 효과를 평가하고, 그 결과를 정부의 예산편성에 반영하기 위하여 노력하여야 한다.

제26조(성인지 예산서의 작성) ① 정부는 예산이 여성과 남성에게 미칠 영향을 미리 분석한 보고서[이하 "성인지(性認知)예산서"라 한다]를 작성하여야 한다.
② 성인지 예산서에는 성평등 기대효과, 성과목표, 성별 수혜분석 등을 포함하여야 한다.

문제로 익히는 **핵심이론 ③**

[국가재정법 시행령]

제9조(성인지 예산서의 내용 및 작성기준 등) ① 법 제26조에 따른 성인지 예산서(이하 "성인지 예산서"라 한다)에는 다음 각 호의 내용이 포함되어야 한다.
1. 성인지 예산의 개요
2. 성인지 예산의 규모
2의2. 성인지 예산의 성평등 기대효과, 성과목표 및 성별 수혜분석
3. 그 밖에 기획재정부장관이 정하는 사항
② 성인지 예산서는 기획재정부장관이 여성가족부장관과 협의하여 제시한 작성기준(성인지 예산서 작성 대상사업 선정 기준을 포함한다) 및 방식 등에 따라 각 중앙관서의 장이 작성한다.

정답 ②

460

난이도 Self Check | 상 ○ 중 ○ 하 ○

행정부 우위의 현대적 예산원칙으로 옳은 것을 모두 고르면?

> ㉠ 사전승인의 원칙
> ㉡ 예산관리 수단 확보의 원칙
> ㉢ 보고의 원칙
> ㉣ 엄밀성의 원칙
> ㉤ 사업계획의 원칙
> ㉥ 한정성의 원칙
> ㉦ 시기 신축성의 원칙
> ㉧ 책임의 원칙
> ㉨ 명료성의 원칙

① ㉠, ㉡, ㉣, ㉧, ㉨
② ㉠, ㉢, ㉣, ㉤, ㉧
③ ㉡, ㉢, ㉤, ㉦, ㉧
④ ㉡, ㉢, ㉥, ㉧, ㉨
⑤ ㉢, ㉣, ㉤, ㉥, ㉦

해설

행정부 우위의 현대적 예산원칙에 해당되는 것은 ㉡, ㉢, ㉤, ㉦, ㉧이다.

문제로 익히는 핵심이론

입법부 우위의 전통적 예산원칙	행정부 우위의 현대적 예산원칙
공개성의 원칙 명료성의 원칙 사전승인(의결)의 원칙 엄밀성의 원칙 한정성의 원칙 단일성의 원칙 통일성의 원칙 완전성의 원칙 균형성의 원칙	사업계획의 원칙 책임의 원칙 보고의 원칙 예산관리 수단 확보의 원칙 다원적 절차의 원칙 상호교류적 예산기구의 원칙 행정부 재량의 원칙 시기 신축성의 원칙

정답 ③

461

난이도 Self Check | 상 ○ 중 ○ 하 ○

예산을 배분하는 데에는 경제적 원리와 정치적 원리가 있다. 이때 예산분배의 경제적 원리의 기준으로 적절한 것은?

① 공정한 몫의 분배
② 균형화 원리
③ 참여적 결정
④ 득표 극대화
⑤ 파레토 최적

해설

예산분배의 경제적 원리는 자원배분의 효율성을 추구한다. 즉 파레토 최적을 추구한다.

파레토 최적은 한 배분상태가 실현 가능하고 다른 모든 실현 가능한 배분상태와 비교해 볼 때 이보다 파레토 우위인 배분상태가 없으면 이러한 배분상태를 일컬어 파레토의 최적이라 한다. 즉 사회 내의 어떤 사람의 후생을 감소하지 않고서는 다른 어떤 사람의 후생, 즉 효용(Utility, 재화와 용역의 사용으로부터 얻을 수 있는 주관적인 만족을 측정하는 단위)을 증대시킬 수 없는 실현 가능한 배분상태를 말한다.

문제로 익히는 핵심이론

[예산분배의 경제적 및 정치적 원리]

구분	경제적 원리	정치적 원리
목적	효율적인 자원배분 (효율성)	공정한 몫의 배분 (형평성)
기준	경제적 합리성	정치적 합리성
행동원리	최적화 원리 (파레토 최적)	균형화 원리
이론	총체주의	점증주의
행태	사회후생의 극대화	몫(득표)의 극대화

정답 ⑤

462

난이도 Self Check | 상 ◯ 중 ◯ 하 ◯

예산과정에서의 점증주의 모형에 관한 설명으로 옳지 않은 것은?

① 점증주의는 결정자의 인식능력의 한계를 전제로 한다.
② 합리주의와 달리 결정과 관련된 모든 요소를 검토할 수 없다고 본다.
③ 기존의 예산과 조금 차이가 나는 대안을 검토하여 그 가운데 하나를 선택하게 된다.
④ 결정상황을 제약하는 비용, 시간 등의 요소를 감안하여 결정의 복잡한 문제를 단순화하자는 것이다.
⑤ 비용편익분석, 선형계획법 등 계량적 모형을 이용하여 예산을 배정함으로써 사업목표를 효과적으로 달성할 수 있다.

해설
예산과정에서의 합리주의 모형에 관한 설명이다.

문제로 익히는 핵심이론

[점증주의와 합리주의]

1. 점증주의(점증모형)
  (1) 개념 및 관련 예산제도
    - 점증주의적 예산결정방법은 전년도의 예산액을 기준으로 다음 연도의 예산액을 결정하는 방법으로, 이해관계자 간의 타협·갈등·투쟁·흥정을 거쳐 그들의 이익이 조절된 정치적 합리성을 강조한다. 따라서 예산과정 참여자들 간의 협의의 정도가 좋은 예산의 기준이 되며, 이해관계자의 타협과 조정을 강조하므로 소폭적 변동은 가능하나 급격한 변동은 곤란하다.
    - 품목별 예산제도(LIBS)와 성과주의 예산제도(PBS)를 점증주의에 의한 예산결정 방식이라고 볼 수 있다.
  (2) 특징
    - 정치적으로 중요한 여러 가지 정책대안 중에서 한정된 몇 가지 대안만을 고려대상으로 삼는다.
    - 예산의 선택 기준을 다원주의 사회를 바탕으로 한 정치적 합리성에 둔다.
    - 예산과정은 보수적·정치적·단편적 과정이다.
    - 정책의 선택은 연속적인 과정의 하나이다.
    - 목적·수단의 구분을 지양하고 한계적 가치만을 고려한다.
    - 일단 정해진 목적에 따른 경제적 분석이 아니라 가치와 경험을 혼합한 분석이다.
    - 예산결정에서 관련된 이론이 없거나 이론에 대한 불신이 클 때 많이 사용된다.
    - 다수의 참여자들 간 고리형의 상호작용을 통한 합의를 중시한다.
    - 자원이 부족한 경우 소수 기득권층의 이해를 먼저 반영하게 되어 사회적 불평등을 야기할 우려가 있다.

2. 합리주의(합리모형, 총체주의, 규범주의)
  (1) 개념 및 관련 예산제도
    - 합리주의적 예산결정 방법은 예산결정에 관련된 모든 요소를 관리과학적인 분석기법을 사용하여 종합적으로 평가함으로써 예산결정 과정상에 고도의 합리성을 추구하는 것이다.
    - 과학적 분석기법을 주요 대안의 평가수단으로 삼으며, 계획예산제도(PPBS), 목표관리(MBO)와 영기준 예산제도(ZBB) 등을 그 예로 들 수 있다.
  (2) 특징
    - 결정에 관련된 모든 요소를 종합적으로 검토하는 통합적·총체적·규범적 접근이다.
    - 정책을 목적·수단접근방법으로 다루며 기본적으로 목적과 수단을 분리·구별한다.
    - 사회적 목표의 명확한 정의가 이루어진다.
    - 대안별로 비용과 편익을 비교하여 목표를 최대한으로 달성할 수 있거나 가장 적은 비용이 드는 대안을 선택한다.

정답 ⑤

463

난이도 Self Check | 상 ○ 중 ○ 하 ○

품목별 예산제도에 관한 설명으로 옳지 않은 것은?

① 예산의 유용이나 남용을 방지하는 데 도움이 된다.
② 투입 지향적 예산제도이다.
③ 정부사업의 우선순위 파악이 용이하다.
④ 기획 지향적이라기보다는 통제 지향적이다.
⑤ 의회의 예산심의가 용이하다.

> 문제로 익히는 핵심이론

[품목별 예산제도(LIBS: Line-Item Budgeting System)]

1. **개념과 목적**
   (1) 개념
   - 품목별 예산제도란 정부지출의 대상이 되는 물품 또는 품목(인건비, 물건비, 여비 등)을 기준으로 하는 예산제도로, 예산의 통제기능을 충족시키기 위하여 고안되었다.
   - 품목별 예산은 세입과 세출을 표시하면서 기관별 예산, 기관의 운영과 행정활동에 소요되는 품목을 나열하여 그 내용을 금전적으로 표시하는 것을 말한다.

   (2) 목적
   개별부서의 지출을 통제하고, 공무원들로 하여금 회계적 책임에 민감하도록 엄격하게 회계검사를 수행하도록 하는 것이 품목별 예산제도의 기본목적이다. 이러한 예산체제는 공공부문의 자의적인 지출행위를 감소시키는 데 크게 기여한 것으로 평가되었다.

2. **장단점**
   (1) 장점
   - 예산의 유용이나 남용을 방지하는 데 도움이 된다.
   - 의회의 예산심의가 용이하다.
   - 통일적·종합적·정규적인 회계검사와 재정통제가 용이하다.
   - 회계책임이 명확하다.
   - 행정부 재량의 여지를 축소함으로써 상대적인 입법권 강화를 유도할 수 있다.
   - 급여와 재화 또는 용역의 구매에 효과적이다.
   - 인사행정에서 정실임용과 같은 것을 억제하며, 인사행정에 유익한 정보를 얻을 수 있다.

   (2) 단점
   - 예산운영의 신축성이 없다.
   - 정부가 예산을 통해 의도하는 지출의 전체적인 성과를 알 수 없다.
   - 행정부의 정책이나 사업계획 수립에 유용한 자료를 제공해 주지 못한다.
   - 투입 중심의 예산편성으로 인해 사업성과에 대한 이해가 어렵고, 재정지출의 구체적인 목표의식이 결여되어 있다.
   - 품목들이 상세히 기재될수록 관리자의 유연성이 떨어지기 때문에 환경 변화가 심한 경우 능동적인 재정대응이 어렵게 된다.
   - 각 부처가 구입하는 품목을 중심으로 예산을 편성하기 때문에 정부활동의 중복 방지와 통합·조정이 곤란하다.

정답 ③

해설

품목별 예산제도는 정부지출의 대상이 되는 물품 또는 품목(인건비, 물건비, 여비 등)을 기준으로 하는 예산제도이므로 정부사업의 우선순위 파악이 곤란하다.

464

난이도 Self Check | 상 ○ 중 ○ 하 ○

다음의 단점 또는 한계로 인해 정착이 곤란한 예산제도로 적절한 것은?

> - 단위원가 계산이 쉽지 않다.
> - 구체적인 개별적 사업만 제시되어 있어 전체적인 종합 목표 의식이 결여된다.
> - 장기적인 계획과의 연계보다는 단위사업만 중시한다.

① 품목별 예산제도
② 성과주의 예산제도
③ 계획 예산제도
④ 영기준 예산제도
⑤ 자본 예산제도

해설

성과주의 예산제도(PBS)에 관한 설명이다.

문제로 익히는 핵심이론

[성과주의 예산제도(PBS: Performance Budgeting System)]

성과주의 예산제도란 예산을 기능, 사업 계획 및 활동을 바탕으로 분류·편성함으로써 업무수행의 성과를 명백히 하려는 예산제도를 말한다. 성과주의 예산서에는 사업의 목적과 목표에 대한 기술서가 포함된다. 이에 더해 성취될 업무량에 대한 측정(고객 수, 수배자 수 등), 업무가 완료될 경우의 효율성 (고객당 비용, 수배자당 비용 등)과 사업의 효과성(시민 만족, 대기시간, 재범률 등) 등도 포함된다.
성과주의 예산제도는 단위원가 계산이 쉽지 않으며, 구체적인 개별적 사업만 제시되어 있어 전체적인 종합 목표 의식이 결여되며, 장기적인 계획과의 연계보다는 단위사업만 중시한다는 단점이 있다.

정답 ②

465

난이도 Self Check | 상 ○ 중 ○ 하 ○

계획 예산제도(PPBS)의 특징이 아닌 것은?

① 하위 구성원의 참여
② 장기기획에 대한 신뢰 제고
③ 기획과 예산의 합치
④ 자원배분의 합리화
⑤ 체제분석의 활용

해설

계획 예산제도는 하향적·집권적 예산제도이므로 하위구성원의 참여가 배제된다.

문제로 익히는 핵심이론

[계획 예산제도(PPBS: Planning Programming Budgeting System)]

1. 개념
   - 계획 예산제도란 장기적인 기획의 수립과 단기적인 예산의 편성을 프로그램 작성을 통하여 유기적으로 연결시킴으로써 자원배분에 관한 의사결정을 일관성 있게 합리적으로 하려는 예산제도를 말한다. 즉 PPBS는 목표의 구조화, 체계적인 분석, 재원배분을 위한 정보체계 등을 강조하는 예산제도이다.
   - 체제분석을 활용하는 PPBS하에서는 사업을 계획하고 분석하는 전문가의 힘이 강해지는 반면, 경험 많은 관료의 영향력은 감소하게 된다.

2. 장단점

장점	단점
• 의사결정의 일원화·합리화	• 목표의 명확한 설정 곤란
• 자원배분의 합리화	• 경제적 계량화의 곤란
• 절약과 능률의 실현	• 계량화될 수 있는 기관의 우위화
• 장기적 사업계획의 신뢰성 제고	• 중앙집권화와 하부기구의 자주성 상실
• 조직의 통합적 운영	• 환산작업의 곤란
• 계획과 예산의 괴리 배제	• 정치적 합리성의 무시
• 목표설정 및 대안선택의 질적 향상	• 의회의 지위 약화 가능성
• 합리적인 근무태도·의욕의 강화	• 정치적 타협의 곤란성
	• 간접비의 배분문제
	• 프로그램 작성의 어려움

정답 ①

466

영기준 예산제도(Zero-Base Budgeting)의 단점으로 볼 수 없는 것은?

① 시간과 노력의 낭비
② 비교적 주관적인 판단에 의존
③ 사업구조 작성의 곤란
④ 장기적인 목표의 경시
⑤ 소규모 조직의 희생

해설

사업구조(Programming Structure) 작성의 곤란은 계획 예산제도(PPBS)의 단점에 해당한다.

문제로 익히는 핵심이론

[영기준 예산제도(ZBB: Zero Base Budgeting)]

1. 개념
   - 영기준 예산제도란 전 회계연도의 예산에 구애됨이 없이 정부의 모든 사업활동에 대해 영기준(Zero-Base)을 적용하여 그 능률성과 효과성 및 중요성 등을 체계적으로 분석함으로써, '우선순위'를 결정하고 그에 따라 실행 예산을 편성·결정하는 예산제도를 말한다.
   - 과거의 사업이나 예산에 기득권을 전혀 고려하지 않고 사업의 타당성을 엄밀하게 분석하여 이를 기초로 예산을 배정하는 방식이다.

2. 장단점

장점	단점
• 감축관리에 도움 • 자원배분의 합리화 • 사업예산의 효율성 향상 • 관리자의 참여 확대 • 관리수단의 제공 • 재정운영 및 자금배정의 탄력성 • 국민부담의 경감과 자원난의 극복	• 분석평가의 어려움 • 시간·노력의 과중한 부담 • 자료부족과 분석·평가능력의 제약 • 방대한 교육훈련 업무의 수반 • 사업 축소·폐지의 곤란 • 장기적인 목표의 경시 • 관료들의 자기방어 • 소규모 조직의 희생 • 분석기법의 적용한계 • 예산편성기간의 제약

정답 ③

467

입법기관이 따로 조치를 취하지 않는 한 정부의 사업 또는 조직이 미리 정한 기간이 지나면 자동적으로 폐지 또는 폐기되도록 하는 제도로 적절한 것은?

① 감축 관리제
② 일출제
③ 목표 관리제
④ 영기준 예산제
⑤ 일몰법 제도

해설

일몰법 제도에 관한 설명이다.

문제로 익히는 핵심이론

[일몰법(SSL: Sunset Law)]

1. 개념
   일몰법이란 특정한 사업이나 조직이 정해진 기간이 지나면 자동적으로 폐지되도록 하는 법률을 일컫는 것으로, ZBB의 한계성(단기성)에 대한 보완책이라 볼 수 있다. 규제정책에서 규제 필요성 재심사에 이용되어 규제완화가 가능하다.

2. 일몰법과 영기준 예산제도의 유사점
   - 한정된 자원의 합리적 배분을 기할 수 있다.
   - 사업의 필요성이 없는데도 사업수행기간이 계속 존속되는 타성을 방지해 주는 감축관리의 한 방법이다.
   - 사업의 능률성과 효과성을 검토하여 사업의 계속 여부를 결정하기 위한 재심사이다.

3. 일몰법과 영기준 예산제도의 차이점

영기준 예산(ZBB)	일몰법(SSL)
• 행정적 과정(예산편성) • 단기적(1년) • 최상위부터 중·하위 계층까지 관련	• 입법적 과정(예산심의) • 장기적(3~7년) • 최상위 계층에 관련

정답 ⑤

468

「지방재정법」상 예산의 내용에 해당하지 않는 것은?

① 예산총칙
② 세입·세출예산
③ 계속비
④ 명시이월비
⑤ 국고채무 부담행위

해설

「지방재정법」상 예산의 내용은 예산총칙, 세입·세출예산, 계속비, 채무부담행위 및 명시이월비이다. 지방자치단체는 국고(國庫)라는 말을 사용할 수 없기 때문에 국고채무부담행위라는 표현 대신 채무부담행위라는 표현을 사용한다.

문제로 익히는 핵심이론 ❶

[국가재정법 및 지방재정법의 예산]

국가재정법	지방재정법
예산총칙	예산총칙
세입세출 예산	세입세출 예산
계속비	계속비
명시이월비	명시이월비
국고채무 부담행위	채무부담행위

문제로 익히는 핵심이론 ❷

[국가재정법]

제19조(예산의 구성) 예산은 예산총칙·세입세출예산·계속비·명시이월비 및 국고채무부담행위를 총칭한다.

문제로 익히는 핵심이론 ❸

[지방재정법]

제40조(예산의 내용) ① 예산은 예산총칙, 세입·세출예산, 계속비, 채무부담행위 및 명시이월비(明示移越費)를 총칭한다.
② 예산총칙에는 세입·세출예산, 계속비, 채무부담행위 및 명시이월비에 관한 총괄적 규정과 지방채 및 일시차입금의 한도액, 그 밖에 예산 집행에 필요한 사항을 정하여야 한다.

정답 ⑤

469

우리나라 예산과정에 관한 설명으로 옳은 것을 모두 고르면?

> ㉠ 예산편성은 기획재정부가 예산안 편성지침을 작성하고 각 중앙행정기관의 장에게 시달하여 중기 사업계획서를 제출받으면서 시작한다.
> ㉡ 정부 예산안은 국무회의의 심의와 대통령의 재가로 확정되고 회계연도 개시 120일 전까지 국회에 제출하여야 한다.
> ㉢ 국회 예산결산 특별위원회가 11월 30일까지 예산안 심사를 마치지 않으면 원칙적으로 그다음 날에 위원회에서 심사를 마치고 바로 본회의에 부의된 것으로 본다.
> ㉣ 국회에서 예산안이 통과되는 즉시 각 중앙행정기관장은 원칙적으로 기관의 전체 예산을 배정받아 관련 집행 부서에서 바로 집행할 수 있다.

① ㉠, ㉡
② ㉠, ㉢
③ ㉡, ㉢
④ ㉡, ㉣
⑤ ㉢, ㉣

해설

㉡, ㉢은 옳은 설명이다.

오답풀이

㉠ 예산편성은 기획재정부가 각 중앙관서의 장으로부터 중기사업계획서를 제출받으면서 시작한다.
㉣ 국회에서 예산안이 통과되면 각 중앙행정기관장은 예산배정요구서를 기획재정부장관에게 제출하여야 기획재정부 장관은 예산배정요구서에 따라 분기별 예산배정계획을 작성하여 국무회의의 심의를 거친 후 대통령의 승인을 얻은 후에 집행할 수 있다.

문제로 익히는 핵심이론 ❶

[국가재정법]

제28조(중기사업계획서의 제출) 각 중앙관서의 장은 매년 1월 31일까지 해당 회계연도부터 5회계연도 이상의 기간 동안의 신규사업 및 기획재정부장관이 정하는 주요 계속사업에 대한 중기사업계획서를 기획재정부장관에게 제출하여야 한다.

제29조(예산안편성지침의 통보) ① 기획재정부장관은 국무회의의 심의를 거쳐 대통령의 승인을 얻은 다음 연도의 예산안편성지침을 매년 3월 31일까지 각 중앙관서의 장에게 통보하여야 한다.
② 기획재정부장관은 제7조의 규정에 따른 국가재정운용계획과 예산편성을 연계하기 위하여 제1항의 규정에 따른 예산안편성지침에 중앙관서별 지출한도를 포함하여 통보할 수 있다

제30조(예산안편성지침의 국회보고) 기획재정부장관은 제29조제1항의 규정에 따라 각 중앙관서의 장에게 통보한 예산안편성지침을 국회 예산결산특별위원회에 보고하여야 한다.

제31조(예산요구서의 제출) ① 각 중앙관서의 장은 제29조의 규정에 따른 예산안편성지침에 따라 그 소관에 속하는 다음 연도의 세입세출예산·계속비·명시이월비 및 국고채무부담행위 요구서(이하 "예산요구서"라 한다)를 작성하여 매년 5월 31일까지 기획재정부장관에게 제출하여야 한다.
② 예산요구서에는 대통령령으로 정하는 바에 따라 예산의 편성 및 예산관리기법의 적용에 필요한 서류를 첨부하여야 한다.
③ 기획재정부장관은 제1항의 규정에 따라 제출된 예산요구서가 제29조의 규정에 따른 예산안편성지침에 부합하지 아니하는 때에는 기한을 정하여 이를 수정 또는 보완하도록 요구할 수 있다.

제32조(예산안의 편성) 기획재정부장관은 제31조제1항의 규정에 따른 예산요구서에 따라 예산안을 편성하여 국무회의의 심의를 거친 후 대통령의 승인을 얻어야 한다.

제33조(예산안의 국회제출) 정부는 제32조의 규정에 따라 대통령의 승인을 얻은 예산안을 회계연도 개시 120일 전까지 국회에 제출하여야 한다.

제42조(예산배정요구서의 제출) 각 중앙관서의 장은 예산이 확정된 후 사업운영계획 및 이에 따른 세입세출예산·계속비와 국고채무부담행위를 포함한 예산배정요구서를 기획재정부장관에게 제출하여야 한다.

제43조(예산의 배정) ① 기획재정부장관은 제42조의 규정에 따른 예산배정요구서에 따라 분기별 예산배정계획을 작성하여 국무회의의 심의를 거친 후 대통령의 승인을 얻어야 한다.

제44조(예산집행지침의 통보) 기획재정부장관은 예산집행의 효율성을 높이기 위하여 매년 예산집행에 관한 지침을 작성하여 각 중앙관서의 장에게 통보하여야 한다.

문제로 익히는 핵심이론 ❷

[국회법]

제85조의3(예산안 등의 본회의 자동 부의 등) ① 위원회는 예산안, 기금운용계획안, 임대형 민자사업 한도액안(이하 "예산안등"이라 한다)과 제4항에 따라 지정된 세입예산 부수 법률안의 심사를 매년 11월 30일까지 마쳐야 한다.
② 위원회가 예산안등과 제4항에 따라 지정된 세입예산 부수 법률안(체계·자구 심사를 위하여 법제사법위원회에 회부된 법률안을 포함한다)에 대하여 제1항에 따른 기한까지 심사를 마치지 아니하였을 때에는 그 다음 날에 위원회에서 심사를 마치고 바로 본회의에 부의된 것으로 본다. 다만, 의장이 각 교섭단체 대표의원과 합의한 경우에는 그러하지 아니하다.

정답 ③

470

우리나라 예산심의에 관한 설명으로 옳지 않은 것은?

① 국회는 국가의 예산안을 심의·확정한다.
② 국회는 정부예산에 대한 통제권을 가지므로 정부의 동의 없이 지출예산 각항의 금액을 증가할 수 있다.
③ 국회는 회계연도 개시 30일 전까지 예산안을 의결하여야 한다.
④ 국회는 정부의 동의 없이 새로운 비목을 설치할 수 없다.
⑤ 국회에 제출된 예산안은 소관 상임위원회의 예비심사를 거친다.

해설

국회는 정부예산에 대한 통제권을 가지고 있지만, 정부의 동의 없이 정부가 제출한 지출예산 각항의 금액을 증가하거나 새 비목을 설치할 수 없다. 이는 금액 증가나 새 비목 설치가 행정부에 대해 새로운 부담을 유발하기 때문에 정부의 동의를 얻도록 하고 있는 것이다.

문제로 익히는 핵심이론 ❶

[예산심의]

1. 개념
   - 예산심의란 의회가 행정 감독권과 재정 감독권을 행사하여 행정부가 수행할 사업계획의 효율성을 검토하고 예산을 확정하는 것으로, 재정 민주주의를 실현하는 과정이다.
   - 예산심의는 사업 및 사업수준에 대한 것과 예산총액에 대한 것으로 나누어 볼 수 있으며, 구체적인 정책결정의 기능으로 이해할 수 있다.

2. 역할(성격)
   - 의회는 예산심의를 통하여 정부가 수행하여야 할 정책·사업계획 및 그 수준을 결정하며, 세입세출·재정 규모를 결정한다.
   - 의회는 예산심의를 통하여 행정에 대한 감독·통제를 확보하고, 국민 동의를 형성하며, 행정부의 활동에 대한 정통성 및 재정권을 부여한다.
   - 의회는 예산심의를 통하여 자원의 합리적 배분을 실현한다.

문제로 익히는 핵심이론 ❷

[대한민국헌법]

제54조 ① 국회는 국가의 예산안을 심의·확정한다.
② 정부는 회계연도마다 예산안을 편성하여 회계연도 개시 90일 전까지 국회에 제출하고, 국회는 회계연도 개시 30일 전까지 이를 의결하여야 한다.

제57조 국회는 정부의 동의 없이 정부가 제출한 지출예산 각항의 금액을 증가하거나 새 비목을 설치할 수 없다.

문제로 익히는 핵심이론 ❸

[국회법]

제84조(예산안·결산의 회부 및 심사) ① 예산안과 결산은 소관 상임위원회에 회부하고, 소관 상임위원회는 예비심사를 하여 그 결과를 의장에게 보고한다. 이 경우 예산안에 대해서는 본회의에서 정부의 시정연설을 듣는다.

정답 ②

471 우리나라 제도에 관한 설명으로 옳은 것을 모두 고르면?

㉠ 법률안은 국회의원과 정부가 제출할 수 있지만, 예산안은 정부만 제출할 수 있다.
㉡ 대통령은 국회가 의결한 예산에 대해 재의를 요구할 수 없다.
㉢ 법률안과 예산안은 국회에서 의결된 후 공포 절차를 거쳐야 효력이 발생한다.
㉣ 국회는 정부 예산안에 대한 심의 거부권을 가지고 있다.

① ㉠, ㉡
② ㉠, ㉢
③ ㉡, ㉢
④ ㉡, ㉣
⑤ ㉢, ㉣

해설

㉠, ㉡은 옳은 설명이다. 법률안은 국회의원과 정부가 제출(헌법 제52조)할 수 있지만, 예산안은 정부만 제출(헌법 제54조)할 수 있다. 따라서 대통령은 국회가 의결한 법률안에 대해서는 재의를 요구(헌법 제53조)할 수 있지만, 예산에 대해 재의를 요구할 수 없다.

오답풀이
㉢ 법률안은 국회에서 의결된 후 대통령의 공포 절차를 거쳐야 효력이 발생한다. 하지만 우리나라는 예산안을 정부만 제출할 수 있는 행정부 예산제도를 채택하고 있다. 따라서 예산안은 대통령의 공포절차를 요하지 않는다.
㉣ 국회는 정부 예산안에 대한 심의 거부권을 가지고 있지 않다.

문제로 익히는 핵심이론

[대한민국헌법]
제52조 국회의원과 정부는 법률안을 제출할 수 있다.
제53조 ① 국회에서 의결된 법률안은 정부에 이송되어 15일 이내에 대통령이 공포한다.
② 법률안에 이의가 있을 때에는 대통령은 제1항의 기간내에 이의서를 붙여 국회로 환부하고, 그 재의를 요구할 수 있다. 국회의 폐회 중에도 또한 같다.
③ 대통령은 법률안의 일부에 대하여 또는 법률안을 수정하여 재의를 요구할 수 없다.
④ 재의의 요구가 있을 때에는 국회는 재의에 붙이고, 재적의원 과반수의 출석과 출석의원 3분의 2 이상의 찬성으로 전과 같은 의결을 하면 그 법률안은 법률로서 확정된다.
⑤ 대통령이 제1항의 기간 내에 공포나 재의의 요구를 하지 아니한 때에도 그 법률안은 법률로서 확정된다.
⑥ 대통령은 제4항과 제5항의 규정에 의하여 확정된 법률을 지체없이 공포하여야 한다. 제5항에 의하여 법률이 확정된 후 또는 제4항에 의한 확정법률이 정부에 이송된 후 5일 이내에 대통령이 공포하지 아니할 때에는 국회의장이 이를 공포한다.
⑦ 법률은 특별한 규정이 없는 한 공포한 날로부터 20일을 경과함으로써 효력을 발생한다.
제54조 ② 정부는 회계연도마다 예산안을 편성하여 회계연도 개시 90일 전까지 국회에 제출하고, 국회는 회계연도 개시 30일 전까지 이를 의결하여야 한다.

정답 ①

472

난이도 Self Check | 상 ○ 중 ○ 하 ○

우리나라에서 시행 중인 재정관리혁신 조치의 하나인 예비타당성 조사에 관한 설명으로 옳지 않은 것은?

① 대규모 공공투자사업의 타당성을 분석하고 그 결과에 따라 재정사업의 신규투자 여부를 결정한다.
② 2000년 회계연도 예산을 편성할 때부터 적용되었다.
③ 한국개발연구원, 한국조세재정연구원 등 법령으로 정하는 지정기준을 갖춘 전문기관이 수행할 수 있다.
④ 경제성과 정책성 분석을 배제하고 기술성 분석에 집중한다.
⑤ 이 제도 도입 이전인 1994년부터 무분별한 사업비 증가를 방지하려는 총사업비 관리제도가 운영되고 있다.

해설

예비타당성 조사는 기술성 분석을 배제하고 경제성과 정책성 분석에 집중한다. 기술성 분석에 집중하는 것은 타당성 조사이다.

문제로 익히는 핵심이론 ❶

[예비타당성 조사와 타당성 조사]

구분	예비타당성 조사	타당성 조사
목적	재정운용의 효율성 제고	사업의 적정성 검토
개념	타당성 조사 이전에 예산 반영 여부 및 투자 우선순위 결정을 위한 조사	예비타당성 조사를 통과한 후 본격적인 사업착수를 위한 조사
주체	기획재정부가 실시	사업주무부처가 실시
대상	경제성과 정책성 분석	기술성 분석
단계	예산편성단계	사업집행단계

문제로 익히는 핵심이론 ❷

[국가재정법]

제38조(예비타당성조사) ① 기획재정부장관은 총사업비가 500억 원 이상이고 국가의 재정지원 규모가 300억 원 이상인 신규 사업으로서 다음 각 호의 어느 하나에 해당하는 대규모사업에 대한 예산을 편성하기 위하여 미리 예비타당성 조사를 실시하고, 그 결과를 요약하여 국회 소관 상임위원회와 예산결산특별위원회에 제출하여야 한다. 다만, 제4호의 사업은 제28조에 따라 제출된 중기사업계획서에 의한 재정지출이 500억 원 이상 수반되는 신규 사업으로 한다.
1. 건설공사가 포함된 사업
2. 「지능정보화 기본법」 제14조제1항에 따른 지능정보화 사업
3. 「과학기술기본법」 제11조에 따른 국가연구개발사업
4. 그 밖에 사회복지, 보건, 교육, 노동, 문화 및 관광, 환경보호, 농림해양수산, 산업·중소기업 분야의 사업

정답 ④

473

난이도 Self Check | 상 ○ 중 ○ 하 ○

국회의 예산결산에 관한 설명으로 옳지 않은 것은?

① 결산 심의를 한 결과 문제가 있는 특정사안에 대하여 감사원에 감사를 요구할 수 있다.
② 결산은 회계연도에서 국가의 수입과 지출 실적을 확정적 계수로 표시하는 행위이다.
③ 예산의 범위 내에서 재정활동을 했는지 확인하고 그 결과를 재정운용에 반영하는 과정이다.
④ 부당한 지출이 발견된 경우 그 책임을 요구하고 무효화할 수 있다.
⑤ 재정운용의 비능률이 발견되는 경우 시정을 요구할 수 있고 차년도 예산과정에서 쟁점화될 수 있다.

해설

부당한 지출이 발견되더라도 무효화할 수 없다. 결산은 사후적인 것이므로 결산심의에서 위법하거나 부당한 지출이 지적되더라도 그 정부활동은 무효가 되거나 취소될 수 없다. 다만, 부당한 지출이 발견되는 경우, 그 책임을 요구할 수 있고 확인된 내용은 다음 연도의 예산을 편성할 때 쟁점화할 수 있다.

문제로 익히는 핵심이론

[결산(決算)]

1. 개념
   1회계연도(一會計年度) 내의 국가의 수입과 지출의 실적을 '확정적' 계수로써 표시하는 행위. 즉 예산에 의하여 수입·지출을 한 정부의 사후적 재무보고를 의미한다.

2. 기능
   - 재정통제기능: 결산의 검사에 의하여 예산에 관한 입법부의 의도가 충실히 구현되었는가 하는 입법부의 재정통제가 확보된다.
   - 환류기능: 결산은 다음 연도 예산의 편성과 심의, 재정계획의 수립·운영에 참고자료로서 환류·반영된다.

3. 특징
   - 사후성: 결산은 사후적이다. 행정기관이 예산운용의 결과를 사후적으로 확인하고 심사하는 것이 결산이다. 따라서 넓은 의미로는 회계검사가 결산의 개념 범주에 포함된다.
   - 역사성·정치성: 결산은 역사적이며 정치적인 성격을 띤다. 결산은 사후적인 것이므로 결산심의에서 위법하거나 부당한 지출이 지적되더라도 그 정부활동은 무효가 되거나 취소될 수 없다. 다만, 부당한 지출이 발견되는 경우, 그 책임을 요구할 수 있고 확인된 내용은 다음 연도의 예산을 편성할 때 쟁점화할 수 있다.
   - 집행의 책임 확인 및 해제: 결산은 예산집행의 책임을 확인하고 해제한다.

정답 ④

474

난이도 Self Check | 상 ◯ 중 ◯ 하 ◯

현행 「감사원법」상 회계검사기관인 감사원에 관한 설명으로 옳지 <u>않은</u> 것은?

① 감사원은 국가의 세입·세출의 결산과 공무원직무에 관한 감찰을 위해 대통령 소속하에 설치된 헌법상 독립기관이다.
② 감사원은 직무에 관해 독립된 지위를 유지하며 그 직무수행상 정치적 압력이나 간섭을 받지 않는 특징이 있다.
③ 감사원장은 국회의 동의를 얻어 대통령이 임명하며, 감사위원의 경우는 감사원장의 제청으로 역시 대통령이 임명한다.
④ 감사원장의 임기는 4년이며, 원장을 포함해 7인의 감사위원으로 구성한다.
⑤ 감사원은 감사절차 및 내부 규율과 감사사무처리에 관한 규칙을 제정할 수 있다.

문제로 익히는 핵심이론 ❶

[감사원]

1. 감사원의 지위
감사원은 국가의 세입·세출의 결산, 국가 및 법률이 정한 단체의 회계검사와 행정기관 및 공무원의 직무에 관한 감찰을 하기 위하여 대통령 소속하에 설치된 기관으로, 다음과 같은 지위를 갖는다.
- 기관의 설치근거가 「헌법」에 규정되어 있는 헌법기관이다.
- 대통령 직속기관인 동시에(독립기관 아님), 직무상의 독립기관(직무상 독립성의 보장)이다.
- 인사상·예산상·규칙제정상의 독립성이 보장된다.

2. 감사원의 조직
감사원은 감사원장을 포함하는 5인 내지 11인(「헌법」 제98조, 「감사원법」상으로는 7인)의 위원으로 구성되는 감사위원회와 사무처로 조직된다.

3. 감사원의 기능
- 결산의 확인
- 회계검사
- 직무감찰
- 감사결과의 처리
- 심사청구
- 회계관계법령의 제정·개정·해석에 관한 의견진술

문제로 익히는 핵심이론 ❷

[대한민국헌법]

제97조 국가의 세입·세출의 결산, 국가 및 법률이 정한 단체의 회계검사와 행정기관 및 공무원의 직무에 관한 감찰을 하기 위하여 대통령 소속하에 감사원을 둔다.
제98조 ① 감사원은 원장을 포함한 5인 이상 11인 이하의 감사위원으로 구성한다.
② 원장은 국회의 동의를 얻어 대통령이 임명하고, 그 임기는 4년으로 하며, 1차에 한하여 중임할 수 있다.
③ 감사위원은 원장의 제청으로 대통령이 임명하고, 그 임기는 4년으로 하며, 1차에 한하여 중임할 수 있다.

문제로 익히는 핵심이론 ❸

[감사원법]

제3조(구성) 감사원은 감사원장(이하 "원장"이라 한다)을 포함한 7명의 감사위원으로 구성한다.
제52조(감사원규칙) 감사원은 감사에 관한 절차, 감사원의 내부 규율과 감사사무 처리에 관한 규칙을 제정할 수 있다.

정답 ①

해설
감사원은 국가의 세입·세출의 결산과 공무원직무에 관한 감찰을 위해 대통령 소속하에 설치된 헌법기관이나 독립기관은 아니다. 즉 감사원은 기관의 설치근거가 헌법에 규정된 헌법기관이나 대통령 소속이라는 점에서 독립기관에 해당하지는 않는다.

475

우리나라 정부회계의 장부 기장 방식 중 현금주의와 발생주의에 관한 설명으로 옳지 않은 것은?

① 전통적으로 지방정부의 일반회계는 현금주의를, 중앙정부 기업특별회계는 발생주의 회계방식을 적용하였다.
② 현금주의 회계방식은 경영성과 파악이 용이하며, 발생주의 회계방식은 절차와 운용이 간편하다.
③ 현금주의 회계방식은 이해와 통제가 용이하며, 발생주의 회계방식은 재정 건전성 확보가 용이하다.
④ 현금주의 회계방식은 일반행정 부분에 적용가능하며, 발생주의 회계방식은 사업적 성격이 강한 회계 부분에 적용이 가능하다.
⑤ 현금주의 회계방식은 손해배상 비용이나 부채성 충당금 등에 대한 인식이 어렵지만, 발생주의 회계방식은 미지급 비용과 미수 수익을 각각 부채와 자산으로 인식한다.

해설

경영성과 파악이 용이한 것은 발생주의 회계방식이고, 절차와 운용이 간편한 것은 현금주의 회계방식이다.

문제로 익히는 핵심이론

[현금주의와 발생주의]

현금주의와 발생주의는 수익의 실현시점과 비용의 발생시점을 결정하고 실현 손익과 미실현 손익을 구별하는 중요한 기준이 된다. 회계는 기업의 계속적인 영업활동을 인위적으로 일정기간단위로 구분하여 기간별로 재무상태와 경영성과를 보고하게 된다. 따라서 둘 이상의 회계기간에 걸쳐 계속적으로 발생하는 수익과 비용을 어느 회계기간에 귀속시킬 것인가에 대한 문제를 해결하기 위하여 현금주의와 발생주의가 있다.

1. **현금주의**
현금의 수취와 지출 시점에서 수익과 비용을 인식하는 기준이다. 즉 수입은 현금이 수납되었을 때 기록하고 지출은 계좌이체를 하거나 현금이 지급되었을 때 기록하는 것이다. 이 방식은 자의적 회계처리가 불가능하여 예산의 통제기능에 적합하고, 절차와 운용이 간편하여 내용을 이해하기 쉬우며, 현금의 흐름을 파악하는 데 유용하다. 그러나 현금주의를 택하게 되면 재고량이나 감가상각을 감안할 수가 없으며, 간접비 배분문제도 어렵고, 자산, 부채, 자본(순자산) 등을 인식하지 못하는 단점이 있다.

2. **발생주의**
현금의 수취나 지출에 관계없이 수익은 실현된 때에 인식하고 비용은 수익획득과 관련하여 발생한 때에 인식하는 기준을 말한다. 즉 정부의 수입이 발생했을 때(납세고지 등) 그것을 수입으로 기록하고, 정부가 재화와 용역을 획득함으로써 지출해야 할 채무가 발생(지출원인행위 등)했을 때 그것을 지출로 기록하는 것이다. 발생주의가 재정상태나 경영성과 파악에는 유리하지만 자산가치의 정확한 파악 곤란, 현금흐름의 파악 곤란, 부실채권의 파악 곤란, 회계처리비용의 과다, 회계절차의 복잡성이라는 문제점이 있다.

정답 ②

476

정부회계에 관한 설명으로 옳지 않은 것은?

① 복식부기는 거래의 이중성에 따라 장부의 차변과 대변에 각각 계상하고 차변의 합계와 대변의 합계의 일치여부로 자기 검증 기능을 갖는다.
② 미지급비용은 현금주의에서는 인식되지 않으나 발생주의에서는 부채로 인식된다.
③ 현행 정부회계는 발생주의·복식부기 방식을 채택하여 재무제표를 작성한다.
④ 국가회계법상 중앙정부의 대표적 재무제표는 재정상태보고서, 재정운영보고서, 현금흐름보고서, 순자산변동보고서로 구성된다.
⑤ 발생주의·복식부기의 정부회계는 성과중심의 정부개혁에 유용한 정보를 제공한다.

해설

국가회계법상 중앙정부의 대표적 재무제표는 재정상태표, 재정운영표, 순자산변동표로 구성된다.

문제로 익히는 핵심이론

[국가회계법]

제11조(국가회계기준) ① 국가의 재정활동에서 발생하는 경제적 거래 등을 발생 사실에 따라 복식부기 방식으로 회계처리하는 데에 필요한 기준은 기획재정부령으로 정한다.

제14조(결산보고서의 구성) 결산보고서는 다음 각 호의 서류로 구성된다.
1. 결산 개요
2. 세입세출결산(중앙관서결산보고서 및 국가결산보고서의 경우에는 기금의 수입지출결산을 포함하고, 기금결산보고서의 경우에는 기금의 수입지출결산을 말한다)
3. 재무제표
   가. 재정상태표
   나. 재정운영표
   다. 순자산변동표
4. 성과보고서

정답 ④

CHAPTER 06 행정환류론 기출예상문제

477
난이도 Self Check | 상○ 중○ 하○

행정책임에 관한 설명으로 옳지 <u>않은</u> 것은?

① 일정한 권리를 전제로 하여 발생한다.
② 주로 결과에 대한 책임이 중시되지만 과정에 대한 책임도 중요하다.
③ 자신이 아닌 외부의 다른 어떤 기준에 의하여 행동할 의무를 지는 것이다.
④ 행정이 공동의 이익을 추구해야 한다는 것을 포함한다.
⑤ 행정의 전문화와 재량권의 확대로 인해 중시되었다.

해설
행정책임은 일정한 행동을 하여야 할 의무를 전제로 발생한다.

문제로 익히는 **핵심이론**

[행정책임]

1. 개념
   - 행정인 또는 행정기관이 법령·공익·국민의 기대·직업윤리·이익집단의 요구·조직목표·정책·사업계획 등 일정한 행동기준에 따라 행동해야 할 의무를 말한다.
   - 행정책임은 다음과 같이 여러 가지 용어로 표현될 수 있다.
     - Responsibility: 수임자 또는 공복으로서 지는 광범위한 도의적·자율적 책임
     - Accountability: 변명적·법률적·제도적 책임
     - Responsiveness: 민의에 대한 반응, 대응, 응답

2. 특징
   - 일정한 행동을 하여야 할 의무를 전제로 발생한다.
   - 일정한 재량을 전제로 발생한다.
   - 행동의 결과에 대한 책임도 중요하지만, 과정책임도 중요하다. 그러나 행동의 동기는 불문한다.
   - 개인적 요구보다 우위에 있는 요구를 충족해야 한다.
   - 행정통제와 국민의 행정참여를 통하여 보장된다.

3. 행정책임의 확보 필요성
   - 행정권의 강대화·집중화
   - 행정의 전문화와 재량권의 확대
   - 정부 주도형의 경제발전과 자원배분권의 행사
   - 시민적 정치의식의 결여와 시민의 민주통제의 제약

정답 ①

478
난이도 Self Check | 상○ 중○ 하○

행정책임을 확보하기 위한 필수적 수단인 행정통제에 관한 설명으로 옳지 <u>않은</u> 것은?

① 외부통제에는 입법부에 의한 통제, 사법부에 의한 통제, 시민에 의한 통제 등이 있다.
② 행정통제는 그 주체와 영향력 행사 방향에 따라 외부통제와 내부통제로 나눌 수 있다.
③ 행정이 전문성과 복잡성을 띠게 되면서 내부통제보다 외부통제가 점차 강조되고 있다.
④ 행정통제의 적절한 수준은 통제의 편익과 비용을 고려해 결정해야 한다.
⑤ 행정통제는 공무원 개인 또는 행정체제의 일탈에 대한 감시와 처벌을 통해 원래의 행정성과를 달성하려는 활동들을 말한다.

해설
행정이 전문성과 복잡성을 띠게 되면서 외부통제보다 내부통제가 점차 강조되고 있다. 즉 행정국가의 등장에 따라 행정이 전문성과 복잡성을 띠게 되면 외부통제가 약화되고 이로 인해 행정의 재량권이 확대된다. 따라서 행정책임이 중시되고 내부통제가 중시된다.

문제로 익히는 **핵심이론**

[행정통제]

행정통제는 주체와 영향력의 행사 방향에 따라 외부통제와 내부통제로 구분할 수 있다. 행정이 비교적 단순했던 과거 입법국가 시대에는 외부통제가 중시되었지만, 행정이 전문화되고 복잡해진 현대 행정국가 시대에는 내부통제가 강조되고 있다.

- 외부통제: 국회나 사법부와 같은 행정구조 외부의 사람이나 기관에 의한 통제
- 내부통제: 행정조직 구성원에 의한 통제

정답 ③

479

행정통제 유형 중 외부통제 방안으로 적절한 것을 모두 고르면?

> ㉠ 입법부에 의한 통제
> ㉡ 사법부에 의한 통제
> ㉢ 감사원에 의한 통제
> ㉣ 행정수반에 의한 통제
> ㉤ 국민권익위원회에 의한 통제
> ㉥ 시민에 의한 통제
> ㉦ 여론과 매스컴에 의한 통제
> ㉧ 옴부즈만에 의한 통제

① ㉠, ㉡
② ㉠, ㉡, ㉢
③ ㉠, ㉡, ㉢, ㉧
④ ㉠, ㉡, ㉢, ㉣, ㉤
⑤ ㉠, ㉡, ㉥, ㉦, ㉧

해설

행정통제 유형 중 외부통제 방안에 해당하는 것은 ㉠, ㉡, ㉥, ㉦, ㉧이다.

오답풀이

㉢ 감사원은 대통령 소속기관이다. 따라서 감사원에 의한 통제는 내부통제에 해당한다.
㉣ 행정수반이 갖는 공무원 임명권, 준입법권, 행정개혁 등 법적 및 사실상의 권위행사를 통한 행정통제로, 내부통제에 해당한다.
㉤ 일반적인 옴부즈만 제도는 외부통제 방안에 해당하며, 직무상 독립되어 있기는 하나 입법부 소속이므로 넓은 의미에서 입법통제의 일환이다. 다만 입법·사법통제가 공식적으로 곤란한 사각지대까지 통제할 수 있다는 장점이 있어 외부통제의 한계를 보완한다고 할 수 있다.

문제로 익히는 핵심이론 ❶

[행정통제]

구분	내부통제	외부통제
공식 통제	행정수반에 의한 통제 중앙행정부처에 의한 통제 감사원에 의한 통제 계층제에 의한 통제	입법부에 의한 통제 사법부에 의한 통제 옴부즈만에 의한 통제
비공식 통제	공무원으로서 직업윤리 동료집단의 평판에 의한 통제 관료제의 대표성에 의한 통제 윤리적 책임의식의 내재화	시민에 의한 통제 정당에 의한 통제 언론기관에 의한 통제 선거권에 의한 통제

문제로 익히는 핵심이론 ❷

[대한민국헌법]

제97조 국가의 세입·세출의 결산, 국가 및 법률이 정한 단체의 회계검사와 행정기관 및 공무원의 직무에 관한 감찰을 하기 위하여 대통령 소속하에 감사원을 둔다.

문제로 익히는 핵심이론 ❸

[부패방지 및 국민권익위원회의 설치와 운영에 관한 법률]

제11조(국민권익위원회의 설치) ① 고충민원의 처리와 이에 관련된 불합리한 행정제도를 개선하고, 부패의 발생을 예방하며 부패행위를 효율적으로 규제하도록 하기 위하여 국무총리 소속으로 국민권익위원회를 둔다.

정답 ⑤

480 난이도 Self Check | 상 ○ 중 ○ 하 ○

고전적 조직이론에 입각하여 기능 중복의 제거, 책임의 재규정, 조정 및 통제의 개선, 표준적 절차의 간소화 등을 주요 대상으로 하는 행정개혁의 접근방법으로 옳은 것은?

① 구조적 접근방법
② 과정적·기술적 접근방법
③ 종합적 접근방법
④ 인간관계론적 접근방법
⑤ 행태적 접근방법

해설
행정개혁의 접근방법 중에서 구조적 접근방법(원리전략)에 관한 설명이다.

문제로 익히는 핵심이론

[행정개혁의 접근방법]

1. **구조적 접근방법**
   (1) 개념
   - 구조적 접근방법은 조직의 구조적 설계를 개선함으로써 행정개혁의 목적을 달성하는 접근방법이다.
   - 고전적 조직이론에 입각하여 주로 공식조직의 내부구조 개선·합리화에 중점을 두는 접근방법으로, 원리전략과 분권화 전략으로 세분된다.

   (2) 전략
   ㉠ 원리전략
   - 개념: 원리전략은 주로 전통적 조직이론에 근거를 두며, 조직의 건전원칙(Healthy Principles)에 의거한 최적구조가 업무의 최적수행을 가능하게 한다는 것이다.
   - 목표: 개혁의 주된 목표는 기능 중복의 제거, 책임의 재규정, 조정 및 통제의 개선, 표준적 절차의 간소화 등이다.
   - 장점: 조직의 내부구조의 개선에 기여한다.
   - 단점: 조직과 환경의 관계, 조직 내의 인간관계 등을 소홀히 할 우려가 있다.

   ㉡ 분권화 전략
   - 개념: 분권화 전략은 구조의 분권화에 의해 조직을 개선하려는 것이다.
   - 장점
     - 조직의 계층이 줄어들고 명령과 책임의 계통이 분명해진다.
     - 막료서비스가 확립될 수 있다.
     - 공식적 조직뿐 아니라 관리자의 행태와 의사결정까지도 포함하는 종합적인 성격을 지니고 있다.

   (3) 예
   - 분권화의 확대
   - 통솔범위의 조정
   - 의사결정 권한의 수정
   - 행정조직의 계층 간 의사전달 체계의 수정 등을 통한 조직의 개선

2. **관리·기술적 접근방법**
   (1) 개념
   - 관리·기술적 접근방법은 업무수행과정에서 능률을 향상시키기 위해 새로운 행정기술 장비를 도입하거나 관리과학(MS), 운영연구(OR), 체제분석(SA), 컴퓨터 등의 계량화 기법을 활용하는 것을 말한다.
   - 관리·기술적 접근방법은 조직 내의 운영과정 또는 일의 흐름을 개선하려는 것으로, 과정적 접근방법(Process Approach)이라고도 한다. 즉 주로 과학적 관리법에 입각하여 업무수행과정에 치중하면서 관리기술의 개선에 중점을 두는 접근방법이다.

   (2) 장단점
   - 장점
     - 기술적 쇄신을 통해 표준적 절차와 조직의 과업수행에 영향을 준다.
     - 조직행태와 인간행태에 영향을 미친다.
   - 단점
     - 기술과 인간성 간의 갈등을 간과할 수 있다.
     - 현실적으로 첨단기술을 운용할 수 있는 인적 자원이 부족하다.

   (3) 예
   - 기업업무절차혁신(BPR) 등을 통한 행정조직 내의 운영과정 및 일의 흐름 개선
   - 행정전산망 등 장비·수단의 개선, 행정과정에 새로운 분석기법의 적용

3. **인간관계론적(행태적) 접근방법 – 조직발전(OD)**
   (1) 개념
   - 인간관계론적 접근방법은 인간행태의 변혁이 조직구조의 변화를 초래하고 새로운 관리기법을 적용 가능하게 한다는 생각에 근거를 두고 있다. 즉 인관관계 개혁의 초점을 조직구성원인 인간에 둔다.
   - 행정인을 조직의 중요 의사결정에 참여시킴으로써 구성원들에게 조직목표를 더욱 절실히 이해하게 한다.

- 여러 가지 조직발전기법과 목표관리를 활용함으로써 구성원들의 자율적인 행태변화를 유도하고 그 결과를 바탕으로 행정개혁을 도모하고자 한다.
- 행정인의 가치관·신념·태도를 인위적으로 조작적 전략이나 실험실 훈련 등에 의하여 변혁시켜 행정체제 전체의 개혁을 도모하려는 접근방법이다.

(2) 문제점
- 인간의 행태 변화에는 오랜 시일이 소요된다.
- 자유로운 의사소통과 토의가 받아들여지기 어려운 권위주의적 행정문화 속에서는 성공하기 어렵다.
- 정부조직의 경우 현실적인 법적 제약이 존재한다.

(3) 예
- 집단토론
- 감수성훈련

4. 종합적 접근방법

종합적 접근방법은 구조적 접근방법, 관리·기술적 접근방법, 인간관계론적 접근방법을 상호보완적으로 조화·융합하려는 접근방법이다. 현재는 이러한 접근방법이 중시되고 있다.

정답 ①

481

행정개혁의 저항에 대한 극복 방법에 관한 설명으로 옳지 않은 것은?

① 명령, 제재, 긴장조성, 권력구조 개편은 강제적 방법이다.
② 경제적 보상, 임용상 불이익 방지, 개혁의 편익에 대한 홍보, 시기 조정, 적응성 제고는 공리적·기술적 방법이다.
③ 신망제고와 솔선수범, 의사전달과 참여 촉진, 사명감 고취와 역할 인식 강화 등은 규범적 사회적 방법이다.
④ 적응 지원, 가치갈등 해소, 교육훈련과 자기개발은 공리적·기술적 방법이다.
⑤ 상징조작과 설득을 통해 개혁 대상집단의 심리적 저항 요인을 약화시키는 것은 규범적 사회적 방법이다.

해설

적응 지원, 가치갈등 해소, 교육훈련과 자기개발은 규범적 사회적 방법이다.

문제로 익히는 핵심이론

[행정개혁의 저항에 대한 극복 방법]

강제적 방법으로 저항자에 대해 물리적 제재나 불이익의 위협을 가하는 저항관리 방법이 있다. 계층제의 권한을 사용하고 의식적으로 긴장을 조성해 개혁에 순응하도록 요구한다. 구체적으로는 명령, 제재, 긴장조성, 권력구조 개편 등의 수단을 사용한다.

공리적·기술적 방법으로 이익 침해 상황을 기술적으로 조정하거나 보상을 해서 저항을 회피할 수 있게 한다. 구조조정으로 인한 퇴출과 인사 이동에서 경제적 보상을 제공하거나 산하기관의 일자리를 알선해주는 방법이 대표적인 사례이다. 구체적으로는 경제적 보상, 임용상 불이익 방지, 개혁의 편익에 대한 홍보, 시기 조정, 적응성 제고 등이 있다.

규범적 사회적 방법으로 상징조작과 설득을 통해 개혁 대상집단의 심리적 저항 요인을 약화시킬 수 있다. 사회경제적인 외부 지지 세력과 연합해 개혁을 추진할 때 효과적으로 사용할 수 있는 방법이다. 이를 위해서는 개혁 주체들의 도덕성이 높아야 한다. 구체적인 방법으로는 신망제고와 솔선수범, 의사전달과 참여 촉진, 사명감 고취와 역할 인식 강화, 적응 지원, 가치갈등 해소, 교육훈련과 자기개발 등이 있다.

정답 ④

482

옴부즈만(Ombudsman) 제도에 관한 설명으로 옳지 않은 것은?

① 국민의 이익을 보호하려는 취지에서 1809년 스웨덴에서 시작된 행정감찰관 제도이다.
② 필요한 사항을 조사해 결과를 알려주고 언론을 통해 공표하기도 한다.
③ 옴부즈만은 기능적으로 자율적이고 입법부와 행정부로부터 독립되어 있다.
④ 독립적 지위를 가진 사람이 조사를 하여 시정을 촉구하거나 건의함으로써 국민의 권리를 구제한다.
⑤ 옴부즈만과 유사한 국민권익위원회는 법원이 내린 결정 처분에 대해 시정조치, 권고, 취소를 결정한다.

해설

옴부즈만과 유사한 국민권익위원회는 법원이 내린 결정 처분에 대해 시정조치, 권고, 취소를 결정하지 못한다. 옴부즈만은 법원이나 행정기관에 대한 직접적인 감독권이나 통제권은 없다.

문제로 익히는 핵심이론

[옴부즈만(Ombudsman) 제도(호민관, 행정감찰관)]

1. **개념**
   옴부즈만이란 행정이 합법적·합목적적으로 수행되고 있는가를 시민들의 권리구제 신청에 의하거나 직권에 의하여 조사·감찰하는 기관이다.

2. **발달 배경**
   - 전통적인 행정통제 방식인 입법부·사법부에 의한 통제가 약화됨에 따라 입법부에 의한 행정부 통제수단으로서 필요하게 되었다.
   - 1809년 스웨덴에서 최초로 채택된 이래 핀란드, 노르웨이, 덴마크, 뉴질랜드, 영국, 미국, 이스라엘, 캐나다 등에서 채택하여 시행하고 있다.

3. **특징**
   - 입법부 소속 공무원이며, 입법부에서 선출된다(외부통제).
   - 직무수행의 독립성과 임기가 보장된다.
   - 당파성이나 정치성이 없는 조사직이다.
   - 행정결정을 취소 또는 변경할 수 있는 권한은 없다. 사실의 조사·인정이 주요한 기능이며, 법원·행정기관에 대한 직접적인 감독권이나 통제권은 없다. 따라서 옴부즈만을 '이빨 없는 집 지키는 개(Watchdog Without Teeth)'라고도 한다.
   - 시민의 권리구제 신청이 없어도 직권조사 권한을 가진다.
   - 헌법기관이며, 합법성뿐만 아니라 합목적성의 문제에 관해서도 조사·처리할 수 있다.
   - 권한으로 독립적 조사권, 시찰권, 소추권 등이 있는데, 소추권(기소권)은 인정하지 않는 것이 보통이다.

정답 ⑤

483

난이도 Self Check | 상 ◯ 중 ◯ 하 ◯

다음 글을 읽고 미국의 행정개혁과 관련하여 빈칸 안에 들어갈 내용으로 옳은 것은?

> (　　　　)에서 제안한 정부재창조의 기본원칙은 관료적 형식주의(Red Tape) 제거, 고객우선주의, 결과 달성을 위한 권한 부여, 기본적 기능으로 복귀 등이다.

① 시장성 테스트(Market Testing)
② 넥스트 스텝(Next Step)
③ 국가성과심의회(National Performance Review)
④ 시민 헌장제도(Citizen's Charter)
⑤ 브라운로 위원회(Brownlow Commission)

해설

미국의 행정개혁과 연관지었을 때 국가성과심의회에 관한 설명이다.

문제로 익히는 핵심이론

[국가성과심의회(NPR: National Performance Review)]

1. 도입 배경
   - 클린턴(Cliton) 대통령은 1993년 3월 기업가적 국가경영을 강조하면서 고어(Gore) 부통령을 책임자로 하는 국가성과심의회를 설치하여 행정개혁 건의안을 제출하도록 하였다.
   - 고어 부통령이 주도하는 NPR은 개혁작업에 착수하면서 이론에 의존하기보다는 아이디어에 근거한 실천을 중시하였으며, 장기계획보다는 신속한 조치결과를 추구하는 전략을 취하였다. 또한 작지만 좀 더 생산적인 정부로 재창조해 나가기 위하여 '고효율 저비용(Works Better&Costs Less)'을 모토로 내걸었다.

2. 주요 내용
   (1) 형식주의의 제거
      - 예산절차의 간소화
      - 인사정책의 분권화
      - 조달행정의 간소화
      - 감사담당관 기능의 재정립
      - 행정내부의 과잉규제 탈피
      - 지방정부에 대한 권한 부여
   (2) 고객우선주의
      - 고객의 의견 존중과 선택권 부여
      - 서비스 조직의 경쟁유도
      - 시장경제원리의 중시
      - 문제해결을 위한 시장원리 도입
   (3) 결과 달성을 위한 권한 부여
      - 의사결정의 분권화
      - 공무원의 책임성 강화
      - 직무수행에 필요한 수단 제공
      - 근무생활의 질 향상
      - 노사협조관계의 확립
      - 리더십의 발휘
   (4) 기본적 기능으로 복귀
      - 불필요한 군살 빼기
      - 세입 강화
      - 높은 생산성을 위한 투자 확대
      - 비용 절감을 위한 사업계획의 재설계

정답 ③

484

정부혁신에 관한 설명으로 가장 옳지 않은 것은?

① 정부혁신은 정부재창조를 비롯하여 여러 가지 개념으로 사용되기도 한다.
② 정부혁신은 변화하는 환경이 요구하는 조직의 능률성 향상을 목표로 한다.
③ 정부혁신의 방법과 전략은 나라마다 차이가 있어서 기본적인 방향에 있어서도 공통적인 요소를 찾기 어렵다.
④ 영국은 넥스트 스텝(Next Step)을 통해 책임운영기관(Executive Agency)을 도입하였다.
⑤ 행정서비스헌장(시민헌장제도)은 공공서비스의 내용, 수준, 제공방법, 불이행 시 조치와 보상으로 명문화하고 있다.

해설

정부혁신의 방법과 전략은 나라마다 차이가 있지만, 기본적인 방향에 있어서 공통적인 요소를 찾을 수 있다.

문제로 익히는 핵심이론

[정부혁신의 공통적 방향]

OECD 주요 국가의 정부혁신에서 공통적인 내용은 다음과 같다.
- 인력감축과 조직구조 개편: 영국의 'Prior Options', 캐나다의 'Program Review'
- 비용가치의 증대(Value for Money): 보다 적은 비용으로 보다 많은 일을 하는 것
- 권한위임과 융통성 부여: 영국의 'Executive Agency', 뉴질랜드의 'Crown Entity', 미국의 'Performance-Based Organization', 캐나다의 'Special Operating Agency'
- 정부규제의 개혁: 경제적 규제는 완화하고 사회적 규제는 강화한다.
- 중앙의 전략 및 정책능력 강화 및 집행능력 축소: 노젓기(집행능력)보다는 전략적인 방향잡기(정책능력) 역할
- 성과 중심으로의 전환
- 책임과 통제의 강화
- 경쟁과 서비스 지향
- 지방정부·국제기구 등 정부 간 협력
- 고객서비스 개선(고객지향성 강화)
- 전자정부(Electronic Government) 구축

정답 ③

485

다음 설명을 통해 알 수 있는 개념으로 옳은 것은?

> 일정한 기준과 절차에 따라 업무, 응용, 데이터, 기술, 보안 등 조직 전체의 구성요소들을 통합적으로 분석한 뒤 이들 간의 관계를 구조적으로 정리한 체제 및 이를 바탕으로 정보화 등을 통하여 구성요소들을 최적화하기 위한 방법으로, 「전자정부법」에서는 이렇게 정의하고 있다.

① 전자문서
② 정보기술아키텍처
③ 정보시스템
④ 정보자원
⑤ 정보통신망

해설

「전자정부법」에서 정의하고 있는 정보기술아키텍처의 개념이다.

문제로 익히는 핵심이론

[전자정부법]

제2조(정의) 이 법에서 사용하는 용어의 뜻은 다음과 같다.
7. "전자문서"란 컴퓨터 등 정보처리능력을 지닌 장치에 의하여 전자적인 형태로 작성되어 송수신되거나 저장되는 표준화된 정보를 말한다.
10. "정보통신망"이란 「전기통신기본법」 제2조제2호에 따른 전기통신설비를 활용하거나 전기통신설비와 컴퓨터 및 컴퓨터 이용기술을 활용하여 정보를 수집·가공·저장·검색·송신 또는 수신하는 정보통신체제를 말한다.
11. "정보자원"이란 행정기관등이 보유하고 있는 행정정보, 전자적 수단에 의하여 행정정보의 수집·가공·검색을 하기 쉽게 구축한 정보시스템, 정보시스템의 구축에 적용되는 정보기술, 정보화예산 및 정보화인력 등을 말한다.
12. "정보기술아키텍처"란 일정한 기준과 절차에 따라 업무, 응용, 데이터, 기술, 보안 등 조직 전체의 구성요소들을 통합적으로 분석한 뒤 이들 간의 관계를 구조적으로 정리한 체제 및 이를 바탕으로 정보화 등을 통하여 구성요소들을 최적화하기 위한 방법을 말한다.
13. "정보시스템"이란 정보의 수집·가공·저장·검색·송신·수신 및 그 활용과 관련되는 기기와 소프트웨어의 조직화된 체계를 말한다.

정답 ②

486

「전자정부법」에 규정된 전자정부의 원칙으로 행정기관 등이 전자정부의 구현·운영 및 발전을 추진할 때 우선적으로 고려해야 할 사항으로 옳은 것의 개수는?

- 대민서비스의 전자화 및 국민편익의 증진
- 행정업무의 혁신 및 생산성·효율성의 향상
- 정보시스템의 안전성·신뢰성의 확보
- 행정정보의 공개 및 공동이용의 확대
- 개인정보 및 사생활의 보호

① 1개
② 2개
③ 3개
④ 4개
⑤ 5개

해설
주어진 내용은 「전자정부법」에 규정된 전자정부의 원칙으로 모두 옳은 내용이다.

문제로 익히는 핵심이론

[전자정부법]

제4조(전자정부의 원칙) ① 행정기관 등은 전자정부의 구현·운영 및 발전을 추진할 때 다음 각 호의 사항을 우선적으로 고려하고 이에 필요한 대책을 마련하여야 한다.
1. 대민서비스의 전자화 및 국민편익의 증진
2. 행정업무의 혁신 및 생산성·효율성의 향상
3. 정보시스템의 안전성·신뢰성의 확보
4. 개인정보 및 사생활의 보호
5. 행정정보의 공개 및 공동이용의 확대
6. 중복투자의 방지 및 상호운용성 증진

② 행정기관등은 전자정부의 구현·운영 및 발전을 추진할 때 정보기술아키텍처를 기반으로 하여야 한다.

③ 행정기관등은 상호간에 행정정보의 공동이용을 통하여 전자적으로 확인할 수 있는 사항을 민원인에게 제출하도록 요구하여서는 아니 된다.

④ 행정기관등이 보유·관리하는 개인정보는 법령에서 정하는 경우를 제외하고는 당사자의 의사에 반하여 사용되어서는 아니 된다.

정답 ⑤

487

정부3.0에 관한 설명으로 옳지 않은 것은?

① 일방향적으로 정보가 제공된다.
② 국민에게 맞춤형 서비스 제공을 목적으로 한다.
③ 무선인터넷, 스마트기기, 빅데이터 등 정보통신기술을 적극 활용한다.
④ 투명한 정부, 유능한 정부, 서비스 정부를 목표로 한다.
⑤ 개방, 공유, 소통, 협력을 핵심가치로 한다.

해설
정부3.0은 양방향·맞춤형으로 정보가 제공된다.

문제로 익히는 핵심이론

[정부 3.0의 3대전략과 10대 추진과제]

1. 투명한 정부
   ① 공공정보 적극 공개로 국민의 알권리 충족
   ② 공공데이터의 민간활용 활성화
   ③ 민관협치 강화: 플랫폼 정부
2. 유능한 정부
   ④ 정부 내 칸막이 해소
   ⑤ 협업·소통 지원을 위한 정부운영 시스템 개선
   ⑥ 빅데이터를 활용한 과학적 행정 구현
3. 서비스 정부
   ⑦ 수요자 맞춤형 서비스 통합 제공
   ⑧ 창업 및 기업활동 원스톱 지원 강화
   ⑨ 정보 취약계층의 서비스 접근성 제고
   ⑩ 새로운 정보기술을 활용한 맞춤형 서비스 창출

구분	정부1.0	정부2.0	정부3.0(u-Gov)
운영 방향	정부 중심	국민 중심	국민 개개인 중심
핵심 가치	효율성	민주성	확장된 민주성
참여	관 주도·동원방식	제한된 공개·참여	능동적 공개·참여 개방·공유·소통·협력
행정 서비스	일방향 제공	양방향 제공	양방향·맞춤형 제공
수단 (채널)	직접방문	인터넷	무선인터넷/스마트모바일

정답 ①

488

UN에서 본 전자 거버넌스로서의 전자적 참여의 형태가 진화하는 단계가 순서대로 나열된 것은?

① 전자정보화 – 전자자문 – 전자결정
② 전자정보화 – 전자결정 – 전자문서화
③ 전자문서화 – 전자결정 – 전자자문
④ 전자자문 – 전자문서화 – 전자결정
⑤ 전자자문 – 전자정보화 – 전자결정

해설
UN(2008)에서는 전자 거버넌스로서의 전자적 참여의 형태에 대해 전자정보화(E-Information) 단계, 전자자문(E-Consultation) 단계, 전자결정(E-Decision) 단계로 진화·발전하는 것으로 보고 있다.

문제로 익히는 핵심이론
[전자적 참여의 형태]

UN(2008)에서는 전자 거버넌스로서의 전자적 참여의 형태에 대해 세 가지 형태로 진화·발전하는 것으로 보고 있다.

1. **전자정보화(E-Information) 단계**
   첫 번째 형태는 전자정보화(E-Information) 단계이다. 이는 정부기관의 웹사이트에서 각종 전자적 채널을 통해 정부기관의 다양한 정보가 공개되는 단계이다. 이 때는 다소 일방향적인 정보의 공개가 일어나는 단계이다.

2. **전자자문(E-Consultation) 단계**
   두 번째 형태는 전자자문(E-Consultation) 단계이다. 시민과 선거직 공무원 간의 상호소통이 이루어지고, 사이버 공간상에서의 청원활동이 이루어지며, 선거직 공무원은 유권자들과 직접적으로 토론을 벌이며 이러한 정책토론은 축적되고 그에 대한 피드백이 시민들에게 이루어진다.

3. **전자결정(E-Decision) 단계**
   세 번째 형태는 전자결정(E-Decision) 단계이다. 이 단계에서는 정부기관이 주요 정책과정에 시민들의 의견을 고려하여 반영하는 활동이 이루어진다. 전 단계인 자문단계에서의 자문활동이 단순히 자문활동에 그치는 것이 아니라 그러한 토론 결과 어떠한 정책결정에 직접적으로 반영되었는가에 대해 시민들에게 정보를 제공해 주게 된다.

정답 ①

489

정보통신기술을 활용한 행정개선 사례로 옳지 않은 것은?

① 정부서울청사 등에 스마트 워크센터를 설치하여 운영하고 있다.
② 민원서비스를 통합적으로 제공하는 '정부24'를 도입하였다.
③ 정부에 대한 불편사항 제기, 국민제안, 부패 및 공익 신고 등을 위해 '국민신문고'를 도입하였다.
④ 온라인 수출입 통관, 관세환급 업무, 전자민원 서비스 제공을 위해 전자통관시스템(UNI-PASS)을 도입하였다.
⑤ 공공기관의 공사, 용역, 물품 등의 발주정보를 공개하고 조달절차를 인터넷으로 처리하도록 '온나라시스템'을 도입하였다.

해설
공공기관의 공사, 용역, 물품 등의 발주정보를 공개하고 조달절차를 인터넷으로 처리하도록 '나라장터'를 도입하였다.

문제로 익히는 핵심이론
[정보통신기술을 활용한 행정개선 사례]

- **정부24(G2C5)**: 민원서비스를 통합적으로 제공하는 정부24를 도입하였다.
- **국민신문고(G2C)**: 정부에 대한 불편사항 제기, 국민제안, 부패 및 공익 신고 등을 위해 국민신문고를 도입하였다.
- **나라장터(G2B6)**: 공공기관의 공사, 용역, 물품 등의 발주정보를 공개하고 조달절차를 인터넷으로 처리하도록 전자조달 나라장터를 도입하였다(조달청).
- **전자통관시스템(G2B)**: 온라인 수출입 통관, 관세환급 업무, 전자민원 서비스 제공을 위해 전자통관시스템(UNI-PASS)을 도입하였다(관세청).
- **온나라시스템(G2G7)**: 행정 업무의 효율성을 제고하고 비용 절감을 위해 정부가 수행하는 모든 업무를 체계적으로 분류하고, 온라인상에서 실시간으로 업무를 처리하는 전산 시스템이다(행정안전부).
- **스마트 워크센터**: 정부서울청사 등에 스마트 워크센터를 설치하여 운영하고 있다. 스마트 워크센터는 출장지 등 원격지에서 업무가 가능하도록 정보통신기술 기반의 원격업무시스템을 갖춘 사무공간을 말한다.

정답 ⑤

490

지식행정관리의 기대효과로 적절하지 않은 것은?

① 개인의 전문성 증진
② 조직의 업무능력 향상
③ 지식의 조직 공동재산화
④ 정보와 지식의 중복 활용
⑤ 학습조직의 기반 구축

해설

정보화 지식의 중복 활용은 지식행정관리의 기대효과로 적절하지 않다.

문제로 익히는 핵심이론

[지식행정관리]

- 지식행정은 지식사회를 설계하고, 지식 창출·형식화·전파·활용 등 지식관리를 통해 가치를 창출하고 극대화하는 행정이다. 또한 예측할 수 없을 정도로 급변하는 환경에서 경쟁력을 갖춘 지능적 행정으로서 그 외연적 모습은 지식정부로 나타난다.
- 지식행정은 장래의 기회와 위협요소에 대응하기 위해 행정활동의 프로세스를 끊임없이 개선하는 학습과정으로서, 조직 프로세스를 급격히 변화시키는 리엔지니어링과 구분된다. 이에 따라 행정조직은 창조력을 지닌 유기체로 기능하도록 스스로 인도하는 자기지시적(Self-Guiding) 능력을 발휘하며 여기서 자신의 행위과정을 결정하고 변화시키는 능력을 갖게 된다.
- 지식행정은 전문화된 행정으로서 지식창출·전달·응용 과정에서 반응적 양상을 보여 준다.

구분	기존 행정관리	지식행정관리
조직 성격	계층제적 조직	학습조직기반 구축
지식 소유	지식의 개인 사유화	지식의 조직 공동 재산화
지식 활용	정보, 지식의 중복 활용	조직의 업무능력 향상
조직 구성원 능력	조직 구성원의 기량과 경험이 일과성으로 소모	개인의 전문적 자질 향상
지식 공유	조직 내 정보 및 지식의 분절, 파편화	공유를 통한 지식가치 향상 및 확대 재생산

정답 ④

491

지식을 암묵지(Tacit Knowledge)와 형식지(Explicit Knowledge)로 구분할 때, 암묵지에 해당하는 것을 모두 고르면?

㉠ 업무 매뉴얼	㉡ 조직의 경험
㉢ 숙련된 기능	㉣ 개인적 노하우
㉤ 컴퓨터 프로그램	㉥ 정부 보고서

① ㉠, ㉡, ㉢
② ㉠, ㉣, ㉤
③ ㉡, ㉢, ㉣
④ ㉢, ㉣, ㉤
⑤ ㉣, ㉤, ㉥

해설

암묵지에 해당하는 것은 ㉡, ㉢, ㉣이다.

문제로 익히는 핵심이론

[암묵지(Tacit Knowledge)와 형식지(Explicit Knowledge)]

1. **개념**

   지식은 표현되지 않은 자신만의 경험으로 나타나는 암묵지와 객관적으로 공감할 수 있는 형태인 형식지로 구분된다.
   - 암묵지(Tacit Knowledge): 개인과 조직의 경험과 노하우, 숙련된 기능, 직관력, 판단 등 겉으로 나타나지 않은 것
   - 형식지(Explicit Knowledge): 보고서, 매뉴얼, 이미지, 문서, 데이터베이스, 컴퓨터 프로그램 등 구체적으로 표현이 가능한 것

2. **특징**

   조직 내 암묵적 지식(암묵지)과 명시적 지식(형식지)이 사회화, 외재화, 결합화, 내재화 등의 변환과정을 거치면서 개인지식에서부터 팀, 조직 지식으로 발전한다. 지식창조 이론의 대가인 노나카 이쿠지로(野中郁次郎) 교수는 그의 저서 『지식창조기업』에서 지식창조과정을 '나선형 프로세스(Spiral Process)'로 설명한다. 즉 지식의 변환과정이 직선적으로 이루어지는 것이 아니라 복합상승의 '나선형 프로세스'를 통해 역동적으로 계속된다고 설명하고 있다.

구분	암묵지 (Tacit Knowledge)	형식지 (Explicit Knowledge)
정의	언어로 표현하기 힘든 주관적 지식	언어로 표현가능한 객관적 지식
획득	경험을 통해 습득된 지식	언어를 통해 습득된 지식
축적	은유를 통한 전달	언어를 통한 전달
전달	타인에게 전달이 곤란	타인에게 전달이 용이(상대적)
예	숙련된 기능, 자전거 타기	문서, 규정, 공식, 매뉴얼

정답 ③

492

난이도 Self Check | 상 ◯ 중 ◯ 하 ◯

전자정부의 역기능에 관한 내용으로 적절한 것을 모두 고르면?

㉠ 인포데믹스(Infordemics)
㉡ 집단극화(Group Polarization)
㉢ 선택적 정보접촉(Selective Exposure to Information)
㉣ 정보격차(Digital Divide)

① ㉠, ㉡
② ㉡, ㉢
③ ㉢, ㉣
④ ㉠, ㉡, ㉢
⑤ ㉠, ㉡, ㉢, ㉣

해설
전자정부의 역기능으로 모두 옳은 내용이다.

문제로 익히는 핵심이론

[전자정부의 역기능]

1. **인포데믹스(Infordemics)**
   인포데믹스는 정보(Information)와 전염병(Epidemics)의 합성어로, 정보 확산으로 인한 각종 부작용을 의미한다. 추측이나 루머가 결합된 부정확한 정보가 인터넷이나 휴대전화를 통해 전염병과 같이 빠르게 전파됨으로써 개인의 사생활 침해는 물론 경제, 정치, 안보 등에 치명적인 영향을 미치는 현상을 의미한다.

2. **집단극화(Group Polarization)**
   집단극화는 집단의 의사결정이 구성원 개개인의 평균치보다 극단으로 치우치게 되는 현상을 의미한다. 집단이라는 익명성 뒤에 숨어 다른 사람들보다 선명하고 모험적인 결정을 택하거나, 다른 구성원들도 자신의 의견에 동의할 것이라는 경향으로 인해 발생하게 된다.

3. **선택적 정보접촉(Selective Exposure to Information)**
   선택적 정보접촉은 본인에게 유리한 정보만을 선별적으로 선택하는 현상을 의미한다.

4. **정보격차(Digital Divide)**
   정보격차는 개인, 가정, 기업 및 지역들 간에 상이한 사회·경제적 여건에서 비롯된 정보통신기술에 대한 접근 기회와 다양한 활동을 위한 인터넷 이용에서의 차이를 의미한다.

5. **조직구성원에 대한 통제와 인간소외**
   구성원의 신상에 관한 자세한 정보가 수집·관리됨으로써 이루어지는 엄격한 통제가 역작용을 빚을 수 있으며, 정보처리능력이 떨어지는 고위계층의 소외감과 하위계층의 심리적 갈등을 유발할 수 있다.

6. **조직단위·지역·개인 간의 정보 불균형**
   컴퓨터의 활용에서 정보처리능력에 차이가 있는 조직단위 간, 중앙·지방 간, 컴퓨터 사용자와 비사용자 간에 정보 불균형과 갈등이 심화될 수 있다.

7. **국민의 사생활 침해 우려**
   국민 개개인에 대한 인적·물적 정보가 확보됨으로써 개인의 사생활을 침해할 우려가 높아진다.

8. **컴퓨터범죄와 정보 왜곡**
   데이터조작에 의한 컴퓨터범죄가 늘어날 가능성이 높아지고 왜곡된 정보의 신속한 전파에 의한 악영향이 우려된다.

9. **관료제의 권력강화 우려**
   사회의 정보화에 따라 사회관계가 정형화·자동화되고 사회의 관료제화가 촉진되면서 객관성·정확성·일관성을 특징으로 하는 관료제 조직의 운영에 대하여 컴퓨터 중심의 정보기술은 그 효율성을 높여 주게 된다. 따라서 정보자원과 처리수단이 관료제의 통제하에 놓이게 되고 그 권력이 강화되면서 정보를 독점할 우려가 발생한다.

10. **정보의 그레샴 법칙**
    정보의 그레샴 법칙은 인간은 가치가 낮은 정보를 공공정보 시스템에 남기고, 가치가 높은 정보는 사적으로 보유하는 성향을 가진다는 것을 말한다. 이로 인해 쓸모 없는 정보가 공공정보 시스템에 많이 잔여함에 따라 컴퓨터의 체증현상과 비용상승을 유발한다.

정답 ⑤

493

행정정보화가 행정조직에 미치는 영향으로 적절하지 않은 것은?

① 새로운 유형의 업무 발생으로 업무 내용이 복잡해짐에 따라 업무계통별 통솔범위가 좁아진다.
② 조직 중간층의 기능이 강화되어 중간 관리층이 확대된다.
③ 조직은 전통적인 수직적 피라미드 형태에서 수평적 형태로 조직형태가 변화한다.
④ 종래의 계선과 참모의 구별이 모호해진다.
⑤ 조직 간의 연계성과 상호 의존성이 확대된다.

해설
조직 중간층의 기능이 약화되어 중간 관리층이 축소된다.

문제로 익히는 핵심이론
[행정정보화가 행정조직에 미치는 영향]
- 정보화가 진행될수록 조직은 전통적인 수직적 피라미드 형태에서 수평적 형태로 조직형태가 변화한다.
- 수직적 계층성이 완화된다.
- 수평적인 기능분화는 더욱 촉진된다.
- 업무계통별 통솔범위는 단순업무의 전산화로 인한 축소와 새로운 유형의 업무 발생 및 업무 내용의 전문화·복잡화 등으로 인하여 점점 협소화된다.
- 조직 간의 연계성과 상호 의존성이 확대된다.
- 종래의 계선과 참모의 구별이 모호해진다.

정답 ②

지방행정론 기출예상문제

494

난이도 Self Check | 상 ○ 중 ○ 하 ○

주민자치와 단체자치에 관한 설명으로 가장 옳은 것은?

① 자치권의 인식에서 주민자치는 전래권으로, 단체자치는 고유권으로 본다.
② 주민자치는 지방분권의 이념을, 단체자치는 민주주의의 이념을 강조한다.
③ 주민자치는 의결기관과 집행기관을 분리하여 대립시키는 기관분리형을 채택하는 반면, 단체자치는 의결기관이 집행기관도 되는 기관통합형을 채택한다.
④ 주민자치가 자치단체의 권능을 중시하다면, 단체자치는 주민의 참여를 중시한다.
⑤ 주민자치는 자치사무와 위임사무를 구분하지 않지만, 단체자치는 자치사무와 위임사무를 구분한다.

문제로 익히는 핵심이론

[주민자치와 단체자치]

구분	주민자치(영·미형)	단체자치(대륙형)
기초 사상	민주적 정치분권사상	중앙집권사상
채택 국가	영국·미국	독일·프랑스·일본·한국
자치권의 본질 (자치권 인식)	천부적 권리 (고유권설)	실정법상의 권리 (전래권설)
자치의 중점	주민과의 협력관계	국가와의 권력관계
자치의 의미	정치적 의미	법률적 의미
중시하는 권리	주민의 권리 (주민의 참여)	자치단체의 권능 (자치권)
권한 부여방식	개별적 수권주의	포괄적 위임주의
사무의 구분	구분 없음 (고유사무)	고유사무·위임사무
자치단체의 성격	단일적 성격 (자치단체)	이중적 성격 (자치단체·국가의 하급기관)
중앙통제방식	입법·사법통제 중심	행정통제 중심
자치권의 범위	광범	협소
지방세제	독립세 중심	부가세 중심
지방정부의 구조	기관통합형 (내각제와 유사)	기관대립형 (대통령제와 유사)
우월적 지위	의결기관 우월주의	집행기관 우월주의
민주주의와 관계	인정	부정

정답 ⑤

해설

주민자치는 자치사무와 위임사무를 구분하지 않지만, 단체자치는 자치사무와 위임사무를 구분한다. 즉 주민자치에서는 국가적 사무나 지방적 사무가 모두 주민 자신에 의하여 자치적으로 처리되는 것이기 때문에 양자를 구별하지 아니하나, 단체자치에서는 국가적 사무와 지방적 사무를 엄격히 구별하고 있다.

오답풀이

① 자치권의 인식에서 주민자치는 고유권으로, 단체자치는 전래권으로 본다.
② 주민자치는 민주주의의 이념을, 단체자치는 지방분권의 이념을 강조한다.
③ 주민자치는 의결기관이 집행기관도 되는 기관통합형을 채택하는 반면, 단체자치는 의결기관과 집행기관을 분리하여 대립시키는 기관분리형을 채택한다.
④ 주민자치가 주민의 참여를 중시한다면, 단체자치는 자치단체의 권능을 중시한다.

495

우리나라 지방자치단체의 유형과 특징에 관한 설명으로 옳지 않은 것은?

① 지방자치단체에는 특별시, 광역시, 도, 특별자치도, 특별자치시와 시·군·구(자치구)가 포함된다.
② 두 개 이상의 지방자치단체가 특정한 목적을 위하여 법인으로서의 특별지방자치단체를 설치할 수 있다.
③ 특별시, 광역시 및 특별자치시가 아닌 인구 100만 명 이상의 시는 특례시 명칭을 부여받고 자치구를 둔다.
④ 지방자치단체는 법령의 범위에서 그 사무에 관하여 조례를 제정할 수 있다.
⑤ 특별시·광역시 또는 특별자치시가 아닌 인구 50만 이상의 시는 자치구가 아닌 구를 둘 수 있다.

해설

특별시·광역시 또는 특별자치시가 아닌 인구 50만 이상의 시에는 자치구가 아닌 구(행정구)를 둘 수 있다. 따라서 특별시, 광역시 및 특별자치시가 아닌 인구 100만 이상의 시는 특례시 명칭을 부여받지만 자치구가 아닌 행정구를 둔다. 자치구는 특별시와 광역시의 관할 구역 안에 둔다.

문제로 익히는 핵심이론

[지방자치법]

제2조(지방자치단체의 종류) ① 지방자치단체는 다음의 두 가지 종류로 구분한다.
  1. 특별시, 광역시, 특별자치시, 도, 특별자치도
  2. 시, 군, 구

제3조(지방자치단체의 법인격과 관할) ② 특별시, 광역시, 특별자치시, 도, 특별자치도(이하 "시·도"라 한다)는 정부의 직할(直轄)로 두고, 시는 도의 관할 구역 안에, 군은 광역시나 도의 관할 구역 안에 두며, 자치구는 특별시와 광역시의 관할 구역 안에 둔다.
③ 특별시·광역시 또는 특별자치시가 아닌 인구 50만 이상의 시에는 자치구가 아닌 구를 둘 수 있고, 군에는 읍·면을 두며, 시와 구(자치구를 포함한다)에는 동을, 읍·면에는 리를 둔다.

제28조(조례) ① 지방자치단체는 법령의 범위에서 그 사무에 관하여 조례를 제정할 수 있다. 다만, 주민의 권리 제한 또는 의무 부과에 관한 사항이나 벌칙을 정할 때에는 법률의 위임이 있어야 한다.

제198조(대도시 등에 대한 특례 인정) ① 서울특별시·광역시 및 특별자치시를 제외한 인구 50만 이상 대도시의 행정, 재정 운영 및 국가의 지도·감독에 대해서는 그 특성을 고려하여 관계 법률로 정하는 바에 따라 특례를 둘 수 있다.
② 제1항에도 불구하고 서울특별시·광역시 및 특별자치시를 제외한 다음 각 호의 어느 하나에 해당하는 대도시 및 시·군·구의 행정, 재정 운영 및 국가의 지도·감독에 대해서는 그 특성을 고려하여 관계 법률로 정하는 바에 따라 추가로 특례를 둘 수 있다.
  1. 인구 100만 이상 대도시(이하 "특례시"라 한다)
  2. 실질적인 행정수요, 국가균형발전 및 지방소멸위기 등을 고려하여 대통령령으로 정하는 기준과 절차에 따라 행정안전부장관이 지정하는 시·군·구

제199조(설치) ① 2개 이상의 지방자치단체가 공동으로 특정한 목적을 위하여 광역적으로 사무를 처리할 필요가 있을 때에는 특별지방자치단체를 설치할 수 있다. 이 경우 특별지방자치단체를 구성하는 지방자치단체(이하 "구성 지방자치단체"라 한다)는 상호 협의에 따른 규약을 정하여 구성 지방자치단체의 지방의회 의결을 거쳐 행정안전부장관의 승인을 받아야 한다.

정답 ③

496

난이도 Self Check | 상 ◯ 중 ◯ 하 ◯

우리나라의 지방자치에 관한 설명으로 옳은 것은?

① 광역시와 시의 설치 기준을 주민의 수 등으로 법정하고 있다.
② 기관위임사무는 국가가 사업비 일부를 보조하며, 지방의회의 통제를 받고 지방자치단체와 국가가 공동으로 책임진다.
③ 선결처분권은 지방자치단체장을 견제할 수 있는 지방의회의 강력한 권한이다.
④ 특별시, 특별자치시, 특별자치도는 특별지방자치단체에 해당한다.
⑤ 우리나라 특별자치도에는 지방자치단체인 시와 군을 둘 수 없으며, 행정시장을 도지사가 임명한다.

문제로 익히는 핵심이론 ❶

[지방자치법]

제10조(시·읍의 설치기준 등) ① 시는 그 대부분이 도시의 형태를 갖추고 인구 5만 이상이 되어야 한다.
② 다음 각 호의 어느 하나에 해당하는 지역은 도농(都農) 복합형태의 시로 할 수 있다.
  1. 제1항에 따라 설치된 시와 군을 통합한 지역
  2. 인구 5만 이상의 도시 형태를 갖춘 지역이 있는 군
  3. 인구 2만 이상의 도시 형태를 갖춘 2개 이상의 지역 인구가 5만 이상인 군. 이 경우 군의 인구는 15만 이상으로서 대통령령으로 정하는 요건을 갖추어야 한다.
  4. 국가의 정책으로 인하여 도시가 형성되고, 제128조에 따라 도의 출장소가 설치된 지역으로서 그 지역의 인구가 3만 이상이며, 인구 15만 이상의 도농 복합형태의 시의 일부인 지역
③ 읍은 그 대부분이 도시의 형태를 갖추고 인구 2만 이상이 되어야 한다. 다만, 다음 각 호의 어느 하나에 해당하면 인구 2만 미만인 경우에도 읍으로 할 수 있다.
  1. 군사무소 소재지의 면
  2. 읍이 없는 도농 복합형태의 시에서 그 시에 있는 면 중 1개 면

문제로 익히는 핵심이론 ❷

[제주특별자치도 설치 및 국제자유도시 조성을 위한 특별법]

제10조(행정시의 폐지·설치·분리·합병 등) ① 제주자치도는 「지방자치법」 제2조제1항 및 제3조제2항에도 불구하고 그 관할구역에 지방자치단체인 시와 군을 두지 아니한다.
② 제주자치도의 관할구역에 지방자치단체가 아닌 시(이하 "행정시"라 한다)를 둔다.
제11조(행정시장) ① 행정시에 시장을 둔다.
② 행정시의 시장(이하 "행정시장"이라 한다)은 일반직 지방공무원으로 보하되, 도지사가 임명한다. 다만, 제12조제1항에 따라 행정시장으로 예고한 사람을 임명할 경우에는 정무직 지방공무원으로 임명한다.

정답 ⑤

해설

우리나라 특별자치도에는 지방자치단체인 시와 군을 둘 수 없으며, 행정시장을 도지사가 임명한다. 즉 제주시와 서귀포시는 지방자치단체인 시가 아니라 행정시에 해당하며, 행정시장은 주민이 직선하는 것이 아니라 제주특별자치도지사가 임명한다.

오답풀이

① 시의 설치 기준은 주민의 수(인구 5만 이상) 등으로 법정하고 있으나, 광역시의 설치 기준은 주민의 수 등으로 법정하고 있지 않다.
② 단체위임사무는 국가가 사업비 일부를 보조하며, 지방의회의 통제를 받고 지방자치단체와 국가가 공동으로 책임진다.
③ 선결처분권은 지방의회를 견제할 수 있는 지방자치단체장의 강력한 권한이다.
④ 특별시, 특별자치시, 특별자치도는 보통지방자치단체에 해당한다. 2개 이상의 지방자치단체가 공동으로 특정한 목적을 위하여 광역적으로 사무를 처리할 필요가 있을 때에는 특별지방자치단체를 설치할 수 있다.

497

난이도 Self Check | 상 ○ 중 ○ 하 ○

현행 우리나라 「지방자치법」상 지방의회의 권한에 관한 내용으로 옳지 않은 것은?

① 지방의회는 재적의원 3분의 2 이상의 출석과 출석의원 3분의 2 이상의 찬성으로 그 자치단체장을 불신임할 수 있다.
② 지방의회는 조례의 제정·개정 및 폐지, 기금의 설치·운용, 청원의 수리와 처리 등에 관한 사항을 의결한다.
③ 지방의회는 매년 1회 그 지방자치단체의 사무에 대하여 감사를 실시하고, 시·도에서는 14일의 범위에서, 시·군 및 자치구에서는 9일의 범위에서 감사를 실시한다.
④ 본회의나 위원회는 그 의결로 안건의 심의와 직접 관련된 서류의 제출을 해당 지방자체단체의 장에게 요구할 수 있다.
⑤ 지방자치단체의 장이나 관계 공무원은 지방의회나 그 위원회가 행정사무처리상황의 보고를 요구하면 출석·답변하여야 한다. 다만, 특별한 이유가 있으면 지방자치단체의 장은 관계공무원에게 출석·답변하게 할 수 있다.

문제로 익히는 핵심이론

[지방자치법]

제47조(지방의회의 의결사항) ① 지방의회는 다음 각 호의 사항을 의결한다.
 1. 조례의 제정·개정 및 폐지
 2. 예산의 심의·확정
 3. 결산의 승인
 4. 법령에 규정된 것을 제외한 사용료·수수료·분담금·지방세 또는 가입금의 부과와 징수
 5. 기금의 설치·운용
 6. 대통령령으로 정하는 중요 재산의 취득·처분
 7. 대통령령으로 정하는 공공시설의 설치·처분
 8. 법령과 조례에 규정된 것을 제외한 예산 외의 의무부담이나 권리의 포기
 9. 청원의 수리와 처리
 10. 외국 지방자치단체와의 교류·협력
 11. 그 밖의 법령에 따라 그 권한에 속하는 사항
② 지방자치단체는 제1항 각 호의 사항 외에 조례로 정하는 바에 따라 지방의회에서 의결되어야 할 사항을 따로 정할 수 있다.

제48조(서류제출 요구) ① 본회의나 위원회는 그 의결로 안건의 심의와 직접 관련된 서류의 제출을 해당 지방자치단체의 장에게 요구할 수 있다.

제49조(행정사무 감사권 및 조사권) ① 지방의회는 매년 1회 그 지방자치단체의 사무에 대하여 시·도에서는 14일의 범위에서, 시·군 및 자치구에서는 9일의 범위에서 감사를 실시하고, 지방자치단체의 사무 중 특정 사안에 관하여 본회의 의결로 본회의나 위원회에서 조사하게 할 수 있다.

제51조(행정사무처리상황의 보고와 질의응답) ① 지방자치단체의 장이나 관계 공무원은 지방의회나 그 위원회에 출석하여 행정사무의 처리상황을 보고하거나 의견을 진술하고 질문에 답변할 수 있다.
② 지방자치단체의 장이나 관계 공무원은 지방의회나 그 위원회가 요구하면 출석·답변하여야 한다. 다만, 특별한 이유가 있으면 지방자치단체의 장은 관계 공무원에게 출석·답변하게 할 수 있다.
③ 제1항이나 제2항에 따라 지방의회나 그 위원회에 출석하여 답변할 수 있는 관계 공무원은 조례로 정한다.

제62조(의장·부의장 불신임의 의결) ① 지방의회의 의장이나 부의장이 법령을 위반하거나 정당한 사유 없이 직무를 수행하지 아니하면 지방의회는 불신임을 의결할 수 있다.
② 제1항의 불신임 의결은 재적의원 4분의 1 이상의 발의와 재적의원 과반수의 찬성으로 한다.
③ 제2항의 불신임 의결이 있으면 지방의회의 의장이나 부의장은 그 직에서 해임된다.

정답 ①

해설

현행 우리나라 「지방자치법」에서 의장·부의장 불신임의 의결은 인정되나, 자치단체장에 대한 불신임은 인정되지 않는다.

498

「지방공기업법」상 지방직영기업에 관한 설명으로 옳은 것은?

① 지방자치단체는 지방직영기업을 설치·경영하려는 경우에는 그 설치·운영의 기본사항을 조례로 정하여야 한다.
② 지방직영기업에 소속된 직원의 신분은 지방공무원이 아니다.
③ 일반회계와는 별도로 예산의 심의·확정에 지방의회의 의결이 필요 없는 특별회계로 운영된다.
④ 「지방공기업법」의 적용을 받기 때문에 「지방자치법」의 적용을 받지 않는다.
⑤ 지방자치단체로부터 독립해 있기 때문에 지방자치단체장의 통제를 받지 않는다.

해설

지방자치단체는 지방직영기업을 설치·경영하려는 경우에는 그 설치·운영의 기본사항을 조례로 정하여야 하므로 옳다.

오답풀이

② 지방직영기업에 소속된 직원의 신분은 지방공무원이다.
③ 지방직영기업은 일반회계와는 별도로 특별회계로 운영되나, 예산의 심의·확정에 지방의회의 의결이 필요하다.
④ 「지방공기업법」의 적용을 받지만, 지방공기업법에서 규정한 사항을 제외하고는 「지방자치법」, 「지방재정법」, 그 밖의 관계 법령을 적용한다.
⑤ 지방직영기업의 관리자는 지방자치단체의 장이 임명한다. 따라서 지방자치단체로부터 독립성이 없으며, 지방자치단체장의 통제를 받는다.

문제로 익히는 핵심이론

[지방공기업법]

제5조(지방직영기업의 설치) 지방자치단체는 지방직영기업을 설치·경영하려는 경우에는 그 설치·운영의 기본사항을 조례로 정하여야 한다.

제6조(「지방자치법」 등의 적용) 지방직영기업에 대하여는 이 법에서 규정한 사항을 제외하고는 「지방자치법」, 「지방재정법」, 그 밖의 관계 법령을 적용한다.

제7조(관리자) ① 지방자치단체는 지방직영기업의 업무를 관리·집행하게 하기 위하여 사업마다 관리자를 둔다. 다만, 조례로 정하는 바에 따라 성질이 같거나 유사한 둘 이상의 사업에 대하여는 관리자를 1명만 둘 수 있다.

② 관리자는 대통령령으로 정하는 바에 따라 해당 지방자치단체의 공무원으로서 지방직영기업의 경영에 관하여 지식과 경험이 풍부한 사람 중에서 지방자치단체의 장이 임명하며, 임기제로 할 수 있다.

제10조의2(기업 직원) 지방직영기업 운영을 전문화하기 위하여 필요한 경우에는 「지방공무원법」에서 정하는 바에 따라 지방직영기업 소속 공무원에 대한 전문직렬을 둘 수 있다.

제13조(특별회계) 지방자치단체는 제2조에 해당하는 사업마다 특별회계를 설치하여야 한다. 다만, 제7조제1항 단서에 따라 둘 이상의 사업에 대하여 관리자를 1명만 두는 경우에는 둘 이상의 사업에 대하여 하나의 특별회계를 둘 수 있다.

정답 ①

499

중앙정부의 지방자치단체 사무배분 원칙에 관한 설명으로 옳은 것을 모두 고르면?

> ㉠ 국가는 지방자치단체가 행정을 종합적·자율적으로 수행할 수 있도록 국가와 지방자치단체 간 또는 지방자치단체 상호간의 사무를 주민의 편익증진, 집행의 효과 등을 고려하여 서로 중복되지 아니하도록 배분하여야 한다.
> ㉡ 국가는 사무를 배분하는 경우 지역주민생활과 밀접한 관련이 있는 사무는 원칙적으로 시·군 및 자치구의 사무로, 시·군·구가 처리하기 어려운 사무는 시·도의 사무로, 시·도가 처리하기 어려운 사무는 국가의 사무로 각각 배분하여야 한다.
> ㉢ 국가가 지방자치단체에 사무를 배분하거나 지방자치단체가 사무를 다른 지방자치단체에 재배분하는 때에는 사무를 배분 또는 재배분 받는 지방자치단체가 그 사무를 자기의 책임하에 종합적으로 처리할 수 있도록 관련 사무를 포괄적으로 배분하여야 한다.
> ㉣ 국가 및 지방자치단체는 사무를 배분하는 때에는 민간부문의 자율성을 존중하여 국가 또는 지방자치단체의 관여를 최소화하여야 하며, 민간의 행정참여기회를 확대하여야 한다.

① ㉠, ㉡
② ㉠, ㉡, ㉢
③ ㉡, ㉢
④ ㉡, ㉢, ㉣
⑤ ㉠, ㉡, ㉢, ㉣

해설

중앙정부의 지방자치단체 사무배분 원칙에 관하여 모두 옳은 설명이다. ㉠은 중복배분 금지의 원칙, ㉡은 보충성의 원칙, ㉢은 포괄배분의 원칙, ㉣은 참여기회 확대의 원칙을 의미한다.

문제로 익히는 핵심이론

[지방자치분권 및 지방행정체제개편에 관한 특별법]

제9조(사무배분의 원칙) ① 국가는 지방자치단체가 행정을 종합적·자율적으로 수행할 수 있도록 국가와 지방자치단체 간 또는 지방자치단체 상호간의 사무를 주민의 편익증진, 집행의 효과 등을 고려하여 서로 중복되지 아니하도록 배분하여야 한다.
② 국가는 제1항에 따라 사무를 배분하는 경우 지역주민생활과 밀접한 관련이 있는 사무는 원칙적으로 시·군 및 자치구(이하 "시·군·구"라 한다)의 사무로, 시·군·구가 처리하기 어려운 사무는 특별시·광역시·특별자치시·도 및 특별자치도(이하 "시·도"라 한다)의 사무로, 시·도가 처리하기 어려운 사무는 국가의 사무로 각각 배분하여야 한다.
③ 국가가 지방자치단체에 사무를 배분하거나 지방자치단체가 사무를 다른 지방자치단체에 재배분하는 때에는 사무를 배분 또는 재배분 받는 지방자치단체가 그 사무를 자기의 책임하에 종합적으로 처리할 수 있도록 관련 사무를 포괄적으로 배분하여야 한다.
④ 국가 및 지방자치단체는 제1항부터 제3항까지의 규정에 따라 사무를 배분하는 때에는 민간부문의 자율성을 존중하여 국가 또는 지방자치단체의 관여를 최소화하여야 하며, 민간의 행정참여기회를 확대하여야 한다.

정답 ⑤

500

난이도 Self Check | 상 ○ 중 ○ 하 ○

'기초자치단체가 처리하기 어려운 사무는 광역자치단체가 맡고 지방자치단체에서 처리하기 어려운 사무는 중앙정부의 사무로 처리해야 한다'와 관련된 사무 배분 원칙으로 적절한 것은?

① 불경합의 원칙
② 기초우선의 원칙
③ 중복배분 금지의 원칙
④ 포괄배분의 원칙
⑤ 보충성의 원칙

해설

보충성의 원칙에 관한 설명이다.

문제로 익히는 핵심이론 ❶

[사무배분의 원칙]

- **불(비)경합의 원칙**: 시·도와 시·군 및 자치구는 그 사무를 처리하는 데에 서로 경합하지 아니하도록 하여야 한다.
- **기초(자치단체) 우선의 원칙**: 사무가 서로 경합되는 경우에는 시·군 및 자치구에서 우선적으로 처리한다.
- **보충성의 원칙**: 지방단위에서 공공사무는 원칙적으로 지방정부가 담당하고 중앙정부의 기능은 지방정부가 하기 힘든 부분에 한해 보충적 수준에서만 인정한다는 원칙이다. 주민과 직접 접촉하는 자치단체의 기능을 규정하고, 자치단체에서 처리하기 어려운 기능에 대해서 상급자치체나 중앙정부의 기능으로 보완하는 방식을 취한다.

문제로 익히는 핵심이론 ❷

[지방자치법]

제11조(사무배분의 기본원칙) ① 국가는 지방자치단체가 사무를 종합적·자율적으로 수행할 수 있도록 국가와 지방자치단체 간 또는 지방자치단체 상호 간의 사무를 주민의 편익증진, 집행의 효과 등을 고려하여 서로 중복되지 아니하도록 배분하여야 한다.
② 국가는 제1항에 따라 사무를 배분하는 경우 지역주민생활과 밀접한 관련이 있는 사무는 원칙적으로 시·군 및 자치구의 사무로, 시·군 및 자치구가 처리하기 어려운 사무는 시·도의 사무로, 시·도가 처리하기 어려운 사무는 국가의 사무로 각각 배분하여야 한다.
③ 국가가 지방자치단체에 사무를 배분하거나 지방자치단체가 사무를 다른 지방자치단체에 재배분할 때에는 사무를 배분받거나 재배분받는 지방자치단체가 그 사무를 자기의 책임하에 종합적으로 처리할 수 있도록 관련 사무를 포괄적으로 배분하여야 한다.

제14조(지방자치단체의 종류별 사무배분기준) ① 제13조에 따른 지방자치단체의 사무를 지방자치단체의 종류별로 배분하는 기준은 다음 각 호와 같다. 다만, 제13조제2항제1호의 사무는 각 지방자치단체에 공통된 사무로 한다.
1. 시·도
    가. 행정처리 결과가 2개 이상의 시·군 및 자치구에 미치는 광역적 사무
    나. 시·도 단위로 동일한 기준에 따라 처리되어야 할 성질의 사무
    다. 지역적 특성을 살리면서 시·도 단위로 통일성을 유지할 필요가 있는 사무
    라. 국가와 시·군 및 자치구 사이의 연락·조정 등의 사무
    마. 시·군 및 자치구가 독자적으로 처리하기 어려운 사무
    바. 2개 이상의 시·군 및 자치구가 공동으로 설치하는 것이 적당하다고 인정되는 규모의 시설을 설치하고 관리하는 사무
2. 시·군 및 자치구
    제1호에서 시·도가 처리하는 것으로 되어 있는 사무를 제외한 사무. 다만, 인구 50만 이상의 시에 대해서는 도가 처리하는 사무의 일부를 직접 처리하게 할 수 있다.
② 제1항의 배분기준에 따른 지방자치단체의 종류별 사무는 대통령령으로 정한다.
③ 시·도와 시·군 및 자치구는 사무를 처리할 때 서로 겹치지 아니하도록 하여야 하며, 사무가 서로 겹치면 시·군 및 자치구에서 먼저 처리한다.

제15조(국가사무의 처리 제한) 지방자치단체는 다음 각 호의 국가사무를 처리할 수 없다. 다만, 법률에 이와 다른 규정이 있는 경우에는 국가사무를 처리할 수 있다.
1. 외교, 국방, 사법(司法), 국세 등 국가의 존립에 필요한 사무
2. 물가정책, 금융정책, 수출입정책 등 전국적으로 통일적 처리를 할 필요가 있는 사무
3. 농산물·임산물·축산물·수산물 및 양곡의 수급조절과 수출입 등 전국적 규모의 사무
4. 국가종합경제개발계획, 국가하천, 국유림, 국토종합개발계획, 지정항만, 고속국도·일반국도, 국립공원 등 전국적 규모나 이와 비슷한 규모의 사무
5. 근로기준, 측량단위 등 전국적으로 기준을 통일하고 조정하여야 할 필요가 있는 사무
6. 우편, 철도 등 전국적 규모나 이와 비슷한 규모의 사무
7. 고도의 기술이 필요한 검사·시험·연구, 항공관리, 기상행정, 원자력개발 등 지방자치단체의 기술과 재정능력으로 감당하기 어려운 사무

정답 ⑤

501

우리나라 지방자치단체의 자치입법권에 관한 설명으로 옳지 <u>않은</u> 것은?

① 지방자치단체는 법령의 범위 안에서 자치에 관한 규정을 제정할 수 있다.
② 지방자치단체의 장은 법령 또는 조례의 범위에서 그 권한에 속하는 사무에 관하여 규칙을 제정할 수 있다.
③ 지방자치단체는 법률의 구체적인 위임이 없더라도 조례를 위반한 행위에 대하여 벌금을 부과하는 조례를 제정할 수 있다.
④ 시·군 및 자치구의 조례나 규칙은 시·도의 조례나 규칙을 위반해서는 아니 된다.
⑤ 교육감은 법령 또는 조례의 범위 안에서 그 권한에 속하는 사무에 관하여 교육규칙을 제정할 수 있다.

해설

지방자치단체는 법령의 범위 안에서 그 사무에 관하여 조례를 제정할 수 있다. 다만, 주민의 권리 제한 또는 의무 부과에 관한 사항이나 벌칙을 정할 때에는 법률의 위임이 있어야 한다. 따라서 지방자치단체는 법률의 구체적인 위임이 없으면 조례를 위반한 행위에 대하여 벌금을 부과하는 조례를 제정할 수 없다.

문제로 익히는 핵심이론 ❶

[지방자치법]

제28조(조례) ① 지방자치단체는 법령의 범위에서 그 사무에 관하여 조례를 제정할 수 있다. 다만, 주민의 권리 제한 또는 의무 부과에 관한 사항이나 벌칙을 정할 때에는 법률의 위임이 있어야 한다.
② 법령에서 조례로 정하도록 위임한 사항은 그 법령의 하위 법령에서 그 위임의 내용과 범위를 제한하거나 직접 규정할 수 없다.

제29조(규칙) 지방자치단체의 장은 법령 또는 조례의 범위에서 그 권한에 속하는 사무에 관하여 규칙을 제정할 수 있다.

제30조(조례와 규칙의 입법한계) 시·군 및 자치구의 조례나 규칙은 시·도의 조례나 규칙을 위반해서는 아니 된다.

문제로 익히는 핵심이론 ❷

[지방교육자치에 관한 법률]

제25조(교육규칙의 제정) ① 교육감은 법령 또는 조례의 범위 안에서 그 권한에 속하는 사무에 관하여 교육규칙을 제정할 수 있다.
② 교육감은 대통령령이 정하는 절차와 방식에 따라 교육규칙을 공포하여야 하며, 교육규칙은 특별한 규정이 없는 한 공포한 날부터 20일이 경과함으로써 효력을 발생한다.

정답 ③

502 난이도 Self Check | 상 ◯ 중 ◯ 하 ◯

광역행정 방식으로 옳지 않은 것은?

① 사무의 위탁
② 행정협의회 구성
③ 지방자치단체조합 설립
④ 통합방식
⑤ 행정구 설치

해설
행정구 설치는 광역행정 방식이 아니다. 즉 행정구는 50만 이상 대도시의 행정업무의 효율성을 위해서 설치하는 것이다.

문제로 익히는 핵심이론

[광역행정 방식]

1. **공동처리 방식**
   둘 이상의 자치단체 또는 지방행정기관이 상호협력관계를 통하여 광역행정사무를 공동으로 처리하는 방식
   (1) 지방자치단체조합
      ㉠ 2개 이상의 지방자치단체가 하나 또는 둘 이상의 사무를 공동으로 처리할 필요가 있을 때에는 규약을 정하여 지방의회의 의결을 거쳐 시·도는 행정안전부장관의 승인, 시·군 및 자치구는 시·도지사의 승인을 받아 지방자치단체조합을 설립할 수 있다. 다만, 지방자치단체조합의 구성원인 시·군 및 자치구가 2개 이상의 시·도에 걸쳐 있는 지방자치단체조합은 행정안전부장관의 승인을 받아야 한다. 지방자치단체조합은 법인으로 한다.
      ㉡ 지방자치단체조합의 규약을 변경하거나 지방자치단체조합을 해산하려는 경우에는 ㉠을 준용한다.
      ㉢ 지방자치단체조합을 해산한 경우에 그 재산의 처분은 관계 지방자치단체의 협의에 따른다.
   (2) 행정협의회
      ㉠ 지방자치단체는 2개 이상의 지방자치단체에 관련된 사무의 일부를 공동으로 처리하기 위하여 관계 지방자치단체 간의 행정협의회를 구성할 수 있다. 이 경우 지방자치단체의 장은 시·도가 구성원이면 행정안전부장관과 관계 중앙행정기관의 장에게, 시·군 또는 자치구가 구성원이면 시·도지사에게 이를 보고하여야 한다.
      ㉡ 지방자치단체는 협의회를 구성하려면 관계 지방자치단체 간의 협의에 따라 규약을 정하여 관계 지방의회에 각각 보고한 다음 고시하여야 한다.
      ㉢ 행정안전부장관이나 시·도지사는 공익상 필요하면 관계 지방자치단체에 대하여 협의회를 구성하도록 권고할 수 있다.
   (3) 사무의 위탁 방식(위임×)
      ㉠ 자치단체 또는 그 장은 소관사무의 일부를 다른 자치단체 또는 그 장에게 위탁하여 처리할 수 있다.
      ㉡ 사무위탁은 사무처리비용의 절감, 공동사무처리에 따른 규모의 경제, 서비스 성과제도 등의 장점이 있으나, 위탁처리비용의 산정문제, 사무위탁에 따른 정치적 비난, 위탁문화의 부재 등으로 인해 광범위하게 이용되지 못하고 있다.
      ㉢ 이외에 행정협정 체결 방식, 파견 방식 등이 있음

2. **연합 방식**
   둘 이상의 지방자치단체가 법인격을 그대로 유지하면서 연합하여 새로운 광역단체를 구성하고 그 단체에서 광역사무를 처리하는 방식이다. 즉 연합은 기존의 자치단체가 각각 독립적인 법인격을 유지하면서 그 위에 광역행정을 전담하는 새로운 자치단체를 신설하는 방식이다.

3. **통합 방식**
   여러 자치단체를 포괄하는 단일 정부를 설립하여 그 정부의 주도로 사무를 광역적으로 처리하는 방식
   • 합병: 몇 개의 자치단체를 폐지하고 통합하여 법인격을 가진 새 자치단체를 신설하는 방식으로, 기존의 자치단체는 법인격을 상실한다는 점이 특징임
   • 권한 및 지위의 흡수 방식: 상급자치단체 또는 국가가 하급자치단체의 권한이나 지위를 흡수하는 방식
   • 전부사무조합: 복수의 자치단체가 계약에 의해 모든 사무를 종합적으로 처리할 조합을 설치하는 방식

4. **특별구역의 설정 방식**
   특정 광역사무를 처리하기 위하여 별도로 구역을 설정하는 방식으로서, 우리나라의 교육구가 좋은 예이다.

5. **특별행정기관의 설치 방식**
   특정 광역사무를 처리하기 위하여 별도로 행정기관을 설치하는 방식이다.

6. **광역의회의 설치 방식**
   광역사무에 관련되는 각 지방자치단체를 대표하는 지방의회의원들로 광역의회를 구성하는 방식이다.

7. **구역의 변경·편입 방식**
   기존 지방자치단체의 구역변경·편입에 의하는 방식이다.

정답 ⑤

503

특별지방행정기관을 설치하였을 때의 장점으로 옳은 것은?

① 주민들의 직접참여와 통제가 용이하여 책임행정 확보가 용이하다.
② 광역적인 국가 업무를 효율적으로 처리할 수 있다.
③ 유사중복기능의 수행 인력과 조직으로 행정의 중복성을 통하여 효율성을 강화할 수 있다.
④ 관할범위가 넓어 현지성이 확보됨으로써 지역주민을 위한 행정이 용이하다.
⑤ 특별지방행정기관 증가로 이원적 업무수행이 가능하여 주민들의 행정만족도가 높아지고 혼란을 방지할 수 있다.

해설

특별지방행정기관은 특정한 중앙행정기관에 소속되어, 당해 관할구역 내에서 시행되는 소속 중앙행정기관의 권한에 속하는 행정사무를 관장하는 국가의 지방행정기관을 말한다. 따라서 특별지방행정기관을 설치하는 경우 광역적인 국가 업무를 효율적으로 처리할 수 있다.

오답풀이
① 특별지방행정기관은 주민들의 직접참여와 통제가 곤란하여 책임행정 확보가 곤란하다.
③ 유사중복기능의 수행 인력과 조직으로 행정의 중복성을 통하여 효율성을 저하할 수 있다.
④ 관할범위가 넓어 현지성 확보가 곤란하여 지역주민을 위한 행정이 곤란하다.
⑤ 특별지방행정기관 증가로 혼란을 유발할 수 있다.

문제로 익히는 핵심이론

[특별지방행정기관(특별일선기관)]

1. 개념
- 특별지방행정기관은 특정한 중앙행정기관에 소속되어, 당해 관할구역 내에서 시행되는 소속 중앙행정기관의 권한에 속하는 행정사무를 관장하는 국가의 지방행정기관을 말한다. 지역에 있는 행정기관 중에서 흔히 "ㅇㅇ지방ㅇㅇ청"으로 불리는 기관들이 이에 해당된다.
- 특별지방행정기관의 설치는 국가업무의 효율적이고 광역적인 추진이라는 긍정적인 목적과 함께 관리와 감독의 용이성이라는 부처이기주의적 목적이 결합되어 있다. 따라서 중앙부서에서는 지방자치단체에서 처리할 수 있는 사무에 대해서도 자신들의 일선기관을 통해 집행할 가능성이 높기 때문에 특별지방행정기관은 지방분권의 관점에서는 지방자치단체의 권한과 책임성을 저해하는 요인이 될 수 있다.

2. 지방이양의 과제
- 책임행정의 결여: 지방자치단체의 행정과 정책에 대해서는 관할구역 주민들의 직접적인 참여와 통제를 통해 그 잘못을 시정하고 성과를 제고하도록 촉구할 수 있다는 점에서 행정의 책임성과 대응성 확보에 상대적으로 용이하지만, 특별지방행정기관에 대해서는 중앙정부의 활동과 정책만큼이나 통제와 참여가 용이하지 않고 책임확보도 어려운 편이다.
- 기능중복으로 인한 비효율성 문제: 특별지방행정기관과 지방자치단체는 유사 중복기능의 수행을 위해 유사한 기구와 조직 그리고 인력을 운영하고 있어 행정의 이원성, 중복성, 비효율성 등이 초래되고 있다.
- 고객의 혼란과 불편 문제: 특별지방행정기관과 지방자치단체의 이원적 업무수행은 이용자인 고객의 불편을 가중시킬 수 있고, 특히 특별지방행정기관의 관할 범위가 매우 넓어 현지성을 결여하는 경우도 발생된다.

정답 ②

504

우리나라 지방자치제도에 관한 설명으로 옳은 것은?

① 시·도를 달리하는 시·군·구간의 자치단체 조합의 설치는 지방의회 의결을 거쳐 시·도지사의 승인을 받아야 한다.
② 자치구가 아닌 행정구·읍·면·동의 명칭과 폐치·분할은 해당 지방의회의 의결로 결정한다.
③ 지방자치단체의 사무 중 단체위임사무는 지방자치단체의 장에게 위임하여 처리하는 사무이다.
④ 중앙행정기관장과 지방자치단체의 장이 의견을 달리하는 사무처리의 조정을 위해 행정안전부 소속하에 협의조정기구를 둘 수 있다.
⑤ 주민투표에 부쳐진 사항은 주민투표권자 총수의 4분의 1 이상의 투표와 유효투표수 과반수의 득표로 확정된다.

문제로 익히는 핵심이론 ❶

[지방자치법]

제7조(자치구가 아닌 구와 읍·면·동 등의 명칭과 구역) ① 자치구가 아닌 구와 읍·면·동의 명칭과 구역은 종전과 같이 하고, 자치구가 아닌 구와 읍·면·동을 폐지하거나 설치하거나 나누거나 합칠 때에는 행정안전부장관의 승인을 받아 그 지방자치단체의 조례로 정한다. 다만, 명칭과 구역의 변경은 그 지방자치단체의 조례로 정하고, 그 결과를 특별시장·광역시장·도지사에게 보고하여야 한다.

제176조(지방자치단체조합의 설립) ① 2개 이상의 지방자치단체가 하나 또는 둘 이상의 사무를 공동으로 처리할 필요가 있을 때에는 규약을 정하여 지방의회의 의결을 거쳐 시·도는 행정안전부장관의 승인, 시·군 및 자치구는 시·도지사의 승인을 받아 지방자치단체조합을 설립할 수 있다. 다만, 지방자치단체조합의 구성원인 시·군 및 자치구가 2개 이상의 시·도에 걸쳐 있는 지방자치단체조합은 행정안전부장관의 승인을 받아야 한다.

제187조(중앙행정기관과 지방자치단체 간 협의·조정) ① 중앙행정기관의 장과 지방자치단체의 장이 사무를 처리할 때 의견을 달리하는 경우 이를 협의·조정하기 위하여 국무총리 소속으로 행정협의조정위원회를 둔다.

문제로 익히는 핵심이론 ❷

[주민투표법]

제24조(주민투표결과의 확정) ① 주민투표에 부쳐진 사항은 주민투표권자 총수의 4분의 1 이상의 투표와 유효투표수 과반수의 득표로 확정된다. 다만, 다음 각 호의 어느 하나에 해당하는 경우에는 찬성과 반대 양자를 모두 수용하지 아니하거나, 양자택일의 대상이 되는 사항 모두를 선택하지 아니하기로 확정된 것으로 본다.
1. 전체 투표수가 주민투표권자 총수의 4분의 1에 미달되는 경우
2. 주민투표에 부쳐진 사항에 관한 유효득표수가 동수인 경우

정답 ⑤

해설

주민투표에 부쳐진 사항은 주민투표권자 총수의 4분의 1 이상의 투표와 유효투표수 과반수의 득표로 확정되므로 옳다.

오답풀이

① 시·도를 달리하는 시·군·구간의 자치단체 조합의 설치는 행정안전부장관의 승인을 받아야 한다.
② 자치구가 아닌 행정구·읍·면·동의 명칭과 폐치·분할은 행정안전부장관의 승인을 받아 그 지방자치단체의 조례로 정한다.
③ 지방자치단체의 사무 중 기관위임사무는 지방자치단체의 장에게 위임하여 처리하는 사무이다.
④ 중앙행정기관장과 지방자치단체의 장이 의견을 달리하는 사무처리의 조정을 위해 국무총리 소속하에 협의조정기구를 둘 수 있다.

505

우리나라 지방자치제도에서의 주민의 권리에 관한 내용으로 옳지 <u>않은</u> 것은?

① 주민 A 씨(30세)는 자신이 살고 있는 지역의 지방자치단체 발전과 운영에 기여할 수 있다.
② ○○시 주민 B 씨(20세)는 청년일자리 창출에 관한 조례의 필요성에 따라 요건을 갖추어 ○○시 조례의 제정을 청구하였다.
③ 지방자치단체 외국인등록대장에 등록된 베트남국적 C 씨(45세)는 국내에 영주할 수 있는 체류자격 취득일 후 현재 3년이 지났지만, 외국인이기 때문에 지방자치단체의 위법행위에 대한 감사를 청구할 수 없다.
④ ○○시 비례대표 시의원의 심각한 불법행위 문제를 알고 있는 ○○시 주민 D 씨(55세)는 주민소환 투표 청구를 위한 요건을 갖추더라도 주민소환권을 행사할 수 없다.
⑤ ○○시 주민 E 씨(57세)는 시의 공금 지출에 관한 사항의 위법에 관한 사항의 위법에 대해 감사청구한 자로서, 그 감사 결과에 불복하고 법적 요건을 갖추어 시장을 상대로 주민소송을 제기하였다.

해설
지방자치단체 외국인등록대장에 등록된 베트남국적 C 씨(45세)는 국내에 영주할 수 있는 체류자격 취득일 후 현재 3년이 지나면, 지방자치단체의 위법행위에 대한 감사를 청구할 수 있다.

문제로 익히는 핵심이론

[지방자치법]

제19조(조례의 제정과 개정·폐지 청구) ① 주민은 지방자치단체의 조례를 제정하거나 개정하거나 폐지할 것을 청구할 수 있다.

제21조(주민의 감사 청구) ① 지방자치단체의 18세 이상의 주민으로서 다음 각 호의 어느 하나에 해당하는 사람(「공직선거법」 제18조에 따른 선거권이 없는 사람은 제외한다. 이하 이 조에서 "18세 이상의 주민"이라 한다)은 시·도는 300명, 제198조에 따른 인구 50만 이상 대도시는 200명, 그 밖의 시·군 및 자치구는 150명 이내에서 그 지방자치단체의 조례로 정하는 수 이상의 18세 이상의 주민이 연대 서명하여 그 지방자치단체와 그 장의 권한에 속하는 사무의 처리가 법령에 위반되거나 공익을 현저히 해친다고 인정되면 시·도의 경우에는 주무부장관에게, 시·군 및 자치구의 경우에는 시·도지사에게 감사를 청구할 수 있다.
1. 해당 지방자치단체의 관할 구역에 주민등록이 되어 있는 사람
2. 「출입국관리법」 제10조에 따른 영주(永住)할 수 있는 체류자격 취득일 후 3년이 경과한 외국인으로서 같은 법 제34조에 따라 해당 지방자치단체의 외국인등록대장에 올라 있는 사람

제22조(주민소송) ① 제21조제1항에 따라 공금의 지출에 관한 사항, 재산의 취득·관리·처분에 관한 사항, 해당 지방자치단체를 당사자로 하는 매매·임차·도급 계약이나 그 밖의 계약의 체결·이행에 관한 사항 또는 지방세·사용료·수수료·과태료 등 공금의 부과·징수를 게을리한 사항을 감사 청구한 주민은 다음 각 호의 어느 하나에 해당하는 경우에 그 감사 청구한 사항과 관련이 있는 위법한 행위나 업무를 게을리한 사실에 대하여 해당 지방자치단체의 장(해당 사항의 사무처리에 관한 권한을 소속 기관의 장에게 위임한 경우에는 그 소속 기관의 장을 말한다. 이하 이 조에서 같다)을 상대방으로 하여 소송을 제기할 수 있다.
1. 주무부장관이나 시·도지사가 감사 청구를 수리한 날부터 60일(제21조제9항 단서에 따라 감사기간이 연장된 경우에는 연장된 기간이 끝난 날을 말한다)이 지나도 감사를 끝내지 아니한 경우
2. 제21조제9항 및 제10항에 따른 감사 결과 또는 같은 조 제12항에 따른 조치 요구에 불복하는 경우
3. 제21조제12항에 따른 주무부장관이나 시·도지사의 조치 요구를 지방자치단체의 장이 이행하지 아니한 경우
4. 제21조제12항에 따른 지방자치단체의 장의 이행 조치에 불복하는 경우

제25조(주민소환) ① 주민은 그 지방자치단체의 장 및 지방의회의원(비례대표 지방의회의원은 제외한다)을 소환할 권리를 가진다.

정답 ③

506

난이도 Self Check | 상 ◯ 중 ◯ 하 ◯

우리나라 주민참여예산제도에 관한 설명으로 가장 옳지 않은 것은?

① 지방자치단체의 장은 주민참여예산제도를 마련하여 시행하여야 한다.
② 지방자치단체의 장은 주민참여예산제도를 통하여 수렴한 주민의 의견서를 지방의회에 제출하는 예산안에 첨부하여야 한다.
③ 지방자치단체의 장은 수렴된 주민의견을 검토하고 그 결과를 예산과정에 반영하여야 한다.
④ 지방의회의 의결사항은 제외한다.
⑤ 주민이 참여할 수 있는 예산의 범위는 조례로 정한다.

문제로 익히는 핵심이론 ❶

[지방재정법]

제39조(지방예산 편성 등 예산과정의 주민 참여) ① 지방자치단체의 장은 대통령령으로 정하는 바에 따라 지방예산 편성 등 예산과정(「지방자치법」 제47조에 따른 지방의회의 의결사항은 제외한다. 이하 이 조에서 같다)에 주민이 참여할 수 있는 제도(이하 이 조에서 "주민참여예산제도"라 한다)를 마련하여 시행하여야 한다.
② 지방예산 편성 등 예산과정의 주민 참여와 관련되는 다음 각 호의 사항을 심의하기 위하여 지방자치단체의 장 소속으로 주민참여예산위원회 등 주민참여예산기구(이하 "주민참여예산기구"라 한다)를 둘 수 있다.
  1. 주민참여예산제도의 운영에 관한 사항
  2. 제3항에 따라 지방의회에 제출하는 예산안에 첨부하여야 하는 의견서의 내용에 관한 사항
  3. 그 밖에 지방자치단체의 장이 주민참여예산제도의 운영에 필요하다고 인정하는 사항
③ 지방자치단체의 장은 주민참여예산제도를 통하여 수렴한 주민의 의견서를 지방의회에 제출하는 예산안에 첨부하여야 한다.
④ 행정안전부장관은 지방자치단체의 재정적·지역적 여건 등을 고려하여 대통령령으로 정하는 바에 따라 지방자치단체별 주민참여예산제도의 운영에 대하여 평가를 실시할 수 있다.
⑤ 주민참여예산기구의 구성·운영과 그 밖에 필요한 사항은 해당 지방자치단체의 조례로 정한다.

문제로 익히는 핵심이론 ❷

[지방재정법 시행령]

제46조(지방예산 편성 등 예산과정에의 주민참여) ① 법 제39조제1항에 따른 지방예산 편성 등 예산과정(이하 이 조에서 "예산과정"이라 한다)에 주민이 참여할 수 있는 방법은 다음 각 호와 같다.
  1. 공청회 또는 간담회 2. 설문조사 3. 사업공모 4. 그 밖에 주민의견 수렴에 적합하다고 인정하여 조례로 정하는 방법
② 지방자치단체의 장은 제1항에 따라 수렴된 주민의견을 검토하고 그 결과를 예산과정에 반영할 수 있다.

문제로 익히는 핵심이론 ❸

[서울특별시 시민참여예산제 운영 조례]

제6조(시민참여예산의 범위) 예산과정에 시민의견 제출의 범위는 해당 연도의 전체 예산과 기금을 대상으로 한다.

정답 ③

해설

지방자치단체의 장은 수렴된 주민의견을 검토하고 그 결과를 예산과정에 반영할 수 있다. 즉 지방자치단체의 장은 주민참여예산제도를 통하여 수렴한 주민의 의견서를 지방의회에 제출하는 예산안에 첨부하여야 하나, 수렴된 주민의견을 검토하고 그 결과를 예산과정에 반영하여야 하는 것은 아니고 반영할 수 있는 것이다.

507

난이도 Self Check | 상 ◯ 중 ◯ 하 ◯

현재 우리나라의 지방재정에 관한 설명으로 옳은 것은?

① 재정자주도는 일반회계세입에서 지방세와 세외수입이 차지하는 비율을 의미한다.
② 세외수입은 재원의 성격상 의존재원이다.
③ 국고보조금은 재원의 성격상 자주재원이다.
④ 특정재원과 달리 일반재원은 지방자치단체가 어떠한 경비로도 자유롭게 지출할 수 있는 재원이다.
⑤ 지방세 수입에는 사용료, 수수료, 재산임대수입 등이 있다.

해설

일반재원은 용도에 대해서 아무런 제한이 없는 재원이다. 따라서 특정재원과 달리 지방자치단체가 어떠한 경비로도 자유롭게 지출할 수 있는 재원이다.

오답풀이
① 재정자립도는 일반회계세입에서 지방세와 세외수입이 차지하는 비율을 의미한다.
② 세외수입은 재원의 성격상 자주재원이다.
③ 국고보조금은 재원의 성격상 의존재원이다.
⑤ 세외 수입에는 사용료, 수수료, 재산임대수입 등이 있다.

문제로 익히는 핵심이론

[지방수입의 구조와 지표]

1. 지방수입의 구조
(1) 수입원에 따른 분류
- 자주재원: 지방자치단체가 스스로 그 기능을 직접 행사해서 조달할 수 있는 재원으로, 지방세수입(주민세, 재산세 등)·세외수입(분담금, 사용료, 수수료, 재산임대수입 등)이 이에 속한다.
- 의존재원: 수입의 원천을 국가 또는 상급자치단체인 도에 의존하고 그 액수와 내용이 국가가 정하는 구체적 기준이나 의사결정에 달려 있는 것으로, 국고보조금·지방교부세 등이 이에 해당한다.

(2) 용도의 제한성에 따른 분류
- 일반재원: 용도에 대해서 아무런 제한이 없는 재원으로, 지방세와 보통교부세가 이에 해당한다.
- 특정재원: 특정 목적에만 충당할 수 있는 재원으로, 국고보조금과 특별교부세가 이에 해당한다.

(3) 수입의 규칙성에 따른 분류
- 경상수입: 회계연도마다 규칙적으로 반복하며, 지방수입 가운데 매년 경상적으로 수입되는 것을 말한다.
- 임시수입: 불규칙적이고 일시적인 수입으로, 임시로 수입되는 것을 말한다.

2. 지방수입의 지표
(1) 재정자립도
- 산정: {(지방세+세외수입−지방채)÷일반회계예산}×100
- 용도: 도농복합 형태의 시가 될 수 있는 요건으로 사용
- 내용
  - 세입 중심으로 세출을 고려하지 못하며, 지방자치단체 간의 상대적 재정규모를 무시한다.
  - 교부세의 확충은 재정능력은 강화하나 재정자립도를 저하시키므로, 재정자립도를 제고하기 위해서는 지방세와 세외수입을 확대할 필요가 있다.

(2) 재정자주도
재정자주도는 일반회계 세입에서 자주재원과 지방교부세를 합한 일반재원의 비중으로, 생계급여 등 사회복지 분야에서의 차등보조율을 설계할 때 사용된다.

(3) 재정력지수(지방교부세 산정기준)
- 개념: 재정력지수는 '기준재정수요액'과 '기준재정수입액'의 비율이다.
- 내용
  - 재정력지수가 1을 초과하는 지방자치단체: 자체적인 재정수입만으로 기초적인 재정수요를 모두 충당할 수 있어 재정력이 우수한 것으로 평가된다.
  - 재정력지수가 1 이하인 지방자치단체: 그만큼 지출수요에 비해 자체수입이 부족하다는 것을 의미한다. 부족분에 대해서는 지방교부세라는 일반재원을 통해 중앙정부가 상당비율을 충당해 준다.

정답 ④

508

난이도 Self Check | 상 ◯ 중 ◯ 하 ◯

지방세가 서로 바르게 연결되지 <u>않은</u> 것은?

① 서울특별시세 – 지방소득세, 지역자원시설세
② 서울특별시 종로구세 – 등록면허세, 재산세
③ 경기도세 – 지방소비세, 지방교육세
④ 경기도 안양시세 – 담배소득세, 지방소득세
⑤ 인천광역시 강화군세 – 등록면허세, 지방교육세

해설

광역시의 군은 시군세를 적용한다. 따라서 등록면허세는 강화군세가 아니라 인천광역시에 해당한다. 또한 지방교육세는 특·광역시세에 해당한다. 따라서 지방교육세는 강화군세가 아니라 인천광역시세에 해당한다.

문제로 익히는 핵심이론 ❶

[지방세의 세목]

구분	보통세	목적세
특별시/광역시세	취득세, 레저세, 담배소비세, 지방소비세, 주민세, 지방소득세, 자동차세	지역자원시설세, 지방교육세
도세	레저세, 취득세, 등록면허세, 지방소비세	지역자원시설세, 지방교육세
자치구세	등록면허세, 재산세	–
시·군세 (광역시 군세 포함)	담배소비세, 주민세, 지방소득세, 재산세, 자동차세	–

문제로 익히는 핵심이론 ❷

[지방세기본법]

제8조(지방자치단체의 세목) ① 특별시세와 광역시세는 다음 각 호와 같다. 다만, 광역시의 군(郡) 지역에서는 제2항에 따른 도세를 광역시세로 한다.
 1. 보통세
  가. 취득세 나. 레저세 다. 담배소비세 라. 지방소비세
  마. 주민세 바. 지방소득세 사. 자동차세
 2. 목적세
  가. 지역자원시설세 나. 지방교육세
② 도세는 다음 각 호와 같다.
 1. 보통세
  가. 취득세 나. 등록면허세 다. 레저세 라. 지방소비세
 2. 목적세
  가. 지역자원시설세 나. 지방교육세
③ 구세는 다음 각 호와 같다.
 1. 등록면허세 2. 재산세
④ 시·군세(광역시의 군세를 포함한다. 이하 같다)는 다음 각 호와 같다.
 1. 담배소비세 2. 주민세 3. 지방소득세 4. 재산세 5. 자동차세
⑤ 특별자치시세와 특별자치도세는 다음 각 호와 같다.
 1. 취득세 2. 등록면허세 3. 레저세 4. 담배소비세 5. 지방소비세 6. 주민세 7. 지방소득세 8. 재산세 9. 자동차세 10. 지역자원시설세 11. 지방교육세

정답 ⑤

509

우리나라 지방교부세에 관한 설명으로 옳지 <u>않은</u> 것은?

① 지방교부세의 기본목적은 지방자치단체 간 재정격차를 줄임으로써 기초적인 행정서비스가 제공될 수 있도록 하는 데 있다.
② 「지방교부세법」상 지방교부세는 보통교부세, 특별교부세, 부동산교부세 및 소방안전교부세로 구분된다.
③ 보통교부세는 사용용도가 정해져 있지 않은 일반재원이다.
④ 지방자치단체들은 재정자립도 향상 차원에서 지방교부세의 증액을 위해 노력하고 있다.
⑤ 현행 제도상 보통교부세를 교부받지 않는 지방자치단체도 존재하고 있다.

해설

재정자립도는 일반회계세입에서 자주재원인 지방세와 세외수입이 차지하는 비율을 의미한다. 따라서 의존재원인 지방교부세가 증액되면 재정자립도는 저하된다.

문제로 익히는 핵심이론 ❶

[재정자립도의 문제점과 제고방안]

1. 문제점
   - 지방재정자립도가 같거나 유사하다고 해서 자치단체의 재정력이 같은 것은 아니나, 구성비가 유사할 경우 재정력이 유사하다고 간주해 버리는 오류를 낳게 된다.
   - 자치단체별 재정규모를 반영하지 못하며, 대규모 사업의 수행을 가능하게 하는 재정규모의 중요성을 간과하고 있다.
   - 세출구조를 반영하지 않아 재정력 파악이 곤란하며, 세출의 질을 고려하고 있지 않다.
   - 중앙정부에 의한 재정지원을 의존재원으로 처리하기 때문에 재정지원의 형태를 제대로 파악할 수 없다.

2. 제고방안
   - 국세의 지방세 이전
   - 지방세의 확대
   - 세외수입의 확충
   - 사용료·수수료 등의 요율을 인상하는 등 수익자부담 원칙 강화

문제로 익히는 핵심이론 ❷

[지방교부세법]

제1조(목적) 이 법은 지방자치단체의 행정 운영에 필요한 재원(財源)을 교부하여 그 재정을 조정함으로써 지방행정을 건전하게 발전시키도록 함을 목적으로 한다.
제3조(교부세의 종류) 지방교부세의 종류는 보통교부세·특별교부세·부동산교부세 및 소방안전교부세로 구분한다.

정답 ④

510

국고보조금에 관한 설명으로 옳지 않은 것은?

① 지방자치단체의 자율성을 약화시킨다.
② 용도가 정해져 있지 않은 일반재원이다.
③ 중앙정부와 지방정부간의 수직적 재정 조정제도이다.
④ 중앙정부가 재정여건, 정책목표 등을 고려하여 지원여부를 결정한다.
⑤ 국가 시책을 장려하기 위하여 지원하는 경우도 있다.

해설
국고보조금은 용도가 정해져 있는 특정재원이다.

문제로 익히는 핵심이론

[국고보조금(의존재원, 특정재원)]

1. 개념
   - 국가가 지방자치단체에 대하여 그 행정을 수행하는 데 요하는 경비의 재원을 충당하기 위하여 용도를 특정해서 교부하는 것을 말한다.
   - 지방교부세 총액은 법률에 의해 정해지지만 국고보조금의 규모는 중앙정부의 재정여건, 예산정책 등을 고려하여 중앙정부에서 결정한다.

2. 성격
   국고보조금은 의존재원 및 특정재원의 성격을 지니기 때문에 중앙통제수단으로서 갖는 의미가 강하며, 지방자치단체의 자율성이 약화될 우려가 있다.

3. 용도와 종류
   국고보조금이 활용되는 용도와 그에 따라 사용되는 국고보조금을 분류하면 다음과 같다.

국고보조금의 용도	종류
㉠ 국가위임사무의 처리(기관위임사무)	교부금
㉡ 광역사무의 처리(단체위임사무)	부담금
㉢ 지방의 특수시설의 장려(고유사무) ㉣ 지방의 특수행정수행의 장려(고유사무) ㉤ 지방행정수준의 향상(고유사무)	협의의 보조금

정답 ②

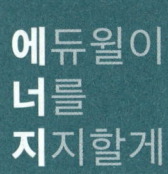

ENERGY

냉정하고 열기와 성급함이 없는 것은 훌륭한 자질이다.

– 랠프 왈도 에머슨

공기업 사무직 통합전공 800제

PART 4

법학

CHAPTER 01 법학개론

CHAPTER 02 헌법

CHAPTER 03 민법

CHAPTER 04 형법

CHAPTER 05 형사소송법

CHAPTER 06 민사소송법

CHAPTER 07 상법

CHAPTER 08 행정법

CHAPTER 09 사회법

CHAPTER 01 법학개론 기출예상문제

511
난이도 Self Check | 상◯ 중◯ 하◯

법의 개념에 관한 설명으로 옳지 않은 것은?

① 법은 도덕과 구별되는 강제규범이다.
② 법은 정치적으로 조직된 사회의 규범이다.
③ 법은 인간의 사회생활상의 규범이다.
④ 법은 결국 자연법처럼 존재의 세계에 속하는 존재법칙의 일종이다.
⑤ 법은 행위규범의 일종으로 사회생활상의 행위양식이다.

해설
법은 존재법칙이 아니라 **당위법칙**에 해당한다.

> **문제로 익히는 핵심이론**
>
> 법이란 인간공동사회의 질서유지를 위하여 국가중심권력에 의하여 강제하는 규범의 총체라 말할 수 있다. 이러한 법은 인과율(어떤 상태에서 다른 상태가 필연적으로 일어나는 경우의 법칙)이 지배하는 것이 아니라 목적률이 지배하는 <u>당위법칙이다.</u> 따라서 법은 생활의 유형으로 이해할 수는 있으나, 다른 사회생활규범과 구별하기 위하여 당위규범과 강제규범성을 특히 중요시한다.

정답 ④

512
난이도 Self Check | 상◯ 중◯ 하◯

법발견에서 형평의 기능에 대한 설명으로 옳지 않은 것은?

① 개별적 정의보다는 일반적 정의를 추구한다.
② 법이 엄격한 경우에는 유연화 된다.
③ 법이 흠결된 경우에는 보충한다.
④ 법이 포괄적인 경우에는 유형화한다.
⑤ 법적 안정성보다 구체적 타당성을 추구한다.

해설
반대로 설명되어 있다. 법발견에서 형평은 일반적 정의보다는 개별적 정의를 추구한다.

> **문제로 익히는 핵심이론**
>
> <u>형평(Equity)은 일반적인 것이 아니라 개개의 사안에 대하여 구체적인 타당성을 찾아가는 것을</u> 의미한다. 따라서 일반적 정의가 아니라 개별적 정의를 추구할 수밖에 없다. 이러한 형평제도는 영국의 <u>보통법에 대한 보완방안으로 등장하였</u>다. 즉 국왕이 법률과 상관없이 자신의 양심에 따라 개개의 사안에 대하여 판단하는 것으로, 사회적 지위의 열악 등 정식의 재판에 기대할 수 없는 자들에 대한 구제책으로 등장하였다. 이러한 형평법은 권리관념보다는 <u>양심에 입각한 윤리적 색채가 농후하고, 선례에 구애받지 않고 구체적 타당성을 존중하고 법관의 재량을 인정하여 공정하다고 믿는 원칙을 적용하여 양심적 재판이 행해지고 법의 도덕화를 지향하는 경향을 보인다.</u>

정답 ①

513

난이도 Self Check | 상◯ 중◯ 하◯

법과 도덕의 구별에 관한 설명으로 옳지 않은 것은?

① 법은 타율적이고, 도덕은 자율적이다.
② 법은 공동생활의 이상이고, 도덕은 개인생활의 이상이다.
③ 법은 양면성이 있으나, 도덕은 일면성을 지닌다.
④ 법은 강제성을 갖고, 도덕은 비강제성을 갖는다.
⑤ 법은 인격의 완성과 관련되고, 도덕은 인격의 대립과 관련된다.

해설

반대로 설명되어 있다. 도덕은 인격의 완성과 관련되고, 법은 인격의 대립과 관련된다.

> **문제로 익히는 핵심이론**
>
> **법과 도덕의 관계**에 대하여 법철학자인 예링은 "**법철학의 Cape Horn** – 남미 최남단에 위치한 강풍과 빠른 해류로 극히 위험한 해협 지역)"이라고 표현한 바 있듯이, 양자의 구별은 지극히 어려운 문제라고 할 수 있다. 그런데 **도덕**이란 인간의 인격의 완성을 지향하고, 의무에 대응하는 권리가 없어 일면성을 띠며 자율성과 비강제성을 갖는 것이라고 한다면, **법**은 인간 간의 대립을 해결하기 위한 수단이다. 따라서 법은 기본적으로 정의실현을 목표로 하며, 권리·의무 양 측면을 규율하는 양면성과 타율적, 그리고 위반 시 제재가 따르는 강제가능성을 지닌 공동생활의 질서유지 수단이다.

정답 ⑤

514

난이도 Self Check | 상◯ 중◯ 하◯

법적 안정성을 위한 것이 아닌 것을 모두 고르면?

> ㉠ 민법상 취득시효
> ㉡ 민사소송법상 기판력
> ㉢ 형사소송법상 실체적 진실주의
> ㉣ 행정법상 공정력
> ㉤ 소급입법의 금지
> ㉥ 재심

① ㉠, ㉢   ② ㉠, ㉤   ③ ㉡, ㉣
④ ㉡, ㉥   ⑤ ㉢, ㉥

해설

- ㉢ **실체적 진실주의**란 절차법상의 진실을 바로 발견하려는 것이므로 법생활을 안정시키려는 것으로 보기 어렵다.
- ㉥ **재심**이란 확정판결의 취소와 사건의 재심판을 구하는 비상의 불복절차를 말한다. 재심은 기판력 있는 확정판결이 갖는 법적 안정성을 유지함으로써 얻는 법익보다 이를 취소함으로써 얻을 수 있는 **구체적 정의를 실현**할 가치가 우선하는 경우 인정된다.

오답풀이

㉠, ㉡, ㉣, ㉤은 모두 법적 안정성을 위한 것이다.
- ㉠ 일정한 사실상태가 계속된 경우에 일정한 효과를 부여하는 제도를 시효라 하는데, 그 효과로서 권리의 취득이 발생하는 것이 **취득시효**(부동산에 대한 점유취득시효와 등기부취득시효)이다.
- ㉡ **기판력**이란 전소 확정판결의 내용이 후소에 미치는 구속력을 말하는 것으로 이는 판결이 확정되면 동일한 사안에 대해서는 다시 판단을 금지하는 것으로 취지는 법적 안정을 위함이다.
- ㉣ **공정력**이란 행정행위에 하자가 있더라도 권한을 가진 기관에 의해 취소될 때까지는 그 효력을 부정할 수 없는 구속력을 말한다. 예를 들면 과세처분이 위법하다고 하더라도 무효가 아니라면 권한 있는 기관에 의해 취소되기 전까지 사인은 세금 납부의무를 지게 된다는 뜻이다.
- ㉤ 소급입법이란 법률이 공포·시행일 전의 과거의 사실이나 법률관계에 적용되는 경우를 말하는데 우리 헌법 제13조 제1항은 형벌에 관하여, 동조 제2항은 재산권과 참정권에 관하여 **소급입법을 금지**하고 있다. 이는 기존의 법률상태에 대한 신뢰를 보호하여 법적안정을 기하기 위함이다.

> **문제로 익히는 핵심이론**
>
> '법은 함부로 변경되어서는 안 된다.'란 명제인 **법적 안정성**이란 한번 제정된 법규는 계속적으로 유지되어야 함은 물론, 인간의 관계 속에서도 그동안 인정되어 온 사안에 대해서는 변함없이 그대로 효용을 인정해야 한다는 것을 의미한다.

정답 ⑤

515

정의에 관한 설명으로 옳지 않은 것은?

① 혁명사상은 법초월적 사상을 기반으로 한다.
② 정의와 법적 안정성은 양립하기 쉽다.
③ 확신범은 법초월적 정의를 믿는다.
④ 법실증주의는 실정법에 정의가 내재한다고 본다.
⑤ 공공복지는 배분적 정의를 기준으로 한다.

해설
정의와 법적 안정성은 양립하기 곤란하고, 상호 대립, 긴장관계에 있다.

문제로 익히는 핵심이론

정의가 무엇인가에 대하여 말하기는 쉽지 않다. 그런데 법실증주의자인 경우에는 정의를 주어져 있는 성문법규 내에서 찾으려 하는 반면에, 이념적 자연법론자는 오히려 법을 초월한 것으로 파악하려 한다. 그리고 확신범이나 혁명가들 역시 주어져 있는 법의 부당성을 지적하고, 주어진 법을 초월하여 정의가 있음을 믿는다. 아리스토텔레스의 정의론에 의하는 경우 평균적 정의는 사법영역에서 주로 취급되는 분야라면, 배분적 정의는 공법적 영역에서 취급되는 영역이며, 따라서 행정법과 같은 공공복리를 기초로 하는 영역에서는 배분적 정의가 중요시되지 않을 수 없다. 그런데 정의와 법적 안정성은 라드부르흐가 말한 바와 같이 상호 대립되고, 항상 긴장관계에 있는 것이기 때문에 양립하기가 어렵다고 볼 수 있다.

정답 ②

516

법의 해석에 관한 설명으로 옳지 않은 것은?

① 법의 해석이란 법규 및 그 구성요소인 낱말이나 개념 등의 의미내용을 명확히 하는 것을 말한다.
② 문리해석이란 법을 하나의 논리체계로 보아 각 조문이 법 전체와 조화될 수 있도록 하는 해석 방법을 말한다.
③ 유권해석이란 입법기관이나 행정기관 또는 사법기관이 행하는 법 해석을 말한다.
④ 축소해석이란 법규나 그에 포함된 개념의 효력범위를 법문이 가지는 사전적 의미보다 좁게 새기는 해석 방법을 말한다.
⑤ 유추해석이란 어떤 사실에 대한 법 규정이 있는 경우에 다른 유사한 사실에 대하여도 동일한 법 규정을 적용한 결과가 나올 수 있다는 관점에서 하는 해석 방법을 말한다.

해설
문리해석이 아니라 논리해석에 대한 설명이다.

문제로 익히는 핵심이론

법의 해석이란 재판의 대전제를 준비하는 작업으로, 법규 및 그 구성요소인 낱말이나 개념 등의 의미내용을 명확히 하는 것을 말한다. 법을 하나의 논리체계로 보아 각 조문이 법 전체와 조화될 수 있도록 하는 해석방법은 논리해석이다. 문리해석이란 법규의 문자가 가지는 사전적 의미를 명확히 하는 것으로, 모든 법 해석의 출발점이다. 유권해석과 달리 무권해석은 학리해석이라고도 하는데 일반적으로 해석이라고 할 때에는 학리해석만을 말하고, 유권해석은 포함하지 않는다. 축소해석과는 반대로 그보다 넓게 새기는 것을 확장해석이라 한다. 한편 유추는 해석의 범위를 넘어서는 것으로 성급한 유추는 금물이며 어디까지나 해석이 유추에 선행되어야 한다.

정답 ②

517

난이도 Self Check | 상 ○ 중 ○ 하 ○

법률상의 용어에 관한 설명으로 옳지 않은 것은?

① '간주'란 반대의 사실이 확인되면 그 효과가 부정되는 것으로, '본다'나 '의제'로 표현하기도 한다.
② '선의'란 어떤 사정을 알지 못하는 것을 말하며, 악의란 그러한 사정을 알고 있는 것을 말한다.
③ '제3자'란 원칙적으로 당사자와 포괄승계인 이외의 자를 말한다.
④ '대항'이란 법률행위의 당사자가 제3자에게 그 법률행위의 효력을 주장하는 것을 말한다.
⑤ '소급효'란 법적효력이 과거로 거슬러 올라가 발생하는 것을 말한다.

해설

반대의 사실이 확인되면 그 효과가 부정되는 것은 '<u>간주(본다, 의제)</u>'가 아니고 '<u>추정</u>'이다. 법률적 분쟁이 생긴 경우 사실관계의 확정이 전제되어야 하는데 이를 확정하는 게 어려운 경우가 있다. 추정과 간주는 사실관계의 입증이 곤란한 경우에 대비하여 마련한 것이다.
'**추정**'이란 확실하지 않은 사실을 그 반대증거가 제시될 때까지는 <u>일단 진실한 것으로 인정하여 법적효과를 발생시키고 그것이 다르다고 주장하는 측에서 그 다름을 입증하게 함으로써 그 추정된 사실을 번복할 수 있게 하는 것</u>을 말한다. 이에 반해 '**간주**'는 사실여하를 불문하고 법에 의한 일정한 사실관계를 확정하는 것으로, 추정과 달리 사실이 다름을 입증하는 것으로는 <u>그 간주되는 효과를 부정할 수 없고, 간주의 근거가 되는 것을 제거해야만 비로소 그 효과를 부정할 수 있다</u>. 예컨대 민법 제28조는 "실종선고를 받은 자는 실종기간이 만료한 때에 사망한 것으로 본다."라고 규정되어 있는데, 실종선고 받은 자가 실제로는 살아있더라도 그 사실만으로는 실종선고에 따른 효과를 부정할 수 없고 사망간주를 뒤집기 위해서는 반드시 실종선고를 취소하는 판결을 받아야만 하는 것이다.

오답풀이
② 법의 세계에서 선의와 악의는 도덕적 평가의 의미와는 전혀 상관없이, 권리의 변동에 영향을 미치는 일정한 사실을 알지 못하는 것을 **선의**라 부르며, 반대로 **악의**는 일정한 사실을 알고 있는 것을 의미한다.
③ 어떤 법률관계에 있어 이에 직접 참여한 자를 당사자라 하고, 그 이외의 자를 제3자라 한다.
④ '<u>대항하지 못한다.</u>'란 특정인에게 일정한 권리를 주장하지 못한다는 의미이다.
⑤ **소급효**란 <u>법률의 효력이나 법률요건의 효력이 법률시행 전 또는 법률요건이 충족되기 전의 시점으로 거슬러 올라가 효력이 생기는 것</u>을 말한다.

정답 ①

518

난이도 Self Check | 상 ○ 중 ○ 하 ○

권리에 관한 설명으로 옳지 않은 것은?

① 법률관계에서 법에 의해 보호를 받는 것을 권리라 하고 법에 의해 구속되는 것을 의무라 한다.
② 권한은 타인을 위해 그에 대하여 일정한 법률효과를 발생케 하는 행위를 할 수 있는 자격을 말한다.
③ 특정인이 특정인에 대하여 일정한 행위를 청구할 수 있는 권리를 청구권이라 한다.
④ 권리자의 일방적 의사표시에 의해 권리의 변동을 일으키는 권리를 항변권이라 한다.
⑤ 특정의 상대방이 없고 누구에게나 주장할 수 있는 권리를 대세권이라 한다.

해설

<u>권리자의 일방적 의사표시에 의해 권리의 변동을 일으키는 권리를 형성권</u>이라 한다. 이에는 권리자의 의사표시만으로 권리변동이 일어나는 것(동의권, 취소권, 추인권, 해제권, 상계권 등)과 법원의 판결이 있어야 비로소 권리변동이 일어나는 것(채권자취소권, 재판상 이혼권 등)이 있다. 한편 <u>**항변권이란** 청구권의 행사에 대하여 급부하기를 거절할 수 있는 권리</u>를 말한다.

오답풀이
① **권리**란 일정한 구체적 이익인 법익을 누릴 수 있도록 법에 의하여 권리주체에게 주어진 힘을 말한다.
② 행위의 효과가 자기에게 생기는 것을 권리라 하고, 타인에게 귀속되는 것을 **권한**이라 한다. 대리에 있어서 대리권이나, 법인에서의 이사의 대표권 등이 권한에 해당한다.
③ 채권이 대표적인 **청구권**이다. 그 외에도 물권적 청구권이나 부양청구권, 상속회복청구권 등도 청구권의 일종이다.
⑤ 물권이나 무체재산권, 인격권 등이 **대세권(절대권)**에 해당한다. 반면에 **대인권(상대권)**이란 특정인에 대해서만 주장할 수 있는 권리를 말하며 채권이 대표적이다.

정답 ④

519

권리의 내용 및 효력에 관한 설명으로 옳은 것은?

① 채권 상호 간에는 먼저 성립한 채권이 항상 우선한다.
② 채권과 물권 상호 간에는 항상 채권이 우선한다.
③ 물권 상호 간에는 권리자 평등의 원칙이 적용된다.
④ 소유권과 제한물권 사이에서는 소유권의 성질상 소유권이 우선한다.
⑤ 동일한 물건에 대한 소유권과 다른 물권이 동일한 사람에게 귀속한 때에는 다른 물권은 소멸하는 게 원칙이다.

해설

민법 제191조(혼동으로 인한 물권의 소멸) ① 동일한 물건에 대한 소유권과 다른 물권이 동일한 사람에게 귀속한 때에는 다른 물권은 소멸한다.

오답풀이

① (×) 채권 상호 간에는 채권자 평등의 원칙이 적용되므로 먼저 성립한 채권이 우선하는 게 아니다.
② (×) 채권과 물권 상호 간에는 원칙적으로 물권이 채권에 우선한다.
③ (×) 물권 상호 간에는 먼저 성립한 물권이 나중에 성립한 물권보다 우선하는 것이 원칙이다.
④ (×) 소유권과 제한물권 사이에서는 성질상 제한물권이 항상 소유권에 우선한다. 소유권의 내용인 사용·수익·처분 권능 중 일부를 제한하는 것이 제한물권(용익물권과 담보물권)이다.

문제로 익히는 핵심이론

혼동이란 서로 대립하는 **법률상 지위가 동일인에게 귀속하는 것을 말한다.** 이 경우 그 두 개의 지위를 존속시키는 것은 무의미하므로, 그 한 쪽은 다른 쪽에 흡수되어서 소멸하는 것이 원칙이다. 혼동은 물권의 소멸사유이며 채권의 소멸사유로도 된다.

정답 ⑤

520

권리와 의무에 관한 설명으로 옳지 않은 것은?

① 권리와 의무는 표리관계를 이루어 서로 대응하여 존재하는 것이 일반적이다.
② 상대방에게 적극적인 권리를 인정하는 것은 아니나 의무자가 이를 이행하지 않으면 불이익을 받는 것을 자연채무라고 한다.
③ 채무자는 채무에 대하여 자신의 모든 재산으로 책임을 지는 것이 원칙이나 일정한 재산으로만 책임을 지는 경우도 있다.
④ 채무는 없지만 책임만 지는 경우가 있는데 대표적으로 물상보증인이 이에 해당한다.
⑤ 의무를 불이행하면 권리자는 이를 소송을 통해 강제로 이행시키거나 손해배상청구를 할 수 있다.

해설

책무 또는 간접의무에 관한 설명이다. 책무 또는 간접의무를 불이행하더라도 강제 이행 및 손해배상청구는 인정되지 않고 다만 이를 이행하지 않은 자는 불이익을 받는 것에 그친다. 한편 **자연채무란 소구할 수 없는 채무**, 즉 채무자가 스스로 이행하지 않는 경우에 채권자가 법원에 이행을 구하는 소송을 제기할 수 없는 채무를 말한다.

오답풀이

① 일반적으로 권리자에게 청구권이 있으면 상대방은 이에 응할 의무가 있다. 그러나 **권리만 있고 의무는 없는 경우도 있다.** 예컨대 취소권, 해제권, 상계권 등의 형성권이 이에 해당한다. 반대로 **권리는 없으나 의무는 있는 경우도 있다.** 예컨대 법인의 이사나 청산인의 등기의무, 책임무능력자의 감독의무자의 감독의무 등이 이에 해당한다.
③ **채무자가 일정한 재산으로만 책임을 지는 경우를 유한책임**이라 하는데, 예를 들어 상속에서 한정승인을 한 상속인은 상속받은 채무에 대해서는 상속받은 재산으로만 책임을 질 뿐 그 상속인 고유의 재산으로는 책임을 지지 않으며, 따라서 상속 채권자는 한정승인한 상속인 고유의 재산에 대해서는 강제집행을 하지 못한다.
④ 채무자 아닌 제3자가 자신의 재산에 대해 채권자 앞으로 질권이나 저당권 등의 담보권을 설정한 경우 이러한 제3자를 **물상보증인**이라 하는데, 채무자가 채무를 이행하지 않은 때에는 채권자가 물상보증인이 제공한 담보물에 대해 집행을 할 수 있다.
⑤ **채무불이행의 구제수단**으로 채무의 이행이 가능한 경우 강제력을 동원하여 **강제이행**을 구할 수 있다. 또한 채권자에게 채무불이행에 따른 손해가 발생 시 채무자에게 **손해배상을** 청구할 수 있다.

정답 ②

CHAPTER 02 헌법 기출예상문제

521
난이도 Self Check | 상 ○ 중 ○ 하 ○

헌법에 관한 설명으로 옳지 않은 것은?

① 헌법은 국내법이다.
② 헌법은 공법이다.
③ 헌법은 국가의 최고법이다.
④ 헌법은 실체법이다.
⑤ 헌법은 순수한 규범적 측면만 가지고 있다.

해설
헌법은 국민의 기본권과 국가의 통치질서를 규율하는 최고의 기본법으로 정치현실을 반영하는 사실적 측면과 국가의 최고법규라는 규범적 측면을 동시에 가지고 있다.

> **문제로 익히는 핵심이론**
>
> **헌법**은 국민의 기본권과 국가의 통치질서를 규율하는 최고의 기본법으로서 정치현실을 반영하는 **사실적 측면**과 국가의 최고법규범이라는 **규범적 측면**을 동시에 가지고 있다. 헌법은 우리나라의 영토 내에서만 적용되며 국제사회에서 국가 간의 관계를 규율하는 국제법과 구별되는 **국내법**이다. 헌법은 국가와 개인 간의 관계 및 국가의 통치질서를 규율하며 개인 상호 간의 관계를 규율하는 사법과 구별되는 **공법**이다. 헌법은 입법·사법·행정 등 국가의 모든 통치작용을 규율하는 **최고법**이다. 헌법은 권리·의무를 규율하는 법이며 소송절차를 규율하는 절차법과 구별되는 **실체법**이다.

정답 ⑤

522
난이도 Self Check | 상 ○ 중 ○ 하 ○

현대적 입헌주의 헌법의 내용으로 가장 옳지 않은 것은?

① 사회국가적 복지주의
② 국제평화주의
③ 성문헌법주의
④ 사회권적 기본권 보장주의
⑤ 헌법재판제도

해설
성문헌법주의는 근대입헌주의 헌법의 내용이다.

> **문제로 익히는 핵심이론**
>
> **근대입헌주의 헌법의 내용**으로 주권재민, 기본권보장, 형식적 법치주의, 대의제, 권력분립, **성문**·경성헌법 등을 들 수 있다. 한편 **현대적 입헌주의헌법(현대복지주의헌법)의 내용**으로는 실질적·절차적·사회적 법치주의, 사회적 기본권의 수용, 행정국가화 경향, 헌법재판제도 등 헌법보장제도의 확대, 민주적인 정당제도의 수용, 국제평화주의 등을 들 수 있다.

정답 ③

523

헌법 개정 절차에 관한 설명으로 옳지 않은 것은?

① 헌법개정은 국회재적의원 과반수 또는 대통령의 발의로 제안된다.
② 제안된 헌법개정안은 국회의장이 20일 이상의 기간 이를 공고하여야 한다.
③ 국회는 헌법개정안이 공고된 날로부터 60일 이내에 의결하여야 하며, 국회의 의결은 재적의원 3분의 2 이상의 찬성을 얻어야 한다.
④ 헌법개정안은 국회가 의결한 후 30일 이내에 국민투표에 붙여 국회의원선거권자 과반수의 투표와 투표자 과반수의 찬성을 얻어야 한다.
⑤ 헌법개정이 확정되면 대통령은 즉시 이를 공포하여야 한다.

해설

공고는 국회의장이 아니고 **대통령이** 한다.

> **헌법 개정 절차**
> **제128조** ① 헌법개정은 국회재적의원 과반수 또는 대통령의 발의로 제안된다.
> **제129조** 제안된 헌법개정안은 대통령이 20일 이상의 기간 이를 공고하여야 한다.
> **제130조** ① 국회는 헌법개정안이 공고된 날로부터 60일 이내에 의결하여야 하며, 국회의 의결은 재적의원 3분의 2 이상의 찬성을 얻어야 한다.
> ② 헌법개정안은 국회가 의결한 후 30일 이내에 국민투표에 붙여 국회의원선거권자 과반수의 투표와 투표자 과반수의 찬성을 얻어야 한다.
> ③ 헌법개정안이 제2항의 찬성을 얻은 때에는 헌법개정은 확정되며, 대통령은 즉시 이를 공포하여야 한다.

문제로 익히는 핵심이론

헌법개정이란 헌법이 정하는 개정절차에 따라 헌법의 동일성을 유지하면서 의식적으로 헌법전의 내용을 수정, 삭제, 추가하는 것을 뜻한다. 이러한 헌법 개정의 의미는 성문헌법을 전제로 한 것이다. 헌법규범과 정치현실 간에는 일정한 갭이 있기 마련인데, 변화되는 정치현실에 효율적으로 대응하여 헌법의 실효성을 확보하기 위해서는 헌법 개정이 필요하다. 이와 **구별되는 개념으로 헌법변천**이 있다. 헌법 개정이 의식적, 명시적인 것이라면 헌법변천은 무의식적, 암묵적으로 상이한 규범내용으로 변질되는 것을 의미한다.

정답 ②

524

진정소급입법이 예외적으로 허용되는 경우가 아닌 것은?

① 일반적으로 국민이 소급입법을 예상할 수 있었던 경우
② 법적상태가 불확실하고 혼란스러웠거나 하여 보호할 만한 신뢰의 이익이 적은 경우
③ 소급입법에 의한 당사자의 손실이 없거나 아주 경미한 경우
④ 신뢰보호의 요청에 우선하는 심히 중대한 공익상의 사유가 소급입법을 정당화 하는 경우
⑤ 법률의 개정으로 야기되는 당사자의 손해가 극심한 경우

해설

⑤는 부진정소급입법의 문제로 이러한 부진정소급입법은 원칙적으로 허용되나, 신뢰보호원칙에 의한 제한이 따른다. 반면에 진정소급입법은 법적안정성과 그 주관적 측면인 개인의 신뢰를 현저히 침해하는 것으로서 원칙적으로 인정되지 않으나, 예외적으로 ①~④의 경우 허용된다.

문제로 익히는 핵심이론

법률이 공포·시행일 전의 과거의 사실이나 법률관계에 적용되는 경우 **소급입법**이라고 한다. 우리 헌법 제13조 제1항은 형벌에 관하여, 동조 제2항은 재산권과 참정권에 관하여 소급입법을 금지하고 있는데 소급입법금지의 원칙은 위 조항이 없더라도 법치국가의 원리에서 당연히 도출되는 것이다. 그런데 소급입법금지원칙은 국민의 이익을 보호하고 예측가능성을 부여하기 위한 것이므로 국민에게 유리한 내용의 시혜적 입법에 대해서는 소급입법금지원칙이 적용되지 않는다.

구분	진정소급입법	부진정소급입법
개념	신법이 이미 종료된 사실관계에 작용하는 경우	신법이 현재 진행 중인 사실관계에 작용하는 경우
원칙	① 허용되지 않는 것이 원칙 ② 입법권자의 입법형성권보다도 특단의 사정이 없는 한 구법에 의하여 이미 얻은 자격 또는 권리를 그대로 존중할 의무가 있음	① 허용되는 것이 원칙 ② 구법질서에 대하여 기대했던 당사자의 신뢰보호보다는 광범위한 입법권자의 입법형성권을 경시해서는 안될 일이므로 특단의 사정이 없는 한 구법관계 내지 구법상의 기대이익을 존중하여야 할 의무가 발생하지는 않음
예외	① 일반적으로 국민이 소급입법을 예상할 수 있는 경우 ② 법적상태가 불확실하고 혼란스러웠거나 하여 보호할 만한 신뢰의 이익이 적은 경우 ③ 소급입법에 의한 당사자의 손실이 없거나 아주 경미한 경우 ④ 신뢰보호의 요청에 우선하는 심히 중대한 공익상의 사유가 소급입법을 정당화하는 경우	① 소급효를 요구하는 공익상의 사유와 신뢰보호의 요청 사이의 교량과정에서 신뢰보호의 관점이 입법자의 형성권에 제한을 가하게 됨 ② 법률의 개정으로 야기되는 당사자의 손해가 극심하여 새로운 입법으로 달성하고자 하는 공익적 목적이 그러한 당사자의 신뢰의 파괴를 정당화할 수 없다면 그러한 새 입법은 신뢰보호의 원칙상 허용될 수 없음

정답 ⑤

525

헌법상 규정된 경제 질서 조항에 관한 설명으로 옳지 않은 것은?

① 대한민국의 경제 질서는 개인과 기업의 경제상의 자유와 창의를 존중함을 기본으로 한다.
② 국가는 경제주체 간의 조화를 통한 경제의 민주화를 위하여 경제에 관한 규제와 조정을 할 수 있다.
③ 국가는 농지에 관하여 경자유전의 원칙이 달성될 수 있도록 노력하여야 하며, 농지의 임대차와 위탁경영은 금지된다.
④ 국가는 지역 간의 균형 있는 발전을 위하여 지역경제를 육성할 의무를 진다.
⑤ 국방상 또는 국민경제상 긴절한 필요로 인하여 법률이 정하는 경우를 제외하고는, 사영기업을 국유 또는 공유로 이전하거나 그 경영을 통제 또는 관리할 수 없다.

해설

농지의 임대차와 위탁경영은 법률이 정하는 바에 의하여 인정된다(헌법 제121조).

> **헌법 제119조** ① 대한민국의 경제 질서는 개인과 기업의 경제상의 자유와 창의를 존중함을 기본으로 한다.
> ② 국가는 균형있는 국민경제의 성장 및 안정과 적정한 소득의 분배를 유지하고, 시장의 지배와 경제력의 남용을 방지하며, 경제주체 간의 조화를 통한 경제의 민주화를 위하여 경제에 관한 규제와 조정을 할 수 있다.
> **헌법 제121조** ① 국가는 농지에 관하여 경자유전의 원칙이 달성될 수 있도록 노력하여야 하며, 농지의 소작제도는 금지된다.
> ② 농업생산성의 제고와 농지의 합리적인 이용을 위하거나 불가피한 사정으로 발생하는 농지의 임대차와 위탁경영은 법률이 정하는 바에 의하여 인정된다.
> **헌법 제123조** ② 국가는 지역 간의 균형 있는 발전을 위하여 지역경제를 육성할 의무를 진다.
> **헌법 제126조** 국방상 또는 국민경제상 긴절한 필요로 인하여 법률이 정하는 경우를 제외하고는, 사영기업을 국유 또는 공유로 이전하거나 그 경영을 통제 또는 관리할 수 없다.

문제로 익히는 핵심이론

우리 헌법상의 경제 질서는 자유시장경제를 근간으로 하면서 점진적으로 사회문제들을 개량하려는 사회적 시장경제 질서의 성격을 띠고 있다. 헌법상 경제 질서 조항은 제119조부터 제127조까지 규정되어 있다.

정답 ③

526

헌법상 정당에 관한 설명으로 옳지 않은 것은?

① 정당은 국민의 이익을 위하여 책임 있는 정치적 주장이나 정책을 추진하고 공직선거의 후보자를 추천 또는 지지함으로써 국민의 정치적 의사형성에 참여함을 목적으로 하는 국민의 자발적 조직을 말한다.
② 정당의 법적성격은 법인격 없는 사단에 해당한다.
③ 정당은 그 목적·조직과 활동이 민주적이어야 하며, 국민의 정치적 의사형성에 참여하는 데 필요한 조직을 가져야 한다.
④ 정당의 목적·조직과 활동이 민주적 기본질서에 위배될 때에는 정부는 헌법재판소에 그 해산을 제소할 수 있고, 정당은 헌법재판소의 심판에 의하여 해산된다.
⑤ 정당설립은 자유이므로, 법률로써 정당설립을 허가제로 하는 것은 절대 허용되지 않는다.

문제로 익히는 핵심이론

[정당]

1. **개념**
   국민의 이익을 위하여 책임 있는 정치적 주장이나 정책을 추진하고 공직선거의 후보자를 추천 또는 지지함으로써 국민의 정치적 의사형성에 참여함을 목적으로 하는 국민의 자발적 조직

2. **오늘날 정당국가적 민주주의의 특징**
   - 의원이 정당에 기속하여 정당의 통일된 행동 속에서만 자기의 의견을 관철할 수 있는 직업정치가로 변화되었는데, 이는 자유위임, 무기속위임의 원칙이 변질되었음을 의미함(특히 오늘날 교섭단체는 정당국가에서 의원의 정당기속을 강화하는 하나의 수단으로 기능하고 있음)
   - 선거가 인물을 선출하기보다는 일정한 정치적 쟁점과 관련하여 정당이 표방하는 정강정책에 대해서 투표하는 국민투표적 의미를 가지게 됨
   - 국가권력이 정권을 획득한 다수당을 중심으로 통합되는 현상을 보임
   - 의회는 자유로운 토론을 통한 의사결정보다는 정당이 이미 결정한 바를 단순히 전달하고 이에 따라 표결하는 장소로 전락함

정답 ④

해설

정당의 목적·조직과 활동이 아니라 정당의 **목적과 활동**이 민주적 기본질서에 위배될 때이다(제8조 제4항). ※ ②항의 목적·**조직과 활동이 민주적이어야** 한다는 것과 ④항의 **목적이나 활동이 민주적 기본질서에 위배(조직 ×)**될 때를 구별해야 함에 주의해야 한다.

> **헌법 제8조** ① 정당의 설립은 자유이며, 복수정당제는 보장된다.
> ② 정당은 그 목적·조직과 활동이 민주적이어야 하며, 국민의 정치적 의사형성에 참여하는 데 필요한 조직을 가져야 한다.
> ③ 정당은 법률이 정하는 바에 의하여 국가의 보호를 받으며, 국가는 법률이 정하는 바에 의하여 정당운영에 필요한 자금을 보조할 수 있다.
> ④ 정당의 목적이나 활동이 민주적 기본질서에 위배될 때에는 정부는 헌법재판소에 그 해산을 제소할 수 있고, 정당은 헌법재판소의 심판에 의하여 해산된다.

527

난이도 Self Check | 상 ○ 중 ○ 하 ○

공무원제도에 관한 설명으로 옳지 않은 것은?

① 대통령은 국민 전체에 대한 봉사자로 헌법상 공무원에 해당한다.
② 공무원이 국가 또는 지방자치단체에 대하여 어느 수준의 보수를 청구할 수 있는 권리는 헌법상 보장된 공무원의 재산권이다.
③ 고도의 정책결정 업무를 담당하거나 이러한 업무를 보조하는 공무원으로서 법령에서 지정된 정무직공무원은 특수경력직공무원에 해당한다.
④ 직업공무원제도는 헌법이 보장하는 제도적 보장중의 하나이므로 입법자는 직업공무원제도에 관하여 '최소한 보장'의 원칙의 한계 안에서 폭넓은 입법형성의 자유를 가진다.
⑤ 공무담임권의 보호영역에는 공직취임 기회의 자의적인 배제뿐 아니라, 공무원 신분의 부당한 박탈이나 권한(직무)의 부당한 정지도 포함된다.

해설

공무원의 보수청구권은, 법률 및 법률의 위임을 받은 하위법령에 의해 그 구체적 내용이 형성되면 재산적 가치가 있는 공법상의 권리가 되어 재산권의 내용에 포함되지만, 법령에 의하여 구체적 내용이 형성되기 전의 권리, 즉 **공무원이 국가 또는 지방자치단체에 대하여 어느 수준의 보수를 청구할 수 있는 권리는 단순한 기대이익에 불과하여 재산권의 내용에 포함된다고 볼 수 없다**(헌재 2012. 10. 25. 2011헌마307).

오답풀이

① (○) 헌법 제7조 제1항은 국민주권주의와 대의민주주의를 바탕으로 공무원을 '국민 전체에 대한 봉사자'로 규정하고 공무원의 공익실현의무를 천명하고 있고, 헌법 제69조는 대통령의 공익실현의무를 다시 한번 강조하고 있다. 대통령은 '국민 전체'에 대한 봉사자이므로 특정 정당, 자신이 속한 계급·종교·지역·사회단체, 자신과 친분 있는 세력의 특수한 이익 등으로부터 독립하여 국민 전체를 위하여 공정하고 균형 있게 업무를 수행할 의무가 있다(헌재 2017. 3. 10. 2016헌나1).
③ (○) 국가공무원법 제2조 제3항 제1호
④ (○) 제도적 보장은 객관적 제도를 헌법에 규정하여 당해 제도의 본질을 유지하려는 것이며, 이러한 제도적 보장은 주관적 권리가 아닌 객관적 범 규범이라는 점에서 기본권과 구별되기는 하지만 헌법에 의하여 일정한 제도가 보장되면 입법자는 그 제도를 설정하고 유지할 입법의무를 지게 될 뿐만 아니라 헌법에 규정되어 있기 때문에 법률로써 이를 폐지할 수 없고, 비록 내용을 제한하더라도 그 본질적 내용을 침해할 수 없다. 그러나 기본권 보장은 "최대한 보장의 원칙"이 적용됨에 반하여, 제도적 보장은 그 본질적 내용을 침해하지 아니하는 범위 안에서 입법자에게 제도의 구체적 내용과 형태의 형성권을 폭넓게 인정한다는 의미에서 "최소한 보장의 원칙"이 적용될 뿐이다(헌재 1997. 4. 24. 95헌바48).
⑤ (○) 헌법 제25조는 "모든 국민은 법률이 정하는 바에 의하여 공무담임권을 가진다."고 하여 공무담임권을 기본권으로 보장하고 있다. 공무담임권이란 입법부, 집행부, 사법부는 물론 지방자치단체 등 국가, 공공단체의 구성원으로서 그 직무를 담당할 수 있는 권리를 말한다. 여기서 공무담임권의 보호영역에는 공직취임 기회의 자의적인 배제뿐 아니라, 공무원 신분의 부당한 박탈이나 권한(직무)의 부당한 정지도 포함된다고 할 것이다(헌재 2007. 6. 28. 2005헌마1179).

> **문제로 익히는 핵심이론**
>
> **제도보장**이란 역사적, 전통적으로 확립되어 있는 기존의 제도에 대해 헌법상 특별한 보호를 하고, 법률로 그 제도를 폐지하거나 제도의 본질을 침해할 수 없다는 것을 말한다. 여기서 제도보장의 대상이 되는 제도는 역사적으로 형성된 기존의 제도, 즉 사유재산제, 직업공무원제 등이 되며, 대통령제, 의원내각제 등은 그 대상이 될 수 없다. 제도보장과 기본권보장의 관계에 대해 헌법재판소는 **기본권보장은 '최대한 보장의 원칙'**이 적용되는 데 반하여, **제도보장은 '최소한 보장의 원칙'**이 적용된다고 한다.

정답 ②

528

난이도 Self Check | 상 ◯ 중 ◯ 하 ◯

헌법전문에 규정되어 있지 <u>않은</u> 것은?

① 3·1 운동
② 대한민국임시정부의 법통 계승
③ 4·19 민주이념 계승
④ 자유민주적 기본질서
⑤ 전통문화의 계승발전

해설
'전통문화의 계승발전'은 헌법전문이 아닌 **헌법 제9조**에 규정되어 있다.

※ **헌법 제9조** 국가는 <u>전통문화의 계승·발전</u>과 민족문화의 창달에 노력하여야 한다.

(헌법전문)
유구한 역사와 전통에 빛나는 우리 대한국민은 <u>3·1운동</u>으로 건립된 대한민국임시정부의 법통과 불의에 항거한 <u>4·19 민주이념</u>을 계승하고, 조국의 민주개혁과 평화적 통일의 사명에 입각하여 정의·인도와 동포애로써 민족의 단결을 공고히 하고, 모든 사회적 폐습과 불의를 타파하며, 자율과 조화를 바탕으로 자유민주적 기본질서를 더욱 확고히 하여 정치·경제·사회·문화의 모든 영역에 있어서 각인의 기회를 균등히 하고, 능력을 최고도로 발휘하게 하며, 자유와 권리에 따르는 책임과 의무를 완수하게 하여, 안으로는 국민생활의 균등한 향상을 기하고 밖으로는 항구적인 세계평화와 인류공영에 이바지함으로써 우리들과 우리들의 자손의 안전과 자유와 행복을 영원히 확보할 것을 다짐하면서 1948년 7월 12일에 제정되고 8차에 걸쳐 개정된 헌법을 이제 국회의 의결을 거쳐 국민투표에 의하여 개정한다.
1987년 10월 29일

문제로 익히는 핵심이론

[헌법전문]
• 헌법전문은 헌법본문을 비롯한 모든 법규범의 내용을 한정하고 그 타당성의 근거가 된다(최고규범성).
• 헌법전문은 헌법본문과 기타 법령의 해석기준이 된다.
• 헌법전문은 모든 법령의 해석기준이 되므로 재판규범성이 인정된다. 헌법재판소는 법률이 헌법전문에 위반되는 경우 위헌무효임을 인정하고 있다.
• 헌법전문 중 핵심적인 내용은 헌법개정의 한계에 해당한다.

정답 ⑤

529

난이도 Self Check | 상 ◯ 중 ◯ 하 ◯

기본권주체에 관한 설명으로 옳은 것을 모두 고르면?

㉠ 외국인은 대한민국에 입국할 자유를 보장받는다.
㉡ 태아는 제한적으로 기본권의 주체가 될 수 있다.
㉢ 사법인(私法人)은 언론·출판의 자유, 재산권의 주체가 될 수 있다.
㉣ 미성년자는 제한적으로 기본권주체성이 인정된다.

① ㉠, ㉡ ② ㉠, ㉢ ③ ㉡, ㉢
④ ㉡, ㉣ ⑤ ㉢, ㉣

해설
㉡ (◯) 태아의 경우는 예외적으로 생명권의 주체성이 인정된다.
㉢ (◯) 사법인은 사단법인, 재단법인, 영리법인, 비영리법인을 불문하고 성질상 법인이 누릴 수 있는 기본권은 법인에게도 인정되어야 할 것이나, 공법인은 원칙적으로 기본권의 수범자이므로 기본권의 주체성을 부정해야 할 것이다. 언론·출판의 자유, 재산권 등은 법인에게도 인정되는 기본권이다.

오답풀이
㉠ (✕) 외국인에게는 입국의 자유, 선거권, 피선거권, 공무담임권, 근로의 권리, 인간다운 생활을 할 권리 등이 인정되지 않는다.
㉣ (✕) 모든 대한민국 국민에게 기본권주체성은 인정된다. 미성년자도 당연히 기본권주체성이 인정되는데, 다만 기본권 행사능력이 제한되는 경우가 성인에 비해 많을 뿐이다.

문제로 익히는 핵심이론

기본권 보유(향유)능력이란 기본권을 보유할 수 있는 능력, 즉 기본권주체성을 기본권 보유능력이라고 한다. 민법상 권리능력과 유사하나 태아(생명권)나 권리능력이 없는 사단도 기본권능력은 인정되므로 일치하는 것은 아니다. 한편 **기본권 행사능력**이란 기본권 보유능력이 있음을 전제로 기본권을 행사할 수 있는 능력을 의미한다. 민법상 행위능력과 유사하나 민법상 제한능력자에게 선거권이 인정되는 등 양자가 일치하는 것은 아니다. '기본권을 제한한다.'라고 할 때의 기본권은 기본권 행사능력을 말한다. 행사능력을 어디까지 인정할 것인가는 기본권에 따라 개별적으로 고찰해야 한다.

정답 ③

530

난이도 Self Check | 상 ○ 중 ○ 하 ○

현행 헌법에서 명문으로 규정한 기본권에 해당하는 것은?

① 주민투표권
② 생명권
③ 평화적 생존권
④ 변호인의 조력을 받을 권리
⑤ 근로자의 직장존속보장청구권

해설

헌법 제12조 제4항은 "누구든지 체포 또는 구속을 당한 때에는 즉시 변호인의 조력을 받을 권리를 가진다."고 하여 변호인의 조력을 받을 권리를 명문으로 규정하고 있다.

오답풀이

① (×) 우리 헌법은 간접적인 참정권으로 선거권과 공무담임권을, 직접적인 참정권으로 국민투표권을 규정하고 있을 뿐 주민투표권을 기본권으로 규정한 바가 없고, 자치사무의 처리에 주민들이 직접 참여하는 것을 의미하는 주민투표권을 헌법상 보장되는 기본권이라고 하거나 헌법 제37조 제1항의 '헌법에 열거되지 아니한 권리'의 하나로 보기는 어렵다(헌재 2007. 6. 28. 2004헌마643).

② (×) 생명에 대한 권리는 비록 헌법에 명문의 규정이 없다 하더라도 인간의 생존본능과 존재목적에 바탕을 둔 선험적이고 자연법적인 권리로서 헌법에 규정된 모든 기본권의 전제로서 기능하는 기본권 중의 기본권이라 할 것이다(헌재 1996. 11. 28. 95헌바1).

③ (×) 청구인들이 평화적 생존권이란 이름으로 주장하고 있는 평화란 헌법의 이념 내지 목적으로서 추상적인 개념에 지나지 아니하고, 평화적 생존권은 이를 헌법에 열거되지 아니한 기본권으로서 특별히 새롭게 인정할 필요성이 있다거나 그 권리내용이 비교적 명확하여 구체적 권리로서의 실질에 부합한다고 보기 어려워 헌법상 보장된 기본권이라고 할 수 없다(헌재 2009. 5. 28. 2007헌마369).

⑤ (×) 헌법 제15조의 직업의 자유 또는 헌법 제32조의 근로의 권리, 사회국가원리 등에 근거하여 실업방지 및 부당한 해고로부터 근로자를 보호하여야 할 국가의 의무를 도출할 수는 있을 것이나, 국가에 대한 직접적인 직장존속보장청구권을 근로자에게 인정할 헌법상의 근거는 없다(헌재 2002. 11. 28. 2001헌바50).

문제로 익히는 핵심이론

인권은 인간으로서 당연히 누리는 권리를 말하고, 기본권은 헌법에 의하여 인정되는 권리를 말한다. 기본권에는 천부적이고 생래적인 인권뿐만 아니라 국가내적인 권리도 포함되므로 개념상 구분된다. 그러나 기본권의 본질적인 성격을 초실정법적, 전국가적인 것으로 보는 입장에서는 기본권이 곧 인권을 의미하게 된다. 기본권은 그 주체가 가지는 구체적이고 주관적인 권리이기 때문에 국가권력을 구속하고 국가에 대하여 작위와 부작위를 요청할 수 있다. 이러한 의미로 기본권은 주관적 공권성을 가진다고 할 수 있다. 그리고 기본권은 본질적으로 인간의 권리로서 자연권성을 가지는데, 그 근거로 제10조 후단의 '국가는 개인이 가지는 불가침의 기본적 인권을 확인하고 이를 보장할 의무를 진다.'는 규정, 제37조 제2항 단서의 '자유와 권리의 본질적 내용을 침해할 수 없다.'는 규정을 들 수 있다. 통설과 헌법재판소 판례에 의하면, 기본권은 개인의 주관적 공권임과 동시에 객관적 질서로서의 성격도 함께 가지고 있다(기본권의 양면성)고 한다. 기본권의 객관적 가치질서로서의 성격을 인정하는 결과, 기본권의 대사인효와 국가의 적극적인 기본권 보호의무를 인정할 수 있게 된다. 객관적 가치질서로서의 기본권은 모든 국가기능에 대해 기본권의 객관적 내용을 실현할 의무를 부과하기 때문이다. 한편 헌법 제37조 제1항은 '국민의 자유와 권리는 헌법에 열거되지 아니한 이유로 경시되지 아니한다.'고 규정하고 있다.

정답 ④

531

난이도 Self Check | 상 ○ 중 ○ 하 ○

행복추구권에 관한 설명으로 옳지 않은 것은?

① 우리 헌법은 제8차 개헌 때 최초로 규정하였다.
② 행복추구권은 주관적 권리성, 포괄적 권리성, 적극적 권리성이 모두 인정된다.
③ 계약자유의 원칙은 헌법상 행복추구권 속에 함축된 일반적 행동자유권으로부터 파생되는 것이다.
④ 개별적 기본권이 적용되는 경우에는 행복추구권은 제한되는 기본권으로서 고려되지 않는다.
⑤ 좌석안전띠를 매지 않을 자유는 일반적 행동자유권의 보호영역에 속한다.

> **문제로 익히는 핵심이론**
>
> **행복추구권**의 법적 성격에 관하여 헌법재판소는 <u>주관적 권리성, 포괄적 권리성은 인정하지만 적극적 권리성은 부정하여 '포괄적 의미의 자유권'으로서의 성격을 갖는다</u>고 하면서 국민이 행복을 추구하기 위하여 필요한 급부를 국가에게 적극적으로 요구할 수 있는 것을 내용으로 하는 것은 아니라고 한다. 행복추구권의 주체는 외국인을 포함한 자연인이다. 법인의 경우 행복추구권 중에서 일반적 행동의 자유권으로부터 도출되는 계약의 자유의 주체는 될 수 있다. 개별적인 기본권 보장이 문제되는 경우에 행복추구권은 보충적으로 적용된다. 즉 개별적 기본권이 적용되는 경우에는 행복추구권은 제한되는 기본권으로서 고려되지 않는다. 한편 행복추구권의 내용으로 보장되는 것은 <u>일반적 행동의 자유권, 개성의 자유로운 발현권, 자기결정권, 휴식권, 문화향유권, 사적자치의 원칙</u> 등을 들 수 있다.

정답 ②

해설

헌법 제10조의 <u>행복추구권</u>은 국민이 행복을 추구하기 위하여 필요한 <u>급부를 국가에 적극적으로 요구할 수 있는 것을 내용으로 하는 것이 아니라,</u> 국민이 행복을 추구하기 위한 활동을 <u>국가권력의 간섭 없이 자유롭게 할 수 있다는 포괄적인 의미의 자유권으로서의 성격을 가진다</u>(헌재).

오답풀이

① (○) 행복추구권은 안락하고 만족스러운 삶을 추구하는 권리로서 <u>우리 헌법은 1980년 제8차 개정헌법 때 최초로 규정하였다.</u>
③ (○) 행복추구권의 내용은 일반적 행동의 자유권, 개성의 자유로운 발현권, 자기결정권, 휴식권, 문화향유권, 사적자치의 원칙 등을 들 수 있다. 헌법재판소는 <u>계약자유의 원칙은 헌법상 행복추구권의 내용인 일반적 행동자유로 보장된다</u>고 한다.
④ (○) 행복추구권의 내용인 '일반적 행동의 자유'는 이른바 보충적 자유권이다. 즉 직업의 자유와 같은 개별 기본권이 적용되는 경우에는 일반적 행동의 자유는 <u>제한되는 기본권으로서 고려되지 아니한다</u>(헌재).
⑤ (○) 일반적 행동자유권은 모든 행위를 할 자유와 행위를 하지 않을 자유로 가치 있는 행동만 그 보호영역으로 하는 것은 아닌 것으로, 그 보호영역에는 개인의 생활방식과 취미에 관한 사항도 포함되며, 여기에는 위험한 스포츠를 즐길 권리와 같은 위험한 생활방식으로 살아갈 권리도 포함된다. 따라서 <u>좌석안전띠를 매지 않을 자유는 헌법 제10조의 행복추구권에서 나오는 일반적 행동자유권의 보호영역에 속한다</u>(헌재).

532

난이도 Self Check | 상 ◯ 중 ◯ 하 ◯

헌법상의 원칙에 해당하지 <u>않는</u> 것은?

① 일사부재의의 원칙
② 과잉금지의 원칙
③ 신뢰보호의 원칙
④ 이중처벌금지의 원칙
⑤ 무죄추정의 원칙

해설

일사부재의의 원칙이란 의회에서 일단 부결된 의안은 동일회기 중에 다시 발의하거나 심의하지 못한다는 원칙을 말한다(**국회법 제92조**). **일사부재의의 원칙은 국회법 제92조에 규정된 것으로 헌법상의 원칙에 해당하지 않는다.**

오답풀이

② (◯) **과잉금지의 원칙**은 국가가 국민의 기본권을 제한하는 내용의 입법활동을 함에 있어서, 준수하여야 할 기본원칙 내지 입법활동의 한계를 의미하는 것으로서 국민의 기본권을 제한하려는 입법의 목적이 헌법 및 법률의 체제상 그 정당성이 인정되어야 하고(**목적의 정당성**), 그 목적의 달성을 위하여 그 방법이 효과적이고 적절하여야 하며(**방법의 적절성**), 입법권자가 선택한 기본권 제한의 조치가 입법목적달성을 위하여 설사 적절하다 할지라도 보다 완화된 형태나 방법을 모색함으로써 기본권의 제한은 필요한 최소한도에 그치도록 하여야 하며(**피해의 최소성**), 그 입법에 의하여 보호하려는 공익과 침해되는 사익을 비교형량할 때 보호되는 공익이 더 커야 한다(**법익의 균형성**)는 헌법상의 원칙이다. 과잉금지의 원칙은 오늘날 법치국가의 원리에서 당연히 추출되는 확고한 원칙으로서, **헌법 제37조 제2항에서도 이러한 취지의 규정을 두고 있다.**

③ (◯) **신뢰보호의 원칙**은 법치국가의 원칙으로부터 도출되는 것으로서, 과연 새로운 입법이 신뢰보호의 원칙을 위배한 것인지 여부를 판단하기 위하여는 침해받은 이익의 보호가치, 침해의 정도, 신뢰의 손상 정도, 신뢰침해의 방법 등을 새 입법이 목적으로 하는 공익과 종합적으로 비교·형량하여야 한다(헌재 2001. 2. 22. 98헌바19). 신뢰보호의 원칙은 헌법상 법치국가의 원칙으로부터 도출되는 **헌법상의 원칙**으로서 법률의 위헌여부의 판단기준으로 적용하고 있다.

④ (◯) 모든 국민은 행위 시의 법률에 의하여 범죄를 구성하지 아니하는 행위로 소추되지 아니하며, 동일한 범죄에 대하여 거듭 처벌받지 아니한다(헌법 제13조 제1항). **이중처벌금지원칙**은 헌법 제13조 제1항 후단에서 규정된 것으로, 일사부재리의 원칙이 국가형벌권의 기속원리로 헌법상 선언된 것이다.

⑤ (◯) 헌법 제27조 제4항은 '형사피고인은 유죄의 판결이 확정될 때까지는 **무죄로 추정**된다.'고 하는바, 피고인뿐만 아니라 피의자에 대해서도 당연히 인정되며 모든 형사절차에 있어서의 지도이념이 되는 원리이다. 무죄추정의 결과, 유죄의 확정판결이 있기 전까지 불이익 처분은 금지된다. 또한 불구속수사·불구속재판이 원칙이며, 범죄사실에 대한 입증책임은 원칙적으로 검사가 지게 된다.

문제로 익히는 핵심이론

이중처벌금지의 원칙과 영장주의 원칙은 신체의 자유의 보장을 위해 특히 중요한 원칙이다.

신체의 자유는 신체의 안전성이 외부로부터의 물리적인 힘이나 정신적인 위험으로부터 침해당하지 아니할 자유와 신체활동을 임의적이고 자율적으로 할 수 있는 자유를 말한다. 제12조 제1항 후단은 '법률과 적법한 절차에 의하지 아니하고는 처벌·보안처분 또는 강제노역을 받지 아니한다.'고 하는데 여기서 '법률'이란 입법부에서 제정한 형식적 의미의 법률을 의미하며, '처벌'이란 반드시 형사상의 처벌만을 의미하는 것이 아니라 본인에게 불이익 또는 고통이 되는 일체의 제재를 말하므로 행정질서벌과 집행벌이 포함된다. **신체의 자유**에 대한 **실체적 보장**으로 죄형법정주의, 이중처벌금지 원칙, 연좌제 금지가 있으며 **절차적 보장**으로 적법절차 원리, 영장주의, 무죄추정의 원칙, 진술거부권 등이 있다.

정답 ①

533

평등권에 관한 설명으로 옳지 않은 것은?

① 「평등」은 합리적인 근거가 없는 자의적인 차별을 금지하는 것을 말한다.
② 현행 헌법 제11조가 차별금지사유로서 들고 있는 「성별, 종교 또는 사회적 신분」은 예시적인 것이다.
③ 성별에 의한 차별이 금지되기 때문에 여성에 한하여 생리휴가를 주는 것은 위헌이다.
④ 차별이 금지되는 영역은 인간의 모든 생활영역이다.
⑤ 평등의 원칙은 국민의 기본권보장에 관한 우리 헌법의 최고 원리인 동시에 모든 국민의 권리로서 국민의 기본권 중의 기본권이다.

해설

여성에 한해 생리휴가를 주는 것은 남녀의 생리적 차이에 따른 **합리적 이유가 있는 차별**이므로 위헌이 아니다.

> **문제로 익히는 핵심이론**
>
> **헌법 제11조** ① 모든 국민은 법 앞에 평등하다. 누구든지 성별·종교 또는 사회적 신분에 의하여 정치적·경제적·사회적·문화적 생활의 모든 영역에 있어서 차별을 받지 아니한다.

평등권은 국가에 대하여 합리적 이유 없이 불평등한 대우를 하지 말 것과, 평등한 대우를 요구할 수 있는 권리를 말한다. 평등권의 주체는 국민, 외국인, 법인, 법인격 없는 사단, 재단 등이 모두 포함된다.
헌법 제11조가 차별금지사유로서 들고 있는 성별, 종교 또는 사회적 신분은 예시에 불과하며 그 이외의 사유에 의해서도 불합리한 차별을 해서는 안 된다. 헌법재판소는 제11조 제1항의 평등의 원칙은 헌법의 최고원리인 동시에 모든 국민의 권리로서, 국민의 기본권 중의 기본권이라고 판시한 바 있다. 헌법 제11조 제1항에서의 '법'은 일체의 성문법과 불문법을 모두 포함하는 광의의 개념이며, 법 '앞에'라는 것은 법 적용에서의 평등뿐만 아니라 법 내용의 평등까지 의미한다. 즉 법 앞의 평등의 의미는 입법자까지 구속하는 의미로 보아야 한다. 어떠한 차별도 금지하는 절대적 평등이 아니라, 같은 것은 같게, 다른 것은 다르게 취급하는 상대적 평등을 의미한다. 따라서 합리적 차별은 인정된다. 불평등의 제거만을 목적으로 하는 하향적 평등이 아니라 법적가치의 상향적 실현을 위한 상향적 평등이어야 한다.

정답 ③

534

진술거부권에 관한 설명으로 옳지 않은 것은?

① 헌법 제12조 제2항 후단은 '모든 국민은 형사상 자기에게 불리한 진술을 강요당하지 아니한다.'고 하여 진술의 강요금지를 규정하고 있다.
② 이는 영미법상 자기부죄거부의 특권에서 유래한 것이다.
③ '진술'은 생각·지식·경험 등을 언어를 통해 진술하거나 서면으로 작성하는 것을 의미한다.
④ 헌법재판소에 의하면, 주취운전 혐의자에게 음주측정에 응할 것을 요구하는 것은 진술의 강요에 해당한다고 판시한 바 있다.
⑤ 형사피의자나 피고인뿐만 아니라 장차 피의자로 될 가능성이 있는 자도 진술거부권이 보장된다.

해설

주취운전 혐의자에게 음주측정에 응할 것을 요구하는 것은 진술의 강요에 해당하지 않는다.(헌법 제12조 제2항)

오답풀이

① (○) 헌법 제12조 ② 모든 국민은 고문을 받지 아니하며, 형사상 자기에게 불리한 진술을 강요당하지 아니한다.
② (○) 진술거부권 또는 묵비권은 미연방수정헌법 제5조의 '누구든지 어떠한 형사사건에 있어서도 자기에게 불리한 증인이 됨을 강요당하지 아니한다.'는 '자기부죄거부의 특권'에서 유래한다.
③ (○) 헌법 제12조 제2항은 진술거부권을 보장하고 있으나, 여기서 "진술"은 생각이나 지식, 경험사실을 정신작용의 일환인 언어를 통하여 표출하는 것을 의미하는 데 반해, 도로교통법 제41조 제2항에 규정된 음주측정은 호흡측정기에 입을 대고 호흡을 불어 넣음으로써 신체의 물리적, 사실적 상태를 그대로 드러내는 행위에 불과하므로 이를 두고 "진술"이라 할 수 없고, 따라서 주취운전의 혐의자에게 호흡측정기에 의한 주취여부의 측정에 응할 것을 요구하고 이에 불응할 경우 처벌한다고 하여도 이는 형사상 불리한 "진술"을 강요하는 것에 해당한다고 할 수 없으므로 헌법 제12조 제2항의 진술거부권조항에 위배되지 아니한다(96헌가11).
⑤ (○) 진술거부권의 행사주체는 통상 수사단계의 피의자 또는 공판절차 중에 있는 피고인이지만, 장차 형사피의자나 피고인이 될 가능성이 있는 자도 이에 해당된다.

문제로 익히는 핵심이론

헌법 제12조 제2항 후단은 '형사상 자기에게 불리한 진술을 강요당하지 아니한다.'고 하여 진술의 강요금지를 규정하고 있다. 묵비권이라고도 한다. 여기서 진술이란 생각·지식·경험 등을 언어를 통해 진술하거나 서면으로 작성하는 것을 의미한다. 헌법재판소에 의하면, 주취운전의 혐의자에게 음주측정에 응할 것을 요구하는 것은 진술의 강요에 해당하지 않는다고 판시한 바 있다. 형사피의자나 피고인 뿐만 아니라 장차 피의자로 될 가능성이 있는 자도 보장된다. 진술거부권은 자기에게 형사상 불리한 진술일 때 행사할 수 있고, 행정상이나 민사상 불리한 경우에는 인정되지 않는다. 형사절차뿐만 아니라 행정절차나 국회에서의 질문, 국정감사·조사 절차에서도 인정된다.

정답 ④

535

난이도 Self Check | 상 ○ 중 ○ 하 ○

헌법상 규정하고 있는 국민의 의무에 해당하지 <u>않는</u> 것의 개수는?

> ⊙ 헌법과 법률의 준수의무
> ⓒ 납세의 의무
> ⓒ 국방의 의무
> ⓔ 근로의 의무
> ⓜ 교육을 받게 할 의무
> ⓗ 재산권 행사의 공공복리 적합의무

① 1개 ② 2개 ③ 3개
④ 4개 ⑤ 5개

해설

⊙ 헌법과 법률의 준수의무만 헌법상 명문의 규정이 없다. **헌법과 법률의 준수의무**, 국가에 대한 충성의무, 국가수호의 의무 등은 비록 **헌법상 명문의 규정이 없더라도** 당연히 인정된다고 볼 수 있다. 나머지는 모두 헌법상 명문의 규정이 있다.

> 헌법 제38조 모든 국민은 법률이 정하는 바에 의하여 납세의 의무를 진다.
> 헌법 제39조 ① 모든 국민은 법률이 정하는 바에 의하여 국방의 의무를 진다.
> 헌법 제32조 ② 모든 국민은 근로의 의무를 진다.
> 헌법 제31조 ② 모든 국민은 그 보호하는 자녀에게 적어도 초등교육과 법률이 정하는 교육을 받게 할 의무를 진다.'
> 헌법 제23조 ② 재산권의 행사는 공공복리에 적합하도록 하여야 한다.

문제로 익히는 핵심이론

국민의 기본의무란 국민이 통치권의 대상으로서 부담하는 기본적 의무를 말한다. 이는 전국가적 의무가 아닌, 실정법상의 의무이다. 근대 입헌주의 국가에서의 전통적인 납세의무나 국방의 의무는 국가의 자의적인 과세나 징병으로부터 시민을 보호한다는 소극적인 의미를 가졌으나, 오늘날 사회국가에 있어서는 생존권을 실질화하는 적극적인 의미를 지니고 있다. 의무교육을 받을 권리의 주체는 취학연령의 미성년자이나, 교육을 받게 할 의무의 주체는 학령아동의 친권자 또는 후견인이다. 또한 교육을 받게 할 의무는 단순한 윤리적인 의무가 아니라 법적 의무이다.

정답 ①

536

언론·출판의 자유(표현의 자유)에 관한 설명으로 옳지 않은 것은?

① 구체적인 전달이나 전파의 상대방이 없는 집필행위도 표현의 자유의 보호영역에 포함된다.
② 헌법 제21조 제2항의 검열금지조항은 절대적 금지를 의미하므로 국가안전보장·질서유지·공공복리를 위하여 필요한 경우라도 사전검열이 허용되지 않는다.
③ 의사의 자유로운 표명과 전파의 자유에는 책임이 따르므로 자신의 신원을 밝히지 아니한 채 익명 또는 가명으로 자신의 사상이나 견해를 표명하고 전파할 익명표현의 자유는 보장되지 않는다.
④ 정보 등을 불특정 다수인에게 전파하는 광고물도 헌법 제21조가 보장하는 언론·출판의 자유의 보호대상이 된다.
⑤ 음란표현도 헌법 제21조가 규정하는 언론·출판의 자유의 보호영역에 포함된다.

해설

헌법 제21조에서 보장하고 있는 표현의 자유는, 전통적으로는 사상 또는 의견의 자유로운 표명(발표의 자유)과 그것을 전파할 자유(전달의 자유)를 의미하는 것으로서, 이러한 '자유로운' 표명과 전파의 자유에는 자신의 신원을 누구에게도 밝히지 아니한 채 익명 또는 가명으로 자신의 사상이나 견해를 표명하고 전파할 익명표현의 자유도 그 보호영역에 포함된다고 할 것이다(2008헌마324).

오답풀이

① (○) 일반적으로 표현의 자유는 정보의 전달 또는 전파와 관련지어 생각되므로 구체적인 전달이나 전파의 상대방이 없는 집필의 단계를 표현의 자유의 보호영역에 포함할 것인지 의문이 있을 수 있으나, 집필은 문자를 통한 모든 의사표현의 기본 전제가 된다는 점에서 당연히 표현의 자유의 보호영역에 속해 있다고 보아야 한다(2003헌마289).
② (○) 헌법 제21조 제1항이 언론·출판에 대한 검열금지를 규정한 것은 비록 헌법 제37조 제2항이 국민의 자유와 권리를 국가안전보장·질서유지 또는 공공복리를 위하여 필요한 경우에 한하여 법률로써 제한할 수 있도록 규정하고 있다고 할지라도 언론·출판에 대하여는 검열을 수단으로 한 제한만은 법률로써도 허용되지 아니 한다는 것을 밝힌 것이다(93헌가13).
④ (○) 광고가 단순히 상업적인 상품이나 서비스에 관한 사실을 알리는 경우에도 그 내용이 공익을 포함하는 때에는 헌법 제21조의 표현의 자유에 의하여 보호된다. 광고물도 사상·지식·정보 등을 불특정다수인에게 전파하는 것으로서 언론·출판의 자유에 의한 보호를 받는 대상이 됨은 물론이다(2000헌마764).
⑤ (○) 음란표현도 헌법 제21조가 규정하는 언론·출판의 자유의 보호영역에는 해당하되, 다만 헌법 제37조 제2항에 따라 국가 안전보장·질서유지 또는 공공복리를 위하여 제한할 수 있는 것이라고 해석하여야 할 것이다(2006헌바109).

문제로 익히는 핵심이론

[언론·출판의 자유(표현의 자유)]

자기의 사상이나 지식을 언어나 문자 등으로 불특정 다수인에게 표현하는 자유를 의미한다. 불특정 다수에게 표현하는 것이므로 개인 간의 대화는 사생활의 비밀 또는 통신의 자유에 해당한다. 언론·출판의 자유의 주체는 국민과 외국인이며 법인에게도 보도의 자유 등이 보장된다. 내용으로는 의사표현의 자유, 알 권리, 언론매체에 대한 접근이용권(액세스권) 등이 있다. 헌법 제21조 제2항은 언론·출판에 대한 **검열을 금지**하고 있다.
표현의 자유와 같은 정신적 자유권을 제한하는 법률은 경제적 자유권을 제한하는 법률보다 훨씬 더 엄격한 기준의 사법심사의 대상이 된다(**이중기준의 이론**). 그 제한의 기준에 관한 이론으로 ① 명백하고 현존하는 위험의 원칙, ② 막연하기 때문에 무효의 원칙(명확성의 원칙), ③ 합헌성 추정 배제의 원칙, ④ 입증책임의 전환이론 등이 있다.

정답 ③

537

재산권에 관한 설명으로 가장 옳지 않은 것은?

① 재산권이란 사적 유용성 및 그에 대한 원칙적 처분권을 포함하는 모든 재산 가치 있는 구체적 권리이다.
② 재산권의 내용과 한계는 법률로 정하며, 재산권의 행사는 공공복리에 적합하도록 하여야 한다.
③ 의료보험수급권은 헌법 제23조가 보장하는 재산권의 개념에 포함된다.
④ 공공필요에 의한 재산권의 수용·사용 또는 제한 및 그에 대한 보상은 법률로써 하되, 정당한 보상을 지급할 수 있다.
⑤ 헌법 제23조 제3항의 '정당한 보상'이란 피수용재산의 객관적인 재산가치를 완전하게 보상해야 한다는 완전보상을 뜻한다.

문제로 익히는 핵심이론

재산권이란 사적유용성 및 그에 대한 원칙적 처분권을 포함하는 모든 재산 가치 있는 구체적 권리이다(헌재). '모든 재산 가치 있는 구체적 권리'는 경제적 가치가 있는 모든 공·사법상의 권리를 뜻하므로 물권, 채권뿐만 아니라 공법상 권리도 포함되나, 단순한 기대이익, 반사적 이익, 단순한 경제적 기회, 우연히 발생한 법적 지위, 사실상의 기업여건 등은 재산권에 속하지 않는다.

- **제23조 제1항 후문**은 재산권의 내용과 한계는 법률로 정한다고 규정하고 있다. 여기서 법률유보는 재산권을 제한하는 것이 아니라 재산권의 구체적 모습을 형성하는 것, 즉 재산권 형성적 법률유보를 의미한다.
- **제23조 제2항**은 재산권의 행사는 공공복리에 적합하도록 하여야 한다고 재산권의 사회적 제약에 관하여 규정하고 있다. 재산권에 대한 사회적 제약에 관하여는, 재산권의 대상이 되는 객체가 지닌 사회적 연관성과 사회적 기능이 크면 클수록 입법자에 의한 보다 광범위한 제한이 가능하다고 할 수 있으며, 특히 토지의 경우에는 광범위한 입법형성권이 인정되고 있다.
- **제23조 제3항**은 보상은 법률로써 하되, 정당한 보상을 지급하여야 한다고 하는데 여기서 정당한 보상의 의미에 대해 헌법재판소는 피수용재산의 객관적 재산가치를 완전하게 보상하는 것이어야 한다는 완전보상으로 이해하고 있다.

정답 ④

해설

헌법 제23조 제3항에 따르면 '지급할 수 있다'가 아니라 '지급하여야' 한다.

> **헌법 제23조** ① 모든 국민의 재산권은 보장된다. 그 내용과 한계는 법률로 정한다.
> ② 재산권의 행사는 공공복리에 적합하도록 하여야 한다.
> ③ 공공필요에 의한 재산권의 수용·사용 또는 제한 및 그에 대한 보상은 법률로써 하되, 정당한 보상을 지급하여야 한다.

오답풀이

① (○) 헌법 제23조 제1항의 재산권보장에 의하여 보호되는 재산권은 사적 유용성 및 그에 대한 원칙적 처분권을 내포하는 재산 가치 있는 구체적 권리이다. 그러므로 구체적인 권리가 아닌, 단순한 이익이나 재화의 획득에 관한 기회 등은 재산권보장의 대상이 아니다(95헌바36).
② (○) 헌법 제23조 제1항 및 제2항
③ (○) 법률에 의하여 구체적으로 형성된 의료보험수급권에 대하여 헌법재판소는 이를 재산권의 보장을 받는 공법상의 권리로서 헌법상의 사회적 기본권의 성격과 재산권의 성격을 아울러 지니고 있다(2002헌바1).
⑤ (○) 헌법이 규정한 '정당한 보상'이란 원칙적으로 피수용재산의 객관적인 재산가치를 완전하게 보상하는 것이어야 한다는 완전보상을 뜻하는 것으로서 보상금액뿐만 아니라 보상의 시기나 방법 등에서도 어떠한 제한을 두어서는 아니 된다는 것을 의미한다고 할 것이다(89헌마107).

538

난이도 Self Check | 상 ○ 중 ○ 하 ○

통치구조에 관한 설명으로 가장 옳지 않은 것은?

① 특정한 국가기관을 구성할 때 입법부, 행정부, 사법부가 그 권한을 나누어 가지거나 기능적인 분담을 하는 것은 권력분립의 원칙에 반하는 것이다.
② 현행 헌법은 대의제를 원칙으로 하면서, 국민투표의 가능성을 규정함으로써 예외적으로 직접민주주의적 요소를 가미하고 있다.
③ 대통령제는 의원내각제에 비하여 권력분립의 원칙을 강하게 실현하는 정부형태이다.
④ 대의제의 원리는 국가기관구성권과 국가의사결정권의 원칙적 분리를 요소로 한다.
⑤ 모든 국가권력은 국민의 의사에 기초하는 것이어야 한다는 원리를 민주적 정당성이라 한다.

문제로 익히는 핵심이론

통치구조는 자기목적적 구조가 아니라 기본권실현을 위한 제도적 장치를 의미한다. 따라서 모든 **국가권력은 기본권에 기속되어야 한다는 이념**이 실현될 수 있도록 하는 통치구조의 구성이 필요하다. 통치권을 입법·사법·행정권으로 분리하고, 사법권의 독립을 보장하며, 기본권을 제한하는 입법작용의 한계를 명시하고(제37조 제2항), 기본권 침해 시 헌법소원제도, 위헌법률심사제도와 같은 구제수단을 마련하고 있다. **통치권은 민주적·절차적 정당성을 구비하여야** 한다. 민주적 정당성이란, 모든 국가권력은 국민의 의사에 기초하는 것이어야 한다는 원리이다. 한편 절차적 정당성이란 통치권의 행사의 방법과 행사과정이 정당해야 하며, 자의적인 행사를 방지하는 제도적 장치를 거쳐야 함을 의미한다.

정답 ①

해설

특정한 국가기관을 구성할 때 입법부, 행정부, 사법부가 그 권한을 나누어 가지거나 기능적인 분담을 하는 것은 **권력분립의 원칙에 반하는 것이 아니라 권력분립의 원칙을 실현하는 것으로 볼 수 있다.** 이러한 원리에 따라 우리 헌법은 대통령이 국무총리, 대법원장, 헌법재판소장을 임명할 때에 국회의 동의를 얻도록 하고 있고, 헌법재판소와 중앙선거관리위원회의 구성에 대통령, 국회 및 대법원장이 공동으로 관여하도록 하고 있다(2007헌마1468).

오답풀이

② (○) 우리 헌법은 국회와 대통령을 국민의 대표기관으로 하여 대의제원리에 입각하고 있으며, 국민투표권을 규정하여 직접민주제 요소를 부분적으로 도입하고 있다.
③ (○) 의원내각제는 의회에서 선출되고 의회에 대하여 책임을 지는 내각을 중심으로 국정이 운영되는 정부형태이다. 이와 달리 대통령제는 행정부의 성립과 존속이 의회로부터 독립되어 있어 의원내각제에 비하여 권력분립의 원칙이 강하게 실현되는 정부형태이다.
④ (○) 대의제는 국민이 국가의사를 직접 결정하지 않고 그 대표를 통해서 간접적으로 정치적 의사결정에 참여하는 통치구조를 말한다. 대의제는 치자와 피치자를 분리하여, 피치자에게는 기관구성권을, 치자에게는 정책결정권을 부여하는 이분법적인 원리에 기초해 있다.
⑤ (○) 민주적 정당성이란, 모든 국가권력은 국민의 의사에 기초하는 것이어야 한다는 원리이다. 한편 절차적 정당성이란 통치권의 행사의 방법과 행사과정이 정당해야 하며, 자의적인 행사를 방지하는 제도적 장치를 거쳐야 함을 의미한다.

539

국회만이 가지는 권한으로 옳은 것의 개수는?

⊙ 예산안 제출권	ⓒ 개헌안 제출권
ⓒ 법률안 제출권	ⓔ 예산안 심의확정권
ⓜ 개헌안 확정권	ⓗ 법률안 의결권

① 1개 ② 2개 ③ 3개
④ 4개 ⑤ 5개

해설

ⓔ 예산안 심의확정권(제54조 제1항)
ⓗ 법률안 의결권(제53조 제1항)은 국회만이 가진다.

오답풀이

⊙ 예산안 제출권 – 정부만(제54조 제2항),
ⓒ 개헌안 제출권 – 국회재적의원 과반수 또는 대통령(제128조 제1항),
ⓒ 법률안 제출권 – 국회의원과 정부(제52조),
ⓜ 개헌안 확정권 – 국민만(제130조 제3항)

문제로 익히는 핵심이론

'입법권은 국회에 속한다.'는 헌법 제40조는 국회중심입법의 원칙과 법률국회단독의결의 원칙을 선언한 것이지, 국회가 입법권을 독점한다는 의미는 아니다. 현행 헌법은 국회입법의 원칙에 대한 예외를 여러 곳에서 인정하고 있는데, 행정입법은 대통령·국무총리·행정각부의 장에게, 자치입법은 지방자치단체에, 긴급명령, 긴급재정·경제명령이나 조약체결권은 대통령에, 사법입법은 대법원에, 헌법재판에 관한 입법은 헌법재판소에, 선거나 정당사무에 관한 입법은 중앙선거관리위원회에 각각 맡기고 있다. 국회의원과 정부는 법률안을 제출할 수 있고 **국회에서 의결된 법률안**은 정부에 이송되어 15일 이내에 대통령이 공포한다. **예산**은 1회계연도에 있어 국가의 세입·세출의 예산준칙을 정한 것으로서 **국회의 의결**로 정립되는 법규범의 일종이다. 일반국민을 구속하는 법규범이 아니라 국가기관만을 구속하는 법규범이라는 점에서 일반법률과는 구별되며 예산을 법률의 형식으로 의결하는 예산법률주의가 있으나, 우리나라는 예산비법률주의를 채택하고 있다.

정답 ②

540

국회와 행정부 간의 관계에 관한 설명으로 옳지 <u>않은</u> 것은?

① 국회는 국무총리 또는 국무위원의 해임을 대통령에게 건의할 수 있다.
② 대통령은 국회에 출석하여 발언하거나 서한으로 의견을 표시할 수 있다.
③ 국회는 국정을 감사하거나 특정한 국정사안에 대하여 조사할 수 있다.
④ 대통령은 국회에서 의결된 법률안의 일부에 대하여 재의를 요구할 수 있다.
⑤ 국회의원과 정부는 법률안을 제출할 수 있다.

해설

헌법 제53조 ③ **대통령은 법률안의 일부에 대하여 또는 법률안을 수정하여 재의를 요구할 수 없다.** ※ 법률안거부권이란 국회에서 의결하여 정부로 이송된 법률안에 대해서 대통령이 이의가 있을 때 재의를 요구할 수 있는 권한을 말한다. 미국의 대통령제 헌법에서 유래된 것이다. 대통령이 지정된 기간 안에 이의서를 붙여 국회로 환부하고 재의를 요구하는 것을 **환부거부**라고 한다. 국회가 폐회 중인 때에도 환부하여야 하며 <u>일부거부나 수정거부는 허용되지 않는다.</u>

오답풀이

① (○) 제63조 ① 국회는 국무총리 또는 국무위원의 해임을 대통령에게 건의할 수 있다.
② (○) 제81조 대통령은 국회에 출석하여 발언하거나 서한으로 의견을 표시할 수 있다.
③ (○) 제61조 ① 국회는 국정을 감사하거나 특정한 국정사안에 대하여 조사할 수 있으며, 이에 필요한 서류의 제출 또는 증인의 출석과 증언이나 의견의 진술을 요구할 수 있다.
⑤ (○) 제52조 국회의원과 정부는 법률안을 제출할 수 있다.

문제로 익히는 핵심이론

현행 헌법의 정부형태는 본질적으로 대통령제이면서 의원내각제적 요소가 결합된 한국형 대통령제, 또는 변형된 대통령제로 보는 것이 다수 설이다. 현행 헌법상 의원내각제적인 요소로는 다음과 같은 것들이 있다. ① 국무총리임명에 국회의 동의, 국회의 해임건의권 ② 정부의 법률안제출권, 국회출석발언권 ③ 국회의 대통령 결선투표제 ④ 국무회의제, 국무총리제, 부서제 ⑤ 국무위원의 의원겸직 허용. 다만, 국무회의가 의결기관이 아니고 심의기관에 불과한 점, 국무총리의 독자적인 권한행사가 부정되는 점, 해임건의권에 법적 구속력이 없다는 점에 있어서는 의원내각제적 기능을 수행하기 어렵다고 볼 수도 있다.

정답 ④

541

국회의원의 불체포특권에 관한 설명으로 옳지 않은 것은?

① 불체포특권은 의회의 자주성과 의원의 원활한 직무수행을 보장하기 위한 합리적인 이유에 의한 차별이므로 평등원칙에 위배되지 아니한다.
② 국회의원은 현행범인이거나 국회의 동의가 있는 경우를 제외하고는 회기 중에 체포 또는 구금되지 않는다.
③ 불체포특권은 범죄행위를 한 국회의원에게 처벌을 면제하는 특권이다.
④ 의원의 불체포특권은 의회의 기능을 보호하기 위해서 인정된 제도이기 때문에 그것이 다른 목적을 위하여 남용 또는 악용되어서는 안 된다.
⑤ 계엄선포 중이면 회기와 상관없이 국회의원의 체포·구금은 금지된다.

해설

불체포특권은 범죄행위를 한 국회의원에게 **처벌을 면제하는 특권이 아니라 단지 회기 중 체포 또는 구금되지 않을 특권에 불과**하므로 회기가 끝난 후에는 다시 구금할 수 있으며, 회기 중에도 형사소추와 처벌을 할 수 있다.

오답풀이

① (○) 불체포특권은 일반국민에게는 인정되지 아니하는 특권을 의원이란 신분을 가진 자에 대해서만 인정하는 것이므로, 헌법 제11조의 법 앞의 평등에 위배되는 것이 아니냐 하는 의문이 있다. 그러나 불체포특권은 의회의 자주성과 의원의 원활한 직무수행을 보장하기 위한 것으로 합리적 이유가 있는 것이므로 평등의 원칙에 위배되지 아니한다.
② (○) 헌법 제44조 ① 국회의원은 현행범인인 경우를 제외하고는 회기 중 국회의 동의 없이 체포 또는 구금되지 아니한다. ② 국회의원이 회기 전에 체포 또는 구금된 때에는 현행범인이 아닌 한 국회의 요구가 있으면 회기 중 석방된다.
④ (○) 정당한 이유가 있고 적법한 절차에 따라 정부가 의원을 체포하는 경우에는 불체포특권이 인정되지 아니한다.
⑤ (○) 계엄선포 중이면 비상계엄이든 경비계엄이든, 회기와 상관없이 국회의원의 체포·구금은 금지된다. 다만 이때에도 현행범인인 경우에는 예외이다.

> **문제로 익히는 핵심이론**
>
> **불체포특권**은 집행부에 의한 체포를 일정기간 동안 유예하여 국회의 자주적 활동을 보장하고, 의원의 신체를 보호하기 위한 권리이다. 불체포특권은 회기 중에 한하여 체포를 일시적으로 유예받는 특권에 지나지 않으므로 **형사소추의 면제를 받는 면책특권과 구별**된다.

정답 ③

542

대통령에 관한 설명으로 옳지 않은 것은?

① 대통령이 일반사면을 명하려면 국회의 동의를 얻어야 한다.
② 대통령은 재직 중에는 죄를 범한 경우라도 일체의 형사상의 소추를 받지 아니한다.
③ 대통령은 자신에 대한 신임을 국민투표의 형식으로 물을 수 없다.
④ 국회의 국무총리 해임건의는 대통령을 법적으로 구속하지 아니한다.
⑤ 대통령은 법률에서 구체적으로 범위를 정하여 위임받은 사항에 관하여 대통령령을 발할 수 있다.

해설

헌법 제84조 대통령은 **내란 또는 외환의 죄를 범한 경우를 제외하고는 재직 중 형사상의 소추를 받지 아니한다.** ※ 대통령은 내란죄나 외환죄 이 두 범죄를 범한 경우에는 재직 중이더라도 형사소추 즉 형사책임을 물을 수 있다.

오답풀이

① (○) 헌법 제79조 ① 대통령은 법률이 정하는 바에 의하여 사면·감형 또는 복권을 명할 수 있다. ② 일반사면을 명하려면 국회의 동의를 얻어야 한다.
③ (○) 헌법 제72조의 국민투표의 대상인 '중요정책'에는 대통령에 대한 '국민의 신임'이 포함되지 않는다. 선거는 '인물에 대한 결정' 즉 대의제를 가능하게 하기 위한 전제조건으로서 국민의 대표자에 관한 결정이며, 이에 대하여 국민투표는 직접민주주의를 실현하기 위한 수단으로서 '사안에 대한 결정', 즉 특정한 국가정책이나 법안을 그 대상으로 한다. 따라서 국민투표의 본질상 '대표자에 대한 신임'은 국민투표의 대상이 될 수 없으며, 우리 헌법에서 대표자의 선출과 그에 대한 신임은 단지 선거의 형태로 이루어져야 한다.(헌재 2004.5.14. 2004헌나1).
④ (○) 국회는 국무총리나 국무위원의 해임을 건의할 수 있으나(헌법 제63조), 국회의 해임건의는 대통령을 기속하는 해임결의권이 아니라, 아무런 법적 구속력이 없는 단순한 해임건의에 불과하다.(헌재 2004.5.14. 2004헌나1).
⑤ (○) 헌법 제75조 대통령은 법률에서 구체적으로 범위를 정하여 위임받은 사항과 법률을 집행하기 위하여 필요한 사항에 관하여 대통령령을 발할 수 있다.

문제로 익히는 핵심이론

[일반사면과 특별사면]

사면이란 대통령이 국가원수의 특권으로서 형사정책적 목적에서 일반적으로 인정되고 있으며, **일반사면과 특별사면**으로 나뉜다.

일반사면은 범죄의 종류를 지정하여 해당 범죄를 저지른 모든 범죄인에게 행하는 것이고, 특별사면은 특정한 범죄인에 대해서 행하는 것이다. 내란 또는 외환의 죄를 범한 경우를 제외하고는 재직 중 형사상의 소추를 받지 않는 **대통령의 불소추특권**은 재직 중 형사소추를 받지 않을 뿐이므로 재직 중 탄핵소추는 가능하고, 재직 중 민사상·행정상 소제기는 가능하다. 대통령은 헌법상 국민에게 자신에 대한 **신임을 국민투표**의 형식으로 물을 수 없을 뿐만 아니라, 특정 정책을 국민투표에 붙이면서 이에 자신의 신임을 결부시키는 대통령의 행위도 위헌적인 행위로서 헌법적으로 허용되지 않는다. 헌법 제63조의 **해임건의권**을 법적 구속력 있는 해임결의권으로 해석하는 것은 법문과 부합할 수 없을 뿐만 아니라, 대통령에게 국회해산권을 부여하고 있지 않는 현행 헌법상의 권력분립질서와도 조화될 수 없다.

정답 ②

543

헌법재판소의 심판사항이 아닌 것은?

① 법원의 제청에 의한 법률의 위헌여부 심판
② 법관에 대한 탄핵심판
③ 공권력으로 국민의 기본권이 침해된 경우에 하는 헌법소원심판
④ 국가기관이나 지방자치단체의 권한에 관한 다툼이 생긴 경우에 하는 권한쟁의심판
⑤ 선거 및 당선의 효력에 이의가 있어 제기하는 대통령선거소송 및 당선소송

해설

대통령선거에서 선거의 효력 및 당선의 효력에 관하여 이의가 있는 경우에는 **대법원에 소를 제기**할 수 있다(공직선거법 제222조 제1항, 제223조 제1항). 따라서 대통령 선거소송 및 당선소송은 대법원 관할에 해당하지 헌법재판소의 관장사항이 아니다.

> 헌법 제111조 ① 헌법재판소는 다음 사항을 관장한다.
> 1. 법원의 제청에 의한 법률의 위헌여부 심판
> 2. 탄핵의 심판(제65조 ① 대통령·국무총리·국무위원·행정각부의 장·헌법재판소 재판관·**법관**·중앙선거관리위원회 위원·감사원장·감사위원 기타 법률이 정한 공무원이 그 직무집행에 있어서 헌법이나 법률을 위배한 때에는 국회는 탄핵의 소추를 의결할 수 있다.)
> 3. 정당의 해산 심판
> 4. 국가기관 상호 간, 국가기관과 지방자치단체 간 및 지방자치단체 상호 간의 권한쟁의에 관한 심판
> 5. 법률이 정하는 헌법소원에 관한 심판

문제로 익히는 핵심이론

헌법재판은 광의로는 위헌법률심판, 탄핵심판, 권한쟁의, 헌법소원, 위헌정당해산, 선거소송 등을 총칭하는 개념이다. 우리나라의 경우 대부분의 헌법재판은 헌법재판소가 담당하고 있지만 선거소송은 법원이 담당하고 있다. 헌법재판은 헌법의 적으로부터 헌법을 지키는 헌법보장기능, 기본권보장기능, 정치적 평화유지기능, 소수자보호기능 등을 가진다. 헌법재판은 정치적 성격이 짙은 정치적 사법작용이다. 헌법재판소는 법관의 자격을 가진 9인의 재판관으로 구성하며, 재판관은 대통령이 임명한다. 재판관 중 3인은 국회에서 선출하는 자를, 3인은 대법원장이 지명하는 자를 임명한다. 헌법재판소의 장은 국회의 동의를 얻어 재판관 중에서 대통령이 임명한다.

정답 ⑤

544

헌법재판소가 법률의 위헌결정을 내린 경우 그 효력에 대한 설명으로 옳지 않은 것은?

① 위헌결정의 효력은 모든 국가기관과 지방자치단체를 기속한다.
② 위헌으로 결정된 법률 또는 법률의 조항은 그 결정이 있는 날로부터 효력을 상실하는 것이 원칙이다.
③ 불처벌의 특례를 규정한 형벌규정에 대한 위헌결정은 당연히 소급효가 인정된다.
④ 행정처분의 근거가 된 법률이 위헌으로 결정되어도, 이미 취소소송의 제기기간을 경과하여 확정력이 발생한 행정처분의 경우에는 위헌결정의 소급효가 미치지 않는다.
⑤ 한정위헌결정에 기속력이 있는가에 관하여 헌법재판소와 대법원의 입장은 같지 아니하다.

> **문제로 익히는 핵심이론**
>
> 헌법재판소법은 **위헌결정**에 모든 국가기관에 대한 기속력을 인정하고 있는 바, 위헌 결정 이후에 그 기속력에 반하는 행정처분은 법률적 근거가 없는 당연무효이고, 그 집행력도 배제된다(헌재). 합헌결정에 대해서는 기속력을 부정하는 것이 헌법재판소의 태도이다. 헌법재판소법에 따르면 **형벌조항**은 원칙적으로 **소급효**, 그 외의 **법률조항**은 **장래효**를 인정하고 있다. 여기서 형벌조항은 형사실체법규정에 대한 위헌선언을 의미하며 절차규정에 대한 위헌선언은 소급효가 부정된다. 또한 형벌조항이라도 소급효를 인정함으로써 형사처벌이 더욱 가중되는 경우에는 소급효가 적용되지 않는다(헌재).
>
> 정답 ③

해설

소급효가 인정되지 않는다. 불처벌의 특례를 규정에 대한 위헌결정의 소급효를 인정할 경우 오히려 형사처벌을 받지 않았던 자들에게 형사상의 불이익이 미치게 되므로 이와 같은 경우까지 헌법재판소법 제47조 제2항 단서의 적용범위에 포함하는 것은 그 규정취지에 반한다. 따라서 위 법률조항이 헌법에 위반된다고 선고되더라도 **형사처벌을 받지 않았던 자들을 소급하여 처벌할 수 없다**(90헌마110).

오답풀이

① (○) 헌법재판소법 제47조 제1항.
② (○) 위헌으로 결정된 법률 또는 법률의 조항은 그 결정이 있는 날로부터 효력을 상실한다. 다만, 형벌에 관한 법률 또는 법률의 조항은 소급하여 그 효력을 상실한다(헌재법 제47조 제2항).
④ (○) 이미 취소소송의 제기기간을 경과하여 확정력이 발생한 행정처분의 경우에는 위헌결정의 소급효가 미치지 않는다고 보아야 할 것이고, 일반적으로 법률이 헌법에 위반된다는 사정이 헌법재판소의 위헌결정이 있기 전에는 객관적으로 명백한 것이라고 할 수는 없으므로 특별한 사정이 없는 한 이러한 하자는 행정처분의 취소사유에 해당할 뿐 당연무효 사유는 아니다(2002헌바73).
⑤ (○) 한정위헌결정에 기속력을 인정할 것인가에 관하여 대법원은 법률해석에 불과한 것이므로 기속력을 부인하고 있으나 헌법재판소는 위헌심사의 한 유형으로서 기속력을 인정한다.

CHAPTER 03 민법 기출예상문제

545 난이도 Self Check | 상 ○ 중 ○ 하 ○

민법의 법원(法源)에 관한 설명으로 옳지 않은 것은?

① 관습법은 어떤 관행이 구성원의 법적확신에 의해 법규범의 지위를 얻은 경우를 말한다.
② 관습법이 헌법에 위반될 때에는 법원(法院)이 그 효력을 부인할 수 있다.
③ 민법 제1조(法源)는 '민사에 관하여 법률에 규정이 없으면 관습법에 의하고 관습법이 없으면 조리에 의한다.'고 규정하고 있는데 여기서 '법률'은 국회가 제정한 법률만을 의미한다.
④ 사실인 관습은 그 존재를 당사자가 주장·입증하여야 한다.
⑤ 임의규정과 다른 관습이 있는 경우에 당사자의 의사가 명확하지 아니한 때에는 그 관습에 의한다.

해설

민법 제1조의 '법률'은 국회가 제정한 형식적 의미에서의 법률뿐만 아니라, 명령·규칙·조약·자치법규 등 성문법 내지 제정법 전반을 포함한다(실질적 의미의 민법).

오답풀이

① (○) 사회구성원 사이에 일정한 행위가 장기간 반복하여 행하여지는 관행 혹은 관습이 존재하고, 관행을 법규범으로 인식하는 사회구성원의 법적 확신이 있을 때에 관습법으로 성립하는 것으로 본다.
② (○) 사회의 거듭된 관행으로 생성한 어떤 사회생활규범이 법적규범으로 승인되기에 이르렀다고 하기 위하여는 그 사회생활규범은 헌법을 최상위규범으로 하는 전체법질서에 반하지 아니하는 것으로서 정당성과 합리성이 있다고 인정될 수 있는 것이어야 하고, 그렇지 아니한 사회생활규범은 비록 그것이 사회의 거듭된 관행으로 생성된 것이라고 할지라도 이를 법적 규범으로 삼아 관습법으로서의 효력을 인정할 수 없다(2001다43781).
④ (○) 제106조의 사실인 관습은 사적 자치가 인정되는 분야에서 법률행위의 해석기준이나 당사자의 의사를 보충하는 것으로서, 그 존재는 당사자가 주장·입증하여야 한다(80다3231).
⑤ (○) 제106조(사실인 관습) 법령 중의 선량한 풍속 기타 사회질서에 관계없는 규정(임의규정)과 다른 관습이 있는 경우에 당사자의 의사가 명확하지 아니한 때에는 그 관습에 의한다.

문제로 익히는 핵심이론

- 법원(法源)이란 법의 연원을 줄인 말로, "법의 존재형식", 즉 법관이 민사사건에 관하여 재판할 때 적용할 기준이 되는 법을 말하는 것으로서 실질적 의미의 민법을 말한다.
- 민사에 관하여는 성문법, 관습법, 조리의 순서로 적용된다. 관습법은 어떤 관행이 구성원의 법적확신에 의해 법규범의 지위를 얻은 경우를 말하며, 조리는 사물의 본성, 자연의 이치 또는 법의 일반원리를 의미하며 경험칙, 사회통념, 신의성실의 원칙 등으로 표현되기도 한다. 조리는 법률이나 계약을 해석하는 기준이 될 수 있고 법의 흠결이 있을 때에는 재판의 준거가 되기도 한다. 한편 조리가 법원인지에 대해서는 다툼이 있으나 판례는 인정하는 입장이다.
- 관습법이란 사회의 거듭된 관행으로 생성한 사회생활규범이 사회의 법적 확신과 인식에 의하여 법적 규범으로 승인·강행되기에 이르는 것을 말하고, 사실인 관습은 사회의 관행에 의하여 발생한 사회생활규범인 점에서 관습법과 같으나 사회의 법적 확신이나 인식에 의하여 법적 규범으로서 승인된 정도에 이르지 않은 것을 말한다. 관습법은 바로 법원으로서 법령과 같은 효력을 갖는 관습으로서 법령에 저촉되지 않는 한 법칙으로서의 효력이 있는 것이며, 이에 반하여 사실인 관습은 법령으로서의 효력이 없는 단순한 관행으로서 법률행위의 당사자의 의사를 보충함에 그친다고 한다.
- 민법 제1조의 관습법은 법령에 저촉되지 않는 한 법원으로서의 보충적 효력이 있는 법칙으로서, 당사자의 주장·입증을 기다림이 없이 법원이 직권으로 이를 확정하여야 한다. 이에 반해 제106조의 사실인 관습은 사적 자치가 인정되는 분야에서 법률행위의 해석기준이나 당사자의 의사를 보충하는 것으로서, 그 존재는 당사자가 주장·입증하여야 한다(판례).

정답 ③

546

난이도 Self Check | 상 ○ 중 ○ 하 ○

신의성실의 원칙(신의칙)에 관한 설명으로 옳지 않은 것을 모두 고르면?

> ㉠ 신의칙은 사법(私法)에만 적용되는 일반원칙이다.
> ㉡ 부동산거래에서 거래 상대방이 일정한 사정에 관한 고지를 받았더라면 그 거래를 하지 않았을 것이 경험칙상 명백한 경우 그 사정을 고지할 신의칙상 의무가 인정된다.
> ㉢ 미성년자가 법정대리인의 동의 없이 신용구매계약을 체결한 후 법정대리인의 동의 없음을 이유로 그 계약을 취소하는 것은 신의칙에 반하지 않는다.
> ㉣ 강행법규를 위반한 약정을 한 사람이 스스로 그 약정의 무효를 주장하는 것은 신의칙상 허용되지 않는다.

① ㉠, ㉡   ② ㉠, ㉣   ③ ㉡, ㉢
④ ㉡, ㉣   ⑤ ㉢, ㉣

해설

㉠ (×) 신의성실의 원칙은 오늘날 「민법」의 모든 분야에서뿐만 아니라 「상법」 등 사법(私法) 모든 분야에서 적용된다. 뿐만 아니라 노동법이나 기타 경제법 등 사회법 분야에 있어서도 그 적용이 많으며, 「민사소송법」, 「헌법」, 행정법, 세법 등 공법 분야에 있어서도 그 적용이 있다.

㉣ (×) 특별한 사정이 없는 한, 법령에 위반되어 무효임을 알고서도 그 법률행위를 한 자가 강행법규 위반을 이유로 무효를 주장하는 것이 신의칙 또는 금반언의 원칙에 반하거나 권리남용에 해당한다고 볼 수는 없다(2005다11602).

오답풀이

㉡ (○) 부동산 거래에서 거래 상대방이 일정한 사정에 관한 고지를 받았더라면 그 거래를 하지 않았을 것임이 경험칙상 명백한 경우에는 신의성실의 원칙상 사전에 상대방에게 그와 같은 사정을 고지할 의무가 있으며, … 우리 사회의 통념상으로는 공동묘지가 주거환경과 친한 시설이 아니어서 분양계약의 체결 여부 및 가격에 상당한 영향을 미치는 요인일 뿐만 아니라 대규모 공동묘지를 가까이에서 조망할 수 있는 곳에 아파트단지가 들어선다는 것은 통상 예상하기 어렵다는 점 등을 감안할 때 아파트 분양자는 아파트단지 인근에 공동묘지가 조성되어 있는 사실을 수분양자에게 고지할 신의칙상의 의무를 부담한다(2005다5812).

㉢ (○) 행위무능력자 제도는 사적자치의 원칙이라는 「민법」의 기본이념, 특히 자기책임 원칙의 구현을 가능케 하는 도구로서 인정되는 것이고, 거래의 안전을 희생시키더라도 행위무능력자를 보호하고자 함에 근본적인 입법취지가 있는 것인바, … 법정대리인의 동의 없이 신용구매계약을 체결한 미성년자가 사후에 법정대리인의 동의 없음을 사유로 들어 이를 취소하는 것이 신의칙에 위반된 것이라고 할 수는 없다(2005다71659).

📝 문제로 익히는 핵심이론

신의성실의 원칙(신의칙)이란 계약관계와 같이 일정한 법률관계에 있는 자는 서로 상대방의 신뢰에 어긋나지 않도록 성실하게 행동해야 한다는 원칙을 말한다. 신의칙은 권리와 의무의 내용을 구체적으로 정하는 기능을 하거나 또는 법률이나 관습법에 정함이 없는 경우에, 또 유추해석을 통해서도 타당한 결론을 얻을 수 없는 경우에, 조리의 이름으로써 이를 보충하는 법창조적 기능을 한다. 민법 제2조의 신의칙은 민법 전반에 적용되는 대원칙으로 작용한다. 따라서 계약법상의 채권관계뿐만 아니라 물권관계, 가족관계 나아가 특별사법인 상법 및 공법과 소송법에도 적용이 된다. 권리의 행사가 신의칙에 위반하는 때에는 권리의 남용이 되는 것이 보통이다. 이 경우 권리행사로서의 효과가 생기지 않는다. 신의칙에 반하는 것 또는 권리남용은 강행규정에 위반하는 것이므로, 당사자의 주장이 없더라도 법원은 직권으로 이를 판단할 수 있다(판례).

정답 ②

547

다음은 물건에 관한 설명이다. 이를 바탕으로 ㉠, ㉡에 들어갈 말이 바르게 짝지어진 것은?

> 물건의 소유자가 그 물건의 상용에 공하기 위하여 자기 소유인 다른 물건을 이에 부속하게 한 때에는 그 물건을 (㉠)이라 하고, (㉠)에 부속된 다른 물건을 (㉡)이라고 한다.

	㉠	㉡		㉠	㉡
①	원물	과실	②	주물	종물
③	합성물	단일물	④	원물	종물
⑤	주물	과실			

해설

제100조(주물, 종물) ① 물건의 소유자가 그 물건의 상용에 공하기 위하여 자기소유인 다른 물건을 이에 부속하게 한 때에는 그 부속물은 종물이다. ② 종물은 주물의 처분에 따른다.

문제로 익히는 핵심이론

물건의 소유자가 그 물건의 상용에 공하기 위하여 자기 소유인 다른 물건을 이에 부속하게 한 때에는 그 물건을 '주물'이라 하고, 주물에 부속된 다른 물건을 '종물'이라고 한다(제100조 1항). 예컨대 배와 노, 자물쇠와 열쇠, 주택과 창고 등이다. 이는 경제적 관계에 있어서의 물건의 주종적 결합체를 동일한 법률적 운명에 따르도록 하여 그 경제적 효용을 파괴하지 않으려는 제도이다.
종물은 주물의 구성부분이 아니며, 주물로부터 '독립된 물건'이어야 한다. 독립한 물건이면 종물은 부동산·동산을 가리지 않는다. 주물과 종물은 모두 '동일한 소유자'에 속하는 것이어야 한다(판례).
주물. 종물을 규정한 제100조는 강행규정이 아니다. 따라서 당사자는 특약으로 주물을 처분할 때에 종물을 제외할 수 있고, 종물만을 따로 처분할 수도 있다.
※ **제101조(천연과실, 법정과실)** ① 물건의 용법에 의하여 수취하는 산출물은 **천연과실**이다. ② 물건의 사용대가로 받는 금전 기타의 물건은 **법정과실**로 한다.
물건으로부터 생기는 수익을 '과실'이라 하고, 과실을 생기게 하는 물건을 '원물'이라고 한다. 천연과실이든 법정과실이든 물건이어야 하고, 또 물건인 원물로부터 생긴 것이어야 한다. 따라서 권리에 대한 과실이나(주식배당금, 특허권의 사용료), 임금과 같은 노동의 대가, 원물의 사용대가로서 노무를 제공받는 것 등은 민법상의 과실이 아니다.

정답 ②

548

난이도 Self Check | 상 ○ 중 ○ 하 ○

민법 제103조에 관한 설명으로 옳지 않은 것은?

① 법률행위의 목적인 권리·의무의 내용이 선량한 풍속 기타 사회질서에 위반되는 경우에는 민법 제103조에 의하여 무효로 된다.
② 법률행위에 금전적 대가가 결부됨으로써 반사회질서적 성질을 띠게 되는 경우에는 민법 제103조에 의하여 무효로 된다.
③ 법률행위의 성립과정에 강박이라는 불법적 방법이 사용된 경우에는 민법 제103조에 의하여 무효로 된다.
④ 상대방에게 알려진 법률행위의 동기가 반사회질서적인 경우에는 민법 제103조에 의하여 무효로 된다.
⑤ 형사사건에 관한 성공보수약정은 선량한 풍속 기타 사회질서에 위배되는 것으로 평가할 수 있다.

해설

민법 제103조에 의하여 무효로 되는 반사회질서 행위는 법률행위의 목적인 권리·의무의 내용이 선량한 풍속 기타 사회질서에 위반되는 경우뿐 아니라 그 내용 자체는 반사회질서적인 것이 아니라고 하여도 법률적으로 이를 강제하거나 법률행위에 반사회질서적인 조건 또는 금전적 대가가 결부됨으로써 반사회질서적 성질을 띠게 되는 경우 및 표시되거나 상대방에게 알려진 법률행위의 동기가 반사회질서적인 경우를 포함하나, 이상의 각 요건에 해당하지 아니하고 단지 법률행위의 성립과정에 강박이라는 불법적 방법이 사용된 데에 불과한 때에는 강박에 의한 의사표시의 하자나 의사의 흠결을 이유로 효력을 논의할 수는 있을지언정 반사회질서의 법률행위로서 무효라고 할 수는 없다(2000다47361). ※ 즉 '**강박**'의 경우는 **취소사유**에 해당한다.

오답풀이

④ (○) 민법 제103조에 의하여 무효로 되는 반사회질서 행위는 법률행위의 목적인 권리의무의 내용이 선량한 풍속 기타 사회질서에 위반되는 경우뿐만 아니라, 그 내용 자체는 반사회질서적인 것이 아니라고 하여도 법률적으로 이를 강제하거나 법률행위에 반사회질서적인 조건 또는 금전적인 대가가 결부됨으로써 반사회질서적 성질을 띠게 되는 경우 및 표시되거나 상대방에게 알려진 법률행위의 동기가 반사회질서적인 경우를 포함한다(99다38613).

⑤ (○) 형사사건에 관하여 체결된 성공보수약정이 가져오는 여러 가지 사회적 폐단과 부작용 등을 고려하면, 구속영장청구 기각, 보석 석방, 집행유예나 무죄 판결 등과 같이 의뢰인에게 유리한 결과를 얻어내기 위한 변호사의 변론활동이나 직무수행 그 자체는 정당하다 하더라도, 형사사건에서의 성공보수약정은 수사·재판의 결과를 금전적인 대가와 결부시킴으로써, 기본적 인권의 옹호와 사회정의의 실현을 사명으로 하는 변호사 직무의 공공성을 저해하고, 의뢰인과 일반 국민의 사법제도에 대한 신뢰를 현저히 떨어뜨릴 위험이 있으므로, 선량한 풍속 기타 사회질서에 위배되는 것으로 평가할 수 있다(2015다200111).

문제로 익히는 핵심이론

제103조(반사회질서의 법률행위) 선량한 풍속 기타 사회질서에 위반한 사항을 내용으로 하는 법률행위는 **무효로 한다**.

① 법률행위를 규제할 강행규정이 없더라도 그것이 사회질서에 위반하는 경우에는 본조에 의해 무효가 된다. 강행규정도 사회질서에 속하는 것이지만, 모든 법률행위의 적법성 여부에 관해 빠짐없이 강행규정을 마련한다는 것은 입법기술상 어렵고 그 흠결이 있게 마련이다. 민법은 그러한 흠결을 메우기 위해 본조를 두어, 법률행위의 내용을 '사회질서'라는 기준을 가지고 일반적·포괄적으로 규제할 수 있도록 정한 것이다.

② 반사회질서행위는 절대적 무효로 선의의 제3자도 보호되지 않고, 무효행위의 추인도 인정되지 않는다. 이행 전에는 이행할 필요가 없으나 이행 후에는 제746조 본문에 의하여 이 급부는 소위 불법원인급여가 되어 부당이득반환청구를 할 수 없다. 판례는 소유권에 기한 물권적 청구권의 행사도 부정한다. 한편 법률행위 일부만이 사회질서에 위반하는 때에는 일부무효의 법리에 의하여 해결한다.

정답 ③

549

난이도 Self Check | 상 ◯ 중 ◯ 하 ◯

민법 제104조의 불공정한 법률행위에 관한 설명으로 옳지 않은 것은?

① 매매계약이 불공정한 법률행위에 해당하여 무효인 경우에도 무효행위의 전환에 관한 민법 제138조가 적용될 수 있다.
② 불공정한 법률행위에 있어 피해자에게는 궁박·경솔 또는 무경험의 요건이 구비될 것이 요구되는데, 이들 중 어느 하나만 갖추면 된다.
③ 채권의 포기도 불공정한 법률행위가 될 수 있다.
④ 불공정한 법률행위에 대한 증명책임은 그 무효를 주장하는 자에게 있다.
⑤ 부담 없는 증여계약도 불공정한 법률행위가 될 수 있다.

④ (○) 법률행위가 폭리행위로서 무효라고 주장하는 자가 궁박·경솔 또는 무경험의 상태에 있었다는 사실, 상대방이 이를 인식하고 있었다는 사실, 급부와 반대급부가 현저하게 불균형한 사실을 모두 입증하여야 한다(90다19770).

문제로 익히는 **핵심이론**

상대방으로 하여금 자기의 급부에 비하여 현저하게 균형을 잃은 반대급부를 하게 함으로써 부당한 재산적 이익을 얻는 행위를 불공정한 법률행위 또는 폭리행위라 하며, 제104조는 이러한 행위의 효력을 부정하고 있다. 제104조는 제103조의 예시에 지나지 않는 것으로 해석하므로 불공정 법률행위에 관해서는 우선 제104조가 적용되겠지만, 그 요건에 해당하지 않는다고 하더라도 그것이 사회질서에 위반하는 것인 때에는 제103조에 의해 무효가 될 수도 있다.
불공정한 법률행위는 무효이다. 따라서 아직 급부를 하지 않은 때에는 쌍방 모두 이행할 필요가 없다. 이미 이행한 경우에는 불공정 법률행위 또한 반사회적 법률행위의 일종이므로 제746조(불법원인급여)가 적용된다. 다만 불법의 원인이 폭리행위자에게만 있으므로 상대방, 즉 피해자는 **제746조 단서**에 의해 이행한 것의 반환을 청구할 수 있는 데 반해, 폭리행위자는 제746조 본문에 의해 자기가 이행한 것의 반환을 청구할 수 없다.

정답 ⑤

해설

불공정한 법률행위에 해당하기 위하여는 급부와 반대급부와의 사이에 현저히 균형을 잃을 것이 요구되므로 이 사건 증여와 같이 상대방에 의한 대가적 의미의 재산관계의 출연이 없이 당사자 일방의 급부만 있는 경우에는 급부와 반대급부 사이의 불균형의 문제는 발생하지 않는다(92다41528).

> ※ **제104조(불공정한 법률행위)** 당사자의 궁박, 경솔 또는 무경험으로 인하여 현저하게 공정을 잃은 법률행위는 무효로 한다.

오답풀이

① (○) 매매계약이 매매대금의 과다로 말미암아 불공정한 법률행위에 해당하지만, 그 매매대금을 적정한 금액으로 감액하여 매매계약의 유효성을 인정할 수 있다(2009다50308).
② (○) 당사자 일방의 궁박, 경솔, 무경험은 모두 구비하여야 하는 요건이 아니고 그중 어느 하나만 갖추어져도 충분하다(93다19924).
③ (○) 채무자인 회사가 남편의 징역을 면하기 위하여 부정수표를 회수하려면 물품 외상대금 중 금 100만 원을 초과하는 채권에 대한 포기서를 써야 된다는 강압적인 요구를 하므로 사회적 경험이 부족한 가정부인이 경제적 정신적 궁박상태하에서 구속된 자기남편을 석방 구제하는 데에는 위 수표의 회수가 필요할 것이라는 일념에서 회사에 대한 물품잔대금 채권이 얼마인지 조차 확실히 모르면서 보관중이던 남편의 인감을 이용하여 남편을 대리하여 위임장과 포기서를 작성하여 준 채권포기행위는 거래관계에 있어서 현저하게 균형을 잃은 행위로서 사회적 정의에 반하는 불공정한 불법행위로 보는 것이 상당하다(75다92).

550

착오에 의한 의사표시에 관한 설명으로 옳은 것은?

① 법률행위의 내용의 중요부분에 착오가 있으면 무효인 행위에 해당한다.
② 부동산매매에 있어서 시가에 관한 착오는 일반적으로 중요부분에 관한 착오라고 할 수 있다.
③ 매도인이 납부하여야 할 양도소득세 등의 세액에 착오를 일으키게 된 계기를 제공한 원인이 매수인 측에 있을 뿐만 아니라 매수인도 매도인이 납부하여야 할 세액에 관하여 매도인과 동일한 착오에 빠져 있었다면, 매도인의 위와 같은 착오는 매매계약의 내용의 중요부분에 관한 것에 해당한다.
④ 표의자에게 과실이 없어야 취소할 수 있다.
⑤ 매도인이 매매계약을 적법하게 해제한 이상 매수인은 착오를 이유로 매매계약을 취소할 수 없다.

문제로 익히는 핵심이론

착오에 의한 의사표시란 표시행위로부터 추단되는 의사(표시상의 효과의사)와 진의(내심적 효과의사)가 일치하지 않는 것으로 표의자 자신이 그 불일치 사실을 알지 못하는 것이다. 착오에 의한 의사표시를 취소하려면 **법률행위 내용의 중요부분에 관한 착오**이고 표의자가 착오를 일으킨 데 **중과실이 없어야** 한다. 착오의 존재 및 그 착오가 법률행위 내용의 중요부분에 관한 것이라는 점은 표의자가 입증책임을 진다. 반면 표의자에게 중과실이 있다는 것에 대해서는 표의자의 상대방이 입증책임을 진다. 한편 착오에 의한 의사표시의 취소는 선의의 제3자에게 대항하지 못한다. 민법 제109조에 따라 적법하게 착오를 이유로 취소한자는 비록 상대방이 손해를 입었더라도 손해배상책임을 지지 않는다(판례).

정답 ③

해설

매도인의 대리인이, 매도인이 납부하여야 할 양도소득세 등의 세액이 매수인이 부담하기로 한 금액뿐이므로 매도인의 부담은 없을 것이라는 착오를 일으키지 않았더라면 매수인과 매매계약을 체결하지 않았거나 아니면 적어도 동일한 내용으로 계약을 체결하지는 않았을 것임이 명백하고, 나아가 매도인이 그와 같이 착오를 일으키게 된 계기를 제공한 원인이 매수인 측에 있을 뿐만 아니라 매수인도 매도인이 납부하여야 할 세액에 관하여 매도인과 동일한 착오에 빠져 있었다면, 매도인의 위와 같은 착오는 매매계약의 내용의 중요부분에 관한 것에 해당한다(93다24810).

오답풀이

①, ④ (×) **제109조(착오로 인한 의사표시)** ① 의사표시는 법률행위의 내용의 **중요부분에 착오가** 있는 때에는 취소할 수 있다. 그러나 그 착오가 표의자의 중대한 과실로 인한 때에는 취소하지 못한다. ② 전항의 의사표시의 취소는 선의의 제3자에게 대항하지 못한다.
 ※ 착오가 있으면 무효가 아니고 취소할 수 있으며, 표의자가 착오를 일으킨 데 중과실이 있는 경우에는 취소는 허용되지 않는다. 따라서 경과실인 경우에는 취소할 수 있다.
② (×) 판례는 지적의 부족, 매매목적물의 시가는 **중요부분의 착오가 아니라고** 한다.
⑤ (×) 매도인이 매수인의 중도금 지급채무 불이행을 이유로 매매계약을 적법하게 해제한 후라도 매수인으로서는 상대방이 한 계약해제의 효과로서 발생하는 손해배상책임을 지거나 매매계약에 따른 계약금의 반환을 받을 수 없는 불이익을 면하기 위하여 **착오를 이유로 한 취소권을** 행사하여 매매계약 전체를 무효로 돌리게 할 수 있다(95다24982).

551

대리에 관한 설명으로 옳지 않은 것은?

① 대리인이 본인을 위한 것임을 표시하지 아니하였는데, 상대방이 대리인으로서 한 것임을 알 수 있었을 때에는 본인에 대하여 효력이 생긴다.
② 의사표시의 효력이 의사의 흠결, 사기, 강박 또는 어느 사정을 알았거나 과실로 알지 못한 것으로 인하여 영향을 받을 경우에 그 사실의 유무는 대리인을 표준하여 결정한다.
③ 권한을 정하지 아니한 대리인은 보존행위 및 대리의 목적인 물건이나 권리의 성질을 변하지 아니하는 범위 내에서 그 이용 또는 개량하는 행위만을 할 수 있다.
④ 대리인은 행위능력자여야 한다.
⑤ 대리인이 수인인 때에는 원칙적으로 각자가 본인을 대리한다.

문제로 익히는 핵심이론

법률행위가 성립한 경우에 그 효과는 의사표시를 한 표의자에게 발생하는 것이 보통이다. 그런데 표의자가 아닌 다른 자에게 법률효과가 귀속되는 제도가 「대리」이다. **대리**에서는 의사표시를 한 자와 법률효과를 받는 자가 분리되는 법현상이 일어난다(**행위자와 명의자의 분리**). 즉 대리인이 법률행위를 하지만 그 법률효과는 본인에게 귀속되는 것이다. 한편 대리는 의사표시에 적용되고, 사실행위 또는 불법행위에는 적용되지 않는다. 대리의 기능은 다음과 같다.
① 고도로 전문화·분업화된 현대사회에서 각자가 자신의 모든 법률관계를 스스로 형성해 나간다는 것은 현실적으로 거의 불가능하다. 이러한 상황에서 대리에 의해 각자의 활동영역이 확장될 수 있는데 이를 사적 자치의 **확장**이라 하고 **임의대리**가 이에 해당한다.
② 제한능력자는 독자적으로 법률행위를 할 수 없으므로 법정대리인의 행위를 매개하여 비로소 권리를 취득하고 의무를 부담함으로써 법적 거래에 참가할 수 있다. 이 경우 대리제도는 제한능력자의 행위능력을 보충해 주는 기능도 담당하게 되는데, 이를 사적 자치의 **보충**이라 하고 **법정대리**가 이에 해당한다.

정답 ④

해설

제117조(대리인의 행위능력) 대리인은 행위능력자임을 요하지 아니한다. ※ 대리는 법률효과가 대리인이 아닌 본인에게 귀속하기 때문에 제한능력자제도의 취지에 어긋나지 않기 때문이다.

오답풀이

① (○) 제114조(대리행위의 효력) ① 대리인이 그 권한 내에서 본인을 위한 것임을 표시한 의사표시는 직접 본인에게 대하여 효력이 생긴다.
제115조(본인을 위한 것임을 표시하지 아니한 행위) 대리인이 본인을 위한 것임을 표시하지 아니한 때에는 그 의사표시는 자기를 위한 것으로 본다. 그러나 상대방이 대리인으로서 한 것임을 알았거나 알 수 있었을 때에는 전조 제1항의 규정을 준용한다.
② (○) 제116조(대리행위의 하자) ① 의사표시의 효력이 의사의 흠결, 사기, 강박 또는 어느 사정을 알았거나 과실로 알지 못한 것으로 인하여 영향을 받을 경우에 그 사실의 유무는 대리인을 표준하여 결정한다.
③ (○) 제118조(대리권의 범위) 권한을 정하지 아니한 대리인은 다음 각 호의 행위만을 할 수 있다. 1. 보존행위 2. 대리의 목적인 물건이나 권리의 성질을 변하지 아니하는 범위에서 그 이용 또는 개량하는 행위
⑤ (○) 제119조(각자대리) 대리인이 수인인 때에는 **각자가** 본인을 대리한다. 그러나 법률 또는 수권행위에 다른 정한 바가 있는 때에는 그러하지 아니하다.

552

법률행위의 무효와 취소에 관한 설명으로 옳은 것은?

① 무효인 법률행위의 추인은 명시적으로 하여야 하고 묵시적으로는 할 수 없다.
② 법률행위가 취소되면 처음부터 무효인 것으로 되지만, 제한능력자는 그 행위로 인하여 받은 이익이 현존하는 한도에서 상환할 책임이 있다.
③ 착오에 의한 의사표시를 한 자가 사망한 경우, 그 상속인은 피상속인의 착오를 이유로 취소할 수 없다.
④ 취소권은 추인할 수 있는 날로부터 10년 내에 행사하면 된다.
⑤ 법률행위의 일부분이 무효인 경우, 그 무효부분이 없더라도 법률행위를 하였을 것이라고 인정될 때에도 그 전부를 무효로 한다.

문제로 익히는 핵심이론

① 법률행위가 유효요건을 갖추지 못하면 의사표시의 내용대로 법률행위가 효과를 발생시키지 못하게 되는데, 이 경우 처음부터 당연히 효력이 발생하지 않는 것을 **무효**라 하고, 일정한 자가 그 효력을 소멸시키는 의사표시(취소)를 해야 그 효력이 소멸되는 것을 **취소**라 한다. 무효사유와 취소사유의 구별은 사유의 중대성을 기준으로 정하는 입법정책의 문제이다.

② 무효와 취소의 주된 차이는, 무효는 원칙적으로 누군가의 주장 여부와 무관하게 당연히 처음부터 효력이 없고, 취소는 일단 유효하게 효력이 발생하나 특정인(취소권자)이 취소기간 내에 취소사유를 주장(취소)해야만 비로소 처음부터(소급하여) 효력이 없어진다는 점이다.

③ 무효나 취소가 된 법률행위를 이미 이행한 때에는 그 급부한 것에 대해 부당이득반환청구권(제741조)이 발생하고, 사기나 강박에 의한 취소의 경우 사기나 강박이 불법행위의 요건을 갖추면 손해배상청구권(제750조)이 생기는 법률효과가 발생한다.

정답 ②

해설

제141조(취소의 효과) 취소된 법률행위는 처음부터 무효인 것으로 본다. 다만, 제한능력자는 그 행위로 인하여 받은 이익이 현존하는 한도에서 상환할 책임이 있다. ※ 제한능력자 보호 취지

오답풀이

① (×) 무효인 법률행위의 추인은 명시적으로 할 수 있을 뿐만 아니라 묵시적으로도 할 수 있다.
③ (×) 제140조(법률행위의 취소권자) 취소할 수 있는 법률행위는 제한능력자, 착오로 인하거나 사기·강박에 의하여 의사표시를 한 자, 그의 대리인 또는 승계인만이 취소할 수 있다.
　※ 착오에 의한 의사표시를 한 자가 사망한 경우, 그 상속인은 포괄승계인이므로 피상속인의 착오를 이유로 취소할 수 있다.
④ (×) 제146조(취소권의 소멸) 취소권은 추인할 수 있는 날로부터 3년 내에 법률행위를 한 날로부터 10년 내에 행사하여야 한다.
⑤ (×) 제137조(법률행위의 일부무효) 법률행위의 일부분이 무효인 때에는 그 전부를 무효로 한다. 그러나 그 무효부분이 없더라도 법률행위를 하였을 것이라고 인정될 때에는 나머지 부분은 무효가 되지 아니한다. ※ 일부무효는 전부 무효가 원칙.

553

소멸시효에 관한 설명으로 옳지 않은 것은?

① 소멸시효 완성의 효과는 그 기산일에 소급하는 것이 원칙이다.
② 주된 권리의 소멸시효가 완성되면 종된 권리에도 그 효력이 미친다.
③ 부작위를 목적으로 하는 채권의 소멸시효는 위반행위를 한 때로부터 진행한다.
④ 소멸시효는 법률행위에 의하여 단축 또는 경감할 수 없다.
⑤ 시효의 중단은 당사자 사이에서만 중단의 효력이 있는 것은 아니다.

문제로 익히는 핵심이론

소멸시효란 권리자가 권리행사를 할 수 있음에도 불구하고 일정기간 동안 권리불행사의 상태가 계속된 경우에 그 권리를 소멸하게 하는 제도이다. 시효제도의 존재이유는 영속된 사실상태를 존중하고 권리 위에 잠자는 자를 보호하지 않는다는 데에 있다(판례). 즉 법적 안정성의 확보, 입증곤란의 구제, 권리행사의 태만에 대한 제재를 위함이다. 시효로 권리가 소멸하려면 ① 권리가 소멸시효의 목적이 될 수 있는 것이어야 하고(**대상적격**), ② 권리자가 권리를 행사할 수 있음에도 불구하고 행사하지 않아야 하며(**권리의 불행사, 시효의 기산점**), ③ 권리불행사의 상태가 일정기간 계속되어야 한다(**시효기간**)는 3가지 요건을 갖추어야 한다.

소멸시효의 진행을 방해하는 사유인 **소멸시효의 중단**이란 소멸시효의 진행 중에 권리불행사라는 소멸시효의 기초가 되는 사실을 깨뜨리는 사정이 발생한 경우, 이미 경과한 시효기간의 효력은 소멸되고 중단사유가 종료한 때로부터 다시 소멸시효의 기간을 진행하게 하는 제도를 말한다. 중단사유로 법은 청구, 압류 또는 가압류, 가처분, 승인을 규정하고 있다.

소멸시효이익의 포기란 시효이익을 받지 않겠다는 일방적 의사표시이며 상대방 있는 단독행위에 해당한다. 소멸시효이익의 포기의 의사표시를 할 수 있는 자는 당사자 또는 대리인에 한정되며 소멸시효이익의 포기는 처분행위이므로 포기자는 처분권한과 처분능력을 가져야 한다. 시효이익을 포기하면 소멸시효의 완성을 주장하지 못하고, 포기한 때부터 시효가 새로 진행한다.

정답 ④

해설

제184조(시효의 이익의 포기 기타) ① 소멸시효의 이익은 미리 포기하지 못한다. ② 소멸시효는 법률행위에 의하여 이를 배제, 연장 또는 가중할 수 없으나 이를 **단축 또는 경감할 수 있다.**

오답풀이

① (○) 제167조(소멸시효의 소급효) 소멸시효는 그 기산일에 소급하여 효력이 생긴다.
② (○) 제183조(종속된 권리에 대한 소멸시효의 효력) 주된 권리의 소멸시효가 완성한 때에는 종속된 권리에 그 효력이 미친다.
③ (○) 제166조(소멸시효의 기산점) ① 소멸시효는 권리를 행사할 수 있는 때로부터 진행한다. ② 부작위를 목적으로 하는 채권의 소멸시효는 위반행위를 한 때로부터 진행한다.
⑤ (○) 제169조(시효중단의 효력) 시효의 중단은 당사자 및 그 승계인간에만 효력이 있다.

554

민법이 정하는 물권이 아닌 것은?

① 점유권 ② 지상권
③ 유치권 ④ 분묘기지권
⑤ 저당권

해설

분묘기지권이란 타인의 토지에 분묘를 소유하기 위하여 분묘의 기지부분의 토지를 사용할 것을 내용으로 하는 **지상권 유사의 관습상의 물권**이다. 분묘 자체가 공시의 기능을 하고 있기 때문에 등기할 필요 없고, 분묘기지권을 시효취득하는 때에도 같다. 분묘기지권의 취득사유는 다음 중 어느 하나에 해당하여야 한다. ㉠ 타인의 소유지 내에 그 소유자의 승낙을 얻어 분묘를 설치한 경우, ㉡ 자기 소유토지에 분묘를 설치한 자가 그 분묘기지에 대한 소유권을 보류하거나 또는 분묘도 함께 이전한다는 특약을 함이 없이 토지를 매매 등으로 양도한 경우, ㉢ 타인 소유의 토지에 그 소유자의 승낙 없이 분묘를 설치한 자가 20년간 평온·공연하게 그 분묘의 묘지를 점유함으로써 분묘기지권을 시효취득한 경우에 해당하여야 한다.

문제로 익히는 핵심이론

민법은 점유권·소유권·지상권·지역권·전세권·유치권·질권·저당권의 8가지 물권을 규정하고 있는데 크게 점유권과 본권으로 나누어진다. **점유권**이란 물건을 지배할 수 있는 법률상의 권원의 유무에 관계없이 사실상 지배하고 있는 상태 그 자체를 보호하는 물권을 말한다. 그리고 **본권**이란 물건을 사실상 지배하고 있느냐의 여부와 관계없이 물건을 지배할 수 있는 권리를 말한다.
본권에는 물권의 사용가치와 교환가치를 지배하는 완전물권인 **소유권**과 사용가치와 교환가치 중 한가지만을 지배하는 **제한물권**이 있다. 물건이 갖는 사용가치의 지배를 목적으로 하고 있는 용익물권에는 **지상권·지역권·전세권**이 있고, 채권의 담보를 위하여 물건이 갖는 교환가치의 지배를 목적으로 하는 담보물권에는 법정담보물권인 **유치권**과 약정담보물권인 **질권·저당권**이 있다.

정답 ④

555

다음 내용에 해당하는 등기의 효력으로 옳은 것은?

> 어떤 등기가 있으면 그에 대응하는 실체적 권리관계가 존재하는 것으로 추정하는 효력을 말한다.

① 권리변동적 효력 ② 순위확정적 효력
③ 대항적 효력   ④ 추정적 효력
⑤ 공신력

해설

등기의 추정력이란 어떤 등기가 있으면 그에 대응하는 실체적 권리관계가 존재하는 것으로 추정하는 효력을 말한다. 즉 형식상 적법한 등기가 등기부에 기재된 이상, 진실한 권리상태를 공시한 것으로 추정된다. 민법은 등기의 추정력에 관한 명문의 규정을 두고 있지 않으나, 판례는 법률상의 권리추정이라고 하여, 등기 사실의 진실성을 부인하려는 자가 그에 대한 증명책임을 지는 즉 **입증책임이 전환**된다. 추정력이 미치는 범위는 권리의 적법추정, 원인의 적법추정, 절차의 적법이 추정되고 나아가 대리권존재까지도 추정되어 무권대리의 요건의 존재는 상대방이 이를 입증할 책임이 있다.

문제로 익히는 핵심이론

권리변동적 효력이란 물권행위와 부합하는 등기가 있으면 부동산물권변동의 효력이 생기는 것을 말한다. 물권변동의 효력이 생기는 시기는 등기를 신청한 때가 아니라 실제로 등기부에 기재된 때이다(판례). **순위확정적 효력**이란 동일 부동산에 관하여 등기한 권리의 순위는 법률에 다른 규정이 없으면 등기한 순서에 따르는 것을 말한다. **대항적 효력**이란 어떠한 사항을 등기하지 않으면 당사자 간에 채권적 효력이 있을 뿐이지만, 이를 등기한 때에는 제3자에게도 그 내용을 주장할 수 있는 것을 말한다. **등기의 공신력**이란 등기가 진실한 권리관계에 부합하지 않더라도 그 등기를 진실한 것으로 믿은 경우에 이를 보호하는 것을 말한다. 우리 민법은 공신력을 동산거래에 관해서만 인정하여 동산 선의취득을 규정하고 있다(제249조). **부동산거래에 관해서는 등기의 공신력을 인정하지 않는다.** 즉 부동산에 관해서는 신뢰보호 내지 거래안전보호보다는 진정한 권리자의 보호에 치중하고 있다.

정답 ④

556

선의취득에 관한 설명으로 옳지 않은 것은?

① 자기 소유의 논에 인접한 타인 소유의 논을 자신의 것으로 오인하고 그 지상의 벼를 수확한 경우에는 선의취득이 성립하지 않는다.
② 동산이 무권대리인에 의해 매도된 경우, 매수인이 무권대리에 관하여 선의이고 무과실이라도 그 동산을 선의취득할 수 없다.
③ 민법 제251조에는 양수인이 도품을 공개시장에서 선의로 매수한 때에는 피해자는 양수인이 지급한 대가를 변상하고 그 물건의 반환을 청구할 수 있다고 규정되어 있지만, 양수인이 대가변상을 요구하려면 무과실도 요구된다.
④ 선의취득자가 선의취득 효과를 거부하고 종전 소유자에게 동산을 반환받아 갈 것을 요구하는 것은 허용될 수 없다.
⑤ 점유개정이나 간이인도로는 선의취득이 성립할 수 없다.

해설

양수인이 점유를 취득하는 방법으로써 현실의 인도(제188조 1항), **간이인도**(제188조 2항), 목적물반환청구권의 양도(제190조)가 인정되는 데에는 문제가 없다. **그러나 점유개정**(제189조)**에 의한 인도는 위 점유에 포함되지 않는**다는 것이 통설·판례이다(77다1872).

※ **간이인도**란 양수인이 이미 물건을 점유하고 있는 경우에는 소유권이전에 관한 양도인과 양수인의 물권적 합의로써 소유권이 이전되는 것을 말한다. 한편 **점유개정**이란 물건을 양도하면서 양도인이 양도 후에도 종전과 같이 점유를 하고 양수인과의 사이에 점유매개관계를 설정하여 양수인에게 간접점유를 취득시키고 양도인이 점유매개자로서 직접점유를 하는 것을 말한다. 이러한 점유개정에 의한 인도는 매우 불완전한 것이어서 진정한 권리자는 외부에서 이를 알 수 없어 선의취득을 인정하면 진정한 권리자에게 지나치게 불리하기 때문이다.

오답풀이

① (○) 선의취득은 거래안전을 보호하기 위한 제도이므로, '거래행위'에 의한 것을 요건으로 한다. 양수에 해당하지 않는 것, 예컨대 상속이나 회사의 합병과 같은 포괄승계나, 타인의 산림을 자신의 것으로 오신하여 벌채하거나 타인의 유실물을 자신의 것으로 오신하여 습득하는 경우처럼 사실행위에는 선의취득이 적용되지 않는다.
② (○) 본인 소유의 물건을 대리권 없는 자가 대리행위를 한 때에는 선의취득은 부정된다(통설). 이 경우는 계약의 당사자가 권리자인 본인일 뿐만 아니라, 선의취득을 인정하면 무권대리행위를 무효로 정한 민법의 규정 자체까지 부인하는 것이 되기 때문이다. 위 경우는 무권대리 또는 표현대리의 규정에 의해 상대방을 보호하면 족하다.
③ (○) 민법 제251조는 민법 제249조와 제250조를 전제로 하고 있는 규정이므로 무과실도 당연한 요건이라고 해석하여야 한다(91다70).
④ (○) 선의취득은 법률의 규정에 의해 인정되는 것이므로, 선의취득자가 임의로 이러한 효과를 거부할 수는 없다(대판 1998.6.12., 98다6800).

문제로 익히는 핵심이론

선의취득이란 동산을 점유하는 자를 권리자로 믿고 평온·공연·선의·무과실로 거래한 경우에, 그 양도인이 정당한 권리자가 아니더라도, 양수인에게 그 동산에 관한 권리(소유권, 질권)를 인정하는 제도이다. 선의취득제도는 **동산의 점유에 공신력을 인정**하여 거래의 안전을 확보하기 위한 것이다. 선의취득의 객체는 동산이다. 그러므로 지상권·저당권과 같은 부동산에 대한 권리는 선의취득의 대상이 될 수 없다. 선의취득의 요건이 갖추어지면 양수인은 그 동산에 관한 물권(소유권과 질권)을 취득한다. 선의취득에 의한 권리취득은, 양도인이 무권리자임에도 불구하고 권리취득이 인정된다는 점에서 원시취득이다. 따라서 종전 소유자에게 존재했던 제한은 선의취득과 더불어 소멸한다. 선의취득에 의한 물권취득은 확정적이다. 따라서 선의취득자는 물권취득을 하지 않을 수 없으며(판례), 양도인도 양도의 무효를 주장할 수 없다.

정답 ⑤

557

난이도 Self Check | 상 ○ 중 ○ 하 ○

점유권에 관한 설명으로 옳지 <u>않은</u> 것은?

① 물건을 사실상 지배하는 자는 점유권이 있다.
② 점유권은 상속인에 이전한다.
③ 점유자는 소유의 의사로 선의, 무과실, 평온 및 공연하게 점유한 것으로 추정한다.
④ 전후 양시에 점유한 사실이 있는 때에는 그 점유는 계속한 것으로 추정한다.
⑤ 점유자가 점유물에 대하여 행사하는 권리는 적법하게 보유한 것으로 추정한다.

> **문제로 익히는 핵심이론**
>
> - **점유란 물건에 대한 사실상의 지배**를 말한다. 그러나 그 사실상의 지배라는 것이 물건에 대하여 직접 실력을 미친다는 것과 반드시 일치하지는 않는다. 즉 물건에 대하여 직접 실력을 미치고 있으면서도 점유가 인정되지 않는 경우가 있는가 하면(**점유보조자**: 제195조), 직접 실력을 미치고 있지 않으면서도 점유가 인정되는 경우가 있다(**간접점유**: 제194조). 이를 **점유의 관념화**라고 한다.
> - '사실상의 지배'란 사회통념상 물건이 어떤 사람의 지배 안에 있다고 인정되는 객관적인 관계를 말한다. 사실상 지배가 있다고 인정되기 위해서는 반드시 물건을 물리적·현실적으로 지배하여야 하는 것은 아니고, 물건과 사람의 시간적·공간적 관계와 본권관계, 타인지배의 배제가능성 등을 고려하여 사회통념에 따라 합목적적으로 판단하여야 한다(판례).
> - **자주점유**란 소유의 의사를 가지고서 하는 점유를 말하고, 그 이외의 점유가 **타주점유**이다. 여기서 소유의 의사란 소유자로서 사실상 점유하려는 의사를 말하며, 소유권이 있다고 믿고서 하는 점유를 의미하지 않는다(판례). 따라서 무효인 매매에 있어서의 매수인이나 타인의 물건을 훔친 자도 자주점유자이다.
> - **선의 점유**란 본권이 없음에도 있는 것으로 믿고서 하는 점유를 말하고, **악의 점유**란 본권이 없음을 알면서 또는 본권의 유무에 대해 의심을 가지면서 하는 점유를 말한다. 점유자의 선의는 추정되나, 선의의 점유자라도 본권에 관한 소에 패소한 때에는 그 소가 제기된 때로부터 악의의 점유자로 본다(제197조).
>
> 정답 ③

해설

제197조(점유의 태양) ① 점유자는 **소유의 의사로 선의, 평온 및 공연**하게 점유한 것으로 **추정**한다. ※ **무과실은 추정되지 않음**. 따라서 점유자가 자신의 점유에 대한 무과실을 입증해야 한다.

오답풀이

① (○) 제192조(점유권의 취득과 소멸) ① 물건을 사실상 지배하는 자는 점유권이 있다. ② 점유자가 물건에 대한 사실상의 지배를 상실한 때에는 점유권이 소멸한다.
② (○) 제193조(상속으로 인한 점유권의 이전) 점유권은 상속인에 이전한다.
④ (○) 제198조(점유계속의 추정) 전후 양시에 점유한 사실이 있는 때에는 그 점유는 계속한 것으로 추정한다.
⑤ (○) 제200조(권리의 적법의 추정) 점유자가 점유물에 대하여 행사하는 권리는 적법하게 보유한 것으로 추정한다.

558

난이도 Self Check | 상 ○ 중 ○ 하 ○

공동소유의 한 형태인 '합유'에 관한 설명으로 옳지 <u>않은</u> 것은?

① 법률의 규정 또는 계약에 의하여 수인이 조합체로서 물건을 소유하는 때에는 합유로 한다.
② 합유물을 처분, 변경 또는 보존함에는 합유자 전원의 동의가 있어야 한다.
③ 합유자는 전원의 동의 없이 합유물에 대한 지분을 처분하지 못한다.
④ 합유자는 합유물의 분할을 청구하지 못한다.
⑤ 합유는 조합체의 해산 또는 합유물의 양도로 인하여 종료한다.

문제로 익히는 핵심이론

- **합유**란 수인이 조합체를 이루어 물건을 소유하는 공동소유의 형태를 말한다. 여기서 조합체란 수인이 동일한 목적으로 결합되어 있으나, 구성원의 개성이 강하여 아직 단일적 활동체로서 단체로서의 체제를 갖추지 못한 수인의 결합체를 의미한다.
- 합유에서도 공유처럼 합유자는 지분을 가지며 보존행위는 각자가 단독으로 할 수 있다. 그러나 <u>지분처분의 자유와 분할청구권이 없는 점에서 공유와 다르다.</u>
- 합유지분이란 조합관계에서 생기는 각 합유자의 권리·의무의 총체, 즉 조합체의 일원으로서의 지위를 말한다. 합유자는 전원의 동의 없이 합유물에 대한 지분을 처분하지 못한다.
- 조합이 존속하고 있는 동안에 각 합유자는 합유물의 분할을 청구하지 못한다. 다만 부득이한 사유가 있으면 각 조합원은 조합체의 해산을 청구할 수 있으며, 조합이 해산된 때에는 청산절차에 따라 합유물을 분할하여 각 조합원에게 분배할 수 있다.
- 합유물의 분할은 원칙적으로 금지되어 있으므로, 합유관계가 종료하는 것은 합유물의 양도로 조합재산이 없게 되는 때와 조합체의 해산이 있게 되는 때이다. 한편 조합원이 사망한 경우 그 조합원의 지위는 일신전속적이므로 조합원의 지분은 상속인에게 상속되지 않는다.

정답 ②

해설
제272조(합유물의 처분, 변경과 보존) **합유물**을 처분 또는 변경함에는 합유자 전원의 동의가 있어야 한다. 그러나 <u>보존행위는 각자가 할 수 있다.</u>

오답풀이
① (○) 제271조(물건의 합유) ① 법률의 규정 또는 계약에 의하여 <u>수인이 조합체로서 물건을 소유하는 때에는 합유로 한다.</u> 합유자의 권리는 합유물 전부에 미친다.
③ (○) 제273조(합유지분의 처분과 합유물의 분할금지) ① 합유자는 <u>전원의 동의없이 합유물에 대한 지분을 처분하지 못한다.</u>
④ (○) 제273조(합유지분의 처분과 합유물의 분할금지) ② 합유자는 <u>합유물의 분할을 청구하지 못한다.</u>
⑤ (○) 제274조(합유의 종료) ① 합유는 조합체의 해산 또는 합유물의 양도로 인하여 종료한다.

559

난이도 Self Check | 상 ○ 중 ○ 하 ○

취득시효에 관한 설명으로 옳지 않은 것은?

① 20년간 소유의 의사로 평온, 공연하게 부동산을 점유하는 자는 등기함으로써 그 소유권을 취득한다.
② 부동산 점유자에게 시효취득으로 인한 소유권이전등기청구권이 있다고 하더라도 그 부동산을 처분한 소유자에게 채무불이행 책임을 물을 수 없다.
③ 부동산 점유취득시효 완성으로 인한 소유권 취득은 원시취득에 해당한다.
④ 취득시효기간이 완성되면 해당 부동산의 점유자는 취득시효 완성을 원인으로 하여 소유권등기를 마치지 않고서도 부동산의 소유권을 바로 취득할 수 있다.
⑤ 점유취득시효 완성을 원인으로 한 소유권이전등기청구는 시효 완성 당시의 소유자를 상대로 하여야 한다.

해설

취득시효기간의 완성만으로는 소유권취득의 효력이 바로 생기는 것이 아니라, 다만 이를 원인으로 하여 소유권취득을 위한 등기청구권이 발생할 뿐이고, 미등기 부동산의 경우라고 하여 취득시효기간의 완성만으로 등기 없이도 점유자가 소유권을 취득한다고 볼 수 없다(2006다22074).

오답풀이

① (○) 제245조(점유로 인한 부동산소유권의 취득기간) ① 20년간 소유의 의사로 평온, 공연하게 부동산을 점유하는 자는 등기함으로써 그 소유권을 취득한다. ※ 점유는 평온·공연하게 점유하면 충분하고 선의·무과실은 그 요건이 아니다.
② (○) 부동산 점유자에게 시효취득으로 인한 소유권이전등기청구권이 있다고 하더라도 이로 인하여 부동산 소유자와 시효취득자 사이에 계약상의 채권·채무관계가 성립하는 것은 아니므로, 그 부동산을 처분한 소유자에게 채무불이행 책임을 물을 수 없다(94다4509).
③ (○) 부동산점유취득시효는 20년의 시효기간이 완성된 것만으로 점유자가 곧바로 소유권을 취득하는 것은 아니고 민법 제245조에 따라 점유자 명의로 등기를 함으로써 소유권을 취득하게 되며, 이는 원시취득에 해당하므로 특별한 사정이 없는 한 원소유자의 소유권에 가하여진 각종 제한에 의하여 영향을 받지 아니하는 완전한 내용의 소유권을 취득하게 된다(2004다31463).
⑤ (○) 부동산의 점유로 인한 시효취득자는 취득시효 완성 당시의 소유자에 대하여 소유권이전등기를 청구할 수 있다(98다29575). ※ 소유권취득을 위한 등기청구권은 채권적 청구권이기 때문이다.

문제로 익히는 핵심이론

취득시효란 물건에 대하여 권리를 가지고 있는 듯한 외관이 일정기간 계속되는 경우, 그것이 진실한 권리관계와 일치하는지 여부를 묻지 않고 그 **외관상의 권리자에게 권리취득의 효과를 생기게** 하는 제도를 말한다. 취득시효의 종류로는 **부동산 소유권의 취득시효**(민법 제245조)로 점유취득시효(제1항)와 등기부취득시효(제2항)가 있으며, **동산소유권의 취득시효**(민법 제246조)가 있다.
점유취득시효의 요건으로서 점유는 소유의 의사로 하는 자주점유이어야 하는데 악의의 무단점유의 경우에는 자주점유의 추정이 깨어진다(대판). 또한 점유는 평온·공연하게 점유하면 충분하고 선의·무과실은 그 요건이 아니다. 점유시효취득하기 위해서는 20년의 점유가 계속되어야 한다. 소유명의자가 변동된 경우에는 원칙적으로 시효취득의 기초가 되는 점유가 개시된 시점이 기산점이 되고, 당사자가 기산점을 임의로 선택할 수 없다. 반면에 소유명의자가 동일하고 그 변동이 없는 경우에는 시효취득자가 임의로 기산점을 선택할 수 있다. 취득시효가 일단 완성된 후에 제3취득자가 소유권이전등기를 마친 경우에 시효취득자는 그 제3취득자에 대하여 취득시효로 대항할 수 없다. 시효취득자는 등기청구권을 가진 채권자에 불과하기 때문이다.

정답 ④

560

부동산 실권리자명의 등기에 관한 법률(이하 부동산실명법)에 관한 설명으로 가장 옳은 것은?

① 부동산실명법에서는 채무의 변제를 담보하기 위하여 채권자가 부동산에 관한 물권을 이전받거나 가등기하는 경우도 이를 명의신탁약정으로 보아 불허하고 있다.
② 종중재산의 명의신탁이나 부부간의 명의신탁은 어떠한 목적으로든 허용되므로, 부동산실명법이 적용되지 않고 종전의 판례이론이 적용된다.
③ 무효인 명의신탁약정에 기하여 타인 명의의 등기가 마쳐진 경우에는 그것은 불법원인급여에 해당한다고 볼 수 있다.
④ 명의신탁약정 및 그에 따라 물권변동(등기)은 무효이고, 그 무효는 제3자에게 대항하지 못한다.
⑤ 명의신탁등기가 부동산실명법에 따라 무효가 되었다고 할지라도 그 후 신탁자와 수탁자가 혼인하여 그 등기의 명의자가 배우자로 된 경우에는 그 명의신탁등기는 처음부터 소급적으로 유효하게 된다.

오답풀이

① (×) 채무의 변제를 담보하기 위해 채권자가 부동산에 관한 물권을 이전받거나 가등기하는 경우(부동산 양도담보 및 가등기담보)는 명의신탁약정에 해당하지 않는 것으로 한다(동법 제2조 1호).
② (×) 종중재산의 명의신탁과 부부간의 명의신탁에서는, 그것이 조세포탈·강제집행의 면탈 또는 법령상 제한의 회피를 목적으로 하지 않는 경우에 한해, 명의신탁약정의 무효·과징금·이행강제금·벌칙·기존 명의신탁약정에 의한 등기의 실명등기에 관한 규정 등의 적용을 받지 않는다(동법 제8조).
③ (×) 부동산 실권리자 명의등기에 관한 법률이 규정하는 명의신탁약정은 부동산에 관한 물권의 실권리자가 타인과의 사이에서 대내적으로는 실권리자가 부동산에 관한 물권을 보유하거나 보유하기로 하고 그에 관한 등기는 그 타인의 명의로 하기로 하는 약정을 말하는 것일 뿐이므로, 그 자체로 선량한 풍속 기타 사회질서에 위반하는 경우에 해당한다고 단정할 수 없을 뿐만 아니라, 무효인 명의신탁약정에 기하여 타인 명의의 등기가 마쳐졌다는 이유만으로 그것이 당연히 불법원인급여에 해당한다고 볼 수 없다(2003다41722).
⑤ (×) 어떠한 명의신탁등기가 위 법률에 따라 무효가 되었다고 할지라도, 그 후 신탁자와 수탁자가 혼인하여 그 등기의 명의자가 배우자로 된 경우에는, 조세포탈, 강제집행의 면탈 또는 법령상 제한의 회피를 목적으로 하지 아니하는 한, 위 특례를 적용하여 그 명의신탁등기는 당사자가 혼인한 때로부터 유효하게 된다고 보아야 한다(2002다23840).

정답 ④

해설

제4조(명의신탁약정의 효력) ① **명의신탁약정은 무효로 한다.** ② **명의신탁약정에 따른 등기로 이루어진 부동산에 관한 물권변동은 무효로 한다.** 다만, 부동산에 관한 물권을 취득하기 위한 계약에서 명의수탁자가 어느 한쪽 당사자가 되고 상대방 당사자는 명의신탁약정이 있다는 사실을 알지 못한 경우에는 그러하지 아니하다. ③ 제1항 및 제2항의 **무효는 제3자에게 대항하지 못한다.** ※ 선악불문

561

난이도 Self Check | 상 ○ 중 ○ 하 ○

다음에서 설명하고 있는 권리로 옳은 것은?

> 甲은 乙에게 10만 원을 빌리면서 금반지를 담보로 맡긴 경우, 乙은 빌려 간 돈을 갚을 때까지 그 반지를 가지고 있을 수 있고, 만약 甲이 돈을 갚지 않을 경우 우선적으로 그 목적물을 처분하여 변제받을 수 있는 권리를 갖는다.

① 유치권
② 질권
③ 저당권
④ 항변권
⑤ 청구권

해설

질권이란 채권자가 채무의 변제를 받을 때까지 그 채권의 담보로 채무자 또는 제3자(물상보증인)로부터 인도받은 물건 또는 재산권을 유치함으로써 채무의 변제를 간접적으로 강제하다가, 변제가 없으면 그 매각대금으로부터 우선적으로 변제를 받을 수 있는 담보물권을 말한다(민법 제329조, 제345조). ※ 보기의 내용은 **동산인 반지를 담보목적물로 하는 동산질권**에 해당한다.

오답풀이

① (×) 유치권이란 타인의 물건 또는 유가증권을 점유한 자가 그 물건이나 유가증권에 관하여 생긴 채권을 가지는 경우에 그 채권을 변제받을 때까지 그 물건 또는 유가증권을 유치할 수 있는 권리를 말한다(민법 제320조 제1항).

③ (×) 저당권이란 채권자가 채무담보를 위하여 채무자 또는 제3자(물상보증인)가 제공한 부동산 기타 목적물의 점유를 이전받지 않은 채 목적물을 관념상으로만 지배하다가, 채무의 변제가 없으면 그 목적물로부터 우선변제를 받을 수 있는 담보물권을 말한다(제356조). ※ 예컨대 갑이 자신의 **부동산을 담보로** 은행으로부터 돈을 빌리는 경우 채권자인 은행이 갖는 담보물권이 **저당권**이다.

④ (×) 항변권은 타인의 청구권의 행사를 저지할 수 있는 권리이다. 예컨대 주채무자를 보증한 보증인이 갖는 최고·검색의 항변권, 또는 쌍무계약상의 동시이행항변권 등이 이에 해당한다.

⑤ (×) 청구권은 타인에게 일정한 행위를 요구할 수 있는 권리로 채권이 대표적이며 물권적 청구권 등이 있다.

📝 문제로 익히는 **핵심이론**

질권은 유치적 효력을 갖는 담보물권이라는 점에서 유치권과 공통된다. 유치권은 법정담보물권으로서 우선변제적 효력이 없지만, 질권은 원칙적으로 계약에 의하여 성립하는 약정담보물권으로서 우선변제적 효력이 있다는 점에서 다르다. 질권의 종류는 목적물에 따라서 **동산질권과 권리질권**으로 나누어진다. 현행민법은 부동산질권을 인정하지 않는다. 질권은 목적물의 교환가치를 취득하는 것을 목적으로 한다. 따라서 질물의 멸실·훼손·공용징수로 인해 질권이 소멸하더라도 그의 **교환가치를 대표**하는 것이 존재하는 때에는 질권은 그 대표물 위에 존속하게 된다. 이를 **물상대위**라고 한다. 물상대위는 질권에 규정하고(제342조), 저당권에 준용하고 있다(제370조). 질권의 실행은 원칙적으로 경매를 통하여 이루어져야 하는 것이 원칙이다. 따라서 질권설정자는 변제기전의 계약으로 질권자에게 변제에 갈음하여 질물의 소유권을 취득하게 하거나 법률에 정한 방법에 의하지 않고 질물을 처분할 것을 약정하지 못한다. 즉 민법은 변제기 전의 **유질계약을 금지**하는데 이는 궁박한 상태에 있는 채무자가 폭리행위에 의해 희생되는 것을 막기 위한 것이다.

정답 ②

562

난이도 Self Check | 상 ◯ 중 ◯ 하 ◯

다음 내용을 통해 설명하고 있는 개념으로 옳은 것은?

- 약혼은 강제이행을 청구하지 못하므로, 약혼에 기한 혼인체결의무
- 채무자가 이행을 하지 않더라도 소로써 그 이행을 청구하지 않기로 하는 부제소의 합의가 있는 경우

① 자연채무
② 책임 없는 채무
③ 유한책임
④ 채무 없는 책임
⑤ 책무

> **문제로 익히는 핵심이론**
>
> 채권의 기본적 효력은 채무자에 대해 급부를 청구하고(**청구력**), 채무자가 한 급부를 수령하여 이를 적법하게 보유하는 데 있다(**급부보유력**). 한편 채권이 청구력에 의해 실현되지 않는 경우, 즉 채무자가 임의로 채무를 이행하지 않는 때에는 채권의 실현을 보장하기 위한 (소의 제기에 의한 판결을 통한) **강제력**이 인정된다.
> **강제력이 없는 채권인 자연채무**는 소구력을 전제로 하는 집행력도 갖지 못한다. 자연채무로 인정되는 것은 위 외에도 채권은 존재하고 있는데도 채권자의 패소판결이 확정된 경우(기판력이 발생하여 더 이상 법원에 소를 제기할 수가 없다), 본안에 대한 종국판결이 있은 후 소를 취하한 자는 동일한 소를 제기하지 못하므로, 채권자가 승소의 종국판결을 받은 후 소를 취하한 경우 등이 있다.
> 한편 채무자가 채무를 이행하지 않는 경우, 채권자는 소를 제기하여 이행판결을 받고 집행권원을 얻어 채무자의 일반재산에 대해 강제집행을 함으로써 채권의 만족을 얻게 된다. 여기서 채무자의 일반재산이 채권자의 강제집행의 목적으로 되는 것을 「책임」이라고 하여 「채무」와 구별한다. **채무와 책임의 분리**되는 것으로 '책임 없는 채무', '유한책임', '채무 없는 책임' 등이 있다.

정답 ①

해설

자연채무에 대한 설명이다. **자연채무**란 채무로서 성립하고 있지만, 채무자가 임의로 이행을 하지 않는 경우 **채권자가 그 이행의 강제를 법원에 소로써 구하지 못하는 채무**를 말한다.

오답풀이

② (✕) **책임 없는 채무**는 당사자 간에 강제집행을 하지 않기로 특약을 한 때에 발생한다.

③ (✕) **유한책임**이란 책임이 채무자의 일정한 재산에 한정되어, 채권자가 그 일정한 재산에 대하여만 강제집행을 할 수 있는 경우이다. 예컨대 상속인은 피상속인의 재산에 관한 포괄적 권리의무를 승계하지만, 한편 상속으로 인해 취득할 재산의 한도에서 피상속인의 채무와 유증을 변제할 것을 조건으로 상속을 승인할 수 있고(**상속의 한정승인**: 제1028조), 이 경우 상속인은 상속받은 재산의 한도에서만 책임을 진다.

④ (✕) **채무 없는 책임**이란 타인의 채무를 위해 책임만을 부담하는 것을 말하는데, **물상보증인이나 저당부동산의 제3취득자** 등이 이에 해당한다. 그런데 채무가 없는 상태에서 책임만이 발생할 수는 없는 것이므로, 이 경우는 채무의 주체와 책임의 주체가 분리되어서 채무자 이외의 자가 책임만을 지는 것이다.

⑤ (✕) 책무란 채무와 구별되는 개념으로 권리자에게 이행청구권·소구력·강제력·그 위반에 따른 손해배상청구권이 인정되지 않는 것을 말하는데, 다만 일정한 사항을 준수하지 않은 경우에 법률상 일정한 불이익을 받게 된다는 점에서 **책무 또는 간접의무**라고 부른다.

563

난이도 Self Check | 상 ○ 중 ○ 하 ○

채무불이행의 유형에 해당하지 않는 것은?

① 이행지체
② 이행불능
③ 불완전이행
④ 이행거절
⑤ 제3자에 의한 채권침해

해설

채무자에 의한 채권침해를 채무불이행이라 한다. 반면에 경우에 따라 **제3자에 의해 채권자의 채권이 침해될 수 있는데 이를 '제3자에 의한 채권침해'**라 하며 이 경우 민법 제750조의 **불법행위**의 요건을 갖추면 손해배상책임이 **성립할 수 있다.**

오답풀이

① (○) **이행지체**는 채무가 이행기에 있고 또 그 이행이 가능한데도 채무자가 그의 귀책사유로 채무의 내용에 좇은 이행을 하지 않는 것을 말한다.
② (○) **이행불능**이란 채권이 성립한 후에 채무자의 귀책사유로 그 이행이 불가능하게 된 경우를 말한다.
③ (○) **불완전이행**이란 채무자가 이행을 하기는 하였으나 그것이 채무의 내용에 좇은 것이 아닌 불완전한 경우로서, 이행은 있었으나 그것이 완전하지 않은 점에서 이를 적극적 채권침해라고도 한다.
④ (○) **이행거절**이란 채무자가 자신의 채무를 이행할 의사가 없음을 명백히 표시하는 것을 말한다.

> 📝 문제로 익히는 **핵심이론**
>
> **민법 제390조(채무불이행과 손해배상)** 채무자가 **채무의 내용에 좇은 이행을 하지 아니한 때**에는 채권자는 손해배상을 청구할 수 있다. 그러나 채무자의 고의나 과실 없이 이행할 수 없게 된 때에는 그러하지 아니하다. ※ 민법은 채무불이행의 유형으로 '이행지체'와 '이행불능'을 규정하고 있지만, 이 외에도 '불완전이행'과 '이행거절'도 해석상 그 유형에 포함한다.
> **채무불이행의 구제수단**으로 채무자의 귀책사유가 필요하지 않는 '**강제이행**'이 있으며, 채무자의 귀책사유로 채무불이행이 생긴 경우에는 '**손해배상**'과 '**계약의 해제**'가 있다.

정답 ⑤

564

과실상계에 관한 설명으로 옳지 않은 것은?

① 채무불이행에 관하여 채권자에게 과실이 있는 때에는 법원은 손해배상의 책임 및 그 금액을 정함에 이를 참작하여야 한다.
② 불법행위에 있어서 피해자의 과실을 따지는 과실상계에서의 과실은 가해자의 과실과 달리 사회통념이나 신의성실의 원칙에 따라 공동생활에 있어 요구되는 약한 의미의 부주의를 가리키는 것이다.
③ 과실상계 사유에 관한 사실인정이나 그 비율을 정하는 것은 그것이 형평의 원칙에 비추어 현저히 불합리한 것이 아닌 한 사실심의 전권사항이라고 할 수 있다.
④ 법원은 배상의무자가 주장하지 아니하더라도 과실상계를 할 수 있다.
⑤ 과실상계는 본래 채무불이행 내지 불법행위로 인한 손해배상책임 외에 채무 내용에 따른 본래의 급부의 이행을 구하는 경우에도 적용될 수 있다.

문제로 익히는 핵심이론

과실상계란 채무불이행 (또는 불법행위)으로 인한 손해배상책임에서, **채권자 (내지 피해자)**에게 손해의 발생 또는 확대에 기여한 **과실이 있는 경우에, 이를 참작**하여 채무자 (내지 가해자)의 **배상책임을 감면**하는 제도이다. 이것은 채권자(피해자)의 행위가 손해의 발생(확대)에 기여하였음에도 불구하고 전체 손해에 대해 배상을 청구하는 것은 신의칙상 허용될 수 없다는 데에 기초하고 있다. 과실상계에서의 과실은 가해자의 과실과 달리 사회통념이나 신의성실의 원칙에 따라 공동생활에 있어 요구되는 약한 의미의 부주의를 가리키는 것이다(판례). 그리고 피해자 본인의 과실뿐만 아니라, 그와 신분상 내지 사회생활상 일체를 이루는 관계에 있는 자의 과실도 피해자의 과실로 인정된다(피해자측의 과실). 피해자(채권자)에게 과실이 인정되면 법원은 손해배상의 책임 및 그 금액을 정함에 있어 당사자가 주장하지 않는 경우에도 반드시 이를 참작하여야 하고(**직권조사사항**), 다만 **정도는 재량**이다. 한편 채무내용에 따른 본래 급부의 이행을 구하는 때나 손해배상액을 예정한 경우(판례), 피해자의 부주의를 이용하여 고의로 불법행위를 저지른 경우(판례) 등에는 과실상계는 적용되지 않는다.

정답 ⑤

해설

과실상계는 본래 채무불이행 내지 불법행위로 인한 손해배상책임에 대해 인정되는 것이고, 이 사건과 같이 **채무 내용에 따른 본래의 급부의 이행을 구하는 경우에 적용될 것이 아니다**(96다8468).

오답풀이

① (○) 채무불이행에 관하여 채권자에게 과실이 있는 때에는 법원은 손해배상의 책임 및 그 금액을 정함에 이를 참작하여야 한다(제396조). ※ 과실상계는 법원의 직권조사사항이다.
② (○) 공동불법행위자는 채권자에 대한 관계에서 연대책임(부진정연대채무)을 지되 공동불법행위자들 내부관계에서는 일정한 부담 부분이 있고, 이 부담 부분은 공동불법행위자의 채권자에 대한 가해자로서의 과실 정도에 따라 정하여지는 것으로서 여기에서의 과실은 의무위반이라는 강력한 과실임에 반하여, 불법행위에 있어서 피해자의 과실을 따지는 과실상계에서의 과실은 가해자의 과실과 달리 사회통념이나 신의성실의 원칙에 따라 공동생활에 있어 요구되는 약한 의미의 부주의를 가리키는 것이다(2000다29028).
③ (○) 불법행위로 인한 손해배상 청구사건에서 과실상계 사유에 관한 사실인정이나 그 비율을 정하는 것은 그것이 형평의 원칙에 비추어 현저히 불합리하다고 인정되지 않는 한 사실심의 전권에 속하는 사항이다(98다50586).
④ (○) 법원은 불법행위로 인하여 배상할 손해의 범위를 정함에 있어서 상대방의 과실상계 항변이 없더라도 피해자의 과실을 참작하여야 한다(2005다60369).

565

난이도 Self Check | 상 ◯ 중 ◯ 하 ◯

채권자대위권에 관한 설명으로 옳지 않은 것은?

① 채권자의 채무자에 대한 채권의 소멸시효가 완성된 경우에, 이를 원용할 수 있는 자는 시효이익을 직접 받는 채무자이고 제3채무자는 이를 주장할 수 없다
② 채권자는 자기의 채무자에 대한 부동산의 소유권이전등기청구권 등 특정채권을 보전하기 위하여 채무자가 방치하고 있는 그 부동산에 관한 특정권리를 대위하여 행사할 수 있고 그 경우에는 채무자의 무자력을 요건으로 하지 아니한다.
③ 채권자는 그 채권의 기한이 도래하기 전에는 법원의 허가 없이 자기의 채권을 보전하기 위하여 채무자의 권리를 행사할 수 없으나, 보전행위는 할 수 있다.
④ 채권자가 채권자대위권에 기하여 채무자의 권리를 행사하고 채무자에게 그 사실을 통지하지 아니하였다면, 채무자는 자기의 채권이 채권자에 의하여 대위행사되고 있는 사실을 알고 있었다 하더라도 그 권리를 처분하고 이를 채권자에게 대항할 수 있다.
⑤ 채권자대위권의 행사로 시효중단의 효과가 생기는 것은 채무자의 제3채무자에 대한 권리이다.

해설

채권자가 채권자대위권에 기하여 채무자의 권리를 행사하고 있는 경우 그 사실을 채무자에게 통지하였거나 채무자가 그 사실을 **알고 있었던 때에는 채무자가 그 권리를 처분하여도 채권자에게 대항하지 못한다**(77다118). ※ 제405조(채권자대위권행사의 통지) ① 채권자가 전조 제1항의 규정에 의하여 보전행위 이외의 권리를 행사한 때에는 채무자에게 통지하여야 한다. ② 채무자가 전항의 통지를 받은 후에는 그 권리를 처분하여도 이로써 채권자에게 대항하지 못한다.

오답풀이

① (◯) 채권자가 대위권을 행사하여 제3자에 대하여 하는 청구에 있어서, 제3채무자는 채무자가 채권자에 대하여 가지는 항변으로 대항할 수 없고, 채권의 소멸시효가 완성된 경우 이를 원용할 수 있는 자는 원칙적으로는 시효이익을 직접 받는 자뿐이고, 채권자대위소송의 제3채무자는 이를 행사할 수 없다 (2001다10151).
② (◯) 채권자는 자기의 채무자에 대한 부동산의 소유권이전등기청구권 등 특정채권을 보전하기 위하여 채무자가 방치하고 있는 그 부동산에 관한 특정권리를 대위하여 행사할 수 있고 그 경우에는 채무자의 무자력을 요건으로 하지 아니하는 것이다(대판 1992.10.27. 91다483).
③ (◯) 제404조(채권자대위권) ② 채권자는 그 채권의 기한이 도래하기 전에는 법원의 허가 없이 전항의 권리를 행사하지 못한다. 그러나 보전행위는 그러하지 아니하다
⑤ (◯) 채권자대위권은 채권자가 채무자의 권리를 행사하는 것이므로, 채무자의 제3채무자에 대한 권리에 관해 시효중단의 효과가 생긴다.

문제로 익히는 핵심이론

'**채권자대위권**'이란 채권자가 자기의 채권을 보전하기 위하여 그의 채무자에게 속하는 권리를 대위하여 행사할 수 있는 권리를 말한다(제404조). 채권자대위권은 소송법상의 권리가 아니고 '실체법상의 권리'이며, 구체적으로는 채권자가 채무자의 재산권 내지 거래관계에 간섭할 수 있는 일종의 '법정재산관리권'에 해당한다. **채권자대위권의 요건**은 ① 채권자가 자기의 채권을 보전할 필요가 있어야 하고, ② 채권에 관한 이행기가 도래하여야 하며, ③ 채무자의 제3자에 대한 권리가 일신에 전속한 것이 아니어야 하고, ④ 채무자가 스스로 그의 권리를 행사하지 않고 있어야 한다.
채권자대위권은 **채권자가 채무자의 권리를 행사**하는 것이므로, 그 행사의 효과는 직접 채무자에게 귀속한다. 채권자대위권은 채권자가 채무자의 권리를 행사하는 것이므로, **채무자의 제3채무자에 대한 권리에 관해 시효중단의 효과가 생긴다**. 채권자는 채무자의 권리를 행사하는 것이므로, 제3채무자는 채무자에 대해 가지는 모든 항변사유(무효와 취소 · 권리소멸 · 동시이행의 항변 등)로써 채권자에게 대항할 수 있다. 그러나 **채무자가 채권자에 대해 가지는 항변을 제3채무자가 원용할 수는 없다.**

정답 ④

566

난이도 Self Check | 상 ○ 중 ○ 하 ○

채권자취소권에 관한 설명으로 옳지 않은 것은?

① 채권자취소권은 반드시 재판상 행사하여야 한다.
② 채권자취소소송을 하는 채권자는 채무자와 수익자를 공동피고로 삼아야 한다.
③ 취소채권자의 채권은 사해행위 이전에 존재하고 있어야 한다.
④ 특정물에 대한 소유권이전등기청구권을 보전하기 위하여 채권자취소권을 행사할 수는 없다.
⑤ 채권자취소의 소는 채권자가 취소원인을 안 날로부터 1년, 법률행위 있은 날로부터 5년 내에 제기하여야 한다.

> 📝 **문제로 익히는 핵심이론**
>
> **채권자취소권**이란 채무자가 채권자를 해하는 법률행위를 함으로써 무자력이 되어 채권의 만족을 줄 수 없는 경우, 채권자가 그 취소 및 원상회복을 법원에 청구할 수 있는 권리이다(제406조). 채권자취소권도 채권자대위권과 같이 채무자의 책임재산을 보전하는 데 그 목적이 있고, 채무자의 무자력을 공통의 요건으로 한다.

정답 ②

해설

취소소송에서 원고는 채권자이고 피고는 (악의의)수익자 또는 (악의의)전득자이며, **채무자는 절대로 피고로 삼을 수 없다**(판례 – 상대적 효력설).

오답풀이

① (○) 제406조(채권자취소권) ① 채무자가 채권자를 해함을 알고 재산권을 목적으로 한 법률행위를 한 때에는 채권자는 그 취소 및 원상회복을 법원에 청구할 수 있다. ※ 이에 반해 채권자대위권은 채권자취소권과 달리 반드시 재판상으로 행사하여야 하는 것은 아니다.

③ (○) 취소채권자의 채권은 사해행위 '이전'에 성립, 존재하고 있어야 한다. 다만 예외로 판례는 「(ㄱ) 사해행위 당시에 이미 채권성립의 기초가 되는 법률관계가 발생되어 있고, (ㄴ) 가까운 장래에 그 법률관계에 기하여 채권이 성립되리라는 점에 대한 고도의 개연성이 있으며, (ㄷ) 실제로 가까운 장래에 그 개연성이 현실화되어 채권이 성립하면」, 그 채권도 채권자취소권의 피보전채권이 된다고 한다.

④ (○) 채권자취소권의 행사에 따른 취소와 원상회복은 모든 채권자의 이익을 위하여 그 효력이 있으므로, 취소채권자의 채권은 그만이 만족을 받을 수 있는 것이어서는 안 된다. 따라서 특정채권은 안 되고 금전채권이어야 한다. 따라서 채권자대위권의 경우와는 달리 특정물에 대한 소유권이전등기청구권을 보전하기 위하여 채권자취소권을 행사할 수는 없다.

⑤ (○) 제406조(채권자취소권) ② 전항의 소는 채권자가 취소원인을 안 날로부터 1년, 법률행위 있은 날로부터 5년 내에 제기하여야 한다. ※ 이 기간은 제척기간으로 법원은 그 기간의 준수 여부에 대하여 직권으로 조사하여 그 기간이 경과된 이후에 제기된 채권자취소의 소는 부적법한 것으로 각하하여야 한다.

567 난이도 Self Check | 상 ○ 중 ○ 하 ○

보증채무에 관한 설명으로 옳지 않은 것은?

① 보증채무는 주채무와는 별개의 독립한 채무이다.
② 주채무가 무효·취소·소멸한 때에는 보증채무도 무효가 되고 소멸한다.
③ 보증인의 부담이 주채무의 목적이나 형태보다 중한 때에는 주채무의 한도로 감축한다.
④ 보증채무에 대한 소멸시효가 중단되면 이로써 주채무에 대한 소멸시효도 역시 중단된다.
⑤ 주채무자의 항변포기는 보증인에게 효력이 없다.

문제로 익히는 핵심이론

보증채무란 주된 채무와 동일한 내용의 급부를 행할 것을 내용으로 하여 주채무자가 급부를 이행하지 않은 때에 보증인이 이를 이행하여야 하는 채무를 말한다. 보증채무는 '채권자와 보증인간의 보증계약'에 의해 성립한다. 주채무자의 부탁을 받고 보증을 하였는지 또는 주채무자의 의사에 반하는 것인지 여부는 보증계약의 성립에 아무런 영향이 없고 다만 구상권의 범위에 차이가 있을 뿐이다. 보증인 보호를 위해 보증은 그 의사가 보증인의 기명날인 또는 서명이 있는 서면으로 표시되어야 효력이 발생하며 이러한 방식을 취하지 않은 보증계약은 무효이다.

보증채무는 주채무와는 **별개의 독립**한 채무이다. 하나의 급부에 대해 주채무와 보증채무가 있는 것이므로, 보증채무는 주채무와 동일한 내용의 급부를 목적으로 하게 되나, '부대체적 급부'를 목적으로 하는 채무를 보증한 때에는, 주채무의 불이행으로 인한 금전손해배상채무를 보증한 것으로 본다.

보증채무의 성질로 부종성(주채무에 대한 종속성)과 보충성이 있다. 즉 보증채무의 성립 및 소멸은 주채무와 그 운명을 같이하며(**성립상의 부종성**), 보증인의 부담이 주채무의 목적이나 형태보다 중한 때에는 주채무의 한도로 감축하며(**내용상의 부종성**), 주채무자에 대한 채권이 이전하면 보증인에 대한 채권도 당연히 함께 이전한다(**이전상의 부종성, 수반성**). 그리고 주채무자가 1차적으로 급부의무를 지고, 그 이행이 없을 때에 보증인이 2차적으로 이행의무를 부담하는 **보충성**이 있다. 보증인에게 인정되는 최고·검색의 항변권은 보충성에 기초하는 것이다.

정답 ④

해설

주채무자에 대한 시효의 중단은 보증인에 대하여 그 효력이 있어(제440조) 보증인에 대해서는 별도의 시효중단조치가 없이도 시효가 중단된다. 그러나 **보증채무에 대한 소멸시효가 중단되었다**고 하더라도 이로써 **주채무에 대한 소멸시효가 중단되는 것은 아니고**, 주채무가 소멸시효 완성으로 소멸된 경우에는 보증채무도 그 채무 자체의 시효중단에 불구하고 부종성에 따라 당연히 소멸된다(판례).

오답풀이

① (○) 보증채무는 주채무와는 별개의 독립한 채무이다. 따라서 주채무가 민사채무이고 보증채무가 상사채무인 경우에는 보증채무의 소멸시효기간은 따로 결정되며(전자는 10년, 후자는 5년: 상법 제64조), 보증채무에 관해 따로 위약금 기타 손해배상액을 예정할 수 있다.
② (○) 보증채무의 성립 및 소멸은 주채무와 그 운명을 같이한다. 따라서 주채무가 무효·취소·소멸한 때에는 보증채무도 무효가 되고 소멸한다. ※ 성립상의 부종성
③ (○) 제430조(목적, 형태상의 부종성) 보증인의 부담이 주채무의 목적이나 형태보다 중한 때에는 주채무의 한도로 감축한다. ※ 내용상의 부종성
⑤ (○) 제433조(보증인과 주채무자항변권) ① 보증인은 주채무자의 항변으로 채권자에게 대항할 수 있다. ② 주채무자의 항변포기는 보증인에게 효력이 없다. ※ 따라서 주채무자가 기한의 이익이나 시효이익을 포기하더라도 보증인은 변제기의 미도래 및 주채무의 시효소멸에 따른 보증채무의 소멸을 주장할 수 있다.

568

채권양도에 관한 설명으로 옳은 것은?

① 채권양도통지는 양도인이 하여야 하므로 양수인이 양도인의 사자(使者) 또는 대리인으로서 양도통지를 하더라도 효력이 없다.
② 주채무자에 대한 채권과 보증인에 대한 채권을 함께 양도하는 경우에는 양 채권 모두에 대하여 대항요건을 갖추어야 한다.
③ 채권이 이중으로 양도된 경우 양수인 상호 간의 우열은 통지 또는 승낙에 붙여진 확정일자의 선후에 의하여 결정된다.
④ 매매로 인한 소유권이전등기청구권은 특별한 사정이 없는 한 그 권리의 성질상 양도가 제한된다.
⑤ 양도인이 채무자에게 채권양도를 통지한 때에는 아직 양도하지 아니한 경우에도 선의인 채무자는 양도인에게 대항할 수 있는 사유로 양수인에게 대항할 수 있다.

해설

매매로 인한 소유권이전등기청구권은 특별한 사정이 없는 한 그 권리의 성질상 양도가 제한되고 그 양도에 채무자의 승낙이나 동의를 요한다고 할 것이므로 통상의 채권양도와 달리 양도인의 채무자에 대한 통지만으로는 안 되고 반드시 채무자의 동의나 승낙을 받아야 대항력이 생긴다(판례).

오답풀이

① (×) 민법 제450조에 의한 채권양도통지는 양도인이 직접 하지 아니하고 사자를 통하여 하거나 대리인을 하여금 하게 하여도 무방하고, 채권의 양수인도 양도인으로부터 채권양도통지 권한을 위임받아 대리인으로서 그 통지를 할 수 있다(대판 2004. 2. 13. 2003다43490).
② (×) 주채무자에 대한 채권이 양도된 경우에 보증인에 대한 채권도 당연히 양도되고, 대항요건은 주채무자에 대해서만 갖추면 되고, 보증인에게는 대항요건을 갖출 필요가 없다.
③ (×) 채권이 이중으로 양도된 경우의 양수인 상호 간의 우열은 통지 또는 승낙에 붙여진 확정일자의 선후에 의하여 결정할 것이 아니라, 채권양도에 대한 채무자의 인식, 즉 **확정일자 있는 양도통지**가 채무자에게 **도달한 일시** 또는 확정일자 있는 **승낙의 일시**의 선후에 의하여 결정하여야 한다(2003다24223).
⑤ (×) 제452조(양도통지와 금반언) ① 양도인이 채무자에게 채권양도를 통지한 때에는 아직 양도하지 아니하였거나 그 양도가 무효인 경우에도 선의인 채무자는 양수인에게 대항할 수 있는 사유로 양도인에게 대항할 수 있다. ※ 이를 **통지의 공신력**이라 한다.

문제로 익히는 핵심이론

채권양도는 채권자(양도인)와 양수인간의 **계약**으로 채권자의 **채권**을 양수인에게 이전하는 것을 말한다. 채권양도는 '계약'에 의해, 그리고 '특정의 채권'의 이전을 대상으로 하는 것만을 가리킨다. 채권양도에 의해 채권은 그 동일성을 유지하면서 양수인에게 이전된다. 따라서 채권에 종속하는 권리(이자채권·위약금채권·보증채권 등)도 원칙적으로 양수인에게 이전된다. 그 채권에 관한 각종의 항변도 그대로 존속한다. 채권양도는 채권의 이전을 종국적으로 가져오는 법률행위(계약)로서 처분행위에 속한다. 따라서 양도인이 처분권한이 있음을 전제로 한다.
채권자가 특정되어 있는 **지명채권은 원칙적으로 양도할 수 있다. 그러나 채권의 성질**이 양도를 허용하지 아니하는 때에는 그 채권은 양도할 수 없고 당사자가 **반대의 의사**를 표시한 경우에는 양도하지 못한다. 채권자 자신에게만 변제하게 할 필요가 있는 채권에 대해서는 **법률**에서 명문으로 그 양도를 금지하고 있다. 지명채권의 양도는 양도인과 양수인 사이의 낙성계약에 의해 성립한다. 따라서 채권양도에 관여하지 않는 채무자와 제3자는 채권양도의 사실을 알지 못하기 때문에 불측의 손해를 입는 경우가 있다. 이에 대한 보호방법으로 우리 민법은 **대항요건주의**를 취하고 있는바, 당사자 간에는 양도계약만으로 효력이 발생하지만, 이를 **채무자 또는 제3자에게 대항하기 위해서는 통지 또는 승낙이 필요하다**(제450조).

정답 ④

569

난이도 Self Check | 상 ◯ 중 ◯ 하 ◯

변제에 관한 설명으로 옳은 것은?

① 채무자의 변제의 제공이 있으면 채무는 소멸한다.
② 당사자의 특별한 의사표시가 없으면 변제기전에는 채무자는 변제할 수 없다.
③ 채권의 준점유자에 대한 변제는 변제자가 선의인 때에 한하여 효력이 있다.
④ 이해관계 없는 제3자는 채무자의 의사에 반하여 변제하지 못한다.
⑤ 채무자를 위하여 변제한 자는 변제로 당연히 채권자를 대위한다.

해설

제469조(제3자의 변제) ① 채무의 변제는 제3자도 할 수 있다. 그러나 채무의 성질 또는 당사자의 의사표시로 제3자의 변제를 허용하지 아니하는 때에는 그러하지 아니한다. ② **이해관계 없는 제3자는 채무자의 의사에 반하여 변제하지 못한다.** ※ '이해관계 있는 자'란 변제하는 데 법률상 이익을 가지는 자로 변제를 하지 않으면 채권자로부터 집행을 받게 되거나 또는 채무자에 대한 채무자에 대한 자신의 권리를 잃게 되는 지위에 있는 자를 말한다. 연대채무자·보증인·물상보증인·담보물의 제3취득자·후순위 담보권자 등이 이에 해당하는데 이들은 채무자의 의사에 반하여도 변제할 수 있다.

오답풀이
① (✕) 제461조(변제제공의 효과) **변제의 제공**은 그때로부터 채무불이행의 책임을 면하게 한다. ※ 변제의 제공으로는 **채무가 소멸되지는 않고** 단지 채무불이행의 책임을 면하게 된다.
② (✕) 제468조(변제기전의 변제) 당사자의 특별한 의사표시가 없으면 변제기 전이라도 채무자는 **변제할 수 있다.** 그러나 상대방의 손해는 배상하여야 한다. ※ 변제는 변제기에 하는 게 원칙이나, 채무자는 기한의 이익을 포기할 수 있기 때문에 변제기 전이라도 변제할 수 있다.
③ (✕) 제470조(채권의 준점유자에 대한 변제) 채권의 준점유자에 대한 변제는 변제자가 **선의이며 과실없는 때**에 한하여 효력이 있다. ※ 채권의 준점유자에 대한 변제는 **선의·무과실의 변제자**를 보호하자는 데 그 취지가 있다. 즉 선의 외에 무과실까지 요구된다.
⑤ (✕) 제480조(변제자의 **임의대위**) 채무자를 위하여 변제한 자는 변제와 동시에 채권자의 승낙을 얻어 채권자를 대위할 수 있다. 제481조(변제자의 **법정대위**) 변제할 정당한 이익이 있는 자는 변제로 당연히 채권자를 대위한다. ※ 변제자 대위에는 임의대위와 법정대위가 있는데, 변제로 당연히 채권자를 대위하는 것은 법정대위이고, 임의대위는 변제와 동시에 채권자의 승낙을 얻어야 한다.

문제로 익히는 핵심이론

채권의 소멸원인으로서 '**변제**'는 채무의 내용인 **급부가 실현됨으로써 채권이 만족을 얻어 소멸하는 것을 말한다.** 채무자가 채무의 내용에 좇은 변제의 제공을 하면, 채무자는 그때부터 채무불이행책임을 면할 뿐 급부결과가 실현되지 않은 이상 채무는 그대로 존속한다. 따라서 채무자는 본래의 채무를 이행할 의무를 여전히 부담하는데, 이 경우 그 채무자체를 면하기 위한 제도로서 '물건의 인도나 금전의 지급채무'에 한해서 '**변제공탁**'이란 게 있다(제487조). 변제는 변제기에 하는 게 원칙이나, 기한은 채무자의 이익을 위한 것으로 추정하고 또 채무자는 기한의 이익을 포기할 수 있기 때문에, 특별한 의사표시가 없으면 **채무자는 변제기 전이라도 변제할 수 있다.** 따라서 채권자는 변제기 미도래를 이유로 수령을 거절할 수 없고, 거절하면 채권자지체가 된다. 다만 변제기에 변제를 받는 것이 채권자에게도 이익이 되는 즉 **채권자도 기한의 이익을 가지는 경우**에는 변제기 전의 변제로 채권자가 손해를 입은 때에는 이를 배상해야 한다. **채권의 준점유자**(채권을 사실상 행사하는 자로서, 거래관념상 진정한 채권자라고 믿게 할 만한 외관을 갖춘 자)**에 대한 변제**는 변제자가 **선의이며 과실 없는** 때에 한하여 효력이 있다. 이 경우 진정한 채권자는 채권의 준점유자에 대하여 부당이득이나 불법행위를 이유로 반환청구나 손해배상청구를 할 수 있을 뿐이다.
채무의 변제는 제3자도 할 수 있다. 그러나 채무의 성질 또는 당사자의 의사표시로 제3자의 변제를 허용하지 아니하는 때에는 그러하지 아니한다. 이해관계 없는 제3자는 채무자의 의사에 반하여 변제하지 못한다. **변제자대위**란 제3자나 공동채무자 중의 1인이 채무자를 위하여 변제한 경우에, 구상권의 범위 내에서 채권자가 갖고 있던 채권 및 그 담보에 관한 권리가 변제자에게 이전하는 것을 말한다. 이러한 변제자대위는 대위변제자의 **구상권 확보**를 목적으로 하는 제도이다. 변제자 대위에는 임의대위와 법정대위가 있는데, 변제로 당연히 채권자를 대위하는 것은 **법정대위**이고, **임의대위**는 변제와 동시에 채권자의 승낙을 얻어야 한다.

정답 ④

570

상계에 관한 설명으로 옳지 않은 것은?

① 중과실로 인한 불법행위 손해배상채권을 수동채권으로 하는 상계는 금지되지 않는다.
② 쌍방의 채무의 이행지가 다른 경우에도 상계할 수 있다.
③ 소멸시효가 완성된 채권이 그 완성 전에 상계할 수 있었던 것이면 그 채권자는 상계할 수 있다.
④ 상계의 의사표시가 있으면, 쌍방의 채무는 상계의 의사표시가 있었던 시점을 기준으로 대등액에 관하여 소멸한 것으로 본다.
⑤ 상계의 의사표시에는 조건 또는 기한을 붙이지 못한다.

문제로 익히는 핵심이론

상계란 채권자와 채무자가 서로 동종의 채권·채무를 갖는 경우에, 그 채권·채무를 대등액에서 소멸시키는 당사자의 일방적 의사표시를 말한다(제492조 1항). 상계는 ⊙ 각 당사자가 따로 청구하고 이행하는 번거로운 절차를 피할 수 있는 수단이 되며(**간이결제기능**), ⓒ 수동채권의 존재가 사실상 자동채권에 대한 담보로서의 기능을 하고 있다(**담보적 기능**). 상계를 하려면 민법 제492조 제1항의 요건(**쌍방 채권이 대립, 동종, 변제기 도래, 채무의 성질상 상계가 허용될 것 등**)을 갖추고, 또 **상계가 금지되지 않아야**(채무자가 현실로 변제를 하여야 할 사정이 있는「수동채권」에 대해서는 법률로써 상계를 금지)하는데 이 요건을 갖춘 상태를 '**상계적상**'이라 한다. 상계는 상대방에 대한 의사표시로 하며, 상계에 의해 당사자 쌍방의 채권은 그 대등액에서 소멸한다. 상계의 의사표시는 각 채무가 상계할 수 있는 때에 소멸한 것으로 본다(**소급효**). 상계적상에 있는 채권을 가진 당사자는 이미 그 채권관계가 결제된 것으로 취급하는 것이 보통이므로, 상계의 의사표시에 소급효를 인정한 것이다. 따라서 상계적상 이후에는 이자는 발생하지 않고 이행지체도 소멸한다.

정답 ④

해설

제493조(상계의 방법, 효과) ② 상계의 의사표시는 **각 채무가 상계할 수 있는 때에** 대등액에 관하여 소멸한 것으로 본다. ※ **상계의 의사표시가 있었던 때가 아니라 두 채권이 상계적상에 놓였을 때로 소급하여 소멸한다**(**상계의 소급효**). 상계적상에 있는 채권을 가진 당사자는 이미 그 채권관계가 결제된 것으로 취급하는 것이 보통이므로, 상계의 의사표시에 소급효를 인정한 것이다.

오답풀이

① (○) 제496조(불법행위채권을 수동채권으로 하는 상계의 금지) 채무가 **고의의 불법행위**로 인한 것인 때에는 그 채무자는 상계로 채권자에게 대항하지 못한다. ※ 고의 불법행위의 피해자로 하여금 현실의 변제를 받게 하려는 취지의 규정으로 중과실은 제외된다는 게 판례의 태도이다. **자동채권**이란 채권자에 대해 가지는 반대채권으로 상계를 하는 채무자의 채권을 말하고, 이러한 자동채권으로 상계를 당하는 채권자의 채무자에 대한 채권을 **수동채권**이라 한다.
② (○) 제494조(이행지를 달리하는 채무의 상계) 각 채무의 이행지가 다른 경우에도 상계할 수 있다. 그러나 상계하는 당사자는 상대방에게 상계로 인한 손해를 배상하여야 한다.
③ (○) 제495조(소멸시효완성된 채권에 의한 상계) 소멸시효가 완성된 채권이 그 완성 전에 상계할 수 있었던 것이면 그 채권자는 상계할 수 있다. ※ 상계적상은 상계할 당시에 현존해야 하는데 민법은 '자동채권'이 시효로 소멸한 경우에는 이에 대한 예외로 제495조를 규정하고 있다. 이는 당사자 쌍방의 채권이 상계적상에 놓인 때에는 각 당사자는 그 채권, 채무가 서로 결제된 것으로 여기는 것이 보통이므로, 이러한 당사자의 신뢰를 보호하기 위한 취지에서 마련한 규정이다.
⑤ (○) 제493조(상계의 방법, 효과) ① 상계는 상대방에 대한 의사표시로 한다. 이 의사표시에는 조건 또는 기한을 붙이지 못한다. ※ 상계는 단독행위이므로, '조건'을 붙이는 것은 상대방의 지위를 불안하게 하기 때문에 허용되지 않는다.

571

난이도 Self Check | 상 ○ 중 ○ 하 ○

청약, 승낙, 취소의 의사표시의 효력발생 시기에 관한 설명으로 옳지 <u>않은</u> 것은?

① 청약은 상대방에게 도달하기 전까지 철회할 수 있다.
② 당사자 간에 동일한 내용의 청약이 상호교차된 경우에는 양청약이 상대방에게 도달한 때에 계약이 성립한다.
③ 청약자의 의사표시에 의하여 승낙의 통지가 필요하지 아니한 경우에는 계약은 승낙의 의사표시로 인정되는 사실이 있는 때에 성립한다.
④ 취소의 의사표시를 발송한 후 상대방에게 그 의사표시가 도달하기 전에 취소의 의사표시를 한 자가 사망한 경우, 그 취소의 의사표시는 효력이 없다.
⑤ 제한능력자를 상대로 취소의 의사표시를 발송하였더라도, 제한능력자의 법정대리인이 의사표시의 도달 사실을 알기 전까지는 그 의사표시로써 대항할 수 없다.

문제로 익히는 핵심이론

상대방 있는 의사표시는 상대방에게 도달한 때에 그 효력이 생긴다(**도달주의**)(제111조 1항).
도달은 사회통념상 상대방이 통지내용을 알 수 있는 객관적인 상태에 놓인 경우(예컨대 집 우편함에 편지의 배달)이고 상대방이 실제로 수령하거나 통지내용을 알 것까지 요구되지는 않는다(판례). 이는 대화자 간(의사표시가 즉시 도달하는 관계)과 격지자 간(의사표시가 즉시 도달하지 않는 관계)을 구분하지 않는다. 대화자와 격지자는 공간적 개념이 아니라 시간적 개념이다. 즉 서울에 사는 갑이 미국 뉴욕에 사는 을과 실시간 주고받는 전화통화는 대화자 간이다. 한편 **도달주의 원칙에 대한 예외**로, 상대방에게 발신한 때 의사표시의 효력이 생기는 경우도 있다(**발신주의**, 제15조 등).
청약은 일방이 타방에게 일정한 내용의 계약을 체결할 것을 제의하는 상대방 있는 의사표시이다. 청약은 그에 대응하는 승낙만 있으면 곧 계약이 성립하는 확정적 의사표시이다. 청약이 그 효력을 발생한 때에는 청약자가 임의로 철회하지 못하는데, 이를 「**청약의 구속력**」이라고 한다.
승낙은 청약에 대응해서 계약을 성립시킬 목적으로 청약자에 대해 하는 청약수령자의 의사표시이다. 승낙 여부는 그의 자유이며, 청약에 대해 회답할 의무도 없다. 승낙자가 청약에 대하여 조건을 붙이거나 변경을 가하여 승낙한 때에는 그 청약의 거절과 동시에 새로 청약한 것으로 본다.

정답 ④

해설

제111조(의사표시의 효력발생 시기) ② <u>의사표시자가 그 통지를 발송한 후 사망</u>하거나 제한능력자가 되어도 **의사표시의 효력에 영향을 미치지 아니한다.**

오답풀이

① (○) 제111조(의사표시의 효력발생 시기) ① 상대방이 있는 의사표시는 상대방에게 도달한 때에 그 효력이 생긴다. ※ 청약은 상대방 있는 의사표시이므로, 상대방에게 도달한 때로부터 그 효력이 생긴다(제111조 1항). 따라서 도달하기 전까지는 철회가 가능하다.
② (○) 제533조(교차청약) 당사자 간에 <u>동일한 내용의 청약이 상호교차된 경우에는 양청약이 상대방에게 도달한 때에 계약이 성립</u>한다.
③ (○) 제532조(의사실현에 의한 계약성립) 청약자의 의사표시나 관습에 의하여 승낙의 통지가 필요하지 아니한 경우에는 <u>계약은 승낙의 의사표시로 인정되는 사실이 있는 때에 성립한다.</u>
⑤ (○) 제112조(제한능력자에 대한 의사표시의 효력) 의사표시의 상대방이 의사표시를 받은 때에 제한능력자인 경우에는 의사표시자는 그 의사표시로써 대항할 수 없다. 다만, 그 상대방의 법정대리인이 의사표시가 <u>도달한 사실을 안 후</u>에는 그러하지 아니하다.

572

난이도 Self Check | 상 ○ 중 ○ 하 ○

다음 내용을 통해 설명하고 있는 개념으로 옳은 것은?

> 甲이 자신 소유 건물을 乙에게 3억 원에 팔기로 하는 매매계약을 체결하였다. 건물 인도 전에 번개를 맞아 위 건물이 다 불타버린 경우 乙의 대금채무는 소멸한다.

① 채무자 위험부담
② 채권자지체
③ 담보책임
④ 계약체결상의 과실책임
⑤ 이행불능

문제로 익히는 핵심이론

'**위험**'이란 당사자 **쌍방의 책임 없는 사유로 급부가 불능**이 된 경우에 발생한 불이익을 말한다. 쌍무계약에서 양 채무의 '존속상의 견련성'을 인정하여 채권자의 반대급부의무도 같이 소멸하는 것으로 보면, 채무자가 채권자로부터 반대급부(대가)를 받지 못하게 되는 위험을 지게 된다. 이것이 쌍무계약에 특유한 「**위험부담**」의 문제이다. 민법에서 정하는 위험부담은 쌍무계약에서 당사자 일방의 채무가 당사자 쌍방의 책임 없는 사유로 후발적 불능이 된 경우를 요건으로 하는 것이다. 민법은 위험부담에서 **채무자가 채권자에게 반대급부(대금채무)를 청구하지 못하는** 것으로 하는 **채무자위험부담주의**를 채택하고 있다.

정답 ①

해설

제537조(채무자위험부담주의) 쌍무계약의 당사자 일방의 채무가 당사자쌍방의 책임 없는 사유로 이행할 수 없게 된 때에는 채무자는 상대방의 이행을 청구하지 못한다. ※ 매도인 甲의 건물 인도의무가 쌍방의 책임 없는 사유(번개)로 이행할 수 없게 되어 소멸하면, 이것과 대가관계에 있는 상대방 乙의 대가지급채무도 소멸한다. 즉 甲의 건물인도의무와 乙의 대금지급의무 모두가 소멸한다.

오답풀이

② (×) **채권자지체**란 채무자가 채무내용에 좇은 이행(변제)의 제공을 하였으나 채권자가 수령 등 이행의 완료에 필요한 협력을 하지 않은 경우, 채권자가 그 수령 등의 지체에 따른 일정한 책임(불이익)을 지는 제도이다.
③ (×) 매도인이 이전한 「권리」에 흠이 있거나 또는 「권리의 객체인 물건」에 흠이 있는 때에는, 매수인이 지급한 대금과의 대가성의 균형은 깨진 것이 되므로, 그러한 흠에 대해 매도인에게 일정한 책임을 지우는 것은 유상계약의 성질상 당연히 요청되는 것이다. 민법은 이를 「**매도인의 담보책임**」이라고 하여 제570조 내지 제584조에 걸쳐 규정하고 있다.
④ (×) **민법 제535조**는 급부의 목적이 원시적 불능이어서 계약이 무효로 되는 경우에 이를 모르고 계약을 체결한 상대방이 입은 손해에 대해 배상책임을 인정하는데, 이를 '**계약체결상의 과실책임**'이라고 한다. 일방 당사자는 상대방이 '그 계약의 유효를 믿었음으로 인하여 받은 손해'(신뢰이익)를 배상하여야 하는데, 다만 그 배상액은 '계약이 유효함으로 인하여 생길 이익액'(이행이익)을 넘지 못한다.
⑤ (×) **이행불능**이란 채권이 성립한 후에 채무자의 귀책사유로 그 이행이 불가능하게 된 경우를 말한다.

573

난이도 Self Check | 상 ○ 중 ○ 하 ○

계약의 해제, 해지에 관한 설명으로 옳지 않은 것은?

① 부수적 채무의 불이행의 경우에는 원칙적으로 채권자가 계약을 해제할 수 없다.
② 계속적 거래관계로 인하여 발생하는 불확정한 채무를 보증하기 위한 이른바 계속적 보증에 있어서 보증계약 성립 당시의 사정에 현저한 변경이 생긴 경우에는 보증인은 보증계약을 해지할 수 있다.
③ 민법 제548조 제1항 단서는, 계약 해제의 경우 '제3자'의 권리를 해하지 못하다고 규정하고 있는데, 여기의 '제3자'란 일반적으로 그 해제된 계약으로부터 생긴 법률효과를 기초로 하여 해제 전에 새로운 이해관계를 가지면 될 뿐 반드시 등기·인도 등을 갖추지 않아도 된다.
④ 이행불능을 이유로 해제하는 경우 이행의 최고를 할 필요가 없으며, 계약의 일부의 이행이 불능인 경우에는 이행이 가능한 나머지 부분만의 이행으로 계약의 목적을 달성할 수 없는 경우에만 계약 전부의 해제가 가능하다.
⑤ 공동상속인들은 이미 이루어진 상속재산 분할협의의 전부 또는 일부를 전원의 합의에 의하여 해제한 다음 다시 새로운 분할협의를 할 수 있다.

해설
민법 제548조 제1항 단서에서 규정하는 보호받는 **제3자**는 그 해제된 계약으로부터 생긴 법률적 효과를 기초로 하여 새로운 이해관계를 가졌을 뿐 아니라 **등기·인도 등으로 완전한 권리를 취득한 자**를 말한다(2000다22850).

오답풀이

① (○) 민법 제544조에 의하여 채무불이행을 이유로 계약을 해제하려면, 당해 채무가 계약의 목적 달성에 있어 필요불가결하고 이를 이행하지 아니하면 계약의 목적이 달성되지 아니하여 채권자가 그 계약을 체결하지 아니하였을 것이라고 여겨질 정도의 주된 채무이어야 하고 그렇지 아니한 부수적 채무를 불이행한 데에 지나지 아니한 경우에는 계약을 해제할 수 없다(2001다20394).
② (○) 계속적 계약에서 당사자의 일방적 의사표시만으로 그 효력을 장래에 대해 소멸시키는 것을 '해지'라고 한다. 해지를 할 수 있기 위해서는 「해지권」이 있어야 한다. 계약을 해지한 때에는, 해지한 때로부터 '장래에 대하여' 그 효력을 잃는다(제550조). 이 점 소급효를 갖는 해제와 다르다. 판례는 계속적 계약에서는, 특히 근보증(계속적 보증)에 관한 사안에서 사정변경을 이유로 해지권을 인정한다.
④ (○) 계약의 일부의 이행이 불능인 경우에는 이행이 가능한 나머지 부분만의 이행으로 계약의 목적을 달성할 수 없을 경우에만 계약 전부의 해제가 가능하다(94다57817).
⑤ (○) 상속재산 분할협의는 공동상속인들 사이에 이루어지는 일종의 계약으로서, 공동상속인들은 이미 이루어진 상속재산 분할협의의 전부 또는 일부를 전원의 합의에 의하여 해제한 다음 다시 새로운 분할협의를 할 수 있다(2002다73203).

문제로 익히는 핵심이론

계약이 성립한 경우에 당사자는 그 계약에 구속되지만, 이것은 당사자가 그의 채무를 이행하는 것을 전제로 하는 것이다. 당사자 일방이 채무를 이행하지 않아 계약의 목적을 달성할 수 없을 때에는 더 이상 계약을 존속할 이유가 없게 된다. 이 경우 그 상대방의 **일방적 의사표시**만으로 계약을 해소하여 **계약의 구속**으로부터 **벗어나게** 하는 제도가 「**해제**」이다. 유효하게 성립한 계약을 당사자 일방의 의사표시만으로 해소하기 위해서는 그 일방에게 해제할 수 있는 권리, 즉 「해제권」이 있어야만 한다. 해제권이 발생하는 경우는 두 가지이다. 하나는 당사자 간의 계약에 의한 것이고(**약정해제권**), 다른 하나는 법률의 규정에 의한 것이다(**법정해제권**). 계약을 해제하면 계약은 소급하여 그 효력을 잃는다. 계약의 이행으로써 등기 또는 인도를 갖추어 물권이 이전되었을 때, 계약이 해제되면 그 계약의 이행으로 변동이 생겼던 물권은 등기 또는 인도 없이도 당연히 그 계약이 없었던 상태로 복귀된다. 제548조 제1항 단서는 당사자 일방이 계약을 해제한 때에는 각 당사자는 그 상대방에 대하여 원상회복의 의무가 있으나, '**제3자의 권리를 해하지 못한다.**'고 정한다. 제3자의 범위에 대해 판례는 일관되게 「그 해제된 계약으로부터 생긴 법률효과를 기초로 하여 **해제 전에 새로운 이해관계를 가졌을 뿐 아니라 등기·인도 등으로 완전한 권리를 취득한 자**」로 본다.

정답 ③

574

난이도 Self Check | 상 ◯ 중 ◯ 하 ◯

증여에 관한 설명으로 옳지 않은 것은?

① 증여는 당사자 일방이 무상으로 재산을 상대방에 수여하는 의사를 표시함으로써 그 효력이 생긴다.
② 증여의 의사가 서면으로 표시되지 아니한 경우에는 각 당사자는 이를 해제할 수 있다.
③ 서면에 의하지 아니한 증여의 해제는 이미 이행한 부분에 대하여는 영향을 미치지 아니한다.
④ 정기의 급여를 목적으로 한 증여는 증여자 또는 수증자의 사망으로 인하여 그 효력을 잃는다.
⑤ 증여는 당사자의 합의만으로 효력이 생기는 것이 원칙이지만, 증여자가 사망한 때 그 효력이 생기는 것으로 약정할 수 있다.

문제로 익히는 핵심이론

증여란 당사자 일방(증여자)이 무상으로 재산을 상대방(수증자)에게 수여하는 의사를 표시하고 상대방이 이를 승낙함으로써 그 효력이 생기는 **계약**이다. 증여는 낙성·무상·편무·불요식의 계약이다.

증여에 특유한 해제사유로 다음 3가지가 있다. ㉠ 증여의 의사가 **서면**으로 표시되지 아니한 경우에는 각 당사자(증여자 또는 수증자)가 이를 해제할 수 있다. ㉡ 증여는 무상계약인 점에서, 수증자가 증여의 사실을 알고서 증여자 또는 그 배우자나 직계혈족에 대해 범죄행위를 하거나, 증여자에 대하여 부양의무 있는 자가 이를 이행하지 아니하는 것처럼, 수증자가 **배은망덕**한 행위를 한 때에는 증여자가 그 증여를 해제할 수 있다. ㉢ 증여계약 후에 증여자의 **재산상태**가 현저히 변경되고 그 이행으로 인하여 생계에 중대한 영향을 미칠 경우에는 증여자는 증여를 해제할 수 있다.
위 세 가지 경우에 의한 증여의 해제는 **'이미 이행한 부분'** (동산의 경우에는 인도, 부동산의 경우에는 소유권이전등기를 한 때)에 대하여는 **영향을 미치지 않는다.** 본조는 해제의 효과로서의 원상회복의무에 대한 특칙이 된다.

정답 ①

해설

제554조(증여의 의의) 증여는 당사자 일방이 무상으로 재산을 상대방에 수여하는 의사를 표시하고 상대방이 이를 **승낙**함으로써 그 효력이 생긴다. ※ **증여**는 낙성·무상·편무·불요식의 **계약**이므로 상대방의 **승낙을 필요**로 한다. 따라서 증여자 일방의 의사표시만으로 증여의 효력은 생기지 않는다.

오답풀이

② (◯) 제555조(서면에 의하지 아니한 증여와 해제) 증여의 의사가 서면으로 표시되지 아니한 경우에는 <u>각 당사자는 이를 해제할 수 있다.</u>
③ (◯) 제558조(해제와 이행완료부분) 전3조의 규정(서면에 의하지 않은 증여, 망은행위, 재산상태 악화)에 의한 계약의 해제는 **이미 이행**한 부분에 대하여는 영향을 미치지 아니한다.
④ (◯) 제560조(정기증여와 사망으로 인한 실효) 정기의 급여를 목적으로 한 증여는 증여자 **또는** 수증자의 사망으로 인하여 그 효력을 잃는다.
⑤ (◯) 이를 **사인증여**라 한다. 제562조(사인증여) 증여자의 사망으로 인하여 효력이 생길 증여(사인증여)에는 유증에 관한 규정을 준용한다. ※ **유증**이란 유언자가 유언에 의하여 자기 재산을 타인에게 무상으로 주는 **단독행위**를 말한다. 유증(단독행위)과 사인증여(계약)는 모두 사인(死因)행위라는 점에서 동일하다. 따라서 사인증여는 유증에 관한 규정을 준용하고 있다. 그러나 유증에 관한 규정(제1073조 이하) 중 '유언능력·유언방식·승인과 포기·유언의 철회' 등은 유언의 단독행위로서의 성질에 기초하는 것이기 때문에, 이 규정들은 계약으로서의 사인증여에는 준용되지 않는다(판례).

575

난이도 Self Check | 상 ◯ 중 ◯ 하 ◯

계약금에 관한 설명으로 옳지 않은 것은?

① 계약금은 언제나 증약금으로서의 성질이 있다.
② 매매계약의 성립 후에 교부된 계약금도 계약금으로서의 효력이 있다.
③ 매매계약의 일부 이행에 착수한 매수인은 매도인의 이행착수 전에는 임의로 계약금을 포기하고 계약을 해제할 수 있다.
④ 매매계약금을 위약금으로 하는 특약이 없는 한, 채무불이행을 이유로 계약이 해제되더라도 실제 손해만을 배상받을 수 있다.
⑤ 국토이용관리법상의 토지거래허가를 받지 않아 유동적 무효 상태인 매매계약에 있어서도 당사자 사이의 매매계약은 매도인이 계약금의 배액을 상환하고 계약을 해제함으로써 적법하게 해제된다.

> **문제로 익히는 핵심이론**
>
> **계약금**이란 계약을 맺을 때 당사자 일방이 상대방에게 교부하는 금전 기타 유가물로서 계약금은 기본적으로 증약금으로서의 성질을 가진다. 매매의 당사자 일방이 계약 당시에 금전 기타 물건을 계약금, 보증금 등의 명목으로 상대방에게 교부한 때에는 당사자 간에 다른 약정이 없는 한 당사자의 일방이 이행에 착수할 때까지 교부자는 이를 포기하고 수령자는 그 배액을 상환하여 매매계약을 해제할 수 있다(**제565조 해약금**). 제551조(해지, 해제와 손해배상)의 규정은 해약금에 의한 해제의 경우에는 적용하지 아니한다. 한편 계약금이 교부된 경우에도 채무불이행이 발생하면 채무불이행을 이유로 해제할 수도 있고, 이 경우에는 해제 일반의 법리에 따라 원상회복청구와 손해배상청구가 인정된다.
>
> 정답 ③

해설

민법 제565조 제1항에서 말하는 당사자의 일방이라는 것은 매매 쌍방 중 어느 일방을 지칭하는 것이고, **상대방이라 국한하여 해석할 것이 아니므로**, 비록 상대방인 매도인이 매매계약의 이행에는 전혀 착수한 바가 없다 하더라도 매수인이 중도금을 지급하여 이미 이행에 착수한 이상 매도인이나 매수인은 이제는 민법 제565조에 의하여 계약금을 포기하고 매매계약을 해제할 수 없다(99다62074). ※ 당사자 중 1인이 일부라도 이행에 착수하면 더 이상 **해약금에 의한 해제는 못한다.**

오답풀이
① (◯) 계약금이 교부된 경우, 그것은 계약체결의 증거가 되므로 모든 계약금은 언제나 **증약금**으로서의 성질을 가진다.
② (◯) **계약금계약**은 금전 기타 유가물의 교부를 요건으로 하는 **요물계약**이고, 매매 기타의 계약에 **종된** 계약이다. 다만 주된 계약과 **동시에 성립**하여야 하는 것은 **아니다.**
④ (◯) 제398조(배상액의 예정)가 적용되기 위해서는 그것을 예정배상액으로 삼기로 하는 약정이 있어야만 한다. 그렇지 않은 때에는 제565조에 의한 해약금으로서의 효력만이 생길 뿐이다(95다54693).
⑤ (◯) 민법 제565조 1항의 해약금은 계약 일반의 법리인 이상, 국토이용관리법상의 토지거래허가를 받지 않아 **유동적 무효** 상태인 매매계약에 있어서도 당사자 사이의 매매계약은 매도인이 계약금의 배액을 상환하고 계약을 해제함으로써 적법하게 해제된다(97다9369). 즉 **해약금 해제가 가능**

576

난이도 Self Check | 상 ◯ 중 ◯ 하 ◯

임대차에 관한 설명으로 옳지 않은 것은?

① 임대차는 임차인이 목적물을 사용·수익하는 것을 내용으로 하고 그 대가로서 차임을 지급하는 것이 그 요소이다.
② 임대인이 목적물에 대한 소유권 기타 이를 임대할 권한이 없다고 하더라도 임대차계약은 유효하게 성립한다.
③ 임대차계약상 원상회복 특약은 임차인이 임차 목적물에 지출한 각종 유익비의 상환청구권을 미리 포기하기로 한 것으로 본다.
④ 임대물에 대한 공과부담의 증감 기타 경제사정의 변동으로 인하여 약정한 차임이 상당하지 아니하게 된 때에는 당사자는 장래에 대한 차임의 증감을 청구할 수 있다.
⑤ 임대차기간이 만료한 후 임차인이 임차물의 사용, 수익을 계속하는 경우에 임대인이 상당한 기간 내에 이의를 하지 아니한 때에는 전임대차와 동일한 조건으로 다시 임대차한 것으로 보는데, 이 경우 그 존속기간은 전 임대차와 동일한 기간이 된다.

해설

제639조(묵시의 갱신) ① 임대차기간이 만료한 후 임차인이 임차물의 사용, 수익을 계속하는 경우에 임대인이 <u>상당한 기간 내에 이의를 하지 아니한 때에는 전임대차와 동일한 조건으로 다시 임대차한 것으로 본다.</u> ※ 다만 그 존속기간만은 전 임대차와 동일한 것이 아니라 기간의 약정이 없는 것으로 한다. 따라서 당사자(임대인이나 임차인)는 민법 **제635조(기간의 약정 없는 임대차의 해지통고)** 제1항에 따라 언제든지 해지를 통고할 수 있고, 이 경우 제2항에서 정한 기간이 지나면 효력이 생긴다.

오답풀이

① (◯) 제618조(임대차의 의의) 임대차는 당사자 일방이 상대방에게 **목적물을 사용, 수익**하게 할 것을 약정하고 상대방이 이에 대하여 **차임을 지급**할 것을 약정함으로써 그 효력이 생긴다.
② (◯) 임대차는 임대인과 임차인 사이의 합의가 있으면 성립하는 점에서, 또 임대차는 소비대차에서처럼 목적물의 소유권을 상대방에게 이전하는 것이 아닌 점에서, 임대인이 그 목적물에 대한 소유권 기타 이를 임대할 권한이 있을 것을 요건으로 하지 않는다(95다15087). ※ **임대인이 임대목적물의 소유자일 필요는 없다.**

③ (◯) 임대차계약에서 "임차인은 임대인의 승인하에 개축 또는 변조할 수 있으나 부동산의 반환기일 전에 임차인의 부담으로 **원상복구키로 한다**"라고 약정한 경우, 이는 임차인이 임차 목적물에 지출한 각종 유익비의 상환청구권을 미리 포기하기로 한 취지의 특약이라고 봄이 상당하다(95다12927).
  ※ 즉 임차인의 비용상환청구권을 규정한 제626조는 강행규정이 아니어서 당사자 간의 약정으로 임차인이 비용상환청구권을 포기하는 것으로 정하는 것은 유효하다.
④ (◯) 제628조(차임증감청구권) 임대물에 대한 공과부담의 증감 기타 경제사정의 변동으로 인하여 약정한 차임이 상당하지 아니하게 된 때에는 당사자는 **장래**에 대한 차임의 증감을 청구할 수 있다.
  ※ 본조는 (편면적) 강행규정으로서, 이에 **위반하는 약정으로 임차인에게 불리한 것은 그 효력이 없다.** 따라서 임대인이 일방적으로 차임을 인상할 수 있는 것으로 약정한 것은 무효이지만, 일정기간 동안 증액하지 않는다는 특약은 임차인에게 유리하므로 유효하다.

📝 문제로 익히는 **핵심이론**

임대차는 당사자 일방이 상대방에게 **목적물을 사용, 수익**하게 할 것을 약정하고 상대방이 이에 대하여 **차임을 지급**할 것을 약정함으로써 그 효력이 생긴다. 임대목적물이 임대인 소유일 것은 요건이 아니다. 임대차는 타인의 물건을 사용·수익하는 점에서 소비대차 및 사용대차와 같지만, 임차인이 임차물 자체를 반환하여야 하고 그 소유권을 취득하지 않는 점에서 소비대차와 다르고, 또 사용·수익의 대가로서 차임을 지급하여야 하는 점에서 무상계약인 사용대차와 구별된다. 임대차는 계속적 채권관계로서 인적 신뢰관계의 비중이 크기 때문에, '누가 차임을 지급할 것인가, 또 누가 임차물을 사용·수익하는가'는 임대인에게는 중요한 문제이므로, **임차권의 양도와 임차물의 전대**에 임대인의 동의를 얻도록 함으로써 임대인의 이익을 보호하고 있다.

임대차 계약에 부수하여 흔히 **보증금약정**을 맺는 것이 거래관행인데, **보증금**이란 부동산임대차, 특히 건물임대차에 있어서 임차인의 채무를 담보하기 위하여 임차인 또는 제3자가 임대인에게 교부하는 금전 기타의 유가물을 말한다. 보증금은 임차인이 임대차계약에 따라 부담하는 채무, 즉 차임과 목적물의 보존의무를 담보하는 기능을 갖고, 이것은 임차인이 목적물을 명도 할 때까지 임대차와 관련하여 생긴 모든 채무(연체차임, 목적물의 보존의무 위반에 따른 손해배상채무 등)를 보증금에서 충당할 수 있다(판례).

정답 ⑤

577

난이도 Self Check | 상 ◯ 중 ◯ 하 ◯

부당이득에 관한 설명으로 옳지 않은 것은?

① 선의의 수익자는 그 받은 이익이 현존한 한도에서 반환의무를 지고, 악의의 수익자는 그 받은 이익에 이자를 붙여 반환하고 손해가 있으면 이를 배상하여야 한다.
② 과실로 채무 없음을 알지 못하고 이를 변제한 때에는 그 반환을 청구하지 못한다.
③ 변제기에 있지 아니한 채무를 변제한 때에는 그 반환을 청구하지 못하나 채무자가 착오로 인하여 변제한 때에는 채권자는 이로 인하여 얻은 이익을 반환하여야 한다.
④ 불법의 원인으로 인하여 재산을 급여하거나 노무를 제공한 경우 그 불법원인이 수익자에게만 있는 때에는 그 이익의 반환을 청구할 수 있다.
⑤ 채무자가 횡령한 금전으로 자신의 채권자에 대한 채무를 변제하는 경우 채권자가 그 변제를 수령함에 있어 악의 또는 중대한 과실이 있는 경우에는 채권자에게 부당이득이 성립한다.

해설

제742조(비채변제) 채무 없음을 '**알고**' 이를 변제한 때에는 그 **반환을 청구하지 못한다**.
※ 본 규정은 채무 없음을 안 때에만 적용되며, 채무가 없음을 알지 못한 경우에는 그 과실 유무를 불문하고 반환을 청구할 수 있다(97다58453).

오답풀이

① (○) 제748조(수익자의 반환범위) ① 선의의 수익자는 그 받은 이익이 현존한 한도에서 전조의 책임이 있다. ② 악의의 수익자는 그 받은 이익에 이자를 붙여 반환하고 손해가 있으면 이를 배상하여야 한다.
③ (○) 제743조(기한전의 변제) 변제기에 있지 아니한 채무를 변제한 때에는 그 반환을 청구하지 못한다. 그러나 채무자가 **착오**로 인하여 변제한 때에는 채권자는 이로 인하여 얻은 이익을 반환하여야 한다.
④ (○) **제746조(불법원인급여)** 불법의 원인으로 인하여 재산을 급여하거나 노무를 제공한 때에는 그 이익의 **반환을 청구하지 못한다**. 그러나 그 불법원인이 수익자에게만 있는 때에는 그러하지 아니하다. ※ 예컨대 제104조의 폭리행위의 경우는 불법의 원인이 폭리행위자에 있어 피해자는 반환을 청구할 수 있다.
⑤ (○) 채무자가 **횡령한 금전**으로 자신의 채권자에 대한 **채무를 변제**하는 경우 채권자가 그 변제를 수령함에 있어 **악의 또는 중대한 과실**이 있는 경우에는 채권자의 금전 취득은 피해자에 대한 관계에 있어서 법률상 원인을 결여한 것으로 봄이 상당하나, 채권자가 그 변제를 수령함에 있어 **단순히 과실**이 있는 경우에는 그 변제는 유효하고 채권자의 금전 취득이 피해자에 대한 관계에 있어서 법률상 원인을 결여한 것이라고 할 수 없다(2003다8862). ※ 즉 악의, 중과실이면 부당이득이 되고, 단순과실(경과실)인 경우는 부당이득이 되지 않는다.

📝 문제로 익히는 **핵심이론**

부당이득이란 **법률상 원인 없이** 타인의 재산이나 노무로 인하여 얻은 이득이 생기고 이로 인하여 타인에게 손실을 입힌 경우 손실자가 수익자에게 그 이득을 반환시키는 법정의 채권관계를 말한다(제741조).
부당이득의 일반적 성립요건을 갖춘 경우에도 **부당이득반환청구가 부정되는 특례**로 민법은 제742조(악의의 비채변제), 제743조(기한전의 변제), 제744조(도의관념에 적합한 비채변제), 제745조(타인의 채무의 변제), 제746조(불법원인급여) **5가지가 규정**되어 있다.

정답 ②

578

난이도 Self Check | 상 ○ 중 ○ 하 ○

다음은 손해배상청구권의 소멸시효 기간에 관한 규정이다. ㉠, ㉡에 들어갈 말이 바르게 짝지어진 것은?

- 불법행위로 인한 손해배상의 청구권은 피해자나 그 법정대리인이 그 손해 및 가해자를 안 날로부터 (㉠)간 이를 행사하지 아니하면 시효로 인하여 소멸한다.
- 불법행위를 한 날로부터 (㉡)을 경과한 때에도 전항과 같다.

	㉠	㉡		㉠	㉡
①	1월	1년	②	2월	2년
③	1년	3년	④	1년	10년
⑤	3년	10년			

해설

제766조(손해배상청구권의 소멸시효) ① **불법행위**로 인한 손해배상의 청구권은 피해자나 그 법정대리인이 그 손해 및 가해자를 <u>안 날로부터 3년간</u> 이를 행사하지 아니하면 시효로 인하여 소멸한다. ② <u>불법행위를 한 날로부터 10년</u>을 경과한 때에도 전항과 같다. ③ 미성년자가 성폭력, 성추행, 성희롱, 그 밖의 성적(性的) 침해를 당한 경우에 이로 인한 손해배상청구권의 소멸시효는 그가 성년이 될 때까지는 진행되지 아니한다.

> **문제로 익히는 핵심이론**
>
> 불법행위에 기한 손해배상청구권의 소멸시효 중 '3년의 단기소멸시효'에서 '손해 및 가해자를 안 날'이란, 손해의 발생 사실과 그 손해가 가해자의 불법행위로 인해 발생한 것임을 <u>피해자측이 현실적이고도 구체적으로 인식한 것</u>을 뜻한다(판례). 또한 '<u>10년의 장기소멸시효</u>'에서 '불법행위를 한 날'은 가해행위가 있었던 날이 아니라 <u>현실적으로 손해의 결과가 발생한 날</u>을 의미한다.
> 판례는 3년, 10년 기간 모두 소멸시효기간으로 보며, 위 두 시효기간 중 어느 하나가 완성되면 불법행위로 인한 손해배상청구권은 시효로 인하여 소멸한다.

정답 ⑤

579

난이도 Self Check | 상 ○ 중 ○ 하 ○

가족법에 관한 특징으로 옳은 것의 개수는?

㉠ 강행규정성
㉡ 사적자치 원칙 적용
㉢ 일신전속성
㉣ 대리에 친함
㉤ 요식성
㉥ 민법총칙 규정의 일반적 적용

① 1개   ② 2개   ③ 3개
④ 4개   ⑤ 5개

해설

가족법의 특징으로 적절한 것은 ㉠, ㉢, ㉤이므로 총 3개이다.

> **문제로 익히는 핵심이론**
>
> 혼인·친자관계 등의 가족관계와 그에 기초한 상속·유언 등에 관한 사항을 규율하는 법을 '가족법'이라 하고, **가족법은 '친족법'과 '상속법'**으로 나누어진다. 가족법의 특성은 다음과 같다.
>
> - 가족법은 일반적으로 **강행규정**이다. 가족법은 사회적으로 형성·승인된 가족관계의 유지를 목적으로 하므로, 법정된 사항에 관한 선택의 자유만이 인정될 뿐, <u>사적자치의 원칙이 적용되지 않는다</u>.
> - 가족법상의 권리는 원칙적으로 **일신전속권**이다. 따라서 타인에게 이전될 수 없거나, <u>타인이 대리·대위하여 행사할 수 없고 본인이 직접 행사하여야 한다</u>.
> - 가족법상의 행위는 대체적으로 **요식행위**이다. 가족관계는 당사자뿐만 아니라 제3자에게도 영향을 미치므로 그 **내용이나 변동을 공시(신고)**할 필요가 있다. 한편 **민법총칙 규정의 적용여부**에 대해서는 신의성실의 원칙(제2조), 주소(제18조~제21조), 부재와 실종(제22조~제30조), 물건(제98조~제102조), 사회질서 위반행위의 무효(제103조), 무효행위의 전환(제138조), 기간(제155조~제161조) 등의 규정은 가족법에도 적용된다.
> 그러나 <u>기본적으로 민법총칙은 재산법에 관한 총칙</u>이므로, <u>행위능력, 법인, 법률행위, 의사표시, 대리, 조건과 기한, 소멸시효에 관한 규정은 원칙적으로 가족법에 적용이 없다</u>.

정답 ③

580

친족에 관한 설명으로 옳지 않은 것은?

① 친족의 범위는 8촌 이내의 혈족, 4촌 이내의 인척, 배우자이다.
② 혼인으로 인하여 발생하는 남편이나 아내의 4촌 이내의 혈족과의 친족관계를 인척이라 한다.
③ 혈족의 배우자, 배우자의 혈족, 혈족의 배우자의 혈족을 인척으로 한다.
④ 사실혼배우자는 친족의 범위에 포함되지 않는다.
⑤ 부부 일방이 사망한 경우 생존자와의 인척관계는 생존배우자가 재혼한 때에 소멸한다.

해설

제769조(인척의 계원) 혈족의 배우자, 배우자의 혈족, '**배우자의 혈족의 배우자**'를 인척으로 한다. ※ '**혈족의 배우자의 혈족**'은 **사돈지간**으로 이는 **인척이 아니어서** 친족관계가 없다.

오답풀이

① (○) 제767조(**친족의 정의**) 배우자, 혈족 및 인척을 친족으로 한다. 제777조(**친족의 범위**) 친족관계로 인한 법률상 효력은 이 법 또는 다른 법률에 특별한 규정이 없는 한 다음 각호에 해당하는 자에 미친다. 1. 8촌 이내의 혈족 2. 4촌 이내의 인척 3. 배우자
② (○) 이러한 **인척**관계는 혼인을 통해서 생기고, 따라서 혼인의 무효·취소·이혼, 부부 일방의 사망 후 재혼으로 종료된다.
④ (○) 배우자는 혼인으로 결합된 남녀인 법률상의 부부로 **법률혼만** 의미한다. 혼인신고가 없는 사실혼배우자나 첩은 배우자가 아니고 따라서 친족관계 아니다. 다만 특별법이나 판례에 의하여 법률상 부부에 준하여 보호되는 경우가 있다.
⑤ (○) 부부가 **이혼하면 즉시** 인척관계가 소멸한다. 그러나 부부 일방이 **사망한 경우** 생존배우자와의 인척관계는 생존배우자가 **재혼한 때에 소멸**한다.(제775조)

> **문제로 익히는 핵심이론**
>
> **혈족은 자연혈족과 법정혈족**이 있다.
> - 자기의 직계존속과 직계비속을 **직계혈족**이라 하고 자기의 형제자매와 형제자매의 직계비속, 직계존속의 형제자매 및 그 형제자매의 직계비속을 **방계혈족**이라 한다.
> - 입양이라는 사실에 기하여 혈연관계 없는 자 사이에 자연혈족과 동일한 관계가 있는 것으로 법률상 인정되는 자를 **법정혈족**이라고 한다.
> - **인척**은 혼인관계에 의하여 성립하는 친족으로 ① **혈족의 배우자**(계모, 적모, 매형, 형부 등), ② **배우자의 혈족**(시부모, 장인, 장모, 처제 등), ③ **배우자의 혈족의 배우자**(처제의 남편, 즉 동서지간)를 말한다. 인척 중에서 4촌까지만 친족의 범위에 들어간다.

정답 ③

581

난이도 Self Check | 상 ○ 중 ○ 하 ○

혼인에 관한 설명으로 옳은 것은?

① 당사자 간의 혼인의 합의가 없는 경우 그 혼인은 취소할 수 있다.
② 만 19세가 된 사람은 혼인할 수 있다.
③ 혼인은 가족관계등록부에 기재되어야 유효하게 성립한다.
④ 혼인이 일단 성립되면 그것이 위법한 중혼이라 하더라도 당연히 무효가 되는 것은 아니고 당사자 등이 중혼(후혼)의 취소를 청구할 수 있을 뿐이다.
⑤ 혼인무효의 판결과 혼인취소의 판결은 모두 소급효가 있다.

해설

제810조(중혼의 금지) 배우자 있는 자는 다시 혼인하지 못한다.
제818조(중혼의 취소청구권자) 당사자 및 그 배우자, 직계혈족, 4촌 이내의 방계혈족 또는 검사는 제810조를 위반한 혼인의 취소를 청구할 수 있다. ※ 혼인이 일단 성립되면 그것이 위법한 중혼이라 하더라도 당연히 무효가 되는 것은 아니고 법원의 판결에 의하여 취소될 때에 비로소 그 효력이 소멸될 뿐이므로 아직 그 혼인취소의 확정판결이 없는 한 법률상의 부부라 할 것이어서 재판상 이혼의 청구도 가능하다(91므344).

오답풀이

① (×) 혼인의 합의가 없는 '가장혼인'은 취소사유가 아니고 무효이다. **제815조(혼인의 무효)** 혼인은 다음 각 호의 어느 하나의 경우에는 무효로 한다. 1. 당사자 간에 혼인의 합의가 없는 때
② (×) 제807조(혼인적령) 만 18세가 된 사람은 혼인할 수 있다.
③ (×) 제812조(혼인의 성립) ① 혼인은 「가족관계의 등록 등에 관한 법률」에 정한 바에 의하여 신고함으로써 그 효력이 생긴다(신고혼주의). ※ 혼인은 가족관계의 등록 등에 관한 법률에 따라 가족관계등록공무원이 그 신고를 수리함으로써 유효하게 성립되는 것이며 가족관계등록부에의 기재는 그 유효요건이 아니어서 가족관계등록부에 적법하게 기재되는 여부는 혼인성립의 효과에 영향을 미치는 것은 아니므로 부부가 일단 혼인신고를 하였다면 그 혼인관계는 성립된 것이다(91므344).
⑤ (×) 혼인무효의 판결은 소급효가 있으나, **혼인취소**의 판결은 소급효가 없다. ※ 제824조(혼인취소의 효력) 혼인의 취소의 효력은 기왕에 소급하지 아니한다(비소급효).

문제로 익히는 **핵심이론**

만18세가 된 사람은 혼인할 수 있다. 법률혼주의를 취하고 있어 혼인신고가 있어야 혼인이 성립한다. 실질적 요건(**혼인의사**)과 형식적 요건(**혼인신고**)이 필요하고, 혼인장애사유가 없어야 한다.
혼인할 의사의 합치는 혼인신고서의 작성 시는 물론 그 제출 시(신고 시)에도 존재하여야 하며, 판례는 가장혼인은 혼인의사가 없어서 무효로 본다(가장이혼은 유효로 봄). 혼인신고는 **가족관계등록공무원이 수리함으로써 완료**된다. 가족관계등록부에의 **기재는 혼인의 유효요건**이 아니며, 가족관계등록부에 적법하게 기재되었는가의 여부는 혼인성립의 효과에 어떠한 영향을 미치는 것이 아니다(판례).
혼인의 무효란 혼인신고를 하여 혼인이 성립하였으나, 일정한 하자로 인하여 혼인의 효력이 처음부터 발생하지 못하는 경우로 처음부터 부부가 아닌 것으로 본다. 따라서 부부임을 전제로 하는 상속 기타의 권리변동도 무효가 된다. 혼인이 무효가 되면 무효인 혼인 중에 출생한 자는 혼인 외의 출생자이다.
혼인의 취소란 당사자 사이에 혼인신고가 되어 있으나, 그 혼인에 위법사유가 있어서 일정한 자의 청구에 의하여 그 혼인의 효력을 소멸시키는 것을 말한다. 취소사유가 있더라도 혼인이 취소되기 전까지는 유효하며 혼인의 취소는 반드시 소에 의하여야 하고 또한 취소되더라도 소급효가 없다. 따라서 취소된 혼인에 의하여 출생된 자는 혼인중의 출생자의 지위를 유지하며, 혼인 중에 일방이 사망하여 상대방이 배우자로서 망인의 재산을 상속받은 후에 그 혼인이 취소되더라도 그 전에 이루어진 상속관계가 소급하여 무효가 되는 것은 아니다(판례).

정답 ④

582

난이도 Self Check | 상 ○ 중 ○ 하 ○

이혼과 재산분할에 관한 설명으로 옳지 않은 것은?

① 가정법원의 협의이혼의사 확인을 받았다고 하더라도 신고함으로써 협의이혼의 효력이 생기기 전에는 부부의 일방은 언제든지 협의이혼의사를 철회할 수 있다.
② 재판상 이혼을 하려는 사람은 먼저 가정법원에 조정신청을 하여야 하고, 조정신청을 하지 않고 이혼소송을 제기한 경우 가정법원은 원칙적으로 그 사건을 조정에 회부하여야 한다.
③ 이혼소송 계속 중 배우자의 일방이 사망한 경우에는 상속인이 그 절차를 수계할 수 없고 이혼소송은 종료된다.
④ 재산분할에 관하여 협의를 한 경우에는 협의상 이혼이 이루어진 경우뿐만 아니라 재판상 이혼이 이루어진 경우에도 위 분할협의의 효력이 발생한다.
⑤ 사실혼관계가 일방 당사자의 사망으로 인하여 종료된 경우에는 그 상대방에게 재산분할청구권이 인정된다고 할 수 없다.

③ (○) 재판상의 이혼청구권은 부부의 일신전속의 권리이므로 **이혼소송 계속중 배우자의 일방이 사망**한 때에는 상속인이 그 절차를 수계할 수 없음은 물론이고, 또 그러한 경우에 검사가 이를 수계할 수 있는 특별한 규정도 없으므로 **이혼소송은 종료된다**고 할 것인데, 이혼소송과 재산분할청구가 병합된 경우. 배우자 일방이 사망하면 이혼의 성립을 전제로 하여 이혼소송에 부대한 재산분할청구 역시 이를 유지할 이익이 상실되어 이혼소송의 종료와 동시에 종료된다(94므246).
⑤ (○) 법률상 혼인관계가 일방 당사자의 사망으로 인하여 종료된 경우에도 생존 배우자에게 재산분할청구권이 인정되지 아니하고 단지 상속에 관한 법률 규정에 따라서 망인의 재산에 대한 상속권만이 인정된다는 점 등에 비추어 보면, **사실혼관계가 일방 당사자의 사망으로 인하여 종료된 경우에는 그 상대방에게 재산분할청구권이 인정된다고 할 수 없다**(2005두15595).

📝 문제로 익히는 핵심이론

이혼은 부부가 협의로 이혼에 이르는 **협의상 이혼**과 법률이 정한 이혼원인이 있는 경우에 재판을 거쳐 이혼을 하는 **재판상 이혼**이 있다. 협의이혼을 하려는 부부는 주소지 관할 가정법원에 함께 출석하여 이혼의사의 확인을 신청하고, 관할 법원으로부터 협의이혼의사의 확인을 받아, 관할 가족관계 등록관서에 이혼신고를 함으로써 이혼의 효력이 발생한다. **협의이혼신고는 '창설적 신고'**이다.
재판상 이혼원인에 관한 입법주의로 **유책주의와 파탄주의**가 있다. **전자**는 배우자 일방에게 혼인의무의 위반이 있는 경우에만 상대방에게 이혼청구권을 허용하는데 유책배우자는 이혼을 청구할 수 없다. **후자는** 당사자의 책임유무를 묻지 않고 혼인이 회복할 수 없을 정도로 파탄되어 있는 경우에는 이혼청구를 인정하는 것으로 **유책배우자의 이혼청구도 인정**한다. 최근 대법원은 민법 제840조 제6호(기타 혼인을 계속하기 어려운 중대한 사유가 있을 때) 이혼사유에 관하여 유책배우자의 이혼청구를 원칙적으로 허용하지 아니하는 유책주의를 확인한 바 있다.
재산분할청구권은 협의상 또는 재판상 이혼을 한 부부 중의 일방이 다른 배우자에게 혼인 중에 취득한 재산의 일부를 분할하여 줄 것을 청구하는 권리로서, 신분관계를 기초로 하여 법률의 규정에 의하여 발생하는 법정채권이다. 이는 **부부공동재산의 청산**을 그 중심적 요소로 하고 아울러 이혼 후의 **부양적 성질**을 갖는다. **재산분할**은 실질적인 부부공동재산을 청산하는 것이기 때문에 혼인의 파탄에 책임 있는 **유책배우자나 사실혼배우자도** 청구할 수 있다. **분할의 대상이 되는 재산**은 당사자 쌍방의 협력으로 이룩한 재산이다. 재산분할청구권은 **이혼한 날부터 2년**을 경과한 때에는 소멸한다(**제척기간**으로 기간의 도과여부는 법원의 직권조사사항이다).

해설

아직 이혼하지 않은 당사자가 장차 **협의상 이혼할 것을 약정하면서 이를 전제로 하여 위 재산분할에 관한 협의를 하는 경우에 있어서는, 그 협의 후 당사자가 약정한대로 협의상 이혼이 이루어진 경우에 한하여 그 협의의 효력이 발생**하는 것이지, 어떠한 원인으로든지 협의상 이혼이 이루어지지 아니하고 혼인관계가 존속하게 되거나 당사자 일방이 제기한 이혼청구의 소에 의하여 **재판상 이혼**(화해 또는 조정에 의한 이혼을 포함한다)이 이루어진 경우에는 **위 협의는 조건의 불성취로 인하여 효력이 발생하지 않는다**(99다33458).

오답풀이
① (○) **이혼의사는 이혼신고서 작성 당시는 물론이고, 신고서를 제출 수리할 때까지 존재하여야 한다.** 즉 협의이혼신고서가 수리되기 전에 협의이혼의사의 철회신고서가 제출되면 협의이혼신고서는 수리할 수 없다(93도2869).
② (○) 재판상 이혼을 하기 위해서는 **먼저** 가정법원에 조정을 신청하여야 한다(**조정전치주의**).

정답 ④

583

난이도 Self Check | 상 ○ 중 ○ 하 ○

인지에 관한 설명으로 옳지 <u>않은</u> 것은?

① 부모의 혼인이 무효인 때에는 출생자는 혼인 외의 출생자로 보며, 혼인 외의 출생자는 그 생부나 생모가 이를 인지할 수 있다.
② 인지를 하게 되면 인지한 때부터 인지자와 피인지자 사이에 법률상 친자관계가 발생한다.
③ 부는 임신 중에 있는 자에 대하여도 이를 인지할 수 있다.
④ 자가 사망한 후에도 그 직계비속이 있는 때에는 이를 인지할 수 있다.
⑤ 부 또는 모가 사망한 때에 자는 그 사망을 안 날로부터 2년 내에 검사를 상대로 인지청구의 소를 제기할 수 있다.

문제로 익히는 핵심이론

인지란 혼인 외의 출생자에 대하여 생부 또는 생모가 자신의 자라고 인정하거나(**임의인지**), 재판에 의하여 부 또는 모를 확인함으로써(**강제인지**), 그들 사이에 법률상의 친자관계를 형성하는 것을 말한다. 혼인 외의 출생자(**혼외자**)란 혼인관계 없는 남녀 사이에서 출생(포태)한 자를 말한다. **혼외자의 부자관계**는 인지가 있어야 비로소 발생한다. **혼외자의 모자관계**는 분만의 사실에 의하여 명백하게 알 수 있으므로 출생과 동시에 법률상 친자관계가 발생한다. 한편 타인의 친생추정을 받는 子, 친생추정을 받지는 않으나 타인의 혼생자로 신고되어 있는 子, 타인이 먼저 인지한 子는 인지할 수 없다. 강제인지(인지청구의 소)란 생부·생모를 상대로 친자관계를 인정할 것을 청구하는 소를 말한다. 인지청구권의 포기는 허용되지 않는다. 생부나 생모가 생존하는 동안에는 제소기간의 제한이 없다. 그러나 **생부나 생모가 사망한 경우에는 사망 사실을 안 날로부터 2년 내에 검사를 상대로 제기하여야 한다. 인지는 그 자의 출생시에 소급하여 효력**이 생기므로 **子는 출생시부터 부양을 받을 권리와 상속권을 갖는다.**

정답 ②

해설

제860조(**인지의 소급효**) 인지는 그 자의 **출생 시에 소급**하여 효력이 생긴다. 그러나 제3자의 취득한 권리를 해하지 못한다.

오답풀이

① (○) 제855조(인지) ① 혼인 외의 출생자는 그 생부나 생모가 이를 인지할 수 있다. 부모의 혼인이 무효인 때에는 출생자는 혼인 외의 출생자로 본다.
③ (○) 제858조(포태중인 자의 인지) 부는 포태(임신) 중에 있는 자에 대하여도 이를 인지할 수 있다.
④ (○) 제857조(사망자의 인지) 자가 사망한 후에도 **그 직계비속이 있는** 때에는 이를 인지할 수 있다.
⑤ (○) 제864조(부모의 사망과 인지청구의 소) 제862조(인지에 대한 이의의 소) 및 **제863조(인지청구의 소)**의 경우에 부 또는 모가 **사망**한 때에는 그 사망을 안 날로부터 2년 내에 검사를 상대로 하여 인지에 대한 이의 또는 인지청구의 소를 제기할 수 있다. 제863조(인지청구의 소) 자와 그 직계비속 또는 그 법정대리인은 부 또는 모를 상대로 하여 인지청구의 소를 제기할 수 있다.

584

상속인이 될 수 없는 자를 모두 고르면?

┌─────────────────────────────────┐
│ ㉠ 피상속인의 직계존속   │
│ ㉡ 피상속인의 형제자매   │
│ ㉢ 피상속인의 사실혼 배우자   │
│ ㉣ 태아   │
│ ㉤ 임신 중 남편 사망시 태아를 낙태한 처 │
│ ㉥ 법인   │
└─────────────────────────────────┘

① ㉠, ㉡, ㉢
② ㉡, ㉢, ㉤
③ ㉡, ㉣, ㉥
④ ㉢, ㉣, ㉥
⑤ ㉢, ㉤, ㉥

해설

㉢ (×) 배우자는 그 직계비속과 동순위로 **공동**상속인이 되고, 직계비속이 없는 경우에는 피상속인의 직계존속과 동순위로 **공동**상속인이 된다. 피상속인에게 직계비속과 직계존속이 모두 없는 경우에는 **단독상속인**이 된다. 여기서 배우자는 '**법률상**' 배우자만을 말한다. 따라서 '사실혼'의 배우자는 민법상 부 또는 처로서 상속권이 없다.

㉤ (×) 태아가 상속의 선순위나 동순위에 있는 경우에 그를 **낙태**하면 민법 제1004조 제1호 소정의 **상속결격사유**에 해당한다(92다2127). ※ 따라서 남편의 사망 당시 태아를 임신하고 있던 처가 태아를 낙태하면 처는 상속인의 자격을 잃는다.

㉥ (×) **법인**은 유증을 받을 수 있으나, 상속인이 될 수는 없다.

문제로 익히는 핵심이론

제1000조(상속의 순위) ① 상속에 있어서는 다음 순위로 상속인이 된다.
1. 피상속인의 직계비속
2. 피상속인의 **직계존속**
3. 피상속인의 **형제자매**
4. 피상속인의 4촌 이내의 방계혈족

③ **태아**는 상속순위에 관하여는 이미 출생한 것으로 본다.

정답 ⑤

585

상속재산의 분할에 관한 설명으로 옳지 않은 것은?

① 금전채무는 상속재산분할의 대상이 되지 않는다.
② 피상속인은 유언으로 상속재산의 분할방법을 정하거나 이를 정할 것을 제3자에게 위탁할 수 있다.
③ 유언분할의 경우 외에는 공동상속인은 언제든지 그 협의에 의하여 상속재산을 분할할 수 있다
④ 일부상속인만으로 한 협의분할은 무효이다.
⑤ 상속재산의 분할은 분할당시부터 그 효력이 있다.

해설

제1015조(**분할의 소급효**) 상속재산의 분할은 **상속개시된 때에 소급**하여 그 효력이 있다. 그러나 제3자의 권리를 해하지 못한다.

오답풀이

① (○) **금전채무**와 같이 급부의 내용이 가분인 채무가 공동상속된 경우, 이는 상속 개시와 동시에 당연히 법정상속분에 따라 공동상속인에게 분할되어 귀속되는 것이므로, 상속재산 **분할의 대상이 될 여지가 없다**(97다8809).

② (○) 제1012조(유언에 의한 분할방법의 지정, 분할금지) 피상속인은 유언으로 상속재산의 분할방법을 정하거나 이를 정할 것을 제3자에게 위탁할 수 있고 상속개시의 날로부터 5년을 초과하지 아니하는 기간 내의 그 분할을 금지할 수 있다.

③ (○) 1013조(협의에 의한 분할) ① 전조(유언분할)의 경우 외에는 공동상속인은 언제든지 그 협의에 의하여 상속재산을 분할할 수 있다.

④ (○) 상속재산의 협의분할은 공동상속인간의 일종의 계약으로서 공동상속인 **전원이 참여**하여야 하고 일부상속인만으로 한 **협의분할은 무효**이다(93다54736).

문제로 익히는 핵심이론

상속재산분할이란 상속개시로 인하여 생긴 **공동상속인들 사이의 공유관계를 종료**시키고, 상속분에 따라 이를 배분하여 **각자의 단독소유로 확정**하기 위한 포괄적 분배절차이다.
원칙적으로 상속재산분할은 자유롭다. 다만 피상속인이 상속개시의 날로부터 5년을 초과하지 않은 기간 내에서 유언으로 분할을 금지시킬 수 있고, 공동상속인간의 합의로도 분할을 금지시킬 수 있다.
상속재산의 분할은 상속이 개시된 때로 소급하여 그 효과가 생긴다. 그러나 분할의 소급효는 제3자의 권리를 해치지 못한다.

정답 ⑤

586

난이도 Self Check | 상 ◯ 중 ◯ 하 ◯

상속의 승인과 포기에 관한 설명으로 옳은 것은?

① 상속의 승인과 포기는 상속의 개시일로부터 3월 내에 할 수 있다.
② 상속의 승인이나 포기는 상속개시 있음을 안 날로부터 3월 내에 취소할 수 있다.
③ 상속의 포기는 상속개시된 때에 소급하여 그 효력이 있다.
④ 한정승인을 한 상속인은 상속재산의 한도에서 피상속인의 채무를 승계한다.
⑤ 상속재산의 협의분할을 하는 행위는 상속재산에 대한 처분행위가 아니어서 법정단순승인 사유가 되지 않는다.

문제로 익히는 핵심이론

상속의 승인과 포기는 단독행위이므로 조건이나 기한을 붙일 수 없다. 다만, 한정승인과 포기는 가정법원에 대한 신고로써 한다. 승인과 포기는 상속의 개시 후에만 할 수 있다. 상속인은 상속개시 있음을 안 날로부터 3월 내에 단순승인이나 한정승인 또는 포기를 할 수 있다. 이때 안 날이란 상속개시의 사실뿐만 아니라 자신이 상속인이 되었다는 사실을 안 날을 의미한다(판례). 따라서 상속재산이나 상속채무가 있다는 사실을 알 필요는 없다.
단순승인이란 피상속인의 권리 의무를 무조건적으로 승계하는 상속형태를 승인하는 것을 말한다. 또한 일정한 사유가 있으면 단순승인한 것으로 의제되기도 한다(**법정단순승인**).
한정승인이란 상속으로 인하여 얻을 재산의 한도에서 피상속인의 채무와 유증을 변제할 것을 조건으로 하는 조건부의 상속형태의 승인을 말한다. 고려기간 내에 가정법원에 한정승인의 신고를 하여야 한다. 상속채무 자체는 감축되지 않으므로 채권자는 한정승인자에게 전액을 이행청구할 수 있다.
상속의 포기는 상속으로 인하여 생기는 모든 권리의무의 승계를 부인하고 처음부터 상속인이 아니었던 효력을 생기게 하는 단독의 의사표시를 말한다. 상속의 포기는 상속개시된 때에 소급하여 그 효력이 있다.

정답 ③

해설

제1042조(**포기의 소급효**) 상속의 포기는 상속개시된 때에 소급하여 그 효력이 있다. ※ 따라서 상속을 포기한 자는 상속이 개시된 때부터 **상속인이 아니었던 것과 같은 지위에 놓이게 된다**.

오답풀이

① (×) 상속의 **개시일이 아니라** 상속개시 있음을 **안 날로부터** 3월 ※ 제1019조(승인, 포기의 기간) ① 상속인은 상속개시 있음을 **안 날로부터** 3월 내에 단순승인이나 한정승인 또는 포기를 할 수 있다.
② (×) 제1024조(승인, 포기의 취소금지) ① 상속의 승인이나 포기는 제1019조제1항의 기간(**숙려기간**)내에도 이를 취소하지 **못한다.** ※ 여기서 취소는 법률행위 내지 의사표시의 흠을 원인으로 하는 것이 아니어서 장래를 향해 효력이 소멸되는 '**철회**'를 의미한다.
④ (×) 제1028조(**한정승인의 효과**) 상속인은 상속으로 인하여 취득할 재산의 한도에서 피상속인의 채무와 유증을 변제할 것을 조건으로 상속을 승인할 수 있다. ※ 한정승인을 한 상속인은 피상속인의 **채무 전체를 승계**하나, **상속재산의 한도에서 책임**을 진다(**채무와 책임이 분리, 물적유한책임**).
⑤ (×) 상속인중 1인이 다른 공동재산상속인과 협의하여 상속재산을 분할한 때는 민법 제1026조 제1호에 규정된 상속재산에 대한 **처분행위**를 한 때에 해당되어 **단순승인을 한 것으로 보게** 되어 이를 취소할 수 없는 것이므로 그 뒤 가정법원에 상속포기신고를 하여 수리되었다 하여도 포기의 효력이 생기지 않는다(82도2421).

587

난이도 Self Check | 상 ○ 중 ○ 하 ○

유언에 관한 설명으로 옳지 않은 것은?

① 유언은 유언자가 사망한 때로부터 효력이 발생하나, 정지조건이 있는 유언의 경우, 그 조건이 유언자의 사망 후에 성취된 때에는 그 조건이 성취된 때로부터 유언의 효력이 발생한다.
② 유언증서가 그 성립 후에 멸실되거나 분실되었다면 그 유언의 효력은 확정적으로 실효되고, 다른 증거방법으로 유언증서의 내용을 입증하여 유언의 유효를 주장할 수 있는 것은 아니다.
③ 망인이 유언증서를 작성한 후 유언증서에서 유증하기로 한 일부 재산을 처분한 사실이 있다고 하여 다른 재산에 관한 유언을 철회한 것으로 볼 수 없다.
④ 법정된 요건과 방식에 어긋난 유언은 그것이 유언자의 진정한 의사에 합치하더라도 무효이므로, 연·월만 기재하고 일의 기재가 없는 자필유언증서는 그 효력이 없다.
⑤ 만 17세에 달하지 못한 자는 유언을 하지 못한다.

해설

유언자가 유언을 철회한 것으로 볼 수 없는 이상, 유언증서가 그 성립 후 멸실되거나 분실되었다는 사유만으로 유언이 실효되는 것은 아니고 이해관계인은 유언증서의 내용을 입증하여 유언의 유효를 주장할 수 있다(96다21119).

오답풀이

① (○) 제1073조(유언의 효력발생 시기) ① 유언은 유언자가 사망한 때로부터 그 효력이 생긴다. ② 유언에 정지조건이 있는 경우에 그 조건이 유언자의 사망 후에 성취한 때에는 그 조건 성취한 때로부터 유언의 효력이 생긴다.
③ (○) 망인이 유언증서를 작성한 후 재혼하였다거나, 유언증서에서 유증하기로 한 일부 재산을 처분한 사실이 있다고 하여 다른 재산에 관한 유언을 철회한 것으로 볼 수 없다(97다38503).
④ (○) 법정된 요건과 방식에 어긋난 유언은 그것이 유언자의 진정한 의사에 합치하더라도 무효라고 하지 않을 수 없다. 자필유언증서의 연월일은 이를 작성한 날로서 유언능력의 유무를 판단하거나 다른 유언증서와 사이에 유언 성립의 선후를 결정하는 기준일이 되므로 그 작성일을 특정할 수 있게 기재하여야 한다. 따라서 연·월만 기재하고 일의 기재가 없는 자필유언증서는 그 작성일을 특정할 수 없으므로 효력이 없다(2009다9768). ※ 제1066조(자필증서에 의한 유언) ① 자필증서에 의한 유언은 유언자가 그 전문과 연월일, 주소, 성명을 자서하고 날인하여야 한다. ※ 하나라도 빠지면 유언은 무효가 된다.
⑤ (○) 제1061조(유언적령) 만 17세에 달하지 못한 자는 유언을 하지 못한다.

문제로 익히는 핵심이론

유언이란 유언자가 자기의 사망과 동시에 일정한 법률효과를 발생 시킬 목적으로 일정한 방식에 따라 행하는 **상대방 없는 단독행위**를 말한다. 유언은 민법이 정한 5가지 방식에 따라서만 행하여질 수 있고, 방식에 위반한 유언은 무효이다. 유언은 유증받을 자의 승낙이나, 유증받을 자에 대한 의사표시는 불필요하다. 다만, 유언받을 자가 유언의 효력이 발생한 후(유언자 사망 시) 그것을 받는 것을 거절할 수는 있다. 민법은 만 17세에 달하면 유언할 수 있는 것으로 규정하고 있다. **유언은 대리가 허용되지 않는다.** 따라서 제한능력자라도 법정대리인의 동의가 필요하지 않다. 유언은 사망 전에는 효력이 없다. 따라서 **유언자는 언제든지 유언을 철회할 수 있다. 법정사항에 한하여 유언이 가능**하고, 이에 해당하지 않는 사항에 대한 유언은 무효이다. 의사무능력자, 법인, 태아도 권리능력의 주체인 한에서 수증자가 될 수 있다. 그러나 상속결격자는 수증능력도 없다.

정답 ②

CHAPTER 04 형법 기출예상문제

588
난이도 Self Check | 상 ○ 중 ○ 하 ○

죄형법정주의의 내용으로 옳지 <u>않은</u> 것은?

① 소급효 금지의 원칙
② 관습형법 금지의 원칙
③ 유추해석 금지의 원칙
④ 상대적 부정기형 금지의 원칙
⑤ 적정성의 원칙

해설
죄형법정주의의 내용 중 하나인 명확성의 원칙에 반하는 것은 형의 장·단기가 전혀 특정되어 있지 않은 **절대적 부정기형**에 한한다. 반면에 장기와 단기 또는 그 장기가 법정되어 있는 **상대적 부정기형**은 형기를 수형자의 개선의 진도에 따르게 하여 교정교육의 효과를 기대하는 것으로서 형벌의 개별화사상에 입각하여 죄형법정주의에 반하지 않고 널리 인정되고 있다.

오답풀이
① (○) 소급효금지의 원칙이란 형벌법규는 그 시행 이후에 이루어진 행위에 대하여만 적용되고, 시행 이전의 행위에까지 소급하여 적용될 수 없다는 원칙을 말한다.
② (○) 관습형법금지원칙이란 성문의 법률이 아닌 관습법을 직접 형벌법규의 법원으로 하여 처벌할 수 없다는 원칙을 말한다.
③ (○) 유추해석금지의 원칙이란 법률에 규정이 없는 사항에 대하여 그것과 유사한 성질을 가지는 다른 사항에 관한 법률규정의 적용을 금지하는 것을 말한다.
⑤ (○) 적정성의 원칙이란 범죄와 형벌 사이에는 적정한 균형이 유지되어야 하며, 지나치게 가혹한 형벌은 금지되어야 하는 것을 말한다.

> 📝 **문제로 익히는 핵심이론**
>
> **죄형법정주의**란 '법률 없으면 범죄 없고 형벌도 없다'는 근대형법의 기본원리를 말한다. 죄형법정주의는 국가형벌권의 남용으로부터 국민의 자유와 권리를 보장하기 위한 것으로서 형법의 보장적 기능은 죄형법정주의에 의하여 그 효과를 발휘할 수 있게 된다. 죄형법정주의의 파생원칙에는 형벌법규법률주의(관습형법금지의 원칙), 소급효 금지의 원칙(형벌법규불소급의 원칙), 명확성의 원칙(**절대적** 부정기형금지의 원칙), 적정성의 원칙, 유추해석금지의 원칙 등이 있다.

정답 ④

589
난이도 Self Check | 상 ○ 중 ○ 하 ○

범죄의 성립요건에 해당하는 것을 모두 고르면?

㉠ 구성요건	㉡ 구성요건해당성
㉢ 위법성	㉣ 고소
㉤ 책임	㉥ 집행가능성

① ㉠, ㉡, ㉢
② ㉠, ㉢, ㉤
③ ㉡, ㉢, ㉤
④ ㉡, ㉣, ㉥
⑤ ㉢, ㉣, ㉥

해설
범죄의 성립요건은 '구성요건 해당성(㉡)+위법성(㉢)+책임(㉤)'이다. 이 가운데 하나라도 갖추지 못하면 범죄는 성립하지 않는다.

> 📝 **문제로 익히는 핵심이론**
>
> 형식적 **범죄개념은 구성요건 해당성·위법성·책임을 모두 갖춘 행위**를 말하며 이 가운데 하나라도 갖추지 못한 때에는 범죄는 성립하지 않는다.
> ① 형법 각 본조가 규정하는 '**구성요건**'은 금지된 행위를 추상적, 유형적으로 규정하고 있다. 구체적 범죄사실이 이러한 추상적 '구성요건'에 해당하는 성질을 '**구성요건 해당성**'이라고 한다. 아무리 반사회적인 행위라도 구성요건에 해당하지 않을 때에는 범죄가 될 수 없다.
> ② **위법성**이란 구성요건에 해당하는 행위가 법률상 허용되지 않는 성질을 말한다. 구성요건은 위법한 행위를 유형적으로 규정한 것이므로 구성요건에 해당하는 행위는 원칙적으로 위법하다고 할 수 있다.
> ③ **책임**이란 행위를 한 행위자에 대한 비난가능성을 말한다. 형사미성년자나 심신상실자의 행위 또는 강요된 행위는 책임이 없기 때문에 범죄가 성립하지 않는다.

정답 ③

590

난이도 Self Check | 상 ◯ 중 ◯ 하 ◯

형법 제21조(정당방위)는 '자기 또는 타인의 법익에 대한 현재의 부당한 침해를 방위하기 위한 행위는 상당한 이유가 있는 때에는 벌하지 아니한다.'고 규정하고 있는데, 이에 관한 설명으로 옳지 <u>않은</u> 것은?

① 정당방위에는 방위의사가 필요하다.
② 공무수행중인 자를 절도범으로 잘못 알고 행한 방위행위도 정당방위에 해당한다.
③ 정당방위 행위에 대해서는 정당방위를 할 수 없다.
④ 정당방위에 대해서는 보충성이 원칙이 적용되지 않는다.
⑤ 절도의 현행범인을 추격하여 도품을 탈취하는 것은 정당방위에 해당한다.

📝 문제로 익히는 핵심이론

정당방위란 자기 또는 타인의 법익에 대한 현재의 부당한 침해를 방위하기 위한 상당한 이유가 있는 행위를 말한다(제21조 제1항). 정당방위는 위법한 침해를 방위하기 위한 행위이므로 "부정(不正) 대 정(正)"의 관계라는 점에서 "정(正) 대 정(正)"의 관계인 긴급피난과 구별된다. 정당방위가 위법성을 조각하는 근거는 개인이 스스로 권리를 보호한다는 자기보호의 원리와 법질서의 평화를 지킨다는 법수호의 원리이다. 정당방위가 성립되려면 현재의 부당한 침해가 있고, 자기 또는 타인의 법익을 방위하기 위한 행위이며, 상당한 이유가 있을 것을 요한다. 판례는 계속적으로 성관계를 강요받아 온 피고인이 의붓아버지를 살해한 사건에서 침해의 현재성은 인정했으나 상당성을 부정하여 정당방위를 부정한 바 있으며, 싸움에 대해서는 현재의 부당한 침해가 있다고 볼 수 없어 정당방위의 성립을 부정한 경우도 있고, 현재의 부당한 침해는 인정하면서 방위의사가 없다고 보아 부정하는 경우도 있다. 다만, 예외적으로 ⊙ 일방이 싸움을 중단하였음에도 불구하고 타방이 계속 공격을 해온 경우, ⓒ 싸움에서 당연히 예상할 수 있는 범위를 넘는 공격이 있었던 경우, ⓒ 외관상 격투를 하는 것처럼 보이는 경우라도 실지로는 한쪽이 불법한 공격을 하고 상대방이 소극적으로 저항하는 경우에는 정당방위가 성립할 수 있다.

정답 ②

해설

정당방위가 아니고 오상방위이다. **오상방위**란 객관적으로 정당방위의 요건이 구비되지 않았음에도 불구하고 있는 것으로 오신하고 방위행위에 나아간 경우이다. 이는 **위법성조각사유의 전제사실에 관한 착오가 있는 경우**로서 그 착오가 행위의 사실적 측면에서 비롯되었다는 점에서 금지착오와 구별되고, 구성요건요소에 대한 인식은 존재한다는 점에서 구성요건착오와 구별된다. 법적 효과에 관해 판례는 전제사실의 착오가 있는 경우 착오의 정당성을 심사하여 위법성조각여부를 결정하는 태도를 취하고 있다. **즉 판례는 그 착오에 정당한 이유가 있으면 위법성을 조각하고, 정당한 이유가 없으면 고의범이 그대로 성립한다는 입장**이다.

오답풀이

① (◯) 방위행위에는 주관적 정당화요소로서 **방위의사가 있어야 한다**. 증오, 분노와 같은 다른 동기가 함께 작용한 때에도 방위의사가 주된 기능을 하는 한 정당방위 성립에는 영향이 없다.
③ (◯) '부당한 침해'에서 부당이란 '위법'을 의미하는데, **정당방위 행위**는 '적법'한 행위로 부당한 침해가 아니어서 정당방위에 대해서는 <u>정당방위가 허용되지 않는다</u>.
④ (◯) 부당한 침해에 대한 회피의무가 없으므로 방위행위가 최후의 수단이어야 한다는 **보충성의 원칙**이나 보호하고자 하는 법익과 침해되는 법익과의 균형을 필요로 한다는 법익균형성의 원칙은 <u>적용되지 않는다</u>.
⑤ (◯) '현재의 침해'란 침해가 급박한 상태에 있거나 목전에서 침해가 행해지거나 아직도 계속되고 있는 것을 말한다. 범죄가 형식적인 기수에 달한 후라도 법익침해가 현장에서 계속되는 상태에 있으면 현재성이 인정될 수 있다. 예컨대 <u>절도의 현행범인을 추격하여 도품을 탈취하는 것은 정당방위에</u> **해당한다**.

591
난이도 Self Check | 상 ○ 중 ○ 하 ○

위법성을 조각하는 사유가 아닌 것은?

① 법령에 의한 행위 또는 업무로 인한 행위 기타 사회상규에 위배되지 아니하는 행위는 벌하지 아니한다.
② 법정절차에 의하여 청구권을 보전하기 불능한 경우에 그 청구권의 실행불능 또는 현저한 실행곤란을 피하기 위한 행위는 상당한 이유가 있는 때에는 벌하지 아니한다.
③ 저항할 수 없는 폭력이나 자기 또는 친족의 생명, 신체에 대한 위해를 방어할 방법이 없는 협박에 의하여 강요된 행위는 벌하지 아니한다.
④ 처분할 수 있는 자의 승낙에 의하여 그 법익을 훼손한 행위는 법률에 특별한 규정이 없는 한 벌하지 아니한다.
⑤ 자기 또는 타인의 법익에 대한 현재의 위난을 피하기 위한 행위는 상당한 이유가 있는 때에는 벌하지 아니한다.

문제로 익히는 핵심이론

위법성이란 구성요건에 해당하는 행위가 법질서 전체의 관점에서 허용되지 않는 성질을 말한다. 위법성의 문제는 구성요건에 해당하는 행위의 위법성을 적극적인 성립요건으로 탐구하는 것이 아니라 위법성조각사유에 의하여 소극적으로 조각되는가를 탐구하는 것이다. 위법성은 구성요건에 의하여 징표되기 때문이다. 형법총칙은 정당방위(제21조), 긴급피난(제22조), 자구행위(제23조), 피해자의 승낙(제24조) 및 정당행위(제20조) 등의 <u>위법성조각사유를 규정</u>하고 있다.
위법성은 행위와 전체 법질서간의 관계개념인 데 반하여, 불법은 위법하다고 평가된 행위 자체를 의미하는 실체개념이다. 따라서 불법은 양적·질적으로 다를 수 있지만 위법성은 양적·질적으로 다를 수 없다. 예컨대 살인이 상해보다 더 **불법**의 정도가 크다고 할 수는 있으나 살인이 상해보다 더 **위법**하다고 할 수는 없는 것이다. 위법성의 판단은 객관적으로 판단하는 것이며 규범에 대한 개인적인 능력은 책임판단에서 비로소 문제된다. **정신병자의 행위도** 법규범에 의하여 법익침해로 평가되는 한 비록 행위자에게 책임이 없다고 할지라도 **위법성은 인정된**다(객관적 위법성론). 정당방위에 있어서 방위의사, 긴급피난에 있어서 피난의사와 같이 <u>위법성조각사유를 인정하기 위한 주관적 측면을</u> **주관적 정당화요소**라고 하는데 판례는 이를 인정한다.

정답 ③

해설

제12조(강요된 행위) 저항할 수 없는 폭력이나 자기 또는 친족의 생명, 신체에 대한 위해를 방어할 방법이 없는 협박에 의하여 강요된 행위는 벌하지 아니한다. ※ '**강요된 행위**'는 적법행위에 대한 기대가능성이 없다는 이유로 **책임이 조각**되는 경우에 해당한다. 책임이 인정되려면 행위자에게 '기대가능성'이 있어야 하는데 이는 행위 시의 구체적인 사정으로 보아 행위자가 범죄행위를 하지 않고 적법행위를 할 것을 기대할 수 있는 가능성을 말한다.

오답풀이

① (○) 제20조(정당행위) 법령에 의한 행위 또는 업무로 인한 행위 기타 사회상규에 위배되지 아니하는 행위는 벌하지 아니한다. ※ <u>정당행위는 위법성 조각사유에 해당한다.</u>
② (○) 제23조(자구행위) ① 법정절차에 의하여 청구권을 보전하기 불능한 경우에 그 청구권의 실행불능 또는 현저한 실행곤란을 피하기 위한 행위는 상당한 이유가 있는 때에는 벌하지 아니한다. ※ <u>자구행위는 위법성 조각사유에 해당한다.</u>
④ (○) 제24조(피해자의 승낙) 처분할 수 있는 자의 승낙에 의하여 그 법익을 훼손한 행위는 법률에 특별한 규정이 없는 한 벌하지 아니한다. ※ <u>피해자의 승낙은 위법성 조각사유에 해당한다.</u>
⑤ (○) 제22조(긴급피난) ① 자기 또는 타인의 법익에 대한 현재의 위난을 피하기 위한 행위는 상당한 이유가 있는 때에는 벌하지 아니한다. ※ <u>긴급피난은 위법성 조각사유에 해당한다.</u>

592

난이도 Self Check | 상 ○ 중 ○ 하 ○

형법상 책임에 관한 설명으로 옳지 않은 것은?

① 14세가 되지 아니한 자의 행위는 벌하지 아니한다.
② 듣거나 말하는 데 모두 장애가 있는 사람의 행위에 대해서는 형을 감경한다.
③ 심신상실자의 행위는 벌하지 아니한다.
④ 심신미약한 자의 행위는 형을 감경해야 한다.
⑤ 원인에 있어 자유로운 행위에 대하여는 심실상태에서의 행위일지라도 처벌되고, 심신미약상태에서의 행위라도 형을 감경할 수 없다.

문제로 익히는 핵심이론

책임이란 위법한 행위에 대하여 행위자를 개인적으로 비난할 수 있느냐라는 **비난가능성**의 문제를 말한다. **위법성**은 '**행위**에 대한 부정적 가치판단'을 의미하는 데 대하여, **책임**은 '**행위자**에 대한 부정적 가치판단'이다. 책임은 책임능력을 논리적 전제로 한다. **책임능력**이란 행위자가 법규범의 의미내용을 이해하여 명령과 금지를 인식할 수 있는 '**사물변별능력**'과 이에 따라 행위를 할 수 있는 '**의사결정능력**'을 말한다. **14세 되지 아니한 자의 행위는 벌하지 아니하며**, 심신장애로 인하여 사물을 변별할 능력이 없거나 의사를 결정할 능력이 없는 **심신상실자의 행위는 벌하지 아니한다**.
심신장애로 인하여 사물을 변별할 능력이나 의사를 결정할 능력이 미약한 **심신미약자의 행위**는 형을 **감경할 수 있고**, 듣거나 말하는 데 모두 장애가 있는 사람의 행위에 대해서는 **형을 감경한다**.
'**원인에 있어서 자유로운 행위**'란 고의 또는 과실에 의하여 자기를 심신장애(심신상실 또는 심신미약)의 상태에 빠지게 한 후 이러한 상태에서 범죄를 실행하는 것을 말한다. 책임능력결함상태에서의 실행행위에는 책임이 없고 원인설정행위만으로는 구성요건적 행위라고 할 수 없기 때문에 이러한 행위를 벌할 수 있는가에 대해 **형법 제10조 제3항은 심신상실 상태에서의 행위일지라도 처벌**되고, **심신미약상태에서의 행위라도 형을 감경할 수 없다**고 규정하고 있다.

정답 ④

해설

필요적 감경이 아니라 **임의적 감경**이므로 감경해야 하는 것은 아닙니다. ※ 제10조(심신장애인) ② 심신장애로 인하여 전항의 능력이 미약한 자(**심신미약자**)의 행위는 형을 감경할 수 있다.

오답풀이

① (○) 제9조(**형사미성년자**) 14세 되지 아니한 자의 행위는 벌하지 아니한다.
② (○) 제11조(청각 및 언어 장애인) 듣거나 말하는 데 모두 장애가 있는 사람의 행위에 대해서는 형을 감경한다.
③ (○) 제10조(심신장애인) ① 심신장애로 인하여 사물을 변별할 능력이 없거나 의사를 결정할 능력이 없는 자(**심신상실자**)의 행위는 벌하지 아니한다.
⑤ (○) 제10조(심신장애인) ③ 위험의 발생을 예견하고 자의로 심신장애를 야기한 자의 행위(**원인에 있어 자유로운 행위**)에는 전2항의 규정(심신상실, 심신미약)을 적용하지 아니한다.

593

난이도 Self Check | 상 ○ 중 ○ 하 ○

甲이 타인의 창고에 침입하여 물건을 보자기에 싸던 중 경비원이 다가오는 소리에 놀라 그 범행을 중지한 경우, 甲의 상황과 가장 관련 깊은 것은?

① 중지미수
② 장애미수
③ 불능미수
④ 불능범
⑤ 기수

> **문제로 익히는 핵심이론**
>
> **미수**란 범죄의 실행에 착수하여 실행행위를 종료하지 못했거나 결과가 발생하지 않은 경우를 말한다. 미수범의 구성요건으로는 주관적 요건으로서의 **고의** 등과 객관적 요건으로서 **실행의 착수 및 범죄의 미완성**이 갖추어져야 한다. 위법성과 책임은 기수와 동일하다. 미수범의 일반요건은 장애미수, 중지미수 및 불능미수를 불문하고 공통적으로 타당하다. 미수범의 일반적 요건을 구비하고 범죄가 미완성에 그친 이유가 ① '자의'에 의한 '중지행위' 때문이라면 **중지미수**가 되고, ② '실행의 수단 또는 대상의 착오' 때문이라면 **'위험성'을 조건으로 불능미수**가 된다. ③ 중지미수도 불능미수에도 해당하지 않으면서 미완성에 그친 경우는 모두 **장애미수**로 취급된다.
> 중지미수는 자의로 범죄를 완성하지 않은 경우이므로 **자의성은 중지미수와 장애미수의 구별기준이 된다.** 행위자에게 범죄의사가 있고 외관상 실행의 착수라고 볼 수 있는 행위가 있지만 행위의 성질상 결과의 발생이 불가능한 경우, **구성요건 실현의 위험성이 없으면 불능범**으로서 범죄가 성립하지 않으나, 구성요건실현의 위험성이 인정되면 불능미수로 처벌되며 다만 임의적 감면사유가 된다.
>
> 정답 ②

해설

제25조(미수범) ① 범죄의 실행에 착수하여 행위를 종료하지 못하였거나 결과가 발생하지 아니한 때에는 미수범으로 처벌한다. ② 미수범의 형은 기수범보다 감경할 수 있다. ※ **장애미수**
주어진 상황에서 甲은 범행의 중지가 경비원이 다가오는 소리에 놀라 그만둔 것이므로 **'자의성'이 인정되지 않아 중지미수가 될 수 없고 장애미수에 해당**한다.

오답풀이

① (×) 제26조(중지범) 범인이 실행에 착수한 행위를 **자의로 중지**하거나 그 행위로 인한 결과의 발생을 자의로 방지한 경우에는 형을 감경하거나 면제한다. ※ **중지미수**
③ (×) 제27조(불능범) 실행의 수단 또는 대상의 착오로 인하여 결과의 발생이 불가능하더라도 위험성이 있는 때에는 처벌한다. 단, 형을 감경 또는 면제할 수 있다. ※ **불능미수**
④ (×) 형법 제27조의 표제는 '불능범'이나 실은 '불능미수'를 규정하고 있다. 불능범과 불능미수는 구별되는 개념으로 양자는 사실상 결과발생이 불가능하다는 점은 같지만 위험성 유무로 구별된다. 즉 양자 모두 실행의 착수는 인정된다는 점에서 동일하나, **불능범은 위험성이 없기 때문에 벌할 수 없는 경우**이나, **불능미수범은 위험성으로 인하여 미수범으로 처벌**되는 경우이다.
⑤ (×) **기수**란 실행에 착수하여, 실행행위를 종료하거나 **결과를 발생시킴으로써 구성요건이 형식적으로 실현된 경우**를 말한다.

594

의사가 환자를 살해하기 위해 간호사에게 영양제라 속이고 독약을 주사하게 하여 환자가 사망하였다. 이 경우 의사의 죄책으로 옳은 것은?

① 살인죄의 공동정범
② 살인죄의 교사범
③ 살인죄의 간접정범
④ 살인죄의 직접정범
⑤ 살인죄의 종범

해설

제34조(간접정범) ① 어느 행위로 인하여 처벌되지 아니하는 자 또는 과실범으로 처벌되는 자를 교사 또는 방조하여 범죄행위의 결과를 발생하게 한 자는 교사 또는 방조의 예에 의하여 처벌한다.

※ 의사가 고의 없는 간호사를 시켜 환자에게 독약을 주사하게 하여 살해하는 경우 의사는 살인죄의 '**간접정범**'에 해당한다. 간접정범이란 **타인을 도구로 이용하여 범죄를 실행**하는 것을 말한다(제34조 제1항). 피이용자의 행위는 행위자의 의사의 실현의 결과에 불과하며, 피이용자에 대한 의사지배(우월적 의사로 인한 행위지배)로 인하여 간접정범은 정범성을 가지게 된다.

오답풀이

① (×) **제30조(공동정범)** 2인 이상이 공동하여 죄를 범한 때에는 각자를 그 죄의 정범으로 처벌한다.
  ※ 각자가 구성요건의 일부만 실현한 때에도 그 전체에 대한 책임을 지게 하는 데 공동정범의 존재의의가 있다. 공동정범의 정범성은 기능적 역할분담의 원칙에 근거하며, 실행행위·인과관계 등을 전체적으로 파악하는 점에 그 특징이 있다.

② (×) **제31조(교사범)** ① 타인을 교사하여 죄를 범하게 한 자는 죄를 실행한 자와 동일한 형으로 처벌한다. ※ 타인에게 범죄의 결의를 생기게 하였다는 점에서 타인의 결의를 전제로 하여 그 실행을 유형적, 무형적으로 돕는 데 지나지 않는 종범과 구별된다.

④ (×) 직접정범이란 모든 구성요건요소를 스스로 실현하여 범죄를 실행하는 자를 말한다.

⑤ (×) **제32조(종범)** ① 타인의 범죄를 방조한 자는 종범으로 처벌한다. ※ 종범이란 정범의 범행결의를 강화하거나 범죄실행을 용이하게 한 자를 말한다. 종범은 의사의 연락을 요하지 않고 행위지배가 없다는 점에서 공범에 해당하며, 이미 범죄의 결의를 한 자를 돕는 것이라는 점에서, 범죄의 결의를 하게 하는 교사범과 구별된다.

문제로 익히는 핵심이론

범죄는 1인이 저지를 수도 있고 다수인이 가담하여 저지를 수도 있다. 1인이 범죄를 실행하는 경우를 **단독범**이라 하고, 2인 이상이 협력하여 범죄를 실행하는 경우를 **다수참가형태**라 한다. **정범**은 범죄를 스스로 실행하는 자로서, **간접정범·공동정범·합동범·동시범** 등이 이에 해당한다. 구성요건을 2인 이상이 관여하여 실현하는 경우 그 관여자 전체를 공범(광의의 공범)이라고 하는데 형법은 총칙 제2장 제3절에서 공범이라는 제목으로 공동정범, 교사범, 종범 및 간접정범을 규정하고 있다. 그러나 **공동정범**은 2인 이상이 공동하여 죄를 범한다는 점에서 단독정범과 구별되지만 스스로 범죄를 행한 자이므로 공범이 아니라 정범에 해당한다. **간접정범**도 타인을 도구로 이용하여 죄를 범한 자이므로 그 본질상 정범에 해당한다.
교사범과 종범은 타인의 범죄를 교사 또는 방조하여 타인의 범죄에 가담하는 데 불과하다. 타인의 범죄에 가담하는 범죄 참가형태에는 교사범과 종범이 있을 뿐이며 이를 협의의 공범 또는 고유한 의미의 공범이라고 한다. 일반적으로 공범이라고 할 때에는 **협의의 공범(교사범, 종범)**을 의미한다.

정답 ③

595

1개의 폭탄을 던져 여러 명을 살해한 경우 죄수판단으로 옳은 것은?

① 법조경합
② 포괄일죄
③ 실체적 경합
④ 상상적 경합
⑤ 동시범

문제로 익히는 핵심이론

죄수론은 범죄의 수가 1개인가 또는 수개인가를 정하고 이를 어떻게 처벌할 것인가를 해결하기 위한 것으로 범죄론과 형벌론의 중간에 위치하는 이론이라고 할 수 있다.

일죄란 범죄의 수가 1개인 것을 말한다. 일죄에는 **단순일죄** 이외에 1개 또는 수개의 행위가 수개의 구성요건을 충족하지만 구성요건 상호 간의 관계에 따라 1개의 구성요건만 적용되는 '**법조경합**'과 수 개의 행위가 각각 독자적 구성요건을 충족하지만 각 행위 모두를 포괄하여 일죄로 취급하는 '**포괄일죄**'가 있다. 그리고 수죄에는 상상적 경합과 실체적 경합이 있다.

'**상상적 경합**'이란 1개의 행위가 수개의 죄에 해당하는 경우이다. 실질적으로는 수죄이지만 가장 중한 죄에 정한 형, 즉 1죄로 처벌하므로 과형상 일죄라고도 한다. 상상적 경합은 1개의 행위가 실질적으로 수개의 구성요건을 충족하는 경우를 말하고 법조경합은 1개의 행위가 외관상 수개의 죄의 구성요건에 해당하는 것처럼 보이나 실질적으로 1죄만을 구성한다는 점에서 구별된다.

'**실체적 경합범**'이란 수 개의 행위가 수 개의 죄에 해당하고 수죄가 하나의 재판에서 같이 재판받을 가능성이 있는 경우를 말한다. 형법 제37조는 '판결이 확정되지 아니한 수개의 죄 또는 금고 이상의 형에 처한 판결이 확정된 죄와 그 판결 확정 전에 범한 죄를 경합범으로 한다.'라고 규정하는데 전자를 동시적 경합범, 후자를 사후적 경합범이라고 한다.

정답 ④

해설

상상적 경합이란 1개의 행위가 수개의 죄에 해당하는 경우이다. 설문처럼 **1개의 폭탄을 던져 여러 명을 살해한 경우는 수개의 살인죄의 상상적 경합**이 된다.

오답풀이

① (×) **법조경합**이란 외관상 수개의 형벌법규에 해당하는 것 같이 보이나 성질상 하나만 적용되고 다른 법규의 적용은 배척하여 형법상 일죄로 되는 경우이다. 예컨대 존속살해죄는 살인죄의 특별법으로 존속살해죄만 성립하며, 살인에 수반된 의복손괴 시 살인죄만 성립하고 손괴죄는 성립하지 않는다.

② (×) **포괄일죄**란 수개의 행위가 포괄적으로 1개의 구성요건에 해당하여 일죄를 구성하는 경우를 말한다. 포괄일죄는 본래적으로 일죄를 구성하고 별죄는 따로 성립하지 않는 점에서 외견상 수개의 죄로 보이는 법조경합과 구별된다. 예컨대 절도범이 수일에 걸쳐 매일 밤 쌀 한 가마씩 훔친 경우인 연속범이나 또는 범죄행위를 반복하여 저지르는 습벽, 즉 상습성을 지닌 상습범이 이에 해당한다.

③ (×) **실체적 경합범**이란 수 개의 행위가 수 개의 죄에 해당하는 경우로서 수죄가 하나의 재판에서 같이 재판받을 가능성이 있는 경우를 말한다. 예컨대 사람을 살해하고 사체를 유기한 경우 살인죄와 사체유기죄의 실체적 경합범이 성립한다.

⑤ (×) **동시범**이란 공동의 의사연락이 없는 2인 이상의 범행을 말한다. 즉 다수인이 의사연락 없이 동시 또는 이시에 동일 객체에 대하여 각자 범죄를 실행하는 것으로, 단독정범이 경합한 경우이다.

596 명예에 관한 죄에 대한 설명으로 옳지 않은 것은?

① 명예훼손은 구체적 사실의 적시를 통해 명예를 침해하는 것으로 단순한 추상적 판단이나 경멸적 감정을 표현하는 모욕죄와 구별된다.
② 사실을 적시한 상대방이 특정한 한 사람이라도 그 말을 들은 사람이 불특정 또는 다수인에게 전파할 가능성이 있는 때에는 명예훼손죄의 요건인 공연성이 인정된다.
③ 진실한 사실을 적시하면 명예훼손죄가 성립하지 않는다.
④ 적시된 사실이 진실이고 오로지 공공의 이익에 관한 것이며 그에 대한 인식과 의사로 명예를 훼손한 행위는 위법성이 조각되어 처벌되지 않는다.
⑤ 명예훼손죄는 반의사불벌죄이고, 모욕죄는 친고죄이다.

해설
적시된 사실이 **진실인가 허위인가**는 명예훼손죄의 성립에 영향이 없다. 사실이 진실인 경우에는 제307조 **제1항**의 명예훼손죄에 해당하고, 허위의 사실이면 불법이 가중되어 동조 제2항의 허위사실 명예훼손죄가 성립한다.

오답풀이
① (○) 명예훼손죄는 공연히 사실 또는 허위의 사실을 적시하여 사람의 명예를 훼손함으로써 성립하는 범죄이다. 한편 모욕죄는 공연히 사람을 모욕함으로써 성립하는 범죄로 사실의 적시가 없다는 점에서 명예훼손죄와 구별된다.
② (○) 명예훼손죄는 '**공연성**'을 요건으로 하는데 여기서 공연성은 불특정 또는 다수인이 인식할 수 있는 상태를 의미한다. 이에 대해 판례는 일관하여 '**전파성이론**'을 따르고 있다. 즉 사실을 적시한 상대방이 특정한 한 사람이라도 그 말을 들은 사람이 불특정 또는 다수인에게 전파할 가능성이 있는 때에는 공연성을 인정하는 것을 말한다.
④ (○) 제310조(위법성의 조각) 제307조 제1항(진실인 사실 적시 명예훼손죄)의 행위가 진실한 사실로서 오로지 공공의 이익에 관한 때에는 처벌하지 아니한다.
⑤ (○) 모욕죄는 사실의 적시가 없고, 친고죄라는 점에서 명예훼손죄와 구별된다.

문제로 익히는 핵심이론

'**명예훼손죄**'는 공연히 사실 또는 허위의 사실을 적시하여 사람의 명예를 훼손함으로써 성립하는 범죄이다. 명예훼손은 구체적 사실의 적시를 통해 명예를 침해하는 것으로 단순한 추상적 판단이나 경멸적 감정을 표현하는 모욕죄와 구별된다. 명예훼손죄는 외적 명예(사람의 인격적 가치에 대한 사회적 평가)를 보호법익으로 하며(판례), 추상적 위험범이다. **명예훼손죄와 모욕죄는 모두 공연성을** 요건으로 하는데, 여기서 공연성은 불특정 또는 다수인이 인식할 수 있는 상태를 말한다. 판례는 사실을 적시한 상대방이 특정한 한 사람이라도 그 말을 들은 사람이 불특정 또는 다수인에게 전파할 가능성이 있는 때에는 공연성을 인정하는 '**전파성 이론**'을 취하고 있다.
제307조 제1항의 행위(진실인 사실적시 명예훼손죄)가 진실한 사실로서 오로지 공공의 이익에 관한 때에는 **제310조에 따라 특수한 위법성조각사유**가 적용된다. 본조의 취지는 헌법상의 표현의 자유라는 공익과 개인의 명예의 보호라는 사익을 조화시키기 위한 것이다.
한편 사람을 비방할 목적으로 신문, 잡지 또는 라디오 기타 출판물에 의하여 사실 또는 허위의 사실을 적시하여 사람의 명예를 훼손하면 **출판물에 의한 명예훼손죄**가 성립하는데, 본죄는 제307조의 명예훼손죄에 대한 가중적 구성요건에 해당한다.
'**모욕죄**'는 공연히 사람을 모욕함으로써 성립하는 범죄인데 사실의 적시가 없다는 점, 친고죄라는 점에서 명예훼손죄와 구별된다. **모욕**이란 사실을 적시하지 아니하고 사람의 사회적 평가를 저하시킬 만한 추상적 판단이나 경멸적 감정을 표현하는 것을 의미한다. 모욕의 수단·방법에는 제한이 없으므로 언어·서면·거동이나 부작위에 의한 모욕도 가능하다. 단순한 불친절, 무례만으로는 모욕이라고 할 수 없다. 최근 코로나 시국에 친분이 별로 없음에도 여러 사람이 듣는 가운데 부하직원에게 '확찐자'라는 발언을 한 사안에서 신조어 '확찐자'는 직·간접적으로 외모를 비하하고 부정적 사회평가를 동반하는 만큼 모욕죄가 성립한다는 대법원 판결이 나왔다.

정답 ③

597

난이도 Self Check | 상 ○ 중 ○ 하 ○

형법상 재산죄가 <u>아닌</u> 것은?

① 사기죄
② 강도죄
③ 업무방해죄
④ 손괴죄
⑤ 장물죄

문제로 익히는 핵심이론

[재산죄의 분류]

객체	재물	절도죄 · 횡령죄 · 장물죄 · 손괴죄 · 권리행사방해죄
	재산상 이익	배임죄 · 컴퓨터 등 사용사기죄
	재물 또는 재산상 이익	강도죄 · 사기죄 · 공갈죄
보호법익	소유권	절도죄 · 횡령죄 · 장물죄 · 손괴죄
	전체로서의 재산권	강도죄 · 사기죄 · 공갈죄 · 배임죄
	소유권이외의 물권 · 채권	권리행사방해죄
영득의사의 유무	영득죄	절도죄 · 강도죄 · 사기죄 · 공갈죄 · 횡령죄 (단, 배임죄는 불법이득의사를 요함)
	영득죄가 아닌 범죄	손괴죄 · 권리행사방해죄
침해방법	상대방의 의사에 반하여 재산을 취득	절도죄 · 강도죄
	하자있는 의사에 기한 처분행위로 재산을 취득	사기죄 · 공갈죄
	신임관계 위반	횡령죄 · 배임죄
	재물의 효용침해	손괴죄
	자기소유물건에 대한 권리행사 방해	권리행사방해죄

정답 ③

해설

제314조(업무방해) ① 제313조의 방법(허위의 사실을 유포하거나 기타 위계) 또는 위력으로써 사람의 업무를 방해한 자는 5년 이하의 징역 또는 1천 500만 원 이하의 벌금에 처한다.
※ <u>업무방해죄는 재산죄가 아니다.</u>

오답풀이

① (○) **제347조(사기)** ① 사람을 기망하여 <u>재물의 교부를 받거나 재산상의 이익을 취득</u>한 자는 10년 이하의 징역 또는 2천만 원 이하의 벌금에 처한다.
② (○) **제333조(강도)** 폭행 또는 협박으로 타인의 <u>재물을 강취하거나 기타 재산상의 이익을 취득</u>하거나 제삼자로 하여금 이를 취득하게 한 자는 3년 이상의 유기징역에 처한다.
④ (○) **제366조(재물손괴등)** 타인의 <u>재물, 문서 또는 전자기록등 특수매체기록을 손괴 또는 은닉 기타 방법으로 기 효용을 해한 자</u>는 3년이하의 징역 또는 700만 원 이하의 벌금에 처한다. ※ 손괴죄는 타인의 재물의 효용을 해하는 재산죄이다.
⑤ (○) **제362조(장물의 취득, 알선 등)** ① <u>장물을 취득, 양도, 운반 또는 보관</u>한 자는 7년 이하의 징역 또는 1천 500만 원 이하의 벌금에 처한다. ※ 장물죄는 피해자의 재산권을 보호법익으로 하는 재산죄이다.

598

난이도 Self Check | 상 ◯ 중 ◯ 하 ◯

다음과 같은 범행을 한 甲의 죄책으로 옳은 것은?

> 甲은 乙의 지갑을 몰래 훔쳐 달아나다 자신을 추격하여 온 피해자 乙에게 잡히게 되자 체포를 면탈할 목적으로 乙을 때리고, 놓아주지 않으면 죽여 버리겠다고 협박을 하였다.

① 절도죄
② 강도죄
③ 폭행죄
④ 준강도죄
⑤ 협박죄

해설

제335조(준강도) 절도가 재물의 탈환을 항거하거나 **체포를 면탈**하거나 죄적을 인멸할 **목적으로 폭행 또는 협박**을 가한 때에는 전2조(강도, 특수강도)의 예에 의한다. ※ 설문의 甲은 지갑을 훔쳐 절도범에 해당하고 피해자의 체포를 면탈할 목적으로 폭행과 협박을 했으므로 준강도죄가 성립된다.

오답풀이

① (×) **제329조(절도)** 타인의 재물을 절취한 자는 6년 이하의 징역 또는 1천만 원 이하의 벌금에 처한다. ※ 절취란 타인이 점유하는 타인의 재물을 점유자의 의사에 반하여 그 점유를 배제하고 자신의 점유로 옮기는 것을 말한다.

② (×) **제333조(강도)** 폭행 또는 협박으로 타인의 재물을 강취하거나 기타 재산상의 이익을 취득하거나 제3자로 하여금 이를 취득하게 한 자는 3년 이상의 유기징역에 처한다. ※ 강취란 폭행·협박에 의하여 피해자의 의사에 반하여 타인의 재물을 자기 또는 제3자의 점유로 옮기는 것을 말하며, 폭행·협박이 재물강취의 수단이 되어야 한다.

③ (×) **제260조(폭행)** ① 사람의 신체에 대하여 폭행을 가한 자는 2년 이하의 징역, 500만 원 이하의 벌금, 구류 또는 과료에 처한다. ※ 폭행은 사람의 신체에 대한 직접적인 유형력의 행사를 의미한다.

⑤ (×) **제283조(협박)** ① 사람을 협박한 자는 3년 이하의 징역, 500만 원 이하의 벌금, 구류 또는 과료에 처한다. ※ 협박이란 객관적으로 사람으로 하여금 공포심을 일으킬 수 있는 정도의 해악을 고지하는 것을 말하며, 협박죄는 사람의 '의사결정의 자유'를 보호법익으로 한다.

문제로 익히는 핵심이론

'**준강도죄**'란 절도가 재물의 탈환을 항거하거나 체포를 면탈하거나 죄적을 인멸할 목적으로 폭행 또는 협박할 때에 성립하는 범죄이다(제335조). **본죄의 주체는 절도**이다. 단순절도뿐만 아니라 야간주거침입절도와 특수절도를 포함한다. 절도의 실행에 착수한 이상 기수·미수를 불문한다.

폭행·협박은 강도죄의 그것과 동일하게 상대방의 **반항을 억압할 정도**에 이르러야 한다. 현실적으로 반항을 억압하였음을 필요로 하는 것은 아니다. 절도범인이 옷을 잡히자 체포를 면하려고 충동적으로 저항을 시도하여 잡은 손을 뿌리친 정도(판례) 등은 본죄의 폭행·협박에 해당하지 않는다. 폭행·협박은 절도의 기회에 이루어져야 하므로 폭행·협박과 절취는 **시간적·장소적 근접성**이 인정되어야 한다. 준강도죄는 **미수범을 처벌**하는데, 폭행은 하였으나 재물탈취에는 실패한 경우 준강도죄의 기수인가 미수인가 하는 문제이다. 판례는 **절취행위기준설**이다. 즉 **절도미수**범이 폭행·협박을 가한 경우에는 **강도미수**에 준하여 처벌된다. 준강도죄의 주관적 구성요건으로 객관적 구성요건에 대한 **고의**가 필요하며 ① 재물탈환의 항거, ② 체포의 면탈, ③ 죄적인멸의 목적 중 적어도 하나의 **목적이 있어야** 한다. 목적의 달성여부는 본죄의 성립에 영향을 미치지 못한다. 만약 절도가 발각되자 재물을 강취하기 위하여 폭행·협박이 이루어졌을 경우에는 본죄가 아니라 강도죄가 될 뿐이다.

정답 ④

599

난이도 Self Check | 상 ◯ 중 ◯ 하 ◯

사기죄의 객관적 구성요건이 <u>아닌</u> 것은?

① 기망행위
② 착오
③ 처분행위
④ 재물 또는 재산상 이익의 취득
⑤ 손해의 발생

> **문제로 익히는 핵심이론**
>
> '**사기죄**'는 사람을 기망하여 재물의 교부를 받거나 재산상의 이익을 취득하거나 제3자로 하여금 취득하게 함으로써 성립한다(제347조). 상대방의 하자 있는 의사에 의하여 재물 또는 재산상 이익을 취득하는 점에서 사기죄는 공갈죄와 같으며 하자 있는 의사를 야기하는 수단이 다를 뿐이다.
> **사기죄의 객관적 구성요건**으로는 ① 기망행위, ② 피기망자의 착오, ③ 처분행위, ④ 재물 또는 재산상 이익의 취득을 요하며, **판례에 의하면, 재산상 손해의 발생은 요하지 않는다.**
> **불법원인급여와 사기죄의 성부.** 예컨대 도박자금을 편취하거나 공무원에게 뇌물에 공여할 재물을 편취한 경우에 사기죄가 성립하는가가 문제된다. **판례는 사기죄의 성립을 긍정한다.** 형법상 재산 개념에 관하여 경제적 재산설을 취하는 한 도박자금이나 뇌물에 공여할 재물과 같은 불법원인급여물도 경제적 이익에 포함되고 형법상 보호의 대상이 된다고 보아야 하며, 기망자가 기망수단으로 경제적 이익을 취득하였다면 사기죄가 성립한다고 보아야 한다.
> 사기죄의 **실행의 착수**시기는 기망행위를 개시한 때이고, **기수**시기는 재물 또는 재산상 이익을 취득한 때이다.
>
> 정답 ⑤

해설

사기죄에 있어서 재산상 손해가 발생할 것을 요건으로 하는가가 문제된다. **판례에 의하면,** 사기죄의 본질은 기망에 의한 재물이나 재산상 이득의 취득에 있고 이로써 상대방의 재산이 침해되는 것이므로 상대방에게 현실적으로 **재산상의 손해가 발생하지 않았다 하더라도 사기죄의 성립에는 아무런 영향이 없다**(94도2048)고 한다.

오답풀이

① (◯) **기망**은 널리 거래관계에서 지켜야 할 신의칙에 반하는 행위로서 사람으로 하여금 착오를 일으키게 하는 것을 말한다. 기망행위에는 명시 · 묵시적 기망행위, 부작위에 의한 기망행위가 있다.
② (◯) 기망행위에 의해 피기망자가 **착오**에 빠져야 한다. 여기서 착오란 관념과 현실의 불일치를 말한다. 기망과 착오 간에는 인과관계가 있어야 한다.
③ (◯) **처분행위**는 직접 재산상의 손해를 초래하는 작위 또는 부작위를 말한다. 처분행위는 그로 인해 직접 재산상의 손해를 초래하는 것이어야 한다.
④ (◯) 사기죄의 객체인 재물은 타인이 점유하는 타인의 **재물**을 말하며, **재산상의 이익**은 재물 이외에 경제적 가치의 증가를 가져오는 일체의 이익을 말한다.

600

횡령과 배임의 죄에 관한 설명으로 옳지 않은 것은?

① 횡령죄와 배임죄는 모두 신분범에 해당한다.
② 횡령죄의 객체는 재물이고, 배임죄의 객체는 재산상의 이익이다.
③ 송금 절차의 착오로 인하여 은행 계좌에 입금된 돈을 임의로 인출하여 소비하면 횡령죄에 해당한다.
④ 뇌물공여 목적으로 전달하여 달라고 교부받은 금전을 공무원에게 전달하지 않고 임의로 소비하면 횡령죄가 성립한다.
⑤ 제1 매수인으로부터 중도금을 받은 매도인이 동일 부동산을 다시 제2매수인에게 매도하고 제2매수인에게 소유권이전등기를 마쳐준 경우 매도인은 배임죄가 성립한다.

해설

갑이 을로부터 제3자에 대한 뇌물공여 또는 배임증재의 목적으로 전달하여 달라고 교부받은 금전은 불법원인급여물에 해당하여 그 소유권은 갑에게 귀속되는 것으로서(민법 제746조) 갑이 위 금전을 제3자에게 전달하지 않고 임의로 소비하였다고 하더라도 횡령죄가 성립하지 않는다(99도275).

오답풀이

① (○) 횡령죄는 타인의 재물을 보관하는 자가 주체가 되며, 배임죄는 타인의 사무를 처리하는 자가 주체가 되는 둘 다 진정신분범이다. 진정신분범이란 일정한 신분을 가진 자만 저지를 수 있는 범죄를 말한다.
② (○) 횡령죄의 객체는 재물임에 반하여 배임죄의 객체는 재산상의 이익이라는 점에서 차이가 있다. 이러한 의미에서 횡령죄는 배임죄에 대하여 법조경합 중 특별관계에 있게 된다.
③ (○) 어떤 예금계좌에 돈이 착오로 잘못 송금되어 입금된 경우에는 그 예금주와 송금인 사이에 신의칙상 보관관계가 성립한다고 할 것이므로, 피고인이 송금 절차의 착오로 인하여 피고인 명의의 은행 계좌에 입금된 돈을 임의로 인출하여 소비한 행위는 횡령죄에 해당한다(2010도891).
⑤ (○) 부동산 이중매매는 매도인이 제1매수인에게 자기의 부동산을 매도하였으나 이전 등기를 해 주지 않은 상태에서 이를 제2매수인에게 다시 매도하고 제2매수인에게 소유권이전등기를 경료하여 준 경우를 말하는데 이 경우 매도인의 배임죄 성부가 문제된다. 판례는 매도인이 제1매수인으로부터 중도금을 수령한 때 **배임죄의 주체인 타인사무 처리자의 지위를** 가지게 되고, **배임죄의 실행의 착수시기는** 제2매수인과 매매계약을 체결하고 중도금을 수령한 때, **기수시기는** 제2매수인에게 소유권이전등기를 경료해 준 때로 본다. 만약 미등기부동산이라면 제2매수인에게 인도한 때 기수가 된다.

문제로 익히는 핵심이론

제355조(횡령, 배임) ① 타인의 재물을 보관하는 자가 그 재물을 횡령하거나 그 반환을 거부한 때에는 5년 이하의 징역 또는 1천500만 원 이하의 벌금에 처한다. ② 타인의 사무를 처리하는 자가 그 임무에 위배하는 행위로써 재산상의 이익을 취득하거나 제3자로 하여금 이를 취득하게 하여 본인에게 손해를 가한 때에도 전항의 형과 같다.

① '횡령죄'는 타인의 재물을 보관하는 자가 주체가 되는 진정신분범이다. 횡령죄는 위탁자에 대한 신임관계의 배반이라는 점에서 배임죄와 같지만, 횡령죄의 객체는 재물임에 반하여 배임죄의 객체는 재산상의 이익이라는 점에서 차이가 있다. 이러한 의미에서 횡령죄는 배임죄에 대하여 법조경합 중 특별관계에 있게 된다. 횡령죄에서의 보관은 행위자 자신이 위탁관계에 기하여 사실상 또는 법률상 재물을 지배하는 것을 말한다. 판례는 **송금절차 착오의 경우 송금인과 피고인 사이에 별다른 거래관계가 없다 하더라도 사실상의 위탁관계를 인정하여 횡령죄가 성립**한다는 입장이다. 불법원인급여가 횡령죄의 기초가 되는 위탁에 의한 점유에 해당하는지에 대해 판례는 뇌물공여의 목적으로 전달해 달라고 교부받은 금전은 **불법원인급여물에 해당**하여 그 소유권은 급여를 받은 자에게 귀속되는 것으로서 급여를 받은 자가 위 금전을 전달하지 않고 임의로 소비했더라도 **횡령죄가 성립하지 않는**다고 하였다.

② '배임죄'는 타인의 사무를 처리하는 자가 주체가 되는 진정신분범이며, 사무처리의 근거는 법령·계약·관습·사무관리를 불문하며 사실상의 신임관계가 있으면 족하다. 사무의 성질이 타인의 사무가 아니라 자기 사무에 속하는 것이라면 배임죄가 성립하지 않는다. 1인회사도 1인 주주와의 관계에서 타인이 된다. **부동산 이중매매에 있어 일정한 경우 매도인에게 타인의 사무를 처리하는 자의 지위를 인정할 수 있다.** 배임행위란 임무에 위배하여 타인과의 신임관계를 해하는 일체의 행위를 말한다. 배임죄는 **재산상 손해가 발생**하여야 하며, 배임행위와 손해 사이에는 인과관계가 있어야 한다. 배임행위로 인해 본인에게 손해를 가하였다고 하더라도 행위자 또는 제3자가 **이익을 취득한 사실**이 없으면 배임죄는 성립하지 않는다.

정답 ④

601

장물죄에 관한 설명으로 옳지 않은 것은?

① 장물이란 재산죄에 의하여 영득한 재물 그 자체를 말한다.
② 대체장물은 장물이 될 수 없으므로 장물인 수표를 예금했다가 인출한 현금은 장물성을 상실한다.
③ 수수한 뇌물, 도박에서 딴 금전은 장물이 될 수 없다.
④ 본범의 정범(공동정범, 간접정범, 합동범 포함)은 장물죄의 주체가 될 수 없다.
⑤ 장물알선죄는 알선행위가 있으면 기수가 된다.

문제로 익히는 핵심이론

제362조(장물의 취득, 알선 등) ① 장물을 **취득, 양도, 운반 또는 보관**한 자는 7년 이하의 징역 또는 1천500만 원 이하의 벌금에 처한다. ② 전항의 행위를 **알선**한 자도 전항의 형과 같다.

'**장물죄**'란 장물을 취득·양도·운반·보관하거나 또는 이러한 행위를 알선함으로써 성립하는 범죄이다.

'**장물**'이란 재산범죄에 의하여 영득한 재물 그 자체를 말하며, 영득죄 자체 또는 그 범인을 본범이라고 한다. 장물죄의 보호법익은 본범의 피해자의 재산권이다. 장물죄의 불법은 피해자의 반환청구권행사를 곤란하게 함과 동시에 위법한 재산상태를 유지하게 하는 양 측면을 동시에 가지고 있다. 장물죄는 타인(본범)이 불법하게 영득한 재물의 처분에 관여하는 범죄이므로, 본범의 정범(공동정범, 간접정범, 합동범 포함)은 장물죄의 주체가 될 수 없다. 본범에 대한 교사·방조범은 장물죄의 주체가 된다.

장물죄는 친족간의 특례가 있다. 즉 ① 장물죄를 범한 자와 **피해자 간**에 직계혈족, 배우자, 동거친족, 동거가족 또는 그 배우자간의 관계가 있는 때에는 **형을 면제하며**(제365조 제1항), 직계혈족, 배우자, 동거친족, 동거가족 또는 그 배우자간의 관계 이외의 친족관계가 있는 때에는 **고소가 있어야 공소를 제기할 수 있다**(제365조 제1항). 한편 ② 장물죄를 범한 자와 **본범 간**에 직계혈족, 배우자, 동거친족, 동거가족 또는 그 배우자간의 관계가 있는 때에는 **그 형을 감경 또는 면제한다**(제365조 제2항).

정답 ②

해설

장물과 교환한 재물, 장물인 돈으로 구입한 재물 등과 같은 <u>대체장물은 장물이 될 수 없다.</u> 그러나 장물인 통화를 다른 통화로 환전하거나, 거스름돈을 받는 경우, 혹은 장물인 자기앞수표를 현금으로 바꾸는 경우, 나아가 <u>장물인 통화 또는 수표를 예금했다가 인출한 현금의 경우</u> 등 고도의 대체성을 갖는 재물에 대해서는 <u>장물성을 인정하는 게 판례</u>의 태도이다.

오답풀이
① (○) 장물이란 재산죄에 의하여 영득한 재물 그 자체로 위법상태가 유지되어 있는 것을 말한다. 재산상 이익이나 권리는 장물이 될 수 없다.
③ (○) <u>본범은 재산죄임을 요한다.</u> 재산범죄인 이상 특별법상의 재산범죄도 포함한다. <u>형법상 장물죄의 본범이 될 수 있는 재산죄에는 절도·강도·사기·공갈·횡령죄 및 장물죄</u> 등을 들 수 있다.
④ (○) 본범은 장물범에 대해서 타인이어야 한다. 본범의 정범(공동정범, 간접정범, 합동범 포함)은 장물죄의 주체가 될 수 없다. 본범에 대한 교사·방조범은 장물죄의 주체가 된다.
⑤ (○) <u>알선이란 장물의 취득·양도·운반 또는 보관을 매개하거나 주선하는 것</u>을 말한다. 장물이 현실적으로 존재해야 하므로 단순히 절취해오면 매각을 주선하겠다고 하는 것은 절도의 방조에 불과하고 장물알선에는 해당되지 않는다. <u>장물알선죄는 알선행위가 있으면 기수가 된다</u>(2009도1203).

602

난이도 Self Check | 상 ◯ 중 ◯ 하 ◯

제3자로부터 신분확인을 위하여 신분증명서의 제시를 요구받고 다른 사람의 운전면허증을 제시한 경우, 성립하는 죄로 옳은 것은?

① 공문서 위조죄
② 공무집행방해죄
③ 공문서부정행사죄
④ 사문서부정행사죄
⑤ 사기죄

해설

운전면허증은 운전면허를 받은 사람이 운전면허시험에 합격하여 자동차의 운전이 허락된 사람임을 증명하는 **공문서**로서, 운전면허증에 표시된 사람이 운전면허시험에 합격한 사람이라는 **'자격증명'**과 이를 지니고 있으면서 내보이는 사람이 바로 그 사람이라는 **'동일인증명'**의 기능을 동시에 가지고 있다. 현실적으로 운전면허증은 주민등록증과 대등한 신분증명서로 널리 사용되고 있으므로 제3자로부터 **신분확인**을 위하여 신분증명서의 제시를 요구받고 **다른 사람의 운전면허증을 제시**한 행위는 그 사용목적에 따른 행사로서 **공문서부정행사죄에 해당**한다고 보는 것이 옳다(2000도1985).

오답풀이

① (✕) 제225조(공문서등의 위조·변조) 행사할 목적으로 공무원 또는 공무소의 문서 또는 도화를 위조 또는 변조한 자는 10년 이하의 징역에 처한다.
② (✕) 제136조(공무집행방해) ① 직무를 집행하는 공무원에 대하여 **폭행** 또는 **협박**한 자는 5년 이하의 징역 또는 1천만 원 이하의 벌금에 처한다.
④ (✕) 제236조(사문서의 부정행사) 권리·의무 또는 사실증명에 관한 타인의 문서 또는 도화를 부정행사한 자는 1년 이하의 징역이나 금고 또는 300만 원 이하의 벌금에 처한다.
⑤ (✕) 제347조(사기) ① 사람을 기망하여 재물의 교부를 받거나 재산상의 이익을 취득한 자는 10년 이하의 징역 또는 2천만 원 이하의 벌금에 처한다. ※ 사기죄는 개인적 법익에 대한 죄 중 재산죄에 해당한다.

문제로 익히는 핵심이론

제230조(공문서 등의 부정행사) 공무원 또는 공무소의 문서 또는 도화를 부정행사한 자는 2년 이하의 징역이나 금고 또는 500만 원 이하의 벌금에 처한다.

'공문서부정행사죄'는 공문서의 사용권한자와 사용목적이 특정되어 있는 경우에 그 사용권한 없는 자가 사용권한 있는 것처럼 가장하여 부정한 목적으로 행사하거나, 권한 있는 자라도 그 정당한 용법에 반하여 부정하게 행사하는 경우에 성립하는 범죄이다. 본죄의 객체는 진정하게 작성된 공문서라야 하며 사용권한자 및 용도가 특정된 것이라야 한다. 판례에 의하면, 인감증명서, 등기필증, 주민등록표등본 등은 사용권한자가 특정되지 않고 용도도 다양한 공문서이므로 본래의 취지에 따라 행사한 경우 본죄에 해당되지 않는다고 한다. **사용권한 없는 자가 원래의 용도대로 사용한 경우 공문서부정행사죄가 성립**한다. 판례는 제3자로부터 신분확인을 위하여 신분증명서의 제시를 요구받고 다른 사람의 운전면허증을 제시한 경우, 운전면허증은 신분확인의 용도로도 기능한다고 보아 **공문서부정행사죄에 해당**한다고 했다.

정답 ③

603

난이도 Self Check | 상 ◯ 중 ◯ 하 ◯

뇌물죄에 관한 설명으로 옳은 것을 모두 고르면?

> ㉠ 직무행위의 대가로서의 의미를 가질 때에는 비록 사교적 의례의 형식을 사용하고 있다 하여도 뇌물이 될 수 있다.
>
> ㉡ 뇌물의 내용인 이익은 사람의 수요·욕망을 충족시키기에 족한 일체의 유형·무형의 이익을 포함하며, 제공된 것이 성적 욕구의 충족인 경우라도 이에 해당한다.
>
> ㉢ 뇌물로 받은 수표가 나중에 부도가 난 경우라면 뇌물죄가 성립하지 않는다.
>
> ㉣ 공무원이 뇌물을 수수·요구·약속한 경우에는 그 후 부정행위를 하지 않았을지라도 수뢰죄가 성립한다.
>
> ㉤ 공무원이 직접 뇌물을 받지 아니하고 증뢰자로 하여금 공무원 자신의 채권자에게 뇌물을 공여하도록 하여 공무원이 그만큼 지출을 면하게 되는 경우에는 제3자 뇌물제공죄가 성립한다.
>
> ㉥ 공무원에게 뇌물로 공여하기 위한 목적이라는 사정을 잘 알면서 증뢰자로부터 금품을 교부받은 자는 그가 실제로 그 금품을 공무원에게 전달하지 않으면 형법상 아무런 처벌을 받지 않는다.

① ㉠, ㉡, ㉣
② ㉠, ㉢, ㉣
③ ㉠, ㉣, ㉥
④ ㉡, ㉢, ㉤
⑤ ㉡, ㉣, ㉥

해설

㉠ (○) 공무원의 직무와 관련하여 금품을 수수하였다면 그 수수한 금품은 뇌물이 되는 것이고, 그것이 사교적 의례의 형식을 사용하고 있다 하여도 직무행위의 대가로서의 의미를 가질 때에는 뇌물이 된다(98도3584).

㉡ (○) 뇌물죄에서 뇌물의 내용인 이익은 금전, 물품 기타의 재산적 이익뿐만 아니라 사람의 수요·욕망을 충족시키기에 족한 일체의 유형·무형의 이익을 포함하며, 제공된 것이 성적 욕구의 충족이라고 하여 달리 볼 것이 아니다(2013도13937).

㉣ (○) 수뢰죄의 성립에 부정행위는 그 요건이 아니다. 공무원이 수뢰 후 부정행위까지 나아간 경우에는 수뢰후부정처사죄가 되어 가중처벌 된다.

오답풀이

㉢ (×) 뇌물로 공여된 당좌수표가 수수 후 부도가 되었다 하더라도 뇌물죄의 성립에는 아무런 영향이 없다(82도2964).

㉤ (×) 공무원이 직접 뇌물을 받지 아니하고 증뢰자로 하여금 다른 사람에게 뇌물을 공여하도록 한 경우, 그 다른 사람이 공무원의 사자 또는 대리인으로서 뇌물을 받은 경우나 그 밖에 예컨대, 평소 공무원이 그 다른 사람의 생활비 등을 부담하고 있었다거나 혹은 그 다른 사람에 대하여 채무를 부담하고 있었다는 등의 사정이 있어서 그 다른 사람이 뇌물을 받음으로써 공무원은 그만큼 지출을 면하게 되는 경우 등 사회통념상 그 다른 사람이 뇌물을 받은 것을 공무원이 직접 받은 것과 같이 평가할 수 있는 관계가 있는 경우에는 형법 제130조의 제3자뇌물제공죄가 아니라, 형법 제129조 제1항의 뇌물수수죄가 성립한다(2003도8077).

㉥ (×) 증뢰물전달죄가 성립한다. 증뢰물전달죄란 증뢰에 공할 목적으로 제3자에게 금품을 교부하거나 그 정을 알면서 교부를 받는 경우 성립하는 범죄이다(제133조제2항). 제3자가 수뢰할 자에게 실제로 금품을 전달했는가는 죄의 성립에 영향이 없다.

문제로 익히는 핵심이론

'뇌물죄'란 공무원 또는 중재인이 직무행위에 대한 대가로 부당한 이익을 취득하는 것을 내용으로 하는 범죄이다. 판례에 의하면, 뇌물죄는 직무집행의 공정과 이에 대한 사회의 신뢰를 기하여 직무행위의 불가매수성을 그 직접적 보호법익으로 하고 있다고 한다. 뇌물죄는 수뢰자와 증뢰자의 주고받는 행위를 필요로 하므로 **증뢰죄와 수뢰죄는 필요적 공범에 해당**한다.
'뇌물'이란 직무에 관한 불법한 보수 또는 부당한 이익을 말하며, 공무원의 직무와 금원의 수수가 전체적으로 대가관계에 있으면 뇌물수수죄는 성립한다. 뇌물은 직무에 대한 대가관계가 있어야 하므로 대가관계가 없는 단순한 사교적 의례로서의 증여는 뇌물이 아니다. 또한 불법한 보수임을 요하므로 법령에 의한 수당이나 여비 등은 뇌물이 될 수 없다. 다만 판례에 의하면 사교적 의례의 형식을 사용하고 있다 하더라도 직무행위의 대가로서의 의미를 가지는 때에는 뇌물이 된다고 한다. 뇌물의 내용인 이익이란 재산적 이익뿐만 아니라 사람의 수요 욕망을 충족시키기에 족한 일체의 유형, 무형의 이익을 포함한다. 따라서 향응의 제공, 이성간의 정교, 취직알선 등도 뇌물에 해당된다. 이익은 그 제공 당시 확정적일 필요가 없으므로 투기적 사업에 참여할 기회를 얻는 것도 이에 해당한다. 뇌물로 공여된 당좌수표가 수수 후 부도가 되었다 하더라도 뇌물죄의 성립에 영향이 없다. 부당한 이익이면 뇌물의 사용용도는 불문한다. 자선적 동기에 기해 사회복지시설 또는 종교단체에 기부하도록 하는 경우에도 뇌물성이 인정된다. 범인 또는 정을 아는 제3자가 받은 뇌물 또는 뇌물에 공할 금품은 **몰수한다**. 그를 몰수하기 불능한 때에는 그 **가액을 추징**한다(제134조).

정답 ①

604

위증과 증거인멸의 죄에 관한 설명으로 옳지 않은 것은?

① 위증죄는 증인만이 범죄의 주체가 되는 진정신분범이다.
② 위증죄에서의 허위의 진술은 증인이 자신의 기억에 반하는 사실을 진술하는 것을 말한다.
③ 위증의 죄를 범한 자가 그 공술한 사건의 재판 또는 징계처분이 확정되기 전에 자백 또는 자수한 때에는 그 형을 감경 또는 면제한다.
④ 자기 또는 타인의 형사사건에 관한 증거를 인멸한 자는 증거인멸죄가 성립한다.
⑤ 자기의 형사 사건에 관한 증거를 인멸하기 위하여 타인을 교사하여 죄를 범하게 한 자에 대하여는 증거인멸교사죄가 성립한다.

해설

제155조(증거인멸 등과 친족 간의 특례) ① **타인의 형사사건 또는 징계사건에 관한 증거를 인멸, 은닉, 위조 또는 변조하거나 위조 또는 변조한 증거를 사용한 자는 5년 이하의 징역 또는 700만 원 이하의 벌금에 처한다.** ※ 자기사건에 대한 증거는 본죄의 객체가 아니다.

오답풀이
① (○) 위증죄란 법률에 의해 선서한 증인이 허위의 진술을 함으로써 성립하는 범죄이다. 본죄는 진정신분범이며 자수범에 해당한다.
② (○) 판례는 위증죄에 있어서의 **허위의 진술**이란 증인이 자기의 기억에 반하는 사실을 진술하는 것을 말하는 것으로서 그 내용이 객관적 사실과 부합한다고 하여도 위증죄는 성립한다고 한다(주관설).
③ (○) 제153조(자백, 자수) 전조의 죄(위증죄)를 범한 자가 그 공술한 사건의 재판 또는 징계처분이 확정되기 전에 **자백 또는 자수**한 때에는 그 **형을 감경 또는 면제**한다.
⑤ (○) 증거인멸죄는 국가형벌권의 행사를 저해하는 일체의 행위를 처벌의 대상으로 하고 있으나 **범인 자신이 한 증거인멸의 행위는** 피고인의 형사소송에 있어서의 방어권을 인정하는 취지와 상충하므로 처벌의 대상이 되지 아니한다. 그러나 타인이 타인의 형사사건에 관한 증거를 그 이익을 위하여 인멸하는 행위를 하면 증거인멸죄가 성립되므로 **자기의 형사사건에 관한 증거를 인멸하기 위하여 타인을 교사하여 죄를 범하게 한 자에 대하여도 교사범의 죄책을 부담케 함이 상당할 것이다(65도826).** ※ 자기 스스로는 범죄주체가 되지 않는다 할지라도 타인의 범죄를 유발하는 것은 **자기방어권의 남용**에 해당하여 교사범의 성립을 긍정하는 것이 타당하다.

문제로 익히는 핵심이론

제152조(위증) ① **법률에 의하여 선서한 증인이 허위의 진술을 한 때에는 5년 이하의 징역 또는 1천만 원 이하의 벌금에 처한다.** **제155조(증거인멸 등과 친족간의 특례)** ① **타인의 형사사건 또는 징계사건에 관한 증거를 인멸, 은닉, 위조 또는 변조하거나 위조 또는 변조한 증거를 사용한 자는 5년 이하의 징역 또는 700만 원 이하의 벌금에 처한다.**

'**위증죄**'란 법률에 의해 선서한 증인이 허위의 진술을 함으로써 성립하는 범죄이다. 본죄는 진정신분범이며 자수범에 해당한다. 국가의 사법기능을 보호법익으로 하며, 추상적 위험범이다. 증인이란 법원 또는 법관에 대해 과거의 경험사실을 진술하는 제3자를 말한다. 판례는 위증죄에 있어서의 허위의 공술이란 증인이 자기의 기억에 반하는 사실을 진술하는 것을 말하는 것으로서 그 내용이 객관적 사실과 부합한다고 하여도 위증죄는 성립한다고 한다(주관설). 형사피고인이 자기의 형사사건에 대하여 타인을 교사하여 위증하게 한 경우 이는 자기 비호권을 남용한 경우로 **위증죄의 교사범**이 된다(판례). 위증의 죄를 범한 자가 그 공술한 사건의 재판 또는 징계처분이 확정되기 전에 자백 또는 자수한 때에는 그 **형을 감경 또는 면제**한다(제153조). 이는 위증에 의한 오판을 방지하기 위해 마련한 정책적 규정이다. 본조는 무고죄에도 준용이 된다(제157조).

'**증거인멸죄**'는 타인의 형사사건 또는 징계사건에 관한 증거를 인멸, 은닉, 위조 또는 변조하거나 위조 또는 변조한 증거를 사용함으로써 성립하는 범죄이다. 위증죄가 허위의 진술 등 무형적인 방법으로 증거의 증명력을 해하는 것임에 반하여 본죄는 유형적인 방법에 의하여 증거의 증명력을 해하는 점에서 구별된다. 증거란 범죄의 성부, 태양, 형의 가중감면, 정성 등을 인정할 수 있는 일체의 자료를 말한다. **자기사건에 대한 증거**는 본죄의 객체가 아니나, 자기의 형사 사건에 관한 증거를 인멸하기 위하여 타인을 교사하여 죄를 범하게 한 자에 대하여는 **자기증거인멸교사죄가 성립**한다(판례).
한편 **친족 또는 동거가족이 본인을 위하여 본죄를 범한 때** 처벌하지 아니한다(제155조 제4항, 친족간 특례). 이는 친족 간의 정의를 고려한 **책임조각사유**이다.

정답 ④

CHAPTER 05 형사소송법 기출예상문제

605
난이도 Self Check | 상 ○ 중 ○ 하 ○

현행 형사소송의 이념에 맞지 않는 것은?

① 유죄자 필벌
② 무죄자 불벌
③ 의심스러울 때는 피고인의 이익으로
④ 피고인의 방어권 보장
⑤ 무죄추정의 원칙

> **문제로 익히는 핵심이론**
>
> 형사소송의 이념으로는 실체적 진실주의, 적법절차의 원칙, 신속한 재판의 원칙 등이 있다.
> **실체적 진실주의**란 소송의 실체에 관하여 객관적 진실을 발견하여 사안의 진상을 명백히 하자는 입장을 말한다. 민사소송이 형식적 진실주의인 것과 비교된다. **현행 형사소송법**은 헌법상의 무죄추정의 원칙에 따라 '죄 있는 자를 빠짐없이 벌해야 한다(유죄자 필벌).'는 적극적 실체진실주의가 아니라 '죄 없는 자는 벌해서는 안 된다(무죄자 불벌).'는 **소극적 실체진실주의에 입각**해 있다.
> **적법절차(Due Process of Law)의 원칙**이란 헌법의 기본원칙인 법치국가원칙의 정신을 구현한 공정한 법정절차에 의하여 형벌권이 실현되어야 한다는 원리이다. 이 원리는 ① 공정한 재판의 원칙, ② 비례성의 원칙, ③ 피고인 보호의 원칙을 그 내용으로 한다.
> **신속한 재판의 원칙**이란 헌법 제27조 제3항에 규정되어 있는 '모든 국민은 신속한 재판을 받을 권리를 가진다.'는 것을 말한다. 이러한 원칙의 필요성은 ① 형사피고인의 불안을 해소하거나 미결구금의 장기화로 인한 피고인의 인권보장적 측면과 ② 소송이 지연되는 경우에는 증인의 기억이 희미해지고 증거가 멸실·왜곡되는 경우가 있으므로 실체적 진실발견을 저해할 염려가 있다는 점과 ③ 범죄의 예방이라는 형사정책적 관점이라는 3가지 관점에서 존재한다.
>
> 정답 ①

해설
현행 형사소송법은 헌법상의 무죄추정의 원칙에 따라 '죄 있는 자를 빠짐없이 벌해야 한다(**유죄자 필벌**).'는 적극적 실체진실주의가 아니라 '죄 없는 자는 벌해서는 안 된다(**무죄자 불벌**).'는 소극적 실체진실주의에 입각해 있다.

오답풀이
② (○) 죄 없는 자는 벌해서는 안 된다. 즉 '열 사람의 범인을 놓치더라도 죄 없는 한 사람이 억울하게 처벌받는 일이 없어야 한다.'는 점을 강조하는 게 소극적 실체진실주의이고 우리 형사소송의 이념인 실체진실주의가 취하고 있는 태도이다. .
③, ⑤ (○) '의심스러울 때는 피고인의 이익으로', '무죄추정의 원칙' 등은 **모두 소극적 실체진실주의를** 반영하고 있다.
④ (○) 형사소송 이념의 하나인 **적법절차 원칙**의 내용으로 '공정한 재판'의 원칙이 있는데, 이를 실현하기 위해 **피고인의 방어권이 보장**되어야 한다. 특히 무기평등을 위해 피고인의 진술거부권, 변호인의 조력을 받을 권리 등을 인정하고 있다.

606

난이도 Self Check | 상 ◯ 중 ◯ 하 ◯

고소에 관한 설명으로 옳지 않은 것은?

① 고소는 일반범죄의 경우 수사의 단서에 불과하나, 친고죄의 경우는 소송조건이 된다.
② 법원에서 피고인의 처벌을 바란다고 증언하는 것은 고소가 아니다
③ 고소는 범인을 특정하여 신고하여야 한다.
④ 범인의 처벌을 구하지 않고 단순히 피해사실을 신고하는 것은 고소가 아니다.
⑤ 피해자의 법정대리인은 독립하여 고소할 수 있다.

문제로 익히는 핵심이론

고소란 범죄의 피해자 또는 그와 일정한 관계에 있는 **고소권자**가 **'수사기관'**에 대하여 **'범죄사실'**을 신고하여 **'범인의 처벌'**을 구하는 **의사표시**를 말한다. 고소권자가 아닌 제3자가 주체가 되면 이는 **'고발'**이 되고, 범인이 주체가 되면 이는 **'자수'**가 되는 점에 차이가 있다. 한편 법정대리인도 독립하여 고소를 할 수 있는데 이 같은 법정대리인의 고소권은 미성년자의 보호를 위한 고유권으로 보는 게 판례이다. 따라서 피해자의 고소권이 소멸해도 법정대리인은 고소권을 행사할 수 있으며, 피해자는 법정대리인이 한 고소를 취소할 수 없다. **친고죄의 고소에 대해서만 적용되는 고소불가분의 원칙**이란 고소의 효력이 미치는 범위에 관한 원칙으로서, 고소권자가 지정한 일부의 범죄사실(고소의 객관적 불가분)과 일부의 범인만을 처벌(고소의 주관적 불가분)하는 것을 방지함으로써 형사사법의 객관성과 공평성을 도모하는 데 그 취지가 있다.

정답 ③

해설

고소는 특정한 **'범죄사실'을** 신고하는 것이지, **'범인'**을 특정하여 신고하는 것이 아니다.
고소는 범죄의 피해자 등이 수사기관에 대하여 범죄사실을 신고하여 범인의 소추처벌을 구하는 의사표시이므로 그 범죄사실 등이 구체적으로 특정되어야 할 것이나, 그 특정의 정도는 고소인의 의사가 수사기관에 대하여 일정한 범죄사실을 지정 신고하여 범인의 소추처벌을 구하는 의사표시가 있었다고 볼 수 있을 정도면 충분하고, 범인의 성명이 불명이거나 오기가 있었다거나 범행의 일시·장소·방법 등이 명확하지 않거나 틀리는 것이 있다고 하더라도 그 효력에는 아무 영향이 없다(84도1704).

오답풀이

① (◯) 수사기관이 범죄의 혐의가 있다고 판단하게 되는 원인을 **수사의 단서**라고 한다. 불심검문·**고소**·고발·자수 등이 이에 해당한다. 소송조건이란 피고사건의 실체를 심판하기 위한 전제조건을 말하는데 소송조건을 갖추지 못하면 유·무죄의 실체판결을 할 수 없고, 공소기각판결이란 형식재판에 의해 소송을 종결한다. 피해자의 고소가 있어야 공소제기가 가능한 범죄인 친고죄에서 고소는 소송조건이 된다.
② (◯) 고소는 수사기관에 대하여 하는 것이다. 따라서 수사기관이 아닌 법원에 진정서를 제출하거나 피고인의 처벌을 바란다고 증언하는 것은 고소가 아니다(84도709).
④ (◯) 단순히 피해사실을 신고하거나 물건 도난신고서를 제출한 것만으로는 범인의 처벌을 구하지 않는 이상 고소가 아니다.
⑤ (◯) 제225조(비피해자인 고소권자) ① 피해자의 법정대리인은 독립하여 고소할 수 있다.
  ※ '독립하여'의 의미에 대해 **판례는 고유권설**의 입장이다. 즉 형사소송법 제225조 제1항이 규정한 법정대리인의 고소권은 무능력자의 보호를 위하여 법정대리인에게 주어진 고유권이어서 피해자의 고소권 소멸여부에 관계없이 고소할 수 있는 것이며, 그 고소기간은 법정대리인 자신이 범인을 알게 된 날로부터 진행한다(84도1579).

607

난이도 Self Check | 상 ○ 중 ○ 하 ○

수사기관의 체포와 구속에 관한 설명으로 옳지 않은 것은?

① 사전에 법관으로부터 체포영장을 발부받아 피의자를 체포하는 것이 체포의 원칙적인 모습이다.
② 긴급체포란 수사기관이 '긴급을 요하는 경우'에 '중대한 범죄'의 피의자를 체포영장 없이 체포하는 것을 말한다.
③ 현행범인은 누구든지 영장 없이 체포할 수 있다.
④ 피의자의 구속은 검사의 청구에 의하여 관할 지방법원판사가 발부한 구속영장에 의한다.
⑤ 판사가 구속영장을 기각한 경우에 검사는 항고 또는 준항고의 방법으로 불복이 허용된다.

해설

형사사법절차에서 수사 또는 공소제기 및 유지를 담당하는 주체로서 피의자 또는 피고인과 대립적 지위에 있는 <u>검사에게 어떤 재판에 대하여 어떤 절차를 통하여 어느 범위 내에서 **불복방법**을 허용할 것인가 하는 점은 더욱 더 **입법정책**에 달린 문제이다.</u> 검사의 체포영장 또는 구속영장 청구에 대한 지방법원판사의 재판은 형사소송법 제402조의 규정에 의하여 항고의 대상이 되는 '법원의 결정'에 해당하지 아니하고, 제416조 제1항의 규정에 의하여 준항고의 대상이 되는 '재판장 또는 수명법관의 구금 등에 관한 재판'에도 해당하지 아니한다(2006모646). ※ 따라서 <u>판사의 구속영장 기각에 대해 검사는 **불복할 수 없다**.</u>

오답풀이

① (○) 제200조의2(영장에 의한 체포) ① 피의자가 죄를 범하였다고 의심할 만한 상당한 이유가 있고, 정당한 이유 없이 제200조(피의자의 출석요구)의 규정에 의한 출석요구에 응하지 아니하거나 응하지 아니할 우려가 있는 때에는 <u>검사는 관할 지방법원판사에게 청구하여 **체포영장**을 발부받아 피의자를 **체포**할 수 있다.</u>
② (○) 제200조의3(긴급체포) ① 검사 또는 사법경찰관은 피의자가 사형·무기 또는 장기 3년 이상의 징역이나 금고에 해당하는 죄를 범하였다고 의심할 만한 상당한 이유가 있고, 다음 각 호의 어느 하나에 해당하는 사유가 있는 경우에 긴급을 요하여 지방법원판사의 체포영장을 받을 수 없는 때에는 그 사유를 알리고 <u>영장없이 피의자를 체포할 수 있다.</u>
③ (○) 제212조(현행범인의 체포) 현행범인은 <u>**누구든지** 영장없이 체포할 수 있다.</u> ※ 수사기관이 아닌 일반인도 할 수 있다. 다만 일반인이 현행범인을 체포한 때에는 즉시 수사기관에 인도하여야 한다.
④ (○) 제201조(구속) ① 피의자가 죄를 범하였다고 의심할 만한 상당한 이유가 있고 제70조 제1항 각 호의 1에 해당하는 사유(구속사유)가 있을 때에는 <u>검사는 관할지방법원판사에게 청구하여 **구속영장**을 받아 피의자를 **구속**할 수 있고</u> 사법경찰관은 검사에게 신청하여 검사의 청구로 관할지방법원판사의 구속영장을 받아 피의자를 구속할 수 있다.

📝 문제로 익히는 핵심이론

대인적 강제수사란 수사기관의 대인적 강제처분으로서 사람을 대상으로 하는 강제처분을 말한다. 여기에는 체포와 구속이 있다. 체포에는 체포영장에 의한 **체포**, 긴급체포, 현행범 체포가 있으며 수사기관이 피의자를 대상으로 하는 것이다. **구속**은 수사기관이 피의자를 대상으로 하는 경우(피의자 구속)와 법원이 피고인을 대상으로 하는 경우(피고인 구속)가 있다.

체포영장에 의한 체포(통상체포)란 수사기관이 사전에 법관이 발부한 체포영장을 가지고 피의자를 체포하는 것을 말한다. 이는 수사의 초기단계에 피의자의 신병을 확보하기 위한 강제처분으로서, 단기이고 요건이 완화되어 있으며, 피고인에 대해서는 인정되지 않는다는 점에서 구속과 구별된다. 체포한 때부터 48시간 내에 구속영장을 청구하지 않은 때에는 피의자를 즉시 석방하여야 한다.

긴급체포란 수사기관이 중대한 죄를 범하였다고 의심할 만한 상당한 이유가 있는 현행범 아닌 피의자를 법관의 **체포영장을 발부받지 않고** 체포하는 것을 말한다. 긴급체포는 현행범 체포와 동일하게 영장주의의 예외이지만, 범행과 체포 사이에 시간적 접착성이 인정되지 않는다는 점에서 현행범 체포와 구별된다.

현행범 체포란 현행범인 또는 준현행범인을 누구나 영장 없이 체포할 수 있는 것을 말한다. 이들은 범죄의 증거가 명백하여 수사기관의 권한남용의 염려가 없고, 초동수사의 필요성이 높으므로 영장주의의 예외를 인정한 것이다. 현행범인은 범죄의 실행 중이거나 실행의 즉후인 자를 말하며, 준현행범인은 현행범은 아니지만 일정한 사유 등으로 현행범으로 간주되는 자를 말한다.

피의자 구속이란 수사절차에서 수사기관이 검사의 청구에 의하여 법관이 발부한 구속영장에 의하여 피의자를 구인 또는 구금하는 것을 말한다. 피의자의 구속은 형사소송에서의 출석을 보장하고, 증거인멸에 의한 수사의 방해를 제거하며, 종국적으로는 확정된 형벌의 집행을 확보하기 위한 제도이다. 구속사유로는 피의자가 증거를 인멸할 염려가 있거나, 도망 또는 도망할 염려가 있는 경우이다.

구속영장실질심사란 구속영장의 청구를 받은 판사가 피의자를 직접 심문하여 구속사유를 판단하는 제도를 말하는데 '구속 전 피의자심문'이라고도 한다. 구속에 직면한 피의자에게 법관에게 직접 변명할 수 있는 청문권을 보장함으로써 적법절차의 이념을 실현할 수 있게 되는 것이다. 현행 형사소송법은 인권보장의 강화를 위해 필요적 심문을 거치게 하였다.

정답 ⑤

608

난이도 Self Check | 상 ○ 중 ○ 하 ○

대물적 강제수사인 압수 · 수색 · 검증에 관한 설명으로 옳지 않은 것은?

① 압수 · 수색도 강제수사인 이상 수사의 필요성이 있어야 하는데, 이는 대상 목적물이 증거로서의 가치 및 중요성이 있는 것을 말한다.
② 사법경찰관은 검사에게 신청하여 검사의 청구로 지방법원판사가 발부한 영장에 의하여 압수, 수색 또는 검증을 할 수 있다.
③ 압수를 계속할 필요가 없는 압수물은 환부의 대상이 된다.
④ 체포현장에서 압수한 물건은 계속 압수할 필요가 있는 경우에도 영장주의 예외에 해당하여 영장 없이 계속 압수할 수 있다.
⑤ 수사기관은 소유자, 소지자 또는 보관자 등 제출권한 있는 자가 임의로 제출한 물건을 영장 없이 압수할 수 있다.

해설
제216조(영장에 의하지 아니한 강제처분) ① 2호. 체포현장에서의 압수, 수색, 검증
제217조(영장에 의하지 아니하는 강제처분) ② 검사 또는 사법경찰관은 제1항 또는 제216조 제1항제2호에 따라 압수한 물건을 계속 압수할 필요가 있는 경우에는 지체 없이 압수수색영장을 청구하여야 한다. 이 경우 압수수색영장의 청구는 체포한 때부터 48시간 이내에 하여야 한다. ③ 검사 또는 사법경찰관은 제2항에 따라 청구한 압수수색영장을 발부받지 못한 때에는 압수한 물건을 즉시 반환하여야 한다.

오답풀이
① (○) 제215조(압수, 수색, 검증) ① 검사는 범죄수사에 필요한 때에는 피의자가 죄를 범하였다고 의심할 만한 정황이 있고 해당 사건과 관계가 있다고 인정할 수 있는 것에 한정하여 지방법원판사에게 청구하여 발부받은 영장에 의하여 압수, 수색 또는 검증을 할 수 있다.
② (○) 제215조(압수, 수색, 검증) ② 사법경찰관이 범죄수사에 필요한 때에는 피의자가 죄를 범하였다고 의심할 만한 정황이 있고 해당 사건과 관계가 있다고 인정할 수 있는 것에 한정하여 검사에게 신청하여 검사의 청구로 지방법원판사가 발부한 영장에 의하여 압수, 수색 또는 검증을 할 수 있다.
③ (○) 환부란 '압수를 계속할 필요가 없게 된 경우'에 압수의 효력을 소멸시키고 압수물을 피압수자에게 '종국적으로 반환'하는 것을 말한다.
⑤ (○) 제218조(영장에 의하지 아니한 압수) 검사, 사법경찰관은 피의자 기타인의 유류한 물건이나 소유자, 소지자 또는 보관자(제출권이 있는 자)가 임의로 제출한 물건을 영장 없이 압수할 수 있다.
※ 이를 영치라고 한다. 영치는 점유취득 과정에 강제력이 수반되지 않는다는 점에서 압수영장이 필요 없고, 사후영장도 필요 없다. 그러나 일단 영치된 이상 제출자가 임의로 회복할 수 없다는 점에서 강제처분이 된다.

📝 문제로 익히는 핵심이론

대물적 강제수사란 수사기관의 대물적 강제처분으로서 물건을 대상으로 하는 강제처분을 말한다. 여기에는 압수 · 수색 · 검증이 있다.
① 압수란 물건의 점유를 취득하는 강제처분을 말하는데 여기에는 압류와 영치가 있다. 압류란 물리적 강제력을 사용하여 유체물의 점유를 점유자 의사에 반하여 수사기관에 이전하는 것을 말한다. 영치란 유류물과 임의제출물을 점유하는 경우와 같이 수사기관에 대한 물건의 점유이전이 점유자의 의사에 반하지 않는 경우를 말한다.
② **수색**이란 물건이나 사람의 발견을 목적으로 사람의 주거 · 신체나 물건 · 장소에 대해서 행해지는 강제처분을 말한다.
③ 수사기관의 **검증**이란 사람 · 장소 · 물건의 성질과 상태를 오관(눈, 코, 입, 귀, 피부)의 작용에 의해 인식하는 강제처분을 말한다.
압수 · 수색 · 검증을 할 경우에는 영장에 의해야 하는 것이 원칙(영장주의)이다. 그러나 영장주의를 고수할 경우에는 실체진실의 발견과 국가형벌권의 적정한 실현에 반하는 결과가 초래될 수도 있다. 이에 형사소송법은 실체진실발견을 위해 불가피하거나 권한남용의 위험이 없는 경우에는 **긴급성을 고려해 영장 없이 압수 · 수색 · 검증을 할 수 있는 예외**를 두고 있다.

정답 ④

609

공소장변경에 관한 설명으로 옳지 <u>않은</u> 것은?

① 공소장변경제도는 '피고인의 방어권보장'과 '형벌권의 적정한 실현'에 그 취지가 있다.
② 공소장변경은 공소사실의 동일성을 해하지 않는 범위 안에서만 허용된다.
③ 동일성 판단기준에 대해 판례는 규범적 요소를 배제한 순수한 기본적 사실동일설의 입장이다.
④ 피고인의 방어권행사에 실질적인 불이익을 초래할 염려가 없는 경우에는 공소사실과 동일한 범위 내에서 법원은 공소장변경 절차를 거치지 않고 다른 사실을 인정할 수 있다.
⑤ 법원은 심리의 경과에 비추어 상당하다고 인정할 때에는 공소사실 또는 적용법조의 추가 또는 변경을 요구하여야 한다.

해설

공소사실이나 범죄사실의 동일성은 형사소송법상의 개념이므로 이것이 형사소송절차에서 가지는 의의나 소송법적 기능을 고려하여야 할 것이고, 따라서 두 죄의 기본적 사실관계가 동일한가의 여부는 그 <u>규범적 요소를 전적으로 배제한 채 순수하게 사회적, 전법률적인 관점에서만 파악할 수는 없고</u>, 그 자연적, 사회적 사실관계나 피고인의 행위가 동일한 것인가 외에 그 규범적 요소도 기본적 사실관계 동일성의 실질적 내용의 일부를 이루는 것이라고 보는 것이 상당하다(93도2080). ※ 즉 판례는 기본적 사실동일설 입장을 기본으로 하면서도, 동일성 판단에 있어 규범적 요소를 전적으로 배제할 수 없다는 태도를 취한다(**수정된 기본적 사실동일설**).

오답풀이

① (○) 공소장에 기재된 공소사실과 다른 사실은 동일성이 인정되더라도 공소장변경이 있는 경우에만 법원의 현실적 심판대상이 되고 피고인은 심판대상인 공소사실에 대해서만 방어를 집중하면 된다.
② (○) 제298조(공소장의 변경) ① **검사는 법원의 허가를 얻어** 공소장에 기재한 공소사실 또는 적용법조의 **추가, 철회 또는 변경을 할 수 있다.** 이 경우에 법원은 **공소사실의 동일성을** 해하지 아니하는 한도에서 허가하여야 한다.
④ (○) 소송경제를 위해 일정한 경우 법원이 공소장변경 없이 공소사실과 다른 사실을 인정할 수 있는데, 바로 **공소장변경의 필요성** 기준이 문제된다. 이에 대해 판례는 '피고인의 방어권 행사에 실질적인 불이익을 초래할 염려가 없는 경우에는 공소사실과 기본적 사실이 동일한 범위 내에서 법원이 공소장 변경절차를 거치지 아니하고 다르게 인정하였다 할지라도 불고불리의 원칙에 위반되지 않는다(94도1888).'고 하여 사실기재설(실질적 불이익설)의 입장이다.
⑤ (○) 제298조(공소장의 변경) ② **법원은** 심리의 경과에 비추어 상당하다고 인정할 때에는 **공소사실 또는 적용법조의 추가 또는 변경을 요구하여야 한다.** ※ 이는 법원이 다른 사실에 대해 유죄의 확신을 갖고도 불고불리 원칙상 무죄를 선고하는 불합리를 방지하고, 형벌권의 적절한 실현을 위함이다. 그리고 법원이 검사에게 공소장의 변경을 **요구**할지 여부는 **법원의 재량**이다(판례).

문제로 익히는 **핵심이론**

공소장변경이란 검사가 **동일성을 해하지 않는 범위 내**에서 법원의 허가를 얻어 공소장에 기재된 공소사실 또는 적용법조를 추가·철회·변경하는 것을 말한다. 공소장에 기재된 공소사실과 동일성이 인정되는 사실도 법원의 심판의 대상이 될 수 있는 길을 열어 **적정한 형벌권의 발동을 가능**하게 하면서도, 한편으로 법원은 동일성이 인정되는 사실일지라도 공소장변경이 있는 경우에만 이를 심판할 수 있도록 함으로써 **피고인의 방어권을 보장**할 수 있게 한다. 동일성 판단기준은 원칙적으로 기본적 사실동일설이다. 즉 전후의 범죄사실을 그 기초가 되는 사회적 사실로 환원하여 양자 사이에 지엽적인 점에서 다소 차이가 있더라도 기본적 사실관계가 동일하다면 공소사실의 동일성을 인정해야 한다.
그런데 판례는 **기본적 사실동일설을 기본으로 하면서도 규범적 요소도 고려해야 한다는 입장**이다.
한편 공소사실의 사소한 변경의 경우에도 일일이 공소장변경 절차를 요구하면 오히려 소송경제 반하게 되므로, 피고인의 방어권행사에 실질적인 불이익을 초래할 염려가 없는 경우에는 공소사실과 기본적 사실이 동일한 범위 내에서는 법원이 공소장변경 절차를 거치지 않고 다른 사실을 인정할 수 있다(**축소사실의 인정**). 예컨대 강간치상죄의 공소사실에 대해 법원은 공소장변경절차를 거치지 않더라도 축소사실인 강간죄를 인정할 수 있다.

정답 ③

610

다음에서 설명하고 있는 개념으로 옳은 것은?

> 고문을 통해 얻어낸 자백을 가지고 얻은 정보를 이용하여 수집한 범죄의 증거물은 증거능력이 부정되어 형사재판에서 증거로 쓸 수 없다.

① 자유심증주의
② 전문법칙
③ 자백배제법칙
④ 독수독과(독나무열매) 이론
⑤ 자백의 보강법칙

해설

독수의 과실(독수독과, 독나무열매) 이론이란 위법하게 수집된 1차 증거(독수, 독나무)에 의하여 발견된 제2차 증거(과실, 열매)의 증거능력을 배제하는 이론을 말한다. 예컨대 고문에 의한 자백(독수)에 의한 정보를 이용하여 수집한 증거물(과실)은 증거능력이 부정된다는 것이다.

오답풀이

① (×) 형사소송법 제 308조는 '증거의 증명력은 법관의 자유판단에 의한다.'고 하여 자유심증주의를 규정하고 있다. **자유심증주의**란 증거의 증명력을 법률로 정하지 않고 법관의 자유로운 판단에 맡기는 주의를 말한다.
② (×) 형사소송법 제310조의2는 '제311조 내지 제316조에 규정한 것 이외에는 공판준비 또는 공판기일에서의 진술에 대신하여 진술을 기재한 서류나 공판준비 또는 공판기일 외에서의 타인의 진술을 내용으로 하는 진술은 이를 증거로 할 수 없다.'고 규정하고 있다. 이처럼 전문증거의 증거능력을 부정하는 증거법칙을 **전문법칙**이라 한다.
③ (×) 형사소송법 제309조는 '피고인의 자백이 고문, 폭행, 협박, 신체구속의 부당한 장기화 또는 기망 기타의 방법으로 임의로 진술한 것이 아니라고 의심할 만한 이유가 있는 때에는 이를 유죄의 증거로 하지 못한다.'고 규정하고 있다. 이처럼 임의성에 의심되는 자백의 증거능력을 부정하는 증거법칙을 **자백배제법칙**이라 한다.
⑤ (×) **자백의 보강법칙**이란 증거능력 있고 신빙성이 인정되는 자백에 의하여 법관이 유죄의 확신을 얻은 경우에도 그 자백이 유일한 증거인 경우 보강증거가 없으면 유죄로 인정할 수 없다는 증거법칙을 말한다. 이는 오판방지와 인권침해를 방지하기 위함이다.

문제로 익히는 핵심이론

증거재판주의(엄격한 증명)란 '사실의 인정은 증거에 의하야 한다.'는 증거법의 기본원칙을 말한다. 사실의 인정, 즉 증명이란 법관이 어떤 사실의 존부에 관해 심증을 형성하는 것을 말하며, 엄격한 증명이란 **법률상 증거능력이 있고 적법한 증거조사를 거친 증거에 의한 증명**을 말한다.
증거능력은 어떤 증거가 유죄인정의 자료로 사용될 수 있는 법률상 자격을 말하는데, 증거능력은 미리 법률에 형식적으로 규정되어 있다. 즉 **위법수집증거배제법칙(제308조의2), 자백배제법칙(제309조), 전문법칙(제310조의2)** 이 3가지가 증거능력에 관한 규정이다. 제307조의 증거재판주의는 증거능력의 문제이다. 따라서 증거능력 없는 증거는 사실인정의 자료로 사용될 수 없고, 증거가치(증명력)가 있더라도 공판정에서 증거조사조차 허용되지 않는다.
형사소송법 제308조의2는 '적법한 절차에 따르지 아니하고 수집한 증거는 증거로 할 수 없다.'고 규정하여 **위법수집증거배제법칙**을 명문으로 인정하고 있는데, 위법한 절차에 의하여 수집된 증거의 증거능력을 부정하는 증거법칙을 말한다. 예컨대 수사기관이 영장 없이 압수한 압수물은 증거능력이 부정되어 공판정에서 증거로 사용할 수 없다. 적정절차의 보장과 수사기관의 위법수사를 방지하기 위한 가장 확실한 수단이란 점에 그 근거가 있다. 그리고 **독수의 과실(독수독과, 독나무열매) 이론**이란 위법하게 수집된 1차 증거(독수)에 의하여 발견된 제2차 증거(과실)의 증거능력을 배제하는 이론을 말한다. 예컨대 고문에 의한 자백(독수)에 의한 정보를 이용하여 수집한 증거물(과실)은 증거능력이 부정된다는 것이다. 이 이론은 위법수사로 인한 1차적 증거에 대해서만 증거능력을 부정하고 파생적 증거에 대해서 증거능력을 인정할 경우 위법수집증거배제법칙이 무의미해지는 것을 막기 위한 것이다.

정답 ④

611

전문법칙은 '전문증거는 증거능력이 없다'는 원칙을 말한다. 이때 전문증거에 해당하지 않는 것은?

① 검사가 작성한 피의자신문조서
② 경찰이 작성한 피의자신문조서
③ 업무상 필요로 작성한 통상문서
④ 피고인의 진술을 내용으로 하는 제3자의 법정진술
⑤ 범죄현장을 목격한 자의 법정 증언

문제로 익히는 핵심이론

전문(傳聞)증거(전해 들은 증거)란 사실인정의 기초가 되는 경험적 사실을 경험자 자신이 직접 법원에 진술하지 않고 다른 형태에 의하여 간접적으로 법원에 보고하는 경우에 그 간접적인 보고를 말한다. **전문증거는 직접 체험한 자의 진술이 서면(진술서, 진술녹취서)이나 타인의 진술(전문진술)의 형식으로 간접적으로 법원에 전달**되는 것이라는 점에서, **사실을 체험한 자가 중간의 매개체를 거치지 않고 직접 법원에 진술(목격자의 증언)하는 원본증거**와 구별된다.
형사소송법 제310조의2는 '제311조 내지 제316조에 규정한 것 이외에는 공판준비 또는 공판기일에서의 진술에 대신하여 진술을 기재한 서류나 공판준비 또는 공판기일 외에서의 타인의 진술을 내용으로 하는 진술은 이를 **증거로 할 수 없다**.'고 규정하고 있다. 이처럼 **전문증거의 증거능력을 부정하는 증거법칙을 '전문법칙'**이라 한다. 증거능력의 부정에 대해서는 반대신문의 결여, 직접주의, 신용성의 결여 모두가 종합적으로 전문법칙의 근거가 된다.
전문법칙의 예외란 전문법칙이 적용되어 원칙적으로 증거능력이 없는 전문증거가 예외적으로 증거능력이 인정되는 경우를 말한다. 형사소송법은 전문법칙의 예외를 규정하고 있는데, 이는 전문법칙을 지나치게 엄격하게 적용할 때에는 재판의 지연을 초래할 뿐만 아니라, 재판에 필요한 증거를 잃어버리게 됨으로써 진실발견을 저해할 염려가 있기 때문이다. **제311조 내지 제315조는 '전문서류'에 관한 예외이고, 제316조는 '전문진술'에 관한 예외이다.**

정답 ⑤

해설

범죄현장을 목격한 자의 법정 증언은 체험자가 중간의 매개체를 거치지 않고 **직접 법원에 보고(진술)하는 것으로** 이는 법원에 제3의 매체를 통해 간접 보고하는 전문증거가 아니라 **원본증거**에 해당한다.

오답풀이

①, ② (○) 제312조(검사 또는 사법경찰관의 조서 등) ① **검사가 작성한 피의자신문조서**는 적법한 절차와 방식에 따라 작성된 것으로서 공판준비, 공판기일에 그 피의자였던 피고인 또는 변호인이 그 내용을 인정할 때에 한정하여 증거로 할 수 있다. ③ **검사 이외의 수사기관이 작성한 피의자신문조서**는 적법한 절차와 방식에 따라 작성된 것으로서 공판준비 또는 공판기일에 그 피의자였던 피고인 또는 변호인이 그 내용을 인정할 때에 한하여 증거로 할 수 있다.
③ (○) 제315조(당연히 증거능력이 있는 서류) 다음에 게기한 서류는 증거로 할 수 있다.
 1. 가족관계기록사항에 관한 증명서, 공정증서등본 기타 공무원 또는 외국공무원의 직무상 증명할 수 있는 사항에 관하여 작성한 문서
 2. 상업장부, 항해일지 기타 **업무상 필요로 작성한 통상문서**
 3. 기타 특히 신용할 만한 정황에 의하여 작성된 문서
④ (○) 제316조(전문의 진술) ① **피고인이 아닌 자**(공소제기 전에 피고인을 피의자로 조사하였거나 그 조사에 참여하였던 자를 포함한다. 이하 이 조에서 같다)의 공판준비 또는 공판기일에서의 **진술이 피고인의 진술을 그 내용으로 하는 것인 때에**는 그 진술이 특히 신빙할 수 있는 상태 하에서 행하여졌음이 증명된 때에 한하여 이를 증거로 할 수 있다.

612

난이도 Self Check | 상 ○ 중 ○ 하 ○

다음에서 설명하고 있는 개념으로 옳은 것은?

> 절도죄로 벌금형을 선고한 원심판결에 대하여 피고인만 항소한 경우에 항소심에서 강도죄를 인정하여도 벌금형을 선고해야 한다.

① 죄형법정주의
② 불이익변경금지 원칙
③ 파기판결의 구속력
④ 형벌불소급의 원칙
⑤ 일사부재리의 원칙

문제로 익히는 핵심이론

불이익변경금지 원칙이란 피고인이 항소 또는 상고한 사건과 피고인을 위하여 항소 또는 상고한 사건에 관하여 상소심은 원심판결의 형보다 중한 형을 선고하지 못한다는 원칙을 말한다. 취지는 피고인이 중영변경의 위험 때문에 상소제기를 단념하는 것을 방지함으로써 피고인의 상소권을 보장한다는 정책적 이유에 있다.
불이익변경이 금지되는 것은 **형의 선고**에 한한다. 따라서 선고한 형이 중하게 변경되지 않는 한 원심이 인정한 죄보다도 중한 죄를 인정하는 것은 이 원칙에 반하지 않는다. 그 결과 상소심은 인정사실에 대해 법정형 이하의 형을 선고해야 할 경우도 있다. 예컨대 절도죄로 벌금형을 선고한 원심판결에 대하여 피고인만 항소한 경우에 항소심에서 강도죄(징역형만 있음)를 인정하여도 벌금형을 선고해야 한다(징역형은 벌금형보다 중하다).

정답 ②

해설

제368조(불이익변경의 금지) 피고인이 항소한 사건과 피고인을 위하여 항소한 사건에 대해서는 **원심판결의 형보다 무거운 형을 선고할 수 없다.** ※ 강도죄는 벌금형은 없고 징역형만 있으나 피고인만 단독 항소하여 불이익변경금지 원칙이 적용되어 항소심은 원심판결인 절도죄보다 중한 죄인 강도죄는 인정할 수 있으나 **'중한 형을 선고하지 못한다'**.

오답풀이

① (×) '법률 없으면 범죄 없고 형벌도 없다'는 근대형법의 기본원리를 **죄형법정주의**라고 한다. 어떤 행위가 범죄로 되고 그 범죄에 대하여 어떤 처벌을 할 것인가는 미리 성문의 법률에 규정되어 있어야 한다. 죄형법정주의는 국가형벌권의 남용으로부터 국민의 자유와 권리를 보장하기 위한 것이다.
③ (×) **파기판결의 구속력**이란 상소심에서 원판결을 파기하여 환송 또는 이송한 경우에 상급심의 판단이 환송 또는 이송 받은 하급심을 구속하는 효력을 말한다. ※ **법원조직법 제8조**(상급심 재판의 기속력) 상급법원 재판에서의 판단은 해당 사건에 관하여 하급심을 기속한다.
④ (×) 죄형법정주의의 파생원칙인 **형벌불소급의 원칙**은 범죄의 성립과 처벌은 행위 시의 법률에 의해야 하며 사후입법에 의하여 처벌받지 않는다는 원칙을 말한다.
⑤ (×) **일사부재리**란 판결이 확정된 이후에 동일한 사건에 대해 거듭 심판할 수 없다는 원칙을 말한다.

613

난이도 Self Check | 상 ◯ 중 ◯ 하 ◯

소송의 이송에 관한 설명으로 옳은 것은?

① 법원은 소송에 대해 관할권 있는 경우라도 직권으로 소송의 전부를 다른 관할법원에 이송할 수 있다.
② 소송을 이송받은 법원은 사건을 다시 다른 법원에 이송할 수 있다.
③ 이송결정의 기속력은 전속관할을 위배한 경우에는 미치지 않는다.
④ 심급관할을 위배한 이송결정의 기속력은 상급심 법원과 하급심 법원에 모두 미친다.
⑤ 소송의 이송이 있으면 이송 받은 때 소멸시효 중단의 효과가 발생한다.

> **문제로 익히는 핵심이론**
>
> **소송의 이송**이란 어느 법원에 계속된 소송을 다른 법원으로 이전하는 것을 말한다. 관할위반에 의한 이송은 관할권이 없는 법원에서 관할권이 있는 법원으로 이송하는 것을 말하는데 법원의 직권에 의한 이송만 가능하고, 당사자에게는 이송신청권이 없다(판례). 소송을 이송 받은 법원은 이송결정에 따라야 한다. 이를 **이송결정의 기속력**이라 한다. 따라서 이송이 잘못된 경우에도 보낸 법원으로 되돌리거나(반송) 다른 법원으로 넘길(전송) 수 없다. 이송의 반복으로 인한 소송지연과 당사자의 불편을 방지하기 위함이다. 다만 심급관할을 위배한 이송결정의 기속력은 이송받은 하급심 법원에는 미치나, 상급심법원에는 미치지 않는다는 게 판례의 태도이다(상급심 불구속). 이송결정이 확정되었을 때에는 소송은 처음부터 이송받은 법원에 계속되어 소제기에 의한 **시효중단 · 기간준수**의 여부는 이송한 법원에 소가 제기된 때가 기준이 된다.

정답 ①

해설

제35조(손해나 지연을 피하기 위한 이송) 법원은 소송에 대하여 **관할권이 있는** 경우라도 현저한 손해 또는 지연을 피하기 위하여 필요하면 직권 또는 당사자의 신청에 따른 결정으로 소송의 전부 또는 일부를 다른 관할법원에 **이송할 수 있다.** 다만, 전속관할이 정하여진 소의 경우에는 그러하지 아니하다.

오답풀이

② (×) 제38조(이송결정의 효력) ① 소송을 이송받은 법원은 이송결정에 따라야 한다. ② 소송을 이송받은 법원은 사건을 다시 다른 법원에 이송하지 못한다. ※ 이를 **이송결정의 기속력**이라 한다.
③ (×) **이송결정의 기속력**은 당사자에게 이송결정에 대한 불복방법으로 즉시항고가 마련되어 있는 점이나 이송의 반복에 의한 소송지연을 피하여야 할 공익적 요청은 전속관할을 위배하여 이송한 경우라고 하여도 예외일 수 없는 점에 비추어 볼 때, 당사자가 이송결정에 대하여 즉시항고를 하지 아니하여 확정된 이상 원칙적으로 **전속관할의 규정을 위배하여 이송한 경우에도 미친다**(94마1059).
④ (×) 심급관할을 위배한 이송결정의 기속력은 이송받은 **상급심 법원에는 미치지 않으나, 하급심 법원에는 미친다**고 보아야 한다(94마1059).
⑤ (×) 제40조(이송의 효과) ① 이송결정이 확정된 때에는 소송은 처음부터 이송받은 법원에 계속된 것으로 본다. ※ 즉 소제기에 의한 **시효중단**, 기간준수의 효력은 '이송한 법원(처음 소 제기된 법원)에 소가 제기된 때를 기준'으로 해야 한다.

614

난이도 Self Check | 상 ○ 중 ○ 하 ○

甲은 乙을 상대로 소를 제기하였다. 그런데 乙은 이미 소제기 전에 사망하였고 상속인으로는 丙이 있다고 할 때, 이에 대한 설명으로 옳지 않은 것은?

① 당사자로 확정되는 자는 乙이다.
② 사망한 자를 상대로 소를 제기하면 소는 부적법하고 각하된다.
③ 원고 甲은 법원에 당사자표시정정신청을 하여 피고를 상속인 丙으로 바꿀 수 있다.
④ 법원이 피고 乙의 사망을 간과하고 판결을 한 경우 이 판결은 당연무효이다.
⑤ 사망을 간과한 판결은 확정 전에는 상소할 수 있고 확정 후에는 재심으로 취소할 수 있다.

문제로 익히는 핵심이론

소 제기 전에 이미 사망자임에도 불구하고 그를 피고로 표시하여 제소한 경우에 누가 당사자인가를 확정하여야 하며, 법원의 조치, 상속인으로 보정방법, 간과한 판결의 효력 등이 문제된다. 판례의 표시설에 따르면 소장에 표시된 사망자가 당사자가 되며 사망자가 당사자이기 때문에 2당사자 대립구조가 아니게 된다. 당사자의 실재는 소송요건이며 직권조사 사항이므로 흠결 시에는 판결로서 소를 각하하여야 한다. 그러나 보정할 수 있으면 보정의 기회를 주어야 한다. 판례는 "사망사실을 모르고 사망자를 피고로 표시하여 소를 제기한 경우에, 실질적인 피고는 처음부터 사망자의 상속인이고 다만 그 표시에 잘못이 있는 것에 지나지 않는다고 인정된다면 사망자의 상속인으로 피고의 표시를 정정할 수 있다고 판시하였다." 그리고 사망을 간과한 판결은 2당사자대립구조의 흠결을 간과한 판결로서 당연무효이다. 따라서 판결의 취소를 구하는 상소나 재심이 허용되지 않는다.

정답 ⑤

해설

상소나 재심은 원 판결을 취소시켜 무효로 만드는 것인데, 당연무효인 판결은 원래 무효이기 때문에 취소의 대상이 되지 못한다.

오답풀이

① (○) 당사자확정이란 원고에 의해 소장에서 당사자가 특정된 후, 현실적으로 소송계속 중인 사건에서 법원이 해석에 의해 원고가 누구이며, 피고가 누구인지를 명확히 하는 것을 말한다. 소장에 표시된 사망자 乙이 당사자로 확정되고 다만 사망으로 실재하지 않아 당사자능력이 없다.
② (○) 사망한 자는 당사자능력이 없어 소송요건 흠결로 소가 부적법하고 원칙적으로 각하판결이 난다.
③ (○) 판례는 사망자를 피고로 제기한 소에서 실질적인 피고는 상속인이라고 보고 상속인으로의 표시정정을 할 수 있게 해준다.
④ (○) 소 제기 전 이미 피고가 사망했는데 이를 간과하고 소송을 진행한 끝에 한 판결은 소송의 기본원칙인 2당사자대립구조를 갖추지 못해 아무런 효력이 없는 당연무효의 판결에 해당한다.

615

소송상 당사자에 관한 설명으로 옳지 않은 것은?

① 당사자능력이란 소송의 주체가 될 수 있는 일반적인 능력으로 판례는 민법상 조합은 당사자능력을 부정하는 태도이다.
② 당사자적격이란 특정의 소송사건에서 정당한 당사자로서 소송을 수행하고 본안판결을 받기에 적합한 자격을 말하는데 채무자의 권리를 대위행사하는 채권자는 채권자대위소송에서 원고적격이 있다.
③ 소송능력이란 당사자로서 유효하게 소송행위를 하거나 소송행위를 받기 위해 갖추어야 할 능력으로 소송무능력자의 소송행위는 무효이고 추인을 할 수 없다.
④ 변론능력이란 법정에 나가 법원에 대한 관계에서 유효하게 소송행위를 하기 위한 능력으로 법원의 진술금지 재판을 받은 자는 변론능력을 상실해 변론무능력자가 된다.
⑤ 당사자표시정정이란 동일성이 인정되는 범위에서 잘못된 표시를 바로잡는 것을 말한다.

문제로 익히는 핵심이론

민사소송에 있어 **당사자**란 자기의 이름으로 재판을 요구하는 사람과 그 상대방을 의미한다. 소송상 당사자는 실체법과는 관계없는 소송법상의 형식적 개념이다. 당사자의 호칭은 '원고·피고', '항소인(상고인)·피항소인(피상고인)', '재심원고·재심피고' 등으로 불린다. 법정대리인·소송대리인은 당사자가 아니며, 보조참가인도 당사자의 승소보조를 위해 당사자가 아니다. 소송사건에 있어서는 양당사자가 맞서 대립해야 하는데 이를 **2당사자 대립주의**라 한다. 이점이 대립하지 않는 편면적 구조인 비송사건과 다르다. 한쪽이 이미 사망한 사람인 소송, 같은 회사의 본·지점 또는 지점 상호 간의 소송은 대립구조를 갖추지 못하여 부적법하므로 소는 각하된다. 당사자가 적법하게 소송을 수행하기 위해서는 당사자능력, 당사자적격, 소송능력, 변론능력을 갖추어야 한다.

정답 ③

해설

소송무능력자의 소송행위는 무효이고 **추인을 할 수 있다. 즉 유동적 무효**이다.

오답풀이
① (○) 제52조는 법인 아닌 사단이나 재단은 대표자 또는 관리인이 있는 경우 그 사단이나 재단의 이름으로 당사자가 될 수 있다고 규정하고 있는데, 여기에 민법상 조합이 포함되는지에 대해 판례는 '원호대상자 광주목공조합은 민법상 조합의 실체를 가져 당사자능력이 인정되지 않는다.'고 하여 부정적인 입장이다.
② (○) 채권자대위소송은 법정소송담당으로 법률의 규정(민법 제404조)에 의하여 제3자인 채권자가 소송수행권을 갖는 경우를 말한다.
④ (○) 변론능력은 소송을 신속하고 원활하게 진행하기 위한 공익적 제도로 법원에 대한 소송행위에만 필요하고 이는 소송상 자신의 이익을 옹호할 수 없는 자를 보호하는 제도인 소송능력과 다르다.
⑤ (○) **동일성이 인정**되는 범위에서 잘못된 표시를 바로 잡는 것을 당사자표시정정이라 하고, 양자간 동일성이 인정되지 않을 경우에는 임의적 당사자 변경에 의해야 하며 민사소송법은 피고의 경정(제260조) 제도를 두고 있다.

616

다음 빈칸에 들어갈 내용으로 적절한 것은?

> 乙은 丙에게 3백만 원을 빌려주었는데 변제기가 지나도록 丙은 갚지 않고 있다. 이 경우 乙의 친구인 甲이 원고가 되어 乙을 위하여 丙을 상대로 대여금 반환 청구의 소를 제기하면 소는 부적법하다. 甲에게 (　　　)이 없기 때문이다.

① 당사자능력
② 소송능력
③ 당사자적격
④ 변론능력
⑤ 소송대리권

문제로 익히는 핵심이론

당사자적격은 특정의 소송사건에서 소송수행권을 가지는 정당한 당사자로서 본안판결을 받기에 적합한 자격을 말한다. 여기서 소송수행권은 실체법상 관리처분권에 대응하는 개념이다. 당사자적격은 타인의 권리에 아무나 나서서 소송하는 이른바 민중소송을 방지하는 기능을 한다. 이행의 소에 있어서는 자기에게 이행청구권이 있다고 주장하는 사람과 그 상대방이 원고적격과 피고적격을 가지며, 본안심리를 해서 이행청구권자나 의무자가 아님이 판명되면 청구기각 판결을 해야 하지 당사자적격의 흠결을 이유로 소 각하판결을 해서는 안 된다. 당사자적격은 소송요건으로 직권조사사항이고 흠이 있는 경우 소가 부적법하여 소각하판결을 한다. 채권자대위소송에서 대위에 의하여 보전될 채권자의 채무자에 대한 권리(피보전채권)가 인정되지 아니할 경우에는 채권자는 당사자적격이 없게 되므로 그 대위소송은 부적법하여 각하하여야 한다(판례).

정답 ③

해설

당사자적격이란 특정의 소송사건에서 정당한 당사자로서 소송을 수행하고 본안판결을 받기에 적합한 자격을 말하는데 이는 원칙적으로 자신의 권리에 대해서만 **소송수행권**을 갖는다는 의미이다. 丙에 대한 대여금반환청구권은 乙의 권리이지 **甲의 권리가 아니어서 甲에게는 丙을 상대로 한 소송수행권, 즉 당사자(원고)적격이 없다.** 당사자적격은 소송요건으로 이를 흠결 시 소는 부적법 각하된다.

오답풀이

① (×) **당사자능력**이란 소송의 주체가 될 수 있는 일반적인 능력(자격)으로 민법상 권리능력에 대응한다. 자연인인 甲은 권리능력자로 당연히 당사자능력이 있다.
② (×) **소송능력**은 민법상 행위능력에 대응하는 개념으로 행위능력자는 소송능력자이다. 甲에게 특별히 제한능력 사유가 없으므로 소송능력이 인정된다.
④ (×) **변론능력**이란 법원에 대해 유효하게 소송행위를 하기 위한 능력으로 원칙적으로 소송능력자는 변론능력을 가진다. 甲은 소송능력자이므로 특별한 사정이 없는 한 변론능력에 문제가 없다.
⑤ (×) **소송대리권**이란 소송상 대리인이 갖는 대리권을 말한다. 소송상 대리인이란 당사자의 이름으로 소송행위를 하거나 소송행위를 받는 제3자를 말한다. 대리인의 행위는 당사자본인에게만 그 효력이 미치고 대리인 자신에게는 미치지 않는다.

617 난이도 Self Check | 상◯ 중◯ 하◯

소송대리인(임의대리인)에 관한 설명으로 가장 옳지 않은 것은?

① 임의대리인의 표시는 소장의 필수적 기재사항이 아니다.
② 소송대리인은 그 소송의 제3자에 해당하므로 그 소송의 증인이 될 수 있다.
③ 소송대리인의 권한은 서면으로 증명하여야 한다.
④ 당사자가 사망하면 소송위임에 의한 소송대리인의 대리권은 소멸한다.
⑤ 소송상 무권대리에는 민법상 표현대리 규정이 적용되지 않는다.

해설
제95조(소송대리권이 소멸되지 아니하는 경우) 다음 각호 가운데 어느 하나에 해당하더라도 <u>소송대리권은 소멸되지 아니한다.</u>
1. **당사자의 사망** 또는 소송능력의 상실

오답풀이
① (◯) 제249조(소장의 기재사항) ① **소장**에는 당사자와 **법정대리인**, 청구의 취지와 원인을 적어야 한다. ※ 소송대리인은 필수적 기재 사항은 아니나 실무상 소송서류의 송달을 위해 편의상 기재한다.
② (◯) 소송상 대리인이란 당사자의 이름으로 소송행위를 하거나 소송행위를 받는 **제3자**를 말하므로 증인이 될 수 있다.
③ (◯) 제89조(소송대리권의 증명) ① 소송대리인의 <u>권한은 서면으로 증명하여야</u> 한다.
⑤ (◯) 공정증서가 집행권원으로서 집행력을 가질 수 있도록 하는 집행인낙 표시는 공증인에 대한 소송행위로서 이러한 소송행위에는 민법상의 표현대리 규정이 적용 또는 준용될 수 없다(93다42047).

> **문제로 익히는 핵심이론**
>
> <u>**소송상 대리인**</u>이란 당사자의 이름으로 소송행위를 하거나 소송행위를 받는 제3자를 말한다. 소송상 대리인은 **본인의 의사**에 의한 대리인인지, **법률의 규정** 등에 의한 대리인인지의 여부에 따라 **임의대리인**과 **법정대리인**으로 나누어진다. 소송상 대리인 가운데 포괄적 대리권을 가진 임의대리인을 <u>**소송대리인**</u>이라 하는데 대표적인 예가 변호사이다. 대리인의 행위는 당사자 본인에게만 그 효력이 미치고 대리인에게는 미치지 않는다. 민사소송에 있어서는 법률상 소송대리인(지배인 등) 외에는 원칙적으로 변호사가 아니면 소송대리인이 될 수 없는데 이를 <u>**변호사대리원칙**</u>이라 한다. 소송대리권의 범위는 해당 심급에 한정되는데 이를 심급대리 원칙이라 한다.

정답 ④

618 난이도 Self Check | 상◯ 중◯ 하◯

보조참가인이 할 수 <u>없는</u> 것을 모두 고르면?

㉠ 청구의 포기·인낙	㉡ 소의 취하
㉢ 상소의 제기	㉣ 공격·방어
㉤ 자백	㉥ 소의 변경

① ㉠, ㉢, ㉥
② ㉡, ㉢, ㉤
③ ㉣, ㉤, ㉥
④ ㉠, ㉡, ㉤, ㉥
⑤ ㉢, ㉣, ㉤, ㉥

해설
제76조(참가인의 소송행위) ① (보조)참가인은 소송에 관하여 **공격·방어·이의·상소**, 그 밖의 모든 소송행위를 할 수 있다. 다만, 참가할 때의 소송의 진행정도에 따라 할 수 없는 소송행위는 그러하지 아니하다. ※ 보조참가인은 피참가인을 승소시킴으로써 자기의 이익을 옹호하기 위해 타인 간 소송에 참가하는 것이므로, 피참가인의 승소를 위하여 일체의 소송행위 즉 공격·방어·이의·상소 등을 할 수 있다(제76조). 그러나 보조참가인은 그 지위의 성격상 피참가인에게 불리한 행위는 할 수 없다. 예컨대 ㉠ 청구의 포기·인낙, ㉡ 소의 취하, ㉤ 자백 등을 할 수 없고, 심판 대상을 변경하는 ㉥ 소의 변경도 할 수 없다.

오답풀이
㉢ 상소의 제기와 ㉣ 공격·방어는 보조참가인이 할 수 있다.

> **문제로 익히는 핵심이론**
>
> **보조참가**란 다른 사람 사이의 소송계속 중 소송결과에 이해관계가 있는 제3자가 한쪽 당사자의 승소를 돕기 위하여 그 <u>소송에 참가하는 것을 말한다(제71조).</u> 보조참가인은 자기의 이름으로 판결을 구하지 않고 단지 한쪽 당사자의 승소를 위하여 소송을 수행하는 것이므로, 진정한 의미의 소송당사자와 다르다. 참가인은 대리인이 아니라 독자적으로 소송에 관여하는 사람이다. 참여가 적법한 이상 절차관여권이 인정되므로 참가인에 대해서도 기일통지·소송서류의 송달을 하여야 한다.
> 참가인은 자신의 이익을 위해 참가하였다 하더라도 어디까지나 당사자의 '승소'를 위한 보조자로서의 종속적인 지위를 갖는다. 따라서 <u>참가 당시의 소송의 진행정도에 따라 피참가인도 할 수 없는 행위, 피참가인의 행위에 어긋나는 행위, 피참가인에 대한 불이익한 행위, 소송형태를 변경하는 행위, 사법상 권리의 행사 등과 같은 소송행위는 할 수 없다.</u>

정답 ④

619

난이도 Self Check | 상 ○ 중 ○ 하 ○

소의 종류에 관한 설명으로 옳지 않은 것은?

① 소의 종류로는 이행의 소, 확인의 소, 형성의 소 세 가지로 분류된다.
② 이행의 소는 원고의 이행청구권에 기하여 피고에 대해 의무이행명령을 할 것을 요구하는 소이다.
③ 확인의 소란 다툼 있는 권리·법률관계의 존재·부존재의 확정을 요구하는 소이다.
④ 서면이 진실로 작성명의자에 의해 작성되었는가 아니면 위조·변조되었는가를 확정하는 소는 사실관계의 확인을 구하는 것으로 확인의 소를 제기할 수 없다.
⑤ 토지경계확정의 소는 형식적 형성의 소에 해당한다.

문제로 익히는 핵심이론

소(訴)란 법원에 대하여 일정한 내용의 판결을 해달라는 당사자의 신청이다. 이는 원고가 피고를 상대로 하여 특정한 법원에 대하여 특정 청구의 당부에 관한 심판을 요구하는 소송행위이다. 소를 제기할 때에는 법원과 피고, 심판의 대상을 특정하여야 한다. 소가 제기되었을 때에 특별한 사유가 없으면 법원은 각하·기각·인용 등 판결로 응답할 의무를 진다. 소제기에는 시효중단·기간준수와 같은 실체법상의 효과도 발생한다. 소의 종류로는 이행의 소, 확인의 소, 형성의 소가 있다.

이행의 소에는 현재 이행의 소와 장래 이행의 소가 있다. 전자는 사실심 변론종결 전에 이행기가 도래하는 경우이며, 후자는 사실심 변론종결 시를 기준으로 이행기가 장래에 도래하는 이행청구권을 주장하는 소로서, '미리 청구할 필요'가 있어야 소를 제기 할 수 있다.

확인의 소에는 적극적 확인의 소와 소극적 확인의 소가 있다. 채무부존재확인의 소와 같은 소극적 확인의 소는 법률관계의 명확화와 분쟁의 사전 예방을 목적으로 한다.

형성의 소는 권리관계의 변동(법률관계의 발생·변경·소멸 등 창설적 효과)을 요구하는 소이다. 형성의 소는 원칙적으로 법률상 명문의 규정이 있는 경우에만 허용되며 위반 시 소는 부적법 각하된다.

형식적 형성의 소는 형식은 소송사건이나 실질은 비송사건인 소를 말한다. 형식적 형성의 소는 법원이 후견적으로 개입하여 당사자 주장의 범위나 내용에 구속받지 않으며, 처분권주의 및 불이익변경금지의 원칙이 적용되지 않는다. 또한 청구기각 판결을 할 수 없다. **토지경계확정의 소, 공유물분할청구의 소** 등이 이에 해당한다.

정답 ④

해설

제250조는 확인의 소는 법률관계를 증명하는 서면이 진정한지 아닌지를 확정하기 위하여서도 제기할 수 있다고 규정하고 있는데 이를 **증서의 진정여부를 확인하는 소**라 하며, 사실관계의 확인이지만 예외적으로 법이 허용하고 있는 **확인의 소**이다.

오답풀이

① (○) 민사소송법상의 소에는 이행의 소, 확인의 소, 형성의 소 세 가지가 있다.
② (○) 이행의 소는 원고의 이행청구권의 확정과 피고에 대한 이행명령을 할 것을 요구하는 소로서 확정된 청구인용판결은 집행권원이 되어 기판력뿐만 아니라 집행력도 발생한다.
③ (○) 확인의 소는 '권리·법률관계'의 존재·부존재의 확정을 요구하는 소이다. 확인의 소의 청구인용판결에는 기판력은 생기나 집행력이 인정되지 않는다.
⑤ (○) 토지경계확정의 소는 형식은 소송사건이지만 실질은 비송사건의 성격을 갖는 '형식적 형성의 소'의 일종이다.

620 난이도 Self Check | 상 ○ 중 ○ 하 ○

소송요건에 관한 설명으로 옳지 않은 것은?

① 소송요건이란 소가 소송법상 적법한 취급을 받기 위해 구비해야 될 사항을 말한다.
② 소송요건의 대부분은 직권조사사항으로 피고의 항변 유무에 상관없이 법원이 직권으로 조사하여 참작할 사항이다.
③ 직권조사사항은 재판상 자백이나 자백간주의 대상이 아니다.
④ 조사결과 소송요건의 흠결이 드러나면 법원에 본안에 들어가 판단하지 않고 종국판결로 기각하여야 한다.
⑤ 소송요건의 존부를 판정하는 시기는 원칙적으로 '사실심 변론종결시'이다.

> **문제로 익히는 핵심이론**
>
> **소송요건**은 소가 적법한 취급을 받기 위해 구비하여야 할 사항으로 본안판결요건인 동시에 본안심리요건(소의 적법요건)이다. 소송요건은 개개의 소송행위의 유효요건과 구별된다. 소송요건에 흠이 있는 경우 소는 부적법하므로 판결로 소를 각하한다. 소송요건을 갖추어야 청구 내지 주장 자체의 정당성을 판단하게 된다. 소송요건은 이러한 심리에 앞서 또는 심리 도중에 드러나는 경우에도 판단한다.
> 법관은 소송의 전과정(상고심 포함)에서 직권으로 소송요건을 조사한다. 즉 소송요건은 앞서와 같이 예외적으로 당사자의 주장을 기다려 판단하는 항변사항인 경우를 제외하고는 원칙적으로 직권조사사항이다. 직권조사사항은, 이의권의 포기·상실의 대상이 되지 않으며, 답변서 부제출의 경우에도 무변론판결을 할 수 없으며, 실기한 공격방어방법으로 각하할 수 없고, 자백의 대상이 되지도 안 된다.

정답 ④

해설

소가 부적법한 경우는 기각이 아니라 **각하판결을 하여야** 함이 원칙이다.

오답풀이

① (○) 소송요건이란 소가 적법한 취급을 받기 위해 구비해야 할 사항으로 본안판결요건인 동시에 본안심리요건이다. 소송요건은 개개의 소송행위의 유효요건과 구별된다.
② (○) 법관은 소송의 전 과정(상고심 포함)에서 직권으로 소송요건을 조사한다. 즉 소송요건은 예외적으로 당사자의 주장을 기다려 판단하는 항변사항인 경우를 제외하고는 원칙적으로 직권조사사항이다.
③ (○) 종중이 당사자인 사건에 있어서 그 종중의 대표자에게 적법한 대표권이 있는지의 여부는 소송요건에 관한 것으로서 법원의 직권조사사항이며, 직권조사사항은 **자백**의 대상이 될 수 없다(판례).
⑤ (○) 민사소송은 사실심 변론종결시를 기준시로 하여 변동하는 권리·법률관계를 확정하여 판결을 하고 있고 소송요건은 본안판결의 요건이므로, 소송요건의 구비여부에 관한 판단의 표준시도 그 판결의 표준시와 동일하게 보아야 한다.

621

민사소송절차의 기본원칙에 관한 설명으로 옳지 <u>않은</u> 것은?

① 집중심리주의는 판결을 하는 법관이 직접 변론을 듣고 증거조사를 행하여야 하는 것을 말한다.
② 구술심리주의란 심리에 임하여 당사자 및 법원의 소송행위 특히 변론 및 증거조사를 말(구술)로 행하는 원칙으로서 서면심리주의에 대립한다.
③ 자유심증주의란 사실주장이 진실인지 아닌지를 판단함에 있어 법관이 증거법칙의 제약을 받지 않고, 변론 전체의 취지와 증거자료를 참작하여 형성된 자유로운 심증으로 행하는 원칙을 말한다.
④ 쌍방심리주의란 공격·방어방법의 제출에 있어서 대립하는 양 당사자에게 대등한 기회를 주어야 하는 원칙을 말한다.
⑤ 적시제출주의란 당사자가 소송자료, 즉 공격방어방법을 시기적으로 제때에 제출해야 한다는 입장을 말한다.

해설

집중심리주의는 소송초기 단계에서 쟁점과 증거를 수집 정리한 다음 주로 한 사건을 중심으로 집중적인 증인신문·당사자신문을 실시하는 심리방식을 말한다. ※ 판결을 하는 법관이 직접 변론을 듣고 증거조사를 행하여야 하는 것은 **직접심리주의**라 하고 이는 다른 사람이 심리한 결과를 기초로 재판하는 간접심리주의에 대립되는 개념이다.

오답풀이

② (○) **구술심리주의**란 심리에 임하여 당사자 및 법원의 소송행위 특히 변론 및 증거조사를 말(구술)로 행하는 원칙으로서 서면심리주의에 대립한다.
③ (○) **자유심증주의**란 사실주장이 진실인지 아닌지를 판단함에 있어 법관이 증거법칙의 제약을 받지 않고, 변론 전체의 취지와 증거자료를 참작하여 형성된 자유로운 심증으로 행할 수 있는 원칙을 말한다(법 제202조).
④ (○) **쌍방심리주의**는 무기평등의 원칙이라고도 한다. 즉 쌍방심리주의는 심리에 있어 양쪽에 평등하게 진술 기회를 주는 것을 말한다. 이는 소송심리를 적정·공평하게 하기 위한 것이다.
⑤ (○) **적시제출주의**란 공격 또는 방어의 방법은 소송의 정도에 따라 적절한 시기에 제출하여야 한다는 원칙(제146조)를 말한다. 현행법은 종래의 수시제출주의에서 전환하여 적시제출주의를 채택하였다.

정답 ①

622

변론주의의 내용으로 옳지 <u>않은</u> 것은?

① 주요사실의 주장책임
② 자백의 구속력
③ 증거제출책임
④ 보충적 직권증거조사
⑤ 직권진행주의

해설

변론주의의 내용(3명제)으로는 (주요)사실의 주장책임, 자백의 구속력, 증거제출책임(보충적 직권증거조사)이 있다. 민사소송법은 소송물의 특정과 소송자료의 제출에 대하여는 당사자주의를 기조로 하여 원칙적으로 처분권주의·변론주의를 채택하였으나, **소송의 진행에 대하여는 법원에 주도권을 주는 직권진행주의를 채택**하고 있다. 따라서 변론은 전적으로 법원의 지휘에 의하여 진행된다. 직권진행주의를 법원의 권능 면으로 파악하면 **소송지휘권**이 된다. 소송지휘권은 소송절차를 신속·원활히 진행시키고 심리를 완전하게 하여 분쟁을 신속·적정하게 해결하기 위하여 원칙적으로 법원에 인정된 소송의 주재권능이다.

📝 문제로 익히는 **핵심이론**

변론주의는 소송자료의 수집·제출 책임을 당사자에게 맡기고, 당사자가 수집하여 변론에서 제출한 소송자료만을 재판의 기초로 삼아야 한다는 원칙을 말한다. 즉 변론주의는 당사자가 주장(사실자료)하여야 법원이 이를 판단하며, 그 판단자료(사실자료 및 증거자료)의 수집을 당사자에게 맡기는 원칙을 의미한다. **변론주의의 내용(3명제)으로는 사실의 주장책임, 자백의 구속력, 증거제출책임**이 있다. 변론주의에서 사실이란 법률효과를 발생시키는 실체법상 구성요건 해당사실인 **주요사실**을 가리키며, 주요사실의 존부를 확인하는 데 도움이 되는 사실은 **간접사실**은 여기에 해당하지 않는다. 그리고 당사자는 주요사실을 주장하지 않으면 유리한 법률효과의 발생이 인정되지 않을 위험 또는 불이익을 부담하게 되는데 이를 **주장책임**이라 한다. **자백의 구속력**이란 당사자 사이에 다툼이 없는 사실(자백한 사실 및 자백간주된 사실)은 증거조사가 필요 없으며, 법원이 반대심증을 얻었다고 하더라도 자백에 반하는 사실을 인정해서는 안 되는 것을 말한다. 그리고 **증거제출책임**에 의해 원칙적으로 직권증거조사를 할 수 없다. 당사자가 신청한 증거에 의하여 심증을 얻을 수 없거나 그 밖에 필요하다고 인정한 때에 한하여 **보충적으로 직권증거조사**를 할 수 있을 뿐이다.

정답 ⑤

623

난이도 Self Check | 상 ○ 중 ○ 하 ○

다음 내용과 가장 관련 깊은 것은?

> 甲과 乙은 양파 종자공급계약을 하였는데 보통파 종자를 공급받은 피해자 甲이 손해배상 청구를 불법행위에 기하여 청구한 데 대하여 법원이 채무(계약)불이행에 기하여 손해배상 청구를 인용함은 허용되지 않는다.

① 변론주의
② 처분권주의
③ 자유심증주의
④ 불이익변경금지 원칙
⑤ 증명책임

문제로 익히는 핵심이론

처분권주의란 **절차의 개시, 심판의 대상과 범위, 절차의 종결을 당사자의 처분에 맡기는** 것을 말한다. 원고의 청구에 대하여 **분량적인 일부인용판결**은 처분권주의에 반하지 않는다. 원고의 통상의 의사에 맞고 또 응소한 피고의 이익보호나 소송경제에도 부합하기 때문이다. 예컨대 원고의 1억 원 지급청구에 대해 법원의 심리결과 7천만 원만 받을 게 있다고 판단되면 7천만 원만 인용할 수 있다. 원고의 단순이행청구에 대해 피고의 동시이행항변, 유치권항변이 이유 있는 경우에 **상환이행판결**(Give & Take)을 하는 것은 처분권주의에 반하지 않는다(동시이행판결, 일부승소판결 가능).
처분권주의 및 변론주의를 당사자주의라고 하여 직권조사주의와 직권탐지주의인 직권주의와 대립되는 개념이다. 처분권주의는 당사자의 소송물에 대한 처분의 자유를 의미한다. 이에 반해 **변론주의는 당사자의 소송자료에 대한 수집·제출의 책임**을 뜻하고, 청구의 당부 판단에 필요한 사실과 증거의 수집 내지 제출을 당사자의 권능 내지 책임으로 하는 '사실' 면에서의 문제이다.

정답 ②

해설

법원은 당사자가 신청하지 아니한 사항에 대하여는 판결하지 못하는데(제203조), 이를 **처분권주의**라 한다. 따라서 **원고가 심판을 구하는 소송물과 별개의 소송물에 대한 판단을 하여서는 안 된다.** 예컨대 갑·을이 양파 종자공급계약을 하였는데 보통파 종자를 공급받은 피해자 갑이 손해배상청구를 불법행위에 기하여 청구한 데 대하여 법원이 채무(계약)불이행에 기하여 인용함은 허용되지 않는다(판례). 왜냐하면 불법행위에 기한 손해배상청구권(**민법 제750조**)과 채무불이행에 기한 손해배상청구권(**민법 제390조**)은 서로 다른 별개의 소송물로서 심판의 대상이 다르기 때문이다.

624

변론주의에서의 주요사실과 간접사실에 관한 설명으로 옳지 않은 것은?

① 주요사실은 법률효과가 생기는 요건으로 각 실체법규에 규정되어 있는 것에 해당하는 구체적 사실을 말한다.
② 간접사실은 변론에서 당사자의 주장이 없어도 증거로써 이를 인정할 수 있다.
③ 간접사실에 대해서는 자백이 있더라도 구속력이 없다.
④ 주요사실이 증명의 목표이고, 간접사실은 그 수단으로 기능상 증거와 같은 작용을 한다.
⑤ 판례는 소멸시효의 기산일은 간접사실로 보나, 취득시효의 기산일은 주요사실로 본다.

문제로 익히는 핵심이론

변론주의에서 일컫는 사실이란 **권리의 발생·소멸·저지**라는 **법률효과의 판단에 직접 필요한 주요사실**을 가리킨다(판례). 따라서 그 주요사실의 존부를 확인하는 데 도움이 되는 사실인 **간접사실**과 증거능력이나 증거력(형식적 증거력인 문서의 진정성립이나 실질적 증거력인 증거가치)에 관한 사실인 **보조사실**(보조사실은 원칙적으로 간접사실에 준하여 취급한다)에는 적용되지 않는다(판례). 다만 보조사실 가운데 **문서의 진정성립에 관한 사실은 주요사실에 준하여 취급**한다. 한편 법원은 주장이 없으면 판단도 안하기 때문에 같은 사안이라도 다른 판결이 나올 수 있다. 판례는 **소멸시효의 기산일**은 주요사실이라 하나 **취득시효의 기산일**은 간접사실로 본다. 그리고 대리권이 있다는 것과 표현대리가 성립한다는 것은 그 요건(주요)사실이 다르므로 **유권대리의 주장만이 있는 경우 표현대리**의 주장이 당연히 포함되어 있다거나 법원이 표현대리의 성립 여부까지 판단해야 하는 것은 아니라는 게 판례의 태도이다.

정답 ⑤

해설

반대로 설명되어 있다. **소멸시효의 기산일**은 채무의 소멸이라고 하는 법률효과 발생의 요건에 해당하는 소멸시효 기간 계산의 시발점으로서 소멸시효 항변의 법률요건을 구성하는 **구체적인 사실에 해당**하므로 이는 **변론주의의 적용 대상**이다(94다35886). 그러나 **취득시효의 기산**점은 법률효과의 판단에 관하여 직접 필요한 주요사실이 아니고 **간접사실에 불과**하여 법원으로서는 이에 관한 당사자의 주장에 구속되지 아니하고 소송자료에 의하여 진정한 점유의 시기를 인정하여야 한다(93다60120).

오답풀이

① (○) 주요사실이란 권리의 발생·변경·소멸이라는 법률효과를 발생시키는 실체법상 구성요건 해당사실을 말한다(판례).
② (○) 주요사실이 아닌 간접사실이나 보조사실에 대해서는 변론주의가 적용되지 않는다. 따라서 간접사실이나 보조사실은 당사자의 주장이 없더라도 법원은 판결의 기초로 삼을 수 있다.
③ (○) 변론주의가 적용되지 않는 간접사실에 대해서는 자백이 있더라도 자백의 구속력이 없다.
④ (○) 주요사실이 증명의 목표이고, 간접사실은 그 수단으로 기능상 증거와 같은 작용을 한다.

625

난이도 Self Check | 상 ○ 중 ○ 하 ○

원고의 대여금반환청구의 소에 대해 피고가 증여 또는 변제의 주장을 한 경우에 관한 설명으로 옳지 않은 것은?

① 원고는 금전 소비대차계약을 체결했다는 사실을 주장해야 한다.
② 피고가 증여를 주장한 경우 원고는 대여사실에 대한 증명책임을 진다.
③ 피고가 변제 주장을 한 경우 이는 부인에 해당한다.
④ 피고는 변제사실에 대해 증명책임을 진다.
⑤ 원고의 대여사실 주장과 피고의 증여사실 주장 중 어느 쪽의 주장이 진실인지 불명확한 경우에는 원고의 대여사실은 없는 것으로 취급하여야 한다.

문제로 익히는 핵심이론

당사자의 사실상 주장에 대하여 상대방은 다음과 같은 4가지 답변태도를 취할 수 있다. ⊙ 이를 부정하는 진술인 '**부인**', ⓒ 이를 알지 못한다는 진술인 '**부지**'(부인으로 추정), ⓒ 이를 시인하는 진술인 '**자백**'을 하든지, ⓔ 이를 명백히 다투지 아니하는 '**침묵**'(자백간주)이 있다.

부인에는 원고의 주장사실이 진실이 아니라고 한마디로 부정하는 **단순부인**과 원고의 주장사실과 양립되지 않는 사실을 적극적으로 진술하며 원고의 주장을 부정하는 **이유부 부인**(이점에서 원고의 주장사실이 진실임을 전제로 이와 논리적으로 양립할 수 있는 진술을 하는 항변과 차이)이 있다.

항변이란 원고의 청구를 배척하기 위하여 원고의 주장사실이 진실임을 전제로 하여 이와 양립가능한 별개의 사항에 대하여 피고가 하는 사실상 진술을 말한다. 원고가 **권리근거규정**의 요건사실을 주장함에 대하여 피고가 그 **반대규정**의 요건사실을 주장하는 것이다.

부인과 항변의 구별실익은 증명책임의 부담에 있다. 부인의 경우 부인당한 사실은 **상대방, 즉 원고에게 증명책임**이 있지만, **항변**의 경우 항변 사실은 그 **제출자인 피고에게 증명책임**이 있다.

증명책임이란 소송상 증명을 요하는 어느 사실의 존부가 확정되지 않을 때(진위불명) 당해 사실이 존재하지 않는 것으로 취급되어 유리한 법률효과를 얻을 수 없게 되는 당사자 일방의 위험 또는 불이익을 말한다. 예컨대 대여금청구소송에서 피고의 변제 주장에 대해 불분명하면 변제사실이 없는 것으로 보아 증명책임을 지는 피고가 패소의 불이익 판결을 받게 하는 것이다.

증명책임의 분배는 요증사실, 즉 증명의 대상이 되는 사실의 진위 여부가 불분명한 경우에 당사자 중 누구에게 불이익을 돌릴 것인지의 문제이다. 실제 소송에서 증명책임을 지는 자가 거의 패소판결을 받게 되어 소송의 승패를 좌우하게 되므로 이는 매우 중요하다. 권리의 존재를 주장하는 사람은 자기에게 유리한 권리근거규정의 요건사실(**청구원인사실**)에 대하여 **증명책임을 진다**. 반면에 권리의 존재를 다투는 상대방은 자기에게 유리한 반대규정의 요건사실(**항변사실**)에 대하여 **증명책임을 진다**.

정답 ③

해설

피고의 **변제 주장**은 원고의 대여사실을 인정하면서(자백) 이와 양립 가능한 별개의 사실을 주장한 것으로 **항변에 해당**한다.

오답풀이

① (○) 원고가 대여금반환청구의 소를 제기한 경우 원고는 권리근거규정의 요건사실인 금전 소비대차계약(대여)을 체결했다는 사실을 주장해야 한다.
② (○) 원고의 대여사실 주장에 대해 피고의 증여사실 주장은 **이유부부인**으로서 부인에 해당하므로 부인당한 상대방인 원고가 대여사실에 대해 **증명책임(패소의 불이익)**을 진다.
④ (○) 피고의 변제 주장은 항변이고 **항변은 항변제출자가 증명책임**을 진다.
⑤ (○) 원고의 대여사실 주장에 대해 피고의 증여사실 주장은 **이유부부인**으로서 부인에 해당하므로 부인당한 상대방인 원고가 **대여사실에 대해 증명책임(패소의 불이익)**을 지게 되므로 어느 쪽의 주장이 진실인지 불명확한(진위불명) 경우 대여사실은 없는 것으로 취급된다. 따라서 원고는 패소한다.

626

난이도 Self Check | 상 ◯ 중 ◯ 하 ◯

소의 취하에 관한 설명으로 옳지 않은 것은?

① 소는 사실심 변론종결 시까지 취하할 수 있다.
② 소의 취하는 상대방이 본안에 관하여 변론을 한 뒤에는 상대방의 동의를 받아야 효력을 가진다.
③ 본안에 대한 종국판결이 있은 뒤에 소를 취하한 사람은 같은 소를 제기하지 못한다.
④ 소취하서 제출은 원고 자신이 하지 않고 제3자에 의한 제출도 허용된다.
⑤ 본소가 취하된 때에는 피고는 원고의 동의 없이 반소를 취하할 수 있다.

문제로 익히는 핵심이론

소취하는 원고가 소의 전부 또는 일부를 철회하는 법원에 대한 **단독적 소송행위**이다. 이로써 소송계속은 소급적으로 소멸되고, 소송은 종료된다. 소취하는 판결이 확정될 때까지 언제든지 할 수 있다. 소송요건에 흠이 있어 부적법한 소라도 취하할 수 있다. 다만 **상소심에서의 소취하**는 **재소금지**의 제재가 따른다. 피고가 본안에 대한 변론(본안에 관한 응소)을 하면 피고도 적극적으로 소송에 관여하여 본안판결을 받을 이해관계를 가지므로 원고가 소송계속을 소멸시키기 위해서는 피고의 동의가 필요하다. **본소가 취하된 때에는 피고는 원고의 동의 없이 반소를 취하할 수 있다.**
소가 취하되면 처음부터 소송이 계속되지 않았던 것과 같은 상태에서 소송이 종료된다. 소제기에 의한 실체법적 효과인 시효중단·기간준수의 효력은 소취하에 의하여 소급적으로 소멸된다. 소가 취하되면 소송계속이 소급적으로 소멸되므로 다시 같은 소를 제기할 수 있다. 그러나 종국판결을 선고한 뒤에 소를 취하한 다음 다시 소제기를 허용한다면 본안판결에 이르기까지 법원이 들인 노력과 비용이 무용화되고 종국판결이 당사자에 의하여 농락당할 수 있으므로, **본안에 관하여 종국판결이 있은 뒤에는 이미 취하한 소와 같은 소를 다시 제기할 수 없다**(재소금지의 제재). 그러나 재소금지규정의 취지에 반하지 않고, 권리보호이익, 즉 **소제기를 필요로 하는 정당한 사정이 있을 때에는 재소는 금지되지 않는다**고 보아야 한다.

정답 ①

해설

소는 사실심 변론종결 시까지가 아니라 **판결이 확정될 때까지** 그 전부나 일부를 **취하**할 수 있다(제266조 제1항).

오답풀이

② (◯) 제266조(소의 취하) ② 소의 취하는 상대방이 본안에 관하여 준비서면을 제출하거나 변론준비기일에서 진술하거나 **변론을 한 뒤에는 상대방의 동의를 받아야 효력을 가진다.**
③ (◯) 제267조(소취하의 효과) ② 본안에 대한 종국판결이 있은 뒤에 소를 취하한 사람은 같은 소를 제기하지 못한다. ※ **재소금지의 제재**
④ (◯) 당사자가 소취하서를 작성하여 제출할 경우 반드시 취하권자나 그 포괄승계인만이 이를 제출하여야 한다고 볼 수는 없고, 제3자에 의한 제출도 허용되며, 나아가 상대방에게 소취하서를 교부하여 그로 하여금 제출하게 하는 것도 상관없다고 할 것이다(2001다37514).
⑤ (◯) 제271조(반소의 취하) 본소가 취하된 때에는 피고는 원고의 동의 없이 반소를 취하할 수 있다.

627

난이도 Self Check | 상◯ 중◯ 하◯

기판력에 관한 설명으로 옳은 것은?

① 상계를 주장한 청구가 성립되는지 아닌지의 판단은 상계하자고 대항한 액수에 한하여 기판력을 가진다.
② 다른 사람을 위하여 원고나 피고가 된 사람에 대한 확정판결은 그 다른 사람에 대하여는 효력이 미치지 않는다.
③ 확정판결은 변론을 종결하기 전의 승계인에 대하여도 당연히 그 효력이 미친다.
④ 전소 확정판결을 받은 원고가 다시 동일한 소를 제기하면 기판력에 저촉되어 각하판결을 한다.
⑤ 확정판결의 기판력은 법원의 판단인 판결의 주문과 이유 모두에 발생한다.

> **문제로 익히는 핵심이론**
>
> **기판력**이란 **전소** 확정판결의 내용이 후소에 대해 가지는 **구속력**을 말한다. 기판력이 미치면 후소 법원은 소 각하 또는 청구기각 판결을 선고하게 되는데 이는 판결의 모순·저촉을 방지하여 법적안정성을 추구하기 위한 것이다. 한편 판결 내용에 중대한 흠이 있을 때에는 구체적 타당성을 위하여 **기판력이 배제**될 수 있어야 하는데, 제451조에서 그러한 사유(재심사유)를 한정적으로 열거하여 **재심**을 인정하고 있다.
>
> 정답 ①

해설

제216조(기판력의 객관적 범위) ② 상계를 주장한 청구가 성립되는지 아닌지의 판단은 상계하자고 대항한 액수에 한하여 기판력을 가진다.

오답풀이

② (×) 제218조(기판력의 주관적 범위) ③ 다른 사람을 위하여 원고나 피고가 된 사람에 대한 확정판결은 그 다른 사람에 대하여도 효력이 미친다.
③ (×) 제218조(기판력의 주관적 범위) ① 확정판결은 당사자, **변론을 종결한 '뒤'의 승계인**(변론 없이 한 판결의 경우에는 판결을 선고한 뒤의 승계인) 또는 그를 위하여 청구의 목적물을 소지한 사람에 대하여 효력이 미친다.
④ (×) 전소에서 '**승소**' 판결을 받은 원고가 다시 동일한 소를 제기하면 이미 권리보호를 받았음에도 다시 구하는 것으로 권리보호이익이 없다고 하여 **소각하** 판결을 하고, 전소에서 '**패소**' 판결을 받은 원고가 다시 동일한 소를 제기하면 전소의 판단 내용과 모순된 판단이 금지되므로 **청구기각판결**을 하여야 한다(판례의 모순금지설). ※ 전소의 승소, 패소에 따라 각하, 기각으로 구분한다.
⑤ (×) 제216조(기판력의 객관적 범위) ① 확정판결은 '**주문**'에 포함된 것에 **한하여 기판력을 가진다**. ※ 판결이유 중 판단에는 기판력이 생기지 않는다(단, 상계항변은 예외).

628

항소에 관한 설명으로 옳지 않은 것은?

① 항소는 항소심의 종국판결이 있기 전에 취하할 수 있다.
② 항소권은 포기할 수 있다.
③ 항소는 원칙적으로 판결서가 송달된 날부터 2주 이내에 하여야 한다.
④ 항소제기는 항소장을 항소법원에 제출함으로써 한다.
⑤ 항소취하는 소취하와 달리 상대방의 동의가 필요 없다.

문제로 익히는 핵심이론

상소는 미확정의 종국판결의 취소 또는 변경을 상급법원에 요구하는 당사자의 소송행위로서 불복신청이다. 상소제도는 오판으로부터 권리구제를 보장함과 동시에 법령해석·적용의 통일을 위해 마련되었다. 상소는 재판의 확정 전에 그 취소 또는 변경을 구하는 통상의 불복신청방법이다. 즉 상소가 제기되면 재판의 확정은 차단되고, 종전의 소송절차의 속행으로서 당해 재판의 당부를 판단하기 위하여 심리와 판결이 행하여진다. **확정된 재판**을 대상으로 하는 **재심**제도와 구별된다.
상소의 종류에는 판결에 대한 불복으로 항소와 상고가 있다. **항소**는 제1심의 종국판결에 대한 상소로서 원판결에 대한 사실상·법률상 이유에 기인하는 불복신청이다. 다만 비약상고의 합의나 불항소의 합의가 있는 경우에는 항소할 수 없다. **상고**는 원칙상 항소법원의 종국판결에 대한 상소로서 원심판결에 대한 법률상의 이유에 기인하는 불복신청이다. 상소심의 본안판결을 받을 수 있는 요건을 **상소의 요건**이라 하고, 이것은 소에 있어서의 소송요건에 해당한다. 적극적 요건으로 **상소의 대상적격, 상소기간 등 적식, 상소의 이익**이 있어야 하고, 소극적 요건으로 **상소권의 포기가 없어야 하며, 불상소 합의가 없어야** 한다. 일정한 요건을 갖춘 적법한 상소에 대하여서만 본안심리를 한다. 조사결과 흠이 있는 경우에는 상소를 각하한다. 적법한 **상소가 제기**되면 확정이 차단되며, 사건은 원심법원을 떠나 상소심으로 소송계속이 이전되는데, 이를 **이심의 효력**이라고 한다. 한편 상소제기에 의한 확정차단의 효력과 이심의 효력은 원칙적으로 상소인의 불복신청의 범위에 관계없이 원심판결의 전부에 대하여 발생하게 되는데 이를 '**상소불가분의 원칙**'이라 한다. 상소불가분의 원칙에 따라 일부에 대한 상소의 경우에도 전부가 이심된다.

정답 ④

해설

제397조(항소의 방식) ① 항소는 항소장을 '**제1심**' 법원에 제출함으로써 한다.

오답풀이
① (○) 제393조(항소의 취하) ① 항소는 항소심의 종국판결이 있기 전에 취하할 수 있다.
② (○) 제394조(항소권의 포기) 항소권은 포기할 수 있다.
③ (○) 제396조(항소기간) ① 항소는 판결서가 송달된 날부터 2주 이내에 하여야 한다. 다만, 판결서 송달 전에도 할 수 있다.
⑤ (○) 항소취하는 소취하와 달리, 어느 때나 상대방의 동의가 필요 없다. 항소를 취하하면 피항소인에게 유리하게 제1심 판결이 확정되어 피항소인이 불이익을 입는 일은 없기 때문이다.

629

난이도 Self Check | 상 ○ 중 ○ 하 ○

부대항소에 관한 설명으로 옳지 않은 것의 개수는?

> ㉠ 주된 항소가 적법하게 계속되어 있어야 부대항소를 할 수 있다.
> ㉡ 피항소인은 항소권이 소멸된 경우에는 부대항소를 할 수 없다.
> ㉢ 부대항소는 항소가 취하되면 그 효력을 잃는다.
> ㉣ 부대항소는 항소심 변론이 종결될 때까지 할 수 있다.
> ㉤ 부대항소가 있더라도 항소한 항소인에 대해 불이익변경금지 원칙은 적용된다.

① 1개　　② 2개　　③ 3개
④ 4개　　⑤ 5개

문제로 익히는 핵심이론

부대항소란 항소를 당한 **피항소인**이 항소인의 항소에 의해 개시된 **항소심절차에 편승**하여 자기에게 유리하게 **항소심의 심판범위를 확장시키는 신청**이다. 즉 어느 당사자가 항소기간 내에 항소를 제기하지 아니하였다든지, 항소권을 포기하였다든지 하여 독립하여 항소를 할 수 없게 된 경우라도 상대방이 제기한 항소의 존재를 전제로 하여 이에 부대하여 원심판결 가운데 자기의 불이익한 부분의 변경을 구하는 신청을 할 수 있다(**비항소설**). 부대항소의 제기방식 등에 관하여는 항소의 규정을 적용한다. 피항소인이 부대항소를 하면서 표제로 부대항소라고 기재하지 않고, '청구취지확장신청서', '반소장'이라고 기재하였다고 하더라도 상대방에게 불리하게 되는 한도에서 부대항소장으로서의 실질이 구비된 것으로 본다(판례). 부대항소는 상대방의 항소에 의존하는 은혜적인 것이기 때문에, **주된 항소의 취하 또는 부적법 각하에 의하여 그 효력을 잃는다**. 또한 부대항소에 의하여 항소법원의 심판범위가 확장되면 **항소인에 대해 불이익변경금지의 원칙이 적용되지 않는다**.

정답 ②

해설

㉡ (×) 부대항소의 본질에 관하여는 <u>항소와는 그 성질이 다른 것으로 보아야 한다는 것(비항소설)</u>이 판례이다. 즉 부대항소는 항소의 성질을 가지는 것이 아니므로, 그 신청에 있어서 제1심 판결에 대한 불복의 이익의 존재를 요건으로 하는 것이 아니며, 원판결에서 전부승소한 피항소인도 상대방의 항소에 편승하여 부대항소의 방식에 의하여 청구의 확장이나 반소의 제기를 할 수 있다. 또 <u>피항소인이 항소권을 포기하여 항소권을 상실한 경우에도 부대항소를 할 수 있다.</u>

㉤ (×) <u>부대항소에 의하여 항소법원의 심판범위가 확장되면 항소인에 대해 불이익변경금지의 원칙이 적용되지 않는다.</u> 부대항소는 항소인의 불이익변경금지를 배제하는 공격적 수단이라는 점에 그 본질이 있는 것이다. 따라서 부대항소를 하는 경우에는 반드시 원판결에서 재판된 사항에 한정되지 아니한다.

오답풀이

㉠ (○) 주된 항소가 적법하게 계속되어 있어야 하며, 주된 항소의 피항소인이 항소인을 상대로 제기하여야 한다(제403조).

㉢ (○) 제404조(부대항소의 종속성) 부대항소는 <u>항소가 취하되거나 부적법하여 각하된 때에는 그 효력을 잃는다</u>. 다만, 항소기간 이내에 한 부대항소는 독립된 항소로 본다.

㉣ (○) 제403조(부대항소) 피항소인은 항소권이 소멸된 뒤에도 <u>변론이 종결될 때까지 부대항소를 할 수 있다</u>.

상법 기출예상문제

630

상법의 적용과 상인에 관한 설명으로 옳은 것은?

① 상사에 관하여 상법에 규정이 없으면 민법에 의하고 민법에 규정이 없으면 상관습법에 의한다.
② 공법인의 상행위에 대하여는 법령에 다른 규정이 있는 경우에도 상법이 우선 적용된다.
③ 상인과 비상인 간의 상거래에 있어서 상인인 당사자에게는 상법이 적용되고 비상인인 당사자에게는 민법이 적용된다.
④ 주식회사의 대외적 거래행위는 대표이사가 하지만 상인이 되는 것은 바로 회사이다.
⑤ 국세청에 신고한 사업자등록상의 명의와 실제 영업상의 주체가 다를 경우 전자가 상인이 된다.

문제로 익히는 핵심이론

상법은 기업이 관련된 생활관계를 규율하는 법으로 '기업에 관한 특별사법'이다. 상법은 기업의 경제활동과 관련한 법률관계인 상사관계를 규율하는 특별사법이란 점에서 개인의 보통 사적생활관계를 규율하는 일반사법인 민법과 구별된다. **상인은 자기 명의로 상행위를 하는 자**를 말하는데, '**자기 명의**'란 상행위로부터 생기는 **권리의무의 귀속주체**로 된다는 뜻으로서 실질에 따라 판단해야 하므로, 행정관청에 대한 인·허가 명의나 국세청에 신고한 사업자등록상의 명의와 실제 영업상의 주체가 다를 경우 후자가 상인이 된다(판례). 행정상 신청·신고는 사법상 권리의무 귀속과 무관하다. 그리고 이는 **경제적 이익의 귀속주체**가 됨을 뜻하는 '**자기계산**'과는 구별되는 개념이다.

정답 ④

해설

대표이사는 주식회사에서 대내적으로 회사의 업무를 집행하고 대외적으로 회사를 대표하는 법인인 주식회사의 필요상설 기관이다. 법적으로 **권리의무 귀속주체가 되는 상인은 (주식)회사**이다.

오답풀이

① (×) 제1조(상사적용법규) 상사에 관하여 **본법(상법)**에 규정이 없으면 **상관습법**에 의하고 상관습법이 없으면 **민법**의 규정에 의한다.
② (×) 제2조(공법인의 상행위) 공법인의 상행위에 대하여는 법령에 다른 규정이 **없는** 경우에 한하여 본법을 적용한다.
③ (×) 제3조(일방적 상행위) 당사자중 그 1인의 행위가 상행위인 때에는 전원에 대하여 본법(상법)을 적용한다.
⑤ (×) 상인은 자기 명의로 상행위를 하는 자를 의미하는데, 여기서 '자기 명의'란 상행위로부터 생기는 권리의무의 귀속주체로 된다는 뜻으로서 실질에 따라 판단하여야 하므로, 행정관청에 대한 인·허가 명의나 국세청에 신고한 사업자등록상의 명의와 **실제 영업상의 주체가 다를 경우 후자가 상인**이 된다(2007다66590). ※ 행정상의 신청·신고는 사법상 권리의무 귀속과는 무관하다.

631

난이도 Self Check | 상 ◯ 중 ◯ 하 ◯

상법상 영업양도에 관한 설명으로 옳지 <u>않은</u> 것은?

① 영업양도가 이루어지는 경우 원칙적으로 해당 근로자들의 근로관계는 양수하는 기업에 포괄적으로 승계된다.
② 영업을 양도한 경우에 당사자 간에 다른 약정이 없으면 양도인은 10년간 동일한 특별시·광역시 및 인접한 특별시·광역시에서 동종의 영업을 하지 못한다.
③ 영업양수인이 양도인의 상호를 계속 사용하는 경우에는 양도인의 영업으로 인한 제3자에 대한 채무를 변제할 책임이 있고, 이 경우 양도인의 제3자에 대한 채무는 영업양도 후 2년이 경과하면 소멸한다.
④ 영업활동과의 관련성만 인정된다면 불법행위로 인한 손해배상채무나 부당이득으로 인한 상환채무도 상법 제42조의 보호범위에 포함된다.
⑤ 상인이 영업을 출자하여 주식회사를 설립하고, 그와 같이 설립된 주식회사가 출자한 상인의 상호를 계속 사용하는 경우, 이는 영업양도가 아니므로 그 설립된 주식회사는 출자한 상인의 영업으로 인한 제3자에 대한 채권을 변제할 책임이 없다.

해설

영업을 출자하여 주식회사를 설립하고 그 상호를 계속 사용하는 경우 **영업의 양도**와 유사하며 채권자의 입장에서 볼 때는 외형상 양도와 출자를 구분하기 어려우므로 새로 설립된 법인은 상법 제 **42조 제1항의 규정(상호속용 양수인의 책임)이 유추적용** 되어 출자자의 채무를 변제할 책임이 **있다**(2009다38827).

오답풀이

① (◯) 영업의 양도란 일정한 영업목적에 의하여 조직화된 업체, 즉 인적·물적 조직을 그 동일성은 유지하면서 일체로서 이전하는 것으로서 영업의 일부만의 양도도 가능하고, 이러한 영업양도가 이루어진 경우에는 <u>원칙적으로 해당 근로자들의 근로관계가 양수하는 기업에 포괄적으로 승계된다</u>(2002다70822).
② (◯) **제41조(영업양도인의 경업금지)** ① 영업을 양도한 경우에 다른 약정이 없으면 양도인은 <u>10년간 동일한 특별시·광역시·시·군과 인접 특별시·광역시·시·군에서 동종영업을 하지 못한다</u>. ② 양도인이 동종영업을 하지 아니할 것을 약정한 때에는 동일한 특별시·광역시·시·군과 인접 특별시·광역시·시·군에 한하여 <u>20년을 초과하지 아니한 범위 내에서 그 효력이 있다</u>.
③ (◯) 제45조(영업양도인의 책임의 존속기간) 영업양수인이 제42조 제1항(상호속용) 또는 전조(채무인수 광고)의 규정에 의하여 변제의 책임이 있는 경우에는 <u>양도인의 제3자에 대한 채무는 영업양도 또는 광고 후 2년이 경과하면 소멸한다</u>.
④ (◯) 영업으로 인하여 발생한 채무란 영업상의 활동에 관하여 발생한 모든 채무를 말하는 것이므로 불법행위로 인한 손해배상채무나 부당이득으로 인한 상환채무도 이에 포함된다(88다카12100).

📝 문제로 익히는 핵심이론

<u>영업양도란 영업의 동일성을 유지하면서 영업을 일체로 양도하는 행위</u>를 말한다. 기업이 동일성을 유지하면서 이전한다는 의미에서 기업의 인적시설은 당연히 양수인에게 승계된다고 본다. <u>판례는 인적 고용의 승계를 대단히 중요한 요건으로 판단한다</u>. 영업양도는 채권계약으로서 양도인은 영업상 재산의 이전에 필요한 절차(동산은 인도, 부동산은 등기 등)를 갖추어 주어야 하고 양수인은 약정한 대금을 지급하여야 한다. 이 점이 포괄승계가 되는 상속, 합병과 다르다. 영업을 양도한 양도인은 일정 기간 동안 경업피지의무를 부담한다. 양수인이 채무를 인수하지 않고서도 인수한 것과 같은 <u>외관을 발생</u>시킨 경우(상호속용 또는 채무인수광고), <u>양수인도 변제의 책임</u>을 부담하게 된다(제42조, 제44조). 이는 <u>영업양도인의 영업상 채권자</u>가 적기에 채권을 회수할 기회를 상실할 경우 양수인에게도 변제책임을 지워 <u>채권자를 보호</u>하는 외관법리에 기초한 규정이다. 이 경우 양도인과 양수인 양자의 책임은 **부진정연대채무**관계이다. 한편 영업양도 이후 상호를 속용할 경우 양도사실을 외부에서는 잘 알 수 없으므로 <u>양도인의 영업상 채무자</u>는 양수인에게 변제를 할 가능성이 있다. 이러한 경우 변제의 효력을 부정하면 채무자는 이중지급의 위험에 빠지게 되므로 변제자를 보호하기 위해 <u>선의이며 중대한 과실 없이 양수인에게 한 변제를 유효한 것</u>으로 상법은 규정하고 있다.

정답 ⑤

632

민법에 대한 상행위 특칙에 관한 설명으로 옳지 <u>않은</u> 것은?

① 상인이 그 영업에 관하여 수여한 대리권은 본인의 사망으로 인하여 소멸한다.
② 상행위의 대리인이 본인을 위한 것임을 표시하지 아니하여도 그 행위는 본인에 대하여 효력이 있다.
③ 상행위로 인한 채권은 원칙적으로 5년간 행사하지 아니하면 소멸시효가 완성한다.
④ 상행위로 인한 채무의 법정이율은 연 6%로 한다.
⑤ 상인이 상시 거래관계에 있는 자로부터 그 영업부류에 속한 계약의 청약을 받은 때에 지체 없이 낙부의 통지를 발송하지 않으면 승낙한 것으로 본다.

해설
제50조(대리권의 존속) 상인이 그 **영업에 관하여 수여한 대리권은 본인의 사망으로 인하여 소멸하지 아니한다.**

오답풀이
② (○) 제48조(대리의 방식) 상행위의 대리인이 **본인을 위한 것임을 표시하지 아니하여도 그 행위는 본인에 대하여 효력이 있다.** 그러나 상대방이 본인을 위한 것임을 알지 못한 때에는 대리인에 대하여도 이행의 청구를 할 수 있다. ※ 비현명주의
③ (○) 제64조(상사시효) **상행위로 인한 채권은** 본법에 다른 규정이 없는 때에는 **5년간 행사하지 아니하면 소멸시효가 완성**한다. 그러나 다른 법령에 이보다 단기의 시효의 규정이 있는 때에는 그 규정에 의한다.
④ (○) 제54조(상사법정이율) 상행위로 인한 채무의 법정이율은 **연 6푼**으로 한다.
⑤ (○) 제53조(청약에 대한 낙부통지의무) 상인이 상시 거래관계에 있는 자로부터 그 영업부류에 속한 계약의 청약을 받은 때에는 지체 없이 낙부의 통지를 발송하여야 한다. 이를 해태한 때에는 승낙한 것으로 본다.

정답 ①

633

다음을 통해 설명하는 개념으로 옳은 것은?

> 당사자의 일방이 상대방의 영업을 위하여 출자하고 상대방은 그 영업으로 인한 이익을 분배할 것을 약정함으로써 그 효력이 생긴다.

① 상호계산 ② 익명조합
③ 합자조합 ④ 합명회사
⑤ 가맹업

해설
제78조(의의) **익명조합**은 당사자의 일방이 상대방의 영업을 위하여 **출자하고** 상대방은 그 영업으로 인한 **이익을 분배할 것을 약정**함으로써 그 효력이 생긴다.

오답풀이
① (×) 제72조(의의) **상호계산**은 상인 간 또는 상인과 비상인간에 상시 거래관계가 있는 경우에 일정한 기간의 거래로 인한 채권채무의 총액에 관하여 상계하고 그 잔액을 지급할 것을 약정함으로써 그 효력이 생긴다.
③ (×) 제86조의2(의의) **합자조합**은 조합의 업무집행자로서 조합의 채무에 대하여 무한책임을 지는 조합원과 출자가액을 한도로 하여 유한책임을 지는 조합원이 상호출자하여 공동사업을 경영할 것을 약정함으로써 그 효력이 생긴다.
④ (×) **합명회사**(제178조)는 2인 이상의 무한책임사원으로 구성되는 회사로서 인적회사이다. 사원이 경영에 직접 참여하므로 소유와 경영이 일치한다. 합명회사는 사단법인인 회사의 일종으로 규정되어 있지만 그 실질은 민법상 조합에 가깝다.
⑤ (×) 제168조의6(가맹업의 의의) 자신의 상호·상표 등을 제공하는 것을 영업으로 하는 **가맹업자**로부터 그 상호등을 사용할 것을 허락받아 가맹업자가 지정하는 품질기준이나 영업방식에 따라 영업을 하는 자를 **가맹상**이라 한다. 그리고 가맹업자의 이러한 영업 자체를 **가맹업(프랜차이즈)**이라한다.

문제로 익히는 핵심이론
익명조합은 **익명조합원**의 출자의무와 **영업자**의 이익분배의무를 본질적 요소로 하는 **영업자의 개인기업**이다. 익명조합을 통하여 익명조합원은 직접 경영에 참여하지 않으면서 영업이익을 받고 영업자는 이자 없는 자금을 받아 경영을 할 수 있게 된다. 즉 **익명조합원은** 단순한 출자자에 불과하여 외부적으로 일체의 권한과 의무가 없다. 단 일정한 경우(성명, 상호의 사용허락으로 인한 책임) 영업자와 연대책임을 부담할 뿐이다. 이러한 익명조합은 상법상 특수한 계약이나 민법상 조합과 유사하므로 조합에 관한 규정이 유추적용된다.

정답 ②

634

상법상 위탁매매에 관한 설명으로 옳지 않은 것은?

① 자기명의와 타인의 계산으로 물건 또는 유가증권의 매매를 영업으로 하는 자를 위탁매매인이라 한다.
② 어떠한 계약이 일반의 매매계약인지 위탁매매계약인지는 계약의 명칭 또는 형식적인 문언을 떠나 그 실질을 중시하여 판단하여야 한다.
③ 위탁매매인이 위탁자로부터 받은 물건 또는 유가증권이나 위탁매매로 인하여 취득한 물건, 유가증권 또는 채권은 위탁자와 위탁매매인 또는 위탁매매인의 채권자간의 관계에서는 이를 위탁자의 소유 또는 채권으로 본다.
④ 위탁매매인이 위탁자가 지정한 가액보다 염가로 매도하거나 고가로 매수한 경우에도 위탁매매인이 그 차액을 부담한 때에는 그 매매는 위탁자에 대하여 효력이 있다.
⑤ 위탁매매인이 위탁자가 지정한 가액보다 고가로 매도하거나 염가로 매수한 경우에는 그 차액은 다른 약정이 없으면 위탁매매인의 이익으로 한다.

해설

제106조(지정가액준수의무) ② 위탁자가 지정한 가액보다 고가로 매도하거나 염가로 매수한 경우에는 그 차액은 다른 약정이 없으면 **위탁자의 이익**으로 한다.

오답풀이

① (○) 제101조(의의) 자기명의로써 타인의 계산으로 물건 또는 유가증권의 매매를 영업으로 하는 자를 위탁매매인이라 한다.
※ **명의** = 권리의무 귀속주체 VS **계산** = 경제적 손익귀속주체
② (○) <u>위탁매매란 자기의 명의로 타인의 계산에 의하여 물품을 매수 또는 매도하고 보수를 받는 것으로서 명의와 계산의 분리를 본질로 한다. 그리고 어떠한 계약이 일반의 매매계약인지 위탁매매계약인지는 계약의 명칭 또는 형식적인 문언을 떠나 그 실질을 중시하여 판단하여야</u> 한다. 이는 자기 명의로써, 그러나 타인의 계산으로 매매 아닌 행위를 영업으로 하는 이른바 준위탁매매(상법 제113조)에 있어서도 마찬가지이다 (2011다31645).
③ (○) 제103조(위탁물의 귀속)는 **위탁자 보호**를 위한 특칙규정이다.
④ (○) 제106조(지정가액준수의무) ① 위탁자가 지정한 가액보다 염가로 매도하거나 고가로 매수한 경우에도 <u>위탁매매인이 그 차액을 부담한 때에는 그 매매는 위탁자에 대하여 효력이 있다</u>.

정답 ⑤

635

난이도 Self Check | 상 ○ 중 ○ 하 ○

상법상의 회사에 관한 설명으로 옳지 않은 것은?

① 회사가 영리를 목적으로 한다는 것은 영리사업을 경영하여 이익귀속의 주체가 될 뿐 아니라 그 이익을 사원에게 분배하여야 한다는 의미이다.
② 합명회사·합자회사는 2인 이상의 사원의 존재가 그 성립 및 존속의 요건이지만, 주식회사·유한회사는 1인의 사원만으로 성립 및 존속이 가능하다.
③ 판례는 1인 주주 겸 대표이사가 회사에 손해를 가한 경우 회사의 손해는 바로 1인 주주의 손해라고 보고 회사에 손해를 가하려는 고의를 인정할 수 없으므로 회사에 대한 업무상배임죄는 성립되지 않는다고 한다.
④ 판례는 주식회사의 법인격이 남용되는 경우 이를 제한 또는 부인하여 회사와 사원을 동일시함으로써 구체적으로 타당한 해결을 도모하려는 법인격부인론을 인정하고 있다.
⑤ 회사는 법인이므로 일반적 권리능력을 갖지만, 개별적인 권리능력은 그 성질, 법령, 목적에 의하여 제한된다.

④ (○) 회사가 외형상으로는 **법인의 형식**을 갖추고 있으나 실질에 있어서는 배후에 있는 자의 **개인기업**에 불과한 경우 회사와 그 배후자가 별개의 인격체임을 주장하는 것은 **신의성실의 원칙에 위반**되는 것으로서 허용될 수 없다(97다21604).
※ 이는 주주유한책임을 악용하는 폐단을 방지하기 위함이다.
⑤ (○) 회사는 자연인이 아니므로 **성질상** 당연히 생명·신체에 대한 권리나 친족권·상속권 등을 누릴 수 없다. 그리고 **상법상 제한**으로 회사는 다른 회사의 무한책임사원이 되지 못한다(제173조).
목적상 제한에 대해 판례는 "회사의 권리능력은 회사의 설립 근거가 된 법률과 회사의 정관상의 목적에 의하여 제한되나 그 목적범위 내의 행위란 정관에 명시된 목적 자체에 국한되는 것이 아니라, 그 목적을 수행하는 데 있어 직접, 간접으로 필요한 행위는 모두 포함되고 목적수행에 필요한지의 여부는 행위의 객관적 성질에 따라 판단할 것이고 행위자의 주관적, 구체적 의사에 따라 판단할 것은 아니다(98다2488)."고 했다.

문제로 익히는 핵심이론

기업은 상인이 자본과 인력을 결합하여 조직한 경제적 단위체이다. 회사는 공동기업의 일종이다. **상법상 회사는 영리·법인만이 가능**하고, 비영리 사단·재단 법인은 영리성이 결여되어 어떠한 경우에도 상법상 회사가 될 수 없다. 상행위를 영업으로 하는 회사를 상사회사라 하고, 상행위 외의 행위를 영업으로 하는 회사를 민사회사라 한다. 결국 상사회사와 민사회사 모두 영리를 그 목적으로 하는 상인으로서 상법의 적용을 받는다. 여기서 '**영리**'**를 목적**으로 한다는 것은 대외적 활동을 통해 이익을 추구하고 이를 통해 취득한 이익을 그 사원에게 분배하려는 의도를 의미한다. 상법상 회사로 인정되기 위하여는 **법인격이 있어야** 한다. 이는 기업의 대외적 법률관계를 간명하게 처리하기 위함이다.
1인 회사란 실질적으로 1인의 사원이 회사의 지분전부를 소유하는 회사를 말한다. 1인 회사는 전주식이 1인 주주에게 집중된 예외적 회사이므로, 상법규정 가운데 사단성을 전제로 한 규정을 적용함에 무리가 있다. 따라서 어느 정도의 수정이나 제한이 필요하다. 한편 1인 회사의 사원이 회사의 재산을 횡령하거나 회사에 대하여 배임적 행위를 한 경우에 그 사원과 회사는 별개의 인격으로서 업무상 횡령죄나 배임죄가 성립한다(판례).
법인격 부인론이란 법인격이 남용된 특정한 경우에 한하여 회사의 독립적인 법인격을 제한 또는 부인함으로써 회사와 사원의 인격을 동일시하여 회사의 책임을 사원에게 추궁하려는 이론을 말한다.
한편 기존회사가 채무를 면탈하기 위하여 기업의 형태·내용이 실질적으로 동일한 신설회사를 설립하였다면, 신설회사의 설립(**사해설립**)은 기존회사의 채무면탈이라는 위법한 목적 달성을 위하여 회사제도를 남용한 것에 해당하고, 기존회사의 채권자는 위 두 회사 어느 쪽에 대하여서도 채무의 이행을 청구할 수 있다(판례).

해설

주식회사의 주식이 사실상 1인의 주주에 귀속하는 **1인 회사**에 있어서는 행위의 주체와 그 본인 및 다른 회사와는 **별개의 인격체**이므로, 그 법인인 주식회사 소유의 금원을 임의로 소비하면 **횡령죄**가 성립되고 그 본인 및 주식회사에게 손해가 발생하였을 때에는 **배임죄가 성립**한다(96도1525).

오답풀이

① (○) 제169조(회사의 의의) 이 법(상법)에서 "**회사**"란 상행위나 그 밖의 **영리를 목적**으로 하여 설립한 **법인**을 말한다.
※ 여기서 '**영리**'를 목적으로 한다는 것은 대외적 활동을 통해 이익을 추구하고 이를 통해 취득한 이익을 그 사원에게 분배하려는 의도를 의미한다.
② (○) **합명회사와 합자회사**의 경우 그 설립 시에 2인 이상의 사원이 공동으로 정관을 작성할 것을 요하고(제178조, 제269조), 사원이 1인만 남게 된 경우가 해산사유가 되어(제227조 3호, 제269조) 1인 회사가 인정될 수 없다. 이에 반해 **주식회사, 유한회사, 유한책임회사**는 그 설립 시 발기인과 사원이 1인으로 족하고(제288조, 제543조, 제287조의2), 그 존속 중 주주나 사원이 1인만 남게 되어도 해산사유가 되지 않는다(제517조, 제609조, 제287조의38)는 점에서 1인 회사의 설립과 존속이 모두 가능하다.

정답 ③

636

난이도 Self Check | 상 ◯ 중 ◯ 하 ◯

상법상 회사의 합병에 관한 설명으로 옳은 것은?

① 주식회사가 유한회사와 합병하는 경우에 신설되는 회사가 유한회사인 때에는 법원의 인가가 있어야 한다.
② 상법상 모든 회사는 합병을 할 수 있으므로 주식회사와 합명회사가 합병을 할 경우에 합명회사를 존속회사로 할 수 있다.
③ 주식회사가 흡수합병을 하는 경우에는 존속회사가 소멸하는 회사의 모든 주주에게 그 대가의 전부를 금전으로 지급하도록 합병계약서에 규정할 수 없다.
④ 합병으로 인하여 소멸하는 회사는 청산절차를 거쳐야 소멸한다.
⑤ 합병비율이 현저하게 불공정한 경우에는 주주의 이해관계에 중대한 영향을 미치므로 합병 무효의 소의 원인이 될 수 있다.

오답풀이

① (×) 제600조 ② 합병을 하는 회사의 일방이 사채의 상환을 완료하지 아니한 <u>주식회사</u>인 때에는 합병 후 존속하는 회사 또는 합병으로 인하여 설립되는 회사는 유한회사로 하지 못한다. ※ 사채는 주식회사만 발행할 수 있기 때문이다.
② (×) 제174조(회사의 합병) ① 회사는 합병을 할 수 있다. ② 합병을 하는 회사의 일방 또는 쌍방이 주식회사, 유한회사 또는 유한책임회사인 경우에는 합병 후 존속하는 회사나 합병으로 설립되는 회사는 주식회사, 유한회사 또는 유한책임회사이어야 한다. ※ 따라서 주식회사와 합명회사가 합병을 하는 경우에 합명회사를 존속회사로 할 수 없다. 이러한 회사의 사원이 지는 <u>유한책임</u>은 합병 후에도 유지되어야 하기 때문이다.
③ (×) 제523조(흡수합병의 합병계약서) 합병할 회사의 일방이 합병 후 존속하는 경우에는 합병계약서에 다음의 사항을 적어야 한다. 4. 존속하는 회사가 합병으로 소멸하는 회사의 주주에게 제3호에도 불구하고 그 대가의 전부 또는 일부로서 금전이나 그 밖의 재산을 제공하는 경우에는 그 내용 및 배정에 관한 사항 ※ **교부금합병**
④ (×) 회사는 해산 후 권리의무에 대한 청산절차를 거쳐서 소멸하는 것이 원칙이나, 합병으로 인한 소멸회사는 그 권리의무가 존속회사 또는 신설회사에 포괄적으로 승계되므로 <u>**별도의 청산절차 없이 소멸**</u>한다.

> **📝 문제로 익히는 핵심이론**
>
> <u>**합병**이란 2개 이상의 회사가 상법의 절차에 따라 **청산절차를 거치지 않고**</u> 합쳐지면서 최소한 1개 이상의 회사의 법인격을 소멸시키되, 합병 이후에 존속하는 회사(흡수합병) 또는 합병으로 인해 신설되는 회사(신설합병)가 <u>소멸하는 회사의 권리의무를 **포괄적으로 승계**</u>하는 회사법상의 법률사실이다. 합병은 경영의 합리화, 영업비절감, 사업의 확장, 청산절차의 생략, 세금의 경감, 영업권상실의 방지 등의 기능을 한다. 합병은 주주와 채권자의 이해관계에 대해 중대한 영향을 미치므로 합병계약 시에 존속회사와 소멸회사 각각 <u>**주주총회 특별결의**에 의한 승인을 받아야 하며, **채권자 보호절차**를 거쳐야 한다.</u> 합병은 (합병)등기를 하여야 그 효력이 발생한다. 합병의 과정에 하자가 있는 경우 회사관계의 단체적 성질과 거래안전을 위해 합병의 무효는 반드시 소로써만 다툴 수 있는데 소의 원인에 대해 상법에 규정은 없다. 해석상 무효사유로 인정되는 것은 합병제한에 관한 법률규정의 위반, 채권자보호절차의 불이행 등이 있으며 <u>**합병비율의 현저한 불공정**은 무효사유로 보는 것</u>이 판례이다.

정답 ⑤

해설

<u>합병비율</u>을 정하는 것은 합병계약의 가장 중요한 내용이고, 만일 그 비율이 합병할 각 회사의 일방에게 불리하게 정해진 경우에는 그 회사의 주주가 합병 전 회사의 재산에 대하여 가지고 있던 지분비율을 합병 후에 유지할 수 없게 됨으로써 <u>실질적으로 주식의 일부를 상실케 되는 결과를 초래하므로, **합병비율이 현저하게 불공정**한 경우 합병할 각 회사의 주주 등은 **합병무효의 소를 제기**할 수 있다</u>(2007다64136).

637

난이도 Self Check | 상 ○ 중 ○ 하 ○

상법상 주식회사의 자본금에 관한 설명으로 옳지 않은 것은?

① 자본금의 구성단위를 주식이라 한다.
② 액면주식을 발행한 회사의 자본금은 발행주식의 액면총액으로 한다.
③ 회사의 자본금은 액면주식을 무액면주식으로 전환함으로써 변경할 수 있다.
④ 회사설립 시 자본금의 액은 설립등기사항이다.
⑤ 최저자본금 제도는 현재 없다.

문제로 익히는 핵심이론

주식회사란 자본금이 주식으로 분할되어 주식의 인수를 통해 출자함으로써 주주가 되며, 주주는 주식의 인수가액 한도에서 출자의무를 질 뿐 회사 채무에 대해 직접 책임을 지지 않는 형태의 회사를 말한다. **이처럼 주식회사의 3 요소는 ① 자본금, ② 주식, ③ 주주의 유한책임** 이 세 가지이다.
상법상 **자본금**이란 회사가 그 존속 중에 자본충실을 위해 유지해야 하는 순자산액의 규범적 기준을 말한다. 주식회사는 물적회사로 회사채권자의 담보는 회사재산뿐이다. 이에 채권자 보호를 위해 일정금액을 회사재산으로 확보하도록 강제하는 제도가 자본금이다.
자본금은 **액면주식** (1주의 금액이 정관에 정해지고 또한 주권에 표시되는 주식)을 발행한 회사의 경우에는 상법에서 달리 규정한 경우 외에는 **발행주식의 수와 액면가액을 곱한 값**으로 계산되고, **무액면주식** (1주의 금액이 정해지거나 표시되지 않고 주권에는 주식의 수만 기재되는 주식)을 발행한 회사라면 주식의 발행가액 중 자본금으로 계상하기로 한 금액을 말한다. 자본금을 정하는 입법주의로 우리 상법은 수권자본제도에 따르고 있다. 이는 회사의 정관에 자본금을 기재하지 않고 회사가 발행할 주식의 총수만을 기재하며, 회사의 설립 시에 그 중 주식의 인수가 일부만 있으면 설립이 가능한 제도를 말한다. 회사가 설립된 이후에는 자금조달이 필요한 경우 이러한 수권주식의 범위 내에서 미발행주식을 이사회의 결의만으로 수시로 신주를 발행할 수가 있는 것이다.

정답 ③

해설

제451조(자본금) ③ 회사의 **자본금**은 액면주식을 무액면주식으로 전환하거나 무액면주식을 액면주식으로 전환함으로써 변경할 수 **없다**.

오답풀이

① (○) 주식회사는 주주의 출자에 의해 형성되는 자본금에 기초한 회사로서, 자본금은 주식이라는 균등한 단위로 분할되므로 주식은 자본금의 구성단위가 된다.
② (○) 제451조(자본금) ① 회사의 **자본금**은 이 법에서 달리 규정한 경우 외에는 **발행주식의 액면총액**으로 한다.
④ (○) 제317조(설립의 등기) ② 제1항의 설립등기에 있어서는 다음의 사항을 등기하여야 한다.
  1. 제289조제1항제1호 내지 제4호, 제6호와 제7호에 게기한 사항
  2. **자본금의 액** ※ 자본금의 액은 등기사항이지 정관의 절대적 기재사항은 아님
  3. 발행주식의 총수, 그 종류와 각종주식의 내용과 수
  4. 이하 생략
⑤ (○) 과거에는 최저자본금을 5천만 원으로 정했지만 2009년 상법 개정을 통해서 이를 **폐지**했다.

638

상법상 주식의 양도 등에 관한 설명으로 옳지 않은 것은?

① 주식은 자유롭게 양도할 수 있는 것이 원칙이다.
② 주권발행 후 주식의 양도에 있어서는 주권을 교부하여야 한다.
③ 주권발행 전에 한 주식의 양도는 회사성립 후 6월이 경과한 때에는 회사에 대하여 효력이 있고, 이 경우 주식의 양도는 지명채권의 양도에 관한 일반원칙에 따라 당사자의 의사표시만으로 효력이 발생한다.
④ 회사는 정관으로 정하는 바에 따라 그 발행하는 주식의 양도에 관하여 이사회의 승인을 받도록 할 수 있다.
⑤ 주식의 양도에 이사회 승인을 얻도록 규정된 정관에도 불구하고 이사회 승인 없는 주식의 양도는 양도 당사자 간에 채권적 효력도 없다.

> **문제로 익히는 핵심이론**
>
> **주식의 양도**란 법률행위에 의한 주식의 이전 즉 **주주의 지위가 이전**되는 것을 말한다. 주식회사는 물적회사로서 그 사원인 주주가 유한책임만을 부담하고 그의 인적개성이 중요시되지도 않으므로 다른 회사와는 달리 그 지분인 **주식의 양도가 자유롭다**. 주식의 양도 방법은 **당사자 간의 양도의 합의와 주권의 교부로 이루어진다**. 다만 ⅰ) 회사성립 후 또는 신주 납입기일 후 6월이 경과하도록 주권이 발행되지 않은 경우 주권의 교부가 있을 수 없기 때문에 예외적으로 당사자 간의 합의만으로 주식양도의 효력이 발생한다. 그리고 ⅱ) 상속이나 합병과 같은 포괄승계에 있어서도 주권의 교부가 필요 없다. 한편 상법은 일정한 경우 주식의 양도를 제한하는 규정을 두고 있다. 즉 **권리주**(주식이 인수된 후 아직 주식으로서의 효력이 발생하기 전까지의 주식인수인의 지위) **양도** 제한, **주권발행 전 주식의 양도** 제한, **정관규정에 의한 주식양도**의 제한, **자기주식의 취득**(회사가 회사 자신이 발행한 주식을 스스로 취득하는 것) 제한, **자회사에 의한 모회사주식의 취득**제한(상호주 소유 제한) 등이다.
>
> 정답 ⑤

해설

주식의 양도는 이사회의 승인을 얻도록 규정되어 있는 회사의 정관에도 불구하고 <u>이사회의 승인을 얻지 아니하고 주식을 양도한 경우에 그 주식의 양도는 회사에 대하여 효력이 없을 뿐, 주주 사이의 주식양도계약 자체가 무효라고 할 수는 없다</u>(2007다14193). ※ 즉 채권적 효력은 있다. 무효화시킬 정도의 위법성이 있다고 보기 어렵고 회사에 대해 효력이 없는 것으로 그 제한 취지를 달성할 수 있기 때문이다.

오답풀이

① (○) 물적회사인 <u>주식회사는 주주의 인적 개성이 중시되지 않기 때문에</u>(자본단체), 주주는 출자금을 회수를 위해 주식의 양도를 자유롭게 할 수 있다.
② (○) 제336조(주식의 양도방법) ① <u>주식의 양도</u>에 있어서는 <u>주권을 교부</u>하여야 한다.
③ (○) 주권발행 전에 한 주식의 양도는 회사에 대하여 효력이 없다. 그러나 <u>회사성립 후 6월이 경과한 때에는 회사에 대하여 효력이 있는 것으로서, 이 경우 주식의 양도는 지명채권의 양도에 관한 일반원칙에 따라 당사자의 의사표시만으로 효력이 발생하는 것이다</u>(2003다29661).
④ (○) 제335조(주식의 양도성) ① 주식은 타인에게 양도할 수 있다. 다만, 회사는 **정관**으로 정하는 바에 따라 그 발행하는 <u>주식의 양도에 관하여 **이사회의 승인**</u>을 받도록 할 수 있다.

639

난이도 Self Check | 상 ○ 중 ○ 하 ○

상법상 주주총회의 권한으로 옳지 <u>않은</u> 것을 모두 고르면?

> ㉠ 정관의 변경
> ㉡ 지배인의 선임
> ㉢ 주식배당
> ㉣ 이사와 회사 간 거래 승인
> ㉤ 이사의 해임
> ㉥ 재무제표의 승인

① ㉠, ㉢ ② ㉡, ㉢ ③ ㉡, ㉣
④ ㉤, ㉥ ⑤ ㉣, ㉥

해설

㉡, ㉣은 **이사회**의 권한 사항이다.
- ㉡ (×) 제393조(이사회의 권한) ① 중요한 자산의 처분 및 양도, 대규모 재산의 차입, **지배인의 선임 또는 해임**과 지점의 설치·이전 또는 폐지 등 회사의 업무집행은 **이사회의 결의**로 한다.
- ㉣ (×) 제398조(이사 등과 회사 간의 거래) 다음 각 호의 어느 하나에 해당하는 자(이사 등)가 자기 또는 제3자의 계산으로 회사와 거래를 하기 위하여는 미리 이사회에서 해당 거래에 관한 중요사실을 밝히고 **이사회의 승인**을 받아야 한다. 이 경우 이사회의 승인은 이사 3분의 2 이상의 수로써 하여야 하고, 그 거래의 내용과 절차는 공정하여야 한다.

오답풀이
- ㉠, ㉤ (○) 정관의 변경(제434조)과 이사의 해임(제385조 1항)은 **주총 특별결의** 사항이다.
- ㉢, ㉥ (○) 주식배당(제462조의2)과 재무제표 승인(제449조 1항)은 **주총 보통결의** 사항이다.

문제로 익히는 핵심이론

주식회사의 의사는 주주총회와 이사회에서 결정하는 것이 원칙이다. 우리 상법은 회사의 중요한 의사결정은 대부분 **이사회**를 거치도록 하는 반면, **주주총회의** 의사결정권한은 매우 제한적으로 규정하고 있다.
주주총회는 주식회사의 운영에 있어서 **기본적 사항**에 관하여 회사의 의사를 결정하는 필요상설의 기관이다. 상법상 주주총회는 상법 또는 정관이 정하는 사항에 한하여만 결의할 수 있는 권한을 갖는 것으로 규정되어 있다(제361조). 상법은 ① 정관변경, 합병, 해산, 자본금 감소 등 회사의 기본구조에 관한 사항, ② 이사·감사의 선임·해임 등 기관의 구성이나 이사의 보수, 주식배당, 재무제표의 승인 등 성질상 출자자가 정할 사항 등을 **주주총회의 권한 사항**으로 정하고 있다.

정답 ③

640

난이도 Self Check | 상 ○ 중 ○ 하 ○

주주총회결의의 하자와 관련된 소에 관한 설명으로 옳지 <u>않은</u> 것은?

① 결의내용이 법령위반이면 결의무효확인 사유이고, 정관위반이면 결의취소 사유이다.
② 판례에 의하면 주주총회에 참석하여 의결권을 행사한 주주는 다른 주주가 소집통지를 받지 못하였음을 이유로 하여 결의 취소의 소를 제기할 수 없다.
③ 주주총회 결의무효확인의 소가 제기된 경우 법원은 재량으로 청구를 기각할 수 없다.
④ 주주총회 결의취소의 소는 주주·이사 또는 감사가 총회결의의 날로부터 2월 내에 제기할 수 있다.
⑤ 원고가 승소하면 판결은 대세효와 소급효가 있다.

해설

<u>주주는 다른 주주에 대한 소집절차의 하자를 이유로 주주총회결의 취소의 소를 제기할 수도 있다</u>(2001다45584). ※ 주주총회 의사형성의 공정성과 적법성 회복

오답풀이
- ①, ④ (○) 제376조(**결의취소의 소**) ① 총회의 소집절차 또는 결의방법이 법령 또는 정관에 위반하거나 현저하게 불공정한 때 또는 그 **결의의 내용이 정관에 위반**한 때에는 **주주·이사 또는 감사는** 결의의 날로부터 **2월 내에 결의취소의 소를 제기할 수 있다.**
제380조(**결의무효 및 부존재확인의 소**) 제186조 내지 제188조, 제190조 본문, 제191조, 제377조와 제378조의 규정은 총회의 **결의의 내용이 법령에 위반**한 것을 이유로 하여 **결의무효 확인을 청구하는 소**와 총회의 소집절차 또는 결의방법에 총회결의가 존재한다고 볼 수 없을 정도의 중대한 하자가 있는 것을 이유로 하여 결의부존재의 확인을 청구하는 소에 이를 준용한다.
- ③ (○) 제379조(법원의 **재량에 의한 청구기각**) 결의취소의 소가 제기된 경우에 결의의 내용, 회사의 현황과 제반사정을 참작하여 그 취소가 부적당하다고 인정한 때에는 법원은 그 청구를 기각할 수 있다. ※ 이를 '**재량기각**'이라 하는데, 재량기각은 **결의취소의 소에만** 적용된다. 그 취지는 상대적으로 덜 중대한 하자인 취소소송에 대해서만 재량기각을 적용하자는 것이다. 따라서 중대한 하자를 대상으로 하는 **확인소송인 결의무효확인과 결의부존재확인의 소에서는 재량기각**을 할 수 없다.
- ⑤ (○) **판결의 효력**은 결의취소의 소(제376조), 결의무효 및 부존재확인의 소(제380조), 부당결의취소·변경의 소(제381조)에서 모두 동일하다. 즉 **원고가 승소하면 대세효와 소급효**가 있으며, 패소하면 소송 당사자 간에만 판결의 효력이 미친다.

문제로 익히는 핵심이론

주주총회의 결의는 단체법적 법률행위로서 그 하자를 민법의 일반원칙에 따라 주장하게 되면 법적 안정성이 침해될 우려가 있으므로 상법은 원칙적으로 소의 방법으로써만 다툴 수 있도록 하고 있다. 이러한 상법상 소로 결의취소의 소(제376조)·결의무효 및 부존재확인의 소(제380조), 부당결의 취소·변경의 소(제381조)가 있다.

구분	취소의 소	무효확인의 소	부존재확인의 소	부당결의 취소·변경의 소
소의 원인	① 소집절차나 결의방법이 법령, 정관 위반, 현저하게 불공정 ② 결의내용이 정관위반	결의내용이 법령위반	소집절차나 결의방법에 중대한 하자	특별한 이해관계가 있는 자에게 결의가 현저하게 부당
원고	주주·이사·감사	확인의 이익 있는 자는 누구나		특별이해관계인
피고	회사			
제소기간	결의의 날로부터 2월 내	제한 없음		결의의 날로부터 2월 내
소의 절차	• 회사의 본점소재지의 지방법원의 전속관할(제186조) • 주주(이사나 감사인 경우는 제외)가 소 제기 시 법원은 담보제공을 명할 수 있음			
	재량기각 가능	재량기각 불가		
원고 승소 판결	대세효(제190조 본문), 소급효(∵ 제190조 단서인 불소급효 준용 ×)			
원고 패소 판결	당사자 사이에서만 미침(민소법 제218조)			

정답 ②

641

난이도 Self Check | 상 ○ 중 ○ 하 ○

상법상 주주대표소송에 관한 설명으로 옳은 것은?

① 발행주식의 총수의 100분의 1 이상에 해당하는 주식을 가진 주주는 회사에 대하여 이사의 책임을 추궁할 소의 제기는 청구할 수 있으나, 감사의 책임을 추궁할 소의 제기는 청구할 수 없다.
② 주주대표소송을 제기한 주주의 보유주식이 제소 후 발행주식총수의 100분의 1 미만으로 감소한 경우(발행주식을 보유하지 아니하게 된 경우를 포함한다)에도 제소의 효력에는 영향이 없다.
③ 대표소송을 제기한 주주는 법원의 허가를 얻지 아니하고는 소의 취하를 할 수는 없으나, 청구의 포기·인낙·화해는 법원의 허가 없이 가능하다.
④ 대표소송을 제기한 주주는 소제기 후 지체 없이 회사에 대하여 그 소송의 고지를 하여야 하고, 회사는 주주가 제기한 대표소송에 참가할 수 있다.
⑤ 子회사 이사의 임무해태로 子회사에 손해가 발생한 경우, 母회사의 주주가 子회사를 위하여 子회사의 그 이사를 상대로 대표소송을 제기할 수는 없다.

해설

제404조 (대표소송과 소송고지)
※ 이 경우 회사의 참가형태는 <u>공동소송참가이다</u>(판례).

오답풀이

① (×) 감사의 책임에 대하여는 이사의 책임에 관한 규정을 준용하므로, <u>감사도 주주대표소송의 피고가 될 수 있다</u>(제415조, 제403조).
② (×) 대표소송을 제기하는 소수주주가 보유하여야 할 이러한 주식의 비율은 제소당시에만 유지되면 되고, 그의 보유주식이 <u>제소 후 발행주식 총수의 100분의 1 미만으로 감소한 경우(발행주식을 보유하지 아니하게 된 경우를 제외한다)에도 제소의 효력에는 영향이 없다</u>(제403조⑤).
③ (×) 소수주주가 대표소송을 제기한 경우 당사자는 **법원의 허가**를 얻지 아니하고는 소의 취하, 청구의 포기·인낙·화해를 할 수 없다(제403조⑥).
⑤ (×) **제406조의2(다중대표소송)** ① 모회사 발행주식총수의 100분의 1 이상에 해당하는 주식을 가진 주주는 자회사에 대하여 **자회사 이사의 책임을** 추궁할 소의 제기를 청구할 수 있다.

정답 ④

642
난이도 Self Check | 상 ○ 중 ○ 하 ○

상법상 주식회사의 이익배당에 관한 설명으로 옳은 것은?

① 회사는 정관으로 금전 외의 재산으로 배당을 할 수 있음을 정할 수 있다.
② 이익배당은 예외 없이 주주총회의 결의로 정한다.
③ 이익배당금의 지급청구권은 1년간 이를 행사하지 아니하면 소멸시효가 완성된다.
④ 연 1회의 결산기를 정한 회사도 영업 연도 중 1회에 한하여 주주총회의 결의로 일정한 날을 정하여 그 날의 주주에 대하여 중간배당을 할 수 있음을 정관으로 정할 수 있다.
⑤ 판례에 의하면 대주주가 스스로 배당받을 권리를 포기하거나 소액주주의 배당률보다 낮게 하기 위하여 주주총회에서 차등배당을 하기로 한 결의는 무효이다.

> **문제로 익히는 핵심이론**
>
> **이익배당**은 주식양도와 더불어 주주가 투하자본을 회수할 수 있는 중요한 수단이므로 이익배당청구권은 주주의 고유권이다. 상법은 배당가능이익 등 엄격한 요건하에서만 이익배당이 허용되게 규정하고 있다. 이익배당은 주주총회의 보통결의로 정하며, 각 주주가 가진 주식의 수에 따라 한다. 단, 정관에 근거가 있고 소정의 요건(외부감사인의 의견+감사 전원 동의)을 구비하여 **이사회에서 재무제표를 승인하는 경우**에는 재무제표와 이익배당의 연계성으로 인해 **이익배당 역시 이사회의 결의로 정할 수 있다.** 한편 이사회 결의로 재무제표를 승인하는 경우에는 금전, 현물배당에 한하며 주식배당에는 적용되지 않는다. 왜냐하면 **주식배당**은 반드시 주주총회결의를 거쳐야 하기 때문이다. 따라서 이사회가 결정한 이익배당을 주식배당으로 하고자 할 경우에는 다시 주주총회결의를 요한다. 주주의 이익배당청구권은 주주의 고유권으로 이를 함부로 박탈하거나 제한할 수 없는 것이므로 **주주평등의 원칙에 반하는 이익배당결의는 무효**라 할 것이다.
>
> 정답 ①

해설
제462조의4(**현물배당**) ① 회사는 **정관으로 금전 외의 재산(현물)으로 배당을 할 수 있음을 정할 수 있다.**

오답풀이

② (×) 제462조(이익의 배당) ② 이익배당은 주주총회의 결의로 정한다. 다만, 제449조의2 제1항에 따라 **재무제표를 이사회가 승인**하는 경우에는 **이사회의 결의로 정한다.**
③ (×) 제464조의2(이익배당의 지급시기) ② 배당금의 지급청구권은 **5년간** 이를 행사하지 아니하면 소멸시효가 완성한다.
④ (×) 제462조의3(중간배당) ① **연 1회의 결산기를 정한 회사**는 영업년도 중 **1회에 한하여 이사회의 결의**로 일정한 날을 정하여 그 날의 주주에 대하여 이익을 배당할 수 있음을 정관으로 정할 수 있다.
⑤ (×) 주주총회에서 대주주에게는 30%, 소주주에게는 33%의 이익배당을 하기로 결의 한 경우 이는 주주가 스스로 그 배당받을 권리를 포기하거나 양도하는 것과 마찬가지여서 상법에 위반된다고 할 수 없다(80다1263). 따라서 무효가 아니다.

643

보험 용어에 관한 설명으로 옳지 않은 것을 모두 고르면?

㉠ 보험자란 보험사고 발생 시 보험금지급 의무를 지는 자를 말하며, 일반적으로 보험회사를 가리킨다.
㉡ 피보험자란 생명보험에서 보험사고로 인하여 보험금을 지급받을 자를 의미한다.
㉢ 보험의 목적이란 보험사고 발생의 객체가 되는 피보험자의 재산(손해보험) 또는 피보험자의 생명·신체(인보험)를 말한다.
㉣ 보험료란 보험자가 보험사고 발생 시에 실제로 지급되는 금전을 말한다.
㉤ 보험금액이란 손해보험에서 피보험자가 보험의 목적에 대해 갖는 경제적 이익(피보험이익)을 금전으로 산정한 금액을 말한다.

① ㉠, ㉡, ㉢
② ㉠, ㉢, ㉣
③ ㉠, ㉢, ㉤
④ ㉡, ㉢, ㉤
⑤ ㉡, ㉣, ㉤

문제로 익히는 핵심이론

보험계약의 당사자는 보험자와 보험계약자이다. **보험자**는 보험사고 발생 시 보험금 지급 의무를 지는 자를 말하는데, 보험회사를 가리킨다. 보험의 인수는 기본적 상행위이고 이를 영업으로 하는 보험자는 당연상인이다. 보험계약자는 자기명의로 보험계약을 체결하고 보험료 지급 의무를 지는 자이다. 피보험자의 개념은 손해보험과 인보험에서 서로 다르다. **손해보험에서 피보험자**란 보험계약에 의하여 피보험이익의 주체로서 보험사고가 발생한 때에 보험금을 받을 수 있는 자를 말한다. 반면에 **인보험(생명보험, 상해보험)에서 피보험자**란 보험사고의 객체로서 자신의 생명 또는 신체가 보험에 붙여진 자연인을 말한다. **보험금액**이란 보험자가 보험사고 발생 시 피보험자(손해보험) 또는 보험수익자(인보험)에게 지급해야 할 보험계약상 약정금액(최고한도액)을 말한다. **보험금**은 보험자가 보험사고 발생 시에 보험금액 범위 내에서 현실적으로 지급되는 금전을 말한다. 정액보험인 생명보험의 경우는 보험금액 전액을 지급하나, 손해보험은 실손해액을 보상하는 것이므로 보험계약상 보험금액과 실제 지급하는 보험금이 일치하지 않을 수가 있다. **보험료**란 보험자가 위험을 인수한 데 대한 대가로 보험계약자가 보험자에게 지급하는 금액을 말한다.
한편 **피보험이익**이란 **손해보험에서** 보험사고가 발생함으로써 피보험자가 손해를 입을 염려가 있는 경제적 이익으로서 이는 보험사고가 발생하지 않는 데 대해 피보험자가 갖는 경제적 이익을 말한다. 이를 금전으로 환산한 게 **보험가액**이다. 상법은 피보험이익을 보험계약의 목적이라 하여, 보험사고의 대상을 의미하는 보험의 목적과 구별하고 있다.

정답 ⑤

해설

㉡ (×) **생명보험에서 피보험자**란 보험사고의 객체로서 자신의 생명 또는 신체가 보험에 붙여진 자연인을 말한다.
㉣ (×) **보험료**란 보험자가 위험을 인수한 데 대한 대가로 **보험계약자가 보험자에게 지급하는 금액**을 말한다.
㉤ (×) **보험금액**이란 보험자가 보험사고 발생 시 피보험자(손해보험) 또는 보험수익자(인보험)에게 지급해야 할 보험계약상 약정금액(최고한도액)을 말한다. 지문은 '**보험가액**'에 관한 설명이다.

644

난이도 Self Check | 상 ○ 중 ○ 하 ○

상법상 보험계약에 관한 설명으로 옳지 않은 것은?

① 보험자가 보험약관의 교부·설명의무를 이행하지 않을 경우 보험계약자는 보험계약이 성립한 날부터 3월 내에 그 계약을 취소할 수 있다.
② 보험계약자는 위임을 받거나 위임을 받지 아니하고 특정 또는 불특정의 타인을 위하여 보험계약을 체결할 수 있다.
③ 보험자의 책임은 당사자 간에 다른 약정이 없으면 최초의 보험료의 지급을 받은 때로부터 개시한다.
④ 보험계약당시에 보험계약자 또는 피보험자가 고의 또는 중대한 과실로 인하여 중요한 사항을 고지하지 아니한 때에는 보험자는 그 사실을 안 날로부터 1월 내에, 계약을 체결한 날로부터 3년 내에 한하여 계약을 해지할 수 있다.
⑤ 보험계약 당시 보험사고가 이미 발생하였거나 또는 발생할 수 없는 것인 때에는 당사자 쌍방 및 피보험자가 이를 알지 못하였는지 여부를 묻지 아니하고 그 계약은 무효이다.

③ (○) 제656조(보험료의 지급과 보험자의 책임개시) 보험자의 **책임**은 당사자 간에 다른 약정이 없으면 **최초의 보험료의 지급을 받은 때로부터 개시**한다. ※ 보험기간(책임기간)
④ (○) 제651조(고지의무위반으로 인한 계약해지) 보험계약당시에 보험계약자 또는 피보험자가 **고의 또는 중대한 과실로 인하여 중요한 사항을 고지하지 아니하거나 부실의 고지를 한** 때에는 **보험자는 그 사실을 안 날로부터 1월 내에, 계약을 체결한 날로부터 3년 내에 한하여 계약을 해지할 수 있다.**

문제로 익히는 핵심이론

대부분의 보험계약은 보통보험약관에 의하여 이루어지는데, **보통보험약관**이란 보험자가 동질적인 수많은 보험계약을 체결하기 위하여 미리 작성한 보험계약의 내용을 이루는 정형적인 계약조항으로서 부합계약의 일종이다. **보험자**는 보험계약을 체결할 때에 보험계약자에게 보험약관을 교부하고 그 **약관의 중요한 내용을 설명**하여야 하며 이를 위반한 경우 보험계약자는 보험계약이 성립한 날부터 3개월 이내에 그 계약을 취소할 수 있다. 한편 **고지의무**란 **보험계약자 또는 피보험자**가 보험계약을 체결함에 있어 중요한 사항을 보험자에게 고지하여야 하는 의무로서 이는 법률상 의무이고 간접책무이다. 보험계약자 또는 피보험자가 고의 또는 중대한 과실로 인하여 중요한 사항을 **고지하지 않거나 부실의 고지**를 한 경우에는 **보험자는 보험계약을 해지할 수 있다.** 보험자의 책임은 보험계약 체결 시부터가 아니라 **최초보험료 지급 시부터 개시**된다.
보험계약자가 타인의 이익을 위하여 자기의 명의로 체결한 보험계약을 '**타인을 위한 보험계약**'이라 하는데, 예컨대 **손해보험**에서 운송인이 피보험자인 화주를 위하여 보험계약을 체결하는 경우가 있으며, **인보험**에서 부모가 자식을 보험수익자로 하여 생명보험계약을 체결하는 것 등이 있다.

정답 ⑤

해설

제644조(보험사고의 객관적 확정의 효과) 보험계약당시에 **보험사고가 이미 발생**하였거나 또는 **발생할 수 없는 것인 때에는 그 계약은 무효**로 한다. 그러나 당사자 쌍방과 피보험자가 이를 알지 못한 때에는 그러하지 아니하다.

오답풀이

① (○) 제638조의3(보험약관의 교부·설명 의무) ① 보험자는 보험계약을 체결할 때에 보험계약자에게 **보험약관을 교부하고 그 약관의 중요한 내용을 설명**하여야 한다. ② 보험자가 제1항을 **위반한 경우 보험계약자는 보험계약이 성립한 날부터 3개월 이내에 그 계약을 취소할 수 있다.**
② (○) 제639조(타인을 위한 보험) ① 보험계약자는 위임을 받거나 위임을 받지 아니하고 특정 또는 불특정의 **타인을 위하여 보험계약을 체결**할 수 있다. 그러나 손해보험계약의 경우에 그 타인의 위임이 없는 때에는 보험계약자는 이를 보험자에게 고지하여야 하고, 그 고지가 없는 때에는 타인이 그 보험계약이 체결된 사실을 알지 못하였다는 사유로 보험자에게 대항하지 못한다.

645

다음은 손해보험에 관한 설명이다. 빈칸에 공통으로 들어갈 말로 옳은 것은?

- 보험목적인 물건을 제3자(가해자)가 과실로 훼손한 경우 피보험자는 보험자에 대한 보험금청구권과 제3자에 대한 손해배상청구권을 함께 갖는데, 피보험자가 보험자로부터 보험금을 지급받으면 보험자는 (　　　)에 의해 피보험자의 제3자에 대한 손해배상청구권을 취득한다.
- (　　　)는 피보험자가 이중이득을 취하는 것을 방지하고, 가해자가 부당하게 면책되는 것을 막기 위한 것이다.

① 보험목적의 양도
② 청구권대위
③ 보험위부
④ 배상자대위
⑤ 임의대위

해설

청구권대위란 손해가 제3자의 행위로 인하여 생긴 경우에 보험금을 지급한 보험자가 지급한 금액의 한도에서 그 제3자에 대한 보험계약자 또는 피보험자의 권리를 취득하는 제도로서 피보험자가 이중이득을 취하는 것을 방지하고 제3자가 부당하게 면책되는 것을 방지하기 위한 취지로 만들어졌다.

오답풀이

① (×) **보험목적의 양도**란 피보험자가 보험의 목적(보험사고 발생 대상으로 물건보험의 경우는 해당 물건 가령 화재보험에 부보된 건물)인 물건을 개별적으로 타인에게 양도하는 것으로서, 이때 양수인은 피보험자가 가졌던 보험계약상의 권리·의무를 승계한 것으로 추정된다.

③ (×) **보험위부**란 해상보험계약에서 보험의 목적이 전부 멸실한 것과 동일시할 수 있는 일정한 사유가 있는 경우에 피보험자가 그 보험의 목적에 대한 모든 권리를 보험자에게 이전하고 보험자에 대하여 보험금액의 전부를 청구할 수 있는 제도이다.

④ (×) **배상자대위**란 손해배상을 한 채무자(가해자)가 당연히 그 물건이나 권리를 취득하는 것을 말한다. 채권자(피해자)가 채무자(가해자)로부터 손해배상으로서 그 채권의 목적인 물건 또는 권리의 가액 전부의 배상을 받았음에도 그 물건 또는 권리를 채권자(피해자)에게 귀속시키는 것은, 오히려 채권자(피해자)가 이중의 이득을 취하게 되는 부당한 결과를 가져오므로 이를 방지하기 위함이다.

⑤ (×) **임의대위**란 채무자를 위하여 변제한 자가 변제와 동시에 채권자의 승낙을 얻어 채권자를 대위하는 것을 말한다. 변제자대위란 제3자나 공동채무자 중의 1인이 채무자를 위하여 변제한 경우에, 구상권의 범위 내에서 채권자가 갖고 있던 채권 및 그 담보에 관한 권리가 변제자에게 이전하는 것을 말한다. 이러한 변제자대위는 대위변제자의 구상권 확보를 목적으로 하는 제도이다.

정답 ②

646

난이도 Self Check | 상 ○ 중 ○ 하 ○

'타인의 사망을 보험사고로 하는 보험계약'에 관한 설명으로 옳지 <u>않은</u> 것은?

① 타인의 생명보험이란 보험계약자와 피보험자가 상이한 생명보험을 가리킨다.
② 타인의 사망을 보험사고로 하는 보험계약에는 보험계약 체결 시에 그 타인의 서면에 의한 동의를 얻어야 한다.
③ 타인의 생명보험에서 피보험자의 서면동의는 절대적 강행규정이다.
④ 타인의 생명보험계약 성립 당시 피보험자의 서면동의가 없었다고 하더라도, 이후 피보험자의 추인이 있으면 하자가 치유될 수 있다.
⑤ 모집종사자가 타인의 사망보험계약을 모집할 때 피보험자의 서면동의 요건에 대해 보험계약자에게 설명하지 않은 경우 보험자는 사용자책임을 진다.

해설

상법 제731조 제1항에 의하면 타인의 생명보험에서 피보험자가 서면으로 동의의 의사표시를 하여야 하는 시점은 '**보험계약 체결 시까지**'이고, 이는 강행규정으로서 이에 위반한 보험계약은 **무효**이므로, 타인의 생명보험계약 성립 당시 피보험자의 서면동의가 없다면 그 보험계약은 **확정적으로 무효**가 되고, 피보험자가 **이미 무효가 된 보험계약을** 추인하였다고 하더라도 그 보험계약이 **유효로 될 수는 없다**(2004다56677). ※ 즉 확정 무효는 사후추인으로 하자가 치유되지 않는다.

오답풀이

① (○) 예컨대 母가 생명보험회사와 父가 사망하면 子에게 보험금을 지급하기로 하는 보험계약을 체결한 경우, **보험계약자는 母, 피보험자는 父**로서 이를 '**타인의 생명보험**'이라 한다. ※ 반면에 보험계약자와 피보험자가 일치하는 경우는 '자기의 생명보험'이라 한다.
② (○) 제731조(타인의 생명의 보험) ① 타인의 사망을 보험사고로 하는 보험계약에는 **보험계약 체결 시에 그 타인의 서면**(「전자서명법」 제2조제2호에 따른 전자서명이 있는 경우로서 대통령령으로 정하는 바에 따라 본인 확인 및 위조 · 변조 방지에 대한 신뢰성을 갖춘 전자문서를 포함한다)**에 의한 동의를** 얻어야 한다.
③ (○) 타인의 생명보험은 보험금 목적 살해와 같은 타인을 도덕적 위험으로부터 보호해야 할 필요성이 매우 크기 때문에 피보험자의 서면동의는 **절대적 강행규정**이다.
⑤ (○) 타인의 사망을 보험사고로 하는 보험계약의 체결에 있어서 보험모집인은 보험계약자에게 피보험자의 서면동의 등의 요건에 관하여 구체적이고 상세하게 설명하여 보험계약자로 하여금 그 요건을 구비할 수 있는 기회를 주어 유효한 보험계약이 체결되도록 조치할 주의의무가 있고, 그럼에도 보험모집인이 위와 같은 설명을 하지 아니하는 바람에 위 요건의 흠결로 보험계약이 무효가 되고 그 결과 보험사고의 발생에도 불구하고 보험계약자가 보험금을 지급받지 못하게 되었다면 **보험자는 보험업법** 제102조 제1항에 기하여 **보험계약자에게 그 보험금 상당액의 손해를 배상할 의무가 있다**(2007다30263).
※ 즉 모집종사자의 불법행위가 성립하고 보험자는 사용자책임을 진다.

📝 문제로 익히는 핵심이론

생명보험계약은 보험자가 보험계약자로부터 보험료를 받고 피보험자의 생명에 관한 보험사고(생존 또는 사망)가 생길 경우에 약정한 보험금을 지급하기로 하는 인보험 계약이다. 이러한 생명보험계약은 사망보험과 생존보험으로 나누어진다. **사망보험**은 사망을 보험사고로 하여 보험금을 지급하는 보험으로서 피보험자의 종신까지 보험기간으로 하는 종신보험과 일정기간을 보험기간으로 하는 정기보험으로 나누어진다. 반면 **생존보험**은 피보험자가 일정기간까지 생존하는 것을 보험사고로 하여 보험금을 지급하는 보험이다.
'**타인의 생명보험**'이란 타인의 생명을 보험의 목적으로 하는 보험계약으로서, 보험계약자가 자기 이외의 제3자를 피보험자로 하여 체결한 생명보험을 말한다. 타인의 생명보험에서 피보험자가 서면으로 동의의 의사표시를 하여야 하는 시점은 '보험계약 체결 시까지'이고, 이는 강행규정으로서 이에 위반한 보험계약은 무효이므로, 타인의 생명보험계약 성립 당시 피보험자의 서면동의가 없다면 그 보험계약은 확정적으로 무효가 되고, 피보험자가 이미 무효가 된 보험계약을 추인하였다고 하더라도 그 보험계약이 유효로 될 수는 없다(판례).

정답 ④

CHAPTER 08 행정법 기출예상문제

647
난이도 Self Check | 상 ○ 중 ○ 하 ○

행정법의 특성으로 적절하지 <u>않은</u> 것은?

① 공익성의 지배
② 기술성
③ 행위규범성
④ 사적자치의 원칙
⑤ 획일성

문제로 익히는 **핵심이론**

행정법의 특성
① 행정법은 규정의 형식 면에서는 법적 안정성의 보장을 위하여 **성문법을 원칙**으로 하고, 보충적으로 불문법을 그 형식으로 한다.
② 행정법은 규정의 성질 면에서는 모든 사람을 대상으로 하는 **획일성**과 부과된 의무의 강제적 실현을 도모하는 **강행성**을 특성으로 한다.
③ 규정의 내용 면에서는 **행정주체의 우월적 지위가 강조되는 권력적 관계**가 원칙이 된다. 개별적인 경우에 예를 들면 비권력적 공행정작용에서처럼 사인과 대등한 지위를 갖는 경우도 있다.

정답 ④

해설
민사법의 영역에서는 임의규정이 원칙이다. 따라서 당사자의 자유로운 의사에 따라 계약관계를 형성할 수 있는 사적자치의 원칙이 적용된다. 이에 반해 **행정법은** 당사자의 의사에 관계없이 그 적용이 강제되는 **강행규정인 것이 원칙**이다.

오답풀이
① (○) 행정의 본질은 **공공성·공익성**을 추구하여 그것을 실현하는 데에 있다. 행정법규에 '공익', '공공의 이익', '공공복리', '공공의 안녕' 등의 용어가 등장하는 것은 이 때문이다.
② (○) 행정법은 기술의 진보나 사회경제적 조건의 변화에 맞추어 서로 대립하고 충돌하는 다원적인 공익이나 사익을 적정하게 조정해가면서 행정목적을 공정하고 합리적으로 달성하기 위한 법이므로, 다른 법 분야에 비해서 **기술(技術)적인 성격**이 강하다.
③ (○) 법을 재판규범과 행위규범으로 나누는 경우, 행정법은 분쟁을 해결하기 위한 법적판단의 기준인 재판규범이 되는 것보다 행정질서의 관리와 운영에 더 초점을 두는 **행위규범의 성격**이 강하다.
⑤ (○) 행정법의 영역에서는 국가가 조세를 부과하는 것 등 공권력을 행사하여 행정을 행함에는 상대방의 의사에 불구하고 공평을 기하기 위해 행정법규를 **획일적으로 적용**하여 집행을 해야만 한다.

648

난이도 Self Check | 상 ◯ 중 ◯ 하 ◯

다음 빈칸에 들어갈 말로 적절한 것은?

> 집을 지으려는 사람이 '건축법'이 정하는 바에 따라 건축허가를 신청했음에도 불구하고 신청을 받은 시장이 '건축법'이 정하는 바에 따르지 아니하고 아무런 이유 없이 건축허가 신청을 거부하는 것은 (   )에 위반된다.

① 법률유보의 원칙
② 법률우위의 원칙
③ 부당결부금지의 원칙
④ 신뢰보호의 원칙
⑤ 자기구속의 원칙

해설

법률우위의 원칙이란 행정은 법률에 따라 행하여져야 한다는 원칙을 말한다. 행정기관은 행정을 행함에 있어 행정법을 적용할 것인지 말지를 임의로 결정할 자유가 없다. 따라서 설문의 경우 신청인이 건축법에 따른 건축허가 신청을 적법하게 했으면 시장은 건축법이 정하는 바에 따라 반드시 그 법률이 정하는 내용의 행정 즉 건축허가를 내 주어야만 하는 것이다. 만약에 건축허가 신청을 거부하는 경우, 그 거부행위는 '법률우위의 원칙'에 위반된다.

오답풀이

① (×) **법률유보의 원칙**이란 행정은 법률에 바탕하여 행하여져야 한다는 원칙을 말한다.
③ (×) **부당결부금지의 원칙**이란 행정기관이 행정활동을 하면서 그와 실질적 관련성이 없는 상대방의 급부를 부당하게 결부시켜서는 안 된다는 원칙을 말한다.
④ (×) **신뢰보호의 원칙**이란 행정기관의 어떠한 말이나 행동에 대해 국민이 신뢰를 갖고 그에 따른 행위를 한 경우 그 신뢰가 보호가치 있는 경우에 그 신뢰를 보호해 주어야 한다는 원칙을 말한다.
⑤ (×) **자기구속의 원칙**이란 행정관행이 성립된 경우 행정청은 특별한 사정이 없는 한 동일한 사안에서 행정관행과 같은 결정을 하여야 한다는 원칙을 말한다.

문제로 익히는 핵심이론

행법의 기본원칙 중 가장 중요한 것은 '법치행정의 원칙'이다. 법치행정의 원칙이란 행정권도 법에 따라 행해져야 하며(법의 지배), 만일 행정권에 의하여 국민의 권익이 침해된 경우에는 이의 구제를 위한 제도가 보장되어야 한다는 것(행정통제)을 의미한다. **법치행정의 원칙**의 내용으로는 법률의 법규창조력, 법률우위의 원칙, 법률유보의 원칙이 있다.

- **법률의 법규창조력**이란 국가작용 중 법규(국민의 권리의무에 관한 새로운 규율)를 정립하는 입법은 모두 국민의 대표기관인 의회가 행하여야 한다는 원칙을 말한다. 헌법 제40조는 '입법권은 국회에 속한다.'고 규정함으로써 국회입법의 원칙을 선언하고 있다.

- **법률우위의 원칙**이란 법은 행정에 우월한 것이며 행정이 법에 위반해서는 안 된다는 원칙을 말한다. 행정은 법률뿐만 아니라 헌법, 법률, 명령, 자치법규, 법의 일반원칙 등 모든 법을 위반해서는 안 된다. 그리고 법률의 행정입법에 대한 우위를 포함한다.

- **법률유보의 원칙**은 행정권의 발동에는 법적 근거가 있어야 한다는 것을 의미한다. 인권보장과 행정의 민주화 실현을 위해서이다. 행정상 필요하다는 사실만으로 행정권은 행사될 수 없고, 법적 근거가 있어야 행정권 행사가 가능하다. 법률우위의 원칙은 행정의 모든 분야에서 요구되지만 이와 달리 법률유보는 매우 중요한 사항에 대해서는 모든 사항이 법률로만 정해져야 하고 보다 덜 중요한 사항은 그에 비례하여 행정입법권에게도 입법권이 부여될 수도 있고 중요하지 않은 사항은 법률의 근거 없이도 가능하게 된다.

정답 ②

649

난이도 Self Check | 상 ○ 중 ○ 하 ○

행정법의 규율대상이 아닌 것은?

① 권한쟁의심판
② 행정조직
③ 행정작용
④ 행정절차
⑤ 행정구제

문제로 익히는 핵심이론

행정법이란 행정의 조직, 작용, 절차 및 행정구제에 관한 국내공법이다. 행정법은 국가나 공공단체의 조직, 권한 및 기관 상호 간의 관계를 규율하거나, 국가나 공공단체라는 행정주체와 개인인 행정객체 사이에 생기는 행정상의 법률관계를 규율하는 법규범의 총체를 의미한다. 행정법은 크게 행정조직법, 행정작용법, 행정절차법, 행정구제법 이 4가지로 구성되어 있다.

- **행정조직법**은 행정조직. 즉 '**행정은 누가 행하는가?**'에 관한 법이다.
- **행정작용법**은 행정작용. 즉 '**행정은 어떻게 행하여지는가?**'에 관한 법이다.
- **행정절차법**은 행정절차. 즉 '**행정은 어떠한 절차를 밟아서 하는가?**'에 관한 법이다.
- **행정구제법**은 행정구제. 즉 '**행정에 의해 권익이 침해된 국민은 어떻게 구제되는가?**'에 관한 법이다.

정답 ①

해설

권한쟁의심판이란 국가기관 상호 간, 국가기관과 지방자치단체 간 및 지방자치단체 상호 간의 권한에 관한 다툼이 생긴 경우에 헌법재판소가 이를 심판함으로써 국가기능의 수행을 원활히 하고 권력상호 간의 견제와 균형을 유지하려는 제도이다. 권한쟁의심판은 헌법과 헌법재판소법이 규율한다.

오답풀이

② (○) **행정조직법**은 행정주체의 내부조직에 관한 법을 말한다. 이는 행정기관의 조직과 행정기관 상호 간의 관계 및 행정기관의 권한을 규율하는 법이다.
③ (○) **행정작용법**이란 행정주체의 국민에 대한 대외적 활동을 규율하는 법을 말한다.
④ (○) **행정절차법**이란 행정결정을 함에 있어 행정청이 거쳐야 할 사전적인 외부와의 교섭과정을 규율하는 법이다. 현행 '행정절차법'은 처분·신고·행정상 입법예고·행정예고·행정지도로 나누어 각각의 절차를 규정하여 그 절차에 따르게 함으로써 행정을 통제하고 있다.
⑤ (○) **행정구제법**이란 행정권에 의해 가해진 권익침해에 대한 구제를 규율하는 법이다. 손실보상에 관한 법, 국가배상법, 행정심판법, 행정소송법 등이 이에 속한다.

650

난이도 Self Check | 상 ◯ 중 ◯ 하 ◯

행정주체가 아닌 것을 모두 고르면?

┌─────────────────────────────────────┐
│ ㉠ 대한민국   ㉡ 서울특별시   │
│ ㉢ 한국은행   ㉣ 주택재개발사업조합 │
│ ㉤ 공무수탁사인   ㉥ 서울시장   │
└─────────────────────────────────────┘

① ㉢   ② ㉥   ③ ㉠, ㉡
④ ㉣, ㉤   ⑤ ㉤, ㉥

> **문제로 익히는 핵심이론**
>
> **행정주체**란 행정을 행하는 법주체를 말한다. 행정주체에는 국가, 지방자치단체, 공공단체, 공무수탁사인 등이 있다. 행정을 실제로 행하는 것은 공무수탁사인의 경우를 제외하고는 추상적이고 관념적 존재인 행정주체가 아니라 <u>행정주체의 기관</u>이다. 그러나 이들 기관의 행위의 법적효과는 모두 법인격 주체인 행정주체에게 귀속된다. 행정주체에는 여러 행정기관이 있고 상이한 법적 지위를 갖는다.
>
> **행정기관**에는 행정청, 보조기관, 보좌기관, 의결기관, 자문기관, 집행기관, 감사기관 등이 있다.
>
> 이 중에서 행정법에서 가장 중요한 행정기관은 **행정청**이다. 그것은 국민과의 관계에서 행정권의 행사는 원칙상 행정청의 지위를 갖는 행정기관의 결정에 의해 그의 명의(이름)로 행해지기 때문이다.
>
> 국가에 있어서는 통상 장관, 청장이 행정청이 되고, 지방자치단체(가령 서울시)에 있어서는 지방자치단체의 장(서울시장)이 행정청이 된다.

정답 ②

해설

서울시장은 행정주체(서울시)가 아니고 행정기관의 장인 **'행정청'**에 해당한다. 관념적인 행정주체가 행정을 행하기 위해 실제로 행정활동을 수행하는 기관이 필요하고 이 기관이 행정주체의 머리, 입, 손, 발이 되는데, 이를 **행정기관**이라 한다. 행정주체는 여러 행정기관으로 구성되어 있는데, 이 중에서 **행정주체의 의사를 결정하고 이를 외부에 표시하는 권한을 가진 행정기관을 '행정청'**이라 한다.

오답풀이

㉠ (◯) 국가행정의 주체는 국가가 되며, 국가는 법인격을 가진 법인으로서 행정법관계의 주체가 된다.

㉡ (◯) 서울특별시는 지방자치단체이다. 지방자치단체는 국가의 영토의 일부인 일정한 지역과 그 지역 안에 살고 있는 주민을 구성요소로 하여 그 지역 내에서 일정범위의 자치권을 행사하는 행정주체이다.

㉢ (◯) 한국은행은 영조물법인으로 공공단체에 해당하며 행정주체가 된다. 공공단체란 특정한 국가목적을 위해 설립된 법인격이 부여된 단체를 말하는데 필요한 한도 내에서 행정주체의 지위를 가진다.

㉣ (◯) 주택재개발사업조합도 공공단체에 해당하여 행정주체가 된다. '도시 및 주거환경 정비법'은 주택재개발조합을 주택재개발사업의 시행자 중 하나로 규정하고 설립인가처분을 받은 조합에게 분양공고·관리처분계획·이전고시 등 권한을 부여하며, 법인격을 부여하고 있다.

㉤ (◯) 공무수탁사인이란 공행정사무를 위탁받아 자신의 이름으로 처리하는 권한을 갖고 있는 행정주체인 사인을 말한다. 예컨대 교육법에 의거 학위를 수여하는 사립대 총장, 토지보상법에 따라 토지를 수용하고 이주대책을 수립하는 사인인 사업시행자 등이 있다.

651

난이도 Self Check | 상 ◯ 중 ◯ 하 ◯

행정입법에 관한 설명으로 옳지 않은 것은?

① 행정입법에는 법규명령과 행정규칙이 있다.
② 법규명령은 행정기관이 상위법령의 위임에 따라 제정한 규범으로 국민을 구속하는 법규성이 있다.
③ 행정규칙이란 행정조직 내부에서의 행정의 사무처리 기준으로서 제정된 법규의 성질을 갖는 일반적·추상적 규범을 말한다.
④ 행정규칙 중 상급기관이 하급기관의 통일적이고도 동등한 재량권 행사를 확보하기 위해 일반적으로 제정한 기준을 재량준칙이라 한다.
⑤ 자치조례에 대한 위임에 있어서는 포괄위임금지 원칙이 적용되지 않는다.

해설

행정규칙이란 행정조직 내부에서의 행정의 사무처리 기준으로서 제정된 '**법규의 성질을 갖지 않는**' 일반적·추상적 규범을 말한다. 즉 행정규칙은 대외적으로 국민을 구속하는 법규성이 없다.

오답풀이
① (◯) 행정입법은 법규명령과 행정규칙으로 나누어진다. 구별기준은 법규성을 갖는가 아닌가에 있다. **법규**란 권리를 제한하거나 의무를 부과하는 등 **국민의 권리, 의무에 관련**된 법규범을 말한다.
② (◯) **법규명령**이란 행정기관이 상위법령의 위임(수권)에 따라 제정한 규범으로 국민을 구속하는 힘이 있는 것(법규)을 말한다.
④ (◯) 행정규칙은 조직규칙, 영조물규칙, 재량준칙, 규범구체화 행정규칙 등이 있다.
⑤ (◯) 조례가 규정하고 있는 사항이 그 근거 법령 등에 비추어 볼 때 자치사무나 단체위임사무에 관한 것이라면 이는 **자치조례**로서 지방자치법 제15조가 규정하고 있는 '법령의 범위 안'이라는 사항적 한계가 적용될 뿐, 위임조례와 같이 국가법에 적용되는 일반적인 **위임입법의 한계가 적용될 여지는 없다**(2000추29). 즉 조례에 대한 위임은 포괄위임도 가능하다.

문제로 익히는 핵심이론

행정입법이란 행정권이 일반적·추상적인 규범을 정립하는 작용 또는 그에 따라 정립된 규범을 말한다. 행정입법에는 국가행정권에 의한 입법과 지방자치단체에 의한 입법(조례와 규칙)이 있다.
행정입법에는 법규명령과 행정규칙이 있다.
'**법규명령**'이란 행정기관이 상위법령의 위임(수권)에 따라 제정한 규범으로 국민을 구속하는 힘이 있는 것(법규)을 말한다. 법규명령에는 대통령이 제정하는 명령을 대통령령, 총리가 발하는 명령을 총리령, 행정 각부의 장이 발하는 명령을 부령이라 한다. 실무상 대통령령을 시행령, 총리령과 부령을 시행규칙이라 부른다. 대통령령은 총리령 및 부령보다 우월한 효력을 갖는다. 위임명령은 상위 법령의 위임(수권)이 있어야 하고, 법률의 명령에 대한 수권은 일반적·포괄적인 수권은 금지되며 구체적 위임이어야 한다. 다만 자치조례에 대한 위임 등 자치법적 사항의 위임에 있어서는 포괄위임금지 원칙이 적용되지 않아 포괄위임도 가능하다.
'**행정규칙**'이란 행정조직 내부에서의 행정의 사무처리기준으로서 제정된 법규의 성질을 갖지 않는 일반적·추상적 규범을 말한다. 실무에서는 훈령, 통첩, 예규 등이 행정규칙에 해당한다. 행정규칙은 조직규칙, 영조물규칙, 재량준칙, 규범구체화 행정규칙 등이 있다. 대표적인 재량준칙은 상급기관이 하급기관의 통일적이고도 동등한 재량권 행사를 확보하기 위해 일반적으로 제정한 기준을 말한다.

정답 ③

652

난이도 Self Check | 상 ◯ 중 ◯ 하 ◯

행정행위의 개념적 요소에 관한 설명으로 옳지 않은 것은?

① 행정행위는 행정청이 행하는 행위이다.
② 행정행위는 직접 구체적 행위이다.
③ 행정행위는 외부에 대하여 행하는 행위이다.
④ 행정행위는 법적효과를 발생시키는 행위이다.
⑤ 행정행위는 권력적 또는 비권력적 행위이다.

문제로 익히는 핵심이론

행정행위란 행정청이 행하는 구체적 사실에 대한 법 집행으로서 행하는 권력적 단독행위인 **법적행위**를 말한다. 실무상으로는 처분 또는 행정처분이라는 개념이 사용되고 있다. 각종 법령에 규정되어 있는 **허가·인가·면허·특허** 등 용어들의 공통된 성질을 포괄하는 학문상의 용어가 행정행위이다. 가장 대표적인 특질은 행정의사의 우월성이다.
행정행위는 법에 기속되는 정도에 따라 기속행위와 재량행위로 나누어진다.
기속행위란 행정권 행사의 요건과 효과가 법에 일의적으로 규정되어 있어서 행정청에게 판단의 여지가 전혀 없고 행정청은 법에 정해진 행위를 하여야 하는 의무를 지는 행위를 말한다. 반면에 **재량행위**란 행위의 요건이나 효과의 선택에 관하여 법이 행정권에게 판단의 여지 내지 재량권을 인정한 경우에 행해지는 행정청의 행정행위를 말한다. 예컨대 도로점용허가 여부가 재량이라면 사인이 요건을 충족하여 도로점용허가를 신청하더라도 행정청은 이를 거부할 수 있다.
기속행위와 재량행위의 구별실익은 **재량행위**는 재량권의 한계(재량권 행사의 일탈, 남용)를 넘지 않는 한 재량을 그르친 경우에도 위법한 것이 되지 않고 부당한 행위가 되는 데 불과하므로 재량권의 한계를 넘지 않는 한 법원에 의해 통제되지 않는다. 이에 반하여 **기속행위**에 있어 행정권 행사에 잘못이 있는 경우에는 **바로 위법한 행위**가 되므로 법원에 의한 통제에 그러한 제한이 없다.

정답 ⑤

해설

행정행위는 **권력적 행위에 한정**된다. 이는 상대방의 동의가 없어도 일방적으로 명령하거나 강제하여 의무를 과할 수 있는 것을 의미한다. 이와 달리 행정이 행하는 행위에는 권력적이 아닌 비권력적 행위도 있는데 행정계약이나 행정지도 등이 그 예이다.

오답풀이

① (◯) 행정행위는 행정청이 행하는 행위에 한정된다. 따라서 국회가 행하는 입법 활동이나, 법원이 행하는 판결 등은 행정행위가 아니다.
② (◯) 행정행위는 직접 구체적 행위에 한정된다. 따라서 원칙적으로 특정한 사인을 대상으로 구체적인 법적효과를 발생시키는 행위가 아니면 행정행위가 아니다. 이 점에서 그 대상을 사인 일반으로 하는 행정입법과 구별된다.
③ (◯) 행정행위는 외부에 있는 사인에 대하여 행하는 행위에 한정된다. 따라서 행정 내부에서 상급행정기관이 하급행정기관에 대해 행하는 지휘·감독권 행사는 원칙적으로 행정행위가 아니다.
④ (◯) 행정행위는 법적효과를 발생시키는 행위에 한정된다. 법적 효과가 있다는 것은 권리나 의무를 발생·변동·소멸시키는 것을 의미한다. 반면에 행정이 행하는 행위 중 법적효과를 발생시키지 않는 것을 사실행위라고 하는데 예로는 도로·교량 건설 같은 공공시설 공사, 행정지도 등이 있다.

653

과세처분에 하자가 있어도 권한 있는 기관에 의해 취소될 때까지 납세자는 납세의무를 부담해야 한다. 이에 해당하는 행정행위의 효력으로 적절한 것은?

① 불가변력
② 공정력
③ 불가쟁력
④ 기속력
⑤ 기판력

해설

공정력이란 행정행위에 하자가 있다고 하더라도 무효가 아닌 한, 권한 있는 기관에 의하여 취소되기 전까지는 그 효력을 부정할 수 없는 구속력을 말한다. 설문과 같이 과세처분이 위법하다고 하더라도 무효가 아니라면 권한 있는 기관에 의해 취소되기 전까지는 납세자는 납세의무를 진다.

오답풀이

① (×) 권한 있는 행정기관은 부당·위법한 행정행위를 직권으로 취소할 수 있다. 그러나 일부 행정행위는 그 행정행위를 한 행정청도 당해 행정행위를 직권으로 취소 또는 변경할 수 없는 구속력을 갖는데, 이를 **불가변력(실질적 존속력)**이라 한다. 이러한 불가변력은 행정심판의 **재결**과 같은 준사법적 행정행위에만 발생한다고 보는 게 일반적인 견해이다.

③ (×) **불가쟁력**(형식적 존속력)이란 행정행위에 대해 행정심판이나 행정소송과 같은 불복수단의 제기가 인정되는 경우에, 이를 제기하기 위한 일정한 **법정기간 경과**함으로 인하여 당사자로 하여금 **더 이상 다투지 못하게** 하는 효력을 말한다.

④ (×) **기속력**은 처분 등을 취소하는 확정판결이 당사자인 행정청과 관계행정청에 대하여 **판결의 취지에 따라야** 할 실체법상의 의무를 발생시키는 효력을 말한다. 행정소송법은 제30조 제1항에서 '처분 등을 취소하는 확정판결은 그 사건에 관하여 당사자인 행정청과 그 밖의 관계행정청을 기속한다.'고 규정하고 있다.

⑤ (×) **기판력**은 일단 재판이 확정된 때에는 소송 당사자는 동일한 소송물에 대하여는 다시 소를 제기할 수 없고 설령 제기되어도 법원은 일사부재리 원칙에 따라 확정판결과 내용적으로 모순되는 판단을 하지 못하는 효력을 말한다. 이는 재판 간의 모순방지와 동일한 사항에 대한 소송의 반복방지라는 법적 안정성을 위하여 인정된 것이다.

문제로 익히는 핵심이론

행정행위의 효력에는 가장 중요한 효력으로 공정력이 있고 그 밖에 존속력 등이 있다.

'**공정력**'이란 일단 행정행위가 행해지면 비록 행정행위에 흠(위법 또는 부당)이 있더라도 그 흠이 중대하고 명백하여 무효로 되는 경우를 제외하고는 권한 있는 기관(취소권 있는 행정청 또는 법원)에 의해 **취소되기 전까지는** 상대방 및 이해관계인뿐만 아니라 다른 행정청 및 법원에 대하여 **일단 유효한 것으로 통용되는 힘**을 말한다. 예컨대 건축물 철거명령이 위법하다고 하더라도 무효가 아니라면 권한 있는 기관에 의해 취소되기 전까지는 건축주는 일단 철거의무를 진다. 그리고 건축주는 이러한 철거명령이 위법하다는 것을 행정쟁송(행정심판과 행정소송)을 통해서 다투어 구제를 받게 되는 것이다. 법적안정성이 그 근거이다. 한편 행정행위가 무효 또는 부존재인 경우에는 공정력이 인정되지 않는다.

'**존속력(확정력)**'이란 행정행위가 일단 행해진 경우에는 그 행정행위에 기초하여 법률관계가 계속 형성되므로 그 행정행위의 효력을 가능한 한 존속시키는 것이 법적 안정을 위해 필요하다. 따라서 흠 있는 행정행위라도 일정한 경우(불복제기기간의 경과)에는 더 이상 행정행위에 취소될 수 없는 힘이 부여되는데 이를 존속력(확정력)이라 한다. 이에는 불가쟁력과 불가변력이 있다.

'**불가쟁력**'이란 흠 있는 행정행위라도 그에 대한 불복기간이 경과하거나 쟁송절차가 종료된 경우에는 더 이상 그 행정행위의 효력을 다툴 수 없게 하는 효력을 말한다. 행정행위 효력을 신속히 확정하여 행정법관계의 안정을 확보하기 위한 것이다

'**불가변력**'이란 행정행위를 한 행정청이 당해 행정행위를 직권으로 취소 또는 변경할 수 없게 하는 효력을 말한다. 이는 모든 행정행위에 공통되는 효력이 아니고 '**행정심판의 재결**'과 같은 준사법적 행정행위에만 불가변력이 인정된다. 한편 불가변력이 있는 행정행위에 대해서도 그 상대방 또는 이해관계인은 행정불복기간 내에 행정쟁송수단을 통해 당해 행정행위의 효력을 얼마든지 다툴 수가 있다.

정답 ②

654

행정행위에 하자가 있는 경우 그 효과는 하자의 정도에 따라 무효가 되거나 취소사유가 된다. 무효와 취소의 구별기준에 대한 판례의 태도로 옳은 것은?

① 중대설
② 명백설
③ 중대명백설
④ 중대 또는 명백설
⑤ 구체적가치형량설

해설

판례는 **중대명백설**의 입장이다. 즉 행정행위에 **중대한 위법이 있고 동시에** 그 중대한 위법이 있음을 **누가 보아도 명백**한 경우는 **무효인 행정행위**가 되고, 그 밖의 경우는 취소될 때까지 그 효력이 통용되는 일반 행정행위가 된다.

문제로 익히는 핵심이론

위법 또는 부당과 같이 행정행위의 효력 발생을 방해하는 사정을 **행정행위의 하자**(흠)라 한다. 위법이란 법의 위반을 말하며, 부당이란 법 위반은 없이 공익이나 합목적성 판단을 잘못한 것을 말한다. 행정기관이 재량권의 한계를 넘지 않는 한도 내에서 재량권의 행사를 그르친 행정행위가 부당한 행정행위가 된다. 위법한 행정행위는 행정심판이나 행정청의 직권에 의해 취소될 수 있을 뿐만 아니라 법원에 의해서도 취소될 수 있다. 그러나 부당한 행정행위는 행정심판이나 행정청의 직권에 의해 취소될 수 있을 뿐 법원에 의해 취소될 수는 없다. 법원은 처분의 위법성여부만을 판단의 대상으로 삼고 있기 때문이다. 행정행위에 하자가 있는 경우 그 효과는 하자의 정도에 따라 무효가 되거나 취소사유(단순 위법)가 된다. **행정행위의 무효와 취소의 구별기준에 대해 판례는 '중대명백설'**을 취하고 있다. 즉 하자있는 행정처분이 당연무효이기 위해서는 그 하자가 적법요건의 중요한 부분을 위반한 중대한 것이고(and) 일반적인 관점에서도 외관상 명백한 것이어야 하며, 그러하지 아니한 경우 즉 중대하지만 명백하지 않거나 명백하지만 중대하지 않은 경우에는 취소사유에 불과하다고 한다.

정답 ③

655

다음 내용을 통해 설명하는 개념으로 옳은 것은?

> 하자 있는 행정행위가 다른 행정행위의 적법요건을 갖춘 경우 다른 행정행위로서의 효력을 인정할 수 있다. 예컨대 사망자에 대한 과세처분은 무효이지만 이를 상속인에 대한 과세처분으로 인정할 수 있다.

① 하자의 승계
② 행정행위의 철회
③ 행정행위의 직권취소
④ 하자 있는 행정행위의 전환
⑤ 하자 있는 행정행위의 치유

해설

하자 있는 행정행위의 전환이란 하자 있는 행정행위를 적법한 다른 행정행위로 유지시키는 것을 말한다.

오답풀이

① (×) 둘 이상의 행정행위가 연속적으로 행해지는 경우, 선행행위에 하자가 있으면 후행행위에 하자가 없다고 하여도 선행행위가 위법함을 이유로 후행행위를 다툴 수 있는 가의 문제가 **하자의 승계**의 문제이다.
② (×) **행정행위의 철회**란 적법요건을 구비하여 완전히 효력을 발생하고 있는 행정행위에 대하여 그 효력의 전부 또는 일부를 장래에 향해 소멸시키는 원행정행위와 독립된 별개의 의사표시를 말한다.
③ (×) **행정행위의 직권취소**란 일단 유효하게 발령된 행정행위를 처분청 등이 그 행위에 위법 또는 부당한 하자가 있음을 이유로 하여 직권으로 그 효력을 소멸시키는 것을 말한다.
⑤ (×) **하자 있는 행정행위의 치유**란 행정행위가 발령 당시에 위법한 것이라고 하여도 사후에 흠결을 보완하게 되면 적법한 행정행위로 취급하는 것을 말한다.

문제로 익히는 핵심이론

하자 있는 행정행위의 전환이란 하자 있는 행정행위가 다른 행정행위의 적법요건을 갖춘 경우 다른 행정행위로서의 효력 발생을 인정하는 것을 말한다. 즉 전환 전의 행정행위가 위법해야 하고, 전환 전·후의 행정행위가 목적과 효과에 실질적 공통성이 있고, 절차와 형식이 동일해야 하며, 당사자에게 전환의사가 있어야 한다. 효과로서 하자있는 행정행위의 전환은 새로운 행정행위를 가져오며, 새로운 행정행위의 효력은 **최초 하자 있는 행정행위의 발령시점으로 소급하여 발생**한다.

정답 ④

656

하자 있는 행정행위의 치유에 관한 설명으로 옳지 않은 것은?

① 하자 있는 행정행위의 치유란 행정행위 발령 당시에 위법한 것이라고 하여도 사후에 흠결을 보완하게 되면 적법한 행위로 취급하는 것을 말한다.
② 하자 있는 행정행위의 치유는 국민의 권익을 침해하지 않는 범위에서 제한적으로만 인정된다.
③ 하자의 치유는 무효인 행정행위에만 인정되고, 취소할 수 있는 행정행위에는 인정되지 않는다.
④ 절차와 형식의 하자는 치유가 되지만 내용상 하자는 치유가 불가능하다.
⑤ 하자가 치유되면 당해 행정행위는 처분 시부터 하자가 없는 적법한 행정행위로 효력이 생긴다.

문제로 익히는 핵심이론

하자 있는 행정행위는 위법성의 정도에 따라 무효 또는 취소사유가 됨이 원칙이다. 그러나 경우에 따라서 **행정행위의 불필요한 반복을 피하고**, 행정법관계의 안정을 위해서 그 행위의 효력을 유지시킬 필요가 있다. 이와 관계되는 논의가 하자의 치유와 전환이론이다.
하자의 치유란 처분 당시에는 위법한 행정행위가 사후에 그 적법요건이 충족되거나, 또는 그 위법성이 경미하여 취소할 만한 성질의 것은 아니라고 판단되는 경우에, 당해 행위를 적법한 행위로 취급하는 것을 말한다. **판례**는 치유의 대상이 되는 하자에는 절차상·형식상 하자만 포함되고 **처분의 내용에 관한 하자는 치유가 허용되지 않는다**고 본다. 그리고 하자 있는 행정행위에 있어서 하자의 치유는 행정행위의 성질이나 법치주의의 관점에서 원칙적으로 허용될 수 없고, 행정행위의 무용한 반복을 피하고 당사자의 법적 안정성을 보호하기 위하여 국민의 권익을 침해하지 아니하는 범위 내에서 **예외적으로만 허용**된다. 하자의 치유는 늦어도 당해 처분에 대한 **쟁송제기 이전**에는 이루어져야 한다.
무효와 취소의 구별이 상대적이란 전제 아래 무효인 행정행위의 치유까지 인정하려는 견해가 있으나, **판례는 취소의 경우에만 하자의 치유를 인정**한다. **치유의 효과는 소급적**이기 때문에 행정행위의 하자가 치유되면, 치유의 행위는 처음부터 적법한 행위와 같은 효과를 가진다.

정답 ③

해설
반대로 설명되어 있다. <u>하자의 치유는 **취소**할 수 있는 행위에만 인정되고, **무효**인 행위는 언제나 무효이어서 종국적 성질을 가지므로 <u>치유가 인정되지 않는다.</u></u> ※ 징계처분이 중대하고 명백한 흠 때문에 **당연무효**의 것이라면 징계처분을 받은 자가 이를 용인하였다 하여 그 <u>흠이 치유되는 것은 아니다</u>(88누8869).

오답풀이
① (○) 예컨대 청문을 실시하지 않고 영업허가를 취소하여 영업허가 취소에 절차상 위법이 있었지만 <u>사후에 청문을 실시하여 그 절차상 위법을 치유</u>함으로써 처음부터 적법한 영업허가의 취소로 취급하는 것을 말한다.
② (○) 하자 있는 행정행위의 치유는 행정행위의 성질이나 법치주의의 관점에서 볼 때 원칙적으로 허용될 수 없는 것이고, 예외적으로 행정행위의 무용한 반복을 피하고 당사자의 법적 안정성을 위해 이를 허용하는 때에도 국민의 권리나 이익을 침해하지 않는 범위에서 구체적 사정에 따라 합목적적으로 인정하여야 한다(2001두10684).
④ (○) 이 사건 처분에 관한 **하자가 행정처분의 내용**에 관한 것이고 새로운 노선면허가 소 제기 이후에 이루어진 사정 등에 비추어 하자의 사후적 <u>치유는 인정되지 않는다</u>(90누1359).
⑤ (○) 하자 치유의 효과는 소급효를 갖는다.

657

비권력적 사실행위에 해당하는 행정작용으로 옳은 것은?

① 공법상 계약
② 행정지도
③ 행정처분
④ 행정상 즉시강제
⑤ 구속적 행정계획

해설

행정지도란 일정한 행정목적을 실현하기 위하여 상대방인 국민에게 **임의적인 협력을 요청**하는 **비권력적 사실행위**를 말한다. 권고, 권유, 요망, 정보제공 등이 그 예이다.

오답풀이

① (×) **공법상 계약**이란 공법상 효과(공법상 권리·의무의 발생·변경·소멸)를 발생시키는 행정주체가 일방의 당사자가 되는 계약(대립되는 의사표시의 합치)을 말하는데, 이는 비권력적 법적 행위이다.

③ (×) **행정처분**이란 행정청이 행하는 구체적 사실에 관한 법 집행으로서의 공권력의 행사 또는 그 거부와 그 밖에 이에 준하는 행정작용을 말한다. 학문상 필요에 의해 만들어진 '행정행위'에 대응하는 실무상 개념이 '(행정)처분'이다. 처분은 권력적 법적 행위이다.

④ (×) **행정상 즉시강제**란 미리 의무를 부과할 시간적 여유가 없거나 의무를 부과해서는 목적달성이 곤란한 경우에 직접 국민의 신체나 재산에 실력을 가하여 행정상의 필요한 상태를 실현 하는 것을 말한다. 법적성질은 **권력적 사실행위**이다. 예컨대 감염병환자의 강제격리조치, 불법게임물의 수거·폐기 등이다.

⑤ (×) **행정계획**이란 행정기관이 장래의 목표를 설정하고 그 목표를 실현하기 위한 여러 수단들을 조정·종합하는 행정작용을 말한다. 종류는 다양하나 그 중 **구속적 행정계획**은 권력적 법적 행위이고, **비구속적 행정계획**은 비권력적 사실행위이다.

정답 ②

658

난이도 Self Check | 상 ○ 중 ○ 하 ○

다음은 행정계획에 관한 내용이다. 빈칸에 공통으로 들어갈 말로 적절한 것은?

> 계획재량이란 행정계획을 수립·변경함에 있어서 계획청에게 인정되는 재량을 말한다. (　　)이란 행정계획을 수립·변경함에 있어서 관련된 이익을 정당하게 형량하여야 한다는 원칙을 말한다. 즉 (　　)은 계획재량의 통제를 위해 형성된 이론이다.

① 예비결정
② 특별명령
③ 예외적 승인
④ 형량명령
⑤ 확약

문제로 익히는 핵심이론

행정계획이란 행정주체 또는 그 기관이 일정한 행정활동을 행함에 있어서 일정한 목표를 설정하고 그 목표를 달성하기 위하여 필요한 수단을 선정하고 그러한 수단들을 조정하고 종합화한 것을 말한다. 행정계획은 행정입법이나 행정행위와도 다른 독자적인 성질을 갖는다.

계획재량이란 행정계획을 수립·변경함에 있어서 계획청에게 인정되는 재량을 말한다. 계획재량은 행정목표의 설정이나 행정목표를 효과적으로 달성할 수 있는 수단의 선택 및 조정에 있어서 인정된다. 계획재량에는 일반적인 행정재량과 비교하여 행정청에게 광범위한 재량권이 부여되어 있다. 그러나 그 재량은 일정한 한계를 준수해야 하는바 이러한 계획재량의 통제인 **형량명령**이란 행정계획을 수립·변경함에 있어서 관련된 이익을 정당하게 형량하여야 한다는 원칙을 말한다.

정답 ④

해설

계획재량의 통제를 위해 형성된 **형량명령**이론은 **행정계획을 수립·변경함에 있어서 관련된 이익을 정당하게 형량하여야** 한다는 원칙을 말한다.

오답풀이

① (×) **예비결정**이란 최종적인 행정결정을 내리기 전에 사전적인 단계에서 최종적 행정결정의 요건 중 일부에 대해 종국적인 판단으로서 내려지는 결정을 말한다.
② (×) **특별명령**이란 특별행정법관계에서 특별권력주체와 상대방과의 관계를 규율하는 사항을 내용으로 하는 법규명령의 성질을 갖는 명령을 말한다.
③ (×) **예외적 승인(허가)**이란 사회적으로 바람직하지 않은 일정한 행위를 법령상 원칙적으로 금지하고, 예외적인 경우에 이러한 금지를 해제하여 당해 행위를 적법하게 할 수 있게 하여 주는 행위를 말한다. 예컨대 개발제한구역 내의 건축허가나 용도변경 등이 이에 해당한다.
⑤ (×) **확약**이란 장래 일정한 행정행위를 하거나 하지 아니할 것을 약속하는 의사표시를 말한다. 확약은 신뢰보호 또는 금반언의 법리를 바탕으로 인정되는 행정청의 행위형식의 일종이다.

659
난이도 Self Check | 상 ◯ 중 ◯ 하 ◯

행정절차법상 규율대상으로 옳지 않은 것은?

① 처분절차
② 행정조사절차
③ 신고절차
④ 행정상 입법예고절차
⑤ 행정지도절차

문제로 익히는 핵심이론

행정절차란 행정결정을 함에 있어서 행정청이 거쳐야 할 사전적인 외부와의 교섭과정을 말한다. 이는 행정의 절차적 통제, 행정에 대한 이해관계인 등 국민의 참여, 국민권익에 대한 침해 예방 등의 기능을 한다. **행정절차에 관한 일반법으로 행정절차법**이 있는데 행정절차에 관한 다른 법률에 특별한 규정이 있으면 행정절차법은 배제된다(특별법 우선의 원칙). 행정절차법은 **처분절차, 신고절차, 행정상 입법예고절차, 행정예고절차, 행정지도절차를 규율대상**으로 하고 있다.

- **처분절차**에 관한 행정절차법 규정에는 한편으로 침해적 처분과 수익적 처분에 공통적으로 적용되는 규정이 있고, 다른 한편으로 침해적 처분 또는 신청에 의한 처분에만 적용되는 규정이 있다. 처분기준의 설정·공표, 이유제시, 처분의 방식, 고지 등은 공통절차이고, 신청절차는 신청에 의한 처분절차를 규율하는 절차이며 의견진술절차는 원칙상 침해적 처분절차를 규율하는 절차이다.
- **신고**는 사인이 행정기관에게 일정한 사항에 대하여 통지하는 행위를 말한다. 신고는 의무적인 것과 임의적인 것이 있다. 행정절차법의 규율대상이 되는 제40조 제1항의 "법령 등에서 행정청에 일정한 사항을 통지함으로써 의무가 끝나는 신고"는 자기완결적 신고이다. 자기완결적 신고는 적법한 신고서가 접수기관에 도달된 때 신고의무가 이행된 것으로 본다.

정답 ②

해설

행정절차법 제3조(적용 범위) ① **처분, 신고, 행정상 입법예고, 행정예고 및 행정지도의 절차**(이하 "행정절차"라 한다)에 관하여 다른 법률에 특별한 규정이 있는 경우를 제외하고는 이 법에서 정하는 바에 따른다. ※ 이 중 처분절차가 중심적인 내용이 되고 있다. 현행 행정절차법은 행정계획의 확정절차, **행정조사절차** 및 행정계약절차는 **규정하고 있지 않다.**

오답풀이

① (◯) **행정절차법 제17조(처분의 신청)** ① 행정청에 처분을 구하는 신청은 문서로 하여야 한다. 다만, 다른 법령등에 특별한 규정이 있는 경우와 행정청이 미리 다른 방법을 정하여 공시한 경우에는 그러하지 아니하다.

③ (◯) **행정절차법 제40조(신고)** ① 법령 등에서 행정청에 일정한 사항을 통지함으로써 의무가 끝나는 신고를 규정하고 있는 경우 신고를 관장하는 행정청은 신고에 필요한 구비서류, 접수기관, 그 밖에 법령 등에 따른 신고에 필요한 사항을 게시(인터넷 등을 통한 게시를 포함한다)하거나 이에 대한 편람을 갖추어 두고 누구나 열람할 수 있도록 하여야 한다.

④ (◯) **행정절차법 제41조(행정상 입법예고)** ① 법령 등을 제정·개정 또는 폐지(이하 "입법"이라 한다)하려는 경우에는 해당 입법안을 마련한 행정청은 이를 예고하여야 한다.

⑤ (◯) **행정절차법 제48조(행정지도의 원칙)** ① 행정지도는 그 목적 달성에 필요한 최소한도에 그쳐야 하며, 행정지도의 상대방의 의사에 반하여 부당하게 강요하여서는 아니 된다. ② 행정기관은 행정지도의 상대방이 행정지도에 따르지 아니하였다는 것을 이유로 불이익한 조치를 하여서는 아니 된다.

660

다음 내용과 가장 관련 깊은 행정의 실효성 확보수단으로 적절한 것은?

> 행정법상 의무를 위반한 사업자에 대한 당해 영업의 정지로 인해 국민들이 큰 불편을 겪거나 국민경제에 적지 않은 피해를 주는 등 공익을 해할 우려가 있는 경우에 영업정지를 하지 않고 대신 영업으로 인한 이익을 박탈하는 제재

① 과징금
② 이행강제금
③ 행정질서벌
④ 행정상 강제징수
⑤ 관허사업 제한

문제로 익히는 핵심이론

과징금이란 행정법규의 위반이나 행정법상의 의무위반으로 경제상의 이익을 얻게 되는 경우에 당해 위반으로 인한 경제적 이익을 박탈하기 위하여 그 이익액에 따라 행정기관이 과하는 행정상 제재금을 말한다. 한편 **변형된 과징금이란 영업정지 등에 갈음하여 과징금을 부과**하는 경우를 말한다. 이는 당해 영업의 정지로 인해 국민들이 큰 불편을 겪거나 국민경제에 적지 않은 피해를 주는 등 공익을 해할 우려가 있는 경우에 영업정지를 하지 않고 대신 영업으로 인한 이익을 박탈하는 것이다. 과징금은 처벌이 아니란 점에서 과태료와 구별되며, 또한 제재수단이라는 점에서 이행강제금과 구별된다. 과징금이 과하여지면 위법행위로 인한 불법적인 경제적 이익이 박탈되기 때문에 사업자는 위반행위를 하더라도 아무런 경제적 이익을 얻을 수 없게 되므로 간접적으로 행정법상 의무이행을 강제하는 효과가 발생한다.

정답 ①

해설

과징금이란 행정법상 의무를 위반한 자로부터 일정한 금전적 이익을 박탈하는 제재를 과함으로써 의무이행을 확보하려는 간접적 강제수단이다.

오답풀이

② (×) **이행강제금**이란 의무자의 의무불이행이 있는 경우 의무의 이행을 강제하는 금전을 부과하여 그 의무의 이행을 간접적으로 실현하는 수단을 말한다. 예컨대 무허가 건물에 대해 의무자가 자진철거를 할 때까지 매월 100만 원씩 이행강제금을 부과하는 경우 등이다.

③ (×) **행정질서벌**이란 법익을 직접 침해하는 것이 아니라 행정상 가벼운 질서위반행위에 대해 과태료가 가해지는 제재를 말한다. 과태료의 부과가능성에 대해서는 개별법에 규정하고 있지만, 질서위반행위의 성립 및 과태료의 부과·징수절차 그리고 과태료에 대한 권리구제 등에 대한 일반법으로 질서위반행위규제법이 있다.

④ (×) **행정상 강제징수**란 의무자가 공법상 금전급부의무를 불이행한 경우 강제로 그 의무이행을 실현하는 행정작용을 말한다. 국세징수법은 원래 국세징수를 목적으로 한 법률이었는데, 여러 법률이 강제징수에 있어서 국세징수법을 준용하고 있는바, 국세징수법이 공법상 금전급부의무의 강제징수에 관한 일반법으로 기능을 하고 있다. 강제징수는 독촉, 압류, 매각, 청산의 절차를 거친다.

⑤ (×) **관허사업 제한**이란 인·허가의 발급을 거부함으로써 행정법상의 의무이행을 확보하는 수단이다. 제한에는 의무 위반사항과 관련 있는 사업에 대한 것과 의무 위반사항과 직접 관련이 없는 사업 일반에 대한 것이 있다. 그리고 권력적 행위이므로 법률의 근거가 있어야 한다.

661

난이도 Self Check │ 상 ○ 중 ○ 하 ○

행정상 손해배상에 관한 설명으로 옳지 않은 것은?

① 공무원이 고의 또는 과실로 법령에 위반하여 타인에게 손해를 가한 경우 국가 또는 지방자치단체는 손해배상의 책임이 있다.
② 도로·하천, 그 밖의 공공의 영조물의 설치나 관리에 하자가 있기 때문에 타인에게 손해를 발생하게 하였을 때에는 국가나 지방자치단체는 그 손해를 배상하여야 한다.
③ 국가의 사경제적 활동과정에서 공무원의 과실로 인해 타인에게 손해가 발생한 경우에는 국가배상법이 적용되지 않는다.
④ 공법적 원인에 의해 발생한 손해를 전보하는 국가배상청구는 공법상 당사자소송으로서 행정법원의 관할이 된다.
⑤ 국가가 피해자에게 국가배상법 제2조 제1항에 따라 손해를 배상한 경우 그 공무원에게 고의 또는 중대한 과실이 있으면 국가는 그 공무원에게 구상을 할 수 있다.

해설

국가배상청구소송의 관할에 대하여 **판례는 국가배상법을 손해배상에 관한 민법의 특별법으로 보아 민사소송절차에 따라야 한다**는 입장이다. 따라서 행정법원이 아니라 **민사법원에 소송을 제기**하여야 한다.

오답풀이

① (○) 국가나 지방자치단체는 공무원 또는 공무를 위탁받은 사인(이하 "공무원"이라 한다)이 직무를 집행하면서 고의 또는 과실로 법령을 위반하여 타인에게 손해를 입힌 때에는 그 손해를 배상하여야 한다(**국가배상법 제2조** 제1항).
② (○) 도로·하천, 그 밖의 공공의 영조물의 설치나 관리에 하자가 있기 때문에 타인에게 손해를 발생하게 하였을 때에는 국가나 지방자치단체는 그 손해를 배상하여야 한다(**국가배상법 제5조 제1항**).
③ (○) **국가 또는 지방자치단체**라 할지라도 공권력의 행사가 아니고 **단순한 사경제의 주체로 활동**하였을 경우에는 그 손해배상책임에 **국가배상법이 적용될 수 없고 민법상의 사용자책임 등이 인정되는 것이고 국가의 철도운행사업은 국가가 공권력의 행사로서 하는 것이 아니고 사경제적 작용이라 할 것이므로, 이로 인한 사고에 공무원이 간여하였다고 하더라도 국가배상법을 적용할 것이 아니고 일반 민법의 규정에 따라야 하나, 공공의 영조물인 철도시설물의 설치 또는 관리의 하자로 인한 불법행위를 원인으로 하여 국가에 대하여 손해배상청구를 하는 경우에는 국가배상법이 적용된다(99다7008).
⑤ (○) **국가배상법 제2조(배상책임)** ① 국가나 지방자치단체는 공무원 또는 공무를 위탁받은 사인(이하 "공무원"이라 한다)이 직무를 집행하면서 고의 또는 과실로 법령을 위반하여 타인에게 손해를 입히거나, 「자동차손해배상 보장법」에 따라 손해배상의 책임이 있을 때에는 이 법에 따라 그 손해를 배상하여야 한다. 다만, 이하 생략. ② 제1항 본문의 경우에 공무원에게 고의 또는 중대한 과실이 있으면 국가나 지방자치단체는 그 공무원에게 구상(求償)할 수 있다.

문제로 익히는 핵심이론

행정상 손해배상은 행정권의 행사에 의해 우연히 발생한 손해에 대한 국가 등의 배상책임을 말한다. 국가배상이라고도 한다. 헌법 제29조 제1항은 국가배상책임을 규정하고 있고 이에 따라 국가배상법이 제정되었다. 다만 국가배상법에 규정된 사항 외의 국가 등의 배상책임은 민법에 따른다. 국가배상책임의 성격에 대해 판례는 민사상 손해배상책임의 일종으로 보고, 국가배상법을 민법의 특별법으로 보고 있다. 즉 판례는 사권설을 취한다.

㉠ **공무원의 위법한 직무행위로 인한 손해배상 (국가배상법 제2조 책임)**
국가배상법 제2조의 요건을 충족하여 국가 또는 지방자치단체의 배상책임이 인정되는 경우에 피해자는 공무원에 대하여도 손해배상을 청구할 수 있는지가 문제된다. 이에 대해 **판례**는 국가 등이 손해배상책임을 부담하는 외에 **공무원 개인도 고의 또는 중과실**이 있는 경우에는 피해자에 대하여 그로 인한 손해배상책임을 부담하고, **가해 공무원 개인에게 경과실만** 인정된 경우에는 이는 직무수행상 통상 예견할 수 있는 흠에 불과하므로 공무원 개인은 손해배상책임을 부담하지 않는다고 보고 있다. 그리고 국가 등이 피해자에게 국가배상법 제2조 제1항에 따라 손해를 배상한 경우 그 공무원에게 **고의 또는 중대한 과실**이 있으면 국가나 지방자치단체는 그 공무원에게 **구상**을 할 수 있다.

㉡ **영조물의 설치·관리상의 하자로 인한 손해배상 (국가배상법 제5조 책임)**
국가배상법 제5조에 의한 국가배상책임이 성립하기 위해서는 '공공의 영조물'의 설치 또는 관리의 '하자'로 인하여 타인에게 손해가 발생하였을 것을 요한다. 여기서 영조물이란 직접 행정목적에 제공된 물건(유체물 내지 물적 설비) 즉 **공물**을 의미하며, 도로 등 인공공물뿐만 아니라 하천 등 자연공물도 동조의 영조물에 포함한다(판례). 설치 또는 관리의 '하자'란 영조물이 **통상 갖추어야 할 물적 안전성의 결여**를 말한다(판례).

정답 ④

662 난이도 Self Check | 상 ○ 중 ○ 하 ○

국가배상법 제2조는 "공무원 또는 공무를 위탁받은 사인"을 국가배상법상 공무원으로 규정하고 있다. 이때 국가배상법상 공무원이 <u>아닌</u> 사람은?

① 시 청소차 운전수
② 의용소방대원
③ 전입신고서에 확인 인을 찍는 통장
④ 국가 또는 지방자치단체에 근무하는 청원경찰
⑤ 소집 중인 향토예비군

> **문제로 익히는 핵심이론**
>
> **국가배상법 제2조는 "공무원 또는 공무를 위탁받은 사인"을** 국가배상법상 공무원으로 규정하고 있다. 위탁에는 일시적 위탁이든 특정한 사항에 관한 활동의 위탁이든 모두 포함한다. 판례는 "지방자치단체가 '교통할아버지 봉사활동 계획'을 수립한 후 관할 동장으로 하여금 '교통할아버지를 선정하게 하여 어린이 보호, 교통안내, 거리질서 확립 등의 공무를 위탁하여 집행하게 하던 중 '교통할아버지'로 선정된 노인이 위탁받은 업무 범위를 넘어 교차로 중앙에서 교통정리를 하다가 교통사고를 발생시킨 경우, 지방자치단체가 국가배상법 제2조 소정의 배상책임을 부담한다(98다39060)."고 하여 '교통할아버지'로 선정된 노인도 공무원에 해당한다. 달리 말하면 <u>국가배상법 제2조 소정의 공무원은 실질적으로 공무를 수행하는 자, 즉 **기능적 공무원**을 말한다.</u>

정답 ②

해설

의용소방대는 국가기관이라 할 수 없음은 물론이고 군에 예속된 기관이라고 할 수도 없으니 <u>의용소방대원이 소방호수를 교환받기 위하여 소방대장의 승인을 받고 위 의용소방대가 보관 사용하는 차량을 운전하고 가다가 운전사고가 발생하였다면 이를 군의 **사무집행에 즈음한 행위라고 볼 수 없다**</u>(73다1896). 즉 의용소방대원은 국가배상법상의 공무원이 아니다.

오답풀이

① (○) <u>서울시 산하 구청소속의 청소차량 운전원이</u> 지방잡급직원규정에 의하여 단순노무제공만을 행하는 기능직 잡급직원이라면 이는 지방공무원법 제2조 제2항 제7호 소정의 단순한 노무에 종사하는 별정직 공무원이다(80다1051).
③ (○) 통장이 전입신고서에 확인 인을 찍는 행위는 공무를 위탁받아 실질적으로 공무를 수행하는 것이라고 보아야 하므로, 통장은 그 업무범위 내에서는 국가배상법 제2조 소정의 공무원에 해당한다(91다5570).
④ (○) <u>국가나 지방자치단체에 근무하는</u> 청원경찰은 국가공무원법이나 지방공무원법상의 공무원은 아니지만, (중략) <u>직무상의 불법행위에 대하여도 민법이 아닌 국가배상법이 적용된다</u>(92다47564).
⑤ (○) 향토예비군도 그 동원기간 중에는 국가배상법 제2조의 공무원 중에 포함된다고 보는 것이 상당하다(70다471).

663

난이도 Self Check | 상 ○ 중 ○ 하 ○

행정상 손해배상과 행정상 손실보상의 구분에 관한 설명으로 옳지 않은 것은?

① 행정상 손해배상은 '법치행정원리의 실현을 목적'으로 하며, 행정상 손실보상은 '공평한 부담의 실현을 목적'으로 한다.
② 행정상 손해배상은 '위법한 행정작용'으로 인한 것이고, 행정상 손실보상은 '적법한 행정작용'으로 인한 것이다.
③ 행정상 손해배상은 '헌법 제29조'에 근거한 것이고, 행정상 손실보상은 '헌법 제23조'에 근거한 것이다.
④ 행정상 손해배상에 관한 헌법규정을 구체화한 법이 '국가배상법'이고, 행정상 손실보상에 관한 헌법규정을 구체화한 법으로 '손실보상법'이 있다.
⑤ '특별한 희생'은 행정상 손해배상의 요건은 아니지만, 행정상 손실보상의 중요한 요건이다.

해설

행정상 손해배상에 관한 헌법규정을 구체화한 법으로 '국가배상법'이 있다. 그러나 행정상 손실보상에 관한 헌법규정을 구체화한 법으로 **'손실보상법'이란 법률은 규정되어 있지 않다.** 다만 토지수용의 분야에서 구체화한 법률로 **'공익사업을 위한 토지 등의 취득 및 보상에 관한 법률'**이 제정되어 있으며, 공공필요를 위한 토지수용의 근거 및 보상의 기준과 절차 등이 규정되어 있다. 그리고 그 밖에 하천법, 소방기본법 등 개별법에서 공공필요에 의한 재산권 침해에 대한 보상이 규정되어 있다.

오답풀이

① (○) 양자는 목적에 차이가 있다. 행정상 손해배상은 법치행정원리의 실현을 목적으로 하므로 위법한 행정작용은 제거되어야 한다. 이를 위한 1차적 제도가 행정소송이고 2차적 제도가 손해배상이다. 반면에 행정상 손실보상은 법치행정원리의 실현이 아니라 공평한 부담의 실현을 목적으로 한다.
② (○) 행정상 손해배상은 위법·유책인 행정작용으로 인한 것이고, 행정상 손실보상은 적법·무책인 행정작용으로 인한 것이다. 따라서 적법한 행정작용으로 인하여 발생한 손실은 공평한 부담의 실현이라는 목적에 반하지 않는 한 침해되는 불이익을 수인해야 한다.
③ (○) 행정상 손해배상은 '헌법 제29조 ① 공무원의 직무상 불법행위로 손해를 받은 국민은 법률이 정하는 바에 의하여 국가 또는 공공단체에 정당한 배상을 청구할 수 있다. 이 경우 공무원 자신의 책임은 면제되지 아니한다.'를 근거로 하고, 행정상 손실보상은 '헌법 제23조 ③ 공공필요에 의한 재산권의 수용·사용 또는 제한 및 그에 대한 보상은 법률로써 하되, 정당한 보상을 지급하여야 한다.'를 근거로 한다.
⑤ (○) 행정상 손해배상은 '특별한 희생'이 요건이 아니다. 반면에 **행정상 손실보상의 요건**은 ① 공공의 필요, ② 재산권에 대한 수용·사용·제한, ③ 적법하고 의도적인 공권력 행사, ④ **특별한 희생**이 있어야 한다.

📝 문제로 익히는 **핵심이론**

행정상 손실보상이란 국가 등이 공공의 필요에 의한 적법한 공권력행사로 사인의 재산권에 특별한 희생을 가한 경우 '공적부담 앞의 평등 원칙'에 입각하여 사인에게 보상을 해 주는 제도를 말한다. **헌법 제23조 제3항**은 "공공필요에 의한 재산권의 수용·사용·제한 및 그에 대한 보상은 법률로써 하되, 정당한 보상을 지급하여야 한다."고 규정하고 있다. 이 헌법규정에 따라 많은 **개별법**들은 수용 등에 관한 법적근거와 그에 따른 손실보상의 법적근거를 두고 있다.
손실보상의 요건은 ① 공공의 필요, ② 재산권에 대한 수용·사용·제한, ③ 적법하고 의도적인 공권력 행사, ④ **특별한 희생**이 있어야 한다. 여기서 특별한 희생이란 헌법 제23조 제1항, 제2항의 사회적 제약(사회구속성)과 헌법 제23조 제3항의 공용침해(수용·사용·제한)를 구분하는 기준이 된다. 즉 특별한 희생에 이르지 못하면 당사자가 수인해야 하는 **사회적 제약**이 되며, 특별한 희생이 있으면 보상이 필요한 **공용침해**가 된다.
손실보상의 내용으로는 재산권보상, 생활보상, 간접손실보상 등이 있다. ① 재산권보상이란 손실을 시장의 객관적 교환가치에 따라 보상하는 것을 말한다. 토지에 대한 보상과 토지이외의 재산권에 대한 보상을 내용으로 한다. ② 생활보상이란 재산권보상 후에도 남는 당사자의 생활근거상실로 인한 손실을 생존배려차원에서 보상하는 것을 말한다. ③ 간접손실보상이란 공공사업의 시행 또는 완성 후의 시설이 간접적으로 사업지범위 밖에 위치한 타인의 토지 등의 재산에 손실을 가하는 경우의 보상을 말한다.

정답 ④

664

행정심판에 관한 설명으로 옳지 <u>않은</u> 것은?

① 행정심판은 분쟁해결의 성질을 갖지만 이는 행정절차이며 사법(재판작용)절차는 아니다.
② 행정심판위원회란 행정심판의 청구를 수리하여 이를 심리·재결할 수 있는 권한을 가진 행정기관을 말한다.
③ 행정청의 위법한 처분이나 부작위에 대해서만 심판청구를 할 수 있다.
④ 재결은 행정심판위원회가 행정심판의 청구에 대하여 행하는 판단을 의미한다.
⑤ 행정심판은 원칙적으로 처분이 있음을 알게 된 날로부터 90일 이내에 청구하여야 하고, 처분이 있었던 날로부터 180일을 경과하면 이를 제기하지 못한다.

문제로 익히는 핵심이론

행정심판이란 행정법상의 분쟁을 **행정기관**이 심리·판단하는 **행정쟁송절차**를 말한다. 행정심판은 분쟁해결의 성질을 갖지만 이는 **행정절차**이며 사법절차(재판)는 아니다. 그리고 행정심판의 재결은 행정기관이 하는 행위이므로 행정작용이며, 행정행위의 성질을 갖는다. **헌법 제107조 제3항**은 "재판의 전심절차로서 행정심판을 할 수 있다. 행정심판의 절차는 법률로 정하되, 사법절차가 준용되어야 한다."라고 하여 행정심판의 헌법적 근거를 두고 있다. **행정심판의 존재 이유**는 다음과 같다.
- 행정청에게 먼저 반성의 기회를 주어 행정처분의 하자를 자율적으로 시정하도록 하기 위함이다.
- 법원의 전문성 부족을 보완하고 분쟁해결에 있어 시간 및 비용을 절약하고 법원의 부담을 경감함으로써 사법기능을 보완할 수 있다.
- 행정심판은 행정소송보다 간편하고 신속하여 비용이 거의 들지 않고 <u>처분의 **부당도** 심판</u>의 대상이 된다. 행정심판의 청구를 수리하여 이를 심리·재결할 수 있는 권한을 가진 행정기관을 행정심판위원회라 하고, **행정심판위원회**가 행정심판의 청구에 대하여 행하는 판단을 재결이라 한다. 재결도 하나의 처분이므로 **재결** 자체에 위법이 있으면 취소소송의 대상이 된다.

정답 ③

해설

행정심판법 제1조(목적) 이 법은 행정심판 절차를 통하여 <u>행정청의 **위법 또는 부당한** 처분이나 부작위</u>로 침해된 국민의 권리 또는 이익을 구제하고, 아울러 행정의 적정한 운영을 꾀함을 목적으로 한다. ※ 위법한 처분이나 부작위뿐만 아니라 '**부당한**' 처분이나 부작위에 대해서도 심판청구를 할 수 있다.

오답풀이

① (○) 행정심판과 행정소송은 모두 행정쟁송수단인 점에서는 동일하다. 그러나 기본적으로 심판기관에 의해 구별된다. 즉 <u>**행정심판은 행정기관이 심판**</u>하는 행정쟁송절차이고, <u>**행정소송은 법원이 심판**</u>하는 행정쟁송절차이다.
② (○) 행정심판기관이란 행정심판의 청구를 수리하여 이를 심리·재결할 수 있는 권한을 가진 행정기관을 말한다. '<u>행정심판법</u>'은 <u>행정심판위원회를 행정심판기관으로 정하고 있다.</u>
④ (○) 행정심판법 제2조(정의) 이 법에서 사용하는 용어의 뜻은 다음과 같다.
  1. "처분"이란 행정청이 행하는 구체적 사실에 관한 법집행으로서의 공권력의 행사 또는 그 거부, 그 밖에 이에 준하는 행정작용을 말한다.
  2. "부작위"란 행정청이 당사자의 신청에 대하여 상당한 기간 내에 일정한 처분을 하여야 할 법률상 의무가 있는데도 처분을 하지 아니하는 것을 말한다.
  3. "**재결(裁決)**"이란 행정심판의 청구에 대하여 제6조에 따른 <u>**행정심판위원회가 행하는 판단**</u>을 말한다.
⑤ (○) 제27조(심판청구의 기간) ① 행정심판은 <u>**처분이 있음을 알게 된 날부터 90일**</u> 이내에 청구하여야 한다. ③ 행정심판은 <u>**처분이 있었던 날부터 180일**</u>이 지나면 청구하지 못한다. 다만, 정당한 사유가 있는 경우에는 그러하지 아니하다.

665

행정심판법상 행정심판의 종류로 적절한 것을 모두 고르면?

> ㉠ 취소심판
> ㉡ 당사자심판
> ㉢ 무효등확인심판
> ㉣ 부작위위법확인심판
> ㉤ 의무이행심판
> ㉥ 예방적부작위심판

① ㉠, ㉡, ㉢
② ㉠, ㉢, ㉤
③ ㉡, ㉢, ㉤
④ ㉡, ㉣, ㉥
⑤ ㉢, ㉣, ㉥

해설

행정심판법 제5조(행정심판의 종류) 행정심판의 종류는 다음 각 호와 같다.
1. **취소심판**: 행정청의 위법 또는 부당한 처분을 취소하거나 변경하는 행정심판
2. **무효등확인심판**: 행정청의 처분의 효력 유무 또는 존재 여부를 확인하는 행정심판
3. **의무이행심판**: 당사자의 신청에 대한 행정청의 위법 또는 부당한 거부처분이나 부작위에 대하여 일정한 처분을 하도록 하는 행정심판

문제로 익히는 핵심이론

행정심판법은 행정심판의 종류로 취소심판, 무효확인심판, 의무이행심판을 규정하고 있다.
① **취소심판**이란 행정청의 위법 또는 부당한 처분을 취소하거나 변경하는 행정심판을 말한다. 취소심판은 처분의 취소나 변경을 통해 법률관계의 변경·소멸을 가져오는 형성적 쟁송의 성질을 갖는다.
② **무효등확인심판**이란 행정청의 처분의 효력 유무 또는 존재 여부를 확인하는 행정심판을 말한다. 구체적인 내용에 따라 유효확인심판, 무효확인심판, 존재확인심판, 부존재확인심판으로 구분된다.
③ **의무이행심판**이란 행정청의 위법 또는 부당한 거부처분이나 부작위에 대하여 일정한 처분을 하도록 하는 심판을 말한다. 취소심판은 행정청의 적극적 행위로부터의 권익보호를 목적으로 하는 반면, 의무이행심판은 행정청의 소극적 행위(거부나 부작위)로부터의 권익보호를 목적으로 한다.

정답 ②

666

취소심판의 재결의 종류로 옳지 않은 것은?

① 각하재결
② 기각재결
③ 사정재결
④ 인용재결
⑤ 임시재결

해설

'임시재결'이란 개념은 존재하지 않는다.

문제로 익히는 핵심이론

재결이란 행정심판의 청구에 대하여 **행정심판위원회가 행하는 판단**을 말한다. 행정청의 행정심판위원회가 행하는 판단작용이므로 **행정행위에 해당한다**. 재결은 서면으로 한다. 위원회는 심판청구의 대상이 되는 처분 또는 부작위 외의 사항에 대해서는 재결하지 못한다(불고불리의 원칙). 또한 위원회는 심판청구의 대상이 되는 처분보다 청구인에게 불리한 재결을 하지 못한다(불이익변경금지의 원칙). 재결의 효력은 청구인에게 재결서정본이 송달되었을 때에 생긴다.
재결의 종류에는 각하재결, 기각재결, 사정재결, 인용재결 4가지가 있다.
① **각하재결**은 심판청구가 그 제기요건을 갖추지 못한 부적법한 것인 경우, 즉 심판청구가 적법하지 않으면(청구기간의 도과, 심판대상이 아닌 경우 등) 그 심판청구(본안심리)를 판단하지 않고 거절할 때 하는 재결이다.
② **기각재결**은 심판청구가 이유 있는가를 심리한 결과, 심판청구가 이유가 없다(취소심판을 청구했으나 처분에 위법·부당이 없는 경우)고 인정되는 경우 그 심판청구를 배척하는 내용의 재결이다.
③ **사정재결**은 심판청구가 이유가 있다고 인정하는 경우에도 이를 인용하는 것이 공공복리에 현저히 위배된다고 인정하면 그 심판청구를 기각하는 재결이다. 이 경우 위원회는 재결의 주문에서 그 처분 또는 부작위가 위법하거나 부당하다는 것을 구체적으로 밝혀야 한다. 무효등확인심판에는 사정재결이 인정되지 않는다.
④ **인용재결**이란 본안심리의 결과 당사자의 심판청구가 이유 있어 그 청구를 받아들이는 재결을 말한다. 예컨대 취소심판에서 처분청의 처분에 위법·부당이 인정되어 청구인의 청구를 받아들이는 것을 말한다.

정답 ⑤

667

난이도 Self Check | 상 ◯ 중 ◯ 하 ◯

다음은 행정심판에 관한 내용이다. 빈칸에 들어갈 말로 적절한 것은?

> 행정심판위원회는 처분이 위법·부당하다고 상당히 의심되는 경우로서 처분 때문에 당사자가 받을 우려가 있는 중대한 불이익을 막기 위하여 임시지위를 정하여야 할 필요가 있는 경우에는 직권으로 또는 당사자의 신청에 의하여 (　　　　)을/를 결정할 수 있다.

① 집행정지
② 직권취소
③ 사정재결
④ 임시처분
⑤ 간접강제

해설

행정심판법 제31조(**임시처분**) ① **위원회는** 처분 또는 부작위가 **위법·부당하다고 상당히 의심**되는 경우로서 처분 또는 부작위 때문에 당사자가 받을 우려가 있는 **중대한 불이익**이나 당사자에게 생길 급박한 위험을 막기 위하여 임시지위를 정하여야 할 필요가 있는 경우에는 직권으로 또는 당사자의 신청에 의하여 **임시처분**을 결정할 수 있다.

오답풀이

① (×) 행정심판법 제30조(**집행정지**) ① 심판청구는 처분의 효력이나 그 집행 또는 절차의 속행에 영향을 주지 아니한다(**집행부정지 원칙**). ② **위원회는** 처분, 처분의 집행 또는 절차의 속행 **때문에 중대한 손해가 생기는 것을 예방할 필요성이 긴급**하다고 인정할 때에는 직권으로 또는 당사자의 신청에 의하여 처분의 효력, 처분의 집행 또는 절차의 속행의 전부 또는 일부의 정지(이하 "**집행정지**"라 한다)를 결정할 수 있다. 다만, 처분의 효력정지는 처분의 집행 또는 절차의 속행을 정지함으로써 그 목적을 달성할 수 있을 때에는 허용되지 아니한다. ③ 집행정지는 공공복리에 중대한 영향을 미칠 우려가 있을 때에는 허용되지 아니한다.

② (×) **직권취소**란 행정행위의 상대방 등 사인이 위법·부당한 행정행위의 취소를 요구해서가 아니라 **처분청 스스로가** 행정행위에 위법·부당이 있었음을 이유로 행정행위를 취소하는 것을 말한다.

③ (×) 행정심판법 제44조(**사정재결**) ① 위원회는 **심판청구가 이유가 있다고 인정**하는 경우에도 이를 인용하는 것이 공공복리에 크게 위배된다고 인정하면 그 **심판청구를 기각하는 재결**을 할 수 있다. 이 경우 위원회는 재결의 주문에서 그 처분 또는 부작위가 위법하거나 부당하다는 것을 구체적으로 밝혀야 한다.

⑤ (×) **간접강제**란 거부처분취소판결이나 부작위위법확인판결이 확정되었음에도 행정청이 거부처분의 취소판결의 취지에 따라 **재처분을 하지 않는 경우** 판결의 실효성 확보를 위해 법원이 행정청에게 일정한 **배상을 명하는 제도**를 말한다(행정소송법 제34조 1항).

문제로 익히는 핵심이론

임시처분이란 처분 또는 부작위가 위법·부당하다고 상당히 의심되는 경우로서 처분 또는 부작위 때문에 당사자가 받을 우려가 있는 중대한 불이익이나 당사자에게 생길 급박한 위험을 막기 위하여 임시지위를 정해야 할 필요가 있는 경우 행정심판위원회가 발할 수 있는 **잠정적, 임시적 구제수단**이다. 이는 거부처분이나 부작위에 대한 잠정적 권리구제의 제도적 공백상태를 입법적으로 해소하고 청구인의 권리를 두텁게 보호하려는 데 취지가 있다. 행정쟁송에서의 가구제는 본안청구의 범위 내에서만 인정되는 것으로 보아야 하므로 의무이행심판청구가 계속 중이어야 하고 공공복리에 중대한 영향을 미칠 우려가 없어야 한다. 또한 임시처분은 집행정지와의 관계에서 보충적 구제제도이므로 **집행정지로 목적을 달성할 수 없을 경우에만 가능하다.**

정답 ④

668

난이도 Self Check | 상 ○ 중 ○ 하 ○

행정소송법상 행정소송의 종류로 옳지 **않은** 것을 모두 고르면?

㉠ 항고소송	㉡ 취소소송
㉢ 당사자소송	㉣ 부작위위법확인소송
㉤ 기관소송	㉥ 의무이행소송

① ㉥
② ㉠, ㉡
③ ㉢, ㉣
④ ㉢, ㉤
⑤ ㉣, ㉥

문제로 익히는 핵심이론

행정소송이란 행정법상의 법률관계에 대한 분쟁으로 권리를 침해받은 자가 소를 제기한 경우 **법원이 이를 심리·판단하는 재판절차**를 말한다. 법원이 심판한다는 점에서 행정기관이 심판하는 행정심판과 구별된다. 행정소송법 제1조는 "이 법은 행정소송절차를 통하여 행정청의 위법한 처분 그 밖에 공권력의 행사·불행사 등으로 인한 국민의 권리 또는 이익의 침해를 구제하고, 공법상의 권리관계 또는 법적용에 관한 다툼을 적정하게 해결함을 목적으로 한다."고 규정하고 있다. 즉 행정소송의 중요한 두 기능은 '국민의 권리구제'와 '행정통제'인데 그중 중심적인 것은 권리구제기능에 있다.

행정소송도 정식재판이라는 점에서 여타의 소송들과 다르지 않다. 따라서 행정소송법 제8조 제2항은 "행정소송에 관하여 이 법에 특별한 규정이 없는 사항에 대하여는 법원조직법과 민사소송법 및 민사집행법의 규정을 준용한다."고 규정하고 있다. 다만 행정소송은 그 대상이 주로 행정청의 위법한 공권력 행사라는 점에서 민사소송과는 부분적으로 달리 취급할 필요가 있다. 예컨대 행정소송법은 직권심리와 사정판결 등을 두고 있다.

정답 ①

해설

㉥ (×) **의무이행소송**은 행정소송법 제4조의 항고소송의 세 유형에 포함되어 있지 않다. 의무이행소송이란 행정청이 위법한 거부처분을 행하거나, 당사자의 신청에 대하여 상당한 기간 내에 일정한 처분을 하여야 할 법률상 의무가 있음에도 불구하고 이를 하지 아니하는 경우에 행정청에 대하여 일정한 처분을 하도록 하는 판결을 구하는 소송을 말한다. **판례는 의무이행소송을 일체 인정하지 않는다.**

행정소송법 제3조(행정소송의 종류) 행정소송은 다음의 네가지로 구분한다.
1. **항고소송**: 행정청의 처분등이나 부작위에 대하여 제기하는 소송
2. **당사자소송**: 행정청의 처분등을 원인으로 하는 법률관계에 관한 소송 그 밖에 공법상의 법률관계에 관한 소송으로서 그 법률관계의 한쪽 당사자를 피고로 하는 소송
3. **민중소송**: 국가 또는 공공단체의 기관이 법률에 위반되는 행위를 한 때에 직접 자기의 법률상 이익과 관계없이 그 시정을 구하기 위하여 제기하는 소송
4. **기관소송**: 국가 또는 공공단체의 기관상호 간에 있어서의 권한의 존부 또는 그 행사에 관한 다툼이 있을 때에 이에 대하여 제기하는 소송. 다만, 헌법재판소법 제2조의 규정에 의하여 헌법재판소의 관장사항으로 되는 소송은 제외한다.

행정소송법 제4조(항고소송) 항고소송은 다음과 같이 구분한다.
1. **취소소송**: 행정청의 위법한 처분등을 취소 또는 변경하는 소송
2. **무효등 확인소송**: 행정청의 처분등의 효력 유무 또는 존재여부를 확인하는 소송
3. **부작위위법확인소송**: 행정청의 부작위가 위법하다는 것을 확인하는 소송

669

난이도 Self Check | 상 ◯ 중 ◯ 하 ◯

행정소송법상 취소소송의 소송요건에 관한 설명으로 옳지 않은 것은?

① 취소소송의 대상은 처분과 재결이다.
② 취소소송의 원고적격은 처분 등의 취소를 구할 법률상 이익이 있는 자이다
③ 취소소송의 피고적격은 처분의 효과가 귀속되는 행정주체이다.
④ 취소소송의 제기기간은 원칙적으로 처분 등이 있음을 안 날부터 90일 이내에, 처분 등이 있은 날부터 1년 내에 행사하여야 한다.
⑤ 취소소송을 제기하는 사람은 원칙적으로 반드시 행정심판을 거쳐야 하는 것은 아니다.

해설

제13조(피고적격) ① 취소소송은 다른 법률에 특별한 규정이 없는 한 그 **처분 등을 행한 행정청**을 피고로 한다.

오답풀이

① (◯) 제19조(취소소송의 대상) 취소소송은 처분 등을 대상으로 한다. 다만, 재결취소소송의 경우에는 재결 자체에 고유한 위법이 있음을 이유로 하는 경우에 한한다. 제2조(정의) ① 이 법에서 사용하는 용어의 정의는 다음과 같다. 1. **"처분 등"**이란 행정청이 행하는 구체적 사실에 관한 법집행으로서의 공권력의 행사 또는 그 거부와 그 밖에 이에 준하는 행정작용(이하 **"처분"**이라 한다) 및 행정심판에 대한 **재결**을 말한다.

② (◯) 제12조(원고적격) 취소소송은 **처분 등의 취소를 구할 법률상 이익이 있는 자**가 제기할 수 있다.

④ (◯) 제20조(제소기간) ① 취소소송은 **처분 등이 있음을 안 날부터 90일** 이내에 제기하여야 한다. 다만, 제18조제1항 단서에 규정한 경우와 그 밖에 행정심판청구를 할 수 있는 경우 또는 행정청이 행정심판청구를 할 수 있다고 잘못 알린 경우에 행정심판청구가 있은 때의 기간은 재결서의 정본을 송달받은 날부터 기산한다. ② 취소소송은 **처분 등이 있은 날부터 1년**(제1항 단서의 경우는 재결이 있은 날부터 1년)을 경과하면 이를 제기하지 못한다. 다만, 정당한 사유가 있는 때에는 그러하지 아니하다.

⑤ (◯) 제18조(행정심판과의 관계) ① 취소소송은 법령의 규정에 의하여 당해 처분에 대한 행정심판을 제기할 수 있는 경우에도 이를 거치지 아니하고 제기할 수 있다(**임의적 행정심판 전치 원칙**). 다만, 다른 법률에 당해 처분에 대한 행정심판의 재결을 거치지 아니하면 취소소송을 제기할 수 없다는 규정이 있는 때에는 그러하지 아니하다(**필요적 행정심판 전치**).

문제로 익히는 핵심이론

소송요건이란 본안심리를 하기 위하여 갖추어야 할 요건을 말한다. 소송요건이 충족된 소송을 적법한 소송이라 하고 이 경우 법원은 본안심리로 넘어간다. 소송요건이 결여된 소송을 부적법한 소송이라 하고 이 경우 법원은 각하판결을 하게 된다. 따라서 소송요건을 본안심판요건 또는 소의 적법요건이라 한다. 행정소송의 대표적인 유형인 **항고소송 중 취소소송**에 대한 소송요건을 살펴본다.

- **취소소송의 대상**에 대해 행정소송법 제19조 본문은 "취소소송은 **처분 등**을 대상으로 한다."고 규정하고 있으며, 동법 제2조 제1항 제1호는 취소소송의 대상인 '**처분 등**'을 처분인 행정청이 행하는 구체적 사실에 관한 법집행으로서의 공권력의 행사 또는 그 거부와 그 밖에 이에 준하는 행정작용 및 행정심판에 대한 **재결**이라고 정의하고 있다.

- **취소소송에서 원고적격**은 구체적인 행정처분에 대하여 누가 원고로서 취소소송 등 항고소송을 제기하여 본안판결을 받을 자격이 있느냐에 관한 문제이다. 행정소송법 제12조 전단은 "취소소송은 처분 등의 취소를 구할 법률상 이익이 있는 자가 제기할 수 있다."고 규정하고 있다. 원고적격이 있는 자가 되려면 자신의 법적 이익이 침해되었어야 한다.

- **협의의 소의 이익(권리보호의 필요)**이란 원고가 소송상 청구에 대하여 본안판결을 구하는 것을 정당화시킬 수 있는 현실적 이익 내지 필요성을 말한다. '이익 없으면 소 없다'라는 말에서 보듯이 소의 이익은 소송에 내재하는 소송요건이다.

- **취소소송의 피고적격**을 행정소송법은 행정주체로 하지 않고 '처분 등을 행한 행정청'으로 하고 있는데 이는 처분을 실제로 한 행정청을 피고로 하는 것이 효율적이고, 행정통제기능을 달성하는 데 보다 효율적이기 때문이다.

- **취소소송의 제기기간**은 ㉠ 행정심판을 거친 경우에는 재결서의 정본을 송달받은 날부터 90일 내에 제기하여야 한다. 한편 재결서 정본을 송달받지 못한 경우에는 재결이 있은 날부터 1년이 경과하면 취소소송을 제기하지 못한다. 다만 정당한 사유가 있는 때에는 그러하지 아니하다. ㉡ 행정심판을 거치지 않고 직접 취소소송을 제기하는 경우에는 처분 등이 있음을 안 날부터 90일 내에 제기하여야 하고, 처분 등이 있은 날부터 1년을 경과하면 이를 제기하지 못한다. 다만 정당한 사유가 있는 때에는 그러하지 아니하다.

- **행정심판은 원칙적 임의적인 절차에 불과**하다. 행정심판전치란 사인이 행정소송의 제기에 앞서 행정청에 대해 먼저 행정심판을 제기하여 처분의 시정을 구하는 것을 말한다. 다만 예외적으로 다른 법률에 당해 처분에 대한 행정심판의 재결을 거치지 않으면 취소소송을 제기할 수 없다는 규정이 있으면 반드시 행정심판의 재결을 거쳐야 한다. 예컨대 국세기본법상 국세처분, 국가공무원법상 공무원 의사에 반하는 불이익처분에 대한 소청심사청구, 도로교통법상 처분에 대하여 **필요적 행정심판전치주의**를 채택하고 있다.

정답 ③

670

취소소송의 인용판결이 확정되면 행정청에 대하여 판결의 취지에 따라 행동하도록 당사자인 행정청과 그 밖의 관계행정청을 구속하는 '이 효력'이 발생한다. '이 효력' 적절한 것은?

① 기판력
② 기속력
③ 형성력
④ 공정력
⑤ 확정력

해설

기속력은 처분 등을 취소하는 확정판결이 당사자인 행정청과 관계행정청에 대하여 판결의 취지에 따라야 할 실체법상의 의무를 발생시키는 효력을 말한다.

오답풀이

① (×) **기판력**이란 일단 판결이 확정된 때에는 그 후의 소송의 재판에서 동일한 사항에 대하여 앞의 판결의 내용과 모순되는 당사자의 주장이나 법원의 판단을 할 수 없는 효력을 말한다.

③ (×) **형성력**이란 취소판결과 같이 형성판결이 확정되면 행정청에 의한 특별한 의사표시 내지 절차 없이 당연히 행정법상 법률관계의 발생·변경·소멸을 가져오는 효력을 말한다.

④ (×) **공정력**이란 일단 행정행위가 행해지면 비록 행정행위에 흠(위법 또는 부당)이 있더라도 그 흠이 중대하고 명백하여 무효로 되는 경우를 제외하고는 권한 있는 기관(취소권 있는 행정청 또는 법원)에 의해 취소되기 전까지는 상대방 및 이해관계인뿐만 아니라 다른 행정청 및 법원에 대하여 일단 유효한 것으로 통용되는 힘을 말한다. 법적안정성이 그 근거이다. 행정행위가 무효 또는 부존재인 경우에는 공정력이 인정되지 않는다.

⑤ (×) **확정력**이란 흠 있는 행정행위라도 일정한 경우(불복제기 기간의 경과 등)에 더 이상 행정행위를 취소할 수 없는 효력을 말한다. 행정행위가 일단 행해진 경우에는 그 행정행위에 기초하여 법률관계가 계속 형성되므로 그 행정행위의 효력을 가능한 한 존속시키는 것이 법적 안정을 위해 필요하다.

문제로 익히는 핵심이론

확정된 취소판결의 효력에는 형성력, 기속력 및 기판력이 있는데, 형성력과 기속력은 인용판결에 인정되는 효력이고, 기판력은 인용판결과 기각판결 모두에 인정되는 효력이다.

① **형성력**이란 취소판결과 같이 형성판결이 확정되면 행정청에 의한 특별한 의사표시 내지 절차 없이 당연히 행정법상 법률관계의 발생·변경·소멸을 가져오는 효력을 말한다. 예컨대 갑이 경쟁자인 을에게 발급된 여객자동차 운수사업면허처분에 대해 취소소송을 제기하여 취소판결이 확정되면 특별한 절차 없이 을에게 발령된 사업면허처분은 소멸한다.

② **기속력**은 처분 등을 취소하는 확정판결이 당사자인 행정청과 관계행정청에 대하여 판결의 취지에 따라야 할 실체법상의 의무를 발생시키는 효력을 말한다. 행정소송법은 제30조 제1항에서 '처분 등을 취소하는 확정판결은 그 사건에 관하여 당사자인 행정청과 그 밖의 관계행정청을 기속한다.'고 규정하고 있다. **기속력의 내용에는 반복금지효, 재처분의무 및 결과제거의무가 있다.** ㉠ **반복금지효**란 처분이 위법하다는 이유로 취소판결이 확정되면 처분청 및 관계행정청은 취소된 처분에서 행한 과오와 동일한 과오를 반복해서는 안 되는 구속을 받는 것을 말한다. ㉡ **재처분의무**란 행정청이 판결의 취지에 따라 신청에 대한 처분을 해야 할 의무를 말한다. ㉢ **결과제거의무**란 취소판결이 확정되면 행정청은 취소된 처분에 의해 초래된 위법상태를 제거하여 원상회복할 의무를 말한다.

③ **기판력**은 일단 재판이 확정된 때에는 소송 당사자는 동일한 소송물에 대하여는 다시 소를 제기할 수 없고 설령 제기되어도 법원은 일사부재리 원칙에 따라 확정판결과 내용적으로 모순되는 판단을 하지 못하는 효력을 말한다.

정답 ②

671

다음 사례를 통해 설명하고 있는 개념으로 적절한 것은?

> 댐 건설을 위한 하천점용허가처분에 대하여 어업권자로부터 취소소송이 제기된 경우에 심리결과 당해 처분이 어업권을 침해하는 위법한 것인 때에는 원칙상 원고의 청구를 인용해야 하지만, 이미 거대한 댐 건설이 완공되어 댐을 철거하는 것이 현저히 공공복리에 적합하지 않다고 판단한 경우 처분이 위법함에도 법원은 청구를 기각하는 판결을 할 수 있다.

① 사정판결
② 기각판결
③ 중간판결
④ 형성판결
⑤ 각하판결

문제로 익히는 핵심이론

행정소송법 제28조(사정판결) ① 원고의 청구가 이유 있다고 인정하는 경우에도 처분 등을 취소하는 것이 현저히 공공복리에 적합하지 아니하다고 인정하는 때에는 법원은 원고의 청구를 기각할 수 있다. 이 경우 법원은 그 판결의 주문에서 그 처분 등이 위법함을 명시하여야 한다.

사정판결은 기각판결의 일종으로 인정근거는 위법한 처분에 수반하여 형성되는 법률관계·사실관계 등 기성사실을 존중할 필요가 있기 때문이다. 당사자의 주장이 없어도 사정판결이 가능한지에 대해 판례는 당사자의 주장이 없더라도 직권으로 사정판결을 할 수 있다고 한다. 행정소송법상 사정판결은 취소소송에서만 인정되고, 무효등확인소송과 부작위위법확인소송에는 준용하고 있지 않다. 사정판결이 무효등확인소송에도 인정될 수 있는지에 대해 견해가 대립하는데 판례는 처분이 무효인 경우에는 사정판결로 유지될 처분의 효력이 존재하지 않는다는 이유로 부정한다.

정답 ①

해설

사정판결이란 취소소송에 있어 본안심리 결과, 원고의 청구가 이유 있다고 인정하는 경우 즉 처분이 위법한 것으로 인정되는 경우에도 공공복리를 위하여 원고의 청구를 기각하는 판결을 말한다.

오답풀이

② (×) **기각판결**에는 **통상의 기각판결**과 **사정판결**이 있다. **통상의 기각판결**은 원고의 청구가 이유 없어 이를 배척하는 판결을 말한다. 그러나 예외적으로 원고의 청구가 이유는 있지만 공익적인 사정에 의해 원고의 청구를 배척하는 판결을 하는 경우도 있는데 이러한 기각판결을 **사정판결**이라 한다.

③ (×) **중간판결**이란 종국판결에 앞서 소송진행 중 당사자 간의 중간쟁점을 미리 정리·판단하여 종국판결을 쉽게 하고 이를 준비하는 판결을 말한다. 예컨대 청구의 원인과 액수에 대하여 다툼이 있는 경우에 그 원인에 대하여 중간판결을 할 수 있다.

④ (×) **형성판결**이란 일정한 법률관계를 형성·변경·소멸시키는 것을 내용으로 하는 판결을 말한다. 예컨대 취소소송에서 인용판결(취소판결)이 이에 해당한다.

⑤ (×) **각하판결**이란 소송요건의 불비를 이유로 심리를 거부하는 판결을 말한다.

672

난이도 Self Check | 상 ○ 중 ○ 하 ○

현행 공무원법상 징계의 종류로 옳지 않은 것은?

① 강등
② 정직
③ 감봉
④ 견책
⑤ 직위해제

> **문제로 익히는 핵심이론**
>
> **징계**란 공무원의 의무위반 또는 비행이 있는 경우에 공무원관계의 질서를 유지하기 위하여 과하여지는 제재를 의미한다.
> **징계의 종류**는 법률에 따라 상이하나, **국가공무원법**은 일반직공무원에 대한 징계로 **파면·해임·강등·정직·감봉·견책의 6가지를 규정**하고 있다(동법 제79조). 한편 실무상 행해지는 불문경고조치는 법률상의 징계처분은 아니다.
>
> - **파면과 해임** – 공무원의 신분을 박탈하는 점에서 공통된다. 파면은 퇴직급여 및 퇴직수당의 일부를 줄여 지급하나, 해임은 금품 및 향응 수수, 공금의 횡령·유용으로 징계에 의하여 해임된 경우에만 퇴직급여 및 퇴직수당의 일부를 줄여 지급된다(공무원연금법 제65조). 징계로 파면처분을 받은 때부터 5년, 해임처분을 받은 때부터 3년이 지나지 아니한 자는 공무원에 임용될 수 없다(동법 제33조).
> - **강등** – 1계급 아래로 직급을 내리고(고위공무원단에 속하는 공무원은 3급으로 임용하고, 연구관 및 지도관은 연구사 및 지도사로 한다) 공무원신분은 보유하나 3개월간 직무에 종사하지 못하며 그 기간 중 보수는 전액을 감한다(동법 제80조 제1항).
> - **정직** – 1개월 이상 3개월 이하의 기간으로 하고, 정직 처분을 받은 자는 그 기간 중 공무원의 신분은 보유하나 직무에 종사하지 못하며 보수는 전액을 감한다(동법 제80조 제3항).
> - **감봉** – 1개월 이상 3개월 이하의 기간 동안 보수의 3분의 1을 감한다(동법 제80조 제4항).
> - **견책** – 전과에 대하여 훈계하고 회개하게 한다(동법 제80조 제5항).
>
> 정답 ⑤

해설

직위해제란 직무수행 능력이 부족 또는 근무성적이 극히 나쁘거나 형사사건으로 기소되는 등 공무원 본인에게 직위를 계속 보유하게 할 수 없는 일정한 귀책사유가 있어서 그 공무원에게 공무원 신분은 보유하게 하면서 직무를 잠정적으로 박탈하는 것을 말한다(동법 제73조의3 1항). 직위해제는 휴직과 달리 본인에게 귀책사유가 있을 때에 행하는 것이므로 제재적인 성격을 갖지만, **징계는 아니다.**

> 제79조(징계의 종류) 징계는 파면·해임 등으로 구분한다.

오답풀이

① (○) **강등**은 1계급 아래로 직급을 내리고(고위공무원단에 속하는 공무원은 3급으로 임용하고, 연구관 및 지도관은 연구사 및 지도사로 한다) 공무원신분은 보유하나 3개월간 직무에 종사하지 못하며 그 기간 중 보수는 전액을 감한다(국가공무원법 제80조 1항).
② (○) **정직**은 1개월 이상 3개월 이하의 기간으로 하고, 정직 처분을 받은 자는 그 기간 중 공무원의 신분은 보유하나 직무에 종사하지 못하며 보수는 전액을 감한다(동법 제80조 3항).
③ (○) **감봉**은 1개월 이상 3개월 이하의 기간 동안 보수의 3분의 1을 감한다(동법 제80조 4항).
④ (○) **견책**은 전과에 대하여 훈계하고 회개하게 한다(동법 제80조 5항).

CHAPTER 09 사회법 기출예상문제

673
난이도 Self Check | 상 ○ 중 ○ 하 ○

사회법에 해당하는 것은?

① 헌법
② 민법
③ 상법
④ 사회보장법
⑤ 사회보호법

문제로 익히는 핵심이론

법은 규율하는 생활영역에 따라 크게 공법, 사법, 사회법으로 나누어진다.
- **공법**은 개인과 국가 간의 관계를 규율하는 법이다. 공법에는 국민의 기본권과 국가의 통치질서를 규율하는 법인 **헌법**, 범죄의 성립요건과 범죄에 대한 법률효과인 형벌을 규정한 **형법**, 재판의 절차를 정해 놓은 **소송법**, 행정의 조직, 작용, 구제에 관한 내용을 규율한 **행정법**이 있다.
- **사법**은 개인과 개인 간의 사적인 생활관계를 규율하는 법이다. 사법에는 재산관계와 가족관계를 정해 놓은 **민법**과 기업의 경제생활관계를 정해 놓은 **상법**이 있다.
- **사회법**은 자유주의, 자본주의 발전에 따라 발생한 여러 사회문제를 해결하기 위해 등장한 법이다. 사회법은 공법과 사법이 혼합된 형태이며, 국가가 개인생활에 개입하여 권리, 의무관계를 정해 놓은 법이다. 사회법에는 자본주의 사회에서 근로자가 인간다운 생활을 할 수 있도록 노동관계를 규율하는 **노동법**, 국가가 국민의 인간다운 생활을 할 권리를 구체적 직접적으로 보장하고 구현하기 위해 실시하는 법인 **사회보장법**, 경제활동에서 생기는 모순과 폐해를 정책적으로 조정하고 통제하기 위한 **경제법**이 있다.

정답 ④

해설

사회보장법이란 국가가 국민의 인간다운 생활을 할 권리를 구체적 직접적으로 보장하고 구현하기 위해 실시하는 법규정의 총체로서 사회법에 해당한다.

오답풀이
① (×) **헌법**은 국민의 기본권과 국가의 통치질서를 규율하는 최고의 기본법이다.
② (×) **민법**은 개인과 개인 사이의 법률관계(권리, 의무관계)를 규율하는 일반사법이다.
③ (×) **상법**이란 상사관계(기업의 경제활동과 관련된 법률관계)를 규율하는 특별사법이다.
⑤ (×) **사회보호법**은 죄를 범한 자로서 재범의 위험성이 있고 특수한 교육·개선 및 치료가 필요하다고 인정되는 자에 대하여 보호처분을 함으로써 사회복귀를 촉진하고 사회를 보호함을 목적으로 하는 법이다.

674

난이도 Self Check | 상 ○ 중 ○ 하 ○

사회보장기본법에 관한 설명으로 옳은 것은?

① 사회보장제도는 오로지 대한민국 국민만을 위한 제도이므로 국내에 거주하는 외국인은 사회보장제도의 혜택을 받을 수 없다.
② 사회보장수급권은 관계 법령에서 정하는 바에 따라 다른 사람에게 양도하거나 담보로 제공할 수 있다.
③ 사회보장수급권은 정당한 권한이 있는 기관에 서면으로 통지하여 포기할 수 있다.
④ 사회보장에 관한 주요 시책을 심의·조정하기 위하여 보건복지부장관 소속으로 사회보장위원회를 둔다.
⑤ 사회보험에 드는 비용은 국가가 부담하는 것을 원칙으로 하되, 관계 법령에서 정하는 바에 따라 사용자, 피용자 및 자영업자가 그 비용의 일부를 부담할 수 있다.

> **문제로 익히는 핵심이론**
>
> 국가와 지방자치단체는 모든 국민의 인간다운 생활을 유지·증진하는 책임을 가지며 사회보장에 관한 책임과 역할을 합리적으로 분담하여야 한다. 모든 국민은 자신의 능력을 최대한 발휘하여 자립·자활할 수 있도록 노력하여야 하며, 관계 법령에서 정하는 바에 따라 사회보장급여에 필요한 비용의 부담, 정보의 제공 등 국가의 사회보장정책에 협력하여야 한다. 국내에 거주하는 외국인에게 사회보장제도를 적용할 때에는 상호주의의 원칙에 따르되, 관계 법령에서 정하는 바에 따른다. 사회보장수급권은 관계 법령에서 정하는 바에 따라 다른 사람에게 양도하거나 담보로 제공할 수 없으며, 이를 압류할 수 없고 또한 제한되거나 정지될 수 없다. 사회보장수급권은 정당한 권한이 있는 기관에 서면으로 통지하여 포기할 수 있고 그 포기는 취소할 수 있다. 보건복지부장관은 관계 중앙행정기관의 장과 협의하여 사회보장 증진을 위하여 사회보장에 관한 기본계획을 5년마다 수립하여야 한다. 사회보장에 관한 주요 시책을 심의·조정하기 위하여 국무총리 소속으로 사회보장위원회를 둔다. 위원장은 국무총리가 되고 부위원장은 기획재정부장관, 교육부장관 및 보건복지부장관이 된다.

정답 ③

해설

제14조(사회보장수급권의 포기) ① 사회보장수급권은 정당한 권한이 있는 기관에 서면으로 통지하여 **포기할 수 있다.** ② 사회보장수급권의 포기는 취소할 수 있다.

오답풀이

① (×) 제8조(외국인에 대한 적용) 국내에 거주하는 **외국인에게 사회보장제도를 적용할 때에는 상호주의의 원칙**에 따르되, 관계 법령에서 정하는 바에 따른다.
② (×) 제12조(사회보장수급권의 보호) 사회보장수급권은 관계 법령에서 정하는 바에 따라 다른 사람에게 **양도하거나 담보로 제공할 수 없으며,** 이를 압류할 수 없다.
④ (×) 제20조(사회보장위원회) ① 사회보장에 관한 주요 시책을 심의·조정하기 위하여 **국무총리** 소속으로 사회보장위원회를 둔다.
⑤ (×) 제28조(비용의 부담) ② 사회보험에 드는 비용은 **사용자, 피용자 및 자영업자가 부담하는 것을 원칙**으로 하되, 관계 법령에서 정하는 바에 따라 **국가가 그 비용의 일부를 부담할 수 있다.**

675

난이도 Self Check | 상 ○ 중 ○ 하 ○

국민연금법상 급여의 종류로 옳지 <u>않은</u> 것은?

① 노령연금　② 장애연금
③ 고용연금　④ 유족연금
⑤ 반환일시금

해설

고용연금은 국민연금법상 급여의 종류에 해당하지 않는다.

> **국민연금법 제49조(급여의 종류)** 이 법에 따른 급여의 종류는 다음과 같다
> 1. 노령연금　2. 장애연금　3. 유족연금　4. 반환일시금

문제로 익히는 핵심이론

제61조(노령연금 수급권자) ① 가입기간이 10년 이상인 가입자 또는 가입자였던 자에 대하여는 60세(특수직종근로자는 55세)가 된 때부터 그가 생존하는 동안 노령연금을 지급한다. ② 가입기간이 10년 이상인 가입자 또는 가입자였던 자로서 55세 이상인 자가 대통령령으로 정하는 소득이 있는 업무에 종사하지 아니하는 경우 본인이 희망하면 제1항에도 불구하고 60세가 되기 전이라도 본인이 청구한 때부터 그가 생존하는 동안 일정한 금액의 연금(조기노령연금)을 받을 수 있다.

제67조(장애연금의 수급권자) ① 가입자 또는 가입자였던 자가 질병이나 부상으로 신체상 또는 정신상의 장애가 있고 다음 각 호의 요건을 모두 충족하는 경우에는 장애 정도를 결정하는 기준이 되는 날(장애결정 기준일)부터 그 장애가 계속되는 기간 동안 장애 정도에 따라 장애연금을 지급한다.

제72조(유족연금의 수급권자) ① 다음 각 호의 어느 하나에 해당하는 사람이 사망하면 그 유족에게 유족연금을 지급한다.
1. 노령연금 수급권자
2. 가입기간이 10년 이상인 가입자 또는 가입자였던 자
3. 연금보험료를 낸 기간이 가입대상기간의 3분의 1 이상인 가입자 또는 가입자였던 자
4. 사망일 5년 전부터 사망일까지의 기간 중 연금보험료를 낸 기간이 3년 이상인 가입자 또는 가입자였던 자. 다만, 가입대상기간 중 체납기간이 3년 이상인 사람은 제외한다.
5. 장애등급이 2급 이상인 장애연금 수급권자

제77조(반환일시금) ① 가입자 또는 가입자였던 자가 다음 각 호의 어느 하나에 해당하게 되면 본인이나 그 유족의 청구에 의하여 반환일시금을 지급받을 수 있다.
1. 가입기간이 10년 미만인 자가 60세가 된 때
2. 가입자 또는 가입자였던 자가 사망한 때. 다만, 제72조에 따라 유족연금이 지급되는 경우에는 그러하지 아니하다.
3. 국적을 상실하거나 국외로 이주한 때

정답 ③

676

난이도 Self Check | 상 ◯ 중 ◯ 하 ◯

국민연금법에 관한 설명으로 옳은 것은?

① 국내에 거주하는 국민으로서 20세 이상 60세 미만인 자는 국민연금 가입 대상이 된다.
② 부담금이란 사업장가입자의 근로자가 부담하는 금액을 말한다.
③ 이 법을 적용할 때 배우자, 남편 또는 아내에는 사실상의 혼인관계에 있는 자는 제외된다.
④ 가입자 또는 가입자였던 자가 고의나 중대한 과실로 질병·부상 또는 그 원인이 되는 사고를 일으켜 그로 인하여 장애를 입은 경우에는 그 장애를 지급 사유로 하는 장애연금을 지급하지 아니할 수 있다.
⑤ 연금보험료란 국민연금사업에 필요한 비용으로서 사업장가입자의 경우에는 부담금 및 기여금의 합계액을, 지역가입자·임의가입자 및 임의계속가입자의 경우에는 본인이 내는 금액을 말한다.

해설

제3조(정의 등) ① 이 법에서 사용하는 용어의 뜻은 다음과 같다.
10. **"연금보험료"**란 국민연금사업에 필요한 비용으로서 사업장가입자의 경우에는 **부담금 및 기여금의 합계액**을, 지역가입자·임의가입자 및 임의계속가입자의 경우에는 **본인이 내는 금액**을 말한다.

오답풀이
① (×) 제6조(가입 대상) 국내에 거주하는 국민으로서 **18세 이상 60세 미만인 자**는 국민연금 가입 대상이 된다. 다만, 「공무원연금법」, 「군인연금법」, 「사립학교교직원 연금법」 및 「별정우체국법」을 적용받는 공무원, 군인, 교직원 및 별정우체국 직원, 그 밖에 대통령령으로 정하는 자는 제외한다.
② (×) 제3조(정의 등) ① 이 법에서 사용하는 용어의 뜻은 다음과 같다.
11. **"부담금"**이란 사업장가입자의 **사용자가 부담**하는 금액을 말한다.
12. "기여금"이란 사업장가입자가 부담하는 금액을 말한다.
③ (×) 제3조(1정의 등) ② 이 법을 적용할 때 배우자, 남편 또는 아내에는 **사실상의 혼인관계에 있는 자를 포함한다.**
④ (×) 제82조(급여의 제한) ① 가입자 또는 가입자였던 자가 **고의로** 질병·부상 또는 그 원인이 되는 사고를 일으켜 그로 인하여 장애를 입은 경우에는 그 장애를 지급 사유로 하는 장애연금을 지급하지 아니할 수 있다. ※ 고의만이고 중대한 과실은 제외된다.

문제로 익히는 핵심이론

국민연금법은 국민의 노령, 장애 또는 사망에 대하여 연금급여를 실시함으로써 국민의 생활 안정과 복지 증진에 이바지하는 것을 목적으로 하며 국민연금사업은 **보건복지부장관**이 맡아 주관한다.
본 법에서 **근로자**란 직업의 종류가 무엇이든 사업장에서 노무를 제공하고 그 대가로 임금을 받아 생활하는 자(법인의 이사와 그 밖의 임원을 포함한다)를 말하며, **사용자**란 해당 근로자가 소속되어 있는 사업장의 사업주를 말한다. 이 법을 적용할 때 배우자, 남편 또는 아내에는 사실상의 혼인관계에 있는 자를 포함한다. 국민연금 가입 대상자는 국내에 거주하는 국민으로서 **18세 이상 60세 미만인 자**이고, **가입자는 사업장가입자, 지역가입자, 임의가입자 및 임의계속가입자로 구분**한다. 보건복지부장관의 위탁을 받아 국민연금법의 목적을 달성하기 위한 사업을 효율적으로 수행하기 위하여 법인인 국민연금공단을 설립하며, 공단 이사장은 보건복지부장관의 제청으로 대통령이 임면한다.
국민연금공단은 국민연금사업에 드는 비용에 충당하기 위하여 가입자와 사용자에게 가입기간 동안 매월 **연금보험료를 부과하고, 건강보험공단이 이를 징수**한다.
가입자 또는 가입자였던 자가 **고의로** 질병·부상 또는 그 원인이 되는 사고를 일으켜 그로 인하여 장애를 입은 경우에는 그 장애를 지급 사유로 하는 장애연금을 지급하지 아니할 수 있다. 한편 가입자 또는 가입자였던 자가 **고의나 중대한 과실**로 요양 지시에 따르지 아니하거나 정당한 사유 없이 요양 지시에 따르지 아니하여 일정한 경우에 해당하게 되면 대통령령으로 정하는 바에 따라 이를 원인으로 하는 급여의 전부 또는 일부를 지급하지 아니할 수 있다.
보건복지부장관은 국민연금사업에 필요한 재원을 원활하게 확보하고, 이 법에 따른 급여에 충당하기 위한 책임준비금으로서 **국민연금기금**을 설치하며, 기금의 재원은 연금보험료, 기금 운용 수익금, 적립금, 공단의 수입지출 결산상의 잉여금으로 조성한다.

정답 ⑤

677

근로기준법상 용어에 관한 설명으로 옳지 <u>않은</u> 것은?

① "근로자"란 직업의 종류를 불문하고 임금·급료 기타 이에 준하는 수입에 의하여 생활하는 자를 말한다.
② "사용자"란 사업주 또는 사업 경영 담당자, 그 밖에 근로자에 관한 사항에 대하여 사업주를 위하여 행위하는 자를 말한다.
③ "1주"란 휴일을 포함한 7일을 말한다.
④ "평균임금"이란 이를 산정하여야 할 사유가 발생한 날 이전 3개월 동안에 그 근로자에게 지급된 임금의 총액을 그 기간의 총일수로 나눈 금액을 말한다.
⑤ "임금"이란 사용자가 근로의 대가로 근로자에게 임금, 봉급, 그 밖에 어떠한 명칭으로든지 지급하는 모든 금품을 말한다.

문제로 익히는 핵심이론

노동조합법상 근로자의 정의는 근로기준법상 근로자와 차이가 있다. 즉 ㉠ 노동조합법상 근로자는 사용자에게 현재 '사용'되고 있을 것을 요구하지 않고, ㉡ 보수를 '임금'에 국한하지 않으며 그에 준하는 수입에 의해 생활하는 자도 근로자에 포함한다. 이러한 차이는 입법목적이 다르기 때문이다. **'근로기준법'**은 현실적으로 근로를 제공하는 자에 대하여 국가의 관리·감독에 의한 직업적인 보호의 필요성이 있는가라는 관점에서 **개별적 노사관계를 규율할 목적**으로 제정된 것인 반면에, **'노동조합법'**은 노무공급자들 사이의 단결권 등을 보장해 줄 필요성이 있는가라는 관점에서 **집단적 노사관계를 규율할 목적**으로 제정된 것으로 양자는 그 입법목적에 따라 근로자의 개념을 상이하게 정의하고 있다. 그리고 대법원은 근로기준법과 노동조합법의 입법차이를 지적하면서 **노동조합법상 근로자**는 근로기준법상 근로자와 달리 **'노동기본권의 주체'**에 해당하여야 함을 강조한다. 따라서 노동조합법은 노동3권을 보장하기 위해 제정된 것으로, 노동조합법의 적용을 받기 위해서 반드시 사업 또는 사업장에 고용되어 있어야 할 필요는 없다.

정답 ①

해설

주어진 내용은 '**노동조합법**'상 근로자의 개념이다. <u>근로자의 개념은 근로기준법상 근로자와 노동조합법상 근로자가 서로 다르다.</u>
※ **노동조합 및 노동관계조정법 (약칭: 노동조합법)** 제2조(정의) 이 법에서 사용하는 용어의 정의는 다음과 같다.
1. "**근로자**"란 직업의 종류를 불문하고 임금·급료 기타 이에 준하는 수입에 의하여 생활하는 자를 말한다.
※ **근로기준법** 제2조(정의) ① 이 법에서 사용하는 용어의 뜻은 다음과 같다.
   1. "**근로자**"란 직업의 종류와 관계없이 임금을 목적으로 사업이나 사업장에 근로를 제공하는 사람을 말한다.

오답풀이
② (○) 근로기준법 제2조(정의) ① 2. "**사용자**"란 <u>사업주 또는 사업 경영 담당자</u>, 그 밖에 근로자에 관한 사항에 대하여 <u>사업주를 위하여 행위하는 자</u>를 말한다.
③ (○) 근로기준법 제2조(정의) ① 7. "**1주**"란 <u>휴일을 포함한 7일</u>을 말한다.
④ (○) 근로기준법 제2조(정의) ① 6. "**평균임금**"이란 이를 산정하여야 할 사유가 발생한 날 이전 <u>3개월</u> 동안에 그 근로자에게 지급된 임금의 총액을 그 기간의 총일수로 나눈 금액을 말한다. 근로자가 취업한 후 3개월 미만인 경우도 이에 준한다.
⑤ (○) 근로기준법 제2조(정의) ① 5. "**임금**"이란 사용자가 근로의 대가로 근로자에게 임금, 봉급, 그 밖에 <u>어떠한 명칭으로든지 지급하는 모든 금품</u>을 말한다.

678

난이도 Self Check | 상 ○ 중 ○ 하 ○

임금의 지급방법에 관한 설명으로 옳은 것을 모두 고르면?

> ㉠ 임금은 통화(通貨)로 직접 근로자에게 그 전액을 지급하여야 한다.
> ㉡ 임금은 매월 1회 이상 일정한 날짜를 정하여 지급하여야 한다.
> ㉢ 사용자는 근로자가 출산, 질병, 재해, 그 밖에 대통령령으로 정하는 비상(非常)한 경우의 비용에 충당하기 위하여 임금 지급을 청구하면 지급기일 전이라도 이미 제공한 근로에 대한 임금을 지급하여야 한다.
> ㉣ 근로기준법에 따른 임금채권은 5년간 행사하지 아니하면 시효로 소멸한다.
> ㉤ 사용자는 근로자에 대하여 가지는 채권으로써 근로자의 임금채권과 상계를 할 수 있다.

① ㉢, ㉤
② ㉠, ㉡, ㉢
③ ㉠, ㉡, ㉣
④ ㉠, ㉢, ㉣
⑤ ㉡, ㉣, ㉤

문제로 익히는 핵심이론

근로기준법은 임금의 지급방법에 관한 원칙으로 통화지급, 직접지급, 전액지급, 정기지급을 규정하고 있다. 이는 근로자의 생계수단인 임금을 확실하고 신속하게 근로자가 수령할 수 있도록 하기 위함이다. ① **통화지급의 원칙**이란 현물을 통화로 바꾸는 불편함으로부터 근로자를 보호하여 근로자가 안전하게 임금을 수령하여 편리하게 처분하도록 하기 위한 것이다. ② **직접지급의 원칙**이란 근로의 대가인 임금이 확실하게 근로자 본인의 수중에 들어가게 하여 그의 자유로운 처분에 맡기고 나아가 근로자의 생활을 보호하고자 하는데 있다. ③ **전액지급의 원칙**이란 경제적·사회적 종속관계에 있는 근로자를 보호하기 위하여 임금을 분할해서 지급해서는 안 된다. ④ **정기지급의 원칙**이란 임금은 매월 1회 이상 일정한 날짜를 정하여 지급해야 하는 것으로 연봉제를 도입하더라도 이미 결정된 연봉을 분할하여 매월 1회 이상 정기적으로 지급하여야 한다.
사용자는 근로자가 출산, 질병, 재해, 그 밖에 대통령령으로 정하는 비상(非常)한 경우의 비용에 충당하기 위하여 임금 지급을 청구하면 지급기일 전이라도 이미 제공한 근로에 대한 임금을 지급하여야 한다. **임금의 비상시 지급**은 단체협약·취업규칙 등에 별도로 정함이 없는 한 이미 제공한 근로의 대가만 지급하면 되고 장래의 근로의 대가는 포함되지 않는다.
근로기준법 규정에 의한 임금채권의 소멸시효는 3년이며, 헌법재판소는 3년으로 제한한 것은 헌법에 위반되지 않는다고 판시한 바 있다. 임금은 통화로 직접 근로자에게 그 전액을 지급하여야 하므로 사용자는 근로자에 대하여 가지는 채권으로써 **근로자의 임금채권과 상계를 하지 못하는 것이 원칙**이다.

정답 ②

해설

㉠ (○) 제43조(임금 지급) ① 임금은 **통화(通貨)로 직접 근로자에게 그 전액을 지급**하여야 한다.
㉡ (○) 제43조(임금 지급) ② 임금은 **매월 1회 이상 일정한 날짜를 정하여 지급**하여야 한다.
㉢ (○) 제45조(비상시 지급) 사용자는 근로자가 **출산, 질병, 재해, 그 밖에 대통령령으로 정하는 비상(非常)한 경우**의 비용에 충당하기 위하여 임금 지급을 청구하면 지급기일 **전이라도 이미 제공**한 근로에 대한 **임금을 지급하여야** 한다.

오답풀이

㉣ (×) 제49조(임금의 시효) 이 법에 따른 임금채권은 **3년간** 행사하지 아니하면 **시효로 소멸**한다.
㉤ (×) 임금은 통화로 직접 근로자에게 그 전액을 지급하여야 하므로 사용자가 근로자에 대하여 가지는 채권으로써 **근로자의 임금채권과 상계를 하지 못하는 것이 원칙**이고, 이는 경제적·사회적 종속관계에 있는 근로자를 보호하기 위한 것인바, 근로자가 받을 퇴직금도 임금의 성질을 가지므로 역시 마찬가지이다(2007다90760).

679 난이도 Self Check | 상 ○ 중 ○ 하 ○

노동조합의 설립요건에 관한 설명으로 옳지 않은 것은?

① 사용자 또는 그의 이익을 대표하여 행동하는 자의 참가가 허용되지 않아야 한다.
② 경비의 주된 부분을 사용자로부터 원조 받지 않아야 한다.
③ 복리사업만을 목적으로 하지 않아야 한다.
④ 근로자가 아닌 자의 가입을 허용하여서는 아니 된다.
⑤ 노동조합은 신고증을 교부받은 때에 설립된 것으로 본다.

문제로 익히는 핵심이론

노동조합법 제2조(정의) 이 법에서 사용하는 용어의 정의는 다음과 같다.
4. **"노동조합"**이란 **근로자가 주체**가 되어 **자주적**으로 단결하여 **근로조건의 유지·개선 기타 근로자의 경제적·사회적 지위의 향상을 도모함을 목적**으로 조직하는 **단체 또는 그 연합단체**를 말한다. 다만, 다음 각목의 1에 해당하는 경우에는 노동조합으로 보지 아니한다.
가. 사용자 또는 항상 그의 이익을 대표하여 행동하는 자의 참가를 허용하는 경우
나. 경비의 주된 부분을 사용자로부터 원조 받는 경우
다. 공제·수양 기타 복리사업만을 목적으로 하는 경우
라. 근로자가 아닌 자의 가입을 허용하는 경우
마. 주로 정치운동을 목적으로 하는 경우

노동조합법 제2조 제4호 본문은 **노동조합**을 "근로자가 주체가 되어 자주적으로 단결하여 근로조건의 유지·개선 기타 근로자의 경제적·사회적 지위의 향상을 도모함을 목적으로 조직하는 단체 또는 그 연합단체"라 규정하여 일종의 '**실질적·적극적 요건**'을 마련하고 있다. 그리고 노동조합법은 제2조 제4호 단서에서 일정한 사유가 있는 경우 노동조합으로 보지 않는다고 규정하여 노동조합의 개념정의에 일정한 '**소극적 요건**'을 규정하고 있다. 즉 사용자 또는 이익대표자의 참가가 허용되지 않을 것, 경비의 주된 부분을 사용자로부터 원조 받지 않을 것, 복리사업만을 목적으로 하지 않을 것, 근로자 아닌 자의 가입이 허되지 않을 것, 정치운동을 주된 목적으로 하지 않을 것 등이다.
이러한 '실질적 요건'에 덧붙여 관할 행정관청에 설립신고서를 제출하여 설립신고증을 교부받았을 경우 설립신고서가 접수된 때에 설립된 것을 본다고 규정하여, 이처럼 '**절차적 요건**'을 갖추어야 비로소 노동조합법에 의해 설립된 노동조합으로 취급하고 있다. 그리고 이러한 요건을 갖춘 노동조합에 한하여 노동쟁의 조정 및 부당노동행위 구제 신청 등을 할 수 있는 권리가 보장된다.

정답 ⑤

해설

신고증을 교부받은 때가 아니라 **설립신고서가 접수된 때에 설립된 것으로 본다.**

> 제10조(설립의 신고) ① 노동조합을 설립하고자 하는 자는 설립 신고서에 규약을 첨부하여 고용노동부장관 또는 행정관청에게 제출하여야 한다. 제12조(신고증의 교부) ① 행정관청이 설립신고서를 접수한 때에는 일정한 경우를 제외하고는 3일 이내에 신고증을 교부하여야 한다. ④ 노동조합이 **신고증을 교부받은 경우에는 설립신고서가 접수된 때에 설립된 것으로 본다.**

680

다음 내용을 통해 설명하고 있는 개념으로 옳은 것은?

> 근로자들이 주장을 관철하기 위하여 노동관계법령을 엄격히 준수하거나, 연차휴가를 일시에 사용하는 등으로 법률에 정한 근로자의 권리를 집단적으로 동시에 행사하여 사용자의 업무를 저해하는 행위를 말한다.

① 직장점거 ② 보이콧
③ 파업 ④ 준법투쟁
⑤ 태업

해설

준법투쟁에 관한 설명이다.

오답풀이
① (×) **직장점거**는 파업을 할 때에 사용자에 의한 방해를 막으면서 변화하는 사태에 기민하게 대처하기 위하여 사용자의 의사에 반하여 사업장에 체류하는 파업에 수반되는 보조적 행위를 말한다.
② (×) **보이콧**이란 사용자 또는 그와 거래관계에 있는 제3자의 상품의 구입 기타 시설의 이용을 거절하거나 계약 체결을 거절할 것을 호소하는 행위를 말한다.
③ (×) **파업**이란 다수의 근로자가 근로조건의 유지 또는 개선이라는 목적을 쟁취하기 위하여 조직적이며 공동적으로 노무제공을 거부하는 행위를 말한다.
⑤ (×) **태업**이란 업무에 종사하는 근로자들이 단결해서 의식적으로 작업능률을 저하시키거나 근로를 불완전하게 제공하는 것을 말한다.

문제로 익히는 핵심이론

쟁의행위란 단체행동의 유형으로서 파업·태업·직장폐쇄 기타 노동관계 당사자가 그 주장을 관철할 목적으로 행하는 행위와 이에 대항하는 행위로서 업무의 정상적인 운영을 저해하는 행위(제2조 제6호)를 말한다. 쟁의행위는 근로자측 쟁의행위와 사용자측 쟁의행위인 직장폐쇄가 있다.
근로자측 쟁의행위의 종류에는 파업, 태업 그 밖에 주로 파업과 함께 하는 보조적 행위로 피케팅, 직장점거, 보이콧 등이 있다. 근로자의 쟁의행위에 대하여는 **민·형사상 책임이 면제**되고 사용자의 불이익한 행위는 **부당노동행위**에 해당한다.

정답 ④

ENERGY

느리더라도 꾸준하면 경주에서 이긴다.

– 이솝(Aesop)

공기업 사무직 통합전공 800제

PART 5

실전모의고사

01 상경통합 모의고사(경영학/경제학)

02 법정통합 모의고사(행정학/법학)

03 통합전공 모의고사(경영학/경제학/행정학/법학)

01
상경통합 모의고사
경영학 | 경제학

문항 수: 40문항

응시시간: 40분

681

경영자에 관한 설명으로 가장 적절하지 <u>않은</u> 것은?

① 기업이 대규모화되면서 기업경영의 문제가 복잡해지고, 자본이 분산됨에 따라 전문경영자가 출현하게 된다.
② 소유경영자가 지배하는 기업에서 자본출자와 관련성이 없으면서 최고경영층으로 활약하는 사람은 고용경영자이다.
③ 전문경영자는 단기적 기업이익을 추구하는 성향을 보인다.
④ 전문경영자는 자율적 경영과 경영관리의 합리화를 도모하는 성향을 보인다.
⑤ 수탁경영층은 최고경영층으로부터 경영기능을 위임받아 업무를 수행하는 중간경영층을 지칭한다.

682

다음은 기업이 사용하는 경영혁신 기법에 대한 설명이다. 빈칸에 들어갈 말로 옳은 것은?

> (   )은/는 기업이 통합된 데이터에 기반하여 재무, 생산소요계획, 인적자원, 주문충족 등을 시스템으로 구축하여 관리하는 것을 말한다. 이 기법은 전반적인 기업의 업무 프로세스를 통합·관리하여 정보를 공유함으로써 효율적인 업무처리가 가능하게 한다.

① 리엔지니어링
② 아웃소싱
③ 6시그마 운동
④ 전사적 자원 관리(ERP)
⑤ 벤치마킹

683

경영전략을 수립하기 위한 환경분석 중 내부환경요인 분석에서 활용되는 가치사슬 모형(Value Chain Model)에 대한 설명으로 옳은 것은?

① 기업활동을 여러 세부활동으로 나누어 활동목표 수준과 실제 성과를 분석하면서 외부 프로세스의 문제점과 개선 방안을 찾아내는 기법이다.
② 기업의 가치는 보조활동과 지원활동의 가치창출 활동에 의해 결정된다.
③ 핵심프로세스인 본원적 활동에는 물류투입, 운영·생산, 물류산출, 마케팅 및 영업, 인적자원관리 등이 포함된다.
④ 지원 프로세스에는 기업인프라, 기술개발, 구매조달, 서비스 등이 포함된다.
⑤ 기업 내부 단위활동과 활동들 간 연결고리 문제점 및 개선방안을 체계적으로 찾는 데 유용한 기법이다.

684

개인의 태도와 학습에 관한 설명으로 가장 적절하지 <u>않은</u> 것은?

① 부정적 강화(Negative Reinforcement)는 바람직한 행동의 빈도수를 감소하고 긍정적 강화(Positive Reinforcement)는 바람직한 행동의 빈도수를 증가한다.
② 마이어와 알렌(Meyer&Allen)은 조직몰입을 정서적 몰입, 지속적 몰입, 규범적 몰입으로 나누어 설명하였다.
③ 태도의 구성요소는 인지적 요소, 정서적 요소, 행동의도적 요소로 나누어진다.
④ 조직행동분야의 많은 실증연구에서 직무만족이 성과에 미치는 직접적인 효과는 그리 높게 나타나지 않고 있다.
⑤ 강화 스케줄에서 단속적 강화방법에는 고정간격법, 변동간격법, 고정비율법, 변동비율법이 있다.

685
기업의 전략에 관한 설명으로 적절한 것을 모두 고르면?

> ㉠ 기업의 전략은 기업 수준의 전략과 사업부 수준의 전략으로 구분할 수 있는데, 유통기업의 시장 또는 상품이 다각화되지 않았다면 사업부 수준의 전략은 필요 없다.
> ㉡ 기업이 수직적 통합, 기업인수·합병, 해외사업 진출과 같은 결정이나 각 사업 분야에 경영자원을 배분하는 것은 기업수준의 전략에 해당한다.
> ㉢ 유통기업이 경영전략을 수립하기 위해서는 비전이나 목표를 설정해야 하는데, 비전은 기업의 미래상으로서 목표에 비해 정량적이며 구체성을 지니고 있어야 한다.
> ㉣ 유통기업의 경영전략 수립에 전제가 되는 목표는 비전과 달리 구체적일 필요 없이 기업의 방향만 설정해도 충분하다.
> ㉤ Joint Venture는 둘 이상의 회사가 공동 소유하는 회사를 설립하는 것으로, 파트너가 가지고 있는 경쟁력(문화, 언어, 비즈니스 환경)을 공유할 수 있고 위험을 분산할 수 있다.

① ㉠, ㉡, ㉢
② ㉠, ㉡, ㉤
③ ㉡, ㉢, ㉣
④ ㉡, ㉢, ㉤
⑤ ㉡, ㉢, ㉣, ㉤

686
조직설계 요소 중 통제범위에 관한 설명으로 옳지 않은 것은?

① 과업이 복잡할수록 통제범위는 좁아진다.
② 관리자가 스텝으로부터 업무상 조언과 지원을 많이 받을수록 통제의 범위가 좁아진다.
③ 관리자가 작업자에게 권한과 책임을 위임할수록 통제범위는 넓어진다.
④ 작업자와 관리자의 상호작용 및 피드백이 많이 필요할수록 통제범위는 좁아진다.
⑤ 작업자가 잘 훈련되고 작업동기가 높을수록 통제범위는 넓어진다.

687
리더십 이론에 관한 설명으로 가장 적절한 것은?

① 피들러(Fiedler)의 상황이론에 의하면, 리더가 처한 상황이 매우 호의적이거나 매우 비호의적인 경우에는 LPC(Least Preferred Co-worker) 점수가 높은 리더가 적합하다.
② 리더-구성원 교환관계이론(LMX: Leader-Member Exchange Theory)은 상사와 모든 부하의 관계가 동질적이라고 가정하고 있다.
③ 허시(Hersey)와 블랜차드(Blanchard)의 상황이론에 의하면, 부하의 성숙도가 매우 낮거나 매우 높은 경우에는 위임형 리더십 스타일이 적합하다.
④ 블레이크(Blake)와 머튼(Mouton)의 관리격자모형(Managerial Grid Model)에서는 리더가 처한 상황에 따라 리더십 스타일이 달라진다고 하였다.
⑤ 하우스(R.House)의 경로-목표이론(Path-Goal Theory)에서는 리더의 유형을 지시적, 지원적(후원적), 참여적, 성취지향적 리더십으로 구분하였다.

688
인력선발에서의 타인평가 및 지각과 관련된 용어에 관한 설명으로 가장 적절한 것은?

① 주관의 객관화(Projection)는 어떤 과업의 성공적 수행에 필요한 능력을 개인 스스로 가지고 있다고 생각하는 믿음이다.
② 후광효과(Halo Effect)는 피평가자에 대한 평가가 그가 속한 사회적 집단에 대한 지각을 기초로 해서 이루어지는 것을 말한다.
③ 나와의 유사성(Similar to Me) 효과는 주위사람의 기대와 자신의 기대대로 행동함으로써 결국은 예측된 결과가 이루어지는 것을 말한다.
④ 대비효과(Contrast Effect)는 여러 사람 중에서 처음에 평가한 사람을 나중에 평가한 사람보다 나쁘게 평가하는 경향을 말한다.
⑤ 최근효과(Recent Effect)는 주로 최근의 정보를 가지고 타인을 평가하는 경향을 말한다.

689
조직구성원에 대한 임금체계에 관한 설명으로 가장 적절하지 않은 것은?

① 직능급(Skill-based Pay)은 종업원이 맡은 직무의 중요성과 난이도에 근거하여 임금을 결정하는 방식이다.
② 직무급(Job-based Pay)을 적용할 때는 차별적 임금격차에 대한 공정성을 확보하는 것이 중요하다.
③ 성과급(Performance-based Pay)은 종업원이 달성한 업무성과를 기초로 임금수준을 결정하는 방식이다.
④ 연공급(Seniority-based Pay)은 종업원이 달성한 업무성과를 기초로 임금수준을 결정하는 방식이다.
⑤ 연봉제에서는 임금을 결정하기 위해 종업원의 직무, 직능, 업적, 연공 등의 다양한 기준을 복합적으로 도입할 수 있다.

690
생산 계획에 관한 설명으로 적절한 것을 모두 고르면?

> ㉠ 총괄 계획은 설비, 인력, 투입부품 등을 공통으로 사용하는 제품 모델들로 구성된 제품군에 대한 생산 계획으로, 이 단계에서는 제품 모델별 생산 계획은 도출하지 않는다.
> ㉡ 최적 총괄 계획을 도출하는 과정은 수요 추종 전략, 생산수준 평준화 전략, 작업 시간 조정 전략을 각각 적용하고 여기서 얻어진 총괄 계획 중 가장 우수한 것을 선택하는 것이다.
> ㉢ 주 생산 계획(Master production Schedule)은 총괄계획보다 계획 기간이 길지 않다.
> ㉣ 자재 소요 계획을 도출하기 위해서는 자재 명세서, 재고 기록철, 총괄 계획이 필요하다.

① ㉠, ㉡
② ㉡, ㉢
③ ㉠, ㉢
④ ㉡, ㉣
⑤ ㉢, ㉣

691
수요예측에 사용하는 지수 평활법(Exponential Smoothing)에 관한 설명으로 옳지 않은 것은?

① 지수 평활법은 지수 평활 상수를 활용하여 수요예측을 한다.
② 예측오차에 대해 예측치가 조정되는 순발력은 지수 평활상수 α에 의해 결정된다.
③ 일부 컴퓨터 패키지 프로그램의 경우 예측오차가 허용할 수 없을 정도로 큰 경우에는 지수 평활 상수를 자동으로 조정하는 기능을 갖고 있다.
④ 지수 평활법은 계산이 복잡하고 가중치 체계인 지수 평활 상수의 변경이 어렵다.
⑤ 다음 기 예측치=전기의 예측치+α(전기의 실제치 - 전기의 예측치)

692
공급사슬 관리상의 채찍 효과가 일어나는 원인으로 가장 적절하지 않은 것은?

① 가격할인을 통해 일시적으로 수요량이 증가한 것을 인지하지 못하고 주문을 하는 경우
② 인기가 높은 제품을 판매하기 위해 소매상이 실제 수요보다 과대 주문을 하는 경우
③ 주문을 할 때 긴 리드타임의 안전재고까지 포함해서 주문을 하는 경우
④ 공급사슬 구성원 중 하나가 공급사슬을 통합하여 수요예측을 담당하는 경우
⑤ 공급사슬의 구성원이 증가하여 단계가 늘어나는 경우

693

리처드 해크먼(J. Richard Hackman)과 그레그 올드햄(Greg R. Oldham)은 핵심 직무특성을 5가지로 분류하였다. 이에 해당하지 <u>않는</u> 것은?

① 직무 책임성(Task Responsibility)
② 자율성(Autonomy)
③ 직무 중요성(Task Significance)
④ 직무 정체성(Task Identity)
⑤ 기술 다양성(Skill Variety)

694

피시바인의 다속성 태도 모델과 이후의 확장 모델에 관한 설명으로 옳지 <u>않은</u> 것은?

① 피시바인의 다속성 태도 모델에서 소비자는 상표 속성별 가중치를 부여하여 평가한다.
② 피시바인의 다속성 태도 모델은 소비자의 구매의사 결정 시 대안들의 평가 과정을 수식으로 나타낸 것이다.
③ 피시바인의 다속성 태도 모델은 구매자가 A제품보다 B제품을 왜 선택하는지에 대해 설명해 줌으로써 마케팅 의사 결정에 도움을 준다.
④ 확장 모델은 대상에 대한 태도가 아니라 대상과 관련된 구매 행동에 대한 태도를 측정한다.
⑤ 초기 모델에서는 소비자가 대상을 주관적으로 본다고 전제하지만, 확장 모델에서는 합리적 행동 이론을 토대로 소비자가 대상을 객관적으로 볼 것이라고 전제한다.

695

마케팅 조사에 관한 설명으로 옳지 <u>않은</u> 것을 모두 고르면?

> ㉠ 전문가 의견 조사법과 실험 설계는 탐색적 조사에서 이용되는 방법이다.
> ㉡ 인터넷, 통계청, 기업 연구소에서 발표했던 자료는 1차 자료에 해당한다.
> ㉢ 군집 표본 추출(Cluster Sampling)은 모집단을 어떤 기준에 따라 서로 상이한 소집단들로 나누고, 각 소집단으로부터 표본을 무작위로 추출하는 방법이다.
> ㉣ 체계적 오차는 타당성(Validity)과 관련된 개념이며, 비체계적 오차는 신뢰성(Reliability)과 관련된 개념이다.

① ㉠
② ㉡, ㉣
③ ㉠, ㉡, ㉢
④ ㉡, ㉢, ㉣
⑤ ㉠, ㉡, ㉢, ㉣

696

다음 내용을 통해 설명하는 촉진수단으로 적절한 것은?

> • 뉴스기사, 스폰서십, 이벤트 등을 활용한다.
> • 다른 촉진 수단보다 현실감이 있고 믿을 수 있다는 특징이 있다.
> • 판매 지향적인 커뮤니케이션이 아니기 때문에 판매원을 기피하는 가망 고객에게도 메시지 전달이 용이하다.

① 광고
② 판매 촉진
③ 인적 판매
④ PR(Public Relations)
⑤ SNS 마케팅

697
다음 서비스 마케팅 사례의 원인이 되는 서비스의 특징으로 가장 옳은 것은?

> 호텔이나 리조트는 비수기 동안 고객을 유인하기 위해 저가격 상품 및 다양한 부가서비스를 제공한다.

① 서비스 무형성 ② 서비스 이질성
③ 서비스 비분리성 ④ 서비스 소멸성
⑤ 서비스 유연성

698
증권시장선(SML)에 관한 설명으로 옳은 것을 모두 고르면?

> ㉠ 개별주식의 기대수익률과 체계적 위험간의 선형관계를 나타낸다.
> ㉡ 효율적 포트폴리오에 한정하여 균형가격을 산출할 수 있다.
> ㉢ 증권시장선보다 상단에 위치하는 주식은 주가가 과소평가된 주식이다.
> ㉣ 증권시장선은 위험자산만을 고려할 경우의 효율적 투자기회선이다.

① ㉠, ㉡   ② ㉠, ㉢
③ ㉠, ㉣   ④ ㉡, ㉢
⑤ ㉢, ㉣

699
A주식에 대한 분산은 0.06이고, B주식에 대한 분산은 0.08이다. A주식의 수익률과 B주식의 수익률간의 상관계수가 0인 경우, 총투자자금 중 A주식과 B주식에 절반씩 투자한 포트폴리오의 분산으로 옳은 것은?

① 0.025   ② 0.035
③ 0.045   ④ 0.055
⑤ 0.065

700
다음을 바탕으로 투자자인 ㈜서울상사가 선도거래에서 얻게 되는 순손익으로 옳은 것은?(단, 20×2년 5월 1일 금 거래 시장에서 골드바 1개의 가격은 1,100만 원이다.)

> ㈜ABC는 골드바 1,000개를 보유하고 있다. 20×1년 3월 30일 현재 골드바는 금 거래 시장에서 개당 900만 원에 거래된다. 투자자인 ㈜서울상사는 만기일인 20×2년 5월 1일에 골드바 10개를 개당 1,000만 원에 ㈜ABC로부터 매입하기로 하는 선도계약을 맺었다.

① 1,000만 원 손실   ② 1,000만 원 이익
③ 2,000만 원 손실   ④ 2,000만 원 이익
⑤ 손익은 없음

701
다음 [그래프]는 가격소비곡선과 소득소비곡선을 나타낸 그래프이다. 이에 대한 설명으로 옳은 것을 [보기]에서 모두 고르면?(단, 가로축은 X재, 세로축은 Y재이다.)

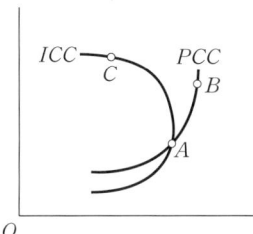

> 보기
> ㉠ A에서 C로 이동하면 X재는 열등재이고, Y재는 정상재이다.
> ㉡ X재 가격하락에 따른 A점에서 B점으로 이동은 수요량의 변화이다.
> ㉢ X재와 Y재는 대체재의 관계이다.
> ㉣ Y재는 소득효과와 대체효과가 다른 방향으로 나타나는 재화이다.

① ㉠, ㉡   ② ㉠, ㉢
③ ㉡, ㉢   ④ ㉡, ㉣
⑤ ㉢, ㉣

702
두 소비자 甲과 乙의 개별수요곡선이 각각 다음과 같다. 시장균형가격이 P=6일 때, 이 상품 Q에 대한 시장전체 수요의 가격탄력성으로 가장 적절한 것은?

- 甲의 수요함수: P=8−Q
- 乙의 수요함수: P=20−Q

① $\frac{1}{2}$ ② $\frac{3}{4}$
③ 1   ④ $\frac{4}{3}$
⑤ 2

703
완전경쟁기업의 총비용함수는 $TC=20+Q-0.4Q^2+0.15Q^3$이다. 이 기업이 단기적으로 생산을 중단하게 될 이윤으로 적절한 것은?

① −40 미만   ② −20 미만
③ −10 미만   ④ −5 미만
⑤ 0 미만

704
소비자가 하루 24시간을 여가(l)와 노동(L=24−l)에 배분한다고 가정한다. 소비자의 소득은 노동을 통해 얻는 노동소득뿐이고, 모두 식료품(f) 구입에 충당된다. 이 소비자의 효용함수를 $u(l,f)=l^2f$라고 할 때, 노동공급에 대한 설명으로 가장 적절한 것은?

① 시간당 임금이 하락하면 여가시간은 증가하고 노동시간이 감소한다.
② 시간당 임금이 상승하면 여가시간은 감소하고 노동시간이 증가한다.
③ 시간당 임금의 크기와 무관하게 일정한 여가시간과 노동시간을 가진다.
④ 식료품 가격이 상승하면 노동소득을 증가시키기 위해 노동시간이 증가한다.
⑤ 노동소득에 대해 일정률로 부과하는 근로소득세가 감소하면 노동시간이 감소한다.

705
생산요소의 대체탄력도(σ)에 관한 설명으로 옳지 <u>않은</u> 것은?

① $\sigma>1$이면 임금이 상승하고 자본임대료가 일정할 때 노동소득에 대한 자본소득의 상대적 분배율은 증가한다.
② 등량곡선의 원점에 대해 볼록한 정도가 클수록 σ가 작아진다.
③ 레온티에프(Leontief) 생산함수는 노동과 자본의 결합비율이 고정되어 있으므로 임금이 상승해도 노동소득과 자본소득의 분배비율은 일정하다.
④ 생산요소의 가격변동에 따른 대체효과를 나타내는 지표이다.
⑤ 1차 동차함수가 아닌 Cobb−Douglas 생산함수에서 규모수익체감이어도 대체탄력성은 1이다.

706
A 국가의 생산함수는 $Y=AK^{\frac{1}{3}}L^{\frac{2}{3}}$이다. 노동자 1인당 생산량증가율이 15%이고, 총요소생산성 증가율은 10%일 경우 성장회계에 따른 노동자 1인당 자본량 증가율로 옳은 것은?(단, Y는 총생산량, A는 총요소생산성, K는 자본량, L은 노동량이다.)

① 3%   ② 6%
③ 9%   ④ 12%
⑤ 15%

707
자동차회사 H는 Z지역 내에서 근로자에 대한 수요독점자이다. Z지역의 노동공급곡선은 w=400+15L이고, 노동의 한계수입생산은 $MRP_L=2,000-10L$이다. 이윤극대화를 위해 H가 책정하는 근로자의 임금으로 가장 적절한 것은?

① 1,000   ② 1,200
③ 1,400   ④ 1,600
⑤ 1,800

708

20××년 1년 동안 A국에서 양을 기르는 사람들은 양모를 생산하여 그중 절반을 의류회사에 500억 원에 팔고, 나머지는 600억 원에 외국으로 수출하였다. 의류회사는 양모를 이용해 코트를 만들어 절반을 800억 원에 소비자에게 팔고 나머지는 장갑을 만드는 회사에 400억 원에 팔았다. 장갑을 만드는 회사는 600억 원에 전부를 소비자에게 팔았다. 이 나라에서 발생한 GDP로 가장 적절한 것은?

① 1,000억 원 ② 1,500억 원
③ 2,000억 원 ④ 2,500억 원
⑤ 3,000억 원

709

폐쇄경제인 A국에서 화폐수량설과 피셔방정식이 성립한다고 가정한다. 화폐유통속도가 일정하고, 실질 경제성장률이 3%, 명목이자율이 7%, 실질이자율이 5%인 경우 통화 증가율로 옳은 것은?

① 2% ② 3%
③ 4% ④ 5%
⑤ 6%

710

IS-LM모형에서 생산물시장의 균형을 통해 도출된 IS곡선은 $Y=2{,}800-50r$이다. 화폐시장에서 통화량(M)은 2,400이고, 물가수준(P)은 8이다. 이때 화폐의 실질수요함수가 $L(Y, r)=Y-200r$이라면, 이 경제의 균형 실질이자율과 균형 총생산이 바르게 짝지어진 것은?

	균형 실질이자율	균형 총생산
①	8	2,300
②	8	2,400
③	10	2,300
④	10	2,400
⑤	12	2,300

711

거시경제의 총수요와 총공급에 관한 설명으로 옳지 않은 것은?

① 유동성함정에 빠진 경제의 경우 확장적 재정정책으로 총수요를 증가할 수 있다.
② 단기적인 경기변동으로 총수요충격이 발생하면 물가수준은 경기순응적이다.
③ 원유가격 상승으로 인한 공급충격은 총공급곡선을 좌측으로 이동시켜 총생산은 감소한다.
④ 미래에 물가가 하락하여 실질임금이 상승할 것으로 예상하면, 총공급곡선은 우측으로 이동한다.
⑤ 명목임금 경직성하에서 물가수준이 하락하면 기업의 재화와 서비스 공급이 감소하여 단기총공급곡선이 좌측으로 이동한다.

712

기대를 반영한 필립스곡선이 다음과 같을 때, 이에 대한 설명으로 옳지 않은 것은?

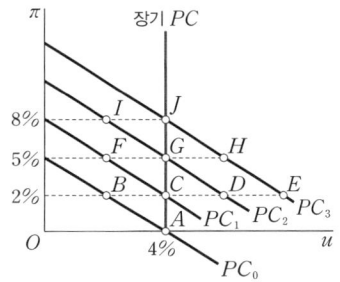

① 적응적 기대를 고려한다면 C점에서 확장적 금융정책을 사용하면 경제는 단기적으로 F로 이동하고 장기적으로 G로 이동한다.
② 합리적 기대를 고려한다면 경제주체가 사전에 공지된 긴축적 금융정책을 신뢰한다면 경제는 G에서 C로 이동할 수 있다.
③ 정부가 재정지출을 축소하면 단기적으로 J에서 H로 이동할 것이다.
④ E점에서의 자연실업률은 8%이다.
⑤ F점에서 기대인플레이션율은 8%이고, 실제인플레이션율은 5%이다.

713

새케인즈학파의 경기변동에 관한 설명으로 옳지 않은 것은?

① 합리적 기대하에서 경제주체들이 합리적으로 의사결정을 해도 가격체계는 여전히 경직적이며 시장은 청산되지 않는다.
② 경기변동 상태의 시장은 불균형이 지속된다.
③ 메뉴비용모형에 따르면 비록 메뉴비용이 적더라도 그 존재 자체로 인하여 총수요 외부성이 발생하고 가격경직성이 지속되어 결국 경기변동으로 이어진다.
④ 메뉴비용으로 인해 개별기업들이 가격을 경직적으로 유지하는 것은 이윤극대화 관점에서 합리적이지 않다.
⑤ 총수요관리정책을 통한 정부의 재량적 개입으로 이러한 불균형을 시정해야 한다.

714

솔로우 모델에서 인구증가율, 감가상각률, 그리고 기술진보율을 각각 n, d, g라고 할 때, 황금률에 관한 설명으로 옳지 않은 것은?

① 황금률은 저축률이 자본소득분배율과 같을 때 달성된다.
② 황금률 상태에서는 1인당 소비의 크기가 노동소득과 일치한다.
③ 황금률은 균제상태의 소비를 극대화하는 저축률과 자본량을 말한다.
④ 황금률은 자본의 한계생산이 n+d+g와 같을 때 달성된다.
⑤ 황금률이 달성되었을 때 노동 1단위당 국민소득수준이 가장 높다.

715

개방경제모형에서 2022년과 2023년 모두 조세(T)와 정부지출의 차이(T−G)는 음(−)이었고 절댓값은 감소하였으며, 순수출은 양(+)이었지만 절댓값은 감소하였다. 이를 바탕으로 유추할 수 있는 2023년 상황으로 가장 적절한 것은?

① 국가채무는 2022년에 비해 감소하였을 것이다.
② 민간저축은 민간투자보다 더 많았다.
③ 순해외채권투자액은 2022년에 비해 감소하였을 것이다.
④ 민간저축과 민간투자의 차이는 2022년에 비해 증가하였다.
⑤ 국내총저축은 정부지출의 차이가 음(−)이므로 총투자보다 작을 것이다.

716

다음 [그래프]는 자유무역하에서 어느 국가의 생산점(P)과 소비점(C)을 생산가능곡선과 무차별곡선을 사용해 나타낸 것이다. H−O이론에서 볼 때 적절한 것을 [보기]에서 모두 고르면?(단, X재는 노동집약적 재화, Y재는 자본집약적 재화이다.)

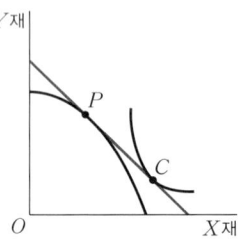

―| 보기 |―
㉠ 자본이 상대적으로 풍부한 국가이다.
㉡ 교역 후 이 국가에서 자본가의 실질소득이 감소한다.
㉢ 교역 후 이 국가에서는 Y재 생산의 요소집약도가 감소하였다.
㉣ 이 국가의 무역수지는 균형을 이루고 있다.

① ㉠, ㉡
② ㉠, ㉢
③ ㉠, ㉡, ㉢
④ ㉠, ㉢, ㉣
⑤ ㉡, ㉢, ㉣

717

소규모 경제가 커피의 교역을 시작할 때 나타나는 효과에 관한 설명으로 옳지 <u>않은</u> 것은?(단, 국내 수요곡선은 우하향, 공급곡선은 우상향하고 있다고 가정한다.)

① 무역 전의 국내시장가격이 국제가격보다 높다면 소비자잉여는 증가할 것이다.
② 무역 전의 국내시장가격이 국제가격보다 높다면 생산자잉여는 증가할 것이다.
③ 무역 전의 국내시장가격이 국제가격보다 낮다면 총잉여는 증가할 것이다.
④ 무역 전의 국내시장가격이 국제가격보다 낮다면 이 나라는 커피의 수출국이 될 것이다.
⑤ 무역 전의 국내시장가격이 국제가격보다 높다면 이 나라는 커피의 수입국이 될 것이다.

718

다음 [그래프]는 개방경제에서 독점적 지위를 누리는 한 기업의 수요와 한계비용을 나타낸 자료이다. 이에 대한 설명으로 옳은 것을 [보기]에서 모두 고르면?

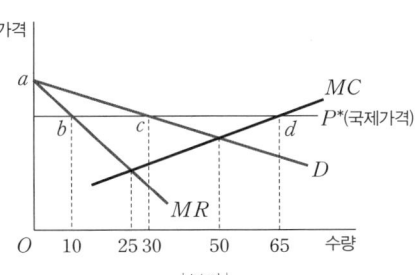

―| 보기 |―
㉠ 독점이윤을 최대화하는 국내 소비량은 25이다.
㉡ 이 기업의 실효MR은 점 a, b, c, d를 잇는 선이다.
㉢ 총수출량은 55이다.

① ㉠
② ㉠, ㉡
③ ㉠, ㉢
④ ㉡, ㉢
⑤ ㉠, ㉡, ㉢

719

원화와 엔화가 달러화에 비해 모두 약세를 보이고 있고 원화의 강세가 엔화에 비해 상대적으로 더 강하다고 할 때 나타나는 현상으로 옳지 <u>않은</u> 것은?

① 일본에 유학 중인 자녀에게 매달 10만 엔 용돈을 보내 주는 부모의 부담은 줄어들었다.
② 우리나라에서 열리는 콘서트를 보러오고자 하는 일본의 대학생의 부담은 증가하였다.
③ 엔화표시 채무를 가지고 있는 우리나라 기업의 원리금 상환부담이 감소하였다.
④ 뉴욕 증권시장에 T사의 주식을 가지고 있는 일본 투자자들의 환산이익이 증가하였다.
⑤ 우리나라에 반도체 공장 설립을 추진 중인 미국 기업은 부담이 증가하였다.

720

다음 [표]는 A~E 5개국의 1인당 명목 GDP와 구매력평가(PPP) 기준 1인당 GDP를 나타낸 자료이다. 이에 대한 설명으로 옳은 것을 [보기]에서 모두 고르면?

구분	1인당 명목 GDP	PPP 기준 1인당 GDP
A국	80,000달러	60,000달러
B국	40,000달러	50,000달러
C국	30,000달러	30,000달러
D국	60,000달러	48,000달러
E국	45,000달러	90,000달러

―| 보기 |―
㉠ A국의 물가수준은 2번째로 높다.
㉡ B국의 물가수준은 C국에 비해 낮다.
㉢ D국의 물가수준은 미국보다 낮다.
㉣ E국 화폐의 구매력은 C국 화폐의 2배이다.

① ㉠, ㉡
② ㉠, ㉢
③ ㉡, ㉢
④ ㉡, ㉣
⑤ ㉢, ㉣

02
법정통합 모의고사

행정학 | 법학

✏ 문항 수: 40문항
⏱ 응시시간: 40분

721
행정학의 접근방법에 관한 설명으로 옳지 않은 것은?

① 행태론적 접근방법은 특정 질문에 따른 반응을 통해 파악해 볼 수 있는 태도, 의견, 개성 등도 행태에 포함시키고 있다.
② 생태론적 접근방법은 후진국 행정현상을 설명하는 데 크게 기여했으며, 행정의 보편적 이론보다는 중범위이론의 구축에 자극을 주어 행정의 과학화에 기여했다.
③ 신행정학운동은 행정학의 실천적 성격과 적실성을 회복하기 위해 정책 지향적인 행정학을 요구했으며, 전문직업주의와 가치중립적인 관리론에 대한 집착을 비판하였다.
④ 공공선택이론은 합리적·이기적 경제인을 가정하여 귀납적 접근과 방법론적 전체주의 입장을 택한다.
⑤ 역사적 신제도주의에서도 제도의 변화가 가능하다고 보는데, 이러한 제도의 결정적이고 근본적인 변화는 심각한 경제위기, 군사적 위기, 공황, 전쟁 등에 대응하기 위해서 나타난다고 본다.

722
포터(M. Porter)는 기업 경쟁력 파악을 위해 산업구조 분석모형(5 Forces Model)을 제시하였다. 이를 바탕으로 해당 산업에서 수익률이 가장 높은 경우는?

	진입장벽	공급자의 교섭력	구매자의 교섭력	대체재의 위협
①	낮음	낮음	높음	낮음
②	낮음	낮음	높음	높음
③	높음	낮음	높음	낮음
④	높음	높음	높음	높음
⑤	높음	낮음	낮음	낮음

723
행정이 추구하는 가치 중 본질적 가치에 해당하는 것은?

① 능률성
② 형평성
③ 합법성
④ 합리성
⑤ 효과성

724
철의 삼각(Iron Triangle) 모형에서 동맹을 형성하는 집단으로 적절한 것을 모두 고르면?

㉠ 언론매체	㉡ 이익집단
㉢ 집단	㉣ 행정기관
㉤ 의회 소관 위원회	

① ㉠, ㉡, ㉢
② ㉠, ㉡, ㉤
③ ㉡, ㉢, ㉣
④ ㉡, ㉣, ㉤
⑤ ㉢, ㉣, ㉤

725
콥과 로스(Cobb&Ross)가 제시한 정책의제 설정모형 중 다음 설명에 해당하는 것은?

- 정부의제가 공중의제가 되는 것을 피하고 곧바로 정책의제로 채택한다.
- 국방, 외교 등 비밀 유지가 필요한 분야의 정책에서 주로 발견된다.
- 강한 반대가 예상됨에도 불구하고 반드시 추진하려는 정책에서 주로 발견된다.
- 권력의 집중화가 심한 국가에서 주로 발견된다.

① 공고화형
② 동원형
③ 외부주도형
④ 내부접근형
⑤ 굳히기형

726
립스키(Lipsky)의 일선관료제론에서 일선관료들이 처하게 되는 문제성 있는 업무 환경을 모두 고르면?

> ㉠ 불충분한 자원
> ㉡ 권위에 대한 위협과 도전
> ㉢ 집행업무의 단순성과 정형화
> ㉣ 모호하고 대립되는 기대

① ㉠, ㉡
② ㉡, ㉢
③ ㉠, ㉡, ㉣
④ ㉡, ㉢, ㉣
⑤ ㉠, ㉡, ㉢, ㉣

727
정책평가의 절차 중 마지막 단계에서 이루어지는 것은?

① 자료의 수집 및 분석
② 인과모형의 설정
③ 대상 및 기준의 설정
④ 평가결과의 환류
⑤ 정책목표의 확인

728
주인-대리인 이론(Principal-Agent Theory)에 관한 설명으로 옳은 것을 모두 고르면?

> ㉠ 주인과 대리인 간 정보의 대칭성을 가정한다.
> ㉡ 주인과 대리인의 관계에 관한 경제학적 모형에 근거한 이론이다.
> ㉢ 대리인의 도덕적 해이(Moral Hazard) 현상을 설명하는 데 유용하다.
> ㉣ 주인과 대리인의 상충적 이해관계로 대리손실(Agency Loss)이 발생한다.

① ㉠, ㉡
② ㉢, ㉣
③ ㉠, ㉡, ㉢
④ ㉠, ㉢, ㉣
⑤ ㉡, ㉢, ㉣

729
매트릭스 조직에 관한 설명으로 옳은 것은?

① 단일한 명령 및 보고체제를 가지고 있다.
② 하위조직 간 정보 흐름이 활성화된다.
③ 하위조직 간 할거주의가 발생할 경우 조정이 용이하다.
④ 불안정한 환경에 적절하게 대응하지 못한다.
⑤ 복잡한 의사결정을 하지 못한다.

730
피들러(Fiedler)의 상황적응적 리더십 이론에 관한 설명으로 옳지 않은 것은?

① 상황론에서는 리더십은 조직이 처한 상황적 조건(조직이 속하는 사회·문화의 성격, 조직의 목표, 구조, 업무의 성격 등)에 따라서 결정된다고 본다.
② 리더와 부하의 관계(Leader-Member Relations), 직위 권력(Position Power), 과업구조(Task Structure)에 따라 리더의 상황적 유리성(Situational Favorableness)을 설명한다.
③ 리더에게 유리한 리더십 상황은 좋은 부하와의 관계, 강한 직위 권력, 단순하고 명확한 과업구조 등이다.
④ 리더에게 상황이 매우 유리할 때에는 인간관계 중심적 리더십이 효과적이다.
⑤ 리더에게 상황이 매우 불리할 때에는 과업 중심적 리더십이 효과적이다.

731

목표관리제(MBO)에 관한 설명으로 옳은 것을 모두 고르면?

> ㉠ 부하와 상사의 참여를 통해 목표를 설정한다.
> ㉡ 중·장기목표를 단기목표보다 강조한다.
> ㉢ 조직 내·외의 상황이 안정적이고 예측가능한 조직에서 성공확률이 높다.
> ㉣ 개별 구성원의 직무 특수성을 반영하기 위하여 목표의 질적, 주관적 성격이 강조된다.

① ㉠, ㉡
② ㉠, ㉢
③ ㉡, ㉣
④ ㉢, ㉣
⑤ ㉠, ㉡, ㉢, ㉣

732

우리나라 공직 혹은 공무원의 분류·관리에 관한 설명으로 옳은 것을 모두 고르면?

> ㉠ 직위분류제를 근간으로 하면서 계급제적 요소를 부분적으로 도입하고 있다.
> ㉡ 계급제는 사람의 특성에 따라, 직위분류제는 직무의 특성에 따라 공직을 분류한다.
> ㉢ 계급제는 공무원의 신분보장과 직업공무원제 확립에 유리하며, 직위분류제는 인력활용의 융통성을 높여 준다.
> ㉣ 고위공무원단에 소속된 공무원은 계급이 없는 대신 담당직무의 등급에 따라 그 지위가 결정된다.
> ㉤ 전문경력관은 일반직공무원이지만, 계급 구분과 직군·직렬 분류가 적용되지 않는다.

① ㉠, ㉡, ㉢
② ㉡, ㉢, ㉣
③ ㉡, ㉢, ㉤
④ ㉡, ㉣, ㉤
⑤ ㉢, ㉣, ㉤

733

직무가 지니는 상대적 가치를 평가하여 임금을 결정하는 보수체계로 옳은 것은?

① 직무급
② 근속급
③ 직능급
④ 생활급
⑤ 성과급

734

「이해충돌방지법」에 관한 설명으로 옳지 않은 것은?

① 공직자는 직무관련자가 사적이해관계자임을 안 날부터 30일 이내에 소속기관장에게 그 사실을 신고하면 회피신청이 면제된다.
② 공직자는 직무수행 중 알게 된 비밀 또는 소속 공공기관의 미공개정보를 사적 이익을 위하여 이용하거나 제3자로 하여금 이용하게 하여서는 아니 된다.
③ 공직자는 직무관련자에게 사적으로 노무 또는 조언·자문 등을 제공하고 대가를 받는 행위를 하여서는 아니 된다.
④ 공직자는 공공기간이 소유하거나 임차한 물품·차량·선박·항공기·건물·토지·시설 등을 사적인 용도로 사용·수익하거나 제3자로 하여금 사용·수익하게 하여서는 아니 된다.
⑤ 공직자는 직무관련자인 소속 기관의 퇴직자(공직자가 아니게 된 날부터 2년 이내인 자)와 사적 접촉(골프, 여행, 사행성 오락을 같이 하는 행위)을 하는 경우 소속기관장에게 신고하여야 한다.

735
정부가 공공사업을 위해 조달하는 재원에 관한 설명으로 옳은 것을 모두 고르면?

> ㉠ 조세는 현 세대의 의사결정에 대한 재정 부담이 미래 세대로 전가된다.
> ㉡ 수익자부담금은 형평성차원에서 부담과 편익의 공평한 배분을 보장한다.
> ㉢ 국·공채는 세대 간 공평성을 갖는다.
> ㉣ 조세는 일시적으로 대규모 재원투자가 필요한 전략 투자사업에 시의성을 제고한다.

① ㉠, ㉡
② ㉠, ㉢
③ ㉡, ㉢
④ ㉡, ㉣
⑤ ㉢, ㉣

736
예산집행의 신축성을 유지하기 위한 제도적 장치로 옳지 않은 것은?

① 총액계상제도
② 예산의 이용과 전용
③ 예산의 이체
④ 예비비
⑤ 예산의 배정과 재배정

737
제도적 책임성과 대비되는 자율적 책임성에 관한 설명으로 옳지 않은 것은?

① 전문가로서의 직업윤리와 책임감에 기초해서 적극적·자발적 재량을 발휘하여 확보되는 책임이다.
② 객관적으로 기준을 확정하기 곤란하므로, 내면의 가치와 기준에 따른다.
③ 국민들의 요구와 기대를 정확하게 인식해서 이에 능동적으로 대응하는 것이다.
④ 고객 만족을 위하여 성과보다는 절차에 대한 책임을 강조한다.
⑤ 대응성의 개념에 기초한 행정책임을 의미한다.

738
우리나라의 「공공기관의 정보공개에 관한 법률」에 대한 설명으로 옳은 것을 모두 고르면?

> ㉠ 헌법상의 '알 권리'를 구체화하기 위하여 1996년에 제정되었다.
> ㉡ 정보공개비용은 행정청이 부담한다.
> ㉢ 외국인은 행정정보의 공개를 청구할 수 없다.
> ㉣ 직무를 수행한 공무원의 성명·직위는 공개할 수 있다.
> ㉤ 공공기관은 부득이한 사유가 없는 한 정보공개 청구를 받은 날부터 10일 이내에 공개여부를 결정해야 한다.

① ㉠, ㉡, ㉤
② ㉠, ㉣, ㉤
③ ㉡, ㉢, ㉣
④ ㉡, ㉣, ㉤
⑤ ㉢, ㉣, ㉤

739
우리나라 지방자치제도에 관한 설명으로 옳은 것은?

① 시·군 및 자치구의 장이 법령의 규정에 따라 그 의무에 속하는 국가위임사무의 관리와 집행을 명백히 게을리하고 있다고 인정되면 주무부장관은 그 이행을 직접 명령할 수 있다.
② 시·군 및 자치구의 사무에 관한 그 장의 명령이나 처분이 법령에 위반되거나 현저히 부당하여 공익을 해친다고 인정되면 주무부장관은 그 시정을 직접 명할 수 있다.
③ 시·군 및 자치구에 대하여 지방의회의 의결이 법령에 위반되거나 공익을 현저히 해친다고 판단되면 주무부장관은 직접 재의를 요구할 수 있다.
④ 지방자치단체의 기관구성은 기본적으로 기관대립형을 채택하고 있다.
⑤ 기관위임사무는 주로 전국적 이해관계보다 지방적 이해관계가 큰 사무들이 그 대상이 된다.

740
중앙정부에 의한 지방재정조정제도의 형태가 아닌 것은?

① 국고보조금
② 지방교부세
③ 국가균형발전특별회계
④ 조정교부금
⑤ 국고부담금

741
사회국가 원리의 구현을 위해 요청되는 것과 가장 거리가 먼 것은?

① 사회적 기본권의 보장
② 경제 질서에 대한 규제와 조정
③ 재산권 보장의 강화
④ 계약의 자유 제한
⑤ 교육제도

742
적극적 평등실현조치의 특징으로 옳은 것을 모두 고르면?

㉠ 개인의 자격	㉡ 집단의 일원
㉢ 기회의 평등	㉣ 결과의 평등
㉤ 항구적인 정책	㉥ 잠정적인 조치

① ㉠, ㉢, ㉤
② ㉠, ㉢, ㉥
③ ㉠, ㉣, ㉤
④ ㉡, ㉢, ㉥
⑤ ㉡, ㉣, ㉥

743
국회의 동의를 얻어 대통령이 임명하는 기관의 장이 아닌 것은?

① 감사원장
② 헌법재판소장
③ 중앙선거관리위원회 위원장
④ 대법원장
⑤ 국무총리

744

다음은 권리구제형 헌법소원의 요건에 관한 설명이다. ㉠과 ㉡에 해당하는 개념이 바르게 짝지어진 것은?

> ㉠ 다른 법률에 구제절차가 있는 경우 그 절차를 모두 거친 후가 아니면 헌법소원을 청구할 수 없다.
> ㉡ 헌법소원은 개인의 주관적 권리를 보호하기 위한 제도이므로 청구인의 목적이 이미 달성되었거나 목적 달성이 불가능한 경우에는 헌법소원이 부적법해진다.

	㉠	㉡
①	자기관련성	직접성
②	권리보호의 이익	보충성
③	재판의 전제성	보충성
④	보충성	권리보호의 이익
⑤	보충성	객관적 가치질서

745

법인의 능력에 관한 설명으로 옳은 것은?

① 법인에게는 자연인에게 인정되는 상속권을 가질 수 없고 유증을 받을 수도 없다.
② 대표기관의 직무행위에 의하여 법인이 불법행위책임을 지는 경우, 실제 행위를 한 이사 자신은 책임을 지지 않는다.
③ 법인의 불법행위가 성립하지 않는 경우에도, 그 사항의 의결에 찬성하거나 그 의결을 집행한 사원, 이사 기타 대표자는 법인과 연대하여 책임을 진다.
④ 감사는 법인의 대표기관이 아니지만, 감사업무의 중요성에 비추어 감사의 직무행위에 관하여 법인이 민법 제35조의 불법행위책임을 부담한다고 해석하는 것이 일반적이다.
⑤ 대표기관의 대리인의 가해행위가 있는 경우, 대리인은 대표기관이 아니므로 법인에게 민법 제35조상의 불법행위책임은 성립하지 않지만, 민법 제756조의 사용자책임이 성립할 수는 있다.

746

담보물권에 공통된 성질로 적절하지 않은 것을 모두 고르면?

> ㉠ 부종성　　　㉡ 수반성
> ㉢ 물상대위성　㉣ 불가분성
> ㉤ 보충성

① ㉠
② ㉢
③ ㉤
④ ㉡, ㉢
⑤ ㉣, ㉤

747

동시이행 항변권에 관한 설명으로 옳지 않은 것은?

① 동시이행의 항변권은 영구적 항변권이 아니라, '연기적 항변권'의 성질을 가진다.
② 쌍방의 채무가 동일한 쌍무계약으로부터 발생할 것을 요한다.
③ 당사자 일방이 상대방에게 먼저 이행하여야 할 경우에도 '상대방의 이행이 곤란할 현저한 사유가 있는 때'에는, 선이행의무자는 상대방이 그 채무이행을 제공할 때까지 자기의 채무이행을 거절할 수 있는 동시이행의 항변권을 가진다.
④ 원고가 제기한 이행청구소송에서 피고가 동시이행 항변권을 주장한 경우, 법원은 '피고는 원고의 이행과 상환으로 이행하라.'는 상환이행판결을 하여야 한다.
⑤ 동시이행의 항변권은 상대방의 채무이행이 있기까지 자신의 채무이행을 거절할 수 있는 권리로서, 이를 주장하는 때에 한해 비록 이행기에 이행을 하지 않더라도 이행지체가 되지 않는다.

748
민법 제756조의 사용자 배상책임에 관한 설명으로 옳지 않은 것은?

① 타인을 사용하여 어느 사무에 종사하게 한 자는 피용자가 그 사무집행에 관하여 제3자에게 가한 손해를 배상할 책임이 있다.
② 사용자 또는 감독자가 책임을 지더라도 가해자인 피용자 자신의 책임이 면제되는 것은 아니다.
③ 피용자의 행위가 행위의 외형상 사무집행 자체라고 인정되면 그 행위가 사용자의 사무를 집행하는 것이 아니라도 사용자는 책임을 져야 한다.
④ 피용자의 불법행위가 사무집행 행위에 해당하지 않음을 피해자 자신이 알았거나 또는 중대한 과실로 알지 못한 경우에는 사용자책임을 물을 수 없다.
⑤ 동업관계에 있는 자들이 업무를 동업자 중 1인에게 맡겨 그로 하여금 처리하도록 한 경우 다른 동업자는 사용자 지위에 있지 않아 업무집행과정에서 발생한 사고에 대하여 사용자책임을 지지 않는다.

749
상속회복청구권에 관한 설명으로 옳지 않은 것은?

① 유증을 받은 자는 모두 상속회복청구권자에 해당한다.
② 상속권을 주장하지 않고, 다른 특정의 권원을 주장하며 상속재산을 점유하고 있는 자는 참칭상속인이 될 수 없다.
③ 공동상속인 중 상속분을 초과하여 상속을 원인으로 점유 등기한 자도 참칭상속인에 해당한다.
④ 상속회복청구권은 반드시 재판상 행사하여야 한다.
⑤ 상속회복청구권은 그 침해를 안 날부터 3년, 상속권의 침해행위가 있은 날부터 10년을 경과하면 소멸된다.

750
다음 내용을 통해 설명하고 있는 개념으로 옳은 것은?

> 자기의 행위가 법령에 의하여 죄가 되지 아니하는 것으로 오인한 행위는 그 오인에 정당한 이유가 있는 때에 한하여 벌하지 아니한다.

① 법률의 착오
② 구성요건적 착오
③ 인과관계의 착오
④ 위법성조각사유의 전제사실에 관한 착오
⑤ 의무의 충돌

751
상해와 폭행의 죄에 관한 설명으로 옳지 않은 것은?

① 상해는 생리적 기능을 침해하는 행위를 말하고, 폭행은 유형력을 행사함에 의하여 신체의 완전성을 침해하는 행위를 의미한다.
② 상해죄와 폭행죄는 모두 미수범을 처벌한다.
③ 얼굴에 폭력을 가하여 실명케 한 경우는 중상해죄에 해당한다.
④ 폭행죄는 피해자의 명시한 의사에 반해서는 처벌할 수 없는 반의사불벌죄에 해당한다.
⑤ 위험한 물건을 휴대하여 폭행죄를 범하면 특수폭행죄가 성립하는데, '휴대하여'의 의미는 소지뿐만 아니라 널리 이용한다는 뜻도 포함한다.

752
자백의 보강법칙에 관한 설명으로 옳지 <u>않은</u> 것은?

① 자백의 보강법칙은 자백의 증거능력 제한에 관한 것이다.
② 공범자의 자백에는 보강증거가 필요하지 않다.
③ 공판정에서 한 피고인의 자백에도 보강법칙이 적용된다.
④ 자백을 보강하는 증거는 자백과는 독립된 증거능력 있는 증거라야 한다.
⑤ 간접증거나 정황증거도 보강증거가 될 수 있다.

753
다음 내용을 통해 설명하고 있는 개념으로 옳은 것은?

> 보증인이 채권자로부터 보증채무 이행청구소송을 제기받은 경우 주채무자에게 소송계속의 사실을 통지해두면 가령 보증인 패소하여 보증채무를 지급하고 추후에 주채무자에게 구상권을 행사하는 소송에서 주채무자가 전소의 사실인정과 판단에 모순되는 주채무가 부존재한다는 주장을 하는 것이 방지된다.

① 기일 통지
② 소환
③ 소송고지
④ 반사적 효력
⑤ 기판력

754
소제기 효과에 관한 설명으로 옳지 <u>않은</u> 것은?

① 소가 제기되면 소송법상 소송계속의 효과가 발생하고, 실체법상 권리의 시효중단과 법률상의 기간준수의 효과가 생긴다.
② 이미 사건이 계속되어 있을 때에는 그와 동일한 사건에 대하여 당사자는 다시 소를 제기하지 못하는데 이를 중복된 소제기의 금지라 한다.
③ 중복된 소제기에서 전소와 후소의 구별은 판례에 따르면 소제기시를 기준으로 한다.
④ 중복된 소제기여서는 안 된다는 것은 소극적 소송요건으로 이에 해당하면 후소를 각하해야 한다.
⑤ 채권자대위소송의 계속 중 채무자가 자신의 권리에 관한 후소를 제기하면 후소는 중복소송에 해당한다.

755
상법상 지배인에 대한 설명으로 옳지 <u>않은</u> 것은?

① 지배인은 영업주에 갈음하여 그 영업에 관한 재판상 또는 재판 외의 모든 행위를 할 수 있다.
② 지배인의 대리권에 대한 제한은 선의의 제3자에게 대항하지 못한다.
③ 상인이 수인의 지배인에게 공동으로 대리권을 행사하게 하는 경우에 지배인 1인에 대한 의사표시는 영업주에 대하여 효력이 있다.
④ 본점 또는 지점의 본부장, 지점장, 그 밖에 지배인으로 인정될 만한 명칭을 사용하는 자는 재판상 또는 재판 외의 행위에 있어 본점 또는 지점의 지배인과 동일한 권한이 있는 것으로 본다.
⑤ 지배인은 영업주의 허락 없이 자기 또는 제3자의 계산으로 영업주의 영업부류에 속한 거래를 할 수 없다.

756
상법상 금융리스계약에 관한 설명으로 옳지 않은 것은?

① 금융리스이용자는 금융리스물건을 수령함과 동시에 금융리스료를 지급하여야 한다.
② 금융리스물건수령증을 발급한 경우에는 금융리스이용자와 리스업자 사이에 적합한 금융리스물건이 수령된 것으로 추정한다.
③ 금융리스물건이 공급계약에서 정한 시기와 내용에 따라 공급되지 아니한 경우 금융리스이용자는 리스업자에게 직접 손해배상을 청구할 수 있다.
④ 금융리스이용자의 책임 있는 사유로 금융리스계약을 해지하는 경우에는 금융리스업자는 잔존 금융리스료 상당액의 일시 지급 또는 금융리스물건의 반환을 청구할 수 있다.
⑤ 금융리스계약에서 금융리스업자가 금융리스물건의 하자에 대하여 하자담보책임을 배제하는 특약은 합리성이 인정되어 유효하다.

757
행정청이 타인의 법률행위를 보충하여 그 행위의 효력을 완성해 주는 행정행위의 강학상 용어로 옳은 것은?

① 인가
② 하명
③ 허가
④ 특허
⑤ 공증

758
부관의 종류에 해당하지 않는 것은?

① 사후부관
② 기한
③ 조건
④ 철회권의 유보
⑤ 부담

759
행정청이 건물의 철거 등 대체적 작위의무의 이행과 관련하여 의무자가 행할 작위를 스스로 행하거나 또는 제3자로 하여금 이를 행하게 하고 그 비용을 의무자로부터 징수하는 행정상의 강제집행 수단으로 옳은 것은?

① 직접강제
② 행정벌
③ 행정대집행
④ 행정상 즉시강제
⑤ 행정상 강제징수

760
경영상 이유에 의한 해고에 관한 설명으로 옳은 것은?

① 경영상 이유에 의한 해고의 경우에는 해고예고를 하지 않아도 된다.
② 경영 악화를 방지하기 위한 사업의 양도·인수·합병은 긴박한 경영상의 필요가 있는 것으로 본다.
③ 사용자는 일정한 규모 이상의 인원을 해고하려면 고용노동부장관의 승인이 필요하다.
④ 근로자를 경영상 이유로 해고한 사용자는 근로자를 해고한 날부터 5년 이내에 해고된 근로자가 해고 당시 담당하였던 업무와 같은 업무를 할 근로자를 채용하려고 할 경우 해고된 근로자가 원하면 그 근로자를 우선적으로 고용하여야 한다.
⑤ 경영상 해고의 사전 통보기간은 60일이다.

03

통합전공 모의고사

경영학 | 경제학 | 행정학 | 법학

- 문항 수: 40문항
- 응시시간: 40분

761
기업의 형태에 관한 설명으로 옳은 것은?

① 유한회사는 사원 전원이 출자액을 한도로 기업 채무에 대한 유한책임을 지며, 정관으로도 소유 지분의 일부 또는 전부에 대한 타인 양도를 제한하지 못한다.
② 합명회사는 회사의 모든 채무에 대해서 연대 책임을 지며, 다른 사람의 동의가 있더라도 지분의 일부 또는 전부를 타인에게 양도하지 못한다.
③ 합자회사의 유한책임사원은 출자가액에서 이미 이행한 부분을 공제한 가액을 한도로 회사 채무에 대한 변제의 책임을 지며, 회사의 업무집행이나 대표 행위를 행사할 수 없다.
④ 주식회사의 주주는 회사의 모든 채무에 대해서 연대 책임을 지며, 변제 의무가 있다.
⑤ 합명회사는 무한책임사원으로만 구성된 물적회사인 데 비해, 합자회사는 소유와 경영이 분리된 형태의 물적회사이다.

762
다음과 가장 밀접한 관련이 있는 이론으로 옳은 것은?

- 관료의 사익 추구
- 예산극대화
- 지대추구행위
- 정치 · 행정 현상의 경제학적 분석

① 체제 이론 ② 거버넌스 이론
③ 신행정학 이론 ④ 공공선택 이론
⑤ 포스트모더니즘 이론

763
개인의 성격, 학습 및 태도에 대한 학자와 이론에 대한 설명으로 옳지 않은 것의 개수는?

⊙ 레빈: 불만(저항력/추진력)의 강화가 태도를 변화시킨다.
ⓒ 하이더: 균형상태를 회복하기 위해 기존 태도를 변화시킨다.
ⓒ 페스팅거: 인지부조화를 감소시키기 위해 개인의 태도가 변화된다.
ⓔ 스키너: 행동주의적 학습으로 조작적 조건화를 통해 태도가 변화된다.
ⓜ 노만: Big 5 모형은 대응성, 친화성, 개방성, 인지성, 안정성의 특성으로 구성된다.

① 0개 ② 1개
③ 2개 ④ 3개
⑤ 4개

764
다음 설명 중 옳지 않은 것은?

① 브룸(Vroom)의 기대이론에 의하면 보상의 유의성(Valence)은 개인의 욕구에 따라 다르며, 동기부여를 결정하는 요인이다.
② 아담스(Adams)의 공정성이론에 의하면 보상에 대한 공정성 지각 여부가 종업원의 노력(투입) 정도를 결정한다.
③ 피들러(Fiedler)의 상황적합성이론에 의하면 리더와 부하의 관계가 좋을 때에는 과업지향적인 리더십을 구사하는 것이 좋다.
④ 스키너(Skinner)의 조작적 조건화에서 소거(Extinction)란 과거의 부정적 결과를 제거함으로써 긍정적인 행동의 확률을 높이는 것을 말한다.
⑤ 리더-구성원 교환이론(LMX)에 의하면 리더는 외집단보다는 내집단을 더 많이 신뢰한다.

765

채찍 효과(Bullwhip Effect)를 줄일 수 있는 방안으로 가장 옳지 않은 것은?

① 각각의 유통 주체가 독립적인 수요 예측을 통해 정확성과 효율성을 높인다.
② 공급 리드타임을 줄일 수 있는 방안을 마련한다.
③ 공급 체인에 소속된 각 주체들이 수요 정보를 공유한다.
④ 지나치게 잦은 할인 행사를 지양한다.
⑤ 항시 저가 정책(EDLP)를 통해 소비자의 수요변동 폭을 줄인다.

766

프로세스 선택과 설비배치에 관한 설명으로 가장 적절하지 않은 것은?

① 정유공정이나 제철공정과 같이 고도로 표준화된 제품을 생산하기 위해서는 연속생산 프로세스와 제품별 배치가 바람직하다.
② 중장비나 선박용 부속품과 같은 제품의 생산을 위해서는 배치생산 프로세스와 공정별 배치가 바람직하다.
③ 시장에서의 반응이 아직 확인되지 않은 신제품의 경우에는 배치 프로세스와 제품별 배치가 바람직하다.
④ 제품의 수명주기에서 성숙기에 속하는 자동차의 생산을 위해서는 조립생산 프로세스와 제품별 배치가 바람직하다.
⑤ 표준화의 정도가 매우 낮고 주문별로 개별 작업이 필요한 경우에는 주문생산 프로세스와 공정별 배치가 바람직하다.

767

다음에 제시된 조건을 바탕으로 경제적 주문량을 고려한 연간 총재고비용으로 옳은 것은?

- 연간 부품 수요량: 1,000개
- 1회 주문비: 200원
- 단위당 재고 유지비: 40원
※ 총재고비용=(주문비)+(재고 유지비)

① 500원　　　　　② 1,000원
③ 2,000원　　　　④ 3,000원
⑤ 4,000원

768

마케팅 조사에서 표본 선정에 관한 설명으로 가장 옳지 않은 것은?

① 표본 추출 과정은 '모집단의 설정 → 표본 프레임의 결정 → 표본 추출 방법의 결정 → 표본 크기의 결정 → 표본 추출'의 순서로 이루어진다.
② 표본의 크기가 커질수록 조사비용과 조사시간이 증가하며, 표본오류 또한 증가한다.
③ 비표본 오류(Non-Sampling Error)에는 조사 현장의 오류, 자료 기록 및 처리의 오류, 불포함 오류, 무응답 오류가 있다.
④ 층화 표본 추출(Stratified Sampling)은 확률 표본 추출 방법이며, 모집단을 서로 상이한 소집단들로 나누고 이들 각 소집단들로부터 표본을 무작위로 추출하는 방법이다.
⑤ 표본 프레임(Sample Frame)이란 모집단에 포함된 조사대상자들의 명단이 수록된 목록을 의미한다.

769

유통경로 전략 (가)~(다)에 맞는 제품 ㉠~㉢이 바르게 짝지어진 것은?

유통경로 전략	제품
(가) 집약적 유통	㉠ 청량음료, 비누, 껌
(나) 선택적 유통	㉡ 화장품, 의류, 산업재 부속품
(다) 전속적 유통	㉢ 고급 자동차, 건설장비, 고급 가구

	(가)	(나)	(다)
①	㉠	㉡	㉢
②	㉠	㉢	㉡
③	㉡	㉠	㉢
④	㉢	㉠	㉡
⑤	㉢	㉡	㉠

770

자본자산 가격결정 모형(CAPM)이 성립하며 시장이 균형인 상태에서 포트폴리오 A와 B의 기대수익률과 베타(체계적 위험)가 다음과 같을 때, 시장 포트폴리오의 기대수익률로 옳은 것은?

구분	기대수익률	베타
A	10%	0.5
B	20%	1.5

① 15% ② 16%
③ 17% ④ 18%
⑤ 19%

771

사과와 배 두 종류의 재화만을 소비하는 소비자가 있다. 사과의 가격은 서울과 대구 모두 500원이며 배의 가격은 서울 400원, 대구 200원이다. 서울이나 대구에서나 소비자가 동일한 수준의 효용을 얻을 수 있을 정도의 예산을 확보하였다고 가정한다면, 이 소비자가 서울에서 대구로 이사하였을 때 사과와 배의 소비량의 변화로 바르게 짝지어진 것은?

	사과의 소비량	배의 소비량
①	증가	증가
②	감소	감소
③	변화 없음	증가
④	증가	감소
⑤	감소	증가

772

다음은 어떤 나라의 경제를 표현한 식이다. 이 나라에서 정부지출을 100만큼 증가시켰을 때 순수출의 변화로 옳은 것은?(단, Y: 소득, C: 소비, T: 조세, I: 투자, G: 정부지출, X: 수출, M: 수입을 의미한다.)

- $Y = C+I+G+X-M$
- $C = 200+0.8(Y-180-0.25t)$
- $I = 30+0.2Y$
- $G = 180$
- $M = 75+0.2Y$
- $X = 175$

① -250 ② -200
③ -150 ④ -100
⑤ -50

773
다음 내용을 통해 설명하는 개념으로 옳은 것은?

> C사는 상업용 카메라를 제조하는 업체로 출발하였다. 이후 카메라를 제조하면서 쌓은 광학기술과 정밀기계기술을 통해 현미경, 복사기 시장에도 진출하여 사업영역을 확장하는 데 큰 성공을 거두었다.

① 규모의 경제
② 범위의 경제
③ 규모에 대한 수확체증
④ 수직적 통합
⑤ 전략적 제휴

774
완전경쟁시장에서 모든 기업의 장기총비용함수는 $LTC = q^3 - 8q^2 + 32q$이다. 시장 수요함수가 $Q = 240 - P$일 때 장기균형에서 시장참여기업의 수로 옳은 것은?

① 56개　② 60개
③ 64개　④ 68개
⑤ 72개

775
이윤극대화를 추구하는 완전경쟁시장에 있는 A기업의 단기생산함수가 $Q(L) = 200L - L^2$이다. 현재 균형 수준에서 A기업은 생산 중이며, 50단위의 노동을 고용하고 있으며, 노동 한 단위당 임금이 300이다. 이윤을 극대화하는 생산물의 가격으로 가장 적절한 것은?

① 2　② 3
③ 5　④ 6
⑤ 8

776
어느 경제의 중앙은행은 실질 이자율을 3%로 유지하는 규칙을 엄격하게 지키고 있다. 이 수준에서 현재 경제는 균형상태에 있을 때, 이에 대한 설명으로 옳지 않은 것은?

① 화폐수요가 증가할 경우 LM곡선은 변하지 않는다.
② 화폐수요가 감소할 경우 중앙은행은 국채를 매도할 수 있다.
③ 소비가 감소할 경우 경기부양을 위해 통화량을 증가시킨다.
④ 투자가 증가할 경우 단기에서 균형소득은 증가한다.
⑤ 물가가 상승한다 해도 균형소득은 변하지 않는다.

777
총수요 총공급모형에서 재정정책 또는 통화정책으로 인한 효과로 옳지 않은 것은?

① 리카도 대등정리가 성립하면 장·단기적으로 국민소득에 아무런 영향을 줄 수 없다.
② 화폐공급의 증가는 단기적으로는 경기를 회복시킬 수 있으나 장기에는 물가만 상승한다.
③ 부정적 수요충격 발생 시 정부의 개입이 없다면 장기적으로 이전과 동일한 물가로 돌아간다.
④ 확장적 통화정책은 단기적으로 이자율을 하락시켜 자산가격을 상승시킨다.
⑤ 확장적 재정정책은 단기적으로 외부 정책 시차가 짧아서 국민소득을 증가시키는 효과가 있다.

778
인플레이션이 경제에 미치는 영향으로 가장 적절한 것은?

① 화폐의 중립성이 성립하더라도 인플레이션으로 인해 실질 구매력의 변화가 생긴다.
② 새케인즈학파에 의하면 예상된 인플레이션의 경우에는 어떤 형태의 사회적 비용도 발생하지 않는다.
③ 현금 보유를 줄이고 은행 예금이 증가하는 현상으로 인해 거래비용이 증가한다.
④ 인플레이션으로 인한 명목비용 상승이 즉각적으로 가격에 반영되어 상대가격의 왜곡이 발생한다.
⑤ 정부는 인플레이션 조세(Inflation Tax)를 통해 시장에서의 통화량을 감소시켜 인플레이션을 해결할 수 있다.

779
경기안정화정책에 관한 설명으로 옳지 않은 것은?

① 통화량 증가율을 일정하게 유지하도록 규정할 것을 주장한 프리드만의 준칙에 의한 정책(Policy By Rule)은 통화정책의 기능을 포기한 것과 유사하다.
② 루카스 비판(The Lucas Critique)은 경제정책을 시행할 때 수동적인 시스템을 최적으로 통제(Optimal Control)하는 것이 핵심이고, 경제변수들 간의 관계를 감안한다면 실제 경제 정책효과를 제대로 파악할 수 없게 된다는 내용이다.
③ 통화정책에 비해 재정정책은, 정책이 시행된 후 기대되는 경제적 효과를 가져오는 데에 걸리는 시간인 외부시차(Outside Lag)가 더 짧고, 정책시차가 가장 짧은 정책으로는 소득세나 실업보험과 같은 자동안정장치(Automatic Stabilizer)가 있다.
④ 최적 재량에 의한 정책(Policy By Discretion)은 경제상황을 정책수립에 반영하므로 비일관적일 수밖에 없다.
⑤ 공급측 경제학에서는 총수요 확대정책은 물가상승을 부추긴다고 본다.

780
A국과 B국으로 구성된 경제가 있다. 사과에 대한 양국의 수요함수와 공급함수가 다음과 같을 때, 이에 대한 설명으로 옳지 않은 것은?

- A국: 수요함수 $Q=20-P$, 공급함수 $Q=-10+P$
- B국: 수요함수 $Q=20-P$, 공급함수 $Q=10+P$

① 무역 개시 전 A국의 균형가격은 15이다.
② 무역 개시 전 A국의 균형가격은 B국의 균형가격보다 높다.
③ A국에서 사과에 대해 관세를 부과하게 되면 B국에서의 균형가격은 5보다 낮다.
④ 무역이 시작되고 균형가격이 10이라면 A국의 사과 국내 생산량은 감소하게 된다.
⑤ 무역이 시작되고 균형가격이 8이라면 B국의 수출량은 6이다.

781
행정학의 주요 접근방법과 관련 학자 및 내용을 연결한 것으로 옳지 않은 것은?

① 뉴거버넌스론 – 로즈(Rhodes) – 민관협력 네트워크
② 생태론 – 리그스(Riggs) – 행정체제의 개방성
③ 공공선택론 – 오스트롬(Ostrom) – 정치경제학적 연구
④ 후기행태주의 – 이스턴(Easton) – 가치중립적·과학적 연구 강조
⑤ 신공공관리론 – 오스본(Osborne)과 개블러(Gaebler) – 기업가적 정부

782
행정에서의 가외성에 관한 설명으로 옳지 않은 것은?

① 최악의 상황에 대비하자는 것이다.
② 조직의 실패 확률을 감소시켜 안정성을 높여 준다.
③ 환경의 불확실성이 커질수록 가외성의 필요성은 감소한다.
④ 환경에 대한 조직의 적응성을 높여 준다.
⑤ 작고 효율적인 행정개혁을 저해할 수도 있다.

783
정책 유형에 관한 설명으로 옳은 것은?

① 리플리와 프랭클린(Ripley&Franklin)의 경쟁적 규제정책은 배분정책과 규제정책의 성격을 동시에 지니고 있다.
② 리플리와 프랭클린(Ripley&Franklin)의 보호적 규제정책은 소수를 보호하기 위해 다수를 규제하는 정책이다.
③ 로위(Lowi)가 주장하는 배분정책의 가장 큰 특징은 계급 대립의 성격을 지닌다는 것이다.
④ 로위(Lowi)의 재분배정책은 수혜자와 비용부담자 간의 갈등이 없다는 점이 특징이다.
⑤ 알몬드와 파우얼(Almond&Powell)은 정책을 배분, 규제, 재분배, 구성 정책으로 분류하였다.

784
실적주의 인사행정에 관한 설명으로 옳은 것은?

① 공무원의 정치적 중립을 어렵게 한다.
② 행정의 전문성을 저해한다.
③ 개인의 능력이나 실적을 기준으로 임용한다.
④ 빈번한 교체임용을 통해서 관료의 특권화를 막는다.
⑤ 직업공무원제 수립을 저해한다.

785
행정조직에 관한 설명으로 옳은 것은?

① 위원회 조직은 결정권한의 최종 책임이 기관장 한 사람에게 집중되어 있는 조직이다.
② 방송통신위원회, 공정거래위원회와 같은 행정위원회는 결정권한을 갖고 있으며 집행까지 책임을 진다.
③ 책임운영기관은 중앙통제 중심의 관료제적 성격을 갖는 조직으로 실제 일을 맡아 집행하는 사람들에게 재량권을 부여하지 않는다.
④ 책임운영기관은 수익성보다는 정부기능이 갖고 있는 공익성만을 강조하며, 효율성보다는 사회적 형평성을 관리의 주요 가치로 삼는다.
⑤ 애드호크라시는 현대의 복잡하고 불확실한 환경에서 발생하는 문제에 신속하게 대응하지 못한다.

786
허즈버그(Herzberg)가 제시한 동기요인이 아닌 것은?

① 성취감　　② 책임감
③ 보수　　　④ 안정감
⑤ 승진

787
정책결정모형에 관한 설명으로 옳지 않은 것은?

① 합리모형은 불가능한 일을 정책결정자에게 강요함으로써 바람직한 정책결정에 도움을 주지 못하고 있다는 비판을 받는다.
② 만족모형은 합리모형이 규범적이고 처방적인 의미는 있지만 비현실적이라고 비판하였다.
③ 초합리성을 강조하는 최적모형에서는 정책결정자의 직관적 판단을 배제한다.
④ 점증모형은 정책결정의 상황적 특성에 초점을 맞춘 정책결정모형이다.
⑤ 혼합모형은 정책결정을 근본적 결정과 세부적 결정으로 구분한다.

788
예산의 일반 원칙과 예외 사항이 바르게 짝지어진 것은?

① 사전의결의 원칙 – 목적세
② 공개성의 원칙 – 수입대체경비
③ 통일성의 원칙 – 추가경정예산
④ 한정성의 원칙 – 준예산
⑤ 완전성의 원칙 – 전대차관

789
우리나라의 국민권익위원회에 관한 설명으로 옳지 않은 것은?

① 국무총리 소속으로 설치되어 있으며, 옴브즈만의 일종으로 간주되기도 한다.
② 권고, 의견 표명, 감사 의뢰 등을 할 수 있다.
③ 고충민원의 처리와 그에 관련된 불합리한 행정제도의 개선을 목적으로 한다.
④ 국민권익위원회는 소관 업무의 원활한 수행을 위하여 직속기관으로 시민고충처리위원회를 둔다.
⑤ 국민권익위원회는 중앙행정심판위원회의 운영에 관한 업무를 수행한다.

790
다음 가정을 기본전제로 하는 이론으로 적절한 것은?

- 한 국가는 수많은 지방정부들로 구성되어 있다.
- 각 지방정부는 주민들의 의사에 따라 지출과 조세에 대한 의사결정을 할 수 있다.
- 개인들은 비용을 들이지 않고 자유롭게 지역 간 이주가 가능하다.

① 발에 의한 투표(Voting with Feet)
② 딜론의 원칙(Dillon's Rule)
③ 보충성의 원칙(Subsidiary Principle)
④ 쿨리 독트린(Cooley Doctrine)
⑤ 파킨슨 법칙(Parkinson's Law)

791
국가의 기본권 보호의무에 관한 설명으로 옳지 않은 것은?

① 헌법은 제10조에서 국가의 기본권 보호의무를 명문으로 규정하고 있다.
② 보호의무를 인정하는 데 있어서 국가는 국민의 기본권 침해자라는 전제에서 출발한다.
③ 국가의 기본권보호의무의 이행은 입법자의 입법을 통하여 비로소 구체화되는 것이다.
④ 보호의무 위반의 심사기준은 권력분립의 관점에서 소위 "과소보호금지원칙"을, 즉 국가가 국민의 법익 보호를 위하여 적어도 적절하고 효율적인 최소한의 보호조치를 취했는가를 기준으로 심사하게 된다.
⑤ 개인의 생명이나 신체에 대한 보호의무에서 기계적으로 형법조문을 제정할 국가의 의무나 아니면 국가 형벌권을 행사할 의무가 나오는 것은 결코 아니다.

792
다음 ㉠~㉢의 빈칸 안에 들어갈 내용이 순서대로 바르게 짝지어진 것은?

| ㉠ 대법원장의 임기는 (　　)으로 하며, (　　) 할 수 없다. |
| ㉡ 대법관의 임기는 (　　)으로 하며, 법률이 정하는 바에 의하여 (　　)할 수 있다. |
| ㉢ 대법원장과 대법관이 아닌 법관의 임기는 (　　)으로 하며, 법률이 정하는 바에 의하여 (　　) 할 수 있다. |

	㉠	㉡	㉢
①	6년, 중임	6년, 연임	10년, 연임
②	6년, 연임	6년, 중임	10년, 중임
③	6년, 중임	5년, 중임	10년, 중임
④	5년, 중임	5년, 연임	10년, 연임
⑤	5년, 연임	6년, 연임	10년, 연임

793
물권적 청구권에 관한 설명으로 옳지 않은 것은?

① 소유권에 기한 물권적 청구권은 소멸시효에 걸리지 않는다고 하는 것이 판례의 입장이다.
② 물권적 청구권은 채권적 청구권보다 우선한다.
③ 물권적 청구권만을 독립하여 양도할 수 없다.
④ 물권적 청구권은 특정인에 대하여 행위를 청구하는 것이 그 내용이다.
⑤ 물권적 청구권은 방해자에게 고의나 과실, 즉 귀책사유가 있어야 발생한다.

794
교사 甲이 자기 반 학생 乙을 유인하여 감금 중 탈진상태에 있는 乙을 그대로 두면 사망할 것을 알았으나 그대로 방치하여 乙을 죽게 했다고 했을 때, 이에 대한 설명으로 옳은 것은?

① 甲은 乙을 유인할 당시 乙을 살해할 의사가 없었으므로 살인죄는 성립하지 않는다.
② 甲은 자신이 직접 乙에 대한 살해행위가 없었으므로 살인죄는 성립하지 않는다.
③ 甲에게는 乙에 대한 살인의 미필적 고의가 있어 살인죄가 성립한다.
④ 탈진상태에 있는 乙을 그대로 두면 죽을 것을 알았으나 살해의 의사는 없었으므로 살인죄는 성립하지 않는다.
⑤ 甲에게는 살인의 고의가 없고 단지 과실로 乙을 사망에 이르게 하였으므로 과실치사죄가 성립한다.

795
다음 빈칸에 공통으로 들어갈 말로 적절한 것은?

- ( )(이)란 수사기관이 수사에 필요한 경우에 피의자의 출석을 요구하여 피의자를 신문하고 그 진술을 듣는 절차를 말한다. 피의자의 진술은 반드시 조서에 기재하여야 하는데 이를 ( ) 조서라 한다.
- 수사기관은 ( )하기 전에 진술을 거부할 수 있음을 반드시 알려주어야 한다. 진술거부권을 고지하지 않고 신문한 경우 그 진술을 기재한 ( ) 조서는 증거능력이 없게 된다.
- 검사 또는 사법경찰관은 피의자 또는 그 변호인의 신청에 따라 변호인을 피의자와 접견하게 하거나 정당한 사유가 없는 한 ( )에 참여하게 하여야 한다.

① 참고인 조사
② 피의자신문
③ 증인신문
④ 피고인신문
⑤ 수사상 증거보전

796
전속관할과 임의관할에 관한 설명으로 옳지 않은 것은?

① 전속관할은 강행규정으로 직권조사사항이다.
② 전속관할 위반의 경우는 상소심에서 다툴 수 있다.
③ 전속관할에 관하여는 변론관할이 발생할 수 있다.
④ 임의관할위반을 간과한 판결에 대해서는 관할위반을 이유로 상소할 수 없다.
⑤ 토지관할은 임의관할이다.

797
다음 빈칸에 들어갈 내용으로 옳은 것은?

> (　　　　)란 채무자와 인수인 사이의 계약으로, 인수인이 채무자의 채무를 이행할 의무를 지는 것을 말한다.

① 면책적 채무인수　② 병존적 채무인수
③ 이행인수　　　　④ 중첩적 채무인수
⑤ 계약인수

798
상법 제24조의 명의대여자의 책임에 관한 설명으로 옳지 않은 것은?

① 명의대여자가 명의차용자의 거래상대방에게 책임을 지고 명의차용자는 거래로 인한 책임을 면한다.
② 타인에게 자기의 성명 또는 상호를 사용하여 영업할 것을 허락함으로써 명의대여자의 책임을 지는 자는 상인에 한정되지 않는다.
③ 명의차용자의 불법행위의 경우에는 명의대여자에게 책임을 물을 수 없다.
④ 거래상대방이 명의대여사실을 알았거나 모른 데에 대하여 중대한 과실이 있는 때에는 명의대여자는 책임을 지지 않는다.
⑤ 명의대여자의 책임은 명의차용자의 행위에 한하고 명의차용자의 피용자의 행위에 대해서까지 미치지 않는다.

799
행정법의 일반원칙에 해당하지 않는 것은?

① 비례의 원칙　　② 평등의 원칙
③ 신뢰보호의 원칙　④ 자기구속의 원칙
⑤ 이중기준의 원칙

800
다음 빈칸에 들어갈 내용으로 옳은 것은?

> 사회보장은 모든 국민이 다양한 사회적 위험으로부터 벗어나 행복한 복지사회를 실현하는 것을 기본이념으로 한다. (　　　　)은/는 국가와 지방자치단체의 책임하에 생활 유지 능력이 없거나 생활이 어려운 국민의 최저생활을 보장하고 자립을 지원하는 제도를 말한다.

① 사회보험　　② 공공부조
③ 사회서비스　④ 평생사회안전망
⑤ 최저임금

정답 및 해설

01 | 상경통합 모의고사   P. 501

681	682	683	684	685	686	687	688	689	690
⑤	④	⑤	①	②	②	⑤	⑤	①	③
691	692	693	694	695	696	697	698	699	700
④	④	①	⑤	③	④	④	②	②	②
701	702	703	704	705	706	707	708	709	710
①	②	②	③	③	⑤	①	③	④	③
711	712	713	714	715	716	717	718	719	720
⑤	⑤	④	⑤	②	④	②	⑤	⑤	④

681   정답 ⑤

해설

수탁경영층은 주주로부터 경영기능을 위임받아 업무를 수행하는 최고경영층을 말하며 이사회를 예로 들 수 있다.

682   정답 ④

해설

전사적 자원 관리(ERP)는 생산, 판매, 구매, 인사, 재무, 물류 등 기업업무 전반을 통합 관리하는 경영정보시스템을 의미하는 것으로, 모든 정보가 발생 시점에서 실시간으로 데이터베이스화되고 각 부서가 공유할 수 있도록 하는 것이다.

683   정답 ⑤

해설

마이클 포터(M. Porter)의 가치사슬 분석은 기업 내부 단위활동과 활동들 간 연결고리 문제점 및 개선방안을 체계적으로 찾는 데 유용한 기법이다.

오답풀이

① 가치사슬 분석은 내부 프로세스의 문제점과 개선 방안을 찾아내는 기법이다.
② 기업의 가치는 본원적 활동 또는 주활동(Primary Activities)의 가치창출 활동에 의해 결정된다.
③ 주된 활동(본원적 활동) 또는 핵심프로세스는 제품의 생산·운송·마케팅·판매·물류·서비스 등과 같은 현장업무 활동을 의미한다.
④ 지원활동(Support Activities)은 구매·기술개발·인사·재무·기획 등 현장활동을 지원하는 제반업무를 의미하므로 서비스는 해당하지 않는다.

684   정답 ①

해설

부정적 강화(또는 소극적 강화)는 긍정적 강화와 마찬가지로 바람직한 행동의 빈도수를 증가하고자 하는 것이다. 다만 강화 방법은 불편한 자극의 철회를 이용하여 강화가 이루어진다.

685   정답 ②

해설

㉠, ㉡, ㉤은 옳은 내용이다.

오답풀이

㉢ 비전(Vision)은 기업의 미래상으로 목표(Objective)보다 상위에 있다. 따라서 비전보다는 목표가 정량적이며 구체성을 지니고 있어야 한다.
㉣ 유통기업의 경영전략 수립에 전제가 되는 목표는 정량적이고 구체적이어야 한다.

686   정답 ②

해설

관리자가 스텝으로부터 업무상 조언과 지원을 많이 받을수록 통제의 범위는 넓어진다. 통제범위란 관리자가 직접 통제하는 종업원 수를 의미하며, 권한위임, 정보화, 원가절감 추세에 따라 통제범위는 확대되고 있으며, 이로 인한 단점 극복을 위해 교육훈련과 임파워먼트가 강조되고 있다.

687   정답 ⑤

해설

하우스(Robert House)의 경로–목표이론은 브룸(Vroom)의 기대이론(Expectancy Theory)을 리더십에 접목한 것으로, 리더의 유형을 지시적, 지원적(후원적), 참여적, 성취지향적 리더십으로 구분하였다.

오답풀이
① 피들러(Fiedler)의 상황이론에 의하면, 리더가 처한 상황이 매우 호의적이거나 매우 비호의적인 경우에는 LPC(Least Preferred Co-worker) 점수가 낮은 리더가 적합하다.
② 리더-구성원 교환관계이론(LMX)은 상사와 부하들 간의 관계가 내집단인지 외집단인지에 따라 상이하다고 한다.
③ 허시와 블랜차드의 상황이론에 의하면, 부하의 성숙도가 매우 낮은 경우 지시적 리더십이 적합하고, 부하의 성숙도가 매우 높은 경우 위임적 리더십이 적합하다.
④ 관리격자모형은 상황이론이 아니라 리더의 행동모형이라 할 수 있다.

688 정답 ⑤

오답풀이
① 주관의 객관화(Projection)는 타인 평가 시 자신의 감정이나 경향을 귀속·전가하는 데서 초래하는 오류를 말한다.
② 피평가자에 대한 평가가 그가 속한 사회적 집단을 바탕으로 이루어짐에 따라 발생하는 오류는 상동적 태도(Stereotyping)에 해당한다.
③ 기대의 오류에 관한 내용이다.
④ 대비효과(Contrast Effect)는 앞사람에 대한 평가가 뒷사람 평가에 영향을 주는 오류를 말한다.

689 정답 ①

해설
①은 직무급에 대한 설명이다. 직능급은 직무수행능력의 발전에 따라 개별임금을 결정하는 임금체계이다. 즉 직능급은 직무요소 기준의 직무급과 인적 요소기준의 연공급을 절충한 임금체계로서 '직능급=직무급+연공급'이라 할 수 있다.

690 정답 ③

해설
㉠, ㉢은 옳은 내용이다.
오답풀이
㉡ 총괄 생산 전략은 보기에 소개된 전략 중 하나만 택하여 적용하는 순수전략과 소개된 전략 중 둘 이상을 혼합하여 사용하는 혼합전략이 있다.
㉣ 자재 소요 계획을 도출하기 위해서는 총괄 계획이 아닌 주 생산 계획(대 일정 계획: MPS)이 필요하다.

691 정답 ④

해설
지수 평활법은 계산이 간편하고 가중치 체계인 지수 평활 상수를 쉽게 변경할 수 있다.

692 정답 ④

해설
최종 고객과 생산의 사이에 있는 각 단계에서 수요 증가나 감소가 이중, 삼중으로 일어나 최종소비자의 실제 수요가 왜곡되는 경우 채찍 효과가 발생할 수 있다. 즉 공급사슬의 여러 단계 또는 부문에서의 중복적인 수요예측이 채찍 효과의 원인이므로 주어진 상황은 채찍 효과가 일어나는 원인으로 적절하지 않다. 채찍효과가 일어날 경우 이를 줄이는 방법으로는 공급사슬상의 수요 및 재고 정보의 실시간 공유, 실시간(Real Time) 주문 처리, 불확실성의 제거, 주문량의 변동 폭 감소, 리드타임의 단축 등을 들 수 있다.

693 정답 ①

해설
해크먼(Hackman)과 올드햄(Oldham)의 직무특성이론(Job Characteristic Theory)은 직무특성이 직무 수행자의 성장 욕구 수준(Growth Need Strength)에 부합될 때 긍정적인 동기 유발 효과를 초래하게 된다는 동기부여 이론이다. 그들은 어떤 직무가 갖는 잠재적 동기지수(MPS: Motivating Potential Score)에는 기술 다양성(Skill Variety), 직무 정체성(Task Identity), 직무 중요성(Task Significance), 자율성(Autonomy), 피드백(Feedback)의 다섯 가지 직무특성이 모두 영향을 미치며, 그 가운데서도 자율성과 피드백이 중요한 영향을 미친다고 강조한다.

694 정답 ⑤

해설
초기 모델에서는 태도와 행동을 동일시하였고, 태도는 그 대상이 제품 속성에 대해 어떠할 것이라는 각 속성에 대한 평가에 의해 결정된다고 보았다. 또한 초기 모델에서는 소비자가 대상을 객관적으로 본다고 전제하지만, 확장 모델에서는 합리적 행동이론을 토대로 소비자가 대상을 주관적으로 볼 것이라고 전제한다.

695 정답 ③

해설
㉠ 실험 설계는 인과 조사를 위한 것이며, 탐색 조사에 사용되는 방법으로는 문헌 조사, 전문가 의견 조사, 표적 집단 면접법

(FGI), 사례 연구법 등이 있다.
ⓒ 인터넷, 통계청, 기업 연구소에서 발표했던 자료는 기존 자료를 이용하는 2차 자료에 해당한다.
ⓒ 층화 표본 추출(Stratified Sampling)은 모집단을 어떤 기준에 따라 서로 상이한 소집단들로 나누고, 각 소집단으로부터 표본을 무작위로 추출하는 방법이다.

696 정답 ④

해설
주어진 내용은 PR(Public Relations)에 대한 설명으로, PR은 기업이 자사의 이미지를 제고 및 자사에 대한 호의적인 평판 획득을 위한 커뮤니케이션 활동을 통해 기업과 직·간접적인 관계에 있는 여러 집단들과 좋은 관계를 유지해 나가는 공중 관계를 뜻한다.

697 정답 ④

해설
서비스는 상품의 재고처럼 보관할 수 없다는 소멸성을 지니고 있다. 따라서 비수기에는 고객을 유인할 수 있는 다양한 서비스를 제공할 수밖에 없다.

698 정답 ②

해설
ⓐ, ⓒ은 옳은 내용이다.

오답풀이
ⓑ 자본시장선(CML)은 효율적 프론티어상의 자산과 무위험자산의 가격만을 결정하지만, 증권시장선(SML)은 시장이 균형인 상태에서 모든 자산의 기대수익률을 결정한다.
ⓓ 증권시장선(SML)은 위험자산과 무위험자산을 고려한 효율적 투자기회선이다.

699 정답 ②

해설
포트폴리오 분산
$W_A^2\sigma_A^2 + W_B^2\sigma_B^2 + 2W_AW_B\rho_{AB}\sigma_A\sigma_B$
$= 0.5^2 \times 0.06 + 0.5^2 \times 0.08 + 2 \times 0.5 \times 0.5 \times 0 \times 0.06 \times 0.08$
$= 0.035$

700 정답 ②

해설
선도거래에서 매입한 투자자는 기초자산 가격이 오를수록 이익을 보게 되며, 선도거래를 매도한 투자자는 기초자산 가격이 떨어질수록 이익을 보게 된다. 계약 후 만기 시점에서 얻게 되는 기초자산 1단위당 순손익은 다음과 같다.

※ 선도매입 거래의 순손익=(만기일의 현물가격)−(선도계약 시 선도가격)

이에 따라 선도매입 계약을 맺은 ㈜서울투자는 만기 시점인 20X2년 5월 1일의 현물가격(1,100만 원)이 선도가격(1,000만 원)보다 상승했으므로, 차액인 100만 원×10개=1,000(만 원)의 이익이 생긴다.

701 정답 ①

해설
ⓐ A에서 C로 이동할 때 소득이 증가함에 따라 X재의 소비는 감소하고, Y재의 소비는 증가하고 있으므로 X재는 열등재이고, Y재는 정상재이다.
ⓑ A점에서 B점으로의 이동은 X재의 가격이 하락하여 X재의 소비가 증가하고 있다. 원인이 X재의 가격하락이므로 수요곡선상의 변화이고, 수요량의 변화이다.

오답풀이
ⓒ X재의 PCC곡선이 우상향의 곡선이므로 보완재의 관계이다.
ⓓ Y재는 정상재이므로 소득효과와 대체효과가 같은 방향으로 나타나는 재화이다.

702 정답 ②

해설
시장 전체의 수요곡선은 개별수요곡선을 수평으로 합하여 구한다. 즉 Q로 정리한 식을 합하여 구하면 된다. 따라서 甲과 乙의 Y절편인 가격이 8인 점을 기준으로, 가격이 8보다 큰 경우와 가격이 8보다 작은 경우에 각기 다른 형태의 시장 전체의 수요곡선이 나타나게 된다.
가격이 8보다 큰 경우에는 소비자 乙에 대한 수요만 존재하기 때문에 시장 전체의 수요함수는 乙의 수요함수와 동일하다.
가격이 8보다 작은 경우에는 甲과 乙 모두 존재하므로 시장 전체의 수요함수는 두 소비자의 수요함수의 수평의 합이다. 두 식을 합하게 되면,
Q=28−2P가 되고, P로 전개하면 P=14−$\frac{1}{2}$Q이다.
현재 시장균형가격이 6이므로 이때의 Q는 16이 된다.
수요의 가격탄력성=−$\frac{\Delta Q}{\Delta P} \times \frac{P}{Q}$=−(−2)×$\frac{6}{16}$=$\frac{3}{4}$

> **문제로 익히는 핵심이론**
> 수요의 가격탄력성 공식(동일한 점에서의 수요곡선의 기울기와 탄력성은 반비례)
> $\epsilon = -\frac{\Delta Q}{\Delta P} \times \frac{P}{Q}$ 에서 $\frac{\Delta Q}{\Delta P}$는 수요곡선상의 접선의 기울기의 역수이다.

703 정답 ②

해설

단기에서 완전경쟁기업은 'P=AVC(평균가변비용)' 수준에서 중단을 한다.
이 식의 양변에 Q를 곱하면 '총수익=TVC(총가변비용)'가 되고 이윤을 구하기 위해 다시 총비용을 양 변에 빼면 '이윤=−TFC(총고정비용)'가 된다. 즉 이 기업은 고정비용만큼 이윤이 나오지 않는다면 조업을 중단한다.

704 정답 ③

해설

이 소비자의 예산선을 구해 보면 $M=w(24-l)$이다(w=시간당 받는 임금).
식료품에 대한 지출액은 $P_f \times f$이고, 노동소득 모두를 식료품 구입에 충당하므로 $P_f \times f = w(24-l)$이 되고, 다시 f에 대해 정리하면 $f=\frac{w}{P_f}(24-l)$이 되어 예산선의 기울기는 $\frac{w}{P_f}$이다.
여가와 식료품에 대한 한계대체율을 구해 보면
$MRS_{lf} = \frac{MU_l}{MU_f} = \frac{2lf}{l^2} = \frac{2f}{l}$이다.
소비자의 균형이 이루어지는 $\frac{w}{P_f} = \frac{2f}{l}$에서 예산선을 정리하면 $l=16$임을 알 수 있고, $L=8$임을 알 수 있다.
즉 시간당 임금, 식료품의 가격, 근로소득세 등 외부 변수에도 이 소비자는 항상 일정한 여가시간과 노동시간을 가지고 있음을 알 수 있다.

> **문제로 익히는 핵심이론**
> **[예산제약식]**

예산 제약식	$M=w(24-l)$ (l: 여가, M: 소득, w: 시간당 임금)
효용 극대화 노동공급 결정	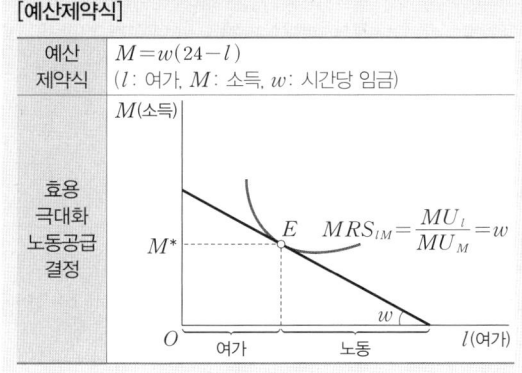

705 정답 ③

해설

레온티에프(Leontief) 생산함수는 결합비율이 고정되어 있으므로 임금이 상승해도 노동고용량이 불변이다. 따라서 자본소득에 대한 노동소득의 분배비율은 증가한다.

오답풀이

① $\sigma > 1$이면 가격이 상승한 생산요소의 소득분배가 불리해진다. 따라서 임금이 상승하게 되면 노동소득보다 자본소득의 분배율이 커진다.
② 등량곡선에서 볼록도가 가장 큰 것이 L자형의 레온티에프(Leontief) 생산함수이고, 가장 작은 것이 선형의 생산함수이다. 레온티에프(Leontief) 생산함수는 σ이 0이고, 선형의 생산함수는 σ가 ∞이다. 따라서 원점에 대해 볼록한 정도가 클수록 σ가 작아진다.
⑤ 1차 동차함수가 아니더라도 Cobb−Douglas 생산함수의 대체탄력성은 1이다.

706 정답 ⑤

해설

주어진 생산함수를 1인당 생산함수로 변형하면 $y=Ak^{\frac{1}{3}}$이고, 이를 변화율의 형태로 바꾼 1인당 성장회계식은
$\frac{\Delta y}{y} = \frac{\Delta A}{A} + \frac{1}{3} \times \frac{\Delta k}{k}$이다.
따라서 1인당 생산량 증가율이 15%이며, 총요소생산성 증가율이 10%일 경우, 1인당 자본량 증가율은 15%이다.

707 정답 ①

해설

수요독점인 요소시장이므로 요소시장의 공급곡선과 한계요소비용이 다르다. 한계요소비용곡선은 공급곡선에서 절편은 동일하면서 기울기가 2배인 직선이므로 $MFC_L = 400 + 30L$이 된다. 따라서 이윤극대화를 위한 $MFC_L = MRP_L$을 충족하려면 $400+30L = 2,000-10L$이므로 L은 40이 된다. 이때 임금은 한계요소비용곡선이 아닌 노동공급곡선에 따라 정해지므로 $w=400+15L$에 대입하면 임금은 1,000이다.

708 정답 ③

해설

문제에서 양모의 흐름이 복잡하지만 GDP를 가장 쉽게 구하는 방법은 GDP가 최종생산물 시장가치의 합이라는 점에 주목하면 된다. 최종소비재로서 양모 그 자체로 수출한 600억 원, 양모를 가공하

여 코트를 만든 800억 원, 장갑을 만든 600억 원이다. 따라서 2,000억 원이 된다.
각 생산단계를 따라 GDP를 계산해 보면
양을 기르는 사람들은 500억 원+600억 원으로 1,100억 원의 부가가치를 창출하고,
의류회사는 1,200억 원-500억 원으로 700억 원의 부가가치를 창출하고,
장갑회사는 600억 원-400억 원으로 200억 원의 부가가치를 창출한다.
따라서 GDP 총합은 1,100+700+200=2,000(억 원)이다.

709 정답 ④

해설
피셔방정식 $i=r+\pi$로부터 명목이자율(i)이 7%, 실질이자율(r)이 5%이므로 인플레이션율은 2%이다.
화폐수량설 MV=PY로부터 증가율의 형태로 변형하면
$\Delta M + \Delta V = \Delta P + \Delta Y$가 된다.
(정확히는 $\frac{\Delta M}{M}$과 같은 형태이나 간략하게 도식화함)
$\Delta V=0\%$, $\Delta Y=3\%$, $\Delta P=2\%$를 대입하면 $\Delta M=5\%$이다.

710 정답 ③

해설
LM곡선을 구해 보면
(화폐의 실질수요함수)=(화폐의 실질공급함수)
화폐시장에서 실질 공급되는 화폐는 $\frac{2,400}{8}$이므로 300이다.
따라서 Y-200r=300이 되어 Y=300+200r이다.
이후 IS-LM모형에 적용하면, 2,800-50r=300+200r이 되어 균형 실질이자율(r)은 10이 된다. 이때 균형 총생산(Y)은 2,300이 된다.

711 정답 ⑤

해설
이동시키는 요인과 관련된 문제에 접근할 때는 각 모형들의 변수를 잘 파악하여야 한다. IS-LM모형의 경우 이자율과 소득이 변수이고, AD-AS모형의 경우 물가와 소득이 변수이다. 변수의 움직임으로 인한 변화는 곡선 자체의 이동이 아닌 곡선상의 이동이다. 따라서 ⑤의 경우 물가수준의 하락이라는 변수로 경제에 영향을 준 것이기 때문에 총공급곡선의 이동이 아닌 총공급곡선 상에서의 이동이다.

오답풀이
② 케인즈학파에 따르면 단기적인 경기변동으로 총수요충격이 발생하면 수요곡선이 우측으로 이동하여 물가수준도 같이 상승한다. 또한 총수요충격으로 좌측으로 이동하면 물가수준도 하락하므로 경기순응적임을 볼 수 있다.
④ 미래에 물가가 하락하여 실질임금이 상승할 것으로 예상하면, 상대적으로 실질임금이 낮은 현재의 노동수요가 증가하므로 고용과 생산이 증가하여 총공급곡선은 우측으로 이동한다. 여기서 물가의 하락은 현재 물가의 하락이 아닌 미래의 물가 하락으로 곡선상에서의 이동과는 무관하다.

712 정답 ⑤

해설
F점에서 실제인플레이션율은 5%이고, 기대인플레이션율은 2%이다. 각 점의 기대인플레이션율을 알 수 있는 방법은 수직의 장기 필립스곡선과 단기 필립스곡선이 만나는 점이 각 점들의 기대인플레이션율이다. 예를 들어 H점의 실제인플레이션율은 5%이고, H가 위치해 있는 PC₃과 장기 필립스곡선이 만나는 J점의 인플레이션율인 8%가 H점의 기대인플레이션율이 된다.

오답풀이
① 적응적 기대를 고려한다면 C점에서 확장적 금융정책을 사용하면 수요곡선이 우측으로 이동하여 생산량이 증가하게 된다. 따라서 단기적으로 F로 이동하게 된다. F점은 현재 실제 인플레이션율이 기대인플레이션율보다 높은 상황이고, 사람들은 장기적으로 실질인플레이션에 적응하여 기대인플레이션을 2%에서 5%로 조정하게 되어 G로 이동한다.
② 합리적 기대를 고려한다면 경제주체가 사전에 공지된 긴축적 금융정책을 신뢰한다면 경제는 수직의 장기 필립스곡선상을 따라 움직일 수 있다.
③ 정부가 재정지출을 축소하면 생산량이 감소하게 된다. 따라서 단기적으로 J에서 H로 이동할 것이다.

713 정답 ④

해설
메뉴비용으로 인해 개별기업들이 가격을 경직적으로 유지하는 것은 그것이 기업의 이윤극대화에 부합하기 때문이다. 다만 메뉴비용이론의 핵심은, 그러한 개별기업의 최적행위가 경제 전체의 최적으로 연결되지는 못할 수 있다는 점이다.

714 정답 ⑤

해설
황금률은 1인당 소비가 극대화되는 균제상태를 의미하며, 1인당 국민소득이 가장 높은 상태와 황금률은 별개의 개념이다.

715　정답 ②

해설

$X-M=(S_p-I)+(T-G)$에서 $(T-G)<0$이고, $(X-M)>0$이므로 (S_p-I)는 반드시 0보다 커야 한다. 따라서 민간저축은 민간투자보다 많다.

오답풀이

① 2022년과 2023년 모두 정부지출이 더 많은 해이다. 따라서 재원 조달을 위해 국채발행을 증가시켰을 것이므로 국가채무는 더 늘었을 것이다. 절댓값이 감소했다는 것은 정부지출의 값이 줄었다는 것이지 정부지출을 하지 않았다는 뜻은 아니다.
③ 순수출이 양(+)으로 자본유출에 의한 해외투자도 양(+)이다. 따라서 순해외채권투자액도 증가하였을 것이다.
④ 순수출의 절댓값이 감소하였고, 정부지출의 차이도 감소하였으므로 (S_p-I) 또한 절댓값이 감소할 것이다. 따라서 민간저축과 민간투자의 차이는 2022년에 비해 감소하였다.
⑤ $S_N-I=(X-M)$에서 순수출이 양(+)이므로 $S_N>I$가 되어 국내총저축은 총투자보다 크다.

716　정답 ④

해설

㉠ 소비점이 C, 무역 후 생산점이 P이므로 이 국가는 X재를 수입하고 Y재를 수출하고 있으며 Y재에 비교우위를 가지고 있다. 즉 노동집약적 재화의 생산을 줄이고, 자본집약적 재화의 생산을 늘렸으므로 자본풍부국이라 할 수 있다.
㉢ 자유무역으로 자본의 상대가격은 증가하였으므로 이 국가의 모든 기업은 상대적으로 무역 이후 비싸진 자본의 고용을 줄이고 상대적으로 싸진 노동의 고용을 증가시키게 될 것이다. 따라서 이 국가의 요소집약도(K/L)는 감소한다.
㉣ H-O이론에서는 물물교환무역도 이루어지므로 무역수지는 항상 균형을 이룬다.

오답풀이

㉡ 자유무역으로 이 국가의 요소집약도가 감소하여 노동의 한계생산은 감소하고 자본의 한계생산은 증가한다. 따라서 노동자의 실질소득은 감소하고 자본가의 실질소득은 증가한다. 이는 스톨퍼-사무엘슨 정리를 통해 쉽게 확인할 수 있다.

717　정답 ②

해설

무역 전의 국내시장가격이 국제가격보다 높다면 교역을 시작하게 되면 수입국이 된다. 외국으로부터 커피의 수입이 이루어지면 국내 커피 가격은 국제수준으로 하락하게 되고 소비량은 증가하고 생산량은 감소하며 국내소비자 잉여는 증가하는 대신 생산자잉여는 감소하게 된다.

오답풀이

①, ③, ④ 무역 전의 국내시장가격이 국제가격보다 낮다면 이 나라는 커피의 수출국이 된다. 외국으로 커피의 수출이 이루어지면 국내 커피 가격은 국제수준으로 상승하게 되고 소비량은 감소하고 생산량은 증가하며 국내소비자 잉여는 감소하는 대신 생산자잉여는 증가하게 된다. 생산자잉여 증가분이 더 높기 때문에 총잉여는 증가할 것이라는 것이 무역이론이다.

718　정답 ⑤

해설

개방경제와 독점시장이 결합된 형태에서 기업은 국내와 해외시장에서 다른 지위를 가지게 된다. 국내시장에서는 독점기업으로 행동하지만, 해외시장에서는 완전경쟁기업으로 행동한다.
㉠ 국내시장에서는 MR=MC가 만나는 국내 소비량 25인 점에서 생산을 하게 된다.
㉡ 하지만 개방경제하의 해외시장에서 이 기업은 P*=MR국제인 상태에서 수평선의 해외수요곡선에 직면하게 된다. 그러므로 실효MR은 수량 10 이하에서는 국내MR을 따라가지만 이후 수량에 한해서는 수평선의 해외곡선에 직면하게 되므로 a, b, c, d를 잇는 선이 된다.
㉢ 이때, 기업의 한계비용은 국제가격수준과 동일하게 되므로 총생산량은 65가 된다. 또한 기업 입장에서 한계수입(MR)은 생산량 10 이하 수준에서는 국내가 더 높기 때문에 국내 생산량으로 10 단위를 제외한 55단위만큼 수출하게 된다.

719　정답 ⑤

해설

원화와 엔화가 달러화에 비해 모두 약세를 보이고 있지만, 원화의 강세가 엔화에 비해 상대적으로 더 강하다면 화폐가치의 순서는 다음과 같다.

달러화 > 원화 > 엔화

원화의 입장에서 보면 달러화가 강세를 보이기 때문에 원화가 평가절하되어 있으므로 환율이 상승하였고, 엔화는 원화에 대해서는 평가절하되어 있으므로 환율이 하락하였다.
따라서 우리나라에 반도체 공장을 설립하고자 하는 미국기업은 달러화가 원화 대비 강세이므로 부담은 오히려 감소할 것이다.

오답풀이

① 우리나라 입장에서는 엔화 환율이 하락하였기 때문에 부담은 감소할 것이다.
② 반대로 일본 입장에서 원화 환율이 상승하였기 때문에 부담은 증가할 것이다.

③ 우리나라기업 입장에서는 엔화 환율이 하락하였기 때문에 매달 부담해야하는 이자부담은 감소할 것이다.
④ 달러 환율이 상승하였기 때문에 달러로 표시되는 주식의 외화 환산이익은 증가할 것이다.

720　　정답 ④

해설

물가 비교를 위해서는 1인당 명목 GDP를 PPP 기준 1인당 GDP로 나누어야 한다.

$$\frac{1인당\ 명목\ GDP(달러)}{PPP\ 기준\ 1인당\ GDP(달러)} = \frac{각국의\ 1인당\ GDP \times \frac{1}{e}}{각국의\ 1인당\ GDP \times \frac{P_f}{P}}$$

분모의 $\frac{P_f}{P}$는 PPP환율 $\frac{P}{P_f}$의 역수이다. 분자 분모의 '각국의 1인당 GDP'를 소거하면 $\frac{P}{eP_f}$가 남는데, 이것이 1보다 크면 $P > eP_f$이므로 해당 국가의 물가가 더 높다는 뜻이고, 1보다 작으면 $P < eP_f$이므로 해당 국가의 물가가 더 낮다는 뜻이다. 이에 따라 A~E국의 값을 구해 보면 다음과 같다.

- A국: $\frac{80,000}{60,000} ≒ 1.33$
- B국: $\frac{40,000}{50,000} = 0.8$
- C국: $\frac{30,000}{30,000} = 1$
- D국: $\frac{60,000}{48,000} = 1.25$
- E국: $\frac{45,000}{90,000} = 0.5$

ⓒ B국은 C보다 수치가 작으므로 C국에 비해 물가가 낮음을 알 수 있다.
ⓔ 화폐의 구매력은 물가의 역수이다. 따라서 E국의 물가가 C국에 비해 2배 낮으므로 구매력은 2배 높다.

오답풀이

㉠ A국의 물가수준은 1.33으로 가장 높다.
㉢ 미국의 물가수준을 간접적으로 알 수 있는 것은 C국 때문이다. C국이 1로 US달러로 기준이 되는 미국과 동일하다는 것을 알 수 있다. 따라서 D국이 1.25이기 때문에 물가수준은 미국보다 높다는 것을 알 수 있다.

02 | 법정통합 모의고사　　P. 511

721	722	723	724	725	726	727	728	729	730
④	⑤	②	④	④	③	④	⑤	②	④
731	732	733	734	735	736	737	738	739	740
②	④	①	①	③	⑤	④	②	④	④
741	742	743	744	745	746	747	748	749	750
③	③	④	⑤	④	③	⑤	⑤	①	①
751	752	753	754	755	756	757	758	759	760
②	①	③	③	④	③	①	①	③	②

721　　정답 ④

해설

공공선택이론은 합리적·이기적 경제인을 가정하여 연역적 접근과 방법론적 개체주의 입장을 택한다. 즉 분석의 기본단위는 개인이며, 각 개인은 합리적 경제인(연역적 접근)으로 자기이익을 추구한다고 보아 방법론적 개체주의 입장을 택한다. 따라서 공공선택론은 사회를 유기체가 아니라 개개인의 결합으로 파악하며, 개인의 효용이 증가하면 사회적 효용이 증가한다고 본다.

722　　정답 ⑤

해설

포터(M. Porter)의 산업구조 분석모형에 의하면 산업 내 경쟁이 낮을수록, 진입장벽이 높을수록, 공급자의 교섭력이 낮을수록, 구매자의 교섭력이 낮을수록, 대체재의 위협이 낮을수록 해당 산업의 수익률이 높아지게 된다.

723　　정답 ②

해설

형평성은 행정이 추구하는 가치 중 본질적 가치에 해당한다.

문제로 익히는 핵심이론

[행정가치의 분류]

- 본질적 행정가치: 행정을 통해 이룩하고자 하는 궁극적 가치이다. 정의, 공익, 복지, 형평성, 자유, 평등 등이 있다.
- 수단적 행정가치: 궁극적 목표로서의 본질적 가치를 실현하는 것을 가능하게 하는 가치를 의미한다. 합리성, 능률성과 효과성, 민주성, 책임성, 합법성, 투명성 등이 있다.

724 정답 ④

해설

이익집단, 의회 소관 위원회, 행정기관이 철의 삼각(Iron Triangle) 모형(하위정부모형)에서 동맹을 형성하는 집단이다.
하위정부모형(Sub-Government Model)은 비공식 참여자로 분류되는 이익집단과 공식적 참여자인 행정기관(관료조직), 그리고 의회의 소관 위원회 간의 연계적인 활동을 통한 정책의 결정과 집행에 주목하는 모형이다. 이러한 이익집단, 의회의 소관 위원회, 해당 관료조직의 3자 연합(철의 삼각)이 정책영역별로 정책의 결정과 집행에 영향을 미친다고 본다. 하위정부는 모든 정책 분야에 걸쳐서 가능한 것이 아니라, 대통령의 관심이 덜하거나 영향력이 비교적 적은 배분(분배)정책 분야에서 주로 형성되고 있다.

725 정답 ④

해설

내부접근형에 관한 설명이다. 내부접근형은 정책결정자에게 접근이 용이한 소수의 외부집단과 정책 담당자들이 정책의제를 설정하는 현상을 설명한다. 정책담당자들이 주도적으로 정책의제를 설정한다는 점은 동원형과 유사하다. 하지만 동원형에서는 정책의제 설정을 위해 내부적으로 결정한 정부의제를 국민에게 적극적으로 홍보해 공감을 형성하고 공중의제화 과정을 거치지만, 내부접근형은 정부의제가 공중의제가 되는 것을 피하고 곧바로 정책의제로 채택한다. 국방, 외교 등 비밀 유지가 필요한 분야의 정책이나 강한 반대가 예상됨에도 불구하고 반드시 추진하려는 정책의 경우, 혹은 권력의 집중화가 심한 국가에서 주로 발견된다.

📝 문제로 익히는 **핵심이론**

[콥과 로스(Cobb&Ross)의 정책의제 설정모형]

정책의제 설정의 주도자 \ 대중의 관여 정도	높음	낮음
민간	외부주도형	내부접근형
정부	굳히기형 (공고화형)	동원형

726 정답 ③

해설

립스키의 일선관료제론에서 일선관료들이 처하게 되는 문제성 있는 업무환경으로 지적된 것은 ㉠, ㉡, ㉣이다.

📝 문제로 익히는 **핵심이론**

[일선관료의 업무환경]

일선관료제론을 주장한 립스키는 일선 관료들이 처하게 되는 문제성 있는 업무환경을 다음 세 가지로 제시한다.

- **자원의 부족**: 시간과 정보의 부족, 기술적인 지원의 부족 등은 불확실성이 높은 일선관료의 업무환경을 더욱 악화시키는 것으로 보고 있다.
- **권위에 대한 도전**: 경찰이나 교사 등과 같이 일선집행 현장에서 육체적·정신적 위협이 큰 환경에 처한 경우 자신들의 권위를 보장받으려는 경향이 커진다.
- **모호하고 대립되는 기대의 존재**: 일선관료의 업무 성과 중에는 비현실적이거나 상호갈등을 발생시키는 경우가 많다. 이런 경우 일선관료는 그중 하나의 기대만을 선택하게 되는 경향이 있다.

727 정답 ④

해설

정책평가는 정책목표의 확인, 정책평가 대상 및 기준의 설정, 인과모형의 설정, 자료의 수집 및 분석, 평가결과의 환류의 순서로 이루어진다. 따라서 정책평가의 절차 중 마지막 단계에서 이루어지는 것은 평가결과의 환류이다.

728 정답 ⑤

오답풀이

㉠ 주인과 대리인 간 정보의 비대칭성을 가정한다.

📝 문제로 익히는 **핵심이론**

[주인-대리인 이론(Principal-Agent Theory)]

- 위임자(본인, 소유자, 구매자)와 대리인(근로자, 판매자)의 관계에 관한 경제학적 모형을 조직연구에 적용하는 접근방법으로, 개인을 합리적이며 자기이익을 추구하는 존재로 본다.
- 주인과 대리인 간의 이해상충으로 대리손실이 발생하며 효율적인 계약관계를 유지하기 위해서는 대리손실의 최소화가 관건이라고 본다.
- 행위자들이 이기적인 존재임을 전제하고 위임자-대리인 간의 정보 불균형(비대칭성), 역선택, 도덕적 해이, 상황적 조건의 불확실성, 그리고 대리인을 움직이는 유인(성과급과 고정급)의 역할을 중시한다.
- 주인-대리인이론에 따르면, 대리인 선임 전에는 역선택 문제가 발생하고 대리인 선임 후에는 도덕적 해이 문제가 발생한다.
  - 역선택: 정보의 비대칭성 때문에 위임자는 자질이 부족한 대리인을 선택할 수도 있고 대리인의 능력에 비해 너무 많은 보수를 주는 계약을 체결할 수도 있는 현상
    예 생명보험, 레몬마켓(중고차 시장) 등

- 도덕적 해이(Moral Hazard): 정보의 비대칭성 때문에 위임자는 대리인의 업무수행과정을 감시·통제하기 어렵고, 대리인은 무성의하거나 수준 이하의 노력을 할 가능성이 있는 현상 ⓔ 화재보험 등
• 위임자와 대리인 간의 비대칭적 정보를 감소하는 제도적 절차에는 행정정보의 공개, 「행정절차법」의 제정, 내부고발자의 보호, 정책결정과정의 주민참여, 시민헌장제도, 성과급제도 등이 있다.

729 정답 ②

해설
매트릭스 조직은 유기적 조직구조로 하위조직 간 정보 흐름이 활성화된다.

오답풀이
① 매트릭스 조직은 기능구조와 사업구조의 화학적 결합을 시도하는 조직구조로, 이원적 권한체계를 갖는다. 따라서 기능부서 통제 권한의 계층은 수직적으로 흐르고, 사업부서 간 조정 권한의 계층은 수평적으로 흐르게 되는데, 이러한 이중구조에서 조직구성원은 동시에 두 명의 상관에 보고하는 체계를 가지므로, 명령통일의 원리에 위배되며 기능적·사업적 권한 체계의 적절한 균형을 찾는 것이 중요한 문제가 된다.
③ 매트릭스 조직은 이원적 권한체계를 갖기 때문에 하위조직 간 할거주의가 발생할 경우 조정이 곤란하다.
④ 매트릭스 조직은 유기적 조직구조로 불안정하고 변화가 빈번한 환경에서 적절한 대응과 복잡한 의사결정이 가능하다.
⑤ 복잡한 의사결정이 가능하다.

730 정답 ④

해설
리더에게 상황이 매우 유리할 때에는 과업 중심적 리더십이 효과적이다.

> **문제로 익히는 핵심이론**
>
> **[피들러(Fiedler)의 상황적응적 리더십 이론]**
> • 상황호의성의 변수
>   - 리더와 부하의 신임관계
>   - 과업구조의 구체성·명확성·장기 예측 가능성
>   - 지위 권력·권위의 수용성 정도
> • 결론
>   - 조직이 처한 상황이 유리하거나 불리한 경우는 과업지향적 리더십이 효과적이다.
>   - 상황의 유리성이 중간적일 경우에는 인간관계 지향적 리더십이 효과적이다.

731 정답 ②

해설
목표관리제(MBO)에 대한 설명으로 옳은 것은 ㉠, ㉢이다.

오답풀이
㉡ 단기 목표를 중·장기목표보다 강조한다.
㉣ 조직 목표달성을 위해 계량적 목표가 강조된다.

> **문제로 익히는 핵심이론**
>
> **[목표관리(Management By Objective)]**
> 조직의 상하 구성원의 참여 과정을 통하여 조직의 공동 목표를 명확히 하고, 조직구성원 개개인의 목표를 합의하여 체계적으로 부과하여 그 수행 결과를 사후에 평가하여 환류함으로써 궁극적으로 조직의 효율성을 향상하고자 하는 관리기법 내지 관리체제이다. 목표관리의 특징은 참여적 과정을 통한 명확한 목표의 설정과 업적의 평가에 있다. 목표관리는 광범위하고 추상적인 목표를 명확하게 구체화하고 조직단위와 구성원 개인들이 달성해야 할 목표를 계량적으로 제시할 경우 조직의 전반적 생산성이 제고될 것이라는 가정에 입각해 있다.

732 정답 ④

오답풀이
㉠ 우리나라는 계급제를 근간으로 하면서 직위분류제적 요소를 부분적으로 도입하고 있다.
㉢ 계급제는 공무원의 신분보장과 직업공무원제 확립에 유리하며, 직위분류제는 인력활용의 융통성을 저해한다. 인력활용(인사배치)의 융통성(신축성·탄력성)이 높은 것은 계급제이다.

733 정답 ①

해설
직무가 지니는 상대적 가치를 평가하여 임금을 결정하는 보수체계는 직무급이다.

오답풀이
② 근속급은 근속연수를 기준으로 임금을 결정하는 보수체계이다.
③ 직능급은 근로자의 직무수행 능력에 기초하여 임금을 결정하는 보수체계이다.
④ 생활급은 노동자의 최저 생활을 기준으로 임금을 결정하는 보수체계이다.
⑤ 성과급은 근로자를 격려하고 조직의 성과를 높이려고 지급하는 금전적인 보상이다.

734 정답 ①

해설
공직자는 직무관련자가 사적이해관계자임을 안 날부터 14일 이내에 소속기관장에게 그 사실을 신고하여야 한다.

 문제로 익히는 핵심이론

[공직자의 이해충돌방지법]
제5조(사적이해관계자의 신고 및 회피·기피 신청) ① 다음 각 호의 어느 하나에 해당하는 직무를 수행하는 공직자는 직무관련자(직무관련자의 대리인을 포함한다. 이하 이 조에서 같다)가 사적이해관계자임을 안 경우 안 날부터 14일 이내에 소속기관장에게 그 사실을 서면(전자문서를 포함한다. 이하 같다)으로 신고하고 회피를 신청하여야 한다.

735 정답 ③

해설
정부가 공공사업을 위해 조달하는 재원에 관한 설명으로 옳은 것은 ㉡, ㉢이다.

오답풀이
㉠ 조세는 현 세대의 의사결정에 대한 재정 부담이 미래 세대로 전가되지 않는다.
㉣ 일시적으로 대규모 재원투자가 필요한 전략 투자사업에서는 조세 재원 동원의 시의성을 맞추지 못할 수 있다. 과세의 대상과 세율을 결정하는 법적 절차가 복잡하고 시간이 많이 소요되는 경직성이 있기 때문이다.

문제로 익히는 핵심이론

1. **조세의 장단점**
   (1) 장점
   - 이자 부담이 없으며 부채관리와 관련된 재원관리 비용이 발생하지 않는다.
   - 납세자인 국민들은 정부지출을 통제하고 성과에 대한 직접적인 책임을 강하게 요구할 수 있다.
   - 현 세대의 의사결정에 대한 재정 부담이 미래 세대로 전가되지 않는다.
   - 장기적으로 차입보다 비용이 저렴하다.

   (2) 단점
   - 미래 세대까지 혜택이 발생하는 자본투자를 현 세대만 부담한다면 세대 간 비용·편익의 형평성 문제가 발생한다.
   - 조세를 통해 투자된 자본시설은 대가를 지불하지 않는 자유재(Free Good)로 인식되어, 과다수요 혹은 과다지출되는 비효율성 문제가 발생한다.

   - 일시적으로 대규모 재원투자가 필요한 전략 투자 사업에서는 조세 재원 동원의 시의성을 맞추지 못할 수 있다. 과세의 대상과 세율을 결정하는 법적 절차가 복잡하고 시간이 많이 소요되는 경직성이 있기 때문이다.

2. **수익자부담금의 장점**
   - 수익자부담금은 시장기구와 유사한 메커니즘을 통해 공공서비스의 최적 수준을 결정할 수 있어 자원배분의 효율성을 제고할 수 있다.
   - 수익자부담금은 부담과 편익의 공평한 배분을 보장할 수 있다.
   - 수익자부담이 정당화될 수 있다.

3. **국공채**
   (1) 개념
   국공채란 국가나 지방자치단체가 공공지출 경비의 재원을 조달하기 위해 부담하는 채무이다.
   (2) 주요 내용
   - 국공채는 내구성이 큰 투자사업의 경비를 조달하기 위해 발행되는데, 사업이나 시설로 인해 편익을 얻게 될 후세대도 비용을 부담하기 때문에 세대 간 공평성을 높일 수 있다.
   - 정부가 국공채를 발행하면 민간부문에서 투자할 자본이 정부로 이전되기 때문에 구축효과가 발생할 수 있다.

4. **민간자본 투자유치**
   민간투자 방식은 BTO, BOO, BOT, BTL 등과 같이 소유와 운영권한의 결합 형태에 따라 다양하게 운용된다.

736 정답 ⑤

해설
예산의 배정과 재배정은 예산집행의 신축성을 유지하기 위한 제도적 장치가 아니라 재정통제를 위한 제도적 장치에 해당한다.

문제로 익히는 핵심이론 ❶

[예산집행의 재정통제방안 및 신축성 유지방안]

예산집행의 재정통제방안	예산집행의 신축성 유지방안
• 예산의 배정·재배정 • 지출원인행위의 통제와 내부통제 • 정원 및 보수의 통제 • 국고채무부담행위의 통제 • 예비타당성조사와 총사업비 관리	• 예산의 이용과 전용 • 예산의 이체 • 예산의 이월 • 예비비 • 계속비 • 국고채무부담행위 • 수입대체경비 • 총액계상예산제도 • 예산의 긴급배정(회계연도 개시 전 예산배정) • 예산성과금

📝 문제로 익히는 **핵심이론 ❷**

[국가재정법]

제43조(예산의 배정) ① 기획재정부장관은 제42조의 규정에 따른 예산배정요구서에 따라 분기별 예산배정계획을 작성하여 국무회의의 심의를 거친 후 대통령의 승인을 얻어야 한다.
② 기획재정부장관은 각 중앙관서의 장에게 예산을 배정한 때에는 감사원에 통지하여야 한다.
③ 기획재정부장관은 필요한 때에는 대통령령으로 정하는 바에 따라 회계연도 개시 전에 예산을 배정할 수 있다.
④ 기획재정부장관은 예산의 효율적인 집행관리를 위하여 필요한 때에는 제1항의 규정에 따른 분기별 예산배정계획에도 불구하고 개별사업계획을 검토하여 그 결과에 따라 예산을 배정할 수 있다.
⑤ 기획재정부장관은 재정수지의 적정한 관리 및 예산사업의 효율적인 집행관리 등을 위하여 필요한 때에는 제1항의 규정에 따른 분기별 예산배정계획을 조정하거나 예산배정을 유보할 수 있으며, 배정된 예산의 집행을 보류하도록 조치를 취할 수 있다.

제43조의2(예산의 재배정) ① 각 중앙관서의 장은 「국고금 관리법」 제22조제1항에 따른 재무관으로 하여금 지출원인행위를 하게 할 때에는 제43조에 따라 배정된 세출예산의 범위 안에서 재무관별로 세출예산재배정계획서를 작성하고 이에 따라 세출예산을 재배정(기획재정부장관이 각 중앙관서의 장에게 배정한 예산을 각 중앙관서의 장이 재무관별로 다시 배정하는 것을 말한다. 이하 같다)하여야 한다.
② 각 중앙관서의 장은 예산집행에 필요하다고 인정할 때에는 제1항에 따라 작성한 세출예산재배정계획서를 변경할 수 있고 이에 따라 세출예산을 재배정하여야 한다.
③ 각 중앙관서의 장은 제1항 및 제2항에 따라 세출예산을 재배정한 때에는 이를 「국고금 관리법」 제22조제1항에 따른 지출관과 기획재정부장관에게 통지하여야 한다.
④ 각 중앙관서의 장은 제1항 및 제2항에 따라 세출예산을 재배정하려는 경우 대통령령으로 정하는 바에 따라 이를 「한국재정정보원법」에 따른 한국재정정보원으로 하여금 대행하게 할 수 있다.

737
정답 ④

해설
자율적 책임성은 고객만족을 위하여 절차보다는 성과에 대한 책임을 강조한다.

 문제로 익히는 **핵심이론**

[제도적 책임성(Accountability)과 자율적 책임성(Responsibility)]
- **제도적 책임성**: 공식적인 각종 제도적 통제를 통해 국민에 의해 표출된 국민의 요구를 충족하여 주기 위해 정부와 공무원들이 임무를 수행하게 하는 타율적이고 수동적인 행정책임을 의미하며, 국민과 국민이 선출한 대의기관에 의한 정부와 공무원에 대한 직접적인 통제 및 법적 처벌을 강조하는 파이너(Finer)의 행정책임론과 관련된다.
- **자율적 책임성**: 공무원이 전문가로서의 직업윤리와 책임감에 기초해서 적극적이고 자발적인 재량을 발휘하여 확보되는 행정책임을 의미하며, 대응성의 개념에 기초한 행정책임을 의미한다.

제도적 책임성(Accountability)	자율적 책임성(Responsibility)
문책자의 외재화	문책자의 내재화 또는 부재
절차의 중시	절차의 준수와 책임 완수는 별개의 것
공식적·제도적인 통제	공식적 제도에 의해 달성할 수 없음
판단기준과 절차의 객관화	객관적으로 확정할 수 있는 기준 없음
제재의 존재	제재의 부재

738
정답 ②

오답풀이
ⓒ 정보공개비용은 청구인이 부담한다
ⓔ 외국인도 행정정보의 공개를 청구할 수 있다.

739
정답 ④

해설
지방자치단체의 기관구성은 기본적으로 기관대립형을 채택하고 있다. 다만 지방자치단체의 의회와 집행기관에 관한 지방자치법의 규정에도 불구하고 따로 법률로 정하는 바에 따라 지방자치단체의 장의 선임방법을 포함한 지방자치단체의 기관구성 형태를 달리 할 수 있으며, 지방의회와 집행기관의 구성을 달리하려는 경우에는 「주민투표법」에 따른 주민투표를 거쳐야 한다.

오답풀이
① 시·군 및 자치구의 장이 법령의 규정에 따라 그 의무에 속하는 국가위임사무의 관리와 집행을 명백히 게을리하고 있다고 인정되면 시·도지사가 기간을 정하여 서면으로 이행할 사항을 명령할 수 있다.
② 시·군 및 자치구의 사무에 관한 그 장의 명령이나 처분이 법령에 위반되거나 현저히 부당하여 공익을 해친다고 인정되면 시·도지사가 기간을 정하여 서면으로 시정할 것을 명하고, 그 기간에 이행하지 아니하면 이를 취소하거나 정지할 수 있다.
③ 시·군 및 자치구에 대하여 지방의회의 의결이 법령에 위반되거나 공익을 현저히 해친다고 판단되면 시·도지사가 해당 지방자치단체의 장에게 재의를 요구하게 할 수 있고, 재의 요구 지시를 받은 지방자치단체의 장은 의결사항을 이송받은 날부터 20일 이내에 지방의회에 이유를 붙여 재의를 요구하여야 한다.

⑤ 기관위임사무는 주로 지방적 이해관계보다 전국적 이해관계가 큰 사무들이 그 대상이 된다.

740 정답 ④

해설

조정교부금은 광역지방자치단체(특별시, 광역시, 도)에 의한 지방재정조정제도이다.

741 정답 ③

해설

재산권 보장의 강화가 아니라 사회적 강자의 재산권 제한이 사회국가 원리 구현에 부합한다.

> **문제로 익히는 핵심이론**
>
> 사회국가원리는 사회적 정의, 사회적 안전, 사회적 평등, 사회적 자유 등의 실현을 그 내용으로 한다. 사회국가원리의 구현을 위해서는 사회적 기본권의 보장, 사회적 강자의 재산권 제한, 계약의 자유 제한, 사회정책적 조세제도, 교육제도의 추진, 경제 질서에 대한 규제와 조정 등이 요청된다.

742 정답 ⑤

해설

적극적 평등실현조치의 특징으로는 집단의 일원이라는 이유로 혜택을 준다는 점에서 집단개념으로서의 평등의 원칙이 적용되며, 결과의 평등을 지향하며, 목적이 달성되면 종료되는 잠정적인 조치이다.

> **문제로 익히는 핵심이론**
>
> **적극적 평등실현조치**란 종래 사회로부터 차별을 받아 온 일정한 집단에 대해 국가가 그 차별로 인한 불이익을 적극적인 행위로 보상해 줌으로써 실질적 평등을 기하려는 현대적인 평등원리를 의미한다. 특징으로는 개인의 자격보다는 **집단의 일원**이라는 이유로 혜택을 준다는 점에서 집단개념으로서의 평등의 원칙이 적용되고, 기회의 평등보다는 **결과의 평등**을 지향하며, 항구적 정책이 아니라 목적이 달성되면 종료되는 **잠정적인 조치**를 의미한다. 미국의 경우 소수인종에 대한 우선적 처우가 상대적으로 백인이나 남성에게 불평등을 초래하게 되는 **역차별(Reverse Discrimination)의 문제**로 나타나, 그 우선적 처우의 위헌문제가 판례상 논란이 되고 있다. 우리나라에서도 적극적 평등실현조치에 관한 법제를 시행하고 있는바, 여성발전기본법을 대표로 공직선거법상 여성공천할당제, 장애인고용할당제 등이 있으며, 공무원임용시험령에서 '양성평등채용목표제'를 채택하여 시행하고 있다.

743 정답 ③

해설

헌법 제114조 ② **중앙선거관리위원회**는 대통령이 임명하는 3인, 국회에서 선출하는 3인과 대법원장이 지명하는 3인의 위원으로 구성한다. **위원장은 위원중에서 호선한다**. ※ **호선**이란 조직의 구성원들이 그 중에서 사람을 뽑는 것을 말하는데, 중앙선거관리위원회의 위원장은 호선이지 국회의 동의를 얻어 대통령이 임명하지 않는다.

오답풀이

① (○) 제98조 ② **감사원장**은 국회의 동의를 얻어 대통령이 임명하고, 그 임기는 4년으로 하며, 1차에 한하여 중임할 수 있다.
② (○) 제111조 ④ **헌법재판소의 장**은 국회의 동의를 얻어 재판관 중에서 대통령이 임명한다.
④ (○) 제104조 ① **대법원장**은 국회의 동의를 얻어 대통령이 임명한다.
⑤ (○) 제86조 ① **국무총리**는 국회의 동의를 얻어 대통령이 임명한다.

> **문제로 익히는 핵심이론**
>
> 국회는 국무총리·대법원장·대법관·감사원장·헌법재판소장 임명에 대한 동의권을 가지며, 중앙선거관리위원회의 위원 중 3인을 선출하고, 헌법재판소재판관(임명권자는 대통령) 중 3인을 선출한다.

744 정답 ④

해설

㉠ **헌법소원의 '보충성'**이란 다른 법률에 구제절차가 있는 경우 그 절차를 모두 거친 후가 아니면 헌법소원을 청구할 수 없는 것을 말하는데 여기서 다른 구제절차는 공권력의 행사·불행사를 직접 대상으로 하여 그 효력을 다툴 수 있는 권리구제절차를 의미하는 것이지, 공권력의 결과로 생긴 효과를 원상복귀하거나 사후적·보충적으로 구제하는 수단인 손해배상청구와 손실보상청구는 이에 해당하지 않는다. 그러나 다른 권리구제절차가 없는 경우, 권리구제절차가 허용되는지의 여부가 객관적으로 불확실한 경우, 청구인이 정당한 이유있는 착오로 전심절차를 밟지 않은 경우, 전심절차로 구제될 가능성이 없어서 청구인에게 불필요한 우회절차를 강요할 뿐인 경우에는 **보충성 원칙의 예외**로서 바로 헌법소원을 제기할 수 있다.
㉡ 헌법소원은 개인의 주관적 권리를 보호하기 위한 제도이므로 청구인의 목적이 이미 달성되었거나 목적 달성이 불가능한 경우에는 '**권리보호의 이익**'이 없어 헌법소원이 부적법해진다. 권리보호이익 요건은 심판청구 당시뿐만 아니라 결정당시에도 존재하여야 한다. 다만 헌법재판소는 이 요건을 완화하여, 비록 주관적 권리보호의 이익이 없더라도 침해행위의 반복위

험이 있거나, 객관적 헌법질서의 수호·유지를 위하여 그 해명이 헌법적으로 중대한 의미를 지니고 있는 경우에는 심판의 이익을 인정하고 있다.

745　　정답 ⑤

해설

대표기관이 아닌 지배인이나 임의대리인의 불법행위에 대해서는 법인이 제35조의 책임이 아니라, 민법 제756조의 사용자의 배상책임을 부담한다.

> ※ **제756조(사용자의 배상책임)** ① 타인을 사용하여 어느 사무에 종사하게 한 자는 피용자가 그 사무집행에 관하여 제3자에게 가한 손해를 배상할 책임이 있다.

오답풀이

① (×) 상속권은 자연인에게만 인정되는 권리이다. 그러나 법인도 유증(유언자가 유언에 의해 재산상 이익을 무상으로 증여하는 단독행위)을 받을 수 있고 포괄유증을 통하여 상속과 동일한 결과를 얻을 수 있다(제1078조).
② (×) 제35조(법인의 불법행위능력) ① 법인은 이사 기타 대표자가 그 직무에 관하여 타인에게 가한 손해를 배상할 책임이 있다. 이사 기타 대표자는 이로 인하여 자기의 손해배상책임을 면하지 못한다.
③ (×) 제35조(법인의 불법행위능력) ② 법인의 목적범위외의 행위로 인하여 타인에게 손해를 가한 때에는 그 사항의 의결에 찬성하거나 그 의결을 집행한 사원, 이사 및 기타 대표자가 연대하여 배상하여야 한다. ※ 법인의 목적범위외의 행위로 인하여 타인에게 손해를 가한 때는 법인의 불법행위가 성립하지 않은 것으로 이 경우에는 사원, 이사 및 기타 대표자만 연대하여 배상책임을 지는 것이지 법인은 이들과 연대하여 책임을 지지 않는다.
④ (×) 민법 제35조의 법인의 불법행위책임은 이사, 임시이사, 특별대리인, 청산인, 직무대행자 등 '대표기관'의 행위일 것을 요한다. 감사는 법인의 대표기관에 해당하지 않으므로, 법인의 불법행위가 성립하지 않는다.

746　　정답 ③

해설

민법상 담보물권, 즉 유치권, 질권, 저당권은 각각 그 내용을 달리하지만, 채권의 담보를 목적으로 하는 점에서는 공통된다. 이를 토대로 '**부종성·수반성·물상대위성·불가분성**'의 4가지 공통된 성질이 도출된다. 다만 담보물권의 종류에 따라 그 내용과 인정범위에서 다소간의 차이는 있다.

오답풀이

㉠ (○) **부종성**이란 피담보채권의 존재를 전제로 해서만 담보물권이 존재할 수 있는 성질을 말한다. 따라서 채권이 성립하지 않으면 담보물권이 성립하지 않고, 채권이 소멸하면 담보물권도 소멸한다.
㉡ (○) **수반성**이란 피담보채권이 그 동일성을 유지하면서 상속·양도 기타의 이유로 이전하게 되면 담보물권도 역시 그에 따라서 이전하는 것을 말한다.
㉢ (○) **물상대위성**이란 담보물권은 목적물의 수익을 목적으로 하는 권리가 아니라 그 교환가치의 취득을 목적으로 하는 권리이므로, 목적물이 그 교환가치를 구체화한 경우에 그 교환가치를 대표하는 것에 미친다는 성질을 말한다.
㉣ (○) **불가분성**이란 담보물권은 피담보채권 전부에 대한 변제가 있을 때까지 목적물 전부에 대하여 그 효력을 미친다는 성질을 말한다. 담보물권의 효력강화의 요청에 따른 것이다.

747　　정답 ⑤

해설

민법 제536조에 따른 동시이행의 항변권이 있는 채무자는 자신의 채무를 이행하지 않는 것이 정당한 것으로 인정되기 때문에, 비록 이행기에 이행을 하지 않더라도 채무불이행으로서 **이행지체가 되지 않는데, 이는 동시이행항변권이 존재하는 것 자체로부터 발생하는 효과로서 주장이나 행사를 요하지 않는다.**

오답풀이

① (○) 동시이행의 항변권은 상대방의 청구권을 영구적으로 소멸시키는 영구적 항변권이 아니라, 채권자가 자신의 채무를 이행할 때까지 채무자가 채무이행을 거절할 수 있는 동안만 채권자의 청구의 효력을 저지하는 데 그치는 '연기적 항변권'의 성질을 가진다.
② (○) 동일한 쌍무계약에 의하여 당사자 쌍방이 서로 대가적인 채무를 부담하여야 한다. 따라서 쌍방이 서로 채무를 부담하더라도, 그 채무가 다른 법률상의 원인에 의해 발생한 경우에는 동시이행의 항변권은 인정되지 않는다(판례).
③ (○) 제536조(동시이행의 항변권) ① 쌍무계약의 당사자 일방은 상대방이 그 채무이행을 제공할 때까지 자기의 채무이행을 거절할 수 있다. 그러나 상대방의 채무가 변제기에 있지 아니하는 때에는 그러하지 아니하다. ② 당사자 일방이 상대방에게 먼저 이행하여야 할 경우에 상대방의 이행이 곤란할 현저한 사유가 있는 때에는 전항 본문과 같다(**불안의 항변권**).
④ (○) 동시이행의 항변권은 상대방의 청구를 전적으로 부인하는 것이 아니라, 상대방이 이행을 제공할 때까지 자신의 채무이행을 거절할 수 있을 뿐이므로, 법원은 원고 패소판결을 할 것이 아니라 '피고는 원고의 이행과 상환으로 이행하라.'는 상환이행판결의 일부승소판결을 하여야 한다.

748 정답 ⑤

해설

동업관계에 있는 자들이 공동으로 처리하여야 할 업무를 동업자 중 1인에게 맡겨 그로 하여금 처리하도록 한 경우 **다른 동업자**는 그 업무집행자의 동업자인 동시에 **사용자의 지위에 있다** 할 것이므로, 업무집행과정에서 발생한 사고에 대하여 **사용자로서 손해배상책임이 있다**(2005다65562).

오답풀이

① (○) 제756조(사용자의 배상책임) ① 타인을 사용하여 어느 사무에 종사하게 한 자는 피용자가 그 <u>사무집행에 관하여</u> 제3자에게 가한 손해를 배상할 책임이 있다.

② (○) 사용자책임이 인정되기 위해서는 그 <u>전제로 피용자의 행위가</u> 불법행위를 구성하여야 하므로 피용자는 제750조에 의해 불법행위책임을 진다는 것이 통설 및 판례이다.

③ (○) '사무집행에 관하여'의 뜻은, 피용자의 불법행위가 **외형상 객관적**으로 사용자의 사업활동 내지 사무집행행위 또는 그와 관련된 것이라고 보일 때에는 행위자의 주관적 사정을 고려함이 없이 이를 사무집행에 관하여 한 행위로 보는 것을 말한다(86다카1923).

④ (○) 피용자의 불법행위가 외관상 사용자의 사무집행의 범위 내에 속하는 것으로 보이는 경우에 있어서도, 피용자의 행위가 사용자나 사용자에 갈음하여 그 사무를 감독하는 자의 <u>사무집행 행위에 해당하지 않음을 피해자 자신이 알았거나 또는 중대한 과실로 알지 못한 경우</u>에는 사용자 혹은 사용자에 갈음하여 그 사무를 감독하는 자에 대하여 사용자책임을 물을 수 없다(94다29850). ※ 경과실로 모른 경우에는 사용자책임이 인정된다.

749 정답 ①

해설

유증의 종류는 포괄적 유증과 특정적 유증이 있는데, 이 중 '**포괄적 유증**'을 받은 **자만** 청구권자에 해당한다. ※ **포괄적 유증**이란 적극재산과 소극재산을 포괄하는 상속재산 전부 또는 그중 일정한 비율을 유증의 내용으로 하는 것을 말한다. **특정적 유증**이란 특정의 구체적 재산을 유증의 내용으로 하는 것을 말한다. 포괄적 유증을 받은 자는 상속인과 동일한 권리의무가 있다(민법 제1078조).

오답풀이

② (○) 상속권을 주장하지 않고, 다른 특정의 권원을 주장하며 상속재산을 점유하고 있는 자(피상속인으로부터 생전에 매수했다고 주장하는 자 등)는 참칭상속인이 될 수 없다(판례).

③ (○) 판례는 공동상속인 중 상속분을 초과하여 상속을 원인으로 점유 등기한 자도 참칭상속인에 해당한다는 입장이다.

④ (○) 제999조(상속회복청구권) ① 상속권이 참칭상속권자로 인하여 침해된 때에는 상속권자 또는 그 법정대리인은 **상속회복의 소**를 제기할 수 있다. ② 제1항의 상속회복청구권은 그 침해를 안 날부터 3년, 상속권의 침해행위가 있는 날부터 10년을 경과하면 소멸된다. ※ 민사소송법에 의한 소로써 행사하여야 하며 따라서 관할법원은 가정법원이 아닌 일반민사법원이다.

⑤ (○) 제999조(상속회복청구권) ② 제1항의 상속회복청구권은 그 침해를 안 날부터 3년, 상속권의 침해행위가 있는 날부터 10년을 경과하면 소멸된다. ※ 이 기간은 제소기간이다(판례).

📝 문제로 익히는 핵심이론

상속이란 피상속인이 사망한 경우에 그의 재산상의 권리 의무가 일정 범위의 혈족과 배우자에게 포괄적으로 승계되는 것을 말한다. 상속권이 참칭상속인으로부터 침해된 때에 상속권자 또는 그 법정대리인이 상속회복의 소를 제기할 수 있는데, 이를 **상속회복청구권**이라고 한다. 참칭상속인의 고의, 과실은 불문한다. 법적 성질에 대해 판례는 "진정상속인이 참칭상속인을 상대로 상속재산인 부동산에 관한 등기의 말소 등을 구하는 경우에 그 소유권 또는 지분권 등의 귀속원인을 상속으로 주장하고 있는 이상 청구원인 여하에 불문하고 이는 민법 제999조 소정의 상속회복청구의 소라고 해석하여야 할 것이므로 동법 제999조 2항 소정의 제척기간의 적용이 있다."고 하여 집합권리설의 입장이다.
상속회복청구권의 인정 취지는 상속재산을 일일이 열거하지 않고 침해자에 대해 일괄하여 회복을 청구할 수 있도록 한 점, 자신이 진정한 상속인이고, 목적물이 상속개시 당시 피상속인의 점유에 있었다는 사실만 입증하면 족하도록 상속인의 입증책임을 경감한 점, 단기 제척기간을 둠으로써 상속에 따른 법적 분쟁을 조속히 안정시켜 거래안전을 도모하는 데 있다. 상속회복청구권이 제척기간의 경과로 소멸된 경우, 참칭상속인은 상속 개시일로 소급하여 상속인의 지위 및 상속재산의 소유권을 취득하게 된다(판례).

750 정답 ①

해설

형법 제16조(법률의 착오) 자기의 행위가 법령에 의하여 죄가 되지 아니하는 것으로 오인한 행위는 그 오인에 정당한 이유가 있는 때에 한하여 벌하지 아니한다.

오답풀이

② (×) 제13조(고의) 죄의 성립요소인 사실을 인식하지 못한 행위는 벌하지 아니한다. 다만 법률에 특별한 규정이 있는 경우에는 예외로 한다. ※ **구성요건적 착오(사실의 착오)**란 행위자가 주관적으로 인식한 범죄 사실과 현실적으로 발생한 객관적 범죄사실이 일치하지 않는 경우를 말한다. 구성요건적 착오(사실의 착오)는 구성요건에 해당하는 객관적 사실에 대한 착오를 말하고, 법률의 착오(금지착오, 위법성의 착오)는 행위가 법적으로 허용되지 않는 점에 대한 착오를 말한다.

③ (×) **인과관계의 착오**란 행위자가 예견한 인과관계와 현실로 진행된 인과관계의 진행에 차이가 있는 것을 말하는데, 본질

적인 차이가 있으면 고의가 조각된다.
④ (×) 위법성조각사유의 전제사실에 관한 착오란 예컨대 강도가 아님에도 강도라고 오인해 방위의사를 가지고 방위행위에 나아간 경우처럼 위법성조각사유의 전제사실, 즉 객관적 요건이 없음에도 존재한다고 오인한 경우를 말한다. 이는 사실의 착오와 법률의 착오의 중간에 위치하는 독립된 형태의 착오에 해당한다.
⑤ (×) 예컨대 물에 빠진 두 아들 중 한 아들을 구하느라 다른 아들을 구하지 못하여 익사하게 한 경우, 한 대의 인공심폐기를 보유한 병원에서 두 명의 중환자 중 한 사람에게만 부착시키는 경우와 같이 작위의무와 작위의무 사이의 충돌을 **의무의 충돌**이라 한다. 이처럼 둘 이상의 의무를 동시에 이행할 수 없는 긴급상태에서 그 중 어느 한 의무를 이행하고 다른 의무를 방치한 결과, 그 방치한 의무불이행이 부작위범의 구성요건에 해당하는 의무의 충돌은 일정한 요건 아래 **위법성을 조각**하며, 때로는 **책임조각사유**가 되는 경우도 있다.

> **문제로 익히는 핵심이론**
> ※ **법률의 착오(위법성의 착오 또는 금지의 착오)**란 행위자가 사실에 대한 인식은 하였으나 그것이 법적으로 허용된다고 오인한 경우, 즉 금지되어 있음을 알지 못한 경우를 말한다. 사실의 착오는 구성요건사실의 인식을 결하는 것으로 구성요건적 고의를 조각하나, 법률의 착오는 그 **착오에 정당한 이유**가 있으면 **책임을 조각**하고 정당한 이유가 없는 때에는 책임이 조각되지 않고 **고의범으로 처벌**받게 된다.(책임설) **법률의 부지**에 대해 통설은 법률의 착오로 보나 **판례는 이를 법률의 착오로 보지 않고**, 법률을 알지 못한 점에 대한 행위자의 과실, 즉 법률의 부지의 정당성 여부를 불문하고 범죄가 성립한다고 한다. 정당한 이유는 그 착오를 회피할 수 있었느냐 없었느냐의 문제로 보고 과실과 같은 기준으로 판단하는 것이 통설의 입장이다.

751
정답 ②

해설
상해죄는 미수범 처벌 규정이 있으나(형법 제257조 제3항), **폭행죄는 미수범 처벌 규정이 없다.**

오답풀이
① (○) 상해란 생리적 기능의 훼손을 말하며 일반적으로 건강침해, 육체적·정신적인 병적 상태의 야기와 증가를 의미한다. 폭행죄에서의 폭행은 사람의 신체에 대한 직접적인 유형력의 행사를 의미한다.
③ (○) **제258조(중상해)** ① 사람의 신체를 상해하여 생명에 대한 위험을 발생하게 한 자는 1년 이상 10년 이하의 징역에 처한다. ② 신체의 상해로 인하여 **불구** 또는 불치나 난치의 질병에 이르게 한 자도 전항의 형과 같다. ※ 불구란 고유한 기능을 가진 신체조직의 중요부분 상실을 말하는 것으로 눈을 실명케

하는 것은 불구에 해당한다.
④ (○) 피해자의 의사와 관계없이 공소제기는 가능하나 피해자가 처벌을 원하지 않는다는 의사를 명백히 한 때에는 처벌할 수 없는 범죄를 반의사불벌죄라고 한다. 폭행죄, 협박죄, 과실치상죄, 명예훼손죄 등을 예로 들 수 있다.
⑤ (○) '휴대하여'의 의미를 어떻게 볼 것인지, 특히 자동차를 이용한 경우에 있어서 이를 '휴대하여'로 볼 수 있는지 견해가 대립한다. 판례는 '휴대하여'라는 말은 소지뿐만 아니라 널리 이용한다는 뜻도 포함하고 있다고 본다(97도597).

> **문제로 익히는 핵심이론 ❶**
> **제257조(상해)** ① 사람의 **신체를 상해한 자**는 7년 이하의 징역, 10년 이하의 자격정지 또는 1천만 원 이하의 벌금에 처한다.
> **'상해죄'는 사람의 신체를 상해함으로써 성립하는 범죄이다. 상해란 생리적 기능의 훼손을 말하며** 일반적으로 건강침해, 육체적·정신적인 병적 상태의 야기와 증가를 의미한다. 상해의 수단·방법에는 유형적 방법, 무형적 방법을 불문하고 작위뿐만 아니라 부작위에 의한 상해도 가능하다. 판례에 의하면, 타인의 신체에 폭행을 가하여 보행불능·수면장애·식욕감퇴 등 기능의 장해를 일으킨 경우 등은 상해에 해당한다고 보았으나, 좌측 팔 부분에 약 1주간의 치료를 요하는 동전 크기만한 멍이 들게 한 경우에는 상해에 해당하지 않는다고 판시하였다.

> **문제로 익히는 핵심이론 ❷**
> **제260조(폭행)** ① 사람의 **신체에 대하여 폭행을 가한 자**는 2년 이하의 징역, 500만 원 이하의 벌금, 구류 또는 과료에 처한다.
> **'폭행죄'는 사람의 신체에 대하여 폭행을 가함으로써 성립하는 범죄이며**, 2인 이상이 공동하여 폭행죄를 범한 경우 폭력행위 등 처벌에 관한 법률에 의하여 가중 처벌된다. **폭행죄에서의 폭행은 사람의 신체에 대한 직접적인 유형력의 행사를 의미**한다. 단순히 물건에 대한 유형력의 행사는 폭행이 아니다. 사람의 신체에 대한 간접폭행은 포함되지 않으나, 행사된 유형력이 반드시 사람의 신체에 직접 접촉할 필요는 없고 유형력의 행사방법에는 제한이 없다. 폭행죄는 형식범으로서, 유형력의 행사가 있으면 바로 기수가 된다. 폭행죄는 피해자의 명시한 의사에 반하여 공소를 제기할 수 없는 **반의사불벌죄**이다.

752
정답 ①

해설
형사소송법 제310조는 '피고인의 자백이 그 피고인에게 불이익한 유일의 증거인 때에는 이를 유죄의 증거로 하지 못한다.'고 하여 자백의 보강법칙을 규정하고 있다. 자백배제법칙이 자백의 증거능력 제한에 관한 것인 반면, **자백의 보강법칙은 자백의 '증명력' 제한**에 관한 것이다.

오답풀이

② (○) 판례는 보강증거 불요설의 입장에서 '제310조의 피고인의 자백에 공범자의 진술은 포함되지 않으므로 **공범자의 자백에는 보강증거가 필요 없다**(92도917).'고 한다.

③ (○) 공판정에서의 자백에도 허위자백의 여지(가령 타인의 범죄를 감추려고 자신이 저질렀다고 범죄를 자백) 및 오판 위험성은 여전히 존재하므로, 판례는 '**제310조의 자백은 공판정에서의 자백이든 공판정 외에서의 자백이든 불문한다**(66도634 전원합의체).'고 판시하였다.

④ (○) 보강증거는 유죄의 증거이므로, 엄격한 증명의 법리에 따라 증거능력 있는 증거라야 한다. 따라서 위법수집배제법칙, 자백배제 법칙에 의해 증거능력 없는 증거는 보강증거가 될 수 없고, 전문증거는 전문법칙의 예외에 해당하지 않는 한 보강증거가 될 수 없다. 또한 보강증거는 피고인의 자백과 독립된 별개의 증거이어야 한다. 본인의 자백으로 자백을 보강한다는 것은 **자백의 누적에 불과**하여 무의미하기 때문이다.

⑤ (○) 자백에 대한 보강증거는 직접증거가 아닌 간접증거나 **정황증거도 보강증거가 될 수 있으며,** 또한 자백과 보강증거가 서로 어울러서 전체로서 범죄사실을 인정할 수 있으면 유죄의 증거로 충분하다(2001도1897).

📝 문제로 익히는 **핵심이론**

자백의 보강법칙이란 증거능력이 있고 신빙성이 인정되는 자백에 의하여 법관이 유죄의 확신을 얻은 경우에도 그 **자백이 유일한 증거인 경우 보강증거가 없으면 유죄로 인정할 수 없다**는 증거법칙을 말한다. 이는 **자백의 '증명력' 제한**에 관한 것으로 오판방지와 인권침해를 방지하기 위함이다.
보강을 요하는 자백에는 피고인의 자백이고, 공범자의 자백은 독립된 증거로서 가치를 가져 이에 포함되지 않으며, 법관 면전에서 한 공판정 자백에도 허위 개입의 여지가 있어 보강법칙이 적용된다.
보강증거의 자격은 자백과는 독립된 증거능력 있는 증거여야 하며, 간접증거나 정황증거도 보강증거가 될 수 있다. 그리고 공범자의 자백은 피고인의 자백과 독립된 별개의 증거이므로 피고인의 자백에 대한 보강증거가 될 수 있다. 한편 보강증거가 어느 범위까지 자백을 보강해야 하는지에 대해 판례는 '자백사실이 가공적인 것이 아니고 **진실한 것이라고 담보**할 수 있는 정도이면 족한 것이다.'라고 한다.

753
정답 ③

해설

소송고지란 소송계속 중에 당사자가 소송참가를 할 수 있는 이해관계 있는 제3자에 대하여 일정한 방식에 따라서 **소송계속의 사실을 통지**하는 것을 말한다(민사소송법 제84조).

📝 문제로 익히는 **핵심이론**

소송고지제도는 이해관계를 가지는 제3자로 하여금 소송참가를 하여 그 이익을 옹호할 기회를 부여함과 아울러 한편으로는 고지자가 패소한 경우의 책임을 제3자에게 분담시켜 후일에 고지자와 피고지자 사이의 소송에서 피고지자가 패소의 결과를 무시하고 전소확정판결에서의 인정과 판단에 반하는 주장을 못하게(**참가적 효력이 미치도록**) 하기 위해 마련된 제도이다. 소송고지를 받은 사람이 참가할 것인지의 여부는 피고지자의 자유이다. 그러나 고지자가 피고지자의 협력 없이도 상대방을 공격하거나 상대방의 공격에 대하여 방어함으로써 쉽게 승소할 수 있음에도 불구하고, 이를 게을리한 채 소송고지만을 한 후 아예 상대방의 주장을 다투지도 아니하거나 스스로 제출할 수 있는 주장·증명을 하지 아니하는 등의 **불성실한 소송수행으로 인하여 패소**한 경우에는 신의칙 또는 패소책임의 공평한 분담이라는 소송고지제도의 취지상 **참가적 효력을 원용할 수 없다**고 본다.

754
정답 ③

해설

판례에 따르면 **전소·후소의 구별기준은 소제기시가 아니라 소송계속의 발생 시기, 즉 소장부본이 피고에게 송달된 때의 선후**에 의한다.

오답풀이

① (○) 소의 제기로 소장부본이 피고에게 송달되면 **소송계속이 발생하는데,** 이는 특정한 청구에 대해 판결절차가 현실적으로 존재하는 상태를 말한다. 또한 재판상 청구는 소멸시효 중단 사유 중 하나에 해당한다.

② (○) 제259조(중복된 소제기의 금지) 법원에 계속되어 있는 사건에 대하여 당사자는 다시 소를 제기하지 못한다. ※ 이는 소송경제와 판결의 모순·저촉 방지를 위함이다.

④ (○) 소가 중복제소에 해당하지 아니한다는 것은 소극적 소송요건으로서 법원의 직권조사 사항이다(판례). 이에 해당하면 피고의 항변을 기다릴 필요 없이 판결로써 후소를 부적법 각하해야 한다.

⑤ (○) 채권자가 채무자를 대위하여 제3채무자를 상대로 제기한 **채권자대위소송이 법원에 계속 중** 채무자와 제3채무자 사이에 채권자대위소송과 소송물을 같이하는 내용의 소송이 제기된 경우, **양 소송은 동일소송이므로 채무자가 제기한 후소는 중복제소금지원칙에 위배되어 제기된 부적법한 소송**이다(판례).

755
정답 ④

해설

상법 제14조(표현지배인) ① 본점 또는 지점의 본부장, 지점장,

그 밖에 지배인으로 인정될 만한 명칭을 사용하는 자는 본점 또는 지점의 지배인과 동일한 권한이 있는 것으로 본다. 다만, **재판상 행위**에 관하여는 그러하지 아니하다. ※ 표현지배인(실제 지배인 아닌 자가 지배인인 것처럼 보이는 경우)은 재판상 행위(소송행위)를 할 수 없고 따라서 그에 대한 효과는 본인 영업주에게 미치지 않는다.

오답풀이

① (○) 제11조(지배인의 대리권) ① 지배인은 영업주에 갈음하여 그 영업에 관한 재판상 또는 재판외의 모든 행위를 할 수 있다.
② (○) 제11조(지배인의 대리권) ③ 지배인의 대리권에 대한 **제한은 선의의 제3자에게 대항하지 못한다.**
③ (○) 제12조(공동지배인) ① 상인은 수인의 지배인에게 공동으로 대리권을 행사하게 할 수 있다. ② 전항의 경우에 지배인 1인에 **대한 의사표시는 영업주에 대하여 그 효력이 있다.**
⑤ (○) 제17조(상업사용인의 의무) ① 상업사용인은 영업주의 허락 없이 자기 또는 제3자의 계산으로 영업주의 영업부류에 속한 거래를 하거나 회사의 무한책임사원, 이사 또는 다른 상인의 사용인이 되지 못한다.

> 📝 문제로 익히는 **핵심이론**

상업사용인이란 특정 상인(영업주)에 종속되어 그의 대외적 영업활동을 대리하는 보조자를 말한다. 따라서 특정 상인에 대하여 독립적 지위를 가지는 대리상이나 중개인과 구별되고 비영업상 활동을 보조하는 자나 대리권한이 없는 자는 상업사용인이 아니다. 상업사용인의 대리권의 내용과 그 범위에 따라 지배인, 부분적 포괄대리권을 가진 상업사용인, 물건판매점포사용인으로 나누어진다.
지배인은 영업주에 갈음하여 그 영업에 관한 재판상 또는 재판외의 모든 행위를 할 수 있는 대리권을 가진 상업사용인이다.
공동지배인이란 수인의 지배인이 공동으로만 지배권을 행사하여야 하는 경우를 말한다.
표현지배인이란 지배인으로 선임된 것은 아니지만 지배인 명칭의 사용으로 인해 지배인의 외관이 만들어진 경우 거래안전의 보호를 위해 지배인으로 의제되는 자이다.
상업사용인은 영업주의 허락이 없으면 자기 또는 제3자의 계산으로 영업주의 영업부류에 속한 거래를 하지 못하며(**거래금지의무**), 영업주의 허락이 없이 다른 회사의 무한책임사원, 이사 또는 다른 상인의 상업사용인이 되지 못한다(**겸직금지의무**).

756
정답 ③

해설

상법 제168조의4(공급자의 의무) ② 금융리스물건이 공급계약에서 정한 시기와 내용에 따라 공급되지 아니한 경우 금융리스이용자는 **공급자에게 직접 손해배상**을 청구하거나 공급계약의 내용에 적합한 금융리스물건의 인도를 청구할 수 있다.

오답풀이

① (○) 제168조의3(금융리스업자와 금융리스이용자의 의무) ② 금융리스이용자는 제1항에 따라 금융리스물건을 **수령함과 동시에** 금융리스료를 지급하여야 한다.
② (○) 제168조의3(금융리스업자와 금융리스이용자의 의무) ③ 금융리스물건수령증을 발급한 경우에는 제1항의 금융리스계약 **당사자(리스업자와 리스이용자) 사이**에 적합한 금융리스물건이 수령된 것으로 추정한다.
④ (○) 제168조의5(금융리스계약의 해지) ① 금융리스이용자의 책임 있는 사유로 금융리스계약을 해지하는 경우에는 금융리스업자는 잔존 금융리스료 상당액의 **일시 지급 또는 금융리스물건의 반환**을 청구할 수 있다.
⑤ (○) 시설대여(금융리스)계약은 법적 성격이 비전형계약으로서 민법의 임대차에 관한 규정이 적용되지 아니하는 점 및 시설대여 제도의 본질적 요청(금융적 성격) 등에 비추어, 시설대여회사(금융리스업자)의 **하자담보책임을 제한하는** 약정조항은 약관의 규제에 관한 법률 제7조 제2호, 제3호(불공정 약관 **무효**)에 해당하지 아니한다(95다51915).

> 📝 문제로 익히는 **핵심이론**

금융리스업이란 리스업자가 리스이용자가 선정한 특정 물건을 새로이 취득하거나 대여받아 그 리스물건에 대한 직접적인 유지·관리 책임을 지지 아니하면서 리스이용자에게 일정 기간 사용하게 하고 그 대여기간 중 지급받는 리스료에 의하여 리스물건에 대한 취득 자금과 그 이자, 기타 비용을 회수하는 거래관계로서, 그 본질적 기능은 리스이용자에게 리스물건의 취득 자금에 대한 금융 편의를 제공하는 데에 있다(**물적금융**). 이처럼 금융리스란 **형식적으로는 임대차이지만 실질적으로는 자금의 대여**로 볼 수 있다. 주로 전문적인 의료장비나 산업설비 등 **범용성이 없는 물건**에 대하여 이루어진다.
이와 구별되는 개념인 **운용리스**란 대체로 컴퓨터, 정수기, 복사기 등 **범용성 있는 물건**에 대하여 이루어지는 점에서 그 법적 성질은 **순수한 임대차계약**으로 본다.

757
정답 ①

해설

인가란 제3자의 기본행위(법률행위)를 동의로 **보충하여 그 법률적 효력을 완성**해 주는 행정행위를 말한다. 따라서 기본행위는 행정청의 인가를 받기 전에는 효력이 없다. 예컨대 사립대학 설립인가, 재단법인의 정관변경허가, 그린벨트 내 토지거래계약허가 등이 있다.

오답풀이

② (×) **하명**이란 작위, 부작위, 수인, 급부 등의 의무를 명하는 행정행위를 말한다. 위법건축물에 대한 철거명령, 과세처분, 소

음·분진 저감명령 등이 있다. 하명은 의무를 과하는 침익적 행위이므로 헌법 제37조 제2항에 의해 반드시 법령에 근거가 있어야 한다.
③ (×) **허가**란 위험의 방지를 위해 법령에 의한 자연적 자유에 대한 일반적인 금지를 일정한 요건을 갖춘 경우에 해제하여 일정한 행위를 적법하게 할 수 있게 하는 행정행위를 말한다. 영업허가, 건축허가, 주류판매업 면허, 운전면허 등이 있다.
④ (×) **특허**란 특정인에게 직접 권리, 법적 지위 또는 포괄적 법률관계를 설정하는 행위(설권행위)를 말한다. 판례는 공유수면매립면허, 공유수면점용·사용허가, 여객자동차운수사업법에 따른 개인택시운송사업면허 등을 특허로 본다.
⑤ (×) **공증**이란 특정의 사실이나 법률관계의 존부를 공적으로 증명하여 공적 증거력을 부여하는 행위를 말한다. 부동산등기부나 토지대장 등에의 등재, 합격증서발급, 여권발급행위, 인감증명서 발급행위 등이 있다.

758 정답 ①

해설
'**사후부관**'은 부관의 일종이 아니고, 부관의 **시간적 한계**에 관한 문제이다. 즉 일단 행정행위를 발한 후에, 그에 다시 부관을 붙일 수 있는가의 문제이다. **판례**는 "행정처분에 이미 부담이 부가되어 있는 상태에서 그 의무의 범위 또는 내용 등을 변경하는 **부관의 사후변경**은, 법률에 **명문의 규정**이 있거나 그 변경이 **미리 유보**되어 있는 경우 또는 **상대방의 동의**가 있는 경우에 한하여 허용되는 것이 원칙이지만, **사정변경**으로 인하여 당초에 부담을 부가한 목적을 달성할 수 없게 된 경우에도 그 **목적달성에 필요한 범위 내에서 예외적으로 허용**된다(97누2627)."는 입장이다.

오답풀이
② (○) **기한**은 행정행위의 효력의 발생 또는 소멸을 장래의 발생이 확실한 사실에 의존시키는 **부관**을 말한다.
③ (○) **조건**은 행정행위의 효력의 발생 또는 소멸을 장래의 불확실한 사실에 의존시키는 **부관**을 말한다.
④ (○) **철회권의 유보**란 행정행위를 행함에 있어 특정한 사정이 발생한 경우에는 행정행위를 철회할 수 있는 권한을 유보하는 **부관**을 말한다.
⑤ (○) **부담**이란 행정행위의 주된 내용에 부가하여 그 행정행위의 상대방에게 작위, 부작위, 급부, 수인 등의 의무를 부과하는 **부관**을 말한다.

759 정답 ③

해설
행정대집행이란 타인이 대신하여 행할 수 있는 의무(대체적 작위의무)의 불이행이 있는 경우 행정청이 불이행된 의무를 스스로 행하거나 제3자로 하여금 이행하게 하고 그 비용을 의무자로부터 징수하는 것을 말한다. 예컨대 무허가건물을 행정청이 철거하거나 제3자인 철거전문회사에게 철거하도록 한 후 철거에 소요된 비용을 무허가 건물주에게 징수하는 것을 말한다. 개별법이 있으면 그에 따르고, 없으면 행정대집행법이 일반법으로 적용된다.

오답풀이
① (○) **직접강제**란 의무자의 의무불이행이 있는 경우 행정기관이 의무자의 신체·재산에 직접 실력을 가하여 의무이행상태를 실현하는 작용을 말한다.
② (○) 과거의 의무위반에 대한 제재를 내용으로 하는 **행정벌**은 행정주체가 행정법상 의무를 위반한 자에게 행정형벌이나 행정질서벌(과태료)을 과하는 행정법상의 제재를 말한다.
④ (○) **행정상 즉시강제**란 미리 의무를 부과할 시간적 여유가 없거나 의무를 부과해서는 목적달성이 곤란한 경우에 직접 국민의 신체나 재산에 실력을 가하여 행정상의 필요한 상태를 실현하는 것을 말한다. 예컨대 감염병환자의 강제격리조치, 불법게임물의 수거·폐기 등이다.
⑤ (○) **행정상 강제징수**란 의무자가 공법상 금전급부의무를 불이행한 경우 강제로 그 의무이행을 실현하는 행정작용을 말한다. 국세징수법이 공법상 금전급부의무의 강제징수에 관한 일반법으로 기능을 하고 있다.

> **문제로 익히는 핵심이론**

행정의 실효성 확보수단이란 공익 목적을 위하여 사인에게 일정한 의무를 부과하거나 일정한 행위를 금지하였음에도 이를 불이행 또는 위반한 경우 그 이행을 확보하거나 금지위반상태를 시정하는 수단을 말한다. 이에는 과거 의무위반에 대해 제재를 가함으로써 간접적으로 실효성을 확보하는 수단인 **간접적 수단**과 장래 의무이행을 확보하기 위한 **직접적 수단**, 그리고 전통적 수단인 행정강제와 행정벌만으로 미흡하여 등장한 **새로운 의무이행확보수단**이 있다.
- 과거의 의무위반에 대한 제재를 내용으로 하는 행정벌에는 **행정형벌과 행정질서벌**이 있다.
- **행정상 강제집행**이란 행정법상 의무의 불이행이 있는 경우 행정주체가 의무위반자의 신체·재산에 실력을 가하여 그 의무가 이행된 것과 같은 상태를 실현하는 작용을 말한다. 여기에는 **대집행, 직접강제, 이행강제금, 행정상 강제징수**가 있다.
- **행정상 즉시강제**란 미리 의무를 부과할 시간적 여유가 없거나 의무를 부과해서는 목적달성이 곤란한 경우에 직접 국민의 신체나 재산에 실력을 가하여 행정상의 필요한 상태를 실현 하는 것을 말한다. 예컨대 감염병환자의 강제격리조치, 불법게임물의 수거·폐기 등이다.
- 새로운 의무이행확보수단으로 과징금, 관허사업의 제한, **명단공표, 공급거부** 등이 있다.

760   정답 ②

해설

근로기준법 제24조(경영상 이유에 의한 해고의 제한) ① 사용자가 경영상 이유에 의하여 근로자를 해고하려면 긴박한 경영상의 필요가 있어야 한다. 이 경우 경영 악화를 방지하기 위한 사업의 양도·인수·합병은 긴박한 **경영상의 필요**가 있는 것으로 본다.

오답풀이

① (×) 제26조(해고의 예고) 사용자는 근로자를 해고(**경영상 이유에 의한 해고를 포함**한다)하려면 적어도 **30일 전에 예고를 하여야** 하고, 30일 전에 예고를 하지 아니하였을 때에는 30일분 이상의 통상임금을 지급하여야 한다.

③ (×) 승인이 아니라 신고만 하면 된다. ※ 제24조(경영상 이유에 의한 해고의 제한) ④ 사용자는 제1항에 따라 대통령령으로 정하는 일정한 규모 이상의 인원을 해고하려면 대통령령으로 정하는 바에 따라 고용노동부장관에게 **신고하여야** 한다.

④ (×) 제25조(우선 재고용 등) ① 제24조에 따라 근로자를 해고한 사용자는 근로자를 해고한 날부터 **3년 이내**에 해고된 근로자가 해고 당시 담당하였던 업무와 같은 업무를 할 근로자를 채용하려고 할 경우 제24조에 따라 해고된 근로자가 원하면 그 근로자를 우선적으로 고용하여야 한다.

⑤ (×) 제24조(경영상 이유에 의한 해고의 제한) ③ 사용자는 제2항에 따른 해고를 피하기 위한 방법과 해고의 기준 등에 관하여 그 사업 또는 사업장에 근로자의 과반수로 조직된 노동조합이 있는 경우에는 그 노동조합(근로자의 과반수로 조직된 노동조합이 없는 경우에는 근로자의 과반수를 대표하는 자를 말한다. 이하 "근로자대표"라 한다)에 해고를 하려는 날의 **50일 전까지 통보**하고 성실하게 협의하여야 한다.

> **문제로 익히는 핵심이론**
>
> 해고란 명칭에 관계없이 근로자의 의사에 반하여 사용자의 일방적 의사에 의하여 이루어지는 근로관계의 종료를 뜻한다. 해고는 사용자측 사정에 따른 해고(정리해고, 경영상 이유에 의한 해고)와 근로자측 사정에 따른 해고로 크게 나누어지며, 후자는 다시 징계처분의 일종인 징계해고와 징계와 무관한 통상해고로 나누어진다. 어느 사유의 해고이든 근로기준법 제23조 제1항에 규정된 '정당한 이유'를 요한다.

03 | 통합전공 모의고사   P. 521

761	762	763	764	765	766	767	768	769	770
③	④	③	④	①	③	⑤	②	①	①
771	772	773	774	775	776	777	778	779	780
⑤	⑤	②	①	②	③	③	③	②	③
781	782	783	784	785	786	787	788	789	790
④	③	①	③	②	③	⑤	④	⑤	①
791	792	793	794	795	796	797	798	799	800
②	①	⑤	③	②	③	③	①	⑤	②

761   정답 ③

오답풀이

① 사원은 그 지분의 전부 또는 일부를 양도하거나 상속할 수 있다. 다만, 정관으로 지분의 양도를 제한할 수 있다(상법 제556조).

② 사원은 다른 사원의 동의를 얻지 아니하면 그 지분의 전부 또는 일부를 타인에게 양도하지 못한다(상법 제197조).

④ 주식회사의 주주는 소유지분 내에서 유한책임을 질 뿐이다.

⑤ 합명회사는 무한책임사원으로만 구성된 인적회사이며, 소유와 경영이 분리된 형태의 물적회사는 주식회사에 해당한다.

762   정답 ④

해설

공공선택 이론에 관한 설명이다. 공공선택 이론은 정치·행정 현상을 경제학적으로 분석하는 이론으로, 관료의 사익 추구를 가정하기 때문에 예산극대화나 지대추구행위가 나타난다고 본다.

> **문제로 익히는 핵심이론**
>
> **[공공선택 이론(Public Choice Theory)]**
> - 비시장적 의사결정에 관한 경제학적 연구이다.
> - 정부를 공공재의 생산자로, 시민을 소비자로 가정한다.
> - 공공서비스를 독점적으로 공급하는 전통적인 정부관료제는 시민의 요구에 민감하게 반응을 보일 수 없는 제도적 장치이다.
> - 공공선택론은 개인이나 집단의 선택행위를 방법론적 개체주의와 연역적 설명을 통하여 분석하고자 한다.

763   정답 ③

해설

㉠ 레빈(Lewin)은 장의 이론(field theory)에서 상충관계에 있는 태도변화 촉진요인과 태도변화 억제요인에 의해 태도가 균형을

유지한다는 이론으로, 조직에서 요구하는 방향으로 종업들의 태도를 유도하기 위해서는(= 균형상태에 변화를 주려면) 변화를 촉진시키는 측면의 힘을 강화시키고, 억제하려는 힘을 약화시키면 된다.
ⓒ 대응성, 친화성, 개방성, 인지성, 안정성의 특성으로 구성되는 것은 성격심리학에서 Big 5 성격유형이다. 노만(Norman)의 Big 5 모형의 경우 NEOAC라 통칭하며, 정서적 안정성(Neuroticism), 외향성(Extraversion), 개방성(Openness to Experience), 우호성(Agreeableness), 성실성(Conscientiousness)으로 구성된다.

764 정답 ④

해설
스키너(Skinner)의 조작적 조건화에서 소거(Extinction)란 보상의 제거를 의미하며, 과거의 부정적 결과를 제거함으로써 긍정적인 행동의 확률을 높이는 것은 부정적 강화(Negative Reinforce)에 해당한다.

765 정답 ①

해설
공급사슬에서 각각의 유통 주체가 독립적인 수요 예측을 할 경우 채찍 효과가 심화된다.

766 정답 ③

해설
시장에서의 반응이 아직 확인되지 않은 신제품의 경우에는 표준품의 대량생산이 곤란하므로 공정별 배치가 더 적합하다.

767 정답 ⑤

해설
- 경제적 주문량(EOQ)

$$= \sqrt{\frac{2 \times 연간수요량 \times 1회 주문비용}{단위당 재고 유지비}}$$

$$= \sqrt{\frac{2 \times 1,000 \times 200원}{40원}} = 100(개)$$

- 연간 주문 횟수 $= \frac{1,000개}{100개} = 10(회)$
- 주문비용 = 200원 × 10회 = 2,000(원)
- 평균재고 $= \frac{EOQ}{2} = \frac{100}{2} = 50(개)$
- 재고 유지비 = 40원 × 50개 = 2,000(원)

따라서 총재고비용=(주문비)+(재고 유지비)이므로 2,000+2,000=4,000(원)이다.

768 정답 ②

해설
표본의 크기가 커질수록 조사비용과 조사시간이 증가하지만, 표본 오류는 감소하는 것이 일반적이다.

769 정답 ①

해설
(가) 집약적(Intensive) 유통은 가능한 한 많은 점포가 자사 제품을 취급하도록 하는 마케팅 전략으로 청량음료, 비누, 껌과 같이 일용품이나 편의품 등에 적용할 수 있다.
(나) 선택적(Selective) 유통은 일정한 자격(점포 규모, 경영 능력, 평판)을 갖춘 소수의 중간상에게만 자사의 제품을 취급하게 하는 것으로, 화장품, 의류, 가구, 가전제품의 경우 적용할 수 있다.
(다) 전속적(Exclusive) 유통은 일정한 지역에서 자사의 제품을 한 점포가 배타적·독점적으로 취급하게 하는 것으로, 고급 자동차, 귀금속, 고급 가구, 건설장비 등 고가품이나 제품에 대한 이미지가 좋은 경우에 적용이 가능하다.

770 정답 ①

해설
$E(R_i) = R_f + [E(R_m) - R_f] \times \beta_i$

위 식에 표에서 주어진 변수들을 대입하여 다음과 같이 연립방정식을 풀이하면 된다.
$0.5R_f + 0.5E(R_m) = 10\%$
$-0.5R_f + 1.5E(R_m) = 20\%$

위 연립방정식을 풀면, 시장 포트폴리오 기대수익률 $E(R_m)$은 15%가 되고, 무위험수익률 R_f는 5%가 된다.

771 정답 ⑤

해설

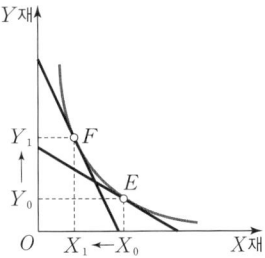

사과를 X재, 배를 Y재라고 했을 때, 대구는 서울에 비해 Y재 가격이 더 저렴하므로 대구로 이동하면 예산선의 기울기가 더 가팔라진다.

변화된 예산선에서 가격 변화 전과 동일한 수준의 효용을 얻을 수 있는 예산을 확보하였으므로 가팔라진 새 예산선이 가격 변화 전 효용극대화를 달성할 때의 무차별곡선과 접해야 한다. 따라서 X재의 소비량은 감소하고, Y재는 증가한다.

772
정답 ⑤

해설

정부지출승수를 구해 보면 $\dfrac{1}{1-c(1-t)-i+m}$이다.

이에 따라 $c=0.8$, $t=0.25$, $i=0.2$, $m=0.2$임을 알 수 있으므로 $\dfrac{1}{1-0.8(1-0.25)-0.2+0.2}=2.5$이다.

따라서 정부지출을 100만큼 증가시키면 소득은 250만큼 증가하게 된다.

순수출$=175-(75+0.2Y)=100-0.2Y$이므로 50만큼 감소한다.

773
정답 ②

해설

한 기업이 여러 제품을 동시에 생산하는 경우에 따로 생산하는 경우보다 더 비용이 낮은 경우를 말하는 범위의 경제에 대한 예시이다.

오답풀이

① 규모의 경제: 생산량이 증가할 때 장기평균비용이 감소하는 현상
③ 규모에 대한 수확체증: 모든 생산요소가 동일한 비율로 증가할 때 생산량이 그보다 더 증가하는 현상
④ 수직적 통합: 생산 계열상에 있는 두 기업이 결합하여 하나의 기업으로 되는 것
⑤ 전략적 제휴: 경쟁관계에 있는 기업들이 일부 사업부 및 기능 부서에서 일시적인 협력관계를 갖는 것

774
정답 ①

해설

완전경쟁시장에서 장기에 개별기업은 초과이윤이 0이 된다. 따라서 개별기업의 장기균형은 장기평균비용곡선의 최소점에서 달성하게 되므로 장기평균비용곡선을 미분한 후 0으로 두면 구할 수 있다.

$$LAC=q^2-8q+32$$

q에 대해 미분하면 $2q-8=0$이 되고, $q=4$로 장기에 개별기업은 4만큼의 생산량을 가지며, 이때, 가격은 LAC의 최솟값이므로 16이 된다.

이 가격을 시장 수요함수에 대입하면 Q=224임을 알 수 있고, 각 기업들의 4만큼씩 생산하고 있으므로 전체 시장에 존재하는 기업의 수는 56개임을 알 수 있다.

775
정답 ②

해설

생산물시장과 노동시장이 모두 완전경쟁인 경우
$VMP_L=MP_L\times P=W$가 성립한다.
주어진 생산함수에서 $MP_L=200-2L$이고 현재 노동고용량(L)이 50, 임금(W)이 3000이므로 VMP_L식에 대입하였을 때 $P=3$이 나오는 것을 알 수 있다.

> **문제로 익히는 핵심이론**
>
> 1. 기업의 노동수요
>   - 한계생산물가치(VMP_L): $VMP_L=MP_L\times P$
>   생산요소 1단위의 추가적인 투입으로 인해 증가하는 생산물의 시장가치
>   - 한계수입생산물(MRP_L): $MRP_L=MP_L\times MR$
>   생산요소 1단위의 추가적 투입으로 인한 총수입의 증가분
> 2. 가계의 노동공급
>   - 한계요소비용(MFC_L): $MFC_L=MP_L\times MC$
>   생산요소를 한 단위 더 고용할 때 기업이 부담하는 총비용의 증가분
>   - 평균요소비용(AFC_L): $AFC_L=w$
>   생산요소 1단위당 요소비용, 노동공급곡선과 일치
> 3. 노동시장에서의 이윤극대화 조건
> $MRP_L=MFC_L$

776
정답 ③

해설

소비가 감소하면 균형에서 IS곡선은 좌측으로 이동한다. 이때 이자율이 감소하게 되는데, 이 경제의 중앙은행은 실질 이자율을 3%에서 유지하고자 할 것이므로 이자율을 올려야 한다. 따라서 통화량을 감소시켜 LM곡선을 좌측으로 이동시키면 이자율이 유지가 된다. 그러나 이 과정에서 균형소득은 감소하게 되어 경제는 침체된다.

오답풀이

①, ⑤ 화폐수요가 증가할 경우 LM곡선은 좌측으로 이동하는 압력을 받지만, 동시에 중앙은행이 이자율 유지를 위해 통화량을 증가시킬 것이므로 변하지 않는다.
물가가 증가할 경우에도 LM곡선은 좌측으로 이동하는 압력을 받지만, 중앙은행의 개입으로 LM곡선은 이동하지 않고, 따라서 균형소득도 불변이다.

② 화폐수요가 감소할 경우 LM곡선은 우측으로 이동하는 압력을 받고, 동시에 중앙은행이 개입하여 통화량을 감소시키려 할 것이다. 이를 위한 방법이 국채 매도를 통해 통화량을 조절하는 것이다.
④ 투자가 증가할 경우 IS곡선이 우측으로 이동하고 이때 이자율이 증가하게 된다. 중앙은행은 이자율 유지를 위해 통화량을 시장에 공급할 것이고 LM곡선도 우측으로 이동하면서 균형소득이 증가한다.

777 정답 ③

해설
부정적 수요충격 발생 시 AD곡선이 좌측으로 이동한다. 경제의 장기균형조정과정이 작동하면 단기 총공급곡선이 우측으로 이동하여 장기균형은 원래의 균형에서 국민소득은 동일하지만 물가만 하락한 상태에 위치하게 된다.

오답풀이
① 리카도 대등정리가 성립하면 정부정책으로 인해 경제의 실질변수에 어떠한 영향도 미치지 못하기 때문에 장·단기적으로 국민소득에 아무런 영향을 줄 수 없다.
② 화폐공급의 증가는 총수요곡선을 우측으로 이동시켜 단기적으로는 국민소득이 늘어나는 효과를 볼 수 있으나 장기균형조정과정 작동으로 AS곡선이 좌측 이동하면서 국민소득은 동일한데, 물가만 상승하는 결과가 나타난다.
④ 확장적 통화정책은 LM곡선 우측이동으로 단기적으로 이자율을 하락시킨다. 이에 따라 채권, 부동산 등 자산가격은 상승한다.
⑤ 확장적 재정정책은 내부 시차는 길지만 외부 정책 시차는 짧아서 단기적으로 국민소득을 증가시키는 효과가 있다.

📝 문제로 익히는 **핵심이론**

[장기균형 조정과정]

• $Y < Y_N$인 경우

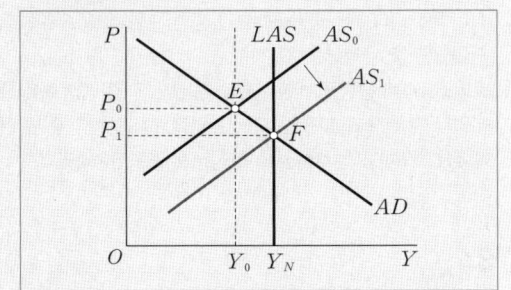

장기균형점 F를 향해 단기 공급곡선이 이동하여 물가가 하락한다.

• $Y > Y_N$인 경우

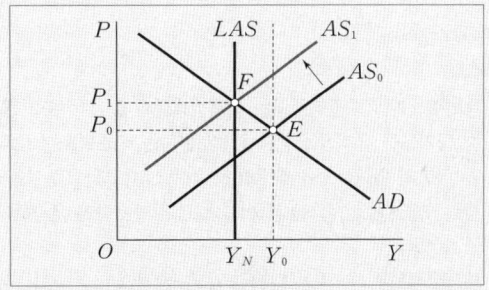

장기균형점 F를 향해 단기 공급곡선이 이동하여 물가가 상승한다.

- 이 조정과정은 모든 학파가 인정한 것으로, 다만 조정속도에서의 차이점은 인정됨
- AS곡선이 장기균형을 향해 자동적으로 움직이는 것
- AD곡선은 정부정책, 통화량 공급 등 외생변수에 의해 움직임

778 정답 ③

해설
인플레이션으로 인해 실물자산에 대한 가치가 높아짐에 따라 상대적으로 현금 보유에 대한 가치가 감소한다. 따라서 높아진 금리로 현금을 보유하기보다는 예금을 선호하게 된다. 따라서 예금을 하기 위한 수수료나 기타 비용을 소모하게 되므로 거래비용이 증가하게 된다. 이를 구두창 비용(Shoe Leather Cost)이라 한다.

오답풀이
① 화폐의 중립성이 성립하게 되면 인플레이션으로 인한 물가 상승은 실질 가치에 아무런 변화를 일으킬 수 없다.
② 새케인즈학파에 의하면 예상된 인플레이션의 경우에도 구두창비용이나 메뉴비용 등의 사회적 비용이 발생하게 된다.
④ 인플레이션으로 인한 명목비용 상승이 즉각적으로 가격에 반영되지 못하기 때문에 상대가격의 왜곡이 발생한다. 이를 메뉴비용(Menu Cost)이라 한다.
⑤ 인플레이션 조세(Inflation Tax)는 정부가 추가적인 화폐발행을 통해 얻는 재정수입을 의미한다.

779 정답 ②

해설
루카스 비판은 경제정책의 시행은 수동적인 시스템을 최적으로 통제하는 것(Optimal Control)이 아니라 정책당국과 민간부문의 경제주체 사이의 전략적 게임으로 인식되어야 할 필요성을 설명한다. 새로운 경제 정책이 시행되면 경제주체의 기대 및 반응이

바뀌고 이에 따라 경제변수들 간의 관계는 변할 것이므로, 이를 감안하지 않고 정책효과를 분석할 경우 실제 정책효과를 정확히 파악할 수 없게 된다.

오답풀이
① 통화주의학파의 준칙주의는 경제성장률과 같은 속도의 통화량 증가율을 유지함을 통해, 경기 변동을 최소화하는 소극적인 의미의 통화정책을 추구하는 것이다. 따라서 이는 적극적 통화정책을 통한 경제상황 변화를 포기하는 것과 유사하다고 볼 수 있다.
③ 재정정책은 정책시차는 길지만 외부시차가 짧다.
④ 최적 재량에 의한 정책(Policy By Discretion)은 경제상황이 변화하게 되면 처음 수립한 최적정책이 더 이상 최적의 정책이 아니게 되어 그 정책을 바꾸려는 유인이 존재하게 된다. 따라서 재량적인 최적정책은 상황에 따라 일관성을 상실할 수밖에 없다.

780 정답 ③

해설
주어진 수요함수와 공급함수를 연립하여 풀어보면 A국의 경우 (Q, P)=(5, 15)에서 균형을 이루고, B국은 (15, 5)에서 균형을 이룬다. 양국이 무역을 시작하게 되면 가격은 5와 15 사이에서 결정될 것이다. 아무리 A국에서 관세를 부과한다고 하여도 B국에서의 균형가격은 5 이하로 내려갈 수 없다. 5 이하로 내려간다면 무역이 발생하지 않기 때문이다.

오답풀이
④ 무역이 시작되고 균형가격이 10이라면 A국에서의 국내 사과 가격은 내려가게 되고, 이에 따라 생산자들이 이탈할 것이기 때문에 국내 생산량은 감소한다.
⑤ 균형가격이 8일 때, B국이 생산할 수 있는 사과의 생산량은 18이고, 이때의 국내 수요는 12가 된다. 따라서 남는 6이 수출량으로 발생하게 된다.

781 정답 ④

해설
이스턴(Easton)은 가치중립적·과학적 연구를 강조하는 행태주의를 비판하고 후기행태주의를 주장하였다.

오답풀이
① 뉴거버넌스론의 대표적 학자인 로즈(Rhodes)는 민관협력 네트워크(정부·시장·시민사회 간 네트워크)를 강조하였다.
② 생태론의 대표적 학자인 리그스(Riggs)는 행정체제의 개방성을 강조하였으며, 행정조직을 둘러싸고 있는 외부환경의 변화가 행정현상에 어떠한 영향을 주는가를 연구·분석하였다.
③ 공공선택론의 대표적 학자인 오스트롬(Ostrom)은 정치경제학적 연구를 강조하였다.
⑤ 신공공관리론의 대표적 학자인 오스본(Osborne)과 개블러(Gaebler)는 기업가적 정부를 강조하였다.

782 정답 ③

해설
가외성(Redundancy)은 최악의 상황에 대비하자는 것으로, 환경의 불확실성이 커질수록 가외성의 필요성은 증가한다. 즉 불확실성과 가외성은 비례관계이다.
가외성은 불확실한 상황에서의 오류 발생가능성을 최소화하고 체제의 신뢰성을 높이기 위해 강조되는 행정가치이며, 여러 기관에서 한 가지 기능이 혼합되는 중첩성(Overlapping)과 동일 기능이 여러 기관에서 독립적으로 수행되는 중복성(Duplication) 등을 포괄하는 개념이다.
㉠ 안전을 위하여 자동차의 제동장치를 이중으로 설계, 정전에 대비하여 건물 자체적으로 자가발전시설 설치

783 정답 ①

해설
리플리와 프랭클린의 경쟁적 규제정책은 배분정책과 규제정책의 성격을 동시에 지니고 있지만, 그 목표가 대중의 보호에 있고 수단이 규제적인 요소가 많기 때문에 규제정책으로 보는 것이 일반적이다. ㉠ 방송권, 운항권 등

오답풀이
② 보호적 규제정책은 다수를 보호하기 위해 소수를 규제하는 정책이다. ㉠ 최저임금제, 최대노동시간제한 등
③ 재분배정책의 가장 큰 특징은 계급 대립의 성격을 지닌다는 것이다. ㉠ 누진(소득)세도, 임대주택건설 등
④ 분배(배분)정책은 수혜자와 비용부담자 간의 갈등이 없다는 점이 특징이다. ㉠ 국공립학교를 통한 교육서비스 제공, 주택자금대출 등
⑤ 로위(Lowi)는 정책을 배분, 규제, 재분배, 구성 정책으로 분류하였다. 알몬드와 파우얼(Almond&Powell)은 정책을 배분(분배)정책, 규제정책, 추출정책, 상징정책으로 분류하였다.

784 정답 ③

해설
실적주의에서는 개인의 능력이나 실적을 기준으로 공무원을 임용한다.

오답풀이
① 실적주의는 공무원의 정치적 중립을 용이하게 한다.
② 실적주의에서는 개인의 능력, 자격, 적성에 따라 임용하기 때

문에 행정의 전문성을 제고한다.
④ 빈번한 교체임용을 통해서 관료의 특권화를 막는 것은 엽관주의의 특징이다.
⑤ 실적주의는 직업공무원제 수립을 제고한다.

785 정답 ②

해설
방송통신위원회, 공정거래위원회와 같은 행정위원회는 결정권한을 갖고 있으며 집행까지 책임을 진다.

오답풀이
① 결정권한의 최종 책임이 기관장 한 사람에게 집중되어 있는 조직은 관료제이다.
③ 책임운영기관은 실제 일을 맡아 집행하는 사람들에게 재량권을 부여한다.
④ 책임운영기관은 수익성과 공익성의 조화를 강조하며, 사회적 형평성보다는 효율성을 관리의 주요 가치로 삼는다.
⑤ 애드호크라시는 현대의 복잡하고 불확실한 환경에서 발생하는 문제에 신속하게 대응한다.

786 정답 ③

해설
보수는 불만요인에 해당한다.

문제로 익히는 핵심이론

[허즈버그(Herzberg)의 욕구충족요인 이원론]

허즈버그는 인간의 욕구 차원을 불만과 만족으로 구분하고 불만을 일으키는 요인(불만요인)과 만족을 주는 요인(만족요인)은 서로 다르다는 욕구충족요인 이원론을 제시하였다. 그는 이러한 첫 번째 범주의 욕구를 충족시키는 요인은 주로 환경에 관한 것으로 직무에 불만족을 느끼게 하거나 예방하는 데 작용한다고 보면서 이를 위생요인이라고 했다. 두 번째 범주의 욕구를 충족시키는 요인은 인간에게 만족을 주고 우수한 직무수행을 위해 동기를 유발하는 데 작용하는 것으로 보고 이를 동기요인이라고 했다.
동기요인(만족요인)은 직무와 구성원 사이의 관계에 관한 것으로 더 나은 직무수행과 노력을 위한 동기부여의 요인이 되며 이러한 것이 갖추어 있지 않더라도 불만족을 유발하지는 않는다고 한다. 반면 위생요인(불만요인)은 그러한 요인이 없으면 구성원에게 불만족을 유발하지만 그것이 갖추어져 있어도 구성원의 직무수행의 동기를 유발시키지는 못한다. 이 두 가지 요인이 인간 행동의 동기를 자극하게 되므로, 관리자 입장에서는 구성원을 만족시키기 위하여 위생요인과 동기요인을 모두 고려하여야 한다.

불만요인(위생요인)	만족요인(동기요인)
〈직무의 조건 · 환경〉 조직의 정책 · 방침 · 관리 감독 근무(작업)조건 보수 대인관계(상사와의 인간관계) 복지시설	〈직무 자체〉 직무상의 성취 직무성취에 대한 인정 보람 있는 일 책임의 증대 발전 · 성장 승진 · 자아계발

787 정답 ③

해설
초합리성을 강조하는 최적모형에서는 정책결정자의 직관적 판단을 중시한다.
최적모형은 현실 여건이 합리성을 제약하므로 경제적 합리성과 더불어 육감, 직관, 판단력, 창의력, 영감과 같은 초합리적 요인(초합리성)을 고려하며, 양적 분석뿐만 아니라 질적 분석도 고려한다. 즉 최적모형은 합리적인 요소와 초합리적인 요소의 조화를 강조하는 모형이다.

788 정답 ⑤

해설
전대차관은 완전성의 원칙에 예외에 해당한다.

오답풀이
① 목적세는 통일성의 원칙의 예외이다. 통일성의 원칙이란 특정한 세입을 특정한 세출에 충당하여서는 안 된다는 원칙이다.
② 수입대체경비는 통일성의 원칙의 예외이다.
③ 추가경정예산은 단일성의 원칙의 예외이다. 단일성의 원칙이란 예산은 구조 면에서 단일한 것이어야 한다는 것이다.
④ 준예산은 사전의결의 원칙의 예외이다. 사전의결의 원칙이란 예산은 지출이 행하여질 기간에 앞서 의회에 의하여 심의 · 의결되어야 한다는 것이다.

789 정답 ④

해설
시민고충처리위원회는 지방자치단체에 소속되어 있다.

문제로 익히는 핵심이론 ❶

[옴부즈만과 국민권익위원회]

구분	옴부즈만(스웨덴)	국민권익위원회
차이점	• 입법부 소속 • 외부통제 • 헌법기관 • 신청+직권조사	• 행정부 소속(국무총리) • 내부통제 • 법률기관 • 신청조사
공통점	• 무효·취소불가(시정권고, 언론공표) • 위법, 부당(합법성·합목적성) • 적은 시간과 비용	

문제로 익히는 핵심이론 ❷

[부패방지 및 국민권익위원회의 설치와 운영에 관한 법률]

제1조(목적) 이 법은 국민권익위원회를 설치하여 고충민원의 처리와 이에 관련된 불합리한 행정제도를 개선하고, 부패의 발생을 예방하며 부패행위를 효율적으로 규제함으로써 국민의 기본적 권익을 보호하고 행정의 적정성을 확보하며 청렴한 공직 및 사회풍토의 확립에 이바지함을 그 목적으로 한다.

제11조(국민권익위원회의 설치) ① 고충민원의 처리와 이에 관련된 불합리한 행정제도를 개선하고, 부패의 발생을 예방하며 부패행위를 효율적으로 규제하도록 하기 위하여 국무총리 소속으로 국민권익위원회를 둔다.

제32조(시민고충처리위원회의 설치) ① 지방자치단체 및 그 소속 기관에 관한 고충민원의 처리와 행정제도의 개선 등을 위하여 각 지방자치단체에 시민고충처리위원회를 둘 수 있다.

790 정답 ①

해설
발에 의한 투표(티부모형)의 기본전제에 해당한다.

문제로 익히는 핵심이론

[티부모형(Tiebout Model)]

티부모형은 오우츠(Oates)의 '분권화 정리'와 더불어 지방자치의 당위성을 이론적으로 뒷받침하고 있는 이론이다.

1. 발에 의한 투표(Voting With The Feet, 주민의 이동성)

- 각 지방정부가 독자적인 조세징수와 지방공공재의 공급을 하는 경우에 각 지방정부마다 서로 다른 재정운용을 할 수 있다. 이에 따라 국민은 재정 프로그램에 대한 각자의 선호에 따라 거주지를 선택하게 된다(재정적 요인에 의한 주민의 이동).
- 발에 의한 투표에 의해 효율적인 지방공공재의 배분이 가능하기 때문에 분권화된 체제에 의한 공공재의 공급이 효율적이다. 즉 티부 가설(Tiebout Hypothesis)은 주민의 이동성을 전제로 지방정부 서비스에 대한 주민들의 선택을 통해 그들의 선호를 표명함으로써 시장과 유사한 방법으로 주민들의 공공서비스에 대한 수요를 파악할 수 있다고 주장한다.

2. 가정

- **다수의 지역사회가 존재(= 다수의 참여자)**: 티부모형의 기본가정은 상이한 재정 프로그램을 제공하는 지역사회가 충분히 많아 사람들이 가장 선호하는 지방정부를 선택한다는 것이다.
- **완전한 정보**: 사람들이 각 지역에서 제공하는 재정 프로그램의 내용에 관해 완전한 정보를 갖추고 있어야 한다.
- **완전한 이동성(=진·퇴의 용이)**: 직장 등이 주거지의 선택에 영향을 주지 않는다.
- **배당수입에 의한 소득**: 거주지 선정에 고용기회가 아무런 영향을 미치지 못하도록 하기 위한 것이다.
- **외부성이나 파급효과(Spillover Effect)가 존재하지 않음**: 각 지역이 수행한 사업에서 나오는 혜택을 그 지역주민들만 누릴 수 있다는 가정이 필요하다.
- **공공재 공급의 규모수익 불변(규모의 경제X)**: 규모의 경제가 성립되면 규모가 큰 소수의 지방정부만이 존재하는 상황이 나타나 경쟁체제의 성립이 어려워진다.
- **고정적 생산요소의 존재**: 모든 지방정부에는 최소한 한 가지의 고정적인 생산요소(Fixed Factor)가 존재하며, 이와 같은 제약 때문에 각 지방정부는 자신에게 맞는 최적규모(Optimal Size)를 갖는다.
- **최적규모의 추구**: 자신의 최적규모보다 적은 지방정부는 평균비용을 감소시키기 위하여 더 많은 주민을 유인하려 할 것이다. 또한 자신의 최적규모보다 큰 지방정부는 자신의 주민을 감소시키려 할 것이고, 자신의 최적규모에 있는 지방정부는 그들의 인구를 그대로 유지하려 할 것이다.

791 정답 ②

해설
보호의무를 인정하는 데 있어서 **국가는 더 이상 기본권의 침해자가 아니라는 전제에서 출발**한다.

오답풀이

기본권보호의무란 기본권에 의하여 보호되는 법익이 사인인 제3자에 의해 침해되지 않도록 국가가 개인의 기본권을 보호해야 할 의무를 말한다. 보호의무를 인정하는 데 있어서 국가는 더 이상 기본권의 침해자가 아니라는 전제에서 출발한다. 그 실정법적 근거는 헌법 제10조 후단의 '국가는 개인이 가지는 불가침의 기본적 인권을 확인하고 이를 보장할 의무를 진다.'는 규정을 들 수 있고, 그 이론적 근거로는 기본권의 이중적 성격의 인정, 즉 기본권의 객관적 측면에서 도출할 수 있다. 국가의 기본권보호의무는 단순히 윤리적, 도덕적 의무에 그치는 것이 아니라 법적 구속력이 인정되는 의무이다. 다만, 기본권보호의무로부터 특정조치를 취해야 할 구체적인 보호청구권까지 인정할 수 있을지에 대해서는 견해의 대립이 있다.

792 정답 ①

해설

헌법 제105조 ① 대법원장의 임기는 **6년**으로 하며, **중임**할 수 없다.
② 대법관의 임기는 **6년**으로 하며, 법률이 정하는 바에 의하여 **연임**할 수 있다.
③ 대법원장과 대법관이 아닌 법관의 임기는 **10년**으로 하며, 법률이 정하는 바에 의하여 **연임**할 수 있다.

> **문제로 익히는 핵심이론**
> '**연임**'이란 임기를 마친 자가 그 임기를 마친 날의 다음 날부터 계속해서 그 직위를 유지하는 것을 말하며, '**중임**'이란 연임은 물론 임기를 마치고 일정한 기간이 지난 후에 다시 그 직위를 갖는 것도 포함한다. **법관의 인적(신분상) 독립이란 법관**의 신분보장을 통하여 재판상의 독립을 보장하려는 것이다.

793 정답 ⑤

해설

물권적 청구권은 방해자에게 고의나 과실, 즉 귀책사유가 **없는** 때에도 물권 방해의 사실이 있기만 하면 발생한다. 이 점이 가해자의 고의나 과실이 있어야만 성립하는 불법행위로 인한 손해배상청구권과 차이가 있다.

> **문제로 익히는 핵심이론**
> **물권적 청구권**은 물권내용의 실현이 어떤 사정으로 말미암아 방해당하고 있거나 방해당할 염려가 있는 경우에 **물권자가 방해자에 대하여 그 방해의 제거 또는 예방에 필요한 일정한 행위를 청구**할 수 있는 권리이다. 물권이 침해당하는 것과 같은 외관을 지니고 있어도 그것이 정당한 권원에 의한 것인 때에는, 즉 물권의 침해 등에 위법성이 없는 때에는 물권적 청구권은 발생하지 않는다.

794 정답 ③

해설

형법 제18조(부작위범) 위험의 발생을 방지할 의무가 있거나 자기의 행위로 인하여 위험발생의 원인을 야기한 자가 그 위험발생을 방지하지 아니한 때에는 그 발생된 결과에 의하여 처벌한다.
※ 甲은 乙에 대한 감금이라는 **자신의 선행행위로** 인하여 乙의 생명에 대해 위험을 발생시켜 乙에 대해 **보증인 지위**를 갖게 되고, 탈진상태에 있는 乙을 그대로 방치하면 **사망할 가능성**이 있다는 것을 알고 방치한 것은 **乙의 사망결과를 내심으로 용인**한 것으로 보아 **살인의 미필적 고의**도 인정된다. 따라서 **부작위에 의한 살인죄**가 성립한다.

795 정답 ②

해설

형사소송법 제200조(피의자의 출석요구) 검사 또는 사법경찰관은 수사에 필요한 때에는 **피의자의 출석을 요구하여 진술을 들을 수** 있다.
※ 이를 피의자신문이라 한다. 피의자는 출석의무가 없고, 진술거부권의 보장에 따라 진술의무도 없기 때문에 피의자신문은 임의수사에 속한다.

오답풀이

① (×) 검사 또는 사법경찰관은 수사에 필요한 때에는 **피의자가 아닌** 자의 출석을 요구하여 진술을 들을 수 있다. 이처럼 **참고인(피해자, 피해자의 가족, 친지)**을 불러 진술을 듣는 것을 **참고인조사**라 한다. **참고인**은 자신의 경험사실을 **수사기관에 대하여 진술**하는 자라는 점에서, **법원**에 대해 체험사실을 진술하는 **증인**과 구별이 된다. 피의자와 달리 참고인에게는 진술거부권을 고지할 필요가 없다.

③ (×) 증인이란 **법원 또는 법관에 대하여** 자신이 과거에 **체험한 사실을 진술하는 제3자**를 말하는데, 증인신문은 증인으로부터 체험사실을 내용으로 하는 진술을 듣는 증거조사를 말한다.

④ (×) **피고인신문**이란 소송의 주체인 피고인을 증거방법으로 하여 피고인에 대하여 공소사실과 그 정상에 관한 필요한 사항을 신문하는 절차이다. 형사소송법은 피고인신문을 증인신문의 방법에 의하여 행하도록 규정하고 있고, 피고인에게 각개의 신문에 대하여 진술거부권을 인정하고 있다.

⑤ (×) **수사상 증거보전**이란 수사절차에서 판사가 증거조사 또는 증인신문을 하여 그 결과를 보전해 두는 것을 말한다. 수사기관이 수집한 증거는 공판절차에서 증거조사 대상이 되는 것이 원칙이나 그때까지 기다려서는 수집한 증거를 사용하는 것이 불가능하거나 곤란한 경우 수사절차에서 판사의 힘을 빌려 증거조사나 증인신문을 함으로써 증거를 보전할 수 있게 되는 것이다. 이에는 **증거보전과 참고인에 대한 증인신문청구**가 있다.

> **문제로 익히는 핵심이론**
> 수사는 원칙적으로 임의수사에 의하고, 강제수사는 법률에 특별한 규정이 있는 경우에 한하여 예외적으로 허용되는데 이를 **임의수사의 원칙**이라 한다. 상대방의 의사에 반하여 실질적으로 그의 법익을 침해하는 처분이 강제수사이고, 상대방의 법익침해를 수반하지 않는 수사는 임의수사가 된다. 전자에는 영장주의가 적용되고, 후자는 그 적용이 없다. 형사소송법이 규정하고 있는 대표적인 **임의수사** 방법으로는 **피의자신문과 참고인조사**가 있다.
> **피의자신문**이란 수사기관이 수사에 필요한 경우에 피의자의 출석을 요구하여 피의자를 신문하고 그 진술을 듣는 절차를 말한다. 피의자의 진술은 반드시 조서에 기재하여야 하는데 이를 **피의자신문조서**라 한다. 수사기관에게는 증거 특히 자백을 획득할 기회가 되고, 피의자에게는 유리한 사실을 주장하여 범죄혐의를 벗을 수 있는 기회가 된다. 수사기관은 **피**

의자를 신문하기 전에 진술을 거부할 수 있음을 반드시 **알려주어야** 한다. 진술거부권을 고지하지 않고 신문한 경우 그 진술을 기재한 피의자신문조서는 증거능력이 없게 된다.

796 정답 ③

해설
합의관할이나 변론관할은 전속관할에는 인정되지 않고, 임의관할에 한해 인정된다.

오답풀이
① (○) 전속관할은 강행규정으로 직권조사사항(법원이 스스로 문제 삼아 판단해야 하는 사항)이다. 그러나 임의관할은 임의규정으로써 당사자가 당해 규정과 다른 합의를 할 수 있으며 피고가 이의를 할 때에만 법원이 조사하는 항변사항이다.
② (○) 전속관할 위반의 경우에는 상소심에서 다툴 수 있다(민사소송법 제424조 제1항 제3호). 다만, 전속관할위반을 간과한 판결이라도 재심사유로 규정되어 있지는 않으므로 재심의 대상은 되지 않는다.
④ (○) 제411조(관할위반 주장의 금지) 당사자는 항소심에서 제1심 법원의 관할위반을 주장하지 못한다. 다만, 전속관할에 대하여는 그러하지 아니하다.
⑤ (○) 직분관할은 전속관할이며, 사물관할 및 토지관할은 임의관할이다. ※ **직분(직무)관할**이란 재판권에 여러 가지 작용이 있는 것을 고려하여 담당직무(재판작용) 차이를 기준으로 재판권의 분담관계를 정해 놓은 것이다. **사물관할**이란 제1심 소송사건에 있어 지방법원 단독판사와 지방법원 합의부 사이에서 사건의 경중을 기준으로 재판권의 분담관계를 정해 놓은 것을 말한다. **토지관할**이란 소재지를 달리 하는 같은 종류의 법원 사이에 재판권의 분담관계를 정해 놓은 것을 말한다.

📝 문제로 익히는 핵심이론

관할이란 법원의 재판권을 전제로 구체적인 사건을 어느 법원이 담당처리할지에 관한 재판권의 분담관계를 말한다. 관할권은 '우리나라 법원 중에서' 어느 법원이 사건을 담당할지의 문제로 우리나라 법원에 재판권이 있을 것을 전제한 개념이다. **전속관할**은 원칙적으로 법률상 명문으로 특정법원만이 배타적으로 관할을 가지는 것으로 정한 경우로서, 고도의 공익적 고려에서 정하여진다. **임의관할**은 전속관할이 아닌 관할로서 당사자의 편의와 공평을 위한 사익적 고려에서 정해지며, 합의관할이나 변론관할이 인정된다. 임의관할 위반 시 전속관할과 달리 항소심에서 이를 이유로 원심판결을 취소할 수 없다.

797 정답 ③

해설
이행인수는 채무자와 인수인 사이의 계약으로, 인수인이 채무자의 채무를 이행할 의무를 지는 것을 말한다. 계약의 당사자가 아닌 채권자는 인수인에 대해 직접 채무이행을 청구하지는 못한다.

오답풀이
① (×) **면책적 채무인수**란 채무의 동일성을 유지하면서 계약에 의해 채무가 채무자로부터 제3자(인수인)에게 이전되어 채무자는 채무를 면하고 인수인이 동일한 채무를 지게 되는 것을 말한다.
②, ④ (×) **병존적 채무인수**는 기존의 채무관계는 그대로 유지하면서 제3자가 채무자로 들어와 종래의 채무자와 더불어 동일한 내용의 채무를 부담하는 것으로서, '중첩적 채무인수'라고도 한다.
⑤ (×) **계약인수**는 계약당사자의 지위의 승계를 목적으로 하는 계약을 가리킨다.

798 정답 ①

해설
상법 제24조(명의대여자의 책임) 타인(**명의차용자**)에게 자기의 성명 또는 상호를 사용하여 영업을 할 것을 허락한 자(**명의대여자**)는 자기를 영업주로 오인하여 거래한 제3자에 대하여 그 타인(명의차용자)과 연대하여 변제할 책임이 있다. ※ 이 둘의 책임의 관계는 **부진정연대채무**이다.

오답풀이
② (○) 상법 제24조는 명의대여자(=인천직할시)가 상인이 아니거나, 명의차용자의 영업이 상행위가 아니라 하더라도 위 법리를 적용하는 데에 아무런 영향이 없다(85다카2219).
③ (○) 상법 제24조 소정의 명의대여자 책임은 **불법행위**의 경우에는 설령 피해자가 명의대여자를 영업주로 오인하고 있었더라도 그와 같은 오인과 피해의 발생 사이에 아무런 인과관계가 없으므로 명의대여자에게 책임을 지워야 할 이유가 없다(97다55621).
④ (○) 상법 제24조의 규정에 의한 명의대여자의 책임은 명의자를 영업주로 오인하여 거래한 제3자를 보호하기 위한 것이므로 거래 상대방이 명의대여 사실을 알았거나 모른 데에 대하여 **중대한 과실**이 있는 때에는 명의대여자는 책임을 지지 않는다(91다18309).
⑤ (○) 상법 제24조의 명의대여자의 책임규정은 명의의 사용을 허락받은 자의 행위에 한하고 **명의차용자의 피용자**의 행위에 대해서까지 미칠 수는 없다(88다카26390).

799

정답 ⑤

해설

이중기준의 원칙이란 표현의 자유와 같은 정신적 자유권을 제한하는 법률은 경제적 자유권을 제한하는 법률보다 훨씬 더 엄격한 기준의 사법심사의 대상이 된다는 것을 말한다. 이는 행정법의 일반원칙에 해당하지 않는다.

오답풀이

① (○) **비례의 원칙**이란 행정작용에 있어서 행정 목적과 행정 수단 사이에는 합리적인 비례관계가 있어야 한다는 원칙을 말한다. 내용으로는 적합성의 원칙, 필요성의 원칙, 상당성의 원칙이 있다.

② (○) **평등의 원칙**이란 불합리한 차별을 해서는 안 된다는 원칙이다.

③ (○) **신뢰보호의 원칙**이란 행정기관의 어떠한 말이나 행동에 대해 국민이 신뢰를 갖고 그에 따른 행위를 한 경우 그 신뢰가 보호가치 있는 경우에 그 신뢰를 보호해 주어야 한다는 원칙을 말한다.

④ (○) **자기구속의 원칙**이란 행정관행이 성립된 경우 행정청은 특별한 사정이 없는 한 동일한 사안에서 행정관행과 같은 결정을 하여야 한다는 원칙을 말한다.

800

정답 ②

해설

"공공부조(公共扶助)"란 국가와 지방자치단체의 책임하에 생활 유지 능력이 없거나 생활이 어려운 국민의 최저생활을 보장하고 자립을 지원하는 제도를 말한다.

오답풀이

⑤ (×) **최저임금**이란 저임금 근로자를 보호하기 위해 사용자에게 이 수준 이상의 임금을 지급하도록 강제하는 국가가 정한 임금의 최저수준을 말한다.

> **문제로 익히는 핵심이론**
>
> **사회보장기본법**은 사회보장에 관한 국민의 권리와 국가 및 지방자치단체의 책임을 정하고 사회보장정책의 수립·추진과 관련 제도에 관한 기본적인 사항을 규정함으로써 국민의 복지증진에 이바지하는 것을 목적으로 한다.
> **사회보장**은 모든 국민이 다양한 사회적 위험으로부터 벗어나 행복하고 인간다운 생활을 향유할 수 있도록 자립을 지원하며, 사회참여·자아실현에 필요한 제도와 여건을 조성하여 사회통합과 행복한 복지사회를 실현하는 것을 **기본 이념**으로 한다.

사회보장기본법에서 사용하는 용어의 뜻은 다음과 같다.

- **"사회보장"**이란 출산, 양육, 실업, 노령, 장애, 질병, 빈곤 및 사망 등의 사회적 위험으로부터 모든 국민을 보호하고 국민 삶의 질을 향상시키는 데 필요한 소득·서비스를 보장하는 사회보험, 공공부조, 사회서비스를 말한다.
- **"사회보험"**이란 국민에게 발생하는 사회적 위험을 보험의 방식으로 대처함으로써 국민의 건강과 소득을 보장하는 제도를 말한다.
- **"공공부조(公共扶助)"**란 국가와 지방자치단체의 책임하에 생활 유지 능력이 없거나 생활이 어려운 국민의 최저생활을 보장하고 자립을 지원하는 제도를 말한다.
- **"사회서비스"**란 국가·지방자치단체 및 민간부문의 도움이 필요한 모든 국민에게 복지, 보건의료, 교육, 고용, 주거, 문화, 환경 등의 분야에서 인간다운 생활을 보장하고 상담, 재활, 돌봄, 정보의 제공, 관련 시설의 이용, 역량 개발, 사회참여 지원 등을 통하여 국민의 삶의 질이 향상되도록 지원하는 제도를 말한다.
- **"평생사회안전망"**이란 생애주기에 걸쳐 보편적으로 충족되어야 하는 기본욕구와 특정한 사회위험에 의하여 발생하는 특수욕구를 동시에 고려하여 소득·서비스를 보장하는 맞춤형 사회보장제도를 말한다.

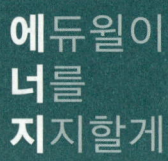

에듀윌이
너를
지지할게

ENERGY

삶의 순간순간이
아름다운 마무리이며
새로운 시작이어야 한다.

— 법정 스님

여러분의 작은 소리 에듀윌은 크게 듣겠습니다.

본 교재에 대한 여러분의 목소리를 들려주세요.
공부하시면서 어려웠던 점, 궁금한 점,
칭찬하고 싶은 점, 개선할 점, 어떤 것이라도 좋습니다.

에듀윌은 여러분께서 나누어 주신 의견을
통해 끊임없이 발전하고 있습니다.

에듀윌 도서몰 book.eduwill.net
- 부가학습자료 및 정오표: 에듀윌 도서몰 → 도서자료실
- 교재 문의: 에듀윌 도서몰 → 문의하기 → 교재(내용, 출간) / 주문 및 배송

최신판 공기업 사무직 통합전공 800제

발 행 일	2024년 1월 7일 초판 ǀ 2024년 6월 25일 2쇄
편 저 자	에듀윌 취업연구소
펴 낸 이	양형남
펴 낸 곳	(주)에듀윌
등록번호	제25100-2002-000052호
주 소	08378 서울특별시 구로구 디지털로34길 55 코오롱싸이언스밸리 2차 3층

* 이 책의 무단 인용 · 전재 · 복제를 금합니다.

www.eduwill.net
대표전화 1600-6700

IT자격증 단기 합격!
에듀윌 EXIT 시리즈

컴퓨터활용능력
- **필기 초단기끝장(1/2급)**
  문제은행 최적화, 이론은 가볍게 기출은 무한반복!
- **필기 기본서(1/2급)**
  기초부터 제대로, 한권으로 한번에 합격!
- **실기 기본서(1/2급)**
  출제패턴 집중훈련으로 한번에 확실한 합격!

ADsP
- **데이터분석 준전문가 ADsP**
  이론부터 탄탄하게! 한번에 확실한 합격!

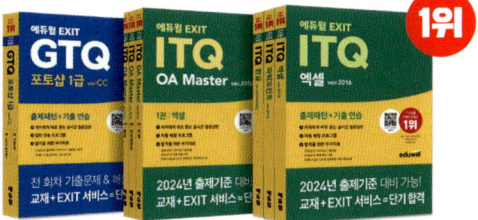

ITQ/GTQ
- **ITQ 엑셀/파워포인트/한글 ver.2016**
  독학러도 초단기 A등급 보장!
- **ITQ OA Master ver.2016**
  한번에 확실하게 OA Master 합격!
- **GTQ 포토샵 1급 ver.CC**
  노베이스 포토샵 합격 A to Z

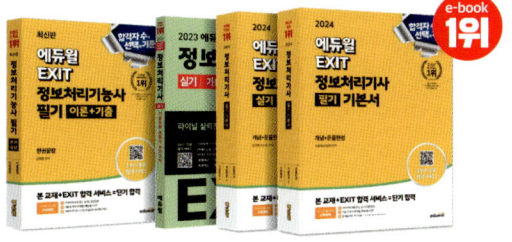

정보처리기사/기능사
- **필기 / 실기 기본서(기사)**
  한번에 확실하게 기초부터 합격까지 4주완성!
- **실기 기출동형 총정리 모의고사(기사)**
  싱크로율 100% 모의고사로 실력진단+개념총정리!
- **필기 한권끝장(기능사)**
  기출 기반 이론&문제 반복학습으로 초단기 합격!

*2024 에듀윌 EXIT 컴퓨터활용능력 1급 필기 초단기끝장: YES24 수험서 자격증 > 컴퓨터수험서 > 컴퓨터활용능력 베스트셀러 1위(2023년 10월 3주 주별 베스트)
*에듀윌 EXIT ITQ OA Master: YES24 수험서 자격증 > 컴퓨터수험서 > ITQ 베스트셀러 1위(2023년 11월 월별 베스트)
*에듀윌 EXIT GTQ 포토샵 1급 ver.CC: YES24 > IT 모바일 > 컴퓨터수험서 > 그래픽 관련 > 베스트셀러 1위(2023년 11월 2~3주 주별 베스트)
*2023 에듀윌 EXIT 정보처리기사 필기 기본서: YES24 eBook > IT 모바일 > 컴퓨터 수험서 베스트셀러 1위(2023년 2월 월별 베스트)

꿈을 현실로 만드는
에듀윌

DREAM

공무원 교육
- 선호도 1위, 신뢰도 1위! 브랜드만족도 1위!
- 합격자 수 2,100% 폭등시킨 독한 커리큘럼

자격증 교육
- 8년간 아무도 깨지 못한 기록 합격자 수 1위
- 가장 많은 합격자를 배출한 최고의 합격 시스템

직영학원
- 직영학원 수 1위
- 표준화된 커리큘럼과 호텔급 시설 자랑하는 전국 21개 학원

종합출판
- 온라인서점 베스트셀러 1위!
- 출제위원급 전문 교수진이 직접 집필한 합격 교재

어학 교육
- 토익 베스트셀러 1위
- 토익 동영상 강의 무료 제공

콘텐츠 제휴·B2B 교육
- 고객 맞춤형 위탁 교육 서비스 제공
- 기업, 기관, 대학 등 각 단체에 최적화된 고객 맞춤형 교육 및 제휴 서비스

부동산 아카데미
- 부동산 실무 교육 1위!
- 상위 1% 고소득 창업/취업 비법
- 부동산 실전 재테크 성공 비법

학점은행제
- 99%의 과목이수율
- 16년 연속 교육부 평가 인정 기관 선정

대학 편입
- 편입 교육 1위!
- 최대 200% 환급 상품 서비스

국비무료 교육
- '5년우수훈련기관' 선정
- K-디지털, 산대특 등 특화 훈련과정
- 원격국비교육원 오픈

에듀윌 교육서비스 **공무원 교육** 9급공무원/7급공무원/소방공무원/계리직공무원/기술직공무원/군무원 **자격증 교육** 공인중개사/주택관리사/감정평가사/노무사/전기기사/경비지도사/검정고시/소방설비기사/소방시설관리사/사회복지사1급/건축기사/토목기사/직업상담사/전기기능사/산업안전기사/위험물산업기사/위험물기능사/유통관리사/물류관리사/행정사/한국사능력검정/한경TESAT/매경TEST/KBS한국어능력시험/실용글쓰기/IT자격증/국제무역사/무역영어 **어학 교육** 토익 교재/토익 동영상 강의 **세무/회계** 회계사/세무사/전산세무회계/ERP정보관리사/재경관리사 **대학 편입** 편입 교재/편입 영어·수학/경찰대/의치대/편입 컨설팅·면접 **직영학원** 공무원학원/소방학원/공인중개사 학원/주택관리사 학원/전기기사학원/세무사·회계사 학원/편입학원 **종합출판** 공무원·자격증 수험교재 및 단행본 **학점은행제** 교육부 평가인정기관 원격평생교육원(사회복지2급/경영학/CPA)/교육부 평가인정기관 원격 사회교육원(사회복지2급/심리학) **콘텐츠 제휴·B2B 교육** 교육 콘텐츠 제휴/기업 맞춤 자격증 교육/대학 취업역량 강화 교육 **부동산 아카데미** 부동산 창업CEO/부동산 경매 마스터/부동산 컨설팅 **국비무료 교육 (국비교육원)** 전기기능사/전기(산업)기사/소방설비(산업)기사/IT(빅데이터/자바프로그램/파이썬)/게임그래픽/3D프린터/실내건축디자인/웹퍼블리셔/그래픽디자인/영상편집(유튜브)디자인/온라인 쇼핑몰광고 및 제작(쿠팡, 스마트스토어)/전산세무회계/컴퓨터활용능력/ITQ/GTQ/직업상담사

교육문의 1600-6700 www.eduwill.net

- 2022 소비자가 선택한 최고의 브랜드 공무원·자격증 교육 1위 (조선일보) • 2023 대한민국 브랜드만족도 공무원·자격증·취업·학원·편입·부동산 실무 교육 1위 (한경비즈니스)
- 2017/2022 에듀윌 공무원 과정 최종 환급자 수 기준 • 2023년 성인 자격증, 공무원 직영학원 기준 • YES24 공인중개사 부문, 2024 에듀윌 공인중개사 2차 기출응용 예상문제집 부동산공법 (2024년 5월 월별 베스트) 그 외 다수 교보문고 취업/수험서 부문, 2020 에듀윌 농협은행 6급 NCS 직무능력평가·실전모의고사 4회 (2020년 1월 27일~2월 5일, 인터넷 주간 베스트) 그 외 다수 YES24 컴퓨터활용능력 부문, 2024 컴퓨터활용능력 1급 필기 초단기끝장 (2023년 10월 3~4주 주별 베스트) 그 외 다수 인터파크 자격서/수험서 부문, 에듀윌 한국사능력검정시험 2주끝장 심화 (1, 2, 3급) (2020년 6~8월 월간 베스트) 그 외 다수 • YES24 국어 외국어사전 영어 토익/TOEIC 기출문제/모의고사 분야 베스트셀러 1위 (에듀윌 토익 READING RC 4주끝장 리딩 종합서, 2022년 9월 4주 주별 베스트) • 에듀윌 토익 교재 입문~실전 인강 무료 제공 (2022년 최신 강좌 기준/109강) • 2023년 종강반 중 모든 평가항목 정상 참여자 기준, 99% (평생교육원, 사회교육원 기준) • 2008년~2023년까지 약 220만 누적수강학점으로 과목 운영 (평생교육원 기준) • 에듀윌 국비교육원 구로센터 고용노동부 지정 '5년우수훈련기관' 선정 (2023~2027)
- KRI 한국기록원 2016, 2017, 2019년 공인중개사 최다 합격자 배출 공식 인증 (2024년 현재까지 업계 최고 기록)